拜占庭

330 —帝国— 610

大通史

陈志强——总主编

徐家玲　林英——主编

BYZANTINE

江苏人民出版社

图书在版编目(CIP)数据

拜占庭帝国大通史. 330-610 / 陈志强总主编. --
南京：江苏人民出版社，2023.10(2024.2重印)
ISBN 978-7-214-27570-7

Ⅰ.①拜… Ⅱ.①陈… Ⅲ.①拜占庭帝国-历史-
330-610 Ⅳ.①K134

中国版本图书馆 CIP 数据核字(2022)第 186278 号

书　　　　名	拜占庭帝国大通史(330 — 610)	
总　主　编	陈志强	
本卷主编	徐家玲　林　英	
策　　划	王保顶	
统　　筹	马晓晓	
责任编辑	张　文　马晓晓	
装帧设计	棱角视觉	
责任监制	王　娟	
出版发行	江苏人民出版社	
地　　址	南京市湖南路 1 号 A 楼,邮编:210009	
照　　排	江苏凤凰制版有限公司	
印　　刷	南京爱德印刷有限公司	
开　　本	718 毫米×1000 毫米　1/16	
印　　张	57.5　插页 6	
字　　数	870 千字	
版　　次	2023 年 10 月第 1 版	
印　　次	2024 年 2 月第 2 次印刷	
标 准 书 号	ISBN 978-7-214-27570-7	
定　　价	248.00 元	

(江苏人民出版社图书凡印装错误可向承印厂调换)

全书总编辑小组：
陈志强 南开大学历史学院教授，希腊亚里士多德大学博士
庞国庆 南开大学历史学院副教授，希腊雅典大学博士
疏会玲 华侨大学国际关系学院讲师，南开大学博士
孙思萌 中国社会科学院世界历史研究所助理研究员，南开大学博士

全书译名校改：
李昭融 南开大学历史学院博士研究生
吕丹彤 南开大学历史学院博士研究生
吴滟殊 南开大学历史学院博士研究生
毕利鹏 南开大学历史学院博士研究生

地图制作翻译：哈尔顿（John Haldon），普林斯顿大学历史系终身教授

翻　　　　译：罗春梅 中南大学马克思主义学院副教授，南开大学博士

钱币图谱整理：郭云艳 河北大学历史学院副教授，南开大学博士

目录

下编　拜占庭帝国的崛起

总主编前言

陈志强

《拜占庭帝国大通史》前言怎么写？这个问题从立项开始就困扰着我。为一本书作序相对容易，无论是为我自己还是为我的弟子写的书作序，都不会有太多难题，因为我们都是同行，对拜占庭历史与文化问题都有或深或浅的认识，且彼此又比较熟悉。但是，对眼前这部多卷本拜占庭帝国大通史，我多少有些束手无策，不是因为我们面前的内容改变了，也不是因为我们彼此变得陌生了，而是因为涉及的领域太广、时间太长、线索太乱、内容太杂。这部大书是 2014 年立项的国家社科基金重大项目（14ZDB061）资助的最终成果，是全国三十多位拜占庭历史与文化研究专家多年来共同努力专研、携手完成的学术精品，凝结着我国近两代专业拜占庭研究者的心血，可以说是我国拜占庭学专业化发展的阶段性总结之作。这个"前言"怎样才能反映这些专家的研究心得和见解？

我并不是说，我们在所有问题上都持有相同的看法，也不是说要在前言中毫无辨别地罗列所有项目参与者的全部观点。具有千余年历史的拜占庭帝国及其文化博大精深，若想以有限的文字说清本书作者们的全部学术见解是非常困难的，也许那是未来研究的一个专题。那就让我们从读者的角度考虑这个问题吧，或者换个说法，就是循着读者阅读本书时产生的问题进行初步的应答。读者也许会笑问：你怎么知道我有哪些问题？能够把这部多卷本《拜占庭帝国大通史》捧在面前子细阅读的人一定都是读书人，大家既是读书人就会心灵相通，无论是灵光一现的想法还是深度思考的哲理，读书过程中都会不时产生出来。比如看到"拜占庭帝国大通史"的书名，就难免会问：拜占庭帝国是什么？这个名字应该如何解读？又如开卷阅读时一定会从把握拜占庭史的基本框架入手,而不会一下子就陷入某位皇帝生平的具体细节。读者还会就这个帝国的来源、发展的动力、支撑其长期存在的理由、曲折发展的内外因素、哪些力量如何消解了其优势和存续的前提条件,等等,产生疑问。

我们的前言就是要初步回答这些问题:拜占庭帝国是从哪里来的? 它克服了晚期罗马帝国的什么弊端并继承了其何种遗产而确立? 拜占庭帝国为什么能够存续上千年? 维系其上千年的理由是什么? 是哪些因素使得拜占庭帝国原有的优势消失了? 其外在的决定性影响因素是什么? 拜占庭衰亡的内外决定性因素是什么? 拜占庭帝国的历史定位是什么? 笔者也许不会纠缠于历史人物、地理沿革、重大事件等知识性的问题,因为读者可以从书中找到具体答案。能够把事关这个千余年帝国的相关理论问题回答清楚,并在古代世界范围内进行适当的扩展分析,或者以适度评论作为画龙点睛之笔,为读者阅读整套书建立导引,就达到了前言的写作目标。当然,一些读者希望直接查阅拜占庭历史与文化的某些知识点或某位君主,这样的要求也可以通过全书的索引得到帮助。这些问题都涉及重大的理论问题,我们是不是应该首先从"拜占庭帝国"这个名称开始呢?

一

拜占庭帝国就是通常人们所说的东罗马帝国。和所有复杂历史的名称都有多种说法一样,这个名字也存在诸多解读。比如,影响力长盛不衰的爱德华·吉本(Edward Gibbon, 1737—1794 年)在其名著中就不采用拜占庭帝国的称谓,其《罗马帝国衰亡史》的大半篇幅虽然谈的是拜占庭帝国,但吉本坚持"罗马帝国"这个名字,显示出他认为拜占庭这个千余年帝国只不过是那个大名鼎鼎的罗马帝国的"衰落"时期。

吉本生活在启蒙时代的 18 世纪,当时拜占庭古代文献和文物在"圈内人"中早就明确称呼为"拜占庭的"了,和"东罗马的"同样成为众所周知的名称。吉本最为欣赏的法国文化界不仅盛传拜占庭古董的名声,王室支持下的王家图书馆接收了红衣主教马扎兰(Mazarin, 1602—1661 年)和柯尔贝特(Colbert, 1619—1683

年）的私人藏书，其中以希腊古文书为重要组成部分。王室还资助卢浮宫出版机构（the Louvre Press）组织学者编辑出版拜占庭古籍系列丛书，1645 年问世的拜占庭皇帝约翰六世（John Kantakouzenos，1347—1354 年在位）的《历史》是该丛书的第一本书，标志着有组织的资料整理工作正式开始。一批欧洲大陆的著名学者如拉比（Ph. Labb，1607—1667 年）、皮埃尔·普西尼（Pierre Poussines，1609—1686 年）、弗朗索瓦·孔贝菲斯（Francois Combefis，1605—1697 年）、西维奥尔·杜康之（Du Cange，1610—1688 年）、让·马比永（Jean Mabillon，1632—1707 年）、贝尔纳·德·蒙特福松（Bernard de Montfaucon，1655—1741 年）、米歇尔·勒基安（Michel Lequien，1661—1733 年）、安塞尔莫·班杜利（Anselmo Bandur，1670—1743 年）等，都积极投身于拜占庭历史文献大全的整理出版工作，这部丛书冠名以《巴黎拜占庭历史文献大全》（简称《巴黎大全》[Paris Corpus]）。他们不仅接受了由德意志学者率先提出的"拜占庭"古籍的概念，还确立了考证拜占庭历史文献的科学方法体系，提出了规范化的标准。吉本长期受教于欧洲大陆法语区，对其深爱的古代史一直怀有浓厚的兴趣，他不会不了解拜占庭圈子里的门道，更不会对"拜占庭帝国"一无所知，毕竟他要写好其名著就不能不谙熟百余年罗马帝国研究的成就，不能不使用拜占庭研究专家们的成果，只不过是他不想走传统学术的老路而已。为什么会是这样呢？

说起启蒙时代前的欧洲大陆学术界，法国是当之无愧的高地，那时的文人学者似乎都看不起孤悬海上的英伦三岛，甚至吉本自己就对英语世界没有什么信心，他的处女作不是用母语而是用法语写成就是一个明证。那时的英国和英语不被欧洲大陆文人看在眼里，如果不是比他年长 36 岁的休谟的劝说，吉本可能还难以确定其名著使用什么语言写作呢。法国国王路易十三（Louis XIII，1610—1643 年在位）和路易十四（Louis XIV，1643—1715 年在位）实行开明君主专制政策，促成了自上而下的崇尚古典文明的热潮，也引领着整个欧洲宫廷效仿拜占庭帝王贵族生活的时尚。可是，法国人浪漫的天性也表现在他们早期拜占庭研究上，他们肆意享受着来自近东古代宫廷略带神秘色彩的奢侈礼仪，也不加区别地整理翻译"希腊"古代文献。

但他们并没有注意，来自"蛮荒之地"的德意志之声已经悄然渗透入法国学界，当地奥格斯堡的富格尔家族秘书、著名学者希尔罗尼穆斯·沃尔夫

（Hieronymus Wolf，1516—1580 年）早在百年前整理注释拜占庭历史家的手稿时，注意到拜占庭历史家、教法学家和神学家约翰·仲纳拉斯（John Zonaras，？—1159 年）、尼基塔斯·侯尼雅迪斯（Niketas Choniates，1155—1217 年）、尼基弗鲁斯·格里高拉斯（Nikephoros Gregoras，1290—1360 年）等古代作家的重要著作与古典希腊文献的区别。的确，区别是明显的：从内容上看，古希腊人信奉宙斯及其奥林匹斯诸神，讲求人性及其理性，拜占庭人则尊崇上帝，通过笃信基督的方式寄托信仰和感情；从语言上看，古希腊作家使用以阿提卡方言为主的标准规范的古希腊语，拜占庭人则使用错谬百出的希腊语，那全是因外族持续侵入和多族群融合造成的，拜占庭时期的希腊语语法和用词明显混乱，拜占庭的中古希腊语因此被人称为"混乱的古希腊语"；从价值倾向上看，古希腊人秉持的是城邦政治的传统，这与拜占庭人重视皇帝制度和基督教信仰亦有所不同。古希腊作品中看不到涉及基督教神学和皇家故事的内容，而拜占庭人作品字里行间透露出来的对皇帝专制的歌颂与古典作品的价值倾向明显不同。这就促使沃尔夫提出，以"拜占庭的"定语限定中古希腊语作品，他针对当时学界只知古典希腊而不知中古希腊的情况，呼吁学术界要充分认识拜占庭历史在欧洲历史发展中的特殊地位。也许是德意志学者天性严谨的习惯在学术上具有说服力，法国拜占庭学界也接受了这个概念。这里要插一句有关的闲话，即沃尔夫属于德意志宗教改革运动中成长起来的人，深受马丁·路德敢于质疑、挑战权威的怀疑主义语境的影响，正是他们这一代人在德意志地方诸侯的保护下，在精神解放、思想自由的小环境中，开展无拘无束的学术研究，不仅推升了德意志的文化地位，使之成为近代古典哲学及其艺术表现形式的古典音乐的故乡，而且在人文学科各个领域均产生出享誉世界的奠基性创新成果。

　　在法语区接受了正式学术训练和产生学术灵感的吉本毫无疑问是了解欧洲大陆最新学术动向的，他博览群书，精读古代文献，也仔细阅读过 409 位近代古典学者的作品，以及许多已经整理为现代欧洲语言的拜占庭文献①，那么他为什么

---

① 吉本的希腊语并不太好，尤其不掌握拜占庭时期的希腊语，他引用的 8000 多个注释涉及拜占庭史的资料都是古典学家整理出来的。［英］爱德华·吉本著，席代岳译：《罗马帝国衰亡史》，长春：吉林出版集团 2008 年版，第 12 页。

要在罗马史研究中不走寻常路呢？要回答这个问题,我们就不得不进入启蒙时代那些法国伟大思想家的精神世界。当时,处于工业革命大潮中的欧洲思想家们还没有形成工业文明的自信心,他们厌倦了"开明君主"造成的虚假繁荣,力图用理性重新解释人类过往的历史,从中找到自由平等博爱的人性。有了追求目标的新兴资产阶级进步思想家掀起批判宗教神学、提倡理性主义的思想运动,他们接受了文艺复兴人文主义前辈的看法,把欧洲中古时期称为"黑暗时代",认为在这一黑暗时代,欧洲古典文化全面倒退,不仅罗马帝国被落后的蛮族侵略所摧毁,繁华的罗马故都几经野蛮人的蹂躏,而且人类的聪明才智遭到基督教神学的扼杀,人类陷入精神上的愚昧状态,需要进行思想启蒙。因此,他们对笃信正统基督教、实行皇帝专制的拜占庭帝国持全盘批判态度。诸如伏尔泰(Voltaire,1694—1778年)等一批思想家不无嘲讽地将拜占庭史说成是"除了唱高调和崇拜神迹外别无它物的、毫无价值的汇集,是人类思想的一大耻辱"①。孟德斯鸠(Montesquieu,1689—1755年)认为"希腊帝国的历史(以后我们就是这样称呼罗马帝国的)不外是一连串的叛变、骚乱和和背信弃义的行为而已"②。长期浸润在启蒙时期进步思想中的吉本完全接受了他们的思想观点,在其《罗马帝国衰亡史》中把罗马帝国"五贤帝"统治后期以降的拜占庭帝国千余年历史视为罗马帝国长期的衰亡史,还曾提到这一衰亡过程是"蛮族和宗教的胜利"③。瓦西列夫对吉本相关思想的这一总结未必全面,但这位英语世界第一位"拜占庭学家"受到启蒙主义思想大家的影响是深刻的。④ 他接受了他们对罗马共和制度高度赞赏的观点,也接受了他们对拜占庭帝国全面否定的态度,可以说,吉本在政治上并无新的建树,他和

---

① [法]伏尔泰:《历史怀疑论》(Voltaire, *Le pyrrhonisme de l' histoire*),第 15 章。转引自 A. A. Vasiliev, *History of the Byzantine Empire*, Wisconsin: The University of Wisconsin Press, 1970, vol.I, p. 6. [美] A. A. 瓦西列夫著,徐家玲译:《拜占庭帝国史》,北京:商务印书馆 2019 年版,第 12 页。

② [法]孟德斯鸠著,婉玲译:《罗马盛衰原因论》,北京:商务印书馆 1997 年版,第 119 页。

③ Edward Gibbon, *The History of the Decline and Fall of the Roman Empire*, Chicago: Encyclopædia Britannica Inc., 1952, vol.I, p. 53. 其实,吉本自己也说不清罗马衰败的复杂原因,"蛮族和基督教敌意的攻击行动"只是原因之一。[英]爱德华·吉本:《罗马帝国衰亡史》第 6 卷,第 459 页。

④ 本前言笔者这样称呼吉本是因为其名著所涉大部分为拜占庭史,详细论说见陈志强:《英美拜占廷学发展及其启示》,《史学理论研究》2015 年第 2 期。

他们一样不使用"拜占庭的"用语而坚持称之为罗马帝国①,甚至在观点的陈述方面也追随着他那些思想导师的自由发挥风格。

那么,吉本在罗马帝国"通史"上是不是完全亦步亦趋地跟随着启蒙时代思想家呢?事实上,他有些许的创新。例如他从奥古斯都的集权措施谈起,说这种集权在"明君"当政时尚可保持罗马帝国优良传统,但在"五贤帝"之后便"推举新君的时候,通常危机四伏、险象环生",认为这是"帝位传承的致命弱点"②。他还在对拜占庭帝国千余年历史的理性主义解读中,就罗马帝国的衰亡先后提出了二十多种原因,似乎没有很鲜明的系统性,多少有些像孟德斯鸠那样随意。后者认为罗马衰落的原因"是由于施行君主政体的统治和对外的掠夺政策以及民风败坏等",吉本比他的论说更翔实,有基本史料根据。吉本不仅认为日耳曼蛮族入侵和基督教成为国家宗教造成了罗马帝国的衰亡,还认为自奥古斯都推行的"执政治国大权已全部授给皇帝"的独裁制度更是祸根,因为它导致才智平庸、专断残暴的邪恶之人控制帝国。这种独裁专制促使罗马禁卫军动辄罢废皇帝,成为罗马帝国衰亡的另一个重要原因。③ 这样,在吉本探究罗马帝国衰亡原因的关键词里就要在"蛮族"和"基督教"之外,加上"暴君和军人"了,比较而言,前两者是外因而后两者是内因,其恶劣更甚。至于吉本高度赞许的罗马共和制度和公民精神,很多说法也与孟德斯鸠如出一辙,甚至"罗马帝国的衰亡乃是毫无节制的扩张带来的自然而无可避免的后果"的观点与后者"为了扩大疆域而建立起来的罗马"最终倒在了扩张带来的后果上的说法几乎一致,只是增加了人性趋向于恶的道德因果论。④ 他在思想上追随孟德斯鸠称颂的罗马共和制度究竟为何受到这些启蒙时代伟大思想家的追捧呢?

关于人类政治生活制度的研究早在古希腊罗马时代的重要思想家中就展开了深入的思考,直到波里比阿(Polybius),这位生活在罗马帝国统一地中海世界节节胜利环境中的希腊文人似乎得出了高人一筹的结论。他接受柏拉图和亚里士

① 孟德斯鸠在论及拜占庭帝国之处都采用"东方罗马人""东方帝国""希腊帝国"和"东方的皇帝"。[法]孟德斯鸠:《罗马盛衰原因论》,第107—109页。
② [英]爱德华·吉本:《罗马帝国衰亡史》第1卷,第60—61页。
③ [英]爱德华·吉本:《罗马帝国衰亡史》第1卷,第1、103—104页。
④ [英]爱德华·吉本:《罗马帝国衰亡史》第4卷,第173页。[法]孟德斯鸠:《罗马盛衰原因论》,第57页。

多德的分析意见,但认为还不够深刻,进而提出罗马帝国实行的混合政体是人世间最好的政体,因为执政官、元老院和人民(保民官)的三类公共权力之间达成了相互制衡。这种能够使帝国公共权力保持平衡的制度使得一个人的统治权力不能发展到专制独裁政治,几个人即贵族精英的统治权力也不能演变为寡头政治,进而民众的统治权力不会导致暴民政治,因而不会落入人类公权力难以摆脱循环的"命运"。他在其《罗马帝国的崛起》中解释其"政体循环论"时说:"最先存在的是一人统治……出现了国王政治。后者会恶化成其堕落但仍有关的形态,也就是我所谓的僭主政治,在废除了这两者之后,产生了贵族政治。贵族政治因其性质而堕落为寡头政治,而当群众在愤怒中崛起……民主政治于焉发生……由于这类政权会滋生出的放纵以及为非作歹,暴民政治于是开始出现,因此完成整个循环",暴民政治必将导致新一轮政体循环的开端,即国王政治。罗马共和制度恰好避免了这三类六种政体的恶性循环,在公权力的相互制衡中使人类的良知和才智得到最佳的发挥。波里比阿总结说,"三个成分(国王、元老院和人民)中每一项所享有的权利,能够彼此协助或互相伤害;其结果是联手时,其强大足以抵挡所有的紧急状况,所以不可能发现比这一系统更佳的"政体模式。也就是说,当自然形成的"国王政治上,其内在的缺失便是独裁,在贵族政治是寡头,而在民主政治则为暴力的残酷统治……这每一种政体都无法不堕入其本身堕落的形态",只有相互制衡才能阻止堕落,"换言之,政体由于互惠或制衡原则,在长期来说应该处于平衡的状态。"①一个人、少数人和多数人统治的三类政体陷入不可抗拒的政体循环需要在相互制衡中保持最佳状态,罗马共和政体因此被他看作是最好的政体,也是罗马崛起的主要原因。

从这个角度看,拜占庭帝国继承的是其中的一种,即"一个人的统治",只不过这个千年帝国走入绝境。事实上,皇帝独裁统治要求的是皇帝本人具有杰出的道德和能力,司马光所谓德才兼备的人,"夫聪察强毅之谓才,正直中和之谓德。

① [古希腊]波里比阿著,翁嘉声译:《罗马帝国的崛起》,北京:社会科学文献出版社 2013 年版,第 396—397、409、402—403 页。Polybius, *Historiae*, vols. 1 - 4, ed. T. Büttner-Wobst, Leipzig: Teubner, 1905, 1889, 1893, 1904 (repr. Stuttgart: 1962; 1965; 1967), TLG, No. 0543001.

才者,德之资也,德者,才之帅也。"①前者指向处世,而后者强调治人,这反映中国古代明君贤主的标准,好像也适用于拜占庭皇帝。在拜占庭帝国的特殊环境中,除了德才兼备还要求帝王能征善战。拜占庭帝国千年百帝专制政体方方面面值得深究,但唯有皇帝善战者谋。笔者推测,吉本也一定熟读波里比阿此书,对其逻辑分析和最终结论也十分赞成,甚至其《罗马帝国衰亡史》还可能有意作为《罗马帝国的崛起》的续篇,他的高明之处是点出了杰出皇帝缺失增加的风险。

从欧洲工业文明发展的历史看,启蒙思想的确是人类进步思想的重要组成部分,对于社会的长远发展和文明进步都有积极意义。但是从拜占庭学发展的角度看,这些思想严重阻滞了拜占庭研究工作的发展,对该学科领域进步带来了极大的消极影响。我们应如何看待这个问题呢?代表工业文明进步思想的启蒙主义史观明显表现得矫枉过正,为了冲破思想牢笼,启蒙时代的思想家们采取了极端的思想表达方式,全盘否定拜占庭历史,彻底批判拜占庭文化,这种历史虚无主义实不可取。可以理解的是,尚在酝酿大革命思潮的人们对拜占庭历史采取简单否定的态度,因为革命进程中的积极思潮需要通过这种否定来满足现实革命舆论的要求,民众思想急需简洁明了的标语口号加以组织动员。在吉本简化处理拜占庭宗教和文化时,就没有心情把握其思想的精髓和价值。还应该看到,启蒙时代虚无主义历史观对拜占庭史的误读,当时的很多启蒙主义者其实对于古典文化和拜占庭历史并不了解,或了解不多,在孟德斯鸠与吉本等人的著作中甚至出现了许多历史表述和理解的硬伤。他们为了打造工业文明的话语权和制高点,必然要抛弃拜占庭人的一切,以便适应新阶级发展的思想需求。启蒙主义思想家们的历史局限性需要由历史发展去弥补,在工业文明持续兴起中,科学理性最终必将恢复拜占庭学应有的地位。我们不得不说的是,源自柏拉图和亚里士多德直到吉本推崇的孟德斯鸠,这套传统的政治学理论,还是存在其思维的不足之处,尤其是联系到拜占庭帝国的历史时这些不足就显得特别突出。这样说的根据何在呢?

---

① 司马光:《资治通鉴》卷一《周纪一》。

二

　　看来,为了梳理清楚否定拜占庭历史与文化的思想来源,我们不得不观察得更深远一些。

　　欧洲地中海世界的思想家们从古希腊哲学家的思想成果中获得了太多的灵感。譬如波里比阿的政体分类问题早在苏格拉底和柏拉图时代就议论多时了,后者概括道:"我们列举过三种政治形式——由一个人统治、由少数人统治、由多数人统治……把由一个人统治的形式分成君主政制和僭主政制;从少数人统治的形式,我们说过,可以分出繁荣的贵族政制,还有寡头政制……民主政制分成(平民和暴民)两部分……如果三种统治形式都依照法律进行统治,那么民主制是最糟的,但若三种统治形式都不依照法律进行统治,那么民主制是最好的。"可见,柏拉图并不推崇其中的任何一种政制,而是以其一贯坚持的"哲学王"理念,寄希望于那种"愿意并能够实施合乎道德和理智的统治,极为公平地对待每个人"的统治者,即所谓"凡人中的神"。但事实上,他最推崇的"贤人政治"只是其理想世界中的理想,在现实中也像孔子一样处处碰壁。① 亚里士多德似乎并不太赞同"超人政制",他概括总结的"君主政体、寡头政体、平民政体以及列第四位的所谓的贵族政体……还可以举出的第五种政体即共和政体"中,就没有柏拉图的理想政制。这位"吾爱吾师,更爱真理"的古代学术集大成者在深入剖析的各种政体并对它们进行详细对比后,厌恶地指出"平民领袖与僭主的佞臣相比,简直就是一丘之貉",还提供了关于共和政体的最佳方案,"显然,最优良的政治共同体应由中产阶层执掌政权,凡是中产阶层庞大的城邦,就有可能得到良好的治理",其中议事机构、选举官员和司法机构是决定性因素,这似乎接近了后世立法、执法、司法三

---

① [古希腊]柏拉图著,王晓朝译:《政治家篇》(301D—303B),载《柏拉图全集》第3卷,北京:人民出版社 2003年版,第157—158页。Platonis, *Opera*, vol.1, ed. J. Burnet, Oxford:Clarendon Press, 1900 (repr. 1967), TLG, No. 0059008.

权制衡的设想。①

这些关于大数量人群治理的合理构思是对古代地中海世界各城邦多种政体深入考量的真知灼见,但是都不免于停留在思想家的思维中,且大多是"小国寡民"的城邦及其周边王国的经验总结,它们在多大程度上适用于罗马帝国还很难说。毕竟,罗马帝国在其鼎盛时期的疆域南北自尼罗河大瀑布至英伦三岛中部,东西从两河流域到大西洋沿海地区,近500万平方公里,所辖人口数千万,爱琴海世界不可与之等量齐观。换言之,罗马帝国征服整个地中海世界和高卢地区的时代变了,世道不同了,无缘目睹罗马帝国衰败的波里比阿当然无法探究罗马共和制为什么会败亡。而那位被称颂为"贤帝"的马可·奥勒留(Marcus Aurelius)有意无意地践行柏拉图"哲学王"理想,其实也是勉为其难,最终也不得不把皇位传给了自己的儿子。可见古典时代的民主制和共和制很难适应罗马大帝国的政治现实,那么,后人还能用它来说明罗马帝国之后包括拜占庭帝国在内的欧洲中古政治现实吗?

答案是否定的。且不说除拜占庭帝国外的欧洲地中海世界中古千余年的混乱,政治史的理论家们至今还深陷思维的困境。至少,我们在马基雅维里(Machiavelli)那里就看到了现实主义的新思维,他认为,"从古至今,统治人类的一切政权,不是共和国就是君主国",这里他先就跳出了古代哲人们关于国家政体的思维框架,那种三类六种政制分类被他轻而易举地简化为一个人的统治和很多人的统治两种了,他认为少数人统治和很多人统治没有本质区别。他虽然赞扬共和政体,因为它有助于激发个人聪明才智,有利于培养公民美德并促进社会福利,但是认为它非常之不稳定,因为人性恶劣,任何人都无法遏制自身的堕落,进而导致国家分裂和社会动乱。他从意大利的政治现实中认识到,实现国家统一强盛和社会安宁的唯一出路只能依靠强有力的君主专制制度,他称之为"新君主国"②。马基雅维里那些受人诟病的主张,即君主应该玩弄权术和谋略,为达目的要不择

① [古希腊]亚里士多德著,颜一、秦典华译:《政治学》,载《亚里士多德全集》第4卷,北京:中国人民大学出版社1997年版,第133、125、142、148页。Aristotelis, *Politica*, ed. W. D. Ross, Oxford: Clarendon Press, 1957 (repr. 1964), TLG, No. 0086035.

② [意]尼科洛·马基雅维里著,潘汉典译:《君主论》,北京:商务印书馆1986年版,第3—6页。马氏的"新君主国"并非等同于中古时期皇帝专制帝国,笔者强调的是他突破传统古典政治理论思维的成就。

手段,尽管在后世人中褒贬不一,但有一点是值得肯定的,那就是他突破了上古和中古时代传统的思维模式。他的政治学说证明了人类的思维还没有贫乏到只遵循古典主义一种思路,进而也表明对于罗马帝国之后漫长的拜占庭帝国政治现实可以用新思维加以重新审视。

坚持古典政制思维传统的启蒙时代思想家因应工业文明的崛起,重拾古代哲人的理论为自由平等博爱的理想服务,高唱共和政体的政治民主赞歌,是可以理解的进步思想家。但是,文艺复兴运动激发的人文主义热情和宗教改革解放的人类精神也启迪后人,不可简单否定和抛弃漫长的中古世界,要用人的眼睛仔细审视过往的历史。尤其是启蒙运动掀起的思想革命狂潮逐渐平息后,实证主义的历史研究认为,拜占庭帝国千余年的历史不应被轻易忽视,需要认真考察,要在批评其落后的皇帝专制和基督教盲从的同时,在中古世界的历史语境中,分析其优劣短长,明辨其是非曲直。如果像吉本一样以为拜占庭帝国及其文化一无是处,那么何以拜占庭帝国会成为中古时代欧洲地中海地区发展最稳定、社会最富足、生活质量最好、文化最丰富的国度?吉本们所谓的"衰亡史"怎会有声有色地持续了千余年呢?

还是让我们站得更高、以更宏观的视角来看一看当时整个欧洲地中海和西亚地区的人口情况,并对比中国古代人口变化情况说明问题。前工业时代社会财富的积累很难统计清楚,唯有人口是个相对准确的指标,因为只有百姓生活安稳,日子过得去,家长们就会生孩子并把他们养大,富有之家更把人丁兴旺视为最佳生活的选择,而几代或者几十代人积累的财富通常用于人的生活,附着于人口本体,因此人口增长指标是衡量古代社会(包括国家)发展程度的最佳指标,也是我们选择这个指标说明拜占庭帝制优劣的主要原因。众所周知,晚期罗马帝国之后欧洲地中海地区最大的变动便是东部和西部地区分道扬镳各自走上不同的道路,东罗马帝国即后世所称的拜占庭帝国保持着国家权力的相对集中,皇帝专制制度自君士坦丁一世后持续到 1453 年。与此同时,西罗马帝国缺乏中央集权制,各级封建领主以土地为纽带形成封君和封臣之间的封建关系,出现了"我的封臣的封臣不是我的封臣""我的封君的封君不是我的封君"的断裂等级制。各级封建主之间形成了极为复杂的关系,他们相互冲突,内部战乱不断,外族持续入侵,长期的战乱遍及西欧和中欧各地,这里成为中古世界战乱最为频繁的地区。

这种政治上的四分五裂状态和中央集权制的拜占庭帝国治下的统一帝国反差极为鲜明,其社会表现便是人口差异极大。根据哈尔顿(John Haldon)估算,公元 2 世纪末,罗马欧洲人口在 6700 万——7000 万,到 8 世纪初期下降到 2700 万——3000 万,这种超过总人口半数的人口下降,战乱的破坏是最主要的原因。数百年的战乱逐渐停止后,欧洲人口重新回升,1200 年提升迅速,1300 年则上升到 7300 万人,恢复到千年以前的人口水平。但是 14 世纪中期的战乱再度造成欧洲人口下降,甚至下降到 4500 万。在拜占庭帝国疆域内,540 年代大瘟疫前,总人口在 1900 万——2000 万间(其中西部 700 万),也就是说欧洲人口大多集中到了拜占庭帝国;7 世纪初期东部 1700 万,呈现出大瘟疫后明显的增速,此后随着哈里发时代军事扩张,拜占庭领土缩小,8 世纪中期人口下降到 700 万,但 9 世纪中期复升到 1000 万,瓦西里二世时期的所谓"拜占庭黄金时代",上升到 1200 万,1020 年代达到 1800 万;拜占庭帝国衰落时期土地和人口资源萎缩,12 世纪中期下降到 1000 万,13 世纪初期下降到 900 万,1280 年继续降至 500 万。[①] 哈尔顿给出的这个数字可能比较保守,又据斯坦因(E. Stein)估计,查士丁尼一世时期总人口 3000 万,11 世纪前半叶科穆宁朝时为 1000 万——1200 万,从流亡之地尼西亚返回的米哈伊尔八世时为 500 万。另一位学者鲁塞尔(J. C. Russell)估算,350 年时东罗马帝国总人口约 2400 万,600 年时 2100 万,800 年时 1000 万,1000 年时 1300 万,1200 年时 700 万。而麦克埃魏迪(C. McEvedy)和琼斯(R. Jones)给出的下列数字比较接近哈尔顿的意见:540 年东罗马 1900 万,整个帝国 2600 万,也就是说,在更为广阔的西欧、中欧地区人口仅有 700 万,战乱早就使得昔日富庶的罗马城乡生活遭到彻底破坏;7 世纪初福卡斯统治时期,拜占庭帝国虽然内乱但人口尚保持在 1700 万,但随着阿拉伯帝国哈里发时代的军事扩张,拜占庭人口随领土丧失而下降,到 780 年时下降到 700 万;马其顿王朝时期的 1025 年人口持续增加到 1200 万,但帝国衰落导致的外族入侵使得人口在 1143 年下降到约 1000 万,1204 年约

---

① John Haldon, *The Palgrave Atlas of Byzantine History*, New York: Palgrave MacMillan, 2005, p. 7.

900 万,1281 年约 500 万。① 学者们提供的数字虽然有差异,但战乱造成人口和财富大量损失是个没有争议的共识,中古西欧地区长期战乱和贫穷也是不可否认的事实,那里远比拜占庭世界更穷困、痛苦,人口死亡率更高。人口的损失是可以估算的,与之伴随的财产损失则是无法统计的。拜占庭帝国之所以长期占据欧洲地中海世界最富有地区、人口最多地带,成为文化最活跃的中心,绝非偶然,是帝国集权政治下社会生活相对安定的必然结果,这与战乱频繁的欧洲其他地区形成鲜明对照。

中古世界另一个长期保持中央集权制政治秩序的帝国便是中国,参照中国人口史也能从另一个侧面更为透彻地看清拜占庭帝国的问题。专家认为,中国古代长时段和中时段人口发展趋势都呈现稳定增长:公元前 230 年的中原各国约 3000 万人口,秦始皇三十七年(即公元前 210 年)全国总人口 3000 万,公元初年汉朝时人口猛增到 5600 万,唐代天宝十三年(754 年)8050 万人口,宋徽宗宣和七年(1125 年)达到 1.324 亿人口,明朝末年(1600 年)时人口 1.97 亿,人口峰值近 2亿,1820 年清末的人口增长到 3.831 亿。② 但战乱时期的短时段则下降明显,甚至暴跌:秦末 10 年战乱、两汉之际 20 年大乱、三国 60 年战乱、五胡入华、隋末 18年战乱、安史之乱 8 年战乱、五代十国 70 年战乱、宋元战乱数十年、明清之际战乱、太平天国 15 年战乱期间,人口减员 50%—80%。战乱时期还有其他因素,

---

① A. Laiou, *The Economic History of Byzantium: From the Seventh through the Fifteenth Century*, Washington, D. C.: Dumbarton Oaks Research Library and Collection, 2002, vol. I, pp. 47 - 48.

② 公元前 230 年的中原各国约 3000 万人口,秦始皇三十七年(即公元前 210 年)全国总人口 3000 万(世界 2 亿),秦末战乱,人口急剧减少,汉初仅 30 万(人口流散造成难于统计),黄老政治之后人口恢复到 3600万,公元初年汉朝时人口猛增到 5600 万,三国战乱时期人口下降到 767 万,282 年西晋时期人口 2380 万,五胡入华的战乱致使人口消失 80%,南朝 517 万余,北朝北魏 3000 万,隋朝初期约 360 万户,人口最多时约达到 4602 万人,唐代天宝十三年(754 年)8050 万人口,晚唐 907 年全国人口 2000 万,五代十国 3000万,宋徽宗宣和七年(1125)达到 1.324 亿人口,辽国 900 万,西夏 300 万,蒙古征服后人口仅剩 700 万—800 万人,直到 1368 年元朝灭亡时才逐渐恢复到 6000 多万人,明初 1381 年 5987 万多人,明朝末年(1600年)时人口 1.97 亿,峰值近 2 亿,清朝初期 1620 年战乱使人口下降到 5000 万,1685 年(康熙二十四年)恢复到 1.0171 亿,清末的 1820 年增长到 3.831 亿,华南人口占其中 71.4%,1939 年 5.1756 亿,占世界总人口五分之一,黑河瑗珲至腾冲的胡焕庸人口线之东南占总人口 90% 以上,西北之 57% 的土地面积人口不足 10%。1953 年第一次人口普查人口总数 6.0192 亿余,2012 年人口 13.5404 亿。葛剑雄主编:《中国人口史》,复旦大学出版社 2002 年版,数字摘引自相关部分。该书还推测公元前 200 年时世界人口约 1.905亿,印度 5000 万、波斯 2500 万。公元初年世界人口 2.7227 亿,罗马帝国公元前 25 年有 270 万平方公里,5680 万人口,117 年有 590 万平方公里,8800 万人口,395 年,东罗马有 250 万平方公里,3400 万人口。

如难民躲避战乱和政府运转不灵人口统计缺失等,但大量民众死亡是不争的事实,只有在王朝统治相对稳定、政治秩序相对正常时期才出现人口的恢复性增长和绝对增长。毫无疑问,帝制是前工业文明时期大多数社会的最佳政治选择。也许有人会争辩说,是帝制导致了战乱期间的人口下降,但我们细数中国古代最严重的人口损失除了大规模农民起义外,几乎都出现在外族入侵时期,这种情况在很少出现大规模农民起义的拜占庭历史上表现得更为突出。

如果我们换个角度以更为宏观的视野观察古代罗马帝国以后的欧洲地中海世界政治史,就会发现,这个统一地中海盆地人类世界的罗马大帝国留给了后世两种政治模式,其一是东地中海世界(包括地中海和黑海)的中央集权制,其二是西地中海和西欧的地方专权制。前者是欧洲地中海世界政治史发展的主流趋势,即从共和走向元首制,再从元首制走向帝制,即皇帝制,最终在拜占庭帝国时期达到专制皇权统治;后者则是这一巨变中的支流,或者是古代帝国政治传统的副产品。在欧亚大陆西端欧洲的这个空间狭窄的试验场上,两种"大数量人群"治理模式经过千余年的实践,虽然最终殊途同归,但实际效果则终见高下,人烟稠密、富庶繁华的拜占庭帝国的政体模式显然比西欧模式高出一筹,较之遍地战乱、民不聊生的西欧封建模式更符合中古人类社会的发展需求。

三

由此产生的问题是:中古时代皇帝专制为什么会有"臭豆腐"现象,即闻起来臭、吃起来香的情况呢? 其实,以皇帝专制为特征的拜占庭帝国中央集权制是欧洲地中海世界历史自然发展的结果,也是该地区在漫长的中古千年间发展的必由之路。诚如法国著名的历史学家基佐后来所说,君主专制"这一事实已经发生,不仅在法国是明显的,而且也已在大部分欧洲国家发生……无论如何,我们都会见到君王占有重要位置,看来成了最普遍最恒久的制度"[1]。不论后人如何看待它,

① [法]基佐著,程洪逵、沅芷译:《欧洲文明史:自罗马帝国败落起到法国革命》,北京:商务印书馆1998年版,第148页。

从晚期罗马帝国帝制发展而来的拜占庭皇帝专制是当地居民(也包括帝王君主们)自觉或不自觉的必然选择。人们对此的评价可以多种多样,波里比阿认为混合制罗马共和政体最为理想,吉本最反感皇帝专制,马基雅维里寄希望于"新君主国",但丁则高度赞扬罗马帝制,认为它符合最高的真理。① 他们说什么并不重要,重要的是历史展现的事实。基佐就从其君主立宪派政治立场出发,认为君主制是人类历史上不可或缺的,认为人们之所以普遍接受它是因为君主制的合理性,"它是人格化的绝对统治权,是人格化的共同意志。这一意志基本上是合理的、开明的、公正的、不偏不倚的、超越个人意志之上的,正是以这种名义,个人意志才取得统治的权利。这就是国民思想中君王的应有之义,也是他们依附君王的动机",即求得安全、安定和安稳的生活。② 从古至今的前辈先贤哲人对此见仁见智,但都无法改变君主制中央集权的客观历史作用。

从晚期罗马帝国到拜占庭帝国的发展体现出了这种历史的必然性。"公元3世纪大危机"将罗马帝国拖入混乱的深渊,经济危机摧毁了帝国强盛的物质基础,奴隶制经济无利可图,出现普遍的农业破产,手工业衰败,货币经济萎缩,商业凋敝,人口锐减,城市萧条乃至蜕变为农村,隶农制也不能减缓全面的经济下滑,随之而来的是国家财政枯竭和帝国政府统治力的衰弱。政治方面的危机表现为军阀之间内战频仍,皇位持续更迭,康茂德被杀后便爆发了数十年之久的皇位争夺战,从公元235年至284年,亦即戴克里先之前将近半个世纪期间,约26个皇帝轮番登场称帝,日耳曼行省的高卢帝国、帝国东部的"东方女王"与徒有帝制虚名的中央政府将帝国一分为三,它们之间的混战加剧了民众的苦难,导致273年的罗马造币工起义、263年的西西里奴隶起义及小亚细亚、北非各地民众暴动,巴高达运动持续了两个世纪。帝国内乱进一步瓦解了帝国的军事力量,日耳曼各部落成功入侵并定居帝国边境农业区,同时大举入侵的萨珊波斯军队所向披靡,甚至于260年俘虏了罗马皇帝。战乱导致的人口与财富大量损失波及所有阶层,思想混乱、精神颓废、信仰丧失、迷信横行、道德沦丧是晚期罗马帝国社会的一大特征。

在此艰难时世,恢复政治秩序和相对安定的社会生活是人民的普遍愿望,强

① [意]但丁著,朱虹译:《论世界帝国》第1、2卷,北京:商务印书馆2010年版。
② [法]基佐:《欧洲文明史:自罗马帝国败落起到法国革命》,第150页。

化帝制的发展趋势由此凸显,至少人们对"五贤帝"治下和"公元3世纪大危机"时期的社会生活之优劣形成了共识和选择的倾向性。戴克里先和君士坦丁时代的帝国逐渐摆脱战乱,拜占庭皇帝专制为核心的中央集权制有效地中止了晚期罗马帝国军阀割据的政治局面,结束了凭借武力征战夺取最高权力的残暴方式,以一种血亲世袭继承原则取代了军事强人普遍觊觎皇位的习俗。此后,皇帝专制时紧时松,帝国中央集权时强时弱,一些铁腕君主特别是能征善战的皇帝将帝国带入强盛,不仅社会生活稳定富足,而且有效地抵御住强大外敌的入侵和东方游牧民族持续不断的劫掠。与此同时,个别平庸之辈或昏庸帝王造成短时混乱和宫廷内争并没有对民众生活产生实质性影响。相对稳定的政治统一促使拜占庭帝国社会生活保持在总体上有序范围内,因此农工经济发展环境相对良好,社会财富积累也相对迅速,甚至在特定时期进入短期良性循环的发展模式。以首都君士坦丁堡为代表的城市生活质量达到了欧洲地中海世界的最高水平,宗教文化生活促使它们成为该地区中古时期最活跃的中心。

欧洲地中海世界民众在封建与专制、分权与集权、地方专权与中央集权、政治秩序混乱与有序之间做出了无可奈何的选择,拜占庭皇帝专制是当时东地中海世界历史发展的必由之路。其合理的内在逻辑在于,皇帝专制将普遍的混乱纳入有控制的不安之中,将大量觊觎最高统治权的"恶"欲限制在皇族有限的范围内,以皇族小范围的争权夺利取代了社会各阶层无序争斗的混乱,从而通过帝国这一国家形式不同程度地保证了普遍的公众利益。当一支军队冲入宫廷杀死皇帝并另立新王朝时,大部分民众的生活并不受影响,特别是帝国边远地区的普通百姓依旧正常生活。这是前工业文明人类社会发展的历史逻辑,时人的好恶褒贬都无法改变其事实,后人的评说也不过是水中观月。事实上,西欧中古晚期和近代早期君主专制迅猛发展,亦即我们所谓欧洲"民族国家"形成发展期间,或者在前启蒙时代的西欧,拜占庭贵族生活方式受到整个西欧乃至整个欧洲的追崇,特别是社会上层多以拜占庭贵族为榜样,直到启蒙时代为止。启蒙时代的历史虚无主义对拜占庭帝国的全盘否定丝毫无助于揭示欧洲地中海世界历史发展的真实面貌,因此很快便遭到专业学者的批判。

这样的批判彻底改变了拜占庭研究的命运。拜占庭历史及其文化研究在19

世纪出现了转机,法国大革命的动荡彻底毁掉了法国"欧洲老大"的地位后,欧洲新文化中心呈现出多元化的转移,怀疑主义思潮泛起。人们重新审视被启蒙学者一概否定的拜占庭帝国,欧洲学术界呼吁全面清理历史遗产,重视历史研究的风尚再起,人们希望从过往的生活中寻求国富民强、长治久安的经验教训。世道人心的巨变甚至将启蒙主义思想家对基督教的全盘否定态度也彻底抛弃掉,波兰作家显克微支(Henryk Sienkiewicz,1848—1916 年)大力褒扬基督教并否定罗马教权的那部《你往何处去》还击败托尔斯泰而获得诺贝尔文学奖。德国学者兰克(Leopold von Ranke,1795—1886 年)提倡重视原始资料,充分利用史料证据研究历史,赋予文献史料丰富的拜占庭研究以特殊的地位。他提出不要迷信史学权威,对前世那些名著进行重新阅读,以判断它们是否以可信的原始材料特别是档案资料做根据,直指前辈史家们长于哲理论说的不足,力图推动历史写作就在于复原历史真实的导向,"让史料自己说话"成了一句名言。蒙森(Theodor Mommsen,1817—1903 年)是兰克史学的热情践行者,他把重视史料挖掘、忠实历史事实的历史观念落实在其《罗马史》的写作中,极大地改变了 18 世纪流行的消极历史观和历史虚无态度。蒙森的《罗马史》对启蒙时代高度赞赏的罗马共和制并没有过多的解说,而是以平实的口吻陈述这个"旧共和与新君政"的时代转换,他没有褒贬波里比阿以降文人学者赞赏的共和制,甚至对凯撒的独裁也没有做出否定性判断,"我们如今已站在罗马共和的尽头,我们已见它……在政治和道德上,在宗教和文学上陷于灭亡,让位于凯撒的新君主制度。……有了凯撒,地中海上多灾多难的人民便在闷热的中午以后得到个尚好的晚间……他们受凯撒之赐而得其民族的个性。"①实事求是的历史研究风气再度吹活了拜占庭研究工作,这一研究领域因此出现了前所未有的新发展。1828 年,《波恩拜占庭历史作品大全》(*Corpus Scriptorum Historiae Byzantinae*,简称《波恩大全》[CSHB])在波恩出版问世,标志着拜占庭学新的进步。这部丛书比《巴黎大全》有所改进,不仅扩大了对拜占庭资料的搜索范围,而且采用原文和拉丁文对照的方式,附带精简的德文诠释,具有完整、精确和使用方便的特点。与此同时,在欧洲各国出现了一批拜

---

① [德]特奥多尔·蒙森著,李稼年译:《罗马史》第 5 卷第 4 册,北京:商务印书馆 2017 年版,第 595 页。

占庭学者及其重量级的成果,并在政治(王朝)史之外拓展出涉及文化艺术和文物研究的更丰富的研究领域。

那么,实证主义史学是如何看待百余年来深受诟病的拜占庭皇帝专制的呢?蒙森并未简单否定凯撒的独裁统治,他表达的意思很明确:就是像凯撒这样杰出的政治家非常适合执掌帝国全权,因为"他的目标就是人类所能树立的最高目标……复兴那很堕落的本民族和……希腊民族"①。显然,他并不把皇帝独裁统治视为洪水猛兽,关键在于皇帝个人的品性。蒙森与其同时代的拜占庭学家们一样,放弃了吉本的政治倾向,但继承了后者的历史叙述风格和散文式写作风采,这部集蒙森三十余年研究心血的大书为其赢得了巨大的学术声誉和诺贝尔文学奖,也影响嗣后的罗马史研究工作。

19世纪是专业拜占庭学家辈出的时代:英国著名史学家乔治·芬利(George Finlay,1799—1875年)和约翰·伯里(J. B. Bury,1861—1927年)是当时欧洲最杰出的希腊历史与文化专家,前者的《拜占庭和希腊帝国史,717—1453年》奠定了其成名之作、七卷本的《从罗马征服至当代的希腊史》的写作基础②,后者的《晚期罗马帝国史》和《东罗马帝国史》首度提出拜占庭历史是罗马帝国历史的延续。③ 伯里开创了英国学院派罗马史和拜占庭史现代学术研究的工作,彻底改变了从休谟到吉本经历的那种自学成才的后备人才培养模式,拉开了英国拜占庭学可持续发展的时代大幕。法国学者施伦伯格(G. Schlumberger,1844—1928年)的《拜占庭帝国印章学》和《拜占庭史诗》是拜占庭学专题研究的开山之作④,而法国最杰出的拜占庭学者查尔斯·迪尔(Ch. Diehl,1859—1944年)的《拜占庭帝国史》和《拜占庭:伟大与衰败》影响着后世拜占庭通史作家。⑤ 其弟子中最杰出的是路易·布莱赫尔(L. Brehier,1868—1951年),后者撰写了拜占庭历史与文化三

① [德]特奥多尔·蒙森:《罗马史》第5卷第4册,第432页。

② George Finlay, *A History of Greece from the Conquest to the Present Time (BC146 - AD1864)*, Oxford: Clarendon Press, 1877.

③ J. B. Bury, *History of the Later Roman Empire*, Amsterdam: Adolf M. Hakkert, 1966. J. B. Bury, *History of the Eastern Roman Empire*, New York: Russell & Russell, 1965.

④ G. Schlumberger, *Sigillographie de l' Empire byzantin*, Paris: E. Leroux, 1884. G. Schlumberger, *Epopee byzantine*, Paris: G. Cres, 1911.

⑤ Ch. Diehl, *Histoire de l' empire byzantine*, Paris, A. Picard, 1932. Ch. Diehl, *Byzantium: Greatness and Decline*, N. J.: Rutgers University Press, 1957. *Byzance, Grandeur et Decadence*, Paris: Flammarion, 1919.

部曲《拜占庭帝国兴亡》《拜占庭帝国制度》和《拜占庭文化》①,提升了通史写作的档次。德国学者卡尔·霍夫(Karl Hopf, 1832—1873 年)和卡尔·科隆巴赫尔(Karl Krumbacher, 1856—1909 年)在拜占庭历史资料的发掘和拜占庭经济史研究方面作出了卓越贡献,前者以档案材料为据对拉丁帝国和帕列奥列格王朝统治时期的拜占庭史研究至今仍然具有很高的文献价值。② 科隆巴赫尔的《从查士丁尼到东罗马帝国末期的拜占庭文献史》是拜占庭文学史和史料学最重要的参考书③,他于 1892 年编辑发行了第一部拜占庭学术年刊《拜占庭学刊》(Byzantinische Zeitschrift),这是他的另一项重要贡献,因确立了学术研究的规范而标志着当代拜占庭研究的开端。此外,诸如塔费尔(G. L. F. Tafel, 1787—1860 年)、托马斯(G. M. Thomas, 1817—1887 年)和法尔默赖尔(J. P. Fallmeraryer, 1790—1861年)等一批德国学者也对拜占庭历史与文化研究工作作出重要贡献。这里特别应提到的是赫兹伯格(G. F. Hertzberg, 1826—1898 年)和格里高罗维乌斯(F. Gregorovius,1838—1910 年),他们明确提出拜占庭帝国的历史和文化是欧洲中世纪史和中世纪文化的重要组成部分,而君士坦丁堡是中世纪欧洲文化的中心。④ 德国法学家林根绍尔(K. E. Zacharia von Lingenthal,1812—1894 年)等人在拜占庭法律史方面的研究成果是从事有关研究工作的学者的必读书。⑤ 自称为"第三罗马帝国"的俄国,也出现了像皇家科学院院士库尼科(Ernst Kunich, 1814—1899 年)、瓦西列夫斯基(V. G. Vasilievsky, 1838—1899 年)和乌斯本斯

---

① L. Brehier, *Vie ed mort de Byzance*, Paris：A. Michel, 1992, Amsterdam：North-Holland Pub. Co., 1977. L. Brehier, *Les institutions de l' Empire byzantin*, Lyon：Universite de Lyon, 1971. L. Brehier, *La civilisation byzantine*, Lyon：Universite de Lyon, 1971. L. Brehier, *Vie ed mort de Byzance*, Paris：A. Michel, 1946.

② Karl Hopf, *Geschichte Griechenlands vom Beginne des Mittelalters bis auf die neuere Zeit*, New York：B. Franklin, 1960. (Leipizig, 1867).

③ Karl Krumbacher, *Geschichte der byzantinischen Litteratur von Justinian bis zum ende des ostromischen reiches (527—1453)*, Munich：C. H. Beck Verlag, 1891. Karl Krumbacher, Ιστορία της Βυζαντινής λογοτεχνίας, Αθήνα：Γρηγοριάδης, 1974.

④ G. F. Hertzberg, *Geschichte Griechenlands seit dem Absterben des antiken Lebens bis zum Gegenwart*, Berlin：G. Grote, 1883. G. F. Hertzberg, *Geschichte der Byzantiner und des Osmanischen reiches bis gegen ende des 16. Jahrhunderts*, Berlin：G. Grote, 1883. F. Gregorovius, *Geschichte der Stadt Athen im Mittelalter*, Stuttgart：Ginn and Co., 1889.

⑤ K. E. Zacharia von Lingenthal, *Jus graeco-romanum*, vol.7, Leipzig：T. O. Weigel, 1856—1865.

基(I. Uspensky,1845—1928年)及康达科夫(N. P. Kondakov,1838—1925年)等著名拜占庭学家,后者集毕生功力完成的《拜占庭帝国史》代表俄国学者的最高水平。[1] 这里,第一批最顶尖的拜占庭专家都被提到了,还有一些则留待后文细说。显然,说19世纪拜占庭学大家辈出毫不为过,其强大的推动力来自前代学者对拜占庭文献的整理和启蒙时代以后的思想解放,这个世纪拜占庭学专业研究成果井喷式的涌现也形成了拜占庭研究浓厚的学术氛围,使此后的拜占庭学发展不断加速,直到当下。

读者一定还要问,众多的拜占庭学专家们是如何看待拜占庭帝国的呢?拜占庭帝国作为单独的研究对象是在19世纪下半叶开始的。按照目前通行的意见,拜占庭史的开端始于君士坦丁一世正式启用东部新都的330年,由此直到1453年其都城陷落帝国灭亡,其长达1123年的历史,不仅时间漫长,发展曲折,内容丰富,而且其间形成的拜占庭文明表现得灿烂多彩,体系庞大,博大精深,是任何人终其一生也无法全面掌握的。19世纪末拜占庭研究步入专业化时期以来,一种客观的、价值中立的历史叙述便成为拜占庭历史和文化研究的主流倾向。波里比阿、孟德斯鸠、马基雅维里等人适应时代要求进行的解释性探讨,他们汲取思想营养的柏拉图、亚里士多德的纯粹哲学理性思考,和吉本带有先入为主政治偏向的历史叙述,都逐渐化为学术精华而进入人类智慧经典的殿堂。蒙森以后诸多罗马—拜占庭学者的历史客观主义潜移默化地推动着专业拜占庭学者对拜占庭历史与文化进行更加深入细致的研究,更多的文献被整理问世,更多的文物被分门别类地收藏展示,更多的研究领域得到开拓,更多的研究成果扩展了读者的知识视野,这是拜占庭学发展的春天。

罗马—拜占庭帝国认知史的发展是一个庞大的研究专题,不可能在这个前言中详细展示出来,但一条发展脉络逐渐清晰起来:对罗马帝国的看法早在波里比阿以后的作家中便非常不同,他们通过对君士坦丁一世及其时代的褒贬不一表达各自的看法,在尤西比乌斯等一众作家高唱这位皇帝的赞歌声中,就有佐西莫斯

① N. P. Kondakov, *Istorija vizantijskoj imperij*, Saint Peterburg, 1913—1948. N. P. Kondakov, *Sketches and Notes on the History of Medieval Art and Culture*, Prague:Ustav dejin umeni, 1927.

为代表的刺耳的批评声①,即便是查士丁尼皇帝同时代的同一位作者普罗柯比对皇帝及其帝国的看法也截然相反②。吉本就跟从他的精神导师孟德斯鸠的说法,后者坦言:"我是不相信普罗柯比在其《秘史》中告诉我们的一切……他向我们把查士丁尼描写成一个最愚蠢、最残酷的暴君",吉本也跟着认为:普罗柯比那些"卑劣的自相矛盾的说法,毫无疑问会损害到普罗柯比的名誉,减低他所建立的诚信"③。但是,专业拜占庭学者从来没有将普罗柯比的作品排斥在研究工作之外,而将其作品视为研究查士丁尼时代最可靠的史料。是启蒙时代的思想家们为了表达其赞赏共和制的政治见解而翻出了波里比阿的作品,并过度解读了他的"政体循环论",进而到更为古老的古典希腊哲学家那里寻找根据。然而,波里比阿活跃于罗马征服的鼎盛时代,且为当权者小西庇阿的密友,因而能从容地以古典希腊哲人如柏拉图和亚里士多德的政制理论为依据,高歌罗马混合式共和政体。启蒙时代进步思想家如孟德斯鸠等人全盘接受这种思想倾向,而忽略了早就存在的不同声音,特别是无视文艺复兴时期以马基雅维里为代表的现实主义政治学的思想成果。直到获得诺贝尔文学奖的蒙森,价值中立的历史辩证思维渐成主流,他继承了吉本的历史叙述和散文式写作风格,但抛弃了后者的启蒙时代虚无主义历史观,也开启了拜占庭学家们价值中立的史学研究。

---

① Eusebius Pamphilus, *Church History: Life of Constantine the Great; Oration in Praise of Constantine, MPNF2 - 01*, New York: Grand Rapids, 1890, X, VIII, 6; X, IX, 6. Eusèbe de Césarée, *Histoire Ecclésiastique*, ed. G. Bardy, 3 vols., Paris: Cerf, 1952, 1955, 1958, TLG, No. 2018002. Eusebius Werke, *Über das Leben des Kaisers Konstantin*, ed. F. Winkelmann, Berlin: Akademie-Verlag, 1975, TLG, No. 2018020. Zosimus, *New History*, trans. and commentary by Ronald T. Ridley, Canberra: Australian Association for Byzantine Studies, 1982, II, 29, (2)-(4). Zosime, *Histoire Nouvelle*, ed. F. Paschoud, Paris: Les Belles Lettres, 1971, 1979, 1986, 1989, TLG, No. 4084001. 见武鹏:《论5—6世纪拜占庭史料中君士坦丁大帝的形象分歧》,《古代文明》2017年第4期,第57—66页。

② Procopius, *History of the Wars*, trans by Henry B. Deving, Cambridg: Harvard University Press, 1996, II, ii, 22. Procopii Caesariensis, *Opera Omnia*, vols. 1-2, ed. G. Wirth (post J. Haury), Leipzig: Teubner, 1962, 1963, TLG, No. 4029001. Procopius, *The Anecdota or Secret History*, trans by Henry B. Deving, Cambridg: Harvard University Press, 1935, IV, 1 - 4. Procopii Caesariensis, *Opera Omnia*, ed. G. Wirth (post J. Haury), vol.3, Leipzig: Teubner, 1963, TLG, No. 4029002.

③ [法]孟德斯鸠:《罗马盛衰原因论》,第115页。[英]爱德华·吉本:《罗马帝国衰亡史》第3卷第4册,第35页。

四

一个半世纪以来,专业拜占庭学家们是如何具体表述拜占庭帝国的呢?本前言笔者不需要在此罗列所有拜占庭帝国通史书籍及其观点,仅以最具代表性的通史作品为例,便可清楚展示当今拜占庭学界公认的看法。

如果按照作品问世先后来展示更能说明问题的话,那么首先要提到的便是瓦西列夫的《拜占庭帝国史》。瓦西列夫(A. A. Vasiliev, 1867—1953 年)的这部通史作品在其丰硕的研究成果中影响最大,原因是作为拜占庭史学习的入门书,其读者非常广泛。该作品最初以俄文版印于 1923—1925 年,1928—1929 年出版英文版,1945 年进行了修订,直到他去世前的 1952 年完成了最后的修改和补充,后来重印的英文版都保持了 1952 年的原版样式。作者最后说:"我曾试图尽自己所能进行必要的补充和修正;但是,这种修订是个别的、不系统的,我仍然担心最近还可能发现一些基本的漏洞。"①他的这种担心是有根据的,其公开谈论其"基本漏洞"的态度也是坦诚的,因为大约在其开始修订英文版几年前的 1940 年,奥斯特洛格尔斯基(G. Ostrogorsky, 1902—1976 年)的《拜占庭国家史》德文版首次问世,开始吸引读者更大的注意力。作者在德文版前言中明确指出了瓦氏"基本的漏洞",他明确指出:"我很高兴避免了任何把史料素材按照诸如"国家""教会""文化史""东部政策""西部政策"等特定标题进行的安排,因为这样安排的写作会使我既不可能呈现出政策在若干世纪里整体性连贯发展的图景,也不可能呈现出政策在某个特定时刻总的状况,因而使我避免了那样做必不可免造成的单调无趣的重复。……拜占庭历史早期的描述就被确定为叙述其主要特征,只涉及理解中古拜占庭国家史本质要点的细节。"②显然,这里提到的"特定标题"的安排就是指瓦氏的作品,其涉及的是瓦氏和奥氏两书的重大区别,即事实陈述和历史叙述之间的不同。

作为 19 世纪实证主义史学在拜占庭史编纂领域的重要代表人物,瓦西列夫

---

① [美]A. A. 瓦西列夫:《拜占庭帝国史》,前言,第 2 页。
② G. Ostrogorsky, *History of the Byzantine State*, Oxford: Basil Blackwell & Mott, Limited, 1956, p. v.

以平实的笔调陈述拜占庭历史与文化的事实,并将涉及重大史实产生的学术争议和最新进展充分展示在作品中。通过该书开章明义非常详细的拜占庭研究史追溯,特别是作者对具有通史性质的前代作品细致的点评分析,瓦西列夫聚焦于集前代和他那个时代拜占庭史写作之大成,以通俗的语言,全面陈述拜占庭历史的重要事件,特别是用较多的笔墨陈述拜占庭文化艺术的成就。可以说,《拜占庭帝国史》是19世纪初以后百余年拜占庭通史的最佳作品,也是客观陈述拜占庭帝国历史的终结之作。这种客观陈述史实的写作风格清晰地表现在其章节题目上,它们或者重在标注年代,或者突出人物,或者显示内容,绝无任何价值倾向和成败判断。作品的这一特点可能正是比瓦西列夫年轻35岁的奥斯特洛格尔斯基认为的不足之处,并力图加以克服,后者希望自己的新书能够有所创新,形成历史叙述的特点。作为拜占庭学年轻一代,他绝不可能忽视《拜占庭帝国史》,但他需要有所突破,后来的事实证明他做到了。客观分析,这两个重要作家在拜占庭通史编纂上的学术分歧属于两代人之间的代际传承,瓦西列夫所代表的老一代拜占庭学家普遍具有的平铺直叙的著史特点,是主张价值中立史观最合理的体现,到奥斯特洛格尔斯基所代表的新一代拜占庭学家时必然有所变化,必然要在拜占庭史叙述中清晰展现这个帝国的历史发展主线和阶段性特点。如果说瓦西列夫是拜占庭史现代陈述史实派的典型代表的话,那么奥斯特洛格尔斯基就是当代拜占庭史叙述派的开山人。

奥斯特洛格尔斯基是如何进行拜占庭历史叙述的呢?弄清这个问题的重要性有助于我们深刻理解奥斯特洛格尔斯基的作品何以成为经典,进而深入解读当代拜占庭学家对拜占庭帝国的认识。奥斯特洛格尔斯基于1940年出版的《拜占庭国家史》虽历经80年,但直到今天仍然是国际拜占庭学家公认最好的拜占庭帝国通史书①,"这部著作出版发行时,引起了学术界巨大的兴趣,被一致认为是奠基性著作","本书作者具备这本书所要求的一切优点,集中了绝对清晰的思想和

---

① 奥斯特洛格尔斯基的成名作是我在1983年留学希腊时,指导教师卡拉扬诺布鲁斯教授开出的第一批书单的第一部,当时便逐字逐句进行了翻译式阅读。20年后,为了选择拜占庭史入门最佳作品,笔者广泛征求了国际拜占庭学同仁的意见,他们不约而同地推荐此书,显示出国际拜占庭学界对其认可的程度。作为新生代的特里高德意见相同。

表达方式,虽然创见迭出,但具有当今时代极为罕见的客观性。""对于每一位拜占庭学研究者,这部著作已经成为必备的参考书,'标准性的著作'和'枕边书'"①。作者拒绝平铺直叙地陈述拜占庭史实,那么他主张的历史叙述是什么呢?他认为"罗马的政治观念、希腊的文化和基督教的信仰是决定拜占庭帝国发展的主要因素。……正是希腊文化和基督教信仰融合统一在罗马帝国的政治框架内,才出现了我们称之为拜占庭帝国的历史现象。由于'公元3世纪危机'迫使罗马帝国日益关注帝国东方,从而使这种融合统一成为可能。其最初明显的事件就是罗马帝国承认了基督教的合法性以及帝国新都建立在博斯普鲁斯海峡上。基督教取得胜利和帝国政治中心最终迁移至希腊化的东方地区,这两大事件标志着拜占庭时代的开始。……早期拜占庭时代,帝国政治关注于维持对罗马疆域的直接控制;中期和晚期拜占庭时期,帝国政治则关注如何保持其当时占据的宗教至尊地位。……拜占庭国家的发展充满了活力。……拜占庭帝国最初三个世纪的历史具有转型时代的特征……正是在这个阶段,古代罗马生活逐渐让位于新的拜占庭因素。"他在谈到拜占庭文明的伟大成就时说,包括"罗马国家和希腊文明统一产生出与基督教紧密结合的全新生活方式……基督教的拜占庭帝国既不批判异教艺术也不反对异教学问。罗马法始终构成了拜占庭法律体系和立法观念的基础,而希腊思想则是其文化生活的基础。"②拜占庭国家伟大的时代出现在马其顿王朝开始统治前后,"拜占庭帝国的新时代由此开始,这是一个伟大的文化复兴的时代,不久以后便出现了重大的政治发展。……极其重要的是,历史发展的进程仍然处在东方的传统轨迹中,这个进程仍然在拜占庭帝国直接影响的范围内……拜占庭帝国开辟了新世界,其视野因此得到前所未有的扩展"。作者认为,这个"黄金时代"的结束是从皇帝瓦西里二世去世开始的。③奥氏始终认为,政治制度的优劣是拜占庭国家兴衰的决定性因素,因此,他把"中期政治制度的瓦解"和"国内外政治的崩溃"放在了首位,帝国嗣后虽然出现了军事贵族对拜占庭帝

① [南斯拉夫]乔治·奥斯特洛格尔斯基著,陈志强译:《拜占廷帝国》,西宁:青海人民出版社2006年版,第3—6页。
② [南斯拉夫]乔治·奥斯特洛格尔斯基:《拜占廷帝国》,第23、25页。
③ [南斯拉夫]乔治·奥斯特洛格尔斯基:《拜占廷帝国》,第186—187、273页。

国的复兴和拉丁统治结束后帝国的重建，但都无法改变已经萎缩为小国的拜占庭帝国的衰亡。

从奥氏的历史叙述中，人们可以明显看出：早期拜占庭国家的转型、中期的复兴和鼎盛、晚期军事贵族复兴努力的失败和帝国最终灭亡的发展线索，以及积极评价拜占庭帝国历史功绩的倾向。在其专业化的历史叙述中，诸如罗马帝国和拜占庭帝国的关系、古典文化和基督教信仰的关系、拜占庭帝国史曲折发展的脉络、拜占庭帝国灭亡的原因等许多重大问题得到了合理的回答。难怪在漫长的80年里，该书一直保持着拜占庭通史最佳经典作品的地位。① 对此，年逾80岁高龄的瓦西列夫并不太理解，甚至还批评该书"以政治史为主"②。这一评价显然与国际拜占庭学多数学者，特别是新一代拜占庭学家的认识不同，特里高德（W. Treadgold）在其代表作《拜占庭国家和社会史》（以及《拜占庭简史》）的前言中就将奥氏的《拜占庭国家史》奉为经典和写作蓝本，而瓦西列夫竟然未能入其法眼，在其书中未予评论。③ 特里高德宣称，他的作品是继奥斯特洛格尔斯基那本名著《拜占庭国家史》之后最好的作品，即便对后者他也认为不甚完美，更不用说在两位作家之间的半个世纪里，许多拜占庭通史作品都被他有意无意地忽视了，其心高气傲溢于字里行间，这导致拜占庭学界的反感，以至于其作品的许多优点都被忽视了。

特里高德能够代表更新一代拜占庭学家对古老帝国的认识吗？其《拜占庭国家和社会史》不是仅仅增加了"社会"方面的内容，而是提出了一套全新的解释框架，对拜占庭帝国史进行了新的历史叙述。特里高德的自信是与美国的崛起相吻合的。第二次世界大战的一个重要影响是世界文化中心的"洲际转移"，原本在拜占庭研究领域滞后的美国搭乘其取代欧洲世界文化中心地位的快车，在拜占庭学领域迅速发展。作为两次世界大战最大的获益者，美国在战后成为世界上最富

---

① 译者琼·胡塞在1955年英文版前言位置特别注明："乔治·奥斯特洛格尔斯基这本书已经成为著名的经典作品。"不要小看译者胡塞（Joan M. Hussey, 1907—2006年），她比奥氏小6岁，曾担任英国拜占庭研究会理事长长达十年，是国际拜占庭学界的一流学者。G. Ostrogorsky, *History of the Byzantine State*, p. vii.
② ［美］A. A. 瓦西列夫：《拜占庭帝国史》，前言，第45页。
③ W. Treadgold, *A History of the Byzantine State and Society*, California: Stanford University Press, 1997, Preface. ［美］沃伦·特里高德著，崔艳红译：《拜占庭简史》，上海：上海人民出版社2008年版，前言，第2页。

有的超级大国,这为美国的拜占庭学发展提供了宝贵契机。拜占庭学发展的物质基础虽然重要,但更重要的是发展这门绝学的大国文化心态和抢占文明制高点及话语权的紧迫感。美国的很多拜占庭研究中心图书资料齐全,研究环境极佳,条件一流,且以优厚的待遇吸引全世界顶尖拜占庭学者参与其合作项目,欧洲各国的拜占庭研究机构都无法望其项背。美国实行的公、私基金参与学术管理的体制使其拜占庭研究具有极大的灵活性,充满了活力,显示出一个超级大国争夺人类文化所有领域制高点的积极态度。如果我们仔细考察美国拜占庭学奠基人物经历的话,就不难发现,他们大多是二战期间和战后移居美国的文化精英。法西斯排犹运动和欧洲战后恢复的艰辛都推动了包括拜占庭学在内的世界文化中心从欧洲转移到北美洲。① 上一次国际拜占庭学者大会选举普林斯顿大学哈尔顿教授为主席一事可以看作是拜占庭学学术中心的"洲际转移"②。

特里高德在美国圣路易斯大学讲授古代晚期和拜占庭史多年,他希望能够超越奥斯特洛格尔斯基,其《拜占庭国家与社会史》一书的书名便透露了其雄心壮志。目前看来,他的雄心并未完全实现。首先是他企图以恢复吉本旧说来显示其与众不同。他将研究视野扩大伸展到公元前5世纪,以便与其"两千年"的分析时空相吻合,进而为其拜占庭社会分析找到古希腊根源,但这样的时空扩展并不合理。其次,他将拜占庭国家与社会渐行渐远最终分离作为其延续吉本"千年衰败说"的主要分析路径,这一点从其作品的目录中表现得特别清楚。特氏希望说明拜占庭国家和社会同时形成,但两者逐渐分道扬镳,此后不间断的灾难加剧了国家集权而社会分化,8世纪末以后开始的漫长恢复期间,两者同步但不同向发展,以至于出现拉丁帝国统治后拜占庭国家权力衰落而社会趋于富有的状况,最终的复兴并未出现,强社会而弱国家的结果就是帝国灭亡。该书极力跳出传统的叙述框架,但其新框架的人为色彩太明显:他力图以新方法建立拜占庭历史新的叙述体系,但将国家与社会作为两个同等重要的因素对立起来进行互动分析并不合理;他扩大了吉本"衰亡论"的时空范围,但实际内容还是奥氏谈论的那些内容,

① "洲际转移"的提法来自李工真:《纳粹德国流亡科学家的洲际移转》,《历史研究》2005年第4期。
② 2016年8月22日在塞尔维亚贝尔格莱德举行的第23届国际拜占庭研究协会大会上,哈尔顿教授当选为前任主席。见普林斯顿大学官方网页:http://history.princeton.edu/news-events/news/(2020/7/13)

只不过增加了社会变动部分;他批评奥氏作品没有纳入 1914 年以后的研究成果,但同时主张这种书应该是"拜占庭帝国的历史而不是拜占庭帝国现代学术史";他极力恢复吉本优雅的历史叙述风格,但功力不足而显得文笔笨拙。① 一个力图在冲破传统中建立新话语体系挑战者的形象跃然纸上,但其论述的逻辑架构并不成立。不过值得注意的是,他表达的学术诉求却在当下具有普遍性。

这一学术诉求也反映在《牛津拜占庭史》中,它是否能长期影响拜占庭学发展的走势还未可知。学术争论常态化是学术进步的重要表现,欧美学术争论的习惯催生出不断涌现的新思想理论和创新成果,可以说进步是在争吵中实现的。就此而言,新世纪国际拜占庭学界在创新方面表现也特别突出。其中最有代表性的作品就是英国资深拜占庭学家西里尔·曼戈(Cyril Mango)主编的《牛津拜占庭史》。该书前言明确指出:"重新解释和质疑公认观点之风对拜占庭史研究的影响比任何其他时期都要深刻。在许多极为重要的问题上,学术界也不再有一致的看法。"②该书对拜占庭学界传统的研究结论进行全方位的反思,无论在研究理论还是研究方法上,甚至在表述风格上,都试图突破传统的研究范式。这种质疑传统学术观点的勇敢精神是值得赞赏的,也许是新世纪拜占庭新生代学者的普遍性格。

反思和质疑拜占庭学术研究传统成果首先体现在理论方面,对于拜占庭千余年历史与文化曲折发展的复杂问题,近现代研究者形成了多种研究理论,以便解释其中多样性的现象。研究者虽然有时并不清晰知道其研究的理论,但他们自觉或不自觉形成的理论观念却常常决定着研究者对命题的选定、史料的解读、信息的取舍、史实的描述、是非的判断。譬如该书强调小农经济并非传统理论主张的那样对拜占庭帝国具有重要意义,批评传统理论高估了拜占庭小农经济的重要性,而低估或忽略了贵族经济在晚期帝国发展中的决定性作用。③ 又如它质疑 7世纪拜占庭军区制改革的真实性,认为后人根据 9、10 世纪史料重构的军区与最初出现的军区不是一回事,军区制并没有什么好处,反倒使"军区反叛这个难题"

① W. Treadgold, *A History of the Byzantine State and Society*, vii–xv.
② [英]西里尔·曼戈主编,陈志强、武鹏译:《牛津拜占庭史》,北京:北京师范大学出版社 2015 年版,序言。
③ Cyril Mango, *The Oxford History of Byzantium*, London: Oxford University Press, 2002, p. 9.

无法解决。① 反思派在研究方法上也突破传统，或者强化新研究范式，这也是近年来拜占庭学新生代反思的突出亮点，显然是理论创新带来研究方法的进步。但是新方法得出的结论还不能令人满意，尤其是在一些具体问题的研究中，似乎显得不太合理。例如该书利用考古新成果否定科穆宁王朝以后晚期拜占庭国际贸易大幅度衰落的传统结论，进而质疑阿莱克修斯一世向逐步取得地中海商业优势地位的意大利商人出让贸易特权的真实性和负面影响。② 在质疑的同时，作者甚至提出贵族地方势力的离心倾向对于拜占庭帝国整体实力并不都是消极的，认为贵族经济有利于拜占庭帝国的财富积累。拜占庭学新生代在理论和方法上的反思一方面带来了研究视野和手段的调整，同时也改变了他们的表述方式和写作文风，其中最有代表性的就是特里高德。他在其撰写的《牛津拜占庭史》第五章中处处挑战，时时怀疑，总是力图推出新说，其反思以挑战前辈权威为研究风格，代表着不拘泥于旧说、大胆假设的新生代风气，给人留下深刻的印象，但是明显缺乏学术研究所提倡的理性、谦虚、中性、心平气和的文风。好在作为《牛津拜占庭史》主编的曼戈教授还保持着上一辈拜占庭学者的儒雅风度，在该书序言中明确说明，"我并不想把我自己的观点或相互一致的看法强加给本书的各位作者。"③

五

拜占庭学新生代学人明显不合逻辑的"反叛"倾向是否会将这门学问导向衰落呢？纵观拜占庭研究工作发展四百多年的历程，虽然传承前辈学术传统一直是该学科领域的主流，但是创新也是其发展的重要动力。从 16、17 世纪最初的文献整理，经 18 世纪启蒙时代饱受批判和 19 世纪价值中立的史实陈述，到 20 世纪特

---

① Cyril Mango, *The Oxford History of Byzantium*, pp. 132 – 133.

② Cyril Mango, *The Oxford History of Byzantium*, pp. 163 – 165.

③ ［英］西里尔·曼戈：《牛津拜占庭史》，序言。可是在我与众多学者讨论中，包括哈佛大学拜占庭研究中心的拉伊奥教授、爱丽丝－玛利主任、麦克考米科教授、前国际拜占庭学会秘书长卡拉扬诺布鲁斯教授（I. Karagiannoulos）、雅典大学的伊格诺米基斯教授、牛津大学卡梅伦教授（Averil Cameron）、墨尔本大学斯科特教授等，并不是太认同特里高德及其观点。

029

别是战后具有褒奖取向的历史叙述,讲好拜占庭历史与文化的"故事"也是几经
创新发展。如果没有文艺复兴时代那批尚古的"玩家子",怎么能从古典希腊文
书中辨识出"拜占庭的文献"? 如果没有后启蒙时代那些多少有些严谨的老学究
们,怎么能在考证出大量具体的史事"碎片"基础上形成拜占庭历史与文化的史
实陈述体系? 同样,如果没有数十部通史性质的拜占庭学研究成果的积累,怎么
能出现奥斯特洛格尔斯基这种将吉本的历史叙述和大量个案研究成就巧妙结合
的经典作品呢? 很明显,贯穿拜占庭学发展的一个重要特征就是学术发展自身规
律主导着拜占庭学长时段的发展,而学术发展内在的力量会推动拜占庭学这条大
船始终沿着正确的航线航行,会将一时偏向的航程拉回到正确的方向上,会促使
所有拜占庭学家求同存异团结起来不断前进。

　　《牛津拜占庭史》这本新世纪之初问世的作品汇集了诸多国际拜占庭学界长
期争论的"共认知识"①,它既是对过往一个时期拜占庭研究学术进展的精炼总
结,也是对新世纪拜占庭研究动向的预判。该书主编曼戈教授的前言很值得回
味,而书中各章作者提出的真知灼见需要认真推敲,其中闪烁的思想火花弥足珍
贵,这对我国从事拜占庭研究的专业人员具有特殊价值。作为反思第一步的怀疑
本身就需要智慧,这从书中提出的许多新问题可见一斑。诸如拜占庭货币长期坚
挺、保持稳定的国际货币地位是否有利于帝国经济发展? 判断拜占庭经济繁荣是
不是应该在国库盈余、税收稳定等因素之外,增加生活质量、人们掌握更多财富等
因素? 这类问题就对亨迪(M. F. Hendy)、詹姆斯、琼斯、拉伊奥(A. Laiou)等人
的研究提出了挑战;拜占庭小农经济真的那么重要吗? 贵族经济就没有发挥过积
极的作用吗? 这个问题直指勒梅尔雷、白俄时期一批俄国学者的研究结论;7 世
纪的军区制改革究竟是不是真正发生过,它们对拜占庭帝国的影响究竟是积极的
还是消极的? 这类问题将迫使格尔泽、奥斯特洛格尔斯基、卡拉扬诺布鲁斯、伊格
诺米基斯等人的在天之灵要重新伏案工作;政治上的皇权专制在欧洲地中海中古

① 与《牛津拜占庭史》大体同期问世的《剑桥拜占庭史》似乎比前者更"新奇",仅从其书名便可见一斑,其主
编显然认为公元 500 年以前那近两个世纪的历史不在其教材的范围,而将 1453 年这一传统公认的时间点
抛弃掉,代之以 1492 年。Jonathan Shepard ed., *The Cambridge History of the Byzantine Empire, c. 500 -
1492*, Cambridge:Cambridge University Press, 2008.

时代是不是都不可取,其影响都是消极的吗?这类问题明显是对吉本及其思想来源的孟德斯鸠的反叛,是对古代世界共和主义的再思考;7世纪的拜占庭帝国究竟是一个组织良好的国家还是一个没有组织的社会?这个问题也挑战了伯里等许多老一代学者对拜占庭帝国政治史的看法;涉及拜占庭宗教思想、教会组织、制度礼仪、神学信条等重大宗教问题提出的质疑更多,特别是拜占庭东正教在帝国官方正统意识形态建构中的地位和作用等问题,直接挑战了拜占庭东正教的传统研究。类似于这样的直接提问在《牛津拜占庭史》中就有百余个,后人长期形成的有关拜占庭历史与文化的知识大多受到了质疑,富有启发性。有的问题涉及前人未能给予足够重视的部分,如拜占庭人的文化认同是什么?拜占庭帝国继承了罗马帝国哪些政治遗产,且在上千年间如何维系和发展了大一统帝国的中央集权制?作为欧洲一部分的拜占庭人与西欧人有何不同?人们通常谈论的拜占庭文化最重要的特征又是什么?地中海中古世界的生存环境发生了何种变化?大瘟疫对拜占庭帝国国运有什么重大影响?这类问题的深度思考都将开拓出该学科方向的新领域。简而言之,拜占庭学发展的学术规律始终保证该学科稳定地沿着一条主线前行,即拜占庭学者们高度关注、高度投入、高度团结地进行扎扎实实的研究,全面整理史料,准确解读史料,强化问题意识,建立历史叙述逻辑,深入探索问题,随时吸收其他学科营养,不断推陈出新,取得更多研究成果。

在这种大的国际背景下,我国拜占庭学的发展取得了哪些进步呢?我国拜占庭学发展的70年大体可以分为改革开放前后两个阶段。改革开放前的30年是开始阶段。我国拜占庭研究起步于新中国建立,之前无人涉及,之后重在引进苏联学术成果,列夫臣柯的简明拜占庭史中文版长期成为我国读者了解拜占庭帝国的唯一读物。[1] 1980年代中期以前,我国各类刊物发表的关于拜占庭史的各类文章共三十余篇,其中学术论文仅十余篇,其余为翻译作品和介绍性通俗文章。由

---

[1] 张联芳、马细谱编译:《世界各国对拜占庭学的研究状况》,《世界历史研究动态》1979年第1期;齐思和:《苏联历史学家对拜占庭研究的卓越贡献》,《历史研究》1957年第11期,第98页。列夫臣柯:《拜占廷》,北京:生活·读书·新知三联书店1962年版。郑玮:《中国学者对拜占庭史研究综述》,《史学理论研究》2000年第1期。

于缺乏专门人才的培养机制,从事拜占庭研究的专业人士屈指可数。齐思和先生认为,受苏联学界的影响,"研究的中心问题是拜占庭封建制度的一般性和特殊性"①。这个时期我国拜占庭研究的特点一是围绕教学,二是紧跟苏联学界。

"改革开放"政策带来了拜占庭研究的春天,1986 年第 11 期《世界历史》上发表的一篇文章拉开了中国拜占庭学快速发展阶段的序幕。② 从此,我国拜占庭学发展进入了第二个阶段,经历了从无到有、从小到大的发展历程,逐步形成了自身特色,呈现出从拜占庭研究向拜占庭学的转变,不仅为我国学界所认可,也受到国际同行的高度关注。③ 拜占庭史学科方向建设成果显著,首先表现在相关教育和专门人才培养体系逐步完善,从以前没有相关课程和专门人才培养计划,到目前十余所高校正式开设拜占庭史课程,特别是建立了从硕士到博士研究生的培养制度,构成了我国现今近百人(包括很多非专业的狂热爱好者)的拜占庭历史与文化研究的人才队伍。其次,与此相应的是拜占庭学专业化基础建设持续加快,国家图书馆和相关重点院校在拜占庭研究图书资料购置方面投入不断增多,《前荷马至后拜占庭时期希腊文古籍数据库》(简称 TLG)自 1997 年开始落户南开大学后,目前已经落户多所大学,为教学科研提供了保障。再者,整体研究水平持续提高,一批重要的研究成果相继问世,35 年来,我国拜占庭学人撰写的相关论文总数达数百篇,相关著作和译作百余种,与以前形成鲜明对照。我国拜占庭学者,特别是中青年一代的若干研究成果进入国际前沿水平。值得注意的是,学者们正在开拓新的研究领域,为该学科方向可持续发展拓展了空间。

毫无疑问,客观看待我国拜占庭学发展,还必须承认我们仍处于广义上的奠基阶段,因为我们与国际拜占庭学专业化水平尚存差距,还有许多制约发展的问题需要克服,还有诸多涉及未来发展的重大计划没有完成,我国拜占庭学界同仁正继续努力,不断前行。为了加强与国际拜占庭研究学会的稳定联系,我国拜占庭研究学会于 1995 年正式建立,我国第一个拜占庭研究中心也在南开大学挂牌成立,成为协调全国同仁合作、积极促进国内外学术交流的平台。正是在这个

① 齐思和:《苏联历史学家对拜占庭研究的卓越贡献》,第 98 页。
② 凌强:《应该加强对拜占庭历史的研究》,《世界历史》1986 年第 11 期。
③ 张海鹏:《改革开放 40 年来我国历史学的发展》,《人民日报》2018 年 8 月 7 日。

平台上，我国专门从事拜占庭历史与文化研究的专家学者和业余爱好者开展了积极的沟通，与国际一流拜占庭研究中心开展包括人才培养和项目攻关等全方位的合作。本书正是国家社科基金重大招标项目"拜占庭历史与文化研究"的最终成果。那么，本书力图在哪些方面反映出中国拜占庭学发展的阶段性特点呢？

本书是全国主要从事拜占庭历史与文化研究工作者的集体作品，因此作为主要负责人，我们在保留各位作者学有专长之处外，特别注意不"把我自己的观点或相互一致的看法强加给本书的各位作者"。这样做还可以充分凝聚近40年来我国拜占庭学人的共同特点。事实上，学者们在从事各自研究时，难免会与其他学者研究的问题重合，并因各自的研究视角和史料解读不同而产生观点上的不同，发生分歧和争论也是正常的。为了保持学者们各自的研究特色和学术观点，本书不特意强调观点上的"大一统"。细心的读者一定会在其中发现观点上的多样性，我们在赞许读者的认真态度之余，更希望读者根据自己的学识和思考做出最后判断。不强求学术观点的一致是本书第一个特点。

另外，本书非常关注全书的框架和布局。政治生活永远占据人类生活诸多方面最重要的地位，特别是当我们以"帝国"为主题时，就更需要"政治挂帅"，只有首先说清楚拜占庭帝国政治中的所有重大事件及其发展线索，才能渐次展开拜占庭社会与文化生活的其他内容。拜占庭帝国的国家政治架构存在则决定了其他方面的发展，帝国灭亡了则其他方面也随之烟消云散，仅存多种媒介的记忆了。鉴于书名为《拜占庭帝国大通史》，全书首先力争做到以拜占庭"帝国"为主要对象，即从讲清楚各种权力集于一身的皇帝及其王朝，进而讲清楚涉及帝国发展的重大事件，突出拜占庭帝国政治秩序形成和发展主线的贯通性。具体而言就是按照拜占庭帝国王朝、流亡政府、小王朝、君主国的皇帝、君主的在位年代时序，描述自君士坦丁堡正式启用的330年直到1453年（扩展包括1461年特拉比宗大科穆宁王朝绝嗣）的所有政治事件，涉及的空间地理范围东起黑海东南岸和两河流域西岸、西抵西地中海之西班牙西部沿海，北自克里米亚半岛和多瑙河、南至马格里布沙漠和埃及尼罗河阿斯旺地区的疆域。本书要用拜占庭帝王"本纪"贯通拜占庭社会生活其他方面的叙述，所谓"纲举目张"，其中还有学习和践行司马迁《史记》优长的设想。这一安排还考虑到我国读者目前尚无可以查询所有拜占庭皇帝和君主全传的百科全书，所以无一遗漏地描述每一位帝王就显得格外重要，故而全书各卷第一编为"皇帝列传"（包括君主外传）。这是本书不同于国内外其他拜占庭通史作品的第二个特点。

本书第三个特点是重点突出，即争取在全面涉及拜占庭历史与文化全貌的同时，重点突出我国拜占庭学者见长的研究领域，在重大问题上保持贯通式的历史叙述，并形成点面结合、以点带面的特点，避免面面俱到却蜻蜓点水，弥补表面似乎覆盖全面，但所涉及的问题都缺乏论述深度的不足。这一设计也有对我国拜占庭学发展的现实情况的考虑。如前文所说，我国拜占庭学发展目前尚处于奠基阶段，在实现专业队伍整体专业化方面还有很长的路要走。其中非常突出的一点是我们的专家队伍还比较小，研究的领域还比较少，研究的深度与国际平均水平还有差距，至少阅读原始文献和最新成果的多种语言解读的整体能力还比较弱。正因为我国拜占庭研究还存在很多空白领域，便制约了本书涉及拜占庭历史与文化所有方面的最初规划。本书突出的重点是从我国拜占庭学发展的几个优势方面出发得出的：其一是我们从一开始便注意宏观上的整体理解，而没有陷入"碎片化"的历史微小细节的考据，这种宏观理论则源自我国拜占庭学者长期接受的"历史唯物论"基本理论训练；其二是我国学者虽然各自研究的领域有所区别，但其选择的研究问题基本上都是涉及拜占庭帝国历史发展的重大核心课题或重大热点课题，这就把一部相对完整的拜占庭帝国通史必须涉及的画面板块拼接了起来。换言之，涉及这部通史的重要方面是没有遗漏的，只不过有些进行了更加细致的论说。

最后一点特征是本书的各位作者在研究和写作过程中始终关注国内外拜占庭学发展动向，注意认真调查和研讨最新学术成果，并将其中最有学术意义的内容吸收进本书。毫无疑问，最新学术成果包括的内容很多，既有古代文献的最新版本，也有各种形式的古代文物的发现，既有地下挖掘出土的，也有民间藏品收集来的，种类繁多，琳琅满目。但是对最新成果的质量也需要进行鉴别，特别是近年来出现的大量文学作品和历史普及读物，良莠不齐，泥沙俱下，观点各异中不乏标新立异者，不乏过时观点炒作者，更有"语不惊人死不休"的极端主义爱好者，因此本书作者们的共识是,坚持严肃的学术标准,没有达到本书学术标准的绝不入本书作者群的法眼。总之,本书合作者们一直坚守的信念是要以为后世负责的态度,向广大读者奉献一部能够反映国内外拜占庭学半个世纪以来最新发展水平的精品力作。

六

最后,本前言要向读者完整展示本书的核心观点。本书名为《拜占庭帝国大通史》,顾名思义当以帝国多方面的"通史"为主线,其中帝国政治史成为历史叙述的核心内容。

如果放宽政治问题核心焦点的权力体制视角,就不难发现中古时代整个欧洲地中海世界人类社会大体分为中央集权和地方专权两种状态。前者以自晚期罗马帝国以后就一直坚持皇帝专制中央集权的拜占庭帝国为典型,后者以日耳曼民族大迁徙运动以降普遍实行各级君主地方专权的西欧地区为典型。君士坦丁一世到查士丁尼一世的早期,拜占庭帝国承自罗马帝国传统最重要的政治遗产在于中央集权的国家体制,而早期的皇帝们便致力于完善这一国家的建设。大体而言,早期数百年的帝国建设包括国家机构及其制度的完善:强化皇权血亲继承,加强铁腕皇帝及其团队建设,即德才兼备文武双全的皇帝及其统治团队的组建,其核心在于效忠皇帝的武装力量、精明强干效率极高的"内阁";健全等级有序的官僚机构,这是类似于"三省六部"对立法、执法、监察诸权的制度性掌控;完善各安其位的行政官职及其人才选用机制,特别是保证各阶层精英的纵向上升通道;维系相对稳定的中央和地方政府管理,包括强中央弱地方原则在财政和军队方面的落实,监督和消除地方权贵势力,以及保持权力平衡的收、放机制即随时任免制度;建立全面完整的普世法律和法治制度,重在法典编纂、法律法规和司法系统建设方面;确立以基督教信仰为核心的官方意识形态,强化超越现实的理念、神化皇权、忠君爱国习俗等。这一整套国家制度建设充分调动了皇帝所辖的东地中海世界人力和物力资源。与此同时,在欧洲"试验场"的西部,地方专权以各级领主理顺家族内血缘关系和构建家族间血缘关系网络为核心的建设也在缓慢推进,由于土地资源在农耕游牧时代的极端重要性,遂被当作各种关系链条的基本纽带,一整套等级严格的封建制度由此形成。当政治上四分五裂的欧洲其他地区陷入混战的时候,中央集权制的拜占庭帝国政治秩序相对"安稳",但权力过度集中于皇帝及其团队也增加了缺少"杰出君主"的风险,铁腕皇帝的缺位直接对国家权力的运行产生不利影响。所谓"第一黄金时代"的在位皇帝查士丁尼一世之后出现了半个世纪的乱局就是如此。

伊拉克略一世及其团队最大的贡献是推行了全面的帝国"军区制改革",这一改革有效地集中了处于乱局中的人力物力资源,强化了拜占庭国家体制,有效地化解了当时最紧迫的兵源枯竭和财政危机,从而也开启了拜占庭帝国中期历史的序幕。这一意义深远的改革还促使拜占庭帝国军事化,适应了西亚东欧地区大规模武装冲突日益加剧的新变化,因此保证了拜占庭帝国此后约500年的相对稳定。建立在活跃发达的小农经济基础上的帝国中央集权一直保持强盛,发挥着守护中古欧洲的前哨堡垒作用,也使得长期封建战乱不止的欧洲其他地区在精神和物质生活水平上与拜占庭世界形成了巨大差距。马其顿王朝瓦西里二世的"黄金时代"是拜占庭帝国国家政治发展的顶峰,其后便进入帝国中央集权制国家由强盛而衰弱的转折阶段。

本书将这个转折点当作拜占庭帝国晚期历史的开端,也就是拜占庭国家体制瓦解的开始。① 拜占庭帝国中央集权体制在科穆宁王朝时期的"贵族治理"改革后,朝向家族政治发展,而西欧各地方君主,特别是英格兰、法兰西、西班牙和德意志各国诸侯则逐渐屈服于实力日增的王权和选侯权,欧洲东西两部分朝着背离各自初期发展方向、却趋向共同类似的政治形态变化。事实上,中央集权和地方专权两种政治模式都在运行中出现了问题,都在不自觉地向着相反的方向发展。拜

---

① 奥斯特洛格尔斯基"将11世纪视为拜占庭帝国不可遏制的衰落的开端,并将此归因于封建制度的胜利";勒梅勒(P. P. Lemerle)和一批新生代学者不同意这一观点,认为贵族经济支撑起帝国的繁荣;布罗温则强调衰败始于科穆宁家族取代了帝国国家权力;卡日丹(A. P. Kazhdan)和哈维与奥斯特洛格尔斯基的看法相反,认为正是由于"封建化"受到阻碍,帝国才进入衰败。大卫·勒斯科姆和乔纳森·赖利-史密斯主编:《新编剑桥中世纪史》第四卷,陈志强、郭云艳等译,中国社会科学出版社2021年版,第238—239页。[南斯拉夫]乔治·奥斯特洛格尔斯基:《拜占廷帝国》,第273—275页。

占庭帝国中央集权制国家政治衰败的同时,欧洲其他地区地方专权却逐渐朝向中央集权制发展,这个时期的这种发展趋同在西西里和匈牙利甚至英格兰率先进入了民族国家萌发阶段,那里的君王们不约而同地采取了削弱家族弟子一代权力基础的措施,并千方百计强化父辈的政治经济实力,从而出现了早期多层次政治无序状态向着区域国家集中统一政治权力的发展趋势。衰落阶段的拜占庭国家集中统一政治权力因缺乏杰出皇帝出现了中央集权的瓦解,科穆宁王朝阿莱克修斯一世的政治改革开启了家族政治的开端,也在不自觉地朝着将帝国降格为地方专权势力的方向发展。

这一深刻变动为嗣后欧洲地中海世界在中古晚期和近代早期的发展奠定了基础,西欧各国以国王集权为最高形象不断强化的民族国家恰好符合工业文明初期的政治经济要求,那里各个近代国家的发展愈发强势,拜占庭则从强势的中央集权"帝国"蜕变为地方专权的家族统治,资源和疆域同比萎缩,进而被新兴的奥斯曼帝国灭亡。总之,千余年历史的拜占庭帝国一直在为维护皇权进行不懈的努力,几乎所有的皇帝及其统治团队都在追求强化中央集权治下的帝国政治"秩序",其中成功者有机会延长王朝的寿命,而失败者就不得不拱手让出皇权,但无论谁登基都尽力通过帝国"国家"中央集权控制全国正常秩序。与此同时,欧洲其他地区则以最原始的血缘关系或古代地域联系为基础,努力构建家庭和家族内外的封建关系,追求血缘纽带联结的各级封建领主间稳定的人身依附关系,维护分层治理的地方专权下的秩序,其天赋的血缘关系必然产生出"自然权力"和"自然权利"①。拜占庭帝国国家权力维持下的政治秩序相对稳定,而欧洲其他地区的家族权力和家族间关系相对脆弱,各层级的冲突与战乱不断。国家权利集中表现在军事和财政方面,其对臣民要求的义务也主要集中在税收和征兵上,而家族则争夺和维护各自的领地和封臣附庸人身所有权,其对"自然权"的争夺因"自然"个体生命之短暂而凸显脆弱性和不稳定性。后者构成了西欧中古多层次、多样式的整部封建战争史。

---

① 有学者对以"自然权利"为核心的西欧文明多方面表现进行细致分析。侯建新:《中世纪与欧洲文明元规则》,《历史研究》2020 年第 3 期,第 155—178 页。

上述基本观点还不完善,我们希望未来在弥补本书存在的不足和加强未来需要开拓的研究领域中进一步完善我们的基本观点,对于新的研究也充满了期待。

七

在即将结束这个长篇前言时,笔者打算根据目前情况指出未来可以拓展的研究课题,也是希望我国拜占庭历史与文化研究者们能思考未来的研究方向和新的领域。

按照通常能够理解的分析逻辑看,以下研究可以参考:首先是目前渐成热门的研究课题,其共同特征是采用最新的理论方法进行多学科交叉研究,例如生态环境史范围的拜占庭灾害史、疾病史、医疗社会史、饮食起居史等;又如年鉴学派始倡的社会史、家族史、族谱研究、妇女史、儿童史、日常生活史等;再如近年来兴起的古代晚期学派研究,特别是东地中海地区多元文化交融中的拜占庭人社会生活研究。

其次是在传统的政治问题研究基础上,开展拜占庭帝国政治理论研究,这是国内外拜占庭学的空白领域,主要原因在于很多欧美学者认为拜占庭人没有完整的政治思想,缺乏对政治体制的创新,而只是模仿罗马帝国的政治实践,特别是与皇帝专制制度相关问题的研究也比较缺乏,甚至有些新生代学者认为拜占庭帝国根本算不上具有稳固政治机构的国家;又如在皇帝研究中杰出帝王受到集中关注,而目前涉及较多的皇帝个案研究未能覆盖所有帝王,个别帝王和君主的生平甚至在辞书中都难以查询到;再如与帝国中央集权制有关的官僚和官制体系也缺乏系统的研究成果,以至于在对官职名称沿革和其职能问题上存在诸多误解,读者在本书中也可以发现这类问题,无论如何,拜占庭学界缺乏像布洛赫《国王神迹》那样"滴水见日"的研究成果。[1] 在经济问题研究方面,关于拜占庭农业经济、货币经济、城市商贸经济、手工业经济等均有公认的研究成果,并构成了当代拜占

---

[1] [法]马克·布洛赫著,张绪山译:《国王神迹》,北京:商务印书馆 2018 年版。

庭经济史的认知框架①，但是一种宏观的、综合性的系统理论尚未得到多数学者认可，特别是从社会分层理论进行的细节研究如贵族经济等还有待开展，手工业生产活动的细节研究还缺少洛佩斯和穆塞修斯那样的研究成果。② 三农问题研究虽然也有许多学者的研究成果，但是仍然缺乏深入细致的个案研究，缺乏多视角的考察，更缺少勒华拉杜里《蒙塔尤》那样揭示中古农村多种信息数据的"生活的各种参数"的成果。③ 拜占庭城市经济和商贸活动研究也有类似的情况，像皮雷纳（又译皮朗）《中世纪的城市》那样具有"罗马世界"宏观视野的作品在拜占庭学界非常罕见④，"皮朗命题"虽然过去了多年，但仍有强大的吸引力和启发性，这样的研究成果在拜占庭学界还没有出现。⑤ 当然，有关拜占庭宗教神学和哲学，以及对后世的深远影响问题的研究更是未开发的处女地，有关拜占庭东正教信仰、教会发展、修道生活的研究尚未能扩展到其神学特征和哲学影响问题上，以至于我们至今还不能清楚指出东正教与天主教神学分歧的历史根源，更不用说对包括黑格尔在内的德国古典哲学的深远影响了。同样的情况也出现在拜占庭文化（包括文学、史学、诗歌、绘画、雕塑、建筑、戏剧、科技等）及其深远且广泛的影响研究方面，仅就拜占庭知识分子对意大利人文主义者影响的细节问题就存在诸多盲点，现有的研究成果在具体人、物、事等方面还有许多漏点，需要进一步深入探讨。

总之，本书的出版只能是我国拜占庭研究的一个阶段性总结，我们的研究工作还需要与全球拜占庭学专家积极交流，在专业化方向上继续努力，取得更加深入的研究成就。在此，作为本重大项目主持人和本书总主编，我还是更多寄希望

---

① 罗斯托夫采夫、琼斯和拉伊奥的经典作品构成了这一认知框架。[美]M. 罗斯托夫采夫著，马雍、厉以宁译：《罗马帝国社会经济史》，北京：商务印书馆 1985 年版。A. H. M. Jones, *The Later Roman Empire 284 – 602*, Oxford, 1964. A. Laiou, *The Economic History of Byzantium: From the Seventh through the Fifteenth Century*.

② Anna Muthesius, "The Byzantine silk industry: Lopez and beyond", *Journal of Medieval History*, 19 (1993) 1, p. 67. R. S. Lopez, "Silk industry in the Byzantine Empire", *Speculum*, 20 (1) (1945), pp. 1 – 42. A. Muthesius, *Studies in Silk in Byzantium*, London: Pindar Press, 2004.

③ [法]埃马纽埃尔·勒华拉杜里著，许明龙、马胜利译：《蒙塔尤》，北京：商务印书馆 2007 年版，前言。

④ [比利时]亨利·皮雷纳著，陈国樑译：《中世纪的城市》，北京：商务印书馆 2006 年版，第 2 页。

⑤ 王晋新：《古典文明的终结与地中海世界的裂变：对西方文明形成的重新审视》，《东北师大学报》2010 年第 1 期。

于我国中青年拜占庭学者,希望他们能够在专业化道路上继续前进,为推动我国拜占庭研究工作的可持续发展做出新贡献。

尊敬的读者朋友们,敬请各位在阅读本书中发现问题,并不吝赐教,我们将在持续的研究中补充修改,以获得更满意的结果。

联系方法:markchen@ nankai. edu. cn

于南开大学龙兴里小区

2022 年初冬

Part I

上编

君士坦丁王朝 （陈志强、林英、徐一卯）

瓦伦提尼安诸帝 （董晓佳、林英、徐一卯）

塞奥多西王朝 （董晓佳、武鹏）

利奥王朝 （武鹏、刘榕榕）

查士丁尼王朝 （黄群、李强、王翘、马锋、庞天宇）

上编各章作者：

陈志强 南开大学历史学院教授，希腊亚里士多德大学博士

林英 中山大学历史系教授，中山大学博士

徐一卯 天津理工大学马克思主义学院讲师，南开大学博士

董晓佳 湖北大学历史文化学院教授，南开大学博士

武鹏 南开大学历史学院副教授，南开大学博士

刘榕榕 湖北大学历史文化学院教授，南开大学博士

黄群 东北师范大学历史文化学院博士

李强 东北师范大学历史文化学院副教授，希腊约阿尼纳大学博士

马锋 西北大学历史学院副教授，东北师范大学博士

王翘 齐鲁师范学院讲师，东北师范大学博士

庞天宇 东北师范大学历史文化学院博士

上编

皇帝列传

（330—610）

拜占庭帝国实行皇帝血亲世袭继承制,在其1100余年历史中,先后共有139位君主在位,他们分属于占据首都君士坦丁堡的17个正统王朝和一个非正统王朝,即君士坦丁王朝(330—363年)、塞奥多西王朝(379—457年)、利奥王朝(457—518年)、查士丁尼王朝(518—582年)、伊拉克略王朝(610—705年)、伊苏里亚王朝(717—802年)、阿莫里王朝(802—867年)、马其顿王朝(867—1056年)、杜卡斯王朝(1057—1081年)、科穆宁王朝(1081—1185年)、安茞鲁斯王朝(1185—1204年)、拉丁帝国王朝(1204—1261年)、帕列奥列格王朝(1261—1453年),以及尼西亚帝国拉斯卡利斯王朝(1204—1261年)、特拉比宗帝国大科穆宁王朝(1204—1461年)、伊庇鲁斯专制君主国王朝(1204—1318年)、莫利亚君主国王朝(1348—1460年)。这里所谓"非正统"王朝指的就是由十字军骑士建立的拉丁帝国王朝。这些君主政体中第一个王朝为君士坦丁王朝,查士丁尼王朝时期进入拜占庭帝国历史的"第一黄金时代",马其顿王朝统治时期最为强盛,也被称为"第二黄金时代",统治时间最长的为帕列奥列格王朝(192年),也是拜占庭帝国的末代王朝。这17个王朝大体构成了拜占庭帝国发展的主要脉络和政治框架,也是深入了解拜占庭帝国史与拜占庭文化诸多问题首先必需掌握的基本历史线索。

第一章

君士坦丁王朝

（330—363 年）

　　君士坦丁王朝是拜占庭帝国第一个正统王朝,统治时间 33 年,共有五位皇帝,分属于皇族三代血缘关系,其中君士坦丁一世(Constantine I,324—337 年在位)在位时间最长、成就最突出,被后世誉为"君士坦丁大帝",他不仅是王朝创立者,也是促成拜占庭(东罗马)帝国历史开端的代表性人物。其他皇帝包括康斯坦提乌斯二世(Constantius II, 337— 361 年在位)、君士坦丁二世(Constantine II, 337— 340 年在位)、康斯坦斯一世(Constans I,337— 350 年在位)和"背教者"朱利安(Julian,361—363 年在位)。据称,该王朝来源于巴尔干半岛纳伊苏斯,即今尼什城(Naissus[Nis]),自称与古罗马帝国皇帝克劳迪乌斯二世(Claudius II Gothicus, 268—270 年在位)有血缘关系,但其父康斯坦提乌斯·克洛斯(Constantius I Chlorus)为晚期罗马帝国称雄高卢一方的军阀,后被戴克里先(Diocletian)确认为帝国西部凯撒(即西部副帝)。君士坦丁大帝早年也受父亲影响从军旅生涯起家。

君士坦丁大帝也被后人称为君士坦丁一世,是第一个将皇帝直系血亲世袭皇位制度引入拜占庭帝国的君主。具体而言,就是他把自己的几个儿子确定为皇帝继承人。这种制度与晚期罗马帝国皇帝继承制的区别在于,前者将此确定为一种强制执行的制度,而后者只是"拟制血亲制"的一种特殊表现形式;另外,前者处于推行的早期阶段,因此王朝内部的复杂关系还需要有适应的过程,而后者只是在沿袭古老的制度而已。按照这一新制度的规定,君士坦丁大帝将自己的几个儿子都确定为其身后的皇位继承人,其中除了被误杀的长子克里斯普斯(Flavius Julius Crispus,约295—326年,为君士坦丁第一任妻子所生)外,第二任妻子福斯塔(Flavia Maxima Fausta,289—326年)所生的三个儿子都成为皇储,他们分别是次子君士坦丁二世、三子康斯坦提乌斯二世、四子康斯坦斯一世,两个女儿康斯坦提娜(Constantina)和海伦娜(Helena)没有进入皇储名单。但是,海伦娜后来嫁给了她的堂哥朱利安。

君士坦丁王朝在位的五位皇帝统治期间都面临内部统治地位动摇的问题,但是除了君士坦丁大帝是与家族外其他军阀拼杀确立其皇权的,他的子嗣们都陷入激烈的内部争斗,甚至其亲儿子之间战争的残酷血腥一点也不逊色于老军阀们。君士坦丁一世去世后,其三个异母兄弟德尔马提乌斯(Delmatius)、尤利乌斯(Julius)和汉尼拔利阿努斯(Hannibalianus)及其大部分男性子嗣都死于宫廷内斗,除了当时年幼的朱利安和大部分女性家族成员幸免于难。也正是这个朱利安后来继承了皇位,但未来得及养育他自己的子嗣就殒命于战场,王朝统治因此断绝。这从一个侧面透露出皇帝血亲世袭继承制在建立之初经历了痛苦的过程,是以皇族子嗣的大量牺牲为代价的,这是君士坦丁大帝这位"始作俑者"没有想到的。

君士坦丁王朝是拜占庭历史上的第一个王朝,与此后的十余个王朝相比,其开创王朝历史先河的作用特别明显,但同时,它在皇帝家族与其他贵族间建立联系方面也远不如其后人,该王朝统治时间因此也比较短。然而,这个王朝因君士坦丁大帝建立"新罗马"、推行帝国基督教化、利用周边族群政策、强化皇权为中心的多项改革措施等政绩,确立了拜占庭帝国嗣后发展的方向与道路,其大政方针为后世杰出君主所坚持,产生了极其深远的影响。

第一节

君士坦丁一世（Constantine I）

324—337 年在位

君士坦丁一世（Constantine I, Gaius Flavius Valerius Constantinus, Κωνστάντιος A'，生于 272 年或 274 年，卒于 337 年 5 月 22 日，享年 65 岁）是罗马帝国皇帝，也是东罗马（拜占庭）帝国君士坦丁王朝的第一位皇帝，自 306 年称帝，至 337 年去世，共在位 31 年。他于 330 年正式启用新都"新罗马"，开启了拜占庭帝国史，一般认为他是拜占庭帝国的开创者。

君士坦丁大帝于 272 或 274 年 2 月 27 日[①]出生于纳伊苏斯。其父弗拉维乌斯·康斯坦提乌斯（Flavius Valerius Constantius）就任西罗马副帝后改名为康斯坦提乌斯·克洛斯（Constantius I Chlorus），曾是罗马军队中的将军，母亲海伦娜（Helena）是康斯坦提乌斯的第一任妻子。康斯坦提乌斯很可能来自伊利里亚（Illyria）的普通农家，从军队中的下级士兵逐步升至军团指挥官。海伦娜出身卑贱，曾在当地旅馆做女仆。当康斯坦提乌斯与罗马帝国西部奥古斯都马克西米安（Maximian）的义女塞奥多拉（Theodora）联姻时，海伦娜与康斯坦提乌斯离婚。不过，君士坦丁从小在母亲家长大，终生与母亲保持着密切的关系。后来，康斯坦提乌斯与塞奥多拉生育了六个子女。

3 世纪之后，罗马帝国经历了近一个世纪的社会动荡和经济衰退，边境地区不断遭到外敌入侵。军队对于维持帝国稳定变得格外重要。在这样的背景下，多位出身于罗马军队的皇帝相继登上王位，王位的认定和继承常常在不同军事将领指挥的军队之间引起军事冲突，军队实际上操控着皇帝的选举。公元 1、2 世纪由皇帝宫廷与元老院相互配合运作的政治体制无法继续维持，军人皇帝以及随之兴

---

① 君士坦丁的生日是 2 月 27 日，这个明确日期来自后世为庆祝其诞辰而设立的宗教节日，据现代学者的推定，他的出生年份在公元 270 年到 290 年之间，最有可能是 272 年或 274 年。[古罗马]尤西比乌斯著，林中泽译：《君士坦丁传》，北京：商务印书馆 2015 年版，导论，注 3。Eusebius Werke, *Über das Leben des Kaisers Konstantin*, ed. F. Winkelmann, Berlin: Akademie-Verlag, 1975, Thesaurus Linguae Graecae（希腊语文献数据库，简称 TLG），No. 2018020.

起的军事贵族(新贵)成为新的政治力量。284 年,戴克里先皇帝(Diocletian,284—305 年在位)终于结束了军阀割据带来的政治动荡,为了终止军队对皇位的干预,他建立了四帝共治制(Tetrarchy),将罗马帝国分为东、西地中海两部,各设一位正帝(奥古斯都 Augustus)。他自任最高皇帝和东部正帝,定都尼科米底(Nicomedia),又任命他的老战友马克西米安为西方正帝,定都米兰(Mediolanum)。两位正帝之下再设两位副帝(凯撒 Caesar)。西方副帝康斯坦提乌斯·克洛斯的统治中心在今德国特里尔(Trier,罗马帝国时称 Augusta Trevirorum),东部副帝伽勒里乌斯(Galerius)的统治中心在今科索沃的米特罗维查(Mitrovoca,罗马帝国时称 Sirmium),帝国颁布的一切法令都要经过四帝的联名签署,四帝之间按照罗马贵族的传统通过联姻紧密相连,而戴克里先在这一体制中拥有绝对的权威。[1]

"3 世纪危机"是晚期罗马帝国遭到的最沉重的打击。这次影响深刻的无可逆转的危机使罗马社会经济全面崩溃,过去繁荣的古代商品经济彻底瓦解,城市破败,商业凋敝,农村土地荒芜,人口锐减。同时,整个罗马帝国政治剧烈动荡,军阀混战、争权夺地、武装割据、自立为帝。社会各阶层人人自危、朝不保夕、精神颓废、道德沦丧,宗教迷信迅速发展。虽然这次危机在帝国的东、西部表现的形式和危害的程度有一定区别,但是,危机对整个帝国经济、政治、文化、社会物质和精神生活都产生了不利影响。当帝国西部地区在内部危机和外部日耳曼诸民族入侵的双重打击下迅速衰亡的时候,帝国东部地区也在危机中苦苦挣扎,寻求着摆脱困境的出路。拜占庭国家即在这一过程中逐步形成。

按照戴克里先施行的"四帝共治制"[2],所谓罗马帝国东部包括伊利里亚省和今非洲苏尔特湾(Khalij Surt)以东直到两河流域的广大地区,其实际控制区包括巴尔干半岛西北部地区,即今阿尔巴尼亚、希腊和前南斯拉夫部分地区,以及小亚细亚、叙利亚、巴勒斯坦、埃及地区。这一地区和罗马帝国西部一样经历了普遍的

---

① A. H. M. Jones, *The Later Roman Empire 284 -602: A Social, Economic, and Administrative Survey*, vol. 1, Oxford: Basil Blackwell Ltd, 1964, pp. 37 - 42.
② 戴克里先在其行政改革中首先任命马克西米安为帝国西部副皇帝,也称"奥古斯都",而后,两位皇帝再各自任命一位"凯撒",即伽勒里乌斯和康斯坦提乌斯,分管伊利里亚、高卢、西班牙、不列颠群岛,这即是所谓"四帝共治制"。

社会危机,特别是在过去对罗马帝国经济生活有着重要意义的非洲从这一时期开始迅速衰落,其直接的原因是残酷的政治斗争和血腥的内战,当时的希腊历史作家记载:"那些初登帝位就进行战争和多次屠杀的人残害了许多官员,并给另外一大群人带来了不可恢复的灾难,因此,外省许多城市都荒无人烟,大片土地任其荒废,许多人都死掉了。"①作为古代文明生活中心的城市经济瓦解得最为迅速。物价飞涨,货币贬值,贵金属货币逐渐消失。在盛产谷物的埃及,小麦的价格在数十年间上涨了数倍,以致一个成年手工工人的收入不足以养活四口之家。商业贸易中猖狂的投机倒把活动和金融市场上活跃的黑市交易完全摧毁了城市经济生活的正常秩序。国际贸易关系几乎中断。经常不断的战争和军队的抢劫不仅使城市而且也使农村经济陷于破产。一封反映3、4世纪埃及农村生活的书信要求军队将领"制止士兵的暴行。不许其中任何一个人偷一只鸡或捉一头羊。不许任何人拿走葡萄或打谷子,也不许任何人勒索橄榄油、盐和木材。……不要仗着挤外省人的眼泪过日子"②。汤普逊正确指出,"罗马非洲省的衰落开始于第三世纪中期"③,其显著特征是人口锐减、灌溉系统崩坏、耕地荒芜。

　　在小亚细亚和巴尔干半岛地区也发生着类似的经济困难,内战对当地城乡经济生活的破坏也相当严重。古代东地中海世界最昌盛的雅典此时已经迅速衰落成为人口不多的小渔村。"在希腊有许多城市完全消灭;别的城市也人烟稀少。至于爱琴海上的岛屿大部变成一片荒凉的山岩。阿卡狄亚几乎回到了自然状态。"④罗马帝国时代非常富庶的小亚细亚地区成为兵匪洗劫的对象,当地的皇家佃户集体向皇帝申诉他们遭受的不幸:"小人等深受那些职在护民者之欺压榨取……举凡官吏、士兵、城市权贵(长官)与陛下所派之办事人员……均来到小人等之村庄,驱使小人等割舍正业,强征小人等之耕牛,勒索非分财物,故此小人等所受之冤屈与渔夺实在极为痛苦"⑤。

---

① 《献君王词》,转引自[美]M.罗斯托夫采夫著,马雍、厉以宁译:《罗马帝国社会经济史》,北京:商务印书馆1985年版,第625页。
② [美]M.罗斯托夫采夫:《罗马帝国社会经济史》,第653页。
③ [美]汤普逊著,耿淡如译:《中世纪经济社会史》,北京:商务印书馆1984年版,第12页。
④ 阿卡狄亚是指伯罗奔尼撒半岛中部地区,[美]汤普逊:《中世纪经济社会史》,第21页
⑤ [美]M.罗斯托夫采夫:《罗马帝国社会经济史》,第657页。

　　经济危机和长期内战导致帝国广大领土内各个民族和社会各个阶层之间激烈的矛盾冲突。反对帝国政府的人民运动此起彼伏,不堪军队勒索和国家苛捐杂税剥削的下层民众聚集山林、落草为寇,当时的文献普遍流露出对社会治安形势日趋恶化表现的极大恐惧。国家的税收官员和公粮押运员经常被愤怒的民众打得遍体鳞伤。晚期罗马帝国的内战和军阀割据一度使帝国东部地区陷入混乱,恶劣的政治环境破坏了经济生活的正常秩序,而经济混乱进一步成为国家政治混乱的物质基础,上层军事将领和政客们乘机聚敛财富的行为和国家官吏的普遍贪污腐败,不仅侵蚀国家政治和经济机体,而且扩大了社会各阶层之间的贫富差距,激化了他们之间存在的深刻矛盾。物质生活环境的剧烈动荡和生活水平的普遍降低也使文化发展失去必要的基础,对现实生活失去信心和希望的民众丧失了对健康文化的需求,他们除了热衷于宗教和迷信活动,企图从中找寻心理上的安慰之外,普遍沉溺在颓废腐化的物质享受之中,道德败坏已成一时风气,这种精神状态对社会经济和政治生活的不断恶化起着推波助澜的毒化作用。

　　晚期罗马帝国已经病入膏肓,无可救药,但是,如果没有一种外力的打击或推动,垂死的罗马帝国还将继续挣扎,罗马帝国的社会转变仍然迟迟不会发生。这种外力就是日耳曼民族对罗马帝国的入侵,可以说"蛮族入侵"是罗马社会转变的最后推动力。蛮族入侵不仅使西罗马帝国最终灭亡,而且促使东罗马帝国加速发展成为独立的经济、政治、文化和宗教中心,使之逐渐发展为独立的拜占庭帝国。"蛮族"(Barbarian)一词来源于古希腊语,最初只是指"不说希腊语的人",并无贬义,但是,在罗马帝国时代,它成为罗马公民对周边落后民族的蔑称。公元前2、3世纪,生活在欧亚大陆北部地区的游牧民族即开始了长期的迁徙运动,逐渐变冷的气候和持续增长的人口压力迫使他们举族南下[①],至4、5世纪,形成民族大迁徙的最高峰。其中属于日耳曼民族的哥特人(Goths)首先与罗马帝国东部省份的居民发生接触,据史料记载,238年,他们便大批涌入罗马帝国的多瑙河下游、希腊和小亚细亚地区,273年,罗马帝国政府被迫允许他们在多瑙河下游的达契

---

① 马基雅维里认为日耳曼人"繁殖很快;常常因为人口太多,一部分人被迫迁离乡土到别处寻求居住地"。
　　[意]尼科洛·马基雅维里著,李活译:《佛罗伦萨史》,北京:商务印书馆1997年版,第1页。

亚(Dacia)省定居下来。从此以后,源源不断迁徙而来的哥特人即成为侵扰东罗马帝国数百年的边患。

罗马帝国强盛时,对哥特人的袭击进行过强有力的反击,并多次清剿过他们在黑海地区的巢穴,但是,3世纪期间,被内部危机困扰得焦头烂额的罗马帝国已经无力对付日益强盛的哥特人,致使哥特人乘机向多瑙河南岸入侵,皇帝戈尔狄亚努斯(Marcus Antonius Gordianus,238—244年在位)曾被迫向哥特人纳贡求和,而皇帝戴基乌斯(Messius Traianus Decius,249—251年在位)于公元251年亲自统兵与哥特人作战,失利阵亡,直到公元269年皇帝克劳迪乌斯(Marcus Aurelius Claudius,268—270年在位)重创哥特人后,蛮族迁徙的浪潮才稍微平息,日耳曼人各部落按照传统的部落群居形式逐渐在帝国边境地区定居下来。4世纪时,属于蒙古利亚人种的匈人(the Huns)大举西迁,在匈人的压力下,绝望的哥特人向东罗马帝国派出使节,要求皇帝许可他们全体成为帝国的臣民,并许诺提供赋税和军队。40万—50万蛮族人便正式被允许定居在帝国疆域内,其中半数可以从军作战。① 从此他们作为东罗马帝国的臣民和同盟者开始在帝国初期的历史上发挥重要的作用。一方面,他们整个部落的男女老幼,连同奴隶和牲畜,定居在帝国边境那些人烟稀少的荒野和沼泽地带,将荒地开垦成为农田,不仅养活自己,还为帝国政府提供赋税,成为帝国经济生活的重要补充。另一方面,他们为帝国军队提供了相当充分的人力资源。哥特人以其勇猛善战成为罗马军队重要的组成部分,他们组成哥特兵团,战斗力大大超过了罗马人。君士坦丁一世在其统一帝国的战争中,即依靠哥特人军团击败军事对手李锡尼(Licinius,308—324年在位),据记载,他的军队中有4万哥特士兵,其中一些人还担任罗马军队重要职务。他们在其居住的罗马边境地区形成了阻遏其他游牧民族侵入罗马帝国的屏障。

君士坦丁自少年时代即随其父经历了军旅生涯,青年时便从军作战、指挥部队,在艰苦的军事生活中锻炼了坚强的意志和强悍的体魄。史家记载,他相貌英

---

① A. A. Vasiliev, *History of the Byzantine Empire*, p. 86.

俊,风度高雅,身材高大,脖子粗壮,因此得到"牛脖"的绰号。凭借天赋聪颖机
敏,他在东部宫廷和军队中得到了历练,政治智慧超群,军事胆略过人。在晚期罗
马帝国各路军阀钩心斗角的血腥较量中,作为人质的他利用被扣押在戴克里先部
下的机会,突破了伽勒里乌斯即位后对他更加紧的限制,千方百计回到其父控制
的高卢大区,残酷复杂的军事和政治斗争培养了他精明的头脑和组织才干。306
年7月25日,康斯坦提乌斯去世,从东方大区巧妙脱身的君士坦丁于同日在不列
颠被部下拥立为皇帝。当时,罗马帝国军阀混战,几个正副皇帝相互之间争权夺
利、钩心斗角,时而爆发血腥的厮杀。根据一个传说,伽勒里乌斯希望尽早害死君
士坦丁,故派遣他去和萨尔马特人(Sarmatians)作战,又让他和狮子决斗。在君士
坦丁反复请求下,伽勒里乌斯同意君士坦丁离去。但是皇帝在夜里做出决定,第
二天一早就后悔了,命令他返回宫廷。但是君士坦丁已经连夜出发,日夜兼程,在
驿站换下的每一匹马都精疲力竭,伤痕累累。当皇帝派人追赶时,他早已经离开
边境,到达父亲的辖区。[1]

为了重新统一罗马帝国,君士坦丁周旋在各派势力之间,从弱小到发展壮
大,最终获得了成功,成为统一帝国的皇帝。305年,作为四帝共治最高皇帝的
戴克里先和马克西米安两位奥古斯都正式退位。[2] 5月1日,在尼科米底和米
兰同时举行了两位皇帝的退位典礼和新奥古斯都的即位典礼,作为新的正帝,
康斯坦提乌斯·克洛斯和伽勒里乌斯即位。君士坦丁作为西方新帝之子,又在
军中颇受称赞,可以预想到他将登上西方副帝的宝座。但实际上,伽勒里乌斯
的侄子马克西米努斯·戴亚(Maximinus Daia)和密友塞维鲁(Severus)被指定为
东部和西方的副帝,君士坦丁被滞留在伽勒里乌斯的军中。康斯坦提乌斯·克
洛斯几次请求伽勒里乌斯让君士坦丁回到西方,但都被拒绝。当时,康斯坦提
乌斯正准备前往不列颠,讨伐卡里多尼亚(现在的苏格兰)的皮克特人(Picts),
君士坦丁与父亲会合。康斯坦提乌斯身体已经不好,306年7月25日在埃勃拉

---

① [东罗马]佐西莫斯著,谢品巍译:《罗马新史》,上海人民出版社2013年版,2:VIII。Zosime, *Histoire Nouvelle*, ed. F. Paschoud, Paris: Les Belles Lettres, 1971, 1979, 1986, 1989, TLG, No. 4084001.

② A. H. M. Jones, *The Later Roman Empire 284 -602: A Social, Economic, and Administrative Survey*, vol. 1, pp. 37 - 42.

库姆（Eboracum，今英国约克）猝死。按照四帝共治体制，西方奥古斯都的位置
应该由东部奥古斯都伽勒里乌斯来决定，不过，不列颠的士兵们马上拥立君士
坦丁为新的正帝，后来，这一天便成为君士坦丁大帝的即位纪念日。君士坦
丁请求伽勒里乌斯承认自己的正帝头衔，伽勒里乌斯考虑到君士坦丁已经掌握了
当地军团，不得不承认既成事实，勉强认可了他为西方副帝（凯撒），同时任命
塞维鲁为西方正帝。三个月后，塞维鲁在意大利以及罗马市进行了征税审查，
宣布解体近卫兵，意大利军团发动叛乱，推举与戴克里先一起退位的马克西米
安的儿子马克森提乌斯（Maxentius Augustus，306—312年在位）为皇帝，新皇
帝同样要求伽勒里乌斯批准，但被严词拒绝。但自称正帝的马克森提乌斯迅速地
控制了意大利及非洲行省，宣布父亲马克西米安作为另一位正帝复位。306年
末或307年初，马克西米安为了寻求君士坦丁的支援而前往高卢。君士坦丁先
是获得伽勒里乌斯的支持，得到凯撒（即副皇帝）的称号，后又与马克西米安结
盟，使其皇帝地位得到正式承认，称奥古斯都。为了完成首先统一帝国西部、进
而统一整个帝国的政治雄心，他联合帝国东部皇帝李锡尼共同进攻帝国西部政
敌马克森提乌斯，312年彻底击败后者，成为西部唯一的皇帝。在完成统一大
业的最后斗争中，他充分展示了一个政治家的谋略和才能。他强化对军队的控
制，完善军事建设，在其统治的区域内，轻徭薄赋，实行宗教宽容政策，从而极大
地加强了自身的实力。324年，他在帝国东部安纳托利亚地区的克里索波利斯
（Chrysopolis）将昔日的盟友和妹夫李锡尼击败，迫使其投降，后将其处死在塞
萨洛尼基（Thessalonica）。这样，君士坦丁就成为帝国唯一的皇帝，完成了统一
帝国的事业。

胜利后，君士坦丁一世立即着手建立王朝，他一改晚期罗马帝国皇帝任命皇
位继承人的拟制血亲制度，抛弃了在位皇帝收养"义子"的传统习俗，而是任命其
两宫皇后所生的四个儿子为副皇帝，作为其皇权继承人。这一举措可以被看作是
罗马帝国皇帝继承制度的重要改革。在此之前，虽然个别罗马帝国的皇帝曾经将
皇位传给其直系亲属，但具体过程仍然没有超越传统做法。换言之，罗马帝国传
统的继承制度并没有发生变化。君士坦丁的做法是将皇权当作皇帝个人的私有
权利，皇帝不再是帝国公民的公仆，因此，它可以也必须像私人财产一样传给具有

血缘关系的后代。①

　　君士坦丁一世即位前曾娶米奈尔维娜(Minervina)为妻,生长子克里斯普斯,即位后又娶年轻美貌的福斯塔为妻,生三男二女(有资料说三女)。为了维持家天下王朝和传承皇权,他于317年3月1日确定其长子克里斯普斯和次子君士坦丁二世为皇位继承人,任命他们为凯撒。但是,他寄予厚望且战功卓著、能力超群的长子却因被怀疑与其年龄相近的后母福斯塔有染,或因涉嫌某件无从考证的重大罪案而于326年被突然处决。② 此事对君士坦丁一世打击很大,为保证王朝统治持续不断,他先于324年任命第三子康斯坦提乌斯二世为凯撒,后于333年任命第四子康斯坦斯一世为凯撒,这样,在其统治晚年,他的三个儿子均被确定为皇位继承人。为了防止在他死后几个兄弟之间发生争夺皇权的冲突,君士坦丁一世在337年临病故之前,在尼科米底行宫,为其诸子划分了各自的势力范围,即由君士坦丁二世控制不列颠、高卢和西班牙地区,康斯坦提乌斯二世控制色雷斯、西亚和黑海地区,康斯坦斯控制意大利、非洲、达契亚和马其顿等地区。③ 但是,新的皇帝继承制度并没有解决政治稳定问题,君士坦丁去世后,皇家内部即爆发了兄弟间的厮杀。皇家内讧最终导致君士坦丁一世直系血亲继承人和家族男性继承人大部被杀,王朝最后一任皇帝朱利安是君士坦丁大帝的女婿和外甥。

　　君士坦丁一世制定的政策确定了王朝内政外交的方向,不仅在该王朝统治期间得到了贯彻执行,而且成为此后几个王朝坚持的治国方针。在该王朝的诸项"政绩"中,首先应该提到其基督教化政策,其影响极为深远,贯穿拜占庭帝国千余年历史。综合考察君士坦丁一生的政治活动,我们可以大体将其划分为三个时期,即306—312年巩固皇帝地位和增强其割据实力的阶段,312—324年扩张势力进而统一帝国阶段,以及324—337年强化君士坦丁王朝中央集权阶段。

　　君士坦丁在约克郡被其父部下拥立为帝是为第一个阶段的开端。当时,他面临着险恶的形势,一系列紧迫问题亟待解决,各地军阀割据势力此消彼长,他在高卢地

① 陈志强:《拜占廷皇帝继承制度特点研究》,《中国社会科学》1999年第1期。
② 此事当为一件历史谜案,佐西莫斯首次记载此事,怀疑克里斯普斯因偷情而被君士坦丁一世秘密处决,其根据是福斯塔在克里斯普斯死后表现异常,不久即被皇帝下令淹死在浴池中。H. Pohlsander, "Crispus: Brilliant Career and Tragic End", *Historia: Zeitschrift für alte Geschichte* 33 (1984), pp. 79 - 106.
③ [古罗马]尤西比乌斯:《君士坦丁传》第10卷。

区的权力随时受到东方统治者的威胁,其帝位兴废系于毫发。早在康斯坦提乌斯受命统领高卢大区兵马,独立治理高卢大区事务时,君士坦丁就被送往戴克里先的宫廷中,名为培养教育,实为充当人质,受到严密的监视。戴克里先于305年宣布退位后,控制帝国东部的伽勒里乌斯和康斯坦提乌斯分别升任为帝国东、西部皇帝,前者为制约后者,千方百计阻止康斯坦提乌斯父子汇合。君士坦丁作为继承人原则上应被任命为新的凯撒,但是在幕后操纵的太上皇戴克里先却另外选择了马克西米努斯和塞维鲁分任帝国东、西部凯撒职务,继续将君士坦丁当作人质扣留在伽勒里乌斯的宫中,以此制衡康斯坦提乌斯的力量。康斯坦提乌斯死后,君士坦丁虽然被军队拥立为帝,但是,其地位并不稳固。首先,在军阀割据的几大势力中,君士坦丁的力量相对弱小,一则其辖区高卢地区比帝国的伊利里亚、东方和意大利诸大区疆域小,开发得晚而相对落后贫穷;二则其控制的军队人数比较少,士兵的素质远不能与训练有素的其他大区军队相比。其次,其权力是通过非法途径获得的,被其他皇帝看作是"篡权",他必须获得太上皇戴克里先等人的认可。由于君士坦丁的政治地位相当脆弱,他必须在诸强中找到强大的支持力量,作为其称帝的坚强后盾。可以说,巩固称帝的成果、加强称帝后的政治地位是君士坦丁在这一时期最重要的政治目标。

君士坦丁为了实现其政治目标,采取精明的外交手段。他以十分恭敬的口吻致信合法皇帝伽勒里乌斯,称其为"我的主子",以表明自己承认其最高皇帝的地位,在通报康斯坦提乌斯病故的同时,提出继承其父职权的要求。而后,他积极发展与退位皇帝马克西米安的联盟关系,争取其在帝国东部部分省区和意大利的强大势力的支持,甚至娶马克西米安之女福斯塔为妻,通过政治联姻扩大实力,终于获得合法皇帝对其地位的正式承认。① 他在积极加强军队建设和在高卢地区推行富国强兵措施的同时,通过多项保护基督徒的法令,明令辖区军政官员在对基督教执法中减少流血冲突,争取民众支持,从而揭开了其基督教化政策的序幕。他继位后立即在不列颠、高卢和西班牙等辖区解除了前朝皇帝颁布的各项迫害基督徒的法令,下令各地军政官吏停止迫害行动,要求他们尊重基督徒的信仰自由。

———————————

① ［东罗马］佐西莫斯:《罗马新史》第1卷第2节,第79—80页。

他还利用各种场合以愤怒的口吻斥责其他大区的士兵仅仅因为信仰不同而对人民采取野蛮残暴的行径。

在君士坦丁对这几个高卢省份实行有限统治的时期，他的信奉基督教的臣民一直受到这位君王的权威和他所制订的法律的保护。[1] 事实上，君士坦丁之所以采取保护基督教的政策并不像一些西方学者所说，是纯粹出于虔诚的信仰或因信仰而产生的仁慈，而是当时社会变革的总形势使然。当晚期罗马帝国在经济、政治、文化和道德上发生总崩溃的时候，社会精神生活也陷入危机，传统的自然神和多神教信仰失去了吸引力，人们对摆脱现世的困苦感到完全绝望，多神教那些空洞含糊的观念不能吸引群众（各种传统的多神教仪式无法为民众提供思想上的安慰），在各种宗教团体中，基督教会在这一方面是无与伦比的，它不仅有助于精神上的安慰，而且还对实际生活的灾难许以援助和给予真正的援助。[2]

基督教作为一神教适应了当时晚期罗马帝国的政治现实，比多神教更充分地满足了社会各阶层的需要，发展成为跨国界多民族阶级成分复杂的世界性宗教。3世纪末时，基督教已具有成熟的信仰和教义，有组织严密的教会，信徒人数众多。仅据249—251年间的统计，罗马教会主教就控制着46名长老、7名会吏、7名副会吏和42名低级神职人员。[3] 这一统计数字说明基督教此时不仅拥有众多信徒，还有专门的神职人员，并形成教阶制度，可见基督教已发展成为重要的宗教组织。在帝国的东部，基督教的势力更为强大，基督教早期历史上出现的5个大教区，除了罗马教区外，都在帝国东部地区，其中安条克（Antioch）教会和亚历山大里亚（Alexandria）教会权势最大，成为独立于国家权力之外的社会团体。在帝国各地分散着数千名高级教士。[4] 特别是在君士坦丁时代，大批信仰基督教阿里乌派教义的哥特人进入帝国军队，他们构成了君士坦丁军事力量的重要部分。在此形势下，君士坦丁作为精明的政治家，必定会敏锐地注意到基督教是可利用的

① ［英］爱德华·吉本著，黄宜思等译：《罗马帝国衰亡史》第1卷，北京：商务印书馆1997年版，第436页。
② A. H. M. Jones, *The Later Roman Empire 284 -602: A Social, Economic, and Administrative Survey*, vol.1, pp. 694 - 695.
③ Eusebius of Caesarea, *The History of the Church from Christ to Constantine*, trans. G. Williamson, New York: Penguin, 1965, VI, xxxxiii, 11. Eusèbe de Césarée, *Histoire Ecclésiastique*, ed. G. Bardy, 3 vols., Paris: Cerf, 1952, 1955, 1958, TLG, No. 2018002.
④ ［英］爱德华·吉本：《罗马帝国衰亡史》第1卷，第470 - 471页。

社会力量,必定会经过反复权衡确定将基督教作为其政治斗争的重要筹码。

君士坦丁采取保护基督教政策的另一个重要因素是他吸取了其前任皇帝镇压基督徒失败的教训。戴克里先曾在伽勒里乌斯的挑动下,放弃其最初的宗教自由政策,大肆逮捕基督徒,焚烧教会书籍,捣毁教堂,在全国范围内展开一场被基督教史学家称为有史以来最严重的基督教迫害运动。但是,帝国政府的迫害政策并没有达到其预想的目的,对基督教的镇压使得社会秩序更加不稳定,多神教徒与基督徒的冲突愈演愈烈。特别是在帝国东部地区,政府以强制手段解决宗教信仰问题的做法引起朝野贵族和黎民百姓的分裂,正常的社会生活受到严重干扰。连伽勒里乌斯也承认其迫害基督教的政策遭到失败,因为"任何暴政即使尽最大的努力也不能使一个民族彻底灭绝或者完全消除他们的宗教迷信"①,并被迫颁布承认基督教是合法宗教的敕令。唯有康斯坦提乌斯在其高卢辖区内实行保护基督徒的政策。康斯坦提乌斯温和的宗教调节政策使高卢各省在遍及帝国的大迫害中独享安宁,与伽勒里乌斯迫害基督教政策引起的混乱形成鲜明的对比。这使君士坦丁认识到,对基督徒实行迫害是犯了政治策略的重大错误,只有保护基督教才能使社会趋于稳定,才能赢得民众的支持,才能在剑拔弩张的割据势力中逐渐壮大,占据优势。

特别值得注意的是,君士坦丁保护基督教政策的直接原因还与稳定军心、鼓舞士气有密切关系。从3世纪末到4世纪初,在帝国政治生活中发挥重要作用的军队基督教化的倾向越来越明显。据尤西比乌斯记载,随着士兵中基督徒人数的增多,基督教在帝国军队中的影响迅速增加,由于基督徒士兵的勇敢作战,帝国"霹雳兵团"在多瑙河流域打败日耳曼人。到286年,基督徒士兵已经构成帝国东部西班牙兵团的主要成分。② 马克西米安在执行迫害基督徒法令时,仅在其塞比安人军团中就处死6000名基督徒士兵,几乎引发大规模兵变。③ 当时,主要由笃信基督教的蛮族人组成的近卫军兴废君主的事变时有发生,军队在皇帝的废立上发挥着举足轻重的作用。正反两方面的事实使君士坦丁认识到,若要巩固其政治

---

① [英]爱德华·吉本:《罗马帝国衰亡史》第1卷,第363页。
② 杨真:《基督教史纲》,北京:生活·读书·新知三联书店1979年版,第78页。
③ Eusebius of Caesarea, *The History of the Church from Christ to Constantine*, VIII, vi, vii.

地位,就必须取得军队的支持,"若无军队作他的后盾,他的生命即将难保。"①君士坦丁宗教宽容政策在高卢等辖区易于推行是以康斯坦提乌斯的政策为基础的,在后者统治时期,高卢和不列颠军队中的基督徒和多神教徒和平共处,并肩作战,因此,君士坦丁推行以保护基督教为主的宗教宽容政策是稳定军心,进而巩固其统治的最好措施。

总之,君士坦丁即位前后采取包括保护基督教在内的所有信仰的宗教宽容政策,目的在于争取民心军心,实现其巩固皇帝地位、扩大割据势力的政治目标。这一政策在其后清除割据分裂势力、统一帝国的第二阶段政治实践中作了调整。

君士坦丁统一帝国的斗争始于312年,前期以扫除马克森提乌斯和小伽勒里乌斯割据势力为主,后期以剪除李锡尼为主,最终于324年实现帝国统一。在此期间,君士坦丁巧妙地利用基督教作为其建立政治联盟、分化政治对手以图各个击破和瓦解敌军、消除分裂割据势力的工具,其基督教政策在统一帝国战争中成为克敌制胜战略的重要组成部分。312年,君士坦丁进军意大利,揭开了其统一帝国战争的序幕。当时,控制帝国西部的君士坦丁和马克西米安之子马克森提乌斯分别自立为帝,后者还杀死率兵前往意大利镇压的塞维鲁皇帝。君士坦丁则通过精明的外交活动,于310年被合法皇帝大伽勒里乌斯确认为西部皇帝。311年大伽勒里乌斯去世,帝国政局立即发生重大变动,小伽勒里乌斯出兵占领东方大部地区,李锡尼则控制巴尔干半岛的伊利里亚地区。在帝国西部,君士坦丁继续辖制高卢大区,马克森提乌斯则统治意大利。君士坦丁选择马克森提乌斯作为统一帝国的突破口,主要因为后者的统治地位最不稳固。

君士坦丁利用基督教扩大统一帝国的力量。首先,他通过大力支持基督教的发展来强化与李锡尼的联盟,从而对马克森提乌斯构成两面夹击之势。君士坦丁将其妹妹康斯坦提亚(Flavia Julia Constantia,约298—330年)嫁给李锡尼,并与后者共同采取保护和支持基督教的措施。事实上,君士坦丁当时尚未强大到足以统一整个帝国,因此他必须联合盟友而后各个击破政治对手。他之所以寻找可靠的盟友,一方

①〔美〕威尔·杜兰著,幼狮文化公司译:《世界文明史》第3卷,北京:东方出版社1998年版,第860页。

面为加强统一帝国的联合武装力量,另一方面防止敌对势力结成联盟。他选择李锡尼则主要因为其基督教政策与之比较一致,可以借此扩大反对马克森提乌斯的共同立场。313 年 2 月,君士坦丁大帝与李锡尼在米兰会谈,李锡尼与康斯坦提亚正式结婚。两位皇帝(当时还处于马克西米努斯·戴亚的统治下)发出通告,要求总督们履行《塞迪卡敕令》(Edict of Serdica,311 年伽勒里乌斯发布的停止迫害基督教徒的宽容令)。这个通告被称为《米兰敕令》,被后世认为是基督教在罗马帝国获得正式承认的转折点。但是,人们仍然无法断言此时君士坦丁大帝已经改信基督教,他发行的货币依旧刻画着太阳神的图像,在公开场合的演讲中提到宗教时,他采用了对基督教徒和非基督教徒都很友善的言辞。① 《米兰敕令》明确宣布:"从今以后,所有希望共同遵守基督教信仰的人都将无条件地被许可自由信仰基督教,其信仰将不受任何骚扰和侵害,我们认为下述各点有助于以最完整的方式表明你们所关心的事情,像你们可能了解的那样,我们已经完全地无保留地给予所谓基督教权威人士施行其信仰的权力",此后还首次允许基督教会拥有财产。② 正是在李锡尼的有力支持下,君士坦丁击败了马克森提乌斯,也是在李锡尼的直接打击下,割据帝国东方大区的小伽勒里乌斯战败逃窜,于 313 年客死小亚细亚的塔尔苏斯(Tarsus)。

其次,君士坦丁利用基督教作为攻击敌人的舆论工具,瓦解敌军斗志。他公开指责马克森提乌斯在意大利残酷迫害基督徒,并劝说李锡尼派兵参加对马氏的进攻。他紧紧抓住马克森提乌斯对基督教残酷迫害的暴行,大肆攻击后者违背神意,必遭上帝的惩罚,从而在道义上和心理上瓦解敌人士气。最终,君士坦丁联合李锡尼进攻意大利,以 9 万步兵和 8000 骑兵在罗马城附近的米尔万桥(Milvian)彻底击溃并杀死马克森提乌斯,清除帝国西部的割据势力③,达到了其统一帝国西部的阶段性政治目标。

君士坦丁还利用基督教鼓舞士气,统一全军官兵的思想,振奋士兵的精神。

---

① A. H. M. Jones, *The Later Roman Empire 284 –602: A Social, Economic, and Administrative Survey*, vol. 1, p. 81.

② Eusebius of Caesarea, *The History of the Church from Christ to Constantine*, X, v.

③ Eusebius of Caesarea, *The History of the Church from Christ to Constantine*, II, pp. 86 – 88.

君士坦丁在进军意大利途中，编造了上帝显灵托梦的神话①，公开打出拉伯兰军旗，以基督教信仰统一全军将士的思想。所谓的拉伯兰旗是一面长方形旗帜，旗帜上方的横杆与旗手所持的竖杆及其顶端形成 XP 的抽象符号，教会史学家认为这是希腊文"基督"的前两个字母组合。事实上，XP 的字母组合在古罗马军队中很常见，X 可能是高卢古代某种宗教的象征，代表着太阳或者雷电，P 则意味着太阳神的鞭子。君士坦丁赋予他的军旗以基督教的含义，并作出上帝显灵的解释，无非是企图使他发动的统一帝国的战争具有神圣的色彩，使其劳师远征的战争行为归于天意，是执行上帝的旨意，以此掩盖其称霸整个帝国的政治野心，使普通士兵和广大民众支持这场战争。他选择拉伯兰旗作为其军旗，充分表明其精明的宗教政策，因为它既包含着基督教信仰的象征，又继承了古老的宗教传统，基督徒和多神教徒都可以在 XP 这个意义广泛的符号中找到适合自己信仰的解释，基督徒可以把它看作象征耶稣基督的十字架，多神教徒则可以把它理解为旧信仰的复兴。② 在这一旗帜下，不同信仰的将领士兵都可以实现其为神灵献身的理想，都心甘情愿地去战斗。君士坦丁利用宗教信仰为其战争服务的政治目的清楚地表现在他为全军将士确定的星期日祈祷词中："我们只把您看作上帝与国王，我们祈求您给我们帮助，通过您我们赢得胜利，通过您我们战胜敌人，我们感谢您过去给我们的恩惠……我们祈祷您永远保佑我们不受伤害，保佑皇帝君士坦丁的胜利。"③

这里一切宗教说辞都是为君士坦丁发动的统一战争服务的。

君士坦丁十分注意利用基督教拉拢上层贵族官吏。当时，基督教在经过数百年的发展后，其教义中原有的代表下层受压迫受剥削民众的思想内容逐渐被逆来

---

① 这个神话描述了他在夕阳下看到天空中上帝显灵的十字架和当夜上帝再度托梦给他的详细情节。Eusebius, *Church History, Life of Constantine, Oration in Praise of Constantine*, ed. P. Schaff, New York：Christian Literature Publishing Co., 1890, I, xxviii - xxx. Eusebius Werke, *Über das Leben Constantins, Constantins Rede an die heilige Versammlung, Tricennatsrede an Constantin*, Leipzig：Hinrichs, 1902, TLG, No. 2018021.

② J. M. Hussey ed., *The Cambridge Medieval History*, Cambridge：Cambridge University Press, 1978, vol. 1, p. 4.

③ J. Burckhardt, *The Age of Constantine the Great*, trans. M. Hadas, London：Routledge & Kegan Paul Ltd., 1949, p. 298.

顺受、强调服从的教义所代替，"主教制与教阶制的萌芽，说明教会已经牢固地被控制在富有阶级手中。此后，基督教通过教会的领导人和教父进一步向罗马奴隶主政权靠拢"，"他们在组织上实行主教制……在思想上神化罗马皇帝和奴隶制度，从理论上论证基督教与罗马帝国利益的一致性……在行动上，不断向罗马皇帝写效忠信，表白基督教忠于帝国政府"①。

基督教与罗马帝国统治阶级的合流有助于许多元老、贵族、富人和各级官吏成为信徒，这使君士坦丁逐渐认识到，基督教在人民中间传播的仁爱、道德和无条件服从与依顺的福音精神，正是他可以利用的思想工具，也是他借以拉拢帝国上层阶级的工具。基督教在前此多次官方的迫害中，特别是在意大利地区，非但没有从此销声匿迹，反而更加壮大，不仅人数增加，而且发展成为更加团结、凝聚力更强、成分更加复杂的群体和最"有活力的宗教"，吸引越来越多的上层人士皈依基督教。君士坦丁在高卢的宫廷中有许多重要官员信奉基督教，神学家拉克坦提乌斯（Lactantius）担任君士坦丁长子克里斯普斯的家庭教师，并成为君士坦丁身边无话不谈的密友。② 君士坦丁的家眷大多是基督徒或基督徒的保护人，在其宫廷和军队中，基督徒担任重要的军政官职。正因为如此，君士坦丁为赢得帝国社会上层军政贵族的支持，也必须采取支持基督教的政策。君士坦丁大帝加强了对基督教徒的庇护，320 年残留在君士坦丁大帝硬币上的最后的异教之神——太阳神的图像消失了。③

君士坦丁于 312 年战胜马克森提乌斯后，便开始策划消灭最后的对手李锡尼的计划。同年戴克里先的去世使控制帝国霸权的两巨头的矛盾迅速激化，上升为帝国政局的主要焦点。314 年，君士坦丁与李锡尼之间爆发了战争，君、李联盟随即瓦解，野心勃勃的君士坦丁开始其扫除建立君主专制的最后障碍。君士坦丁虽然与李锡尼共同颁发了《米兰敕令》，但是，他只是把双方的合作看作各个击破政治对手的权宜之计。314 年，君士坦丁将其妹阿纳斯塔西亚嫁给他任命的凯撒瓦西亚努斯，随即向李锡尼提出领土要求，致使君、李两氏之间的矛盾进一步激化。

---

① 于可主编：《世界三大宗教及其流派》，长沙：湖南人民出版社 1988 年版，第 32—34 页。

② T. D. Barnes, *Constantine and Eusebius*, Cambridge：Harvard University Press, 1981, p. 74.

③ Jules Maurice, *Numismatique Constantinienne*, Tome I, Paris：Ernest Leroux, 1908, p. 34.

当李锡尼拒绝君士坦丁的要求时,后者立即派遣数万大军进攻伊利里亚地区,并在西巴利斯战役和马尔迪亚战役中重创数万敌军,使李锡尼军队主力元气大伤。[①] 失败后的李锡尼不甘沦落为君士坦丁的副皇帝,"他不再追随好人,而是疯狂地干起残忍暴君之邪恶的所作所为",并将其失败归罪于基督徒,特别是对君士坦丁大力支持的基督教恨之入骨[②],暗中将其宫中的基督徒流放他乡,或投入监狱,并下令清洗军队中的基督徒将士,剥夺所有曾持有基督教信仰的贵族和军官的头衔和军阶,指令任何人不得探视基督教囚徒,否则将遭到同样的监禁。他要求所有官员参见多神教献祭,否则将被解职,还秘密处死许多德高望重的基督徒贵族,以惩罚他们对君士坦丁的崇拜,帝国东部的基督教教堂大都被捣毁或关闭。[③] 李锡尼对基督教的迫害为君士坦丁提供了发动进攻的借口,他利用基督教作为其最终完成帝国政治统一的工具。君士坦丁蓄势待发,等待李锡尼在基督教政策上犯错误,使其获得消灭最后一个政治对手的口实。君士坦丁以惩罚"强迫基督徒献祭的人"为借口,向李锡尼宣战。[④] 君士坦丁发动的战争因此被看作是基督教圣战,甚至连李锡尼的基督教臣民也在为君士坦丁的胜利祈祷。323 年,君士坦丁以基督徒的解放者身份挥师东进,7 月 3 日在亚得里亚堡战役中大败李锡尼。而后,继续追击李锡尼,在东方大区安纳托利亚地区的克里索波利斯战役中彻底打败李锡尼,后将其处死于塞萨洛尼基。

君士坦丁在统一帝国战争中合理地利用基督教,扩大消灭分裂割据势力的阵营,按照其统一帝国斗争的政治需要,有步骤地打出支持基督教的旗号,最终达到了建立统一的中央集权的专制君主统治的目的。在君士坦丁专制皇权统治下,基督教从被利用的工具逐渐变成被控制的对象,成为其维护王朝集权的工具。君士坦丁在完成帝国统一、建立君士坦丁王朝专制统治后,其政治生涯达到鼎盛时期,其基督教政策围绕着维护专制皇权的政治需要又进行了调整。此时其基督教政策的核心是维护帝国统一,缓和宗教矛盾,防止发生动乱,强化中央集权。

---

① Zosimus, *New History*, trans. and commentary by R. T. Ridley, Canberra, 1982, II, pp. 90 – 94.

② Eusebius of Caesarea, *The History of the Church from Christ to Constantine*, Ⅹ, ⅱ – ⅵ.

③ Eusebius of Caesarea, *The History of the Church from Christ to Constantine*, Ⅹ, ⅷ, 12 – 9.

④ T. D. Barnes, *Constantine and Eusebius*, pp. 70 – 71.

　　君士坦丁首先将基督教当作实现其政令统一和专制统治的工具。他在一封信中明确表达了这种愿望:"我渴望您(上帝)的子民和平相处,为了我们共同的世界和所有人的良知不要彼此分裂。让那些迷失在错误中的人与笃信上帝的人同样享有和平与安定。让所有的人复归友爱,这足以使他们走上正路。不要让任何人再扰乱他人,让每个人做他想做的事。……朕本人拥有您最荣耀的真理的宝库,这是您赐予我的自然财富,而朕祈求他人也通过普遍的和谐得以享受快乐。"①作为统一帝国的皇帝,君士坦丁一改其与对手征战时的面孔,大谈"和平""安定""和谐"和"友爱",其利用基督教实现中央集权制统治的目的表现得非常明显。在这一思想指导下,君士坦丁积极地利用基督教教会协助恢复帝国行政管理系统,他将 1800 名主教分派到各行省,其中 1000 名在东部,800 名在西部,行使官方任命的司法和宗教权力,从而使"一种新的永久性的,始终受人尊敬但有时十分危险的神职官员便在教会和国家内产生了"②。他利用这样一套管理机构有效地控制了庞大帝国社会的精神生活,主教之下的各级神职人员的活动范围深入到村庄农户。

　　为了彻底消除分裂割据残余势力,君士坦丁对李锡尼的政策进行大刀阔斧的改革,废除了李氏颁行的各项法令,恢复基督教的所有免税权、财产继承权、司法审判权、接受捐赠权等各种特权,大批流亡流放的基督教人士从穷乡僻壤、矿井盐场回到家乡,监狱中的基督教囚徒也荣归故里,被卖为奴的基督徒再度成为人民热烈欢迎的信仰英雄。③ 他还使被解雇的基督徒官复原职,并解除军队中对基督徒士兵的禁令。同时,君士坦丁利用基督教问题大肆镇压李锡尼的部下,其中许多人被判处死刑,有的甚至未经审判便遭杀戮。④ 曾经受到李锡尼支持的多神教也因此遭到压制,而长期控制君士坦丁堡及安条克两大教区的基督教阿里乌派,也因为曾经支持过李锡尼而被君士坦丁主持召开的尼西亚基督教大会宣判为异端。事实上,他对阿里乌派那些晦涩的神学所知甚少,"这位皇帝的行为完全为一

---

① R. MacMullen, *Constantine I*, London:Weidenfeld and Nicolson, 1970, p. 165,该书作者还正确地指出:"他必须关心其良好治下的 6000 或 8000 万臣民对基督的崇拜",第 169 页。

② [英]爱德华·吉本:《罗马帝国衰亡史》第 1 卷,第 460 页。

③ R. MacMullen, *Constantine I*, p. 161.

④ T. D. Barnes, *Constantine and Eusebius*, p. 210.

时冲动所决定,而并无任何宗教指导原则"[1]。

君士坦丁利用基督教统一人民的思想,强化专制皇权的精神统治。他千方百计使臣民中大批基督徒拥护其皇权。据专家统计,3世纪末,东部的基督徒占人口总数的1/10,西部占1/15。[2] 他继承了戴克里先时代流行的君权神授理论,只不过将多神改为上帝,将对阿波罗的信仰变为对耶稣基督的信仰,宣称其对世界的统治权来自上帝,"公众认为他是被上天派来统治人世的说法满足了他的虚荣,他的成功又使他有理由相信自己享有的最高统治权来自神授,而这种权利却是以基督启示的真实性作为基础的。"[3]

在选择和新建东罗马帝国首都(拜占庭)时,他再次祭起基督教上帝的灵旗,宣称他是按照"上帝的意旨"确定"新罗马"在博斯普鲁斯海峡的拜占庭古城。在亲自跑马圈地定新城城址时,他对大批随从官员宣布他是跟从"在我前面引路的不可见的神灵(上帝)"[4],从而使他大兴土木建立新都的行为蒙上了神圣的色彩,他本人则成为上帝意志的执行者。新建的君士坦丁堡中心广场上耸立的高大的皇帝雕像右手不仅持有象征统治世界的地球,而且有象征君权神授的十字架。[5] 他还从维护统一帝国的政治需要,加强对基督教的控制和利用。无论是主张三位一体信条的基督教正统派,还是主张基督神性高于人性的阿里乌派,甚至多神教徒,只要拥护君士坦丁王朝统治,只要效忠皇帝本人,都将获得他的保护和重用。他公开致信基督教各派,认为他们都是"共有同一个上帝、同一种宗教、同一种礼拜仪式的基督教教徒",没有理由因为如此无关紧要的一点意见分歧而分裂为几派。在他看来,帝国东部如火如荼的宗教争端已经严重影响了其臣民的思想统一。为了减少因神学争论造成的社会分裂,君士坦丁在宣判阿里乌派为异端的尼西亚会议之后不到三年,就暗中解除了对该派的迫害,"表现出了同情,甚至

---

[1] ［英］爱德华·吉本:《罗马帝国衰亡史》第1卷,第485—486页。

[2] J. Burckhardt, *The Age of Constantine the Great*, p. 124. 这里仅是大概的估计,例如在迦太基的人口登记中,基督徒人数超过10%。

[3] ［英］爱德华·吉本:《罗马帝国衰亡史》第1卷,第451页。

[4] R. MacMullen, *Constantine I*, p. 149, 和 A. A. Vasiliev, *History of the Byzantine Empire*, p. 59 都描写了有关的事件。

[5] R. MacMullen, *Constantine I*, p. 150.

纵容。放逐令被撤销了……(阿里乌派领袖)尤西比乌斯也官复原职,仍旧登上了他被屈辱地赶下台的大教长的宝座,阿里乌本人则成了基督教的英雄"①。君士坦丁在阿里乌派问题上的朝令夕改,恰恰说明他是从其政治需要出发处理基督教神学争论,为了缓和神学争论引发的教派对立和社会矛盾,他取消教派争论,将基督教教士视为命根子的神学教义玩弄于股掌之间。

　　同样,君士坦丁在大力扶植基督教时并没有大张旗鼓地迫害多神教,特别是在他成为帝国唯一皇帝后,主动调整了对多神教的政策,颁布法令允许多神教徒"定期实施肠卜祭祀活动,(他的皇帝)纹章上都铸有朱庇特和阿波罗、玛斯和赫丘利的图像和象征"②。帝国各地的多神教神庙仍然拥有大量的财富,享有帝国的馈赠和特权,其信徒甚至还可以公开举行传统的宗教仪式和祭祀。③ 君士坦丁力图使多神教徒和基督徒之间能融洽相处。他针对帝国东部基督教势力较大和帝国西部古罗马传统多神教势力较大的实际情况,采取对两者支持力度和方式有所区别的宗教措施。④ 显然,君士坦丁对当时帝国社会多种宗教信仰流行的现状有清醒的认识,因此在推行其宗教政策中力图保持一种没有倾向性的最高仲裁权,在实际行动中极力消除宗教对立。这也可以解释他为何宣称皈依基督教而没有受洗,直到临终前才接受洗礼,其原因在于,他以此防止因其公开表明宗教倾向而引起动乱,防止任何教派利用为皇帝洗礼的机会在宗教争端中占据优势地位。⑤ 因此,他成为帝国唯一皇帝后一直强调宗教中立,不使自己成为任何一派的教徒,而是超乎所有派别的最高仲裁者,对它们进行总体控制。另外,君士坦丁一再推迟受洗是为了保证世俗政权的独立性和统治权的完整,因为他一旦接受洗礼,就成为受到教会控制的基督徒,其至高无上的皇权将受到教会的制约,教会就有凌驾于皇权之上的危险,这是与其建立君主专制的愿望

① [英]爱德华·吉本:《罗马帝国衰亡史》第1卷,第485—487页,吉本原著中"the episcopal throne"在中译本中作"教皇"是错译,因为教皇仅指天主教的最高首脑,东正教最高首脑称"大教长"或"牧首"。
② 这里提到的分别为罗马主神、太阳神、战神和大力神,[英]爱德华·吉本:《罗马帝国衰亡史》第1卷,第435—436页,可惜中译本多有错译,本文引用中作了适当修改。
③ T. D. Barnes, *Constantine and Eusebius*, p. 246.
④ J. Burckhardt, *The Age of Constantine the Great*, p. 124.
⑤ 吉本试图从道德方面解释这个事件,拜占庭作家佐西莫斯则认为此事源于君士坦丁错杀其子的自我悔恨,而一些教会学者还认为他这样做是因为既可纵情享乐人世又可死后升入天堂,这些意见均缺乏历史唯物主义的眼光。[英]爱德华·吉本:《罗马帝国衰亡史》第1卷,第453—455页。

背道而驰的。

　　君士坦丁在扶植基督教的同时,还对其严加控制,使教会成为国家机器的一部分,他亲自过问教义神学、礼仪活动、人事安排,所有基督教的重大事务都必须有利于他对统一帝国的统治。在325年召开的尼西亚宗教会议上,他不仅直接干预《尼西亚信经》的制定,还确立了皇帝对教会的"至尊权"。基督教吸引君士坦丁关注的不是它的教义,而是它的统一性,而统一的教会能够为统一的帝国提供稳定的、和平的精神生活方式,这对于一心强化专制皇权的君士坦丁是极需的。统一与稳定是君士坦丁建立统一帝国不可或缺的,他确信假如能引导人们在信念上联合起来,"公共事务的处理将相当的容易"[1],所以他极力控制各地教会。当他得知亚历山大里亚教区发生神学争论后,立即进行干预,而他真正关心的不是神学是非,而是对统一稳定的教会的控制。当宗教争论出现失控的可能时,他立即主持召开宗教会议,会议的核心任务不是解决纷争,而是统一信仰和宣布皇帝在教会中的最高地位及至尊权,包括召集宗教大会权、教职任免权、教义解释权、争端仲裁权等。[2] 在尼西亚会议上,君士坦丁以基督教首脑的身份主持会议,并致以简短的开幕词,呼吁各地主教恢复教会团结,因为只有上帝的信徒们团结在和平的环境中,帝国才能长治久安。[3] 他严密地控制会议的进程,并将其意志变成会议的主题,一切均按他的预先安排进行。尼西亚会议的召开,表明君士坦丁已经在神学教义、教会组织等根本问题上控制了基督教,使基督教在实质上完全成为君士坦丁统治帝国的精神工具。一些学者因此认为"尼西亚会议标志着原始基督教的质变,实质上已成为罗马帝国的国教"[4]。总而言之,君士坦丁的基督教政策虽然灵活多变,但万变不离其宗,即为其建立和维护君主专制统治的政治目的服务,他将基督教当作能使"自己一越而为罗马世界专制皇帝的最好手段"[5]。

　　建立东都"新罗马"是君士坦丁一世的又一重大举措。新都的前身是古希腊商业殖民城市拜占庭,公元前7世纪前半期开始建城,古希腊人首先在博斯普鲁

---

① [美]威尔·杜兰著,幼狮文化公司译:《世界文明史》第10卷,北京:东方出版社1998年版,第328页。
② 陈志强:《独特的拜占廷文明》,北京:中国青年出版社1999年版,第290—292页。
③ T. D. Barnes, *Constantine and Eusebius*, p. 215.
④ 于可主编:《世界三大宗教及其流派》,第38页。
⑤ 《马克思恩格斯全集》第19卷,北京:人民出版社1963年版,第328页。

斯海峡的亚洲一侧建立了卡尔西顿城(Chalcedon),几年后,又建立了拜占庭城。此后数百年,特别是在希波战争中,拜占庭城发挥了重要作用。①古代作家如希罗多德(Herodotus,公元前485—前425年)、斯特拉波(Strabo,公元前63—公元后21年)和塔西佗(Tacitus,约56—120年)等都对拜占庭城作过描述。但是,真正使这个屡次惨遭破坏的城市迎来辉煌时代的是君士坦丁一世,他充分认识到帝国东部地区在增强其统治实力中的重要性,他独具慧眼,力排众议,在撒尔底迦(Sardica,今索非亚)、帖撒罗尼迦(今塞萨洛尼基)、尼科米底和特洛伊等大城中选定拜占庭城作为建设新都的城址。君士坦丁一世击败所有对手、统一帝国后,帝国东西部的形势发生了很大变化,迁都的计划势在必行。

君士坦丁从军事战略角度看清了这座古代城市具有的独特的经济地理优势和军事战略重要性。它坐落在博斯普鲁斯海峡欧洲一侧的小山丘上,南临马尔马拉海,北靠"黄金角"海湾,东面扼制博斯普鲁斯海峡,控制赫勒斯滂(今达达尼尔)海峡,把守马尔马拉海北向黑海出口,西面居高临下俯瞰色雷斯平原,易守难攻。不仅如此,这里还是罗马帝国重要的军事大道埃格南地亚大道和小亚细亚地区军事公路的会合点,是通向亚洲的必经之地。同时,由于它控制黑海经由爱琴海进入地中海的水上交通要道,因此具有重要的战略意义。此外,拜占庭城北的黄金角海湾是一个条件极佳的自然港湾,全长约10公里,主航道宽约460米,并有多处分支水巷,可供船只停泊。于是,324年,君士坦丁一世发布命令兴建"新罗马",并任命重臣着手进行建筑工程的准备工作。为了在最短的时间里完成新都的建设,君士坦丁下令建立专门学校大量培养当时急需的各类建筑人才。次年,建筑工程正式开工。君士坦丁一世对这项工程极为重视,他亲自跑马勘测、圈定城市界标。当时,他的随从官员对他确定的城市的巨大面积感到惊讶,疑惑不解地问道:"我的殿下,您将继续往前走多远?"他回答说:"我要继续走下去,直到在我前面引路的神认为合适停下为止。"②

此后,他调集帝国各地的建筑师和能工巧匠,按照罗马城的样式和规模精心

---

① 公元前546—前448年,希腊诸城邦联合抗击波斯军队入侵的战争,最终以波斯人势力被迫退出欧洲和爱琴海及沿海地区而告结束。

② A. A. Vasiliev, *History of the Byzantine Empire*, pp. 57–60.

设计,全面建设。大量的奇石异物从各地运到工地,无数古代的建筑和艺术杰作被拆除,强行从罗马、雅典、亚历山大里亚、以弗所和希腊各地运往拜占庭城,黑海沿岸原始森林的优质原木、爱琴海岛屿出产的各色大理石源源不断运抵黄金角海湾。为了加快施工进度,他特地调动4万名哥特士兵投入建筑工作。经过五年精心施工,新都基本完工,古城拜占庭荡然无存,一座规模宏大、豪华典雅的"新罗马"坐落在博斯普鲁斯海峡上。新罗马的面积超过旧城十几倍。在旧城原址的小山丘上,豪华的皇宫拔地而起,大理石屋面、阳台和柱廊在金色的阳光和蔚蓝的大海衬托下使整个建筑群显得格外典雅庄重。大皇宫由几个比邻的独立宫院组成,内有各种大殿、宫室、花园和柱廊,是君士坦丁堡最豪华的建筑群。皇宫里有地下通道与大赛场相通,从皇家花园通过一个大理石码头直达马尔马拉海。大皇宫占地60多万平方米,占据城内最高的山丘,是全城的制高点。以此为三角形城区的顶点,城墙沿黄金角海湾和马尔马拉海岸向西延伸约4300米,与城西的君士坦丁城墙连接,面积达8平方千米。根据史家统计,在城区内集中了大量优美的建筑,除了大皇宫外,还有元老院议事大厦、公共学堂、大赛场、2座剧场、8个豪华的公共浴池、153个私人浴池、52道沿街柱廊、5座囤粮谷仓、8条引水渠道、4座用于集会和法院公审的大厅、14所教堂、14座宫殿和4388座私人拥有的贵族官邸。[1] 其面积和规模都远远超过了故都罗马,也超过了古代的巴比伦、雅典,中世纪的伦敦和巴黎,成为中世纪西方世界第一大城。据说为了模仿罗马城所在的7个山丘,新城也建立在7个丘陵上,并设置了14区。[2]

在这巨大的空间里,原来的旧城墙被改建为高大的皇城城墙,城门塔楼正对西方的宽广大道。大道南侧修建起巨大的大赛场,完全仿照罗马竞技场的式样,但比罗马的大赛场还长40米左右,赛车道可容10辆马车并排奔跑。场内均匀地分布着许多立柱和方尖碑,赛场中央耸立的是从埃及运来的古埃及方尖碑,立柱上则装饰各种雕像。可容纳数万人的看台用花岗岩分区建造,外墙则由四层拱型

① ［英］爱德华·吉本:《罗马帝国衰亡史》上,第239页。
② Jelena Bogdanović, "The Relational Spiritual Geopolitics of Constantinople, the Capital of the Byzantine Empire", in *Political Landscapes of Capital Cities*, ed. Jessica Joyce Christie, Jelena Bogdanović, and Eulogio Guzmán, University Press of Colorado, pp. 97 – 154.

门廊构成,上面装饰精美的大理石雕刻。沿柱廊拱卫的麦西大道继续向西,圆形的君士坦丁广场周围矗立着一大片公共建筑群,是公众从事商业和政治活动的第一大中心。这里,最高大雄伟的建筑是帝国议会和元老院,十几级大理石台阶是政要显贵、文人墨客向公众阐述政治见解和显露文学天赋的论坛。广场中心耸立着数十米高的巨型花岗石圆柱,坐落在白色大理石基座上,圆柱直径约 3.2 米,顶端是从雅典运来的高大的阿波罗铜像。而稍后在该广场西侧建立的塞奥多西广场呈方形,是多条重要的罗马军事大道的会合点,也是全城最大的集市贸易区。这里作坊店铺遍布,商号钱庄比邻,衣食用行,应有尽有,分区设立,井井有条,形成了方圆数里的商业区。向西南伸展的麦西大道是举世闻名的大理石柱廊大道,两侧有巍峨的市政厅,森严的将军府和国库,文雅的国家图书馆和优雅的贵族宅区。在这里,风格各异的罗马贵族庭院也按罗马城式样建筑,以便吸引各地名门显贵。全城主要街道、广场和建筑物前都布满了精彩绝伦的艺术品。城市最西侧建立的君士坦丁城墙长约 3000 米,是第一道城防,数十年后加修的塞奥多西城墙则构成了第二道城防。

330 年 5 月 11 日,君士坦丁一世亲自主持了盛大的新都落成典礼,拉开了持续 40 天的庆祝活动的序幕。人们热烈庆祝君士坦丁堡的建成,载歌载舞,彻夜狂欢,颂扬君士坦丁一世的万世功德,因此,“新罗马”又称为“君士坦丁堡”,意即“君士坦丁的城市”。此后,帝国政府采取了一系列措施提高新都的地位,使新都迅速发展成为欧洲和地中海世界第一大城。君士坦丁一世曾亲自批准罗马贵族免费迁入新都贵族住宅,君士坦丁堡元老院也获得了与罗马旧元老院同等的法律地位。君士坦丁还鼓励和命令原罗马城骑士以上的贵族全部迁居新都,这一系列特殊政策极大地推动了新都的发展,城市人口急剧增长。在整个中世纪的欧洲,直到 13、14 世纪,君士坦丁堡都是最大的城市。

君士坦丁堡是帝国行政中心所在地,大皇宫则是全帝国的神经中枢和心脏,一切政令都从这里发出,通过遍布帝国的公路网,传送到各地。在皇家驿道上经常来往着信使和受委派的高级地方官吏,他们随时将帝国各地的军事和政治情报送入大皇宫,也带着皇帝和朝廷的命令奔赴各地。特别是标有“军情”标志的流星信使马不停蹄地奔驰在各驿站之间,在很短的时间里,即可以将首都发出的命令送到最远的边区。作为帝国权力核心的新都迅速吸引了地中海世界的大小政客,他们怀着不同目的和愿望,纷纷迁居到新都。即使是已被派往各地的官员也在首都留有宅府和家眷,这既是中央政府的命令,也是他们的愿望,因为保持与权力中枢的密切联系将有利于他们在仕途上的发展。君士坦丁堡的政治中心作用决定了它在宗教、文化等社会生活方面的特殊地位。3、4世纪,在帝国境内形成的罗马、亚历山大里亚、耶路撒冷、安条克和拜占庭城教区,代表基督教最强大的几股势力,其中新都君士坦丁堡的宗教地位迅速上升,从排名最后到排名第一。在皇帝们的支持下,很快获得了和罗马同等重要的地位,甚至在许多方面超过了罗马,君士坦丁堡大教长也因此成为东部各教区的首领。由于皇帝严密控制教会事务,所以,帝国各地教会的主教,包括罗马的主教都随时听候皇帝的召唤,或到首都参加会议,或面君接受皇帝的训示。

与此同时,新都迅速发展成为欧洲和地中海最大的文化中心。这里安全舒适的环境和繁荣昌盛的城市生活吸引着整个帝国的知识界,原先集聚在罗马城的文人学者和分散在各地的知识分子纷纷涌入新都。语法学家和哲学家来到首都建立起语言学校,向贵族子弟传授古希腊和罗马语言知识,因为吟诵古典诗篇和名著既是当时的时髦风雅,也是从政为官的基本要求。艺术工匠来到这里开设作坊,广招当时急需的建筑和艺术学徒,承包和制作大量建筑所需的艺术品,他们从最初仿造古希腊的绘画雕刻发展到创作具有独特风格的宗教作品。法学家也开办了法律学校,培训帝国官员,提供大量急需的司法人才。国家还规定,通过全国性考试,招贤纳才,选择和任命国立学校教师。为了整理古代图书,帝国政府聘请了许多著名学者翻译注释古希腊罗马时代的重要文献。当时的君士坦丁堡尚古之风极盛,学习古希腊语、搜集抄写古籍蔚然成风,研究古代哲学和戏剧、钻研古代文法和修辞也成为知识界的"热门"。正是在这个热潮中,形成了以中世纪希腊语为基础的拜占庭译本古典文献和以亚历山大里亚科普特语为基础的译本。首都文化生活极为丰富,除了定期举行的大型赛车赛事和体育竞赛外,各个剧场经常上演传统剧目,各种新节日也常常把君士坦丁堡人带入不夜的狂欢之中。君士坦丁堡特殊的文化环境使它成为地中海世界和欧洲各国王公贵族和其弟子向往的求学之地,来自各国的年轻人和拜占庭学生一同在君士坦丁堡各所学校中接受教育。

　　君士坦丁堡活跃的经济生活是其重要的政治、文化和宗教生活的基础。在城区中心地带建立的巨大商业区，汇集着全国各地的商品和来自世界各地的珍奇货物，街道上各种肤色的商贾身着各国服装来来往往，集市上人们用各种语言进行交易，黄金角海湾则停泊着各国各地的船只，拜占庭金币成为各国商人从事交易的国际硬通货。帝国的各类作坊和工场大多集中在大皇宫内或附近地区，著名的皇家丝织厂和铸币厂就在皇宫内，而兵器和金银加工场则散布在全城不同地方，发达的手工业和商业使君士坦丁堡的经济地位进一步提高，逐步成为全国的经济中心。

　　可以说，拜占庭帝国的历史就是以君士坦丁堡为中心的历史，在这里上演着帝国千余年的历史剧，作为拜占庭帝国首都的君士坦丁堡遂成为拜占庭兴亡历程的主要见证。公元330年新罗马建成和君士坦丁一世启用新都标志着拜占庭国家历史的开端。自此，以君士坦丁堡及其周围地区为核心的东罗马帝国也被后代史学家称为拜占庭帝国。

　　君士坦丁堡的建立虽然标志着拜占庭国家的形成，但是新国家并不稳固，它面临许多急需解决的问题。君士坦丁一世首先进行旨在强化中央集权的行政改革，其主要内容包括：继续推行戴克里先采取的皇帝专制制度，强化皇权；建立由皇帝控制、只对皇帝个人负责的庞大的官僚机构；削减地方权力，将地方行政权和军事权分开，由皇帝任免军、政高级官员。

　　事实上，君士坦丁的行政改革是在戴克里先改革的基础上进行的，他继续保持戴克里先改革所确立的君主专制制度，不仅继续在宫廷中实行皇帝崇拜礼节，而且通过各种方式扩大君主权。君士坦丁还利用对基督教的宽容政策争取民众支持，鼓励基督教信徒神化皇帝的活动。为了有效地防止和克服军阀割据的现象，他废除了戴克里先曾推行的"四帝共治制"，将包括高卢、意大利、伊利里亚和东方大区在内的整个帝国重新划分，分别置于由皇帝任命的大区长的管辖之下，罗马和君士坦丁堡为直辖市，所有大区和直辖市均由中央政府严密控制。君士坦丁一世将大区进一步分为地区，东方大区包括埃及、东方、滂底斯（今黑海）、亚细亚和色雷斯五个地区；伊利里亚大区包括达契亚和马其顿两个地区；意大利大区包括亚平宁半岛和北非的达尔马提亚、番诺尼亚、诺里库和莱提亚四个地区；高卢大区包括高卢(今法国)、不列颠(今英国)、伊比利亚(今西班牙)和毛里塔尼亚四个地区。地区由行省组成,行省的军政权力分别由皇帝任命的行政和军事官员掌握。戴克里先实行改革以前,罗马帝国仅有 57 个行省,君士坦丁重新统一帝国后,行省的数量上升到 96 个,君士坦丁改革后行省的数量增加到 120 个左右。① 大区、地区和行省不仅数量常变,而且其边界区域也不固定。此外,所有的地方官员均由皇帝亲自任免,使他们直接效忠皇帝,对皇帝个人负责,这样做的目的显然是杜绝地方官员培植个人势力,防止地方势力坐大。同时,严格的等级制度也有效地制约了各级官员权力的膨胀。

为了加强中央权力,君士坦丁扩大朝廷各部门权力,增加中央官吏的数量,并把许多原来由地方控制的权力收归中央部门管理。最初,君士坦丁堡市长是中央政府中权力最大的官员,几乎控制首都社会生活的各个方面。但是不久以后宰相取代了君士坦丁堡市长的地位,实际控制朝廷各部官员的活动。宰相之下设立财政税收、邮政交通等主管部门。他还控制着 1200 名钦差大臣,这些钦差大臣是中央政府加强地方控制的工具,他们随时将监视地方官员动向的报告提交给宰相。宰相还负责指挥御林军和近卫军,确保皇帝的人身安全和首都的正常生活秩序。皇家总管也听命于宰相,负责皇室房地产的经营和内宫事务。邮政大臣的职责既包括信件往来,也包括道路修筑和皇家驿站的管理,还包括外国君主和信使的迎来送往。财政部是宰相府中第一大部,财政大臣则是宰相之下最重要的官员,由两名地位相同的大臣担任,主管全国税收和国家财政收支事务。大法官是与宰相和君士坦丁堡市长同样重要的官员,负责为皇帝起草法律文件,帮助皇帝处理司法审判,并掌管皇帝的印玺。此时的元老院成为真正的皇帝咨询会议,其过去拥有的立法权逐渐丧失,其对帝国行政事务的影响力迅速削弱,但是,它在帮助皇帝立法方面仍然发挥不可小视的作用,特别是在人民起义和皇帝意外死亡等非常时期,元老院将决定新皇帝的即位。君士坦丁一世去世时,元老院约有 2000 名成员。为了稳定中央政府的贵族和高级官吏,君士坦丁一世制定了新的等级条例,

① J. Bury, *History of the Later Roman Empire: From the Death of Theodosius I to the Death of Justinian*, New York: Dover Publications, 1958, ch. 1.

并根据等级的高低,发放薪俸和赏赐财产。

蛮族入侵是早期拜占庭国家面临的一个亟待解决的问题。公元 4 世纪末,日耳曼各部落在匈人的进攻压力下加快了向西迁徙的速度,拜占庭军队几乎无法阻挡他们涌入帝国的浪潮,拜占庭统治者认识到使用武力解决不了哥特人问题,因此采取接纳和利用蛮族的政策。君士坦丁一世接受哥特人为帝国的臣民,允许他们在帝国边境地区定居垦荒,交纳赋税,提供劳役和军队,而且大量使用哥特人雇佣兵,在帝国军队中建立哥特人兵团,吸收哥特人担任军官,甚至担任高级军职。哥特人进入拜占庭社会生活产生了多方面的影响。哥特人加入拜占庭军队产生了两方面的影响,其一,拜占庭国家抵御外敌的防务任务相当大部分逐渐由哥特人承担,他们大多驻守在边境地带,有效地阻止了其他民族对拜占庭的进攻,至少在使其他民族绕过拜占庭领土继续向西迁徙方面起了一定的作用。其二,进入拜占庭军队的哥特人以他们凶猛彪悍的作风多多少少给士气不振的拜占庭军队注入了一些生气,而习惯单兵作战的哥特将领也部分地改变了陈旧的罗马兵团式作战的战略战术。其三,蛮族社会生活方式,包括其原始社会形态的不成文立法也融入帝国社会。

君士坦丁在经济方面的改革成果最突出的是货币改革。君士坦丁大帝的经济政策中以索里达金币(solid)的发行最为重要。早在戴克里先时代已经发行了金币索里达,但是君士坦丁一世将其标准化,成为信用度极高的国家货币。新的索里达首先于 309 年在西部发行,之后扩展到全国范围。这种新型金币在希腊语中被称为诺米斯马(Nomisma),并有辅币塞米西斯(Semissis,即 1/2 的索里达)和特雷米西斯(Tremissis 即 1/3 的索里达)。信用度高的货币给罗马经济带来了重大影响,也与后世的税制改革息息相关。征税和军饷当时仍以实物支付为主,不过,随着新货币的流通,君士坦丁大帝建立了新税种(Collatio lustralis,五年税),即商人和金融业者(实质上包括农民以外的所有人)每五年用金币(后来又加上银币)纳税的税种,由此开启了罗马帝国财政在 5 世纪以后由金币运营的端绪。也是从这个时代开始,军饷和皇帝临时的大型恩赐(largeness)活动都逐渐用金币支付。在拜占庭帝国索里达的高纯度一直维持到 1030 年代,作为最值得信赖的标准货币在地中海世界广泛使用。在财政方面,君士坦丁大帝以慷慨支付巨额开支著称。在《皇帝传概要》(*Epitome de Caesaribus*)中①,他统治的最后三分之一时间被描写为"浪费的时代",20世纪的学者琼斯评价他为"过度慷慨"②。统一帝国前的君士坦丁大帝实行轻税制。到他统治的后半期,君士坦丁堡的建设、众多教堂的建设、颁发给君士坦丁堡市民的配给、作为恩典的养老金和皇帝领地的赠予等种种活动都需要大量金钱,除了征用李锡尼在东部累积的财富和没收异教神庙的财富,新税种被不断制定出来,上述"五年税"的制定也正是产生于这个阶段(314—318年)。他于325年左右还制定了针对元老贵族的土地税,甚至将各地城市收集的地方税编入国库。因此,到君士坦丁统治末期,税额开始成为人们的沉重负担,特别是"五年税",对于没有富余资产的人来说,纳税的年份变成了"可怕之年"。

君士坦丁大帝统治的最后三年,一直计划对萨珊波斯帝国远征,他打算促使波斯人皈依基督教,并为自己制订了与基督同样在约旦河接受洗礼的计划。337年的复活节之后,君士坦丁大帝的健康状态恶化,预感到死期将至的君士坦丁大帝在病榻上接受了洗礼,同年的圣灵降临祭日(5月22日),他在尼科米底近郊的安库罗那离宫逝世。君士坦丁大帝的遗体被装入紫衣包裹着的金棺运送到君士坦丁堡,接受高官们的礼拜后被安置在使徒教堂。他的葬礼根据基督教仪式举行,在象征着基督12门徒的石棺中央安放了君士坦丁大帝的石棺——从而表明他是第十三位使徒。因此,他不仅是罗马人的"大帝",又是基督徒心目中的"使徒等同者"。罗马城不同意皇帝选择新都君士坦丁堡作为安葬地,尽管他们知道皇帝已经成为基督教徒,但罗马元老院还是像对待之前的皇帝那样授予他成为罗马众神一员的荣誉。君士坦丁一世无疑是拜占庭历史上最伟大的君主,其多项成就对后世产生了千余年的影响,甚至在当今社会生活中仍然可以感受到。无论后人如何评说,其崇高的历史地位无人可以撼动。

---

① *Epitome de Caesaribus*(《皇帝传概要》)撰写于4世纪末,包括从奥古斯都到塞奥多西一世的皇帝传记,该书可能是综合 Aurelius Victor 的著作而成,作者名字已经无法考证。

② A. H. M. Jones, *The Later Roman Empire 284 -602:A Social, Economic, and Administrative Survey*, vol. I, p. 109.

第二节

君士坦丁二世（Constantine II）

337—340 年在位

　　君士坦丁二世全名为弗拉维乌斯·克劳迪乌斯·康斯坦提乌斯（Flavius Claudius Constantius II，生于 317 年，卒于 340 年，享年 23 岁），是君士坦丁王朝第二位皇帝，337 年继位，340 年去世，在位不到 4 年。

　　君士坦丁二世是君士坦丁大帝与第二任妻子福斯塔的长子[1]，于 317 年 2 月出生在法国南部的阿尔勒。[2] 福斯塔是君士坦丁大帝的第二任妻子，后被怀疑与继子克里斯普斯私通而被君士坦丁大帝下令处决。337 年 5 月 22 日，君士坦丁大帝去世后，君士坦丁二世与两个弟弟康斯坦提乌斯二世和康斯坦斯共同继承皇帝之位，其中君士坦丁二世因年龄居长被尊为最高皇帝（the senior emperor）。[3] 作为罗马帝国的共主，兄弟三人部分地遵从了君士坦丁一世的遗诏，划定了各自的势力范围，将帝国分而治之。其中，君士坦丁二世领有不列颠、高卢、西班牙地区。340 年，君士坦丁二世在意大利阿奎莱亚（Aquileia）的战事中意外阵亡，年仅 23 岁。阿奎莱亚位于意大利东北部、亚得里亚海滨，是古罗马时期比较大的城市之一，也是重要的海军港口和补给地，是兵家必争之地。

　　317 年 3 月 1 日，尚在襁褓之中的君士坦丁二世与同父异母的兄长克里斯普斯同时被父皇授予"凯撒"头衔。与此同时，罗马帝国东部的实际统治者李锡尼也把自己的儿子小李锡尼（Licinius the Younger，315—326 年）提拔到同样的位置。此举也是罗马帝国东西两位皇帝间早先立下的约定。小李锡尼是君士坦丁大帝

---

[1] Zosimus, *New History*, London：Green and Chaplin, 1814, 2.39.1, p.57. 另有传说称，君士坦丁二世为君士坦丁大帝的私生子。A. P. Kazhdan ed., *The Oxford Dictionary of Byzantium*, New York, Oxford：Oxford University Press, 1991, p.500.

[2] "阿尔勒"（Arles）来源于凯尔特语"Arelate"，意为"湖泊附近的土地"，位于今法国东南部普罗旺斯—阿尔卑斯—蓝色海岸大区罗讷河口省。公元前 112 年，罗马人入侵普罗旺斯，并在罗讷河口附近左岸建立阿利斯康作为港口，成为现代阿尔勒城市的前身。此后，阿尔勒成为罗马人入侵高卢的重要据点，并成为横跨罗讷河的重要渡口。罗马人在当地修建了大量的罗马建筑，包括斗兽场、歌剧院及军事城墙。公元 4 世纪后，随着游牧民族的南下，阿尔勒在战乱中逐渐萧条。

[3] A. P. Kazhdan ed., *The Oxford Dictionary of Byzantium*, p.500.

的外甥，其母是君士坦丁大帝的同父异母妹妹康斯坦提亚。

君士坦丁大帝对君士坦丁二世青睐有加，将之视为未来的继承人之一，因此十分重视对君士坦丁二世的培养。320—321年间，年仅4岁的君士坦丁二世就被授予了部分实权，彼时的他甚至还没学会在文件上签署自己的名姓。君士坦丁大帝培养接班人的迫切举动甚至还引发了政敌李锡尼的嘲笑和指摘。后者认为君士坦丁大帝此举的目的不仅在于提携自己的子嗣，更是意在贬低李氏的儿子小李锡尼。因为君士坦丁二世比小李锡尼尚年幼一岁。两位皇帝父亲由于互相攀比而心生嫉恨，"子嗣问题"甚至成为双方最终决裂的重要因素之一。

除了赞襄政务，君士坦丁大帝还亲自指导君士坦丁二世处理军务。323年，罗马帝国与萨尔马特人爆发战争，君士坦丁大帝将之视为调教储君的宝贵实践机会。萨尔马特人是不固定的多血缘聚集的族群，包括多个伊朗语系部落的统称，生活在咸海沿岸及其以东地区。公元前6世纪时，开始向西北移动，进入乌拉尔丘陵地带，后占据乌拉尔河与顿河之间的草原。公元前4世纪时，萨尔马特人越过顿河，攻击斯基泰人，逐步征服大部分斯基泰部落，成为南俄草原的霸主。在萨尔马特人鼎盛时期的公元1世纪，其部落分布在西到维斯瓦河和多瑙河、东到伏尔加河、北到高加索、南到黑海和里海的区域内，控制除克里米亚半岛以外的所有南俄草原地区，转而与罗马帝国为敌。3世纪时，萨尔马特人在南俄草原的霸主地位被哥特人的迁徙浪潮冲垮，但他们仍保持比较强大的势力。后来，萨尔马特人连续受西迁的匈人和阿瓦尔人的冲击，向西移动，与东罗马发生边境冲突。君士坦丁二世随父亲参加了此次军事行动。324年，君士坦丁大帝的劲敌李锡尼在克里索波利斯之战中败北并被处决。[①] 君士坦丁二世与兄长克里斯普斯一道接管了李锡尼统治的地区。然而，326年，克里斯普斯因为被控与后母通奸，被君士坦丁大帝处决。罗马帝国此时的皇位继承人只剩下君士坦丁二世和弟弟康斯坦提乌斯二世、康斯坦斯。在兄长克里斯普斯被处决后，时年9岁的君士坦丁二世被父皇安排到高卢地区任职，掌控高卢地区。在此期间，君士坦丁二世麾

---

① 克里索波利斯之战（the Battle of Chrysopolis）是西部皇帝君士坦丁一世与东部皇帝李锡尼的最后一次较量。这场战役宣告由戴克里先皇帝于293始创的四帝共治制落下帷幕，君士坦丁一世成为罗马帝国唯一君主。克里索波利斯即今土耳其的乌斯库达尔（Üsküdar）。

下的将领取得了对当地蛮族阿勒曼尼人（the Alamanni）的军事胜利，因此从 330
年开始，关于君士坦丁二世的铭文中都会给他加上"阿勒曼尼人的征服者"
（Alamannicus Maximus）荣誉称号。阿勒曼尼人是由若干日耳曼部落集结而成
的族群，最早出现于古罗马历史学家卢修斯·迪奥（Lucius Cassius Dio，约
155—约 235 年）在 213 年的记载中。阿勒曼尼人以上莱茵河流域为基地，于 3
世纪晚期扩张至今法国的阿尔萨斯和瑞士北部，3—4 世纪时，他们成为罗马帝
国在高卢地区、意大利北部地区和莱茵河流域的主要对手，双方曾爆发 11 次大
规模会战（259—378 年）。①

　　332 年，年仅 15 岁的君士坦丁二世被君士坦丁大帝派往多瑙河流域，领导对
西哥特人的战争。尽管他只是一位运筹帷幄的主帅，无须在一线领兵作战，但是
也积累了一定的经验。在这场对阿拉里克率领的西哥特人的重要战争中，君士坦
丁大帝还派遣了数位经验丰富的老将到前线指挥，为自己的儿子保驾护航。此次
战役，罗马帝国取得了压倒性的胜利，重创西哥特人。此役之后，333 年，君士坦
丁大帝命君士坦丁二世驻跸于莱茵河流域的特里尔城②，负责莱茵河两岸的军事
防务，抵抗蛮族的入侵。这里是君士坦丁家族的发家地。

　　335 年，君士坦丁大帝立下政治遗嘱，宣布自己去世以后，帝国各区域分别归
自己的三个儿子和侄子小达尔马提乌斯（Flavius Dalmatius，335—337 年在位）。
后者之父为君士坦丁大帝同父异母弟老达尔马提乌斯（Flavius Dalmatius or
Dalmatius the Censor），他本人在君士坦丁大帝麾下并不得志。然而，333 年，他的
儿子小达尔马提乌斯被君士坦丁大帝授予执政官（consulship），335 年，又被提拔
为副皇帝凯撒。③ 按照君士坦丁大帝的遗嘱，其与福斯塔的长子君士坦丁二世统
治不列颠、高卢、西班牙等地区；次子康斯坦提乌斯则领有帝国位于亚洲的领土包
括安纳托利亚半岛、叙利亚和北非的埃及④；三子康斯坦斯统治意大利、北非、潘

---

① 496 年，阿勒曼尼人归顺法兰克人领袖克洛维（Clovis，约 466—511 年）。7 世纪后，阿勒曼尼人逐渐接受
　基督教信仰。
② 特里尔位于今德法之间的莱茵河畔。
③ J. Burckhardt, *The Age of Constantine the Great*, p. 284.
④ Zosimus, *New History*, 2. 39. 2., p. 57. 佐西莫斯笔下为"亚洲、东方和埃及"。

诺尼亚、达契亚;黑海、爱琴海和亚得里亚海之间的整个陆地,即色雷斯、马其顿、
伊利里亚和亚该亚(希腊),都落入君士坦丁大帝的侄子小达尔马提乌斯之手。
337 年夏末,小达尔马提乌斯死于一场兵变,他的地盘被君士坦丁大帝的次子康
斯坦提乌斯和三子康斯坦斯瓜分。①

　　对于君士坦丁大帝做出的最后一次重要政治决定,即把帝国分给诸子侄的原
因,后人很难作出解释。② 这也导致了皇室内部多年的纷争。337 年 5 月,君士坦
丁驾崩后,君士坦丁二世和他的两个弟弟并未遵循先皇遗愿。兄弟三人暂时搁置
内部分歧,结成同盟,一致对外,先后剥夺了小达尔马提乌斯的封疆之权,瓜分了
他的势力范围,并将他处决。同时,他们对可能危及皇位的亲属展开了大清洗,致
使皇室男性亲属几乎被屠杀殆尽。337 年 9 月 9 日,罗马帝国境内的军队承认兄
弟三人为罗马帝国的皇帝。③ 兄弟三人在帝国内部重新划分了各自的势力范
围。④ 他们虽三分天下却势均力敌,都没有足够强大的实力一统罗马帝国,独享
皇帝之位。⑤

　　尽管攘除了外姓人瓜分帝国的担忧,君士坦丁二世统治的疆域并未有实质性
增加。虽然他在三兄弟中年龄最长,也被两个弟弟口头上尊奉为最高皇帝,但他
深知三兄弟之间表面上的和平并不能维持多久。很快,三兄弟间的矛盾开始表面
化,且政治分歧夹杂着宗教分歧。争夺权力和领土的斗争因为亚历山大里亚主教
阿塔纳修斯事件而全面爆发。亚历山大里亚大主教阿塔纳修斯(Athanasius of
Alexandria or Athanasius the Great, Athanasius the Confessor)是 4 世纪重要的基督教
神学家、埃及地区的宗教领袖。他是尼西亚信经、三位一体信条的坚定捍卫者,坚决

---

① J. Burckhardt, *The Age of Constantine the Great*, p. 285. 帝国的新首都君士坦丁堡也位于小达尔马提乌斯
  辖区内,也许是避免让自己的子嗣成为众矢之的,君士坦丁大帝的帝王心术着实令人费解。

② J. Burckhardt, *The Age of Constantine the Great*, p. 284.

③ A. H. M. Jones, J. R. Martindale and J. Morris, *The Prosopography of the Later Roman Empire, vol. 1:
  A. D. 260 -395*, Cambridge: Cambridge University Press, 1971, p. 220.

④ P. Crawford, *Constantius II: Usurpers, Eunuchs, and the Antichrist*, Barnsley: Pen & Sword, 2016, pp. 29 -
  30.

⑤ B. Leadbetter, "The illegitimacy of Constantine and the birth of the tetrarchy", In Samuel N. C. Lieu and
  Dominic Montserrat eds., *Constantine: History, Historiography and Legend*, London and New York: Routledge,
  1998, p. 80.

反对阿里乌派（Arianism，亚历山大里亚神学家阿里乌阐释的教义：承认耶稣的地位，但认为耶稣不是神，只是上帝之子，不能与上帝一同永恒存在）。328—373年，他数次出任亚历山大里亚主教，前后长达45年，但其中有17年是在流放中度过的。

基督教在君士坦丁大帝时代的罗马帝国境内有着极大的影响，宗教渗透到社会的各阶层和领域，因此整个国家、社会必然会因为教会内部教义的纷争而陷入混乱。尽管325年君士坦丁大帝曾召开尼西亚大公会议，确立了三位一体的信条，阿里乌教派也在会议上遭到了谴责。然而，阿里乌派并未因此而销声匿迹，而是在暗中不断积蓄力量，意图反扑。作为帝国皇帝，君士坦丁大帝和他的儿子们在了解到教义纷争之复杂，各派势力皆羽翼渐丰后，不得不从稳定大局出发，被迫调整策略，向信奉三位一体信条的正统教会施压，迫使后者允许阿里乌继续传教。坚持这一立场的皇帝势必与正统派发生严重冲突。其中，正统派以亚历山大里亚主教阿塔纳修斯为代表，这位大主教因时常与皇帝们的意见相左，在长达45年的任职生涯里总共被流放了五次。

335年，亚历山大里亚主教阿塔纳修斯被君士坦丁大帝流放，罪责是意图切断埃及对君士坦丁堡的粮食供应。337年，君士坦丁大帝死后，阿塔纳修斯被允许返回亚历山大里亚。然而，新即位的康斯坦提乌斯二世延长了他的流放刑期。阿塔纳修斯德高望重，罗马帝国的上百位主教纷纷表达了对他本人继续担任亚历山大里亚主教的意愿，甚至罗马主教尤利乌斯一世（Pope Julius I）也对他表示支持。尤利乌斯一世从337年2月到352年4月出任罗马教区大主教。他反对阿里乌派，支持亚历山大里亚大主教阿塔纳修斯，不断对东方的阿里乌教派的主教们施压，并借机扩大罗马大主教在东方各教区的影响，试图将之置于罗马大主教的统领之下。他在任内正式确定12月25日为耶稣的诞辰。

亚历山大里亚是罗马帝国基督教会的五大主教区之一（其他四个是罗马、君士坦丁堡、耶路撒冷、安条克），处于康斯坦提乌斯二世的势力范围之中。他倾向于阿里乌派，不愿意看到阿塔纳修斯返回此地继续担任宗教领袖。在得到教会人士的支持之后，阿塔纳修斯遂前往特里尔寻求君士坦丁二世的帮助，后者因意图扩张地盘而支持主教，反对自己的弟弟。此举加深了本就相互猜忌、相互提防的兄弟二人的矛盾。康斯坦提乌斯二世也认清了君士坦丁二世借支持主教之机，向己方势力范围安插钉子的意图。由此，兄弟二人间的矛盾以此为导火索日益激化。338 年，为了消除彼此的分歧，他们在今塞尔维亚中部偏北地区的维米纳库姆举行了会谈。①

由此可见，在君士坦丁大帝驾崩后，教义信条争议也导致了君士坦丁诸子之间日益激烈的纠纷，同时加大了帝国东、西两半部分之间的裂痕。② 其中，执掌帝国东部的康斯坦提乌斯支持阿里乌派，而统治帝国中、西部地区的康斯坦斯和君士坦丁二世则宣布继续坚持尼西亚信经。在三弟康斯坦斯的帮助下，实力占据上风的长兄君士坦丁二世迫使二弟康斯坦提乌斯屈服，恢复了被驱逐的正统派主教。君士坦丁二世不顾康斯坦提乌斯的反对，派人把正统派代表阿塔纳修斯从高卢的流放地送回了亚历山大里亚。③ 但是随着康斯坦斯在 350 年死于兵变，阿里乌派在康斯坦提乌斯的支持下东山再起。

君士坦丁二世与三弟康斯坦斯的合作关系并未保持太久。君士坦丁二世执政后，一直觊觎康斯坦斯的势力范围，并常以长兄身份指手画脚。他的战略意图在于，以亚平宁半岛为跳板占领北非的重要战略城市——迦太基，然后占领阿非利加省，控制西地中海，进而完成罗马帝国西部地区的统一。因此，意欲扩张的君士坦丁二世势必与控制意大利地区的康斯坦斯发生冲突，而后者随着年龄的增长，越发不尊重他"最高皇帝"的尊号。340 年初，君士坦丁趁康斯坦斯离开罗马，到多瑙河弹压蛮族部落暴动之机，率领军队突然攻入意大利地区，兵锋直指意大利东北部、亚得里亚海滨的阿奎莱亚。为了阻挡入侵者的进攻，17 岁的康斯坦斯率领自己的精锐卫队，抛开大部队，先期返回意大利。在阿奎莱亚，康斯坦斯的卫队利用有利地形实施了一场成功的突袭战。在这场战斗中，君士坦丁二世阵亡，年仅 23 岁。他所控制的高卢、西班牙和不列颠等地区也相继落入康斯坦斯的手中。

---

① 维米纳库姆（Viminacium）是罗马帝国上莫西亚行省（Moesia Superior）的首府和 7 军团（the VII Claudia Legion）的驻防基地。

② ［南斯拉夫］乔治·奥斯特洛格尔斯基：《拜占廷帝国》，第 35 页。

③ A. P. Kazhdan ed., *The Oxford Dictionary of Byzantium*, p. 500.

第三节

康斯坦提乌斯二世（Constantius II）

337—361 年在位

康斯坦提乌斯二世（Constantius II, Flavius Julius Constantius Augustus, Κωνστάντιος，生于 317 年 8 月 7 日，卒于 361 年 11 月 3 日，享年 44 岁）是君士坦丁王朝的第三位皇帝，337—361 年在位 24 年。

康斯坦提乌斯于 317 年生于潘诺尼亚行省的西尔米乌姆（Sirmium, Pannonia）。他是君士坦丁大帝的第三个儿子，皇帝与第二任妻子福斯塔所生的次子。他有三位妻子，第一位是他的堂叔朱利安的女儿，名字没有记录下来。第二任妻子尤西比亚（Eusebia）来自马其顿，在 353 年康斯坦提乌斯击败马格尼提乌斯（the usurper Magnentius）之前结婚，死于 360 年。第三任妻子福斯提娜（Faustina），为他生下遗腹女康斯坦提亚（Flavia Maxima Constantia），后者后来嫁给了皇帝格拉先（Gratian）。

据史家阿米亚努斯（Ammianus Marcellinus）记载，康斯坦提乌斯皮肤较黑，双眼突出，目光锐利，头发柔软。由于经常剃须，所以面颊洁净光滑。他上体长，下肢短，有些罗圈腿，但善于奔跑和跳跃。他从小受到良好的教育，曾钻研修辞和诗歌，但是成就平平。相反，他在军事上的才能非常突出，善于带兵打仗，几乎在军旅中度过一生。

作为君士坦丁大帝的儿子，他从小就地位显赫。324 年 11 月 13 日康斯坦提乌斯被父亲任命为副帝时，才刚刚 7 岁。336 年，君士坦丁大帝远征波斯，途中病重，不得不派不到 20 岁的康斯坦提乌斯前往东部控制局势。337 年初，康斯坦提乌斯得知父亲病危的消息后急速返回君士坦丁堡。君士坦丁大帝死后，康斯坦提乌斯在圣使徒教堂为父亲举行了盛大的葬礼。不久，军队宣称只有君士坦丁大帝的儿子才有资格做皇帝，由此展开了对君士坦丁大帝家族其他男性成员的追杀。至于这场杀戮是否由康斯坦提乌斯授意，则无人知晓。① 君士坦丁大帝的同父异母兄弟们,包括康斯坦提乌斯的两个叔叔和六个堂兄弟被杀,此外还有亚美尼亚国王汉尼拔利阿努斯和君士坦丁大帝的侄子、被赞誉为才能卓越的达尔马提乌斯(当时是本都[Pontus]和莫西亚[Moesia]两个行省的统治者)被杀。屠杀之后,君士坦丁大帝家族只剩下康斯坦提乌斯和他的哥哥君士坦丁、弟弟康斯坦斯,此外还有三个堂弟,其中包括其妻子的亲弟弟加鲁斯(Flavius Claudius Constantius Gallus, 326— 354 年)和同父异母弟弟朱利安(Julian)。康斯坦提乌斯在潘诺尼亚的西尔米乌姆与两位亲兄弟会面,完成了对帝国的划分。康斯坦提乌斯统治东部地区,包括君士坦丁堡、小亚、东部诸行省和黑海地区。君士坦丁统治不列颠、高卢、西班牙。康斯坦斯最初由君士坦丁二世监护,获得意大利、非洲、伊利里亚区、潘诺尼亚、马其顿和阿非利加省。②

早在君士坦丁大帝统治晚期,东方问题(波斯问题)已经成为罗马帝国不得不认真面对的议题。226 年,来自伊朗南部法尔斯地区的阿尔达希尔建立萨珊波斯帝国,占领了帕提亚帝国在西亚的领土。4 世纪后,萨珊帝国对罗马帝国在两河流域西部的土地展开了强势进攻,由此开启了持续数百年的争霸战争。康斯坦提乌斯上任伊始,就要应对萨珊波斯的逼人攻势。当时战争的残酷场面经由同时代史家阿米亚努斯记录下来:"得意洋洋的波斯人射出的箭密如暴雨,以至于我们无法看清楚他们的弓箭手。在弓箭手前面是一头头大象,他们身躯庞大,头部装饰着可怕的羽冠,当我们的战马和士兵看到这个景象,十分惊恐。战场上决斗者的践踏声、受伤者的呻吟声、战马的喘气声和兵器相搏的叮当声汇成一片,直到双方拼尽力气,夜幕降临时战斗才结束。"③

337 年,康斯坦提乌斯在处理完对帝国的划分之后,又匆忙赶往安条克,重新发动对波斯的战争。康斯坦提乌斯于 337 年初离开东部边境之时,萨珊皇帝沙普尔二世(Shapur II, 309—379 年在位)召集大军,包括战象,对罗马边境展开进攻,

① 尤特罗庇乌斯(Eutropius)宣称康斯坦提乌斯只是签署了命令,但是并没有执行。见[古罗马]尤特罗庇乌斯著,谢品巍译:《罗马国史大纲》第 10 卷,上海人民出版社 2011 年版。又见, Joe W. Leedom, "Constantius II: Three Revisions", *Byzantion*, vol. 48, No. 1 (1978), pp. 132 - 145.
② A. H. M. Jones, *The Later Roman Empire 284 -602: A Social, Economic, and Administrative Survey*, vol. 1, pp. 113 - 114.
③ 叶民:《最后的古典》,天津:天津人民出版社 2004 年版,第 162 页。John Matthew, *The Roman Empire of Ammianus*, London: Duckworth, 1989.

他的军队在美索不达米亚展开掠夺,围攻尼西比斯城(Nisibis)。但沙普尔尽管在最初获得胜利,最后还是结束围城撤走。康斯坦提乌斯得知沙普尔撤离罗马境内,就准备反击。他在边境反复迎战波斯的进攻,但是主要集中在罗马美索不达米亚的边境城市地区,包括尼西比斯、辛加拉(Singara)和阿米达(Amida)。尽管沙普尔在大多数战役中宣称获胜,但是罗马人在纳拉萨拉(Narasara)一战中取得决定性胜利,杀死了波斯将军纳尔泽斯(Narses)。最终,康斯坦提乌斯保住了罗马领土,阻止了波斯人的扩张。

与此同时,在罗马帝国西部,君士坦丁二世想一直控制弟弟康斯坦斯的领土,导致兄弟反目。340年君士坦丁二世在冲突中于意大利阿奎莱亚附近被杀。康斯坦斯成为西部的唯一皇帝,控制了帝国三分之二领土。350年,康斯坦斯被叛乱者马格尼提乌斯杀害。据佐西莫斯说,马格尼提乌斯出自蛮族,不过后来与高卢人的一支列第人(Leti)一起生活,并能读懂拉丁语。据说不了解他的人会把他当成一个既单纯又善良的好人,但其本性邪恶。马格尼提乌斯的叛乱实际上早有谋划,当时康斯坦斯身边的朝臣如帝王私库度支官马尔契利努斯及军团统帅马格尼提乌斯为叛乱首领。作为君士坦丁大帝仅存的儿子,康斯坦提乌斯不承认篡位者的合法性并立刻决定远征叛军。在迎战马格尼提乌斯之前,康斯坦提乌斯先与维拉尼奥(Vetranio)达成同盟,后者是驻扎在伊利里亚区的将军,刚刚被他的军队拥立为皇帝。维拉尼奥立刻给康斯坦提乌斯写信表示忠诚,康斯坦提乌斯为了防止马格尼提乌斯得到更多支持,立刻接受了这位将军的效忠。此时,康斯坦提娜已经前往东部与加鲁斯结婚。康斯坦提乌斯派人把王冠送给维拉尼奥,并承认他的帝位合法性。不过,当康斯坦提乌斯到达后,维拉尼奥自愿辞职,接受康斯坦提乌斯的提议退隐至提尼亚。

351年,康斯坦提乌斯与马格尼提乌斯在潘诺尼亚开战。而后在穆萨(Mursa)的战斗是罗马最大规模也是最血腥的内战之一。同时代史家尤特罗庇乌斯评价说,罗马帝国强大的实力经过那次战争被消耗殆尽,那种实力本来能应对任何一次对外战争,既能带来诸多胜利,也负担得了防御。稍晚的佐西莫斯则对这场战争做了更为详尽的描述:"那时,康斯坦提乌斯意识到内战已至此地步,即便胜利最后归他,也难以为自己带来多少好处,因为罗马人的军队正在急剧减少,以致在经历了这样的杀戮之后会全然无法抵御在各处兴风作浪的蛮族，于是他开始考虑通过缔结和约的方式结束这场战争。可就在他本人这么想的时候，两支军队仍激战正酣，而马格尼提乌斯一方越战越勇，以至于夜幕降临都未能让他们停止战斗，将领们仍在继续身先士卒地激励着自己的士兵奋勇杀敌。在另一边也是同样的情景，康斯坦提乌斯的将领们要自己的士兵回想罗马人的勇气与荣誉。就这样，战斗持续到夜半时分，即便那时他们仍在用长矛、战剑及其他任何伸手能触及的武器相互砍杀。无论是黑夜还是通常会让战争停歇下来的其他任何阻碍都未能终止这场厮杀，就好像与他人同归于尽在他们眼里成了自己最大的幸福一样。"

最终，康斯坦提乌斯取得胜利，马格尼提乌斯撤退到意大利北部。康斯坦提乌斯没有急于追赶叛乱者，而是转而保卫多瑙河边境，直到352年初，他一直在多瑙河中游阻击萨尔马特人。击退蛮族之后，康斯坦提乌斯继续讨伐马格尼提乌斯。意大利的城市纷纷表示效忠康斯坦提乌斯，拒绝让叛乱者入城。马格尼提乌斯再次撤退到南高卢。353年，康斯坦提乌斯在南高卢与马格尼提乌斯决战并获胜，迫使战败的马格尼提乌斯于353年8月10日自杀。

350年马格尼提乌斯爆发叛乱之时，康斯坦提乌斯需要前往西部与叛乱者作战。但是，东部仍然需要一位皇帝坐镇，他将堂弟加鲁斯提升为东部副帝，并将姐姐康斯坦提娜嫁给他以确保其忠诚。不过，堂弟加鲁斯在东部的统治残暴且腐败，激发众怒，反对派的报告不断传来。同时代的史家阿米亚努斯这样描述加鲁斯在东部的暴政："由于他同皇族之间的特殊关系，由于他同君士坦丁这个名字有着亲缘关系，他已经跋扈到这样一个肆无忌惮的程度，如果他再多一些权力，他就会采取行动，与赐予他好运的神灵为敌。不仅加鲁斯是如此的残暴，他的妻子也凶恶无比，这个女人专横傲慢，因为她与皇帝之间有亲缘关系（君士坦丁大帝的女儿），以前君士坦丁大帝曾经把她嫁给他的侄儿汉尼拔利阿努斯亲王。这个女人是披着人皮的复仇女神，不断激发起加鲁斯的兽性，同加鲁斯一样嗜血成性。这对男女逐渐变成害人的专家，他们依靠特务和告密者，这些人专门投其所好，给无端的事情添枝加叶，控告无辜的人犯上作乱或滥用巫术……安条克人人自危，有些人受到了莫须有的怀疑和审判，有的人被判处死刑，有的人家产被充公，自己也被流放,除了眼泪和叹息外一无所有,他们靠别人的施舍度日。"①

据阿米亚努斯记载,康斯坦提乌斯给加鲁斯和康斯坦提娜写信,召唤他们到米兰见面。加鲁斯夫妇接受了命令,不过康斯坦提娜在比提尼亚病逝。加鲁斯开始犹豫是否继续前行,此时康斯坦提乌斯的信又不断送达加鲁斯手中,信中劝说他赶快和皇帝见面,东西部的两个最高统治者应该在各自范围内互相支援,特别是在危急时刻。好像眼前康斯坦提乌斯正在发动对北方蛮族的战争,亟待加鲁斯前来支持。又引用戴克里先时代的例子,凯撒应该像仆人一样跟随奥古斯都,他们不是待在同一个地方,而是在帝国来回巡行。他又派出亲信官员前往加鲁斯的驻地,说康斯坦提乌斯是一个温和仁慈的君主,不会在意加鲁斯犯下的小错,现在正一心一意期待加鲁斯到来,共同分享君主的权力,共同对抗北方行省的蛮族。此外,他还调离了加鲁斯经行路线上所有城市的驻军。加鲁斯经君士坦丁堡和色雷斯来到潘诺尼亚的波埃托维奥(Poetovio,今普图伊[Ptuj]),在此,加鲁斯被康斯坦提乌斯的士兵逮捕,移送到波拉(Pola)接受审讯,此地正是君士坦丁大帝的儿子克里斯普斯被处死的地方。在审讯中,加鲁斯把所有指控都推到康斯坦提娜身上,这令康斯坦提乌斯大为震怒,因此立刻下达了处死加鲁斯的命令。他很快感到后悔想收回成命,但是康斯坦提乌斯的太监尤西比乌斯(Eusebius)耽误了第二次命令的送达,加鲁斯就这样被处死。

在君士坦丁及其兄弟统治帝国的时期,宗教问题中最重要的议题是尼西亚论争。在他们的统治下,这场争论从东部发展到整个帝国。被放逐的主教们得到皇帝允许返回家乡,337年底前,阿塔纳修斯回到亚历山大里亚,但尼科米底的主教尤西比乌斯始终是阿里乌派在东部最有影响力的主教,339年晋升为君士坦丁堡主教。由于尤西比乌斯的影响,阿塔纳修斯于339年春被强行驱逐出亚历山大里亚,阿里乌派主教卡帕多西亚的格里高利凭借军事力量当上了该地主教。阿塔纳修斯逃往罗马。不久,安西耳的马尔塞鲁也到达罗马与他会合。

西部的康斯坦斯一直支持尼西亚会议的拥护者。此时,罗马主教尤利乌斯欢迎那些从东部逃往罗马的人,并于340年把对立面也召集到罗马参加一次宗教会议,

---

① Ammianus 14.1.1. 叶民:《最后的古典》,第139页。

不过尤西比乌斯一派并没有出席。该会议宣布阿塔纳修斯和马尔塞鲁被免职是不公正的。对此，东部的主教们不仅抗议罗马这一行动，而且还打算废除"尼西亚信经"本身。康斯坦提乌斯支持他们的做法，他于 341 年在安条克召开了两次宗教会议，通过的信经在措辞上的确与阿里乌的思想大相径庭，但尼西亚信经中明确表述的内容一概被删除。在某些方面这些信经代表了尼西亚信经之前的正统派思想。在此关键时刻，君士坦丁堡主教尤西比乌斯去世，尼西亚决议的反对派失去了能干的领袖。康斯坦斯和康斯坦提乌斯都认为重新召开一次公会议即可最有效地调解这场尖锐的争论，因此，这样的会议于 343 年秋在塞迪卡（今保加利亚的索非亚）召开了，但是它称不上是"公会议"。东部主教发现西部主教人数远超过自己，又看到阿塔纳修斯和马尔塞鲁与他们一起出席会议，于是集体退席。靠了西部主教的支持，阿塔纳修斯和马尔塞鲁又一次复职，不过人们怀疑后者的神学思想不合正统而成为他们事业的拖累。这预示着东西部教会终将发生分裂。

两位皇帝都觉得事态日益严重，无论如何，康斯坦斯始终支持阿塔纳修斯。347 年 10 月，康斯坦提乌斯在对立派主教格里高利去世后，便准许阿塔纳修斯返回亚历山大里亚，受到了曾衷心支持他的该城绝大多数群众最真诚的欢迎。但是政局突变，马格尼提乌斯于 350 年杀害康斯坦斯，康斯坦提乌斯终于在 353 年结束叛乱，成为整个帝国唯一的统治者。

康斯坦提乌斯决心结束这场论争。他于 353 年在阿尔、355 年在米兰先后两次召开宗教会议，强迫西部主教放弃支持阿塔纳修斯，与东部主教们和好如初。由于抵制皇帝的要求，罗马主教尤利乌斯、高卢最有学问的普瓦提埃主教奚拉里和年事已高的科尔多瓦的何西乌被流放。356 年 2 月，阿塔纳修斯被军队用武力驱逐出亚历山大里亚，开始了他的第三次流放生涯，随后的六年中，他在埃及的隐修士中避难。357 年，在皇帝的驻地西米尔乌姆召开了一次宗教会议，把同 ousia（质）有关的词语一概看作违反圣经而禁止使用。[1] 就这次会议影响而言，这无异于废除了尼西亚信经。359 年，康斯坦提乌斯在色雷斯小城尼斯召开会议，通过一项决议，其中指出："我们称子与父同质，正如《圣经》这样称他，这样教导

---

① 普瓦提埃的奚拉里：《论宗教会议》(Hilary of Poitiers, *De Synodis*，第 11 章)；艾耶尔：《汇编》，第 317 页。

的。"①由于这一决议,西米尔乌姆宣言得到了巩固。皇帝及其亲信的主教们,尤其是穆萨的瓦林斯(Valens of Mursa),使这一宣言得到里米尼、塞琉西亚和君士坦丁堡的宗教会议通过,据称代表东西两部教会的代表出席了这次宗教会议。原先的尼西亚信经被弃置一边,整个教会在理论上接受了新的结论。朝廷上也只允许用一个合适的词语:"子与父相似——homoios——自此以后赞成这一用法的那些人就被称为'本体相类派'"。表面看来这个词不偏不倚,但究其来历是对尼西亚信经的否定,为阿里乌派的主张打开了方便之门。阿里乌派暂时得胜,这一成功主要由于当时很多人对这场旷日持久的争论发自内心地感到厌烦,本体相类说正好投合他们的心意。

　　然而,阿里乌派的胜利实际上为阿里乌派神学的毁灭准备了道路,尽管这一后果一时尚未表现出来。反对尼西亚信经的人一直由两部分组成,一是占少数的阿里乌派,另一是占多数的保守派,该派主要坚持奥利金的立场,讨厌阿里乌派神学,但也认为尼西亚信经中的措辞圣父和圣子本体同一(homoousios)毫无根据,早已经受到安条克教会的谴责,并带有臭名昭著的撒伯利乌派的性质。这两派势力虽联合抵制尼西亚信经,但在其他方面意见决不会一致。极端阿里乌派的势力在亚历山大和其他地方正在抬头。保守派对他们的敌视甚至超过了对尼西亚派。他们坚持不认同圣父和圣子具有同一本体的神学,但是他们更主张本体相类的观点,不像通常对这个词的解释那样指实体相类似,而是指属性相同。他们开始在实质(ousia)和本质(Hypostasis)之间作出区分,而不像尼西亚信经那样把两者等同起来。这样他们便能保留奥利金的"三个存在"的学说,而又坚持了属性的一致。358年在安西耳举行的宗教会议上新形成的中间派首次显露头角,该派早期主要领袖是安奇拉主教瓦西里(Basil of Ancyra)和劳迪西亚主教格里高利(Gregory of Laodicea)。他们通常被称为半阿里乌派,不过这一称呼很不恰当,不如称"保守派"更好。康斯坦提乌斯一直信奉阿里乌派的主张,但他最终倾向于阿里乌神学和尼西亚信经之折中的神学主张,即半阿里乌派。在他统治期间,他曾力图说服教会接受他的这种折中观点,并为此举行了几次主教会议。其中最著

———————————

① 艾耶尔:《汇编》,第319页。

名的是 359 年的里米尼公会议(Council of Rimini)及 360 年的塞琉西亚主教会议。不过,琼斯评论说:"不幸的是,皇帝所拥护的神学家们在论战中失败,而他力图压制的那一派取胜,因此,359—360 年的主教会议在教会的传统中不被当成大公会议。康斯坦提乌斯也没有被当成团结教会的重建者,而是顽固压制教会的异端分子。"①

早在君士坦丁时代,皇帝尽管发布了一些针对异教的法令,但是从未真的废除各种各样的罗马祭祀团和对韦斯塔贞女的崇拜。他也从未反对任何异教哲学派别,有时甚至做出保护异教的举动,如他曾命令为非洲选举一位祭司。此外,他一直是名义上的罗马大祭司团首席祭司。在他过世后,罗马元老院依旧按照传统宗教惯例将他列入罗马诸神的席位。另一方面,康斯坦提乌斯对犹太教颁布了一些严格的限制法令,延续了其父君士坦丁大帝的反犹太方针。在他统治早期,康斯坦提乌斯及其兄弟共同颁布法令限制犹太人拥有奴隶,禁止犹太人与基督教妇女之间通婚。后来康斯坦提乌斯成为帝国唯一限制犹太人的皇帝,他颁布法令,规定基督徒如果转而信奉犹太教的话,其财产将被充公。不过,康斯坦提乌斯的这些法令可能主要针对犹太商人。犹太人经营的商业经常与国有商业竞争,康斯坦提乌斯通过限制犹太人占有技艺高超的工匠和奴隶来保护国有商业和手工业。②

康斯坦提乌斯统治的最后几年主要应对北方行省的蛮族进攻。军事长官(magister militum)克劳迪乌斯·塞尔瓦努斯(Claudius Silvanus)于 355 年在高卢发动叛乱。塞尔瓦努斯原来是马格尼提乌斯的部将,在穆萨战役后投降康斯坦提乌斯,后者于 353 年任命他为军区长官,去抵抗日耳曼人对边境的入侵。面对帝国各个方面的危机,康斯坦提乌斯深感凭一人之力无法掌控整个帝国。于是他于 355 年 11 月 6 日任命他最后一位男性亲属朱利安为凯撒。几天后,他将唯一还活在人世的亲人、姐姐海伦娜嫁给朱利安,送他前往高卢,领导军队与蛮族作战。

康斯坦提乌斯在接下来的几年中以米兰为基地控制着帝国西部的局势。357

---

① A. H. M. Jones, *The Later Roman Empire 284 -602: A Social, Economic, and Administrative Survey*, vol. 1, p. 118.

② Mark Humphries, "In Nomine Patris: Constantine the Great and Constantius II in Christological Polemic", *Historia: Zeitschrift für Alte Geschichte*, Bd. 46, H. 4 (4th Qtr., 1997), pp. 448 - 464.

年,他访问了罗马,这是他一生中唯一一次造访罗马。阿米亚努斯为我们留下了这位皇帝在罗马举行凯旋式访问的生动场面:"在东部和高卢行省的众多事端被解决之后,康斯坦提乌斯认为亚努斯神庙的大门似乎可以关上了(标志着帝国处于和平状态),而他的政敌也被铲除干净了。他迫不及待地想要访问罗马,并在马格尼提乌斯死后举行凯旋式……不久,在花费巨资并给军队论功行赏之后,在奥菲图斯第二次任市长的时候,康斯坦提乌斯在庞大军队的陪护下,骄傲地穿过奥克瑞库卢姆。军队列出作战队形引导他前行,路人为之瞠目结舌。当他靠近罗马城时,看到那些顺从的元老和贵族庄严的神色,他面无表情……当人们用欢呼声向奥古斯都致敬时,欢呼声在山峦间和海岸间回响,但是皇帝却不为所动,他显出一副沉着冷静的样子,就像他平时在行省巡视一样……他保持视线一直向前方,他的脸既不向右转,也不向左转,车轮震动的时候他的脑袋并不抖动,他既不咳嗽,也不摸一摸自己的脸和鼻子,也不向四周招一招手。"①

　　357—358 年冬,康斯坦提乌斯接见了沙普尔二世的使节,后者要求罗马归还纳塞赫(Narseh,?—302)统治时期被罗马占领的土地,遭到康斯坦提乌斯的拒绝。尽管康斯坦提乌斯也向波斯派出使节,但是沙普尔二世重启战端,对罗马美索不达米亚地区发动远征,迫使康斯坦提乌斯决定远征东部边境,应对萨珊波斯的进攻。与此同时,堂弟朱利安已经取得了对入侵高卢的阿勒曼尼人的多次胜利,但当康斯坦提乌斯要求朱利安增援东部战役时,高卢军团反叛,推举朱利安为奥古斯都。此时康斯坦提乌斯可谓腹背受敌,东面要应对波斯战争,西面又要面对已经日渐强大的朱利安。361 年,波斯战争稍事平息,波斯人没有再发动新的进攻。于是康斯坦提乌斯启程向西进军,转而解决朱利安的问题。但是当他到达西里西亚的莫普苏埃斯蒂亚(Mopsuestia in Cilicia)时,已经身患重病,明白自己死期将至,康斯坦提乌斯由安条克的半阿里乌派主教尤佐乌斯(Euzoius)为其施行了洗礼,宣布朱利安是合法继承人,361 年 11 月 3 日 康斯坦提乌斯死于高烧。

　　对于依循罗马传统史学的史家来说,康斯坦提乌斯是"叛教者"朱利安的敌人,一个暴君和无能的统治者。对于正统的教会史家来说,他是支持阿里乌派异

---

① 叶民:《最后的古典》,第 153—154 页。

端的统治者,虽然他主持召开了几次宗教公会议,但是显然并不成功。在另一些保存下来的史家记载中,他被认为是一位勤勉的皇帝,但是虚荣又愚蠢,性格胆怯又多疑,如果发现任何谋权篡位的行为,不论有无根据,他都会进行无休止的调查,因此很容易被身边的阴谋家和告密者所利用。[①] 但是,对于同时代的大多数人来说,他维持了父亲君士坦丁大帝时代的繁荣,他没有对行政和军事制度进行大规模的整顿,而是小心谨慎地选拔官吏,高级文官职位如宫廷长官和财务长官都要从任职十年以上的官员中选拔。要担任武将则必须经过战争的考验。在他统治期间,来自北方蛮族和东部萨珊波斯的军事威胁持续着,他总是亲赴战场,虽然没有取得决定性的胜利,但是稳固地守卫住了罗马帝国东西两大防线。对于同时代的大多数人而言,他是受人尊重的皇帝,无疑代表着罗马帝国的文明。

第四节

康斯坦斯一世（Constans I）

337—350 年在位

康斯坦斯一世,全名为弗拉维乌斯·尤利乌斯·康斯坦斯（Flavius Julius Constans,生于约 323 年,卒于 350 年,享年 27 岁）[②],是君士坦丁大帝与第二任妻子福斯塔最小的儿子,337 年君士坦丁一世去世后根据父皇遗嘱与几个兄弟一同继位,350 年 2 月去世,在位不足 13 年。

326 年,年仅 3 岁的康斯坦斯便失去了亲生母亲,原因是其生母福斯塔被父皇怀疑与同父异母的长兄克里斯普斯通奸而被君士坦丁大帝处决。在他短暂的一生中充斥着父母决裂、兄弟阋墙、骨肉相残的阴谋与较量。333 年 12 月 25 日,康斯坦斯被父皇授予副皇帝"凯撒"头衔,也意味着他具有继承皇位的资格了。在参与父皇君士坦丁大帝处理军国要务的过程中,他见识了父亲及其文臣武将杀

① 叶民:《最后的古典》,第 139 页。
② A. P. Kazhdan ed., *The Oxford Dictionary of Byzantium*, p. 496.

伐果断的非常手段,锤炼了自己的能力和意志,为日后独当一面奠定了基础。

337年5月,君士坦丁大帝驾崩后,他与自己的两位兄长君士坦丁二世和康斯坦提乌斯二世共同继任为罗马帝国的皇帝,并遵照先帝遗嘱初步划分了各人的势力范围。康斯坦斯领有包括意大利在内的广大区域。9月,康斯坦斯在与兄长康斯坦提乌斯瓜分了堂兄达尔马提乌斯占领的色雷斯、希腊和马其顿地区后,受到罗马帝国境内军队的拥戴。337年末,年仅14岁的康斯坦斯领兵取得了对萨尔马特人的决定性胜利。

在君士坦丁大帝驾崩后的一段时间里,康斯坦斯因为年龄最小,在处理国事时经常征询君士坦丁二世的意见。君士坦丁也以长兄身份,自视对幼弟有监管权,经常对康斯坦斯指手画脚,甚至暗怀侵夺其地之心。与此同时,随着康斯坦斯年龄越来越大,控制的疆域越来越广阔,他摆脱君士坦丁二世遥控的想法日渐强烈。在对萨尔马特人取得完胜之后,康斯坦斯凭胜利之势,在338年的维米纳库姆会议上强行索要色雷斯的部分地区。君士坦丁二世身为长兄却一无所获,因此对康斯坦斯十分嫉恨,并向康斯坦斯提出了领土要求。为了缓和双方紧张的关系,康斯坦斯做出了让步,承诺将北非部分省份的西北非划归君士坦丁二世所有。但是,双方在划分北非其他省份归属时产生了巨大分歧。两兄弟就省份归迦太基抑或是归意大利所有爆发争吵。① 领土纠纷进一步加剧了双方的紧张局势。

340年,君士坦丁二世亲自率领军队入侵意大利地区。战斗爆发时,康斯坦斯尚在纳伊苏斯②,正在达契亚地区抵抗蛮族部落入侵。他抽调了一支驻扎在伊利里亚地区的精干武装,长途奔袭返回意大利。双方军队最终在意大利东北部的阿奎莱亚地区遭遇,康斯坦斯凭借战斗力强悍的卫队和伏击战术,打败了他的兄长君士坦丁二世,后者也死于阵中。

经此一役,原属于君士坦丁二世的西班牙、高卢和不列颠地区也落入康斯坦斯之手。这场战役的胜利使康斯坦斯一世得以控制了整个罗马帝国的西半部分。这样,在瓜分了堂兄弟小达尔马提乌斯的领地后,康斯坦斯控制的地区有意大利、北非、潘诺尼亚、达契亚和马其顿。君士坦丁二世阵亡后,他进而控制了原属于君

① Zosimus, *New History*, 2. 41, p.58.
② 纳伊苏斯即今塞尔维亚地区的尼什,是罗马帝国达契亚省首府,也是君士坦丁大帝的诞生地。

士坦丁二世的整个西欧地区。① 与此同时,康斯坦斯的兄长康斯坦提乌斯在帝国
的东部边疆与波斯帝国君主沙普尔二世连年争霸,无暇西顾。萨珊波斯皇帝沙普
尔二世是波斯历史上最杰出的政治家和军事家之一,当时他在国内实施迫害基督
教的政策,此举引发了罗马帝国的抗议,两国也以此为由爆发了长期的战争。348
年,沙普尔二世曾于辛卡拉战役大败康斯坦提乌斯二世的军队。他在位期间,建
立了萨珊波斯王国在亚洲的霸权,并且独占亚美尼亚地区。因此,从 340 到 350
年间,康斯坦斯实际上已经拥有了罗马帝国三分之二的疆域,并将此优势保持了十
年。② 341 年,他成功抵御了法兰克人的进攻。343 年,他视察了罗马帝国在不列
颠的疆域,他也是最后一位视察该地的罗马皇帝。

　　康斯坦斯一世是一名狂热拥护正统信仰的基督徒,极端敌视被批为"异端"
的阿里乌教派。他在位期间,对阿里乌派信徒竭尽迫害之能事。与此同时,他也
是奉行三位一体信条的亚历山大里亚主教阿塔纳修斯的忠实拥趸和坚定护卫者。
343 年,他成功劝说兄长康斯坦提乌斯参加了塞迪卡大公会议（Council of
Serdica）,并推动亚历山大里亚主教官复原职。当时,罗马帝国东西两位皇帝康斯
坦提乌斯和康斯坦斯分别支持阿里乌派和尼西亚信经派。康斯坦斯召开会议的
初衷是自上而下地调和两派矛盾,然而却使分歧加剧。此会共有大约 170 位主教
参加,当亚历山大里亚主教阿塔纳修斯出现在会场时,双方的矛盾激化至顶点,东
方反对派主教甚至以退会相要挟。最终,在实力强大的西部皇帝康斯坦斯的支持
下,阿塔纳修斯得以官复原职。值得一提的是,这次大公会议收益最大的就是罗
马大主教,会议规定的第 3、4、5 条教规赋予了罗马大主教优先于其他教区主教的
地位,罗马大主教对于其他教区享有官方承认且列入法规的宗教管辖权,为罗马
大主教日后成为教宗奠定了基础。346 年,康斯坦斯安排阿塔纳修斯从流放地返
回埃及。由此可见,相较于兄长——东部皇帝康斯坦提乌斯,西部皇帝康斯坦斯
在实力上已经占据了优势。

　　在控制罗马帝国西部以后,康斯坦斯刚愎多疑、暴虐嗜杀的本性越发暴露,逐

---

① A. P. Kazhdan ed., *The Oxford Dictionary of Byzantium*, p. 496.

② P. Crawford, *Constantius II: Usurpers, Eunuchs, and the Antichrist*, p. 64.

渐与部属群臣离心离德。350 年,部将马格尼提乌斯突然在欧坦举行的一次宴会上身着皇室紫色服饰亮相①,篡位之心昭然若揭,他随即宣布自立为帝,结束了康斯坦斯的统治。② 当时,康斯坦斯正忙于狩猎,收到消息后急速返回,但众叛亲离,回天乏术。同年 1 月,逃亡中的康斯坦斯在比利牛斯山脉中的一处名为海伦纳的要塞(fortress of Helena),被马格尼提乌斯派来的刺客盖索(the Frank Gaiso)追上并杀掉,卒年 27 岁。学者布克哈特也支持此观点,认为康斯坦斯在狩猎时得到部下反叛的消息。当他发觉已被广大军民抛弃后,遂不得不选择逃亡。最终,马格尼提乌斯派遣的刺客盖索在比利牛斯山区追上并杀掉了他。③

　　"篡位者"马格尼提乌斯(Flavius Magnus Magnentius,303—353 年)生于高卢地区的亚眠,是罗马帝国著名的日耳曼裔将领。350 年 1 月 18 日,马格尼提乌斯被部将拥立为帝。在他称帝后,不列颠、高卢、西班牙地区纷纷表示效忠。他甚至曾一度控制意大利和北非地区,并趁康斯坦提乌斯二世耽于东部战事期间夺取了伊利里亚大区。353 年,马格尼提乌斯在蒙斯·塞卢库斯之战遭遇惨败,8 月 11 日,他在逃亡途中自戕于里昂。

　　在不足 13 年的统治时间内(337 年 9 月至 350 年 2 月),康斯坦斯一世对内接连挫败兄长君士坦丁二世和康斯坦提乌斯的侵权活动,对外成功击溃萨尔马特人和法兰克人的军事入侵。他是一位冷酷无情的统治者,也是一位颇有军事作为的皇帝。但是,"大意失荆州",遭到部将马格尼提乌斯的反叛。也是在后者的刻意塑造下,当时关于康斯坦斯的文字记载竭尽污名化之能事,康斯坦斯被冠以了如"同性恋""昏庸无能"等恶名。

　　客观分析君士坦丁王朝的血腥内讧,需要了解君士坦丁一世首创皇权血亲继承制的历史背景。当时,戴克里先推行的多位皇帝共同治理帝国制度并非晚期罗马帝国政治体制的重大改革,而是承认和接受了当时群雄逐鹿的政治现实,将军

① J. Burckhardt, the Age of Constantine the Great, p. 289. 欧坦(Autun)是屋大维在担任奥古斯都后,派人在高卢地区,今法国的中东部地区,为当地人建立的一座罗马式城市。在罗马帝国时期,这座城市人口有数万之众。356 年,阿勒曼尼人围攻该城时,这座城市的城防设施由于年久失修,破败不堪,"背教者"朱利安皇帝曾命人重新修缮。
② A. P. Kazhdan ed., The Oxford Dictionary of Byzantium, p. 1268.
③ A. P. Kazhdan ed., The Oxford Dictionary of Byzantium, p. 496. Zosimus, New History, 2. 41, p. 58. J. Burckhardt, The Age of Constantine the Great, p. 289.

阀割据的各派势力纳入"共同治理"的框架内。君士坦丁成为皇帝后,接过了最高皇帝的政治理念,特别是消灭了各路军阀后,打破了既定的政治框架,建立起拜占庭帝国的"郡县制",即将各地划分为上百个小的行政区,称之为行省,由中央政府集中统辖,皇帝成为集各种权力于一身的帝国象征。为了消除凭借武力称雄的势力,他将最高皇权作为私产,严格限定在自己的血亲子嗣中继承。这种高度集权的体制在建立之初必然经历发展成熟的过程。因此,相比于拜占庭史上十余个王朝,君士坦丁王朝的内争表现得最为血腥,与末代的帕列奥列格王朝的"温情脉脉"形成鲜明对照。

第五节

"背教者"朱利安（Julian）

361—363 年在位

　　朱利安（Julian the Apostate,Flavius Claudius Julianus,约生于 331 年或 332 年,卒于 363 年 6 月,享年约 31 岁）是君士坦丁王朝的第五位皇帝,也是最后一位皇帝。[①] 355—361 年间任康斯坦提乌斯的副皇帝,直到 361 年后者去世,他才登上皇帝大位,在位 2 年。由于其不同于拜占庭其他皇帝的宗教倾向,受到拜占庭作家的歧视,被冠以"背教者"（或"叛教者"）的绰号。

　　朱利安坚持并企图复兴古代希腊罗马的宗教,在位期间全面恢复古代宗教的神庙和祭祀仪式,因此受到基督教作家的严厉批评,特别是他成年后一改早年受洗接受基督教信仰,大力恢复古代多神教,受到后世基督教史家的谴责。朱利安

---

① 其他史家包括 Festus 的 *Breviarium*,佐西莫斯的《罗马新史》,基督教作家的相关记载主要来自演说家纳齐昂的格里高利、金口约翰、教会史家苏格拉底（Socrates Scholasticus）和索佐门（Sozomen）。朱利安本人的演说和书信也是了解其思想与政策的一手材料,目前主要的英文译文为 The Loeb Classical Library 中由 Mrs. Wilmer Cave Wright 翻译的三卷本（1913—1923）,此外由 Bidez 和 Gabriel Rosefort 完成的法文译本也广受学界好评。（Bude edition,Paris, 1923—1964）。

皇帝的统治时间不长,但是其一生起伏跌宕,富有传奇色彩。作为晚期罗马帝国最后一位非基督教君主,朱利安被基督教作家称为"叛教者",受到当时的史家和后世的研究者长期关注。他的演说词和书信被保存下来。但是在非基督教作家的眼中,他是理想的君主、美德的化身。这两种极端化的评价一直延续到今天。同时代非基督教史家中最全面叙述朱利安生平与政绩的为阿米亚努斯·马尔切利努斯。此外,4 世纪著名的非基督教学者,与朱利安亦师亦友的利巴尼乌斯(Libanius)也在其演说中对这位皇帝多有记载(Libanius, *Orationes*)。

朱利安于 331 年或 332 年出生于君士坦丁堡,他的父亲是君士坦丁大帝的同父异母弟弟尤利乌斯·康斯坦提乌斯(Julius Constantius),母亲是瓦西里娜(Basilina),因此他还是君士坦丁王朝的第三位皇帝康斯坦提乌斯的堂弟。337年,康斯坦提乌斯继任皇帝,随即发生了血腥的宫廷斗争,可能在他的默许之下,君士坦丁家族的大部分男性成员遭到杀害,罪名则由执行的军队背负。朱利安和他的哥哥君士坦丁·加鲁斯可能因为年幼幸免于难。康斯坦提乌斯并未放松对两个堂弟的监管,朱利安被寄养在比提尼亚的祖母家里,实际上是被软禁监视。当时,康斯坦提乌斯对朱利安和加鲁斯的态度令人不解,他一方面心存忌惮,严格控制他们的活动,另一方面希望改变他们的思想,因此很重视对他们的教育。皇帝派出他非常信任的阿里乌派主教、尼科米底的尤西比乌斯对兄弟二人进行基督教教育,要求他们熟读圣经。宦官马尔多奥尼斯以前是朱利安母亲瓦西里娜的家庭教师,对希腊文学和哲学造诣颇深,负责教授他们古代的历史和神话。约五年后,朱利安和加鲁斯被转移到康斯坦提乌斯的领地马塞鲁(Macellum,位于卡帕多西亚)严加看管,此地名的意思是"围地",对外交通很不方便,因此朱利安和加鲁斯与外部的接触遭到严格限制,他们和奴隶们住在一起,不过还可以自由地读书。在宦官马尔多奥尼斯死后,由马塞鲁的基督教主教乔治(Georgius)负责教育和监管,他利用乔治的藏书阅读了大量的古典作品。

348 年,在度过六年的流放生活后,长大成人的两兄弟被康斯坦提乌斯召到君士坦丁堡,加鲁斯被留在宫廷,朱利安则表达了自己对学问的热爱,也获得继续学习的自由。他先在君士坦丁堡学习了修辞学,然后到尼科米底。当时著名的修辞学家利巴尼乌斯恰好在尼科米底任教,他热衷非基督教学问,排斥基督教,其文学作品在尼科米底非常流行,朱利安深受他的影响。尽管康斯坦提乌斯禁止朱利安师从利巴尼乌斯,以防这个堂弟"学坏",但是朱利安还是大量阅读了这位希腊哲学家的作品,还模仿其文风和语气,以至于后来人们称他为利巴尼乌斯的学生。① 此外,朱利安也学习了新柏拉图主义的哲学并深得其思想精髓。351 年,加鲁斯被康斯坦提乌斯任命为东部副帝,而朱利安还是一如既往地沉浸在古典学术中,勤奋学习,他还访问了波尔加蒙的艾德西奥斯(Aedesius)和以弗所的马克西姆斯(Maximus)等小亚地区著名的新柏拉图主义哲学家。此时,尽管从小受到严格的基督教教育,朱利安开始怀疑基督教的优越性,对君士坦丁家族庇护基督教和君士坦丁一世的基督教化方针深感疑问。他暗自决定回归古代宗教。354 年,副帝加鲁斯被多疑猜忌的康斯坦提乌斯处死,这个皇帝总是感到其皇权的威胁来自家族内部,故而又怀疑朱利安有反抗的嫌疑,将后者押到美迪奥拉纳姆(现米兰)的宫廷,严密监视其行踪。只是由于皇后尤西比亚说情才赦免了他,将他送往雅典软禁。②

　　朱利安留居雅典对于他日后形成其复兴古代多神教的宗教政策至关重要。他有更多的机会接触到古代文化的氛围,他在后来的信件中曾以极为欢愉的心情回忆了阿提卡的演讲,他在雅典学园、城郊以及苏格拉底居住过的简陋房舍的寻访。但是,他不久就被康斯坦提乌斯召回到米兰的宫廷。关于他被召回的原因,佐西莫斯在《罗马新史》中给予了说明:"康斯坦提乌斯用我提到的上述方式对凯撒加鲁斯实施极刑之后,就离开潘诺尼亚来到了意大利。那时他见到蛮族从四面八方向罗马帝国四境发起侵袭:法兰克人、阿拉曼尼人和撒克逊人不但占领了莱茵河畔的 40 座城池,而且把那里的居民连同相当数量的财富掳掠而去,最终把这些地方变成了荒无人烟的焦土。此外,萨尔马特人和奎代人也横行肆虐于潘诺尼亚和上莫西亚。波斯人曾经畏惧凯撒加鲁斯会领兵来袭而偃旗息鼓了一段时间,可现在他们却再度在东部诸省作乱不息,最终把那些地方都变成了荒无人烟的焦

① [美]A. A. 瓦西列夫:《拜占庭帝国史》,第 112 页。
② [俄]德·梅列日科夫斯基著,刁绍华、赵静男译:《叛教者尤里安》,哈尔滨:黑龙江人民出版社 1998 年版,第 89 页。这部历史小说是梅列日科夫斯基所撰"基督和反基督三部曲"中的一部,生动地描写了朱利安的一生,其基本内容符合史实。

土。面对上述重重困难,康斯坦提乌斯对该如何应对感到手足无措,甚至都怀疑
自己已无能力在如此关键的时刻执掌国家大事了……在他感到彻底绝望而帝国
又陷入严重危机之时,康斯坦提乌斯的妻子尤西比亚这位学识卓著的女子,以超
出妇人常有的智慧建议丈夫将阿尔卑斯山外诸民族的统治权授给加鲁斯的同父
异母弟弟,就是被戴克里先任命为凯撒的康斯坦提乌斯(一世)的孙子朱利安,并
让后者出任凯撒。当她发现这位皇帝对每一位族人都心存猜忌的时候,便对他使
用了如此计策。她对他说道,朱利安是一个没有心机的年轻人,只求一心一意投
身学术之中,因此他对尘世之事没有一点经验,是个再合适不过的人选。这是因
为,要么他取得了好运,而把自己的胜利送到皇帝名下,要么他遭到失败而身死覆
灭,如此一来,对康斯坦提乌斯来说,就不会再有其他的皇族成员取代自己
了。[①] 显然,朱利安最终能逃脱惨死于皇族血腥内讧的下场,大概是因为皇后的
美言。事实上,此事也反映出在是否坚持君士坦丁大帝基督教化政策问题上,帝
国高层存在分歧,其广泛的社会背景即是晚期罗马帝国向拜占庭帝国转变过程
中,确立基督教官方正统意识形态地位引发的长期斗争。

　　朱利安就这样从哲学家沉思冥想的生活中被再次拉入残酷的宫廷政治生活。
为了应对蛮族对高卢的进攻,康斯坦提乌斯于 355 年 11 月 5 日任命他为副帝,取
代加鲁斯成为皇帝合作伙伴的共治皇帝。同时,康斯坦提乌斯把最后待嫁的亲妹
妹海伦娜嫁给朱利安,以强化其控制权,就如同之前将康斯坦提娜嫁给加鲁斯一
样。355 年末,朱利安与康斯坦提乌斯一起前往高卢,帝国大军已经在高卢待命,
就等总指挥到位。途中,他们得到军情快报,称法兰克人攻占了克罗尼亚·阿格
里皮纳(今科隆)。此刻,迎接朱利安的将不再是宁静的学园,而是如何指挥他并
不熟悉的军队去迎战他不熟悉的蛮族。此时,他面对的主要蛮族入侵者是阿勒曼
尼人。[②] 阿勒曼尼人属于西日耳曼人,首次出现在罗马作家笔下是在公元 3 世纪。
他们于 213 年与罗马皇帝卡拉卡拉在美因河附近交战。在戴克里先时代,阿勒曼

---

① [东罗马]佐西莫斯:《罗马新史》,3.1。*Shaun Tougher*, "Ammianus Marcellinus on the Empress Eusebia: A Split Personality?", *Greece & Rome*, vol. 47, No. 1 (Apr., 2000), pp. 94 - 101.

② J. F. Drinkwater, *The Alamanni and Rome 213 - 496 (Caracalla to Clovis)*, Oxford: Oxford University Press, 2007.

尼人与法兰克人曾联合入侵帝国,但是并未深入罗马帝国领土。此后,阿勒曼尼人与帝国之间基本保持着和平。据说当康斯坦斯统治西部帝国时,阿勒曼尼人甚至对他心存畏惧。350 年,叛乱者杀害了西部皇帝康斯坦斯,马格尼提乌斯在高卢自立为帝,导致帝国西部陷入混乱之中。当时正在美索不达米亚与波斯人交战的康斯坦提乌斯二世回师平乱,于 353 年 8 月击败了马格尼提乌斯及其余党。这场历时三年的内战,诱使阿勒曼尼人蠢蠢欲动,当他们感到时机成熟时,便立即发兵侵入帝国疆土。据当时人苏格拉底记载,康斯坦提乌斯二世在内战中曾经征召其他蛮族部落作为辅助部队,而这些蛮族不仅在与篡位者的战斗中毫无用处,而且利用这一机会洗劫高卢的城市。阿米亚努斯·马尔切利努斯声称阿勒曼尼人在此次内战的一次战役中击败了马格尼提乌斯之弟。而佐西莫斯说法不同,他在记录这场内战时称康斯坦提乌斯二世用重金收买莱茵河畔的蛮族攻击马格尼提乌斯,当内战结束后,"法兰克人、阿勒曼尼人与撒克逊人已经夺取了莱茵河畔的多座城市,掳走了无数当地居民与财物,只留下一片废墟。"[1]

356 年 6 月,朱利安首先救援被阿勒曼尼人攻击的奥古斯特多努姆(Augustodunum,现欧坦 Autun),由此开始了从哲学家到军事指挥者的角色转变。他学会了带兵打仗,在战斗中的英勇表现得到了士兵们的热爱,他率领军队一直进攻到多罗考特卢姆(Durocortorum,今法国兰斯 Rheims),与当地驻军会合后继续东进。与此同时,康斯坦提乌斯向莱茵河上游进军,与朱利安一起对蛮族进行南北夹击,不久夺回莱茵河上游被阿勒曼尼人占领的土地。而后,朱利安继续北上,从法兰克人手中夺回了阿格里皮纳。康斯坦提乌斯于 357 年离开高卢,留下朱利安继续领兵作战,出乎他意料的是,朱利安接连取得军事胜利。在阿尔根特拉图姆(Argentoratum,又称银堡,今斯特拉斯堡)的战役中,他与近三倍于罗马军队的阿勒曼尼人战斗,并取得了胜利。而后,他率军渡过莱茵河,对阿勒曼尼人的住区发动攻击,还于 358 年在莱茵河下游采取了坚决的军事行动。另外,在上游地区,他派遣机动部队越过莱茵河,从而恢复了罗马帝国原有的统治区域,即利马尼克

---

[1] 关于康斯坦提乌斯二世是否曾邀请阿拉曼尼人加入内战,学者们颇有争议,有人认为这是朱利安及其支持者出于宣传目的对康斯坦提乌斯二世的抹黑,也有学者认为康斯坦提乌斯二世为击败强敌会不惜一切代价。

斯和莱茵、多瑙两大河源流的扇形区域（阿古里·德克马特斯，Agri Decumates），从而基本稳定了高卢的局势，边境再度恢复安定。

高卢局势刚刚稳定，东部边境战事又起。359 年，萨珊波斯帝国对罗马帝国采取攻势，围攻美索不达米亚北部的帝国军事要冲阿米达。康斯坦提乌斯调集军队前往迎战，他命令朱利安向东部边境派遣援军，皇帝所要求的士兵人数几近朱利安指挥军队的半数。但是，朱利安的士兵大部分来自高卢，他们不希望离开故乡，朱利安也曾向士兵保证他们不会远行越过阿尔卑斯山脉。朱利安为了遵照康斯坦提乌斯的命令派遣援军，将士兵暂时集结在路提亚（Lutetia，今巴黎）。但军中将士抱怨不断，并没有继续东行，而是拥立朱利安为皇帝（正帝）。正忙于向东进兵抵抗波斯军队的康斯坦提乌斯无暇顾及，只是提出警告，并没有立即将朱利安作为叛逆者进行宣判。朱利安在给康斯坦提乌斯的书信中自称是"副帝"。但是，为了纪念统治高卢五周年，朱利安在当地发行的货币上，两面都印铸有朱利安的头像，证明朱利安实际上已经自命为皇帝（正帝）。[①] 361 年夏天，朱利安率军向东部进军，到达君士坦丁大帝的出生地巴尔干半岛中部的纳伊苏斯。康斯坦提乌斯面对来自朱利安的挑战，只能中断和波斯人的战斗，回师西进，361 年 11 月 3 日，康斯坦提乌斯在行军途中于西里西亚（Cilicia）突然死亡。据说他在临终前指名唯一的亲人朱利安为继任者，他这样做并非出于仁慈，而是被迫之举，因为朱利安是皇族仅存的唯一男性血亲继承人。这位仇视朱利安的皇帝临终是否指认其继承人也是个历史之谜，因为暴毙的皇帝是否有机会表达意愿就令人生疑，而其大动干戈要剿灭"叛逆"的朱利安似乎是没有争议的事实。12 月 11 日，朱利安以康斯坦提乌斯正式继任者的身份进入了君士坦丁堡，并立刻开始筹划康斯坦提乌斯的葬礼，对皇帝表达了深深的敬意。其情深意切的演说辞为了压制对康斯坦提乌斯发誓效忠的部队，也为了表明自己就是正当的继任者，在葬礼之后康斯坦提乌斯承认朱利安为继任者的传言开始在君士坦丁堡流传开来。

---

① F. D. Gilliard, "Notes on the Coinage of Julian the Apostate", *Journal of Roman Studies*, vol. 54, Parts 1 and 2 (1964), pp. 135 - 141. P. H. Webb, "The Coinage of the Reign of Julian the Philosopher", in *The Numismatic Chronicle and Journal of the Royal Numismatic Society*, Fourth Series, vol. 10 (1910), pp. 238 - 250.

　　朱利安"背叛"基督教信仰的政策开始实施。从其幼年时期的经历看,朱利安对基督教的仇恨是有原因的,在腥风血雨的宫廷内斗中,那些满口基督教仁慈博爱的教士们往往都是行刑者的帮手,特别是当朝皇帝委派监管他的"老师"都是基督教徒。自幼失去亲人的痛苦和如影随形的死亡威胁毫无疑问在其幼小的心灵深处打下了烙印。与此同时,长期的刻苦学习让他深感古代希腊文化的清新自然,深谙古典学术的艺术之美。两相对照,朱利安选择古典时代的生活就是顺理成章的。成为皇帝前后,他一定暗自以前辈伟大帝王为榜样,不仅力图恢复伟大罗马帝国疆域的政治秩序,而且在钱币上按照传统样式恢复自己的侧面像,在宗教政策方面则大力恢复传统宗教信仰及其仪式。362年初,朱利安在卡尔西顿召开了清算康斯坦提乌斯时代"倒行逆施"的大审判,很多先帝的近臣受到严厉惩处。朱利安虽然没有亲自在法庭现身,但是对康斯坦提乌斯党人毫无怜悯之心,默认了判决结果。当时这场审判被认为是不公平的审判,且殃及很多无辜人士。同时代的史家阿米亚努斯·马尔切利努斯对朱利安的大多数行动非常赞赏,但是却严厉地批评了卡尔西顿审判,指责朱利安残忍和忘恩负义,对不公平的判决无动于衷。① 卡尔西顿审判之后,朱利安在君士坦丁堡开始进行宫廷改革。戴克里先大帝统治后期,宫廷开始引入波斯式的宫廷仪式,围绕着皇帝的各种机构日益扩大,皇帝得到大力神化,君主不再是罗马公民中的首席公民"元首",而是被视为高高在上的统治者。事实上,朱利安改革的目的是回归罗马帝国传统,重新构建作为罗马公民之首的皇帝形象,即简朴、谦虚、尊重罗马人民的传统权利,他要做新的屋大维,要成为后人尊崇的"五贤帝"。除了缩小宫廷组织架构、政府官僚机构的规模,朱利安也致力于恢复元老院的权威,他从自己在希腊游学的经历出发,认为城市特别是罗马帝国东部的城市是希腊文化的根源与活力所在,为了保持古代的传统,必须减轻各城市的财政负担,强化城市议事会的权限。

　　据当代拜占庭学家瓦西列夫分析,朱利安宗教信仰的核心是太阳崇拜,融合了晚期罗马帝国广为流行的密特拉神崇拜及新柏拉图主义思想。② 从他的自述我们了解到,自孩提时代,他就特别期望这一神圣星体的光芒深入其灵魂。他的

① 转引自叶民:《最后的古典》,第165—168页。
② ［美］A.A.瓦西列夫:《拜占庭帝国史》,第124—125页。

哲学思想可简化为一种信仰，相信以三个太阳的形式出现的三个世界。第一个太阳为至尊的太阳，是万物的思想、精神理性的整体、绝对真理的实体、最高原则的王国和第一本原。可见世界和可见的太阳，即物质世界，仅仅是第一世界的反映，却不是直接的反映。此外还有一个知识的世界，也有自己的太阳。三个太阳就这样组成了精神的、知识的和物质的世界。知识世界是精神的或者理性世界的反映，又是物质世界所效法的榜样。至尊的太阳是人类无法企及的，物质世界由于其属性无法提升，因此朱利安将全部注意力集中于居中的第二世界——知识的太阳，称之为太阳之王，并给予特别的崇拜。这种由太阳神及其引申形态的诸神组成的单一神教（henotheism）构成了朱利安独特的信仰体系。朱利安的信仰具有高度的思辨性，对于帝国受过良好教育的精英阶层颇具吸引力。但是，他同时相信奇迹、献祭和魔法，而这些东西恰恰被知识精英视为粗鄙愚昧。[1] 362 年夏，朱利安巡视东部，在安条克停留。他为阿多尼斯（Adonis）节日举行了奢侈的献祭，但是当地市民对他的来访相当冷淡。尽管皇帝给予安条克的城市贵族许多特权，他准许其大批市政元老可以将身份传给儿子，甚至女儿的后人也可以世袭元老身份。但是，他的努力没有奏效，在他为献祭花费巨资的时候，这座城市正面临饥荒，皇帝的行为激起了基督徒和非基督教徒共同的愤怒。[2] 朱利安写下了《大胡子皇帝的仇视者》（*Misopogon /Beardhater*）这部讽刺作品，反映他在安条克的见闻。文中写道，在一个重要的宗教节日里，朱利安期望在安条克郊区达佛涅的阿波罗神庙中能看见一大群百姓和大量用于牺牲的牲畜和祭奠的酒，但是他进入神庙里只看到一个祭司，当皇帝询问安条克城打算用什么东西在一年一度的节日里作为奉献太阳神的牺牲时，祭司答道，只有他从自己家中带来的一只鹅奉献神明，这座城市并没有为太阳神的节日做任何准备。

朱利安宗教政策的主线是宽容不同的宗教信仰，甚至调和基督教内部的派别之争。他即位不久即召回了在康斯坦提乌斯时期因为各种神学争端被流放的主教们，归还其财产。同时，他废除了前任皇帝对基督教的优惠政策，基督徒逐渐被解除了行政和军事职务，其职位被非基督教徒取代。作为"知识太阳"的崇拜者，

① ［美］A. A. 瓦西列夫：《拜占庭帝国史》，第 125 页。
② G. Downey, "Julian the Apostate at Antioch", *Church History*, vol. 8, No. 4 (Dec., 1939), pp. 303 - 315.

朱利安的改革从学校入手。他要求各大城市的修辞学教授必须由城市提出，然后须经过皇帝的批准。接着，他的第二道敕令宣布，禁止信奉基督教的修辞学者教书，除非他们转而崇拜众神。自上述有关教育的法令颁布后，基督教徒只能把他们的子女送到非基督教徒任教的语法和修辞学校学习，然而大多数基督徒拒绝这样做，因为他们担心在接受非基督教徒的教育后，基督教的青年一代又变成非基督徒。朱利安支持古代多神教信徒对希腊传统文化的垄断极大威胁着基督教徒，因为照此发展下去，后代知识分子阶层将转变为非基督教徒。朱利安表面上并没有宗教歧视，但是内心却明显地想结束基督教在宗教领域的优势地位。他也因此被基督教徒称为背教者。①

皇帝急剧推进的体制变革遭遇了来自各方面的抵抗，没有达到预想的效果。反对的声音不仅来自基督教徒，也包括非基督教徒。就连史家阿米亚努斯这位朱利安的热烈拥护者也对他的改革政策提出了批评："由于他迷信而不是真正对宗教有虔诚的信仰，因此常常花费巨资进行献祭活动……平民百姓的欢呼会使他欣喜若狂，他会在一些毫无价值的东西中要求过度的赞美，由于他非常想得到普通人的喜爱，他常常和身份低下的人交谈。"②这种以古代"贤帝"为榜样的举止行为并未给他带来好的名声，反倒是令人产生虚假做作的印象，其深刻反映出的民众心理说明，君士坦丁大帝确定的帝国基督教化大政方针符合时事要求，与历史发展演化趋势相吻合。换言之，朱利安力求回到古典时代的努力是逆历史潮流的。

就在朱利安的统治受到挑战之时，罗马帝国东部边境再次受到萨珊波斯的进攻。纵观整个君士坦丁王朝，萨珊波斯与罗马帝国之间的战争时断时续，君士坦丁大帝晚年一直在谋划对波斯的远征，到了康斯坦提乌斯的时代，萨珊波斯皇帝沙普尔一世多次进军罗马帝国在两河流域最重要的城市尼西比斯，但是均被击退。359 年，沙普尔重新集结大军，包括他之前花费八年时间征服的亚洲游牧骑兵，并发动第二次对罗马人的大规模战争。波斯军队在此次战役中攻占了底格里斯河（the Tigris）上游的罗马军事重镇阿米达、辛加拉、贝扎布德，康斯坦提乌斯没

---

① A. H. M. Jones, *The Later Roman Empire 284 –602: A Social, Economic, and Administrative Survey*, vol. 1, pp. 121 – 123.
② 叶民：《最后的古典》，第 168 页。

有立即反击,因为他需要在多瑙河地区指挥对蛮族的战争,所以并没有立刻反攻波斯入侵者。就在他于 360 年集结军队准备前往东部的途中,统治帝国西部的朱利安又自立为帝。权衡再三,康斯坦提乌斯考虑到帝国四分之三的领土掌握在自己手中,而当下最迫切的任务是赢得军队的支持,取得对波斯战争的胜利,便继续东进。同年 11 月他向西回军准备镇压朱利安途中,突然染疾,暴病而亡。朱利安即位后,为了团结东部各种力量,也为了争取原来效忠于康斯坦提乌斯的东部军队的忠诚,他亟需赢得一场胜利。朱利安于 362 年在安条克停留了九个月筹备战事,他的战略目标是收复东罗马帝国在两河流域北部的失地,但是,更大的目标很可能是效法罗马皇帝图拉真,摧毁波斯军队,攻占波斯首都泰西封(Ctesiphon,今伊拉克首都巴格达东南部),扶植亲罗马人的波斯国王。朱利安的这一计划从下面这件事可以得到证明:东征时他一直将霍尔米兹德斯(Hormisdas)带在身边,此人是沙普尔一世的哥哥,是被驱逐出境的波斯王子,也是朱利安心目中理想的波斯新王人选。① 此外,这次战役还动员了罗马帝国的盟友,特别是萨拉森人与亚美尼亚人。

363 年 3 月 5 日,朱利安率领八九万大军从安条克出发。他首先向亚美尼亚王阿尔萨克斯(Arsaces)发出了为大军提供粮食和援军的指示,在希拉波里斯(现曼比奇)确认了补给情况后,军队渡过幼发拉底河进入美索不达米亚。在美索不达米亚的卡利尼库姆(Callinicum,现哈拉恩),朱利安命令普罗柯比(Procopius)和塞巴斯提亚努斯(Sebastianus)各派出三万将士,与亚美尼亚的援军会合。4 月 6日,大军越过罗马与波斯边界。罗马军队沿着河岸前进,行军过程中一直与后勤舰队和负责侦察护卫的萨拉森同盟者骑兵保持紧密联系。四天后,罗马军队遇到抵抗,但波斯城镇阿那塔(Anatha)很快便放弃了抵抗。罗马军队在接受投降后,将这座城镇付之一炬。②

帝国大军进入到美索不达米亚南部人口稠密的灌溉农业区后,为了不拖延时

---

① Robin Seager, "Perceptions of Eastern Frontier Policy in Ammianus, Libanius, and Julian (337 – 363)", *Classical Quarterly*, vol. 47, No. 1 (1997), pp. 253 – 268.

② 以下有关朱利安东征过程的介绍,详见刘衍刚:《尤里安东征试析》,东北师范大学硕士论文 2008 年,第 46—50 页。

间,只攻占和摧毁了部分堡垒,对其余堡垒则绕道而行。4 月 27 或 28 日,罗马人终于兵临该地第一座大城市波利萨波拉(Porisabora),这里设防严密。阿米亚努斯详细记录了这场攻城战,双方战术上的优势和劣势都在这场战斗中充分展示,此战可视为帝国大军围攻波斯城市的典型战例。在劝降无效后,帝国大军于次日清晨动用各类大型攻城器械发动进攻,首次攻击就在城墙上打开一个缺口。波斯守军退入卫城坚守,随后的战斗持续一天。在这类范围相对较小,主要使用轻武器的近距离围攻战中,波斯的反曲复合弓发挥了威力,罗马人伤亡很大。第二天罗马步兵以传统的龟甲阵型(tetudo)进攻,还是被击退。第三天罗马人出动了装配带有弩炮和攻城槌的巨型活动攻城塔楼(Helepolis),当攻城塔楼移动到卫城附近时,波斯守军宣布投降。罗马人把守军和居民迁移后焚毁了这座城市。

5 月中旬,稍事休整的罗马军队逼近泰西封,在底格里斯河附近扎营,按传统方式修建了防御完备的营寨,几天后,罗马军队清除了运河上的障碍,让尾随的舰队驶入底格里斯河。此时河对岸的名城泰西封城墙已经清晰可见,但大批波斯军队沿河布防,要渡河非常困难。罗马人初次渡河没有成功,朱利安不顾众人反对,命令士兵再次进攻。罗马人驱散对岸的波斯人,随后主力部队成功渡河。波斯将军苏雷纳很快把波斯大军集结起来,列阵迎战罗马人。这也是罗马与波斯间 15 年来首次大规模决战。波斯军队的重甲骑兵和战象令罗马士兵倍感惊恐,尤其是来自欧洲的罗马士兵十分恐慌,因为他们从未见识过大象的威力。但罗马军队的纪律和训练最终占了上风,波斯军溃败,大部分退回泰西封城中。马尔切利努斯参加了这次战斗,据他记载,此战波斯人损失 2500 将士,罗马方面损失 70 人。但罗马的真实损失可能远大于这个数字。实事求是地看,罗马军队一路攻城拔寨,消耗巨大,已接近其实力的极限。此时,他们面对的战场形势非常不利,一方面该城防守完善且驻有大量守军,另一方面在泰西封周围可能还有其他波斯军队在集结,最重要的是沙普尔二世率领的波斯精锐主力部队依然位置不明。在这样的险恶环境下,放弃攻城尽快撤退可能是唯一明智的选择。

朱利安最后决定向亚美尼亚方向撤退,尽快行军至北方的科尔杜埃纳(Corduena),与罗马侧翼部队和亚美尼亚军队会合。6 月 16 日,罗马军队拔营向北进发。行军途中,前方突然出现大片烟尘,罗马人希望这是自己的侧翼部队,但也可能是敌军,于是朱利安下令扎营等待。第二天情况终于明朗,这正是沙普尔率领的波斯主力。此前沙普尔一直在北方监视罗马侧翼部队与亚美尼亚军队的行动,在确定米底不是罗马主攻方向后,他率军南下攻击罗马皇帝率领的主力,在开始的小规模遭遇战中罗马获胜。罗马军队随后占领了胡库姆布拉(Hucumbra),这是罗马军队途经的最后一处灌溉农业区,他们利用获得的粮食在此休整了两天,6月20日继续前进。随后的行军异常艰苦,罗马军队要不断与波斯军队作战。虽然罗马军队总能击败敌人,但波斯军队利用其机动性不断袭扰罗马人,使罗马军队非常疲惫。朱利安此前拒绝收买这一带的萨拉森人,如今这些萨拉森人加入了波斯一方袭击罗马人,他们的轻骑兵给罗马人带来很大麻烦。6月22日,沙普尔的主力部队在马兰伽(Maranga)进攻罗马人,朱利安率罗马军队迎战。这是此次东征中最激烈血腥的一场战斗,罗马人获得胜利,但双方的损失都很大。专家认为这也是整个4世纪罗马与波斯间最残酷的战斗。

随后三天,罗马军队留在马兰伽休整。因为波斯人的焦土战术,罗马军队的给养开始短缺。6月26日清晨罗马军队再次出发,这天的一次突发事件结束了朱利安的帝王生涯。当得知左翼遭到波斯骑兵和象队袭击时,朱利安没有披甲就前去救援。结果波斯人虽被击退,但朱利安在混战中受到了致命伤,据说一支骑兵的长矛划破了他手臂的皮肉,扎入了肋骨间,没有人看见这根长矛来自何处。① 当晚,朱利安死于军帐。马尔切利努斯生动地记述了他临终时的演讲:"感谢上苍和诸神,作为最高的奖赏,他们将死亡赋予那些具有美德的人。我深知,我得到这个奖赏是因为我在困难面前没有屈服,更没有使我自己蒙受耻辱,我克服了一切艰难险阻,因为经验告诉我,困难只会征服那些懦弱的人,而坚定果敢的人一定会战胜困难……我坦诚地告诉你们,很久以前我就知道,一个灵验的预言说我将死于刀剑之下。因此我感谢神灵,我并不是死于阴谋,死于年长的疾病,也不是死于犯罪,我是在赢得巨大的荣誉之后,高尚地离开这个世界……我就说到这里吧,因为我的精力已经耗尽,对于该选举谁继承皇位的问题,我保持谨慎的沉默,也许我的意见会埋没那些有才能的人,也许我的意见会使一个人承担巨大的

---

① 刘衍刚:《历史叙述之争与西方史学发展的波动:论尤里安之死》,《历史研究》2017年第5期。

危险，但是作为一个光荣的、由国家养育成人的孩子，我祝愿国家能找到一位仁慈的君主继位。"

马尔切利努斯继续写道："他以平静的语气说完这些话，好像要最后一次提起笔，把他的财产分给他最亲密的朋友一样，他呼唤司令官安那托利乌斯的名字。步兵长官萨鲁斯提乌斯回答说，他已经在幸福中了。朱利安这个勇敢地面对死亡的人，为他这个朋友的死亡深感痛苦，周围的人都在哭泣，但朱利安一直保持着自己的尊严，他责怪周围的人，不应该为一个将要升入天堂的君主感到悲伤。这句话使周围变得一片寂静，他同哲学家马克西姆斯和普里斯库斯（Priscus）讨论着关于高尚灵魂的深奥问题，突然他鲜血迸裂，涌出的鲜血使他难以呼吸，他要来凉水喝了一口，在黑沉沉的午夜，他平静地死去了，年仅 32 岁。朱利安从一个孤儿长大成人，他诞生在君士坦丁堡，他的父亲是康斯坦提乌斯，他的母亲是瓦西里娜，出身于一个古老而尊贵的家族。"①

朱利安的棺柩由帝国近卫军队护送到西里西亚，随后在塔尔苏斯郊外被葬入皇室的陵墓，他的墓志铭如下：高贵之王、勇武之卒，朱利安，从波涛汹涌的底格里斯河归来，在此长眠。朱利安死后，军队选举御前侍卫长（Comes Domesticorum）瓦罗尼安努斯（Varronianus）之子乔维安为皇帝。尤特罗庇乌斯（Eutropius）在《罗马国史大纲》中提到，乔维安父亲的名声比其更为显赫。阵前登基的乔维安当时面临的最大问题是，如何率领军队顺利撤回罗马帝国领土。他登上王位后即刻命令属下封锁朱利安去世的消息，同时领兵出发，踏上归程。而波斯军队一直紧追不舍，不断侵扰罗马军队，使其处境危险。就在此时，波斯方面提出了和谈的建议。波斯将军苏雷纳和其他一些高级贵族担任和谈代表，乔维安派遣经验丰富、深孚众望的近卫军长官萨鲁斯提乌斯及阿林萨乌斯与波斯人会面。由于乔维安急于回国，双方很快达成了一份三十年停战协定，其条款包括：罗马人将巴布迪奇纳（Babdicena）、卡杜埃纳（Carduena）、雷米纳（Rhemena）、扎兰纳（Zalena），连同这些行省中的 15 座堡垒，以及当地的居民、土地、牲畜全部移交还给波斯王国。另外，两河流域的罗马人重镇尼西比斯、辛加拉和莫罗鲁姆堡（Castra Maurorum）也

① 叶民：《最后的古典》，第 163—164 页。

移交给波斯人,但是当地居民可以迁移到他们乐意去的任何地方。罗马帝国还要放弃对亚美尼亚王国的保护。这一和约缔结生效后,罗马人得到允诺,会在不受任何侵犯的情况下返回故土。

乔维安缔结的和约对萨珊波斯帝国来说是巨大的胜利。沙普尔大王达成了萨珊波斯历代君主一直为之奋斗的目标,波斯从此获得了两河流域北部战略要地的控制权。对罗马人而言,这是自罗马共和国晚期以来在东部边疆作出的最大的领土让步,东罗马帝国在波斯边境建立的防御体系大幅度退缩,从塞维鲁到戴克里先一百多年来在东部建立的战略优势大部分因此消失了。当时罗马国内的舆论对于这一条约都不以为然,认为乔维安虽然为形势所迫,但是如此轻易地将罗马人的领土割让给敌人,实在有损荣誉,这种事自罗马建城以来的上千年间都不曾发生过。据佐西莫斯记载,乔维安率军撤退到尼西比斯附近时,因为已经按照和约将这座城市交给敌人,所以只是在城门外的一片开阔地带安营扎寨。第二天,城内居民给他送上象征罗马皇帝身份的桂冠,恳请他不要迫使他们在多年遵从罗马人法律的情况下再屈从于蛮族的统治。当地的城市元老萨比努斯(Sabinus)对人民的诉求补充说,他们并不缺少同波斯人进行战争的财力,也不需要外族的驰援,只需依靠自己的人力和财力就能守卫住城市,并且向皇帝保证,无论何时他们只要获得胜利并恢复了自由,就会再度臣服于罗马人,还如先前一样地听命于罗马皇帝。但是皇帝并没有答应,他重申不能违反自己订下的条约。就这样,乔维安急速返回了东部首府安条克,开始对整个帝国进行统治。随后他从安条克城前往君士坦丁堡,当行至比提尼亚的达多斯塔纳时意外去世,当政仅仅八个月。

朱利安一生艰难,命运多舛。他对古代多神教的热衷和对基督教的反感违背了君士坦丁大帝确定的基本国策,更与当时地中海世界巨大变局的历史趋势相悖。尽管其天赋才智不差,修养道德过人,并抓住了有限几次机遇发挥其治国理政、领军作战的能力,但是作为拜占庭帝国开国王朝的皇帝,他缺乏君士坦丁大帝的战略眼光和对政局宏观判断的洞察力,因此在东罗马帝国中央集权制国家建设中没有任何贡献,可见个人的道德与学识与其治国理政的能力并无直接的联系。后人赋予他"背教者"的绰号并不仅仅出于基督教偏见,而是反映了这个时代深刻的历史发展趋势，朱利安虽然个人素质高尚，但其违背历史潮流的政策决定了他的悲剧性命运，他的能力与才华白白浪费在错误的努力之中，而不能有助于其先辈帝王开创的伟大事业，只能在历史记载上留下恶名和后世争议的话题。特别是，他的去世也导致君士坦丁王朝最终的完结，成为拜占庭历史上诸多短命王朝的第一个。

第二章

瓦伦提尼安诸帝

（363—378 年）

瓦伦提尼安诸帝构成独立王朝虽然有些勉强，但为编撰合理，将他们单独列出，其统治的 18 年间，有三位皇帝登基，他们分别是乔维安（Jovian，363—364 年在位）、瓦伦提尼安一世（Valentinian I，364—375 年在位）和瓦伦斯（Valens，364—378 年在位），均是由前线士兵临时拥立为帝的将军，后两者虽然是亲兄弟，但构不成一个王朝。

第一节

乔维安（Jovian）

363—364 年在位

　　乔维安（Jovian，οβιανός，生于 331 年，卒于 364 年 2 月，享年 33 岁）是继朱利安为皇帝的，于 363 年 6 月至 364 年 2 月在位仅 8 个月，他也是自君士坦丁一世一统帝国以来，首位与君士坦丁家族无血缘关系的皇帝。

　　363 年，朱利安皇帝因重伤去世后，远征军陷于群龙无首的困境。根据阿米亚努斯的记载，朱利安去世当天，在条件允许的情况下先对朱利安的遗体进行了处理，以便日后将其安葬于皇帝本人生前选择的下葬地点，但由于波斯军队环伺于远征军营地周围，因此在次日（6 月 27 日）黎明时分，军队高级将领召开会议选举新帝，步兵和骑兵部队的中级军官也应召与会，最后胜出的人选是御前部队一级长官（Primicerivs Domesticorum）乔维安。[1]

　　乔维安于公元 331 年[2]出生于锡吉杜姆（Singidunum），该地位于今塞尔维亚的贝尔格莱德（Belgrade）附近，当时属于伊利里亚大区。[3] 伊利里亚大区所属区域长期以来为罗马帝国军队提供优秀士兵。[4] 在罗马帝国后期，此地是帝国军队

---

[1] Ammianus Marcellinus, *Rerum Gestarum Libri Qui Supersunt*, vol. II, trans. J. C. Rolfe, Cambridge, Massachusetts: Harvard University Press, London: William Heinemann LTD, 1986, xxv. 5. 1 – 5, pp. 517 – 519. 关于乔维安被选为皇帝之前的军职，见 A. H. M. Jones, J. R. Martindale and J. Morris, *The Prosopography of the Later Roman Empire*, vol. I: A. D. 260 – 395, p.461.

[2] 根据阿米亚努斯的记载，乔维安去世时年方 33 岁，因此推断其出生于是年。Ammianus Marcellinus, *Rerum Gestarum Libri Qui Supersunt*, vol. II, xxv.10. 13, p.563. A. H. M. Jones, J. R. Martindale and J. Morris, *The Prosopography of the Later Roman Empire*, vol. I: A. D. 260 – 395, p. 461. A. P. Kazhdan ed., *The Oxford Dictionary of Byzantium*, p. 1076. 关于其出生地，见 A. H. M. Jones, J. R. Martindale and J. Morris, *The Prosopography of the Later Roman Empire*, vol. I: A. D. 260 – 395, p. 461. A. P. Kazhdan ed., *The Oxford Dictionary of Byzantium*, p. 1076.

[3] 伊利里亚大区（praefectura praetorio per Illyricum），早期拜占庭帝国四大行政区划之一，地跨今奥地利、克罗地亚、匈牙利、斯洛文尼亚、波黑、罗马尼亚、塞尔维亚、阿尔巴尼亚、门的内哥罗、希腊、马其顿等国领土。

[4] J. Lindsay, *Byzantium into Europe*, London: The Bodley Head, 1952, p. 18.

职业军官和士兵的传统供应地。① 也正是这个原因,自 3 世纪中后期起直至查士丁一世,大量当地出身的军人在军队中依靠军功逐步上升,最终成为皇帝。乔维安之成为皇帝当然也属于这一传统,但也存在有别于其他军人皇帝的不同特征。这些不同点在于,乔维安之所以即位为皇帝,一是在于军官会议选择皇帝时久议不决,从而为乔维安提供了机会;二是其家族在军队中拥有强大的影响力,而非仅由于其本人的军功与声望。

就第一点而言,根据阿米亚努斯这位目击者的记载,363 年 6 月 27 日举行的军官会议从一开始就陷入了难以控制的派系斗争:军事伯爵(Comes Rei Miliaris)阿林萨乌斯(Arinthaeus)与维克托(Victor)和康斯坦提乌斯二世部下中的幸存者企图从他们这一派中选出合适人选担任皇帝②;骑兵长官(Magister Equitum)内维塔(Nevitta)和御前部队伯爵(Comes Domesticorum)达伽莱弗乌斯(Dagalaifus)③则联合原先跟随朱利安的高卢军队的将领们希望选出自己人为帝。上述派别之争在某种程度上可以看成是帝国内战的另一种表现形式,那次内战因为此前在朱利安接受高卢军队的拥戴称帝后,由于康斯坦提乌斯二世暴病而亡得以避免。朱利安的重臣部下与康斯坦提乌斯二世的旧部在失去了他们的首领后,仍在继续着他们的主人生前争夺皇位的行动。由于朱利安在位时间较短,他显然尚未能彻底完成政权内部的整合与人事调整,也未能消除自己原先的追随者与康斯坦提乌斯二世旧部的隔阂,随着他的统治出人意料的结束,两派间潜藏的敌意便即刻围绕着选择继任皇帝而得以表面化。或许是由于身处波斯帝国境内,全军处境堪忧,双方的敌意因此仅限于在选立皇帝时的口头争执,这实属不幸中的万幸。争执的结果,双方一致同意由东方大区长官(praefectura praetorio Orientis)萨鲁斯提乌斯(Saturninius Secundus Sallutius)继位。④ 正如学者所言,作为一名富有经验的资深

① [英]佩里·安德森著,郭方、刘健译:《从古代到封建主义的过渡》,上海:上海人民出版社 2001 年版,第 78—79 页。

② 关于他们当时所担任的军职,见 A. H. M. Jones, J. R. Martindale and J. Morris, *The Prosopography of the Later Roman Empire*, vol. I: *A.D. 260 -395*, p. 102, p. 957.

③ 关于他们当时所担任的军职,见 A. H. M. Jones, J. R. Martindale and J. Morris, *The Prosopography of the Later Roman Empire*, vol. I: *A.D. 260 -395*, p. 627, p. 239.

④ Ammianus Marcellinus, *Rerum Gestarum Libri Qui Supersunt*, vol. II, xxv. 5.2, p. 519, vol. II, xxv. 5.3, p. 519.

文职官员,萨鲁斯提乌斯是两派妥协的人选。① 但是,萨鲁斯提乌斯以年高老迈
且身罹疾病为由拒绝成为皇帝。在这种情况下,当军官会议仍在就人选进行衡量
与讨论时,军营中一群心急的士兵自作主张地拥戴乔维安为帝。军官会议则同意
了这些士兵的选择。

　　身为锡吉杜姆人,乔维安之父瓦罗尼安努斯曾经担任以戴克里先的称号"朱
庇特(Jovius)"命名的精锐军团朱庇特军团(the Joviani)的指挥官②,可能在康斯
坦提乌斯二世治下升任御前部队伯爵并任职至 363 年之前不久。③ 乔维安在御前
部队中的任职既可谓子继父业,也不乏其父对他加以栽培提拔的可能。根据阿米
亚努斯的说法,瓦罗尼安努斯当时已经退隐田园,但在军队中声名显赫,之所以有
士兵推选乔维安为帝,是因为他们想到了瓦罗尼安努斯在军中的服务。④ 根据另
一位 4 世纪史家尤特罗庇乌斯的说法,在士兵中,乔维安是通过其父瓦罗尼安努
斯而非自己的声誉才为人所知更加出名的。⑤ 7 世纪的修道士与编年史家安条克
的约翰也照搬了这一说法。⑥ 在此之前,乔维安最著名的事迹是在 361 年康斯坦
提乌斯二世去世后,当时身为皇帝护卫(protector)的乔维安负责护送已故皇帝的
棺木回到君士坦丁堡安葬。⑦ 英国著名罗马史学者琼斯显然接受了阿米亚努斯
对乔维安的评价,并因此称乔维安是个无足轻重的年轻人。⑧ 但是,近来一些学
者已经对乔维安的这种传统形象提出了质疑。希瑟认为,阿米亚努斯将乔维安视

① A. D. Lee, *From Rome to Byzantium AD 363 to 565: The Transformation of Ancient Rome*, Edinburgh:
　　Edinburgh University Press, 2013, p. 19.

② Ammianus Marcellinus, *Rerum Gestarum Libri Qui Supersunt*, vol. II, xxv. 5. 3, p. 519, vol. II, xxv. 5. 4,
　　p. 519, vol. II, xxv. 5. 8, pp. 520 – 521.

③ A. H. M. Jones, J. R. Martindale and J. Morris, *The Prosopography of the Later Roman Empire, vol. I:
　　A. D. 260 – 395*, p. 946.

④ Ammianus Marcellinus, *Rerum Gestarum Libri Qui Supersunt*, vol. II, xxv. 5. 4, p. 519.

⑤ Eutropius, *The Breviarium ab Urbe Condita of Eutropius*, translated with an introduction and commentary by
　　H. W. Bird, Liverpool: Liverpool University Press, 1993, x. 17, p. 69. S. P. Lambros ed., "Παιανίου μετ
　　αφρασις εἰς τὴν τοῦ Εὐτροπίου Ῥωμαϊκὴν ἱστορίαν," Νέος Ἑλληνομνήμων 9 (1912), pp. 9 – 113,
　　TLG, No. 2236001.

⑥ John of Antioch, *Ioannis Antiocheni Fragmenta Quae Supersunt Omina*, recensuit Anglice vertit indicibus instruxit
　　Sergei Mariev, Berlin: Walter de Gruyter, 2008, p. 369. *Fragmenta Historicorum Graecorum*, ed. K. Müller,
　　vol. 4, Paris: Didot, 1841 – 1870, TLG, No. 4394001.

⑦ Ammianus Marcellinus, *Rerum Gestarum Libri Qui Supersunt*, vol. II, xxi. 16. 20, p. 185.

⑧ A. H. M. Jones, *The Later Roman Empire 284 – 602: A Social, Economic, and Administrative Survey*, vol. I,
　　p. 138.

为通过政变(coup d'état)上台的不合法皇帝,因此故意在叙事中贬低了乔维安的形象。① 李也持相似看法,认为阿米亚努斯显然在叙述中具有倾向性,夸大地对比了他所热爱的朱利安与他眼中鲜为人知和不值得尊重的乔维安,并认为通过护送康斯坦提乌斯二世的棺木,乔维安本人已经享有了某种突出地位,并可能在361年时被短暂地考虑为康斯坦提乌斯二世的继位者。② 阿米亚努斯笔下在朱利安和乔维安之间有所轻重当然是可能的,但是认为凭借护送皇帝棺木就可以令军队承认他为有资格继任皇位则可能有所夸张。

乔维安模仿康斯坦提乌斯二世的行为举止③,自然是希望由此增强其皇位的合法性④,但这种模仿几乎可以肯定是在乔维安即位后开始的,否则很难想象这种模仿在康斯坦提乌斯二世和朱利安在位时期不会为他招致祸患,毕竟康斯坦提乌斯二世向来多疑,而朱利安即位后曾经对康斯坦提乌斯二世的宫廷近臣进行过清洗。因此,作为之前并无显赫功名的年轻军官,乔维安最终能够即位,与其家族在军队中的势力与影响必然有密切关系,实际上,他之所以能够承担护送康斯坦提乌斯二世棺木的任务,显然是其父亲瓦罗尼安努斯的安排,因为时任御前部队伯爵的瓦罗尼安努斯正是乔维安的顶头上司,如果说乔维安通过这一护送任务获得好名声的话,归根结底也是由于父亲的荫庇。希瑟认为,在乔维安被士兵选为皇帝后,军官会议上的僵局之所以能够结束,是因为原康斯坦提乌斯二世旧部支持的也是康斯坦提乌斯二世旧部的乔维安,而朱利安旧部的领袖之一近卫部队伯爵达伽莱弗乌斯此时倒戈支持了乔维安。⑤ 达伽莱弗乌斯是瓦罗尼安努斯的后任,而他显然未阻止乔维安在他手下的晋升,因此很可能他和瓦罗尼安努斯关系良好,若军官会议上确实是他改变立场而决定大局的话,则瓦罗尼安努斯与他的良好关系可能起到了重要作用。

除了父亲的影响,乔维安的岳父卢奇里亚努斯(Lucillianus)也是军中宿将,先

---

① P. Heather, "Ammianus on Jovian: History and Literature", in Jan Willem Drijvers and David Hunt ed., *The Late Roman World and its Historian: Interpreting Ammianus Marcellinus*, London and New York: Routledge, 1999, pp. 106 - 108.

② A. D. Lee, *From Rome to Byzantium AD 363 to 565: The Transformation of Ancient Rome*, pp. 19 - 20.

③ Ammianus Marcellinus, *Rerum Gestarum Libri Qui Supersunt*, vol. II, xxv. 10. 15, p. 563.

④ A. D. Lee, *From Rome to Byzantium AD 363 to 565: The Transformation of Ancient Rome*, p. 20.

⑤ P. Heather, "Ammianus on Jovian: History and Literature", p. 107.

后担任过御前部队伯爵、伊利里亚骑兵长官与伯爵(Comes et Magister Equitum)等要职。[1] 因此,乔维安本人的能力或名望对于其登上皇位的帮助可能远小于其父亲与岳父在军队中的势力与影响所带来的益处。阿米亚努斯称瓦罗尼安努斯曾经梦见乔维安成为皇帝[2],这一叙述本身未必反映历史真实,但成为皇帝则确实是早期拜占庭帝国(或晚期罗马帝国)众多军人的梦想,与其他有机会问鼎皇位的军官不同的是,可能具有同样野心的瓦罗尼安努斯或许将希望寄托在其子乔维安的身上,并一边尽力为其铺路,一边等待机会来临。

无论如何,乔维安顺利成为新一任皇帝,与朱利安的皇位一同传给他的还有与波斯帝国的战争。乔维安即位后面临的最大问题就是如何率领军队顺利地撤回罗马领土。根据阿米亚努斯的记载,波斯大王沙普尔二世从罗马逃兵口中得知了朱利安的死讯与乔维安的即位,于是调兵遣将下令首尾夹击罗马远征军。刚刚拔营前进的罗马军队遭遇到以象兵为前锋的波斯军队的攻击,最初陷入混乱,但是朱庇特军团与赫拉克勒斯军团等精锐部队奋力抵抗,杀死了一些大象及相当数量的敌军,也阻止了波斯重装骑兵的攻势。在战斗中,罗马军队左翼有一些军团将官阵亡,但是远征军大部终于突围而出,到达一个名为苏美内(Sumere)的要塞。[3]

次日,波斯军队猛攻罗马军队驻扎营地,甚至有骑兵突破营门,攻至乔维安营帐附近。[4] 此后数日,罗马军队先后退至卡尔喀(Charcha)与杜拉(Dura),不断遭遇波斯军队与其阿拉伯人盟友的进攻,罗马军队在杜拉被波斯军队阻击了四天,在士兵的强烈要求下,乔维安从军中精选出最善游泳者乘夜渡过底格里斯河,击败对岸波斯守军,企图在河上架设浮桥,但由于水流湍急而无法完成这一工作,两天后全军已经耗尽补给,陷入饥饿状态。恰在此时,波斯方面提出了和谈建议,一位苏雷纳家族(Surena)[5]的成员与其他一些波斯高级贵族前来议和,宣布若罗马

① A. H. M. Jones, J. R. Martindale and J. Morris, *The Prosopography of the Later Roman Empire, vol. I: A. D. 260 – 395*, pp. 517 – 518.

② Ammianus Marcellinus, *Rerum Gestarum Libri Qui Supersunt*, vol. II, xxv. 10. 16, p. 565.

③ Ammianus Marcellinus, *Rerum Gestarum Libri Qui Supersunt*, vol. II, xxv. 6. 1 – 4, pp. 523 – 525.

④ Ammianus Marcellinus, *Rerum Gestarum Libri Qui Supersunt*, vol. II, xxv. 6. 5 – 7, p. 525.

⑤ 萨珊波斯时期的著名贵族家族,在波斯帝国政治中拥有重要地位,见 T. Dardyaee, *Sasanian Persia: The Rise and Fall of an Empire*, London, New York: I. B. Tauris, 2013, p. 10.

人同意波斯国王所提出的条件就可以归乡。乔维安派遣阿林萨乌斯与萨鲁斯提乌斯与波斯使节谈判,并在不久后达成三十年和约,其中规定:罗马割让阿尔扎内纳(Arzanena)、莫克埃纳(Moxoena)、扎布迪凯纳(Zabdicena)、雷米纳与考尔杜纳(Corduena)以及15座要塞;罗马帝国在两河流域的重镇尼西比斯、辛加拉和莫罗鲁姆堡也被放弃给波斯人,不过尼西比斯和辛加拉的居民可以自愿迁到其他地区;另外,乔维安承诺不再援助亚美尼亚王阿尔萨克斯对抗波斯;双方在缔结和约时还交换了人质。①

对于波斯帝国而言,363年和约令沙普尔二世达成历代萨珊波斯君主一直追求的战略目标,获得了美索不达米亚北部战略要地的控制权,破坏了罗马帝国在当地的战略防御体系,令罗马此后更难威胁波斯的心脏地带,从而极大地改善了波斯对罗马的战略优势。对罗马帝国而言,这是萨珊波斯建国以来罗马在领土上的最大让步,导致罗马在两河流域的防御体系此后向北大幅退缩。② 对于这一和约,阿米亚努斯予以严厉谴责,宣称自罗马建城以来从未有任何罗马的疆土被一位皇帝或执政官割让给敌人。③ 无论是基督徒还是多神教徒都同意阿米亚努斯的看法,同时代或稍后史家对于这一和约本身不约而同地持负面看法,认为这是令罗马帝国受辱的割地求和。4世纪多神教徒史家尤纳匹乌斯(Eunapius)称乔维安由于这一和约而受到嘲笑。④ 5世纪教会史家苏格拉底称这一和约"对罗马人之名的光荣决无荣耀可言"⑤。另一位5世纪的基督徒史家索佐门称乔维安签署的和约割让了之前向罗马人缴纳贡赋的土地。⑥

---

① Ammianus Marcellinus, *Rerum Gestarum Libri Qui Supersunt*, vol. II, xxv. 6. 8 – 7.6, pp. 525 – 533, vol. II, xxv. 7. 7 – 14, pp. 533 – 537.

② 刘衍刚:《罗马帝国的梦魇:马塞里努斯笔下的东方战争与东方蛮族》,上海:上海人民出版社2018年版,第106—107页。

③ Ammianus Marcellinus, *Rerum Gestarum Libri Qui Supersunt*, vol. II, xxv. 9. 9, p. 553.

④ Eunapius, fragments, 29, in R. C. Blockley, *The Fragmentary Classicising Historians of the Later Roman Empire, Eunapius, Olympiodorus, Priscus and Malchus*, II (*Text, Translation and Historiographical Notes*), Liverpool: Francis Cairns, 1983, p. 47. L. Dindorf ed., *Historici Graeci Minores*, vol. 1. Leipzig: Teubner, 1870, TLG, No. 2050002.

⑤ Socrates, *The Ecclesiastical History of Socrates Scholasticus*, trans. A. C. Zenos, Grand Rapids, Michigan: WM. B. Eerdmans Publishing Company, 1957, p. 91. Socrates, *Ecclesiastical History*, ed. W. Bright, Oxford: Clarendon Press, 1893, TLG, No. 2057001.

⑥ Sozomen, *The Ecclesiastical History of Sozomen*, p. 347. Sozomenus, *Kirchengeschichte*, ed. J. Bidez and G. C. Hansen, Berlin: Akademie-Verlag, 1960, TLG, No. 2048001.

　　但是,关于乔维安签署这一屈辱和约的原因或导致这一耻辱后果的真正责任归属,基督徒史家与多神教徒史家则各有看法。阿米亚努斯认为乔维安急于同波斯达成和议的原因在于,朱利安的亲戚普罗柯比(Procopius)会对其皇位造成威胁。① 尤纳匹乌斯宣称原因在于乔维安在成为皇帝后为享受其地位而忽略了其他一切,他迅速从波斯逃离以到达罗马境内就是为公开其皇帝地位。② 苏格拉底则认为乔维安是由于军队位于波斯领土的中心地带并且缺乏给养,面临全军覆灭的危险而不得已为之。③ 索佐门则比苏格拉底更进一步,宣称是因为朱利安的战略导致远征军陷于危险境地并在敌人土地上忍受饥饿,这才迫使乔维安缔结割地和约。④ 6 世纪编年史家约翰·马拉拉斯则声称签订和约的责任全在阿林萨乌斯,因为乔维安过于高傲而不愿与波斯使节谈判,因此授予阿林萨乌斯以全权,事先承诺批准这位全权使节所同意的所有条款。⑤ 由于乔维安在当时的基督徒史家看来是纠正“背教者”朱利安错误、将帝国宗教政策拨乱反正者,因此这一史家群体也不想就此批评乔维安。他们的看法也确实有事实依据,如前所述,即使是阿米亚努斯也承认远征军所面临的险境。正如希瑟所言,罗马军队在战略上确实已经失败,乔维安别无选择只有缔结这一耻辱的和约。⑥ 同时,阿米亚努斯与尤纳匹乌斯认为乔维安急于确保其皇位而不愿在波斯帝国境内恋战也并非全属攻讦,任何一位皇帝最首要的目标都是保持其皇位。乔维安当时虽在军中即位,但实质上只是远征军所推举出的统帅,其任务是要率领远离罗马帝国本土的军队脱离困境,就此而言,直到远征军回到罗马土地之前,乔维安的皇帝(imperator)身份可谓更接近这一拉丁名词的本义,要成为真正意义上的、受全帝国臣民所公认的皇帝,就必须完成这一撤离任务,否则皇位乃至生命都有可能受到威胁。

　　因此,虽然阿米亚努斯在叙事中可能出于保全朱利安英雄形象的目的而将失

---

① Ammianus Marcellinus, *Rerum Gestarum Libri Qui Supersunt*, vol. II, xxv. 7. 10 – 11, p. 535.

② Eunapius, fragments, 29, p. 47.

③ Socrates, *The Ecclesiastical History of Socrates Scholasticus*, p. 91.

④ Sozomen, *The Ecclesiastical History of Sozomen*, p. 347.

⑤ John Malalas, *The Chronicle of John Malalas*, trans. Elizabeth Jeffreys, Michael Jeffreys and Roger Scott with Brian Croke, Jenny Ferber, Simon Franklin, Alan James, Douglas Kelly, Ann Moffatt, Ann Nixon, Melbourne: Australian Association for Byzantine Studies, 1986, p. 182. Ioannis Malalae, *Chronographia*, ed. L. Dindorf, [Corpus Scriptorum Historiae Byzantinae] Bonn: Weber, 1831, TLG, No. 2871001.

⑥ P. Heather, "Ammianus on Jovian: History and Literature", p. 109.

败归咎于乔维安①,但他所提出的乔维安对皇位的担忧可能并非夸张。另外,更进一步讲,乔维安缔结和约的决定并未在远征军内部招致反对,正反映了军队官兵希望尽快结束战争返回帝国领土的普遍情绪,乔维安作为军队新选出的皇帝,其割地求和的举动实际上或许正反映了军队的意志与利益。由此客观考察,363年和约的缔结,对罗马帝国方面,应是远征军孤悬于敌境的战略困境这一外部因素与乔维安本人欲稳固皇位的内部因素相结合的产物,而由于乔维安本人的即位正是来自远征军的困境,他能否维持皇位又在很大程度上取决于推选他的将士们的态度,因此远征军当时面临的战略困境在363年和约的缔结中所起到的影响可能更为重要。说到底,此时战略困境的形成,根源在于朱利安不切实际的冒进举措,其直取波斯西部都城泰西封的野心超过了东罗马帝国军事能力,最初的举兵冒进注定了最后的失败。

根据阿米亚努斯记载,在缔结和约后,缺乏食物的远征军渡过底格里斯河,并在波斯军队的骚扰下向罗马帝国边疆后撤,乔维安在途中派遣使节前往伊利里亚与高卢宣布自己的即位,并任命正退居在西尔米乌姆的岳父卢奇里亚努斯为骑兵与步兵长官(magister equitum et peditum),催促他前往米兰坐镇。此后,乔维安一路行军至帝国东部地区重镇安条克,在此休整一段时间后,离开安条克进入小亚细亚,先后经过塔尔苏斯、提亚纳(Tyana,今土耳其城市凯梅希撒尔附近,塔尔苏斯以北)、安奇拉(Ancyra,今土耳其首都安卡拉)进入位于比提尼亚与加拉提亚(Galatia)交界处的达达斯塔纳(Dadastana,今土耳其亚洲部分的卡拉希撒尔附近),不幸的是,乔维安在此处病逝而未能到达君士坦丁堡。②

乔维安在位不到八个月,在此期间,除了签订了为人所诟病的363年和约并率领远征军撤离波斯帝国,乔维安最重要的举动是取消了朱利安复兴多神教的政策,重新回归君士坦丁一世时期确立的保护与支持基督教的宗教政策。根据苏格拉底的记载,据说当朱利安要求军官们选择要么献祭要么辞去在军中的职位时,

---

① P. Heather, "Ammianus on Jovian: History and Literature", p. 110.

② Ammianus Marcellinus, *Rerum Gestarum Libri Qui Supersunt*, vol. II, xxv. 8. 1 – 9, pp. 537 – 541, vol. II, xxv. 10. 1 – 12, pp. 555 – 563. Eunapius, fragments, 29, p. 47. Socrates, *The Ecclesiastical History of Socrates Scholasticus*, p . 95. Sozomen, *The Ecclesiastical History of Sozomen*, p. 349.

乔维安选择放弃他的职位,但是由于波斯远征迫在眉睫,朱利安将其留任。而在被立为皇帝后,乔维安宣布自己作为一名基督徒不希望统治一群"异教徒",士兵们则齐声回答他们也是基督徒,乔维安这才接受了皇帝的身份。① 苏格拉底的叙事当然无法被理解为历史事实,但是其中所显示的信息却有其合理性:朱利安的复兴多神教政策至少在军队中并无坚实的基础,其宗教政策的支持者在军队中并不占多数,同时军队在当时更关心的并不是皇帝的宗教信仰与政策,而是皇帝是否能率领他们取得胜利或摆脱困境,否则乔维安在废除朱利安的政策时不会如此轻而易举。值得注意的是,虽然乔维安本人是基督徒并且改变了朱利安的宗教政策方向,但对于多神教徒及其崇拜仪式仍持宽容态度,如朱利安的友人、新柏拉图主义哲学家马克西姆斯与普里斯库斯仍在乔维安宫廷中任职,多神教徒哲学家、演说家与元老泰米斯蒂乌斯(Themistius)于 364 年新年在安奇拉发表公开演说,以庆贺乔维安与其子瓦罗尼安努斯就任执政官,其中也宣示了乔维安要宽容对待多神教徒的政策。② 总体来看,乔维安在支持基督教的同时宽容多神教徒的政策可能也不难理解,这是建立在身为皇帝的基督徒这一身份所带来的责任、与帝国内部基督徒与非基督徒仍然长期共存这一社会现实的双重基础之上的。③

与其宽容多神教徒的政策导向相似的是,对于基督教会内部的争端,乔维安采取的也是调和态度。他本人是支持基督教会尼西亚派的,但是教会内部各个派别的首领均希望取得皇帝青睐,借此打击其他派别并因此各自采取行动。在阅读了马其顿尼派的请愿书后④,据说乔维安以如下言辞回复:"我痛恨争论,但是我敬爱并尊重那些努力达成一致的人。"根据苏格拉底的记载,乔维安决心通过温和

---

① Socrates, *The Ecclesiastical History of Socrates Scholasticus*, pp. 90 - 91.
② A. D. Lee, *From Rome to Byzantium AD 363 to 565: The Transformation of Ancient Rome*, pp. 39 - 40. P. Heather, "Ammianus on Jovian: History and Literature", pp. 112 - 114.
③ 董晓佳:《早期拜占廷帝国非基督徒与基督徒的共存与交流探析》,《宗教学研究》2016 年第 3 期,第 227 页。
④ 以君士坦丁堡主教马其顿尼乌斯(Macedonius)命名的派别,马其顿尼乌斯本人属于主张圣子在性体上相似"圣父"的性体相似派(Homoiousiani),大约在 380 年以后,敬圣灵派(即反圣灵派)也被称为马其顿尼派([德]毕尔麦尔等编著,雷立柏译:《古代教会史》,北京:宗教文化出版社 2009 年版,第 186 页)。在 362 年的亚历山大里亚宗教会议上,马其顿尼派与反圣灵派一同受到谴责。[美]胡斯都·L. 冈察雷斯著,陈泽民、孙汉书等译:《基督教思想史》第 1 卷,南京:译林出版社 2008 年版,第 269 页。

对待各派所有人和具有说服力的语言,尽可能缓和冲突中的各个派别的好斗情绪,并且宣布"他不会由于宗教观点而折磨任何人,他会敬爱并高度尊重那些热诚促进教会统一的人",他还引用泰米斯蒂乌斯的演说证明自己的说法,强调宗教和睦的重要性。①

乔维安的调和态度为人所知后,一些主教与长老在当时乔维安暂时居住的安条克举行会议,在致送乔维安的会议决议中投其所好,宣称"虔诚的您,首要的目标是建立教会的和平与和谐,最虔诚的皇帝啊,我们完全认识到这点。我们也不是不知您已经明智地判断一种正统信仰是这种统一的全部和本质。因此为防止我们成为那些在真理的信条中掺假者的成员,我们据此向虔诚的您宣布,我们支持并毫不动摇地坚持从前在尼西亚举行的神圣会议的信仰。……因此我们将由聚集在尼西亚的主教们订立、我们也完全满意的信经副本附在我们的声明中,这就是:'我们信独一天主全能的父'以及这份信经的其他全部。"②这里存在的问题与他对多神教徒实行宽容政策一样,由于乔维安在位时间过短,某种程度上说尚未正式开始对整个帝国的真正统治。我们永远也无法弄清,这种宽容政策是乔维安即位之初由于立足未稳而企图最大限度吸引支持者而采取的暂时性策略,还是乔维安希望将之作为一项长期政策加以推行。更无从知晓的是,若乔维安能够长期执政(比如或如同君士坦丁一世一样在位 30 年以上),这一政策在大方向不变的情况下是否会有所调整,而其最终对派别林立的基督教会及帝国又会产生何种影响。

与罗马—拜占庭帝国历史上的不少皇帝相似,乔维安的死因也属于历史谜团之一。阿米亚努斯在其著作中列举了三种说法:无法忍受刚刚用生石灰粉刷的卧室的难闻气味;大量取暖用木炭的燃烧导致其头颅肿胀而亡;大量不同种类的食物引起的急性消化不良。③ 索佐门除了补充说卧室极为潮湿以及将木炭换成了煤之外,他所列举的死因与阿米亚努斯相同。④ 苏格拉底称乔维安由于某种原因

---

① Socrates, *The Ecclesiastical History of Socrates Scholasticus*, p. 94.

② Socrates, *The Ecclesiastical History of Socrates Scholasticus*, pp. 94 - 95.

③ Ammianus Marcellinus, *Rerum Gestarum Libri Qui Supersunt*, vol. II, xxv. 10. 13, p. 563.

④ Sozomen, *The Ecclesiastical History of Sozomen*, p. 349.

引起了疾病去世。① 12世纪的编年史家仲纳拉斯在所收集的乔维安诸种可能的死因中,补充了一条食用有毒蘑菇而死的记录。② 这几种死因彼此之间并不互相排斥,或许乔维安是在用餐就寝后由于一氧化碳中毒去世,也可能是一氧化碳中毒合并食物中毒。无论如何,在不到一年的时间中,帝国连续失去了两位皇帝,并且两位皇帝都是非正常死亡,这确实是帝国的重大损失。但是,帝国制度的运转并未由于这种连续打击而受到破坏,乔维安去世后,高级将领与官员再次举行会议,推选出了新一任皇帝。

乔维安由于在位时间过短,未能建立起属于自己家族的王朝,但在拜占庭帝国历史中仍然具有相当的重要性。乔维安的重要性在于,他将陷入战略困境的帝国远征军带回了帝国本土,从而避免了远征军溃败覆没的可能性,保全了帝国机动部队的主力。虽然在这一过程中他被迫向波斯帝国割让了许多领土与要塞,并令帝国东部地区的防御线向后收缩,但是由于构成远征军的部队分属于原受命于康斯坦提乌斯二世的东部军队主力和由朱利安带至东部的高卢军队精锐,因此远征军的安全归国在本质上可谓令帝国整体战略态势得以维持,避免了缺乏军力可能导致的军事危机。当然,在阿米亚努斯看来,这个短命皇帝远不如其心目中的英雄朱利安,说他只受过一般的教育、吝于晋升;以康斯坦提乌斯二世为模范表现出皇帝威严,却习惯与其密友公开打趣说笑;是个不知节制的饕餮,沉迷于酒色;身材过高,皇袍披在身上显得过长。③ 显然,阿米亚努斯不认为乔维安具有皇帝应有的美德。但是,如前所述,乔维安所签订的363年和约实质上是在为朱利安所发动并导致自己身亡的这场失败的远征收拾残局,他给朱利安糟糕的战略行动收了一个不错的尾,从某种角度看也是挽救帝国于危险的君主,阿米亚努斯所描述的这副不称职皇帝的形象似乎并不公正。

① Socrates, *The Ecclesiastical History of Socrates Scholasticus*, p. 95.

② Zonaras, *The History of Zonaras: From Alexander Severus to the Death of Theodosius the Great*, translation by Thomas M. Banchich and Eugene N. Lane, introduction and commentary by Thomas M. Banchich, London and New York: Routledge, 2009, p. 178. Ioannis Zonarae, *Epitome Historiarum*, ed. L. Dindorf, 3 vols., Leipzig: Teubner, 1868, 1869, 1870, TLG, No. 3135001, No. 3135003; Ioannis Zonarae, *Epitomae Historiarum*, libri xviii, ed. T. Büttner-Wobst, vol. 3, [Corpus scriptorum historiae Byzantinae] Bonn: Weber, 1897, TLG, No. 3135002.

③ Ammianus Marcellinus, *Rerum Gestarum Libri Qui Supersunt*, vol. II, xxv. 10. 14-15, p. 563.

乔维安的重要性还在于,他的宗教政策逆转了朱利安所发起的复兴多神教的浪潮,从而令罗马帝国又回到了由君士坦丁一世所铺设的基督教化帝国的政策导向上。君士坦丁一世与其子康斯坦提乌斯二世均采用各种措施推动基督教的发展,至朱利安上台却反其道而行之,由于此后帝国基督教化的完成,以及基督徒史家主宰了绝大部分历史的书写,因此朱利安被视为离经叛道的"背教者",乔维安则或多或少被当成是将帝国重新引向正轨的皇帝。但是,如果考虑到自君士坦丁一世开始支持基督教至朱利安即位不过半个多世纪,那么朱利安的各种宗教改革措施实际上也可以看成是回归更久远的传统,或说努力将旧传统在新形势下得以更新的一种企图。就这个意义而言,君士坦丁一世可能较朱利安更像一位革新者,或者如4—6世纪多神教徒史家所攻击的,是一位帝国传统的破坏者与颠覆者。由此看来,乔维安恢复君士坦丁一世的宗教政策也意味着他继续了君士坦丁一世所开创的革新道路。进一步而言,乔维安能够轻易推翻朱利安的宗教政策并回归君士坦丁一世的道路,可以证明朱利安复兴多神教的措施并未在帝国内部得到广泛的支持,在很大程度上随着这位旧体制"理想主义者"的死亡而逝去。随着朱利安之死与乔维安的即位,曾经短暂开启的有助于传统宗教在帝国政治最高层面卷土重来的机会窗口也无声消逝,罗马—拜占庭帝国的基督教化在经历了朱利安这一短暂插曲后,继续顺利向前推进。

总体看,乔维安的在位时间虽然只有不过八个月,但从拜占庭帝国历史的角度看,他仍具有相当重要的历史地位,这一地位主要在于他是一位承上启下的历史人物。所谓承上启下可分为两个方面。第一个方面可以从拜占庭帝国皇朝承袭的历史来看,他是之前开启拜占庭帝国的君士坦丁王朝与在他之后的瓦伦斯兄弟的王朝之间的过渡人物。虽然在历史写作中,乔维安常被附在君士坦丁王朝最后一位皇帝朱利安之后,被视为君士坦丁王朝结束阶段的一位统治者,但是如果将乔维安视为其后王朝的先导者也并无不妥,不仅因为乔维安的出身与其后的皇帝都是军队将领,也是因为乔维安与其后继者的即位方式均是通过军官会议的商议选举与达成一致,更是因为选举乔维安和他的继任者基本上属于同一批人。第二个方面则可以从帝国基督教化的历史来看,乔维安在位时间虽然短暂,但他的统治不仅结束了之前君士坦丁王朝朱利安时期曾经出现的政策摇摆倾向,而且证

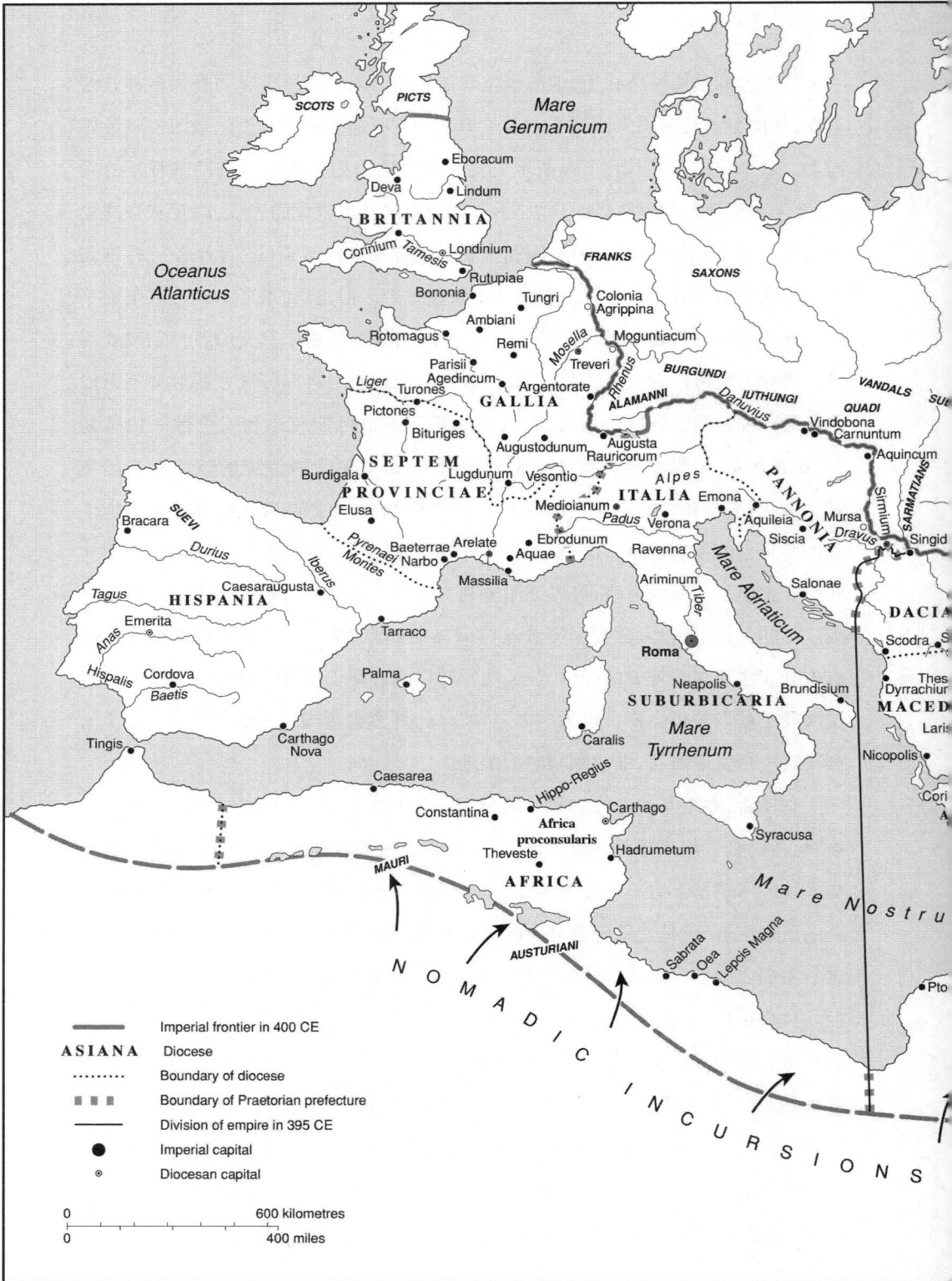

SCOTS

PICTS

Mare Germanicum

Eboracum
Deva • Lindum

BRITANNIA

Oceanus Atlanticus

Corinium
Tamesis
Londinium

FRANKS

SAXONS

Rutupiae
Bononia
Tungri
Colonia Agrippina

Ambiani
Remi
Mosella
Moguntiacum

Rotomagus

Parisii
Agedincum
Treveri

BURGUNDI

Rhenus

VANDALS
SU

Liger
Turones
Argentorate
ALAMANNI
Danuvius
IUTHUNGI
QUADI

Pictones
GALLIA
Augustodunum
Augusta Rauricorum
Vindobona
Carnuntum

Bituriges
Augusta

Aquincum

SEPTEM

Burdigala
Lugdunum
Vesontio
Alpes
Emona
PANNONIA

PROVINCIAE
ITALIA
Aquileia
Mursa
Sirmium

Elusa
Medioianum
Verona
Siscia
Dravus
Singid

Pyrenaei Montes
Baeterrae
Arelate
Ebrodunum
Padus
Salonae

Bracara
SUEVI
Durius
Narbo
Aquae
Ravenna
Mare Adriaticum

Tagus
Caesaraugusta
Massilia
Ariminum

HISPANIA
Iberus
Tiber
DACIA

Anas
Emerita
Tarraco
Scodra
S

Hispalis
Cordova
Palma
Roma
Baetis
Neapolis
Brundisium
Thes
Dyrrachiur

Carthago Nova
Caralis
SUBURBICARIA
MACED

Tingis
Caesarea
Mare Tyrrhenum
Laris

Mare Nostru
Nicopolis

Constantina
Hippo Regius
Carthago
Syracusa
Cori

Africa proconsularis
A

Theveste
Hadrumetum

MAURI
AFRICA

AUSTURIANI
Sabrata
Oea
Lepcis Magna
Pto

N O M A D I C   I N C U R S I O N S

——	Imperial frontier in 400 CE
ASIANA	Diocese
·········	Boundary of diocese
▓ ▓ ▓	Boundary of Praetorian prefecture
——	Division of empire in 395 CE
●	Imperial capital
◉	Diocesan capital

0 ———— 600 kilometres
0 ———— 400 miles

图 1 拜占庭帝国初期的疆域

N

HUNS

Borysthenes

Tyras

ALANS

Tanais

HERULS

GOTHS

(VISIGOTHS)

Maeotis Palus

Pontus Euxinus

IBERIA

Tomi

Marcianopolis

...CIA

Hadrianopolis (Perinthus)

Heraclea

Constantinople

Chalcedon

Nicomedia

Amaseia

Neocaesarea

ARMENIA

Gangra

Sebaste

Claudiopolis

Ancyra

PONTICA

Nicaea

Cyzicus

Pessinus

Caesarea

Melitene

Amida

Nisibis

Sardis

ASIANA

Synnada

Tyana

Samosata

Edessa

PERSIA

...sus

...idisias

Laodicea

Iconium

Anazarbus

Singara

Asia

ISAURI

Tarsus

Hierapolis

Antiochia

Perge

Seleucia

Resapha

Circesium

Tigris

Side

Antiochia

ORIENS

Ctesiphon

Rhodus

Myra

Apamea

Euphrates

Seleucia

Salamis

Berytus

Damascus

Tyrus

Caesarea

Scythopolis

Bostra

Hierosolyma

Gaza

SARACENS

FRONTIER SUBJECT TO
NOMADIC INCURSIONS

Alexandria

Petra

AEGYPTUS

Nilus

Sinus Arabicus

Thebae

- SCOTS 苏格兰人
- PICTS 皮克特人
- Deva 迪瓦，切斯特（Chester）的古名[参见 https://www.britannica.com/place/Chester-England.]
- Eboracum 埃勃拉库姆，或埃波拉库姆，约克（York）的古名[参见 https://www.britannica.com/place/York-England.]
- Lindum 林登，现英国林肯郡（Lincolnshire）林肯城（Lincoln）的古名
- BRITANNIA 大不列颠（拉丁文，主教教区）
- Corinium 科里尼乌姆（拉丁文，现代赛伦塞斯特 [Cirencester] 的古名）[参见 https://www.britannica.com/place/Cirencester.]
- Tamesis 泰晤士河（拉丁文，现代 Thames[泰晤士河] 的古名）[参见 https://www.britannica.com/place/River-Thames.]
- Londinium 伦底纽姆（拉丁文，现代伦敦的古名）[参见 https://www.britannica.com/place/London.]
- Rutupiae 鲁图庇埃
- Bononia 波罗尼亚
- Tungri 通格里人（拉丁文）
- Ambiani 安比亚尼人（拉丁文）
- Rotomagus 罗托马古斯，现代鲁昂（Rouen）的古名[参见 https://www.britannica.com/place/Rouen.]
- Remi 雷米人（拉丁文）
- Parisii 巴黎西人（拉丁文）
- Agedincum 阿吉丁库姆（拉丁文，现代桑斯 [Sens] 的古名）
- Mosella 默兹河（拉丁文，Meuse[默兹河] 的古名）
- Treveri 特雷维里人（拉丁文）
- Liger 利格尔河（拉丁文，卢瓦尔河 [Loire] 的古名）
- Turones 图罗纳人（拉丁文）
- Argentorate 阿根图拉特（现称斯特拉斯堡 [Strasbourg]）
- Pictones 皮克通人（拉丁文）
- GALLIA 高卢（拉丁文，主教教区）
- Bituriges 比图里吉人
- Augustodunum 奥古斯托杜努姆（拉丁文，现称欧坦 [Autun]）
- Augusta Rauricorum 奥古斯塔劳里科伦（拉丁文）
- SEPTEM PROVINCIAE 塞普特姆行省（拉丁文，主教教区）
- Burdigala 布尔迪加拉（拉丁文，现代波尔多的古名）
- Lugdunum 卢格杜努姆（拉丁文，现代里昂 [Lyons] 的古名）
- Vesontio 维桑提奥（拉丁文，现代贝桑松 [Besançon] 的古名）
- Elusa 埃卢萨（拉丁文，现代欧兹 [Eauze] 的古名）
- Mediolanum 米迪奥拉努姆（拉丁文，现称米兰 [Milan]）
- Alpes 阿尔卑斯山（拉丁文，Alps[阿尔卑斯山] 的古名）
- ITALIA 意大利（拉丁文，主教教区）
- Pyrenaei Montes 比利牛斯山（拉丁文）
- Baeterrae 贝特拉（拉丁文，现代贝济耶 [Béziers] 的古名）
- Narbo 纳博（拉丁文，现代纳尔榜 [Narbonne] 的古名）
- Arelate 阿莱拉特（拉丁文，现代阿尔勒 [Arles] 的古名）
- Ebrodunum 埃布罗杜努姆（拉丁文，昂布兰 [Embrun] 的古名）
- Aquae 阿克韦（拉丁文）
- Massilia 马西利亚（拉丁文，现代马赛的古名）
- Padus 波河（拉丁文，Po[波河] 的古名）

- Verona 维罗纳
- Emona 埃默纳
- PANNONIA 潘诺尼亚（主教教区）
- Aquileia 阿奎莱亚
- Siscia 斯西亚（现代锡萨克 [Sisak] 的古名）
- Mursa 穆萨（拉丁文，罗马帝国皇帝哈德良 [Hadrian] 在潘诺尼亚建立的重要城市，现代奥西耶克 [Osijek] 的古名[参见 https://www.britannica.com/event/Battle-of-Mursa; http://www.perseus.tufts.edu/hopper/text?doc=Perseus:text:1999.04.0006:entry=mursa&highlight=osijek.]
- Dravus 德拉瓦河（拉丁文，即 Drava river[德拉瓦河]）
- Salonae 萨罗纳[Salonae 为拉丁文，即 Salona（萨罗纳），参见 http://www.perseus.tufts.edu/hopper/text?doc=Perseus:text:1999.04.0006:entry=salona-1&highlight=salonae.]
- Ravenna 拉文纳
- Ariminum 阿里米努姆（拉丁文，Rimini[里米尼] 的古名[参见 https://www.britannica.com/place/Rimini-Italy.]）
- Tiber 台伯河
- Roma 罗马
- Neapolis 那不勒斯[拉丁文，意为"新城"（New Town），现在那不勒斯城（Naples）的古名，意大利文为 Napoli。参见 https://www.britannica.com/place/Naples-Italy.]
- Brundisium 布伦迪西姆（拉丁文，Brindisi[布林迪西] 的古名）[参见 https://www.britannica.com/place/Brindisi-Italy.]
- Mare Adriaticum 亚得里亚海（拉丁文）
- SUBURBICARIA 苏布尔比卡里亚（意为罗马附近，主教教区）
- Mare Tyrrhenum 第勒尼安海（拉丁文）
- Caralis 卡利亚里（拉丁文，现代 Cagliari[卡利亚里] 的古名）[参见 https://www.britannica.com/place/Cagliari-Italy.]
- Syracusa 叙拉古（即 Syracuse[叙拉古]）[参见 https://www.britannica.com/place/Syracuse-Italy.]
- Naissus 纳伊苏斯
- DACIA 达契亚（主教教区）
- Serdica 塞迪卡（拉丁文，Sofia [索非亚] 的古名）[参见 Alexander P. Kazhdan (editor in chief), The Oxford Dictionary of Byzantium, 3 vols., New York: Oxford University Press, 1991, p.1876. https://www.britannica.com/place/Sofia.]
- THRACIA 色雷西亚（拉丁文，即 Thrace[色雷斯]，主教教区）
- Scodra 斯库台[拉丁文，阿尔巴尼亚语为 Shkodër 或 Shkodra，意大利语为 Scutari，今阿尔巴尼亚城市，位于斯库塔里湖（Lake Scutari）的东南端。参见 https://www.britannica.com/place/Shkoder.]
- Scupi 斯库皮（拉丁文，Skopje[斯科普里] 的古名）[参见 https://www.britannica.com/place/Skopje.]
- Philippopolis 菲利普波利斯
- Stobi 斯托比（拉丁文）
- Thessalonica 塞萨洛尼基
- Dyrrachium 迪拉基乌姆
- MACEDONIA 马其顿（主教教区）
- Larissa 拉里萨
- Nicopolis 尼科波利斯，或译尼科堡
- Corinthus 科林斯（拉丁文，即 Corinth[科林斯]）

- Athenae 雅典（拉丁文，即 Athens[雅典]）
- Achaia 阿凯亚
- Gortyna 戈提那
- Tomi 托米
- Marcianopolis 马西安波利斯
- Hadrianopolis 哈德良波利斯，或哈德良堡
- Heraclea (Perinthus) 赫拉克利亚（佩林托斯）●[Perinthus 为拉丁文，后称 Heraclea，现称 Marmaraereğlisi（马尔马拉埃雷利西）。参见 https://www.britannica.com/place/Perinthus.]
- Constantinople 君士坦丁堡
- Palma 帕尔马
- Mare Nostrum 地中海（拉丁文）
- FRANKS 法兰克人
- SAXONS 撒克逊人
- Colonia Agrippina 阿格里皮娜殖民地
- Moguntiacum 摩功提亚库姆（在今天德国的美因茨 [Mainz]）
- Rhenus 莱茵河（拉丁文，即 Rhine River [莱茵河]）●[参见 https://www.britannica.com/place/Rhine-River.]
- ALAMANNI 阿勒曼尼人
- BURGUNDI 勃艮第人
- IUTHUNGI 尤通吉人
- Danuvius 多瑙河（拉丁文）
- VANDALS 汪达尔人
- QUADI 奎代人
- Vindobona 文多波纳（拉丁文，在今维也纳 [Vienna]）
- Carnuntum 卡农图姆
- Aquincum 阿奎肯（在今布达佩斯 [Budapest]）
- SUEVES 苏维汇人
- Sirmium 西尔米乌姆（在今 Sremska Mitrovica[斯雷姆斯卡米特罗维察]）●[参见 https://www.britannica.com/event/Battle-of-Mursa.)
- SARMATIANS 萨尔马特人
- Singidunum 锡吉杜姆（位于今天的贝尔格莱德 [Belgrade]）●[参见 https://www.britannica.com/place/Belgrade#ref292330.]
- TAIFALI 塔伊法人
- OSTROGOTHS 东哥特人
- VISIGOTHS 西哥特人
- GOTHS 哥特人
- GEPIDS 格庇德人
- Montes Bastarni 巴斯塔尼山脉（拉丁文）
- Tyras 提拉斯河（拉丁文，现称德涅斯特河 [Dniester]）
- Borysthenes 波尔斯塞内斯河（拉丁文，现称第聂伯河 [Dnieper]）●[参见 https://www.britannica.com/place/Dnieper-River.]
- HERULS 赫鲁尔人
- ALANS 阿兰人
- Tanais 塔奈斯河（拉丁文，顿河 [Don River] 的古名）●[参见 Alexander P. Kazhdan (editor in chief), The Oxford Dictionary of Byzantium, 3 vols., New York: Oxford University Press, 1991, p.2009.]
- Maeotis Palus 麦奥提斯湖（拉丁文，亚速海 [Sea of Azov] 的古名）●[参见 Alexander P. Kazhdan (editor in chief), The Oxford Dictionary of Byzantium, 3 vols., New York: Oxford University Press, 1991, p.1844.]

- HUNS 匈人
- Pontus Euxinus 蓬托斯海（拉丁文，Black Sea[黑海] 的古名）
- IBERIA 伊庇利亚
- Chalcedon 卡尔西顿
- Nicomedia 尼科米底
- Claudiopolis 克劳迪奥波利斯
- Nicaea 尼西亚
- Cyzicus 西奇库斯
- Sardis 撒尔迪斯●[参见 Alexander P. Kazhdan (editor in chief), The Oxford Dictionary of Byzantium, 3 vols., New York: Oxford University Press, 1991, p.1843. ——译者]
- Pergamum 帕加马
- Ephesus 以弗所
- Aphrodisias 阿佛洛狄西亚
- ASIANA 亚细亚纳（主教教区）
- Asia 亚细亚
- Laodicea 劳迪西亚
- Rhodus 罗德城（拉丁文，在罗德岛 [Rhodes]）
- Myra 米拉●[参见 Alexander P. Kazhdan (editor in chief), The Oxford Dictionary of Byzantium, 3 vols., New York: Oxford University Press, 1991, p.1428.]
- Side 赛德●[参见 Alexander P. Kazhdan (editor in chief), The Oxford Dictionary of Byzantium, 3 vols., New York: Oxford University Press, 1991, p.1892.]
- Perge 佩吉●[又拼写为 Perga，古代潘菲利亚（Pamphylia）地区的重要城市。参见 https://www.britannica.com/place/Perga.]
- Antiochia 安条克（拉丁文，即 Antioch[安条克]）
- Synnada 辛纳达
- ISAURI 伊苏里人
- Iconium 科尼亚，或伊科尼姆
- Seleucia 塞琉西亚●[Seleucia 有多个，一处是位于古代西里西亚 [Cilicia] 的古城（又写为 Seleukeia，或 Seleucia Tracheotis），一处为古代叙利亚安条克的外港（又写为 Seleukeia，或 Seleucia Pieria），还有一处是位于古代底格里斯河泰西封对岸的古城（又写作 Seleukeia）。参见《大英百科全书》,《拜占庭历史词典》第 1866 页。]
- Tarsus 塔尔苏斯（圣经中旧译"大数"）
- Anazarbus 阿纳扎尔布斯
- Tyana 提亚那●[参见 Alexander P. Kazhdan (editor in chief), The Oxford Dictionary of Byzantium, 3 vols., New York: Oxford University Press, 1991, p.2130.]
- Pessinus 佩西努斯
- Ancyra 安卡拉（拉丁文，即今天的 Ankara[安卡拉]）
- Gangra 恒格拉
- Amaseia 阿马西亚●[现代 Amasya（阿马西亚）城的古名。参见 Alexander P. Kazhdan (editor in chief), The Oxford Dictionary of Byzantium, 3 vols., New York: Oxford University Press, 1991, p.74.]
- Neocaesarea 新凯撒利亚
- Sebaste 塞巴斯提亚●[Sebasteia 又拼写为 Sebastea，或 Megalopolis-Sebasteia，现代锡瓦斯（Sivas）城的古名。参见 https://www.britannica.com/place/Sivas.]
- PONTICA 蓬托斯（主教教区）
- Caesarea 凯撒里亚，又译凯撒城●[罗马帝国有多个 Caesarea，位于今天土耳其、巴勒斯坦和北非等地。参见《大英百科全书》,《拜占庭历史词典》第 363-364 页。]

- Melitene 梅利蒂尼
- ARMENIA 亚美尼亚
- Amida 阿米达[今天土耳其迪亚巴克尔(Diyarbakır)的古名。参见 Alexander P. Kazhdan (editor in chief), The Oxford Dictionary of Byzantium, 3 vols., New York: Oxford University Press, 1991, p.77.]
- Samosata 萨莫萨塔
- Edessa 埃德萨
- Hierapolis 希拉波利斯，意为"圣城"[有两座城市名叫希拉波利斯，一座在安纳托利亚弗里吉亚(Phrygia)，一座在叙利亚，此图中的希拉波利斯在叙利亚。参见 Alexander P. Kazhdan (editor in chief), The Oxford Dictionary of Byzantium, 3 vols., New York: Oxford University Press, 1991, p.928.]
- Resapha 雷萨法
- Apamea 阿帕梅亚
- ORIENS 奥利恩斯，或译东方省（主教教区）
- Salamis 萨拉米斯
- Berytus 贝里图斯（拉丁文，现代贝鲁特 [Beirut] 的古名）[参见 https://www.livius.org/articles/place/berytus-beirut/.]
- Damascus 大马士革
- Tyrus 提尔，或译为推罗（拉丁文，即 Tyre ）
- Bostra 波斯特拉
- Scythopolis 斯基奥波利斯
- Hierosolyma 耶路撒冷（拉丁文，即 Jerusalem ）
- Gaza 加沙
- Petra 佩特拉
- Nisibis 尼西比斯
- PERSIA 波斯
- Singara 辛加拉

- Tigris 底格里斯河
- Ctesiphon 泰西封，波斯首都
- Circesium 西尔塞斯乌姆[现代布塞拉(al-Busayra)的古名,关于这座古城,参见 https://www.iranicaonline.org/articles/circesium-gk.]
- SARACENS 萨拉森人
- FRONTIER SUBJECT TO NOMADIC INCURSIONS 遭受游牧民侵略的边境
- Sinus Arabicus 阿拉伯湾（拉丁文）
- Alexandria 亚历山大城，或译亚历山大里亚
- AEGYPTUS 埃及（拉丁文，即 Egypt，主教教区）
- Nilus 尼罗河（拉丁文，即 Nile ）
- Thebae 底比斯（拉丁文，这里指埃及的底比斯城 [Thebes] ）
- Ptolemais 托勒迈斯[今利比亚(Libya)境内城市托尔梅塔（ Tolmeita 或 Tulmaythah ）的古名。参见 https://www.britannica.com/place/Ptolemais-Libya.]
- Lepcis Magna 大列普提斯[也拼写为 Leptis Magna，现代莱卜代（ Labdah ）的古名，与 Oea（奥亚）和 Sabrata（萨布拉塔）共同构成古代北非的 Tripolis（的黎波斯）即 Tripolitania（的黎波里塔尼亚，"三城"之意）地区。参见 https://www.britannica.com/place/Leptis-Magna; https://www.britannica.com/place/Tripoli.]
- Oea 奥亚[在今利比亚（ Libya ）首都的黎波里（ Tripoli ），与 Sabrata（萨布拉塔）以及 Lepcis Magna（大列普提斯）共同构成古代北非的 Tripolis（的黎波斯）即 Tripolitania（的黎波里塔尼亚，"三城"之意）地区。参见 https://www.britannica.com/place/Tripoli.]
- Sabrata 萨布拉塔[也拼写为 Sabratha，与 Lepcis Magna（大列普提斯）和 Oea（奥亚）共同构成古代北非的 Tripolis（的黎波里）即 Tripolitania（的黎波里塔尼亚，"三城"之意）地区。参见 https://www.britannica.com/place/Sabratha; https://www.britannica.com/place/Tripoli.]

- AFRICA 阿非利加（主教教区）
- Hadrumetum 哈德鲁米图姆
- Carthago 迦太基（拉丁文，即 Carthage）●[参见 https://www.britannica.com/place/Carthage-ancient-city-Tunisia.]
- Theveste 特贝萨（拉丁文，今天阿尔及利亚城市 Tébessa[特贝萨] 的古名）●[参见 https://www.britannica.com/place/Tebessa.]
- Africa proconsularis 阿非利加行省
- Hippo-Regius 希波 - 雷吉乌斯●[拉丁文，又称 Hippo（希波），古代港口名，在现代阿尔及利亚的 Annaba（安纳巴）城附近。参见 https://www.britannica.com/place/Hippo.]
- Constantina 康斯坦丁娜
- MAURI 摩尔人（拉丁文，又拼写为 Moors[摩尔人] 或者 Maure[摩尔人]）●[参见 https://www.britannica.com/topic/Mauri.]
- AUSTURIANI 奥斯图里安人（北非的一种游牧民）
- NOMADIC INCURSIONS 游牧民侵略
- Tingis 廷吉斯（今摩洛哥的丹吉尔 [Tangier] 的古名）●[参见 https://www.britannica.com/place/Tangier-Morocco.]
- Carthago Nova 新迦太基
- Baetis 拜提斯河（西班牙瓜达尔基维尔河 [Guadalquivir] 的古名）●[参见 http://www.perseus.tufts.edu/hopper/text?doc=Perseus:text:1999.04.0064:entry=baetis-geo.]
- Cordova 科尔多瓦
- Hispalis 希斯帕利斯（拉丁文，现代西班牙塞维利亚 [Seville 或 Sevilla] 的古名）●[参见 https://www.britannica.com/place/Sevilla-Spain.]
- Anas 阿纳河（拉丁文，今天西班牙和葡萄牙境内

- Guadiana[瓜迪亚纳河] 的古名）
- Emerita 埃梅里塔（拉丁文，现代梅里达 [Mérida] 城的古名）
- HISPANIA 希斯帕尼亚（拉丁文，即伊比利亚半岛，主教教区）
- Tagus 塔古斯河
- Caesaraugusta 凯撒奥古斯塔（现代萨拉戈萨城 [Saragossa 或 Zaragoza] 的古名）●[参见 https://www.britannica.com/place/Zaragoza-Spain.]
- Iberus 伊比鲁斯河（拉丁文，今天西班牙境内埃布罗河 [Ebro River] 的古名）●[参见 https://www.britannica.com/place/Ebro-River.]
- Tarraco 塔拉科（今西班牙城市塔拉戈纳 [Tarragona] 的古名）●[参见 https://www.britannica.com/place/Tarragona-Spain.]
- Durius 杜里乌斯河（拉丁文，今杜罗河 [Douro River] 的古名）●[参见 https://www.britannica.com/place/Douro-River.]
- SUEVI 苏维汇人（也拼写为 Suebi）●[参见 https://www.britannica.com/topic/Suebi.]
- Bracara 布拉卡拉
- Oceanus Atlanticus 大西洋（拉丁文）
- Mare Germanicum 北海
- Euphrates 幼发拉底河

- Imperial frontier in 400 CE 公元 400 年的帝国边境
- Diocese 主教区
- Boundary of diocese 主教区的边界
- Boundary of Praetorian prefecture 大区总督管区的边界
- Division of empire in 395 CE 公元 395 年帝国的分裂
- Imperial capital 帝国首都
- Diocesan capital 主教官邸所在地

明了传统宗教已经不再能够威胁帝国基督教化的进程,因为乔维安的统治时间较朱利安更短,他在即位前的声望也远不如朱利安,但在扭转朱利安的宗教政策时却是如此轻而易举,说明帝国的基督教化已经不可逆转;同时,在乔维安之后的拜占庭帝国历史中,再也没有出现反对基督教的皇帝,拜占庭帝国之基督教帝国的地位一直保持至其历史的终结。

瓦伦提尼安一世（Valentinian I）

364—375 年在位

　　瓦伦提尼安一世（Flavius Valentinianus, 生于 321 年,卒于 375 年,享年 54 岁）是罗马（拜占庭）帝国瓦伦提尼安王朝的缔造者。364 年至 375 年在位 11 年。

　　瓦伦提尼安王朝（The Valentinianic dynasty or Valentinian dynasty）是罗马帝国的过渡性王朝,统治时间大约持续 100 年（4 世纪中叶到 5 世纪中叶）,共传 5 代 10 帝,其中涉及帝国东部历史的仅有 3 位,其余大多活动在帝国西部。作为帝国皇帝,瓦伦提尼安能征惯战,屡获胜绩,因此又被称为"瓦伦提尼安大帝"[1]。

　　321 年,瓦伦提尼安出生于潘诺尼亚地区南部的西巴莱（Cibalae,今克罗地亚的温科夫齐）。瓦伦提尼安出身于军人世家,兼具伊利里亚人血统,当地民风尚武,因此他生性彪悍勇武,颇有其父之风。登基伊始,瓦伦提尼安即任命了他的兄弟瓦伦斯为共治皇帝（co-emperor）,他本人亲自统治帝国的西半部分,瓦伦斯负责管理东部疆域。瓦伦斯作为瓦伦提尼安一世的幼弟,在朱利安和乔维安皇帝时期,一直作为下级军官在军中效力。待兄长瓦伦提尼安登基后,瓦伦斯在军政两界平步青云,后不久又出任帝国东部皇帝,所辖区域有色雷斯和埃及。376 年,瓦伦斯允许大量西哥特人定居在色雷斯,后者因罗马官员盘剥而暴动。378 年,双

---

① G. Dagron, *Emperor and Priest: The Imperial Office in Byzantium*, Cambridge: Cambridge University Press, 2003, p. 26.

方在亚得里亚堡展开较量,瓦伦斯阵亡,罗马军队惨败。这一事件标志着蛮族大规模入侵罗马帝国疆域的开始。①

瓦伦提尼安一世虽受过教育,但是脾气暴躁,举止粗鲁。他出身行伍,既是一位能征善战的将领,也是一位勤政的皇帝。他深知军人和广大百姓是帝国赖以生存的基础,因此他十分关心基层军人和普通民众的福祉。他拨出国帑为罗马的平民百姓建立学校和医院,每一座学校和医院都配备相应的教师和医护人员。他还重申君士坦丁一世的法令,禁止杀害婴孩。② 瓦伦提尼安一世对民众和军人颇有仁爱之心,但是在处理政务和宫廷事务时以残忍和蛮横著称。他常以小过失处决仆人和侍从,甚至还把犯过之人投喂给自己豢养的熊。

作为一名基督徒,瓦伦提尼安一世对多神教的玄秘仪式和占卜巫蛊是明令禁止的,但是他对帝国军民采取何种信仰则采取一种超然宽容的态度。对于日益庞大的基督教教会势力,他也采取了相应的限制和整顿措施。譬如,他颁布法令,禁止教会神职人员接受各种馈赠,要求神职人员在财产与教职之间做出选择。瓦伦提尼安的该项举措有效地遏制了教会财富和势力的膨胀之势,使皇帝在行使职权时能够较少地受到教会势力的干预。

除了对帝国国内事务的有效治理,他还在历次对外战争中成功抵御了阿勒曼尼人、萨尔马特人、奎代人的入侵。他麾下著名的战将塞奥多西(Count Theodosius)还平定了北非、不列颠等地的族群叛乱,先后化解了撒克逊人、苏格兰人(Scots)、皮克特人联合进攻罗马帝国不列颠领地的阴谋。瓦伦提尼安皇帝连年征战,他也是在莱茵河与多瑙河流域进行连续作战的最后一位皇帝。瓦伦提尼安还命人重建和完善了边境上的防御工事,甚至在敌人的势力范围内建造堡垒。

瓦伦提尼安皇帝在位时期,罗马(拜占庭)帝国能够比较成功地化解蛮族入侵的重大风险,基本上维护了罗马帝国的庞大疆域。作为瓦伦提尼安王朝的建立者,他的统治总体上也被认为是比较成功的。但是在他去世后,他的儿子格拉先(Flavius Gratianus,359—383 年,367—383 年在位)和瓦伦提尼安二世(Valentinian II)时期开始走下坡路,他们虽然继承了罗马帝国西部的帝位,但都

---

① A. P. Kazhdan ed., *The Oxford Dictionary of Byzantium*, pp. 2149 - 2150.

② E. Gibbon, *The Decline and Fall of the Roman Empire*, The Modern Library, 1932, ch. XXV, p. 859.

属于缺乏强有力领导能力者，使得国势日渐衰微。格拉先是瓦伦提尼安一世的长子，自幼跟随父亲在莱茵河、多瑙河前线征战。在其父驾崩后，格拉先接任罗马帝国西部皇帝。他的叔叔瓦伦斯继续担任罗马帝国东部皇帝。瓦伦提尼安二世（Flavius Valentinianus，371—392 年，375—392 年在位）是瓦伦提尼安一世的次子，格拉先同父异母弟弟。375 年，瓦伦提尼安一世在潘诺尼亚地区死于战事后，长子格拉先和弟弟瓦伦斯皆不在身边，于是随军征伐且年仅 4 岁的瓦伦提尼安二世被军中诸将拥立为帝，后统治罗马帝国西部地区。瓦伦提尼安也被认为是罗马帝国西部地区的最后一位强有力的君主。

瓦伦提尼安和他的弟弟瓦伦斯的父亲是老格拉先（Gratian the Elder），他是君士坦丁大帝和康斯坦斯一世统治时期著名的军事将领。老格拉先生于 3 世纪 80 年代，早年经商，后投身行伍，在君士坦丁大帝在位时期因获军功升为禁卫军长官（protector domesticus）。4 世纪 20—30 年代，他被任命为非洲行省长官，后因被控贪腐而被免职。4 世纪 40 年代，他被重新征召，出任不列颠行省长官，并在康斯坦斯一世皇帝的领导下参加了 342—343 年冬季在不列颠岛上的军事行动。格拉先卸任后，告老还乡，在乡间留有佳名。康斯坦斯被弑后，因涉嫌结交叛将马格尼提乌斯被康斯坦提乌斯皇帝剥夺所有财产，但在军中颇有声望。其子瓦伦斯登基为帝后，曾在君士坦丁堡树立了他的铜像。① 老格拉先被提拔为非洲行省长官（Comes Africae，count of Africa）时②，年轻的瓦伦提尼安也随父亲前往北非。③ 然而不久后，他的父亲格拉先就被控贪污，被迫退隐。父亲的失宠并没有对瓦伦提尼安的政治前途产生不利影响。4 世纪 30 年代末，瓦伦提尼安接替父亲投身军旅，不久后被提拔为禁卫军长官。不久，赋闲十载的老格拉先被重新起用，被提拔为不列颠行省长官（comes of Britannia）。

350 年，高卢地区的军队司令马格尼提乌斯被手下士兵拥立为帝，并派人刺

① R. Tomlin, *The Emperor Valentinian I*, University of Oxford, Thesis (Ph. D.), 1973, p. 2.
② comes（拉丁语词，意为 companion，伙伴、亲随），起初授予皇帝的随从和顾问，后既是荣誉头衔，也是官僚体系中的高级官职，还可以授予地方行政主官。在君士坦丁大帝时被称为 comites provinciarum（Counts of the Provinces，行省长官）。A. P. Kazhdan ed., *The Oxford Dictionary of Byzantium*, pp. 484—485.
③ R. Tomlin, *The Emperor Valentinian I*, 1973, p. 4.

杀了皇帝康斯坦斯一世。① 康斯坦斯一世的兄长、东部皇帝康斯坦提乌斯二世以此为由,兴兵征讨篡位者。② 351 年,双方在潘诺尼亚展开大战,史称"穆萨之战"。"穆萨之战"爆发于 351 年 9 月 28 日,是罗马帝国历史上最为惨烈的战役之一,双方参战兵力约 10 万以上,总伤亡逾半数。战役发生的地点位于今克罗地亚东部奥西耶克(Osijek)。是役,康斯坦提乌斯凭借强大的装甲骑兵和骑射部队艰难战胜了拥有大量蛮族步兵的叛军,双方都遭受了重大伤亡,被编年史家称为"惨胜"③。这场战役结束后,康斯坦提乌斯并没有乘胜追击,而是利用多达十个月的时间休整军队,招募训练新兵。

352 年夏,康斯坦提乌斯挥师向西,攻入意大利地区。康斯坦提乌斯宣布对参与叛乱的军队施行赦免,此举使得意大利地区的罗马海军舰队反正投诚④,马格尼提乌斯的力量进一步被削弱。他如惊弓之鸟,其属下官兵也望风披靡,逃至阿奎莱亚。同年 9 月,康斯坦提乌斯的军队移师米兰,并以此地作为冬季休整的大本营。⑤ 353 年夏,双方在高卢南部再次决战,史称"塞卢库斯山之战"(the Battle of Mons Seleucus),战役地点位于今法国东南部上阿尔卑斯省(the Hautes-Alpes)的拉巴蒂耶蒙特萨莱翁(La Bâtie-Montsaléon)。最终,走投无路的叛逆者马格尼提乌斯于当年的 8 月 10 日自杀身亡。

经此一役,作为战胜一方的康斯坦提乌斯二世成为东西罗马帝国的唯一的皇帝。⑥ 值得一提的是,康斯坦提乌斯并没有履行赦免叛乱者的允诺,而是在胜利后进行了对马格尼提乌斯支持者的大清洗。随着年龄的增长,康斯坦提乌斯日渐残暴,尚武好杀,性情多疑。文武官员只要被他疑忌,就会被施以严惩。

康斯坦提乌斯二世在剿灭叛乱之后,对于曾支持叛党的人开始大规模打击报复。瓦伦提尼安的父亲老格拉先由于曾在潘诺尼亚盛情款待过叛乱首领马格尼

---

① A. Canduci, *Triumph & Tragedy: The Rise and Fall of Rome's Immortal Emperors*, Pier 9, 2010, p. 131

② Zosimus, *Historia nova*, ed. and trans. by François Paschoud, Paris, 1971 - 1989, vol. II, p. 60. Zosime, *Histoire Nouvelle*, ed. F. Paschoud, TLG, No. 4084001.

③ Zonaras, *Extracts of History*, XIII 8.5 - 13

④ I. Syvanne, *Military History of Late Rome, 284 -361*, Pen & Sword, 2015, p. 326.

⑤ P. Crawford, *Constantius II: Usurpers, Eunuchs, and the Antichrist*, p. 81.

⑥ Eutropius, *Historiae Romanae Breviarium*, X 12.

提乌斯①，因此被抄没了财产。父亲的遭遇似乎对瓦伦提尼安的政治生涯并未产生不利影响。尽管父亲与叛党交好，但瓦伦提尼安本人并没有加入叛乱者的阵营中②，这也是为何瓦伦提尼安的父亲失宠，而他本人却能够独善其身的主要原因。

帝国内部的战乱成为蛮族部落引兵内犯的良机。在康斯坦提乌斯平叛期间，阿勒曼尼人和法兰克人趁机渡过莱茵河，攻占了高卢地区数座居民点和防御堡垒。在罢免了堂弟加鲁斯后，皇帝对这个堂弟仍不放心，因为加鲁斯的父亲尤利乌斯（Julius Constantius）是君士坦丁大帝的同父异母弟弟，也有问鼎皇位的资格，351—354 年出任罗马帝国东部副皇帝"凯撒"之职。康斯坦提乌斯感到其皇位受到堂弟的威胁，罢免后者不久便于 354 年派人刺杀了他。③ 然而，皇帝康斯坦提乌斯二世时常觉得帝国东西疆域太大，处理军国事务常有力不从心之感。因此，他提拔了另一位堂弟朱利安为副皇帝④，赞襄军政要务。这个朱利安便是"背教者"朱利安，加鲁斯同父异母的弟弟。加鲁斯遭免职后，朱利安于 355 年被堂兄康斯坦提乌斯选中，担任副皇帝"凯撒"，并迎娶了康斯坦提乌斯之妹海伦娜。361—363 年，朱利安成为皇帝，后死于对萨珊波斯的战争中。

随着高卢地区的局势日益恶化，朱利安和另一位将领巴尔巴提欧（Barbatio）分别被任命为驻高卢两支部队的指挥官。两支部队对入侵高卢地区的蛮族武装形成了钳形攻势。巴尔巴提欧是康斯坦提乌斯二世麾下的一名步兵将领，曾在加鲁斯帐下听命，后根据康斯坦提乌斯的命令将加鲁斯逮捕，巴尔巴提欧也因卷入一场针对康斯坦提乌斯的行刺事件被处决。然而，一部分阿勒曼尼人还是设法越过这两支罗马军队的防线，袭击了重要城市卢格杜努姆（Lugdunum）。⑤ 此时的瓦伦提尼安正在朱利安麾下效力，出任保民官（tribune）。受后者派遣，他率兵在阿

---

① Ammianus Marcellinus, *Roman History*, 1862, Book 30, 7.3

② R. Tomlin, *The Emperor Valentinian I*, 1973, p.13.

③ A. A. Vasiliev, *History of the Byzantine Empire*, p.66.

④ A. A. Vasiliev, *History of the Byzantine Empire*, p.66.

⑤ 即里昂（Lyon），法国东南部城市，位于罗讷河和索恩河交汇处。公元前 43 年，凯撒的代表卢修斯·穆纳提乌斯·普兰库斯（Lucius Munatius Plancus）占领了里昂，建立了卢格杜努姆，这也是现代里昂城市的前身。

勒曼尼人回师的必经之路上设伏,意图阻击,但计划因为另一支部队的指挥官巴尔巴提欧的失误而流产。阿勒曼尼人的国王侯诺杜马里乌斯(Chnodomarius)利用罗马军队分兵驻防,采取主动出击的策略。侯诺杜马里乌斯在 352 年前后到 357 年是阿勒曼尼人的重要首领之一,曾在东部皇帝康斯坦提乌斯二世的雇佣下,率领部落民打击帝国西部叛乱者马格尼提乌斯的军队。阿勒曼尼人在他的领导下,跨过莱茵河,逐渐在高卢地区定居。待罗马帝国内部战乱平息后,阿勒曼尼人拒绝归还已经占领的土地,遂与康斯坦提乌斯决裂对垒。357 年,他率领阿勒曼尼人击溃罗马步兵将领巴尔巴提欧率领的军队。后在斯特拉斯堡战役(the Battle of Strasbourg)中,他败给了时为副皇帝的朱利安,并被朱利安送往君士坦丁堡,后病死于囚牢中。巴尔巴提欧所部难以抵挡住阿勒曼尼人的进攻,致使朱利安部队侧翼失守。是役,罗马军队遭受了惨重伤亡。事后,巴尔巴提欧恶人先告状,向康斯坦提乌斯二世检举,把惨败归因于瓦伦提尼安,导致瓦伦提尼安被解除军职。①

　　瓦伦提尼安被解职后,返回了位于潘诺尼亚行省西尔米乌姆的家族新庄园。由于遭到排挤,瓦伦提尼安远离政治中心。他受到严密监视,其行动也受到限制,与其说是被解职不如说是被流放。编年史家们记载,康斯坦提乌斯二世曾把瓦伦提尼安放逐到埃及的底比斯(Thebes)、亚美尼亚的梅利泰内(Meilitene,今土耳其马拉蒂亚)或色雷斯的塞林姆布利亚(Selymbria)。② 史家塞奥多利特(Theodoret)认为,瓦伦提尼安被放逐的原因是在一座多神教的神庙殴打祭司。③

　　357 年,瓦伦提尼安被重新起用,被派往罗马帝国高卢行省的乔维安尼(Joviani)任职(a tribunus of cavalry)。④ 以后数年中,他辗转在美索不达米亚地区不同部队任职。在乔维安麾下,他被遴选为禁卫军(Scholae Palatinae)将领(tribunus of the scholae secundae scutariorum)。

---

① R. Tomlin, *The Emperor Valentinian I*, 1973, p. 13.

② R. Tomlin, *The Emperor Valentinian I*, 1973, p. 14.

③ M. Gaddis, *There Is No Crime for Those Who Have Christ: Religious Violence in the Christian Roman Empire*, Berkeley: University of California Press, 2015, p. 256.

④ D. Kienast, "Valentinianus", *Römische Kaisertabelle: Grundzüge einer römischen Kaiserchronologie* (in German), Darmstadt: Wissenschaftliche Buchgesellschaft, pp. 313 – 315.

"背教者"朱利安在对萨珊波斯的战役中意外死亡，为稳固军心，其喜讯秘而不宣，罗马军中将领们迅速推举了一位新君——乔维安。乔维安原为康斯坦提乌斯二世禁卫军指挥官，曾随朱利安与萨珊波斯作战，朱利安阵亡后，被推举为帝，但在位时间不足9个月，就死在了从安卡拉到尼西亚的路上。由于罗马军队依然处于萨珊波斯军队的层层围困之中，为了保存力量，军队将领对乔维安施加压力，迫使他接受了萨珊波斯提出的带有侮辱性的条约。① 此次战败，导致乔维安的帝位更加不稳，为了强化自己在帝国内部的影响力和权威，乔维安派人到罗马帝国西部省份昭告自己克承大统。乔维安在位时期，瓦伦提尼安被提拔为精英步兵团（Scutarii）的保民官，并被派驻在安奇拉。乔维安驾崩之前，甚至还未巩固好自己的皇位，尽管在位时间十分短暂，但是乔维安还是做出了一定的历史贡献，譬如他恢复了基督教在君士坦丁大帝统治时期尊崇的地位。

乔维安是一位短命的皇帝，在位仅八个月。在他驾崩后，罗马帝国的军政高官在帝国东部的尼西亚举行会议，推选新君。军政界公推的首选皇帝是萨鲁斯提乌斯，此公德高望重，在朱利安皇帝驾崩后，他就曾被公推为继承皇位的有力人选。此次，他依然被推举为皇位继承人，但是他再次回绝，甚至也拒绝众人推举他的儿子为新君的提议。② 因此，帝国高层不得不另觅两位新的人选，一位是第一精英步兵团的军官（a tribune of the first Scutarii）埃奎提乌斯，另一位是贾努阿里乌斯（Januarius），此人是先帝乔维安的亲戚，负责在伊利里亚地区筹措军需。然而，埃奎提乌斯是一位粗鲁的武夫③，贾努阿里乌斯又身处边塞④，远水难解近渴，因此，两位候补人选最终双双落选。瓦伦提尼安因为家世显赫，且驻防在较近的安卡拉，被推举为帝。

364年2月26日，瓦伦提尼安举行加冕典礼。由于军心不稳，部分士兵在他发表登基演讲时发动哗变。为了安抚军队，瓦伦提尼安不得不向军方一再保证将重视军队的发展，保障军人的权益。哗变将士有感于皇帝的诚意和勇气，终止了

---

① R. Tomlin, *The Emperor Valentinian I*, p. 16.

② E. Gibbon, *The Decline and Fall of the Roman Empire*, ch. XXV, pp. 845 - 846.

③ Ammianus Marcellinus, *Roman History*, London: Bohn, 1862, Book 26, 1.4.

④ Ammianus Marcellinus, *Roman History*, Book 26, 1.5.

叛乱。这场哗变也让瓦伦提尼安认识到帝国内部危机四伏。为了应对处理帝国所面临的各种挑战和危机，同时避免皇帝暴崩而导致的权力真空，群雄逐位，瓦伦提尼安听从了帝国东部官员们的劝谏，决定遴选一位合适人员作为共治皇帝，辅佐皇帝处理军国要务。与此同时，为了安抚帝国东部的权贵集团，他也做出承诺，将长久地保证他们的权力和禄位。

364 年 3 月 28 日，瓦伦提尼安在君士坦丁堡正式任命自己的弟弟瓦伦斯出任共治皇帝。作为共治皇帝，瓦伦斯在地位上从低于瓦伦提尼安。兄弟二人也重新划分了统治范围：瓦伦提尼安管辖意大利、高卢、北非和伊利里亚地区，并把皇廷设在米兰；共治皇帝瓦伦斯负责帝国的东部省份，以君士坦丁堡为都。在此之后的数月里，瓦伦提尼安皇帝作为一位坚定的基督教护卫者，把"背教者"朱利安皇帝在位时提拔起来的推崇多神教的官员全部革职，朱利安耗费巨资豢养的古典学问家、诡辩家和哲人也被赶出了宫廷。

365 年，阿勒曼尼人跨过莱茵河入侵高卢地区。9 月，朱利安皇帝的亲属普罗柯比发动了反对东部皇帝瓦伦斯的叛乱。普罗柯比在朱利安皇帝在位时期颇受重用，后逐渐远离政治中心。瓦伦斯皇帝上位后，他潜入君士坦丁堡，并于 9 月 28 日被一些军官士兵拥立为皇帝。366 年 5 月 27 日，瓦伦斯皇帝平定了叛乱，普罗柯比被处决。365 年 11 月 1 日，瓦伦提尼安在前往巴黎的途中同时收到蛮族入侵和贵族叛乱的情报。起初，瓦伦提尼安打算派遣麾下将领达格莱弗斯抵抗阿勒曼尼人，这个达伽莱弗乌斯具有日耳曼血统，361 年被朱利安皇帝提拔为禁卫军指挥官（comes domesticorum，Commander of the Household Guard）。瓦伦提尼安本人计划亲率一支部队前往帝国东部帮助自己的弟弟，共治帝瓦伦斯戡平内乱。高卢当地的官员恳请再三，认为达格莱弗斯并不可靠，如果主帅离开，有可能帝国东西两地都有危险，力主瓦伦提尼安留下，在高卢地区领导对抗阿勒曼尼人。①

与阿勒曼尼人的战争初期，罗马军队并不占据上风。由瓦伦提尼安麾下两员战将率领的罗马军队作为先头部队与阿勒曼尼人遭遇后，被打得溃不成军，两位

---

① Ammianus Marcellinus, *Roman History*, Book 26, 5. 12

将领也死在乱军之中。① 366年,瓦伦提尼安派遣达格莱弗斯莅临前线指挥,但是战局并未得到根本好转。骁勇善战的阿勒曼尼人迫使皇帝撤换了达格莱弗斯,另外派遣约维努斯(Jovinus)御敌。这次临阵换将起到了立竿见影的作用,罗马军队在约维努斯的率领下在默兹河(the Meuse river)取得了数场胜利,最终把阿勒曼尼人赶出了高卢地区。

对阿勒曼尼人战争的胜利是皇帝瓦伦提尼安在位时期取得的重大军事功绩之一。他知人善任,选派得力干将,最终取得了军事胜利,不仅巩固了罗马帝国西部高卢地区的边防,对周边部落族群起到了武力威慑的作用,而且大大提升了个人威信。在把阿勒曼尼人赶出高卢地区后,瓦伦提尼安指挥罗马军队转入反攻,对阿勒曼尼人展开报复性的军事打击。367年初,正当罗马军队乘胜追击之时,不列颠和高卢北部地区同时爆发士兵叛乱,迫使皇帝不得不分兵平叛,这也给了阿勒曼尼人喘息之机。是年,阿勒曼尼人再次越过莱茵河,劫掠了莫根提亚肯(Moguntiacum,今德国美因茨)。

屡剿不止的阿勒曼尼人让瓦伦提尼安十分震怒,坚定了他彻底将之征服并纳入罗马霸权之下的决心。阿勒曼尼人之所以难以对付,主要在于其首领维辛卡比乌斯(Vithicabius),他外表赢弱,却足智多谋,罗马方面为了除掉他可谓是无所不用其极。368年,维辛卡比乌斯身边的一名侍从被罗马方面买通,将之刺杀。而在此之前,等待暗杀结果的瓦伦提尼安利用367年的冬季集结训练部队,以期在来年春季对首领身亡、内部纷乱的阿勒曼尼人展开大规模进攻。为了筹划这场大战,瓦伦提尼安从意大利和伊利里亚抽调精兵强将。② 368年春,瓦伦提尼安得知维辛卡比乌斯死讯,遂指挥罗马军队跨过美因河,分兵三路进入阿勒曼尼人控制区域,瓦伦提尼安和他的儿子格拉先率一支人马居中,约维努斯和塞维鲁(Comes domesticorum Severus)负责保护两翼,以防敌人突然袭击。

起初,罗马军队并未遭到抵抗。他们焚毁了沿途敌人的房舍和粮仓。双方主力在今德国西南部山区展开一场决战,史称"索利辛尼乌姆之战"(Battle of

① Ammianus Marcellinus, *Roman History*, Book 27, 1.4
② Ammianus Marcellinus, *Roman History*, Book 27, 10.3, Book 27, 10.4, Book 27, 10.6.

Solicinium）。在开战前,素来谨小慎微的瓦伦提尼安一改往日作风,仅率数名贴身护卫观敌营垒,不慎落入敌人包围,丢盔弃甲,死战得脱。[①] 战役开始后,阿勒曼尼人据守一处高地,凭借地势居高临下,给罗马军队造成了巨大伤亡。最终,罗马军队从一侧山脊奋力攻上高地,将阿勒曼尼人赶入了附近山谷和森林,一支以逸待劳的罗马军队将之围歼。368 年冬,双方罢兵言和。在与对手达成临时和约之后,瓦伦提尼安率领禁卫军返回高卢首府特里尔过冬。

369 年,瓦伦提尼安下令加强莱茵河全流域的防御工程,从蒂罗尔（Tyrol,今奥地利西部）直到河流入海口处的峡湾,这是一项浩大的工程,用来防御高卢全境,他甚至还在河对岸的敌人领地上修筑工事。他派人在海德堡（Heidelberg）附近的山区建造了一座横跨莱茵河的堡垒。对于罗马军队在胜利之后咄咄逼人的态势,阿勒曼尼人寻求通过外交途径加以制止,他们派遣使节前来抗议,但被瓦伦提尼安申斥驳回。随后,阿勒曼尼人突袭了修筑工地,杀掉了两名将军和一些士兵。[②] 此后,双方在莱茵河两岸展开了持久的对峙和拉锯战。

370 年,撒克逊人再次袭扰北高卢地区,让高卢-莱茵地区的局势更加错综复杂,使得罗马军队处于两面夹击的境地。瓦伦提尼安麾下负责经略该地区的两员战将纳尼埃努斯（Nannienus）和塞维鲁配合得当,压制住了撒克逊人的攻势,并最终迫使对方达成和约。按照双方约定,撒克逊人选派部族中的年轻力壮者送到罗马军中效力,作为回报,罗马军队承诺对于返回原驻地的撒克逊人不予追击。然而,罗马军队并没有遵循和约,在这支撒克逊远征队返回途中设下埋伏,将对方全部歼灭。[③] 这次胜利不仅大量歼灭了撒克逊人的有生力量,震慑了他们动辄进犯罗马领地的野心,而且巩固了罗马帝国在高卢北部的防御。

正当罗马军队与撒克逊人作战之时,瓦伦提尼安施展计谋,试图说服阿勒曼尼人的劲敌勃艮第人与罗马人合作,共同对敌。按照初步计划,勃艮第人向阿勒

---

① Ammianus Marcellinus, *Roman History*, Book 27, 10.10 – 10.11.

② Ammianus Marcellinus, *Roman History*, Book 28, 2.1, Book 28, 2.8.

③ A. H. M. Jones, J. R. Martindale and J. Morris, *The Prosopography of the Later Roman Empire, vol. I, A. D. 260 −395*, pp. 615 − 616.

曼尼人发动袭击，罗马军队则在后者撤退的必经之路上设伏。然而，历来对蛮族心存鄙夷的瓦伦提尼安拒绝接见勃艮第人的使节，同时他本人一直拒绝承诺在勃艮第人落下风之时施以援手。因为他的傲慢无礼和坐收渔利的不良企图，勃艮第人最终拒绝与罗马军队结盟。

尽管结盟一事并未落实，但是扰乱了阿勒曼尼人的军心。他们担心腹背受敌，而且深知自身实力难敌"罗马-勃艮第联军"。疑虑和惊恐使阿勒曼尼人军队士气低迷，军心大乱。瓦伦提尼安在得知情报后，派遣骑兵司令官塞奥多西（the magister equitum Theodosius，即塞奥多西一世的父亲）领兵穿越罗马帝国北部行省，包括今奥地利的沃拉尔贝格州和蒂罗尔州、瑞士的东部各州，以及德国巴伐利亚州和巴登-符腾堡州的里提亚（Raetia），对阿勒曼尼人发动突然袭击。此时的阿勒曼尼人已成惊弓之鸟，罗马人的突然出现令整个军队阵形大乱，旋即四散奔逃，很多人被活捉。瓦伦提尼安下令将这些俘虏安置在意大利的波河谷地，此后这批阿勒曼尼人一直定居于此。

从登基的第二年即365年到370年，在执掌政权的最初五年中，瓦伦提尼安的主要任务就是对阿勒曼尼人的战争。即便如此，阿勒曼尼人依然没有被彻底征服。在部族的一位首领麦克里安（Macrian）的指挥下，剩余的阿勒曼尼人化整为零，利用山川河流地理条件，与罗马军队开展游击战。从370年到374年，瓦伦提尼安派遣骑兵司令官塞奥多西继续追剿这股残余势力，但收效甚微。与此同时，对于已经降服的阿勒曼尼人，瓦伦提尼安从他们当中挑选精壮善战者补充进罗马军队，另外还将部分阿勒曼尼人运送到罗马帝国在不列颠的领地，巩固边防。对于游牧民族入侵问题，瓦伦提尼安虽然意图毕其功于一役，却总是事与愿违。从367年起，不列颠岛上的皮克特人、苏格兰人和阿塔科狄人（Attacotti）结成联盟，进犯位于不列颠岛南部的罗马边境，杀掉了不列颠总督弗洛法德斯（Dux Britanniarum Fullofaudes）等一众罗马官员。与此同时，法兰克人和撒克逊人屡次进犯高卢北部沿海地区。罗马帝国在不列颠和北高卢的领土有丧失的危险。与阿勒曼尼人在莱茵河两岸激战正酣的瓦伦提尼安无暇西顾，先后派遣手下将领塞维鲁和约维努斯前往不列颠探查战况。

逢此多事之秋，瓦伦提尼安积劳成疾。皇帝沉疴之际，禁卫军与地方权贵两大集团已经开始就皇位继承问题展开了激烈交锋。禁卫军方面推出的继位人选就是塞维鲁，而高卢地区权贵们推出的候选人是朱利阿努斯（Rusticus Julianus, magister memoriae）。两大实力派系围绕皇位继承的纷争使得罗马帝国陷入了内忧外患的危难境地。所幸，瓦伦提尼安在不久后平复如初，随即于 367 年任命自己的儿子格拉先为共治皇帝，负责掌管罗马帝国西部地区。这一举措暂时平复了高层将领们对皇位的觊觎之心。

在稳定内部之后，368 年，瓦伦提尼安根据约维努斯对不列颠形势的汇报，选派塞奥多西乌斯为新一任的不列颠伯爵（Comes Britanniarum），以改变罗马帝国在不列颠的颓势。这位新总督没有辜负皇帝的信任，利用有利地形设伏，大量杀伤当地叛军[1]，重新确立了罗马帝国在不列颠南部的统治。与此同时，瓦伦提尼安指挥塞维鲁和约维努斯等将领继续与阿勒曼尼人作战。

在瓦伦提尼安与阿勒曼尼人作战无暇他顾之时，地处帝国边陲的北非和多瑙河流域接连爆发了叛乱。372 年，罗马帝国驻北非军官罗曼努斯（the comes Romanus）卷入北非摩尔王公嫡子、私生子的夺位之争。这场斗争被称为北非"费尔姆斯之乱"（the Rebellion of Firmus）。王公努贝尔（the Berber Jubaleni Prince Nubel）去世后，罗马驻军主将罗曼努斯在收取大量贿赂后，支持努贝尔的私生子扎马克（Zammac）继承王公之位，此举引起了嫡子费尔姆斯的极度不满，于是他发动政变，杀掉了扎马克。费尔姆斯上台后，迁怒于曾支持扎马克的罗曼努斯，遂起不臣之心，发动了长达三年的叛乱（372—375 年）。罗曼努斯出任北非主将之后，以提供保护为名，向北非地区的罗马帝国城市索要重贿，对于拒绝者，则不再提供军事保护。罗曼努斯的贪腐昏聩导致罗马帝国在北非的疆域在 4 世纪 60 年代陷入混乱。当地游牧部族愤而发动对罗马军队的进攻，严重威胁罗马帝国在北非的统治。瓦伦提尼安遂派遣塞奥多西接替罗曼努斯平定叛乱。瓦伦提尼安以迅雷不及掩耳之势快速进军，迫使叛乱者疲于奔命。375 年，叛乱首领费尔姆斯在众叛亲离中自杀身亡，叛乱遂平。[2]

373 年，居住在上多瑙河流域今多瑙河北岸的摩拉维亚地区的奎代人，以罗

---

[1] Ammianus Marcellinus, *Roman History*, Book 28, 3. 1

[2] E. Gibbon, *The Decline and Fall of The Roman Empire*, chap. XXV, pp. 883 – 884.

马帝国在其聚居领地附近修筑军事防御工事为由,推举并派遣代表向当地罗马驻军军官申诉抗议。罗马帝国驻伊利里亚的武备军官埃奎提乌斯(the magister armorum per Illyricum Aequitius)允诺向瓦伦提尼安皇帝汇报此事。然而,瓦伦提尼安朝的权臣,高卢禁军将军马克西米努斯(praetorian prefect of Gaul, Maximinus)进谗言,指责埃奎提乌斯软弱无能,并建议自己的儿子马尔切利努斯(Marcellianus)接替埃奎提乌斯继续完成修筑工事的任务。被蒙蔽的瓦伦提尼安做出了错误的决定,令马尔切利努斯走马上任。马尔切利努斯接任后,以和谈宴会为名,背信弃义,诱杀了已有和意的奎代人国王加比尼乌斯(Gabinius)。[1] 此举激发了奎代人的强烈不满,暴乱遂起。

奎代人与萨尔马特人建立同盟,入侵巴尔干半岛西北部的伊利里亚,并于373年秋跨过多瑙河,在潘诺尼亚和瓦莱利亚(Valeria)地区大肆劫掠。潘诺尼亚平原是罗马帝国位于多瑙河流域的重要省份,多瑙河绕行流经其北面和东面,向西与诺利库姆(Noricum)和意大利东北部(Upper Italy)相通,向南与达尔马提亚和上莫西亚(Upper Moesia)连接,相当于今天匈牙利西部、奥地利东部、克罗地亚北部、塞尔维亚西北部、斯洛文尼亚北部和波黑北部。瓦莱利亚行省,由戴克里先皇帝于296年设置,原为潘诺尼亚行省的一部分,位于潘诺尼亚行省西部。两地的战略位置非常重要。习惯掠夺的游牧民族对于有着完善防御工事的城市束手无策,但是对广大乡村地区造成了非常严重的破坏,导致十室九空,百姓流离失所。罗马帝国在该地区驻防的两个军团未能有效合作,最终被萨尔马特人各个击破。后者则乘胜追击,入侵莫西亚地区,但被名将塞奥多西的儿子、莫西亚总督(Dux Moesiae)、未来的皇帝塞奥多西(Theodosius I,379 年—395 年在位)击退。

这些地区是瓦伦提尼安统治的核心疆域,游牧民族的南下直接威胁着瓦伦提尼安的统治。但是直到 374 年,瓦伦提尼安皇帝才获悉发生在潘诺尼亚地区的边疆危机。这也迫使皇帝意欲尽快从阿勒曼尼战争中脱身,从高卢北部回师巴尔干半岛,保卫伊利里亚。为此,瓦伦提尼安不得不与阿勒曼尼人达成媾和条款。375年春,他从特里尔出发,抵达了潘诺尼亚舰队的指挥部,也是潘诺尼亚行省的首府

① Ammianus Marcellinus, *Roman History*, Book 29, 6.5

卡农图姆（Carnuntum，位于今奥地利东部）。皇帝在此地接见了萨尔马特人的使节，后者就造成的破坏向皇帝表示了歉意。瓦伦提尼安对此表示要调查事件经过然后再做出相应举措。他对于马尔切利努斯的诱杀行为不置可否，对奎代人的叛乱劫掠十分震怒。整个夏季，他都在筹备对奎代人的战争。当秋季来临时，瓦伦提尼安皇帝率领军队渡过多瑙河，攻入奎代人的领地。[1] 罗马军队在他的领导下，兵锋所指如入无人之境。当冬季休兵期来临时，瓦伦提尼安到今匈牙利中西部的松博特海伊（Szombathely）的萨瓦利亚（Savaria）过冬。

　　375 年 11 月 17 日，无力阻挡罗马军队的奎代人不得不派出使者觐见瓦伦提尼安，并主动提出议和的请求。奎代人承诺向罗马方面提供青壮年士兵，在罗马皇帝的指挥下作战。但是，使节对于双方冲突的起因依旧坚持己见，认为是罗马将军马尔切利努斯率先挑起了战端，另外也并不保证所有的奎代人部落都能够遵守议和条约，可能会随时对罗马军队发动进攻。使节的言语态度令皇帝暴跳如雷。正当瓦伦提尼安声色俱厉地加以驳斥时，这位向来脾气暴躁的皇帝突然中风，并于当天去世。[2]

　　瓦伦提尼安一世性格外粗而内细，表面粗鲁豪放，内心谨小慎微。在他当政时期，出台了一些稳定国内局势的措施，提高了普通军民的福利待遇，遏制了教会势力的发展。但是，即便精明强干的他，依然只是疲于应付游牧民族的内犯。罗马帝国地理广袤，游牧民族前赴后继，帝国防御千疮百孔。在此危难局势下，瓦伦提尼安一世尽己所能，率领一批优秀将领，像补锅匠一样，不断堵住帝国防御体系的漏洞。尽管是疲于应付为主，主动出击为辅，但是瓦伦提尼安一世真可谓是挽狂澜于即倒，扶大厦于将倾。在他死后的第三年（378 年），罗马帝国即遭遇了皇帝瓦伦斯死于哥特人刀下的惨剧，游牧民族大举内迁的历史潮流犹如冲破河堤一样，其势再也无法阻挡。

　　瓦伦提尼安一世的大部分活动在帝国西部，本书将其列入皇帝列传，是因为他任命的副皇帝掌控帝国西部，而其诸多军事政治政策与东部事务密不可分，最重要的是他被拥立的地点在帝国东部小亚西亚的尼西亚。缺少了对他的叙述，东

---

① Ammianus Marcellinus, *Roman History*, Book 30, 5.13.

② N. E. Lenski, *Failure of Empire*, Berkeley：University of California Press, 2014, p.142.

罗马帝国的政治史就是不完整的。在晚期罗马帝国这一多事岁月中,纷繁复杂的历史表象下,暗流涌动的是东西罗马逐步分道扬镳的大趋势。从古代罗马史的角度看,这一深刻巨变的过程可以延续到 5 世纪,而从拜占庭史的角度看,这个过程是从 4 世纪开始的。罗马帝国在不算宽广的欧洲地中海世界大舞台上,最终留下了两大政治传统,其一是西欧地区的地方集权政治体制,其二是东欧地区的中央集权政治体制。争论东西罗马帝国分裂的具体时间断线并无多大意义,因为任何历史分期都不过是人为设定的时间概念。后人的注意力应该更多放在如何合理观察罗马帝国政治传统后续的发展,如何全面理解欧洲地中海世界嗣后千余年不同政治传统的演变及其对近现代世界的影响。

第三节

瓦伦斯（Valens）

364—378 年在位

瓦伦斯（Valens,Ουάλης,约生于 328 年,卒于 378 年 8 月 9 日,享年 50 岁）是继乔维安之后的拜占庭帝国皇帝,364 年 3 月 28 日至 378 年 8 月 9 日在位 14 年有余。

328 年,瓦伦斯出生于潘诺尼亚的西巴莱,在朱利安和乔维安在位期间曾担任皇帝护卫（protector）,并在乔维安去世后于 364 年 3 月 1 日被任命为马厩将官（tribunus stabuli）。[①] 关于其早年生涯的文献极少,似乎他并无积极的活动。[②] 瓦

---

① 宫廷中有职官以马厩伯爵（comes sacri stabuli）为名,该官职字面上与皇帝的马厩相连,可能与骑兵有关,马厩伯爵参与军事活动,马厩将官之职位可能与此有关;该职务的职责是负责军队马匹的获得与供应。另外,也可能瓦伦提尼安任命瓦伦斯的职务是马厩伯爵。P. S. Barnwell, *Emperor, Prefects & Kings: The Roman West, 395 - 565*, Chapel Hill and London: The University of North Carolina Press, 1992, p. 23. I. Hughes, *Imperial Brothers: Valentinian, Valens and the Disaster at Adrianople*, Barnsley: Pen & Sword Military, 2013, p.21. A. P. Kazhdan ed., *The Oxford Dictionary of Byzantium*, p.2149.
② 关于瓦伦斯的出生日期、出生地及即位前的军职与活动,见 A. H. M. Jones, J. R. Martindale and J. Morris eds., *The Prosopography of the Later Roman Empire, vol. I: A. D. 260 -395*, p. 930.

伦斯之所以能登上至高统治者的宝座,与连续发生的三桩"意外"直接相关。第一个意外是 363 年君士坦丁家族的最后一位男性直系血亲、皇帝朱利安在远征萨珊波斯时重伤而死。第二个意外是此后经军官会议选出的继任者乔维安在匆匆与波斯议和并撤军后,在归途中病亡。第三个意外是随后召开的军官会议中,并非军官们第一选择的瓦伦提尼安当选为皇帝。根据佐西莫斯的说法,大区长官(praefectus praetorio)萨鲁斯提乌斯首先被选为皇帝,但他以年老以及无力处置目前的危机为由而辞谢,于是人们又请求让他的儿子担任皇帝,但萨鲁斯提乌斯以其子过于年轻为由再次推辞,会议这才选举了富有经验而缺乏君主教育的军人瓦伦提尼安为皇帝。①

瓦伦提尼安正是瓦伦斯之兄长,在他成为皇帝后,立瓦伦斯为共治皇帝,并将帝国东部地区交给瓦伦斯管辖。但是,在瓦伦斯看似"意外"的登位背后,仍然存在着历史的共性,也就是军队的支持以及同皇帝的血亲关系两个因素均是这一时代皇位继承时的重要乃至决定性影响因素,而何者更为重要,则取决于当时的实际情况或需要。朱利安去世后,军队召开会议选举皇帝正是因为君士坦丁家族直系绝嗣,军队已群龙无首。两次选举会议选出的均是军官,证明军队将领在皇位继承中的优势地位。第二次会议中,无论是禁卫军将领埃奎提乌斯还是乔维安的亲戚贾努阿里乌斯,均由于得不到多数军官的支持而被否决,后者被否决的理由是与归途中的军队距离过远。实际上乔维安并非无子,但其子年龄幼小,不符合当时军队对强有力领袖的需要②,因此其子甚至未被提名。瓦伦斯能登上皇位的根本原因,则在于其兄长已经成为皇帝,这从瓦伦斯的登位过程可以清楚看出。

根据 4 世纪史家阿米亚努斯·马尔切利努斯的记载,在尼西亚举行的军官会议中最先得到提名的是担任第一斯库塔里宫廷卫队(Schola Prima Scutariorum)指挥官的埃奎提乌斯,但由于他过于粗鲁强硬而得不到多数人支持。另外也有人提

---

① Ammianus Marcellinus, *Rerum Gestarum Libri Qui Supersunt*, vol. II, trans. John C. Rolfe, Cambridge, Massachusetts: Harvard University Press, London: William Heinemann LTD, 1986, 26. 1. 3 – 4, pp. 567 – 569. Zosimus, *New History*, trans. Ronald T. Ridley, Canberra: Australian Association for Byzantine Studies, 1982, 3. 36. 1 – 2, p. 69. 关于佐西莫斯的记载,有人认为应当存疑。I. Hughes, *Imperial Brothers: Valentinian, Valens and the Disaster at Adrianople*, pp. 18 – 19. 无论如何,两种说法均说明瓦伦提尼安并非会议首选。

② A. D. Lee, *From Rome to Byzantium AD 363 to 565: The Transformation of Ancient Rome*, p. 21.

名贾努阿里乌斯,他是乔维安的亲戚,但是此人正在伊利里亚任职,由于距离过于
遥远而被否决,于是最后选择了当时留在安奇拉的第二斯库塔里宫廷卫队
(Schola Secunda Scutariorum)指挥官瓦伦提尼安为继任者。当瓦伦提尼安被军官
会议派出的信使从安奇拉召至尼西亚即位后,军队坚持要求选择一名共治皇帝,
其中可能有少数人是受到落选者的收买,但是绝大多数人是从最近发生的事件中
了解到皇帝所处的危险境地而要求选择共治皇帝的,士兵们为此鼓噪,有可能发
生暴动。面对这种情况,瓦伦提尼安发表演说同意选择一名共治皇帝,同时要求
士兵遵守军纪,从而消弭了兵变的危险。① 瓦伦提尼安在下令次日全军开拨后,
召集了军官会议,询问军官们属意的共治皇帝人选,据说当其他人沉默时,骑兵长
官达伽莱弗乌斯②称如果皇帝爱自己的亲人就选自己的兄弟,如果爱国家就另选
他人。从瓦伦提尼安最后的决定来看,他显然并未在意这一答案。因为当军队进
入尼科米底时,瓦伦提尼安任命瓦伦斯为马厩将官。当大军回到君士坦丁堡时,
瓦伦提尼安于 364 年 3 月 28 日当众宣布瓦伦斯为"奥古斯都",并为他加冕,从此
瓦伦斯成为其兄长的合法共治者。③

实际上,选择自己的亲人担任共治者在之前的君士坦丁王朝是司空见惯之
事,瓦伦提尼安之所为并不违背习惯。军队要求选择共治皇帝显然主要原因是由
于连续两位皇帝的迅速死亡以及没有留下合适的继承人令士兵普遍不安。瓦伦
提尼安就选立共治皇帝征询军官意见表明了军队在选立皇帝中的作用,最终瓦伦
提尼安不顾反对意见选择瓦伦斯为共治皇帝则从一个侧面表明血亲关系在皇位
继承中的重要性,因为最受皇帝信任的只有自己的亲人,同时这也表明军队要求
皇位稳定的愿望也不能被忽视。④

① Ammianus Marcellinus, *Rerum Gestarum Libri Qui Supersunt*, vol. II, 26.2. 1 - 12, pp.575 - 581.
② 在选举皇帝时,此人是瓦伦提尼安的支持者。Philostorgius, *Church History*, trans. Philip R. Amidon, S. J., Leiden · Boston: Brill, 2007, p.115. Philostorgius, *Kirchengeschichte*, ed. F. Winkelmann (post J. Bidez), 3rd edn., Berlin: Akademie-Verlag, 1981, TLG, No. 2058. A. H. M. Jones, J. R. Martindale and J. Morris, *The Prosopography of the Later Roman Empire, vol. I: A.D. 260 -395*, p.239.
③ Ammianus Marcellinus, *Rerum Gestarum Libri Qui Supersunt*, vol. II, 26. 4. 1, p.585 vol. II, 26. 4.2, p.585, vol. II, 26.4.3, pp.585 - 587.
④ 当时瓦伦提尼安的长子格拉先还不到 5 岁,立他为共治皇帝显然不能满足在朱利安和乔维安意外死亡后对皇位稳定性提出的要求。A. D. Lee, *From Rome to Byzantium AD 363 to 565: The Transformation of Ancient Rome*, p.21.

　　瓦伦提尼安与瓦伦斯在君士坦丁堡共同统治了五个月,随后前往西尔米乌姆,完成了分割帝国的计划:由瓦伦提尼安统治帝国西部地区,瓦伦斯统治帝国东部地区。① 此后,瓦伦提尼安前往西部的米兰,而瓦伦斯则回到东部的君士坦丁堡。② 除东部大区外,瓦伦斯的辖区还包括埃及与色雷斯。③ 有学者认为,尽管在两兄弟统治时期的钱币和颂辞中体现着彼此和谐的修辞语言,但是瓦伦提尼安与瓦伦斯政府彼此独立运转,364 年可以被视为是一个被分割的帝国的真正的开端。④ 无论如何,从此之后,直至瓦伦斯本人于 378 年 8 月 9 日战死,被后世学者认为,属于拜占庭帝国核心区域的地中海世界东部地区处于他的独立统治之下。

　　在瓦伦斯统治时期,教派争端从未停止、内战外患贯穿始终,瓦伦斯始终未能圆满地解决上述问题,他本人更是在 378 年亚得里亚堡(Adrianople,今土耳其的埃德尔内)战役中阵亡,令帝国陷入混乱之中。自君士坦丁一世采取支持和保护基督教的政策之后,基督教在帝国内部得到迅速发展,教徒人数和教会的财富均日益增加。但是,也正是从君士坦丁一世开始,帝国政府便卷入基督教内部的教义纷争之中,从而令每一位身为基督徒的拜占庭帝国皇帝必须在基督教内部各个派别中选择自己所支持的教派,处理基督教会内部的教派争端也由此成为皇帝的重要工作。是否能够处理好这一问题,不仅关系到基督教的发展,也关系到帝国的稳定。除此之外,面对基督教的日益发展,如何处理信奉传统宗教的信徒与基督徒之间关系,也成为包括瓦伦斯在内的 4 世纪拜占庭帝国皇帝所必须面对的问题。

　　朱利安作为拜占庭帝国唯一一位信奉多神教的皇帝,在短暂的在位期间曾支持多神教的发展,并以各种手段压制基督教,但在朱利安去世后,他所推行的复兴多神教的政策也随他一同死亡。继任者乔维安虽是随同朱利安出征的将领,却是一名基督徒,在被选立为皇帝后,立即表明了支持基督教的态度。虽然乔维安未

① A. D. Lee, *From Rome to Byzantium AD 363 to 565: The Transformation of Ancient Rome*, p. 22.
② Ammianus Marcellinus, *Rerum Gestarum Libri Qui Supersunt*, vol. II, 26.5.4, p. 591.
③ A. P. Kazhdan ed., *The Oxford Dictionary of Byzantium*, p. 2149.
④ A. D. Lee, *From Rome to Byzantium AD 363 to 565: The Transformation of Ancient Rome*, p. 23.

能长久在位,但继任的瓦伦斯同样是基督徒,因此帝国政府仍然顺利地重新回到了由君士坦丁一世确立的支持基督教的立场之上,从此之后,再未动摇。但是,这也并不意味着作为基督徒的瓦伦斯便会残酷迫害多神教徒,实际上,瓦伦斯几乎没有注意其治下的多神教徒的活动,并有大量多神教徒在其政府中担任高官。① 只是在371年出现了以魔法预测下任皇帝的案件后,瓦伦斯面临政治威胁,才开始攻击多神教徒,因此这种攻击是出于政治目的而非出于宗教信仰。② 实际上,这也与同时代史家所下的判断接近。根据4世纪史家阿米亚努斯的说法,371年的这桩案件起于对投毒犯帕拉第乌斯（Palladius）的审讯,在审讯中,帕拉第乌斯揭露前总督菲都斯提乌斯（Fidustius）伙同佩伽米乌斯（Pergamius）和爱任纽（Irenaeus）秘密地用魔法探究瓦伦斯的继任者之名,而皇帝秘书塞奥多鲁斯（Theodorus）则被认为将成为下任皇帝。此人出身高卢贵族,早年受到良好教育,胜任各种职务,并得到显贵和下层民众的共同喜爱,而瓦伦斯由此在大区长官莫德斯图斯（Modestus）的怂恿下大兴冤狱。③ 根据5世纪教会史家君士坦丁堡的苏格拉底的记载,当时在安条克,"皇帝的残酷性情被一个应受诅咒的恶魔所利用,这个恶魔诱使某些好奇的人利用巫术开始预测谁将继承瓦伦斯的皇冠。对于他们的魔法咒语,恶魔没有给出清晰和明确的回应,而是如通常那样,充满了模棱两可之处。因为在显示了 q、e、o 和 d 四个字母后,他宣布瓦伦斯继承者的名字以这四个字母开始,并且是一个复合名。当皇帝了解了这个预言后,不向唯一能看清并决定未来的上帝求助,违反他假装最热情地追随的基督徒的原则,处死了许多他怀疑意图夺取皇权的人,例如叫作'塞奥多利'（Theodore）、'塞奥多图斯'（Theodotus）、'塞奥多西'（Theodosius）、'塞奥都鲁斯'（Theodulus）以及类似的人,都成为皇帝恐惧的祭品。有个叫塞奥多西奥鲁斯（Theodosiolus）的人,他是一个非常勇敢的人,出身于西班牙贵族家庭。因此许多人为了避开他们正面临的危

---

① N. Lenski, *Failure of Empire: Valens and the Roman State in the Fourth Century A. D.*, Berkeley · Los Angeles · London: University of California Press, 2002, pp. 215 – 216.

② N. Lenski, *Failure of Empire: Valens and the Roman State in the Fourth Century A. D.*, p. 213.

③ Ammianus Marcellinus, *Rerum Gestarum Libri Qui Supersunt*, vol. III, trans. John C. Rolfe, 29. 1. 5 – 11, pp. 189 – 195.

险,改了名字,因为危险,放弃了那些在孩提时从父母那里接受的名字。"①因此,在基督徒皇帝瓦伦斯治下,虽然确实存在着多神教徒的限制②,但真正导致对魔法或预言等多神教徒活动的压制的原因还是在于政治,在于所有皇帝或专制统治者以一切手段保住权力的意图。

除继续支持基督教发展之外,瓦伦斯在位时期更为重要的问题是基督教会内部的派别之争。早在基督教成为帝国政府支持的宗教之前,教会内部就已经出现各种关于教义的观点歧异,被称为异端。异端是基督教各派对教内异己派别及其思想和主张的贬称,源于希腊文 αἵρεσις(hairesis 为希腊文的拉丁化写法),意为"选择",原指信仰方面的错误。基督教会从一开始就认为有权阐述并保护神圣的启示,因而必须斥责与之不同的启示,即所谓神学上的错误。从 2 世纪起,"异端"逐渐专指教义错误,而与裂教(信仰上并无错误,但在组织上分裂教会的行为)、叛教(完全背叛基督教信仰的行为)和异教(基督教以外的其他宗教)相区别。4 世纪基督教成为罗马帝国国教后,凡遭到占统治地位的派别判为异端者,一般都遭到迫害。③ 随着君士坦丁一世开启了支持基督教并且借此利用基督教的政策大门,以皇帝为首的帝国政府也自然随之介入教会内部的观点之争,有学者因此认为"4 世纪的教会史同样也是皇帝们的历史"④。4 世纪教会内部最重要的不同观点由埃及亚历山大里亚教会的一位长老阿里乌提出,认为圣子是受造物,在位格上次于圣父。在君士坦丁一世召集并主持的 325 年的尼西亚第一次大公会议上,阿里乌及其追随者被定为异端,遭受免职与放逐,被称为阿里乌派。但是,阿里乌派争端并未就此结束,正如学者所言,在君士坦丁一世看来,和谐比教义的纯洁更为重要⑤,因此在君士坦丁一世晚年,当阿里乌向皇帝上书后,若非突

---

① Socrates, *The Ecclesiastical History of Socrates Scholasticus*, p. 105.

② A. D. Lee, *From Rome to Byzantium AD 363 to 565: The Transformation of Ancient Rome*, p. 41.

③《基督教词典》编写组:《基督教词典》,北京:北京语言大学出版社 1994 年版,第 599 页。

④ H. Chadwick, *The Church in Ancient Society: From Galilee to Gregory the Great*, Oxford: Oxford University Press, 2001, p. 226.

⑤ J. Harries, *Imperial Rome AD 284 to 363: The New Empire*, Edinburgh: Edinburgh University Press, 2012, p. 176.

如其来的死亡干预,本有机会恢复其教职。① 君士坦丁一世去世之前不久也是由阿里乌派的支持者尼科米底主教尤西比乌斯(Eusebius of Nicomedia)施洗的。② 更重要的是,继君士坦丁一世之后统治帝国东部地区的康斯坦提乌斯二世也是阿里乌派的支持者,导致325年尼西亚会议所确立的正统派(尼西亚派)在其统治时期实际上被视为"异端"。在经历了朱利安与乔维安的短暂统治后,统治东部的瓦伦斯仍然是阿里乌派的支持者,因此其立场自然引起他同尼西亚派的支持者之间的冲突。③

根据苏格拉底的叙述,瓦伦斯对尼西亚派的压制行为包括将尼西亚派支持者驱逐出城,命令大区长官在船上烧死就其所受虐待向他陈情的神职人员,处死尼西亚派信徒,派遣军队帮助阿里乌派接掌亚历山大里亚教会主教职务,并指令埃及总督驱赶亚历山大里亚及其周边所有尼西亚派信徒,还攻击、驱赶和杀害修道士。④ 苏格拉底作为支持正统派尼西亚派的史家⑤,自然不会吝于抨击他眼中的异端皇帝瓦伦斯,但与此同时,在叙述瓦伦斯与亚历山大里亚主教阿塔纳修斯与凯撒里亚主教瓦西里这两位尼西亚派重要领袖的关系时,苏格拉底也承认:"只要亚历山大里亚主教阿塔纳修斯在世,皇帝就会受上帝意愿所限制,避免扰乱亚历山大里亚和埃及;实际上,他非常清楚支持阿塔纳修斯的人非常多,由于这个原因,他小心翼翼,以免由于亚历山大里亚人这个急躁的民族被激起暴乱而令公共事务陷于危险。"而在经过与瓦西里的对话后,瓦伦斯释放了被关押的瓦西里。⑥ 从上述记载,不仅可以得出瓦伦斯并未采取持续针对尼西亚教会的进攻性策略,而是择机准备施加压力的结论。⑦ 而且可以看出,瓦伦斯的宗教政策要达成的目的与君士坦丁一世一样,是要达成教会内部的统一,而达成教会内部统一

---

① H. Chadwick, *The Church in Ancient Society: From Galilee to Gregory the Great*, p. 201. W. H. C. Frend, *The Rise of Christianity*, Philadelphia: Fortress Press, 1984, pp. 527 – 528.

② W. H. C. Frend, *The Rise of Christianity*, p. 528.

③ A. D. Lee, *From Rome to Byzantium AD 363 to 565: The Transformation of Ancient Rome*, p. 44.

④ Socrates, *The Ecclesiastical History of Socrates Scholasticus*, p. 97, pp. 99 – 100, p. 104, pp. 105 – 106, p. 109.

⑤ 董晓佳、刘榕榕:《试析苏克拉底斯及其〈教会史〉》,《世界历史》2013年第4期,第122页。

⑥ Socrates, *The Ecclesiastical History of Socrates Scholasticus*, p. 105, p. 111.

⑦ A. D. Lee, *From Rome to Byzantium AD 363 to 565: The Transformation of Ancient Rome*, p. 44.

的目的则是维持社会正常秩序，正如学者所言，瓦伦斯在使用强硬战术时是为了强制实现"和谐"。为了不激怒亚历山大里亚民众，他也可以允许阿塔纳修斯回到亚历山大里亚，他对尼西亚派的另一重要领袖瓦西里则不仅予以容忍，甚至还给以一定的支持，而他手下的重要官员之中，也不乏尼西亚派成员。[1] 近来的研究证明，教会史家对瓦伦斯"迫害"正统派的描述很大程度上是一种推测和想象，瓦伦斯真正做的是解除其所宣扬的观点有可能引起东部地区不稳的人的权力。有人认为，瓦伦斯之所以被视为正统派的"迫害者"是由于继任者塞奥多西一世是尼西亚信经的忠实追随者[2]，这种对比自然令支持尼西亚派的教会史家将恶名加诸瓦伦斯。也有学者认为，对瓦伦斯的名声而言不幸的是，他在去世前曾经对尼西亚派采取了一些强硬政策，在他生前就引起了尼西亚派的不满，而他随后在亚得里亚堡战役中的死亡则令他失去了逃脱"迫害者"恶名的希望。[3] 随着瓦伦斯的去世以及塞奥多西一世的继任，尼西亚派最终占据了上风，曾经受到康斯坦提乌斯二世与瓦伦斯支持的阿里乌派则从此在帝国境内日渐式微，多神教也在塞奥多西一世时代受到了进一步的打击。

　　除了宗教问题，瓦伦斯统治时期的拜占庭帝国先后面对内战与外患的威胁，瓦伦斯较为顺利地解决了帝国内部的僭位者发起的挑战，也曾一度尽力维持帝国的防御，但最终被越过多瑙河的哥特人所败，丧师殒命，留给塞奥多西一世的是一个陷于混乱的巴尔干半岛。

　　瓦伦斯继位后不久，365 年 9 月 28 日便爆发了普罗柯比之乱。根据当时史家记载，普罗柯比出身于西里西亚的贵族家庭，曾在康斯坦提乌斯二世时期担任军团将官和皇帝秘书（tribunus et notarius）[4]，是朱利安的亲戚。阿米亚努斯著作的"洛耶布古典丛书"译者认为，普罗柯比是朱利安的表兄弟，其母是朱利安之母的姐妹。当朱利安远征波斯时，命普罗柯比在塞巴斯提亚努斯的协助下指挥美索

① N. Lenski, *Failure of Empire: Valens and the Roman State in the Fourth Century A. D.*, p. 242, p. 217, pp. 254 – 255.

② I. Hughes, *Imperial Brothers: Valentinian, Valens and the Disaster at Adrianople*, p. 24, p. 23.

③ N. Lenski, *Failure of Empire: Valens and the Roman State in the Fourth Century A. D.*, p. 261.

④ 这是皇帝秘书副手的头衔。A. Berger, *Encyclopedic Dictionary of Roman Law*, Philadelphia: The American Philosophical Society, reprinted 1991, p. 599.

不达米亚的部队，并且谣传朱利安让他在得知远征军失利时迅速自立为帝。[1] 随着朱利安的意外死亡以及远征军已经拥立乔维安为帝的消息稍晚传来，普罗柯比接受了这一事实。此后，关于普罗柯比的行踪有不同的记载。根据阿米亚努斯记载，普罗柯比受命护送朱利安的遗体至塔尔苏斯的郊区，随后便销声匿迹了。乔维安为了消除隐患曾四处追捕普罗柯比，迫使后者如同野兽一般生活，忍饥挨饿并断绝了与人们的联系，直到他逃到卡尔西顿，在那里，他的一位忠诚友人斯特拉特吉乌斯（Strategius）收留了他。[2] 此后普罗柯比利用瓦伦斯忙于同哥特人战斗的时机，在君士坦丁堡说服两个军团发动叛乱，自立为帝。[3] 根据佐西莫斯记述，乔维安即位后，普罗柯比立即表示臣服，并请求辞去军职退隐田园，在乔维安同意了这些请求之后，普罗柯比前往其位于卡帕多西亚的凯撒里亚的田庄与妻儿生活。瓦伦提尼安与瓦伦斯成为皇帝后，立即派人拘捕他，于是普罗柯比辗转逃亡至君士坦丁堡，藏匿在旧友家中，并收买了守卫城市的两个军团，武装了大批奴隶，聚集了一支大军，自立为帝。[4] 马修斯认为阿米亚努斯的记载更值得信任[5]，莱斯基认为难以确认这两种记载何者更为可靠[6]，休斯认为可能相信佐西莫斯的记载更为明智。[7] 实际上，作为朱利安的亲戚，普罗柯比必然处于危险之中，因为后来的皇帝自然会认为他这个皇亲是皇位的竞争者。[8] 他可以宣布自己延续了君士坦丁王朝，而君士坦丁之名仍具有相当的分量。[9] 因此，无论是乔维安或瓦伦斯对普罗柯比存有怀疑甚至要置之于死地均不足为奇，对于每位皇帝个人而言，其核心任务就是保住自己的权位，对于可能威胁自己皇位的人或事，一般而言

---

[1] Ammianus Marcellinus, *Rerum Gestarum Libri Qui Supersunt*, vol. II, 26.6.1 – 2, pp. 597 – 599, p. 596, note. 2. 也有学者认为不能确认他与朱利安之间有确切的亲属关系。N. Lenski, *Failure of Empire: Valens and the Roman State in the Fourth Century A. D.*, p. 69. A. D. Lee, *From Rome to Byzantium AD 363 to 565: The Transformation of Ancient Rome*, p. 23.

[2] Ammianus Marcellinus, *Rerum Gestarum Libri Qui Supersunt*, vol. II, 25.9.12 – 13, p. 555, vol. II, 26.6.4 – 5, pp. 599 – 601.

[3] Ammianus Marcellinus, *Rerum Gestarum Libri Qui Supersunt*, vol. II, 26.6.10 – 18, pp. 603 – 611.

[4] Zosimus, *New History*, 4.4.3 – 4.6.3, pp. 72 – 73.

[5] J. Matthews, *The Roman Empire of Ammianus*, p. 191.

[6] N. Lenski, *Failure of Empire: Valens and the Roman State in the Fourth Century A. D.*, p. 71.

[7] I. Hughes, *Imperial Brothers: Valentinian, Valens and the Disaster at Adrianople*, p. 39.

[8] N. Lenski, *Failure of Empire: Valens and the Roman State in the Fourth Century A. D.*, p. 70.

[9] A. D. Lee, *From Rome to Byzantium AD 363 to 565: The Transformation of Ancient Rome*, p. 23.

不会轻易放过，身处嫌疑者的普罗柯比，不仅无以自明，甚至会被强加罪名，"匹夫无罪，怀璧其罪"，正此谓也。因此，普罗柯比之乱看似偶然，实则体现了皇权运行的普遍原则与皇帝制度的隐含逻辑。

普罗柯比起事后，首先逮捕了君士坦丁堡城中忠于瓦伦斯的重要官员并代之以自己的部下，加强君士坦丁堡的守卫并控制了色雷斯。他还关闭了君士坦丁堡的贸易港口，并在整个首都到处派出探子，从而有效地控制了博斯普鲁斯海峡，并阻碍瓦伦斯与其兄长之间的联系。随后，他派遣使节前往东部各个行省宣布他继承皇权。① 普罗柯比迅速控制了君士坦丁堡、色雷斯与安纳托利亚的西北部地区。② 他获得了一些地方辅助部队的支持③，还从多瑙河北岸的蛮族获得援兵。④ 但是，普罗柯比控制伊利里亚的企图未能实现，伊利里亚伯爵（comes per Illyricum）埃奎提乌斯拘捕并处死了普罗柯比的使节，并且在进入伊利里亚的三个隘口设防，从而阻止西部地区受到进一步入侵。这不仅阻止了普罗柯比进入帝国西部地区，而且向他关闭了可能的兵员来源地。当时，瓦伦提尼安正忙于对阿勒曼尼人作战，无暇东顾，加之帝国东、西部消息交流不畅，埃奎提乌斯只能暂缓处置，理由是普罗柯比是瓦伦斯的私敌，而入侵的阿勒曼尼人是整个罗马世界之敌，故而普罗柯比之乱留给瓦伦斯独自处理。⑤

当普罗柯比之乱发生前，瓦伦斯为准备与波斯的战争而离开了君士坦丁堡前往安条克，但是当他来到比提尼亚时，得知多瑙河畔的哥特人正准备进攻，于是下令增援即将面临入侵的部队，随后继续前进。365 年 7 月 21 日发生了大地震，震中是克里特岛，地震引发的海啸造成惨重损失，影响范围远至西西里岛、伯罗奔尼

---

① N. Lenski, *Failure of Empire: Valens and the Roman State in the Fourth Century A. D.*, p. 74.

② A. D. Lee, *From Rome to Byzantium AD 363 to 565: The Transformation of Ancient Rome*, p. 24.

③ Ammianus Marcellinus, *Rerum Gestarum Libri Qui Supersunt*, vol. II, 26. 8. 5, p. 627. N. Lenski, *Failure of Empire: Valens and the Roman State in the Fourth Century A. D.*, p. 75.

④ 关于蛮族援军的人数，阿米亚努斯给的数字是 3000 人，佐西莫斯给的数字是 1 万人。Ammianus Marcellinus, *Rerum Gestarum Libri Qui Supersunt*, vol. II, 26. 10. 3, p. 641. Zosimus, *New History*, 4. 7. 2, p. 73. Eunapius, fragments, 36, in R. C. Blockley, *The Fragmentary Classicising Historians of the Later Roman Empire, Eunapius, Olympiodorus, Priscus and Malchus*, II, p. 53. N. Lenski, *Failure of Empire: Valens and the Roman State in the Fourth Century A. D.*, p. 75. P. J. Heather, *Goths and Romans: 332 −489*, Oxford: Clarendon Press, 1991, p. 109.

⑤ N. Lenski, *Failure of Empire: Valens and the Roman State in the Fourth Century A. D.*, pp. 75 − 76.

撒半岛、伊庇鲁斯（Epirus）、阿凯亚（Achaea）、维奥蒂亚（Boeotia）、埃及。瓦伦斯此刻正在卡帕多西亚的凯撒里亚，他停止进军，指挥受灾地区的援救工作，直至10月初，瓦伦斯在凯撒里亚得知了叛乱的消息，于是回军平乱。① 瓦伦斯首先派遣两个军团保卫比提尼亚，并命令皇家卫队伯爵（comes domesticorum）塞内尼亚努斯（Serenianus）保卫西奇库斯（Cyzicus，今土耳其的埃尔代克）及其矿场，他本人则在安奇拉设立总部。但是普罗柯比招降了瓦伦斯派出的两个军团，夺取了尼西亚、尼科米底等地，迫使瓦伦斯在冬季出兵进攻普罗柯比。皇帝在卡尔西顿大败，于是返回安奇拉，普罗柯比则夺取了西奇库斯，控制了整个比提尼亚。② 365年年终之时，内战出现了转机，卢匹基努斯（Lupicinus）从东部大区率军与瓦伦斯会合，瓦伦斯派遣他与自己最好的将军阿林塞乌斯（Arintheus）发动进攻，阿林塞乌斯在达达斯塔纳（Dadastana）③说服敌军士兵抓住了主帅希佩里克乌斯（Hyperechius）。④ 与此同时，普罗柯比被他取得的一系列胜利所迷惑，以为实力强大而强硬对待不愿合作的贵族，犯下致命错误。他没收德高望重的退役将军阿尔比提奥（Arbitio）的财产⑤，迫使阿尔比提奥投奔了瓦伦斯。⑥ 随着增援部队到达，瓦伦斯于366年率军离开安奇拉，进入弗里基亚（Phrygia），并向吕底亚（Lydia）进发，准备进攻普罗柯比。普罗柯比仓促率军迎击，大约在366年4月初，瓦伦斯在特亚提拉（Thyatira，今土耳其的阿克希萨尔附近）与叛军交战。这支叛军由高莫亚里乌斯（Gomoarius）与荷尔米达斯（Hormidas）指挥，阿尔比提奥说服高莫亚里乌斯临阵倒戈支持瓦伦斯，从而大败普罗柯比的军队。⑦ 瓦伦斯在攻

① I. Hughes, *Imperial Brothers: Valentinian, Valens and the Disaster at Adrianople*, pp. 36 – 38, p. 43.

② Ammianus Marcellinus, *Rerum Gestarum Libri Qui Supersunt*, vol. II, 26. 7. 13 – 26. 8. 3, 26. 8. 7 – 11, pp. 619 – 625, pp. 627 – 631.

③ 位于安奇拉与尼西亚之间，皇帝乔维安死于此地。

④ Ammianus Marcellinus, *Rerum Gestarum Libri Qui Supersunt*, vol. II, 26. 8. 4 – 5, pp. 625 – 627.

⑤ 他在君士坦丁一世与康斯坦提乌斯二世时期，逐渐由普通士兵上升至将军（dux）、骑兵长官（magister equitum），曾任355年执政官。A. H. M. Jones, J. R. Martindale and J. Morris, *The Prosopography of the Later Roman Empire, vol. I: A. D. 260 –395*, pp. 94 – 95.

⑥ N. Lenski, *Failure of Empire: Valens and the Roman State in the Fourth Century A. D.*, p. 79. I. Hughes, *Imperial Brothers: Valentinian, Valens and the Disaster at Adrianople*, pp. 36 – 38, p. 45.

⑦ Ammianus Marcellinus, *Rerum Gestarum Libri Qui Supersunt*, vol. II, 26. 8. 1 – 6, pp. 633 – 637. Zosimus, *New History*, 4. 7. 3 – 4. 8. 2, pp. 73 – 74. Noel Lenski, *Failure of Empire: Valens and the Roman State in the Fourth Century A. D.*, pp. 79 – 80. Ian Hughes, *Imperial Brothers: Valentinian, Valens and the Disaster at Adrianople*, pp. 45 – 47.

占撒尔迪斯(Sardis,今土耳其的萨尔特)后,在纳科莱亚(Nacoleia)与普罗柯比本人及其步兵长官阿格罗(Agilo,今土耳其的塞伊特加济)所率军队相遇。两军阵前,阿格罗向瓦伦斯投诚,普罗柯比逃入附近的树林,于 5 月 27 日被其部下弗洛伦提乌斯(Florentius)与巴尔卡尔巴(Barchalba)俘虏献给瓦伦斯,三人均被处决。普罗柯比的首级被送往仍忠于他的城市劝降,并最终被送给高卢的瓦伦提尼安,此后埃奎提乌斯设法抓住了仍在卡尔西顿继续战斗的普罗柯比的亲戚马塞卢斯(Marcellus)并将之处决,普罗柯比之乱至此告终。莱斯基认为,普罗柯比征收小亚细亚的富有贵族的财产导致了他的失败。① 如果从全局来看,普罗柯比起兵之初未能控制伊利里亚就已经注定了他的失败,因为当地一直为帝国军队提供优秀士兵②,是晚期罗马帝国传统的兵员来源地。③ 普罗柯比未能控制该地,就不得不以金钱收买各地驻军和蛮族援军,而正是为了保证拥有足够的金钱收买支持,他才不断没收贵族的财产。

在瓦伦斯统治时期,帝国东部防线所受到的主要威胁来自萨珊波斯人与阿拉伯人。雄踞西亚与中亚地区的帕提亚帝国(Parthian Empire)及其后继者萨珊波斯(Sasanian Persia)长期以来与罗马人为敌,不断入侵拜占庭帝国。364 年,乔维安与萨珊波斯帝国签订的和约并未能保证长久的和平,终瓦伦斯一朝,与波斯之间不断出现各种冲突。瓦伦斯即位后最初的军事行动就是防止萨珊波斯的统治者沙普尔二世的攻击,为此在 365 年夏从君士坦丁堡前往安条克。只是由于其他事务的牵扯,他未能到达安条克,直至 370 年才能实现其最初的计划并将其注意力集中到东部防线。④ 交战期间,沙普尔二世进攻波斯与拜占庭帝国之间亲拜占庭的缓冲国亚美尼亚(Armenia)和伊庇利亚(Iberia)⑤,设立服从波斯的傀儡国王。⑥ 拜占庭帝国高官、多神教徒哲学家、元老泰米斯蒂乌斯则在 368 年的一篇演

① N. Lenski, *Failure of Empire: Valens and the Roman State in the Fourth Century A. D.*, pp. 81 – 82, p. 84.

② J. Lindsay, *Byzantium into Europe*, p. 18.

③ [英]佩里·安德森:《从古代到封建主义的过渡》,第 78—79 页。

④ N. Lenski, *Failure of Empire: Valens and the Roman State in the Fourth Century A. D.*, p. 167.

⑤ 现代的格鲁吉亚(Georgia)。

⑥ T. Dadyaee, *Sasanian Persia: The Rise and Fall of an Empire*, London · New York: I. B. Tauris, 2013, p. 19.

说中呼吁瓦伦斯收复被萨珊波斯占据的美索不达米亚。① 370年,为与波斯争夺亚美尼亚,瓦伦斯派遣军事伯爵(comes rei militaris)特拉亚努斯(Traianus)与瓦都马里乌斯(Vadomarius)率军进入亚美尼亚,准备与波斯作战。② 据佐西莫斯的记载,瓦伦斯在到达安条克后,春天出击,冬天回到安条克。③ 371年,沙普尔二世大举进攻亚美尼亚失败,随后拜占庭与波斯双方订立了"371年和约",这一和约保证了拜占庭与波斯之间持续七年的和平。由于双方分割了亚美尼亚,因此关于亚美尼亚的争执并未停止,关系也日益恶化,至378年春已经接近爆发战争的边缘。④

　　总体而言,从370年至377年,瓦伦斯在处理与波斯的关系中居于上风。⑤ 在与波斯对峙的同时,阿拉伯人于4世纪后期已经成为拜占庭帝国东部边疆的一支重要力量,瓦伦斯统治后期的马维亚(Mavia)之乱正体现了这一点。⑥ 这场乱事大约发生于376年或377年⑦,当时帝国的阿拉伯同盟者部落塔努基德斯人(Tanukhids)的首领突然去世,其遗孀马维亚打破与帝国的协议,起兵劫掠巴勒斯坦、腓尼基与埃及,在取得了一系列胜利后,她与帝国达成和议。一位出身于阿拉伯人的修道士摩西(Moses)被立为主教,以便帮助马维亚部下的阿拉伯人皈依基督教,同时马维亚的女儿嫁给帝国的将军维克托(Victor)。⑧ 无论导致这场马维

① G. Greatrex and S. N. C. Lieu edited, *The Roman Eastern Frontier and the Persian Wars, Part II AD 363 -630: A Narrative Sourcebook*, London and New York: Routledge, 2002, p. 13.

② I. Hughes, *Imperial Brothers: Valentinian, Valens and the Disaster at Adrianople*, p. 98.

③ Zosimus, *New History*, 4. 13. 2, p. 76.

④ A. Cameron and Peter Garnsey edited, *The Cambridge Ancient History*, vol. XIII, *The Late Empire, A. D. 337 -425*, Cambridge: Cambridge University Press, 1998, pp. 92 - 94. B. Dignas and E. Winter, *Rome and Persia in Late Antiquity: Neighbours and Rivals*, Cambridge: Cambridge University Press, 2007, p. 34. I. Hughes, *Imperial Brothers: Valentinian, Valens and the Disaster at Adrianople*, pp. 102 - 106.

⑤ A. D. Lee, *From Rome to Byzantium AD 363 to 565: The Transformation of Ancient Rome*, p. 30.

⑥ G. Greatrex and S. N. C. Lieu edited, *The Roman Eastern Frontier and the Persian Wars, Part II AD 363 -630: A Narrative Sourcebook*, p. 14.

⑦ 376年说法见 G. Greatrex and S. N. C. Lieu edited, *The Roman Eastern Frontier and the Persian Wars, Part II AD 363 -630: A Narrative Sourcebook*, p. 14。377年说法见 I. Hughes, *Imperial Brothers: Valentinian, Valens and the Disaster at Adrianople*, p. 162。

⑧ A. Cameron and Peter Garnsey edited, *The Cambridge Ancient History*, vol. XIII, *The Late Empire, A. D. 337 -425*, p. 447.

亚起兵的原因如何①，这场乱事一方面对帝国东部行省造成了相当大的损害，另一方面则预示着帝国将无力处理未来与阿拉伯部落的关系。② 即使如此，阿拉伯人也不是导致瓦伦斯统治结束于混乱之中的罪魁祸首。

　　最终导致瓦伦斯身丧于乱军之中、名裂于千秋之后的是哥特人。瓦伦斯即位之初，就与哥特人发生了冲突，当他还在前往叙利亚准备与波斯人战争的途中，得到哥特人部落正准备入侵色雷斯的报告，于是下令向预计会遭受入侵的地点派遣骑兵与步兵部队增援。③ 虽然这一入侵后来并未发生，但是在随后爆发的普罗柯比之乱中，属于哥特人的部落或部落联盟特文吉人（Tervingi）曾经为普罗柯比提供援兵。瓦伦斯拘捕了那些帮助普罗柯比的哥特人，并遣使要求哥特人对此进行解释。特文吉人的首领阿塔纳里克（Athanaric）则要求归还这些被扣留的哥特人，瓦伦斯拒绝了阿塔纳里克的要求，并将这些被俘的特文吉人分配在色雷斯的各个城市军中作为守卫，并准备对特文吉人发动全面战争。他于 367 年至 369 年间进攻特文吉人，却并未获得决定性胜利。④ 367 年夏，瓦伦斯越过多瑙河蹂躏特文吉人的土地，但未能与其主力决战，因为哥特人避开了他的进攻。368 年，大雨与洪水阻碍了军队的行动，瓦伦斯大部分时间驻军于多瑙河附近，没有进行大规模军事行动，但是他在这一年修复或新建了一些要塞堡垒。369 年，瓦伦斯率军渡河后，深入特文吉人的土地，在战场上击败了阿塔纳里克，但是并未追击败走的敌人而是回到了帝国境内。⑤ 希瑟指出，特文吉人虽然不能击败瓦伦斯的进攻，但的确避免了自己的彻底失败。瓦伦斯取得了一些成功，新建的多瑙河畔堡垒有助于增强帝国的防御，而瓦伦斯切断与特文吉人的贸易则迫使阿塔纳里克求和。369年夏，在受到瓦伦斯信任的两名将军维克托和阿林塞乌斯的安排下，瓦伦斯与阿塔纳里克在多瑙河主河道小船上会面缔约，和约条款包括特文吉人提交人质，皇

---

① 关于原因的分析见 I. Hughes, *Imperial Brothers: Valentinian, Valens and the Disaster at Adrianople*, pp. 162 – 163。

② G. Greatrex and S. N. C. Lieu edited, *The Roman Eastern Frontier and the Persian Wars, Part II AD 363 – 630: A Narrative Sourcebook*, p. 15。

③ Ammianus Marcellinus, *Rerum Gestarum Libri Qui Supersunt*, vol. II, 26. 6. 11, pp. 603 – 605。

④ N. Lenski, *Failure of Empire: Valens and the Roman State in the Fourth Century A. D.*, pp. 116 – 117。

⑤ M. Kulikowski, *Rome's Gothic Wars: From the Third Century to Alaric*, Cambridge: Cambridge University Press, 2008, pp. 115 – 116。

帝停止向哥特人支付津贴,重开贸易(虽然只开放两座城市作为贸易口岸)。此外,369 年条约也免除了哥特人的年贡,解除了哥特人对帝国的军事义务,同时瓦伦斯可能也同意不再充当多瑙河以北的基督徒的保护人。① 因此,369 年条约是双方均可宣布自己获得胜利的条约。② 该条约也是瓦伦斯在面对其他方向压力时的一种妥协③,因为当时在东部与波斯的关系正处于紧张时刻④,亚美尼亚问题需要瓦伦斯给予更多关注。⑤ 这一条约的确暂时稳定了多瑙河下游地区的形势,直至 376 年由匈人入侵引起的冲突破坏了这一局面为止,而瓦伦斯对边防的注意力大多集中在与波斯争夺亚美尼亚之上。

在 369 年条约之后,弗里蒂格恩(Fritigern)起而反对阿塔纳里克,从而导致哥特人陷入分裂并因此被削弱,而新近来自中亚的匈人则在弗雷提格统领下攻击哥特人,从而开始了哥特人碎片化的过程。他们在征服了顿河(the Don)流域的阿兰人(Alans)之后,迫使阿兰人成为匈人的盟友,随后双方联军进攻哥特人。⑥ 他们首先进攻的是哥特人中的格鲁塞基人(Greuthungi),其首领埃尔玛纳里克(Ermanaric)被迫自杀,继任者维提米尔(Vithimir)战死。维提米尔的幼子维德里克(Videric)继位,但大权掌握于两名将军阿拉塞乌斯(Alatheus)与萨弗拉克斯(Saphrax)手中,他们带领格鲁塞基人向德涅斯特河(the Dniester)以西逃亡,引起特文吉人的首领阿塔纳里克的注意。阿塔纳里克旋即进军至德涅斯特河沿岸,但被匈人击败。虽然阿塔纳里克试图继续抵抗,但大势已去,大部分特文吉人脱离阿塔纳里克而寻求拜占庭帝国的保护。⑦ 在匈人和之前开始的内战的影响下,特文吉人国家陷于崩溃。⑧ 376 年,大部分特文吉人在阿拉维乌斯(Alavivus)和弗里

---

① P. Heather, *The Goths*, Oxford: Blackwell Publishers, 1996, p. 62, p. 62.

② M. Kulikowski, *Rome's Gothic Wars: From the Third Century to Alaric*, pp. 116 – 117, p. 117.

③ P. J. Heather, *Goths and Romans: 332 – 489*, p. 119.

④ N. Lenski, *Failure of Empire: Valens and the Roman State in the Fourth Century A. D.*, p. 133.

⑤ A. D. Lee, *From Rome to Byzantium AD 363 to 565: The Transformation of Ancient Rome*, p. 32.

⑥ N. Lenski, *Failure of Empire: Valens and the Roman State in the Fourth Century A. D.*, p. 321. M. Kulikowski, *Rome's Gothic Wars: From the Third Century to Alaric*, p. 126.

⑦ M. Kulikowski, *Rome's Gothic Wars: From the Third Century to Alaric*, pp. 126 – 127.

⑧ I. Hughes, *Imperial Brothers: Valentinian, Valens and the Disaster at Adrianople*, p. 150.

蒂格恩的率领下来到多瑙河北岸,据说人数达 20 万,其中可能有上万名善战的武士。① 根据阿米亚努斯的记载,他们向瓦伦斯派遣使节,谦卑地乞求皇帝接纳他们,许诺他们不仅在边塞平静生活,而且当情况需要时也会向帝国提供辅助部队。② 据说,当瓦伦斯确认这个消息后,其喜悦胜过恐惧,老到的谄媚者们赞美好运为皇帝从大地的尽头带来了如此众多的年轻士兵,由此他将拥有一支不可征服的军队,而这也可以节省大量金钱,每年将节省从各行省招募士兵所需的花费。在皇帝允许之下,哥特人穿越多瑙河进入色雷斯,各地官员受命接收哥特人,然而谁知道他们将为帝国带来巨大灾难。③ 多神教史家阿米亚努斯深知亚得里亚堡战役结局的后果,他显然认为瓦伦斯的决定对帝国造成了毁灭性影响。5 世纪教会史家苏格拉底的叙述与阿米亚努斯相近,他认为,"皇帝相信自己在这件事上特别幸运,因为他认为在未来他将拥有一支心甘情愿和装备良好的军队攻击所有敌人,并希望蛮族将成为比罗马人本身更为强大的帝国边防守卫者。由于这个原因,他在后来忽视了从罗马人中招募军队,轻视那些在以前的战争中勇敢地击溃并打垮其敌人的老兵……这种改变是罗马帝国接下来许多灾难的起源。"④但是,正如现代学者所言,从当时的环境看,瓦伦斯的决定是可以理解的,因为瓦伦斯在其统治时期一直使用奴隶弥补朱利安远征所造成的兵力损失,而当哥特人聚集于多瑙河北岸时,瓦伦斯正在东部前线,并不了解正在寻求避难的哥特人的巨大数量。⑤ 同时,瓦伦斯当时正在集中精力准备与波斯的全面战争,新入编的哥特人正好可以满足这场战争所需的兵力。⑥ 也正是由于瓦伦斯忙于准备与波斯作战,因此帝国在 376 年缺乏足够的军队掌控多瑙河地区的形势。⑦

　　哥特人进入色雷斯地区铺平了他们通向亚得里亚堡战役之路。冲突的直接原因在于渡河的哥特人受到拜占庭官吏的虐待。瓦伦斯在允许哥特人越过多瑙

---

① P. Heather, *The Fall of the Roman Empire: A New History of Rome and the Barbarians*, Oxford: Oxford University Press, 2006, p. 145.

② Ammianus Marcellinus, *Rerum Gestarum Libri Qui Supersunt*, vol. III, 31. 4. 1, p. 401.

③ Ammianus Marcellinus, *Rerum Gestarum Libri Qui Supersunt*, vol. III, 31. 4. 4 – 5, p. 403.

④ Socrates, *The Ecclesiastical History of Socrates Scholasticus*, p. 116.

⑤ A. D. Lee, *From Rome to Byzantium AD 363 to 565: The Transformation of Ancient Rome*, pp. 33 – 34.

⑥ M. Kulikowski, *Rome's Gothic Wars: From the Third Century to Alaric*, p. 129.

⑦ P. Heather, *The Fall of the Roman Empire: A New History of Rome and the Barbarians*, p. 161.

河时,命令帝国官员给予哥特人所需的食物和将用于耕种的土地①,但是各地官员阳奉阴违,将军们把应当分配给哥特人的食物出售获利,哥特人被迫卖儿鬻女换取狗肉为食,令哥特人的不满日益增加。当地罗马指挥官企图谋杀哥特人领袖的行动则令这种不满爆发为全面起义,导致哥特人于 377 年发动暴动。② 正如学者所指出的,忍无可忍的受压迫者以暴动反抗罗马官吏和士兵对哥特人的剥削。③ 阿拉维乌斯是率领特文吉人进入色雷斯的首领之一,可能在军事伯爵卢匹基努斯所设的"鸿门宴"中被杀或被捕,另一位首领弗里蒂格恩则成功脱身并公开反叛,他得到所有越过多瑙河的哥特人的响应,卢匹基努斯在追击弗里蒂格恩时被击败,而色雷斯军队中的哥特人部队也迅速响应弗里蒂格恩起义的号召。

　　瓦伦斯得知哥特人暴动后,一方面与波斯议和,一方面派遣将军普罗弗图鲁斯(Profuturus)与特拉亚努斯前往色雷斯控制局面,成功地将弗里蒂格恩所率领的哥特人限制在色雷斯地区。瓦伦斯随后于 378 年春赶回君士坦丁堡准备亲自平乱,并且将他的大部分主力部队带回到巴尔干半岛。④ 据教会史家苏格拉底的说法,当瓦伦斯回到君士坦丁堡后,他"发现民众处于一种灰心丧气的精神状态。因为蛮族大肆破坏色雷斯,现在正蹂躏君士坦丁堡郊区,那里没有能抵抗他们的充足军力。当他们抵达京都近郊,甚至来到城墙之下时,人们惊恐万分,开始低声抱怨皇帝,谴责他把敌人引到了这里,在那里拖延不进,而不是立刻出兵攻打蛮族。此外,在竞技场(Hippodrome)的体育比赛上,人们众口一词地大声攻击皇帝忽视公共事务,以狂热的叫骂声喊道:'给我们武器,我们自己会战斗。'皇帝迫于这种煽动性喧嚷,于 6 月 11 日离城出征。"⑤根据阿米亚努斯的记载,瓦伦斯出征是为了不让西部皇帝格拉先分享战胜哥特人的荣誉,这荣誉似乎唾手可得。⑥

① Ammianus Marcellinus, *Rerum Gestarum Libri Qui Supersunt*,vol. III, 31.4.8, p.105.
② A. D. Lee, *From Rome to Byzantium AD 363 to 565: The Transformation of Ancient Rome*, p.34.
③ [美]拉姆塞·麦克莫兰著,吕厚量译:《腐败与罗马帝国的衰落》,北京:中国方正出版社 2015 年版,第 406 页。
④ M. Kulikowski, *Rome's Gothic Wars: From the Third Century to Alaric*, pp.132–135, pp.137–139. P. Heather, *The Fall of the Roman Empire: A New History of Rome and the Barbarians*, pp.176–178.
⑤ Socrates, *The Ecclesiastical History of Socrates Scholasticus*, p.117.
⑥ Ammianus Marcellinus, *Rerum Gestarum Libri Qui Supersunt*, vol. III, 31.12.7, p.465.

　　瓦伦斯率领三四万野战部队全速赶往亚得里亚堡①,因为弗里蒂格恩及其军队正逼近亚得里亚堡。弗里蒂格恩可能在 378 年 8 月 8 日派遣一名基督教长老与一些行省居民向瓦伦斯提出议和条款,但是被皇帝拒绝。次日,皇帝在亚得里亚堡战役双方均未完全准备好的情况下发动攻击,企图抢在前来援助弗里蒂格恩的阿拉塞乌斯与萨弗拉克斯所率领的格鲁塞基人到达前取得胜利。但是,开战前瓦伦斯又对立即开战举棋不定了。瓦伦斯将骑兵部队部署在两翼,步兵部队置于中军,部署在右翼的两支宫廷卫队(scholae palatinae)率先接敌,他们的行动扰乱了帝国军队的战线,而联合阿兰人突然出现的阿拉塞乌斯与萨弗拉克斯及其部下加剧了局面的混乱,帝国军队的左翼由于向哥特人战线推进过快而被切断,在重围中遭到屠杀。随后中央步兵部队阵营的左翼暴露在哥特人的攻击之下,到 8 月 9 日下午,步兵部队的战线崩溃,皇帝卫队和宫廷近卫军基本上全军覆没,将军们力图重组战线的努力在大军溃败面前无济于事,将军维克托、里科梅雷斯(Ricomeres)与萨图尔尼努斯(Saturninus)逃离战场。直至夜幕降临,战场的杀戮方才停止。②

　　关于瓦伦斯最终的结局,说法不一。阿米亚努斯提供了两种说法,一是身中致命箭伤,死于普通士兵之中;一是藏于农舍之中,被蛮族烧死。③ 苏格拉底也提供了两种说法,一种说法与阿米亚努斯相同,称瓦伦斯在退守的村庄中被烧死;另一种说法则称瓦伦斯脱下皇帝战袍躲进步兵部队,当步兵全军覆没时,皇帝也死于其中,因为未着皇袍,因此无法辨认。④ 总之,人们一直没有找到其遗体。随同瓦伦斯一同丧生的包括将领特拉亚努斯与塞巴斯提亚努斯,还有 35 名军团将官(tribunus)以及其他一些高级将领,全军只有三分之一的士兵逃生。⑤

----

① 关于真正在亚得里亚堡战役中参战的帝国士兵人数有争议,一般认为有 2 万人参战,希瑟认为瓦伦斯带入巴尔干半岛的部队大约 1.5 万人。P. Heather, *The Fall of the Roman Empire: A New History of Rome and the Barbarians*, p. 181. 休斯推测是 1.5 万至 2 万人之间。I. Hughes, *Imperial Brothers: Valentinian, Valens and the Disaster at Adrianople*, p. 195.

② M. Kulikowski, *Rome's Gothic Wars: From the Third Century to Alaric*, pp. 140 – 142.

③ Ammianus Marcellinus, *Rerum Gestarum Libri Qui Supersunt*, vol. III, 31. 13. 12 – 16, pp. 479 – 481.

④ Socrates, *The Ecclesiastical History of Socrates Scholasticus*, p. 117.

⑤ Ammianus Marcellinus, *Rerum Gestarum Libri Qui Supersunt*, vol. III, 31. 13. 12, p. 479, vol. III, 31. 13. 18, pp. 481 – 483.

虽然亚得里亚堡战役如同布匿战争中的坎尼(Cannae)战役一样,并未导致罗马国家的终结①,但是亚得里亚堡之役的影响不应被低估,因为皇帝阵亡于色雷斯地区的战场,而这里构成了都城君士坦丁堡的腹地和第一道防线。同时,帝国东部野战部队主力在是役中损失惨重,尤其是损失了大量富有经验的中高级将领。实际上,如何解释这场惨败很快成为人们所关注的问题。多神教徒将惨败归咎于君士坦丁一世皈依基督教导致罗马失去了诸神的保护,尼西亚派基督徒则将战败归咎于瓦伦斯的异端信仰。② 而就战役的直接后果看,除了色雷斯,哥特人也深入巴尔干半岛其他一些地区③,378年战役后,随着大量哥特人定居于帝国境内,哥特人成为帝国政治生活中一种持久而重要的因素,他们甚至一度跻身帝国政治军事中心地位。④

从364年3月28日在君士坦丁堡加冕至378年8月9日战死在亚得里亚堡,瓦伦斯共在位14年有余。与后世一些出身于"紫色寝宫"、自幼受到良好教育的拜占庭皇帝相比,据说瓦伦斯"既未曾在战争艺术上也没有在文学上受过训练",即位之前,他也没有积极参与军政事务的记录,可以说是时势与血缘将他推上了皇帝的地位。根据阿米亚努斯的评价,瓦伦斯严厉惩罚具有野心图谋的人,在军队与公共生活中严明纪律,公正地管理行省,关注减轻赋税负担,严厉打击官员的腐败行为,在众多城市中重建或新建了众多建筑。但是,他无度地追求财富,不能忍受辛劳,时刻准备通过他人的苦难赢得收益,他也不能容忍在他看来对皇帝尊严的轻蔑,而且表面上是将这些争议提交给法律处理,但是却使用特别选择的法官根据自己的喜怒无常处理相关案件。他性格急躁,利用告密者治国而不区分真伪,这些告密者甚至将被诬告者私人生活汇报给皇帝。⑤ 阿米亚努斯所描绘的瓦伦斯是一个在意料之外骤登大位、因此总是心怀忐忑之人的画像,这与实际情况

---

① A. D. Lee, *From Rome to Byzantium AD 363 to 565: The Transformation of Ancient Rome*, p. 36.

② M. Kulikowski, *Rome's Gothic Wars: From the Third Century to Alaric*, p. 144.

③ P. Heather, *The Fall of the Roman Empire: A New History of Rome and the Barbarians*, pp. 183 - 184.

④ M. Kulikowski, *Rome's Gothic Wars: From the Third Century to Alaric*, p. 145.

⑤ Ammianus Marcellinus, *Rerum Gestarum Libri Qui Supersunt*, vol. III, 31. 14. 5, p. 485, vol. III, 31. 14. 1 - 6, pp. pp. 483 - 487.

可能相差并不是很远。实际上,瓦伦斯才具中等,资质平庸,从其加冕至亚得里亚堡之役期间的表现来看,他始终缺乏自信。譬如在其即位后不久的普罗柯比之乱中,当他刚刚得知普罗柯比起兵后,"极度焦虑"[1],"极为恐惧并完全惊惶失措"[2],甚至一度想要退位自杀。[3] 又如在巫术预判皇帝案中,正是由于瓦伦斯本人缺乏自信、疑心过重,才导致受审者和告密者胡乱攀扯,牵连无辜,酿成大案。而在亚得里亚堡战役前急于同哥特人决战的原因,也是出于独占胜利果实的私心。之所以如此,一方面在于他志大才疏、好大喜功,另一方面也在于他需要以胜利证明自己。他的确采取措施打击过腐败官员[4],但帝国制度性的腐败难于根除,皇帝反腐徒劳无功。有学者将腐败视为西罗马帝国衰落的重要原因之一。但是问题在于,4 世纪乃至 5 世纪帝国东部地区的腐败并不亚于西部地区,最终东部地区发展成为拜占庭帝国,继续生存了千年之久。回顾历史,共和国后期朱古达战争中所体现的罗马的腐败最终也并未影响罗马对整个地中海世界的统治。无论是否将腐败视为兴衰的决定性因素,帝国东、西两部不同的发展都是需要得到解释的问题。另外,罗马帝国公职权力私家化的原因如果是成为公职人员者的伦理观念发生了变化的话,那么随着罗马帝国由早期的元首制(principate)向 3 世纪后期的皇帝君主制(Dominate)专制转化,皇帝权力日增是决定性因素。晚期罗马帝国的腐败远较早期帝国严重,诚如麦克莫兰认为的那样,3 世纪中期后公职权力私家化的趋势迅速发展,是最重要的原因。[5] 瓦伦斯如同其前辈皇帝们一样,的确修建了各种公共工程,包括将色雷斯地区的水源引入君士坦丁堡的引水渠在内的各种公共建筑。[6] 作为一名缺乏自信的皇帝,他尽力使自己符合完美

---

① Socrates, *The Ecclesiastical History of Socrates Scholasticus*, p. 97.

② Zosimus, *New History*, 4. 7. 3, p. 73.

③ Ammianus Marcellinus, *Rerum Gestarum Libri Qui Supersunt*, vol. II, 26. 7. 13, p. 619. N. Lenski, *Failure of Empire: Valens and the Roman State in the Fourth Century A. D.*, p. 77.

④ N. Lenski, *Failure of Empire: Valens and the Roman State in the Fourth Century A. D.*, pp. 272 – 274.

⑤ [美]拉姆塞·麦克莫兰:《腐败与罗马帝国的衰落》,第 321—322、369—370 页。随着皇帝日益集权而腐败也有大发展并成为不治之症确实是一个更令人感兴趣的问题。

⑥ J. Crow, "Water and Late Antique Constantinople", in Lucy Grig and Gavin Kelly, *Two Romes: Rome and Constantinople in Late Antiquity*, Oxford: Oxford University Press, 2012, p. 118.

皇帝的形象,并不断强调自己统治的合法性。[1] 瓦伦斯在亚得里亚堡战役中所犯的错误是这种心态的一种自然反映,他所追求的完美皇帝的形象在战场之上终于彻底崩塌,对胜利的渴求以及用胜利来增强其统治合法性的渴求最终导致瓦伦斯阵脚大乱、兵败身死而为天下耻笑的结局,留给后人的则是亟待收拾的乱局。

---

[1] N. Lenski, *Failure of Empire: Valens and the Roman State in the Fourth Century A. D.*, pp. 84 - 97.

第三章

塞奥多西王朝

(379—457 年)

　　塞奥多西王朝是拜占庭帝国第二个正统王朝,统治时间 78 年,四位皇帝分属于三代人。该王朝的创立者为塞奥多西一世(Theodosius I,379—395 年),他登基之前的 18 年,帝国经历了瓦伦提尼安诸帝的短暂统治。该王朝的其他皇帝包括阿卡狄乌斯(Arcadius,395—408 年在位)、塞奥多西二世(Theodosius II,408—450 年在位)、马西安(Marcian,450—457 年在位)。

　　塞奥多西一世的父亲是弗拉维乌斯·塞奥多西(Flavius Thedosius),也被后人称为老塞奥多西,以便区别于他这个同名的儿子。老塞奥多西可能是帝国驻西班牙的军事贵族,曾在君士坦丁王朝时期任军队将领。塞奥多西一世自早年便从军作战,二十七八岁时升任帝国东部巴尔干半岛东北部第一莫埃西亚行省将军。但是大约一年后,受老塞奥多西获罪被皇帝瓦伦提尼安一世处决于迦太基事件的牵连，塞奥多西一世被罢免军职，回到老家西班牙的田园隐居。然而，他隐退不到三年便被重新起用，于 378 年受命担任东部军队司令，紧急前往巴尔干半岛挽救瓦伦斯阵亡于亚得里亚堡之役后的乱局，并于 379 年初被部下拥立为皇帝。

　　塞奥多西一世在位 16 年，登基前便娶了西班牙大贵族之女埃利亚·弗拉维亚·弗拉西拉（Aelia Flavia Flaccilla）为妻，他们生下了长女帕尔切里亚（Pulcheria）、长子阿卡狄乌斯（Arcadius，395—408 年在位）和次子霍诺留（Honorius）。后来，塞奥多西一世还与伽拉（Galla）结婚，他们只生下了一个女儿普拉西迪亚（Galla Placidia）。塞奥多西一世临终前将帝国一分为二，分别由两个儿子统治，阿卡狄乌斯为东部皇帝，霍诺留为西部皇帝，后世很多史家将这一年视为东西罗马帝国分离的标志性年代。这一观点难以成立，因为此后的帝国仍保持统一，最高的皇帝仍在东部的"新罗马"继续行使其对西部的权力。阿卡狄乌斯 5 岁时便被父亲立为共治皇帝，父亲去世后，他在位 13 年，一直深居君士坦丁堡皇宫里。他与法兰克人将军巴托之女、皇后尤多西娅结婚后生养了五个子女，分别是四个女儿弗拉西拉（Flacilla）、帕尔切里亚（Pulcheria）、阿尔卡迪娅（Arcadia）、玛丽娜（Marina）和唯一的儿子塞奥多西二世（Theodosius II）。大姐弗拉西拉去世得早，二姐帕尔切里亚便发挥了皇家主宰的作用，不仅两个妹妹阿尔卡迪娅和玛丽娜唯她马首是瞻，而且姊妹兄弟排行第四的塞奥多西二世也非常听话，甚至其作为皇帝长期在位期间（408—450 年在位）的帝国军政大事也多交由姐妹们管理。帕尔切里亚在王朝统治的地位稳固，影响非常久远，以至于她的弟弟去世后，她决定由她代表她们几个未婚的姐妹任命 58 岁的朝廷老臣马西安（Marcian，450—457 年在位）为自己的丈夫和新皇帝，因为他们年龄相仿，且后者忠诚老练。但这一安排注定了塞奥多西王朝的断绝，因为塞奥多西二世的妻子、雅典哲学家之女雅典娜（Athenais），即皈依基督教后改名的尤多奇亚（Eudocia），并未能为王朝生养男性子嗣，他们的两个女儿中，小女儿弗拉西拉（Flacilla）早亡，大女儿欧多西娅（Eudoxia）远嫁帝国西部皇帝瓦伦提尼安三世（Valentinian III，425—455 年在位），后者是她爸爸的异母堂兄，换言之，她嫁给了她的堂叔。瓦伦提尼安三世是塞奥多西一世与伽拉之女普拉西迪亚的儿子，普拉西迪亚应父母安排与帝国西部将军、霍诺留的共治皇帝康斯坦提乌斯三世(Constantius III)结婚,按辈分他们所生的儿子瓦伦提尼安三世自然属于塞奥多西二世的堂弟。

　　塞奥多西王朝统治时间比君士坦丁王朝长一倍以上。与前朝相比,该王朝扩大了皇室与其他大贵族特别是军事贵族的联系,但是总体上看,它基本上沿袭前朝旧制,保持了君士坦丁大帝确定的基本国策,特别是在帝国基督教化方面更进了一步,在立法中明确其排他性的国教地位。这样,自君士坦丁大帝立国后的一个多世纪里,拜占庭帝国沿着其既定的方向和道路继续前进,与西罗马帝国渐行渐远,分道扬镳,为形成一个欧洲地中海世界历史最为悠久的皇帝专制帝国打下了坚实的基础,塞奥多西王朝在这个进程中发挥了极为重要的作用。

第一节

塞奥多西一世(Theodosius I)

379—395 年在位

　　塞奥多西一世(Theodosius I,Θεοδόσιος Α′,生于 346 年,卒于 395 年 1 月 17 日,享年 49 岁)是塞奥多西王朝的第一位皇帝,也是该王朝的创立者,379 年 1 月 19 日至 395 年 1 月 17 日在位 16 年。

　　塞奥多西一世之父是弗拉维乌斯·塞奥多西。老塞奥多西是西班牙人,368—369 年曾任军事伯爵,曾被派往不列颠与入侵的蛮族作战。369—375 年,老塞奥多西在帝国西部地区任骑兵长官之职,曾参与征讨阿勒曼尼人和萨尔马特人的战役。373 年他受命前往北非平定菲尔姆斯(Firmus)叛乱并取得胜利,但大约在 375 年,老塞奥多西被处决于迦太基。[1] 塞奥多西一世是老塞奥多西与塞尔玛提亚(Thermantia)之子,大约于 346 年生于加拉西亚(Gallaecia)的考卡(Cauca)[2],

---

[1] A. H. M. Jones, J. R. Martindale and J. Morris, *The Prosopography of the Later Roman Empire, vol. I: A. D. 260 –395*, pp. 902 – 903.

[2] 位于今西班牙的科卡(Coca)。

曾跟随其父老塞奥多西出征不列颠,大约在 373 或 374 年成为巴尔干半岛东北部的第一莫埃西亚将军(dux Moesiae Primae)或莫埃西亚将军(dux Moesiae)。老塞奥多西死后,他的儿子、日后的塞奥多西一世在西班牙退隐田园。[①]

老塞奥多西垮台的原委属于众多历史谜案之一,著名罗马史学者琼斯称他在神秘的情况下受到处决。[②] 有学者推测,老塞奥多西之所以在帝国西部皇帝瓦伦提尼安一世去世后被处死,可能与其在宫廷的政敌的攻击有关,也可能与瓦伦提尼安一世去世后围绕皇位继承发生的派系斗争有关,也可能与前述瓦伦斯统治时期在安条克发生的以巫术预测下任皇帝名字的大逆案有关。[③] 考虑到继瓦伦提尼安一世担任西部皇帝的两位皇子格拉先和瓦伦提尼安二世分别生于 359 年与 371 年[④],最年长的格拉先时年也不过 16 岁,可谓主少国疑。而老塞奥多西身为功勋卓著的将军,当时又掌握着富庶的北非地区,可以说确实存在着夺取皇位的实力和地位,即使本人并未有觊觎皇位的野心,也没有"身怀利器,杀心自起"的行动,在宫廷阴谋不断,尤其是皇位继承争斗的关键时期,遭到暗算也是可以理解的。无论如何,未来的塞奥多西一世在其父非正常死亡后,明智地选择了退出公共生活,暂时离开了险恶的政治斗争中心。塞奥多西在西班牙过了三年普通的行省贵族生活,监管其父留给他的祖产并承担由此而来的所有责任,在一个危险的环境中学会了审慎与处世之道,并且精心维系其广泛的人脉或友人的情谊。[⑤] 正是在退隐西班牙的这段时间中,塞奥多西娶了出身于西班牙贵族家庭的妻子埃利亚·弗拉维亚·弗拉西拉,并生下了长女帕尔切里亚与长子阿卡狄乌斯,后者日后成为另一位拜占庭帝国皇帝。[⑥]

与前任皇帝瓦伦斯相似的是,塞奥多西一世成为皇帝也是出于意外,当他似

---

① A. H. M. Jones, J. R. Martindale and J. Morris, *The Prosopography of the Later Roman Empire*, *vol. I*: *A. D. 260 -395*, p. 904.

② A. H. M. Jones, *The Later Roman Empire 284 -602*: *A Social, Economic, and Administrative Survey*, vol. I, p. 140.

③ S. Williams and G. Friell, *Theodosius*: *The Empire at Bay*, New Haven and London: Yale University Press, 1994, p. 24.

④ A. P. Kazhdan ed., *The Oxford Dictionary of Byzantium*, p. 867, p. 2150.

⑤ S. Williams and G. Friell, *Theodosius*: *The Empire at Bay*, p. 25.

⑥ K. G. Holum, *Theodosian Empresses*: *Women and Imperial Dominion in Late Antiquity*, Berkeley, Los Angeles, London: University of California Press, 1982, p. 22.

乎就要作为一名行省贵族度过余生之际,格拉先的叔父、东部皇帝瓦伦斯战死于
亚得里亚堡的消息传来,从而彻底改变了塞奥多西的生活轨迹。退一步而言,如
果说瓦伦斯贸然领兵作战阵亡,其身死名裂尚属意料中事的话,那么西部皇帝格
拉先为了挽救巴尔干半岛所指定的人选则确实出人意外。格拉先在 378 年将塞
奥多西从西班牙召回并命令后者收拾亚得里亚堡之役后的乱局,于是塞奥多西于
378 年秋末之前前往东部地区,在西尔米乌姆被任命为军事长官。379 年 1 月 19
日,塞奥多西在西尔米乌姆被立为皇帝,不仅受命统治瓦伦斯之前统治的地区,而
且原属于格拉先管辖的达契亚行政区与马其顿尼亚行政区也归其管理,格拉先希
望他恢复多瑙河流域诸行省的秩序并确保君士坦丁堡的安全。① 多神教徒史家
佐西莫斯称格拉先看出无法独自统治整个帝国,因此选择塞奥多西为共治皇
帝。② 教会史家苏格拉底则宣称格拉先"由于明白罗马帝国正在衰弱的状况以及
蛮族力量的增长,并认识到国家需要一个勇敢而谨慎的人,他立塞奥多西为其共
治者。此人出身于一个西班牙贵族家庭,并因在战争中的超凡技能而威名远扬,
以致在格拉先选择他之前就被公认适合皇帝身份"③。现代学者指出,很难想象
为何格拉先在危急时刻将他从退隐生活中召回,并派遣他处理巴尔干半岛的紧急
事务。与那一时代接近的文献,尤其是泰米斯蒂乌斯与帕卡图斯(Pacatus)的演
说④,都对塞奥多西登上权力顶峰的过程保持沉默。学者们推测,很可能是塞奥
多西及其在宫廷中的友人利用这个理想的机会运作成功,使他得到重新起用,并
且因为他曾经担任莫埃西亚将军,因此具有统辖巴尔干半岛的军事经验,更确保

---

① S. Williams and G. Friell, *Theodosius: The Empire at Bay*, p. 26. A. H. M. Jones, *The Later Roman Empire 284 - 602: A Social, Economic, and Administrative Survey*, vol. I, p. 156. A. H. M. Jones, J. R. Martindale and J. Morris, *The Prosopography of the Later Roman Empire, vol. I: A. D. 260 - 395*, p. 905. A. P. Kazhdan ed., *The Oxford Dictionary of Byzantium*, p. 2050. K. G. Holum, *Theodosian Empresses: Women and Imperial Dominion in Late Antiquity*, p. 8.

② Zosimus, *New History*, 4. 24. 4, p. 81. Zosime, *Histoire Nouvelle*, ed. F. Paschoud, TLG, No. 4084001.

③ Socrates, *The Ecclesiastical History of Socrates Scholasticus*, p. 119. Socrates, *Ecclesiastical History*, ed. W. Bright, 2nd edn., Oxford: Clarendon Press, 1893, TLG, No. 2057001.

④ 帕卡图斯是 4 世纪后期的高卢贵族,390 年成为阿非利加行省同执政官(proconsul),可能在 393 年成为皇家私产长官(comes rei privatae),389 年曾在罗马向塞奥多西一世敬献颂辞。R. Rees, "Bright Lights, Big City: Pacatus and the Panegyrici Latini", in Lucy Grig and Gavin Kelly, *Two Romes: Rome and Constantinople in Late Antiquity*, p. 203.

他获得这一职位。① 无论如何,塞奥多西一世之被格拉先立为共治皇帝,符合早期拜占庭帝国或晚期罗马帝国皇帝制度的两个特征,其一是为了及时应对漫长防线上的威胁以及相距遥远地区的事务,两个或更多的皇帝分治帝国的不同地区已经成为惯例;其二是富有经验或是执掌军权的将领是皇位的潜在且有力的竞争者。无论哪种说法,都反映出一个重要事实,即罗马帝国的东部和西部已经分立,分道扬镳,各自走上了不同的发展道路。

　　塞奥多西一世的即位标志着继君士坦丁王朝之后,拜占庭帝国历史上出现了一个新王朝——塞奥多西王朝。也就是说,自379年1月19日开始,直至457年1月27日塞奥多西王朝最后一位皇帝马西安去世,塞奥多西王朝的统治延续了79年有余。塞奥多西王朝的首位皇帝塞奥多西一世奠定了新王朝的基本国策,即在宗教上继续促进帝国基督教化,大力干预教派争端,推行宗教信仰统一;在蛮族问题上,进一步实施吸纳和利用以哥特人为代表的蛮族的政策,暂时缓解拜占庭帝国所面临的蛮族问题;在与萨珊波斯的关系中,拜占庭帝国继续保持与这一强权的对峙局面;坚持帝国统一,在与西部地区的僭位者的战争中,塞奥多西一世的胜利令他成为后世普遍认为的最后一位实质上统一的罗马帝国的皇帝。

　　塞奥多西一世的前任瓦伦斯是拜占庭帝国最后一位支持基督教阿里乌派的皇帝,塞奥多西一世出生并长期居住在帝国西部地区,他是尼西亚派的忠实信徒,"是正统派的最忠诚的支持者"②。关于塞奥多西一世为何支持尼西亚派,有学者认为不应高估其西班牙人的背景对其宗教政策的影响,因为他可能是在军营而非西班牙度过其早年生涯的很多时间,而他在379—380年间驻跸于塞萨洛尼基的经历则更为重要,因为塞萨洛尼基主教阿科里乌斯(Acholius)是尼西亚派,并与罗马主教有密切联系,阿科里乌斯又是塞奥多西一世即位初期宫廷中地位显赫的重要人物,因此对塞奥多西一世产生了巨大影响。③ 无论塞奥多西一世是如何成为尼西亚派的,他显然是一位忠诚的尼西亚派信徒。④ 因此,正如最后一位支持多

① M. Kulikowski, *Rome's Gothic Wars: From the Third Century to Alaric*, p.149.
② A. P. Kazhdan ed., *The Oxford Dictionary of Byzantium*, p.2051.
③ A. D. Lee, *From Rome to Byzantium AD 363 to 565: The Transformation of Ancient Rome*, p.45.
④ S. Williams and G. Friell, *Theodosius: The Empire at Bay*, p.52. M. Kulikowski, *Rome's Gothic Wars: From the Third Century to Alaric*, p.148.

神教的皇帝朱利安之死标志着多神教丧失了卷土重来的最后机会一样，瓦伦斯之死与塞奥多西一世的即位则标志着阿里乌派及其衍生派别在拜占庭帝国基督教会内部争端中的日渐式微的开始，当然，其他的基督教异端派别以及多神教所受到的压制也日益增强。

　　根据 5 世纪教会史家苏格拉底的叙述，塞奥多西一世即位后前往君士坦丁堡，但在到达塞萨洛尼基后罹患重病，希望接受洗礼，于是召见塞萨洛尼基主教阿科里乌斯，询问后者所信奉的信条，阿科里乌斯的答复是"阿里乌的观点还未侵入伊利里亚诸行省，在这些土地上也没有新奇的异端诞生折磨教会，而是一直毫无动摇地坚持由使徒开始传承并在尼西亚会议上得到确认的信仰"，于是皇帝极为愉悦地接受了阿科里乌斯的施洗。① 无论这一叙述的可靠性如何，塞奥多西一世确实是在 380 年 2 月 28 日于塞萨洛尼基发布了在位期间第一份支持尼西亚派而反对其他派别的诏谕，其中要求"所有在我们仁慈管辖统治下的人民应当实行神圣的使徒彼得交付给罗马人的信仰，因为他引入的信仰到现在已经被揭示出来。这一信仰显然要追随达马苏（Damasus）主教（pontifex）和亚历山大里亚主教（episcopus）佩特鲁斯（Petrus）②——一个具有使徒般圣洁的人；也就是说，根据使徒的教导和福音的信条，我们应当在同等权能下和圣三位一体（trinitas）的观念下信圣父与圣子和圣灵的独一神性（patris et filii et spiritus sancti una deitas）"③。据苏格拉底的记载，不久当塞奥多西一世离开塞萨洛尼基来到君士坦丁堡后，皇帝询问阿里乌派主教德莫菲鲁斯（Demophilus）是否愿意赞同尼西亚信经，并由此统一民众并建立教会内部的和平时，后者予以拒绝，皇帝当时就命令阿里乌派退出教堂，由此，阿里乌派在占据君士坦丁堡的教堂大约 40 年后被赶出了城市，而尼西亚派重新占据了教堂。④

　　上述史实得到 381 年 1 月颁布的一份皇帝诏谕的佐证，该诏令提及"应当防

---

① Socrates, *The Ecclesiastical History of Socrates Scholasticus*, p. 120. 参见 A. D. Lee, *From Rome to Byzantium AD 363 to 565: The Transformation of Ancient Rome*, p. 46.
② 前者于 366—384 年任罗马主教，后者于 373—381 年任亚历山大里亚主教，均公开支持尼西亚派。
③ C. Pharr translated, *The Theodosian Code and Novels and the Sirmondian Constitutions*, Princeton: Princeton University Press, 1952, 16. 1. 2, p. 440. 见如下网址：http://ancientrome.ru/ius/library/codex/theod/liber16.htm，下同。
④ Socrates, *The Ecclesiastical History of Socrates Scholasticus*, pp. 120 - 121.

止人群进入所有异端分子的非法的集会,应当在各地庆祝独一至高神之名(unius et summi dei nomen),应当坚守注定要永远保持的尼西亚信仰……禁止佛提尼安主义的灾害性污染、阿里乌主义的渎神毒素、尤诺米安主义的不忠公犯,以及由于其创造者不吉之名而可憎的裂教怪物,甚至应当禁止人们听闻……我们禁止所有异端分子在城镇(oppidum)内举行非法的集会。并且,如果属于某个派别的任何人突然爆发的话,我们命令,其狂徒应当被放逐,他们应当被赶离城市的城墙(moenium),以便全世界大公信仰的教堂可以被归还给所有坚持尼西亚正统信仰的主教”[1]。佛提尼安主义,以佛提努斯(Photinus,希腊语写为 Φωτεινός)命名,此人是西尔米乌姆主教,观点是“动力形态说”(dynamistisch),对他来说,基督仅仅是一个以奇妙方式诞生的人,他有神的力量,并因为他的奇迹和美德被接受为“天主/上帝的儿子”。他的教导几次遭受批评,而于 351 年在西尔米乌姆主教会议上遭受罢免与放逐,他本人于 376 年去世,但他的异端继续存在。[2] 尤诺米安主义是早期基督教神学基督论学说之一,又称“埃提乌主义”,据说是尤诺米乌斯(Eunomius)和埃提乌斯(Aetius)二人所共同提出,认为圣父和圣子的本质完全不同,所以又被称为“父子不同说”。主张上帝是一位独有的至高之上的实体,其本体异于任何事物,是非被生出来的存在。主张圣子是由圣父所直接造出,并与圣父相像。还主张圣灵是由圣子所造出,并可以圣化人的灵魂等。尤诺米安派也被称为“不相似派”(Anhomoiani),尤诺米乌斯本人曾在君士坦丁堡任教师,后在安条克遇见埃提乌斯,成为其秘书和学生,在埃提乌斯去世后,担任极端阿里乌派的领袖,后被塞奥多西一世放逐至卡帕多西亚,约 394 年去世于放逐地。埃提乌斯是安条克神学家,当过金匠或医生,曾周游西里西亚,与阿里乌派教士建立联系并参与神学讨论,4 世纪 30、40 年代在安条克与亚历山大里亚讲学,引起了尼西亚派领袖的敌意;埃提乌斯是凯撒加鲁斯之友,引起了康斯坦提乌斯二世的怀疑,于 360 年被放逐,后被尤里安召回;由于可能支持一次叛乱而于 366 年被禁止进入君

① C. Pharr translated, *The Theodosian Code and Novels and the Sirmondian Constitutions*, 16.5.6, p.451.
② [德]毕尔麦尔等编著:《古代教会史》,第 190 页。

士坦丁堡,366 年或 377 年死于卡尔西顿。①

在罢免了德莫菲鲁斯后,塞奥多西一世随即任命纳齐昂的格里高利(Gregory of Nazianzus)为君士坦丁堡主教,这位 4 世纪著名教父,出生于位于现在土耳其东部的卡帕多西亚,又被称为神学家格里高利(Gregory the Theologian),其支持三位一体教义的演讲在中世纪被翻译成叙利亚文、科普特文、格鲁吉亚文、亚美尼亚文、斯拉夫文、阿拉伯文;他与金口约翰(John Chrysostom)被视为古代晚期希腊世界最伟大的演说家,而格里高利被称为是基督教的德摩斯梯尼(Demosthenes),372 年曾被按立为萨斯玛(Sasima)主教,但从未同意接受这一职位,可能自 374 年其父去世后,在没有被正式任命的情况下主持纳齐昂的教会事务;381 年,格里高利被任命为君士坦丁堡主教,但于同年 6 月解职回到纳齐昂管理当地教会;383年进入退隐生活,直至 390 年逝世。② 他于 381 年 5 月在君士坦丁堡召集了基督教历史上第二次大公会议,以便正式确认格里高利的任命以及尼西亚信经。③ 这次会议有大约 150 名主教参加,虽然没有来自帝国西部地区的代表参加,但由于其重要性而被教会各派别普遍接受,该会议在安条克主教梅勒提厄斯(Meletios)的主持下,确认了尼西亚会议通过的信经,也谴责了敌圣灵派(Pneumatomachi)与阿波利拿里派(Apollinarism)。敌圣灵派是 4 世纪时流行的基督教异端派别,他们否认圣灵的神性。381 年在君士坦丁堡大会会议上遭到谴责,后渐消失,378 年该派在安条克建立了自己的教团,4 世纪末在小亚细亚有该派的教会,至 6 世纪后半叶仍有该派成员存于君士坦丁堡。④ 古代基督教神学中与阿里乌主义相对立的异端学说,创始人为叙利亚老底嘉(劳迪西亚)主教阿波利拿里。认为基督

① 《基督教词典》编写组:《基督教词典》,第 607 页。[德]毕尔麦尔等编著:《古代教会史》,第 181 页。A. P. Kazhdan ed., *The Oxford Dictionary of Byzantium*, p. 746. A. P. Kazhdan ed., *The Oxford Dictionary of Byzantium*, p. 30.

② *Gregory of Nazianzus: Autobiographical Poems*, translated and edited by Carolinne White, Cambridge: Cambridge University Press, 1996, introduction, pp. xi – xiii, p. xxiii. Gregor von Nazianz, *De vita sua*, ed. C. Jungck, Heidelberg: Winter, 1974, TLG, No. 2022004.

③ A. Cameron and Peter Garnsey edited, *The Cambridge Ancient History*, vol. XIII, *The Late Empire, A. D. 337 –425*, pp. 103 – 104. A. D. Lee, *From Rome to Byzantium AD 363 to 565: The Transformation of Ancient Rome*, p. 46.

④ 《基督教词典》编写组:《基督教词典》,第 145 页。Anne Claar Thomasson-Rosingh, *Searching for the Holy Spirit: Feminist Theology and Traditional Doctrine*, London and New York: Routledge, 2015, p. 72.

的神性是完全的，但其人性却是不完全的；因为人皆由灵、魂、体三者结合而成，基督虽也有人的魂和体，其心灵却是神性的逻各斯，而非人的心灵，故其人性不完全。肯定基督的神性与人性结合为一，否认基督为人时亦同常人一样具有道德上的成长过程，因他毕竟不完全是人。公元 381 年遭到君士坦丁堡大公会议谴责。① 同时提升君士坦丁堡教会的地位，宣布由于"它是新罗马"而享有高于除罗马之外其他教区的地位。② 但是格里高利在该会议上由于错综复杂的派系斗争受到攻击，其理由是他从其他教区转任君士坦丁堡主教违背了尼西亚会议确定的教会法规。皇帝接受了格里高利的辞职，同时命令一位高龄元老内科塔里乌斯（Nectarius）受洗，并担任君士坦丁堡主教，因为此人之前与教会中任何派别均无联系。③ 381 年的君士坦丁堡会议决定了阿里乌派衰落的命运。④ 381 年 7 月，皇帝再次颁令，宣布"所有教堂应当立即被交付给那些承认圣父与圣子和圣灵具有同一权能（maiestas）和美德（virtus）、相同的荣耀（gloria）、同一光辉（claritas）的主教；交付给那些没有对三位一体加以罪恶分割的杂音制造且通过神的三个位格和统一的主张而确认三位一体观念的主教"⑤。此后在帝国政府的压制下，阿里乌派除了在哥特基督徒中保持影响外，逐渐衰败。⑥ 其他基督教异端派别或当时被认为属于基督教异端派别的摩尼教（Manichaeism）都在塞奥多西一世统治时期不断受到压制。⑦

　　学者指出，塞奥多西一世之所以被教会史家称为塞奥多西大帝（Theodosius the Great），是因为他是尼西亚信仰的捍卫者以及他对多神教的打压。⑧ 为了阻止

---

① 《基督教词典》编写组：《基督教词典》，第 1 页。

② A. P. Kazhdan ed., *The Oxford Dictionary of Byzantium*, p. 512.

③ H. Chadwick, *The Church in Ancient Society: From Galilee to Gregory the Great*, pp. 426 – 427. W. H. C. Frend, *The Rise of Christianity*, pp. 636 – 639. A. D. Lee, *From Rome to Byzantium AD 363 to 565: The Transformation of Ancient Rome*, p. 46. S. Williams and G. Friell, *Theodosius: The Empire at Bay*, pp. 54 – 55.

④ A. Cameron and Peter Garnsey edited, *The Cambridge Ancient History*, vol. XIII, *The Late Empire, A. D. 337 –425*, p. 104.

⑤ C. Pharr translated, *The Theodosian Code and Novels and the Sirmondian Constitutions*, 16. 1. 3, p. 440.

⑥ W. H. C. Frend, *The Rise of Christianity*, p. 640.

⑦ C. Pharr translated, *The Theodosian Code and Novels and the Sirmondian Constitutions*, 16. 5. 7 – 22, 24 – 26, pp. 451 – 455.

⑧ M. Kulikowski, *Rome's Gothic Wars: From the Third Century to Alaric*, p. 148.

已经皈依的基督徒反悔,381 年颁布的法令宣布剥夺重新回到传统宗教者订立遗嘱的权利,并且宣布背教者所立遗嘱无效。同一年,皇帝还针对多神教的祭祀活动颁布法令,献祭与进入神庙要受到没收财产的惩罚。① 391 年 2 月 24 日颁布的诏谕要求:"所有人都不应当以'牺牲'玷污自己;所有人都不应当杀死无辜的祭品;所有人都不应当进入神殿(delubrum)、在神庙(templum)来回走动和敬拜由凡人的劳动所制造的偶像(simulacrum),以免他由于神的、人的裁决而成为被告。大法官们也应当被这一普遍性规定所束缚,以至于如果他们中有任何人投身于渎神的仪式,并出于崇拜的目的在行程途中或是在城里进入任何地方的神庙的话,应当立即强迫他缴纳 15 磅黄金,其官署职员也应当立即缴纳相同数额的罚金,除非他们阻止了这个法官并即刻通过公共证言举报了他。犯法的执政官等级的总督(consularis)应当每人缴纳 6 磅黄金,其官署职员缴纳同样数额的罚金;督察等级的总督(corector)和骑士等级的总督(praeses)应当每人缴纳 4 磅黄金,其执行吏由于相同的原因而应当缴纳同样数额的罚金。"②391 年 6 月 16 日颁布的诏谕主旨与此类似,命令"所有人都不应当被授予进行祭祀的权利;所有人都不应当在神庙四处走动;所有人都不应当崇敬神殿"③。392 年 11 月 8 日颁布的诏谕则进一步重申禁止人们"在任何地点(locus)或任何城市(urbs)为了无意识的偶像杀死无辜的祭品,无论他因为生来命好而身世更有权势,还是家世卑微、身份低贱、财产微薄。他不应当通过更为隐秘的罪恶(piaculum)以火(ignis)崇拜他的家神(lares),以葡萄酒(merum)崇拜他的守护灵(genius),以香气(odor)崇拜他的佩纳特斯神(penates);他不应当为它们点燃光亮(lumen),放置焚香(tus),或是为它们悬挂花环(sertum)"。佩纳特斯神和拉瑞斯一起被视为家庭保护者。它们是食品室的审理,房子中庭有其雕像。每餐留出一部分扔到炉膛火中献给佩纳特斯和拉瑞斯,盐瓶和一小部分首次采摘的水果作为祭品摆在桌上。家庭生活中任何大事都需向佩纳特斯和拉瑞斯祈祷。10 月 14 日是佩纳特斯的节日。与家庭守护神对

① J. Geffcken, *The Last Days of Greco-Roman Paganism*, trans. Sabine MacCormack, Amsterdam · New York · Oxford: North-Holland Publishing Company, 1978, p. 162.
② C. Pharr translated, *The Theodosian Code and Novels and the Sirmondian Constitutions*, 16. 10. 10, p. 473.
③ C. Pharr translated, *The Theodosian Code and Novels and the Sirmondian Constitutions*, 16. 10. 11, p. 473.

应的国家守护神即"公众神"佩纳特斯(penates publici),其祭仪隶属于维斯塔神庙。① 并且如果有人杀牲献祭或占卜的话,应当受到叛逆罪的控告与判决,而从事多神教活动的地产应当被罚没纳入国库,从事祭祀者要受罚 25 磅黄金,由于疏忽而忽略了这种罪行的官员及其官署职员应当分别缴纳 30 磅黄金的罚金。② 一般认为,正是在塞奥多西一世统治时期,基督教实质上成为帝国的国教。

但是,在承认塞奥多西一世颁布了大量压制基督教异端派别与多神教徒的法律的同时,必须注意的是,他所统治的时代并不是一个精神压迫的时代,在基督教会内部,与阿里乌派、阿波利拿里派等异端的宗教争论仍在继续。③ 阿里乌派虽然衰落,但是直至 6 世纪仍然具有影响,在东部帝国军队中服役的蛮族士兵中阿里乌派信徒的比例仍然很高。④ 塞奥多西一世对犹太人的态度也是宽容的。⑤ 实际上,在朱利安之后的数十年中,皇帝的政策大多是保护犹太人利益的,有学者认为,这可能与 4 世纪后期的皇帝们对犹太人的关注少于对异端基督徒与多神教徒的关注有关。⑥ 即使是多神教徒,其活动空间虽然进一步收缩,也并未在塞奥多西一世治下立即消失。在希腊,各种非基督教的崇拜或礼仪仍然在继续举行。在埃及,当尼罗河未能如常泛滥时,人们要求恢复古老的祭祀活动。⑦ 多神教徒哲学家泰米斯蒂乌斯正是在塞奥多西一世统治时期达到其政治生涯的第二个高峰,于 384 年被任命为君士坦丁堡市长。⑧ 实际上,泰米斯蒂乌斯的情况并非特例,麦克莫兰的统计指出,直至 4 世纪末期,在帝国政府中仍然存在着众多异教徒,行省总督、军事长官、大区长官等政府最高等级官员在内的基督徒官员有 140 人,非基督徒官员则有 128 人,在基督教传教最早的东部各地,基督徒官员共有 77 人,非

---

① [英]莱斯利·阿德金斯、罗伊·阿德金斯著,张楠等译:《探寻古罗马文明》,北京:商务印书馆 2008 年版,第 541 页。

② C. Pharr translated, *The Theodosian Code and Novels and the Sirmondian Constitutions*, 16. 10. 12, pp. 473 - 474.

③ W. H. C. Frend, *The Rise of Christianity*, p. 640.

④ A. D. Lee, *From Rome to Byzantium AD 363 to 565: The Transformation of Ancient Rome*, pp. 48 - 49.

⑤ A. H. M. Jones, *The Later Roman Empire 284 -602: A Social, Economic, and Administrative Survey*, vol. I, 166.

⑥ A. D. Lee, *From Rome to Byzantium AD 363 to 565: The Transformation of Ancient Rome*, p. 56.

⑦ J. Geffcken, *The Last Days of Greco-Roman Paganism*, p. 174.

⑧ J. Vanderspoel, *Themistius and the Imperial Court: Oratory, Civic Duty, and Paideia from Constantius to Theodosius*, Ann Arbor: The University of Michigan Press, 1995, p. 187.

基督徒官员则有52人。① 有学者认为,塞奥多西一世并不总是寻求与多神教徒的全面冲突,这可能是由于他必须承认对立面的力量,也可能是由于他缺乏坚强的个性。② 也有学者指出,在塞奥多西一世统治的早期阶段,为了取得支持而采取宗教宽容政策。③ 他在这一阶段对异教徒及其崇拜保持容忍,与一些多神教徒保持友好关系,作为一名基督徒,他乐于见到多神教徒皈依,但作为一个明智的统治者,他知道不能通过暴力实现目标。学者就391年塞奥多西一世对多神教徒突然采取强硬政策的原因,提出了从长远计划到他人影响等多种解释④,但最重要的一点是,对于一位皇帝而言,对和平与良好秩序的要求远高于其他考虑。⑤ 如果将塞奥多西一世在391年之前对多神教徒的容忍视为一种避免激化矛盾并维持社会秩序而实行的妥协,并将391年后的严厉态度视为一种追求理想秩序的实践的话,或许有助于我们更深入地理解这位基督徒皇帝的宗教政策。

巴尔干半岛的哥特人问题是塞奥多西一世得以登上皇位的直接原因,也是塞奥多西一世在其统治开始时必须面对的挑战之一。在亚得里亚堡战役结束后,哥特人立即围攻亚得里亚堡,但在守军和城内居民的坚守下,哥特人始终未能攻克城市,于是哥特人转变进攻方向,决定夺取其他城市,并在未遇抵抗的前进途中蹂躏了整个地区。此后,根据阿米亚努斯的叙述,哥特人联合匈人和阿兰人进攻君士坦丁堡,但被一支阿拉伯人的军队所阻,在遭受巨大损失后被迫撤离。⑥ 根据苏格拉底的说法,除了由马维亚所派遣的阿拉伯人(当时称萨拉森人)援军,瓦伦斯的皇后多米尼卡(Dominica)也在君士坦丁堡防御中也起到了重要作用,他记载道:"蛮族再次逼近君士坦丁堡城墙,破坏了城市周围的所有郊区。这里的民众愤怒地用各自能够拿到手的任何武器武装自己,一同出城攻击敌人。皇后多米尼卡

① R. MacMullen, *Christianizing the Roman Empire (A. D. 100 −400)*, New Haven and London: Yale University Press, 1984, p. 47.

② J. Geffcken, *The Last Days of Greco-Roman Paganism*, p. 162.

③ J. Vanderspoel, *Themistius and the Imperial Court: Oratory, Civic Duty, and Paideia from Constantius to Theodosius*, p. 195.

④ S. Williams and G. Friell, *Theodosius: The Empire at Bay*, pp. 57 – 58, p. 119.

⑤ R. Lim, "Religious Disputation and Social Disorder in Late Antiquity", in *Historia: Zeitschrift für Alte Geschichte*, 1995, vol. 44, No. 2, p. 219.

⑥ Ammianus Marcellinus, *Rerum Gestarum Libri Qui Supersunt*, vol. III, 31. 15. 1 – 31. 16. 1, pp. 489 – 499, vol. III, 31. 16. 3 – 7, pp. 501 – 503.

下令从皇宫库房中向志愿出城作战者分发与通常给予士兵的相同报酬。一些萨拉森人也作为同盟者援助了市民,他们是由其女王马维亚派来的。"①但是,哥特人虽然不再进攻都城,却散布在整个色雷斯地区以及巴尔干半岛北部的帝国行省内②,并导致帝国东部与西部联系的暂时中断。③

当塞奥多西被格拉先任命为军事长官后,首先在多瑙河中游地区赢得了对萨尔马特人的一次胜利,并在被立为皇帝后负责对哥特人的战争。④ 伯恩斯认为,格拉先与塞奥多西一世在西尔米乌姆决定了针对哥特人的联合行动计划,为此,属于伊利里亚大区的达契亚行政区、马其顿尼亚行政区等暂时划归塞奥多西一世管辖,以便在受威胁区域以及东部和西部之间的缓冲地区形成统一指挥。⑤ 希瑟则认为,当时哥特人已经威胁到伊利里亚,因此格拉先可能希望塞奥多西对整个受到威胁的地区进行统一管辖。⑥ 新上任的皇帝首先需要确保一个行动基地,由于当时哥特人对东西部联系和色雷斯地区道路的干扰,塞奥多西率军进入塞萨洛尼基,此处是爱琴海地区的重要港口,埃及与小亚细亚的各种补给可以经海运到达,经由该地的道路向东可至君士坦丁堡,向北可达伊利里亚,向西和向西南可进入塞萨利(Thessaly)。塞萨洛尼基战略地位相当重要,又具有便利的水陆交通,因此成为塞奥多西一世对哥特人采取军事行动的总部。随后,由于帝国东部部队在亚得里亚堡受到严重损失,塞奥多西一世首先注重征召兵员、扩充军队。皇帝及其代理人从各种途径征募士兵,并以极刑惩罚逃兵与窝藏逃兵的人。甚至哥特人战俘或逃亡者也被招募进入军队。⑦ 在准备就绪后,塞奥多西一世开始发起攻势。379 年,皇帝及其将军专注于平定色雷斯地区,并消除哥特人对君士坦丁堡与亚得里亚堡的直接威胁,为帝国服役的哥特人将军莫达雷斯(Modares)在色雷

① Socrates, *The Ecclesiastical History of Socrates Scholasticus*, p. 118.
② Ammianus Marcellinus, *Rerum Gestarum Libri Qui Supersunt*, vol. Ⅲ, 31. 16. 7, p. 503. Zosimus, *New History*, 4. 25. 2, p. 81.
③ A. D. Lee, *From Rome to Byzantium AD 363 to 565: The Transformation of Ancient Rome*, p. 36.
④ P. J. Heather, *Goths and Romans: 332 – 489*, p. 149.
⑤ T. S. Burns, *Barbarians within the Gates of Rome: A Study of Roman Military Policy and the Barbarians, ca. 375 – 435 A. D.*, Bloomington and Indianapolis: Indiana University Press, 1994, p. 69.
⑥ P. J. Heather, *Goths and Romans: 332 – 489*, p. 149.
⑦ S. Williams and G. Friell, *Theodosius: The Empire at Bay*, p. 29, pp. 29 – 30.

斯取得不少的胜利。① 可能在这一年,部分哥特人或者是被驱赶走或是通过接受"礼物"而同意回到多瑙河北岸仍在阿塔纳里克控制下的地区。② 380 年,哥特人向西进入伊利里亚,而塞奥多西一世同年在与进入马其顿尼亚的哥特人对垒时,由于军队中哥特士兵的倒戈与逃跑战败,哥特人在战后甚至向马其顿地区和塞萨利的城市征收贡赋。③ 塞奥多西一世的回应是对城市和要塞设防,以便它们不向哥特人的压力屈服,因为哥特人不善攻城。他同时迅速前往君士坦丁堡向格拉先要求援助。④ 380 年 11 月,塞奥多西一世进入君士坦丁堡,381 年 1 月 11 日,老迈多病的阿塔纳里克率领其追随者也到达君士坦丁堡,塞奥多西一世利用阿塔纳里克提出的庇护请求,一方面为自己的成功进行宣传,另一方面向哥特人展示了帝国的仁慈,显示他们所想要的不需要通过战争也可以得到。这样,阿塔纳里克所部大量追随者也被征召用于充实军力。⑤

阿塔纳里克于 381 年 1 月 25 日死于君士坦丁堡,塞奥多西一世抓住机会收取人心,他为阿塔纳里克举行了带有全套皇室尊荣的盛大国葬,并亲自引导葬礼队伍,这令在场的哥特人大为感动,阿塔纳里克部下的战士欣然同意在塞奥多西的军队中服役,并接受了边境防御的职责。⑥ 同年,格拉先派遣将领巴托(Bauto)与阿尔博加斯特(Arbogast)进攻侵入伊利里亚的哥特人,获得大胜,残余的哥特人被逐回色雷斯。弗里蒂格恩到这时已经不再出现于历史记载之中,其原因可能是因为他已经去世或是已经失去了其追随者的支持。格鲁塞基人的首领阿拉塞乌斯与萨弗拉克斯同样在 380 年之后从史家叙述中消失了。⑦ 380 年之后,格鲁塞基人名义上的国王维德里克也再未出现于历史记载之中。⑧ 当败退回色雷斯的哥特人发

---

① M. Kulikowski, *Rome's Gothic Wars: From the Third Century to Alaric*, p. 150, p. 151.

② T. S. Burns, *Barbarians within the Gates of Rome: A Study of Roman Military Policy and the Barbarians, ca. 375 –435 A. D.*, p. 69.

③ M. Kulikowski, *Rome's Gothic Wars: From the Third Century to Alaric*, p. 151.

④ P. J. Heather, *Goths and Romans: 332 –489*, p. 153.

⑤ S. Williams and G. Friell, *Theodosius: The Empire at Bay*, pp. 32 – 33. P. J. Heather, *Goths and Romans: 332 –489*, p. 154. T. S. Burns, *Barbarians within the Gates of Rome: A Study of Roman Military Policy and the Barbarians, ca. 375 –435 A. D.*, p. 72.

⑥ S. Williams and G. Friell, *Theodosius: The Empire at Bay*, p. 33. Thomas S. Burns, *Barbarians within the Gates of Rome: A Study of Roman Military Policy and the Barbarians, ca. 375 –435 A. D.*, p. 74.

⑦ P. J. Heather, *Goths and Romans: 332 –489*, p. 157.

⑧ M. Kulikowski, *Rome's Gothic Wars: From the Third Century to Alaric*, p. 152.

现各城镇均已设防而无法劫掠后,便向塞奥多西一世遣使求和。① 塞奥多西一世鉴于罗马军力不足也同意议和,并于 382 年 10 月 3 日与哥特人达成和约。②

根据 382 年和约,哥特人被授予在色雷斯、马其顿等地的土地上定居耕种的权利,但耕种土地的哥特人需向帝国缴纳赋税并为帝国军队服役。希瑟认为,382 年和约采取了哥特人投降的形式,但帝国并不能宣布全面胜利。威廉姆斯与费瑞尔认为,该条约更像一份平等条约。③ 更有学者指出,被允许定居在色雷斯的哥特人有其自己的领袖,当皇帝提出要求时为罗马军队提供士兵,这就意味着这些哥特人享有一定程度的自治。④ 无论如何,随着 382 年和约的签订,从 376 年之后困扰拜占庭帝国的哥特人问题暂时告一段落。

塞奥多西一世统治时期,拜占庭帝国的东部边疆相比之前而言较为平静。379 年,强有力的萨珊波斯统治者沙普尔二世去世,继承者是阿尔达希尔二世(Ardashir II,379—383 年在位)。⑤ 据 9 世纪伊斯兰教史家塔巴里的说法,阿尔达希尔二世即位后,与贵族发生冲突,杀死了一些贵族,结果被贵族废黜。此后连续两位波斯国王沙普尔三世(Shapur III,383—388 年在位)与巴哈拉姆四世(Bahram IV,388—399 年在位)也均被贵族所杀。⑥ 学者指出,这反映了自沙普尔二世以来贵族与祭司阶层的权势日益增长。塔巴里著作的英译者认为,沙普尔三世及其后继者的短暂统治与暴死表明,萨珊波斯国家进入了一个"困难时代",王权衰弱而贵族强大。⑦ 萨珊波斯内部的动荡不宁有助于同一时段先后被哥特人问题与内

---

① T. S. Burns, *Barbarians within the Gates of Rome: A Study of Roman Military Policy and the Barbarians, ca. 375 -435 A. D.*, pp. 75 - 76.

② M. Kulikowski, *Rome's Gothic Wars: From the Third Century to Alaric*, p. 152.

③ P. J. Heather, *Goths and Romans: 332 -489*, pp. 158 - 159. P. Heather, *The Fall of the Roman Empire: A New History of Rome and the Barbarians*, p. 184. S. Williams and G. Friell, *Theodosius: The Empire at Bay*, p. 34.

④ A. D. Lee, *From Rome to Byzantium AD 363 to 565: The Transformation of Ancient Rome*, p. 37.

⑤ 有学者认为此人并非如阿拉伯文献中所言是沙普尔二世的弟弟,而可能是与沙普尔二世同名的一位兄弟之子。E. Yarshater edited, *The Cambridge History of Iran, vol. 3(1): The Seleucid, Parthian and Sasanian Periods*, Cambridge: Cambridge University Press, 1983, pp. 140 - 141.

⑥ al - Tabarī, *The History of al - Tabarī, vol. V: The Sāsānids, the Byzantines, the Lakhmids, and Yemen*, translated and annotated by C. E. Bosworth, New York: State University of New York Press, 1999, pp. 67 - 68, pp. 68 - 69.

⑦ T. Dadyaee, *Sasanian Persia: The Rise and Fall of an Empire*, p. 20. al-Tabarī, *The History of al-Tabarī, vol. V: The Sāsānids, the Byzantines, the Lakhmids, and Yemen*, pp. 68 - 69, note. 184.

战所困扰的拜占庭帝国,使得帝国可以将大部分注意力放在其他方向,而与萨珊波斯则未发生如沙普尔二世时代那样的全面战争。这也有助于塞奥多西一世利用这一有利局势在帝国东部地区追求自己的战略目标。因此,在塞奥多西一世统治时期,一方面帝国在边境地带的一些城镇修建城墙以加强防御①,另一方面,在巴尔干半岛的哥特人问题解决后,塞奥多西一世于 383 年或 384 年派遣一支军队前往东部以增加帝国在亚美尼亚的影响。② 根据伯爵马尔切利努斯的记载,384年,波斯使节前来向塞奥多西求和。这实际上是一系列谈判的组成部分,最终双方大约于 387 年达成瓜分亚美尼亚的协议。③ 另外,帝国在其所控制的那部分地区设立了亚美尼亚伯爵(comes Armeniae),实际上将这一地区并入帝国的统治之下。④ 此后,直至塞奥多西一世去世,拜占庭帝国的东部边疆基本保持着安宁。

　　塞奥多西一世于 382 年与进入巴尔干半岛的哥特人缔结和约后,所面对的下一个问题来自帝国的西部地区。根据佐西莫斯的叙述,西部皇帝格拉先招募了一些阿兰人进入军队,授予他们最重要的职责,慷慨地奖励他们,却忽视了其他族群的士兵,因此引起了他们的不满。与此同时,曾与塞奥多西一世一同在不列颠作战的西班牙人马克西姆斯对塞奥多西已经成为皇帝大为不满,因为他自己并未得到升迁⑤,因此利用军队中的不满情绪于 383 年在不列颠发动叛乱,被暴动的士兵立为皇帝,并进攻高卢。两军接触之后,格拉先的士兵大多投奔了马克西姆斯,格拉先无奈之下率少数骑兵逃亡,而马克西姆斯则派遣麾下将领安德拉加修斯

① G. Greatrex and S. N. C. Lieu edited, *The Roman Eastern Frontier and the Persian Wars*, *Part II AD 363 −630*: *A Narrative Sourcebook*, p. 16.

② E. Yarshater edited, *The Cambridge History of Iran*, *vol. 3(1)*: *The Seleucid*, *Parthian and Sasanian Periods*, p. 141.

③ Marcellinus Comes, *The Chronicle of Marcellinus*, trans. Brian Croke, Sydney: Australian Association for Byzantine Studies, 1995, p. 3. G. Greatrex and Samuel N. C. Lieu edited, *The Roman Eastern Frontier and the Persian Wars*, *Part II AD 363 −630*: *A Narrative Sourcebook*, p. 16. A. E. Redgate, *The Armenians*, Oxford: Blackwell Publishers, 2000, p. 137.

④ E. Yarshater edited, *The Cambridge History of Iran*, *vol. 3(1)*: *The Seleucid*, *Parthian and Sasanian Periods*, pp. 141 −142.

⑤ 他可能是塞奥多西一世的亲戚。A. P. Kazhdan ed., *The Oxford Dictionary of Byzantium*, p. 1324. 马克西姆斯当时的职务是不列颠伯爵(comes Britanniarum),指挥不列颠的军队。S. Williams and G. Friell, *Theodosius*: *The Empire at Bay*, p. 36.

(Andragathius)追击。根据苏格拉底的说法,安德拉加修斯其后在里昂附近追上了格拉先,并杀死了他。有学者认为,这场叛乱的原因可能是马克西姆斯认为他如同塞奥多西一样拥有成为皇帝的权利,另外格拉先年轻而缺乏处理突发事件的经验。① 也有学者指出,格拉先的军队如此迅速崩溃的原因复杂,他是前任西部皇帝瓦伦提尼安一世之子,虽然年轻(被杀时年仅24岁),但已经成为皇帝八年之久,在此期间与帝国的敌人进行了多场成功的战役,并非缺乏实战经验的青年皇帝。无论如何,在格拉先死后,马克西姆斯以特里尔为驻地②,控制了不列颠、高卢、西班牙。同时,意大利、潘诺尼亚与阿非利加则仍忠诚于格拉先的弟弟瓦伦提尼安二世。③

马克西姆斯在控制了格拉先的辖区后,向当时在米兰的瓦伦提尼安二世遣使,邀请后者前往特里尔与马克西姆斯"如同父子一样"共居,米兰主教安布罗斯(Ambrose)看出有诈,宣称皇帝不能在冬季远行,这就为瓦伦提尼安二世争取到时间在阿尔卑斯山的隘口设防。马克西姆斯也遣使塞奥多西一世,要求后者或者承认他的地位,或者双方进行战争,塞奥多西一世鉴于瓦伦提尼安二世的辖地尚未受到攻击,同时担心哥特人会利用自己离开的机会作乱,同时深知马克西姆斯以善战闻名,现在与之作战,胜负难料。于是,塞奥多西在384年夏正式承认了马克西姆斯的合法地位,他们的名字一起出现在铭文中,他们的形象也在公共场合一起展示。④ 为了就这一让步对西部皇帝做出补偿,塞奥多西显然将达契亚行政区与马其顿尼亚行政区交给了瓦伦提尼安二世。⑤ 此后,帝国内部和平大约维持了三年时间。在这三年中,塞奥多西一世加紧备战,继续巩固多瑙河防线⑥,并通过与萨珊波斯缔结和约而安定了东部边疆,从而为与马克西姆斯的战争做好了准

---

① Zosimus, *New History*, 4. 35. 2 – 6, pp. 86 – 87. Socrates, *The Ecclesiastical History of Socrates Scholasticus*, p. 124. A. D. Lee, *From Rome to Byzantium AD 363 to 565: The Transformation of Ancient Rome*, p. 26.

② S. Williams and G. Friell, *Theodosius: The Empire at Bay*, pp. 36 – 37, p. 37.

③ A. H. M. Jones, *The Later Roman Empire 284 –602: A Social, Economic, and Administrative Survey*, vol. I, p. 158.

④ A. Cameron and Peter Garnsey edited, *The Cambridge Ancient History*, vol. XIII, *The Late Empire, A. D. 337 –425*, p. 105.

⑤ A. H. M. Jones, *The Later Roman Empire 284 –602: A Social, Economic, and Administrative Survey*, vol. I, p. 159.

⑥ S. Williams and G. Friell, *Theodosius: The Empire at Bay*, pp. 43 – 44.

备。根据佐西莫斯的说法,马克西姆斯此时并不满足仅仅统治原先属于格拉先的行省,决定合并瓦伦提尼安二世的辖区,乃至于整个帝国。[1] 在多次徒劳地引诱瓦伦提尼安二世前往特里尔未成后,马克西姆斯于 387 年率军突然进攻意大利。[2] 米兰宫廷对此措手不及,瓦伦提尼安二世与控制朝政的其母查士丁娜(Justina)及姐妹伽拉(Galla)渡海逃至塞萨洛尼基,并匆忙遣使向塞奥多西一世求助,还主动将伽拉嫁给了已经丧妻的塞奥多西一世。塞奥多西一世获得出兵的借口后,立即发兵进攻马克西姆斯。[3] 在这场战争的初期就表现出对阵双方主帅的不同,塞奥多西在东部边防未稳时不急于出兵,而是首先扫除后顾之忧,在充分备战后又等待时机,获得合理的借口后举兵开战。反观马克西姆斯,称霸帝国的野心早就昭然若揭,自觉武力强大急于用兵,并忽视与其他势力结盟,两者的差异决定了此次统一罗马帝国对决大战的最终结果。

塞奥多西一世的军队新组建的主力部队包括哥特人、匈人与阿兰人在内的大量蛮族士兵与蛮族将领,战斗力超强,他们计划从海陆两路发起全面进攻。其主力部队从陆路向西进入潘诺尼亚,舰队则从海路进攻意大利,从而形成两路包抄之势。马克西姆斯的总部位于从陆路进入意大利的门户阿奎莱亚,他派兵镇守斯西亚(Siscia,今克罗地亚的锡萨克)以封堵塞奥多西一世的进军通道。但是塞奥多西一世军中的匈人与阿兰人骑兵以快速进军闻名,在他们的进攻下,斯西亚的防御工事完成之前,这个军事重镇就失守了。与此同时,率舰队进入亚得里亚海企图阻止塞奥多西一世海上攻势的安德拉加修斯也被击败。马克西姆斯的主力部队与塞奥多西一世的大军在波埃托维奥(Poetovio,今斯洛文尼亚的普图伊)相遇,双方激烈决战之后,塞奥多西一世的军队获胜。[4] 此后,马克西姆斯迅速失败被俘,于 388 年 8 月 28 日被处决于阿奎莱亚。[5] 据说杀害格拉先的安德拉加修斯

---

[1] Zosimus, *New History*, 4. 42. 1, p. 90.

[2] A. H. M. Jones, *The Later Roman Empire 284 −602: A Social, Economic, and Administrative Survey*, vol. I, p. 159.

[3] Zosimus, *New History*, 4. 3 − 44, pp. 91 − 92.

[4] S. Williams and G. Friell, *Theodosius: The Empire at Bay*, pp. 62 − 63.

[5] A. Cameron and Peter Garnsey edited, *The Cambridge Ancient History*, vol. XIII, *The Late Empire, A. D. 337 −425*, p. 107.

在得知马克西姆斯的下场后,也跳河自杀。①

389 年 6 月 18 日,塞奥多西一世在其幼子霍诺留的伴随下胜利凯旋、访问罗马②,并宽恕了以西默克斯(Symmachus)为代表的曾经支持马克西姆斯的罗马元老。③ 此后三年,塞奥多西一世留居在意大利,由其已经被立为奥古斯都的长子阿卡狄乌斯留守君士坦丁堡,并将瓦伦提尼安二世安置在高卢,由出身于法兰克人的将领巴托与阿尔博加斯特监护。西部局势稳定之后,塞奥多西一世将意大利与伊利里亚交给瓦伦提尼安二世辖制管理,其本人则于 391 年回到君士坦丁堡。④

塞奥多西一世回到君士坦丁堡之后不久,西部再次内乱。392 年 5 月 15 日,阿尔博加斯特在高卢杀死了瓦伦提尼安二世。根据 4 世纪多神教徒史家尤纳匹乌斯的记载,阿尔博加斯特在首席将军巴托死后,强迫瓦伦提尼安二世授予其军事长官之职。他自诩掌控军权,大肆杀戮朝廷重臣,甚至在皇帝反对或者皇帝不知情的时候,任意杀害一些皇帝枢密会议中的高官,其中包括执政官塔尔苏斯之子阿尔摩尼乌斯(Armonius)⑤,后者在激怒了阿尔博加斯特后向皇帝寻求保护,但是其身体与皇袍一起被阿尔博加斯特的剑刺穿。当着皇帝的面大开杀戒,导致将军与皇帝之间互不信任。瓦伦提尼安二世自知无力对抗,于是秘密寻求塞奥多西一世的援助,声称他不能再忍受阿尔博加斯特的残暴,并在一次宫廷会议中交给阿尔博加斯特一份解职令,阿尔博加斯特将之撕毁,并当廷辱骂皇帝,愤而离去。瓦伦提尼安二世企图立刻逃亡至塞奥多西一世的保护之下,但是被阿尔博加斯特追击杀死。随后阿尔博加斯特就推举以雄辩闻名的哲学教师尤金(Eugenius)为

① Socrates, *The Ecclesiastical History of Socrates Scholasticus*, p. 125.

② 根据苏格拉底的说法,在击败马克西姆斯之后,他的父亲立刻从君士坦丁堡将他接到意大利。Socrates, *The Ecclesiastical History of Socrates Scholasticus*, p. 125.

③ A. Cameron and Peter Garnsey edited, *The Cambridge Ancient History*, vol. XIII, *The Late Empire*, *A. D. 337 –425*, p. 107.

④ A. H. M. Jones, *The Later Roman Empire 284 –602: A Social, Economic, and Administrative Survey*, vol. I, p. 159. A. Cameron and P. Garnsey edited, *The Cambridge Ancient History*, vol. XIII, *The Late Empire*, *A. D. 337 –425*, p. 108.

⑤ A. H. M. Jones, J. R. Martindale and J. Morris, *The Prosopography of the Later Roman Empire*, *vol. I: A. D. 260 –395*, p. 108.

帝,并遣使塞奥多西一世要求承认。①

　　多神教徒史家佐西莫斯对此事的描述与尤纳匹乌斯大体相似,他提及阿尔博加斯特未经皇帝允许就夺取军事长官职务,因控制军队而获得大权,瓦伦提尼安二世无法与他对抗,因为军队一致忠于阿尔博加斯特。当阿尔博加斯特撕毁皇帝将其撤职的命令后,两者的矛盾便公开化了,迫使瓦伦提尼安二世不断向塞奥多西一世求助。而阿尔博加斯特则认为立自己的友人尤金为帝是更好的选择,于是亲手杀死了格拉先并宣布尤金为皇帝。② 5 世纪教会史家苏格拉底则宣称,"在西部有个叫尤金的语法学家,在教授了一段时间拉丁语后离开学校,得到了一个宫廷职位,成为皇帝的首席秘书。由于他相当雄辩,因此得到与众不同的待遇,但他不能适度地承受他的好运。因为他与小加拉提亚出生的一位粗暴嗜血的军队指挥官阿尔博加斯特勾结起来,打算篡夺皇位。因此两人决定谋杀皇帝瓦伦提尼安。在用晋升的许诺收买了皇帝寝宫的一些宦官后,这些人在睡梦中勒死了皇帝。尤金立即窃取了帝国西部的最高权力,所作所为正如一位僭位者一般。"③菲罗斯托吉乌斯则称瓦伦提尼安二世无法控制自己的脾气,在与阿尔博加斯特争吵时令后者认为受到皇帝威胁,于是设计将之勒死,此后阿尔博加斯特认识到自己是蛮族而无法成为皇帝,于是立尤金为帝。④ 奥罗修斯则称瓦伦提尼安二世可能是被阿尔博加斯特所杀,也可能是上吊自尽。此后,阿尔博加斯特作为蛮族倾向于由他自己管理政府,而将皇帝的头衔给予了尤金。⑤

　　上述叙述中主要的区别在于,尤金在瓦伦提尼安二世之死中所扮演的角色,以及瓦伦提尼安二世的死亡方式。就前者而言,尤纳匹乌斯、菲罗斯托吉乌斯与奥罗修斯笔下的尤金是被动成为皇帝,原因是瓦伦提尼安二世去世,他才登上皇

---

① Eunapius, fragments, 58, in R. C. Blockley, *The Fragmentary Classicising Historians of the Later Roman Empire, Eunapius, Olympiodorus, Priscus and Malchus*, II (*Text, Translation and Historiographical Notes*), p. 85. L. Dindorf ed., *Historici Graeci Minores*, vol. 1. TLG, No. 2050002.

② Zosimus, *New History*, 4. 53 - 54, pp. 95 - 96.

③ Socrates, *The Ecclesiastical History of Socrates Scholasticus*, p. 135.

④ Philostorgius, *Church History*, pp. 143 - 144. Philostorgius, *Kirchengeschichte*, ed. F. Winkelmann (post J. Bidez), 3rd edn., Berlin: Akademie-Verlag, 1981, TLG, No. 2058.

⑤ P. Orosius, *The Seven Books of History against the Pagans*, Washington, D. C.: The Catholic University of America Press, Inc., 1964, p. 344.

位。佐西莫斯虽然提及阿尔博加斯特与尤金的深厚交谊,但也指明皇帝被杀是源于同将军的冲突,只有苏格拉底认为尤金是阿尔博加斯特的主要同谋,这或许与苏格拉底一贯对帝国西部事务注意不多有关,也可能在苏格拉底看来,既然尤金成为僭位皇帝,他必然与瓦伦提尼安二世之死有关。当时的帝国东部地区的舆论也是如此看法。但是,需要注意的是,无论尤金是否要就瓦伦提尼安二世之死承担责任,阿尔博加斯特都是掌控全局的人。无论瓦伦提尼安二世是自杀还是他杀,都必须归咎于掌握了西部军队的阿尔博加斯特。因此,瓦伦提尼安二世之死是晚期罗马帝国典型的皇权与军权斗争的结果,皇帝(imperator)本是军队的最高统帅,军权本是皇权的根基与组成部分,一旦皇帝无法控制军队,本是皇权基石的军权便会与皇权产生矛盾,其具体表现则是此时掌控军队的将领与同军队缺少直接联系的皇帝之间的冲突。正是在这种意义上,军权有脱离皇权控制的可能(即便这种可能是出于皇帝的担忧),并且由此造成皇帝与军中实权将领的矛盾,在特定情况下,这种矛盾有可能最终导致脱离了皇权的军权成为对皇权的直接威胁。

　　393 年 4 月,阿尔博加斯特与尤金在未遇抵抗的情况下进入意大利,当时罗马元老贵族正在为塞奥多西一世的 392 年反多神教法令而震惊,而阿尔博加斯特本人是多神教徒,他与信仰基督教的尤金为获取多神教元老贵族的支持,任命多神教徒元老尼科马库斯·弗拉维亚努斯(Nicomachus Flavianus)为意大利大区长官,并在弗拉维亚努斯的领导下修复了一些神庙,举行了一些传统的祭祀和赛会。在主要的多神教徒元老贵族领袖中,只有西默克斯吸取了马克西姆斯之乱带来的教训,尽量注意与新政权保持一定的距离。① 与此同时,塞奥多西一世也在进行西征战争的准备。393 年 1 月,他在君士坦丁堡立其次子霍诺留为奥古斯都,断绝了尤金获得承认的希望。② 为了增强军力,塞奥多西一世大量征召哥特人等蛮族从军。③ 当时控制着阿非利加的吉尔多(Gildo)也忠诚于塞奥多西一世,他做好了准备在必要时封锁罗马。④ 做好战争准备后,塞奥多西一世于

① S. Williams and G. Friell, *Theodosius: The Empire at Bay*, pp. 130－131.
② A. Cameron and Peter Garnsey edited, *The Cambridge Ancient History*, vol. XIII, *The Late Empire, A. D. 337－425*, p. 109.
③ I. Hughes, *Stilicho: The Vandal Who Saved Rome*, Barnsley: Pen & Sword Military, 2010, p. 24.
④ S. Williams and G. Friell, *Theodosius: The Empire at Bay*, p. 132.

394年5月中旬离开君士坦丁堡,6月20日到达亚得里亚堡,并在西尔米乌姆停留了一段时间,以便沿途集合军队。由于阿尔博加斯特与尤金的错误判断,塞奥多西一世得以于9月初顺利占据了通往阿奎莱亚的阿尔卑斯山隘口。① 394年9月5—6日,双方军队在弗里吉都斯河(Frigidus)边展开决战。经过两日激战,塞奥多西一世取胜。据说,他的军队在第一天的战斗中居于劣势,以致皇帝当晚已经接近绝望。但是,在第二天的战斗胜负未分之时,突然刮起时速超过60公里的飓风"博拉(Bora)",直接搅乱了阿尔博加斯特军队的防线,从而帮助塞奥多西一世获胜。尤金在军营中被俘后遭到处决,阿尔博加斯特在山区游荡数日后自杀,他们的支持者尼科马库斯·弗拉维亚努斯在得知战役结果后,也选择了自我了断。② 由此,塞奥多西一世再度统一了帝国的东、西两部,并首次确立了塞奥多西王朝在整个地中海世界的统治。但是不久之后,塞奥多西一世就于395年1月病逝于米兰。③

　　从379年1月19日在西尔米乌姆被格拉先加冕为帝至395年1月17日去世,塞奥多西一世统治拜占庭帝国将近16年。与基督徒称颂其伟大不同,多神教徒史家谴责他导致"国家的毁灭",指责他"过度奢侈"④,其中自然不乏信仰差异的偏见。正如学者所言,塞奥多西一世的大多数政策实际上是必要的,是他身处困境、寻求平和的举动⑤,譬如他在面对蛮族以及面对教派争端时,所采取的措施一般而言是前任皇帝举措的自然延续和发展,他既不是招引蛮族进入帝国为兵为农这一政策的创造者,也不是第一位拥抱和支持帝国基督教化的皇帝,基督徒与多神教徒对他的或褒或贬均不免言过其实。在制度建设上,塞奥多西一世时代对后世有较大影响的措施是重组东部军队指挥体系,在击败马克西姆斯后,塞奥多西一世将军事长官的数量扩大到五名成员,其中两名居于君士坦丁堡,三名分管

---

① T. S. Burns, *Barbarians within the Gates of Rome: A Study of Roman Military Policy and the Barbarians, ca. 375 –435 A. D.*, pp. 104 – 105.

② S. Williams and G. Friell, *Theodosius: The Empire at Bay*, pp. 134 – 135.

③ A. D. Lee, *From Rome to Byzantium AD 363 to 565: The Transformation of Ancient Rome*, p. 27.

④ Eunapius, fragments, 46. 1, in R. C. Blockley, *The Fragmentary Classicising Historians of the Later Roman Empire, Eunapius, Olympiodorus, Priscus and Malchus*, II (*Text, Translation and Historiographical Notes*), p. 71. Zosimus, *New History*, 4. 33. 1, p. 85.

⑤ S. Williams and G. Friell, *Theodosius: The Empire at Bay*, p. 120.

伊利里亚、色雷斯与东方行政区的野战部队,五名军事长官具有同等地位,他们的头衔是两军军事长官(magsiter ultriusque militia),这一组织结构基本上延续至查士丁尼时代,其宗旨在于分解最高军权。① 在政府开支问题上,与哥特人的战争、内战以及不断增加的宫廷开支导致塞奥多西一世面临财政困难,为解决财政问题而增加的新税曾于 387 年在安条克引起了市民暴动,皇帝雕像在暴动中被毁。② 塞奥多西一世在面对 387 年安条克暴动与 390 年塞萨洛尼基市民杀死驻军将领的暴动时,第一反应均是严厉镇压。当安条克暴动的消息传来后,皇帝下令关闭公共浴室、剧院与竞技场,并下令调查暴动原因以及惩办暴动者。当听说了塞萨洛尼基的暴动后,塞奥多西一世下令屠杀了 7000 名暴动市民。此后,387 年的安条克暴动由于当地主教的请愿而得到宽大处理。塞萨洛尼基大屠杀后,在米兰主教安布罗斯的要求下,塞奥多西一世以忏悔的方式赎罪。③ 从这两次暴动后皇帝的最初反应可以看出,军人出身的塞奥多西一世要求的是令行禁止,追求的是社会秩序稳定,这也正是早期拜占庭帝国皇帝们在位期间的共同目标。从两次暴动中主教对皇帝的影响看,教会的势力在历代拜占庭皇帝的培植下有了明显的成长。安条克暴乱后民众之所以幸运地得到宽恕,或许与皇帝当时需要将注意力集中于西征马克西姆斯有关。无论如何,作为塞奥多西家族唯一的一位军人皇帝,塞奥多西一世的确在亚得里亚堡之役后恢复了巴尔干半岛的社会秩序,如果从血缘方面将马西安排除在外的话。正是由于他对基督教的支持以及对多神教徒的进一步压制,帝国才能坚持君士坦丁大帝的基督教化政策,他也因此以不同的形象留存在双方的记忆之中。也是由于他的战略安排,他利用与波斯达成的和约稳定了东部边疆,并得以集中军力于内战中,两度平定西部地区的

---

① S. Williams and G. Friell, *Theodosius: The Empire at Bay*, p. 90. A. H. M. Jones, *The Later Roman Empire 284 -602: A Social, Economic, and Administrative Survey*, vol. I, p. 609.

② A. H. M. Jones, *The Later Roman Empire 284 -602: A Social, Economic, and Administrative Survey*, vol. I, pp. 162 - 163.

③ C. Kelly, *Ruling the Later Roman Empire*, Cambridge, Massachusetts, and London, England: The Belknap Press of Harvard University Press, 2004, pp. 241 - 242. J. H. W. G. Liebeschuetz, *Decline and Fall of the Roman City*, Oxford: Oxford University Press, 2001, pp. 142 - 143. H. Chadwick, *The Church in Ancient Society: From Galilee to Gregory the Great*, pp. 372 - 373.

僭位者,继续了庞大帝国的政治统一。最终,不到 50 岁的塞奥多西因病去世,人力无法控制的疾病使得这位塞奥多西家族能力过人的皇帝英年早逝,也令拜占庭帝国迎来了孩童皇帝(child emperor)的统治时代。

　　塞奥多西一世的 16 年统治大体上说是成功的,首先他再度恢复了帝国统一的政治局面,防止军阀混战政局的再度上演,这是早期拜占庭国家建设的重要保证;其次是他巩固了由君士坦丁一世开创的皇权血亲继承原则,他生前便未雨绸缪,提前安排自己的两个儿子代理帝国东部和西部控制权,保证了他去世后皇帝权力的顺利交接;再者是他延续君士坦丁大帝开始的各项帝国建设举措,不论是在坚持帝国基督教化方面,还是在完善军事指挥体系方面,或帝国其他行政和财政制度设立方面,都取得了稳步的进展,从而为此后拜占庭帝国官僚体系制度化、法典编纂和法治体系化、皇帝为首的中央集权制度化、以基督教信仰为核心的正统官方意识形态的形成奠定了基础。

第二节

阿卡狄乌斯（Arcadius）

395—408 年在位

　　阿卡狄乌斯(Arcadius,’Αρκάδιος,生于 377 年,卒于 408 年 5 月 1 日,享年 31 岁)是塞奥多西王朝的第二位皇帝,395 年 1 月 28 日至 408 年 5 月 1 日在位 13 年有余。

　　阿卡狄乌斯是塞奥多西一世与皇后弗拉西拉的长子,约生于 377 年。[1] 但是其父塞奥多西在 377 年时仍在西班牙隐居;378 年亚得里亚堡之役后,虽然塞奥多西临危受命,被格拉先指派巴尔干半岛收拾局面,但是如前所述,塞奥多西一世直

---

[1] A. H. M. Jones, J. R. Martindale and J. Morris, *The Prosopography of the Later Roman Empire*, vol. I: *A. D. 260 -395*, p. 99. 卡日丹主编的《牛津拜占庭辞典》的相关辞条中,提及阿卡狄乌斯于 377 或 378 年出生于君士坦丁堡。A. P. Kazhdan ed., *The Oxford Dictionary of Byzantium*, p. 173

至 380 年才进入君士坦丁堡,因此阿卡狄乌斯显然要么生于 380 年或之后,要么并非出生于君士坦丁堡。根据苏格拉底的说法,阿卡狄乌斯在 408 年去世时 31 岁,则应出生于 377 年①;如果阿卡狄乌斯出生于 377 年的话,那么他更可能出生于西班牙。383 年 1 月 19 日,塞奥多西一世立阿卡狄乌斯为奥古斯都。② 塞奥多西一世两次西征期间,都安排阿卡狄乌斯留守君士坦丁堡。阿卡狄乌斯在父亲病逝于米兰之后登基成为皇帝,以君士坦丁堡为都统治帝国东部地区,其弟霍诺留则统治帝国西部地区。

阿卡狄乌斯是首位在位期间常住定居于君士坦丁堡的皇帝。据学者统计,从君士坦丁一世于 337 年去世至塞奥多西一世于 380 年进入君士坦丁堡,拜占庭帝国皇帝在君士坦丁堡过冬的次数只有屈指可数的五次或六次:359—360 年间的康斯坦提乌斯二世,361—362 年间的朱利安,364—365 年间、366—367 年间、370—371 年间的瓦伦斯(瓦伦斯可能在 369—370 年也在君士坦丁堡过冬)。虽然皇帝们不时会驻留或经过君士坦丁堡,但在那里住的天数也并不多。康斯坦提乌斯二世除了 359—360 年间住在君士坦丁堡外,从未在该城长期居住过,瓦伦斯则在某种程度上设法避免停留于君士坦丁堡,因为该城在普罗柯比之乱中支持僭位者。③ 塞奥多西一世也由于西征而两次离开君士坦丁堡,第一次西征击败马克西姆斯后在意大利停留达三年之久。与之前的皇帝们相比,阿卡狄乌斯个人的活动范围大为缩小,虽然可能并非生于深宫,但确实从未远离君士坦丁堡及其周边地区。

阿卡狄乌斯也是自君士坦丁一世以来,除了西部皇帝瓦伦提尼安二世,首位在即位前没有军事经验、即位后也从未御驾亲征的拜占庭皇帝。在他之前的皇帝,康斯坦提乌斯二世在君士坦丁一世去世之前,已经在安条克指挥东方大区的军队;朱利安在 361 年即位之前,已经在高卢领军作战并取得战功;乔维安、瓦伦斯与塞奥多西一世均是军人出身。上述诸位皇帝在即位后也时常亲自率军

① Socrates, *The Ecclesiastical History of Socrates Scholasticus*, p. 153.
② Zosimus, *New History*, 4. 57. 4, p. 97. Philostorgius, *Church History*, p. 136. Marcellinus Comes, *The Chronicle of Marcellinus*, p. 3.
③ L. Grig and G. Kelly, "Introduction: From Rome to Constantinople", in Lucy Grig and Gavin Kelly, *Two Romes: Rome and Constantinople in Late Antiquity*, p. 13.

出征。这一军人皇帝的传统到阿卡狄乌斯时期出现了暂时的中断,并且这一中断在下一任皇帝统治时期继续保持了下去,直到马西安即位才恢复了旧日的传统。

阿卡狄乌斯同时也是自朱利安去世之后,首位在帝国东部地区凭借血亲关系通过对去世皇帝的继承而统治帝国的皇帝。随着朱利安的死亡,君士坦丁王朝告终,继任的乔维安统治时间过于短暂,以致未能建立自己的直系血亲继承王朝。瓦伦斯战死于亚得里亚堡以及随后的混乱局势,令当时的西部皇帝格拉先承认塞奥多西一世为东部皇帝,从而在实质上结束了瓦伦提尼安家族对帝国东部地区的统治,而以塞奥多西家族取而代之。塞奥多西一世在阿卡狄乌斯5岁时便立他为自己的共治皇帝,显然是在为阿卡狄乌斯的继位铺路,是为了确保家族王朝的延续而进行的准备。在塞奥多西一世去世之后,这一安排显然发挥了关键作用,我们在史家的记述中并未发现阿卡狄乌斯的继位受到任何挑战或质疑,可见由君士坦丁一世开创的血亲继承原则此时得到了进一步的巩固。

塞奥多西一世去世时,阿卡狄乌斯大约18岁,按照罗马法的规定,仍属于不满25岁的未成年人(minores XXV annorum)。[①]《普莱多里法》(lex Plaetoria)颁布后,未成年人的概念逐渐深入帝国社会,这种未成年人受到恢复原状(in integrum restitution)和不满25岁未成年人保佐(cura minorum XXV annorum)等法律制度的要求已经落实。不满25岁未成年人保佐是指随着《普莱多里法》于公元前191年的颁布,不满25岁的未成年人可以要求裁判官为自己指定一名保佐人协助处理某一事务,以防止受到他人的欺骗,马可·奥勒留皇帝将这种为特定事务指定的保佐人变成常设保佐人。此后,未满25岁的未成年人处置自己的财产必须得到保佐人的同意,他再不能提出普莱多里法抗辩(exceptio legis Plaetoriae)要求恢复原来的法律地位。如果阿卡狄乌斯是普通人的话,那么此时根据法律,他还没有取得完全的行为能力,甚至连申请年龄恩准(venia aetatis)的年龄还没有到达[②],其行为需要受到保佐人(curator)的监管。因此,从法律意义上说,阿卡狄乌斯在

①　黄风编著:《罗马法词典》,北京:法律出版社2001年版,第178、179页。
②　指君主根据某些未满25岁青少年的请求所给予的特殊照顾,允许他们免除保佐人协助,取得完全的行为能力。年龄恩准的赐予一般掌握在男性20岁和女性18岁。黄风编著:《罗马法词典》,第254页。

即位时还不是真正的成年人,可算是一位少年皇帝。如果从政治上看,则史家近乎一致地认为阿卡狄乌斯长期受到强有力的大臣或皇后的影响,因此在帝国事务上似乎也可算是欠成熟的统治者。另一方面,这位弱势—— 如果不是无能的话——皇帝虽然迭逢忧患,甚至与霍诺留几乎发生阋墙之战,却终于保住了皇位,并顺利传位于其子,确保了家族统治的继续,最高权力得以和平交接,可以算是其最大的政绩。

　　根据佐西莫斯的记载,塞奥多西一世于 394 年离开君士坦丁堡西征阿尔博加斯特与尤金时,由于留守君士坦丁堡的阿卡狄乌斯比较年轻,故而留任大区长官鲁菲鲁斯(Rufinus)为摄政。[①] 395 年 1 月塞奥多西一世去世后,阿卡狄乌斯成为帝国东部的皇帝,鲁菲鲁斯继续控制朝政。他的另一个儿子、阿卡狄乌斯之弟霍诺留成为西部皇帝,大将斯蒂利科(Stilicho)控制了帝国西部地区的实权[②],塞奥多西一世的幼女伽拉·普拉西迪亚也被委托给赛琳娜(Serena)监护。[③] 几乎从一开始,帝国东部与西部政府之间的关系便出现裂痕。根据尤纳匹乌斯的描述,控制帝国东部地区的鲁菲鲁斯与控制西部地区的斯蒂利科利用一切阴谋诡计彼此争斗。[④] 根据 5 世纪史家奥林匹奥多鲁斯(Olympiodorus)的叙述,塞奥多西一世在去世时任命斯蒂利科为阿卡狄乌斯与霍诺留的监护人。[⑤] 斯蒂利科的门客、来自埃及亚历山大里亚的拉丁诗人克劳迪安(Claudian)就此宣称:"罗马的权力被授予给你来关注,斯蒂利科;世界的治理被放在了你的手中。兄弟的双生皇权与

---

① Zosimus, *New History*, 4. 57. 4, p. 97.

② 此人父亲是汪达尔人,母亲是罗马人,娶塞奥多西一世养女赛琳娜为妻,在 394 年的西征中是军队指挥官之一,并于同年成为御前军事长官(magister militum praesentalis),395 年被塞奥多西任命为霍诺留的保护人。A. P. Kazhdan ed., *The Oxford Dictionary of Byzantium*, p. 1957.

③ M. Brion, *Alaric the Goth*, trans. Frederick H. Martens, New York: Robert M. McBride & Company, 1930, p. 6. Hagith Sivan, *Galla Placidia: The Last Roman Empress*, Oxford: Oxford University Press, 2011, p. 28.

④ Eunapius, fragments, 62. 1, in R. C. Blockley, *The Fragmentary Classicising Historians of the Later Roman Empire, Eunapius, Olympiodorus, Priscus and Malchus, II (Text, Translation and Historiographical Notes)*, p. 91.

⑤ Olympiodorus, fragments, 1. 1, in R. C. Blockley, *The Fragmentary Classicising Historians of the Later Roman Empire, Eunapius, Olympiodorus, Priscus and Malchus, II (Text, Translation and Historiographical Notes)*, p. 153. Photius, *Bibliothèque*, ed. R. Henry, 8 vols., Paris: Les Belles Lettres, 1959, 1960, 1962, 1965, 1967, 1971, 1974, 1977. TLG, No. 4040001.

两个皇室的军队被交予你来掌握。"①米兰主教安布罗斯在其演说中同样宣布塞奥多西一世任命斯蒂利科作为他的儿子们的保护人。② 实际上,斯蒂利科不仅声称塞奥多西一世在去世前将其两子托付给他,并且进一步要求将马其顿尼亚行政区与达契亚行政区纳入霍诺留的治下,这两个行政区过去属于西部皇帝管辖,但此时属于阿卡狄乌斯皇帝的东部辖区。③ 这种要求自然引起东部政府的疑虑与反感,东部政府与西部政府逐步发生对抗,以致两者进入后世学者所谓的"冷战状态"④,直到阿卡狄乌斯去世,这种状态始终存在,并一度到达战争边缘。同时,正是在这种状态下,西哥特人得以利用东部帝国与西部帝国的矛盾而逐渐坐大,并最终铺平了通向 410 年攻占罗马的道路。

　　西哥特人领袖阿拉里克(Alaric)率部回到帝国东部,发动叛乱,据说他由于没有得到适当的提升而愤怒。⑤ 趁着帝国东部野战部队主力尚未从西部返回之机,阿拉里克所部西哥特人向君士坦丁堡进发。⑥ 当他们到达君士坦丁堡城墙外以后,在劫掠中小心地避开城外属于鲁菲鲁斯的田庄,其目的可能是希望赢得掌权的大区长官的友谊,并获得更为有利的和约条款。据说,鲁菲鲁斯以哥特人装束前往哥特人的军营谈判,谈判的结果是阿拉里克离开首都并向西进军。⑦ 或者,西哥特人也可能认识到君士坦丁堡是一个难于征服的目标,阿拉里克才转向更为容易进攻的马其顿尼亚和塞萨利。⑧ 根据克劳迪安的说法,斯蒂利科此时率领来自高卢和东部的军队前往东部地区,意图解民于倒悬之中。⑨ 伯里认为,斯蒂利科出兵东部不仅是为了处理蛮族问题,也存在政治上的原因,与他所深切关心的

---

① Claudian, *Claudian*, vol. I, with an English translation by Maurice Platnauer, Cambridge, Massachusetts and London, England: Harvard University Press, 1922, p. 59.

② S. Williams and G, Friell, *Theodosius: The Empire at Bay*, p. 139.

③ A. H. M. Jones, *The Later Roman Empire 284 -602: A Social, Economic, and Administrative Survey*, vol. I, p. 183.

④ A. D. Lee, *From Rome to Byzantium AD 363 to 565: The Transformation of Ancient Rome*, p. 83.

⑤ M. Kulikowski, *Rome's Gothic Wars: From the Third Century to Alaric*, pp. 164 - 165.

⑥ S. Williams and G, Friell, *Theodosius: The Empire at Bay*, p. 145.

⑦ J. B. Bury, *History of the Later Roman Empire: From the Death of Theodosius I to the Death of Justinian*, vol. I, p. 110.

⑧ M. Kulikowski, *Rome's Gothic Wars: From the Third Century to Alaric*, p. 165.

⑨ Claudian, *Claudian*, vol. I, pp. 65 - 67.

帝国两个部分之前的领土划分问题有关:斯蒂利科要求将伊利亚大区交给西部政府,而只给阿卡狄乌斯留下东方大区。因此,斯蒂利科出兵巴尔干半岛除了阻止阿拉里克,也是对鲁菲鲁斯控制的政府施加压力,以便为夺回他所宣称的监护权,令自己成为君士坦丁堡的东部政府的主宰。① 根据克劳迪安的记载,当听闻斯蒂利科出兵后,鲁菲鲁斯大为惊恐,向阿卡狄乌斯进言,称斯蒂利科要杀害自己并企图统治东部,要求皇帝下令斯蒂利科退兵并交还本属于东部的军队,并威胁阿卡狄乌斯如果不照此行事,落地的人头一定不会只是鲁菲鲁斯自己一个人,阿卡狄乌斯在此情况下,被迫同意了鲁菲鲁斯的要求。斯蒂利科得到命令时,正在准备进攻哥特人,但最终服从了命令,并安抚了激愤的士兵,下令撤军。② 伯里认为,斯蒂利科之所以从命,可能是他对自己的地位还缺乏自信,也可能是他对自己的军队还缺乏信任,还可能在于此时仍在君士坦丁堡的妻子赛琳娜与其子女,她们可能被押为人质,因此他将东部军队交给一位哥特人将军盖伊纳斯(Gainas),并率其余的军队离开驻地回罗马,由此为阿拉里克打开了进入希腊的道路。③

根据佐西莫斯的记载,当阿拉里克接近温泉关(Thermopylae)时,向执政官(proconsul)安提奥库斯(Antiochus)及温泉关卫队指挥官格罗提乌斯(Gerontius)宣告他的到来。后者撤离守军,让阿拉里克顺利进入希腊,半岛各地城市与乡村由此遭受了烧杀抢掠,只有底比斯因其城防坚固以及阿拉里克急于占领雅典而幸免于难。396 年,阿拉里克进入雅典,与佐西莫斯关于阿拉里克没有对当地造成损害的记载相反④,现代考古证据表明,他的军队确实对雅典造成了一定的破

① J. B. Bury, *History of the Later Roman Empire: From the Death of Theodosius I to the Death of Justinian*, vol. I, pp. 110 - 111. M. Kulikowski, *Rome's Gothic Wars: From the Third Century to Alaric*, p. 166. S. Williams and G. Friell, *Theodosius: The Empire at Bay*, p. 145.
② Claudian, *Claudian*, vol. I, pp. 67 - 71, pp. 71 - 79.
③ J. B. Bury, *History of the Later Roman Empire: From the Death of Theodosius I to the Death of Justinian*, vol. I, p. 112.
④ 阿凯亚同执政官(proconsul Achaiae),是阿凯亚行省的行政长官,由鲁菲鲁斯任命。A. H. M. Jones, J. R. Martindale and J. Morris, *The Prosopography of the Later Roman Empire, vol. I: A. D. 260 - 395*, p. 72. Zosimus, *New History*, 5. 5, pp. 100 - 101, 5. 6. 3, p. 101.

坏。① 阿拉里克的军队在希腊一直待到 397 年,劫掠范围远至伯罗奔尼撒半岛。397 年 4 月,斯蒂利科海陆并进,再次东征阿拉里克,迫使后者撤退至伊庇鲁斯。此时已经代鲁菲努斯掌控东部政府的尤特罗庇乌斯担心斯蒂利科的行动会危及自己的地位,认为阿拉里克的威胁较斯蒂利科为轻,于是一方面说服阿卡狄乌斯宣布斯蒂利科为公敌(hostis publicus),一方面与阿拉里克谈判,授予他高级军职。为了迫使斯蒂利科离开巴尔干半岛,尤特罗庇乌斯还挑唆阿非利加伯爵(comes Africae)吉尔多(Gildo)脱离霍诺留政府而投向阿卡狄乌斯方面。此后,阿拉里克被任命为伊利里亚军事长官(magister militum per Illyricum),从而使他可以在当地增强军力并装备其属下。实际上,斯蒂利科可能也与阿拉里克达成了某种协议。② 由此,阿拉里克借助阿卡狄乌斯政府与霍诺留政府之间的龃龉,得以合法立足于巴尔干半岛,并厉兵秣马准备西渡。

从 397 年至 401 年,阿拉里克或其追随者没有再出现于记载之中,他们可能驻扎在巴尔干半岛南部地区的城市中,并作为帝国军队由文职官员提供补给,也有可能是阿拉里克的追随者回归农民生活了。③ 但在 401 年,阿拉里克利用斯蒂利科正忙于迎击入侵拉里提亚(Raetia)和诺利库姆(Noricum)的蛮族的机会,从伊利里亚出发,在没有遇到任何真正抵抗的情况下进入意大利。402 年,斯蒂利科于波伦提亚(Pollentia,今意大利的波伦佐)、维罗纳(Verona)两次击败阿拉里克,并曾在此期间与阿拉里克谈判,阿拉里克在维罗纳战役之后被迫撤出了意大利。④ 此后,从 402 年至 404 年后期或 405 年初期,阿拉里克占据了巴尔干半岛西北地区。⑤ 在此期间,为了将东伊利里亚(eastern Illyricum)并入西部政府的辖区之中,并解决与君士坦丁堡宫廷的冲突,斯蒂利科与阿拉里克结盟。大约在 405

① 郑玮:《雅典:公元 267—582 年:从古典城市走向基督教城市》,天津:天津人民出版社 2009 年版,第 113—118 页。

② M. Kulikowski, *Rome's Gothic Wars: From the Third Century to Alaric*, pp. 166 - 167. Zosimus, *New History*, 5. 11. 2, p. 104. M. Kulikowski, *Rome's Gothic Wars: From the Third Century to Alaric*, p. 168. A. H. M. Jones, *The Later Roman Empire 284 - 602: A Social, Economic, and Administrative Survey*, vol. I, p. 183. J. B. Bury, *History of the Later Roman Empire: From the Death of Theodosius I to the Death of Justinian*, vol. I, p. 120.

③ M. Kulikowski, *Rome's Gothic Wars: From the Third Century to Alaric*, pp. 167 - 168.

④ S. Williams and G. Friell, *Theodosius: The Empire at Bay*, pp. 153 - 154.

⑤ M. Kulikowski, *Rome's Gothic Wars: From the Third Century to Alaric*, p. 170.

年,阿拉里克的追随者再次回到伊庇鲁斯,而阿拉里克也得到了西部帝国军事长官的正式任命。[1] 斯蒂利科在击败了拉达盖伊苏斯(Radagaisus)于405—406年对意大利的入侵后,于407年忙于同东部帝国的内战准备,甚至切断了帝国两个部分之间的交通联系。当他准备渡过亚得里亚海时,盟友阿拉里克死亡的假消息令他延迟了行动,不列颠爆发的军人叛乱使得君士坦丁(Constantine)自立为帝并已入侵高卢的新闻也转移了他的注意力。[2] 于是,阿拉里克于407年再次进军意大利[3],要求斯蒂利科支付在405年达成的协议中所许诺的巨额酬金,斯蒂利科则说服元老院与皇帝同意支付阿拉里克所要求的4000磅黄金。[4] 408年5月,阿卡狄乌斯去世,斯蒂利科阻止皇帝霍诺留前往东部称帝,打算自行前往,并建议让阿拉里克进军高卢或进攻君士坦丁。这就引起皇帝的疑心,408年8月22日,在霍诺留的命令下,斯蒂利科被拘捕并遭到处决。[5] 斯蒂利科之死标志着整个阿卡狄乌斯统治时期东部政府与西部政府之间始终存在的紧张关系得以消除,这种关系延续了13年。408年12月10日发布于西部政府所在地拉文纳(Ravenna)的一条谕令反映了这一点:"公敌斯蒂利科设计了一种新奇而不同寻常的措施,以至于他在沿海地区与港口以大量卫兵设防,以至于不向来自东部的任何人开放帝国的这一地区的访问。我们被这一事态的不公所困扰,并且为了各地货物的交易不会减少,我们通过这一裁决规定,应当结束这一对沿海地区与港口有害的管制,并且应当有自由往返的权利。"[6]斯蒂利科垮台后,失去了盟友的阿拉里克进军意大利,最终于410年攻陷了罗马城。

阿卡狄乌斯在位时期,由于他年轻软弱,帝国政府最初控制于权臣之手,文臣

① S. Williams and G. Friell, *Theodosius: The Empire at Bay*, p. 155. M. Kulikowski, *Rome's Gothic Wars: From the Third Century to Alaric*, p. 171.

② J. B. Bury, *History of the Later Roman Empire: From the Death of Theodosius I to the Death of Justinian*, vol. I, p. 169.

③ 伯里认为是408年初。J. B. Bury, *History of the Later Roman Empire: From the Death of Theodosius I to the Death of Justinian*, vol. I, p. 169.

④ J. B. Bury, *History of the Later Roman Empire: From the Death of Theodosius I to the Death of Justinian*, vol. I, p. 170. M. Kulikowski, *Rome's Gothic Wars: From the Third Century to Alaric*, p. 172. Stephen Williams and Gerard Friell, *Theodosius: The Empire at Bay*, p. 157.

⑤ J. B. Bury, *History of the Later Roman Empire: From the Death of Theodosius I to the Death of Justinian*, vol. I, pp. 171 - 172.

⑥ C. Pharr translated, *The Theodosian Code and Novels and the Sirmondian Constitutions*, 7. 16. 1, p. 174.

武将之间争权夺利,政局由此不稳。如前所述,最先掌权的是东方大区长官鲁菲鲁斯。根据尤纳匹乌斯和佐西莫斯的说法,此人贪婪成性,夺取他人财产,收受贿赂,卖官鬻爵。① 为进一步巩固自己的地位,鲁菲鲁斯企图将自己的女儿嫁给阿卡狄乌斯,但是被宦官尤特罗庇乌斯所破坏,后者促成阿卡狄乌斯对法兰克人将军巴托之女尤多西娅的兴趣,尤多西娅很快成为皇后,从而阻止了鲁菲鲁斯的联姻计划。② 鲁菲鲁斯未及报复尤特罗庇乌斯,就于 395 年 11 月 27 日遇刺,当时这位东部政府的摄政者与皇帝阿卡狄乌斯一同前往君士坦丁堡城外检阅由前述盖伊纳斯带回的军队,结果被士兵杀死。③

继鲁菲鲁斯执掌朝政大权的便是担任寝宫总管(praepositus sacri cubicula)之职的尤特罗庇乌斯,这名宦官在塞奥多西一世时代便已为宫廷服务,并深受塞奥多西一世信任,在阿卡狄乌斯时期又将其影响力从宫殿扩展至帝国政府的范围。④ 可能正是在他的影响之下,阿卡狄乌斯进行了行政管理上的一次革新,将公共驿站(cursus publicus)与兵器工场的监管权从大区长官手中转移给了执事官(magister officiorum)。但是,鲁菲鲁斯之死与尤特罗庇乌斯的掌权并未使得政局就此稳定。396 年,尤特罗庇乌斯玩弄阴谋,致使德高望重的将军阿布恩达提乌斯(Abundantius)与提马修斯(Timasius)遭受放逐。⑤ 据说阿布恩达提乌斯先后效力于格拉先与塞奥多西一世麾下,392—393 年间任伯爵与两军军事长官(comes et magister utrusque militia),393 年任执政官,可能至 394 年已退出现役而在宫廷的枢密会议服务,但在 396 年先被放逐至西顿(Sidon),后又被放逐至皮提乌斯

① Eunapius, fragments, 62. 2, in R. C. Blockley, *The Fragmentary Classicising Historians of the Later Roman Empire, Eunapius, Olympiodorus, Priscus and Malchus, II (Text, Translation and Historiographical Notes)*, pp. 91 - 93. *Zosimus, New History*, 5. 1. 1 - 3, p. 99.

② *Zosimus, New History*, 5. 3. 1 - 5, p. 100. K. G. Holum, *Theodosian Empresses: Women and Imperial Dominion in Late Antiquity*, pp. 52 - 53.

③ Claudian, *Claudian*, vol. I, pp. 85 - 87. Eunapius, fragments, 64. 1, in R. C. Blockley, *The Fragmentary Classicising Historians of the Later Roman Empire, Eunapius, Olympiodorus, Priscus and Malchus, II (Text, Translation and Historiographical Notes)*, p. 95. *Zosimus, New History*, 5. 7. 4 - 6, p. 102. J. B. Bury, *History of the Later Roman Empire: From the Death of Theodosius I to the Death of Justinian*, vol. I, pp. 112 - 113.

④ Jacqueline Long, *Claudian's In Eutropium: Or, How, When, and Why to Slander a Eunuch*, Chapel Hill and London: The University of North Carolina Press, 1996, pp. 1 - 2.

⑤ J. B. Bury, *History of the Later Roman Empire: From the Death of Theodosius I to the Death of Justinian*, vol. I, p. 115, pp. 117 - 118.

（Pityus，位于今格鲁吉亚的比奇温塔 Pitsunda），其财产被尤特罗庇乌斯所得。① 提马修斯曾在瓦伦斯麾下担任军官，388— 395 年任骑兵与步兵长官（magister equitum et peditum），394 年与斯蒂利科一起被任命为西征尤金的军队统帅，塞奥多西一世去世后回到东部，但在 396 年被放逐至大绿洲（Great Oasis，位于埃及），企图逃离放逐地时死在沙漠中。也有说法称其子在匪帮的帮助下将其救出，但提马修斯父子从此再未出现于记载之中。②

399 年，尤特罗庇乌斯因领军出征匈人胜利而成为第一位获得执政官荣誉职位的宦官，并成为显贵（patricius）。③ 这一任命引起了广泛的不满。④ 同年，塞奥多西一世时代定居于弗里吉亚的东哥特人（Ostrogoths）在其憎恨尤特罗庇乌斯的首领特里比吉尔德（Tribigild）的率领下暴动，由蛮族与逃亡奴隶组成的军队蹂躏了整个加拉提亚、比西迪亚（Pisidia）与比提尼亚，尤特罗庇乌斯以其友人利奥（Leo）与盖伊纳斯共同领军平乱。盖伊纳斯为与尤特罗庇乌斯争权，故意逗留不进，并暗通特里比吉尔德，导致利奥孤军深入而败亡。随后，盖伊纳斯请求皇帝满足特里比吉尔德的要求并罢免尤特罗庇乌斯，此时已经妒忌尤特罗庇乌斯的权力与财富的皇后最终说服了皇帝除掉这位宦官。失宠的尤特罗庇乌斯先是被放逐至塞浦路斯，后又被召回受审，以大逆罪被处决于卡尔西顿。⑤ 皇帝于 399 年颁布的诏谕中宣布，将尤特罗庇乌斯放逐至塞浦路斯，"我们已经将曾经是神圣寝宫总管尤特罗庇乌斯的所有财产纳入我们金库的账目；应当剥夺他的荣耀；并且应当确保执政官职位免于怪物的污秽、他的名字的记忆与他的肮脏的卑劣。他的所有

① A. H. M. Jones, J. R. Martindale and J. Morris, *The Prosopography of the Later Roman Empire*, vol. I: *A. D. 260 –395*, pp. 4 – 5.

② A. H. M. Jones, J. R. Martindale and J. Morris, *The Prosopography of the Later Roman Empire*, vol. I: *A. D. 260 –395*, p. 914.

③ K. G. Holum, *Theodosian Empresses: Women and Imperial Dominion in Late Antiquity*, pp. 61 – 62.

④ J. R. Martindale, *The Prosopography of the Later Roman Empire*, vol. II: *A. D. 395 – 527*, Cambridge: Cambridge University Press, 1980, p. 442. K. G. Holum, *Theodosian Empresses: Women and Imperial Dominion in Late Antiquity*, p. 62. J. B. Bury, *History of the Later Roman Empire: From the Death of Theodosius I to the Death of Justinian*, vol. I, p. 127.

⑤ J. B. Bury, *History of the Later Roman Empire: From the Death of Theodosius I to the Death of Justinian*, vol. I, pp. 129 – 132. K. G. Holum, *Theodosian Empresses: Women and Imperial Dominion in Late Antiquity*, pp. 62 – 63. J. R. Martindale, *The Prosopography of the Later Roman Empire*, vol. II: *A. D. 395 – 527*, pp. 442 – 443. S. Williams and G. Friell, *Theodosius: The Empire at Bay*, p. 152.

记录均应当被消除,乃至于所有时代涉及他都要保持沉默,乃至于不会经由其恶行的详述而令我们的时代显出污点,并且使那些以其勇敢和伤痛扩展罗马人边界的人,或那些通过保卫法律的公平看管这些疆域的人,可以不由于这个邪恶怪物的接触污染了执政官职位的神圣奖赏而悲恸。他应当知晓,他也已经被剥夺了显贵的尊荣,以及所有由于他道德邪恶而污染了的其他较低的尊荣。我们规定,在所有城市与城镇中,无论在私人还是公共场所,他的所有雕像、所有画像——无论是铜的还是大理石的,上色的或是以无论何种适于作画的材料制造的——都应当被销毁,以便我们时代的耻辱——可以这么说——可以不污染那些看见这些形象的人的视线。并且,他应当在忠诚的看管下被押送至塞浦路斯岛,高尚的你应当知晓,他已经被遣送至那个岛屿,并且那里由警觉的卫兵所环卫,他应当不能以其疯狂的阴谋令一切陷入混乱。"①显然,尤特罗庇乌斯的财产被没收,同时也得到了"除名毁忆"的惩罚。

尤特罗庇乌斯垮台后,权力绞肉机并未就此停止工作。尤特罗庇乌斯任命的东方大区长官尤提克安(Eutychian)也随其恩主一并丢掉了官职,在围绕这一空缺职权的争夺中,盖伊纳斯所支持的候选人未能获胜,据认为是反日耳曼人派领袖的奥勒里安(Aurelian)成为新任东方大区长官。盖伊纳斯自然对此非常不满意,他与特里比吉尔德联军反叛,进至卡尔西顿,要求皇帝前来与其会面谈判。谈判的结果是确认盖伊纳斯御前军事长官的地位,他与特里比吉尔德因此得以渡海进入欧洲,并将奥勒里安的主要支持者之一萨图尔尼努斯(Saturninus)及皇后的友人约翰(John)作为人质交给盖伊纳斯,由此,盖伊纳斯成为东部政府的主人并进入了君士坦丁堡。但是,盖伊纳斯显然并不具备掌控政局的能力,在君士坦丁堡大约六个月的统治期间,其洗劫银钱兑换商的财政措施、在城中为阿里乌派争夺教堂的要求,以及包围皇宫的计划无一得以实现。新任东方大区长官的凯撒里乌斯(Caesarius)对盖伊纳斯仍然充满敌意,他的哥特士兵同样不受君士坦丁堡民众的欢迎。400年7月,盖伊纳斯决定离开君士坦丁堡前往色雷斯,但是军队的行动

---

① C. Pharr translated, *The Theodosian Code and Novels and the Sirmondian Constitutions*, 8. 40. 17, pp. 257 - 258.

导致人心惶惶，最终引发了暴动，市民关闭城门，数千名哥特人被杀，逃入教堂避难的哥特人也未能逃脱这一命运。① 盖伊纳斯企图经由赫勒斯滂前往小亚细亚，但是被忠于帝国的另一位哥特人将军弗拉维塔（Fravitta）所败。此后，盖伊纳斯向北逃亡，越过多瑙河，被匈人国王乌尔丁（Uldin）所杀，其首级作为赠给阿卡狄乌斯的礼物被送至君士坦丁堡。②

直至盖伊纳斯危机结束之后，阿卡狄乌斯时期的帝国政局才算进入一个相对稳定的时期，奥勒里安从放逐地回归京城，于400年成为执政官，直至老年仍是君士坦丁堡一位势力强大的人物，他于414—416年间再次担任一人之下万人之上的东方大区长官之职。继尤提克安之后任东方大区长官的凯撒里乌斯执政至403年，此后，尤提克安于404—405年间再次担任东方大区长官。③ 在尤提克安之后，于405—414年担任该职的则是安泰米乌斯（Anthemius）。④ 从上述东方大区长官任职者可以看出，直到405年之前，担任该职者的一个共同点是均属于盖伊纳斯夺取政权以及执政之时受到打压的文官。安泰米乌斯在盖伊纳斯危机期间尚未身居高位，从现存历史记载中也没有发现他与盖伊纳斯存在任何交集，他也并非军人出身，这可能反映了在盖伊纳斯危机之后，在阿卡狄乌斯统治的余下时期，反对以哥特人为代表的蛮族军人在政府中扩大影响的文官占据了优势地位。

最后，阿卡狄乌斯在宗教问题上继承其父塞奥多西一世的政策，继续支持基督教尼西亚派，压制基督教异端派别以及多神教徒。在塞奥多西一世去世不久后他于395年3月在君士坦丁堡颁布的一条法令中针对异端宣布："我们根

---

① J. B. Bury, *History of the Later Roman Empire: From the Death of Theodosius I to the Death of Justinian*, vol. I, p. 133, pp. 132 – 133, pp. 133 – 134. M. Kulikowski, *Rome's Gothic Wars: From the Third Century to Alaric*, p. 169.

② S. Williams and G, Friell, *Theodosius: The Empire at Bay*, p. 152. Michael Kulikowski, *Rome's Gothic Wars: From the Third Century to Alaric*, p. 169. J. B. Bury, *History of the Later Roman Empire: From the Death of Theodosius I to the Death of Justinian*, vol. I, pp. 134 – 135. A. P. Kazhdan ed., *The Oxford Dictionary of Byzantium*, p. 814.

③ A. H. M. Jones, J. R. Martindale and J. Morris, *The Prosopography of the Later Roman Empire, vol. I: A. D. 260 – 395*, p. 129, p. 171, p. 321.

④ J. R. Martindale, *The Prosopography of the Later Roman Empire, vol. II: A. D. 395 – 527*, p. 94.

据我们的裁决重申,所有根据我们神圣记忆中的父亲之裁决规定,以所有刑罚和所有惩罚反对异端分子难以抑制的灵魂,并且我们决定,出于希望他们改正,而根据任何特别裁决不符合违法者应得的惩罚,而让与他们的一切特权是无效的。"①395 年 8 月,由阿卡狄乌斯领衔发布了一条反对多神教徒的诏谕,其中宣称:"我们规定所有人都不应当拥有进入无论任何神殿或神庙的许可,或是拥有在无论任何地点或时间举行被诅咒的祭祀的许可。因此,所有力图背离大公信仰之虔敬教义的人应当立即遵守我们近来裁决的那些规定,并且他们不应大胆忽略之前关于异端或异教徒的谕令。他们应当知晓,根据我们神圣父亲的法律,针对他们的无论任何裁决现在应当以惩罚或损失的方式更有力地执行。此外,我们的行省总督和服从他们的执行官、高职者和城市辩护人与市议员,我们占有地——我们得悉,非法的异端分子以毫无畏惧的心情进入其中集会,因为这些占有地不能被纳入国库,尽管它们已经属于国库所有——的代理人,所有上述人等应当知晓,如果任何此类罪行试图违背我们法令的话,并且如果没有在其刚开始时就立即被打击和惩罚的话,他们应当承受先前法令所确定的所有损失和惩罚。"对于重归多神教信仰的背教者,396 年 3 月颁布的法律规定:"如果任何人当他们是基督徒时以偶像崇拜的邪恶迷信玷污自己的话,他们应当受到不拥有为外人获益而订立遗嘱之权力的刑罚攻击。"②正如学者所言,塞奥多西一世之子不时限制他们的宗教狂热,也是为了帝国的和平以及保护其他需要保护的价值观的缘故。③ 拜占庭帝国的基督教化政策方向已定,并在阿卡狄乌斯时期继续向前推进。

就基督教会内部而言,阿卡狄乌斯时期出现了一次神学色彩远不及政治色彩浓厚的争端,亦即金口约翰争端。约翰出生于安条克,后成为安条克教会的教士,他因口才出众而有"金口(Chrysostom, Χρυσόστομος)"之称。君士坦丁堡牧首内科塔里乌斯去世后,君士坦丁堡教区内部就继任人选问题发生纠纷。在宦官尤特

---

① C. Pharr translated, *The Theodosian Code and Novels and the Sirmondian Constitutions*, 16.5.25, p.454.

② C. Pharr translated, *The Theodosian Code and Novels and the Sirmondian Constitutions*, 16. 10. 13, p.474, 16.7.6, p.466.

③ J. Geffcken, *The Last Days of Greco-Roman Paganism*, p.223.

罗庇乌斯的建议下,阿卡狄乌斯将约翰召至君士坦丁堡接任牧首职位。[1] 关于为何选任约翰为牧首,科利认为可能包括如下原因:尤特罗庇乌斯曾前往安条克并注意到了约翰的才能;时任东方大区长官在 387 年安条克暴动时是调查委员会成员之一,他在报告中赞扬了约翰在暴动时期的表现;塞奥多西皇室希望能对首都的阿里乌派信徒采取更严厉的行动,并认为约翰是完成这一任务的适当人选;当局当时可能正期待寻找一位能够配合其巩固并扩展首都教区权威这一政治目标的主教。[2] 无论尤特罗庇乌斯或皇帝当初是如何希望或打算的,被后世学者评论为"政治上幼稚"的约翰很快证明了自己缺乏担任这一重要职务的手腕。[3] 新任主教革除教会中的弊端,严加管理,干预其他教区事务,并在布道中抨击权贵,凡此种种为他吸引了大量支持者,同时也为自己增加了敌人。[4] 最终,约翰的敌人找到了一位强有力的人物为领袖,即亚历山大里亚主教塞奥菲鲁斯(Theophilus)。

根据苏格拉底的描述,约翰的继任者阻止了塞奥菲鲁斯支持其教会中的长老伊西多尔(Isdore)成为君士坦丁堡牧首的计划。[5] 帕拉第乌斯则认为,塞奥菲鲁斯之所以对约翰成为君士坦丁堡牧首怀有敌意,是因为塞奥菲鲁斯希望所有人都是他可以控制的软弱的人。[6] 实际上,塞奥菲鲁斯对约翰的敌意在本质上是由于君士坦丁堡教会地位迅速上升而引起的。正如弗伦德所言,金口约翰主教任职期(398—404 年)的悲剧是,在东部开启了君士坦丁堡与亚历山大里亚之间为了至

[1] Palladius, *The Dialogue of Palladius concerning the Life of Chrysostom*, trans. by Herbert Moore, New York: The Macmillan Company, 1921, pp. 37 – 40, p. 40, pp. 41 – 42. *Palladii dialogus de vita S. Joanni Chrysostomi*, ed. P. R. Coleman-Norton, Cambridge: Cambridge University Press, 1928, TLG, No. 2111004. Socrates, *The Ecclesiastical History of Socrates Scholasticus*, p. 138, p. 138. J. H. W. G. Liebeschuetz, *Barbarians and Bishops: Army, Church, and State in the Age of Arcadius and Chrysostom*, Oxford: Clarendon Press, 1990, p. 166. W. Mayer and P. Allen, *John Chrysostom*, London and New York: Routledge, 2000, p. 8.

[2] J. N. D. Kelly, *Golden Mouth: The Story of John Chrysostom-ascetic, preacher, bishop*, London: Duckworth, 1995, p. 105.

[3] A. D. Lee, *From Rome to Byzantium AD 363 to 565: The Transformation of Ancient Rome*, p. 135.

[4] Palladius, *The Dialogue of Palladius concerning the Life of Chrysostom*, pp. 45 – 49. J. H. W. G. Liebeschuetz, *Barbarians and Bishops: Army, Church, and State in the Age of Arcadius and Chrysostom*, pp. 170 – 176. J. B. Bury, *History of the Later Roman Empire: From the Death of Theodosius I to the Death of Justinian*, vol. I, pp. 141 – 142.

[5] Socrates, *The Ecclesiastical History of Socrates Scholasticus*, p. 138. A. D. Lee, *From Rome to Byzantium AD 363 to 565: The Transformation of Ancient Rome*, p. 135.

[6] Palladius, *The Dialogue of Palladius concerning the Life of Chrysostom*, pp. 42 – 44.

高地位而进行的斗争。① 事件的导火索源于塞奥菲鲁斯于 399 年末或 400 年初在尼特里亚（Nitria，今埃及的布海拉）召开宗教会议，谴责生活于 2 世纪后期至 3 世纪中叶的基督教神学家奥利金及其观点，一些被谴责的教士与修道士逃至君士坦丁堡向约翰上诉。约翰一方面接纳逃亡者，另一方面试图居中调解，但绝望的逃亡者最终选择直接向皇帝夫妇请愿。② 402 年夏，阿卡狄乌斯下令召开一次由约翰主持的宗教会议，调查针对亚历山大里亚主教塞奥菲鲁斯的指控，但塞奥菲鲁斯与约翰的敌人结成同盟，并挑动皇后尤多西娅对约翰产生反感。塞奥菲鲁斯此后在博斯普鲁斯海峡另一侧一处名为"橡树（the Oak）"之地召开自己的宗教会议，会议列举了约翰的罪状，并四度要求约翰出席答辩，约翰对此予以拒绝，于是橡树宗教会议以此为由，罢免了约翰主教之职，阿卡狄乌斯被迫予以承认。③ 此后虽有反复，但约翰最终于 404 年 6 月被永远放逐，最初被放逐至亚美尼亚的村庄库库苏斯（Cucusus），后又被流放至更远的科马纳（Comana）。他在接近新流放地时，于 407 年 9 月病逝于路途中。④ 约翰的追随者纷纷脱离教会，独自在不同的地方举行他们的集会，并由约翰而得名为"约翰派（Johannites）"，后来他们因君士坦丁堡火灾而受到政府的严刑拷问。⑤ 这一教派之争在阿卡狄乌斯余下的统治时期延续，直至下任皇帝即位后采取和解政策方才结束。

　　阿卡狄乌斯从 395 年 1 月塞奥多西一世在米兰去世，到他本人于 408 年 5 月 1 日去世于君士坦丁堡⑥，总共统治拜占庭帝国 13 年有余。在位期间，权臣、宦官、蛮族武将、皇后先后在帝国政治中发挥了重要作用，皇帝本人则动辄为周围的权臣所控制，深受他们的影响，因此政局一度较为动荡。作为拜占庭帝国中央集权

① W. H. C. Frend, *The Rise of Christianity*, p. 749.

② N. Russell, *Theophilus of Alexandria*, London and New York: Routledge, 2007, pp. 21 - 29.

③ H. Chadwick, *The Church in Ancient Society: From Galilee to Gregory the Great*, pp. 494 - 496.

④ Palladius, *The Dialogue of Palladius concerning the Life of Chrysostom*, pp. 89 - 95. Socrates, *The Ecclesiastical History of Socrates Scholasticus*, pp. 151 - 152. K. G. Holum, *Theodosian Empresses: Women and Imperial Dominion in Late Antiquity*, p. 77. J. N. D. Kelly, *Golden Mouth: The Story of John Chrysostom-ascetic, preacher, bishop*, pp. 250 - 271. Henry Chadwick, *The Church in Ancient Society: From Galilee to Gregory the Great*, pp. 497 - 498.

⑤ Palladius, *The Dialogue of Palladius concerning the Life of Chrysostom*, pp. 87 - 89, pp. 91 - 92. Socrates, *The Ecclesiastical History of Socrates Scholasticus*, p. 151.

⑥ Socrates, *The Ecclesiastical History of Socrates Scholasticus*, p. 153.

制度的核心,虽然阿卡狄乌斯不具有担任皇帝所要求具备的能力,但是其地位本身却赋予他以巨大的权力。在政局变动之中,我们可以看到这种来自皇帝权力的重要性。鲁菲鲁斯之垮台需要以皇帝诏谕使之合法化,宦官尤特罗庇乌斯因受到皇帝宠幸而权势极大,但皇帝的命令可立即将他们置于死地。盖伊纳斯欲以武力控制皇帝,但终未能控制局势。皇后虽干预政治与宗教事务,但最终的命令仍出自皇帝本人。因此,阿卡狄乌斯或许软弱,但皇位所带来的权威仍是帝国政治生活中的决定性因素。皇帝的无能在这样一种制度中则有助于加强政局的不可预测性。

性格软弱的阿卡狄乌斯在位期间虽然表现平庸,并无突出建树,但是他在无所作为的 13 年间中规中矩地履行皇帝的职责,严格按照其父的各项政策行事,这在很大程度上保证了拜占庭帝国早期的政治建设,特别是他通过确立幼子为皇储,保证了王朝的延续和皇权血亲世袭制度的发展。皇宫的内斗并未严重影响民众的生活,特别是首都之外的秩序依旧良好,社会生活安定,拜占庭帝国中央集权制的优势得以继续发挥。

第三节

塞奥多西二世(Theodosius II)

408—450 年在位

塞奥多西二世(Theodosius II, Θεοδόσιος Β′,生于 401 年 4 月 10 日,卒于 450 年 7 月 28 日,享年 49 岁)是塞奥多西王朝第三位皇帝,408 年 5 月 1 日其父去世后即位,直到 450 年 7 月 18 日病故,在位时间长达 42 年有余,属于拜占庭皇帝中在位时间最长者之一。

塞奥多西二世是皇帝阿卡狄乌斯之子,于 401 年 4 月 10 日出生于君士坦丁堡。[1] 402 年,尚在襁褓之中的塞奥多西二世被其父阿卡狄乌斯在君士坦丁堡

---

[1] Marcellinus Comes, *The Chronicle of Marcellinus*, p. 8. Michael Whitby and Marry Whitby translated, *Chronicon Paschale: 284 -628 AD*, p. 58. A. P. Kazhdan ed., *The Oxford Dictionary of Byzantium*, p. 2051.

立为共治皇帝。① 阿卡狄乌斯去世后，塞奥多西二世继承其父亲的拜占庭帝国皇位时，年龄不到 8 岁，与其父登基时的年岁相比尚有 10 岁的差距，从而成为塞奥多西王朝的又一位孩童皇帝。其 42 年的漫长统治不仅令他成为该王朝中统治时间最长的塞奥多西家族成员，也令他成为在位时间超过 40 年的拜占庭皇帝之一。

塞奥多西二世是首位既生于君士坦丁堡也死于君士坦丁堡的拜占庭皇帝，"生于深宫，长于妇人之手"是对其早年生活与教育的恰当描述。根据 5 世纪教会史家索佐门的说法，他的教育是在其大姐帕尔切里亚的系统指导下完成的。② 当阿卡狄乌斯去世时，就即位时的政治经验而言，塞奥多西二世甚至不及以软弱无能而著称的父亲，毕竟在塞奥多西一世去世之前，阿卡狄乌斯已经两次在其父西征时担任过留守京都的工作。自 17 世纪法国教会史家提勒蒙特（Tillemont）与英国罗马史家爱德华·吉本以来，学者一般认为塞奥多西二世是富有学识的人，只是性格软弱。③ 因此，塞奥多西二世的政府被强有力的文职大臣、皇室女性或宦官所控制，这成为共识。④

塞奥多西二世在位期间，政局相对平稳，与萨珊波斯以及西部帝国的关系在大多数时间里也保持着平静，对帝国安全造成威胁的主要是盘踞于多瑙河北部地区的匈人以及占据了北非的汪达尔人。塞奥多西二世在位时期的内政基本安定，帝国政府奖掖学术发展，倡导法律建设，同时积极进行拜占庭帝国首都君士坦丁堡的扩建。在宗教事务中，塞奥多西二世政府继续遵循塞奥多西一世与阿卡狄乌斯时期支持基督教并压制其他教派信仰的政策，同时设法消弭阿卡狄乌斯时期由于金口约翰争端而形成的"约翰派"神学分裂，正是在塞奥多西二世治下，基督教会内部先后出现了影响广泛的聂斯托利派（Nestorianism）与

---

① Marcellinus Comes, *The Chronicle of Marcellinus*, p. 8. M. Whitby and M. Whitby translated, *Chronicon Paschale: 284 - 628 AD*, pp. 58 - 59. *Chronicon Paschale*, ed. L. Dindorf, [Corpus Scriptorum Historiae Byzantinae] Bonn: Weber, 1832, TLG, No. 2371001. A. Christophilopoulou, *Byzantine History I: 324 -610*, trans. by W. W. Phelps, Amsterdam: Adolf M. Hakkert, 1986, p. 201.

② Sozomen, *The Ecclesiastical History of Sozomen*, trans. by C. D. Hartranft, G. Rapids, Michigan: WM. B. Eerdmans Publishing Company, 1957, p. 419. Sozomenus, *Kirchengeschichte*, ed. J. Bidez and G. C. Hansen, Berlin: Akademie-Verlag, 1960, TLG, No. 2048001.

③ C. Kelly, "Rethinking Theodosius", in Christopher Kelly edited, *Theodosius II: Rethinking the Roman Empire in Late Antiquity*, Cambridge: Cambridge University Press, 2013, p. 5.

④ A. P. Kazhdan ed., *The Oxford Dictionary of Byzantium*, p. 2051.

一性论派(Monophysitism)争端。

塞奥多西二世即位后,因其尚处童稚之年,政事被东方大区长官安泰米乌斯掌控。① 根据编年史家约翰·马拉拉斯的叙述,此时在阿卡狄乌斯生前曾抚养塞奥多西二世的宦官安提奥库斯在宫廷中对国政有巨大影响。② 根据霍鲁姆的说法,塞奥多西二世的大姐帕尔切里亚与安提奥库斯在412年发生冲突,并劝说其兄弟解除了安提奥库斯的职务,从而将皇室事务掌握在自己的手中,成为皇帝的"保护人"。安提奥库斯则失去了财产与官爵,被迫成为君士坦丁堡教会的教士。③ 另据马丁戴尔的看法,安提奥库斯在421年倒台。④ 根据格瑞特莱克斯与巴迪尔的分析,安提奥库斯可能于413年离开宫廷,但直至439年仍对塞奥多西二世保持着一定影响,此后皇帝可能是受另一名宦官克里萨菲乌斯(Chrysaphius)的影响,而迫使安提奥库斯成为教士。⑤ 这样,塞奥多西二世宫廷的实权就由宦官集团转变为皇亲集团掌控。

无论安提奥库斯在412年后的命运如何,414年,时年15岁的帕尔切里亚已经成为奥古斯塔(Augusta,相当于皇后)。⑥ 大约与此同时,帕尔切里亚以奥勒里安取代安泰米乌斯任东方大区长官。根据索佐门的记载,帕尔切里亚不仅自己过着献身于上帝的纯洁生活,并让自己的妹妹们也同样献身帝国事业,为了避免引起任何嫉妒猜疑或宫廷阴谋,她不允许任何男人进入皇家宫殿。⑦ 霍鲁姆认为,帕尔切里亚的守贞同她与大区长官安泰米乌斯之间的政治斗争有关。⑧ 如果从拜占庭帝国皇位继承特征的角度来看,帕尔切里亚的这种行为更易于理解。根据

① Socrates, *The Ecclesiastical History of Socrates Scholasticus*, p. 154. A. Christophilopoulou, *Byzantine History I: 324 −610*, p. 201. J. B. Bury, *History of the Later Roman Empire: From the Death of Theodosius I to the Death of Justinian*, vol. I, p. 212.
② John Malalas, *The Chronicle of John Malalas*, p. 197. Ioannis Malalae, *Chronographia*, ed. L. Dindorf, [Corpus Scriptorum Historiae Byzantinae] Bonn: Weber, 1831, TLG, No. 2871001.
③ K. G. Holum, *Theodosian Empresses: Women and Imperial Dominion in Late Antiquity*, p. 91. John Malalas, *The Chronicle of John Malalas*, p. 197.
④ J. R. Martindale, *The Prosopography of the Later Roman Empire*, vol. II: A. D. 395 −527, p. 102.
⑤ G. Greatrex and J. Bardill, "Antiochus the Praepositus: A Persian Eunuch at the Court of Theodosius II", in *Dumbarton Oaks Papers*, 1996, vol. 50, p. 197.
⑥ Marcellinus Comes, *The Chronicle of Marcellinus*, p. 11. A. P. Kazhdan ed., *The Oxford Dictionary of Byzantium*, p. 1757.
⑦ Sozomen, *The Ecclesiastical History of Sozomen*, p. 419.
⑧ K. G. Holum, *Theodosian Empresses: Women and Imperial Dominion in Late Antiquity*, pp. 96 −97, pp. 93 −95.

罗马法,女性在年满 12 岁后达到合法的成婚年龄,而在罗马帝国时期,许多皇室女性是在 13—15 岁时成婚。① 不仅帕尔切里亚于 411 年成年后面临婚姻问题,她的两个妹妹阿尔卡迪娅与玛丽娜②在 414 年也已经分别达到或即将达到可以缔结合法婚姻的年龄。皇室女性的婚姻问题关系重大,因为与皇室的联姻意味着订婚新郎被纳入皇室,从而在理论上拥有继承皇位的合法性。③ 无论三姐妹中的任何一人成婚,男方及其家族势必在宫廷与政府中取得特殊地位,无论他们是否有登上皇位的野心,他们必定会成为皇位的潜在候选人,从而成为塞奥多西二世本人或其后代的竞争者。这种婚姻本身将对塞奥多西姐弟与其家族构成威胁,因此,帕尔切里亚实际上是要以三姐妹的独身守贞堵死可能颠覆其弟以及皇族地位的所有人觊觎皇权的路径,并且以此破除各派势力借她们的婚姻引起政争或操控政治的企图。这也是帕尔切里亚不仅自己守贞,还要强令她的两个妹妹守贞的原因,否则帕尔切里亚一人独身将无法实现这个目的。正如学者所指出的,帕尔切里亚"是一位意志坚强严于律己的人,为了维护塞奥多西家族的利益,她和其他两个姊妹终身不嫁"④。

安泰米乌斯从政治舞台上消失之后,从 5 世纪教会史家索佐门至今,史家一般认为帕尔切里亚成为其弟的摄政,执掌大权,对塞奥多西二世有重大影响。⑤ 但是,

① J. F. Gardner and T. Wiedemann, *The Roman Household: A Sourcebook*, London and New York: Routledge, 1991, p. 17. J. F. Gardner, *Women in Roman Law and Society*, Bloomington and Indianapolis: Indiana University Press, 1989, p. 38.

② 前者生于 400 年,见 M. Whitby and M. Whitby trans., *Chronicon Paschale, 284 -628 AD*, p. 57,或 401 年,见 Marcellinus Comes, *The Chronicle of Marcellinus*, p. 8. 后者生于 403 年,见 M. Whitby and M. Whitby trans., *Chronicon Paschale:284 -628 AD*, p. 59. Marcellinus Comes, *The Chronicle of Marcellinus*, p. 8.

③ 董晓佳:《浅析拜占庭帝国早期阶段皇位继承制度的发展》,《世界历史》2011 年第 2 期,第 92、94 页。

④ 陈志强:《拜占庭帝国史》,北京:商务印书馆 2003 年版,第 111 页。

⑤ Sozomen, *The Ecclesiastical History of Sozomen*, p. 419. Theophanes Confessor, *The Chronicle of Theophanes Confessor: Byzantine and Near Eastern History AD 284 -813*, translated with introduction and commentary by Cyril Mango and Robert Scott with the assistance of Geoffery Greatrex, Oxford: Clarendon Press, 1997, p. 125. Theophanis, *Chronographia*, ed. C. de Boor, Leipzig: Teubner, 1883, repr. Hildesheim: Olms, 1963, TLG, No. 4046001. Philostorgius, *Church History*, 12. 7, p.159. A. P. Kazhdan ed., *The Oxford Dictionary of Byzantium*, p.1757. J. B. Bury, *History of the Later Roman Empire: From the Death of Theodosius I to the Death of Justinian*, vol. I, p. 214. A. A. Vasiliev, *History of the Byzantine Empire*, 324 - 1453, vol. I, Madison, Milwaukee, and London: The University of Wisconsin Press, 1952, p. 97. A. H. M. Jones, *The Later Roman Empire 284 - 602: A Social, Economic, and Administrative Survey*, vol. I, p. 341. Timothy E. Gregory, *A History of Byzantium*, Oxford: Blackwell Publishing, 2005, p. 98. [英]爱德华·吉本:《罗马帝国衰亡史》下册,第 59—60 页。[南斯拉夫]乔治·奥斯特洛格尔斯基:《拜占廷帝国》,第 41 页。

也有学者认为,不宜高估帕尔切里亚的政治影响,因为她的年龄只比其弟大两岁,这实际上令人难以将帕尔切里亚看成具有如此大影响力的人物,尽管塞奥多西二世统治初期是最易受操纵的阶段。即使在她成年之后,她也必须要与富有经验的文武官员进行竞争。[1] 哈里斯也持相似观点,认为帕尔切里亚确实增强了塞奥多西宫廷的虔诚形象,但是仔细分析帕尔切里亚排斥其他派别的能力,人们实际上高估了她在一个多极化宫廷(multi-polar court)中的权力和影响的程度。[2] 无论如何,帕尔切里亚虽然可能如索佐门所言,主导了对塞奥多西二世的教育与训练[3],但她在皇室事务与国政中显然并不是不可挑战的,这主要反映在她与塞奥多西二世的妻子之间的争斗。据说,当雅典哲学家之女雅典娜前来君士坦丁堡为继承父亲的遗产而申诉时,帕尔切里亚将她介绍给了塞奥多西二世,而雅典娜被确定为皇后人选后皈依了基督教,改名为尤多奇亚,并于 421 年与塞奥多西二世成婚。[4] 霍鲁姆认为,同时代的记录中并无帕尔切里亚促成该项婚姻的信息,促成塞奥多西二世与尤多奇亚婚姻的人是帕尔切里亚的政敌。[5] 441 年,正是在尤多奇亚与宦官克里萨菲乌斯的合作下,帕尔切里亚一度"保持沉默而尤多奇亚指导着帝国"[6]。但是,在两者的长期较量当中,一度占据上风的尤多奇亚最终败北,她于 443年受到通奸的指控,并自我放逐至耶路撒冷。[7] 由此,克里萨菲乌斯便成为塞奥多西二世在位时期最后一位政治上的主导人物。[8] 直至塞奥多西二世于 450 年去世,帕尔切里亚才重新进入政治舞台的中心,根据她的命令处决了克里萨菲乌斯。[9]

在此需要注意的是,与同时期的帝国西部朝廷不同,君士坦丁堡的宫廷政治

[1] A. D. Lee, *From Rome to Byzantium AD 363 to 565: The Transformation of Ancient Rome*, p. 103.

[2] J. Harries, "Men without Women: Theodosius' Consistory and the Business of Government", in Christopher Kelly edited, *Theodosius II: Rethinking the Roman Empire in Late Antiquity*, p. 72.

[3] Sozomen, *The Ecclesiastical History of Sozomen*, p. 419.

[4] John Malalas, *The Chronicle of John Malalas*, pp. 192 – 193. M. Whitby and M. Whitby translated, *Chronicon Paschale: 284 –628 AD*, pp. 66 – 68. Marcellinus Comes, *The Chronicle of Marcellinus*, p. 12.

[5] K. G. Holum, *Theodosian Empresses: Women and Imperial Dominion in Late Antiquity*, pp. 115 – 121.

[6] Theophanes Confessor, *The Chronicle of Theophanes Confessor: Byzantine and Near Eastern History AD 284 – 813*, p. 155. A. P. Kazhdan ed., *The Oxford Dictionary of Byzantium*, p. 1757. K. G. Holum, *Theodosian Empresses: Women and Imperial Dominion in Late Antiquity*, p. 191.

[7] A. P. Kazhdan ed., *The Oxford Dictionary of Byzantium*, p. 221. K. G. Holum, *Theodosian Empresses: Women and Imperial Dominion in Late Antiquity*, pp. 193 – 194.

[8] S. Tougher, *The Eunuch in Byzantine History and Society*, London and New York: Routledge, 2008, p. 40.

[9] Marcellinus Comes, *The Chronicle of Marcellinus*, p. 20.

并未被军人所左右①,尽管此时皇帝缺乏军事经验或能力,但在其长期统治时期,极少或没有军人企图僭位。② 塞奥多西二世之所以能够长期稳定在位,以及以君士坦丁堡为中心的拜占庭帝国政局在此期间能够保持稳定的原因,与这个时期没有军人干政有重大关联。根据学者总结,之所以能够如此,首先在于塞奥多西二世继承了一种既减少军权集中于一人之手的机会,又鼓励将领彼此竞争的制度化安排,也就是前任皇帝设立的五名军事长官并立的制度。其次在于大区长官控制帝国财政与军队的供应,而执事长官则掌管着兵器工场,同时在塞奥多西二世统治时期,执事长官也增加了对边防军(limitanei)的掌控。第三个原因则是塞奥多西二世时期,军队在战争中并无突出的胜利,而对外战争中的失败不仅有助于防止将领政治野心的增长,也无助于增强士兵对其指挥官的忠诚。第四个原因则是皇帝及其顾问通过及时晋升与授予各种荣誉如显贵地位或执政官职务,强化了将军们对皇帝的忠诚。最后,塞奥多西二世的将军大多数是多神教徒或异端教派成员,他们在信仰上不符合皇帝的既定标准,这可能是皇帝及其手下文官限制将军政治野心的策略性措施,因为他们的宗教信仰令他们不可能成为皇位的候选人。③

　　塞奥多西二世时期,拜占庭帝国与萨珊波斯虽曾于421—422 年间发生过战争,但双方在大部分时间里保持着较为友好的状态。早在阿卡狄乌斯去世之前,据说阿卡狄乌斯担心其子年幼,就为塞奥多西二世指定波斯国王耶济德一世(Yazdgerd I, 399—420 年在位)为其监护人。④ 无论这一说法是否属实,在耶济德

① C. Kelly, "Rethinking Theodosius", in Christopher Kelly edited, *Theodosius II: Rethinking the Roman Empire in Late Antiquity*, p. 11.
② D. Lee, "Theodosius and his Generals", in Christopher Kelly edited, *Theodosius II: Rethinking the Roman Empire in Late Antiquity*, p. 92.
③ D. Lee, "Theodosius and his Generals", pp. 102 – 108.
④ Procopius, *History of the Wars*, with an English translation by H. B. Dewing, Cambridge, Massachusetts: Harvard University Press, reprinted 1996, 1. 2. 1 – 8, pp. 9 – 11. Procopii Caesariensis, *Opera Omnia*, vols. 1 – 2, ed. G. Wirth (post J. Haury), Leipzig: Teubner, 1962, 1963, TLG, No. 4029001. Agathias, *The Histories*, translated with an introduction and short explanatory notes by Joseph D. Frendo, Berlin · New York: Walter de Gruyter, 1975, p. 129. Agathiae Myrinaei, *Historiarum libri quinque*, ed. R. Keydell, [Corpus Fontium Historiae Byzantinae 2] Berlin: De Gruyter, 1967, TLG, No. 4024001. Geoffrey Greatrex and Samuel N. C. Lieu edited, *The Roman Eastern Frontier and the Persian Wars, Part II AD 363 – 630: A Narrative Sourcebook*, pp. 32 – 33.

一世统治时期,两大帝国之间确实维系着和平。① 从罗马人与基督徒的观点来看,耶济德一世本人也是最受欢迎的波斯国王之一。② 这一和平状态随着耶济德一世去世以及巴拉姆五世(Bahram Ⅴ,420—438 年在位)即位而出现了短暂的中断。根据 5 世纪教会史家苏格拉底的描述,巴拉姆五世迫害波斯基督徒并抢劫罗马商人,导致波斯基督徒大量进入帝国境内避难,波斯使节要求交还逃亡者的要求受到拒绝,于是两国之间战争再起。关于战争的结果,根据苏格拉底的说法是波斯屡遭失败,但根据 9 世纪穆斯林史家的描述,波斯军队攻入了君士坦丁堡,这显然是不真实的。实际上,战争的真正结果是陷入了僵局。③ 422 年和约结束了战争,其中规定,授予萨珊波斯的基督徒以宗教自由,还可能规定双方均要为高加索地区的防御支付费用。④ 另据马尔库斯的记载,和约还规定,如果另一方的阿拉伯人同盟者企图暴动的话,双方不得支持另一方的阿拉伯人同盟者。⑤ 除了440—441 年间波斯军队曾短暂入侵属于帝国势力范围的亚美尼亚等地之外⑥,422 年和约保证了两大帝国间相当长时期的和平,持续至 6 世纪初。⑦

塞奥多西二世统治时期,君士坦丁堡朝廷与塞奥多西王朝西部地区的关系复杂。斯蒂利科于 408 年 8 月的死亡标志着东、西部之间紧张状态的制造者离开了历史舞台,因此,双方关系此后恢复了正常。423 年,由于西部皇帝霍诺留与其异

---

① T. Dadyaee, *Sasanian Persia: The Rise and Fall of an Empire*, p.23.

② G. Greatrex and J. Bardill, "Antiochus the Praepositus: A Persian Eunuch at the Court of Theodosius Ⅱ", p.172.

③ Socrates, *The Ecclesiastical History of Socrates Scholasticus*, p.162, pp.162 - 163. al-Tabarī, *The History of al-Tabarī, vol. Ⅴ: The Sāsānids, the Byzantines, the Lakhmids, and Yemen*, p.103. G. Greatrex and S. N. C. Lieu edited, *The Roman Eastern Frontier and the Persian Wars, Part Ⅱ AD 363 - 630: A Narrative Sourcebook*, p.42.

④ B. Dignas and E. Winter, *Rome and Persia in Late Antiquity: Neighbours and Rivals*, p.137.

⑤ Malcus, fragments, 1, in R. C. Blockley, *The Fragmentary Classicising Historians of the Later Roman Empire, Eunapius, Olympiodorus, Priscus and Malchus, Ⅱ (Text, Translation and Historiographical Notes)*, p.405. *Excerpta historica iussu imp. Constantini Porphyrogeniti confecta, vol. 1: excerpta de legationibus, pts. 1 - 2*, ed. C. de Boor, Berlin: Weidmann, 1903, TLG, No. 3023001. Geoffrey Greatrex and S. N. C. Lieu edited, *The Roman Eastern Frontier and the Persian Wars, Part Ⅱ AD 363 - 630: A Narrative Sourcebook*, p.42.

⑥ Marcellinus Comes, *The Chronicle of Marcellinus*, p.17. T. Dadyaee, *Sasanian Persia: The Rise and Fall of an Empire*, p.23.

⑦ B. Dignas and E. Winter, *Rome and Persia in Late Antiquity: Neighbours and Rivals*, pp.137 - 138.

母姊妹伽拉·普拉西迪亚之间的龃龉关系而恶化。后者是塞奥多西一世与第二个妻子伽拉之女，410年罗马陷落时被西哥特人俘获，于414年在高卢嫁给了西哥特人的国王阿陶尔夫（Athaulfus），与其生下一子，取名塞奥多西，但出生不久便夭折了。阿陶尔夫及其继任者塞格里库斯（Segericus）死后，她被继位的西哥特人国王瓦里亚（Vallia）于416年送回帝国，417年嫁给第二任丈夫康斯坦提乌斯（Constantius），先后生下霍诺里娅（Honoria）与瓦伦提尼安（Valentinian）。421年，康斯坦提乌斯被霍诺留立为奥古斯都，成为康斯坦提乌斯三世，但是塞奥多西二世拒绝承认。同年，伽拉·普拉西迪亚被霍诺留与康斯坦提乌斯三世立为奥古斯塔，不久后康斯坦提乌斯三世去世。[①]

　　伽拉·普拉西迪亚因一系列丑闻被迫与其子女逃至君士坦丁堡。[②] 423年霍诺留去世，由于他的两次婚姻均未留下子嗣，而伽拉·普拉西迪亚及其子女又远在东部，这就导致西部帝国的皇位暂时悬空。趁此机会，霍诺留的秘书约翰自立为帝，并向塞奥多西二世派遣使节，请求后者承认自己为帝国皇帝的共治者。与此同时，当塞奥多西二世得知其叔父的死讯后，首先派兵前往达尔马提亚，以便能够及时应对西部地区发生的不测事件。当约翰的使节来到君士坦丁堡后，塞奥多西二世立即逮捕了使节，随后派遣军事长官阿尔达布尔（Ardabur）、阿尔达布尔之子阿斯帕尔（Aspar）以及坎迪迪亚努斯（Candidianus）率军西征，伽拉·普拉西迪亚与其子女也随军西行。兵抵塞萨洛尼基后，执事长官赫里昂（Helion）根据塞奥多西二世的命令，立年幼的瓦伦提尼安为凯撒。约翰虽曾俘获阿尔达布尔，但最终被阿斯帕尔所击败，瓦伦提尼安则于425年在拉文纳被立为奥古斯都，是为瓦伦提尼安三世，从而恢复了塞奥多西家族在帝国西部地区的统治。[③] 此后，当西

---

① J. R. Martindale, *The Prosopography of the Later Roman Empire*, vol. II: A. D. 395 – 527, pp. 888 – 889. A. P. Kazhdan ed., *The Oxford Dictionary of Byzantium*, p. 818.

② Olympiodorus, fragments, 38, in R. C. Blockley, *The Fragmentary Classicising Historians of the Later Roman Empire, Eunapius, Olympiodorus, Priscus and Malchus*, II (*Text, Translation and Historiographical Notes*), pp. 201 – 203.

③ Socrates, *The Ecclesiastical History of Socrates Scholasticus*, pp. 165 – 166. Olympiodorus, fragments, 43, in R. C. Blockley, *The Fragmentary Classicising Historians of the Later Roman Empire*, pp. 207 – 209. Philostorgius, *Church History*, pp. 162 – 163. Marcellinus Comes, *The Chronicle of Marcellinus*, pp. 13 – 14. M. Whitby and M. Whitby trans., *Chronicon Paschale, 284 – 628 AD*, p. 70. Hagith Sivan, *Galla Placidia: The Last Roman Empress*, pp. 90 – 91. J. B. Bury, *History of the Later Roman Empire*, vol. I, pp. 221 – 224.

部的拉文纳政府面对汪达尔人入侵时,位于东部的塞奥多西二世政府也曾给予援助。当汪达尔人利用西部帝国内部矛盾在盖萨里克(Geiseric)的率领下入侵北非后,君士坦丁堡政府曾派遣阿斯帕尔率军援助西部,但被汪达尔人击败。此后,由于汪达尔人势力日益扩展,不断劫掠地中海世界东部地区与西部地区,并对君士坦丁堡构成威胁,塞奥多西二世于 441 年春抽调了多瑙河防线驻军组成远征军,由一支 1100 余艘船舰组成的舰队向西运送,企图从汪达尔人手中夺回迦太基。最终,多瑙河北岸匈人的入侵,迫使塞奥多西二世撤军并与盖萨里克达成 442 年和约。① 除在军事上援助西部帝国之外,瓦伦提尼安三世也于 437 年 10 月 29 日同塞奥多西二世之女李锡尼娅·欧多西娅(Licinia Eudoxia)正式成婚②,这一婚姻标志着拜占庭帝国塞奥多西王朝的东部与西部地区之间确立和睦友好关系,在塞奥多西二世余下的在位时期,这种关系得以持续,有时联系紧密。

　　塞奥多西二世统治时期,对拜占庭帝国安全造成最大威胁的是匈人。前述乌尔丁是首位被提及名字的匈人首领,在 400 年时,他统领着位于罗马尼亚东部蒙特尼亚(Muntenia)地区的匈人。③ 408 年,乌尔丁越过多瑙河,在夺取莫埃西亚行省的马尔斯城堡(Castra Martis,今保加利亚西北部)后入侵色雷斯,并且拒绝当地驻军长官的和谈条件。但是帝国将领收买了乌尔丁的一些手下,造成许多匈人抛弃乌尔丁,乌尔丁本人在极为困难的情况下逃回多瑙河北岸,其大批部下被杀。④ 此役之后,乌尔丁不再见于历史记载。但是,匈人在多瑙河北岸的统治地位并未因此受到削弱,正如伯恩斯所指出的,匈人在 5 世纪初期已经将日耳曼人的贵族与战士纳入联盟。⑤ 实际上,匈人在 5 世纪早期已经对定居在多瑙河北岸

① J. B. Bury, *History of the Later Roman Empire*, vol. I, pp. 244 - 248, pp. 254 - 255. A. Merrills and R. Miles, *The Vandals*, Oxford: Wiley Blackwell, 2014, pp. 54 - 55, pp. 111 - 112. A. D. Lee, *From Rome to Byzantium AD 363 to 565: The Transformation of Ancient Rome*, pp. 116 - 117.

② Socrates, *The Ecclesiastical History of Socrates Scholasticus*, p. 177. Marcellinus Comes, *The Chronicle of Marcellinus*, p. 16. Hagith Sivan, *Galla Placidia: The Last Roman Empress*, p. 120. J. R. Martindale, *The Prosopography of the Later Roman Empire*, vol. II: A. D. 395 - 527, p. 410.

③ J. Otto Maenchen-Helfen, *The World of the Huns: Studies in their History and Culture*, Berkeley · Los Angeles · London: University of California Press, 1973, p. 59.

④ Sozomen, *The Ecclesiastical History of Sozomen*, p. 422. E. A. Thompson, *The Huns*, revised and with afterword by Peter Heather, Oxford: Blackwell Publishers, 1996, p. 33.

⑤ T. S. Burns, *A History of the Ostrogoths*, Bloomington and Indianapolis: Indiana University Press, 1984, p. 46.

的哥特人、赫鲁里人(Heruls)、格庇德人(Gepids)等建立了霸权①,匈人的帝国可以说已经形成。大约在424年,塞奥多西二世同意向当时的匈人国王支付350磅黄金。② 根据曾经出使匈人的拜占庭史家普里斯库斯的记载,432年或433年,匈人国王鲁阿(Rua)曾经想进攻逃入拜占庭帝国境内的一些部族③,为此派遣使节埃斯拉斯(Eslas)以战争威胁,要求帝国交出这些逃亡者。谈判持续至鲁阿死后,此时匈人的领导权转入鲁阿的两位侄子阿提拉(Attila)与布勒达(Bleda)之手,曾经出任过419年执政官的哥特人将军普林萨(Plinthas)率领拜占庭帝国使团同匈人首领最终于435年达成协议,其中规定:帝国同意不再接受逃亡者,并且引渡逃亡者和未缴纳赎金逃回家乡的战俘,或者为每名逃回家乡的战俘向俘获他的人缴纳八索里达金币;帝国也承诺不与匈人的敌对蛮族结盟,帝国还要设立匈人与帝国民众具有相等权利的安全的市场,皇帝同意每年向匈人缴纳700磅黄金的年贡。④

435年和约并未能长期保持多瑙河流域的和平。441—442年间,匈人趁帝国忙于征讨汪达尔人以及被萨珊波斯的战争所牵制的机会,大举入侵伊利里亚与色雷斯,摧毁了包括纳伊苏斯、锡吉杜姆等在内的诸多城市。⑤ 根据伯

---

① A. Cameron, Bryan Ward-Perkins, Michael Whitby, *The Cambridge Ancient History*, vol. XIV: *Late Antiquity: Empire and Successors*, A. D. *425 –600*, Cambridge: Cambridge University Press, 2000, p. 40.

② J. B. Bury, *History of the Later Roman Empire*, vol. I, p. 271. C. D. Gordon, *The Age of Attila: Fifth-Century Byzantium and the Barbarians*, foreword by Arthur E. R. Boak, Ann Arbor: The University of Michigan Press, 1960, p. 59.

③ 或鲁阿斯(Ruas),见 Jordanes, *The Gothic History of Jordanes*, in English version with an introduction and a commentary by Charles Christopher Mierow, Cambridge: Speculum Historiale, New York: Barnes & Noble, INC, 1960, p. 101. 另有称其为鲁伽(Ruga)的。O. Maenchen-Helfen, *The World of the Huns: Studies in their History and Culture*, p. 81. 也有称为鲁基拉(Rugila)的。J. B. Bury, *History of the Later Roman Empire*, vol. I, p. 271.

④ Priscus, fragments, 2, in R. C. Blockley, *The Fragmentary Classicising Historians of the Later Roman Empire*, pp. 225 – 227. *Excerpta historica iussu imp. Constantini Porphyrogeniti confecta*, vol. 1: *excerpta de legationibus*, pts. 1–2, ed. C. de Boor, Berlin: Weidmann, 1903, TLG, No. 3023001. E. A. Thompson, *The Huns*, pp. 79 – 83. C. D. Gordon, *The Age of Attila*, pp. 59 – 61. J. O. Maenchen-Helfen, *The World of the Huns: Studies in their History and Culture*, pp. 90 – 91. J. B. Bury, *History of the Later Roman Empire*, vol. I, pp. 272 – 273.

⑤ Marcellinus Comes, *The Chronicle of Marcellinus*, p. 17. M. Whitby and M. Whitby trans., *Chronicon Paschale, 284 – 628 AD*, p. 73. J. B. Bury, *History of the Later Roman Empire*, vol. I, pp. 273 – 274. E. A. Thompson, *The Huns*, pp. 87 – 91. J. Otto Maenchen-Helfen, *The World of the Huns: Studies in their History and Culture*, pp. 109 – 111. C. D. Gordon, *The Age of Attila*, pp. 62 – 65. F. Millar, *A Greek Roman Empire: Power and Belief under Theodosius II (408 – 450)*, Berkeley, Los Angeles, London: University of California Press, 2006, pp. 80 – 81. A. Cameron, Bryan Ward-Perkins, Michael Whitby, *The Cambridge Ancient History*, vol. XIV: *Late Antiquity: Empire and Successors*, A. D. *425 –600*, p. 41.

里的看法,由于帝国军队被匈人击败,不得不于443年签订了对后世人看来是一种羞辱的和约。① 根据史家普里斯库斯记录的和约条款,帝国应当履行的义务包括:向匈人交还逃亡者;缴纳6000磅黄金的赔款;此后每年支付2100磅黄金的年贡;为每个未付赎金而逃回帝国境内的战俘付款12索里达金币,如果接纳了这些自匈人手中逃回帝国的战俘而不支付这笔款项的话,就要向匈人交还这些战俘;帝国也不能接纳逃亡的蛮族。② 此后,阿提拉于444年处死了布勒达并成为匈人唯一的领袖。他于447年再度进攻多瑙河南岸,蹂躏了下莫埃西亚与斯基泰行省,占领马西安堡(Marcianopolis,今保加利亚的代夫尼亚),甚至逼近君士坦丁堡,许多居民出于恐惧而逃亡。在这种情况下,帝国与阿提拉签订了448年和约,在多瑙河南岸划出一块五天行程的区域作为双方之间的缓冲地带。③ 汤普逊对443—448年之间匈人与帝国间互动的叙述与伯里相同。④

曼辰-海尔芬与伯里和汤普逊不同,他认为,普里斯库斯所提及的和约条款出自447年双方订立的和约,随着双方的缔约,战争于443年初结束后,帝国政府于同年或444年撕毁了条约,停止向匈人缴纳贡赋。⑤ 参与撰写《剑桥古代史》的A. D. 李则认为,匈人在441—442年间的进攻迫使帝国召回了正在西西里岛准备进攻汪达尔人的军队,面对这一威胁,匈人被迫撤退,帝国自此直至447年不再向匈人纳贡。阿提拉在444年或445年谋杀了布勒达后,成为匈人的唯一统治者,并于447年利用包括地震、瘟疫等在内的一系列自然灾害困扰帝国的机会重新发动进攻,帝国军队在战斗中彻底失败,君士坦丁堡本身也受到了威胁,被迫接受了普里斯库斯所记录的上述条款。⑥ 沃德-珀金斯的叙述也与此相同。⑦

① J. B. Bury, *History of the Later Roman Empire*, vol. I, p. 275.

② Priscus, fragments, 9. 3, in R. C. Blockley, *The Fragmentary Classicising Historians of the Later Roman Empire*, p. 237.

③ J. B. Bury, *History of the Later Roman Empire*, vol. I, pp. 275 - 276.

④ E. A. Thompson, *The Huns*, pp. 94 - 108.

⑤ J. O. Maenchen-Helfen, *The World of the Huns: Studies in their History and Culture*, pp. 116 - 117.

⑥ A. Cameron, Bryan Ward-Perkins, Michael Whitby, *The Cambridge Ancient History*, vol. XIV: *Late Antiquity: Empire and Successors, A. D. 425 -600*, p.41. A. D. Lee, *From Rome to Byzantium AD 363 to 565: The Transformation of Ancient Rome*, pp. 119 - 120.

⑦ B. Ward-Perkins, *The Fall of Rome and the End of Civilization*, Oxford: Oxford University Press, 2006, p. 59.

无论如何,所有文献记载与学者的分析均充分证明匈人在塞奥多西二世统治后期已经成为帝国的心腹大患,他们在与帝国的交往中占据军事优势地位。如果从匈人于 5 世纪早期便已在多瑙河流域确立了霸权地位来看,塞奥多西二世的整个统治时期几乎都与匈人博弈相始终,因此自始至终不能摆脱匈人的威胁。在塞奥多西二世于 450 年去世之后,匈人帝国方才因为 453 年阿提拉之死而迅速瓦解,匈人的霸权也就此告终。不过,447 年战争也是阿提拉最后一次大规模进攻巴尔干半岛,此后虽然在 449 年出现过由于帝国政府策划刺杀阿提拉的计划败露而激怒匈人首领的事件,但最终阿提拉的愤怒仍然被君士坦丁堡派遣的使节所平息,后者承诺遵守之前已经签订的和约而不越过多瑙河。当然,匈人首领之所以未就此对拜占庭帝国实施报复,主要原因可能在于此时阿提拉已经将其注意力转向西部地区[1],这同塞奥多西王朝最后一位皇帝马西安即位后宣布不再向匈人缴纳年贡而没有引起他的进攻的原因相同。[2]

就塞奥多西二世在位期间的拜占庭帝国内政而言,最为重要的举措有三,分别是君士坦丁堡大学的建设、《塞奥多西法典》(Codex Theodosianus)的编纂以及塞奥多西城墙(Theodosian Walls)的建造。[3]

罗马帝国早先对学校实行积极的干预和赞助政策[4],脱胎自罗马帝国的拜占庭帝国也不例外。自从在君士坦丁一世治下君士坦丁堡于 330 年落成,在君士坦丁堡中可能有官方任命的教师,其子康斯坦提乌斯二世增加了对教师的政府支持。[5] 425 年 2 月 27 日,塞奥多西二世颁布法令规定,除了在私人宅邸内之外,禁止教师私下授课,否则将被逐出君士坦丁堡,同时也禁止来自卡庇托尔会堂中的

---

① A. D. Lee, *From Rome to Byzantium AD 363 to 565: The Transformation of Ancient Rome*, p. 122. J. Moorhead, *The Roman Empire Divided, 400 - 700*, Second Edition, London and New York: Routledge, 2013, p. 180. J. B. Bury, *History of the Later Roman Empire*, vol. I, p. 276, p. 276. A. D. Lee, *From Rome to Byzantium AD 363 to 565: The Transformation of Ancient Rome*, p. 120.

② Priscus, fragments, 17, in R. C. Blockley, *The Fragmentary Classicising Historians of the Later Roman Empire*, p. 303.

③ J. B. Bury, *History of the Later Roman Empire*, vol. I, p. 231.

④ [法]亨利-伊雷内·马鲁著,王晓侠、龚觅、孟玉秋译:《古典教育史(罗马卷)》,上海:华东师范大学出版社 2017 年版,第 158 页。

⑤ A. Cameron, Bryan Ward-Perkins, Michael Whitby, *The Cambridge Ancient History*, vol. XIV: *Late Antiquity: Empire and Successors, A. D. 425 - 600*, p. 871.

教师在私人建筑中授课。当时在卡庇托尔会堂内部，共设立 31 个教席，具体设置如下："在那些由于其在罗马雄辩术的研究而被称赞的教师中，我们的会堂应特别拥有三名演说家和十名语法学家的数量。在那些公认精通希腊语雄辩术的教师中，应当拥有五名智者以及相同的十名语法学家的数量。因为我们渴望，应当不仅在这些技艺上指导荣耀的年轻人……因此，我们希望，应当以一名探究哲学秘密的教师和两名揭示法律和法律程式的教师协助其他的教师。"从该法令看，共设置了十名拉丁语的语法教师与三名拉丁语的修辞教师，十名希腊语的语法教师与五名希腊语的修辞教师，另有一名哲学教师与两名法律教师。同年 3 月 25 日颁布的另一条法律则提升了长期尽忠职守的教师的社会地位，其中规定："希腊文语法学家赫拉迪乌斯与叙利亚努斯、拉丁文语法学家塞奥菲鲁斯、哲学教师马尔提努斯与马克西姆斯以及法学教师利奥提乌斯应当对他们从我们君主那里得到的荣誉授任函所授予的第一等级伯爵地位感到愉悦，这就相当于他们已经获得了那些前行政区长官等人的尊荣。关于这一问题，如果其他任何人作为被任命为各自所宣称的教学种类而被上报的话，如果他们显示出他们正在其中以被证实的美德、过着值得赞许的生活的话，如果他们已经显示出他们的教学技巧、他们在演说中的雄辩、他们在解释中的敏锐以及在论述中的流畅的话，并且如果就他们在之前提及的会堂履行教师职责的范围内，还经由最神圣的集会评估认为是合适的话，且他们对教学工作的持续奉献与热诚工作达到 20 年时，这些人也应当享有与之前提及的那些人相同的尊荣。"①

伯里认为，这一新组建的大学是为了与亚历山大里亚与雅典的学校相竞争，有促进基督教发展的因素在内，同时希腊语教席多于拉丁语教席，标志着帝国东部官方语希腊化的一个阶段。② 克里斯托菲洛波洛则认为，塞奥多西二世提供高等公共教育上升成为政府的一种职能，因为"第一次，一个国立教育机构，大学，在君士坦丁堡得以建立"，希腊语教学在教席数量上略微超过拉丁语教学是该时期新趋势的一种典型体现，君士坦丁堡则以这种方式在雅典与亚历山大里亚等古代

---

① C. Pharr translated, *The Theodosian Code and Novels and the Sirmondian Constitutions*, 14. 9. 3, pp. 414 – 415; 6. 21. 1, p. 132.

② J. B. Bury, *History of the Later Roman Empire*, vol. I, p. 232.

著名学术中心之侧崛起为首要的学术中心。① 马鲁认为，君士坦丁堡大学的建立是皇帝们对教育积极干预政策的"最高体现"②。实际上，根据米拉的观点，塞奥多西二世在君士坦丁堡统治的是一个"希腊人的罗马帝国"，其臣民在文化、文学与日常使用的语言上大多是属于希腊语。③ 从这一角度出发，塞奥多西二世的政府在推行其对教育的干预政策时更加倾向于希腊语的语法与修辞教育，应该也是不难理解的。

　　塞奥多西二世统治时期在内政上的第二项重大举措是下令编纂了拜占庭帝国首部官方法典，也就是以其名字命名的《塞奥多西法典》。429 年 3 月 26 日，塞奥多西二世颁布诏谕，宣布："以《格雷哥里安法典》与《赫尔莫杰尼安法典》为范本④，编辑一部由著名的君士坦丁及其之后神圣皇帝们，以及我们所颁布之立法的合集，这些立法应当是有效的诏谕或神圣且具有普遍效力的皇帝法律。首先，主题应是其内容的精确定义，它们应当根据所表达的不同标题被分类，如果一项立法关系到若干主题，其材料应当被集中于每份材料所适合的任何地方。第二，如果任何差异导致了以两种方式进行陈述，应当根据文本的顺序进行检查，不仅要考虑法令颁布的执政官年度以及统治时期，而且要考虑法典自身的排序，越是排在后面的法律越是有效。此外，应该保留立法中与基本事实相关的所有文字，但是应当删去那些不是极为必要的、用于支持法律而添加上的文字。虽然只列出那些必定有效的立法而删去那些由于后来立法无效的法令会更为简单而合乎法律，但是让我们承认这部以及从前的法典是为更为勤勉谨慎的人而编纂的，为了他们的学术目的，应当让他们了解那些注定只在其自身所处时代发生效力、如今已经废弃无效的法律。另外，从这三部法典以及法学家们附属于其中每个主题的评论与解答出发，通过编纂第三部法典的同一批人的工作，将制订出我们的另一部法典。这部法典将不允许任何错误与歧义存在，它将以朕的名字命名，并指出

---

① A. Christophilopoulou, *Byzantine History I: 324 -610* , p. 205.

② ［法］亨利-伊雷内·马鲁：《古典教育史（罗马卷）》，第 169 页。

③ F. Millar, *A Greek Roman Empire: Power and Belief under Theodosius II (408 -450)* , p. 2.

④ 两部晚期罗马帝国时期由私人编纂的法典。

所有人必须遵循与应当回避之处。为了如此伟大的作品以及这两部法典编纂工作的圆满完成,必须选择极为值得信任且最具杰出天赋的人。第一部法典应该收集所有一般性立法的差异,应当忽略在法典之外那些如今在法庭上不允许人们引用的条文,同时应当避免夸夸其谈的空论;另一部法典则要排除法律中所有自相矛盾之处并成为生活的指导。在他们向明智的朕与公共权威呈交第一部法典之后,他们应当进行另一部法典的编纂,而这部法典将得到彻底的检查直至达到颁布水准为止。"随后,谕令公布了参与编纂法典的官员与法学家名单,并规定"将来如果在极为紧密统一的帝国境内任何地区公布任何法律的话,它在另一个地区将同样有效"[1]。435 年 12 月 20 日,针对法典的编纂,塞奥多西二世再次颁布诏谕,一方面就细节问题作出指示,另一方面重新组建了法典的编纂委员会。[2] 429年、435 年法令中宣布的第一阶段工作——也就是现存的《塞奥多西法典》终于完成,并在帝国东部与西部同时公布,439 年 1 月 1 日开始正式生效。[3] 但是,在塞奥多西二世余下的统治时间里,法典编纂的第二阶段工作并未完成,或许也从未开始。不过,正如学者所言,对于了解当时的政府与行政机构而言,《塞奥多西法典》乃是无价的宝库。[4] 同时,《塞奥多西法典》的编纂也成为更为著名的《查士丁尼法典》编纂的先声。

君士坦丁堡的建设在塞奥多西二世时期也得到了巨大发展,君士坦丁大帝建都后百年未加修缮的君士坦丁堡迎来新生。在塞奥多西二世治下,君士坦丁堡出现了大量公共建筑,包括宫殿、教堂、剧场、竞技场、纪念碑、浴室、广场、栈房、拱廊等,展现了这座皇帝之城的富丽与显赫。除此之外,更为重要的是,君士坦丁堡的城市面积在塞奥多西二世统治时期明显扩大,这是通过新城墙的修建而实现的。大约在 413 年,在距离君士坦丁城墙 1.5 英里以西建设了一道新城墙。这道城墙

① C. Pharr translated, *The Theodosian Code and Novels and the Sirmondian Constitutions*, 1.1.5, pp. 11 - 12.

② C. Pharr translated, *The Theodosian Code and Novels and the Sirmondian Constitutions*, 1.1.6, p. 12.

③ J. B. Bury, *History of the Later Roman Empire*, vol. I, p. 232. A. Christophilopoulou, *Byzantine History I: 324 - 610*, p. 206.

④ A. Cameron, Bryan Ward-Perkins, Michael Whitby, *The Cambridge Ancient History, vol. XIV: Late Antiquity: Empire and Successors, A. D. 425 - 600*, p. 246.

由安泰米乌斯主持修造,自金角湾的顶端直至马尔马拉海,绵延 7 公里有余。[①] 此后在 439 年,时任君士坦丁堡市长的希鲁斯(Cyrus)又完成了海滨城墙(Sea-Walls)的建设,以防来自海上的袭击。447 年,一场地震导致安泰米乌斯执政时期建造的陆上城墙严重受损,由于当时正面临着匈人的威胁,只用几个月就迅速完成了重建工作并修建了一道新城墙,君士坦丁堡的防御体系就此完成,其后再未有结构性的变动。[②] 这些建筑与塞奥多西二世时期的陆上与海滨城墙被统称为"塞奥多西城墙",它们不仅是一道城墙,而且是一种复合防御工程。这一防御工程由五个部分构成:最主要的防御设施是平均厚度约 14 英尺的内墙,其上大约每隔 60 码设有一座 60 英尺高的塔楼,总计有 96 座塔楼,每座塔楼分上下两层,上层房间可从城墙的护墙进入,其中存放着军需用品,并有哨兵常驻。第二部分在内墙与外墙之间,是一道宽度在 50—64 英尺之间的阶地(peribolos)。第三部分是外墙,墙壁厚度在 2—6.5 英尺之间,大部分建造于城墙拐弯处,上有高度从 30—35 英尺不等的塔楼 96 座[③],与内城的 96 座塔楼均等交错分布。第四部分是外墙之外的路堤,宽度为 61 英尺,路堤之外是一道深度不等的壕沟,宽度也是 61 英尺。[④] 在此后的一千年中,塞奥多西城墙构成了君士坦丁堡的主要防御体系。[⑤] 与城市面积的扩大与防御体系的完成相呼应,至 5 世纪中叶,君士坦丁堡的人口已经从建城初期的大约 2 万人增加至 30 万—40 万人。[⑥]

　　塞奥多西二世统治下的拜占庭帝国在宗教事务方面故事不少。皇帝继续支持与保护基督教的发展并压制多神教徒的活动,416 年 12 月 7 日发布的法令禁止多神教徒担任行政官员, 423 年 6 月 8 日颁布的法律威胁以极刑惩罚举行

---

① A. Christophilopoulou, *Byzantine History I: 324 - 610*, p. 203. S. Bassett, *The Urban Image of Late Antique Constantinople*, Cambridge: Cambridge University Press, 2004, p. 84. B. Ward-Perkins, "Old and New Rome Compared: The Rise of Constantinople", in L. Grig and G. Kelly, *Two Romes: Rome and Constantinople in Late Antiquity*, p. 63. J. Harris, *Constantinople: Capital of Byzantium*, London and New York: Continuum, 2007, p. 46.

② J. Harris, *Constantinople: Capital of Byzantium*, p. 46. J. B. Bury, *History of the Later Roman Empire*, vol. I, p. 72, p. 70.

③ J. Harris, *Constantinople: Capital of Byzantium*, p. 46.

④ J. B. Bury, *History of the Later Roman Empire*, vol. I, pp. 70 - 71.

⑤ J. Harris, *Constantinople: Capital of Byzantium*, p. 46.

⑥ S. Bassett, *The Urban Image of Late Antique Constantinople*, p. 79.

献祭仪式的多神教徒,435 年 11 月 14 日的诏谕则禁止所有多神教徒的祭祀活动,并摧毁所有仍然残存的神庙,违者处死。虽然多神教徒与其活动并未就此消失,但整体来看,多神教徒的处境日益艰难,除非他们私下活动。公元 415 年亚历山大里亚的女哲学家希帕提亚(Hypatia)被基督徒暴徒杀害正是其中的著名案例。①

除压制多神教徒之外,塞奥多西二世时期的帝国政府也一如既往地关注基督教会内部的争端与冲突。为了使金口约翰在君士坦丁堡的追随者重归教会,438 年 1 月,在塞奥多西二世的支持下,由君士坦丁堡牧首普罗库鲁斯(Proculus)主持,将约翰的遗体从科马纳运回了君士坦丁堡,并举行庄严的仪式,安葬于圣使徒教堂,从而加速了"约翰派"重归正统教会。② 虽然阿卡狄乌斯时期出现的"金口约翰"争端在塞奥多西二世统治时期得到了较为圆满的解决,但是在阿卡狄乌斯之子在位期间,却诞生了另外两个更为重要、存续时间更为久远的新争端。

两者之中最先出现的,是君士坦丁堡牧首聂斯托利(Nestorius)引发的聂斯托利派争端。427 年,君士坦丁堡牧首西西尼乌斯(Sisinius)去世,关于其继任人选出现争执,最终安条克教士聂斯托利于 428 年 4 月 10 日被塞奥多西二世任命为新一任君士坦丁堡牧首。③ 聂斯托利在就职后立即对既有的异端派别发起攻击,据说他曾经当众对皇帝进言加强打击异端表示拥护,宣布:"我的君王,给我一个清除了异端的大地,我将给你天堂以回报。协助我摧毁所有的异端,我将帮助你毁灭波斯人。④"但是,这位雄心勃勃的牧首本人持有非正统神学观点,不久之后

---

① C. Pharr translated, *The Theodosian Code and Novels and the Sirmondian Constitutions*, 16. 10. 21, pp. 475 - 476; 16. 10. 23, p. 476; 16. 10. 25, p. 476. 关于希帕提亚及其生平,M. Dzielska, *Hypatia of Alexandria*, trans. F. Lyra, Cambridge, Massachusetts and London, England: Harvard University Press, 1995.

② Socrates, *The Ecclesiastical History of Socrates Scholasticus*, p. 177. Marcellinus Comes, *The Chronicle of Marcellinus*, p.16. J. N. D. Kelly, *Golden Mouth: The Story of John Chrysostom-ascetic, preacher, bishop*, pp. 289 - 290.

③ Socrates, *The Ecclesiastical History of Socrates Scholasticus*, p. 169. Marcellinus Comes, *The Chronicle of Marcellinus*, p. 14. W. H. C. Frend, *The Rise of Christianity*, p. 752. H. Chadwick, *The Church in Ancient Society: From Galilee to Gregory the Great*, p. 528.

④ Socrates, *The Ecclesiastical History of Socrates Scholasticus*, p. 169. H. Chadwick, *The Church in Ancient Society: From Galilee to Gregory the Great*, p. 528.

便开始受到他人攻击,被指责为异端,因为他宣布,不应当根据当时君士坦丁堡教会的习惯将童贞女马利亚称为"神之母(Theotokos)",因为马利亚生下的是作为人的耶稣,而不是神,因此应当将她称为"基督之母(Christotokos)"。这给了亚历山大里亚教会打击首都牧首的机会,他们对君士坦丁堡教会地位上升一直心怀不满。当时担任亚历山大里亚教会主教的西里尔(Cyril,412—444年在任)是前任主教塞奥菲鲁斯的侄子,他曾经陪伴塞奥菲鲁斯参加罢免金口约翰的"橡树会议"。学者指出,在其主教任期内,西里尔在教会各项事务中延续了塞奥菲鲁斯的政策,其中就包括抵制君士坦丁堡教会权力的扩张。经由西里尔的策划,于431年在以弗所召开的基督教第三次大公会议上,聂斯托利的观点被定为异端,他本人也被罢免了牧首职务,而原先支持聂斯托利的塞奥多西二世面对事态变化,也转变了立场,接受了这一决定。① 435年8月3日,皇帝在君士坦丁堡发布诏谕,对聂斯托利及其支持者给以最后的抨击,诏谕全文如下:

荒谬的迷信的创造者聂斯托利应当被定罪,他的追随者应当被烙印上适当的名称标记,以便使他们不能滥用基督徒的称号。但是,正如阿里乌派被神圣记忆中的君士坦丁的一条法律称为波菲利派一样(因来自波菲利Porfyrius而得名)②,由于他们同样不虔诚,聂斯托利邪恶宗派的参加者也应当在各地被称为西门派,以便他们能够看起来正好得到其模仿的弃神罪人的名字。一、毫无疑问,任何人都不得胆敢拥有或阅读或抄写聂斯托利邪恶的、渎神的、不敬的著作,这些著作是针对神圣庄严的正统派别和在以弗所所举行最神圣主教宗教会议的裁决而写下的。我们裁决,应当以勤勉谨慎的热诚

① Socrates, *The Ecclesiastical History of Socrates Scholasticus*, pp. 170 - 171, p. 172. Evagrius, *The Ecclesiastical History of Evagrius Scholasticus*, translated with an introduction by M. Whitby, Liverpool: Liverpool University Press, 2000, p. 10, pp. 11 - 16. *The Ecclesiastical History of Evagrius with the Scholia*, ed. J. Bidez and L. Parmentier, London: Methuen, 1898, repr. New York: AMS Press, 1979, TLG, No. 2733001. W. H. C. Frend, *The Rise of Christianity*, p. 755. N. Russell, *Cyril of Alexandria*, London and New York: Routledge, 2000, p. 6. *Chronicon Paschale*, p. 71. A. Casiday and F. W. Norris edited, *The Cambridge History of Christianity*, *vol. 2: Constantine to c. 600*, Cambridge University Press, 2007, pp. 484 - 485. H. Chadwick, *The Church in Ancient Society: From Galilee to Gregory the Great*, pp. 530 - 536. W. H. C. Frend, *The Rise of Christianity*, pp. 758 - 761. A. D. Lee, *From Rome to Byzantium AD 363 to 565: The Transformation of Ancient Rome*, pp. 139 - 141.

② 新柏拉图主义哲学家波菲利,据说曾是慕道者,但后来撰写了15卷的著作《反驳基督徒》攻击基督教。见[德]毕尔麦尔等编著:《古代教会史》,第60—61页。

找出上述著作并将之公开焚毁。二、此外,任何人都不得在虔敬的辩论中以任何超出上述称谓的其他名称提及异端;任何人都不得因举行会议的缘故或秘密或公开地在任何建筑物或庄园或城郊地区或无论任何其他地方提供集会地点。我们规定,上述人等应当被剥夺所有举行集会的许可;所有人应当知晓,这条法律的违反者将被处以没收财产的惩罚。①

以弗所会议之后,聂斯托利的追随者便被称为聂斯托利派(Nestorians),并在帝国法律的打击下纷纷逃离帝国。② 此后,聂斯托利派经由西亚和中亚地区于7世纪传入中国,得名为"景教"。荣新江教授更认为,"唐朝灵州一带流传之摩尼教和景教,由于列为禅宗的反对面,而被带到剑南,写入灯史,并且进而北传敦煌,西入吐蕃,留下汉藏文化交流史上一段前所未知的佳话"③。

聂斯托利的倒台并不意味着基督论(Christology)争议以及教会内部权力斗争的结束,甚至不是斗争开始的结束。从神学角度看,在皇帝的压力下,433年"重聚信条(Formula of Reunion)"确保了亚历山大里亚教会与原先支持聂斯托利的安条克教会达成和解,他们都承认只有一个基督、一个圣子和一个上主,童贞女马利亚是上帝之母,基督的人性为童贞女所生,基督的神性通过马利亚的怀胎而与人性联合起来。"重聚信条"的主要部分如下:"因此,我们承认主耶稣基督,上帝的独生子,完全的上帝和完全的人,有理性的灵魂与身体;按着他的神性为圣父在创世之前所生,按着他的人性为童贞女马利亚在末后所生,为了我们与我们的救赎;按着他的神性而与圣父是相同的本质,按着他的人性而与我们是同一本质;他是两性的联合;因此我们承认一基督、一圣子、一上主。根据不相混淆的联合这一教义,我们承认圣童贞女是上帝之母(Θεοτόκος),因为上帝道成肉身并且成为人,从他的成胎就与他自己的殿(从她而来)联合。至于传福音者与使徒的论上主的话,我们知道神学家们把一些作一般的解释,指的是一个位格(πρόσωπον),把其他的解释为分别指两个本性。他们把与神圣相关的理解为是指基督的神性,把较

---

① C. Pharr translated, *The Theodosian Code and Novels and the Sirmondian Constitutions*, 16.5.66, p.463.

② A. Casiday and F. W. Norris edited, *The Cambridge History of Christianity*, vol. 2: *Constantine to c. 600*, p.92.

③ 荣新江:《中古中国与外来文明》,北京:生活·读书·新知三联书店2001年版,第368页。

低的理解为是指他的人性。"①沃尔克认为,这一信条的提法更接近于安条克派,与亚历山大里亚派的距离较大,但两派均能按自己的倾向进行解释。② 正如弗伦德所指出的,双方均从这一信条中有所得,并且是首次企图在"基督论争议"中将极端对立的观点进行妥协的企图。③ 在这一信条中,西里尔的"道成肉身"的诠释击败了聂斯托利的观点并被公认为真正的教义,但安条克学派则使他们所珍爱的"二性论"信条被西里尔接纳为正统教义。④ 但是,这并未能从根本上解决双方的分歧,西里尔的许多同盟者深信真正的信仰要求承认救主只具有独一本性,任何接受两性教义之举就等于叛教。与此同时,根据安条克学派的观点看,聂斯托利所犯的罪过不过是攻击了混淆神人两性的谬误而已。⑤ 从教会内部的权力分配来看,亚历山大里亚教会的前后两任主教成为两位君士坦丁堡牧首下台的主要推动者,后者都出身于安条克教会。到431年以弗所会议,亚历山大里亚教会显然对权势日盛的君士坦丁堡教会进行了打击,同时也遏制了安条克教会势力的扩张,但三方实际上均未确立最后的优势,冲突的火种仍处于闷燃状态。

444年西里尔去世,狄奥斯库鲁斯(Dioscorus)继任亚历山大里亚主教之职,并开始着手推翻亚历山大里亚教会与安条克教会的433年协议。⑥ 沃尔克认为,"此人才思远不及其前任敏捷,宗教热情也差,但其野心则有过之而无不及,他尽可能地扩张亚历山大里亚主教职位的权势。"⑦弗伦德指出,狄奥斯库鲁斯所关注的问题一是摧毁两性教义,二是确保亚历山大里亚教会高于安条克教会与君士坦丁堡教会的地位。⑧ 狄奥斯库鲁斯的盟友包括塞奥多西二世晚年宠信的宦官克里萨菲乌斯,以及遍布东方各地寻找机会反对异端的修道士,正是在克里萨菲乌斯的帮助下,通过皇帝的命令,安条克教会最重要的神学家塞奥多利特遭到打击,

---

① [美]胡斯都·L.冈察雷斯:《基督教思想史》第1卷,第340页,注释7。

② [美]威利斯顿·沃尔克著,孙善玲等译:《基督教会史》,北京:中国社会科学出版社1990年版,第171页。

③ W. H. C. Frend, *The Rise of the Monophysite Movement: Chapters in the History of the Church in the Fifth and Sixth Centuries*, Cambridge: Cambridge University Press, 1972, pp. 21 - 22.

④ [美]奥尔森著,吴瑞诚、徐成德译:《基督教神学思想史》,北京:北京大学出版社2003年版,第233页。

⑤ [美]胡斯都·L.冈察雷斯:《基督教思想史》第1卷,第351-352页。

⑥ [美]奥尔森:《基督教神学思想史》,第234页。

⑦ [美]威利斯顿·沃尔克:《基督教会史》,第172页。

⑧ W. H. C. Frend, *The Rise of the Monophysite Movement*, p. 27.

其活动也被限制。① 安条克派予以反击,其成员指控反对两性论的君士坦丁堡修道士领袖尤提克斯(Euthches)为异端。448 年,在君士坦丁堡牧首弗拉维安(Flavian, 446—449 年在任)主持的宗教会议上,尤提克斯受到谴责。② 尤提克斯向罗马主教利奥(Leo)申诉,狄奥斯库鲁斯则请求皇帝召集一次大公会议,在尤提克斯的保护人克里萨菲乌斯的建议下,塞奥多西二世同意了亚历山大里亚主教的要求,于 449 年在以弗所召集会议。利奥虽然以其著名信件"大卷(Tome)"表明了自己认为尤提克斯的观点属于异端的看法,但在由狄奥斯库鲁斯主持的第二次以弗所会议上,尤提克斯还是恢复了名誉,而君士坦丁堡主教弗拉维安以及安条克派的重要成员塞奥多利特与伊巴斯(Ibas)等人均被免除主教职务。狄奥斯库鲁斯更确保了亚历山大里亚教会的一位教士安纳托利乌斯(Anatolius)于同年 11月成为君士坦丁堡教会牧首。③

虽然狄奥斯库鲁斯所领导的亚历山大里亚教会在 449 年第二次以弗所会议上似乎大获全胜,但是正如沃尔克所言,这是牺牲了亚历山大里亚教会与罗马教会之间悠久的联盟为代价的。④ 当会议的决定公之于世后,罗马主教利奥称之为"强盗会议(latrocinium)",并且立即准备在意大利召开另一次会议,设法得到皇帝授权。西部皇帝瓦伦提尼安三世对此同意后,为了说服东部皇帝,利奥、瓦伦提尼安三世、伽拉·普拉西迪亚与李锡尼娅·欧多西娅均致信塞奥多西二世,但都遭到塞奥多西二世拒绝。对于两性教义的反对者而言非常不幸,450 年 7 月 28日,塞奥多西二世在狩猎时坠马受伤,后伤重不治,继位的皇帝马西安及其妻子帕尔切里亚于 451 年在卡尔西顿召开了基督教历史上的第四次大公会议,确认了基

---

① [美]胡斯都·L. 冈察雷斯:《基督教思想史》第 1 卷,第 352–353 页。

② J. B. Bury, *History of the Later Roman Empire*, vol. I, p. 355. A. H. M. Jones, *The Later Roman Empire 284 –602:A Social, Economic, and Administrative Survey*, vol. I, p. 215. W. H. C. Frend, *The Rise of the Monophysite Movement*, pp. 31–32. A. D. Lee, *From Rome to Byzantium AD 363 to 565:The Transformation of Ancient Rome*, p. 143. [美]胡斯都·L. 冈察雷斯:《基督教思想史》第 1 卷,第 353—354 页。

③ W. H. C. Frend, *The Rise of Christianity*, pp. 766 – 768. W. H. C. Frend, *The Rise of the Monophysite Movement*, pp. 36 – 43. J. B. Bury, *History of the Later Roman Empire*, vol. I, pp. 355 – 356. A. H. M. Jones, *The Later Roman Empire 284 – 602:A Social, Economic, and Administrative Survey*, vol. I, pp. 215 – 216. A. D. Lee, *From Rome to Byzantium AD 363 to 565*, pp. 143 – 144.

④ [美]威利斯顿·沃尔克:《基督教会史》,第 174 页。

督的两性、两性合体以及马利亚是上帝之母的神学。① 只是坚持基督只有神性的一性论派并未就此沉寂下去，相反，它还将对拜占庭帝国社会保持长期影响，并在政治与宗教等领域发挥重要作用。

从408年5月1日至450年7月28日，塞奥多西二世统治拜占庭帝国长达42年有余。他所统治的地区人口或许超过3000万，这些人口支撑着一个税务系统完善的政府机构以及多达30万人的军队，他们治理和守卫着上千公里边界的帝国。他的帝国不仅是一个希腊语的世界，更是一个希腊世界。② 塞奥多西二世在位时期的大多数时间常住君士坦丁堡，他从未目睹过其治下帝国的大部分地区，从未在战场上指挥过军队。③ 他在位期间，塞奥多西家族东支与西支虽然保持着亲密友好的关系，但从442年征讨汪达尔人的远征军因阿提拉入侵而被召回后，东部政府显然更关注的是自身的安危。从保证君士坦丁堡政府自身安全的角度来看，这当然也是无可厚非的，不过这也预示着当西部地区陷入困境时，如果东部政府无力西顾的话，西部政府将不得不依靠自救。与此同时，虽然君士坦丁堡政府乃至君士坦丁堡本身在塞奥多西二世在位期间不断受到匈人的威胁，但直到塞奥多西二世意外去世，东部帝国实际上并没有真正丧失任何领土。④ 就内政而言，塞奥多西二世时期所建立的君士坦丁堡大学发展成为帝国最重要的学术中心⑤，其统治时期更被认为是基督教文学的"黄金时代"⑥。由塞奥多西二世下令编纂并颁布的《塞奥多西法典》被称为"查士丁尼《民法大全》出现以前最重要的法律典籍"⑦。彼得·布朗指出，君士坦丁堡正是在塞奥多西二世治下成为"统治之都"的。⑧ 基督教与非基督教的关系在塞奥多西二世期间基本得到明晰，他仍然延续了自君士坦丁一世以来除朱利安之外的其他皇帝支持基督教、压制非基督

① J. B. Bury, *History of the Later Roman Empire*, vol. I, pp. 356 – 358. A. D. Lee, *From Rome to Byzantium AD 363 to 565*, pp. 144 – 146.
② F. Millar, *A Greek Roman Empire: Power and Belief under Theodosius II (408 –450)*, pp. 14 – 15.
③ C. Kelly, "Rethinking Theodosius", p. 6.
④ F. Millar, *A Greek Roman Empire: Power and Belief under Theodosius II (408 –450)*, p. 14.
⑤ [南斯拉夫]乔治·奥斯特洛格尔斯基:《拜占廷帝国》,第41页。
⑥ A. Cameron, P. Garnsey edited, *The Cambridge Ancient History*, Volume XIII, The Late Empire, A. D. 337 – 425, p. 666.
⑦ [南斯拉夫]乔治·奥斯特洛格尔斯基:《拜占廷帝国》,第41页。
⑧ P. Brown, *The World of Late Antiquity*, AD 150 –750, London: Thames and Hudson LTD, 1971, p. 137.

教信仰的政策,帝国的基督教化得到进一步推进。在基督教会内部事务中,他设法弥合了其父阿卡狄乌斯统治时期君士坦丁堡教会内部因金口约翰争端而形成的分裂。与此同时,也正是在塞奥多西二世治下召开了431年以弗所大公会议,确定君士坦丁堡牧首聂斯托利为异端,而影响甚巨、延续时间更长的一性论派争端也正是始于其统治末期。可以说,在塞奥多西二世42年的统治中,面对的诸多问题正是晚期罗马帝国、早期中世纪、早期拜占庭帝国、古代晚期与基督教史等研究领域的研究者所关注的主题,大多数学者也把塞奥多西二世在位时期视为变化最显著的时期。[1] 从统治者最为关心的保住统治地位这一可算是最为消极方面的成就来看,塞奥多西二世显然也在拜占庭帝国诸帝中名列前茅,由此,塞奥多西二世也许并非如一般所认为的那样不谙或无意于政事,而是有其独特的理政之道,只是后人对他缺乏足够的研究罢了,特别是缺乏从帝国早期国家建设角度的深入考察。

第四节

马西安（Marcian）

450—457年在位

马西安（Marcian,生于392年,卒于457年1月27日,享年65岁）是拜占庭塞奥多西王朝第四位皇帝,他虽然不是皇帝塞奥多西二世的亲属,但由于后者去世时没有子嗣,所以掌控朝政的"女皇"帕尔切里亚选择当时已经为帝国"服役了38年"的将领马西安为自己名义上的丈夫[2],并使他成为拜占庭帝国新的君主,450

---

① 乔纳森·谢泼德主编的《剑桥拜占庭帝国史:500—1492年》指出塞奥多西二世时期的文化、物质与法律领域的巨大发展。J. Shepard ed., *The Cambridge History of the Byzantine Empire c. 500 - 1492*, Cambridge: Cambridge University Press, 2008, p. 23. 布罗克利认为,正是在塞奥多西二世时期,日后被定义为"拜占庭"的帝国东部的特别身份与自我利益才得以区分出来并得以巩固。R. Blockley, "The Development of Greek Historiography: Priscus, Malchus, Candidus", in Gabriele Marasco edited, *Greek and Roman Historiography in Late Antiquity: Fourth to Sixth Century A. D.*, Leiden · Boston: Brill, 2003, p. 294.

② Evagrius Scholasticus, *The Ecclesiastical History of Evagrius Scholasticus*, I. 21.

年 8 月 25 日至 457 年 1 月 27 日在位六年半。

按照《复活节编年史》的记载,马西安于 450 年在君士坦丁堡正式举行了登基大典。[1] 西罗马帝国的皇帝瓦伦提尼安起初并不承认这个继位结果,然而他最终"因为马西安的美德"承认了其东部帝国皇帝的地位。[2]

马西安在位时间不长,仅有不到 7 年的时间,但是总体看来得到了拜占庭历史学家们的极高评价,在现存的拜占庭史料中拥有比较完美的形象。例如 9 世纪的塞奥法尼斯(Theophanes)就在其《编年史》中盛赞马西安为东地中海世界的罗马人带来了和平、公正和幸福,他的统治是一个"黄金年代"[3]。6 世纪的叙利亚安条克历史学家埃瓦格里乌斯也评价他"仅仅统治帝国七年,但是留给所有人深刻的记忆,在人们看来,他是真正的帝王"[4]。甚至对于拜占庭帝国态度较为苛刻的爱德华·吉本也因古代文献的记载,而在其名著《罗马帝国衰亡史》中称赞马西安"对正统信仰十分热忱""性情温和、富有才干"[5]。

马西安的出身并非皇亲贵胄,按照 5 世纪拜占庭历史学家普里斯库斯所言,马西安是色雷斯人,他的父亲是一名军人。在父亲去世之后,他来到了菲利普波利斯(Philippopolis),继承父亲的事业,开始了自己的军旅生涯。[6] 埃瓦格里乌斯在《教会史》中记录了马西安刚开始军旅生涯时的事迹,"在去菲利普波利斯的路上,马西安看见了一个刚刚被杀的人横尸地上。因为除了其他的美德外,他还特别具有同情心……他走近那具尸体,希望能够给予那个被害人一个适当的悼念仪式。但是当一些人看到他的动作后就通知了菲利普波利斯的地方长官。他逮捕了马西安,并且以杀人罪审讯他。尽管马西安否认杀了那个人,他还是面临谋杀

---

① Anon, *Chronicon Paschale, 284 - 628 AD*, M. Whitby and M. Whitby trans., Liverpool: Liverpool University Press, 1989, s. a. 450.

② Evagrius Scholasticus, *The Ecclesiastical History of Evagrius Scholasticus*, II. 1.

③ Theophanes Confessor, *The Chronicle of Theophanes Confessor: Byzantine and Near Eastern History AD 284 - 813*, Translated with Introduction and Commentary by Cyril Mango and Roger Scott, Oxford: Clarendon Press 1997, AM5946.

④ Evagrius Scholasticus, *The Ecclesiastical History of Evagrius Scholasticus*, II. 8.

⑤ E. Gibbon, *The Decline and Fall of Later Roman Empire*, ed. by J. B. Bury, vol. VI, New York: Fred De Fau Company 1907, pp. 37 - 38.

⑥ 普里斯库斯作品的大部分内容已经遗失,他的《历史》中关于马西安早年生涯的记载被保存在埃瓦格里乌斯的《教会史》之中。Evagrius Scholasticus, *The Ecclesiastical History of Evagrius Scholasticus*, II. 1.

罪名的惩罚,就在这时,一个神圣的奇迹出现了,杀人者被抓了出来。这样,这个人因为他的罪行被杀了头,马西安则被无罪开释……马西安来到军队的一个连队,并且希望加入其中。因为出于对他的钦佩以及认识到他将是伟大和最显赫的人,那些军人高兴地接受了他且将他编入队伍当中,并没有按照军法的规定将他排在最后,而是给予他一个刚刚去世军人的军衔,那个人的名字叫作奥古斯都。这样,他们就登记道'马西安就是奥古斯都'。奥古斯都这个名字是我们皇帝的称号,那些身穿紫袍的人才会被如此称呼。就仿佛是这个名字不能容忍不相称的职位,反之这个职位也在寻觅适合他的人一样,所以马西安个人的名字和称号就恰如其分地结合在一起了。他应得的职位和公开的称号就通过这个事情表现了出来。"①

当然,这样的记载在今天看来不免有过度美化的嫌疑,尤其是其中所谓的"奇迹"让现代学者颇有非议。例如,在拜占庭时代代表皇帝头衔的"奥古斯都"被用作普通人的名字是十分怪异的现象,从现在流传的史料中很难找到类似的例子。因此,如《教会史》法文本译者费斯蒂吉埃尔就认为埃瓦格里乌斯的记载,尤其是第二段"奥古斯都预兆"的传说是他自己编造的。② 从这里我们至少能对这位皇帝的品行和早年的事迹有直观的了解。

马西安后来参加了拜占庭军队与波斯人的战争,但是在征途中受到了病痛的困扰。在休养了一段时间之后,他来到了首都君士坦丁堡,先后成为帝国当时著名的蛮族将领阿尔达布尔和阿斯帕尔的属下。在为阿斯帕尔效力期间,马西安参与了前者领导的对北非汪达尔人的军事行动(431/434 年)。但是,在战斗中,拜占庭军队遭遇惨败,马西安本人也和许多战士一起成为俘虏。后来,汪达尔国王释放了他。这段经历也成为拜占庭史学家们津津乐道的"奇迹"之一。埃瓦格里乌斯就记载道:"当他跟随阿斯帕尔与汪达尔人作战并且遭到惨败后,他和许多战士都成为俘虏;因为(汪达尔王)盖萨里克想看看这些俘虏,因此他们被一起带到了一个平原上。当他们集合好之后,盖萨里克坐在高处,并且以这一大堆俘虏为

---

① Evagrius Scholasticus, *The Ecclesiastical History of Evagrius Scholasticus*, II. 1.
② Evagrius Scholasticus, "Évagre, Histoire Ecclésiastique", trans. by A. J. Festugière, *Byzantion*, 45(1975), p. 258, n. 2.

乐……按照盖萨里克的指示，卫兵们解开了他们的绳索。这样，每个人的举止行为都有所不同。马西安躺在平原上，并且在太阳下睡着了，当时天气极其炎热，与一年中这个季节（冬天）应有的气候十分不符。但是一只鹰飞到太阳下，就像一朵云一样使马西安不会感到酷热难耐。"①

这则神迹的原始出处应为普里斯库斯的《历史》，可惜该书原始版本已经遗失。比《教会史》成书更早的普罗柯比的《战史》也记载过几乎相同的故事，埃瓦格里乌斯也在这段记载后提到了普罗柯比的记录。只是《战史》中记录这个故事发生的时间与埃瓦格里乌斯不同，即"因为是夏天，所以俘虏们苦于烈日炎炎"②。关于马西安被俘后的这段传奇故事甚至在 9 世纪初还得到历史学家的关注，塞奥法尼斯在他的《编年史》中对马西安赞赏有加，他认为"从最开始上帝就选择马西安作为帝王"，为了证明自己的观点，他也引出这段神迹作为论据，只不过在他的作品中，这段故事被放到拜占庭与波斯人的战争背景之中。马西安同样"在烈日中熟睡，一只巨大的鹰飞到他的上空，用它的翅膀为他遮阴避暑"③。从 5 世纪的普里斯库斯，到 6 世纪的普罗柯比和埃瓦格里乌斯，直至 9 世纪初的塞奥法尼斯都对马西安类似"天命所归"的传说津津乐道，这体现了拜占庭作者们对这位皇帝不约而同的爱戴。

在成为拜占庭皇帝之后，马西安最重要的政绩表现在宗教领域，他主持召开卡尔西顿第四次基督教大公会议。正是因为这次会议，他后来被教会追封为圣徒，更是得到了基督教学者的高度赞美，"马西安对宗教事务非常虔诚……他希望每个人都能够崇敬上帝，一度因为不虔诚而出现的杂音消失了，虔诚的声音再度聚合到一起，这样上帝就可以被同一个信经（"卡尔西顿信经"）所荣耀了。"④

马西安召开的卡尔西顿会议得到如此之高的评价有其历史背景。在取得了对聂斯托利斗争的胜利后，拜占庭亚历山大里亚教会的神学思想的革新走向了另

① Theophanes Confessor, *The Chronicle of Theophanes Confessor: Byzantine and Near Eastern History AD 284 - 813*, AM5943. Evagrius Scholasticus, *The Ecclesiastical History of Evagrius Scholasticus*, I. 1.

② Procopius of Caesarea, *History of the Wars*, ed. and trans. by H. B. Dewing, Cambridge 1914 - 40, III. IV. 4.

③ Theophanes Confessor, *The Chronicle of Theophanes Confessor: Byzantine and Near Eastern History AD 284 - 813*, AM 5943.

④ Evagrius Scholasticus, *The Ecclesiastical History of Evagrius Scholasticus*, II. 1.

一个极端,即由过度强调基督的两性分裂走向过度强调其两性合一,尤其是神性对人性的融合。5 世纪 40 年代中期,亚历山大里亚教会在君士坦丁堡的代理人、修道士尤提克斯正式将这一思想系统阐述成型。他主张"我主在最初确有神人两性,但是最终这两性合而为一,因此我认为我主只有一性。主的肉身也不与我等同质"①。这一观点立即得到亚历山大里亚教会的支持,标志着基督一性论理论的最终形成。基督一性论教义提出的基督人性为神性所融合的理论在教义上产生的最大影响即是通过排除基督的人性,使得基督不再与人类有同质之处。如果基督不能具有人性,那么他在十字架上之死就无法体现为人的赎罪,因此也就直接影响了基督教救赎的理论。

一性论思想在教会内部引发争论的激烈程度远胜于之前的聂斯托利教义之争。君士坦丁堡和罗马教会联合起来反对这一神学观点。448 年,尤提克斯的思想被斥为异端,其本人也被放逐,但一年之后,在皇帝塞奥多西二世的支持下,基督一性论在第二次以弗所基督教会议上被定为正统教义,反对者君士坦丁堡牧首弗拉维安被罢免,随即被迫害致死。这一决定引发了罗马、君士坦丁堡等教区的不满,基督教会内部出现严重的分裂,这次会议也由此被称为"以弗所强盗会议"。为此,马西安皇帝于 451 年在卡尔西顿召开了第四次基督教大公会议,并在会议上亲自演讲致辞。会议经过五个阶段的激烈讨论后,最终在皇帝的支持下通过了支持罗马和君士坦丁堡教区提出的决议,"现在,为了完美地明确我们虔诚的信仰,我们制定了如下智慧和救世的信经:关于圣父、圣子和圣灵的问题已经有了完整的阐述,并且通过上帝道成肉身被信仰的人所接受。但是,因为真理的敌人试图通过他们的异端思想和愚蠢的语言来否定我们的信仰,并且一些人胆敢贬低上帝赐予我们信仰的神圣性,他们彻底拒绝童贞女马利亚是上帝之母这一概念,而另一些人则愚蠢的提出了让人困惑和混淆的新观点,他们将基督的人性和神性混为一谈,并且通过混淆和纵容,又提出了一个怪异的理论,那就是独生的基督只有神性是易于察觉的。他们竭尽全力对抗真理,为此现在召开的神圣伟大的大公会议希望能够消灭他们的异端,保卫之前确立的不可动摇的信仰,这一信仰是由

---

① Evagrius Scholasticus, *The Ecclesiastical History of Evagrius Scholasticus*, I. 9.

318名圣洁的教父们制定的,它应该一直不被怀疑和挑战。并且,一方面由于有一些人对抗圣灵,因此在接下来于首都召开的大公会议上150名教父制定了关于圣灵本质内容的教义,他们将这一信仰公之于众,他们仿佛并没有指出他们先辈的不足,而是进一步明确了我们所理解的关于圣灵信仰的宣言,以此对抗那些试图否定它的那些人。同时另一方面,由于那些人胆敢贬低我们信仰的神圣性,并且无耻和愚蠢地宣称由童贞女马利亚生出的耶稣基督仅仅是一个凡人……(罗马主教利奥)批判了那些试图将圣子分割为二元的谬论;他在神圣的会议中驳斥了那些胆敢说独生的基督只有神性清晰可见的异端;他反对那些混淆和试图混合基督两性的人;他还将那些提出愚蠢理论的人逐出教会,他们居然认为基督从我们身上取得的人性会具有神圣的性质或其他的本质;他还谴责了那些认为上帝在两性结合前具有两性,而在结合后则只有一性的那些人。

"因此,我们继续那些神圣教父们的足迹,我们承认这独一的、同一个体的圣子、我主耶稣基督,并且我们全体一致阐明他具有完全的神性和完全的人性,他是真正的神,也是真正的人,他是理性的同时也是肉体的生命,就神性而言,他与圣父本质相同,就人性而言,他与我们本质相同,除了他没有罪以外,在其他各个方面都与我们完全一致。按照神性而言,他是在万世之先,为圣父所生,按照人性而言,他是在末世时由上帝之母童贞女马利亚所生;这独一的、同一个体的耶稣基督、圣子、我主和独生子,他处于不可混淆,不可变换,不可割裂以及不可分开的两性之中,因为不同的两性绝不因为联合而失去区别,相反每一性质都保持其特点,并且存在于同一个人和一体之中;他不可割裂为两个位格,而是独一的同一个圣子、独生子、神圣的逻各斯、我主耶稣基督,就如从前先知们教授的关于他的说法一样,也和耶稣基督自己教授给我们的,以及教父们制定的信经传给我们的说法一样。

"因而,在我们精确和仔细的详细说明这个事情后,这个神圣大公会议的决定任何人都不能够提出另一个信仰,也不能编造、建立、思考和传授另一个信仰,但是那些胆敢建立、传播、教授或散布另一个信仰给那些希望通过异教、犹太教和其他任何异端获得真理的人,那么如果他们是主教或者教士,他们将被罢免,主教将失去主教的职位,教士将被剥夺教士的资格,如果他们是修道士或者平信徒,那么他们将遭到谴责。"①

　　大公会议及其所制定的《卡尔西顿信经》给拜占庭帝国带来了深远影响，并塑造了现今基督教各主要派别承认的正统教义的雏形。它既肯定了耶稣基督具有和圣父本质相同的神性，也认定其具有与人类本质相同的人性。因此，尽管这一教义遭到以亚历山大里亚为代表的众多东部教区的反对，但是它还是为帝国内大部分基督徒所接受，并得到了之后诸次大公会议的肯定。《卡尔西顿信经》在纷争之中制定了教义的规范，清晰地解释了耶稣基督的本质，厘清了正统神学与其他异端学说的区别。因此从这一角度来看，这次会议无愧于是基督教发展史上的一座重要里程碑，也是拜占庭帝国官方意识形态确立的标志。

　　然而，很多现代学者却并不把卡尔西顿会议完全归功于马西安，他们提出，马西安名义上的皇后，即前任皇帝塞奥多西二世的姐姐帕尔切里亚在这一问题上发挥着更为重要的作用。例如，卡日丹教授在其被公认为权威的拜占庭历史百科全书——《牛津拜占庭词典》的"帕尔切里亚"词条中明确写道："她寻求与罗马主教利奥一世结盟。在450年塞奥多西二世意外去世之后，她再次来到前台……在他（马西安）的帮助以及罗马教区的支持下，她出席了卡尔西顿会议，并恢复了正统的信仰。"②这一观点不无道理。

　　显然，在卡日丹看来，早在塞奥多西二世统治时期就能够影响政局的帕尔切里亚不仅是卡尔西顿会议的主要参与者之一，甚至暗示她比皇帝马西安发挥了更为重要的作用。持类似看法的学者很多，如海费尔在其由原始文献整理而成的名著《基督教会会议史》中也详尽地写到了卡尔西顿会议召开前的背景。塞奥多西二世去世后，他的姐姐帕尔切里亚成为皇位的实际继承者。"但是，因为女性从来不能独自掌控罗马人的帝国"，她选择了帝国"最显耀的将军"和"以高度虔诚"闻名的马西安作为自己名义上的丈夫，并使他成为皇帝。因为马西安和帕尔切里亚一样都是正统信仰的支持者，因此他和皇后分别给罗马主教利奥写信，要求改变前任皇帝塞奥多西二世支持的"以弗所强盗会议"的宗教观点，这些交涉活动最

---

① Evagrius Scholasticus, *The Ecclesiastical History of Evagrius Scholasticus*, II.4.
② A. P. Kazhdan, ed., *The Oxford Dictionary of Byzantium*, pp. 1757 – 1758.

终促成了卡尔西顿会议的召开。①

　　帕尔切里亚对马西安的宗教政策影响之大不仅仅局限于卡尔西顿会议的召
开。会议结束之后,《卡尔西顿信经》在教会内部造成很大的争论,甚至在部分支
持一性论的地区爆发了兵变在内的骚乱。埃瓦格里乌斯就曾经详细记载了会议
决定传到埃及、叙利亚和巴勒斯坦等一性论传播的主要区域后,在教会乃至民众
中引发的剧烈不满。"人们群起围攻大小官员,当一支军队希望阻止暴乱的时候,
人们用石块投向他们,并将他们围困在先前的塞拉皮斯神庙,而后放火将他们活
活烧死;当皇帝获悉这件事情后,他立即派出了一支 2000 人的部队,由于风向十
分有利,他们在第六天就到达了亚历山大里亚;但是,因为士兵们奸淫亚历山大里
亚人民的妻女,局势变得更加恶化……甚至在耶路撒冷附近的沙漠地区局势也不
平静,因为一些出席会议的修道士不满会议的决定,并且带着相反的观点回到巴
勒斯坦;由于信仰被背叛而感到愤恨,他们希望重新点燃和唤醒修道院团体的光
荣。然后,主教朱维纳尔(Juvenal)回到自己的教区,他被那些疯狂的人强迫表达
反对且谴责自己的观点,因此他逃到君士坦丁堡来寻求庇护。"②帕尔切里亚在这
种情况下力劝马西安采取怀柔政策,取得了较好的效果。研究帕尔切里亚皇后最
重要的学者之一,霍鲁姆在其代表作《塞奥多西王朝的皇后们:古代晚期女性和帝
国的统治》一书中认为:"帕尔切里亚就是这样运用其影响力,引导马西安在面对
此类暴动时放弃了罗马统治者惯用的严厉做法,转而采用了温和劝服的政
策。"③帕尔切里亚由此开启了拜占庭史上女性以怀柔政策影响帝国宗教政策的
先河。

　　除了宗教领域的成就,马西安统治时期还在军事和外交领域取得了一定的成
绩。5 世纪 40 年代之后,阿提拉率领的匈人成为拜占庭人所面临的主要威胁。
在塞奥多西二世统治晚期,阿提拉多次率兵洗劫巴尔干半岛,迫使拜占庭帝国缴
纳高额的贡金。到马西安继位时,他中止向阿提拉缴纳贡金,这一举措得到拜占
庭史家的普遍好评。现代学者如英国的伯里也在其作品中称赞马西安的这一举

---

① C. S. Hefele, *History of the Councils of the Church*, New York: AMS Press 1972, vol. 3, pp. 269 - 271.

② Evagrius Scholasticus, *The Ecclesiastical History of Evagrius Scholasticus*, II. 5.

③ K. G. Holum, *Theodosian Empresses: Women and Imperial Dominion in Late Antiquity*, p. 224

措改变了塞奥多西二世因为缴纳过多贡金而使国库空虚的局面。① 当然,这样一种选择虽然收效甚佳,但并不是十分难以做出的抉择。例如美国学者特里高德指出:"放弃这种绥靖政策并不完全是莽撞之举,因为阿提拉已经宣布了向西部帝国进军的意图。"②

这种观点是可以从史料中找到依据的。现存普里斯库斯《历史》的残篇就记载到阿提拉同时向东、西部帝国派出了使者,但是都没有得到满意的答复。"东罗马人说他们不同意继续支付塞奥多西时期的贡金。如果他(阿提拉)能够保持和平的话,他们可以赠送给他礼物……阿提拉还没有明确选择该先进攻哪一方,但是看上去首先向西部进军显然是他的最佳选择。"③约达尼斯的《哥特史》也有类似的记载:"汪达尔国王盖萨里克得知阿提拉正在致力于征服全世界,于是派人给他送去了许多礼物,并催促他对西哥特人发动战争……因为受了盖萨里克的贿赂,阿提拉决定发动这场他策划已久的战争。"④可见,在阿提拉已经表露出向西进军的战略抉择时,马西安停止缴纳贡金是审时度势之举,体现了他对当时地中海世界局势的透彻了解。然而,和颇受好评的匈人政策相比,他对待汪达尔王国的政策却引发了更大争议。

在马西安统治时期,汪达尔人入侵意大利,最终攻陷罗马城,这对于帝国来说是一项重大事件。按照埃瓦格里乌斯的记载,当时西罗马帝国皇帝瓦伦提尼安被篡位者杀死,他的遗孀欧多西娅为了替夫君报仇,主动充当内应,引发汪达尔人的入侵,并招致了悲惨的结果:"欧多西娅派人携带厚礼来到利比亚地区,并且许诺了美好的前景,她劝说盖萨里克出其不意地攻打罗马人的领地,并且许诺为他提供内应。当做了这一切后,罗马就沦陷了(455 年 6 月 2 日)……但是盖萨里克是一个难于控制并且反复无常的野蛮人,他没有信守对那个女人许下的诺言,而是在烧杀抢掠之后带着欧多西娅和她的两个女儿一起踏上了回乡之路。然后他就

---

① J. B. Bury, *History of the Later Roman Empire*, vol. 1, p. 236.

② W. Treadgold, *A History of the Byzantine State and Society*, California: Standford University Press, 1997, p. 98.

③ R. C. Blockley, ed., *The Fragmentary Classicising Historians of the Later Roman Empire: Eunapius, Olympiodorus, Priscus, and Malchus*, vol. 2. p. 307.

④ [拜占庭]约达尼斯著,罗三洋译注:《哥特史》,北京:商务印书馆 2012 年版,第 116 页。

离开了罗马并回到利比亚。"①

作为东部帝国的皇帝马西安本有义务向西部帝国提供援助,但是他却选择了按兵不动。对于他的这一举措,以埃瓦格里乌斯为代表的拜占庭历史学家并没有对其进行指责,反而为他进行了辩解。例如前文曾经提及埃瓦格里乌斯在撰写马西安与汪达尔人作战被俘时,有一段受到神鹰庇护的神话,他在之后特意强调:"盖萨里克对此十分震惊,并且正确地推测了未来的事情;他把马西安叫了过来并且释放了他。但马西安被要求发下重誓,在成为皇帝之后将不与汪达尔人为敌……普罗柯比记载马西安在之后履行了承诺。"②

显然,在埃瓦格里乌斯、普罗柯比和可能的原始出处作者普里斯库斯看来,马西安选择不救援西部帝国是履行个人承诺的君子之举。然而,正如这个神话本身就不可信一样,这一对马西安汪达尔政策的辩解也是软弱无力的。正如美国学者汤普逊一针见血地指出的:"这个故事的意图是十分明显的,它明显是为了给马西安不干涉西地中海世界的政策找借口……在 5 世纪中叶出现这个故事并被记录在或多或少类似正史的历史作品中,是否说明他需要为自己的政策进行辩护?我们认为有一些东罗马人不认同马西安在盖萨里克对罗马的攻击时置身事外的政策。"③而希腊学者卡拉扬诺布鲁斯也对马西安的汪达尔政策提出了一定的批评,他说:"马西安放任盖萨里克对不设防的意大利和西西里发动进攻。后者在之后的几年中,一到春季来临之时,就进攻意大利和西西里的海岸,掳掠奴隶并进行洗劫。"④显然,古今学者在这个问题上见解不一是立场不同所致。

马西安在位期间最后一项重要的政绩在于财税改革。由于不必向阿提拉交纳高额贡金,马西安在位时期财政状况比塞奥多西二世时期更为宽裕,有条件实行一些减轻税收的政策,加之他本人十分节俭,因此他在位期间的财政状况比其前任大有好转。这些举措为他在拜占庭作家中赢得了极高的声誉。例如埃瓦格

① Evagrius Scholasticus, *The Ecclesiastical History of Evagrius Scholasticus*, II. 7.

② Evagrius Scholasticus, *The Ecclesiastical History of Evagrius Scholasticus*, I. 1.

③ E. A. Thompson, "The Foreign Policies of Theodosius II and Marcian", *Hermathena*, No. 76 (1950), pp. 68 – 69.

④ I. E. Καραγιαννόπουλος, *Ιστορία Βυζαντινού Κρατούς*, Τόμος Α, Θεσσαλονίκη: Εκδοτικός Οίκος Βάνιας 1995, p. 282.

里乌斯称赞他:"在对待财富的态度上,他既不认为应该大量积蓄,也不认为应该任由税务官横征暴敛。而是认为财富应该用来扶贫济弱,同时还要保证富人家产的安全。"①马西安时期废除的最为重要的税收是一种基于土地的财产税——富人税(follis)②,也就是埃瓦格里乌斯所说"保证富人家产的安全"的一项税收。根据5世纪历史学家佐西莫斯记载,是君士坦丁大帝开征了这一税种,说"他开列了一张最富有人的名单,并向他们强加了被称为富人税的税收"③。

　　这样的说法得到现代学者的认同。但是埃瓦格里乌斯对这一税收极为不满。君士坦丁作为第一位基督教皇帝和圣徒,得到了拜占庭教会史家的高度赞扬。埃瓦格里乌斯显然不能接受君士坦丁与这一税收联系在一起的说法。为此,他在作品中特意用大段篇幅驳斥佐西莫斯:"佐西莫斯是一个信仰可憎和罪恶的希腊异教作家,他对君士坦丁十分愤恨。因为君士坦丁是第一个接受基督教并且放弃希腊人的那些令人厌恶迷信的皇帝。佐西莫斯说君士坦丁最先制定了所谓的富人税税收,并且规定每四年征收一次……这个人是如此的慷慨大度,你怎么能说他如此怯懦和吝啬地制定了如此需要诅咒的税收呢?"④佐西莫斯和埃瓦格里乌斯同属于拜占庭的贵族阶层,他们虽然对是谁发明了这项财产税观点相左,但是反对这项税收的态度其实是一致的。显然,这是一项并不受贵族阶层欢迎的税收,因为他们正是它的征收对象。从价值中立的角度观察,君士坦丁一世实行富人税是强化帝国中央集权国家体制的重要措施,符合这一时期皇权强化以压倒贵族和地方势力的总趋势,有利于拜占庭皇帝专制国家的建设。

　　马西安废除这项税收显然会受到贵族们的欢迎。事实上,马西安的施政都是建立在贵族精英统治基础之上的。由于在皇位继承过程中得到了元老院和军队的帮助⑤,因此马西安在统治期间对官僚贵族阶层十分温和,注意维护他们的利

---

① Evagrius Scholasticus, *The Ecclesiastical History of Evagrius Scholasticus*, II. 1.

② J. B. Bury, *History of the Later Roman Empire*, vol. 1, p. 237.

③ Zosimus, *New History*, trans. and commentary by Ronald T. Ridley, II. 38, (4).

④ Evagrius Scholasticus, *The Ecclesiastical History of Evagrius Scholasticus*, III. 40 – 41.

⑤ 马西安和他的继任者利奥皇帝在继位过程中都得到了当时帝国最重要的将领阿兰人阿斯帕尔的鼎力协助。但是埃瓦格里乌斯只提到了阿斯帕尔对于利奥继位的帮助,在谈到马西安时更多强调他的美德得到了前任皇帝遗孀和元老院的好感。以埃瓦格里乌斯对史料的掌握情况来说,他不应该不知道阿斯帕尔对马西安的帮助,这也许是因为作者希望维护马西安的良好形象,不让他的继位与帝国内不受欢迎的蛮族将领产生联系。

益。埃瓦格里乌斯在赞扬马西安具有种种的美德时,特别提出他"能够公正地处理臣子的事情"①,类似的词语几乎很少被用在他作品中的其他拜占庭皇帝那里。埃瓦格里乌斯还在作品中用整整一节的篇幅记录了马西安富有人情味的一项举动。西罗马皇帝瓦伦提尼安三世在马西安刚刚继位时拒绝承认他的皇帝身份,但是当前者死于非命,妻子和女儿沦落汪达尔人之手时,马西安通过外交斡旋促使汪达尔国王将瓦伦提尼安的"幼女普拉西迪亚和她的母亲与随从一起被送回到拜占庭"。之后,马西安让普拉西迪亚嫁给了"元老院中显赫的奥利布里乌斯(Olyblius)",因为"他们早就订婚了,而奥利布里乌斯是在罗马被占领时逃到君士坦丁堡的"②。马西安对待属下贵族的态度由此可见一斑。

　　然而,从后人的视角来看,马西安对待贵族宽容的态度以及为他们减税这样的经济政策却十分值得商榷。5—6世纪是拜占庭大地产者势力急速发展的时期,马西安没有像之后的查士丁尼那样采取措施加以限制,反而通过税收政策默许了他们的特权。这样劫贫济富的举措没有得到一些现代学者的认同。例如琼斯认为:"如果采取任何减免税收政策的话,那么富人税应该是最后一项被废除的税种。"③汤普逊更是写道:"如果不是因为他是一位'元老院的'皇帝的话,马西安本应一无是处……马西安废除了对元老们财产征收的富人税税目……也许如塞奥法尼斯所言,他的统治是一个黄金时代,但是,那应该是那些元老贵族们的黄金时代。"④

　　也许正是因为类似的争议,20世纪之后,现代学者对马西安的关注度逐渐下降。在重要的拜占庭通史中,涉及马西安的内容经常居于早期拜占庭皇帝中十分靠后的位置,并且主要集中于他召开卡尔西顿第四次基督教大公会议的个别事迹,甚至对其统治一笔带过。例如瓦西列夫在《拜占庭帝国史》中用150页左右的篇幅记录了从君士坦丁大帝到莫里斯的拜占庭史,其中马西安和他的继任者利奥一世被放在一个章节中,二者加在一起只有不到三页的篇幅,而涉及马西安的重

① Evagrius Scholasticus, *The Ecclesiastical History of Evagrius Scholasticus*, II. 1.
② Evagrius Scholasticus, *The Ecclesiastical History of Evagrius Scholasticus*, II. 7.
③ A. H. M. Jones, *The Later Roman Empire 284–602: A Social, Economic, and Administrative Survey*, vol. 1, p. 219.
④ E. A. Thompson, "The Foreign Policies of Theodosius II and Marcian", p. 72.

大历史事件主要是他主持召开的第四次基督教大公会议,即卡尔西顿会议,另外仅用很少篇幅提及他与阿提拉的外交活动。① 而在奥斯特洛格尔斯基的《拜占庭国家史》中,在 70 页关于早期拜占庭历史的记载中,涉及马西安的只有三个自然段,内容也主要涉及卡尔西顿会议。② 更有甚者,如曼戈主编的《牛津拜占庭史》几乎没有涉及马西安的名字,只有"从 451 年的卡尔西顿基督教大公会议起,东部教会就陷入了一场基督身份中神人两性关系的痛苦争论之中"等寥寥数语勉强与之相关。③ 相较而言,只有希腊的卡拉扬诺布鲁斯在其鸿篇巨著《拜占庭国家史》第一卷中用八页多的篇幅涉及马西安的统治,但与该卷 752 页的篇幅相比,依然分量很小,仅比统治数月的乔维安皇帝略多。④ 这与古代文献中对这位皇帝的态度发生明显改变有关。

公元 457 年 1 月 27 日,马西安皇帝于君士坦丁堡病逝,享年 65 岁。⑤ 他与皇后帕尔切里亚一起被安葬在君士坦丁堡圣使徒大教堂。由于帕尔切里亚是一位虔诚的修女,一直坚持着禁欲生活,因此她和马西安的结合只是一桩名义上的婚姻⑥,故而没有留下皇位继承人。拜占庭帝国的将领利奥(Leo)在阿斯帕尔等人的支持下成为帝国新的统治者,是为皇帝利奥一世。

客观评价马西安确实是一件困难的事情,除了后人能够得到的史料非常稀少且分散外,主要是原始记载者大多属于有文化的贵族阶层,他们对这位皇帝的看法带有某些偏见。更为重要的是,在评价历史人物时,研究者需要秉持一种价值中立的态度,尽管其依据的史料带有某些倾向性。而价值中立的理论视角首先要求对研究对象所处历史时期有比较准确的判断,即对历史人物所处的时代背景有

---

① A. A. Vasiliev, *History of the Byzantine Empire*, pp. 104 - 106.

② G. Ostrogorsky, *History of the Byzantine State*, pp. 59 - 60. [南斯拉夫]乔治·奥斯特洛格尔斯基:《拜占廷帝国》,第 44 页。

③ C. Mango, ed., *The Oxford History of Byzantium*, p. 40. [英]西里尔·曼戈主编:《牛津拜占庭史》,第 57 页。

④ I. E. Καραγιαννόπουλος, *Ιστορία Βυζαντινού Κρατούς*, Τόμος Α, pp. 275 - 283.

⑤ 另一说 4 月 30 日,Theophanes Confessor, *The Chronicle of Theophanes Confessor: Byzantine and Near Eastern History AD 284 -813*, AM5949.

⑥ 埃瓦格里乌斯在《教会史》中写道:"马西安娶了帕尔切里亚为皇后,但是却没有和她进行任何性行为,这样直到终老她一直保持着处女之身。"Evagrius Scholasticus, *The Ecclesiastical History of Evagrius Scholasticus*, II. 1.

充分的认识。马西安所处的早期拜占庭阶段是帝国从古代晚期国家向中古国家转变的过渡时期,这个时期经历了数百年,直到查士丁尼统治结束为止。在此期间,拜占庭帝国继承了晚期罗马帝国中央集权制的政治传统,君士坦丁大帝采取的一系列大政方针确定了以皇帝专制为核心的国家政治框架,其确定的诸多建国方略是东地中海世界人民在经历了痛苦的"3 世纪危机"动乱后选择的历史道路。这种历史选择与帝国西部世界无奈地陷入地方集权的家族政治体制形成了鲜明对照,并决定了帝国东西两个部分道扬镳走向不同的道路。在此过程中,顺应历史发展趋势者昌,逆历史潮流而为者亡,这在君士坦丁王朝和塞奥多西王朝诸帝的治国安邦方略及其最后结局中得到证明。由此观之,马西安对于早期拜占庭帝国国家政治建设并无建树,其所作所为虽然博得一些"宽厚""仁慈"的好评,但无益帝国长远发展。后世学者轻看这位皇帝的"业绩",出发点虽然各不相同,但总的感觉是合理的。如果说,在经历了先秦和秦汉之际战乱之后,汉初推行"无为而治"的黄老政治有其时代合理性的话,那么马西安在前任多位皇帝留下的太平盛世中采取"治大国如烹小鲜"的治国理念就只能说他是个平庸的老者了。

第四章

利奥王朝

　　利奥王朝是早期拜占庭帝国第三个王朝。该王朝创立者利奥一世并非来自世家大户，其祖上也不是贵族高官，他登基前只是拜占庭帝国的将领，相当于中级军官。利奥成为皇帝全赖当时拜占庭帝国的军事强人、蛮族将领阿斯帕尔的举荐。该王朝统治时间 61 年，在位皇帝四人，分属三代人。他们包括利奥一世（Leo I，457—474 年在位）、利奥二世（Leo II，473—474 年在位）、芝诺（Zeno，474—491 年在位）、巴西利斯库斯（Basiliscus，475—476 年在位）和阿纳斯塔修斯（Anastasius I，491—518 年在位）。为加强统治的合法性，争取教会的支持，利奥成为拜占庭帝国第一位被帝国牧首加冕的拜占庭皇帝。

　　利奥一世非常注意王朝传承，登基后便谋划皇权血亲世袭的事情。他首先密谋策划杀掉了大权在握的政敌阿斯帕尔及其儿子帕特里修斯（Patricius），虽然阿斯帕尔曾一手将他推上皇位,而后立自己的子嗣为皇储。利奥一世的皇后维里娜(Verina)生养了三个孩子,其中 463 年也就是利奥刚过花甲之年,为他生下了一个儿子。不幸的是这个男婴早夭,连名字都没有留下,只有两个女儿长大成人。长女名为阿里阿德涅(Ariadne)嫁给其忠实部下将领芝诺,并于 467 年生下一个儿子利奥,即后来的皇帝利奥二世(Leo II)。他的另一个女儿莱昂提亚(Leontia)及其丈夫帕特里修斯膝下无子,只有女儿,后者不久还被自己的岳父谋杀了。在盼子无望的情况下,利奥一世喜得外孙,所以格外喜欢这个外孙,于 473 年选定他为自己的皇位继承者,任命小利奥为副皇帝凯撒,次年又为其加冕为共治皇帝。

　　但是,利奥一世去世时,外孙年幼,只好由其父母担任摄政。在父母的安排下,利奥二世为父亲加冕为共治皇帝。可惜天不佑人,利奥二世 7 岁时病死。皇位只好由其父亲、共治皇帝芝诺继承。这就开创了拜占庭帝国皇帝继承制度中"子死父继"的特例,似乎也有悖于自君士坦丁大帝以来的皇帝血亲世袭顺位继承的原则,因此遭到了朝野内外反对派势力的抵制。在政局的动荡中,利奥一世的妻弟巴西利斯库斯被推上皇帝宝座,芝诺不得不逃回老家伊苏里亚。两个非皇帝直系血亲的人之间展开的帝位争夺很快便分出了胜负,小皇帝利奥二世的母亲阿里阿德涅正确地抛弃了其舅舅而选择支持芝诺,故而巴西利斯库斯的统治仅仅维持了 20 个月便倒台了。芝诺重新入主君士坦丁堡,直到病故。利奥一世的长寿女儿阿里阿德涅再度选择阿纳斯塔修斯续任皇帝(Anastasius I),随后通过与之结婚的方式确认了其皇位。

　　利奥王朝统治时期延续前两个王朝推行的大政方针,在拜占庭帝国历史发展中似乎没有什么突出贡献,注定成为一个平静的过渡时期。但是当后人审视的视野进一步扩展后就会发现,自前朝皇帝塞奥多西二世于 450 年去世之后的 130 余年间,帝国皇帝血亲世袭继承制度迎来了一个"无皇子"的艰难时期。正是在这个时期,利奥王朝在皇位继承制度上做出了诸多辅助性创新,利奥二世传位于其父芝诺,利奥一世妻弟巴西利斯库斯抢占皇位,皇后阿里阿德涅选择阿纳斯塔修斯为夫并扶植其上位,都是完善皇帝血亲世袭继承制度的新方法,既是弥补基督教婚姻法对皇帝继承制造成的制度性缺陷,也为后世皇帝提供了效仿的范例。另外,利奥一世首开由牧首加冕的仪式也开启拜占庭皇帝神圣化的先河,也是帝国强化皇帝专制的重要方面。最后,研究者大体公认利奥王朝末代皇帝在财政税收方面的改革为嗣后的查士丁尼王朝留下了富足的家底,为拜占庭历史发展之第一个"黄金时代"创造了条件。

第一节

利奥一世(Leo I)

457—474 年在位

利奥一世(Leo I,Λέων Μακέλλης,生于 401 年,卒于 474 年 1 月 18 日或 2 月 3 日,享年 74 岁)是利奥王朝的开创者和第一位皇帝,457 年 2 月 7 日至 474 年 1 月 18 日(另一说为 2 月 3 日)在位近 17 年。

利奥与马西安皇帝一样,也是来自色雷斯的军人。[1] 按照编年史家约翰·马拉拉斯所言,他是出生于该地区的培西人(Bessian),大约出生于 401 年或 402 年。[2] 与马西安皇帝相比,人们对利奥早年的经历了解得更少,这可能因为他在即位前的地位并不十分显赫,其在军队中的影响力也不如马西安。利奥在 457 年登基之前,只在拜占庭军队中担任所谓军队保民官(tribunus militum)的职位[3],该官职的地位介于百夫长(centurion)之上而低于团长(legate)之间,属于中级军官头衔。

利奥能够凭借并不显赫的出身和官职登上皇位与塞奥多西王朝末期出现的皇位空缺有关。君士坦丁一世于 330 年开启了罗马帝国的拜占庭时代后,帝国的

---

[1] Theophanes Confessor, *The Chronicle of Theophanes Confessor: Byzantine and Near Eastern History AD 284 - 813*, AM 5950. Theophanis, *Chronographia*, ed. C. de Boor, Leipzig: Teubner, 1883, repr. Hildesheim: Olms, 1963, TLG, No. 4046001.

[2] John Malalas, *The Chronicle of John Malalas*, trans. E. Jeffreys, M. Jeffreys & R. Scott, Sydney: Sydney University Press, 2006, Book 14, 35 (369). Ioannis Malalae, *Chronographia*, ed. L. Dindorf, [Corpus Scriptorum Historiae Byzantinae] Bonn: Weber, 1831, TLG, No. 2871001.

[3] Theophanes Confessor, *The Chronicle of Theophanes Confessor: Byzantine and Near Eastern History AD 284 - 813*, AM 5950.

皇位继承制度最为明显的改变是将罗马时代以拟制血亲为主的皇位继承制度①变为自然血亲继承的原则,尤其是父死子继开始成为最主要的皇位传承方式。在拜占庭帝国建立后的最初几十年间,以父死子继为主、兄终弟及为补充的血亲世袭继承制度初步建立起来。皇权能够较为平稳地按照皇帝的意图在家族内传递,一定程度上体现了皇权的加强与政治局势的稳定。

然而,在自然血亲继承制度刚刚确立后,拜占庭帝国的皇位继承在5—6世纪迎来了一个特殊时期。从现存的多种拜占庭史料中我们会发现,自公元450年塞奥多西二世去世之后,直到584年莫里斯皇帝的长子塞奥多西出生为止,帝国迎来了一个130余年的"无皇子时期",即在位皇帝没有任何能够参与皇位继承的男性子嗣,这显然给刚刚确立的皇帝继承制度带来了新的挑战。如果没有稳妥的解决办法,那么刚刚摆脱政治危机、从军阀混战中逐步稳定下来的政局就会有再度走向混乱的危险。

在这种背景下,拜占庭帝国内开始出现其他继承方式,并逐步作为父死子继制度的补充被保留下来。在这段"无皇子时期",拜占庭皇位继承制度的一个显著特点是继承手段更为丰富,尤其是皇室女性开始在皇位传承中起到了重要的作用。例如前文提到的马西安就是因为与塞奥多西二世的姐姐帕尔切里亚结婚,从而获得了与塞奥多西皇室的姻亲关系,得到了继承皇位的权利。然而,在帕尔切里亚和马西安相继离世之后,由于二人没有任何子女,因此塞奥多西皇室的传承正式告终。在这种背景下,军队和基督教会对皇位的传承起到了重要的作用,前者体现了罗马时代的传统,后者则毫无疑问属于拜占庭时代的特色。

军队在罗马时代一直是政治生活中的重要力量。这个时期,握有重兵的军事将领依然能够在皇位传承过程中扮演重要的角色。值得注意的是,该时期掌握兵权的往往都是"蛮族"将领。所谓"蛮族",是罗马人对非罗马帝国人,特别是来自北方和东方的日耳曼人的蔑称。在早期拜占庭军队中,蛮族士兵是不可忽视的力量。3世纪时,以哥特人为代表的蛮族移民大规模地进入罗马帝国境内,其中很

_____

① 从血缘的真假角度分类,血亲可分为自然血亲和拟制血亲。后者指本无该种血亲应有的血缘关系,而由法律确认其与该种自然血亲具有同等权利义务的亲属。本文涉及的血亲继承问题,如无特别说明,一般均指自然血亲。

多青壮年后来被编入帝国军队。4世纪时,君士坦丁大帝的军队中大约有4万名哥特将士整个部落编入帝国军队,他们在君士坦丁的统一战争中发挥了重要的作用。至塞奥多西一世统治时期,哥特人在帝国军队中的地位更加重要,皇帝将哥特士兵作为同盟者军团编入帝国军队。随着蛮族士兵数量的增加,帝国军队中的蛮族将领也逐渐增多。至5世纪中期,蛮族将领的权力达到了顶峰。此时在军队中最有影响力的将军包括阿兰人阿斯帕尔,马西安皇帝和利奥从军时都是他的下属。在马西安皇帝登基的过程中,他就起到了重要的助力作用。而在马西安去世后短暂的皇位空缺时期,他再次施展自己的影响力,将自己的部将利奥推上了皇位。

然而,这些蛮族将领虽然颇具实力,但是由于他们出身低微,且来自异族,往往遭到普通拜占庭民众的厌恶。与其相比,基督教会对皇位继承的干预更得民心,尤其是君士坦丁堡牧首开始在该问题上扮演重要的角色。392年基督教成为帝国的国教后,大量的民众皈依新信仰,帝国内绝大部分的居民逐渐都变成了基督徒。同时,随着首都地位的确立,君士坦丁堡教会在基督教会中的地位也节节高升。在公元381年的第二次基督教大公会议通过的第3条教规宣布:"君士坦丁堡教会的地位仅次于罗马,因为君士坦丁堡就是新罗马。"[1]451年的卡尔西顿基督教大公会议再一次肯定了君士坦丁堡教区的首要地位,并明确了其对希腊部分地区、色雷斯、黑海地区和小亚细亚大部拥有管辖权[2],由此,君士坦丁堡牧首获得了在东地中海地区基督教世界首屈一指的领袖地位。显然,作为东部帝国宗教领袖的牧首代表上帝承认皇位的传承,无疑会使那些非父子相传的皇帝们披上一层神圣而合法的外衣,利奥在继位过程中就是得到了君士坦丁堡牧首的有力支持。

457年2月7日,利奥在君士坦丁堡举行了登基仪式,[3]君士坦丁堡牧首安纳托利乌斯亲自为他加冕。他也由此成为第一位被牧首加冕的拜占庭皇帝。拜占

① H. R. Percival, ed., *The Seven Ecumenical Councils*, NPNF2 - 14, p. 250.
② G. Every, *The Byzantine Patriarchate 451 - 1204*, London: Society for Promoting Christian Knowledge, 1962, p. 23.
③ Anon, *Chronicon Paschale*, *284 - 628 AD*, s. a. 457. *Chronicon Paschale*, ed. L. Dindorf, [Corpus Scriptorum Historiae Byzantinae] Bonn: Weber, 1832, TLG, No. 2371001.

庭史学家塞奥法尼斯记载了这一历史事件："这一年(457年),利奥成为了皇帝,他是一个色雷斯人,职务为军队保民官。在本税收周期第10年的2月①,他由牧首安纳托利乌斯加冕登基。"②这一事件具有深远的意义,正如著名学者奥斯特洛格尔斯基所言:"他(利奥)以前的那些皇帝虽然都青睐基督教,但是更愿意沿袭罗马传统,或者是从某位高级官员或将军手中接受皇冠,或者是被军队将士用盾牌抬起并受军队、民众和元老院的欢呼。由牧首加冕这项创举可以反映出君士坦丁堡牧首在最近这次基督教大公会议上取得的有利地位。从此以后,拜占庭皇帝都要被首都牧首加冕,而加冕仪式要采取宗教典礼方式。一种宗教仪式就是这样与有军队参加的罗马世俗加冕仪式相结合,此后被一再强化,逐渐延续成为定制,在中世纪被当作拜占庭皇冠授予的最重要活动。"③拜占庭皇帝在继位大典上增加了由君士坦丁堡牧首涂油加冕的仪式,诚然可以体现拜占庭皇位"君权神授"的神圣性。然而,君士坦丁堡牧首借此获得了一项政治上的特权,虽然不能以此改变皇位的传承,但是他可以凭借这项权力在某些特殊时刻制约皇帝的登基。这在之后的拜占庭历史中屡见不鲜。

　　利奥成为帝国新王朝——利奥王朝的开创者,史称利奥一世。然而,他接手的帝国政局并不平静。他登基之后首当其冲面临的问题来自宗教领域。马西安在位时通过的《卡尔西顿信经》虽然确立了教会中的正统信仰,但是却在帝国东部支持基督一性论的省区遭到了很多反对。在帕尔切里亚皇后的建议下,马西安采取比较温和的政策暂时平息了矛盾。但是当他去世之后,这些矛盾迅速再次激化。埃及地区支持一性论的信众们推举了一位名为提摩太(Timothy Aelurus)的修道士成为亚历山大里亚牧首,并且杀死了皇帝任命的支持正统派的牧首普罗特里乌斯(Proterius)。埃瓦格里乌斯在《教会史》中详细记载了这次骚乱的全过程:"当亚历山大里亚的人民得知马西安去世的消息

---

① 税收年(indication,希腊文为 ἰνδικτίων)是早期拜占庭帝国官方和民间最常用的纪年法,始自公元312年。拜占庭人以15年为一个税收周期,纪年时一般不特别指出具体为第几个税收周期,只记为本税收周期某年。在用公元纪年推算税收年时,可用"(公元纪年+3)/15"的公式进行换算,所除余数即为具体税收年份。A. P. Kazhdan ed., *The Oxford Dictionary of Byzantium*, "indication", p. 993.

② Theophanes Confessor: *The Chronicle of Theophanes Confessor: Byzantine and Near Eastern History AD 284 - 813*, AM5950.

③ G. Ostrogorsky, *History of the Byzantine State*, p. 61.

后,他们重新燃起了对普罗特里乌斯更大的愤怒和斗争的热情。因为群众很容易被激怒和利用,从而引发了一场骚乱。但是亚历山大里亚的群众情况更为特殊,那里人口众多,而且人员结构复杂,加之那里的人经常带有不理智的鲁莽情绪。结果,如一些人所说的那样,只要有人愿意,那么他很可能得到机会来使整个城市陷入骚乱,并且能够指引民众到任何地方攻击任何他想攻击的人……所以亚历山大里亚的人民在等待时机,而在当地军队领袖狄奥尼索斯(Dionusius)在上埃及的时候,他们就推举了别名埃鲁卢斯(Aelurus)的提摩太接任了显赫的大主教职务……尽管实际上普罗特里乌斯还在世并且还在履行大主教的职责。"

　　这位历史学家还记载了更为血腥的暴行:"亚历山大里亚的一些暴民,在提摩太的唆使下,攻击并且杀死普罗特里乌斯,他们在他逃到神圣的洗礼堂后,用一把剑刺穿了他的内脏。他们甚至将他用一根绳子悬挂起来……他们嘲笑并且向他的尸体喊叫……他们残忍地杀死了那个清白的人,此外还有其他六个人一起殉难。然后,他们在将他遍体鳞伤的尸体抬起后,残酷地将其拖到城市的每一个角落示众,却丝毫没有觉得良心上受到谴责。他们无情地凌辱他的尸体,将他的四肢一点点砍下,他们甚至还像野兽一样分食他的内脏,而这个人在不久之前还是负责沟通上帝和人类之间关系的中介者,在将他的残尸投入火中后,尸体的灰烬随风飘逝,他们的罪行超过了最凶残的野兽。这一切罪行的始作俑者就是提摩太。"①

　　在得知亚历山大里亚的暴乱之后,利奥没有选择派遣大军前往镇压,而是迅速和基督教会的领袖们进行了密切的沟通,并由此通过教会暂时平息了这场纷争。埃瓦格里乌斯的《教会史》中完整地保存了他与君士坦丁堡牧首安纳托利乌斯的通信,这是关于该文件最完整的记录:"虔诚的、胜利的、成功的、最伟大的和永远值得尊敬的皇帝、凯撒利奥致安纳托利乌斯主教。在我看来,所有正统的、最圣洁的基督教会和那些罗马帝国统治下的城市都应该享有最平静的氛围,并且应

---

① Evagrius Scholasticus, *The Ecclesiastical History of Evagrius Scholasticus*, II. 8. *The Ecclesiastical History of Evagrius with the Scholia*, ed. J. Bidez and L. Parmentier, London: Methuen, 1898, repr. New York: AMS Press, 1979, TLG, No. 2733001.

该不让任何事情干扰他们的秩序和安宁。但是最近在亚历山大里亚发生的事情我想牧首大人已经知晓了。但是我想进一步告诉你所有事情的始末,关于为什么那里会发生动荡和混乱的问题,我已经将来自亚历山大里亚和埃及地区最虔诚的主教和教士们亲自到首都君士坦丁堡向我递交的控诉提摩太请愿书的副本送交给你,与此同时,打乱我们平静氛围的提摩太也有支持者从亚历山大里亚来到了我的神圣的宫廷,他们递交的请愿书我也转达给了你。我这样做是为了让牧首大人你可以清晰地了解到围绕提摩太都发生了什么事情……你可以了解到请愿书中包括的其他一些事情,此外,还有关于他们在请愿书中流露的坚决反对卡尔西顿会议的问题。因而,请你立刻召集所有此时此刻身在首都的正统和圣洁的主教吧。然后当仔细检视和调查一切事情后,因为亚历山大里亚的秩序和平静对我们非常重要,而它现在正处于混乱之中,请你立即宣布你对于提摩太和卡尔西顿会议的态度,你不必惧怕任何人,也不要让喜好和敌意干扰你的判断,你应该心怀敬畏上帝之心而使你的双眼来看清真伪,因为你知道你将向毫无污点的上帝提交这件事情的报告;然后,当我从你关于这件事情的来信中获悉所有的情况后,我将能够给出正确的命令。"①

　　除了安纳托利乌斯,利奥皇帝还给罗马主教利奥、著名的叙利亚修道士西米恩(Symeon)等人发去了内容大致相同的信件,并得到了这些宗教领袖表示支持的回复。他们重申同意卡尔西顿大公会议通过的"信经",并且谴责亚历山大里亚的提摩太通过非法手段获取牧首权力的行径。与此同时,提摩太则给皇帝回信,表明了他反对卡尔西顿会议和罗马大主教利奥的态度。这样,在得到了基督教会中大多数领袖的支持后,利奥皇帝罢免并放逐了提摩太,并任命另一位也叫作提摩太的人成为亚历山大里亚新的牧首。② 这场因马西安去世被激化的宗教冲突暂时平息了。

　　然而,对于利奥皇帝来说,这场冲突只是他所面临的一系列麻烦的开始。在此之后,数桩天灾人祸接踵而至。在他统治的第二年,叙利亚首府安条克城发生了大地震。埃瓦格里乌斯记载:"在利奥皇帝统治的第二年,安条克发生了一场强

① Evagrius Scholasticus, *The Ecclesiastical History of Evagrius Scholasticus*, II. 9.
② Evagrius Scholasticus, *The Ecclesiastical History of Evagrius Scholasticus*, II. 10 – 11.

烈的地震;在这场灾难发生之前,那里的人民已经表现出了某些征兆,他们都陷入了疯狂的状态,并且超过了任何野兽的天性。这场地震发生在安条克获得城市地位后的第 506 年,也就是 15 期财政年度的第 11 年高尔皮埃月(Gorpiaeus,也就是罗马人说的 9 月)临近安息日的第 14 日夜里的第 4 个小时……现在,发生在利奥统治时期的这次地震就如同向一个勤奋的人再次展现了相同的事情。这场地震摧毁了新城区的绝大部分建筑,那里人口非常稠密,几乎没有多余的空地,历代皇帝出于攀比之心修筑的建筑比比皆是。而安条克宫殿的第一、二座建筑倒塌了,但是其他的建筑和临近的浴室却得以保全,因为灾难席卷城市的原因,那座浴室还没能得到使用。但是现在它十分重要了,因为地震摧毁了其他公共浴室。地震还摧毁了宫殿前面的柱廊,以及旁边的四面门(Tetrapylon),同时,竞技场门口的一些塔以及附近的一些柱廊也遭到了破坏。而在老城区,地震没有使任何柱廊或者其他建筑倒塌,但是图拉真、塞维鲁和哈德良浴室的一小部分出现了崩塌现象。同时,周边叫作奥斯特拉基尼(Ostrakine)地区的部分建筑遭到破坏,而尼姆法埃姆(Nymphaeum)地区也受到了影响。"①约翰·马拉拉斯也记载了这场地震,并且提到利奥慷慨解囊,以帮助安条克人渡过难关进行灾后重建。他从税金中拨款1000 塔兰特赈灾,以使那里的人民减轻不幸的痛苦。同时,他也亲自来到公共建筑损坏的现场视察。②

值得一提的是,在这场地震结束后不久,德高望重的叙利亚修道士西米恩于 459 年去世了。由于他生前广受基督徒崇敬,因此死后围绕他遗体的归属问题险些引发了一场风波。"当西米恩去世时,东部军团的将军阿尔达布尔亲自带领士兵来到了他修行所在之地,并且对他的圣体严加保护,以免其他城市将其盗走。随后,在运送途中展现了奇迹之后,他的圣体被护送到了安条克。利奥皇帝也要求安条克人把西米恩的圣体运送到他那里。安条克人民对他请愿道:'因为我们城市的城墙已经毁于一场地震,因此我们希望把圣体留在这里作为保护我们的一道城墙。'利奥皇帝被说服了,他同意了他们的请愿,并且让

---

① Evagrius Scholasticus, *The Ecclesiastical History of Evagrius Scholasticus*, Ⅱ. 12.

② John Malalas, *The Chronicle of John Malalas*, Book 14, 36(369).

他们保留圣体。"①

　　在此之后,首都君士坦丁堡又于465年遭遇了一场大火灾的侵袭。埃瓦格里乌斯的《教会史》写道:"还有一场和上面提到的相似甚至更严重的灾祸,它发生在君士坦丁堡海边叫作博斯普隆(Bosporon)的地方。这件事情是这样的,在掌灯时分,一个邪恶和充满报复心的恶人,她可能是个女人(或者就是个女人,一个被魔鬼刺中的受雇的工人)拿着一盏灯来到市场买一些腌渍品,但是当扔下这盏灯后,那个女人就偷偷溜走了。火苗点燃了一些大麻,然后巨大的火焰腾空而起并迅速点燃了周围的建筑。然后临近的建筑也轻易被付之一炬,大火不但烧毁了易燃物,甚至烧毁了石头建筑;因为它一连持续了四天并且火势根本没有得到有效控制,所以城市从北到南的中央地区绝大部分都被波及,这块区域大约有五施塔德(stade)长、四施塔德宽。结果,在这个区域中的公共或者私人建筑都未能逃脱这场灾难,甚至石柱和石拱门也无法幸免,所有坚固的材料都仿佛像易燃品一样被大火吞没。在城市造船厂坐落的北部地区,灾难发生于博斯普隆,并一直波及古阿波罗神庙地区,同时在南部,大火从朱利安港一直烧到了康科德(Concord)教堂的小礼拜堂附近的房屋,而在城市正中地区,从君士坦丁广场一直到托罗斯(Taurus 公牛)市场都被大火点燃,这是一个令所有人可怜并痛恨的场景。因为城市所有的美丽建筑都被付之一炬,无论是无可匹敌的奇观还是公共或者私人的建筑都变成了无法通行的崎岖山地,并且遍布各种建筑材料,完全看不出先前的原貌。因此甚至本地人也不能辨认出这个地方先前的建筑现在是什么或者在哪里。"②

　　普里斯库斯的《历史》残篇则记载首都附近稍后又受到了暴雨及其引发的洪水的袭击。持续数天的暴雨之后,雨水就像从天而降的洪流,将高山冲刷成了平原,村庄也被淹没并冲毁。③ 埃瓦格里乌斯也提到了这场洪水,并且还在同一章节中含糊提及了"一场由斯基泰人挑起的战争"。《教会史》的英译本译者惠特比

---

① Evagrius Scholasticus, *The Ecclesiastical History of Evagrius Scholasticus*, I. 13.

② Evagrius Scholasticus, *The Ecclesiastical History of Evagrius Scholasticus*, II. 13.

③ R. C. Blockley, ed., *The Fragmentary Classicising Historians of the Later Roman Empire: Eunapius, Olympiodorus, Priscus, and Malchus*, vol. 2, *Priscus' Fragment*, 48. 2.

(Whitby)认为这可能是指匈人王阿提拉之子丹克兹克(Dengizich)于 467 和 469 年先后两次对拜占庭人的袭扰行动。①

尽管利奥统治期间受到了种种内忧外患、天灾人祸的困扰,但是他依然试图在军事外交领域有所作为。比如塞奥法尼斯记载,他为了报复汪达尔人对希腊和爱琴海岛屿的侵扰,于 468 或者次年组建一支规模庞大的舰队,发动对北非的远征,"皇帝利奥武装并派出了一支规模巨大的舰队来对付(汪达尔国王)盖萨里克。因为在马西安皇帝去世后,盖萨里克对罗马帝国的疆土犯下了无数恶行,他烧杀抢掠,抓捕大量战俘并且摧毁许多城市。所以皇帝从整个东地中海世界聚集了 10 万艘全副武装的战舰,派遣他们去同盖萨里克作战,这次远征据说的确耗费了巨资,高达 13 万镑黄金之多。"②

统率这支舰队的大将是利奥一世皇后维里娜的兄弟巴西利斯库斯。此人虽然贵为皇亲国戚,但是其取得高位却并非只因为他是皇后的兄弟。巴西利斯库斯拥有丰富的军旅经验,曾经在色雷斯地区抵抗过斯基泰人的入侵。然而,他在这次远征汪达尔人的军事行动中却表现得十分糟糕,给拜占庭军队造成了一场彻头彻尾的悲剧。

当他们的舰队来到北非海岸时,汪达尔王盖萨里克将易燃物品装进战船,趁着入夜时拜占庭人都在熟睡的良机借助风势进行火攻,焚毁了拜占庭人为数众多的战舰。那些侥幸逃出生天的拜占庭船只败退到西西里岛。③ 而巴西利斯库斯因自己的旗舰是一艘快船,顺利地逃回了君士坦丁堡。甚至有传闻说正是因为他收受了盖萨里克的重金贿赂,才招致了拜占庭人的这次惨败。④ 普罗柯比在《战史》中详细记录了这次失败远征的全过程:"盖萨里克利用巴西利斯库斯的疏忽做了如下的事情。他竭尽全力地做到全民皆兵。他让战船里面装满了战士,但不是所有的船。他准备了一些空船,这些空船都是速度最快的船只。他还派遣使者

① Evagrius Scholasticus, *The Ecclesiastical History of Evagrius Scholasticus*, II. 14.

② Theophanes Confessor, *The Chronicle of Theophanes Confessor: Byzantine and Near Eastern History AD 284 – 813*, AM5961. 显而易见,塞奥法尼斯记载的舰船数目过于夸张,不合常理。普罗柯比援引失传的普里斯库斯的《历史》,在此处的记载为十万人的军队。Procopius of Caesarea, *History of the Wars*, III. VI. 1.

③ Theophanes Confessor, *The Chronicle of Theophanes Confessor: Byzantine and Near Eastern History AD 284 – 813*, AM5961.

④ John Malalas, *The Chronicle of John Malalas*, Book 14, 44(373).

去见巴西利斯库斯,恳请他把开战的日期推迟五天,以便他能够深思熟虑,去做皇帝希望他做的事情。还有人说他瞒着巴西利斯库斯的军队给其送去了大量的黄金,由此贿买到了这一协议。盖萨里克这样做是因为他认为在停战期间会刮起对他有利的风,而事实确实如此……巴西利斯库斯就这样应其所求静静地待在军营之中,将有利的时机拱手让给敌人。"休战期间的汪达尔人一直期盼刮起大风,以利于他们顺势发起进攻。不久大风果然刮起来了,他们立刻扬帆起航,牵引着装满易燃物的无人乘坐的船只,驶向了敌人。当他们逼近罗马人时,便借助风势点燃了他们拖来的船只,并推动它们冲向罗马人的舰队。"因为那里的船只非常多,这些火船轻易地点燃了所有它们遇到的船只,并与其一起同归于尽。火势如此向前蔓延,很自然地在罗马人的舰队中引发了大喧嚣,以及不亚于大风和烈火声音的巨大声响。此时的罗马士兵和水手们正在彼此大声命令,并且用长杆推开火船和自己的战船。这些船只在一片混乱中彼此摧毁。而此时汪达尔人已经近在咫尺,他们撞沉敌船,俘虏试图逃跑的敌兵并缴获他们的武器。"①

巴西利斯库斯逃回君士坦丁堡后,被迫躲进圣索菲亚教堂向上帝祈祷悔罪,之后在他的姐姐皇后维里娜的庇护下,侥幸逃过一劫。② 但是经历了这次大败之后,利奥皇帝已经没有能力再对汪达尔人展开后续的军事行动了。

利奥皇帝在晚年还面临着权臣阿斯帕尔家族的巨大压力。阿斯帕尔是出身于阿兰人的蛮族军人,在 5 世纪中期成为帝国最有权威的将领。在马西安和利奥的登基过程中,他都起到了重要的作用,由此在利奥皇帝的朝堂上拥有极高的话语权。利奥为了笼络阿斯帕尔,不得不将自己的女儿莱昂提亚嫁给了阿斯帕尔的儿子帕特里修斯,并且任命后者为帝国的副皇帝——凯撒,甚至不顾及后者是基督教阿里乌派异端支持者的身份。③

显然,阿斯帕尔家族急剧膨胀的政治实力已经直接威胁到皇帝,加之心存疑虑的利奥遭逢发动远征汪达尔人战争的失败,导致双方之间的矛盾愈演愈烈,因

---

① Procopius of Caesarea, *History of the Wars*, III. VI. 12 – 22. Procopii Caesariensis, *Opera Omnia*, vols. 1 – 2, ed. G. Wirth (post J. Haury), Leipzig: Teubner, 1962, 1963, TLG, No. 4029001.

② Procopius of Caesarea, *History of the Wars*, III. VI. 26.

③ Theophanes Confessor, *The Chronicle of Theophanes Confessor: Byzantine and Near Eastern History AD 284 – 813*, AM5961.

为阿斯帕尔正是这次远征行动坚定的反对者,甚至有传言说巴西利斯库斯临阵不战的失常表现也有可能是因为他的蛊惑。普罗柯比在《战史》中记载:"阿斯帕尔非常担心,如果汪达尔人被彻底击败,利奥就能安全地确立起自己的权力。所以他反复地督促巴西利斯库斯,让他放过汪达尔人和盖萨里克。"①

在失败的汪达尔战争结束之后不久,利奥一世于471年策动了一场宫廷谋杀事件。他假意邀请阿斯帕尔父子赴宴,乘其不备杀死了阿斯帕尔和他的儿子帕特里修斯与阿尔达布尔②,然后将其女儿莱昂提亚改嫁给了西罗马皇帝安泰米乌斯的儿子马西安。③ 阿斯帕尔派武装力量随后便为复仇发动了对君士坦丁堡的进攻,但是在巴西利斯库斯等人的帮助下,皇帝最终平息了这场叛乱。"在阿斯帕尔和他的儿子们阿尔达布尔和帕特里修斯被利奥处死之后,阿斯帕尔的卫士奥斯特里斯(Ostrys)和阿斯帕尔的姐(妹)夫特里亚里奥斯(Triarios)之子塞乌德里奇(Theuderich)率领军队攻击君士坦丁堡,以期为死者复仇。如果不是巴西利斯库斯在他们之前从西西里返回,如果不是芝诺从卡尔西顿返回(他在那里等待处决阿斯帕尔),并率领军队救援城市、驱散叛军的话,国家还会遭受更大的动荡。"④

利奥杀死阿斯帕尔父子的这一行为招致一些史学家的批评,他们因此给利奥皇帝加上了"刽子手"(Makelles)的绰号。如埃瓦格里乌斯就评价:"他通过背信弃义的手段战胜了阿斯帕尔,这种行为仿佛就是对他自己飞黄腾达的一种回报,他杀死了那个使他自己获得统治者地位的人。"⑤但是,一些现代学者却高度评价他的这一举措,例如乌斯片斯基(Uspensky)认为,利奥应该为此获得"大帝"(Great)的称号,因为他显著推进了军队的国家化,并且削弱了蛮族军人的支配性地位。⑥ 不管后人评价如何,利奥谋杀阿斯帕尔的举措在一定程度上解决了5世纪困扰拜占庭皇帝们的日耳曼蛮族军人干政问题。

---

① Procopius of Caesarea, *History of the Wars*, III. VI. 4.
② 有另一种说法为帕特里修斯保住了性命,但是必须选择和莱昂提亚离婚。但是大多数拜占庭史料,如塞奥法尼斯的《编年史》和埃瓦格里乌斯的《教会史》等都记载帕特里修斯和阿斯帕尔一起被杀。
③ John Malalas, *The Chronicle of John Malalas*, Book 14, 46(375).
④ Theophanes Confessor, *The Chronicle of Theophanes Confessor: Byzantine and Near Eastern History AD 284 – 813*, AM5964.
⑤ Evagrius Scholasticus, *The Ecclesiastical History of Evagrius Scholasticus*, II. 16.
⑥ A. A. Vasiliev, *History of the Byzantine Empire*, P. 105.

除了远征汪达尔，利奥还在西地中海世界谋划其他的政治企图。譬如他曾经干预西罗马帝国的政务。当时西罗马帝国的皇帝是拜占庭前任皇帝马西安的女婿安泰米乌斯，他在472年遭到其属下将领，也是其本人的妹夫（另有一说为女婿）里西默（Recimer/Ricimer）的背叛。在叛乱刚刚发生的时候，利奥就派遣了前西罗马皇帝瓦伦提尼安的女婿、元老奥利布里乌斯前往意大利，调解二者之间的矛盾。但是，当奥利布里乌斯到达时，安泰米乌斯已经于同年7月兵败被杀。于是里西默拥立奥利布里乌斯为新的西罗马帝国皇帝。但是，在随后的几个月里，里西默和奥利布里乌斯先后去世①，利奥的这次行动劳而无功，没有取得实质性的成果，西罗马帝国的政治局势持续动荡，统治者如走马灯般轮番登场，直到一位与罗马建城者罗慕洛（Romulus）同名的人成为西部帝国的统治者，他后来被废黜，被认为是西罗马帝国所谓的末代君主。

利奥皇帝统治晚年还面临着一项政治隐患。终其皇帝生涯，利奥一世在选择继承人的问题上一直面临着和他的前任塞奥多西二世与马西安相同的困境，即没有成年的儿子可作为皇位传承的对象。为了求得子嗣，利奥甚至向当时帝国内德高望重的修道士圣丹尼尔（St. Daniel）祈愿。他的皇后维里娜随后怀孕了，并于463年，也就是利奥度过花甲之年后，为他生下了一个儿子。② 然而不幸的是，这个婴儿后来夭折了。除了这个儿子，利奥还有两个女儿，其中一个就是莱昂提亚。他的另一个女儿名为阿里阿德涅。为了制约阿斯帕尔家族的势力，利奥皇帝于466年将女儿嫁给了一位出身于伊苏里亚人的蛮族将领阿里克麦西乌斯（Aricmesius）③，并且以塞奥多西二世时期一位显赫的伊苏里亚贵族的名字为其改名为芝诺。④ 利奥对这个女婿十分倚重，任命他为东方军队的总司令。如上文所述，在除掉阿斯帕尔的斗争中，芝诺起到了非常重要的作用。

---

① Theophanes Confessor, *The Chronicle of Theophanes Confessor: Byzantine and Near Eastern History AD 284 - 813*, AM5961. Evagrius Scholasticus, *The Ecclesiastical History of Evagrius Scholasticus*, II. 16.

② E. Dawes and N. H. Baynes, trans., *Three Byzantine Saints: Contemporary Biographies translated from the Greek*, Crestwood: St. Vladimir's Seminar Press, 1977, *Life of Daniel the Stylite*, 38.

③ 关于芝诺的原名在历史文献中还有争议，具体可见之后芝诺的传记。

④ Evagrius Scholasticus, *The Ecclesiastical History of Evagrius Scholasticus*, II. 16.

　　莱昂提亚和她的丈夫膝下无子，只有女儿，阿里阿德涅则为芝诺生下了一个儿子，名字也叫利奥。在消灭了阿斯帕尔家族之后，利奥皇帝于 473 年选定他的这个外孙为自己的皇位继承者。他先任命小利奥为副皇帝凯撒，次年又为其加冕为共治皇帝。①

　　就在立储完成之后不久，利奥到了生命的尽头。474 年 1 月 18 日（另一说为 2 月 3 日），年过古稀的利奥一世在君士坦丁堡去世，终年 73 岁。②

　　客观而论，利奥一世皇帝确属乱世英雄。他虽然出身家世并不显赫，前辈人也没有给他留下任何可以利用的政治资源和社会关系，但他凭借下层人的聪明才智，通过军旅生涯跻身于拜占庭等级社会的上层。无论是他最初借助蛮族军阀阿斯帕尔的势力平步青云最终成为皇帝，还是他临终选定其蛮族军事副手芝诺辅佐其外孙利奥二世皇帝，都反映出他深谙拜占庭宫廷政治险恶，处事谨慎。在位期间，他不顾朝野贵族文人的议论，依然剪除剿灭其"恩人"及其党羽势力，维护拜占庭皇权专制的稳定性。如果放弃基督教伦理道德对"背弃恩主"的指责，人们还是能够看到作为掌控拜占庭帝国最高权位的利奥在强化皇权专制问题上的良苦用心。这里需要强调的是利奥铲除阿斯帕尔具有的重要意义，因为在强化皇帝专制的问题上，他继承了前代帝王的传统，而当时他面临的最大威胁就是长期掌控皇室、左右朝政的蛮族军事集团。他精明准确地抓住了问题的要害，擒贼先擒王，以最小的代价除掉阿斯帕尔及其党羽，从而消除了对皇权最严重的威胁，进而对巩固拜占庭帝国中央集权制做出了贡献。同样，在处理最为棘手的宗教问题时，利奥也没有鲁莽从事，简单使用帝国武装力量镇压宗教暴乱，而是因势利导，充分调动皇帝的各种资源，以最小的代价平息了骚乱，就此而言他比同时代的其他皇帝处事更稳妥。这样的明智举措也反映在对外政策上，即利用包括联姻结亲和武力威胁在内的多种方式扩大拜占庭帝国的实际利益。只是他在用人问题上出现了错误，最终导致对汪达尔人用兵失利，这里巴西利斯库斯临阵避战、战中脱逃、苟且求生等一系列丑恶表现虽然不

---

① John Malalas, *The Chronicle of John Malalas*, Book 14, 46(375).

② 本节提到的重要史料中，只有约翰·马拉拉斯记载了利奥的寿命。John Malalas, *The Chronicle of John Malalas*, Book 14, 46(376).

能全部归罪于利奥的失察,但是对这个将领的人品、人格、人性事先没有任何察觉或者有所洞悉而继续重用,则不得不说利奥在识人断物上实属"有眼无珠",这对于一个皇帝而言是重大缺陷。

第二节

利奥二世(Leo II)

473—474 年在位

　　利奥二世(Leo II,Λέων Μικρος,生于 467 年,卒于 474 年 11 月 17 日,享年 7 岁)为利奥王朝第二位皇帝,他作为利奥一世的外孙于 6 岁时被加冕为共治皇帝,没有实际掌控统治权,在位 10 个月后病死。

　　利奥二世的母亲是利奥一世皇帝的女儿阿里阿德涅,其父亲是出身于伊苏里亚人的蛮族将领阿里克麦西乌斯。当时,利奥一世为摆脱左右朝政的蛮族将领阿斯帕尔及其家族的控制,扶植阿里克麦西乌斯,并将其次女嫁给他。为进一步使其女婿符合拜占庭人的习惯,利奥一世以前朝塞奥多西二世皇帝时期的显赫贵族的名字为其改名为芝诺。[1] 很快,皇帝任命他为东方军队总司令,并依靠这支武装力量除掉了阿斯帕尔及其同党。

　　忠实的芝诺不仅在稳定利奥王朝统治中发挥了重要作用,而且于 467 年与阿里阿德涅生下了男孩利奥,使利奥一世延续皇帝血统的计划得以实现。72 岁的利奥一世为此特别兴奋,对外孙利奥也特别宠爱,百般呵护,于 473 年时将 6 岁的外孙加冕为共治皇帝。

　　事实上,利奥一世自知年事已高,将不久于人世,需要在生前安排好后事。于是在 472 年选定他的外孙为自己的皇位继承者,任命其为副皇帝凯撒,次年又

---

[1] Evagrius Scholasticus, *The Ecclesiastical History of Evagrius Scholasticus*, II. 16.

为其加冕为共治皇帝。474 年初,73 岁的利奥一世在君士坦丁堡去世后,利奥王朝的统治尚未得到确保,因为不到 7 岁的幼年皇帝利奥二世还不能掌控朝政,各种势力还在觊觎皇位。深谋远虑的幼帝外祖母维里娜和母亲阿里阿德涅与芝诺联手①,于 474 年 2 月 9 日在君士坦丁堡大赛场为其生父芝诺加冕为共治皇帝。这种儿子传位于父亲的怪异事件充分反映了拜占庭皇权继承过程的凶险,但当时却在一定程度上稳定了利奥王朝的统治,因为以芝诺为首的军事集团与利奥皇族的结合为该王朝的政治统治提供了军事保证。后人对于这一事件也存在负面的评价,埃瓦格里乌斯在其书中对芝诺就多有批评,他认为"芝诺因为与老皇帝利奥之妻维里娜相互勾结而穿上了紫袍"②。

不幸的是,作为拜占庭帝国新皇帝的利奥二世未能长大成人便夭折了。他在登基之后,完全听从祖母和母亲及父亲的安排,除了为父亲加冕外没有取得任何政绩,因为数月之后便重病而亡,后世也没有人关注他的存在。

利奥二世在与他的父亲一起统治了帝国 10 个月后,于 474 年 11 月罹患重病,不久之后去世,年仅 7 岁。利奥二世继承其祖父的皇位和传位于其父亲的事实充分表明,由君士坦丁一世开创的皇帝血亲世袭制度是拜占庭帝国政局稳定的重要因素,是拜占庭皇帝专制的核心内容。这一制度有效地降低了拜占庭帝国最高权力交接过程中的风险,因为它堵塞了觊觎皇权的各种非皇帝血亲势力冒险的道路,以制度性的规定缓解了罗马帝国"3 世纪危机"的政治动乱,弥补长期存在的军阀割据因素和晚期罗马帝国"拟制血亲制"的漏洞,用自然血统关系打消了军事政变将领的"非分之想",从而极大地缩小了皇权交接中的流血竞争因素,进而降低了皇权交接的社会成本。从有利于拜占庭帝国政治稳定的角度看,深受后世启蒙运动时代学者诟病的拜占庭皇权专制制度具有其特定的历史进步意义,对拜占庭帝国长期相对稳定发展产生了深远影响。

① Theophanes Confessor, *The Chronicle of Theophanes Confessor: Byzantine and Near Eastern History AD 284 - 813*, AM5966.
② Evagrius Scholasticus, *The Ecclesiastical History of Evagrius Scholasticus*, II. 17.

第三节

芝诺（Zeno）

474—491 年在位

　　芝诺（Zeno，Ζήνων，生于 425 年或 430 年，卒于 491 年 4 月 9 日，享年 66 岁左右）是利奥王朝第三位皇帝，他作为王朝奠基者利奥一世钦定的摄政王辅佐其子幼帝利奥二世，并以共治皇帝身份继承皇权，474 年冬季到 491 年 4 月 9 日在位 17 年。

　　关于芝诺早年的经历后人所知不多，这从现存文献中关于他原名的混乱记载可见一斑。例如埃瓦格里乌斯的《教会史》称其为阿里克麦西乌斯①，而约翰·马拉拉斯的《编年史》和匿名作者的《复活节编年史》则记为考迪塞奥斯（Kodisseos）。②

　　芝诺是利奥一世皇帝为打击和制衡阿斯帕尔蛮族权势集团而大力扶植的军事将领。474 年冬天，年幼的利奥二世去世之后，作为幼帝之父的芝诺成为帝国唯一的统治者。这是拜占庭帝国皇位继承历史中极为少见的子死父继现象。这种继承方式与新任皇帝芝诺的出身并不高贵有关，他是来自小亚细亚山区的伊苏里亚人。利奥一世去世前任命他的女儿阿里阿德涅和其不满 7 岁的外孙利奥为共治皇帝，芝诺虽然贵为利奥一世的女婿，但由于是被视为蛮族的伊苏里亚人，因此并未直接取得继承人的地位，只是在其子利奥二世夭折后方才成功登基。

　　芝诺的发迹与一度控制朝政的阿斯帕尔有关。公元 466 年，41 岁（另一说为 36 岁）的芝诺第一次来到帝国首都君士坦丁堡。他将随身携带的一封密信上奏皇帝。按照信上所言，当时帝国东部军队的司令官，也是权臣阿斯帕尔的儿子阿尔达布尔密谋挑动波斯人进攻拜占庭帝国，并答应与他们合作。正在苦于阿斯帕尔家族势力过于强大的利奥一世对这封信如获至宝。他立即召开元老会议，并以

---

① Evagrius Scholasticus, *The Ecclesiastical History of Evagrius Scholasticus*, II. 15.
② John Malalas, *The Chronicle of John Malalas*, Book 14, 46(375). Anon, *Chronicon Paschale, 284 – 628 AD*, s. a. 474.

此为证据做出决定,解除阿尔达布尔的兵权,把他召回首都。① 芝诺由此得到了利奥皇帝的赏识,也在拜占庭政治舞台上留下了最初的印记。

芝诺发迹之后,他的很多亲属密友陆续从伊苏里亚地区来到首都投奔他,随之迅速形成了一个强大的政治集团。伊苏里亚人素以彪悍善战闻名于世,利奥一世希望能借助这股势力对抗阿斯帕尔家族的势力,并伺机剿灭这个长期左右朝廷的蛮族势力。为了进一步笼络芝诺,他将自己的女儿阿里阿德涅嫁给芝诺为妻。次年这对新婚夫妇喜得贵子,这个婴儿就是后来的利奥二世皇帝。

芝诺成为皇帝的女婿之后,对于他的岳父十分忠诚。他积极协助利奥一世对抗阿斯帕尔家族,不惜屡次以身犯险,例如有一次他在色雷斯的冲突中差一点被阿斯帕尔手下的士兵们杀死。② 471 年,利奥一世设计将阿斯帕尔父子杀死。芝诺当时身在卡尔西顿,他迅速返回首都协助利奥剿灭阿斯帕尔的残余势力。③ 在这场血腥的斗争中,芝诺为笼络天下蛮族将士,赦免阿斯帕尔最年幼的儿子阿尔门纳里克(Armenarich),并把他送到伊苏里亚地区严加看管,使后者得以善终。④

在芝诺登基之前的史料中,他保持着一个精明强干、忠诚可靠的良好形象。然而,在他成为帝国唯一的统治者之后,这一形象又变为邪恶的化身。这也许是因为其伊苏里亚蛮族的出身,拜占庭史学家们转而开始用非常负面的言语来评论他。例如塞奥法尼斯就批评他具有邪恶的趣味和不公正的行为。⑤ 埃瓦格里乌斯更是在《教会史》第三卷的开篇用长篇大论抨击了芝诺的品德,其中写道:"但是芝诺在通过自己儿子的死亡获得了皇帝的地位后,他仿佛认为如果不尽可能地追逐所有享乐就不能实现彻底的统治,因此他从一开始就有如此大的欲望,以至于他可以不顾及任何不合适和违法的行为……他使自己逐渐陷入欲望享乐之中,并且逐渐地变成一个最羞耻的奴隶、一个未被救赎的俘虏和一个不断变换主人的

---

① *Life of Daniel the Stylite*, 55.

② Theophanes Confessor, *The Chronicle of Theophanes Confessor: Byzantine and Near Eastern History AD 284 - 813*, AM5962.

③ *Life of Daniel the Stylite*, 66.

④ Theophanes Confessor, *The Chronicle of Theophanes Confessor: Byzantine and Near Eastern History AD 284 - 813*, AM5964.

⑤ Theophanes Confessor, *The Chronicle of Theophanes Confessor: Byzantine and Near Eastern History AD 284 - 813*, AM5966.

无用的奴隶……目前的享乐总是变幻无常的,并且总是成为下一个欲望的刺激物和序曲,直到有人能够真正地变成主人并且驱逐那些欲望的拥有者,这样,一个新的统治者胜于一个暴君的臣民,或者还有另一种可能,那就是这个暴君到了冥王哈德斯的世界,他的最终命运依然是一个奴隶……这样,芝诺皇帝在他统治的开始就把生活引向这样一种肆意放荡的方式,但是他的臣民,那些终日面对日出日落的人却遭受着令人发指的苦难。"①

与此同时,塞奥法尼斯和埃瓦格里乌斯都在书中提到了芝诺继位之初帝国面临着萨拉森人和匈人的入侵,并把因此造成的灾难和芝诺糟糕的统治相提并论。② 这些身为基督教贵族知识分子的拜占庭历史学家们的记载体现了当时帝国统治阶层内部主流的评判标准。蛮族出身的芝诺在首都君士坦丁堡和帝国贵族中非常不受欢迎,前朝的一些贵族们甚至密谋发动叛乱推翻他的统治。这场阴谋的主要策划者便是巴西利斯库斯。

巴西利斯库斯是前任皇帝利奥一世的内弟,作为皇室亲属的重要成员,在理论上,也就是按照拜占庭皇位继承习惯,他也拥有继承利奥一世皇位的远亲资格,但不是第一顺位继承人。拜占庭人自君士坦丁一世推行皇帝血亲世袭继承制度以后,面临着新制度的确立过程,其中就包括厘清皇帝血亲等位顺序的重要内容,特别是需要大量的实践促使人们逐渐适应和接受这一制度。如果说利奥二世是通过其母亲传承利奥一世的血缘并以此合理合法地继承了皇位的话,那么并无皇家血亲关系的芝诺在利奥二世病故后是没有权利继承皇位的。换言之,芝诺继承皇位是凭借他与其儿子利奥二世的父子血缘关系,而这种关系就皇位继承而言是逆向的,具有某种程度上的不合理性,因此也就为反对派势力提供了借口。事实上,芝诺的即位符合血亲继承的立法规定。③ 芝诺即位后不久,瓦西利斯库斯便仓促发难,理由是芝诺这个蛮族将领不是皇帝血亲。他的这个说法很容易获得维

---

① Evagrius Scholasticus, *The Ecclesiastical History of Evagrius Scholasticus*, Ⅲ. 1 – 2.

② Theophanes Confessor, *The Chronicle of Theophanes Confessor: Byzantine and Near Eastern History AD 284 – 813*, AM5966. Evagrius Scholasticus, *The Ecclesiastical History of Evagrius Scholasticus*, Ⅲ. 2.

③ 《查士丁尼法典》中按照血缘关系对继承权问题做出过明确规定,即:"死者的子女、养子女等属于第一顺序继承人;亲父母和全血缘的兄弟姐妹等属于第二顺序的继承人;同父异母的兄弟姐妹属于第三顺序继承人;其他旁系血亲属于第四顺序的继承人。"周枏:《罗马法原论》,北京:商务印书馆1996年版,第512—517页。

里娜太后的支持,后者虽然并不看好这个自小顽劣的孩子,但是保证皇权维系在皇族中的信念还是占了上风。皇太后犹豫不决的选择也为嗣后她转而支持芝诺埋下了伏笔。瓦西利斯库斯就是在她的支持下,于475年1月发动了武装叛乱。芝诺原本就对自己的蛮族身份跻身皇位感到心虚,加之叛军突然发难、蛮族主力一时不在首都,因此仓皇逃出君士坦丁堡,回到博斯普鲁斯海峡对面的家乡伊苏里亚,那里是他的根据地。芝诺的皇后阿里阿德涅面临艰难的选择,因为她明确了解父皇对芝诺的信任,也深知自己的丈夫诚实可靠,一向忠心耿耿追随利奥一世,而对她的舅舅瓦西利斯库斯一直特别厌恶,因此她最终选择了芝诺,轻装简行渡过海峡来到丈夫身边。她的选择一方面表明了其在这场皇权之争中的立场,另一方面也释放了芝诺继承皇位正当性的信息,对公众产生了一定的影响。①

　　芝诺深知自己在决定拜占庭帝国政局上的重要地位和优势所在。就在巴西利斯库斯忙于和帝国最高宗教领袖——君士坦丁堡牧首就基督神性和人性的问题争论不休时,身在小亚细亚的芝诺趁机组织力量反扑,纠集了一支大军反攻首都君士坦丁堡。巴西利斯库斯匆忙派遣军队进行反击,这支军队的司令官是他的亲信——维里娜皇太后的外甥阿尔马图斯(Armatus)。然而芝诺用重金厚礼收买了后者,并和他结为同盟。② 随后,在阿尔马图斯的帮助下,芝诺于476年8月攻入了首都,在那里他受到了军队、元老院,甚至是其岳母维里娜的欢迎。维里娜皇太后态度的转变有多种原因,其中比较重要的是她不同意瓦西利斯库斯的宗教政策,特别是对后者的统治能力十分失望。大势已去的巴西利斯库斯仓促之间携妻带子躲到了圣索菲亚大教堂的洗礼堂里,在得到了芝诺免其死罪的承诺后,他最终投降。随后,芝诺把他全家流放到卡帕多西亚地区一个叫作利姆纳伊(Limnai)的城堡,并且命令伊苏里亚人组成的看守队对其严加看管,还暗示看守们对篡位者不要有怜悯之心。巴西利斯库斯的最终下场十分悲惨,他和妻儿一起在这座城堡中被活活饿死。③

　　芝诺能够顺利收复首都多亏了阿尔马图斯的内应。从巴西利斯库斯手中夺

---

① Evagrius Scholasticus, *The Ecclesiastical History of Evagrius Scholasticus*, III. 3.

② Evagrius Scholasticus, *The Ecclesiastical History of Evagrius Scholasticus*, III. 24.

③ John Malalas, *The Chronicle of John Malalas*, Book 15, 5(380).

回皇权之后,芝诺重新成为拜占庭帝国的皇帝。然而,芝诺伊苏里亚蛮族身份给他带来巨大的麻烦,其之后的统治不得不一直对此起彼伏的宫廷阴谋与叛乱穷于应付,这也成为他近17年皇帝生涯中最主要的政治内容。在复位之初,他履行诺言给予阿尔马图斯很高的地位。根据约翰·马拉拉斯的记载,皇帝此后对阿尔马图斯一直心存戒心,甚至自问:"他能够背叛巴西利斯库斯,又如何能对作为皇帝的朕保持忠诚?"①因此,他在自己的密友和重臣,也是伊苏里亚的同乡伊卢斯(Illus)的建议下,于477年或478年谋杀了阿尔马图斯,并且迫使后者的幼子进入教会,最终使其成为地方主教。②

　　芝诺的伊苏里亚蛮族身份确实不断引发拜占庭帝国那些东罗马遗老遗少的嫉恨,特别是一批自诩与皇家沾亲带故的贵族们的挑战。479年,另一位皇亲国戚对芝诺举起了叛旗,这次的叛乱者是他的连襟马西安。这个马西安是前西罗马帝国皇帝安泰米乌斯之子,他不但是前拜占庭皇帝马西安的外孙,而且还迎娶了利奥一世的女儿莱昂提亚,因此在血统上与塞奥多西王朝和利奥王朝的君主都有极其密切的联系。他的叛乱给芝诺造成了极大的麻烦。他和芝诺的军队在宫殿附近激烈交战。马西安本来占据了上风,但是之后却停止了军事行动,只是为了其贵族式的进餐和睡觉。这就给了行伍出身的芝诺喘息之机,当夜他派遣心腹战将伊卢斯秘密调集伊苏里亚军队紧急勤王,并在次日无情镇压了贵族们的叛乱。马西安也在慌乱中逃进圣使徒教堂,随后被军队从教堂中搜寻出来,很快便被皇帝流放到卡帕多西亚的凯撒里亚,关进了一座修道院之中。具有贵族背景的作家埃瓦格里乌斯在作品中不无遗憾地感慨道:"马西安本可以成为皇帝宫殿的新主人。因为机会是稍纵即逝的。当它来到一个人的脚边时也许被很好捕捉到,但是当离开时它会飘向空中并且嘲笑它的追逐者,从此以后再也不会靠近他们……这就是发生在马西安身上的情况,他错失了一度呈现在他面前的机会,但是之后再也不能找到它了。"③

　　马西安在起兵叛乱时得到了巴尔干半岛的一位哥特部落领袖塞奥多里克

---

① John Malalas, *The Chronicle of John Malalas*, Book 15, 7(382).

② Evagrius Scholasticus, *The Ecclesiastical History of Evagrius Scholasticus*, III. 24.

③ Evagrius Scholasticus, *The Ecclesiastical History of Evagrius Scholasticus*, III. 26.

(Theoderic Strabo)的支持,后者曾经出兵君士坦丁堡策应马西安的谋反。但是久经沙场和宫廷政局博弈的芝诺即刻展开收买计策,以重金劝说塞奥多里克退兵。然而,芝诺再次食言,未能及时履行承诺,促使塞奥多里克于481年再度起兵攻入色雷斯地区。其兵锋直指君士坦丁堡,并且一直进兵到黑海入海口处,向南几乎兵临首都城下。芝诺皇帝再一次被幸运女神垂青,塞奥多里克因一场意外暴卒,哥特人随之退兵。埃瓦格里乌斯记载了他的离奇死因:"其帐篷的前面悬挂着一支带有皮带用来投射的长矛……一天为了锻炼一下身体,他命令人牵来一匹马,因为他没有让马夫帮忙上马的习惯,所以他自己跳上了马。但是这匹马是未被驯化并且不受管束的,因此在塞奥多里克两腿分开坐在马背上之前,它就两条前腿腾空立起,而只用后腿站立……没有人敢去勒住马的笼头……同时也没有人敢去帮助他稳定地坐在马背上。因为马匹四处急转,他猛烈地撞上了矛尖,长矛成角度地刺伤了他的胁腹。之后他被放到了床上,过了几天之后他就因为这个伤口死去了。"①

　　然而不久之后,屡遭背叛的芝诺皇帝又遭到自己的股肱之臣伊卢斯的反戈一击。伊卢斯叛变的原因比较复杂,但和芝诺的岳母维里娜有直接的关系。在芝诺重夺皇位之后,同族的伊卢斯深受他的倚重,因此遭到皇太后维里娜的嫉恨。她先后多次派遣刺客刺杀伊卢斯,均告失败。在478年的一次刺杀活动之后,伊卢斯获悉幕后主使是太后维里娜,于是他拒绝再进入君士坦丁堡,除非芝诺答应将维里娜交给他发落。最终,芝诺皇帝向伊卢斯妥协,维里娜被诓骗到小亚细亚的卡尔西顿城,之后被伊卢斯送往巴比里奥斯(Papyrios)城堡,与先前兵变失败的皇太后次女女婿马西安和女儿莱昂提亚关押在一起。大约在480年前后,维里娜的长女、皇后阿里阿德涅向伊卢斯求情,希望能够将太后释放,但是遭到皇帝严词拒绝。愤怒的皇后向皇帝下达最后通牒:"我和伊卢斯只有一个能够留在宫中。"芝诺皇帝回答说:"我选择你,你可以尽你所能对付伊卢斯。"因此阿里阿德涅派人去刺杀伊卢斯。刺客虽然砍中了伊卢斯的头颅,但只割掉了他的右耳,他奋战保住了性命。伤势基本痊愈之后,伊卢斯向皇帝提出,希望去东方行省疗养,芝诺为了安抚他,任命他为东方军队总司令。伊卢斯随后来到了叙利亚的安条克城,并

---

① Evagrius Scholasticus, *The Ecclesiastical History of Evagrius Scholasticus*, III. 25.

以此为基地开始密谋叛乱。①

　　484 年,伊卢斯正式起兵反对皇帝,理由是皇帝默许皇后刺杀自己。芝诺在劝降不成的情况下,派遣将军利奥提乌斯(Leontius)率军平叛。但是后者来到安条克之后,被伊卢斯用重金收买,倒戈加入了他的叛军阵营。② 考虑到自己出身卑贱无法称帝,伊卢斯随后将维里娜太后由囚禁之地带到安条克,强迫她加冕拜占庭贵族出身的利奥提乌斯为皇帝。③ 芝诺皇帝再次派遣斯基泰人约翰(John the Scythian)为统帅,率领一支规模庞大的军队水陆两路并发征讨伊卢斯。一场激战之后,伊卢斯和利奥提乌斯兵败,带着维里娜太后溃逃到了巴比里奥斯要塞,并且在那里坚守了四年之久。④ 维里娜在围城期间客死于此。最终,巴比里奥斯城堡于 488 年因内部叛乱失陷,伊卢斯和利奥提乌斯被皇帝杀死,他们的头颅被挂在了大赛车场的柱子上示众。⑤ 芝诺皇帝终于在他的统治末年基本平定了国内的贵族和军事将领的叛乱。

　　除了忙于平叛,芝诺在宗教领域也有重要的举措。他在战胜巴西利斯库斯之后,很快和君士坦丁堡牧首阿卡西乌斯、亚历山大里亚大主教彼得(Peter Mongus)等教会领袖达成了一致,希望能够尽力调解卡尔西顿正统派教徒与基督一性论派教徒之间的分歧,以及君士坦丁堡与亚历山大里亚教会之间的矛盾。482 年,在阿卡西乌斯和彼得的支持下,芝诺正式颁布了著名的《联合诏令》。该诏令指出:

　　　　"虔诚的、胜利的、成功的、最伟大的和永远被尊敬的皇帝、奥古斯都、凯
　　撒芝诺致亚历山大里亚、埃及、利比亚和五城地区最虔诚的主教、教士、修道
　　士和平信徒们:朕深知我国之起源及构成,力量和不可抵御之保护者是独一
　　正确及真实之信仰。这一信仰是 318 名圣洁的教父在上帝的指引下着尼西

①　Theophanes Confessor, *The Chronicle of Theophanes Confessor: Byzantine and Near Eastern History AD 284 -*
　　813, AM5972.

②　Joshua the Stylite, *The Chronicle of Joshua the Stylite, Composed in Syriac, AD 507*, English trans. by W.
　　Wright, Cambridge: Cambridge University Press, 1882, XIV.

③　John Malalas, *The Chronicle of John Malalas*, Book 15, 13(388).

④　Theophanes Confessor, *The Chronicle of Theophanes Confessor: Byzantine and Near Eastern History AD 284 -*
　　813, AM5976.

⑤　Theophanes Confessor, *The Chronicle of Theophanes Confessor: Byzantine and Near Eastern History AD 284 -*
　　813, AM5980.

亚所提出,同时被 150 名同样圣洁的教父在君士坦丁堡所确认。朕诚心祷告,尽心竭力,夜以继日,遵守律法,只为将上帝的神圣普世并由使徒建立之教会发扬光大。教会是朕权力永不玷污和永不灭亡之源,而虔诚并和上帝保持和谐的人民与最热爱上帝的主教们、敬畏上帝的教士们以及所有修道院长和修道士们应该一起为了国家而进行合宜的祷告……因为无可责备的信仰维持着朕和罗马人的生活,所以崇敬上帝的修道院长们、隐修士们还有一些其他可敬的人向朕递交了他们的请愿。他们含泪恳求最神圣的教会之间应该团结,彼此休戚相依……在这么长的日子里,时间夺走了人们的生命,这其中的一些人被剥夺了获得新生洗礼的权利,另一些人直到生命的尽头也没能够再领受圣餐,在这期间发生无数的谋杀,过多的杀戮不仅让大地淌满鲜血,而且使空气里也弥漫着血腥的气味。面对此情此景,谁会不祈祷事情向好的方向转化呢?

    "因为这个原因,朕希望你们能理解这样一个事实,即朕和各地的教会过去、现在和将来都不会持有不同的教义,也不会对信仰有不同的教导和解释,唯一正确的信仰是上文提及的由 318 名教父提出并由 150 名教父批准的神圣信经。如果有人胆敢持有不同的观点,朕将视其为异端。如朕所说,朕坚信有且只有这一信经保护着朕之江山,而那些被裁定值得被拯救并施洗的人,也只有接受这一信经。这一信经也被聚集在以弗所的教父们所坚持,他们放逐了渎神的聂斯托利和那些信奉他观点的人们。朕强烈谴责聂斯托利和反对上述信仰的尤提克斯……朕信独一为父所生的上帝之子也是上帝,成为肉身之人的我主耶稣基督在神性上与父同质,在人性上与我等相同……那些将他神、人二性分割、混淆或是带来错觉的观点,朕坚决不予接受,因为由上帝之母所生的无罪肉身并没有为圣子创造一个另外的实体。即使在三位一体中的一位,即圣子道成肉身之后,三位一体仍然是三位一体。

    "这样,上帝在各地的神圣正统教会以及负责这些教会并热爱上帝的教士们和朕的国家以前不会现在也不会容忍一个不同的教义和对上文提及的神圣信仰相反的解释。在了解了这些以后,让我们毫不犹豫地团结起来吧。朕颁布此诏令不是为了对信仰做出新的解释而是为了使你们安心。但是朕强烈谴责那些过去想过或现在正在考虑其他教义的人……神圣的教会像慈母对待亲生孩子一样在等着拥抱你们，并渴望听到你们甜美和长久令她期待的声音。因此加快你们的步伐吧，这样做你们即可以博得我们的主上帝和救世主耶稣基督的欣赏，也会得到朕的赞扬。当你们读到了这篇诏令，亚历山大里亚城内的所有人都和神圣普世并由使徒建立的教会团结在一起了。"①

随后，亚历山大里亚主教彼得也致信君士坦丁堡牧首阿卡西乌斯，表达了基本同意和解的意见："至高无上的上帝将会补偿阁下您所付出极大的辛劳和烦扰，因为您一直不间断地发表宣言以确认并保护神圣的教父们的信仰。因而在其中我们发现了由318名神圣教父们颁布的信仰，这是我们在洗礼之初就已经坚信的，并且现在我们也相信它；这也正是聚集在君士坦丁堡的150名神圣的教父所确认的。所以，通过不停地教导每个人，您团结了上帝神圣的教会，并且用最强有力的证据说服了我们在最神圣的卡尔西顿大公会议上没有出现任何与信仰相矛盾的事情，并且它与尼西亚教父们认可的教义相一致。因此，因为没有发现任何新的改变，我们便心甘情愿地同意并且相信它。"②

这份诏令出台的背后有非常复杂的原因，尤其是在政治方面，交织着普通信众、教会上层和皇帝之间多方利益的博弈。其中，东方一性论派信众通过自发的反抗官方宗教政策和政府的方式间接促使帝国的统治者芝诺调整了原先的宗教政策，因此是这一诏令出台的主要原因。拜占庭基督教会各大教区之间的政治斗争是《联合诏令》出台的另一诱因，由于政治利益而达成的君士坦丁堡和亚历山大里亚教区的和解就是这一诏令在此方面的体现，最后，皇帝出于控制和利用基督教会以维护自身统治的目的而选择了以颁布宗教诏令的方式来加强自身权力，从而最终使这一诏令得以发布。③《联合诏令》在神学理论上巧妙地回避了基督具有神性和人性这一两派的焦点争论，这在一定程度上缓解了不同信仰者之间紧张的对立局面。然而，罗马主教菲力克斯（Felix）却将其视为对罗马教会主导的《卡尔西顿信经》的背离。与东地中海世界的教会精英相比，以罗马为代表的西

① Evagrius Scholasticus, *The Ecclesiastical History of Evagrius Scholasticus*, III. 14.
② Evagrius Scholasticus, *The Ecclesiastical History of Evagrius Scholasticus*, III. 17.
③ 武鹏：《拜占庭帝国〈联合诏令〉出台的政治原因初探》，《历史教学》2008 年第 10 期。

部教会在教义上一直持保守态度。比起东方的神学家，西方的教父们大多不热衷于神学思想的创新，而更愿意扮演正统教义捍卫者的角色。罗马教会尤其反对任意对教义进行革新。这种态度在 5 世纪中期罗马宗主教利奥留下的驳斥基督一性论信仰的"利奥大卷"中得到了鲜明的体现："任何人都不能提出另一个信仰，也不能编造、建立、思考和传授另一个信仰。那些胆敢建立、传播、教授或散布另一个信仰给那些希望通过异教、犹太教和其他任何异端获得真理的人，如果他们是主教或者教士，他们将被罢免，主教将失去主教的职位，教士将被剥夺教士的资格，如果他们是修道士或者平信徒，那么他们将受到谴责。"①

　　此外，罗马和君士坦丁堡教会还围绕争夺基督教会最高领导权进行着长期的斗争。基督教在地中海世界开始传播后，罗马凭借其使徒教会的身份和悠久的传统在基督教世界获得了首屈一指的地位。与此相对的是，君士坦丁堡教会最初只是色雷斯地区的一个教区，影响力十分有限。然而，随着拜占庭帝国将首都定于君士坦丁堡，它在基督教会中的地位也节节高升。在卡尔西顿基督教大公会议后，君士坦丁堡牧首获得了在东地中海地区基督教世界首屈一指的领袖地位。显而易见，君士坦丁堡教会地位飞速的攀升是对罗马教会的挑战。尤其是卡尔西顿会议给予君士坦丁堡教区与罗马教区平等的地位让罗马主教极为不满。双方的矛盾终于借由芝诺的这道《联合诏令》彻底爆发。于是，菲力克斯要求阿卡西乌斯去罗马为自己的所作所为做出解释，在遭到拒绝后他发表了如下的宣言："君士坦丁堡的阿卡西乌斯应该受到严厉的惩罚……他没有对皇帝坦白实情，而如果他真的对芝诺忠诚，这绝对是他应该做的。然而，更贪婪的是，他将自己奉献给了皇帝而非信仰。"②

　　在此之后，双方争论不断，甚至以开除教籍作为惩罚对方的手段。这即是在基督教会史中被称作"阿卡西乌斯分裂"的重大事件。③ 这场分裂直接加剧了基督教会内部，尤其是罗马和君士坦丁堡教会的分裂。这一事件后，罗马教会和君士坦丁堡教会之间分歧日益严重。双方不只在神学观点上难以调和，同时也围绕教会事务主导权的问题争论不休。更有甚者，"阿卡西乌斯分裂"更在整个基督

① Evagrius Scholasticus, *The Ecclesiastical History of Evagrius Scholasticus*, II. 4.
② Evagrius Scholasticus, *The Ecclesiastical History of Evagrius Scholasticus*, III. 21.
③ 武鹏:《"阿卡西乌斯分裂"：中古早期基督教会一次重大冲突初探》,《宗教学研究》2015 年第 1 期。

教会内部进一步造成了思想上的冲击与混乱。东地中海地区激烈的宗教冲突本来因为《联合诏令》一度有所缓解,但是随着罗马教会与君士坦丁堡教会的公然决裂,形势再次变得错综复杂。除了依然存在的"一性"和"两性"之争外,整个地中海世界的基督教会又陷入另一场"罗马"和"君士坦丁堡"的选择之中,从而造成了更大的思想混乱。埃瓦格里乌斯在作品中生动地描绘了这一情景:

> 这样,在这个时代,鉴于卡尔西顿会议在最神圣的教会中既不被公开赞美,也不被否定,因此每个教士都按照自己的信仰行事。有些人十分坚定地信仰会议规定的任何只言片语,他们甚至不承认哪怕一个字母的改变……另外还有一些人支持《联合诏令》,即使他们之间也互相为一性还是两性的问题争论不休,因为有些人被文件的措辞欺骗,同时另一些人只是想要更平静的生活。结果,整个教会分裂成了不同派别,而且它们的教士彼此之间也不进行任何交流。在东部、西部以及利比亚地区都产生了许多不同的派别,因为东部主教们反对西部或者利比亚地区主教们的观点,反之后两者也对前者持相同的态度。形势变得更加荒谬。因为东部地区的教士们彼此之间也拒绝交流,而欧洲和利比亚地区也是如此,所以更不用说和外人交流了。①

在查士丁尼王朝时期,芝诺的《联合诏令》被彻底放弃,基督一性论派与中央政府之间的离心倾向越来越强,最终为他们在 7 世纪脱离拜占庭帝国埋下了神学伏笔。尽管这一调解措施没有获得最终的成功,但是从政策本身来看,芝诺的选择是正确的,有利于帝国政局的稳定。

最后,芝诺统治期间值得一提的成就,还有他利用"以蛮治蛮"和"祸水西引"的政策基本上解决了困扰东部帝国的哥特人问题。在成为皇帝之后,他和东哥特国王塞奥多里克(Theoderic Amal)保持了良好的同盟关系。尽管在前文提及的芝诺与另一位哥特首领塞奥多里克的战争中,二者之间产生了一定的冲突,但是双方的关系在此后迅速修复。483 年,芝诺再次和塞奥多里克缔结了盟约,并且授予他执政官的头衔。② 在伊卢斯叛乱时,塞奥多里克也在芝诺的

---

① Evagrius Scholasticus, *The Ecclesiastical History of Evagrius Scholasticus*, III. 30.
② [拜占庭]约达尼斯:《哥特史》,第 175 页。

要求下随军作战,参与了平叛战争。但是在巴比里奥斯围城战期间,芝诺皇帝开始怀疑他的忠诚,于是下令将他和他的军队召回,塞奥多里克随后返回了色雷斯地区。① 486 年,塞奥多里克发动叛乱并洗劫了色雷斯。② 488 年,他起兵向君士坦丁堡进军。此时西地中海世界的政治局势正处于非常混乱之时。476年,蛮族将领奥多亚克(Odovacer)废黜了西罗马皇帝"小奥古斯都"(Augustulus)罗慕洛,"篡夺"了西罗马帝国皇位。此后他对芝诺表示恭顺,在名义上成为拜占庭皇帝的臣属。但在塞奥多里克兵临城下时,芝诺选择了牺牲奥多亚克。他与塞奥多里克达成了协议,诱惑后者向西进军。作为回报,芝诺给予他丰厚的馈赠。塞奥多里克则允诺,征服意大利之后会继续承认拜占庭帝国的宗主地位。他明确表示,"如果我,你的仆人和儿子,能够战胜并占领那个王国的话……我将遵奉你们传统的仁政,像对待你们赠予我们的礼物那样占有它;而如果我被击败,也无损于你那虔诚的荣光;正相反,这还会节省你们在我们身上所花销的费用。"③

由此,拜占庭人基本摆脱了一直困扰他们的哥特人问题。493 年,塞奥多里克消灭了奥多亚克,在意大利建立东哥特王国,这个政权一直存续到查士丁尼统治时期。

491 年 4 月 9 日,统治了帝国 17 年的芝诺皇帝去世。关于他的死因,拜占庭史家们的记载不尽相同。埃瓦格里乌斯认为他死于癫痫④,约翰·马拉拉斯则称他患痢疾不治而亡⑤,甚至还有少数历史学家提出他是被皇后阿里阿德涅灌下毒药后活埋致死的。⑥ 芝诺和阿里阿德涅除生养了利奥二世外,没有留下其他子嗣,利奥二世的早逝令他们没有继承人。芝诺的兄弟朗吉努斯(Longinus)当时占据高位,希望能够使自己成为皇帝的继任者,但是没能如愿。阿里阿德涅选择了

---

① Theophanes Confessor, *The Chronicle of Theophanes Confessor: Byzantine and Near Eastern History AD 284 - 813*, AM5977.

② Zachariah Rhetor, *The Syriac Chronicke Known as That of Zachariah of Mitylene*, trans. F. J. Hamilton and E. W. Brooks, London: METHUEN & CO., 1899, VI. 6.

③ [拜占庭]约达尼斯:《哥特史》,第 176 页。

④ Evagrius Scholasticus, *The Ecclesiastical History of Evagrius Scholasticus*, III. 29.

⑤ John Malalas, *The Chronicle of John Malalas*, Book 15, 16(391).

⑥ Evagrius Scholasticus, *The Ecclesiastical History of Evagrius Scholasticus*, p. 164, n. 91.

老臣阿纳斯塔修斯作为新的皇帝①，并与他结婚。后者便是利奥王朝的最后一位皇帝阿纳斯塔修斯一世。

纵观芝诺66（或61）岁的一生，作为皇帝统治拜占庭帝国17年，功过对半。他虽然出身于伊苏里亚军队，但能够凭借利奥一世的提携最终攀升到帝国权力的顶峰，说明早自帝国之初，拜占庭社会极为严密的分层机制便遭到破坏，即便是社会最底层的民众也有机会通过军事生涯成为皇帝。同时，芝诺成为皇帝也证明军队在拜占庭帝国政治生活中的重要性，如果说利奥一世等凭借军事政变创立王朝的军事将领通过血腥较量获得皇权可以归为一类的话，那么芝诺这样依靠通婚走上皇位的则可以算作是另一种类型，这种类型在此后拜占庭皇权交接或者非皇族人员跻身共治皇帝的屡见不鲜。他们作为拜占庭皇权继承制度的必要补充，不时弥补着这一制度存在的重大缺陷，即基督教婚姻法和基督徒婚姻习俗制约了皇帝后裔保证体系，在位皇帝无法确保身后留有继承人特别是男性继承人。而是否能够保证在位皇帝与其亲生继承人之间具有稳定的血缘纽带，就成为确保拜占庭皇位血亲世袭继承制的物质基础。芝诺继承其子利奥二世的皇位属于这一制度的变种，其逆向运行显然是不合理的，原则上是不能成立的，因此其统治存在极大的不稳定性。正因为如此，芝诺在位期间谨慎小心，内政外交各个方面处事如履薄冰，施政风格以大事化小、小事化了为特点，基本上没有可圈可点之处，更没有青史留名的政绩。

第四节

巴西利斯库斯（Basiliscus）

475—476 年在位

巴西利斯库斯（Basiliscus，Flavius Basiliskos，出生年代不详，卒于 476 年 8 月）是利奥王朝第四位皇帝，曾是利奥一世的重臣，作为已故皇帝利奥一世遗孀维里

---

① Evagrius Scholasticus, *The Ecclesiastical History of Evagrius Scholasticus*, III. 29.

娜的兄弟,他是皇家外戚集团的重要骨干,在宫廷和军队中都拥有强大势力,475年1月上位,至476年夏季,在位一年半。

在利奥王朝宫廷斗争中,拜占庭希腊贵族一直与来自东方的蛮族军事集团明争暗斗,蛮族军旅生涯出身的皇帝芝诺在首都君士坦丁堡就非常不受欢迎。前朝大贵族们密谋发动叛乱推翻其统治,其主要策划者便是巴西利斯库斯。巴西利斯库斯是已故皇帝利奥一世遗孀维里娜的兄弟,作为皇室家族的一员,拥有继承利奥一世皇位的继承权。事实上,拜占庭帝国社会以希腊和希腊化的族群为主,尽管罗马帝国时代政治权力掌控在"罗马人"手中,但是在东地中海地区,即希腊文化长期浸染的地区,希腊语言和文化传统一直在民间占据主流地位。[①] 拜占庭帝国早期百余年间,继承了晚期罗马帝国政治传统的希腊和希腊化各族群为跻身权力核心,也自称为"罗马人",他们在拜占庭帝国政治生活中为共同利益逐渐形成了具有血缘和文化共同性的群体。拜占庭帝国早期过渡期的剧烈社会变动促使他们形成了政治共同体,当其他族群威胁到他们时,他们自然而然走到一起采取共同的斗争策略。这种"希腊人"的身份认同持续到拜占庭帝国衰亡时代,以至于当时后世的其他民族称之为"希腊帝国"。在利奥王朝上层政治博弈中,希腊贵族发挥重要作用,对蛮族势力渗透进帝国权力机构进行了公开的抵抗,巴西利斯库斯便代表了他们的利益,只是他的表现过于卑劣。

巴西利斯库斯的政治生涯也始于军旅。464年,皇帝利奥一世提拔了两名重要的高级将领,其一是任命自己的女婿芝诺为东方大区军队的司令官,其二是任命巴西利斯库斯担任了色雷斯军队的司令官。[②] 瓦西里库斯由此开始逐步成为帝国军队中拥有实权的重要人物。在上任之初,巴西利斯库斯表现出卓越的军事和领导才能。塞奥法尼斯的记载说:"他频繁地击败入侵色雷斯的斯基泰人(哥特人和匈人)。"[③]

然而,他顺风顺水的军旅生涯很快就遭遇了沉重的打击。468年,利奥一世

---

① 徐晓旭:《罗马统治时期希腊人的民族认同》,《历史研究》2006 年第 4 期。

② Theophanes Confessor, *The Chronicle of Theophanes Confessor: Byzantine and Near Eastern History AD 284 - 813*, AM5956.

③ Theophanes Confessor, *The Chronicle of Theophanes Confessor: Byzantine and Near Eastern History AD 284 - 813*, AM5961.

皇帝任命巴西利斯库斯为总司令,统领大军远征汪达尔王国。这次远征成为拜占庭军队彻头彻尾的灾难,远征军几近全军覆没。而巴西利斯库斯的声望也在这次失败后受到毁灭性的损毁。他不但在战斗中抛弃了自己指挥下的部队望风而逃,更有流言指责他收受汪达尔国王的贿赂,迟迟不发兵作战,延误战机,最后才导致拜占庭人的溃败。① 回到君士坦丁堡后,巴西利斯库斯虽然凭借姐姐维里娜皇后的周旋保住了性命,但是却不得不暂时离开了拜占庭政治舞台的中心。

　　三年后,巴西利斯库斯的身影才重新回到了君士坦丁堡朝廷上。当时利奥一世苦于蛮族将领阿兰人阿斯帕尔的权势左右朝政,密谋除之而后快。巴西利斯库斯作为皇帝的近亲再次受到起用。他和利奥的亲信伊拉克里奥斯(Herakleios)及马尔索斯(Marsos)等一起,参与了对阿斯帕尔和他的儿子阿尔达布尔和帕特里修斯的谋杀行动。从而消除了利奥一世的心腹大患。然而就在转年,阿斯帕尔势力的余党奥斯特里斯等人率领依然忠于阿斯帕尔父子的军队以复仇为名进攻首都君士坦丁堡。值此危难之际,巴西利斯库斯和芝诺麾下军队成为支撑利奥政权的中流砥柱。塞奥法尼斯记载道:"若不是巴西利斯库斯在叛军到来之前就从西西里率军回援……若不是芝诺从卡尔西顿及时赶到来拯救这座城市并驱散了叛军,国家定会遭受更剧烈的动荡。"②这样,在对抗阿斯帕尔一党的斗争中,巴西利斯库斯凭借自己出色的表现,不但在史书中留下美名,部分挽回了先前的名誉损失,同时也再次获取皇帝的信任,重新成为帝国统治集团的重要一员。扎卡里亚记载,巴西利斯库斯和芝诺一起执掌着帝国的军事大权。③ 而圣徒高柱修士丹尼尔的传记则提到"皇后的弟弟巴西利斯库斯在元老院中担任首要角色"④。

　　照此发展下去,巴西利斯库斯本应该可以凭借皇亲国戚的身份在拜占庭政坛安度一生,但是利奥一世去世之后的传位危机改变了他的命运。利奥去世后,按照他生前的遗愿,他的外孙,也就是芝诺和阿里阿德涅之子成为皇位继承人,是为利奥二世。然而,利奥二世在位不到十个月便过早夭折,芝诺作为继承者的资格

① John Malalas, *The Chronicle of John Malalas*, Book 14, 44(373).
② Theophanes Confessor, *The Chronicle of Theophanes Confessor: Byzantine and Near Eastern History AD 284 - 813*, AM5964.
③ Zachariah Rhetor, *The Syriac Chronicke Known as That of Zachariah of Mitylene*, vol. 1.
④ *Life of Daniel the Stylite*, 69.

受到了质疑,拜占庭皇位再次出现空缺的可能。小皇帝的父亲芝诺作为其生前的共治皇帝继承了皇位。子死父继的继承虽然在拜占庭皇位继承中是一个特例,但是这一继承是符合拜占庭继承原则的。《查士丁尼法典》中也按照血缘关系对继承权问题做出过明确规定,即:"死者的子女、养子女等属于第一顺序继承人;亲父母和全血缘的兄弟姐妹等属于第二顺序的继承人;同父异母的兄弟姐妹属于第三顺序继承人;其他旁系血亲属于第四顺序的继承人。"①按照这一原则,芝诺皇帝作为利奥二世的父亲,属于第二顺序继承人,应高于其他继承者,如巴西利斯库斯为第四等顺序继承人的。

但是,巴西利斯库斯是维里娜太后的兄弟,又是拜占庭贵族,太后本人在皇位空缺的关键时刻对继承问题有很大的影响,她更倾向让自己的兄弟继承皇位。芝诺则存在天生的劣势,即他是伊苏里亚人,也就是君士坦丁堡民众十分厌恶的蛮族出身。对于刚刚摆脱了阿斯帕尔父子的拜占庭人来说,显然他并不是一个受人欢迎的皇帝候选人。与其相比,出身皇族,同时拥有军旅生涯经验的巴西利斯库斯更受欢迎。如果他能如愿,则很可能出现新的王朝。

于是,在芝诺刚刚继承皇位独揽大权之后不久,巴西利斯库斯就阴谋篡夺皇位,芝诺对此早有察觉。圣徒高柱修士丹尼尔的传记就记载了芝诺为此而苦恼,并向圣徒倾诉这一事情:"罗马人的政府按照上帝的意志行使着统治,国家享受着平静而富有秩序的时光,神圣的教会则处于和平与联合之中。这时忌妒和恶毒的魔鬼却在芝诺皇帝的一些亲人的心中种下了仇恨的种子。我说的就是巴西利斯库斯……当芝诺皇帝意识到他们针对他的阴谋之后,芝诺皇帝来到圣徒那里向他倾诉。圣徒告诉他,'不要为了这些事情让自己烦恼,这一切都是命中注定要发生在你身上的。他们会把你逐出你的王国……但是不要灰心丧气……终有一日你将会带着更大的荣耀与光辉回到你的帝国,直到你告别人世,你都将享有着一切……'皇帝对圣徒的这些话表示了感谢,在得到圣徒的祝福之后,他返回了君士坦丁堡。"②

475年1月,巴西利斯库斯在维里娜太后的支持下终于发动了武装叛乱。芝

---

① 周枏:《罗马法原论》,第512—517页。
② *Life of Daniel the Stylite*, 68.

诺慑于叛军的威势,仓皇逃出首都,回到了自己的家乡伊苏里亚。不久之后,他的皇后阿里阿德涅在自己的母亲和丈夫中选择了后者,来到了他的身边。埃瓦格里乌斯在《教会史》中详细记载了政变的始末。"当维里娜的弟弟巴西利斯库斯发动叛乱以推翻芝诺的统治之时——甚至他的亲戚也对他抱有敌意,因为每个人都试图避开他那种最羞耻的生活——他彻底地失去了勇气而毫无作为:因为坏事是不光彩和让人沮丧的,更是通过屈服于享乐显示了它的怯懦。他选择了轻率地逃跑,将如此巨大的一个王国不经任何抵抗地拱手让给巴西利斯库斯。而在他的出生地伊苏里亚,他遭受了一次围攻,那时他的妻子阿里阿德涅在从她的母亲身边逃跑以后来到了他的身边,同时还有那些保持对他效忠的人也和他在一起。巴西利斯库斯就这样获得了罗马人王国的皇冠,并且宣布他的儿子马库斯为凯撒,他进一步对芝诺和那些先前的统治者展开了敌对行动。"①

在皇帝和皇后都逃亡到伊苏里亚之后,巴西利斯库斯成为首都的实际掌控者。太后维里娜更是为自己的亲兄弟加冕,使他成为拜占庭帝国新的皇帝。② 巴西利斯库斯由此开始了自己为期20个月的皇帝统治。在继位之后,他迅速通过一系列官员任命巩固了自己的地位,除了加冕自己的儿子为共治者,他还试图牢牢掌握住军权。扎卡里亚记载道:"在接过皇位之后,他任命他的医生塞奥克蒂斯图斯(Theoctistus),一个亚历山大里亚人,修道士塞奥庞波斯(Theopompus)的兄弟,为拜占庭军队的司令官。"③

在明确继承人并控制了军队之后,从常理角度看,巴西利斯库斯应该迅速出兵伊苏里亚地区,彻底将前朝皇帝芝诺斩草除根。他当时掌握的资源以及自身的军事能力实现这一目标是具备可行性的。然而令人意外的是,巴西利斯库斯当政之后虽然向小亚细亚派遣了军队,但是因为芝诺据守的据点十分坚固,他的军队无法迅速消灭盘踞在伊苏里亚的芝诺势力,只能在那里和芝诺的支持者陷入对峙状态。巴西利斯库斯本人对此并不十分着急,他并没有亲自前往小亚细亚指挥战争,而是留在了首都君士坦丁堡,将主要精力投入到了宗教领域。这一选择的部

---

① Evagrius Scholasticus, *The Ecclesiastical History of Evagrius Scholasticus*, III. 3.
② *Life of Daniel the Stylite*, 69.
③ Zachariah Rhetor, *The Syriac Chronicke Known as That of Zachariah of Mitylene*, vol. 1.

分原因源于他的个人信仰。他本人是一名基督一性论派信徒,对卡尔西顿会议持否定态度。成为皇帝后,他很快就任命了先前被利奥放逐的提摩太重新担任亚历山大里亚牧首的职位,并颁布诏令反对《卡尔西顿信经》,为基督一性论正名。这份重要的文件被称作《巴西利斯库斯通谕》,其中指出:

"虔诚的、胜利的、成功的、最伟大的以及永远受到尊敬的皇帝、凯撒和奥古斯都巴西利斯库斯,联合最荣耀的凯撒马库斯,致最虔诚和最为上帝钟爱的亚历山大里亚大主教提摩太。

"为了实现正当的使徒信仰,我们之前那些最虔诚的皇帝已经制定了许多法律,它们都是一直正确地服务于受到祝福的、永恒的和永远充满生命力的三位一体教义的。我们希望这些法律永远不会失去活力,因为它们总是对整个世界有益的;所以,我们宣布这些法律就如同我们自己制定的一样有效。因而,在超越所有人世间事务的基础上,我们将虔诚和热忱奉献给我们的上帝和救世主耶稣基督,是他创造了我们并给予我们荣耀,由此我们确信使我们人类联合在一起的基督是我们的救世主,并且是我们的主人,他是我们帝国坚固的基石和不可动摇的壁垒,因此,在我们的思想恰当地被神圣的虔诚所激励的情况下,正如将我们帝国的第一批果实敬献给使我们神圣教会团结的上帝和耶稣基督,我们制定这个使人类保持繁荣的基础和信条,既由 318 名圣洁的教父和圣灵一起于很久之前在尼西亚所制定的信仰,由此,我们和我们之前的所有信者得到了一次洗礼,这一信仰掌控着在上帝治下最神圣教会中的所有信仰正统教义的人民,同时它是不谬教义的唯一有效定义,并且在一方面它足以消灭世上任何一种异端,而在另一方面它可以在最大限度地团结上帝属下的神圣教会。很明显,他们的力量被传承下来,150 名神圣的教父在首都宣布了同样神圣的信经以对抗猥亵圣灵的异端;同样,在大都市以弗所,教父们又一起对抗了不虔诚的聂斯托利和那些支持他观点的人。

"但是有人却试图颠覆上帝神圣教会的团结和秩序以及这个世界的和平,这就是所谓的利奥大卷和在卡尔西顿通过的对信仰的定义以及对信经的解释、阐述、指示或是讨论，因为这种变革是与先前提到的由318名圣洁的教父制定的神圣信经相背离的，因此我们命令，在所有地方的教会中，最圣洁的主教都应该对其加以谴责，而无论发现什么与之相关之物，都应该将其付之一炬，因为我们的先辈，虔诚的并已经进入天国的君士坦丁和塞奥多西二世皇帝都是这么对待异端教义的。并且我们规定那些异端是不合法的，它们应该被彻底地逐出那个唯一普世和使徒的正统教会，因为这些异端挑战了由318名神圣的教父们制定的永恒的和救世的教义，并且这一信仰被那些受到祝福的教父通过圣灵在以弗所进行了仔细的商定；总之，任何教士和平信徒都不许偏离最神圣的圣洁信经的规条，并且，那些和发生在卡尔西顿的与神圣信经相背离的变革一起的异端也将受到谴责……

"对于皇帝的深思熟虑来说这是恰当的，通过预先的考虑，并且慷慨地给予现在以及未来的臣民以和平，我们宣布各地最圣洁的主教应该在收到信后将你们的名字签署在这个通谕之后：这样就可以清楚地显示主教们只承认由318名圣洁的教父所制定，然后被150名圣洁的教父所确立，而最终在以弗所被那些最圣洁的教父所赞同的神圣信经。也就是说，作为对信仰的解释，我们必须只遵照由318名教父制定的神圣信经；同时，主教们应该谴责每一次试图挑战正统教义的行为，就如在卡尔西顿发生的那些事情，并且要彻底将他们逐出教会，因为他们是实现世界和我们幸福的障碍。

"我们在前面说了很多虔诚的话语，我们坚信这些话是符合上帝的意志的，而这也能够给上帝的教会带来令所有人羡慕的团结。无论何时，那些试图促进或提出在卡尔西顿对信仰进行变革的人，无论是教授、讨论或是著书立说，也无论是在何时或是在何地以何种方法，因为他们要对上帝神圣的教会和所有臣民中造成的迷惑和混乱负责，因此他们是上帝和我们得到拯救的敌人，为了和已经进入天国的塞奥多西二世皇帝对待这些恶人的态度保持一致，我们也在这份通谕的后面附上法律。我们命令，如果是主教或者教士违反了它，那么他们将被罢免，如果是修道士或者平信徒这样做了，那么他们将被惩罚并且罚没所有财产，甚至会处以最严酷的刑罚。因为这样，神圣的和同质的三位一体，及一直被我们虔诚崇拜着且现在通过消灭那些祸害并坚定

神圣信经中的神圣和使徒的教义而加以崇敬的上帝和一切事物的造物主,就
可以亲切并和善地对待我们的灵魂和所有的子民,同时他也会一直支持我们
的政府并且给人类带来和平。"①

巴西利斯库斯的这份通谕在基督教会内部迅速引发了巨大的波澜。按照基
督一性论派历史学家扎卡里亚记载,有 700 位主教签名支持这一诏令。② 此后皇
帝还陆续召回了一些之前被罢免的基督一性论派的宗教领袖。埃瓦格里乌斯记
载了这些支持巴西利斯库斯的主教们给皇帝的信件。"最虔诚和为基督所钟爱的
皇帝啊,你们已经看到,你们已经成为攻击的对象,同时信仰也受到憎恶并被以各
种方式攻击……现在出现了一项前景可怖的决定,神圣的火焰昭示着出离的愤
怒。陛下你们这个突然的行动使你们和一些恶人缠绕在了一起,这些人带着鲁莽
和盲目的情绪,攻击伟大的上帝和你们被信仰所支撑的帝国,他们丝毫不宽容我
们这些卑微的人,相反,他们错误地与我们作对……因为任何反对你们神圣信经
的行为都是不被允许的,如我们所说,所以整个世界将会再次被颠覆,并且发生在
卡尔西顿会议上的罪恶将会被发现是很微小的,即使他们造成了无数的屠杀并且
不公正不合法地导致信奉正统教义的世界血流成河。"③

然而,巴西利斯库斯的这一诏令在帝国大部分支持《卡尔西顿信经》的地
区,尤其是首都君士坦丁堡引发了强烈的不满。帝国最重要的宗教领袖之一,
君士坦丁堡牧首阿卡西乌斯认为巴西利斯库斯的所作所为是彻头彻尾的异端
行径。他联合首都的神职人员和修道士们针锋相对地发布了一份支持卡尔西
顿会议的声明,这就是所谓的《反巴西利斯库斯通谕》。"致皇帝、凯撒巴西利
斯库斯和马库斯。使徒和正统的信仰从远古时代开始就在普世的教会中盛行,
它不仅使我们的统治变得强盛,也在我们的统治下不断加强,并且还会永远强
盛下去。正是在这种信仰下,我们得到了洗礼和信任,我们宣布它还会盛行下
去,正如它一如既往的那样,它是不可伤害和不可动摇的,它应该在普世的、使
徒的、正统的教会中享有权威,并且不应该有任何其他对教义的探索。为此,我

---

① Evagrius Scholasticus, *The Ecclesiastical History of Evagrius Scholasticus*, Ⅲ. 4.

② Zachariah Rhetor, *The Syriac Chronicke Known as That of Zachariah of Mitylene*, Ⅴ. 2.

③ Evagrius Scholasticus, *The Ecclesiastical History of Evagrius Scholasticus*, Ⅲ. 4.

们命令无论在我们的统治时期发生了什么,不论是通谕或是其他的东西,只要与信仰和教会组织相关,都是无效和空洞的。同时我们谴责聂斯托利、尤提克斯、其他一切异端和持有相同观点的人;并且我们不允许有任何宗教会议或其他类似的调查出现,此类信仰必然是完整的和不可动摇的;而且那些被光荣的首都掌控的省份应该被交还给虔诚的和最神圣的牧首和大主教阿卡西乌斯;当然,那些现在还是备受上帝钟爱的主教们可以保住他们的位置,但是在他们死后,将不允许有任何挑战光荣无污的首都任命主教的权力之事发生。这就是我们制定的神圣敕令,它不容怀疑,并且拥有神圣的力量。"①

巴西利斯库斯继位之后迅速将主要精力投向宗教领域除了他本人的信仰因素,其实还有更为深刻的原因。也就是在此时此刻,基督一性论问题已经成了困扰拜占庭人的重大宗教争端,并且造成了社会的明显撕裂。这一冲突具有参与人群广泛的特点,即参与到这场争论和冲突中的不仅仅只有神学家和教会人士,而是包含了广泛的社会各阶层民众。东方各民族的文化水平普遍较高,加之深受古希腊哲学思辨传统的影响,因此这里的普通民众以极大的热情参与到教义争论之中,甚至这种争论已经融入他们的日常生活。4 世纪晚期神学家格里高利就生动地记载了当时人民狂热参与教义争论的情况。他写道:"到处都是讨论晦涩难懂问题的人,我问我该付多少钱,却被告知他们在讨论圣子是'受生'还是'被造'的。我想知道面包的价格,却被回答'圣父高于圣子'。当我问洗浴间是否准备好时,回答是'圣子在万有之前被造'。"②

基督一性论兴起之后,东部的信众积极参与基督两性还是一性的争论,卡尔西顿会议更使这一争论愈演愈烈。东部地区民众因为信仰的不同而相互争辩对立,即使在家庭和朋友之间也不例外。这场冲突的过程有时表现得极为暴力。更为严重的是,这种暴力行为在很多情况下都超越了宗教本身,和反抗中央政府的诉求紧密结合,马西安皇帝的传记中便记载,亚历山大里亚和其他东方地区在听到卡尔西顿会议的决议之后的种种反应便是鲜明的例证。

基督一性论作为一种影响帝国整个社会的宗教思想和社会争端,绝非仅仅是

---

① Evagrius Scholasticus, *The Ecclesiastical History of Evagrius Scholasticus*, III. 7.

② A. A. Vasiliev, *History of the Byzantine Empire*, vol. 1, pp. 79 – 80.

某些神学家对宗教教义咬文嚼字的结果，更不是民众之间无意义的争论和狂热暴行的宣泄，而是当时拜占庭帝国内蕴含的深刻社会矛盾的产物，反映了当时错综复杂的社会问题。

首先，基督一性论的产生是东地中海世界各民族神学思辨的产物，体现了东西地中海世界文化传统的矛盾。东地中海地区早在希腊化时代就已经成为地中海世界文化的中心，因此，当基督教在该地区传播时不得不和当地的文化思想有所融合。基督教早期两个重要的学派亚历山大里亚学派和安条克学派就是基督教与埃及和叙利亚地区文化传统结合的产物。所以，基督一性论兴盛于该地区绝非偶然现象。事实上，该争端爆发之前，在东地中海世界已经产生了几次较小的教义争论，如阿里乌派争端、阿波利拿里派争端和聂斯托利派争端等。东方的神学家和信众乐于对教义进行思辨和革新，并根据当地文化传统对信仰进行解释。与东地中海世界相比，以罗马为代表的西部帝国在教义上一直持保守态度，在一性论问题上也不例外。可以说，基督一性论实际上是东地中海人从本地区文化传统出发，对基督教教义的一种革新和探索，而这种尝试与西部教会和民众的传统格格不入，进而导致争论的产生。

作为逐渐脱离晚期罗马帝国传统的政治实体，拜占庭帝国在建国时期也迫切需要打造与专制皇权政治相适应的国家意识形态，这一官方主流思想通过以皇帝为首的帝国权力机构公开发布，反复解释和宣传，力争深入人心。但是，作为当时拜占庭民众精神生活主要依托的宗教思想在不同社会阶层中得到不同的解释，拥有不同的信众，因此，帝国皇帝及其权势集团必然要不断推出其学说，以权势压倒异端邪说，以官方权力统一帝国各阶层的思想，以便达到精神生活的和谐。然而，以权力解决思想问题是极度困难的，需要拜占庭统治者深度卷入神学争论，这就造成了早期拜占庭帝国基督教内部争议不断，这是皇帝始料未及的。

其次，基督一性论的产生还蕴含着深刻的民族矛盾，在政治方面，它体现了东方各民族对西部民族长期政治压迫心怀不满。埃及和叙利亚等东地中海古代民族具有悠久的历史和灿烂的文明，然而被罗马帝国征服后，他们长期被纳入帝国的统治体系之中。罗马人利用行省制度对他们加以统治。进入拜占庭时代后，统治阶层依然延续着对该地区人民的压迫。以埃及为例，本地的科普特土著居民承担着繁重的劳动,而统治民族却"占有着一个侨寓的、做官的上层地位,横加在埃及社会之上"①。在其他一性论盛行的地区,如叙利亚等地也有同样的问题,统治民族与被统治民族在政治上长期以来的不平等地位为矛盾播下了种子。

除了政治矛盾,统治与被统治民族之间还存在着更为尖锐的经济矛盾。埃及、叙利亚和巴勒斯坦地区自古以来就是农业高度发达的地区,城市发展水平与帝国其他地区相比也较高。面对如此富庶的地区,拜占庭统治者加紧进行盘剥。在建都君士坦丁堡后不久的 332 年,皇帝君士坦丁就制定了面包配给机制,而粮食的主要来源就是埃及。当年埃及为君士坦丁堡无偿提供了 24 万人的谷物,而首都人口当时尚不足这个数目的一半,许多来自埃及的粮食又被用作了再出口。② 除此之外,埃及还要向帝国输送酒、肉和糖等副食。帝国政府更是巧立名目对东方各省份征收重税。面对政治和经济领域的双重压迫,东方地区被统治民族的反罗马人统治情绪日益高涨。他们利用一切机会与朝廷作对,而宗教也是武器之一。从 4 世纪以来,基督教会内的众多异端都能在这一地区得到自己的拥护者,他们利用异端来对抗中央政府支持的信仰,而基督一性论不过是一次更为激烈的表现而已。由此可见,基督一性论不仅仅是简单的教义争端,而是当时地中海世界各民族之间文化、政治和经济矛盾集中作用的结果。这就决定了这场争端的参与双方对立势必极为严重。尤其是在争斗中处于劣势的基督一性论派别长期处于被帝国当权者压制打击的地位,对帝国政府的不满情绪十分严重。在这种背景下,如果拜占庭统治者调整宗教政策,转而对其表示支持,便可以轻易得到他们的全力拥戴。

巴西利斯库斯考虑到自己篡位者的身份,为了在教会甚至帝国的民众中获得坚定的支持者,必须要在宗教领域采取和之前统治者截然不同的策略,即支持基督一性论信仰,借以寻求一部分宗教领袖和埃及等富庶东方地区的认同。无论是召回被放逐的亚历山大里亚大主教提摩太,还是颁布《巴西利斯库斯通谕》,都是他在政治上寻求坚定同盟者的表现,由此我们也不难理解为何在继位之初他便如此急于解决宗教问题了。

---

① 陈志强:《拜占廷学研究》,北京:人民出版社 2001 年版,第 205 页。

② W. Treadgold, *A History of the Byzantine State and Society*, p. 45.

　　然而,由于支持卡尔西顿会议的神学家和普通民众在教会中处于优势地位,巴西利斯库斯的宗教政策在带来东部支持者的同时,也树立了牧首阿卡西乌斯这样为数众多的政敌。除此之外,决定皇位归属的关键还是在军事领域,拜占庭政治斗争最后的胜利者多属于战场上的强者。就在巴西利斯库斯忙于和帝国的宗教领袖们为基督性质的问题争论不休时,远在小亚细亚的芝诺趁机组织力量反扑,纠集了一支大军反攻首都君士坦丁堡。"芝诺皇帝做了一个梦,在梦中神圣的和受过巨大磨难的第一个殉教士塞克拉(Thecla)鼓励并且允诺帮助他收复失去的帝国。因此,在用厚礼贿赂了包围他的敌军之后,芝诺开始向首都进军。"①

　　巴西利斯库斯匆忙调派军队进行反击,这支军队的司令官是他的亲信——维里娜皇太后的外甥阿尔马图斯。然而芝诺用重金厚礼收买了他的这位远亲,并和他结为同盟。② 随后,在阿尔马图斯的帮助下,芝诺于 476 年 8 月攻入了首都,在那里他受到军队、元老院,甚至是他岳母维里娜的欢迎。巴西利斯库斯携妻带子匆忙躲到了圣索菲亚大教堂的洗礼堂里。在得到了芝诺免其死罪的承诺后,他最终投降。随后,芝诺把他全家流放到卡帕多西亚地区一个叫作利姆纳伊的城堡,并且命令伊苏里亚人组成的看守队对其严加看管。约翰·马拉拉斯在《编年史》中记载,巴西利斯库斯的最终下场十分悲惨,他和妻儿一起在这座城堡中被活活饿死。③ 而埃瓦格里乌斯的描述略有不同,他写道:"巴西利斯库斯被送到卡帕多西亚地区,但是他在途中的库库苏斯驿站里与自己的妻儿一起被杀害。"④

　　至此,巴西利斯库斯以悲惨的死亡结束了自己的一生。他在拜占庭史书中留下的形象不能算正面的。他领导的对汪达尔人的征讨遭到失败,他对皇帝芝诺的谋反叛逆,以及在位期间坚持基督一性论信仰政策等,颇受当时历史作家的诟病。而他的人品、性格和能力也被一些历史学家所批评。例如马尔库斯就认为,尽管在战争中有些建树,但是巴西利斯库斯的理解力迟缓,并且易于被人所欺

---

① Evagrius Scholasticus, *The Ecclesiastical History of Evagrius Scholasticus*, III. 8.

② Evagrius Scholasticus, *The Ecclesiastical History of Evagrius Scholasticus*, III. 24.

③ John Malalas, *The Chronicle of John Malalas*, Book 15, 5(380).

④ Evagrius Scholasticus, *The Ecclesiastical History of Evagrius Scholasticus*, III. 8.

骗。①　由于史料记载不详,后人难以对他进行合理的判断。但是他凭借与太后的关系长期滞留在宫廷而无所作为,在外戚集团庇护下也无法掌控帝国最高权力,也证明拜占庭帝国皇位血亲继承制度在发展过程中存在的诸多致命缺陷,即血亲继承中帝国最高权力交接的关键时期,并不能保证有能力的君主上位,尽管宫廷斗争降低了皇权传递的社会成本,但缺乏杰出君主也意味着帝国中央集权的减弱,进而不利于帝国发展。

第五节

阿纳斯塔修斯一世（Anastasius I）

491—518 年在位

　　阿纳斯塔修斯一世(Anastasius I Dikoros, Αναστάσιος Á,生于 430 年或 431 年,卒于 518 年 7 月 9 日,享年 87 岁)的两只眼睛瞳孔颜色不同,所以得绰号"双瞳人",是拜占庭帝国利奥王朝第五位皇帝,491 年 4 月 11 日至 518 年 7 月 9 日在位 27 年。

　　阿纳斯塔修斯一世出身于新伊庇鲁斯(Nova Epirus)迪拉基乌姆(Dyrrachium)的一个贵族家庭②,具体出生日期不详,很可能是 431 年。阿纳斯塔修斯的出生地迪拉基乌姆是罗马帝国伊利里亚行省首府,罗马时代对巴尔干半岛西部地区的开发使得该城市经济和文化生活十分活跃。当时拜占庭帝国宗教信仰比较混乱,他的母亲是摩尼教徒,他的舅父是基督教阿里乌派信徒。阿纳斯塔修斯有一个兄弟,名叫保卢斯(Paulus),一个妹妹,名叫凯萨利亚(Caesaria)。此外,阿纳斯塔修斯还有三个侄子,分别是希帕提乌斯(Hypatius)、庞培乌斯

---

① J. R. Martindale, *The Prosopography of the Later Roman Empire*, vol. II: A. D. 395 –527 , p. 214.

② 迪拉基乌姆靠近亚得里亚海,是由古希腊古风时代的希腊殖民者建立的城市,现今是阿尔巴尼亚的第二大城市,名为都拉斯(Durrës)。Evagrius Scholasticus, *The Ecclesiastical History of Evagrius Scholasticus*, Book 3, pp. 165 – 166.

（Pompeius）、帕罗布斯（Probus）。① 史家经常描述刚上台的阿纳斯塔修斯是一个高个子、短发圆脸且相貌堂堂的皇帝。尤其特别的是，他的两只眼睛瞳孔颜色不同，分别是蓝色和绿色。因此，被史家称为"双瞳人"（Dikoros）。②

491年4月9日，拜占庭帝国皇帝芝诺因身患痢疾去世。③ 由于芝诺身后没有其他男性继承人，芝诺皇帝的遗孀阿里阿德涅便选择支持阿纳斯塔修斯上台，随后通过与之结婚的方式认可了其皇位的合法性。根据史家记载，在芝诺去世后的一个夜晚，元老、大臣和主教尤菲米乌斯（Euphemius）在宫殿中开会商讨新皇帝的选择问题，大批士兵和市民聚集在竞技场上。在多位官员的陪同下，身着皇室长袍的芝诺之妻阿里阿德涅走进竞技场对聚集在这里的民众发表演说。④ 演说过后，阿里阿德涅返回宫殿，与大臣们一起继续商议皇位继承者的人选。⑤ 后世猜测阿纳斯塔修斯一世的上台与阿里阿德涅有着重要关系，因为阿里阿德涅是王朝创立者利奥一世的女儿，拥有传承皇权的血亲资格和掌控王朝的强大权力，在元老院的邀请下由她任命皇位继承人。⑥ 阿里阿德涅非常忌惮宫廷中那些活跃的贵族和军事将领，因此选择支持木讷的阿纳斯塔修斯担任新皇帝，当时他本人并未在场。随后，官员派遣宫廷中的官员和侍卫前往其住所迎接这位新皇帝。491年4月11日，阿纳斯塔修斯在阿里阿德涅、众元老和大臣们的簇拥下登上皇位。⑦

阿纳斯塔修斯一世在位期间曾先后应对多次内外危机局势。由于芝诺的兄弟朗吉努斯长期觊觎皇位，对阿纳斯塔修斯一世上位心怀不满，因此凭借其掌控

---

① J. R. Martindale, *The Prosopography of The Later Roman Empire*, vol. Ⅱ: *A. D. 395 -527*, p. 78.

② John Malalas, *The Chronicle of John Malalas*, Book 16, p220.

③ John Malalas, *The Chronicle of John Malalas*, Book 15, P. 219. 有关芝诺皇帝去世的原因，马拉拉斯提到他身患痢疾，埃瓦格里乌斯则提到芝诺是由于身染癫痫病去世。Evagrius Scholasticus, *The Ecclesiastical History of Evagrius Scholasticus*, Book 3, p. 164.

④ 阿里阿德涅全名为艾丽娅·阿里阿德涅（Aelia Ariadne），拜占庭帝国利奥王朝重要的皇室女性。她既是公主，也是皇后。皇帝利奥一世是阿里阿德涅的父亲，芝诺与阿纳斯塔修斯一世是她的两任丈夫。

⑤ J. B. Bury, *History of the Later Roman Empire: From the Death of Theodosius I. to the Death of Justinian*, vol. 1, New York: Dover Publications, Inc., 1958, pp. 429 -430.

⑥ W. Treadgold, *A History of the Byzantine State and Society*, p. 64.

⑦ Evagrius Scholasticus, *The Ecclesiastical History of Evagrius Scholasticus*, Book 3, pp. 164 - 165.

的军队挑起了长达七年的伊苏里亚战争(Isaurian War,492—498年)。在此之后,拜占庭帝国与东部强敌萨珊波斯之间爆发了长达五年的战争(502—506年)。此外,帝国长期存在的基督教内部的宗教争端问题也再起波澜,并由于阿纳斯塔修斯一世统治后期推行扶持一性论派(Monophysitism)的政策而进一步加剧,还因此引发了国内的维塔利安(Vitalian)暴乱。

尽管如此,在阿纳斯塔修斯一世统治帝国的27年中,推行行政改革与币制改革,尤其在财政方面取得了令人瞩目的成绩。以此为基础,阿纳斯塔修斯一世去世之时为帝国的后继者们留下了一笔数额庞大的财政盈余。在外部的军事压力下,阿纳斯塔修斯一世巩固了帝国东部防御体系,建立了达拉斯要塞(Daras)。为了抵御北部蛮族斯拉夫人(Slavs)和保加尔人(Bulgars)的侵扰,阿纳斯塔修斯一世修建了一条环绕君士坦丁堡的阿纳斯塔修斯城墙(Anastasian Wall),以巩固君士坦丁堡及其附近区域的防御系统。

有关阿纳斯塔修斯登上皇位前的情况,史料语焉不详。史家们也很少对这位新皇帝的早年经历着墨,我们甚至无法确定他的准确出生年份。可以确定的是,阿纳斯塔修斯在上台前,只是一个低调生活的贵族,并没有特别值得一提的从政经验或从军经历。登上皇位前,阿纳斯塔修斯甚至还不是元老,他很可能曾担任静默员(silentiarius)一职,并在491年成为仪仗队十夫长(decurione)统领之一。[1] 也有记载称,由于阿纳斯塔修斯在宗教方面的旨趣和对神学的理解,他曾一度被认为有可能成为安条克主教的候选人。[2] 如果说既未与皇室有血缘或姻亲关系,也没有在政治和军事方面崭露头角,以这样的自身条件在其传奇般上台的经历中起不到任何积极作用的话,那么这位新皇帝登基的年龄更加令人惊讶。根据史料记载,阿纳斯塔修斯登上皇位之际,已经是一位年逾60的老人。在拜占庭帝国历史上,花甲之年登上最高统治者宝座的例子实属罕见。史料并没有给我们提供阿纳斯塔斯修斯神奇登基的具体信息,但是在这一过程中发挥关键作用的

---

[1] 即宫廷典礼仪仗队成员,其职责是维系典礼仪式的宏大场面,因其默不作声而得名。J. R. Martindale, *The Prosopography of The Later Roman Empire*, vol. II: A. D. 395 −527, p. 78.

[2] J. R. Martindale, *The Prosopography of The Later Roman Empire*, vol. II: A. D. 395 −527, p. 79.

芝诺遗孀阿里阿德涅是解开历史之谜的人物。显然,去世皇帝遗孀对芝诺的蛮族
身份并不满意,她目睹了芝诺在位期间因此遭遇的种种磨难,希望恢复拜占庭帝
国皇帝贵族世系的身份,也期盼能够以阿纳斯塔修斯的贵族出身改变皇室的形
象,凝聚拜占庭民众的人心,加强统治的稳定性。而她选择一位年逾花甲的老人
为皇帝,考虑则更为复杂,一则他与其夫芝诺年龄相仿,对朝野上下乃至民众具有
心理上的稳定作用,二则老迈之人难有更大的野心和行动力,比较容易掌控,即便
他有什么抱负,也因时日无多而难有作为。至于她和他之间还有什么私情就不得
而知了。总之,阿里阿德涅选择这样一位低级贵族为皇帝至今没有令人信服的
解释。

        然而,出乎阿里阿德涅预料的是,阿纳斯塔修斯上台之后所推行的内外政策
证明了他的心理年龄远比他的实际年龄年轻,他似乎年富力强,活力四射。当代
美国学者沃伦·特里高德认为,阿纳斯塔修斯虽然年过六旬,缺乏行政管理经验,
但是他很聪明、有教养并且富于创造性[1],在位期间多有建树。可能是有感于他
的能力,芝诺遗孀阿里阿德涅于 491 年 5 月 20 日与刚刚登基不久的阿纳斯塔修
斯一世结婚[2],这一姻亲关系的缔结不仅为他的上台提供了合法性,也进一步巩
固了他的地位。

        阿纳斯塔修斯一世的上台虽然有阿里阿德涅的大力支持,有众多元老和大臣
的拥戴,也受到君士坦丁堡大部分市民的欢迎,但并非所有的君士坦丁堡人对这
位新皇帝的上台都持有支持的态度。阿纳斯塔修斯一世登上皇位之际,芝诺兄弟
朗吉努斯和君士坦丁堡牧首尤菲米乌斯就是反对派的主要代表,他们是君士坦丁
堡城内对新皇帝最为不满的两位重要人物。朗吉努斯和尤菲米乌斯对阿纳斯塔
修斯一世的上台所持的否定态度与其上台之后亟待解决的帝国内部事务有重要
关联。

        与阿纳斯塔修斯一世上台前毫无政治和军事履历不同,芝诺皇帝的兄弟朗吉
努斯在芝诺去世前已经获得了极高的军事权威与声望。由于拜占庭帝国实行皇
帝血亲世袭继承制度,芝诺去世前,作为其兄弟的朗吉努斯也曾是皇位继承的热

---

[1] W. Treadgold, *A History of the Byzantine State and Society*, p. 164.

[2] J. R. Martindale, *The Prosopography of The Later Roman Empire*, vol. II:A. D. 395 −527, p. 79.

门人选。塞奥法尼斯记载,朗吉努斯曾两度当选执事,并且是元老院的领袖,背后有帝国内部伊苏里亚军事集团的强大支持,强大的势力让他成为皇位继任的重要人选。[1] 经过多年的经营,这一时期的伊苏里亚人无论在帝国政府各部门还是军队中都占据着大量重要的职位。伊苏里亚人出身的朗吉努斯已然成为这些散布于君士坦丁堡帝国军政各级机构的伊苏里亚人领袖。沃伦·特里高德认为,芝诺的兄弟朗吉努斯有大批追随者,其中包括首都军队中的伊苏里亚士兵,以及从5世纪开始人数迅速增长的竞技党绿党和蓝党成员。[2] 埃瓦格里乌斯明确指出,阿纳斯塔修斯的上台无疑令朗吉努斯继承其兄皇位的希望彻底落空。[3] 很多已经升任高级军事将领和高级文官的伊苏里亚人对阿纳斯塔修斯一世的继位既感到十分意外也十分不满。其野心最大的代表是朗吉努斯,他的不满溢于言表。[4]

阿纳斯塔修斯一世深知朗吉努斯对自己权位的威胁及其对自己上台的不满。登上皇位掌握帝国最高权力后,他决计利用时机将朗吉努斯及其背后的伊苏里亚人势力一网打尽。英国学者 J. B. 伯里指出,阿纳斯塔修斯一世作为继任者登上皇位不仅令伊苏里亚人感到失望,也令他们惊恐万分,因为他们一直寄希望于朗吉努斯能够继承皇位以便维护他们共同的利益。因此新皇帝上台后的首要任务便是消除伊苏里亚人延续了二十余年的令人不悦的优势地位。[5] 491 年,君士坦丁堡大竞技场发生了一次与竞技党人有关的暴动,皇帝借此开始清理反对派。由于朗吉努斯一向与竞技党人交往密切,且他本人一直热衷于竞技表演,并长期为竞技场上定期举行的马车赛提供经费支持,这就为新皇帝提供了借口。阿纳斯塔修斯从来对此毫无兴趣,这次暴动使刚上台的阿纳斯塔修斯一世找到了一个对伊苏里亚人下手的绝佳机会。根据当时人马尔切利努斯(Marcellinus)的记载,这次

① Theophanes Confessor, *The Chronicle of Theophanes Confessor: Byzantine and Near Eastern History AD 284 - 813*, p. 208.

② W. Treadgold, *A History of the Byzantine State and Society*, p. 165.

③ Evagrius Scholasticus, *The Ecclesiastical History of Evagrius Scholasticus*, Book 3, p. 164.

④ A. H. M. Jones, *The Later Roman Empire 284 -602: A Social, Economic, and Administrative Survey*, vol. 1, p. 230.

⑤ J. B. Bury, *History of the Later Roman Empire: From the Death of Theodosius I. to the Death of Justinian*, vol. 1, p. 432.

暴动成为阿纳斯塔修斯一世打击朗吉努斯和伊苏里亚人的序曲。① 阿纳斯塔修斯将君士坦丁堡城市长官撤职,并且将绿党和蓝党成员遣散回家,责备了朗吉努斯和伊苏里亚人。阿纳斯塔修斯一世随即以此为由将朗吉努斯流放至埃及,同时放逐了朗吉努斯租用的表演者,并且遣散了首都的伊苏里亚士兵。②

　　为了保卫皇权,阿纳斯塔修斯一世上台后针对朗吉努斯和伊苏里亚人的打击行为本无可厚非。然而,阿纳斯塔修斯一世驱逐朗吉努斯和伊苏里亚人的行为激发起他们的反叛,事实上这也是新皇帝强化皇权必然遭遇的抵抗。492 年,被驱逐的伊苏里亚人在朗吉努斯的带领下发动了一次针对阿纳斯塔修斯一世的反叛行动。③ 叛军人多势众,其中既有拜占庭人,也包括伊苏里亚人,甚至沿路吸收了大量生活艰难的农民参军。君士坦丁堡的大量流放者令叛军实力进一步增强。根据塞奥法尼斯的记载,叛军人数一度达到 15 万人,且获得了前任皇帝芝诺储存在伊苏里亚地区的大量武器和钱财的支持。④ 为了应战,阿纳斯塔修斯一世派遣驼背者约翰率领军队前往迎敌,与伊苏里亚人作战。此外,他还派出显贵迪奥格尼诺斯(Diogenianos)率领一支由西叙亚人和哥特人组成的队伍参战。⑤ 伊苏里亚人叛乱前后持续了七年之久。直到 498 年,帝国军队才最终攻破伊苏里亚人的大本营,大肆屠杀伊苏里亚人,蹂躏其土地,并且俘获了带领他们叛乱的人,其中包括朗吉努斯。⑥ 叛军首领朗吉努斯被俘后流放至尼西亚,最终被折磨致死。⑦ 朗吉努斯去世后,皇帝将大量伊苏里亚人安置在色雷斯地区。至此,伊苏里亚叛乱才告终结,伊苏里亚人在帝国内部的优势地位随之丧失殆尽。英国学者 A. M. H. 琼斯认为,伊苏里亚叛乱被成功镇压后,虽然帝国军队之中依旧有大量伊苏里亚人,但是他们在帝国政治中的影响大为消减,军政作用微乎其微。直到后来伊

---

① Marcellinus, *The Chronicle of Marcellinus*, a translation and commentary with a reproduction of Mommsen's edition of the text by Brian Croke, Sydney: University of Sydney, 1995, p. 107.

② W. Treadgold, *A History of the Byzantine State and Society*, p. 165.

③ Theophanes Confessor, *The Chronicle of Theophanes Confessor: Byzantine and Near Eastern History AD 284 – 813*, p. 210.

④ Theophanes Confessor, *The Chronicle of Theophanes Confessor: Byzantine and Near Eastern History AD 284 – 813*, p. 211.

⑤ John Malalas, *The Chronicle of John Malalas*, Book 16, p. 220.

⑥ John Malalas, *The Chronicle of John Malalas*, Book 16, p. 221.

⑦ Marcellinus, *The Chronicle of Marcellinus*, p. 110.

苏里亚王朝建立,他们的势力才重新主导帝国朝政。[①]

在拜占庭帝国高度专制的政治体制中,皇位继承的顺利与否对帝国政治格局的稳定发挥着相当大的影响力。从表面上看,阿纳斯塔修斯继承芝诺的皇位是一次十分顺利的帝国最高权力的交接,然而,政府及军中势力强劲的伊苏里亚人心存不满,与芝诺皇帝有血缘关系且有影响力的朗吉努斯在皇位争夺中落败和毫无根基的低调小贵族阿纳斯塔修斯成为角逐最高权力的胜者,本身就意味着宫廷斗争的复杂性,也反映出以皇后为一方的正统外戚集团对芝诺后人为另一方的蛮族军事贵族压倒性优势。表面上风平浪静的皇位继承背后隐藏着极大的政治风险,盘踞在君士坦丁堡的朗吉努斯残余和大量伊苏里亚人及竞技党人的不满情绪不断聚集反对派的力量,阿纳斯塔修斯一世采取先发制人的行动引发了以朗吉努斯为首的伊苏里亚人的强烈反抗。这次叛乱最初以皇帝将伊苏里亚人赶出君士坦丁堡为始,以帝国军队大破叛军为终。幸运的是,这次暴动发生之时,帝国东部的边境局势较为稳定,与东部波斯宿敌保持稳定关系为皇帝全力处置内乱提供了良好的环境,也在一定程度上降低了内乱给帝国所带来的严重后果。叛乱过后,伊苏里亚人在政府和军队中的势力得到了成功的压制。

虽然伊苏里亚人的势力在这场叛乱过后被成功压制,然而,君士坦丁堡大量竞技党人的存在仍然是阿纳斯塔修斯一世深感头痛的强大势力。《复活节编年史》中详细记载了一次由竞技党人所组织的暴动。498 年,当马车赛数十天的赛季正在大竞技场进行时,绿党中的部分竞技党人向皇帝诉说有成员因投掷石块而被官员逮捕。阿纳斯塔修斯一世不仅一口回绝了民众的诉求,相反在盛怒之下派出了一支武装力量对他们实施严厉打击,一次大规模暴动就此发生。暴动发生至高潮阶段时,民众直接向皇帝投掷石块,其中一块险些砸中皇帝,皇帝幸运地躲开了石块。民众继而向竞技场投掷火把,火势迅速蔓延,柱廊大道至君士坦丁大帝广场几乎都陷入大火之中被焚毁。[②] 暴动发生后,闹事者被逮捕并且受到严厉惩

---

① A. H. M. Jones, *The Later Roman Empire 284 –602: A Social, Economic, and Administrative Survey*, vol. 1, p. 231.

② M. Whitby and M. Whitby trans., *Chronicon Paschale, 284 – 628 AD*, Liverpool: Liverpool University Press, 1989, p. 99.

罚。暴动事件告一段落后,绿党赞助人柏拉图(Plato)被任命为城市长官。[1] 这次暴动的发生不仅令阿纳斯塔修斯一世增加了对于竞技党人势力及其活动的恐惧,也使皇帝找到了打击和镇压竞技党人势力的借口。这次暴动过后,阿纳斯塔修斯一世先后多次颁布禁令限制惯常举办的竞技活动。A. H. M. 琼斯认为,阿纳斯塔修斯一世是一位有些清教徒式虔诚的皇帝。499 年,他又废止了帝国境内的野兽搏杀表演。502 年,他又颁布法律禁止上演哑剧。[2] 阿纳斯塔修斯一世禁止部分竞技表演的行为,一方面基于自身厌恶竞技党人的情绪,另一方面更是为了减少竞技表演为首都君士坦丁堡所带来的不安定因素。

除了朗吉努斯,君士坦丁堡牧首尤菲米乌斯也对阿纳斯塔修斯一世上台怀有敌意。两人间敌意的缘起需要追溯至阿纳斯塔修斯登上皇位之前。上台前的阿纳斯塔修斯在君士坦丁堡宗教界有一定的口碑,原因不是他在帝国政治、军事事务中的贡献,而是与其非正统的宗教信仰有关。据记载,阿纳斯塔修斯一世深受其母亲和舅舅宗教信仰的影响,倾向于基督教一性论派。阿纳斯塔修斯一世曾于489—491 年间与尤菲米乌斯就宗教信条发生冲突,他们坐在教堂正中以对立方的身份发表各自不同的宗教主张。[3] 由此可见,持正统教派信仰的尤菲米乌斯与阿纳斯塔修斯一世的宗教主张有较大的分歧,这位君士坦丁堡牧首对阿纳斯塔修斯一世上台持否定态度。J. B. 伯里指出,正是这种公开表达不合乎正统教派理念的行为冒犯了尤菲米乌斯,以致在为皇帝举行加冕仪式前,尤菲米乌斯坚持新皇帝签署一份认可正统教派的成文声明。[4] 虽然牧首十分不满这位偏向非正统教派的新皇帝上台,阿纳斯塔修斯却得到阿里阿德涅、众元老和大臣的支持,所以尤菲米乌斯无法凭借自身力量阻止其上台。但是,尤菲米乌斯却为他十分讨厌的新君主登上皇位设置了障碍。塞奥法尼斯明确指出,牧首尤菲米乌斯并不认同新皇帝是一位合格的基督徒,也并不期待他会对帝国产生良好的影响。于是,尤菲米

---

[1] John Malalas, *The Chronicle of John Malalas*, Book 16, p. 222.

[2] A. H. M. Jones, *The Later Roman Empire 284 -602: A Social, Economic, and Administrative Survey*, vol. 1, p. 231.

[3] J. R. Martindale, *The Prosopography of The Later Roman Empire, vol. II: A. D. 395 -527*, p. 79.

[4] J. B. Bury, *History of the Later Roman Empire: From the Death of Theodosius I. to the Death of Justinian*, vol. 1, p. 431.

乌斯要求他签署了一份书面声明,以此保证基督教教义以及内部事务不会由于他的上台而受到影响。[1]尤菲米乌斯以他作为牧首为阿纳斯塔修斯一世加冕为筹码,得到了一份钳制其行为的声明。在阿纳斯塔修斯一世签署了书面声明后,尤菲米乌斯才为他举行了加冕仪式。

阿纳斯塔修斯一世为了成功登上皇位,不得不答应尤菲米乌斯的要求,然而,在压力之下签署的声明难以改变阿纳斯塔修斯一世内心真实的想法,更难以完全约束他的行为。皇帝一旦皇位稳固,大权在握的他迟早会对曾挟制他的尤菲米乌斯采取行动,其不满情绪及内心真实的宗教倾向迟早会宣泄出来。埃瓦格里乌斯曾表示,爱好和平安宁的阿纳斯塔修斯希望一直保持教会内部的稳定状态。[2]也有学者认为,阿纳斯塔修斯一世爱好和平从而保持教会内部平稳状态的记述并不完全符合实际情况。事实上,阿纳斯塔修斯一世在统治之初的一段时期内按照他曾签署的声明保证了教会内部的安宁状态,但是他的态度与做法却并不始终如一,后来还发生了变化。[3]加冕前的阿纳斯塔修斯一世被迫签署声明时,其统治地位尚不稳固,其地位稳固后,他的报复措施反映了其复仇欲望十分强烈。为了报复给其上台造成诸多麻烦的尤菲米乌斯,阿纳斯塔修斯一世权力稳固后,以尤菲米乌斯与伊苏里亚叛乱者过从甚密、且有通敌之嫌为由[4],于496年在君士坦丁堡举行了一次宗教会议。在这次宗教会议上,大部分参会主教均在体察皇帝意图抑或皇帝授意的情况下,对尤菲米乌斯进行了诸多指责。这次宗教会议的结果是,尤菲米乌斯的牧首职位被皇帝罢免,进而被流放至本都的尤查伊塔(Euchaita)。[5]同年,马克多尼乌斯(Macedonius)接替了尤菲米乌斯的职位,被皇

---

[1] Theophanes Confessor, *The Chronicle of Theophanes Confessor: Byzantine and Near Eastern History AD 284 - 813*, p. 208.

[2] 埃瓦格里乌斯《教会史》的翻译者迈克尔·惠特比认为,埃瓦格里乌斯对阿纳斯塔修斯一世评价过高,这种看法会影响他的个人判断。Evagrius Scholasticus, *The Ecclesiastical History of Evagrius Scholasticus*, Book 3, p. 166.

[3] Evagrius Scholasticus, *The Ecclesiastical History of Evagrius Scholasticus*, Book 3, p. 166.

[4] Theophanes Confessor, *The Chronicle of Theophanes Confessor: Byzantine and Near Eastern History AD 284 - 813*, p. 214.

[5] John Malalas, *The Chronicle of John Malalas*, Book 16, p. 224.

帝任命为君士坦丁堡牧首。[①]

君士坦丁堡牧首尤菲米乌斯被撤职流放是阿纳斯塔修斯一世插手帝国基督教内部事务的第一步。大权在握的皇帝干预宗教事务的行为往往采用强制性的手段,其效果大多会令教会内部事务变得更加复杂。如果说尤菲米乌斯被撤职、流放是由于阿纳斯塔修斯一世与之存在宗教见解不合,并且曾经因尤菲米乌斯强制要求他签署文件而怀恨在心,那么阿纳斯塔修斯一世上台后对其实施的报复性举措就不仅属于个人行为,阿纳斯塔修斯一世后期针对基督教卡尔西顿派的宗教活动进行频繁干预则能够反映出他真实的宗教倾向性。

在惩处尤菲米乌斯之后,阿纳斯塔修斯一世在统治的后期阶段对帝国的宗教事务进行了更多的干预活动。在阿纳斯塔修斯一世的宗教政策中,正统教派卡尔西顿派受到严重打压,异端教派一性论派则得到了皇帝的大力扶持。一性论派势力在帝国境内的全面"胜利"集中于反映在508—512年间。511年和512年,阿纳斯塔修斯一世先后将接替尤菲米乌斯牧首一职的马克多尼乌斯以及安条克的弗拉维安撤职查办。[②] 马克多尼乌斯最初接任君士坦丁堡牧首一职时,很大程度上是由于他在卡尔西顿派和一性论派之间持较为模糊的态度。然而,在他逐渐流露出倾向于卡尔西顿派的看法和做法后,立即受到皇帝的打压。[③] 根据埃瓦格里乌斯的记载,马克多尼乌斯被撤职很可能是由于他手中握有从尤菲米乌斯转交过来的皇帝签署的声明,他有凭借这一文件对皇帝的行为进行制约的条件,也可能是与他坚决不肯背叛自身信仰并表现出了与尤菲米乌斯相似的坚决反抗的态度有关。[④] A. H. M. 琼斯认为,尤菲米乌斯的继任者马克多尼乌斯最初似乎在教派信仰上持模棱两可的态度,但是后来却迅速展现自己对卡尔西顿派的青睐。[⑤] 在拜占庭帝国,皇帝集大权于一身。在阿纳斯塔修斯一世看来,与自己的宗教信仰

① Theophanes Confessor, *The Chronicle of Theophanes Confessor: Byzantine and Near Eastern History AD 284 – 813*, p. 215.

② Evagrius Scholasticus, *The Ecclesiastical History of Evagrius Scholasticus*, Book 3, p. 167.

③ Theophanes Confessor, *The Chronicle of Theophanes Confessor: Byzantine and Near Eastern History AD 284 – 813*, p. 233.

④ Evagrius Scholasticus, *The Ecclesiastical History of Evagrius Scholasticus*, Book 3, pp. 172 – 173.

⑤ A. H. M. Jones, *The Later Roman Empire 284 –602: A Social, Economic, and Administrative Survey*, vol. 1, p. 233.

相左,即可被视为对自己不忠诚。这样不忠诚的牧首会成为自己宗教政策推行过程中的绊脚石,更会影响到其皇帝地位与权威。阿纳斯塔修斯一世无法容忍这些"不忠诚"的宗教领袖,于是想方设法罗织各种罪名打击他们。516 年,阿纳斯塔修斯一世完成了对卡尔西顿派牧首耶稣撒冷埃利亚斯(Elias)的处置,后者是最后一位公开反对皇帝宗教政策的牧首。①

由此可见,阿纳斯塔修斯一世统治后期频繁实施打压基督教正统教派,并公开扶持一性论派的政策。对于阿纳斯塔修斯一世晚年改变宗教政策的原因问题学者多有研究,A. H. M. 琼斯指出,阿纳斯塔修斯一世对叙利亚和巴勒斯坦地区卡尔西顿派势力的逐渐增长感到忧虑,他受到了两位有能力的神学家的影响:分别是叙利亚人菲洛西恩努斯(Philoxenus)以及作为当地一性论派抵抗力量领袖的塞维鲁(Severus)。最终,阿纳斯塔修斯一世做出了干涉宗教事务的决定。② 根据史料记载,叙利亚人菲洛西恩努斯和塞维鲁对阿纳斯塔修斯一世产生的影响不容小觑,塞维鲁之后还接任了弗拉维安的安条克主教一职。然而,菲洛西恩努斯和塞维鲁的宗教主张只是一种催化剂,这两位宗教人物能够产生巨大影响的根本原因是,他们摸准抑或误打误撞地迎合了阿纳斯塔修斯一世希望在地位稳固之后实现自己宗教理想的愿望。这位帝国最高统治者在确定其统治地位稳固后便不再希望掩盖自己倾向于基督教一性论派的主张,而此时他也希望有人能够迎合他的观点,进而能够协助他推行宗教政策。

帝国基督教内部教派之争已经持续了几个世纪之久,之前的皇帝在对待基督教内部教派争端问题时,往往通过借助皇帝早年拥有的"至尊"权干预教派事务,尤其是召开基督教大公会议解决基督教内部的矛盾。然而,多位前任皇帝的努力成效并不明显,阿纳斯塔修斯一世并没有比前朝皇帝做得更好。作为拜占庭帝国的最高统治者,阿纳斯塔修斯一世晚年处理基督教内部事务的方式过于强硬,其宗教政策引发了严重的暴乱。由于君士坦丁堡牧首受到撤职和流放的处理,帝国多地尤其是君士坦丁堡和安条克这两座重要城市相继发生了大规模的民众暴动。

---

① Marcellinus, *The Chronicle of Marcellinus*, p. 119.
② A. H. M. Jones, *The Later Roman Empire 284 -602: A Social, Economic, and Administrative Survey*, vol. 1, p. 233.

在君士坦丁堡暴动中,暴动者们反复颂唱"帝国需要一位新皇帝"的口号,并前往
前城市长官叙利亚人马里纳斯的房子,企图烧毁他的房子并且抢走所有值钱的财
物,提前获知这一消息的马里纳斯仓皇逃走。① 《复活节编年史》对这场暴动的发
生情况进行了详细记载:在君士坦丁堡暴动过程中,民众甚至希望通过推选新皇
帝的方式以结束这位皇帝的统治。由于朱利安娜(Juliana)是前朝塞奥多西家族
最后的成员,地位显赫,因此他们打算推选朱利安娜的丈夫阿尔欧宾度斯
(Areobindus)为新皇帝,但阿尔欧宾度斯心存畏惧匆忙逃走,才使得计划落空。最
终,阿纳斯塔修斯一世戴着皇冠出现在大竞技场,控制住了局面。②

　　阿纳斯塔修斯一世的宗教政策不仅引发了大城市民众暴动,也间接地引发了
一次由色雷斯人维塔利安(Vitalian)所领导的反叛活动。据称,这次反叛是以持
正统信仰的主教接连受到皇帝惩罚为导火索的。③ 当时帝国的财力和军力被极
大消耗,在调集军队镇压维塔利安叛乱的过程捉襟见肘。据说维塔利安于 513 年
率领由蛮族士兵组成的军队向首都进发,沿路吸收了不少农民参军,他们到达君
士坦丁堡时,其起义军人数多达 5 万人。④ 约翰·马拉拉斯详细记载了这次事件
发生的始末,在第一阶段的战事中,阿纳斯塔修斯一世的侄子希帕提乌斯被指定
为指挥帝国军队作战的统领⑤,在此阶段,维塔利安率领一支包括匈人和保加尔
人的军队控制了色雷斯、塞西亚和美西亚等地,并且将兵锋伸至奥德索斯
(Odessos)和安奇亚洛斯(Anchialos)。皇帝派遣希帕提乌斯率军出征,但是不幸
被维塔利安俘获。之后,皇帝支付赎金将希帕提乌斯赎回。⑥ 维塔利安乘胜一举
歼灭了帝国军队 6.5 万名将士。⑦ 在维塔利安率领叛军兵临君士坦丁堡城下时,
尤其在皇帝的侄子希帕提乌斯被俘后,阿纳斯塔修斯一世做出让步,就赔偿及宗

① John Malalas, *The Chronicle of John Malalas*, Book 16, p. 228.
② M. Whitby and M. Whitby translated, *Chronicon Paschale, 284 - 628 AD*, Liverpool: Liverpool University Press, 1989, p. 102.
③ John Malalas, *The Chronicle of John Malalas*, Book 16, p. 225.
④ A. H. M. Jones, *The Later Roman Empire 284 -602: A Social, Economic, and Administrative Survey*, vol. 1, p. 234.
⑤ John Malalas, *The Chronicle of John Malalas*, Book 16, p. 226.
⑥ John Malalas, *The Chronicle of John Malalas*, Book 16, p. 226.
⑦ Theophanes Confessor, *The Chronicle of Theophanes Confessor: Byzantine and Near Eastern History AD 284 - 813*, p. 239.

教问题与维塔利安协商。同时,向维塔利安支付了 9000 镑金币赎回希帕提乌斯。希帕提乌斯回到君士坦丁堡后被撤职。维塔利安的宗教要求得到阿纳斯塔修斯一世的答应后,便撤退休整。514 年,来自帝国各地的大约 200 名主教抵达君士坦丁堡开会,却未能达成任何实质性的成果。[①]

　　由于在宗教问题上未能达成一致意见,双方协商的努力付诸东流,维塔利安将阿纳斯塔修斯一世视为背信弃义之徒。515 年,维塔利安再次率军进攻君士坦丁堡,一路烧杀抢掠。[②] 阿纳斯塔修斯一世指定伊利里亚人西里尔(Cyril)为军队指挥接替希帕提乌斯。然而,西里尔率部作战的效果仍然不佳,甚至被维塔利安所杀。根据约翰·马拉拉斯的记载,西里尔在与维塔利安展开的大战中战败,双方均有较大伤亡。之后,西里尔退守奥德索斯城,维塔利安通过贿赂的方式收买奥德索斯的守城士兵,趁夜入城杀死了西里尔。随后,维塔利安率部一路烧杀抢掠,向君士坦丁堡进发。[③] 维塔利安的军队所到之处满目疮痍。这次暴动不仅给帝国造成重大的军事威胁,也给战争祸及地区带来了严重灾难。

　　帝国军队在战场上转败为胜要归功于叙利亚人马里纳斯(Marinus)的计谋。当时叛军一方首领维塔利安听闻马里纳斯正率领部队朝他的方向推进过来时,便立即占领了自己能够找到的所有船只,命令匈人和哥特人登船。同时维塔利安十分有把握地准备进攻君士坦丁堡。[④] 阿纳斯塔修斯一世任命的叙利亚人马里纳斯指挥部队与维塔利安作战,准备船只和武装力量迎敌。马里纳斯将大量的硫磺分配给其中最快的船只,并且指示士兵和水手:"不需要用别的武器,只需要向冲过来的敌方船只挥洒分给你们的东西,它们会燃烧起来。"之后,马里纳斯绕到敌人后方与维塔利安作战。海战迅速地在近距离范围内全面展开。突然,叛军维塔利安一方的船只燃烧起熊熊大火,马里纳斯乘势从敌军背后发起冲锋,杀死维塔利安的大量随从。夜幕降临时,马里纳斯和士兵们坚守在这片区域,维塔利安被

---

① Theophanes Confessor, *The Chronicle of Theophanes Confessor: Byzantine and Near Eastern History AD 284 – 813*, p. 243.

② Theophanes Confessor, *The Chronicle of Theophanes Confessor: Byzantine and Near Eastern History AD 284 – 813*, p. 244.

③ John Malalas, *The Chronicle of John Malalas*, Book 16, p. 226.

④ John Malalas, *The Chronicle of John Malalas*, Book 16, pp. 226 – 227.

迫带着剩余的部下慌忙逃离安纳波乌斯(Anaplous)。天亮之后,维塔利安及其剩余部下全部逃之夭夭。① 515 年,随着维塔利安的逃亡,反叛军随之瓦解,持续了三年之久的维塔利安叛乱最终得以平息。虽然阿纳斯塔修斯调用帝国全部资源,并调动帝国主力军队镇压了维塔利安叛乱,取得了最后胜利,但是帝国的军事力量在这次内战中受损严重,进而影响了阿纳斯塔修斯一世统治末期对抗进入马其顿地区的保加利亚人的军事行动。

除了应对内部伊苏里亚人的反叛、基督教内部争端问题以及维塔利安暴动外,阿纳斯塔修斯一世在位时期,帝国还面临着与波斯的和平关系一度破裂的战争。442 年,帝国政府曾同意每年给予波斯国王补助金以维系两国边境线的安全,并对抗共同的敌人。拜占庭帝国与波斯帝国的边境地区享受了一段较为稳定的和平时期。② 芝诺上台后,由于波斯国王未按约定于 483 年交还尼西比斯,皇帝也违约不再继续按照约定支付补偿金。阿纳斯塔修斯一世上台后断然拒绝了波斯对补助金的要求③,当时的波斯国王卡瓦德(Cavades)受制于波斯内乱,无暇西顾,不得不默认了阿纳斯塔修斯一世的这一做法。然而,499 年卡瓦德在确立了其在波斯的统治地位后,于 502 年突然对拜占庭帝国发动了大规模的军事行动。④ 埃瓦格里乌斯指出,由于波斯国王卡瓦德于 502 年主动挑衅,打破了双方间的和约,拜占庭帝国与波斯之间爆发了战争。波斯军队最初进入亚美尼亚地区,塞奥多西欧波利斯(Theodosioupolis)和阿米达先后被波斯人占领。⑤ 波斯军队突如其来的军事入侵给帝国东部边境造成了极大震撼。根据约翰·马拉拉斯的记载,波斯大军深入帝国东部边境,波斯国王俘获了拜占庭一方守卫塞奥多西欧波利斯城的将军君士坦丁(Constantine)及其部将。最终这些被俘将士无一例外地死于波斯境内。⑥ 根据马尔切利努斯的记载,波斯军队进入阿米达城

① John Malalas, *The Chronicle of John Malalas*, Book 16, p. 227.

② Marcellinus, *The Chronicle of Marcellinus*, p. 111.

③ F. K. Haarer, *Anastasius I: Politics and Empire in the Late Roman World*, Cambridge: Francis Cairns Ltd, 2006, p. 49.

④ A. H. M. Jones, *The Later Roman Empire 284 -602: A Social, Economic, and Administrative Survey*, vol. 1, p. 231.

⑤ Evagrius Scholasticus, *The Ecclesiastical History of Evagrius Scholasticus*, Book 3, p. 181.

⑥ John Malalas, *The Chronicle of John Malalas*, Book 16, p. 224.

后,杀死了城内的 8 万居民,其中还包括许多教士。①

　　503 年,皇帝阿纳斯塔修斯一世先后派遣三位将军,即帕特希乌斯
(Patricius)、希帕提乌斯和阿尔欧宾度斯,指挥由 1.5 万名士兵组成的军队,发动
对抗波斯帝国的战事。② 拜占庭军队和波斯军队在这次战争中均伤亡惨重。马
尔切利努斯指出,帕特希乌斯和希帕提乌斯在指挥与波斯军队作战过程中表现不
佳。同年,皇帝阿纳斯塔修斯一世将希帕提乌斯召回君士坦丁堡,并且派遣博学
的伊利里亚人希勒(Celer)担任前敌指挥。504 年,希勒在积极作战的同时,以战
局优势为条件,尝试与波斯进行和谈。他率军攻入波斯领土,入侵阿尔扎楠
(Arzanene),随后前往阿米达开启与波斯的和谈。505 年,希勒通过支付 1000 磅
黄金的方式换取阿米达城的自由。③

　　与波斯帝国的战争从 502 年一直延续至 506 年才最终结束。这次战争结
束后,阿纳斯塔修斯一世进一步意识到需要大力建设并加固帝国东部的防御体
系。现代学者贝特·迪格纳斯和伊格尔波特·维特尔认为,阿纳斯塔修斯一世
于 6 世纪初通过建设防御工事来加强美索不达米亚北部地区的边境安全十分
必要。原因在于,拜占庭帝国多次与波斯正面对抗时,缺少一个在危急时刻提
供相应防护的要塞城市。尤其是在对手波斯一方已经拥有了尼西比斯军事基
地的情况下情况变得对拜占庭人更加不利。④ 508 年,阿纳斯塔修斯一世着手
建设位于美索不达米亚地区的重要军事要塞——达拉斯城。坚固的达拉斯要
塞建成后,他随即在城内修建了教堂、公共浴室等重要设施以吸引移民充实人
口。⑤ 为了显示这座要塞的重要意义,达拉斯城被冠名为阿纳斯塔斯欧波利斯
(Anastasioupolis),城内也竖立起阿纳斯塔修斯一世的雕像。⑥ 达拉斯要塞建成
后,在帝国东部边疆防御体系中发挥了关键作用。直到几十年后,在查士丁二世
(Justin II)统治时期,波斯大军才攻占这座坚固的堡垒。据说查士丁二世在获悉

---

① Marcellinus, *The Chronicle of Marcellinus*, p. 111.
② Marcellinus, *The Chronicle of Marcellinus*, pp. 111 - 112.
③ Marcellinus, *The Chronicle of Marcellinus*, p. 112.
④ B. Dignas and E. Winter, *Rome and Persia in Late Antiquity: Neighbors and Rivals*, p. 103.
⑤ Evagrius Scholasticus, *The Ecclesiastical History of Evagrius Scholasticus*, Book 3, p. 182.
⑥ John Malalas, *The Chronicle of John Malalas*, Book 16, p. 224.

达拉斯要塞被波斯军队攻占的消息后,精神受到严重打击,此后便陷入疯癫状态。①

从573年达拉斯要塞丧失敌手进而导致在位皇帝精神崩溃这一点可以看出,达拉斯要塞的建设对于帝国东部边境安全的重要意义。当代学者 F. K. 哈勒认为,达拉斯要塞的建立是阿纳斯塔修斯一世在位期间的重要成就之一,其重要意义在于:其一,阿纳斯塔修斯一世将达拉斯从一个小的军事据点发展成为帝国东部防御的中心要塞,体现了这位皇帝的创造力。其二,达拉斯要塞的建立与巴尔干地区防线的设立,共同体现出阿纳斯塔修斯一世的帝国东部政策的核心是将防御体系设置在边境线上的战略意图。其三,达拉斯要塞的建设不同于其他具有天然防御能力的军事据点,它既可守亦可攻。这一前哨要塞的设立给波斯人以极大的军事压力,他们需要在达拉斯要塞和里海边缘地带同时设置防御兵力。② 根据埃瓦格里乌斯的记载,除了建设达拉斯要塞外,为应对北部蛮族入侵的威胁③,阿纳斯塔修斯一世还修建了北方"长城"(Long Wall),这道坚固的城墙令君士坦丁堡不再是一个孤岛,而成为防区。④ "长城"的修建在很大程度上保卫了君士坦丁堡的安全,因为任何蛮族的入侵都可被控制在离君士坦丁堡较远的安全距离以外。

除了应对内部的各种危机、较好地处理了与波斯帝国的关系,阿纳斯塔修斯一世还在帝国财政领域的建设与改革方面取得为人称道的政绩。阿纳斯塔修斯一世上台后的财政基础是前任皇帝芝诺留下的国库收入,而他的"第一桶金"是在流放朗吉努斯后,通过变卖芝诺皇帝的家产,并将其财产充公所得。与此同时,

---

① Theophanes Confessor, *The Chronicle of Theophanes Confessor: Byzantine and Near Eastern History AD 284 - 813*, p. 366.

② F. K. Haarer, *Anastasius I: Politics and Empire in the Late Roman World*, p. 70.

③ 502年,保加利亚人曾入侵伊利里亚和色雷斯地区(Theophanes, *The Chronicle of Theophanes Confessor: Byzantine and Near Eastern history, AD 284 -813*, p. 222.)。这一时期,帝国北部的主要敌人是保加利亚人,还有部分匈人。根据马塞林努斯的记载,保加利亚人最早于5世纪80年代出现在巴尔干半岛,当时的芝诺皇帝利用他们对抗东哥特人。493年,色雷斯的军事统帅朱利安(Julian)在一次战斗中被杀。Marcellinus, *The Chronicle of Marcellinus*, p. 108. 499年,伊利里亚地区的军事长官阿瑞斯图斯(Aristus)在色雷斯地区遭受了一次败仗,一支1.5万人的军队损失了4000名士兵。502年,保加利亚人再次入侵色雷斯地区,这次罗马军队并没有冒险与之正面对抗。A. H. M. Jones, *The Later Roman Empire 284 -602: A Social, Economic, And Administrative Survey*, vol. 1, p. 231.

④ Evagrius Scholasticus, *The Ecclesiastical History of Evagrius Scholasticus*, Book 3, pp. 182 - 183.

阿纳斯塔修斯一世还收回了芝诺给予其随从的产业,总量高达1400磅金币。① 以此为基础,阿纳斯塔修斯一世在平息了伊苏里亚叛乱后,开始了十余年的以"币制"和"税制"改革为核心的财政改革,取得良好效果。

在阿纳斯塔修斯一世推行的财政改革中,叙利亚人马里纳斯功不可没。马里纳斯曾是东方大区长官麾下的财政办事官员,凭借个人才能,深得阿纳斯塔修斯一世信任与赏识,最终于512—513年间升至大区长官。除了马里纳斯,波利卡普(Polycarp)和帕夫拉戈尼亚的约翰(John the Paphlagonian)这两位大区办事官员也起到相当重要的作用。英国学者埃夫里尔·卡梅伦指出,阿纳斯塔修斯一世之所以能够在去世之际为帝国留下一大笔财政盈余,完全得益于这位皇帝的财政管理能力,或者至少归功于他在挑选拥有必要才能的财政官员时的绝佳眼光。②

阿纳斯塔修斯一世财政改革措施中的一项重要内容是调整税收方法,尤其是征收土地税的方式。498年,阿纳斯塔修斯一世强制性地要求全部土地所有者按照土地的面积以金币的形式交税,他的目的在于防止采用其他税收种类可能造成的浪费。③ 拜占庭帝国使用金币作为赋税支付手段由来已久,然而,阿纳斯塔修斯一世时期金币支付的广泛推广在很大程度上减少了赋税货品运输的损耗,并且精简了税收核算方式。与此同时,为了保证调整后的征税手段能够顺利普及,阿纳斯塔修斯一世着手进行以稳定金币、银币间关系为基础的币制改革。在借鉴和参照汪达尔人和哥特人的货币体系的基础上,阿纳斯塔修斯一世指示帕夫拉戈尼亚的约翰为拜占庭帝国的货币体系引入了铜币——弗里斯(follis)这种日常交易的币种。④ 在铜币弗里斯被引入帝国货币体系后,诺米斯玛金币仍旧是帝国境内大宗交易最主要的支付手段,同时铜币的引入为拜占庭人的日常生活提供了更为便利的支付方式。沃伦·特里高德认为,稳定的铜币弗里斯流通十分便利。它的引入减轻了政府支付和私人支付的压力。支付体系的改变也减少了纳税人被敲诈勒索的机会,因此受到民众的普遍欢迎。铜币弗里斯的价值只有金币诺米斯玛

① J. B. Bury, *History of the Later Roman Empire*, vol. 1, p. 432.

② A. Cameron, B. W- Perkins, M. Whitby eds., *The Cambridge Ancient History*, vol. XIV: *Late Antiquity: Empire and Successors, A. D. 425 –600*, p. 54.

③ John Malalas, *The Chronicle of John Malalas*, Book 16, p. 221.

④ F. K. Haarer, *Anastasius I: Politics and Empire in the Late Roman World*, p. 204.

价值的 1/210,此后沿用了多个世纪。①

与此同时,为了使征税方式更加有效率,也为了防止地方官员在收税过程中极有可能出现的贪污腐败现象,在马里纳斯的建议下,阿纳斯塔修斯一世为帝国各城市设立了一个专门督办收税事宜的官职。根据埃瓦格里乌斯的记载,阿纳斯塔修斯一世收回了城市市政官的收税职权,同时为每个城市增设了一个被称为"城市保卫者"(vindices)的税收官专门负责税收工作。叙利亚人马里纳斯就是阿纳斯塔修斯一世财政改革过程中提出这一建议的重要人物。② 阿纳斯塔修斯将"城市保卫者"引入帝国官僚系统,并要求他们专门督办征税,这在很大程度上削弱了城市市政官的权力。如果从皇帝和帝国政府的角度来看,"城市保卫者"设置以后国库收入增加的幅度十分可观,唯一需要警惕的是可能出现这些官员以权谋私的麻烦。沃伦·特里高德认为,尽管马里纳斯和他的同伴们从皇帝设置"城市保卫者"这一政策中受益不菲,但是这项调整势必减少了当地的腐败并且增加了政府的财政收入。③ J. B. 伯里也持相似观点,他认为新的收税方式极大增加了帝国的财政收入。④

此外,阿纳斯塔修斯一世还关注到保卫帝国内外安全的国家武装力量,特别是军队将士的军饷和津贴问题。在阿纳斯塔修斯一世统治时期,朝廷逐步停止免费给士兵发放日常给养,包括制服和武器,以及骑兵的马匹和草料。取而代之的是对这些物品进行现金折算,通过发放士兵津贴来取代发放物品的方式,给士兵在通过津贴购买各类物品时提供更多选择的空间。⑤ A. H. M. 琼斯指出,阿纳斯塔修斯一世主要通过杜绝贪污和减少浪费这两种方式达到财政复兴的目的。阿纳斯塔修斯一世规范并减少了附着在税收负担之上的费用。他还确保士兵的军饷和津贴不被军需官欺骗和克扣,并且小心翼翼地规范政府官员的办公费用。他要求各级军事机构必须提供规范且准确的部队实力情报,并对军力提升的部队给

① W. Treadgold, *A History of the Byzantine State and Society*, p. 167.
② Evagrius Scholasticus, *The Ecclesiastical History of Evagrius Scholasticus*, Book 3, p. 193.
③ W. Treadgold, *A History of the Byzantine State and Society*, p. 168.
④ J. B. Bury, *History of the Later Roman Empire*, vol. 1, p. 443.
⑤ W. Treadgold, *A History of the Byzantine State and Society*, p. 168.

以金钱奖励。① 阿纳斯塔修斯一世上台后不久便开始着手进行的财政改革使得国家财政明显盈余,其统治期间能够应对多次内外战争以及在帝国各处进行建设活动都得到中央财政的直接经费支持。不仅如此,阿纳斯塔修斯一世能够减免、甚至废除部分不受民众欢迎的税收,其重要的财政基础也是改革带来的增收。根据塞奥法尼斯的记载,501 年,阿纳斯塔修斯一世还慷慨地废除了君士坦丁一世设立的对商人和手工艺人征收的金银税。②

近现代史家们对阿纳斯塔修斯一世的评价较高,很大程度上是着眼于拜占庭帝国财政体系在其统治时期呈现出生机勃勃的发展态势。J. B. 伯里认为,阿纳斯塔修斯一世的经济政策和财政改革使帝国不仅从破产的危机中得以恢复,并且还为其后人留下了 32 万磅黄金,约合 1459 万美金(1958 年比值)。阿纳斯塔修斯一世对国家经费支出进行严格管控,这使得钱袋空空的政府官员对他满腹牢骚,他也因此受到贵族官员的抱怨,被一些作家谴责为贪财和吝啬之徒。然而,这种谴责是不公正的。就个人而言,阿纳斯塔修斯一世是慷慨且大方的。他极少让请愿人空手而归,有关他对民众慷慨的多个例子被记录在案。③ 约翰·林杜斯(John Lydus)高度赞扬了阿纳斯塔修斯一世的慷慨,并且将他描述成为一个聪明的、受教育良好的、积极且性格温和的皇帝。④ 沃伦·特里高德认为,阿纳斯塔修斯一世推行的财政改革的成效十分显著,被广泛颂扬。在帝国经济进一步发展的基础上,阿纳斯塔修斯一世在应对外族入侵和国内不满情绪时变得更加游刃有余。⑤

阿纳斯塔修斯一世统治帝国约 27 年,于 518 年 7 月 9 日去世,年近 90 岁。根据塞奥法尼斯的记载,阿纳斯塔修斯一世去世前曾产生幻象。⑥ 皇后阿里阿德涅在阿纳斯塔修斯一世之前去世。阿纳斯塔修斯一世与阿里阿德涅未留下子嗣,他

① A. H. M. Jones, *The Later Roman Empire 284 –602: A Social, Economic, and Administrative Survey*, vol. 1, p. 235.
② Theophanes Confessor, *The Chronicle of Theophanes Confessor: Byzantine and Near Eastern History AD 284 – 813*, p. 221.
③ J. B. Bury, *History of the Later Roman Empire*, vol. 1, p. 446.
④ J. R. Martindale, *The Prosopography of The Later Roman Empire, vol. II A. D. 395 –527*, p. 80.
⑤ W. Treadgold, *A History of the Byzantine State and Society*, p. 168.
⑥ Theophanes Confessor, *The Chronicle of Theophanes Confessor: Byzantine and Near Eastern History AD 284 – 813*, p. 248.

在生前并未确定皇位继承人。阿纳斯塔修斯一世去世后,他的皇位最终由时任宫廷卫队长查士丁(Justin I)继承。

客观评价历史人物需将他们置于当时的历史环境中。根据现有史料看,阿纳斯塔修斯一世虽然并无显赫身世,且以高龄继位,受到皇帝遗孀青睐也纯属偶然机遇,但是他能充分利用在位的 27 年时间,在内政外交几个方面取得不俗的政绩。阿纳斯塔修斯所处的时代正是早期拜占庭帝国深陷"3 世纪危机"的艰难环境,他继位后面临着与前代皇帝一样复杂的局面,要处理诸多难题。其中任何一个难题处理不好都将导致皇权地位不稳,甚至皇帝死于非命的结局。但是,阿纳斯塔修斯一世比较妥善地化解了内部贵族的多次反叛,克服了其本人倾向于一性论信仰的宗教好恶,采取了相对缓和的措施以保持不同教派间的平衡,并在抵御外部几个方向的军事入侵的同时,清醒地认识到拜占庭帝国存在的防务漏洞,建立起比较完善的防御体系。特别是他在经济治理和财税改革方面取得了成功,被后人誉为拜占庭历史上诸帝中最为突出的成果。这些政绩使得众多同时代作家和后世研究者,乃至于他的对手都众口一词地对他赞扬有加,这种情况在拜占庭皇帝列传中比较少见。如果将他置于早期拜占庭帝国国家建设的大背景下,还应该看到,阿纳斯塔修斯在强化中央集权制方面所做的贡献,因为在以希腊化贵族为后盾的外戚集团和以伊苏里亚"蛮族"为后盾的军事贵族集团之间的争斗中,他明智地协调各方资源最终取得政治上的胜利,显示出前者长期积累的政治智慧明显超越后者,也进而保证了拜占庭帝国在更合适的皇帝治下取得发展,而不会出现蛮族治下的倒退。人们不得不承认,他以高龄登上皇位有其人生阅历丰富的优势,其长期跻身贵族社会且供职于宫廷,虽然职位不高,但有足够的时间和机会观察和体验政治的凶险,思考为人处世的良策,并为日后抓住命运赋予的偶然机遇施展拳脚。其本人在统治期间,面临多种挑战,但能伸能屈,张弛有度,较好地化解了紧急事务的压力。显然一些作家对他的评价是中肯的,他确实是一个聪明的、受教育良好的、积极且性格温和的皇帝,其所以能够取得不错的政绩与他的性格和人品有密切关系。与其他前辈皇帝相比,他虽然不属于识人断物的高手,但其成就显然与他大体用对了人有关。尽管他不可能解决这个时期的历史难题,也不可能领导拜占庭帝国走出时代危机,但是我们可以说,他为后人留下了一个富足的家业,一个基本良好的帝国,为其后查士丁尼王朝的辉煌准备了充足的物质储备。他的不足显然是在解决最高皇权传承问题上无所作为,他年事已高,应该预料到身后事的复杂,并提出合理的解决方案,但囿于皇后的设计思路,或者先他三年而去的她并未给他留下太多时间,在位近 30 年,竟然没有留下继承人,其中奥秘也许还有待挖掘。

第五章

查士丁尼王朝

（518—602 年）

查士丁尼王朝为拜占庭帝国第四个正统王朝，统治时间 84 年，五位皇帝分属于三代人，包括查士丁一世（Justin I，518—527 年在位）、查士丁尼一世（Justinian I，527—565 年在位）、查士丁二世（Justin II，565—578 年在位）、提比略（Tiberius，578—582 年在位）、莫里斯（Maurice，582—602 年在位）。该王朝的创立者查士丁一世出身贫寒农家，行伍出身，在乱世中登基。其外甥查士丁尼一世绝顶聪明，不仅帮助其舅舅处理帝国军政大事，而且在成为皇帝统治的 38 年期间内外兼顾，取得了全面发展的政绩，将拜占庭帝国推进第一个"黄金时代"，以至于后世将该王朝称为"查士丁尼王朝"，将这个时期称为"查士丁尼时代"。

查士丁登基前担任皇宫禁卫军长官，在京都出人头地后，便娶妻成家将亲戚先后接至君士坦丁堡。其妻子鲁皮西娜(Lupicina)原为其蛮族奴隶出身的妾,后升格为妻。他们家族的出名源于其妹妹维吉兰蒂娅(Vigilantia),她与丈夫萨瓦提乌斯(Sabbatius)育有一子名叫佩特鲁斯·萨瓦提乌斯(Petrus Sabbatius),智商颇高,后来称为皇帝查士丁尼一世。查士丁尼有个妹妹也叫维吉兰蒂娅(Vagilantia),即查士丁二世的母亲。查士丁一世与妻子鲁皮西娜没有生养子女,而他的两个姊妹都是儿女满堂。大妹妹有三个儿子没有女儿,长子日耳曼努斯(Germanus)后来是该王朝著名军事将领,其表哥查士丁尼一世统治期间得到重用。日耳曼努斯的两个弟弟查士丁(Justin)和伯莱迪斯(Boraides)都没有建立功业。日耳曼努斯本人军事生涯顺利,除了叱咤疆场外,还两度结婚,生养了五个孩子,其中三个男孩或年幼时早亡,或未得到长辈青睐,都没有什么建树。而查士丁一世的小妹妹维吉兰蒂娅不仅生养了后来的皇帝查士丁尼一世,而且还有两个女儿,其中成为查士丁二世之母的维吉兰蒂娅与大哥查士丁尼一世关系亲密,这也可能是为什么后者在选择皇帝继承人时挑上了多少有些神经质的外甥查士丁二世,而没有在家族众多健康的小辈中选择他人的原因。他也没有选择他的小妹之子马西安(Marcian),兄弟姊妹中有亲疏远近是可以理解的。当然,也有人认为查士丁尼一世是在本家姑舅亲谱系而不是在查士丁一世大妹妹一系家族中选择,血缘关系更近一些。

可是,体质不好的查士丁二世后来发展为精神病就直接影响了王朝后来的正常发展,他一度不能视事,并在妻子索菲亚(Sophia)的哄骗下将大权委托给她及其亲信军事将领提比略,574年年底他任命后者为凯撒和共治皇帝就意味着查士丁尼王朝血缘继承的中断,而四年后索菲亚与提比略结婚并成为皇后和皇帝(578—582年)、正式登基则标志着该王朝的断绝。至于皇帝提比略和索菲亚,以及皇帝临终任命的莫里斯皇帝(582—602年在位),与该王朝创立者查士丁之间已经没有任何血缘关系。如果说后人还将他们纳入该王朝的话,也许是提比略临终时任命了查士丁一世大妹妹的儿子日耳曼努斯的后人,即这位军事高官的同名儿子日耳曼努斯(Germanus)为凯撒。实际上,后者远比神经质体质的查士丁二世优秀得多,他清晰地判断出当时帝国总形势的症结所在,因此婉言谢绝了提比略临终委任他为西部帝国皇帝的建议。查士丁尼王朝的统治到此结束。

查士丁尼王朝被后人称为拜占庭帝国第一个"黄金时代"，其原因在于该王朝皇帝查士丁尼一世政绩斐然，创造了拜占庭帝国历史上的诸多第一。他发动的对内对外战争将拜占庭帝国的疆域扩展到了极限，地中海再度成为帝国的"内湖"，周边地区也相对安定。不仅对外战事取胜，且对内治理有方，基本上完成了早期拜占庭帝国国家建设的历史任务：他下令编撰的《罗马民法大全》全面清理了前代法律的混乱矛盾和过时废弃的部分，按照法理系统整理了适合新时代的法律体系，其深远影响远超拜占庭帝国时空范围，也成为拜占庭帝国中央集权制政治成熟的标志之一；他的全面改革措施将拜占庭商贸触角延伸到遥远的中国，活跃了整个地中海世界的经济生活，甚至对君士坦丁堡的重新修缮也成为他的巨大功绩，至今脍炙人口的标志性建筑圣索菲亚教堂就是他奉献给上帝的礼物，这些拜占庭帝国地标性的建筑奇迹也见证了拜占庭帝国政治权威的确立；他彻底整肃的帝国官僚体系特别是税收体系极大地加强了帝国的物质基础，并在完善国家政权机构方面作出了贡献；他对传统贵族势力的打击，消除了完善拜占庭国家建设的障碍，为嗣后拜占庭社会军事化变动打下了基础；他在迦太基和拉文纳试行的总督区制为中期拜占庭史上全面推行的军区制提供了极佳的范例，并为伊拉克略王朝在帝国境内全面推行这一改革积累了丰富的经验；他树立的帝王勤政自律形象堪称后世君主的榜样，难怪11世纪拜占庭帝国"黄金时代"代表性君主瓦西里二世为其歌功颂德，在圣索菲亚教堂的大门口镶嵌画中，将他与君士坦丁大帝相提并论。他是一个杰出的君主，即便在拜占庭帝国中、后期帝王中也获得持久的崇敬，如果说君士坦丁大帝是拜占庭帝国的"秦皇"，那么说他是拜占庭帝国的"汉武"，也毫不为过。他的功绩代表了该王朝的功绩，他在帝国历史上的地位也代表了该王朝的地位。有不同意见认为，他的好大喜功花光了前代留下的金钱，耗光了帝国的资源，说他活跃地中海商贸加快了人员和货物的流动，加剧了瘟疫的传播，指责他立法过于严苛打击了贵族，以至于后代王朝统治的政治基础被瓦解，责难他的帝国军事战略重心西移为波斯入侵提供了机会，等等。这些指责都是后见之明，也缺乏历史感，过于苛求这位农民出身的皇帝，特别是将其后人统治失误的结果归罪于他，显然是不合理的。以他为代表的王朝在拜占庭帝国发展史上占有重要地位是不能否认的,他个人在拜占庭帝国早期历史上的巨大贡献也应该得到承认,如果说他们还是在旧帝国的框架内寻找走出危机的出路,未能真正解决适合中古拜占庭帝国发展道路的问题,那确实是当时人的历史局限性,也正是中期拜占庭皇帝们需要继续解决的历史难题。

第一节

查士丁一世 (Justin I)

518—527 年在位

查士丁一世(Justin I,Ἰουστῖνος,生于 450 年或 452 年,卒于 527 年 8 月 1 日,享年约 77 岁)是拜占庭帝国查士丁尼王朝的奠基者,也是该王朝第一位皇帝,518 年 7 月 9 日至 527 年 8 月 1 日在位 9 年。[①]

查士丁于 450 年或 452 年生于贝德里阿纳(Bederiana)的一个贫寒农家[②],这里属于伊利里亚大区(Prefecture of Illyricum)达契亚区(Diocese of Dacia)的达尔达尼亚省区(Province of Dardania)。[③] 有关其父母的记载非常少,据说他们具有色雷斯人血统或部分斯拉夫人血统[④],以牧养猪羊为生。[⑤]

伊利里亚地处帝国北部边塞,屡遭蛮族袭扰,皇帝马西安统治时为安抚东哥

[①] 本文所引详细日期均来自 A. A. Vasiliev, *Justin the First: An Introduction to the Epoch of Justinian the Great*, Cambridge, Massachusetts: Harvard University Press, 1950。关于查士丁一世在位期间拜占庭帝国大事概览,见 T. Venning, and J. Harris, *A Chronology of the Byzantine Empire*, New York: Palgrave Macmillan, 2006, pp. 91 - 97。

[②] A. A. Vasiliev, *Justin the First, An Introduction to the Epoch of Justinian the Great*, p. 63, n. 43.

[③] 具体位置仍有争议,大抵位于马其顿共和国首都斯科普里(Skopje)附近。

[④] 关于查士丁出身的族系研究,见 Vasiliev, *Justin the First: An Introduction to the Epoch of Justinian the Great*, pp. 43 - 52。

[⑤] Zonaras, *Annales*, XIV. 5. 1, Corpus Scriptorum Historiae Byzantinae, Bonn, 1897, p. 144. Ioannis Zonarae, *Epitome Historiarum*, ed. L. Dindorf, 3 vols., Leipzig: Teubner, 1868, 1869, 1870, TLG, No. 3135001, No. 3135003. Ioannis Zonarae, *Epitomae Historiarum*, libri xviii, ed. T. Büttner-Wobst, vol. 3, [Corpus Scriptorum Historiae Byzantinae] Bonn: Weber, 1897, TLG, No. 3135002.

特人,应允他们缴纳年金,定居帝国境内。皇帝利奥一世时期不能履约,促使东哥特人再起衅端。461年,双方再缔和约,但是伊利里亚诸省因战乱经济凋敝,民生艰难。不安贫困的查士丁于470年与两位同伴背井离乡前往首都君士坦丁堡以谋生路。① 当时,日耳曼人各部落(尤其是哥特人)定居帝国,数代之后,其影响日益加深,利奥一世为阻遏蛮族势力扩大,决定建立禁卫军(*excubitors*)。② 查士丁三人历经艰难跋涉,抵达君士坦丁堡,恰逢皇帝组建禁卫军,得以入选。

查士丁的行伍生涯历经数朝,但是有关史料甚少。阿纳斯塔修斯一世在位时,查士丁随驼背的约翰(John the Hunchback)参与伊苏里亚战争,其职衔不详,极有可能为皇室军事长官(*comes rei militaris*)。③ 在此期间,查士丁一世因悖逆约翰而下狱,并被判死刑,后蒙"神恩"获释。④ 503年,查士丁再以皇室军事长官(*magistri militaris*)的身份参与波斯战争,攻占阿米达后,一度攻入波斯境内,为双方休战起了重要作用。⑤ 515年,在平定维塔利安叛乱中,查士丁于海战中击溃维塔利安船队,表现卓越。⑥ 自515年开始,查士丁一世成为禁卫军长官(*comes excubitores*)。

查士丁出人头地后,娶妻成家并将亲戚接至君士坦丁堡。查士丁的妻子鲁皮西娜奴隶出身,属蛮族血统,后来身份改变,从起初为妾转变为妻子。⑦ 查士丁的

---

① Procopius, *Anecdota*, VI. 2 - 3, *The Loeb Classical Library* 290, Harvard University Press, 1935. Procopii Caesariensis, *Opera Omnia*, ed. G. Wirth (post J. Haury), vol. 3., Leipzig: Teubner, 1963, TLG, No. 4029002.

② J. B. Bury, *The Imperial Administrative System in the Ninth Century*, London, 1911, p. 5; *Cletorologion*, sub auctore Philotheo, ed. J. J. Reiske, vol. 1, TLG, No. 3023X06. J. B. Bury, *A History of the Later Roman Empire*, I, Cambridge University Press, 2015, p. 318.

③ J. R. Martindale, *The Prosopography of The Later Roman Empire*, vol. II: A. D. 395 -527, p. 649.

④ Procopius, *Anecdota*, VI, 5 - 10, 此事或为普罗柯比臆造,以"神恩"作为后来查士丁一世出人意料登基为皇帝的解释, A. A. Vasiliev, *Justin the First: An Introduction to the Epoch of Justinian the Great*, p. 63 - 67。

⑤ Procopius, *History of Wars*, vol. I, I. 8.3, II. 15.7, *The Loeb Classical Library* 48, Harvard University Press, 1914. Procopii Caesariensis, *Opera Omnia*, vols. 1 - 2, ed. G. Wirth (post J. Haury), Leipzig: Teubner, 1962, 1963, TLG, No. 4029001.

⑥ Müller, *Fragmenta historicorum Graecorum*, vol. 5, I, Cambridge: Cambridge university Press, 1870, p. 34; 关于查士丁可能参与维塔利安的叛乱,J. B. Bury, *A History of the Later Roman Empire*, I, p. 451, n. 4。

⑦ Procopius, *Anecdota*, VI. 17, *The Loeb Classical Library* 290, Harvard University Press, 1935.

妹妹维吉兰蒂娅,其丈夫萨瓦提乌斯,他们有一子名叫佩特鲁斯·萨瓦提乌斯,后来成为皇帝查士丁尼一世。他们还有一女维吉兰蒂亚,即查士丁二世的母亲。① 据当时的作家普罗柯比记载,查士丁目不识丁,常用木制模板来签名。事实上,讲求签名华丽洒脱或者不善书法的皇帝和贵族借助木制模板签名不足为奇。查士丁在军旅生涯中脱颖而出成为军官,不太可能"目不识丁"。但是,农民出身的查士丁本人未受良好教育却很可能是个事实。② 正是有感于此,查士丁对其外甥佩特鲁斯特别欣赏,不仅提供良好教育,而且收为养子,改名为查士丁尼。

　　518 年 7 月 8 日至 9 日夜间,皇帝阿纳斯塔修斯一世突然去世,身后无嗣,且未留下遗嘱。此时,皇后阿里阿德涅早已薨逝三年,因此围绕继立新君成为拜占庭帝国宫廷的头等大事。查士丁和执事官(magister officiorum)凯莱尔(Celer)得到内宫禁卫官(silentiarios)报信后赶往皇宫,并立即召集党羽以应变局。7 月 9 日上午,元老院召开会议商议新皇帝人选,民众集聚竞技场等待消息。但是与会各方就人选问题针锋相对,僵持不下。大内侍(High Chamberlain)阿曼修斯(Amantius)主张扶植其内宫主管(comes domesticorum)塞奥克里图斯(Theocritus)成为皇帝,他曾以重金贿赂查士丁,以求得到禁卫军的支持,然而他不知道查士丁在其外甥的鼓动下暗中做了手脚,用这些金钱为自己收买人心。③ 元老院最终推选查士丁成为皇帝并得到军队和民众的支持。④ 518 年 7 月 9 日,年近古稀(66 岁或 68 岁)的查士丁在竞技场举行登基典礼,按照惯例站立在士兵盾牌上被高高拥举起来,君士坦丁堡牧首约翰二世为其加冕,正式继任

① 关于查士丁一世的家谱,见 J. B. Bury, A History of the Later Roman Empire, II, p. ix。关于查士丁一世家族的详细研究,见 A. A. Vasiliev, Justin the First: An Introduction to the Epoch of Justinian the Great, pp. 59 - 63。

② Procopius, Anecdota, VI. 11 - 16, 1935. 普罗柯比的偏见影响深远,查士丁一世的"目不识丁"当为夸张之辞,见 A. A. Vasiliev, Justin the First, An Introduction to the Epoch of Justinian the Great, pp. 82 - 85。

③ John Malalas, The Chronicle of John Malalas, p. 231. Ioannis Malalae, Chronographia, ed. L. Dindorf, [Corpus Scriptorum Historiae Byzantinae] Bonn: Weber, 1831, TLG, No. 2871001.

④ 查士丁一世对卡尔西顿信经的笃信或为元老院选择其成为皇帝的原因之一, A. A. Vasiliev, Justin the First, An Introduction to the Epoch of Justinian the Great, p. 116。

皇帝,史称查士丁一世。① 据史家记载,此时的他相貌非凡,鼻型优美,灰发微卷,肤色红润,体型适中,肩宽背阔。② 其妻子鲁皮西娜成为皇后,她感到自己的名字不够典雅,应蓝绿两党的请求,改名为尤菲米娅(Euphemia)。③

登基后,查士丁一世便着手推行新的宗教政策。当时,非基督教势力苟延残喘,基督教阿里乌派在蛮族中影响巨大,而聂斯托利派早就逃亡波斯,只有一性论派曾经在芝诺、阿纳斯塔修斯一世两位皇帝长期支持下,势力不断壮大。查士丁一世笃信基督教正统派卡尔西顿信条,打算通过新的宗教政策,修复与罗马主教的关系。

然而,争夺皇权的贵族阿曼修斯和塞奥克里图斯图谋皇位未果,心怀不甘,意图谋反。其他贵族则因对查士丁一世的宗教政策不满而参与谋反阴谋,其中包括马里纳斯、米沙利(Mishael)和阿尔达布尔(Ardabur)。④ 但是谋反计划败露,他们立即遭到查士丁一世镇压,其首领阿曼修斯、塞奥克里图斯和安德烈阿斯·劳斯阿库斯(Andreas Lausiacus)均被处死。当时和后世关于参与谋反的人数规模也许存在夸大之处,甚至谋反事件本身就系子虚乌有,但是这些贵族声誉不佳和秉持一性论派信仰或许是他们被以谋反论罪的原因。⑤ 而查士丁借此消除政治异己势力则是不言自明的,其出谋划策的心腹中最重要的人物就是查士丁尼。

查士丁一世在稳定了皇位后,即刻着手恢复卡尔西顿信条的正统地位,召回一批前朝反对一性论派而遭流放者,并委以重任。⑥ 其中,召回维塔利安的决定

---

① 关于查士丁一世的即位过程和登基典礼,Constantine Porphyrogennetos, *The Book of Ceremonies, Volume I*, trans. by Ann Moffatt and Maxeme Tall, Leiden: Brill, 2012, pp. 426 - 431. *Constantini Porphyrogeniti imperatoris de cerimoniis aulae Byzantinae libri duo*, ed. J. J. Reiske, vol. 1, [Corpus Scriptorum Historiae Byzantinae] Bonn: Weber, 1829, TLG, No. 3023010. *Le livre des cérémonies*, ed. A. Vogt, vols. 1 - 2, Paris: Les Belles Lettres, 1935, 1939, repr. 1967, TLG, No. 3023011.

② John Malalas, *The Chronicle of John Malalas*, p. 230.

③ "尤菲米娅"一名源于戴克里先大迫害时期卡尔西顿城殉道者尤菲米娅,皇后以此为名,以示其对卡尔西顿信经的虔诚,Dionysius (Tellmaharensis), *Chronicle*, trans. by Witold Witakowski, Liverpool: Liverpool University Press, 1996, p. 18。

④ 阿曼修斯谋反的主因必为政治因素,关于其宗教因素见 A. A. Vasiliev, *Justin the First, An Introduction to the Epoch of Justinian the Great*, p. 105。

⑤ G. Greatrex, "The Early Years of Justin I's Reign in the Sources," *Electrum*, vol. 12, Kraków, 2007, pp. 99 - 105;518 年 7 月 16 日,民众聚集于圣索菲亚大教堂前,请愿中有关放逐甚至处死阿曼修斯的要求,见 A. A. Vasiliev, *Justin the First, An Introduction to the Epoch of Justinian the Great*, p. 141。

⑥ A. A. Vasiliev, *Justin the First, An Introduction to the Epoch of Justinian the Great*, p. 108。

可谓意义非凡。维塔利安曾以不满阿纳斯塔修斯一世的一性论派宗教政策为借口,起兵叛乱,一度威胁君士坦丁堡,遭到镇压。查士丁一世即位之初,维塔利安虽已兵败,但仍对色雷斯和伊利里亚地区有较大威胁。[①] 查士丁一世(特别是查士丁尼)对维塔利安心生忌惮,打算将其召至君士坦丁堡就近安排。维塔利安鉴于阿纳斯塔修斯一世曾经因宗教问题打压之事,对皇帝查士丁一世也心怀疑虑,要求查士丁一世和查士丁尼舅甥二人以庄重的宗教仪式作为保证。三人于卡尔西顿的圣尤菲米娅教堂会面,不仅共同参与圣礼,且相互起誓保证履行诺言,继而前往君士坦丁堡。维塔利安被任命为君士坦丁堡军事长官,他对查士丁一世的宗教举措有重大影响,甚至一度左右查士丁的政策。[②]

518 年 7 月 15 日和 16 日,民众连续两天集聚于圣索菲亚大教堂前,要求君士坦丁堡牧首约翰二世表态回归卡尔西顿信条。7 月 20 日,牧首约翰集结了君士坦丁堡及周边 43 名主教召开了君士坦丁堡宗教会议(The Synod of Constantinople),会议决定恢复卡尔西顿信条的正统地位,重归官方的正统信条。牧首约翰将宗教决议复件随其私信寄往各地。8 月和 9 月,耶路撒冷、提尔(Tyre)和安条克等地相继召开宗教会议,相继决定重归正统信条。[③] 安条克牧首塞维鲁及 54 名一性论派主教被放逐,塞维鲁逃亡埃及向亚历山大里亚牧首提莫修斯四世(Timotheus IV)寻求庇护。[④] 很快,卡尔西顿信条便以拜占庭帝国官方正统思想在帝国范围内重获各方尊崇,表明帝国正统意识形态形成。显然,笃信卡尔西顿信条的查士丁一世登上皇位便大力推行官方正统信条,也许能够激发君士坦丁堡和近东卡尔西顿派基督徒的支持和拥戴。同时,借助对此信条的公开宣布,新王朝也重新掌控帝国精神生活的主导权,并以此为标准清理异己分子和贵族势力,最终达到强化中央集权的目的。

① W. G. Holmes, *The Age of Justinian and Theodora: A History of the Sixth Century A. D.*, I, London: G. Bell & Sons Ltd., 1905, p. 306.
② 关于维塔利安的召回和宗教影响,见 A. A. Vasiliev, *Justin the First, An Introduction to the Epoch of Justinian the Great*, pp. 109 - 110, 241。
③ 关于圣索菲亚大教堂集会和诸宗教会议的细节,见 A. A. Vasiliev, *Justin the First, An Introduction to the Epoch of Justinian the Great*, pp. 136 - 165。
④ 塞维鲁或因畏惧维塔利安而逃,可见维塔利安于宗教政策的重大影响,见 John Malalas, *The Chronicle of John Malalas*, p. 231。

9 月 7 日,局势渐趋明朗的同时,查士丁一世派遣格拉杜斯(Gratus)携带三封信前往罗马,分别是查士丁一世本人、牧首约翰和凯撒查士丁尼写给罗马主教霍尔米兹德斯(Hormisdas)的信件。查士丁一世在信件中盛赞牧首约翰和近东各主教重归正统教义的努力,并希望主教能够遣使君士坦丁堡。牧首约翰的信件也表达了这一希望,还盛赞新君主英明。查士丁尼的信件字里行间虽颇显失礼,但凸显帝王权威,他敦促罗马主教本人亲赴君士坦丁堡以商东西教会神学统一之事。格拉杜斯途经拉文纳并短暂停留,直至 12 月 20 日,才抵达罗马。罗马主教霍尔米兹德斯收到信件后,虽拒绝亲自前往君士坦丁堡,但就派遣使节一事欣然应允。

519 年 1 月,霍尔米兹德斯派遣以其心腹执事狄奥斯库鲁斯为主的使节团前往君士坦丁堡。[①] 值得一提的是,关于派遣使节一事,罗马主教曾向东哥特国王塞奥多里克征询意见,后者为确保其养子对于意大利的继承,希望与帝国和平相处,积极促成东西方教会重修旧日神学一致。[②] 查士丁一世投桃报李,承认塞奥多里克养子尤塔里克(Eutharic)的继承权。3 月 25 日,罗马使节团到达君士坦丁堡,查士丁尼和维塔利安等人出城相迎。次日,使节团得到查士丁一世接见,并转达了霍尔米兹德斯的立场。后者要求对阿卡西乌斯及其异端继承者芝诺和阿纳斯塔修斯一世予以谴责。君士坦丁堡牧首约翰似乎对于阿卡西乌斯的处置存有异议。狄奥斯库鲁斯痛陈阿卡西乌斯的异端行径,说服查士丁一世在罗马主教谕令上签字,但遭到拒绝。3 月 28 日,迫于查士丁一世的压力,牧首约翰做出让步,并与使节团在皇帝和元老院的见证下达成共识,共同签署了谕令,东西方教会重归神学信条上的统一。

查士丁一世宗教政策的推行并非一帆风顺。东西教会达成一致后不久,以弗所和塞萨洛尼基两地先后爆发了反对卡尔西顿信条的骚乱,塞萨洛尼基主教更是拒绝在罗马主教谕令上签字。[③] 另外,军队中阿里乌派盛行,查士丁一世不得不

---

① 关于教宗使节团路线及其活动细节研究,见 A. A. Vasiliev, *Justin the First, An Introduction to the Epoch of Justinian the Great*, pp. 170 – 176。

② A. A. Vasiliev, *Justin the First, An Introduction to the Epoch of Justinian the Great*, p. 323.

③ A. A. Vasiliev, *Justin the First, An Introduction to the Epoch of Justinian the Great*, pp. 184 – 185.

颁布敕令加以整顿。① 罗马使节团在呈递罗马的信件中"并非全是令人鼓舞的胜利消息,常常充斥气愤、忧虑和对未来的不确定性"②。520 年 7 月,卡尔西顿信条的坚信者维塔利安被刺身亡。③ 此外,君士坦丁堡与罗马之间的通信对于帝国境内的反抗活动也时有提及。④ 查士丁一世既失去了经验十足的宗教政策参谋,又意识到反抗力量的强大。东西方教会的神学统一并不能改变拜占庭帝国宗教政策落实中的难题,熟谙军事的查士丁一世十分务实,对一性论派的镇压渐趋缓和。

522 年,高加索地区拉齐卡王国(Lazica)国王塔兹(Tzath)在其父亲死后,深恐卡瓦德一世强迫其改宗琐罗亚斯德教,故一改前往波斯接受加冕的传统,前往君士坦丁堡寻求庇护,接受查士丁一世的洗礼,并迎娶帝国女贵族为妻。⑤ 查士丁一世将拉齐卡王国纳入基督教范围的同时,也意味着其需要在外交上耗费更多精力。

拜占庭帝国居四战之地,国祚艰难,所以得存千年,常赖外交周旋。波斯王卡瓦德一世(Kawad)自 505 年与拜占庭帝国休战以来,先忙于应付白匈奴(嚈哒人),直至 513 年得胜,继后他大举镇压玛兹达克运动(Mazdakite movement),无暇进攻拜占庭帝国。拜占庭帝国针对西地中海为蛮族王国占据的现实,推出"以蛮制蛮"的外交政策,初见成效。查士丁一世忙于镇压异己势力,处置异端,恢复正统信仰,交好罗马,因而其统治前期,虽有小股斯拉夫人劫掠,但总体上周边平静,边尘不惊。

拉齐卡王国转投拜占庭人时,卡瓦德一世正忙于镇压玛兹达克运动,只能在致信查士丁一世表示抗议的同时,贿赂匈奴以加强联盟。匈奴首领吉戈必(Zilgbi)贪婪无度,同时收受双方赠礼,并接受查士丁一世赠礼后与拜占庭帝国联

---

① 敕令内容及讨论见 A. A. Vasiliev, *Justin the First, An Introduction to the Epoch of Justinian the Great*, p. 243。

② A. A. Vasiliev, *Justin the First, An Introduction to the Epoch of Justinian the Great*, p. 184.

③ 关于维塔利安的死亡,见 G. Greatrex, "The Early Years of Justin I's Reign in the Sources", pp. 105 – 106。查士丁尼当为主谋,因为其对维塔利安的影响力心生忌惮,见 A. A. Vasiliev, *Justin the First, An Introduction to the Epoch of Justinian the Great*, pp. 112 – 113。

④ 关于教会合并后君士坦丁堡与罗马的通信,见 A. A. Vasiliev, *Justin the First, An Introduction to the Epoch of Justinian the Great*, pp. 200 – 212。

⑤ A. A. Vasiliev, *Justin the First, An Introduction to the Epoch of Justinian the Great*, pp. 260 – 261.

盟。查士丁一世向卡瓦德一世透露此事后，卡瓦德大怒，将吉戈必及其随从屠戮
殆尽。① 卡瓦德一世可能多少感谢查士丁一世坦诚相见，或心存诡诈，再次致信
后者，打算重提阿卡狄乌斯旧事，按照传统惯例，使其子科斯劳埃斯（Chosroes）成
为查士丁一世的养子。查士丁一世和查士丁尼准备答应其请求。但是，大臣普罗
克洛斯（Proclus）提醒，唯恐卡瓦德一世以收养为名，行谋取帝国继承权为实，不得
不防。查士丁因而表示只愿意采取蛮族的收养方式。两国使者会盟边境时，双方
就拉齐卡王国归属和收养方式无法达成一致，不欢而散，致使两国关系急转
直下。②

523 年春，查士丁一世在查士丁尼的建议下，颁布法令，强迫阿里乌派教徒改
变信仰，并关闭其教堂。③ 阿里乌派拥有大量财富，这可能是他们遭受迫害的原
因之一。④ 然而，东地中海的反阿里乌派浪潮刺激了东哥特王国，国王塞奥多里
克担心这一浪潮会扩散到意大利，其宗教宽容和交好君士坦丁堡的立场发生动
摇。5 月 28 日，北非汪达尔王国新王希尔德里克（Hilderic）一改前任极端的阿里
乌派政策，停止对基督教罗马派教徒（Catholics）的迫害⑤，重新开放其教堂。此
外，希尔德里克关押了前任遗孀、塞奥多里克的妹妹，与拉文纳的关系陡然恶化。
同时，迦太基和君士坦丁堡的关系因宗教政策的一致性而升温并形成短暂联
盟。⑥ 汪达尔人的转变无疑加剧了塞奥多里克的疑心和不安。

波斯国王卡瓦德一世的不满和哥特国王塞奥多里克的不安都昭示着拜占庭
帝国的战争危机，但查士丁一世还无暇顾及，他还必须处理竞技党（尤其是蓝党）
的暴动问题。按传统观点，绿党人士在宗教观念方面更倾向于一性论派而蓝党倾

---

① John Malalas, *The Chronicle of John Malalas*, pp. 234 – 235.

② Procopius, *History of Wars*, vol. I, I. 2, *The Loeb Classical Library* 48, Harvard University Press, 1914；关于
卡瓦德一世提议收养一事的时间，略有争议，或定于 522 年，见 A. A. Vasiliev, *Justin the First*, *An
Introduction to the Epoch of Justinian the Great*, p. 265；或定于 525/6 年，见 G. Greatrex, *Rome and Persia at
War*, *502 – 532*, Leeds, 1998, p. 137. 此处采纳 522 年说，见 n. 52。

③ T. Venning, and J. Harris, *A Chronology of the Byzantine Empire*, p. 94.

④ Procopius, *Anecdota*, XI. 16.

⑤ 后译为"大公教派"即罗马正统教派，是与后来的"正教"（Orthodox）相对的。在东西方教会没有完全分裂
之前，"大公教派"可理解为正统的卡尔西顿派。

⑥ T. Venning, and J. Harris, *A Chronology of the Byzantine Empire*, p. 94；A. A. Vasiliev, *Justin the First*, *An
Introduction to the Epoch of Justinian the Great*, pp. 339 – 341.

向于卡尔西顿派①,查士丁一世支持蓝党势力,因为后者拥护他登基,这无疑助长
了蓝党的嚣张气焰。另有观点认为,蓝绿两党多为无处发泄精力的狂热青年②,
查士丁尼就是其中一员。查士丁尼不仅是蓝党的支持者,甚至还亲自参与其活
动。③当时,蓝党骚乱席卷了包括君士坦丁堡在内的诸多东地中海城市,引起查
士丁一世的警觉。他授权君士坦丁堡行政长官塞奥多图斯(Theodotus)采取严厉
措施加以镇压。塞奥多图斯甚至准备缉捕查士丁尼,但因后者患病而幸免。塞奥
多图斯因缉捕某权贵塞奥多西(Theodosius)而触怒了查士丁一世,旋即被免职流
放。为了逃避病愈后的查士丁尼的报复,他托庇于耶路撒冷教堂了却残生。查士
丁一世的坚定立场使竞技党暴乱得到镇压,而查士丁尼对蓝党的支持也不得不隐
秘起来。④

　　内部局势略微安定,外患又起。此时,卡瓦德一世已彻底镇压了玛兹达克运
动,而后便计划对拜占庭帝国发动进攻。波斯附庸国莱赫米王国(Lakhmids)盛行
两元论宗教聂斯托利派,国王蒙齐尔三世(al-Mundhir III)遵照波斯王指示,进攻
叙利亚地区的加萨尼王国(Ghassanids)。加萨尼王国当时是拜占庭帝国的附庸
国,流行一性论派,但因不敌莱赫米王国,向拜占庭帝国求援。加萨尼王国和拜占
庭帝国虽然在宗教问题上并不一致,但拜占庭皇帝一向以基督教护教者身份自
居,因此应其请求出兵干涉,拜占庭—波斯之争由此再起。查士丁一世旋即调兵
东援,但是仓促出兵导致兵败,两位将军被俘。523年底,查士丁一世不得已派遣
使节前往莱赫米王国首都希拉赫(al-Hirah)媾和,最终得以与蒙齐尔三世达成和
约并解救了两位将军。⑤

---

① 弗伦德在其关于一性论派运动的著作中就采用了这一观点,见 W. H. C. Frend, *The Rise of the Monophysite Movement: Chapters in the History of the Church in the Fifth and Sixth Centuries*, 1972。

② A. Cameron, "Heresies and Factions," *Byzantion* 44, 1974, pp. 92 – 120; A. Cameron, *Circus Factions: Blues and Greens at Rome and Byzantium*, Oxford: Oxford University Press, 1976.

③ M. Whitby, "The Violence of Circus Factions," in K. Hopwood ed., *Organized Crime in Antiquity*, London, 1999, pp. 242 – 244.

④ John Malalas, *The Chronicle of John Malalas*, pp. 235 – 236. J. B. Bury, *A History of the Later Roman Empire*, II, pp. 21 – 23.

⑤ A. A. Vasiliev, *Justin the First, An Introduction to the Epoch of Justinian the Great*, pp. 274 – 283.

　　与此同时,东哥特王国塞奥多里克的疑虑越来越强烈。523 年秋,罗马元老波埃修(Boethius)和西默克斯(Symmachus)被指控通敌,理由是他们与君士坦丁堡通信商议后者收复意大利事宜。塞奥多里克旋即逮捕两人和罗马元老院的许多元老。① 罗马元老院当时与东部拜占庭帝国有诸多联系,塞奥多里克对罗马元老院的侵犯和羞辱无疑引发了君士坦丁堡的怒火。

　　524 年初,为了削弱塞奥多里克的势力,拜占庭帝国针对塞奥多里克支持的东地中海阿里乌派的迫害达到顶峰。塞奥多里克则下令处死波埃修和西默克斯还以颜色。此时,拜占庭帝国反阿里乌派浪潮波及甚广。② 与此同时,前往莱赫米王国的使节团也回到君士坦丁堡,带回了希米亚王国(Himyarites)屠杀基督徒的消息。希米亚王国位于阿拉伯半岛南端也门地区,其国王杜纳斯(Dounaas)笃信犹太教。523 年 10 月,杜纳斯强令基督教城市纳季兰(Najran)改宗,遭到拒绝,遂大肆屠城。这场针对基督徒的屠杀很快扩展到整个希米亚王国。部分幸存者流亡莱赫米王国,因此拜占庭使团得以获悉此事。另有幸存者逃至非洲基督教王国阿克苏姆(Kingdom of Axum),向国王卡莱布(Kaleb)求援。卡莱布旋即通过亚历山大里亚牧首提莫修斯四世向君士坦丁堡求援。南阿拉伯地区本来就是波斯与拜占庭长期争夺角逐之地,因此查士丁一世以捍卫基督教的名义致信一性论派牧首提莫修斯四世,希望其敦促卡莱布进军阿拉伯南部。另外,查士丁一世调集众多船只,援助阿克苏姆王国军队渡海作战。次年,卡莱布成功击败杜纳斯,灭亡希米亚王国,占领也门。③ 查士丁一世因此在基督教异端肆虐的阿克苏姆王国(埃塞俄比亚)历史上留下了不朽的传说。④

　　元老院为了皇位传承的平稳过渡,以免出现 518 年的混乱,极力劝说查士丁一世将其外甥查士丁尼擢升为奥古斯都。查士丁一世或因对查士丁尼日渐强大

① Procopius, *History of Wars*, vol. III, I. 39.
② J. B. Bury, *A History of the Later Roman Empire*, II, pp. 155 - 156.
③ A. A. Vasiliev, *Justin the First, An Introduction to the Epoch of Justinian the Great*, pp. 291 - 297.
④ 关于查士丁一世于埃塞俄比亚历史的传说,见 A. A. Vasiliev, *Justin the First, An Introduction to the Epoch of Justinian the Great*, pp. 299 - 302。

的权力心存忌惮和嫉妒①，或因担心查士丁尼经验不足②，因此对元老院的建议不予批准，并责令元老们"汝等当尽忠职守，勿使青壮登极"。然而，查士丁也考虑到身后问题，打算重用外甥，故而应允元老院关于晋升查士丁尼为最高级贵族"尊贵者（*nobilissimus*）"的提议。③

　　524 年冬，皇后尤菲米娅先查士丁一世去世，葬于君士坦丁堡的圣尤菲米娅教堂。尤菲米娅生前始终远离政治，投身宗教事业，但她极力反对查士丁尼与下层妇女塞奥多拉的婚姻。事实上尤菲米娅极力反对查士丁尼与塞奥多拉结合的主要原因是塞奥多拉出身低下、职业肮脏。显然，皇后的逝世使得查士丁尼与塞奥多拉的婚姻扫除了一道障碍。也许正是在查士丁尼的鼓动下④，查士丁一世颁布了新的《婚姻法》（*On Marriage*），允许贵族跨阶层通婚，从而为查士丁尼的婚姻提供了合法的法律基础。不久后，查士丁尼和塞奥多拉正式成婚。⑤ 后世人不得不说，经过多年的相识相交，他们二人的婚姻不是仓促而成的利害婚配，而是建立在情投意合的基础上。

　　525 年，日渐老迈的查士丁一世迫于元老院的再次请愿，擢升查士丁尼为凯撒，承认了后者的继承权。⑥ 而后，由罗马主教约翰一世为首的使团从拉文纳出发前往君士坦丁堡。⑦ 使团由东哥特王国塞奥多里克派遣，主要目的是为阿里乌派求情，因为他听说帝国对该派的迫害加重，对阿里乌派前景担忧。当时法兰克

---

① 关于查士丁一世对查士丁尼的嫉妒，见 A. A. Vasiliev, *Justin the First*, *An Introduction to the Epoch of Justinian the Great*, p. 94。

② B. Croke, "Justinian under Justin: Reconfiguring a Reign", *Byzantinische Zeitschrift* 100, 2007, p. 42.

③ Zonaras, *Annales*, XIV. 5. 35 – 37, Corpus Scriptorum Historiae Byzantinae, Bonn, 1897, p. 150.

④ Procopius, *Anecdota*, IX. 51, pp. 118 – 119.

⑤ 关于《婚姻法》的颁布时间，见 L. Garland, *Byzantine Empresses*, London: Routledge, 1999, p. 14。瓦西列夫认为查士丁尼和塞奥多拉的婚姻并不需要《婚姻法》提供合法性，见 A. A. Vasiliev, *Justin the First*, *An Introduction to the Epoch of Justinian the Great*, p. 395；而道贝反对这一观点，见 D. Daube, "The Marriage of Justinian and Theodora: Logical and Theological Reflections," *Catholic University of American Law Review* 16, 1967, pp. 380 – 399。查士丁尼与塞奥多拉成婚于 525 年甚至更早，见 B. Croke, "Justinian under Justin: Reconfiguring a Reign", p. 42, n. 155。

⑥ 克罗克采纳"卡瓦德一世提议收养一事发生于 525 年"一说（参见 n. 35），进而认为查士丁尼觉得此事威胁其继承权，故而极力谋求奥古斯都之位，查士丁一世则满足元老院的部分要求，即擢升查士丁尼为凯撒，见 B. Croke, "Justinian under Justin: Reconfiguring a Reign," pp. 43 – 44。然而，在希米亚王国和阿克苏姆王国之间的战争背景下，影响力在南阿拉伯受挫的卡瓦德一世提议收养的可能性并不大。

⑦ 关于使节团人员详情和路径，见 A. A. Vasiliev, *Justin the First*, *An Introduction to the Epoch of Justinian the Great*, pp. 214 – 215。

人、勃艮第人都先后归信正统卡尔西顿信条,518 年东西教会神学统一,523 年汪达尔人也加入驱逐阿里乌派的阵营,特别是罗马主教霍尔米兹德斯的逝世,使塞奥多里克深感陷入孤立无援的境地。为了东哥特王国的存续①,他决定遣使与查士丁一世就阿里乌派问题进行交涉。

526 年春,使团取道科林斯抵达君士坦丁堡,受到了盛况空前的欢迎,查士丁一世亲自出迎,并向罗马主教行礼致意。② 主教本人也获得了极大的尊崇:他的座席略高于君士坦丁堡牧首。4 月 19 日,他在圣索菲亚大教堂以拉丁仪式庆祝复活节,并应查士丁一世的要求,为其进行二次加冕。③ 约翰一世的到访开创了罗马主教本人驾临君士坦丁堡的先河,查士丁一世希冀得到西地中海承认而要求二次加冕的可能极大。但是,查士丁一世并未因此全盘同意罗马主教所转达的塞奥多里克的要求。查士丁一世同意恢复大多数业已抄没并归信卡尔西顿信条的阿里乌派教堂及其财产等诸多要求,但断然拒绝业已归信的阿里乌派教徒再度改信原来的教义。查士丁一世对罗马主教的礼遇或属正常④,但这份礼遇显然触怒了塞奥多里克。⑤ 526 年 5 月 18 日,当约翰一世返回拉文纳时,塞奥多里克或因要求未得满足而迁怒于主教,故态度冷淡。关于约翰一世是否被羁押入狱仍有争议⑥,但其不久后的死亡与塞奥多里克的态度不无关系。

526 年 5 月 29 日,安条克发生大地震,包括安条克牧首在内的 25 万人丧生。⑦ 实际上,查士丁在位期间,帝国境内自然灾害频发,这成为经济衰落的主要原因。⑧ 安条克地震的惨剧极大震撼了查士丁一世。他立刻派遣卡里努斯

---

① 东哥特王国的存续系为塞奥多里克的执念所在,见 A. A. Vasiliev, *Justin the First, An Introduction to the Epoch of Justinian the Great*, pp. 327 – 328。

② 关于约翰一世在君士坦丁堡的细节及意义,见 Vitiello, "Das Ritual beim ersten Papst-Kaiser Treffen in Konstantinopel: Eine römische Auslegung?" *Byzantinische Zeitschrift* 98, 2005, pp. 81 – 96.

③ R. Davis ed., *The Book of Pontiffs*, Liverpool: Liverpool University Press, 1989, p. 49.

④ W. Ensslin, "Papst Johannes I als Gesandter Theoderichs des Grossen bei Kaiser Justinos I," *Byzantinische Zeitschrift* 44, 1951, pp. 128 – 134.

⑤ R. Davis ed., *The Book of Pontiffs*, pp. 49 – 50.

⑥ A. A. Vasiliev, *Justin the First, An Introduction to the Epoch of Justinian the Great*, pp. 219 – 220, n. 153.

⑦ John Malalas, *The Chronicle of John Malalas*, pp. 239 – 240.

⑧ 关于查士丁一世统治时期的自然灾害,见 A. A. Vasiliev, *Justin the First, An Introduction to the Epoch of Justinian the Great*, pp. 344 – 353;经济衰落的原因还有战争花费和大兴土木,关于查士丁一世在位时期的经济状况,见同书, pp. 344 – 388。

(Carinus)率人前往进行灾后重建工作,随行还携带了大量救济物资。据记载,查士丁一世一听闻此事,便取下皇冠,脱去紫袍,恸哭甚久。后来,他仅身着紫袍,徒步前往圣索菲亚大教堂祈福,随行贵族皆着丧服。安条克地震的善后工作持续很久,直至查士丁尼一世成为皇帝以后才完成。

与此同时,波斯王卡瓦德一世意欲再起衅端。这次争端围绕伊庇利亚王国的归属问题。伊庇利亚王国位于高加索地区,东接波斯帝国,西邻拉齐卡王国,是卡瓦德一世完成其宏图伟业的必经地区。[①] 首先,他下令强迫原信仰基督教的伊庇利亚王国臣民归信琐罗亚斯德教,迫使伊庇利亚王国国王古尔根(Gurgenes)向查士丁一世求援。查士丁一世立即派遣普洛波斯(Probus)携重金前往克里米亚请匈奴出兵,但此时匈奴正陷入内争,无暇相助。[②] 与此同时,查士丁一世派遣将军彼得,迅速前往救援。但是伊庇利亚王国军力薄弱,不敌波斯,加上援助不及时,最终失陷,古尔根及其贵族流亡拉齐卡王国。

查士丁一世于高加索地区的威望因伊庇利亚王国的陷落遭受打击,因此打算进军两国边境以示攻击姿态。526 年冬前后,拜占庭军队在西塔斯(Sittas)和贝利萨留(Belisalius)的率领下进入波斯亚美尼亚(Persamenia)地区。拜占庭军队第一次出征捷报频传,俘虏甚多。但第二次出征则遭遇波斯大军,战况胶着,一度处于劣势,最终撤退。[③] 527 年,另一支拜占庭军队在利贝拉利乌斯(Libelarius)的率领下,从尼西比斯附近进军美索不达米亚,但是军队中途发生溃逃,利贝拉利乌斯因此遭免职,贝利萨留取而代之。

527 年春,查士丁一世旧伤复发,几乎丧命,幸亏医生救治得以存活。也许自知不久于人世,他最终同意了元老院的提议,于 4 月 4 日擢升查士丁尼为奥古斯都,史称查士丁尼一世。[④] 查士丁一世对元老院的逼宫心怀愤懑,加之年老体衰,

---

① 普罗柯比关于 6 世纪萨珊波斯在东地中海的地位的描述颇具兴味,见 Procopius, *History of Wars*, vol. I, II. 28. 18 - 23。
② 关于普洛波斯出使匈奴的细节,见 A. A. Vasiliev, *The Goths in the Crimea*, Cambridge: The Medieval Academy of America, 1936, p. 70。
③ Procopius, *History of Wars*, vol. I, III. 40. 5.
④ Constantine Porphyrogennetos, *The Book of Ceremonies*, *Volume I*, trans. by Ann Moffatt and Maxeme Tall, pp. 432 - 433. 查士丁一世的险死还生或与查士丁尼的晋升并无干系,见 G. Dagron, *Emperor and Priest: The Imperial Office in Byzantium*, p. 69。

登基典礼并未按照传统仪式在竞技场举行,首都民众也未能到场。有人认为查士丁尼一世想强调皇权的神赐属性①,故而改变了传统仪式。

　　舅甥共治期间,皇帝权力重叠冲突迹象愈加明显,其间查士丁尼一世的影响力彰显无疑。其一,君士坦丁堡和塞萨洛尼基发行的许多金币上出现了两位皇帝的肖像。然而,这些金币仓促成形,出现了众多细节差异,究其原因可能是查士丁尼一世仓促登基,或查士丁一世病情恶化,铸币工期有限,铸造工艺难以精细。② 其二,共治期间两位皇帝颁行了诸多敕令。研究表明,查士丁一世在位期间所颁敕令中存世者仅有 28 道,多为共治期间颁布,只有 5 道确定在 527 年前颁布,6 道为 527 年共治前颁布。查士丁尼一世对立法工作极为重视,由此可见一斑。其中《反异端敕令》(*On Heresies*)尤为重要,这则敕令在厘定"异端"概念的同时,对于异端教徒的生活、工作和信仰都做出了严格限制,这些都与 520 年以后查士丁一世缓和的宗教政策不一致。显然,这一敕令反映的是查士丁尼一世处理异端问题的强势态度。③ 值得一提的是,这一敕令对于哥特人尤为宽容,表明罗马主教约翰一世出使君士坦丁堡的活动还是有一定影响力的。④

　　527 年 8 月 1 日,在病痛中挣扎了数月之后,查士丁一世去世,享年 75 或 77 岁,按其遗嘱,与其妻合葬。⑤ 查士丁一世出身社会底层,迫于生计而入伍,其境遇实属当时诸多下层年轻人的缩影。只是由于其颇具武略天资,通过建树赫赫战功获得晋升,特别是在外甥协助下抓住机遇最终登基为帝。查士丁一世自微末登极的传奇经历成为一时谈资,有自称马里纳斯(或为卷入阿曼修斯谋反的马里纳斯)的在君士坦丁堡的一个公共浴室墙上详细绘画了查士丁一世登基之前的经

---

① M. Meier, *Justinian: Herrschaft, Reich und Religion*, Munich, 2004, pp. 10–12.

② W. E. Metcalf, "Joint Reign Gold of Justin I and Justinian I," in W. Hahn and W. E. Metcalf eds., *Studies in Early Byzantine Gold Coinage*, New York, 1988, p. 26f.

③ A. A. Vasiliev, *Justin the First, An Introduction to the Epoch of Justinian the Great*, pp. 241–250.

④ G. Greatrex, "Justin I and the Arians," *Studia Patristica* 34, 2000, p79.

⑤ 关于查士丁一世的葬地,见 A. A. Vasiliev, *Justin the First, An Introduction to the Epoch of Justinian the Great*, pp. 416–417。

历,此事招致牢狱之灾,但他以一番慷慨陈词消除了查士丁一世的杀意。① 这则逸事真假难辨,但可以确定的是,查士丁一世并非如传统研究结论所说的平庸无能之辈。

查士丁一世登基为帝之后,宗教上匡护基督教官方正统信仰,弥合因"阿里乌之争"引发的社会分裂,促成东、西教会和解。他在外交上,积极实现了在西地中海地区对蛮族王国的安抚,在东地中海对抗波斯,在保境安民的同时积极扩张地缘政治影响力。他在经济上积极应对频发的自然灾害,进行灾民抚恤和重建工作。纵观查士丁一世在位期间的拜占庭历史,除了在宗教政策上做出巨大转变外,其他方面似乎多为被动应对。

相对其外甥和继任者查士丁尼一世的丰功伟绩而言,查士丁一世在位仅 9 年有余的短暂统治无疑逊色不少。诸多史家认为查士丁尼一世自 518 年起就掌握了拜占庭帝国的实际权力,"查士丁尼王朝"和"查士丁尼时代"两个术语就是明证。② 这一观点主要源于史家对普罗柯比著作的解读。③ 然而,普罗柯比采用修辞性的叙述手法反映其贵族立场④,因此可能对查士丁一世存有偏见。查士丁尼一世对宗教信仰狂热、对昔日罗马帝国辉煌历史的执念、对蓝党的支持,这些都是查士丁一世不认同的。⑤ 后人常以为查士丁一世只是查士丁尼一世捷径登极的跳板,对其统治的影响力比较忽视,事实上查士丁一世在 527 年前对帝国的掌控力不应低估。⑥ 可以说,没有查士丁就没有查士丁尼!⑦

---

① 马里纳斯解释如下:"我行此事……[为了]豪富显贵之辈,勿恃其财,勿怙其权,勿赖其家,而当信神。唯神救穷苦于泥淖,唯神能赐人主之位……"A. A. Vasiliev, *Justin the First, An Introduction to the Epoch of Justinian the Great*, p. 89。

② 瓦西列夫的《查士丁一世》系唯一关于查士丁一世的研究专著,却仍署以"查士丁尼时代的序幕"(An Introduction to the Epoch of Justinian the Great)这一副标题。

③ Procopius, *Anecdota*, VI, 19; XI,5; XII, 29.

④ 或有观点认为,普罗柯比的叙述是修辞性的,见 B. Croke, "Justinian under Justin: Reconfiguring a Reign," p. 54。

⑤ J. A. Evans, "Justin I," in *De Imperatoribus Romanis: An Online Encyclopedia of Roman Rulers and Their Families*, 1998: http://www.roman-emperors.org/justin.htm.

⑥ 克罗克认为 527 年以前查士丁尼的影响力并未越过查士丁一世,见 B. Croke, "Justinian under Justin: Reconfiguring a Reign," pp. 13 – 56。

⑦ 查士丁一世不止一个子侄,但查士丁尼无疑是最为优秀者。作为皇帝的查士丁一世对查士丁尼的优秀和影响日增忌惮,而作为舅舅的查士丁一世希望优秀的养子继承皇位,两者均合乎情理。

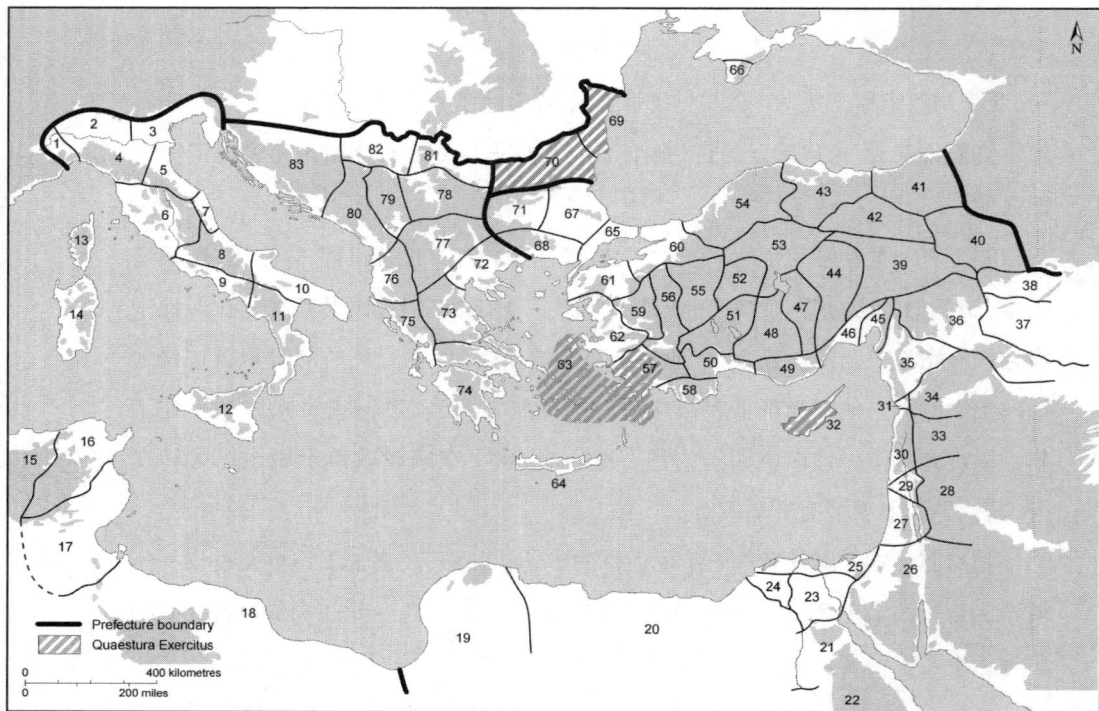

图2 查士丁尼一世时期的拜占庭帝国政区图

Prefecture of Italy 意大利总督管区

1　Alpes Cottiae 柯提亚阿尔卑斯 ● [参见 https://www.britannica.com/place/Alpes-Cottiae.]

2　Aemilia 埃米利亚

3　Venetia 威尼西亚

4　Liguria 利古里亚

5　Flaminia 弗拉米尼亚

6　Tuscia et Umbria 图西亚和安布利亚

7　Picenum 皮切诺

8　Samnium 萨莫奈

9　Campania 坎帕尼亚

10　Apulia et Calabria 阿普利亚和卡拉布里亚

1　Lucania et Bruttium 卢卡尼亚和布鲁提恩

12　Sicilia 西西里亚

Prefecture of Africa 非洲总督管区

13　Corsica 科西嘉

14　Sardinia 撒丁

15　Numidia 努米底亚

16　Zeugitania 泽吉塔尼亚

17　Byzacena 拜扎森纳

18　Tripolitania 的黎波里塔尼亚

Prefecture of Oriens 东部总督管区

19　Libya Pentapolis 彭塔波利斯利比亚（上利比亚）

20　Libya Inferior 下利比亚

21　Arcadia 阿尔卡迪亚

22　Thebais Inferior 下底比斯

23　Augustamnica II 第二奥古斯塔姆尼卡

24　Aegyptus I and II 第一埃及和第二埃及

25　Augustamnica I 第一奥古斯塔姆尼卡

26　Palaestina III 第三巴勒斯提纳

27　Palaestina I 第一巴勒斯提纳

28　Arabia 阿拉比亚

29　Palaestina II 第二巴勒斯提纳

30　Phoenice 腓尼基

31　Theodorias 塞奥多里亚

32　Cyprus (in quaestura exercitus) 塞浦路斯（在"军事管区"[quaestura exercitus]）[关于 quaestura exercitus，参见 https://www.britannica.com/topic/quaestura-exercitus.]

33　Phoenice Libanensis 黎巴嫩腓尼基

34　Syria II 第二叙利亚

35　Syria I 第一叙利亚

36　Euphratensis 幼发拉底西斯

37　Osrhoene 奥斯若恩

38 Mesopotamia 美索不达米亚

39 Armenia III 第三亚美尼亚

40 Armenia IV 第四亚美尼亚

41 Armenia I 第一亚美尼亚

42 Armenia II 第二亚美尼亚

43 Helenopontus 海伦诺蓬托斯 ● [即蓬托斯省（the province of Pontus）。 参 见 https://www.oxfordreference.com/view/10.1093/acref/9780198662778.001.0001/acref-9780198662778-e-2190.]

44 Cappadocia I 第一卡帕多西亚

45 Cilicia II 第二西里西亚

46 Cilicia I 第一西里西亚

47 Cappadocia II 第二卡帕多西亚

48 Lycaonia 吕考尼亚

49 Isauria 伊苏里亚

50 Pamphylia 帕弗里亚

51 Pisidia 比西迪亚

52 Galatia Salutaris 第二加拉太

53 Galatia I 第一加拉太

54 Paphlagonia 帕夫拉戈尼亚

55 Phrygia Salutaris 第二弗里吉亚

56 Phrygia Pacatiana 第一弗里吉亚

57 Caria (in quaestura exercitus) 卡里亚（在"军事管区"[quaestura exercitus]） ● [关于 quaestura exercitus，参见 https://www.britannica.com/topic/quaestura-exercitus.]

58 Lycia 吕西亚

59 Lydia 里迪亚

60 Bithynia 比提尼亚

61 Hellespontus 赫勒斯蓬托斯

62 Asia 亚细亚

63 Insulae (in quaestura exercitus) 诸 岛（ 在" 军 事 管区"[quaestura exercitus]） ● [Insulae 为拉丁文，意为 the Islands，参见 https://www.britannica.com/place/Islands-Roman-province-Greece。关于

quaestura exercitus，参见 https://www.britannica.com/topic/quaestura-exercitus.]

64 Creta 克里特

65 Europa 欧罗巴

66 Bosporus 博斯普鲁斯

67 Haemimontus 赫米蒙图斯

68 Rhodope 罗多彼

69 Scythia (in quaestura exercitus) 斯基泰（在"军事管区"[quaestura exercitus]） ● [关于 quaestura exercitus，参见 https://www.britannica.com/topic/quaestura-exercitus.]

70 Moesia II (in quaestura exercitus) 第二莫西亚（在"军事管区"[quaestura exercitus]） ● [关于 quaestura exercitus，参见 https://www.britannica.com/topic/quaestura-exercitus.]

71 Thracia 色雷西亚

Prefecture of Illyricum 伊利里亚总督管区

72 Macedonia I 第一马其顿

73 Thessalia 塞萨利亚

74 Achaea 阿凯亚

75 Epirus vetus 旧伊庇鲁斯

76 Epirus nova 新伊庇鲁斯

77 Macedonia II 第二马其顿

78 Dacia Mediterranea 地中海达契亚

79 Dardania 达尔达尼亚

80 Praevalitana 普莱瓦里塔纳

81 Dacia ripensis 多瑙河畔达契亚

82 Moesia I 第一莫西亚

83 Dalmatia 达尔马提亚

· Prefecture boundary 总督管区边界

· Quaestura Exercitus 军事管区（quaestura exercitus） ● [关于 quaestura exercitus，参见 https://www.britannica.com/topic/quaestura-exercitus.]

第二节

查士丁尼一世(Justinian I)

527—565 年在位

查士丁尼一世(Justinian I, Flavius Petrus Sabbatius Iustinianus, Φλάβιος Πέτρος Σαββάτιος Ἰουστινιανός,约生于482年,卒于565年11月14日,享年83岁)是查士丁尼王朝(Justinian Dynasty)的第二位皇帝,[①]可能是掌控帝国实权时间最长、寿命最长的拜占庭君主之一,527年4月1日至565年11月14日在位38年。

查士丁尼于公元482年出生在巴尔干半岛色雷斯地区的陶莱修姆(Tauresium)村。[②]该地位于拉丁语区内,因此拉丁语是他的母语。出生后父母为他取名佩特鲁斯·萨瓦提乌斯。少年时,他便被舅父查士丁带到了君士坦丁堡,并且在青少年时期被后者收养,改名为查士丁尼。查士丁尼在君士坦丁堡接受了良好的教育,这为他以后成为伟大的拜占庭帝王打下了坚实的基础;此外他还展现了对神学的特殊爱好,这在他日后统治期间推行的宗教政策中可以略知一二。518年,利奥王朝的最后一位皇帝阿纳斯塔修斯去世,在皇位争夺战中,宫廷侍卫长(Comes excubitorum,也称禁卫军司令)查士丁机缘巧合,获得了帝位[③],后世称之为查士丁一世。作为查士丁一世的养子,聪明伶俐的查士丁尼受到舅舅和舅母

---

① 按拉丁语发音方式,Justinianus 的发音是"尤斯提尼安努斯",但"查士丁尼"是约定俗成的翻译,故这里遵从后者。查士丁尼全名的唯一来源是 521 年他担任执政官的一块记事板(diptychs),上面铭刻"Flacvius Petrus Sabbatius Justinianus"。"Justinianus"这个姓氏显示他是皇帝查士丁一世的养子身份。

② M. Maas ed., *The Cambridge Companion to the Age of Justinian*, New York: Cambridge University Press, 2006, p. 5. 陶莱修姆现名 Gradište,是马其顿共和国境内的一处考古遗址,位于其首都斯科普里东南 20 公里处。

③ 君士坦丁七世的《礼仪书》中保存下来有关查士丁登基的详细记载,见 Constantine Porphyrogennetos, *The Book of Ceremonies*, Canberra: Australian Association of Byzantine Studies, 2012, pp. 426 – 430;有关查士丁当选的过程,见 J. B. Bury, *History of the Later Roman Empire*, vol. 2, New York: Dover Pulications, INC, 1923, pp. 16 – 17。

的喜爱。登基时的查士丁已经是一位老人,加之目不识丁①,因此在很多方面都
依靠自己能力超群的养子查士丁尼。② 查士丁登基后不久,查士丁尼便被任命为
宫廷伯爵(Count of the Domestics),随后更被授予贵族头衔,担任军事统帅
(Magister militum in praesenti)。521 年,查士丁尼当选执政官。③ 527 年 4 月 1 日,
在查士丁去世前的一段时间,查士丁尼被加冕为共治皇帝。527 年 8 月 1 日,随着
前者的去世,查士丁尼正式登基,成为拜占庭帝国的皇帝,后世称为查士丁尼
一世。④

　　查士丁尼统治帝国近 40 年之久。在此期间,他的各项活动和统治政策,对拜
占庭帝国的发展产生了极其深远的影响。关于查士丁尼个人及其统治时代的历
史信息,基本来自当时的文献资料,如文学、历史、宗教、法律文献等,除此外,钱
币、草纸、铭文、考古发掘等也提供了重要的证据。其中,马尔切利努斯·科梅斯
(Marcellinus Comes)、约翰·马拉拉斯、普罗柯比、阿伽提阿斯(Agathias)、科里普
斯(Corippus)、埃瓦格里乌斯、坚信者塞奥法尼斯⑤等同时代以及稍后的著作家们
留下了大量著述,构成了查士丁尼及其时代历史研究依据的主要史料。⑥ 综合以
上著作家的记载及对查士丁尼活动的研究,现代学者普遍认为:查士丁尼统治时
期是一个辉煌的时期,它见证了强大帝国统治的确立,或者说拜占庭帝国中央集

① 《秘史》中记载,查士丁不识字,为了方便签署文件,他的属臣普罗科鲁斯为他制作了一枚可以摹写的图
　章,见[东罗马]普罗柯比著,吴舒屏、吕丽蓉译,陈志强审校注释:《秘史》,上海:上海三联书店 2007 年版,
　第 28 页。
② 伯里认为,查士丁尼个人的超群才智和政治能力使得他对自己舅父的统治产生了重要的影响。见 J.
　B. Bury, History of the Later Roman Empire, vol. 2, p. 21;瓦西列夫提到,在查士丁统治之初,在与罗马大主
　教进行沟通的时候,便受到了查士丁尼的影响,见 A. A. Vasiliev, History of the Byzantine Empire, vol. 1,
　p. 131。
③ J. B. Bury, History of the Later Roman Empire, vol. 2, p. 21。
④ E. Jeffreys, M. Jeffreys, R. Scott, B. Croke trans., The Chronicle of Malalas, Sydney: Australian Association
　for Byzantine Studies, 1986, p. 242, 244; M Whitby, M Whitby trans., Chronicon Paschale 284 - 628,
　Liverpool: Liverpool University Press, 1990, p. 108.
⑤ "Confessor"一词有多种含义,包括"忏悔者"一义。但塞奥法尼斯的这一头衔的获得是来自东正教会,其
　希腊文形式为 ὁμολογητής,含义是指虽然受到迫害,但是坚持自己的宗教信仰的人。根据塞奥法尼斯本
　人的经历以及他的这一头衔的获得可知,此处应该与希腊语含义一致,故应译为"坚信者"。
⑥ A. Cameron, B. Ward-Perkins, M. Whitby eds., The Cambridge Ancient History, vol. XIV: Late Antiquity:
　Empire and Successors, A. D. 425 - 600, p. 67。《复活节编年史》一书也对查士丁尼统治时期有大量的记
　载,可见 M. Whitby, M. Whitby trans., Chronicon Paschale 284 - 628. Chronicon Paschale, ed. L. Dindorf,
　[Corpus Scriptorum Historiae Byzantinae] Bonn: Weber, 1832, TLG, No. 2371001.

权制国家建设的完成。同样,该时期也被看作是专制统治时期,其标志是查士丁尼对"尼卡骚乱"(Nika Riot)的镇压和对参与该事件者的迫害活动。①

查士丁尼在统治之初,便有极大的抱负,按照瓦西列夫的说法,"作为罗马皇帝的继承者,查士丁尼认为,恢复罗马帝国是他的职责,同时,他希望在帝国内确立唯一的法典和唯一的信仰。'一个国家、一部法典、一个教会'——这就是查士丁尼全部政治生涯的模式。"②他在追求其政治抱负的努力中,实现了自己的目标,在继承晚期罗马帝国政治传统中实现了自身的价值,成为后世帝王效仿的榜样。

为了实现其抱负,查士丁尼统治期间取得了多项重大业绩。其中,首推的是查士丁尼立法活动。查士丁尼认为,"皇帝的威严光荣不但依靠武器,而且须用法律来巩固,这样无论在战时或平时,总是可以将国家治理得很好;皇帝不但能在战场上取得胜利,而且能采取法律手段排除违法分子的非法行径,皇帝既是虔诚的法纪伸张者,又是征服敌人的胜利者。"③同时,他相信,是上帝赐予帝王以制定和解释法律的权力,因此,一位皇帝必须是立法者,他的权力来自上天。④ 查士丁尼的这种认识还基于当时的情况,古代晚期以来的罗马法到拜占庭时代确实已经混乱不堪⑤,这严重影响到了皇帝的统一政令。为此,查士丁尼开始了工程浩大却利在千秋的"立法大业"。

查士丁尼在登基六个月之后,即528年2月13日,便下令组织一个由十人组成的法典编纂委员会,开始编辑和整理一部新的帝国法典,该委员会由帝国东方大区长官卡帕多西亚人约翰领衔。⑥ 委员会的主要工作是,清理历代罗马皇帝所颁布的法令,删除其中矛盾及过时的材料,其余则按照年代顺序编排,并标明颁布

---

① *The Cambridge Ancient Hiostory*, vol. XIV, *Late Antiquity: Empire and Successors*, A. D. 425 -600, p. 65.
② A. A. Vasiliev, *History of the Byzantine Empire*, vol. 1, p. 148. 奥斯特洛格尔斯基也持相似观点:"恢复罗马遗产是罗马皇帝的天然责任。不仅如此,将罗马土地从蛮族入侵和阿里乌派异端控制下解放出来,进而恢复罗马统一帝国和正统基督教帝国,也是其神圣的使命。查士丁尼的全部政策就是以此为目的的。"见[南斯拉夫]乔治·奥斯特洛格尔斯基:《拜占庭帝国》,第51页。
③ [罗马]查士丁尼著,张企泰译:《法学总论》,北京:商务印书馆1997年版,第1页。
④ A. A. Vasiliev, *History of the Byzantine Empire*, vol. 1, p. 142.
⑤ 关于罗马法的混乱及臃肿情况见 A. A. Vasiliev, *History of the Byzantine Empire*, vol. 1, pp. 142 - 143; [英]爱德华·吉本:《罗马帝国衰亡史》,第246页。
⑥ [英]爱德华·吉本:《罗马帝国衰亡史》,第248页。

者的名字。① 经过一年多时间的整理，第一部 10 卷本的《查士丁尼法典》(*Codex Justinianus*)于 529 年 4 月 7 日颁布。② 该法典收集了自哈德良皇帝以来至查士丁尼时期的敕令，它成为帝国的唯一权威性法典。接下来，查士丁尼立法活动的第二步工作开始转向整理罗马法学家的法律解释。530 年 12 月 15 日，他任命以帝国大法官特里波尼安(Tribonian)③为首的编纂委员会从事这项工作：来自君士坦丁堡和贝鲁特的 16 位法学家组成了该委员会。为做好此项工作，编委会阅读和研究了大约 2000 册书，该法计 300 万行以上。④ 这是一部巨著，查士丁尼认为，在他下令编书之前，没有任何人曾经期待或者想象过，这竟是人的力量所及之事。经过三年多的工作，法学家们搜集和审查了所有以往公认的法学家的著作，从中选择、节录和分门别类整理出他们认为有价值的东西，共编辑《学说汇纂》(*Digesta seu Pandectae*) 50 卷于 533 年 12 月 16 日颁布。同时，为了满足青年人学习法律的需要，查士丁尼又任命特里波尼安、君士坦丁堡法学教授塞奥菲鲁斯和贝鲁特法学教授多罗修斯组成的另一个委员会编订一部法学学生使用的教科书。该书于次年 11 月 16 日颁行，称《法学总论》(*Institutiones*)。在编纂《学说汇纂》和《法学总论》期间，常规的立法活动没有停止。皇帝又颁布了许多新的法令，许多章节得到重新审定。简言之，529 年出版的《查士丁尼法典》看来在许多方面过时了，因此，534 年新的修订补充工作开始了。这部修订增补的 12 卷本法典问世，被称为《法典修订本》(*Codex repetitae praelectionis*)。⑤ 在这三部法典完成之后，即 534 年以后，查士丁尼继续颁布新的政令，由于帝国的统治重心已经偏向东方，因此，这些政令大多以希腊语颁行。在查士丁尼去世后，这些政令被法学家们整理成册，总称为《新律》(*Novellae Leges*)。⑥

---

① ［罗马］查士丁尼：《法学总论》，第 ii 页。M. Maas ed., *The Cambridge Companion to the Age of Justinian*, pp. 162 – 163。

② *The Cambridge Ancient History*, vol. XIV, *Late Antiquity: Empire and Successors*, A. D. 425 –600, p. 67.

③ 吉本对特利波尼安的生平有详细的阐述，见［英］爱德华·吉本：《罗马帝国衰亡史》，第 246—247 页。

④ *The Cambridge Ancient History*, vol. XIV, *Late Antiquity: Empire and Successors*, A. D. 425 –600, p. 67.

⑤ 529 年版的《查士丁尼法典》没有流传下来，后世所见到的是 534 年的修订版，其最新英译本见 Bruce W. Frier ed., *The Codex of Justinian. A New Annotated Translation, with Parallel Latin and Greek Text*, Cambridge: Cambridge University Press, 2016。

⑥ D. J. D. Miller, trans., and Peter Sarris, ed., *The Novels of Justinian: A Complete Annotated English Translation*, Cambridge University Press, 2018。

　　上述立法构成了查士丁尼时代的法律体系和执法的依据，为拜占庭帝国治理提供了统一的法度，也为查士丁尼各项改革举措提供了法律依据。该法典适用于查士丁尼时代的整个帝国，取代了当时存在的前代法律，此后又长期影响帝国社会生活，标志着早期拜占庭帝国中央集权制国家建设的完成。在长期的使用中，该法以四部分形式存在，直到中古盛期，即自 12 世纪初开始，当罗马法的研究在欧洲复兴时，查士丁尼的所有立法著作才以《民法大全》（ *Corpus juris civilis* ）而著称于世。至今，这部法典仍被称为《罗马民法大全》。① 由于该法典是按照法理架构编纂的，因此对后世影响深远，直到近现代世界仍为法学界关注。②

　　在完成"立法大业"后，查士丁尼开始了其建立"一个帝国"的宏图伟业。在此过程中，查士丁尼的主要举措是恢复罗马帝国近一个世纪以来所失控的西地中海世界的领土。③ 为了实现该目标，查士丁尼主要采取了进攻和防御两大战略：对西欧的日耳曼人蛮族发动攻势，对东方的波斯人和北方的斯拉夫人则采取守势。④ 这一战略符合其将地中海重新变为帝国"内湖"的计划。

　　在发动收复西部地中海世界领土的战争之前，查士丁尼先与帝国的宿敌波斯萨珊王朝于 532 年签署了"永久和平协定"（ἀπέραντος εἰρήνη）⑤，以确保东方边疆的稳定。在此之前帝国与萨珊波斯在东方的争夺互有胜负，然而，531 年时，萨珊波斯国王卡瓦德一世（Kavad I，488—531 年在位）突然去世，他的第三子科斯劳埃斯一世（Chosroes I，531—579 年在位）获得王位。科斯劳埃斯立基未稳，而查士丁尼意欲西征⑥，二人各有目的，一拍即合，随即签署了停战协定。该协定为双方

① A. A. Vasiliev, *History of the Byzantine Empire*, vol. 1, p. 145. ［罗马］查士丁尼：《法学总论》，第 iii 页。
② 陈志强：《拜占廷帝国史》，第 131—132 页，概括总结了该法典的特点。
③ 关于查士丁尼恢复罗马帝国丧失领土问题的原因，一般学者都强调这是查士丁尼对罗马帝国的认同，期望恢复罗马帝国昔日的荣光，但是希腊学者卡拉扬诺布鲁斯同时强调，西部地中海世界的商业和经济的繁荣也是吸引查士丁尼西征的重要原因，见 Γιάννης Καραγιαννόπουλος, *Το Βυζάντιο Κράτος*, Β', Αθήνα: Έρμης, 1985, σ. 44。
④ A. A. Vasiliev, *History of the Byzantine Empire*, vol. 1, p. 133.
⑤ Procopius, *The Wars of Justinian*, Book One, 22.17, Procopius, *The Wars of Justinian*, trans. H. B. Dewing, revised and modernized, with an introduction and notes, by A. Kaldellis, Indianapolis/Cambridge: Hackett Publishing Company, Inc, 2014, p. 50.
⑥ G. Greatrex, S. N. C. Lieu, *The Roman Eastern Frontier and the Persian Wars*, Part II AD 363 - 630, New York: Routledge 2002, p. 96.

都争取了时间,在八年内,双方基本处于和平的状态。[1]

在解决了东方之忧后,查士丁尼开始了西地中海收复行动。他最先发动的收复战争是针对来自北非的汪达尔王国。北非汪达尔王国建于 439 年,它以迦太基为中心,以强大的海军称霸于海上,对罗马拜占庭帝国构成了长期威胁。455 年,汪达尔人抢劫了罗马城,进入希腊和爱琴海。468 年,汪达尔人迫使拜占庭皇帝承认自己的独立,名义上仍对帝国称臣。[2] 6 世纪初的汪达尔国王是希尔德里克(523—530 年在位),由于其母亲是罗马皇室后裔的缘故[3],与查士丁尼保持着同盟关系。[4] 530 年,希尔德里克的表亲盖利默(Gelimer,530—534 年在位)发动政变,推翻其统治,封自己为汪达尔国王。希尔德里克向查士丁尼发出救援的请求,这为后者提供了发兵北非的机遇和借口。虽然以市政官卡帕多西亚的约翰为首的帝国大臣提出反对意见,查士丁尼还是力排众议,于 533 年委派贝利萨留率领 1.8 万人的大军出征。贝利萨留以西西里为跳板,快速在北非的突尼斯登陆,通过两次决定性的战役彻底打败了盖利默,收复了北非汪达尔王国的领土。[5] 534 年 4 月,拜占庭帝国在北非以迦太基城为中心建立了行政区。虽然汪达尔人之后被罗马人同化,但是北非的土著居民柏柏尔人经常起义反抗,导致拜占庭军队内部的叛乱,使得北非在很长时间内都没有建立正常的统治秩序,直到 548 年帝国将军约翰·特罗格利塔(John Troglita)主政北非[6],才恢复了统治秩序,重建了"罗马帝国"的政区[7],称为总督区,北非的稳定一直持续到 7 世纪初阿拉伯人的

[1] 540 年,在东哥特国王维提却斯的鼓动下,萨珊波斯再次入侵拜占庭在东方叙利亚和美索不达米亚地区的领土,战事再起,随之发生了查士丁尼与波斯人的第二阶段战争,见 G. Greatrex and S. N. C. Lieu eds., *The Roman Eastern Frontier and the Persian Wars*, *Part II AD 363 –630*, pp. 102 – 134。

[2] 徐家玲:《拜占庭文明》,北京:人民出版社 2006 年版,第 48 页。

[3] S. I. Oost, *Galla Placidia Augusta: A Biographical Essay*, Chicago: University Press, 1968, pp. 306f.

[4] 普罗柯比提到,希尔德里克与查士丁尼之间互相交换金钱礼物,以此来表示友好关系,见 Procopius, *The Wars of Justinian*, Book Three, 9.5, Procopius, *The Wars of Justinian*, p. 164。

[5] 关于查士丁尼征服汪达尔人的前后经过,见 A. Merrills, R. Miles, *The Vandals*, West Sussex: Wiley-Blackwell, 2010, pp. 228 – 233。

[6] 有关约翰·特罗格利塔在北非的事迹,在同时代的著作家克利普斯的著作中有详细的记载,见 G. W. Shea, *The Iohannis or de Bellis Libycis of Flavius Cresconius Corippus*, Lewiston/New York: E. Mellen Press, 1998。

[7] 徐家玲:《早期拜占庭和查士丁尼时代研究》,长春:东北师范大学出版社 1998 年版,第 208—210 页;徐家玲:《拜占庭文明》,第 49 页。

到来。

北非汪达尔战争的胜利,使得查士丁尼信心百倍,因此在535年发动了针对意大利的东哥特战争。东哥特王国由塞奥多里克于489年建立,定都于拉文纳。虽然东哥特人信仰的是基督教异端阿里乌派,但是自建立之初,东哥特王国便奉行与拜占庭皇帝亲善的政策,不仅承认宗藩关系,而且尊重罗马的文化传统,罗马时期的元老院组织和民众组织以及罗马人喜闻乐见的竞技娱乐活动都在东哥特王国得到保留。① 查士丁尼登基之前的526年8月,"伟大的"塞奥多里克去世了,他的外孙阿塔拉里克(Athalaric,526—634年)年纪尚幼,因此由他的女儿阿玛拉松塔(Amalasuntha)担任摄政。此时的东哥特贵族势力非常强大,密谋推翻阿塔拉里克的统治,摄政王阿玛拉松塔力挽狂澜,镇压了反叛。534年10月2日,阿塔拉里克去世,阿玛拉松塔试图通过与其堂兄狄奥达图斯(Theodatus,534—536年在位)的联盟来加强她的地位,但是后者却将她杀死,独占王位。阿玛拉松塔的去世为查士丁尼征服战争提供了绝佳的借口。②

535年夏,查士丁尼派出帝国将军贝利萨留和蒙都斯(Mundus),分水陆两路发动对东哥特人的进攻。贝利萨留以迅雷不及掩耳之势,攻占了西西里岛和那不勒斯,并于536年12月9日进入罗马城。在拜占庭的强大攻势下,东哥特人废除了无能的国王狄奥达图斯,并推选出维提却斯(Vitigis)组织东哥特人抵抗。维提却斯受命于国家危急时期,派出专使设法说服拜占庭的东方宿敌萨珊波斯在幼发拉底河流域向拜占庭发难。③ 同时,他又以贿赂方式得到法兰克国王的军事支持。在双重压力下,贝利萨留被迫与哥特人议和,撤离意大利,赶赴波斯前线反击波斯军队(540年)。此时,罗马官僚在"重建"意大利秩序时滥用职权,其巧取豪夺的行为引起意大利人的愤怒,年轻的哥特军人托提拉(Totila)被拥立为国王

---

① 徐家玲:《拜占庭文明》,第49页。
② 阿玛拉松塔在面临第一次东哥特贵族密谋反叛的时候,曾与查士丁尼有密切的交往,查士丁尼答应对她予以保护,现在她的去世正好为查士丁尼出兵提供了借口,关于二者交往见 Procopius, *The Wars of Justinian*, Book Five, 2. 23 - 26, Procopius, *The Wars of Justinian*, p. 256。此外,普罗柯比在《秘史》中提到,为了防止阿玛拉松塔以美貌引诱查士丁尼,塞奥多拉说服查士丁尼委派彼得去见狄奥达图斯,说服后者杀掉阿玛拉松塔,见[东罗马]普罗柯比:《秘史》,第79页。
③ G. Greatrex, S. N. C. Lieu, *The Roman Eastern Frontier and the Persian Wars, Part II AD 363 - 630*, p. 102.

（541 年），公开打出反抗罗马的大旗。查士丁尼先后委任贝利萨留、日耳曼努斯（Germanus）和宦臣纳尔泽斯（Narses）赴意大利作战，经过十几年的战争，最终于552 年打败了东哥特军队。东哥特残余势力被驱赶到帝国边境之外，东哥特王国灭亡。哥特战争结束后，纳尔泽斯又击溃了来犯的法兰克人，用八年时间完成了在意大利重建帝国行政区的工作。① 由于长期战争，曾经繁荣昌盛的意大利已经满目疮痍、死气沉沉。数年后的 568 年，意大利又遭到日耳曼部落伦巴第人的入侵，拜占庭帝国在意大利的统治再次陷入危机。②

　　关于查士丁尼夺取西班牙领土的信息，我们所知甚少，因为没有任何同一时代的拜占庭著作家留下只言片语。③ 据其他史料提供的信息可知，查士丁尼利用西哥特人内部发生篡夺君权的内战之机，于 550 年向西班牙派出了海军。尽管这支军队数量不大，但它却取得了显著成功。许多沿海城市及堡垒被攻克，最终查士丁尼的军队从西哥特人手中夺得了比利牛斯半岛南端及迦太基、马拉加及科尔多瓦等城市。于是，拜占庭帝国在西班牙的占领地就囊括了西至圣维森特角，东至迦太基的地区。从此拜占庭帝国以行省统治的方式长期占领此地，持续约 70 年之久④，直到伊拉克略统治时期。

　　总体来看，查士丁尼早期的军事征服是成功的，汪达尔人、东哥特人，乃至于一些西哥特人被迫臣服于拜占庭帝国。地中海再度成为拜占庭帝国的内湖。查士丁尼在其敕令中自称："凯撒·弗拉维·查士丁尼皇帝，征服阿拉曼、哥特、弗朗克、日耳曼、安特、阿兰、汪达尔、阿非利加的、幸运的、光荣的、凯旋的、永远威严的胜利者……"⑤但是，这种表面上的荣耀还有其反面，帝国取得成功的代价太过沉重，因为常年战争导致拜占庭国家经济吃紧。⑥ 而且由于军事重心西移，东方和

---

① 针对意大利的重建工作，查士丁尼于 554 年颁布了《国事诏书》。他希望借此，在继承东哥特王国所保留的罗马旧制的基础上，实现意大利回归社会常态的重建目标，关于《诏书》具体内容见张书理：《查士丁尼〈国事诏书〉译注》，《古代文明》2013 年第 4 期，第 39—50、110—111 页。

② 徐家玲：《拜占庭文明》，第 50—51 页。

③ J. B. Bury, *History of the Later Roman Empire*, 2. 286 - 88.

④ A. A. Vasiliev, *History of the Byzantine Empire*, vol. 1, pp. 138 - 39.

⑤ ［罗马］查士丁尼：《法学总论》，第 1 页。

⑥ 关于查士丁尼西征带来的经济后果，近年来有诸多学者提出了不同意见，如卡拉扬诺布鲁斯认为，帝国经济的衰退主要发生在查士丁尼统治的后期，因此与西征没有直接关系，见 Γιάννης Καραγιαννόπουλος, *Το Βυζάντιο Κράτος*, Β', σ. 56。

北方暴露在波斯人、斯拉夫人等民族的进攻之下。这种态势在查士丁尼去世之后,变得越发严重,帝国陷入了前所未有的危机。

在查士丁尼统治时期,帝国内部的宗教问题依旧严峻。为了实现"一个教会"的目标,查士丁尼主要采取了两大举措,第一是打击非基督教,第二是解决基督教派别之间的争端。查士丁尼制定了一系列针对摩尼教徒、撒玛利亚人等非基督教的法律①,禁止其教徒参与公共事务和担任官职,陷入"异教主义"的基督教徒以及向神进行秘密献祭的人将被处以死刑,其教徒从事教师职业的不得接受来自帝国国库的薪金,如果他们不接受基督教洗礼,将被剥夺财产,并且被判处流放。② 在这种背景下,位于雅典的异教文化中心——新柏拉图学园也于 529 年被迫关闭,在此任教的希腊哲学家们纷纷逃亡波斯,在波斯国王科斯劳埃斯那里寻求庇护。③ 该事件被很多现当代学者看作是拜占庭帝国终结古代多神教思想的标志。④ 但查士丁尼没有能彻底根除非基督教,其教徒仍在偏僻地区继续秘密存在。⑤

查士丁尼面临的另一个宗教问题是一性论派的发展以及与西方教会的分裂。自《卡尔西顿信条》通过以来,罗马教会在基督教世界的重要地位得到确立,这就加速造成东西方基督教会争夺教权的冲突。虽然罗马教会和君士坦丁堡教会暂时达成和解,但是二者之间的矛盾依旧存在;以亚历山大里亚城为中心的一性论

① 撒玛利亚人是犹太人的一个旁支。公元前 722 年,亚述王征服分裂后的以色列国首都撒玛利亚(其南国犹大以耶路撒冷为中心又存活了 100 余年),以色列国亡。撒玛利亚居民与外族通婚后,其血缘亦混杂,被所谓纯正种的犹太人称为"撒玛利亚人"。

② *Cod. Iust.* 1. 5. 12, Annotated Justinian Code, ann. and trans. by Fred H. Blume, http://www. uwyo. edu/lawlib/blume-justinian/ajc-edition-2/books/book1/book%201 - 5rev. pdf, 登陆日期:2019 年 1 月 2 日。

③ 事实上,逃亡波斯的七位希腊哲学家在波斯待了不到一年便失望地返回到拜占庭,同时波斯国王科斯劳埃斯要求查士丁尼在停战协定中写明,不得迫害这些哲学家,并且允许他们信仰自由,查士丁尼答应了该要求。见 Agathias, *The Histories*, trans. with an introduction and short explanatory notes by Joseph D. Frendo, NewYork: Walter De Gruyter, 1975, p. 66. Agathiae Myrinaei, *Historiarum libri quinque*, ed. R. Keydell, [Corpus Fontium Historiae Byzantinae 2] Berlin: De Gruyter, 1967, TLG, No. 4024001. Polymnia Athanassiadi, "Persecution and Response in Late Paganism," *Journal of Hellenic Studies* 113 (1993), pp. 1 - 29; Pierre Chuvin, trans. B. A. Archer, *A Chronicle of the Last Pagans*, Cambridge: Cambridge University Press, 1990, passim。

④ 关于雅典新柏拉图学园关闭产生的影响,有学者认为传统观点有些夸大其词,详情见 A. Cameron, "The Last Days of the Academy at Athens," in Alan Cameron ed., *Wandering Poets and Other Essays on Late Greek Literature and Philosophy*, New York: Oxford University Press, 2016, pp. 205 - 246。

⑤ A. A. Vasiliev, *History of the Byzantine Empire*, vol. 1, p. 150.

派从此脱离了统一的"基督教世界",在埃及、叙利亚和巴勒斯坦等东方各行省吸引大批信众,逐步形成了强大的一性论派教会。查士丁尼对一性教派的政策一方面是基于东方局势的考虑,另一方面受到皇后塞奥多拉的极大影响。塞奥多拉年轻时曾流亡埃及和东方各省,与一性论派教徒多有交往。因此,查士丁尼在其统治初期试图同一性教派建立和解关系,他允许那些在查士丁统治时期及他自己统治早年遭到流放的主教回归故里,还邀请一性教派教徒到首都,参加宗教和解会谈。[1]

　　为了进一步解决一性论派问题,他在 553 年的大公宗教会议上,提出了著名的"三章案"决定,即批判 5 世纪三位具有聂斯托利派异端倾向的教会作家莫普苏埃斯蒂亚的塞奥多利(Theodore of Mopsuestia)、基鲁斯的塞奥多利特(Theodoret of Cyrus)和埃德萨的伊巴斯(Ibas of Edessa),以此缓和一性论派对《卡尔西顿信条》的抵触情绪。与此同时,他还将反对一性论派的罗马主教维吉里乌斯软禁起来,强迫他在 553 年宗教会议的决议上签字。查士丁尼缓和宗教冲突的策略没有带来他预想中的结局。[2] 一性教派并不甘心对皇帝的让步。查士丁尼统治的最后岁月可能倾向于更加宽容一性教派,也许是他对塞奥多拉更加思念的结果,那些反对其政策的大主教甚至遭到流放。一时间一性教派有可能成为迫使所有人接受的主流教派,这将引发更为严峻的新矛盾。恰在此时,年迈的皇帝辞世了,随着他的去世,拜占庭帝国的宗教政策又一次发生了变化。[3]

　　查士丁尼统治时期,除了在法律和军事上取得了极大的成就,在建筑和文学等方面也取得了极大的成果。查士丁尼统治时期,形成了建筑中的"拜占庭风格",影响后世千余年。其主要特征是:建筑平面十字架设计,横向与竖向主体建筑长度差异较小,其交点上方架设大型半圆球形穹顶。穹顶飞架在正方形的平面上空,其中央大厅为中心会堂,为了把重量传导到四个独立的主要巨型支柱上,穹顶飞架在四个拱顶上,其中四角连接处的三角形球面设计堪称一绝,有效地保证了穹顶的稳定性。这种风格的代表作就是圣索菲亚大教堂。圣索菲亚教堂的修

---

① A. A. Vasiliev, *History of the Byzantine Empire*, vol. 1, p. 151.

② 徐家玲:《拜占庭文明》,第 339 页。

③ 关于查士丁尼的宗教政策,见 A. A. Vasiliev, *History of the Byzantine Empire*, vol. 1, p. 154。

建经历了较为曲折的过程，先后有两座早期以此为名的教堂被烧毁，特别是 532 年"尼卡骚乱"引燃的全城大火烧毁了原来的同名教堂。查士丁尼在原来的教堂废墟基础上修建新教堂。这座教堂的穹顶虽然经过 558 年大地震而坠毁，但很快重修，保留至今。① 当时，查士丁尼邀请了著名的建筑师米利都的伊西多尔（Isidore of Miletus）和特拉勒斯的安泰米乌斯（Anthemius of Tralles）来设计和主持修建，费时五年半修成。教堂占地宽广，仅中央大厅就有 5600 多平方米，并且大厅上空巨大的半球形穹顶直径超过 31 米，凌空飞架在几个小穹顶之上，距离地面的高度超过了 56 米，成为当时欧洲最高的建筑之一。圣索菲亚大教堂突出地反映了当时拜占庭建筑艺术的水平，对整个欧洲、地中海和近东地区的建筑技术发展都有极大影响，分布在这个广大地区的许多中世纪教堂都仿造其风格建筑，而它的建筑模式和设计理念从此成为"拜占庭式建筑"的特色。②

查士丁尼统治时期，还是一个重要的文学繁荣时期。此时帝国出现数位杰出的作家，他们的作品题材以历史为主，而其撰述的主要特点是模仿古典语言和写作风格。其中最突出者便是来自凯撒里亚的普罗柯比（Procopius of Caesarea，约 500—565 年）。作为一位受到正统古典教育的学者，他在年轻时便以作品的优美典雅而闻名。后来他受聘于君士坦丁堡大学，讲授修辞学，大约 27 岁时担任帝国将军贝利萨留的顾问和秘书，参与帝国的对外征服活动。作为查士丁尼统治时期的见证人和亲历者，他通过著名的《战史》《论建筑》和《秘史》三部作品，从不同角度为后人展现了查士丁尼统治时期的帝国风貌和历史发展的特点。在语言上，他的作品使用古典阿提卡方言写作；在表达上，则极力模仿希罗多德和修昔底德等先贤，因此他被公认是最后的古典史家。③ 在他之后，来自小亚米里纳的阿伽提阿斯（Agathias of Myrina，约 530—582 年）以模仿和继承他的作品为目标，撰写了涵盖 552—558 年拜占庭历史的《历史》一书。除了上述两位著作家，该时代还涌现了其他重要的著作家和作品，如编年史家约翰·马拉拉斯（John Malalas，约

---

① ［美］西里尔·曼戈著，张本慎等译：《拜占庭建筑》，北京：中国建筑工业出版社 2010 年版，第 57—62 页。

② 陈志强：《拜占庭帝国通史》，上海：上海社会科学院出版社 2013 年版，第 127—128 页。A. A. Vasiliev, *History of Byzantine Empire*, vol. I, pp. 189‑190。

③ 西方著名的"洛布古典丛书"中所收录的最后一位史家即是普罗柯比。

491—578 年）及其《编年史》、以弗所的约翰（John of Ephesus，约 507—588 年）及其《教会史》，以及圣诗作家罗曼努斯（Romanus the Melodist，约 5—6 世纪）等。[1] 他们的作品从不同角度反映了该时代帝国政治、文化等转型和变革的重要特点。

查士丁尼在位时期，帝国首都君士坦丁堡爆发了一场危及帝国生存的市民暴乱事件，即 532 年的"尼卡骚乱"[2]，查士丁尼正是通过对此次起义的武力镇压，加强了皇权的统治，巩固了自己的地位。这场市民暴乱是首都赛车手组织竞技党发起的。拜占庭帝国城市的竞技场赛车活动由来已久，按照赛车传统，参赛队分别着红、白、蓝和绿四色队服，赛场观众也组成相应颜色的观赛区域群体，着不同颜色服装，为本区赛车手呐喊助威。后来随着赛事的频繁，他们逐渐发展成为表达政治意愿的竞技党。竞技场各党派在拜占庭时期被称为吉莫（demes），它后来发展为代表一定政治、社会或宗教倾向的政治党派。竞技场民众的呼声成为一种可左右皇帝和元老院决策的公众舆论[3]，其中蓝党和绿党是两个最大的竞技党派别，红、白两派因为势力较弱，则依附于前者。蓝党多为贵族元老阶层代表，宗教理念上奉行"正统"的"尼西亚信经"，绿党多为工商业阶层代表，宗教上倾向于顽固的一性论派，他们之间经常发生冲突，有时甚至当街斗殴，破坏首都正常秩序。据记载，阿纳斯塔修斯一世时期，竞技党的暴乱差点推翻皇帝的统治。[4]

532 年"尼卡起义"的原因很复杂。根据瓦西列夫的分析，造成暴动主要有三方面的因素：统治阶层中争夺皇权的斗争、民众难以适应查士丁尼改革和朝廷摇摆不定的宗教问题。首先阿纳斯塔修斯仍健在的家族势力认为，查士丁和随后的查士丁尼的即位，使得他们丧失了皇权的继承权利，因此在信奉一性教派信仰的绿党支持下，他们计划推翻查士丁尼的统治。其次，大幅度的税收改革造成的社会不满集中在对帝国高级官员破坏法律的抗争上，特别是官僚们对

---

[1] 诸如大主教约翰、诺诺苏斯（Nonnosus）、拜占庭的塞奥法尼斯（Theophanes of Byzantium）、吕底亚人约翰（John of Lydian）等人的著作只留下了残篇，散见于后世的一些著述之中。

[2] "尼卡骚乱"是查士丁尼统治时期的一场影响最大的市民反抗运动，受到众多学者的关注，见 J. B. Bury, "The Nika Riot", Journal of Hellenic Studies 17（1897），pp. 92–119；G. Greatrex, "The Nika Riot：A Reappraisal," Journal of Hellenic Studies 117（1997），pp. 60–86。

[3] A. A. Vasiliev, History of Byzantine Empire, vol. I, p. 155.

[4] J. A. Evans, The Emperor Justinian and the Empire, p. 15.

民众进行无耻的勒索及残酷的盘剥,引起首都民众的普遍不满,他们将矛头指向君士坦丁堡市政官尤戴蒙、帝国大法官特里波尼安和东方大区长官长卡帕多西亚人约翰。最后,是一性教派信徒的不满,他们在查士丁尼统治初年受到极大压制。这三种因素激起两党联合发动首都民众暴动。在查士丁尼下令处死被捕的两党成员后,蓝党和绿党联合行动,他们指责皇帝高额税收的财政政策,抱怨卡帕多西亚人约翰制定的税收政策过于繁重,怒斥官员的横征暴敛,公开否定查士丁尼的中央集权专制化措施。按照处理竞技党骚乱的惯例,皇帝派出传令官到竞技场,同民众进行谈判,但没有达成任何协议。暴动迅速波及整个城市,主城区的建筑和艺术遗产遭到破坏和焚烧,大火也波及了圣索菲亚教堂。暴动者用以激励自己的口号是"尼卡",希腊语意为"胜利""克敌制胜",因此这次暴动被称为"尼卡骚乱"。查士丁尼被迫同意罢免特里波尼安和卡帕多西人约翰,并亲自到竞技场与暴民谈判,宣布了这一决定,但是仍不能平息众怒。阿纳斯塔修斯的一个侄子被宣布为皇帝。当查士丁尼及其廷臣谋士躲在宫中准备逃跑时,塞奥多拉站了出来。她所说的话被普罗柯比记录下来:"一个人来到这个世界上,就不可能逃避死亡;但是对于一个曾经君临天下的人,流亡是最不可忍受的——噢,皇上,如果您希望解救您自己,这并没有困难;我们有足够的金钱;那边就是海,海上有船。但是,想一想,一旦您逃到一个安全的地点,您是否就不会求死而去求生了呢? 我赞成一句老话:皇家的紫衣是最好的葬袍。"①皇后的话使得查士丁尼克服了最初的慌乱,在皇后的辅助下,他任命贝利萨留和蒙都斯镇压了参与叛乱的暴民。贝利萨留把被骗入竞技场的暴动者包围起来,当场屠杀了3万余人。暴动被血腥镇压了,阿纳斯塔修斯的侄儿及其团伙势力被剿灭,查士丁尼也坐稳了皇帝宝座。②

　　另一个对查士丁尼统治时期产生极大威胁的是542年大瘟疫,又被后世学者

---

① 〔美〕A. A. 瓦西列夫:《拜占庭帝国史》,第 246—247 页。原出处见 Procopius, *The Wars of Justinian*, Book One, 24. 32, Procopius, *The Wars of Justinian*, p. 64。

② 关于镇压的场面,普罗柯比有详细的记载见 Procopius, *The Wars of Justinian*, Book One, 24. 39 - 53, Procopius, *The Wars of Justinian*, pp. 65 - 67;A. A. Vasiliev, *History of Byzantine Empire*, vol. Ⅰ, p. 157. 陈志强:《拜占廷帝国史》,第 92—94 页。

称为"查士丁尼瘟疫"①。这场瘟疫给拜占庭帝国造成了人员乃至经济上的极大损失。瘟疫为该时期的数位著作家所记载,但是作为瘟疫的亲历者,普罗柯比的记载最为权威也最为翔实。他写道:"这时候发生了一场灭绝人类的大瘟疫……这次瘟疫最先从生活在佩鲁希昂(Pelusium)的埃及人开始流行,然后分两个方向传播,一个方向传入亚历山大和埃及其他地方,另一个方向传入靠埃及边境的巴勒斯坦地区。由此它迅速蔓延扩散,传遍整个世界。它肆意横行,随心所欲,但其运行又似乎有某种预定的安排……第二年仲春时节,它到达拜占庭城,那时我碰巧也在拜占庭城。"②学者们通过文献记载和近年来对墓葬中尸体骸骨 DNA 的检测,得出结果认为这场瘟疫是由鼠疫造成的。而普罗柯比的记载告诉我们,它的传播路线,即由埃及传至巴勒斯坦和叙利亚,次年到达君士坦丁堡,然后传遍小亚细亚并穿越美索不达米亚进入波斯,后来它还渡海进入意大利和西西里。这次瘟疫在君士坦丁堡持续了 4 个月,死亡率相当高;城市和乡村都因此废弃,农业活动被迫中止,到处盛行饥饿、恐慌,加之人民大量逃出感染区,使帝国陷于一片混乱。所有的宫廷活动都停止了。皇帝本人也感染了瘟疫,但侥幸逃出了生天。③ 据普罗柯比记载,君士坦丁堡每天都有 5000 人到 1 万人死于瘟疫,后世学者们认为他的记载有夸张成分,每天死亡 5000 人的数量较为合理。即便如此,据估计,君士坦丁堡也有将近 20—40%的市民死于这场瘟疫。而整个帝国死于瘟疫的人高达 2500 万到 5000 万人。特别值得注意的是,6 世纪地中海世界的鼠疫此后一个世纪不断爆发,导致拜占庭帝国在经济和政治上走向衰弱。④ 查士丁二世的一则《新律》提到了瘟疫对帝国影响的程度,他说:"国库负债累累,达到极端贫穷",而

① 有关"查士丁尼瘟疫"的论著很多,见 M. Harbeck, et al., "Yersinia pestis DNA from skeletal remains from the 6th century AD reveals insights into Justinianic Plague," *PLOS Pathogens* vol. 9 / May 2013, pp. 1 - 8; L. K Little ed., *Plague and the End of Antiquity: The Pandemic of 541 - 750*, Cambridge: Cambridge University Press, 2006; W. Rosen, *Justinian's Fleas, Plague, Empire, and the Birth of Europe*, Penguin Books: New York, 2007; P. Allen, "The Justinianic' Plague", *Byzantion* 49 (1979), 5 - 20, etc. 中文论著包括陈志强:《"查士丁尼瘟疫"影响初探》,《世界历史》2008 年第 2 期,第 77—85 页;陈志强:《"查士丁尼瘟疫"考辩》,《世界历史》2006 年第 1 期,第 120—124 页;陈志强、武鹏:《现代拜占廷史学家的"失忆"现象——以"查士丁尼瘟疫"研究为例》,《历史研究》2010 年第 3 期,第 24—33 页等。
② Procopius, The Wars of Justinian, Book Two, 23. 20, Procopius, *The Wars of Justinian*, pp. 120 - 121.
③ Procopius, The Wars of Justinian, Book Two, 22. 17, Procopius, *The Wars of Justinian*, p. 124.
④ J. Horgan, "Justinian's Plague (541 - 542 CE)," *Ancient History Encyclopedia*, Last modified December 26, 2014. https://www. ancient. eu/article/782/.

且,"军队极端缺乏给养,帝国很容易遭到蛮族的进攻和骚扰"①。

565 年 11 月 14 日,查士丁尼去世,他在去世之前将帝位传给了他的外甥查士丁,新皇后则是塞奥多拉的外甥女索菲亚(Sophia)。当强有力的查士丁尼的形象在历史舞台上消失之时,他精心打造的、一度使帝国相应平衡的统治体系土崩瓦解。

如何恰当评价查士丁尼及其时代是一个难题。查士丁尼处于复杂多变的时代,也使得这位皇帝的表现呈现多样矛盾,"他有前进的动力,这一动力是新时代的'种子'在其萌发初期的爆发力的作用,但他也时时留恋'罗马帝国'的辉煌,因此,他以更大的力量致力于恢复'罗马时代',并付出了巨大的代价。"②加拿大拜占庭学者詹姆斯·埃文斯认为,"查士丁尼在逆潮而动,他所留下的大帝国面临着新的敌人。但是他无法预见帝国的未来,那时的帝国将会被意大利的伦巴第人、巴尔干的阿瓦尔人以及东方的波斯人所困扰。在他伟大梦想之下的人们无法预见到 7 世纪伊斯兰教的兴起。"③即便如此,诚如奥斯特洛格斯基所言,"光复普世罗马帝国是拜占庭人长久的梦想,查士丁尼恢复帝国的事业在此成为最佳的表现形式。它为后代提供了辉煌的榜样,即使这个帝国未能持久,即使崩溃瓦解给帝国带来灾难性后果。"④"农民出身的查士丁尼生前基本上实现了他的政治理想,无论在内政还是外交方面,都取得了令其后人羡慕的成就……查士丁尼的一生还是成功的,他留给后世的诸多遗产也证明他是早期拜占庭历史上一位杰出的皇帝。"⑤综合上述意见,我们可以认为,虽然当代史家著述中的查士丁尼呈现为形象复杂的人物,但是后人必须承认,其本人具有雄才大略和伟大抱负,只是在拜占庭帝国处于变革和转型的特定时代,他的理论和实践并没有完全顺应时代的大潮,在取得辉煌成就的同时,他也给其后人留下了一个危机四伏的帝国。

---

① K. E. Zachariä von Lingenthal, *Jus graeco-romanum*, III, Lipsiae: T. O. Weigel, 1857, p. 3.
② 徐家玲:《早期拜占庭和查士丁尼时代》,第 271 页。
③ J. A. Evans, *The Emperor Justinian and the Empire*, p. 66.
④ [南斯拉夫]乔治·奥斯特洛格尔斯基:《拜占廷帝国》,第 51 页。
⑤ 陈志强:《独特的拜占廷文明》,第 25—26 页。

查士丁二世（Justin II）

565—578 年在位

查士丁二世（Justin II，'Ιουστῖνος II，生于约 520 年，卒于 578 年 10 月 4 日，享年 58 岁）是查士丁尼王朝第三位皇帝，565 年 11 月登基，统治到 578 年，在位近 13 年。

查士丁二世，即小查士丁（Justin the Younger），其父名杜尔西狄乌斯（Dulcidius），母亲是查士丁尼的姐妹维吉兰蒂娅。传统上英文"nephew"均翻译为"侄子"，并不准确，按我国习俗，小查士丁应该确切地翻译为查士丁尼的"外甥"。查士丁尼家族属于拉丁化的伊利里亚人（或今日阿尔巴尼亚及其周边地区），拉丁语是当地的官方语言。①有关小查士丁早年的经历，史籍并无记载。史籍称，当查士丁尼临终之际，小查士丁在朝廷任宫廷总管（curopalates，或译为宫廷监督）一职。小查士丁的妻子是查士丁尼的皇后塞奥多拉的长姐科米托（Comito）的女儿索菲亚（Sophia）。② 索菲亚的父亲是西塔斯（Sittas）。③ 从这种姻亲关系中可以看出，小查士丁与索菲亚在皇室内占有重要地位。

查士丁尼于 565 年 11 月 14 日驾崩，无嗣。虽然据普罗柯比记载，皇后塞奥

---

① 查士丁尼的家乡应该是位于马其顿与伊利里亚交界之处。特里高德强调查士丁尼的家乡是在伊利里亚，W. Treadgold, *A History of the Byzantine State and Society*, p. 246. 他在谈到伊利里亚大区的时候，强调这里是查士丁尼家族的家乡。查士丁尼在家乡附近建立了第一查士丁尼城（Justiniana Prima），特里高德在其著作中附加了该城的位置图，确实是位于伊利里亚地区，同书，第 215 页。埃文斯认为查士丁尼王朝的创始人查士丁来自上马其顿靠近今马其顿国斯科普里的一个村庄，可能是色雷斯人的后裔。查士丁尼的母语是拉丁语，J. A. S. Evans, *The Age of Justinian: The Circumstances of Imperial Power*, p. 96. 有关查士丁一世是色雷斯人的论述，还可见 Evagrius Scholasticus, trans. Michael Whitby, *The Eccelesiastical History of Evagrius Scholasticus*, Liverpool: Liverpool University Press, 2000, p. 200. *The Ecclesiastical History of Evagrius with the Scholia*, ed. J. Bidez and L. Parmentier, London: Methuen, 1898, repr. New York: AMS Press, 1979, TLG, No. 2733001。

② 普罗柯比明确讲到，塞奥多拉家里有姐妹三人，索菲亚之母科米托是她的姐姐。Procopius, trans. H. B. Dewing, *The Anecdota or Secret History*, p. 103.

③ W. Treadgold, *A History of the Byzantine State and Society*, p. 246. 该书并未提及这个人的情况，只是在有关家族图谱提到了他的名字，而没有提供其他任何信息。索菲亚的母亲是妓女，她的父亲应该也是底层人，通常看，史书不会记载这种人物的家世，与索菲亚相关的很多资料中都未提及她的生父。

多拉有一位私生女和一位私生子(或许查士丁尼并不知道塞奥多拉的这位私生子的存在)①,但无论从正统上还是宗谱上看,他们显然没有资格问鼎皇权。查士丁尼的近缘家族成员中还有三个外甥小查士丁、马塞卢斯(Marcellus)、马西安(Marcian),以及他的表兄弟日耳曼努斯的两个儿子查士丁尼(Justinian)和查士丁(Justin),这里可以按照中文习惯将 nephew 译为表侄。② 同样,以往被译为"堂兄弟"(cousin)的日耳曼努斯,也属于国人在翻译英文时的常见错误。从亲缘关系上看,日耳曼努斯的母亲和查士丁尼的母亲与查士丁一世是嫡亲的三兄妹,所以这位日耳曼努斯不是查士丁尼的堂兄弟,而是他的姨表兄弟,依然是女系旁支血亲。日耳曼努斯的两个儿子应是查士丁尼的表侄。显然,查士丁尼家族的男系近支成员几乎找不到可继承查氏帝位的人,所以他的表兄弟日耳曼努斯从血缘继承关系上是有望继承皇权的,可惜日耳曼努斯早于查士丁尼前去世了。按照罗马法的继承序列,查士丁尼的外甥在继位顺序上应该优先于他的表侄③,但后人往往只从两个继承者的个人素质出发,并没有注意到这个血缘关系顺位继承优先的问题。④

当然,这只是法律层面的认识,现实并不会这么简单。在查士丁尼的三位外甥中,小查士丁能够脱颖而出,还有其他原因。首先,他倚仗了索菲亚的姨母塞奥多拉的助力,自有其天然的优势。索菲亚身份显贵,是皇后塞奥多拉的外甥女,也是塞奥多拉家族中唯一的合法继承人(私生自然不在"合法"之列)。塞奥多拉在

---

① 普罗柯比在《秘史》中谈到,塞奥多拉嫁给查士丁尼前有一位私生子。当她成为皇后时,这位已经成人的私生子来找她认亲,被她命手下人将其秘密处死。Procopius, trans. H. B. Dewing, *The Anecdota or Secret History*, Cambridge: Harvard University Press, 1935, pp. 203 – 205. 如果是这样的话,就存在一个不好解释的问题。塞奥多拉曾经想迫使贝利萨留的女儿嫁给她的孙子,并且两家联姻的事情是帝国的重大喜事。这则故事被刻画在圣维塔教堂的两幅著名镶嵌画上:一幅是男性成员庆祝订婚的场景,包括皇帝、贝利萨留和塞奥多拉的孙子阿纳斯塔修斯。一幅是女性成员庆祝订婚的景象,包括塞奥多拉、贝利萨留的妻子和女儿。W. Treadgold, *A History of the Byzantine State and Society*, pp. 202 – 203. 这里提到的塞奥多拉的孙子,如果理解为是她的外孙,则说明皇帝知道并认可了塞奥多拉的私生女。这个外孙有可能是其私生女的儿子。

② 有关查士丁尼的家庭关系,见 W. Treadgold, *A History of the Byzantine State and Society*, p. 206。

③ 按照罗马法的规则,外甥与堂兄弟同属直系血亲关系,表兄弟的儿子则只能视为外缘血亲类型。马锋:《1—6 世纪罗马—拜占庭帝国皇位继承主导权问题研究》,《西北大学学报》2017 年第 6 期。

④ 埃文斯甚至认为日耳曼努斯的儿子查士丁将军是最好的继承人。J. A. S. Evans, *The Age of Justinian: The Circumstances of Imperial Power*, p. 264.

查士丁尼统治时期的地位非常高,在普罗柯比的笔下,她几乎就是一位女皇。[①] 这种观点也获得了后世的认可,人们认为她是与查士丁尼一同处理"国家大事的伴侣"[②]。塞奥多拉出身低贱,年经时多历磨难,深知权力的重要。所以,她极其贪恋权力,为了权力可以不惜丢弃一切,包括生命。普罗柯比在《秘史》中的一段记载,揭示了塞奥多拉对于权力的理念。在尼卡暴动的危急时刻,查士丁尼想弃城而逃时,被塞奥多拉制止,发表了传之千载的一篇著名演说。她讲道:"做过皇帝的人再去做一名逃亡者,那是无法忍受的,我就绝对不想放弃这种尊贵的地位,我也不想活到有一天遇到我的人们不把我称为女主人。"[③]塞奥多拉的姐姐科米托早年的生活境遇与塞奥多拉相似,在价值取向上也应该相近。[④] 自然,科米托的女儿索菲亚崇拜塞奥多拉,也有成为女皇的梦想,但她缺少塞奥多拉那样的魄力和手段。索菲亚作为皇后家族的唯一继承人,在皇室中拥有特殊地位,也很受查士丁尼重视。[⑤] 因此,索菲亚嫁给小查士丁就成为其家族实现继续享有女皇地位的第一步。极力辅佐小查士丁登上皇位,必然有助于使索菲亚更接近她分享或把持帝国统治权的目标。但是,鉴于塞奥多拉先于查士丁尼去世[⑥],这件事情的操作就多少有些难度。但最终小查士丁还是成功地登基并巩固了皇位,在宫廷斗争中成为胜出者。

小查士丁之所以能登上皇位,还倚仗于他的社会圈子。他的最重要的朋友是提比略(Tiberius),他曾在小查士丁帮助下取得了皇家卫队伯爵(*comes domesticorum*)

[①] Procopius, *The Anecdota or Secret History*, p. 123.

[②] J. H. Rosser, *Historical Dictionary of Byzantium*, Lanham, Maryland: Scarecrow Press, 2001, p. 383.

[③] [拜占庭]普洛科皮乌斯著,王以铸、崔妙因译:《普洛科皮乌斯战争史》上卷,北京:商务印书馆 2010 年版,第 94 页。一般人都把这则材料视为塞奥多拉勇敢坚毅的证据,赞扬她的美德。但是笔者却认为应该从另一个角度去看,即她贪恋权位,为了权力宁愿丧失生命。她贪恋权位的原因,可能与她早年的卑微生活环境有关。这种生活环境养成了她的扭曲的心理,她为了权力可以不择手段,比如杀害自己的亲生儿子。Procopius, *The Anecdota or Secret History*, pp. 203 – 205; A. Cameron, "The Empress Sophia", *Byzantion*, vol. 45, 1975, pp. 5 – 21.

[④] 普罗柯比谈到,科米托是妓女,后来塞奥多拉也跟随她成了妓女。Procopius, *The Anecdota or Secret History*, p. 105.

[⑤] 索菲亚像她的姨妈塞奥多拉一样具有野心,是一性论派信徒,也继承了一些她的手腕。因为她的一性论派信仰可能会影响她的丈夫继承皇位,所以她公开表示抛弃这种信仰,但是实际上暗地里仍保持联系。J. A. S. Evans, *The Age of Justinian: The Circumstances of Imperial Power*, p. 264.

[⑥] 塞奥多拉于 548 年去世。A. Cameron, *The Mediterranean World in Late Antiquity AD 395 –600*, London and New York: Routledge, 1993, p. 68.

的职位。皇家卫队伯爵是皇帝御林军的统帅。按照当时的军队建制,两支皇帝御林军组成中央常备军,在 565 年时掌握 4 万人的兵力。① 御林军驻扎在首都,拱卫皇宫。皇家卫队伯爵的倾向对于皇位继承人的选举和就位极为重要。在拜占庭帝国传统的皇权继承中,军队占有重要地位。② 凡被军队认定的国家统帅(领袖、皇帝)都会被士兵们拥上盾牌抬起来,以宣示皇帝的权力来自民(军队)。小查士丁和提比略的政治同盟也借助于小查士丁的好友君士坦丁堡牧首尤提奇乌斯(Eutychios)从中牵线搭桥。小查士丁另外一位重要的政治盟友和助他登上皇位的重要人物,是卡利尼库斯(Callinicus),他当时的职务是圣宫大总管(*praepositus sacri cubiculi*)。而且,就是他曾经守候在弥留之际的查士丁尼身边,操纵了皇帝逝后新帝继位的重要流程。

如果以血缘关系来讨论继承者的序列,小查士丁领先于查士丁尼的三位表侄,他还可能领先于查士丁尼的另外两位外甥。有利的条件足以保证他获得优先的继承权。

565 年 11 月 14 日,查士丁尼去世,卡利尼库斯向帝国元老们宣布,皇帝在弥留之际所指定的继承人是皇帝本人的外甥小查士丁。于是,这些元老依例向小查士丁劝进,而被"劝进"者做了一段必要的不情愿的表态后,接受了劝进。小查士丁和他的妻子索菲亚被簇拥着送入了大皇宫。小查士丁的老友,皇家卫队伯爵提比略命令御林军封锁皇宫各处出入口。15 日凌晨,君士坦丁堡大主教约翰·斯科拉西蒂斯(John Scholasticus)为小查士丁加冕(史称查士丁二世)。③ 待一切就

---

① W. Treadgold, *A History of the Byzantine State and Society*, p. 373.
② 马锋:《1—6 世纪罗马—拜占庭帝国皇位继承主导权问题研究》,《西北大学学报》2017 年第 6 期。
③ 有些作者认为这位大主教是尤提奇乌斯。这是不对的。尤提奇乌斯因为反对查士丁尼的"神性不朽"教条而被罢职,直到提比略成为凯撒之后,提比略才把他复职。W. Treadgold, *A History of the Byzantine State and Society*, p. 225; A. Cameron, The Empress Sophia, *Byzantion*, vol. 45, 1975, pp. 5 - 21. 忏悔者塞奥法尼斯明确谈到尤提奇乌斯在 577 年 10 月复职。Theophanes Confessor, trans. Cyril Mango and Roger Scott, The *Chronicle of Theophanes Confessor: Byzantine and Near Eastern History AD 284 - 813*, Oxford: Clarendon Press, 1997, p. 368. Theophanis, *Chronographia*, ed. C. de Boor, Leipzig: Teubner, 1883, repr. Hildesheim: Olms, 1963, TLG, No. 4046001. 在查士丁二世登基的第二年,约翰·斯科拉西蒂斯以君士坦丁堡大主教的身份陪同皇帝召开了宗教会议。

绪,老皇帝驾崩和新帝即位的消息终于在竞技场向大众公布。① 随即索菲亚被查士丁加冕为皇后"奥古斯塔"。

当时,与小查士丁争夺皇位的最强竞争对手是日耳曼努斯的儿子查士丁,此人是皇室的重要成员,手握重兵,当时率伊利里亚军队在多瑙河驻防。他在查士丁尼临终之际不在首都,也没有得力的盟友支持,所以失去了竞争的机会。这位查士丁的遭遇后来被好事者演绎出一个极其悲惨的故事。据埃瓦格里乌斯记载,两位查士丁曾经在老皇帝面前有过约定:无论哪一位成为皇帝,另外一位都要成为共治者。这也许是查士丁尼最希望看到的情况。两位查士丁中,一位是与他关系更为亲密的外甥,一位是勇武的表侄。但是,一旦小查士丁大权在握,立即将日耳曼努斯的儿子查士丁从前线召回,并设计接管了他的亲兵②,之后又命人把他押送到亚历山大城。对宫廷斗争毫无预感的查士丁将军在睡梦中被谋杀。据埃瓦格里乌斯记载,当下人将查士丁将军的头颅送到皇宫里时,得意的查士丁二世与皇后索菲亚狠踢仇人的首级。③ 另一个传闻是一伙忠于索菲亚的人派出杀手刺杀了查士丁将军。④ 这位邪恶的"女皇"展现了她的生存法则:消灭一切阻挡她成为女皇的绊脚石。

查士丁二世虽然掌握了权力,时势却不允许他欣喜若狂。查士丁尼遗留下的诸多难题都需要查士丁二世承受和面对,令他应接不暇。

首先,是在经济方面。541 年被视为查士丁尼王朝由盛转衰的关键时期⑤,主

① 这场继位活动表面上符合拜占庭帝国皇位继承的各种要素。小查士丁根据血缘关系获得继承权,是老皇帝指定的继承人。元老院和民众在继承过程中也适时出现,延续了罗马国家的传统。实际上,军队在背后控制着局势。Evagrius Scholasticus, *The Ecclesiastical History of Evagrius Scholasticus*, Liverpool: Liverpool University Press, 2000, p. 254. 所以,主导拜占庭皇位继承的几个因素:皇帝、军队、元老院和民众都参与了这一行动。有关拜占庭皇位继承主导因素的论述,见马锋:《1—6 世纪罗马—拜占庭帝国皇位继承主导权问题研究》,《西北大学学报》2017 年第 6 期。有关这场紧张的继位活动的具体历史,见 J. A. S. Evans, *The Age of Justinian: The Circumstances of Imperial Power*, p. 264。

② 在查士丁尼王朝,将领的私兵是军队的重要组成部分。一般而言,将领的私兵多是挑选的勇武的武士,忠诚于将领个人。查士丁尼的著名将领贝利萨留的私兵人数众多,战斗力强。这些私兵常常被贝利萨留用作敢死队,或者军队的先锋官。私兵的战斗力能够改变战场的形势。

③ 两位查士丁之间内斗的详情,见 Evagrius Scholasticus, *The Ecclesiastical History of Evagrius Scholasticus*, pp. 255 - 256。

④ J. A. S. Evans, *The Age of Justinian: The Circumstances of Imperial Power*, p. 265.

⑤ W. Treadgold, *A History of the Byzantine State and Society*, p. 276, p. 282; A. E. Laiou and C. Morrisson, *The Byzantine Economy*, Cambridge: Cambridge University Press, 2007, p. 24, p. 38.

要是因为这一年帝国经济陷入困境，或称为经济下滑的重要节点。人们通常认定，造成经济困境的原因是战争和瘟疫。说起战争，查士丁尼时期几乎年年都在用兵，波斯战争、汪达尔战争和东哥特战争都是当时重大的、耗资巨大的战事。他还出兵西班牙，攻击西哥特王国，在巴尔干半岛长期用兵，以安定多瑙河边境局势。长期的战争劳民伤财，导致国库空虚。大瘟疫则造成人口减少严重，劳动力短缺加剧了财政的困境。查士丁尼的大规模建筑活动和宗教庆典活动，也是耗资甚巨的举动。① 人们注意到，在汪达尔战争和东哥特战争中，军费的开支与国内建筑上的耗资相比虽不能算微不足道，却不占国库支出的最大比例。② 尤其重建索菲亚大教堂，更是抛掷万金，这个传誉后世的经典工程花费难以计算。③ 此外，另一笔令帝国蒙羞的重大开支，是支付给周边敌人的贡金，这是在对外战争不甚顺利的时期，为贿买和平的支出。④ 普罗柯比就明确强调，这是皇帝把国家的财富送给野蛮人的行径，反映了部分民众对此项支出的反感情绪。⑤ 最后一笔大额支出，是支付新征服区的占领和重建费用。北非、意大利和西班牙的占领区长期面临威胁，拜占庭帝国需要为这些地区提供财力和军力的支持。⑥ 总体而言，查士丁尼并没有在经济紧张的状况下实行全面节流的国策，他基本上把阿纳斯塔修斯时期的国库储备消耗殆尽。⑦

　　虽然帝位发生了更迭，但是经济问题并没有任何好转的迹象。查士丁二世感叹，"国库负债累累，极端贫困"，"军队极端缺乏给养，帝国很容易遭到蛮族

---

① 查士丁尼为修建索菲亚大教堂花费 200 万诺米斯玛。帝国其他地区的教堂修建也支出巨大。例如，君士坦丁堡的圣使徒教堂和以弗所的圣约翰大教堂各自花费了大约 100 万诺米斯玛。W. Treadgold, *A History of the Byzantine State and Society*, p. 281.

② 查士丁尼西征中涉及非洲、达尔马提亚和意大利的行动直到 540 年花费的军费不超过 740 万诺米斯玛。W. Treadgold, *A History of the Byzantine State and Society*, p. 281.

③ 有关重建的索菲亚大教堂，见 M. Maas, ed., *The Cambridge Companion to The Age of Justinian*, p. 144.

④ 例如 532 年拜占庭帝国与萨珊波斯帝国签订的《永久和约》花费了 79.2 万诺米斯玛。W. Treadgold, *A History of the Byzantine State and Society*, p. 281.

⑤ Procopius, *The Anecdota or Secret History*, p. 233.

⑥ 查士丁尼在利比亚建立了 150 座城镇。Evagrius Scholasticus, *The Eccelesiastical History of Evagrius Scholasticus*, p. 218.

⑦ A. A. Vasiliev, *History of the Byzantine Empire*, p. 114, 以及徐家玲译《拜占庭帝国史》，第 179—180 页都谈到了阿纳斯塔修斯的理财能力和他增加了帝国国库储备，而且强调他的储备为查士丁尼时代的成就做出了巨大贡献。

的进攻和骚扰"①。但是,从查士丁二世的行为中可以看出,他虽有开源节流之
心,却没有能够一以贯之地推行开源节流的政策。为了取悦于朝野贵族,以稳
固帝位,查士丁上位后做了三件看起来很美好实际上削弱帝国财力的事情:一
是向民众大量施恩散钱;二是归还了查士丁尼时代强迫富人贷给国家的借款;
三是免除了从 560 年以来民间工商业者及农民的欠税。后两件事情背后都有
索菲亚的身影,她是皇帝推行这些政策的支持者或者是幕后策划者,并因为这
种行为获得了好名声。② 皇后索菲亚命令放贷人和钱庄经营商带着借据来见
她。她亲自审查了这些借据,把欠款还给了债务人,她因此获得整个城市各层
人士的赞誉。③

　　恩赏民众是新皇帝登基后的通常程序,而向富人借贷是查士丁尼时代为了
应对财政困难不得不做的选择。在查士丁尼统治后期,由于以上已经强调的原
因,国家和普通民众都陷入了困顿,只有富人手中仍有财富可供索取。然而,这
样的借贷无异于掠夺,显然会在皇廷和贵族幕僚中间引发矛盾、扩大统治阶层
内部的裂痕。因此,为讨好这些上层贵族成员,索菲亚亲自操盘,以较快的速度
归还了欠款。而对下层人士和工商界从业人员,免除欠税则是体现新皇恩惠的
重要措施了。于是,这三项"散钱"措施,施恩对象遍及国内多层次民众,但对
于国库而言却是一场灾难,尤其是免税措施特别严重地瓦解了国库的重要经济
来源。

　　为了减少国库开支,查士丁二世开始向周边的敌人和"盟友"讨回损失。他
先下令停止向阿瓦尔人支付年金,同时也尽量拖欠原应付予波斯人的年金。这一
态度也是深得人心的。因为从普罗柯比的著作中可以看出,拜占庭民众对于付出
巨资向周边敌人和"盟友"贿买和平的行为早已深恶痛绝。④ 节流的第二个措施
是查士丁二世减少了应该付给西部占领区的金钱。如果与查士丁尼的经济困境

---

① A. A. Vasiliev, *History of the Byzantine Empire*, p. 162; J. A. S. Evans, *The Age of Justinian: The Circumstances of Imperial Power*, p. 257.

② A. Cameron, "The Empress Sophia", pp. 5 - 21.

③ Theophanes Confessor, trans. by C. Mango and R. Scott, *The Chronicle of Theophanes Confessor: Byzantine and Near Eastern History AD 284 - 813*, Oxford: Clarendon Press, 1997, p. 357.

④ Procopius, *The Anecdota or Secret History*, p. 233.

相比较,查士丁二世统治时期,拜占庭帝国不再频繁地进行大规模的战争,不再大肆建造教堂,减少了国库的支出,但查士丁二世一些缩减国库收入的举措,却给帝国后续的政治、军事与外交活动造成了财政上的空缺,事实证明,这一财务空洞最后导致 6 世纪末帝国在多方面的失败。

最后,查士丁二世不得不为他早期的鲁莽任性行为买单。他在波斯人和阿瓦尔人的强势攻击下,不得不履行原来对阿瓦尔人和波斯人年金的承诺,更使捉襟见肘的经济局面雪上加霜。为了解决经济困窘,他完全改变了早先的措施,尝试新的开源节流措施。在开源方面,他于 569 年增设了新的酒税和面包税。在节流方面,他不再为军队建设提供必要的资金。他还恢复了禁止卖官鬻爵的政策,希望通过减少腐败来节省开支。

总体而言,作为新任皇帝,查士丁二世不具备皇帝应有的头脑,缺乏大局观念,经济政策过于随意、缺乏稳定性。虽然,查士丁尼晚年经营帝国财库的措施包括向富人借贷、增加税收、卖官以获得收入、削减军费开支等,曾导致社会各阶层人士的普遍不满,但却是从国家统治层面考虑的应急措施。查士丁二世并没有真正理解查士丁尼的用意,只是为了捕获民心,上台伊始就全盘否定查士丁尼的既定政策。但事实上,他无法坚持始终,最后是朝令夕改,引起国内各层人士与统治集团之间更多的矛盾和对立。这些矛盾和对立积蓄起来,对此后帝国统治的崩溃埋下了伏笔。查士丁二世积聚了钱财之后,并没有用来舒缓国家的经济矛盾,而是继续压缩开支,增加税收,并不断充实国家储备。这笔钱在提比略成为凯撒后被用来加强国防和收买人心,却并没有能用来缓解国家的经济困难。

其次,在宗教政策方面。查士丁尼时代推行"一个教会"的政策①,主要打击目标是非基督教的异教。但是基督教内部卡尔西顿派与一性论派之间的宗教纠纷愈演愈烈,也是查士丁尼不得不面对的问题。为了缓解二者的冲突,他推动罗马教宗在"第五次全基督教主教公会议"的决议上签字同意绝罚"三章案",到晚

---

① 徐家玲:《拜占庭文明》,第 56 页。

年又极力推崇"神性不朽"派（Aphthartodocetism）的教条①,希望能够缓和彼此斗争的两派之间的矛盾。但是两派都对这一教条表示不满,结果皇帝对宗教教义的引导不仅没有解决争端,反而使问题更加复杂了。查士丁二世上台后很快抛弃了"神性不朽"派教条,但他没有能够解决当时的宗教问题,一方面,原有的卡尔西顿派与一性论派之间的宗教纠纷并没有缓解。另一方面,一性论派内部出现了新的矛盾,其内部出现了"三神论"（Tritheism）的教条。② 一性论派内部支持和反对这一教条的群体也互不相让。567 年,查士丁二世与君士坦丁堡牧首约翰·斯科拉西蒂斯在君士坦丁堡组织了神学讨论,希望能够使卡尔西顿派、三神论者（Tritheists）和其他的一性论派,包括一性论派的领袖雅各布·巴尔阿代（Jacob Baradaeus）坐在一起讨论相关问题。③ 最后,查士丁二世颁布了一道新的法令,没有提及卡尔西顿派,但确认了所有人都同意的观点。

571 年,皇帝应一性论派主教的要求发布了一道新的合一法令。这也被称为"第二合一通谕"（*The second Henotikon*）。④ 查士丁二世颁布这项法令,也是受到皇后索菲亚的影响。⑤ 索菲亚虽然在查士丁二世登基前改宗了卡尔西顿派,但是她内心仍旧倾向于一性论派。受她的影响,查士丁二世对一性论派采取较为宽容的态度。这项法令把强调基督神性和人性完全融合、只余唯一神性的一性论派教

---

① 当时和后来的著作中较少论述"神性不朽"的教条。很多书即使非常详细地讲述查士丁尼时代的宗教问题,也只字不提。如,A. A. Vasiliev, *History of the Byzantine Empire*, 1952。也有一些书在谈到查士丁尼晚年对一性论派的政策时提到这个教条,但是不涉及具体教条内容,P. Fouracre, ed., *The New Cambridge Medieval History*, Ⅰ, Cambridge: Cambridge University Press, 2005, p. 111。该书谈到,信仰这一教条的人被认为是异端,是一性论派中的极端派。因为创始人是哈利卡纳苏斯的朱利安,所以被称为"朱利安派"。但是也有的书简单提及这一教条的内容,W. Treadgold, *A History of the Byzantine State and Society*, p. 214,该书谈到朱利安的表述是"基督的身体本质上不会痛苦和有罪",这一教条被称为"神性不朽"。

② "三神论"的信徒宣称:三位一体不仅仅是三个位格,而应该是三个独立的实体。他们的观点受到其他一性论派信徒的攻击,认为他们是信仰三位神,把他们的教条称为"三神论"。

③ 雅各布·巴尔阿代是拜占庭帝国叙利亚地区埃德萨城的一性论派主教。他创立了雅各教会。雅各教会,又称叙利亚一性论派。J. H. Rosser, *Historical Dictionary of Byzantium*, Lanham, Maryland: Scarecrow Press, 2001, p. 211. 该派以叙利亚正教会为后人所知。该教派以雅各布·巴尔阿代名字命名,坚持一性论观点。[美]威利斯顿·沃尔克:《基督教会史》,第 182 页。

④ 被称为"第二合一通谕"的原因是,在 482 年,拜占庭皇帝芝诺时期,为缓和宗教争端问题,颁布了一则维护教会统一的声明,被称为"合一通谕"。"第二合一通谕"的详细内容见 Evagrius Scholasticus, *The Eccelesiastical History of Evagrius Scholasticus*, pp. 257 - 261。

⑤ A. Cameron, "The Empress Sophia", pp. 5 - 21。

条(这是塞维鲁派的观点)①与基督的神性和人性是完全统一互不分离的教条(这是卡尔西顿派的观点)等同起来。因此,卡尔西顿派和雅各布为首的一性论派(即雅各派)承认他们拥有相同的信念。根据这项法令,雅各布和他的主教们被牧首约翰·斯科拉西蒂斯接受为教友。然而,一性论派主教却不能说服信徒接受它。这些主教为了维护他们在信徒中的权威,又反悔了,不再支持皇帝的决定。皇帝感觉受到了背叛,把他能够抓到的反对派尽可能多地投入监狱,宣布一性论派信仰为非法,放弃了他的和解努力。此时,皇后索菲亚选择支持皇帝。②

在宗教领域,查士丁二世面临的处境与查士丁尼晚年极为相似。由于国家层面强力打击异教,异教已经不能公开活动。然而,基督教内部的教义之争却成为宗教斗争的重心。一性论派有强烈的与地方文化相结合的趋势,在与地方相结合的过程中,其主体部分不断发生分化是很自然的事情。而卡尔西顿派以首都的优势为基础,力求在全国范围内取得宗教的唯一控制权。这种宗教的排他性与地方宗教的诉求就构成了不可调和的矛盾。与此同时,中央与地方的诉求也会通过宗教争端的方式表现出来。查士丁二世与查士丁尼不同之处在于,他顺从主流的宗教现状,并不突出皇帝在宗教争端中的作用。但是在宗教混战中,缺乏决策力的查士丁二世不可能认识到社会基督教化发展过程中统一民众信仰之难度,更不可能寻找到一条能够解决宗教困境的途径。他唯一能做的就是顺势而为,似乎是做们了很多努力,实际上没有效果。

总体而言,查士丁二世的内政措施只是对查士丁尼时代政治的延续和修补。查士丁二世似乎一直生活在查士丁尼时代的光影之下,从他的整体施政措施来看,他是一位更加亲近贵族的皇帝,因此在他统治时期,一定程度上缓和了由他的舅舅造成的帝国皇室与贵族之间的紧张关系。这些措施增强了统治阶层的内聚力。然而,他并不会由此而无视贵族对皇权的挑战。566 年,查士丁二世镇压了一场针对皇帝的贵族叛乱,处死了两位元老。③ 但是,查士丁二世缺乏政治家的

---

① 塞维鲁是早期一性论派的首领,被称为"一性论派的真正立法者"。

② A. Cameron, "The Empress Sophia", pp. 5 - 21.

③ J. A. S. Evans, *The Age of Justinian: The Circumstances of Imperial Power*, p. 265; Theophanes Confessor, *The Chronicle of Theophanes Confessor: Byzantine and Near Eastern History AD 284 - 813*, p. 356.

眼光,不能从国家整体角度思考政治,政策的延续性较差,经常会朝令夕改,使臣下无所适从。所以,他的内政措施并没有能够延缓拜占庭帝国第一个黄金时代的衰落进程,反而加速了它的衰落。

查士丁二世在内政上是平庸的,在外交上也没有特别突出的业绩。查士丁二世在外交上完全承继了查士丁尼时代的遗产和困境,也承袭了查士丁尼时代的辉煌。查士丁尼的西征虽然耗费了国力,但是展现出帝国威力尚在,至少能给予外部的各新兴蛮族国家以震慑力。后人在评价查士丁尼西征的过程中,常常偏重于强调查士丁尼的穷兵黩武[1],却往往忽视了两点:一是西征的结果是把地中海再一次变成"罗马人"的内湖(传统意义上的"我们的海", *mare nostrum*),实现了环地中海唯一帝国的象征性统一。这对于帝国内部的凝聚力和强化罗马人(包括新征服地区的罗马人)的族群认同感都大有裨益。二是西征的胜利对那些企图染指帝国领土的族群产生极大的震撼力。这些族群不会忘记东哥特王国的国王塞奥多里克在西方曾经的威势,更不会忘记汪达尔人在地中海世界曾经的横行。维塔(Vita)主教维克托(Victor)创造的"汪达尔主义"的词汇更强化了人们对汪达尔人势力的恐惧心理。[2] 但是这些强大的地区霸主的后代都没有能够摆脱被查士丁尼的"光复"大军碾压的结局,其国家和族群的名称从此也只出现在地中海世界的史籍中。此前,蛮族在地中海世界的横行,让这些族群产生这样的印象:罗马帝国已经沦落到任人宰割的地步。但查士丁尼的西征和贝利萨留的威名使他们认识到罗马帝国的威势仍在,在他们策划入侵罗马世界的时候,首先需要考虑自己是不是这支军队的对手。这支军队消灭了令人畏惧的汪达尔人、东哥特人。所以,虽然从541年起帝国实力开始全面下降,但是外部威胁还没有达到使帝国边防崩溃的程度。这既是来自边防的抗争,也是来自这种西征胜利的威慑力量。

到查士丁二世时期,他就只能勉为其难地固守查士丁尼时代的"成就"而不

---

① A. A. Vasiliev, *History of the Byzantine Empire*, p. 162.

② 维克托是5世纪北非的迦太基神父,维塔的主教。他的作品《汪达尔人迫害史》控诉了汪达尔人残酷的宗教迫害。这部作品把汪达尔人塑造成一个典型的破坏者形象。P. Fouracre, ed., *The New Cambridge Medieval History*, I, p. 123.

能有任何的"进展"了。事实上，真正的"守成"也做不到。地中海周边不断传来不利于帝国的"坏消息"。其中，距离君士坦丁堡最远的西班牙占领区情况最为糟糕。在 567 年，西哥特国王阿塔纳吉尔德（Athanagild，554—567 在位）攻击了西班牙的拜占庭行省塞维利亚和科尔多瓦。571—572 年，新任的西哥特国王莱奥维吉尔德（Leovigild，568—586 在位）攻击拜占庭帝国的西班牙行省的西北部，夺取了阿西多纳（Asidona）和科尔多瓦，拜占庭势力被迫退出西班牙海岸的占领地。

北非虽然大部分领土还在拜占庭帝国控制之下，但是也损失惨重。569 年，摩尔国王加尔穆尔（Garmul）攻击了拜占庭的北非领土，杀死了近卫军长官塞奥多利（Theodore）。从 571—572 年，摩尔人又击杀了相继两任拜占庭派驻北非的军事长官。曾经被贝利萨留不费吹灰之力收复的北非领土，面临着摩尔人不断攻击和蚕食的危险。

意大利的局势也不乐观。568 年春天，伦巴第国王阿尔伯因（Alboin，565—573 在位）率军进入意大利，同年占据了除海岸之外的维尼提亚。569 年，他们占领了除帕维亚（Pavia）以外的利古里亚（Liguria）全境。被伦巴第人征服的北意大利地区后来成为著名的中世纪王国伦巴第的主要领地。而在拜占庭方面，在征服意大利时立下汗马功劳的老将军纳尔泽斯被查士丁二世解除了职务。此后不久，老将军在罗马城去世。拜占庭在意大利的军队主力龟缩于拉文纳城，放任伦巴第人南下。从 571 年到 572 年，伦巴第人夺取了帕维亚、斯波莱托（Spoleto）和贝内文托（Benevento）之后，在意大利半岛中部建立了条带状的伦巴第王国。这时拜占庭人控制的重要城市拉文纳城与罗马城之间的联系也被伦巴第人切断了。当时，拜占庭帝国在意大利的统治中心在拉文纳，所以古都罗马城已经孤立无援了。

西部占领区的情势岌岌可危，但是查士丁二世却未能提供必要的军事和物资支援。这些地方的拜占庭守军在这种情况下仍旧勉力维持危局。只不过地中海西部复发的大瘟疫阻止了西部战事的进一步扩大。拜占庭所属的意大利、北非和西班牙占领地得以幸存下来。

与伦巴第人在意大利的行动有关的事件是阿瓦尔人在巴尔干的肆虐。伦巴第人在 6 世纪中叶原本是阿瓦尔人的同盟者,共同摧毁了格庇德人的国家。① 但是强大的阿瓦尔人势力迫使伦巴第人离开多瑙河中游的潘诺尼亚地区进入意大利。阿瓦尔人在消灭了格庇德人、清除了伦巴第人之后,成为多瑙河中游地区最强大的蛮族势力。

在这个过程中,学者们对于拜占庭帝国的外交对策颇有争议。在面临伦巴第人与阿瓦尔人的打击时,格庇德人只能向自己的宿敌拜占庭帝国求援。他们声称愿意放弃西尔米乌姆以换取拜占庭军队的帮助。但是,查士丁二世并不愿意帮助格庇德人,却借机占领了格庇德人的国库和西尔米乌姆。此后拜占庭军队在提比略将军的率领下与阿瓦尔人进行了一些非决定性的战斗。

在巴尔干地区的防御中,查士丁二世放弃了查士丁尼用外交方式消极御边的策略。在查士丁尼统治时期,帝国一方面加强边防要塞和城镇防务,另一方面通过金钱收买蛮族盟友。545 年,拜占庭人与安特人结盟。② 558 年,拜占庭人与当时巴尔干半岛最强大的蛮族势力阿瓦尔人结盟,以缓解来自阿瓦尔人的压力,且借助阿瓦尔人的力量对付其他蛮族。但是查士丁二世登基后,自作主张地中断了先前所履行的向阿瓦尔人支付年金的惯例。③ 阿瓦尔人只是由于受到法兰克人的威胁才未能及时向拜占庭人寻求报复。后来迫于形势,无力与阿瓦尔人对战的查士丁二世又恢复了上述的年金。

这支强大的阿瓦尔人来自亚洲,与中亚的突厥汗国关系密切,有学者认为中国史籍所提"柔然"人应该就是指这一支阿瓦尔人,但有学者不认同这一点。④ 这

---

① 格庇德人是一支斯拉夫人部落,或者是与哥特人有关系的东日耳曼人。1 世纪格庇德人在波罗的海南岸居住,后不断南迁。在 3 世纪时格庇德人进入中欧特兰西瓦尼亚北部山区。6 世纪前半期,他们经常与伦巴第人发生冲突,567 年以后,被阿瓦尔人吞并。

② 安特人是维尼特人(Venethi)的一支,是东斯拉夫人的共同祖先。维尼特人是古代斯拉夫人的统称。[拜占庭]约达尼斯著:《哥特史》,第 29 页。

③ 米南德的作品细致描写了这段精彩历史:阿瓦尔人使节发表了长篇大论,但是查士丁二世却拒绝支付年金。Menander, *The History of Menander the Guardsman*, Liverpool: Francis Cairns (Publications) Ltd, 1985, pp. 93 - 97. *Excerpta historica iussu imp. Constantini Porphyrogeniti confecta, vol. 1: excerpta de legationibus*, ed. C. de Boor, pt. 1 - 2, Berlin: Weidmann, 1903, TLG, No. 4076003, No. 4076004. *Excerpta historica iussu imp. Constantini Porphyrogeniti confecta, vol. 4: excerpta de sententiis*, ed. U. P. Boissevain, Berlin: Weidmann, 1906, TLG, No. 4076005. F. Halkin ed., "Un nouvel extrait de l'historien byzantin Menandre?" *Zetesis (Festschrift E. de Strycker)*, Antwerp: De Nederlandsche Boekhandel, 1973, TLG, No. 4076006.

④ 余太山:《柔然与阿瓦尔同族论质疑——兼说阿瓦尔即悦般》,《文史》1985 年第 24 辑。文中阐述了其对中国古史所记柔然与阿瓦尔人是否同族的问题。

一时期,拜占庭帝国也与中亚的突厥人建立了联系。突厥人与拜占庭人建立盟友
关系的共同利益来自两个方面:一是突厥人希望绕过波斯人直接与拜占庭人进行
丝绸贸易。二是突厥人希望携手拜占庭人打击共同敌人波斯人。[1] 西突厥汗国
与拜占庭帝国的联盟关系在拜占庭史籍中也提到过,即西突厥汗国派遣使者于
568 年末到达君士坦丁堡,受到查士丁二世的接待。也有关于 569 年查士丁二世
遣使回访西突厥汗国以及 576 年拜占庭使节瓦伦丁(Valentinus)率使团第二次出
使西突厥的记载。[2]

　　拜占庭人与突厥人结盟对抗波斯人是拜占庭远交近攻的外交策略的突出体
现。在查士丁尼时代,拜占庭帝国的军事重心在西部。所以查士丁尼力求通过议
和方式获得东方边境的安全,为此不惜支付大量金钱,有时甚至任由波斯人劫掠
东部领土,并且不惜牺牲附属国利益以求自保。但是,查士丁二世完全放弃了查
士丁尼的国防策略,他忽视西方,却选择与东方强敌波斯人一决高下。虽然说查
士丁二世与波斯的战争是受到自己的盟邦亚美尼亚人和突厥人对波斯外交策略
的牵制,但是他主观上的动机也很明显。为了应对波斯战争,查士丁拒绝调派东
部军队去帮助被战争破坏严重的意大利、北非和西班牙占领区,并且通过给予金
钱的方式换取与阿瓦尔人在巴尔干半岛的和平。[3]

　　572 年,亚美尼亚人杀死了在亚美尼亚的波斯总督,投靠拜占庭帝国,拉开了
战争的序幕。[4] 查士丁二世不顾波斯人的抗议,把亚美尼亚置于拜占庭帝国的保
护之下,并且停止向波斯人支付年金。拜占庭帝国与萨珊波斯帝国的战争由此全
面爆发。查士丁二世任命他的堂兄弟马西安挂帅指挥波斯战争,并任命其为东方
军事长官。马西安率军驱逐了亚美尼亚的波斯人,并且越过边境劫掠了波斯的阿
尔扎楠。573 年,马西安进入波斯所属的美索不达米亚。然而,查士丁二世对马

---

[1] 米南德的《历史》详细记载了突厥人与波斯人交恶的过程。突厥人派出两批出使波斯的使节,都受到不公
正的对待。突厥人派出的第一批使节是由粟特人充当。他们携带丝绸,希望拓展与波斯的丝绸贸易。但
是,波斯人却在使者的面前把这些丝绸烧毁了,突厥人派出的第二批使节很多人被波斯人毒杀了。因此,
两国关系发展为敌对关系。Menander, *The History of Menander the Guardsman*, pp. 111 – 115.

[2] Menander, *The History of Menander the Guardsman*, pp. 171 – 179;张绪山:《中国与拜占庭帝国关系研究》,
北京:中华书局 2012 年版,第 253—255。

[3] 查士丁二世备战的情况见 Evagrius Scholasticus, *The Eccelesiastical History of Evagrius Scholasticus*, pp. 264 –
265。

[4] 具体史实可看 Evagrius Scholasticus, *The Eccelesiastical History of Evagrius Scholasticus*, pp. 263 – 264。

西安不满,在他围困尼西比斯时解除了他的职务。① 陷入混乱的拜占庭军队在听闻波斯国王科斯劳埃斯一世带领大军救援时,未战先败,全军溃散。波斯军队劫掠了叙利亚并攻陷了阿帕梅亚(Apamea),在 11 月攻占了东方军事重镇达拉斯城。②

查士丁二世听闻达拉斯城被攻陷的噩耗,一时难以接受这种结果,神智错乱,他竟然命人用马车拉着他在皇宫里漫无目的地狂奔,对朝政完全没有理性的处理能力。③ 此时,皇后索菲亚借助提比略的力量维持了朝局。574 年,提比略和索菲亚支付给波斯人 4.5 万诺米斯玛以换取一份为期一年的停战协定。④ 但是这份停战协定并不包括亚美尼亚。亚美尼亚再一次被拜占庭帝国抛弃。当然,阻挡波斯人进攻的还有大瘟疫。拜占庭东部爆发的大瘟疫也影响了波斯人的军事部署和战力。与此同时,提比略也控制了西部蛮族人的威胁。此后的战事虽然名义上仍旧发生在查士丁二世统治时期,但主要由提比略指挥应对。对于这一历史时期的描述,将在涉及提比略皇帝的传记中描述。

查士丁二世无子嗣。在他意识清醒的时候,他接受了皇后索菲亚的劝谏,立提比略为自己的继承人,并按照罗马法中规定的收继惯例,于 574 年 12 月 7 日,收提比略为嗣子,封为凯撒。尽管提比略与他同龄,还一直是他的亲密盟友,但也接受了这个继受关系,因为这意味着他将继承皇权。在册封仪式上,查士丁二世发表了一篇声情并茂的演说。⑤ 这可能是其才华展露最出众的一次演说。此后,被病痛折磨的查士丁二世不问世事,驾崩于 578 年。而提比略在这期间也实现了自己的诺言,为人子极尽孝道,为国家也做到了鞠躬尽瘁。

此后,皇后索菲亚再度成为政治舞台上的一个主导人物。她一心想控制大权,企图利用丈夫生病的时候,获得实际上的"女皇"权力。但因为她是女子,在

---

① 位于两河流域的边境城镇,是拜占庭帝国与萨珊波斯帝国长期争夺的军事战略重镇。

② 达拉斯城是拜占庭帝国幼发拉底河附近的军事要塞,距离尼西比斯城不远。达拉斯城是拜占庭帝国东方战线的军事枢纽。马锋、徐家玲:《从达拉斯战役看查士丁尼时代拜占庭帝国的军事特点》,《西南大学学报》2014 年第 5 期。

③ A. Cameron, *The Mediterranean World in Late Antiquity AD 395－600*, p. 98.

④ J. B. Bury, *History of the Later Roman Empire from the Death of Theodosius I to the Justinian*, p. 101.

⑤ Evagrius Scholasticus, *The Eccelesiastical History of Evagrius Scholasticus*, pp. 263－264.

拜占庭还没有女子称帝的先例,于是选择了折中的方式。在 574 年 12 月,她规劝丈夫查士丁二世授予提比略凯撒头衔,自己则以奥古斯塔身份直接干政。从 574 年到 578 年,虽然名义上帝国的统治者是皇帝查士丁二世和凯撒提比略,但是索菲亚在国家大事中一直发挥着重要作用。索菲亚受她的姨妈塞奥多拉的影响,有很强的权力欲,而且在其夫君查士丁失去执政能力之时,做到了以一已之力直接掌管国家的政治权力。她是第一位在拜占庭钱币上与丈夫同时出现的拜占庭皇后。① 为了保持已经到手的权力,她可谓不择手段。首先,她强迫将要成为凯撒的提比略宣誓,保证在查士丁二世去世之后,仍然使她这位"母后"享有正式的荣誉。其次,她不能容忍另外一位女性进入大皇宫,不会放手与他人分享自己的权势。于是,如卡梅伦所关注,是她迫使凯撒提比略的妻子离开了首都。② 最后,当查士丁二世去世之后,这位"女皇"还想延续自己的"女皇"美梦。她让牧首尤提奇乌斯劝说提比略迎娶她,但是提比略婉拒了这位"母亲"下嫁的要求。③ 提比略信守对查士丁二世的承诺,把索菲亚敬为"母亲",以礼制上"不敢逾越"为由拒绝了皇后的要求。但是,索菲亚在各种企图被挫败之后,竟然铤而走险,发动了针对提比略的叛乱。提比略镇压了这场叛乱,使索菲亚受到应有的处罚。④ 虽然史家们论及索菲亚叛乱的事件时意见并不一致,有时难辨真伪。但是如果从她贪恋权力的本性来看,有关这件事情的传闻还是有一定可信性的。

索菲亚没有放弃,后来在 582 年企图利用莫里斯登基恢复权势。在 582 年,提比略意识到自己大限已至,派人向索菲亚征询继任人选。索菲亚推荐了尚未婚配的莫里斯将军,她想嫁给这位未来的新皇帝。但是,莫里斯却迎娶了提比略的女儿。这位"女皇"终于离开了政治舞台的中心。⑤

纵观查士丁二世统治时期的帝国,显然是延续既定的衰落之路而行,查士丁

---

① A. Cameron, "The Early Religious Policies of Justin Ⅱ", *Studies in Church History*, vol. 13, 1976, pp. 51 - 67; A. McClanan, *Representations of Early Byzantine Empresses*, New York: Palgrave Macmillan, 2002, p. 149; A. Cameron, "The Empress Sophia", pp. 5 - 21.

② A. Cameron, "The Empress Sophia", pp. 5 - 21.

③ Theophanes Confessor, *The Chronicle of Theophanes Confessor: Byzantine and Near Eastern History AD 284 - 813*, p. 370.

④ A. Cameron, "The Empress Sophia", pp. 5 - 21.

⑤ 史书很少记载索菲亚后来的情况。她可能在 601 年后去世,见 A. McClanan, *Representations of Early Byzantine Empresses*, p. 150。

尼帝国的强盛已经不复存在。查士丁二世与索菲亚有着控制权力的欲望、野心和手段,但是并没有查士丁尼那样的治世之才。帝国只是得益于查士丁尼时代的威势和臣民的努力,整体局面才不至于不可收拾。查士丁二世夫妇之前并没有接受过帝王之术的正规教育,被命运和野心推上了最高统治者的宝座。在这个位置上,他们的平庸被充分暴露了。他们给以后的拜占庭帝国历史发展留下了负面的阴影,与查士丁尼时代的光环形成明显的对照。从拜占庭帝国中央集权制国家角度看,他们不仅毫无贡献,反而加速了早期拜占庭帝国政治秩序的瓦解,进一步暴露了帝国的深层次矛盾,他们的平庸和无能甚至比此后的外姓皇帝更为突出。

第四节

提比略（Tiberius）

578—582 年在位

　　提比略(Tiberius, Τιέριος,约生于 520 年,卒于 582 年 8 月 14 日,享年约 62 岁)为查士丁尼王朝第四位皇帝,578 年 9 月 26 日至 582 年 8 月 14 日在位近 4 年。

　　提比略于 520 年出身在巴尔干半岛色雷斯地区的一个普通军人家庭,是坚定的卡尔西顿派信徒。提比略早年任职为公证人(Notarius),552 年时被牧首尤提奇乌斯引荐给后来的皇帝查士丁二世。提比略作为查士丁最亲密的朋友之一,在政治上互相帮助。562 年末到 565 年间,查士丁为他的这位朋友谋取了皇家卫队伯爵的职位。

　　此后,提比略利用职务之便帮助查士丁登上帝位。这一事件对于提比略后来成为皇帝特别重要。查士丁尼皇帝在弥留之际并没有指定继承人,但是明显倾向于他的外甥查士丁,后者也是已故皇后塞奥多拉的侄女索菲亚的丈夫。查士丁能够顺利继位的关键是确保皇帝卫队的忠诚,因此他帮助提比略被任命为皇家卫队伯爵具有决定意义。贝利萨留已经在查士丁尼去世前几个月时离世,提比略有条件保证查士丁实现登基的愿望。查士丁尼的继承人中还有另一位查士丁，他是查士丁尼堂弟日耳曼努斯的儿子，当皇帝驾崩之时他正在伊利里亚任职，是当地的军事长官。但皇家卫队伯爵提比略暗中支持"外甥"查士丁而阻止"侄子"查士丁，并指使侍卫放出话来说，查士丁尼在弥留之际传位给他的外甥查士丁。于是，侍卫亲军很快封锁了皇家宫殿，君士坦丁堡牧首也紧急为"外甥"查士丁加冕，查士丁遂得以顺利登基为帝，称查士丁二世。① 无论是否存在阴谋活动已无从考证，当事人的沉默和元老大臣们是否乐意接受提比略手下侍卫讲述的故事都无关紧要了，帝国的皇帝平稳登基了。必须强调的是，提比略对查士丁的支持是后者能够继位的关键因素。毕竟另一个查士丁即查士丁尼的堂侄在血亲继承方面同当上皇帝的查士丁属于同一序列继承人，在这种情况下，军队和皇帝的意志就成为两个决定性因素。② 当时，宫廷卫队成为查士丁二世最重要的军事支持力量，这支武装力量加上皇帝掌控的首都野战军实力都远高于其竞争对手、伊利里亚军事长官的查士丁。

查士丁二世统治晚期患病，提比略成为帝国实际的执政者。查士丁心智脆弱，573 年惊闻拜占庭对波斯战争失利、达拉斯城防守战的惨败，神智错乱。当皇帝的侍从极力阻止他从窗户跳出外逃，用一辆小马车把他拉来拉去使其平复下来时，皇后转而寻求提比略的帮助。她和提比略设法稳定了波斯人和西方蛮族人对帝国边关的威胁，用金钱换取和平，换取了一份为期一年的停战协定，但此协定并不包括亚美尼亚。

索菲亚连哄带骗让查士丁于 574 年 12 月 7 日任命提比略为凯撒③，还确定后者为嗣子，封他为凯撒和共治皇帝，取名为提比略·君士坦丁（Tiberius Constantine，后来他在官方文件中使用该名）。④ 此时提比略正当 54 岁中年，有着

---

① 提比略帮助查士丁二世登基的故事见 W. Treadgold, *A History of the Byzantine State and Society*, p. 218。另外一种观点认为查士丁尼有三位可能的继承人，但是只谈及其中两位的情况。A. H. M. Jones, *The Later Roman Empire 284 -602*, vol. 1, Baltimore: Johns Hopkins University Press, 1986, p. 304。

② 马锋：《1—6 世纪罗马—拜占庭帝国皇位继承主导权问题研究》，《西北大学学报》2017 年第 6 期。

③ 有关提比略被任命为凯撒的详细情况，可见 W. Treadgold, *A History of the Byzantine State and Society*, p. 223; A. H. M. Jones, *The Later Roman Empire 284 -602*, vol. 1, p. 306, 后者提供了提比略成为凯撒的具体日期是 574 年 12 月 7 日。

④ 吉本谈到："提比略这个名字引起反感，他采用更受民众爱戴的名字君士坦丁，并且效法安东尼的德行。"［英］爱德华·吉本：《罗马帝国衰亡史》第 4 卷，第 299 页。

丰富的军事经历,但是缺少作为行政人员的经验。忏悔者塞奥法尼斯记载,皇帝查士丁把提比略收为养子,宣布他为凯撒,让他在观看赛车竞技和节日庆典时作为共治者坐在其身旁。① 因为查士丁不能理政,提比略就成为帝国真正的统治者。与查士丁一世、查士丁尼和查士丁二世一样,提比略也来自巴尔干拉丁语区,这也表明这个地区在罗马统治时期发展较快。

　　查士丁二世于 578 年去世,提比略继位称帝(奥古斯都),史称提比略二世。提比略成为名副其实的皇帝后,尚未确立皇后,此时前皇后索菲亚希望能够继续参与朝政,她说服君士坦丁堡牧首尤提奇乌斯提议提比略娶她。② 但是提比略委婉谢绝了这项提议,因为那样做就意味着他将要与原配妻子离婚。另外提比略拒绝索菲亚的要求,还在于保持自己政治权力上的独立。③

　　提比略在许多方面都与他的前任不同,例如查士丁二世在财政支出上比较谨慎,甚至被认为非常吝啬,却有强烈的军事抱负。提比略则通过减税来获得民众支持,反而在军事事务上谨慎。并且他下令中断与一性论派的和解谈判,这正是查士丁二世着力进行的未竟事业。④ 提比略的事迹在拜占庭历史上经常被人忽略,后世史家对他也常常一笔带过。究其原因:一是提比略独立执政时间较短。他的统治从 578 年到 582 年仅有 4 年时光。虽然他在 574 到 578 年作为凯撒时,已经实际上掌握了帝国的统治权,但是这一时期的历史终归是记载在查士丁二世

---

① Theophanes Confessor, *The Chronicle of Theophanes Confessor: Byzantine and Near Eastern History AD 284 – 813*, p. 367.

② 提比略实际上成为皇帝(奥古斯都)是在 578 年 9 月 26 日(星期一)。

③ W. Treadgold, *A History of the Byzantine State and Society*, p. 225. 有关索菲亚要求嫁给提比略的问题,忏悔者塞奥法尼斯有着详细记载,但是从中看不出有阴谋推翻提比略统治的情况。"她想要嫁给提比略,能够继续保有奥古斯塔的头衔,但是她不知道他已经有一位妻子了。有些人说在查士丁活着的时候,她把提比略作为她的情人,并且说服查士丁提升他为凯撒。"Theophanes Confessor, *The Chronicle of Theophanes Confessor: Byzantine and Near Eastern History AD 284 –813*, p. 370. 相似的观点也可见[美]詹姆斯·奥唐奈著,夏洞奇、康凯、宋可即译:《新罗马帝国衰亡史》,北京:中信出版社 2013 年版,第 323 页。但是以弗所的约翰(John of Ephesus)提供了相反的说法。他谈到,索菲亚和查士丁都知道提比略妻子阿纳斯塔西娅(Anastasia)的存在。索菲亚给予提比略压力,要求他甩掉他的妻子,并且阻止阿纳斯塔西娅在查士丁在世的时候进入宫廷。提比略称帝后,索菲亚因求婚不得而密谋反叛。John of Ephesus, trans. R. Payne Smith, M. A., *Ecclesiastical History*, Oxford: Oxford University Press, 1860, pp. 178–185. 吉本在《罗马帝国衰亡史》中对于索菲亚因爱生恨的故事进行了华丽的演绎,但是并没有交代这则详细故事的出处。吉本对这则故事的绘声绘色的描述,见[英]爱德华·吉本:《罗马帝国衰亡史》第 4 卷,第 298—299 页。

④ J. Shepard, ed., *The Cambridge History of the Byzantine Empire c. 500 –1492*, p. 125; A. H. M. Jones, *The Later Roman Empire 284 –602*, vol. 1, p. 307.

的故事中。二是提比略当政时期恰值拜占庭帝国的低落期。帝国经过查士丁尼时代的辉煌,从 541 年开始急剧滑落。查士丁尼的长期统治看起来表面风光,很少有人注意它的过失。查士丁尼的再征服有益于帝国,而其臣民得到的利益远少于他们的期望。查士丁尼去世时,帝国内外部危机重重。查士丁尼为其继承人留下的是一个千疮百孔的帝国。查士丁二世谈到"国库负债累累,达到极端贫穷",而且,"军队极端缺乏给养,帝国很容易遭到蛮族的进攻和骚扰"[①]。在这段低潮时期,查士丁二世的挽救措施尚且不为史家关注,更遑论提比略了。提比略统治时期的历史主要为史家关注的是外部危机,有关其内政的记载极为零散地隐藏在相关史著中。可以说,查士丁二世和提比略在内政方面的措施都一直笼罩在查士丁尼时代晚期颓废的阴影中。后世史家的偏见这里不予详述,但是提比略像罗马拜占庭帝国那些奢侈皇帝一样的举措在内政方面也留下了自己的印迹。

　　首先,提比略在财政上从查士丁二世的吝啬走向了另一极端,即过于铺张浪费。他不仅在财政补贴和军事开支方面任性花钱,而且还表现出不合时宜的过度慷慨。提比略倾向于抛掷金钱以解决边关吃紧的燃眉之急。[②] 提比略认为查士丁二世的国库积蓄太多,可以用来加强边防,特别是为他自己赢得查士丁丧失的民心。于是他大肆馈赠,废除了查士丁的酒税和面包税。[③] "提比略认为财富的价值在于帮助所有人,不仅仅是为了满足他们的需要。他没有考虑到穷人应该得到什么,而是考虑罗马皇帝应该给予什么。"[④]登基后的 578 年,他下令免除此后四年税收的四分之一,相当于一整年数额的税收量。他在臣民中赢得了好名声,但是却把困难留给他的后继者。[⑤] 提比略还大兴土木,譬如 580 年,当拜占庭军队正与波斯人鏖战时,提比略开始建造位于君士坦丁堡城内贝拉克奈(blachernai)公共浴场,并修缮了许多年代久远的教堂、客栈和房屋。

　　其次,他重申了查士丁禁止卖官鬻爵的禁令。574 年,他荣登凯撒之位时便

① A. A. Vasiliev, *History of the Byzantine Empire*, p. 162.

② P. Fouracre, ed., *The New Cambridge Medieval History*, I, p. 135.

③ 琼斯提到提比略要求退还四索里德给持有面包票据的购买者。具体含义为何不得而知。A. H. M. Jones, *The Later Roman Empire*, 284 -602, vol. 1, p. 307.

④ Evagrius Scholasticus, *The Ecclesiastical History of Evagrius Scholasticus*, p. 273.

⑤ A. H. M. Jones, *The Later Roman Empire 284 -602*, vol. 1, p. 307.

再次禁止买卖官职行为。拜占庭买卖官职问题比较复杂。查士丁尼时期买卖官职一度比较兴盛。但他在各种压力下，不得不在 535 年禁止卖官鬻爵。543 年查士丁尼任用慷慨的彼得·巴尔叙美斯（Peter Barsymes）负责国家财政税收。彼得为了避免国家财政在瘟疫期间完全破产，采取多种措施增加国库收入，这就包括重新开始售卖官职，此举立即获得可观的国库收入。在查士丁二世统治时期虽然也发布了禁止买卖官职的禁令，其出发点是通过减少腐败以节省更多的钱财而不是通过卖官获得收入，但是买卖官职的行为屡禁不止，并且立即带来了大笔收入。"帝国各级官员为了弥补中央政府长期停发薪俸的损失，贪赃枉法，中饱私囊，查士丁尼一世在位时大力整治的各种腐败现象死灰复燃，帝国政府极端腐朽，陷入瘫痪。"①提比略的这项禁令可能并未取得理想的效果，但是迎合了民意的要求。总体而言，卖官鬻爵现象是官员薪俸过低采取的一种补救方式，也是国家财政困境时的一种选择。在拜占庭帝国早期，官僚的薪俸水平比较低下，买卖官职是官僚队伍中的一种常态。当强有力的皇帝取代了 5 世纪上半期傀儡皇帝时，高级官员便逐渐失去了这种额外补贴。从芝诺统治以来，国家统一收管了买卖官职的收入，阿纳斯塔修斯一世明显地比从前的皇帝更加严密地控制他们的卖官活动②，买卖官职的主导权从官员个体转到君主及其代理人手中。

再次，提比略延续查士丁尼立法保护农民的政策，这一经济政策获得民众支持。在其统治时期禁止土地兼并的立法仍在进行。提比略禁止地主将他人的建筑和土地据为己有，并认为这样做是出于对经济繁荣和臣民幸福的保护。③ 实际上，这个时期的大地主不仅获得了强大的经济实力，也拥有巨大的政治影响力。据记载，提比略一直依赖埃及的一位大地主阿里斯托马科斯（Aristomachus）维持当地正常秩序。这位大地主出身显贵，其父曾为近卫军长官。在当官之前，他因其私人武装下属的残暴行为而臭名昭著。④ 事实上，涉及土地兼并的不仅有私人大地主，还有皇室地产的官员。皇室地产的扩张在查士丁尼时代就已经很严重，

---

① 陈志强：《拜占庭帝国通史》，第 124 页。
② W. Treadgold, *A History of the Byzantine State and Society*, pp. 255 - 256.
③ P. Sarris, *Economy and Society in the Age of Justinian*, Cambridge：Cambridge University Press, 2006, pp. 192 - 193.
④ P. Sarris, *Economy and Society in the Age of Justinian*, p. 230.

到提比略时期愈演愈烈。农民向提比略控诉大地主,调查表明几乎所有省份都存在皇室地产官员侵占私有财产的情况。①

总体而言,提比略的内政措施乏善可陈。由于在国内过度挥霍,他很快就意识到帝国没有足够的资源应对所有战线上的敌人。

在查士丁尼、查士丁二世和提比略统治时期,阿瓦尔人成为帝国在巴尔干半岛上最大的威胁。阿瓦尔人是一支源出于突厥人的民族,当时定居在多瑙河中游的潘诺尼亚地区。斯拉夫人和阿瓦尔人威胁着首都和马尔马拉海沿岸以及爱琴海,并深入到希腊半岛,远至伯罗奔尼撒。② 在查士丁尼时代,拜占庭人企图利用阿瓦尔人控制多瑙河地区的斯拉夫人等族群。但是,查士丁二世傲慢地对待阿瓦尔人和其他潜在的敌人导致了大灾难。查士丁拒绝向阿瓦尔人支付年金,致使阿瓦尔人劫掠拜占庭边疆。同时,他们与拜占庭的传统盟友伦巴第人签约,联合攻击拜占庭的传统敌人格庇德人。③ 6 世纪中期,伦巴第人与阿瓦尔人结盟,摧毁了多瑙河中游的格庇德人王国。虽然受到惊吓的格庇德人通过放弃战略城市西尔米乌姆给拜占庭帝国的方式来寻求拜占庭军队的帮助,但是查士丁任由伦巴第人和阿瓦尔人大肆扫荡格庇德人,还从中渔利,招致其更大仇恨。当阿瓦尔人占领了格庇德人的绝大部分领土时,拜占庭乘机夺取了格庇德人的国库和西尔米乌姆。④

虽然如此,这场斗争使得阿瓦尔人成为比以前格庇德人更危险的拜占庭帝国的邻居,他们成为多瑙河自从脱离东哥特人控制后最可怕的势力。此时伦巴第国王阿尔伯因认识到阿瓦尔人过度强大,决定通过迁徙来保持其属下民众的独立。他选择意大利北部作为伦巴第人的新家园。阿瓦尔人不久便开始与拜占庭的战争,查士丁被迫派他的皇家卫队伯爵提比略迎战。忏悔者塞奥法尼斯在其《编年史》中记载了 573 年查士丁二世时期阿瓦尔人的入侵。"在这年,阿瓦尔人来到多瑙河地区。皇帝闻讯派出皇家卫队伯爵提比略迎战。在与他们发生持续冲突并

---

① J. B. Bury, *History of the Later Roman Empire from the Death of Theodosius I to the Justinian*, p.353.

② 有关阿瓦尔人与拜占庭的关系可见 A. A. Vasiliev, *History of the Byzantine Empire*, pp.171 – 172, pp.194 – 197。

③ 东日耳曼民族,他们与哥特人有密切的关系,也有学者认为是哥特人的一个分支。

④ 陈志强:《巴尔干古代史》,北京:中华书局 2007 年版,第 161—169 页。

进行突然袭击之后,他被打败了,在付出惨重损失后得以撤退。"①教会史家埃瓦格里乌斯也记载了这次惨败,"因为士兵望风而逃,他几乎将被俘虏,只是由于上天的庇护他才得以脱险"②。

　　提比略在成为凯撒时同意每年支付 8 万索里达年金作为阿瓦尔人保卫多瑙河防线的补助金,这样他就可以把在当地的拜占庭驻军派往波斯防线。这不仅缓解了阿瓦尔人的敌意,并且使阿瓦尔人成为拜占庭军队对付斯拉夫人的盟友。578 年,提比略在阿瓦尔人的帮助下,平息横行在色雷斯的斯克拉文尼人(Sclaveni)(斯拉夫族群)。当时阿瓦尔人首领也对斯克拉文尼人心怀不满,因为他们不承认他的统治权,因此阿瓦尔人同意派遣一支骑兵蹂躏多瑙河下游北岸的斯克拉文尼人家园。拜占庭伊利里亚近卫军长官约翰率领一支 6 万人的阿瓦尔骑兵乘船渡过多瑙河,经过拜占庭领土进入斯基泰地区。这支军队对斯克拉文尼人给予重创,迫使他们返回其祖居之地。但是提比略支付给阿瓦尔人大量的金钱仍旧不能满足他的要求,阿瓦尔继续侵扰。③ 这份与阿瓦尔人的和约持续时间不长,他们于 580 年包围了西尔米乌姆要求该城投降。提比略拒绝交出西尔米乌姆,但是他却没有多余的兵力去救援西尔米乌姆。最终拜占庭帝国与阿瓦尔人于 582 年达成协定,阿瓦尔人允许该城的卫戍部队和居民撤回拜占庭的领土,代价是支付 24 万索里达。这笔款项因为阿瓦尔人继续进犯而没有支付。④ 在阿瓦尔人围困西尔米乌姆时,斯拉夫人渡过多瑙河劫掠了色雷斯、马其顿和希腊,此后他们继续进犯并遍布整个巴尔干半岛。⑤

　　在论述拜占庭帝国与阿瓦尔人的关系中,必须要提到拜占庭人与中亚地区西突厥汗国的交往。西突厥汗国派遣使者于 568 年末到达君士坦丁堡,受到查士丁

---

① Theophanes Confessor, *The Chronicle of Theophanes Confessor: Byzantine and Near Eastern History AD 284 - 813*, p. 365.

② Evagrius Scholasticus, *The Ecclesiastical History of Evagrius Scholasticus*, p. 270.

③ A. Cameron, *The Mediterranean World in Late Antiquity AD 395 -600*, p. 198.

④ A. H. M. Jones, *The Later Roman Empire, 284 - 602*, vol. 1, p. 307; W. Treadgold, *A History of the Byzantine State and Society*, p. 226; Menander, *The History of Menander the Guardsman*, pp. 219 - 227.

⑤ 有关这一时期斯拉夫人在巴尔干半岛南部的活动情况可见 D. M. Metcalf, "The Slavonic Threat to Greece Circa 580: Some Evidence from Athens", *The Journal of the American School of Classical Studies at Athens*, vol. 31, No. 2 (Apr. - Jun., 1962), pp. 134 - 157。

二世的接待,双方建立联盟。联盟主要是针对波斯的,波斯是双方共同的军事对手,又是双方丝绸贸易的中间人。569 年,查士丁二世遣使回访西突厥汗国。提比略成为凯撒后,于 576 年派遣瓦伦丁（Valentinus）率使团第二次出使西突厥。① 瓦伦丁有两个目的:一是向西突厥汗国通报提比略已经正式登基,二是要求续订此前查士丁二世与西突厥汗国前任可汗所定的同盟条约,并要求西突厥人与波斯人开战,双方夹击波斯人。但是,西突厥可汗对拜占庭人与阿瓦尔人签订条约大为不满,他认为阿瓦尔人是突厥人的奴隶,拜占庭人与逃往西方的阿瓦尔人签约是对盟友西突厥汗国的背叛,是难以忍受的对突厥人的敌对行动。突厥人无法理解拜占庭帝国的外交策略是西突厥可汗不满的重要原因。其实,西突厥汗国也在谋求进入拜占庭控制的势力范围。此后突厥人进攻并占领了拜占庭帝国在克里米亚的重要城市刻赤（Kerch）。② 至此,西突厥汗国与拜占庭帝国的同盟结束了,但是,二者仍保持一定的合作关系,西突厥汗国的使节曾在 598 年向拜占庭在位皇帝莫里斯递交国书。③

　　在查士丁、提比略及莫里斯时期,对波斯战争几乎连续不断。提比略在国内铺张浪费,导致资源不足。他在对外政策上把注意力集中在与波斯的战争方面。提比略统治时期与波斯战争的再起多受到后世史家的批评,将其归之于提比略的挑战。但是忏悔者塞奥法尼斯的记载却告诉我们事实并非如此。文中如此记载:"他派出使节按照惯例向波斯皇帝通报他的登基。波斯皇帝却不愿意接受和平。因此,提比略聚集了大部队,还分拨帝国的资金来建立更多的军队。"④

　　575 年,担任凯撒的提比略开始把伊利里亚和色雷斯的军队士兵调防到东方,花费重金从拜占庭人和远至莱茵河的蛮族中招募新兵,因为他期望这些军队能够帮助他打败波斯人。他拒绝了波斯提出的重新签署为期五年的停战协定,只

① 576 年瓦伦丁出使西突厥汗国是在提比略担任凯撒之后成为皇帝之前,因此向西突厥汗国通报的应该是提比略成为共治者和凯撒。但是在有关这则史实的研究论文中,存在认为此时提比略已经成为皇帝的误解情况。
② Menander, *The History of Menander the Guardsman*, p. 225. 刻赤为俄罗斯古城和渔港,位于克里米亚半岛东端,临刻赤海峡,公元前 5 世纪至公元 4 世纪为博斯普鲁斯王国首都。
③ 有关提比略当政时期拜占庭帝国与西突厥汗国交往的详细情况,见 Menander, *The History of Menander the Guardsman*, pp. 171 - 179; 张绪山:《中国与拜占庭帝国关系研究》,第 253—255。
④ Theophanes Confessor, *The Chronicle of Theophanes Confessor: Byzantine and Near Eastern History AD 284 - 813*, p. 371.

同意缔结三年期的停战协定（这份停战协定还是不包括亚美尼亚），每年支付 3 万索里达的年金。

亚美尼亚问题成为两大帝国发生战争的导火线。波斯国王重申对于反叛的亚美尼亚人的统治权，并且攻入拜占庭帝国的亚美尼亚行省，攻陷塞巴斯蒂亚（Sebastea，今土耳其城市西瓦斯）和梅利蒂尼（Melitene，土耳其东安纳托利亚地区梅利蒂尼省省会）。但是拜占庭司令官日耳曼努斯的幼子查士丁尼一直尾随着他，最终迫使波斯人退回幼发拉底河对岸，在渡河时淹死了许多将士。拜占庭军队在冬季入侵波斯领土，并且劫掠阿特罗帕特内（Atropatene）。[1] 然而，577 年夏天，波斯军队在波斯所属的亚美尼亚击败了查士丁尼。

提比略提升皇家卫队伯爵莫里斯为东方军队的统帅，所辖部队还包括停战期间聚集的援军。这些来自伊利里亚和色雷斯的军队包括 1.5 万名新招募的蛮族人和拜占庭人。这些新兵并不是临时招募的雇佣兵，他们形成被称为"同盟者"（Federates）的永久性的部队，附属于东方军队。在东方防线上，"同盟者"不断增长，几乎达到了正规军一半的规模。

新任的波斯国王霍尔米兹德四世（Hurmazd IV，579—590 在位）拒绝了提比略提出的和平条件。该条件是，如果波斯放弃边境城市达拉斯城，拜占庭将放弃已经占领的高加索南部的伊庇利亚[2]，归还原波斯所属的亚美尼亚和阿尔扎楠。与此同时，驻扎在东方的 5 万名士兵面临着军饷支付困难的窘境，随着其军饷迟迟未到，兵变的危险不断上升。拜占庭东部军队司令官莫里斯发动进攻予以回应，其出兵范围远远超过底格里斯河。次年，他命令进攻波斯所属的亚美尼亚，向幼发拉底河进军，几乎攻到波斯首都泰西封。然而，波斯军队在其后部劫掠拜占庭所属的美索不达米亚时，他不得不撤兵，波斯人的攻击明显得到了拜占庭帝国的盟友加萨尼阿拉伯人的默许。[3] 莫里斯愤怒地指责加萨尼国王没有保卫美索

---

[1] 古国名，存在时间为公元前 323 年至公元 3 年，首都为甘扎克（Ganzak）。其领土包括现在伊朗的阿塞拜疆、库尔德斯坦和阿塞拜疆共和国的一小部分。

[2] 这里的伊庇利亚是指高加索地区的格鲁吉亚的伊庇利亚，位于亚美尼亚北部，6 世纪时是波斯的附属国。J. H. Rosser, *Historical Dictionary of Byzantium*, p. 199.

[3] 有关加萨尼阿拉伯人的问题，见 Irfan Kawar, "Procopius on the Ghassanids", *Journal of the American Oriental Society*, vol. 77, No. 2（Apr. - Jun., 1957），pp. 79 - 87。

不达米亚,因而破坏了拜占庭帝国与加萨尼人的盟友关系,并且削弱了他们的王国,使东方防线比以前更不稳固。

　　在此有必要论及查士丁尼王朝时期拜占庭帝国与叙利亚地区阿拉伯人的关系。① 拜占庭人和波斯人在叙利亚地区都需要阿拉伯人(萨拉森人)作为"同盟者"的支持,因此查士丁尼与在叙利亚沙漠地区形成的阿拉伯人加萨尼王国结成了同盟。加萨尼王国是基督教国家,其世仇是非基督教的莱赫米人。莱赫米人统治着另一个阿拉伯人的王国,与波斯人结盟,领土毗邻波斯所属的美索不达米亚。作为拜占庭的盟友,加萨尼国王能够约束他的臣民不去骚扰叙利亚和巴勒斯坦,并且与他们的对手莱赫米人作战,入侵波斯领土。因为加萨尼人也希望获得拜占庭的帮助对付波斯人和莱赫米人,所以结盟对拜占庭人和加萨尼人双方都是有利的。查士丁尼通过获得加萨尼阿拉伯人作为盟友保护了叙利亚和巴勒斯坦并且威胁到波斯人。但是查士丁二世拒绝给予加萨尼人补助金,反而与其发生敌对矛盾。虽然加萨尼人一度恢复了拜占庭盟友的身份,但是拜占庭人对其猜疑再生。580 年,拜占庭皇帝提比略把其国王流放到西西里岛。② 有一种观点认为提比略逮捕加萨尼国王是因为他同情基督教一性论派。③ 这种观点不能成立,因为加萨尼王国的国民本身就是一性论基督徒,其国王同情一性论派是正常的事情。实际原因在于,提比略背叛盟友的不义行为需要借口。此时加萨尼王国的实力衰微,不再是拜占庭人对抗波斯人势力的强大而可选择的盟友。在拜占庭的外交历史上,这种盟友很多都会被抛弃。事件还说明拜占庭在西亚的宗教政策更趋于"不宽容"。此前,查士丁尼虽然在国内坚持正统宗教观念,但是对于边境的加萨尼和亚美尼亚人以及叙利亚和埃及的基督教派别仍旧从战略需要的角度予以适当的

① 有关查士丁尼王朝时期拜占庭帝国与阿拉伯人关系的全面论述,见 A. H. M. Jones, *The Later Roman Empire 284 -602: A Social, Economic, and Administrative Survey*, vol. 1, pp. 195 - 196; W. Treadgold, *A History of the Byzantine State and Society*, p. 180, p. 195, pp. 197 - 198, p. 226; John of Ephesus, *Ecclesiastical History*, pp. 370 - 381; Irfan Kawar, "The Raabs in the Peace Treaty of A. D. 561", *Arabica*, T. 3, Fasc. 2 (May, 1956), pp. 181 - 213。

② John of Ephesus, *Ecclesiastical History*, pp. 372 - 376。

③ [美]詹姆斯·奥唐奈:《新罗马帝国衰亡史》,第 323 页。该书的注释部分谈到不同史家因为立场各异对这位阿拉伯人国王有不同的评价。"叙利亚人埃瓦格里乌斯认为他是流氓和叛徒;宫廷史家狄奥菲拉克特认为他是一个叛徒;以弗所的约翰旗帜鲜明地维护他;叙利亚人米迦勒对孟迪尔没说什么,却批判了逮捕他的罗马官吏。"[美]詹姆斯·奥唐奈:《新罗马帝国衰亡史》,第 382 页。

宽容。加萨尼王国作为一性论派的重要活动区域,并没有因为宗教差异而妨碍它成为查士丁尼时代的重要盟友,但是到提比略当政时期,对宗教异端的不宽容则超越了战略需要的重要性。

随着波斯战争的拖延,拜占庭帝国难以聚集足够的力量对付阿瓦尔人,但是东方防线仍然被置于优先地位。582 年 6 月,波斯人再次劫掠了拜占庭所属的美索不达米亚,但是却在康斯坦提娜(Constantina)遭受惨败,不仅失去了他们的指挥官,而且仓皇撤回达拉斯城。莫里斯并没有乘胜追击,因为他不得不匆忙赶回君士坦丁堡。

帝国在西部边关也是危机重重。帝国政府最为关注的西部区域在意大利,但意大利的情况不乐观:一方面法兰克人进攻,另一方面伦巴第人建国。6 世纪时,法兰克人已经逐步强大起来,他们于 507 年打败西哥特人后,便开始从高卢北方向南方扩张,而勃艮第人与东哥特人于 520 年代到 530 年代就衰落了,这使得法兰克人在该区域获得了更多的优势。[①] 当时的伦巴第人迅速在意大利建立了庞大的日耳曼人王国。提比略、莫里斯都曾试图与法兰克人结盟,以劝诱他们与意大利的伦巴第人开战,但这一努力最终失败了。他们互换过一些使团,法兰克人也曾数次派军队到意大利,但都是为了收复法兰克王国古时的占领地,而不是为了帮助莫里斯。一个半世纪之后,法兰克诸王在教宗的召唤下,最终摧毁了意大利的伦巴第王国。

575 年,提比略利用与波斯人休战期向意大利派去援军,其中大部分是来自伊利里亚和色雷斯的军队,由查士丁的女婿巴杜瓦留斯(Baduarius)率领。此时伦巴第王国内部分裂,其国王阿尔伯因和他的继承人克莱夫(Cleph)被谋杀之后,贵族势力分裂成各个独立的团伙。576 年,巴杜瓦留斯发动攻击,但兵败战死,胜利后的伦巴第人乘胜征服了更多的领土。

提比略没有足够兵力调往意大利,因为东部前线的波斯国王科斯劳埃斯对亚美尼亚发动攻击。罗马元老向皇帝表达他们的抱怨:"如果你没有能力把我们从伦巴第人的刀剑下救出来,起码也要让我们免于饥馑的灾祸。"[②]578 年,罗

---

① P. Fouracre, ed., *The New Cambridge Medieval History*, I, p.135.

② [英]爱德华·吉本:《罗马帝国衰亡史》第 4 卷,第 301 页。

马元老们和教士们搜集了城内剩余的财富,大约有 3000 磅黄金,派人送给提比略,希望他能够给予意大利有力的保护。提比略把这笔钱当成贡金,转而当成赏赐来加强罗马城的防卫。提比略告诉这些元老,自己无暇顾及意大利,他们不妨去贿赂法兰克人或者伦巴第人,以便获得和平。① 提比略没有调遣兵力去意大利,也没有阻止伦巴第人的进攻,却花费 20 万索里达收买伦巴第公爵,企图阻止他们选出另一位国王。579 年,他给意大利更多钱财援助和少量援军,促使他们夺回此前被伦巴第人占领的拉文纳港口克拉斯(Classis,意大利拉文纳城东南部的港口)。

同年,提比略通过与西哥特王子赫尔蒙尼吉尔德(Hermenigild)缔结盟约,侧面援助拜占庭所属的西班牙领地,劝说赫尔蒙尼吉尔德皈依正统教派,与其信奉阿里乌派的父亲莱奥维吉尔德(Leovigild)相对立。与此同时,非洲军事长官攻击摩尔人,打败并杀死了他们的国王,再次恢复了非洲的和平。

提比略统治时期,拜占庭帝国的宗教环境发生了变化。"提比略也标志着皇帝对维护正统宗教的那种执念走到了尽头。查士丁尼之前的皇帝们不太在乎教义,却干预教义上的纷争;查士丁尼对教义很感兴趣,为此创造了一种国家与教会之间密切的新联系。提比略继承的是一个国家与教会已经相当合一的帝国,因此皇帝本人可以不关心神学了。"②事实上,提比略的宗教政策可以分为两个阶段。在前一阶段,他颁布了一项被称为"第二合一通谕"的敕令,试图安抚一性论派。③ 提比略这一宗教政策只是延续了此前多代帝王的做法。但是这则敕令在当时宗教派别严重对立并且正统派推行宗教压迫的环境下不可能获得成效。④ 在后一阶段,提比略强硬地推行正统信仰,一方面极力避免卷入正统派内

---

① [美]詹姆斯·奥唐奈:《新罗马帝国衰亡史》,第 323 页;[英]爱德华·吉本:《罗马帝国衰亡史》第 4 卷,第 301 页。

② [美]詹姆斯·奥唐奈:《新罗马帝国衰亡史》,第 323 页。

③ 在 482 年,皇帝芝诺颁布了一个敕令,命名为"合一通谕"或者"团结法令",采取了一个谨慎的不明确的姿态,敕令公布的信条并没有特别说明基督是两性或是一性,试图通过此使卡尔西顿派与一性论派和解。这则敕令虽然受到温和一性论派的欢迎,但是却为顽固一性论教众所拒绝,他们认为基督具有完整的神性。极少有卡尔西顿派信徒注意这项敕令。像先前的皇帝在没有教义统一的基础上极力促成教会和谐一样,"合一通谕"不能使任何一方满意,这些无望的努力使得实际的信仰分歧存在,甚至扩大化了。W. Treadgold, *A History of the Byzantine State and Society*, p. 161.

④ [美]詹姆斯·奥唐奈:《新罗马帝国衰亡史》,第 323 页。

部的纠纷,另一方面继续推行宗教不宽容政策。①

　　提比略统治时期,帝国政府继续延续查士丁尼时代对异教徒和异端的迫害政策。其中的重大事件是 580 年有关宗教异端的审判,审判中涉及安提阿大主教,后者因此被召唤到君士坦丁堡,并被指控为异教徒。大主教的好友、省督安纳托利乌斯也卷入其中,因为他涉嫌在埃德萨参与异教活动。这件事情后来有所发展,出现了自杀、谋杀和隐藏阿波罗形象的图标等问题。案件终审判决在君士坦丁堡进行,皇帝提比略和君士坦丁堡牧首尤提奇乌斯的宽大态度引发了民众的抱怨,进而发展为暴乱。暴乱发生之后,安纳托利乌斯被押解到大竞技场,钉在十字架上被群狼撕成碎片。② 578 年,提比略二世下令在腓尼基的赫利奥波利斯(Heliopolis,今黎巴嫩的巴贝克)抓捕异教徒。当时,此地聚集了大量异教徒,提比略通过这一迫害行动发现其他城市仍有许多异教徒在私下举行秘密仪式,譬如在安条克和埃德萨。③

　　后世宗教史家对提比略的宗教政策给予了中肯的评价,认为提比略二世"先后对一性论派采用严厉镇压和怀柔两种政策,但怀柔政策毫无成效。这些努力当时已没有多大意义,因为这些一性论派团体实际上已成为独立的民族教会"④。埃及的科普特教会以及附属的阿比西尼亚(埃塞俄比亚)教会、叙利亚和亚美尼亚教会都是一性论派的重要支持力量。埃及和叙利亚地区从希腊化时代以来就是思想创新之地,这种喜欢思辨的民风到基督教时代就成为宗教创新的形式,或者换一种说法这里成为异端丛生的温床。在查士丁二世和提比略二世统治时期,一性论派与埃及、叙利亚和亚美尼亚的民族传统文化相结合,成为帝国官方意识形态的心腹大患。在帝国的核心地区安纳托利亚和色雷斯等地,卡尔西顿派则牢牢控制了教权,可见宗教派别斗争具有希腊化传统与土著

① A. Cameron, *The Mediterranean World in Late Antiquity AD 395 −600*, pp. 195 − 196; M. Maas, ed., *The Cambridge Companion to the Age of Justinian*, p. 9.

② 有关的记载可见 A. Cameron, *The Mediterranean World in Late Antiquity AD 395 −600*, p. 143; Evagrius Scholasticus, *The Ecclesiastical History of Evagrius Scholasticus*, pp. 277 − 280; John of Ephesus, *Ecclesiastical History*, pp. 209 − 219。

③ J. A. S. Evans, *The Age of Justinian*, p. 251.

④ [美]威利斯顿·沃尔克:《基督教会史》,第 181 页。

文化冲突的影子。

　　582年,提比略与波斯停战后,已经病入膏肓。由于其身后无子,故提名两位
继承人:莫里斯和查士丁尼堂兄弟日耳曼努斯的遗腹子日耳曼努斯,任命他们俩
为凯撒,且将自己的两个女儿分别嫁给他们。提比略似乎打算像395年那样把帝
国一分为二,即莫里斯为东部皇帝,日耳曼努斯为西部皇帝。① 582年8月14日,
提比略临终前为莫里斯加冕为奥古斯都②,而没有为日耳曼努斯加冕。后人推
测,提比略自觉其西部计划不符合实际,且日耳曼努斯谢绝了在没有东部帮助的
情况下承担防卫西部的职责。提比略留下的帝国貌似强大实则相当穷困,其后人
将面临艰难的局面。

　　提比略自574年被查士丁二世选为凯撒和共治皇帝后,实际掌握帝国统治实
权多年。但是提比略不是一位英明的皇帝,虽然他还是位有能力的将军。他给当
时的人留下受人欢迎和能干的印象只是因为他错误地慷慨解囊。提比略继承的
是一个多条战线都险象环生的帝国,其主要精力也都集中在对外事务上。他当政
时期,伦巴第人持续扩张其在意大利的占领区,斯拉夫人和阿瓦尔人深入到巴尔
干半岛腹地大肆劫掠,波斯人的战争持续不断。对波斯作战是他一生应对的最主
要任务,对外战争也构成了提比略生活的主旋律。他因军事才能而被选为皇帝,
一生致力于守卫查士丁尼帝国的遗产,并且任命军事才华出众的莫里斯继续完成
使命和时代重任。

　　史家虽然对提比略的记载不多,但是在少有的记载中提比略却有着为人称道
的正面形象。尤其是教会史家埃瓦格里乌斯和吉本对其倍加赞扬。埃瓦格里乌
斯写道:"他因他的善行留下了无法用言语表达的不朽名声。"③在这位史家的笔

---

① 这位日耳曼努斯身份比较特殊,其父是查士丁尼的堂兄弟,曾受命负责统帅拜占庭帝国在意大利的军队,
　　未果而亡。其母是东哥特王国王室成员。当他的父亲迎娶其母并率兵去攻击东哥特人时,东哥特人因为
　　他父母的特殊身份陷入慌乱。所以,提比略计划让这位日耳曼努斯成为西部皇帝有一定的合理因素。
　　P. Fouracre, ed., *The New Cambridge Medieval History*, Ⅰ, pp.137 – 138.

② 有些学者认为提比略二世驾崩标志着查士丁尼王朝的结束。但是这种观点存在争议,因为莫里斯是提比
　　略二世的女婿,符合血亲家族继承的原则。在拜占庭帝国王朝内部,通过女系来维持王朝延续的情况比
　　比皆是。因此,学界也有把查士丁尼王朝的结束定位在莫里斯被杀的时间。有关拜占庭帝国皇位继承问
　　题可见陈志强:《拜占廷皇帝继承制特点研究》,《中国社会科学》1999年第1期;马锋:《1—6世纪罗马—
　　拜占庭帝国皇位继承主导权问题研究》,《西北大学学报》2017年第6期。

③ Evagrius Scholasticus, *The Scholasticus Ecclesiastical History of Evagrius Scholasticus*, p.285.

下提比略是位优秀的君主:"他身材高大相貌堂堂,没有任何一位皇帝任何一个人在相貌上能够与他媲美:从一开始他的相貌就配得上君权。而且他性格温厚仁慈,使人一见如故,认为财富只有捐赠出去才能发挥它的最大价值。"①在吉本的名著中,提比略更是美德不胜枚举,如忠心耿耿、仁慈、公正、谦和、刚毅、虔诚、和蔼可亲、睿智、忠于职守。② 这些赞美之辞并不能掩盖其在内政方面的无能,无论在宗教政策上还是在强化中央集权上他都毫无建树,但其对外战争的胜利还大体维护了拜占庭帝国的疆域,从外部保持了帝国的威严。

第五节

莫里斯（Mauric）

582—602 年在位

　　莫里斯(Maurice, Μαυρίκις,生于 539 年,卒于 602 年 11 月 27 日,享年 63 岁)是查士丁尼王朝第五位皇帝,也是王朝的末代皇帝,582 年 8 月 14 日至 602 年 11 月 27 日在位 20 年。

　　莫里斯于 539 年出生于小亚细亚卡帕多西亚东部的阿拉比苏斯(Arabissus)。③ 当时正是查士丁尼统治的鼎盛时期,而阿拉比苏斯是拜占庭东方战场军事交通线上重要的补给站和募兵中心区。学界对于莫里斯的民族出身问题一直存在争议:第一种观点认为莫里斯是位罗马人。埃瓦格里乌斯谈到,莫里斯的家世和名字来自古罗马,但是他的家乡及他的家族所在地是卡帕多西亚的城市阿拉比苏斯。④ 第二种观点认为莫里斯是希腊人。这派学者虽然也称他为"卡

---

① Evagrius Scholasticus, *The Ecclesiastical History of Evagrius Scholasticus*, p. 273.

② [英]爱德华·吉本:《罗马帝国衰亡史》第 4 卷,第 297—299 页。

③ 阿拉比苏斯位于现在土耳其的埃尔比斯坦(Elbistan)附近。

④ Evagrius, *The Ecclesiastical History of Evagrius Scholasticus*, p. 275; John of Ephesus, *Ecclesiastical History*, p. 361.

帕多西亚人",但认为他可能属于希腊人后裔。① 后一种观点可能比较合理,因为
莫里斯出生时,希腊语早已成为卡帕多西亚所在的安纳托利亚地区的主要语
言。② 第三种观点认为莫里斯可能是亚美尼亚血统,因卡帕多西亚地方的居民多
是亚美尼亚人。③

　　他的父母曾经向他人提及,莫里斯少年时就梦想成为伟大的人物,但是民间
或正史中都没有关于他的过人之处的记载④,只是描述莫里斯有着鲜明的外貌特
征,即中等身材,身体强壮,皮肤白净,圆脸,红发,有宽大的前额,鼻子匀称,因为
他按照罗马的时尚刮光下巴,没有留胡须。⑤

　　莫里斯早年受到良好的教育,曾经担任过公证人,年轻时代有从军经历。他
于574年(提比略成为凯撒的当年)被提比略任命为皇家卫队伯爵。578年,提比
略提升莫里斯为东部军队总司令。⑥ 米南德在文中这样叙述:"虽然莫里斯没有
经历战争和冲突的磨炼,但是他聪慧过人、严谨并且知觉敏锐。"⑦在莫里斯执掌
东部军队之前,拜占庭军队纪律松懈。莫里斯上任后大力整顿军纪,禁止军人抢
劫乡民,并要求他们按照古老罗马建筑技术和风格加固军营。⑧ 莫里斯执掌东部
军队后,这支军队不仅在纪律上得到提高,而且在规模上也得到扩大。在休战期

---

① 塞奥菲拉克特·西摩卡塔(Theophylact Simocatta)在他的著作中从希腊语和语言的罗马化角度讨论莫里斯的姓名问题。详细情况见 Theophylact Simocatta, trans. Michael and Mary Whitby, *The History of Theophylact Simocatta*, Oxford: Oxford University Press, 1986, p. 27. Theophylacti Simocattae, *Historiae*, ed. C. de Boor, Leipzig: Teubner, 1887, repr. Stuttgart, 1972, TLG, No. 3130003。

② W. Treadgold, *A History of the Byzantine State and Society*, p. 248.

③ 有关莫里斯民族出身问题的争论,见 A. A. Vasiliev, *History of the Byzantine Empire*, p. 130。

④ Evagrius Scholasticus, *The Ecclesiastical History of Evagrius Scholasticus*, pp. 278 - 279; M. Whitby, *The Emperor Maurice and his Historian*, Oxford: Clarendon Press, 1988, p. 5.

⑤ M. Whitby, *The Emperor Maurice and his Historian*, p. 3.

⑥ Evagrius Scholasticus, *The Ecclesiastical History of Evagrius Scholasticus*, p. 275; John of Ephesus, *Ecclesiastical History*, p. 435. 忏悔者塞奥法尼斯在他的编年史中谈到莫里斯指挥东方军队问题:581年提比略任命莫里斯为统师"同盟者"军队的伯爵,纳尔泽斯为副帅。Theophanes Confessor, *The Chronicle of Theophanes Confessor: Byzantine and Near Eastern History AD 284 - 813*, p. 373.

⑦ Menander, *The History of Menander the Guardsman*, p. 199.

⑧ A. H. M. Jones, *The Later Roman Empire, 284 - 602*, vol. 1, p. 308. Menander, *The History of Menander the Guardsman*, p. 201.

间,东部军队汇集了大量来自伊利里亚和色雷斯的将士,还包括1.5万名新招募的蛮族和拜占庭士兵。[1] 这些新募兵形成了一个附属于东部军队的被称为"同盟者"(Federates)的永久性的团体。"同盟者"部队的数量后来不断增长,几乎达到了正规军一半的规模。经过整顿的东部军队焕发出极强的战斗力[2],在莫里斯统帅下,取得了一系列辉煌战绩。

578年春天,为期三年的停战协定期满之前,波斯人通过劫掠拜占庭所属的美索不达米亚破坏了停战,同时派兵侵入亚美尼亚。[3] 莫里斯旋即予以反击,率军入侵波斯所属的阿尔扎楠,夺取了阿普蒙(Aphumon)并派兵驻守,随后折向南攻陷波斯所属美索不达米亚的辛加拉(Singara,今伊拉克北部城市辛贾尔)。莫里斯的胜利使得萨珊波斯帝国朝野震动。[4] 波斯国新王霍尔米兹德四世拒绝了提比略提出的和平条件,即如果波斯放弃达拉斯城,将得到拜占庭控制下的伊庇利亚[5]、原波斯所属的亚美尼亚和阿尔扎楠。在这种情况下,莫里斯以更积极的进攻予以回应。他率军越过底格里斯河,次年他命令进攻波斯所属的亚美尼亚,向幼发拉底河进军,几乎兵临波斯首都泰西封城下。然而战局有变迫使他撤兵,因为一支波斯军队在其后部攻击拜占庭所属的美索不达米亚地区。

莫里斯被召回君士坦丁堡。皇帝提比略为他举行了凯旋仪式,并且决定把自己的女儿康斯坦提娜嫁给他。[6] 同时,提比略把另外一个女儿嫁给查士丁尼堂兄弟日耳曼努斯的遗腹子日耳曼努斯,并提升二人为凯撒。[7] 582年8月14日提比

---

[1] 提比略时期招募15000名"同盟者"的情况,见 Theophanes Confessor, *The Chronicle of Theophanes Confessor: Byzantine and Near Eastern History AD 284 -813*, p. 373.

[2] Menander, *The History of Menander the Guardsman*, p. 201.

[3] Menander, *The History of Menander the Guardsman*, p. 203.

[4] Evagrius Scholasticus, *The Ecclesiastical History of Evagrius Scholasticus*, p. 276.

[5] J. H. Rosser, *Historical Dictionary of Byzantium*, p. 199.

[6] 585年8月5日,莫里斯被晋升为凯撒并与提比略的女儿订婚。Theophanes Confessor, *The Chronicle of Theophanes Confessor: Byzantine and Near Eastern History AD 284 -813*, p. 374.

[7] Theophanes Confessor, *The Chronicle of Theophanes Confessor: Byzantine and Near Eastern History AD 284 - 813*, p. 373.

略去世当天,莫里斯被加冕为奥古斯都,即确定他继承皇权。[1]

　　莫里斯成为奥古斯都之前主要从事军队指挥,他成为皇帝后,就必须解决国家面临的全局性问题。作为皇帝的莫里斯不仅仅是一名军队统帅,更是帝国君主。身份的变化决定了职责的变化,莫里斯接手的帝国面临着一系列的问题。查士丁尼时代的长期战争使国力消耗巨大,其身后的继承人面临着军事和经济的双重压力。虽然查士丁二世紧缩开支的政策使国库的财政压力情况有所好转,但是提比略二世的过度挥霍以及战争长期持续造成经济衰落的问题使得财政压力有增无减。[2] 从541年到莫里斯推行改革之前,这两个问题都没有得到实质上的解决。帝国在这一阶段没有明确的转型方向,只是在勉力维持。莫里斯在内政上的努力虽然不为史家重视,却远比那些史家津津乐道的军事胜利影响更为深远。

　　莫里斯皇帝实施多项治国安邦措施,首先是军事改革。莫里斯当政后推行的军事改革针对财政困难的现实,重新确立国家战略的基本观念。这种观念在此后拜占庭帝国五个世纪的发展中都未发生本质变化。莫里斯的着眼点是放弃早期拜占庭诸多皇帝重新恢复西部领土的扩张冲动,确保现有的领土和财富,这是基于其国力攻则不足、守则有余的客观选择。莫里斯构想的战略是企图使用各种手段以避免战争,最好是能使敌人知难而退,此即所谓防守型威慑战略。[3] 590年当波斯国王科斯劳埃斯二世(Chosroes Ⅱ,590—628年在位)向拜占庭人请求援助其重登大位时,莫里斯力排众议支持科斯劳埃斯二世。他认为科斯劳埃斯二世上台会给拜占庭帝国带来长久的和平,这既能把帝国军队从波斯战场中抽调出来,又能够维持拜占庭帝国与萨珊波斯帝国长期的和平。这是其战略思想在外交政策上的运用。

---

[1] 塞奥菲拉克特·西摩卡塔生动地记载了提比略二世逊位给莫里斯的场景。Theophylact Simocatta, trans. Michael and Mary Whitby, *The History of Theophylact Simocatta*, pp. 54 - 56. 埃瓦格里乌斯的记载则比较简单。Evagrius Scholasticus, *The Ecclesiastical History of Evagrius Scholasticus*, pp. 279 - 280. 并且埃瓦格里乌斯提到莫里斯的结婚是在其继位之后,是获得合法统治权的第一件大事。Evagrius Scholasticus, *The Ecclesiastical History of Evagrius Scholasticus*, p. 284. 有一种观点认为日耳曼努斯未能被提比略指定为皇帝的原因是他在提比略去世时远在非洲。Theophanes History Confessor, *The Chronicle of Theophanes Confessor: Byzantine and Near Eastern History AD 284 -813*, p. 374.

[2] John of Ephesus, M. A., *Ecclesiastical History*, p. 357.

[3] 钮先钟:《西方战略思想史》,桂林:广西师范大学出版社2003年版,第64页。

　　基于这种战略思想,莫里斯开始着手建立一套不同于以前的国防体系:一是健全人事制度,军事人员的升迁之权都收归中央;二是减少雇佣军人数,使其成为军队的次要补充力量;三是建立民兵制,招募民兵防守边疆,这其实是从君士坦丁大帝到查士丁尼以来边防军力量逐渐弱化的必然结果;四是为守卫边疆的民兵提供免税和授田的政策,在边区逐渐推行兵农合一的制度。① 这既是总督制的萌发,也是7世纪以后推行的军区制的初步实验。

　　莫里斯的军事改革虽然符合国情,并且能够成为拜占庭帝国此后国力增强的长治久安之策,但是在当时面临着诸多挑战。首先是军队内部对军事改革的抵制力量,这主要与削减军人待遇有关。其次,国家财政的困境不能仅仅通过减少军事开支的方式完全解决。此时帝国面临的是整体性调整,需要全面转型。但是莫里斯作为一位富有军事经验的统帅,却缺乏行政经验。他的改革更多的是围绕解决军事问题,并没有对财政问题加以全局性地解决。再次,国家和社会转型是一个相当艰难的长期过程。541年是拜占庭帝国第一个黄金时代的转折点,其后国家的困境表现在人力和财力两个方面。其原因在于长年的战争消耗了国力,查士丁尼大肆建造军事设施和教堂耗尽了国库积蓄,瘟疫肆虐使得人力和财力资源枯竭。在查士丁尼时代之后,国家的财政状态每况愈下,国力不能为莫里斯的改革提供必要的资源。这种从古典式的罗马帝国向中世纪的拜占庭帝国的转变持续到伊拉克略王朝时期,此间经历了诸多阵痛。最后,莫里斯的改革政策虽然包括加强中央对军事人员升迁和军队调动的控制措施,但是在他之后由总督制发展为军区制的转变,实际上使得地方军事贵族的实力迅速得到强化。也就是说,莫里斯的出发点是加强中央集权,但是其改革的弊端是强化了地方权力。

　　莫里斯改革中最难以克服的问题是经济困难对军事改革的制约,这也成为莫里斯改革遭受挫折的主要原因。在罗马拜占庭帝国的历史中,军人群体一直在国家中央集权制中占有举足轻重的地位,如何解决军队供给问题就成为一项历史性的重担。在拜占庭帝国早期,从君士坦丁大帝到查士丁尼都不断探索有效的解决方式。莫里斯企图改变查士丁尼处理财政危机的方式,即适当压缩帝国总兵力,

---

① 钮先钟:《西方战略思想史》,第64页。

实施一些无碍大局的分化措施,进而减少军饷支出。事实上,莫里斯时期,国库并没有吃紧。后世批评者认为他的改革行为非常草率,但是客观看,其改革目的是预防国家的财政困境。由于他屡次提出削减军费的提议,军队发生了四次兵变或者未遂兵变。① 这些兵变没有引起莫里斯的重视,以至于后来酿成不可挽救的大错。作为统兵将帅,莫里斯应该了解,如果让那些过惯了骄奢生活的官兵突然按照严格的军人标准生活会是一件十分危险的事情,必须做好以防万一的精神准备,但他显然没有做到这一点。最后,莫里斯削减军费开支以解决财政问题的改革以失败告终,他本人也因此付出了生命的代价。

莫里斯的军事改革虽然遭受了挫折,但是并不能因此否定他作为一位杰出军事家的地位。莫里斯撰写了军事学名著《战略》(Strategikon),又译为《莫里斯战略:拜占庭军事战略手册》(Maurice's Strategikon: Handbook of Byzantine Military Stratecy)。② 该书是一部总结 6 世纪及其以前罗马拜占庭军队特点的经典著作。③ 全书分为两卷,用希腊文写成,目前有多种文字译本。莫里斯著书的目的就是为国家造就将才,所以他以"Strategikon"(即"将军之学","strategos"一词的希腊语原意即"将军")给自己的书命名。1770 年,法文译者梅奇乐(Paul de Maizeroy)根据其书名创造出"strategy"的新名词,此即为现代军事术语"战略"的起源。④ 这部著作吸收了大量罗马拜占庭军事著作的精华,是一部优秀的军事教科书。它显然反映了 6 世纪晚期拜占庭的军事实践,强调了战争中骑兵的作用,同时它也在构想如何对阿瓦尔人、伦巴第人和安特人作战⑤,真实再现了 6 世纪晚期拜占庭的战争现实。⑥ 该书还反映出拜占庭帝国继承罗马帝国重视军事教

---

① W. Treadgold, *A History of the Byzantine State and Society*, p. 236.

② Maurice, trans. George T. Dennis, *Maurice's Strategikon: Handbook of Byzantine Military Stratecy*, Philadelphia: University of Pennsylvania Press, 1984. Mauricius, *Arta militara*, ed. H. Mihaescu, [Scriptores Byzantini 6] Bucharest: Academie Republicii Socialiste România, 1970, TLG, No. 3075001.

③ 有关莫里斯的《战略学》的介绍见 Theophylact Simocatta, trans. Michael and Mary Whitby, *The History of Theophylact Simocatta*, p. 22。

④ 钮先钟:《西方战略思想史》,第 66—67 页。

⑤ 安特人是东斯拉夫人,即今俄罗斯、乌克兰、白俄罗斯等民族的共同祖先。[拜占庭]约达尼斯:《哥特史》,第 29 页。

⑥ 但是关于此书作者存在不同意见,如《新编剑桥中世纪》一书中提到"莫里斯并不是《战略学》的作者",但它也认为人们将此书归于他名下没有什么不当之处。P. Fouracre, ed., *The New Cambridge Medieval History*, I, p. 114.

育的传统,其军官的培育已经制度化。作为一名沙场老兵,莫里斯根据自己和前人的经验完成了这部影响深远的军事著作,是对世界军事史的一个杰出贡献。

这本书还详细描述了6世纪拜占庭军队的武器和盔甲、日常行军、安营扎寨条例、军服、伙食、医疗护理、军事法律、军队头衔等各个方面的事务。该书讨论了军队的编制、武器装备、军队操练、军阵排列、作战方法、军队后勤保障和蛮族战斗特点等诸多内容,并重点谈论了骑兵的战场组织、伏击战、围攻战和防御战的具体作战方式方法,涉及战场上各兵种的混合组织方式和指挥艺术,从全局方面考虑战争的战略要素。在军队操练方面,莫里斯强调部队应该注意演练战斗队形编组,学会实施协同进攻和不同地形上的战斗机动。军队编制按战术用途分为侦察兵、勘察兵、营造兵、前哨兵、后援兵、战斗兵、殿后兵和预备队。行军队形根据不同路线和敌情进行编排,以保证粮秣及时供应以及军队行军和驻扎的安全为重点。战斗队形由两线队列(每线3-4列)和预备队组成,以保持必要的纵深。在作战方法方面,莫里斯强调军事艺术是战争胜败的关键要素。全书突出间接路线的特点。① 强调突然性是军事艺术的重要因素,主张广泛开展伏击战,并认为成败主要取决于攻击时间和地点的选择。因此,作者重视骑兵在战斗中的作用,认为骑兵是实现突袭的重要因素。作者认为军事艺术和计谋对取得战争的胜利具有重要作用。在指挥方面,书中重视统帅的指挥才能和个人素质。作者认为,一名优秀的统帅要熟悉各种武器的使用和配合,能够根据战场的变化调整军队布局,要了解自己属下部队的特点并发挥其优长,还必须了解敌人的特点。②

莫里斯的《战略》在人类历史上,特别是战争及军事史上占有重要地位。首先,这本书是这一时期有关拜占庭、波斯、斯拉夫、伦巴第和阿瓦尔等方面重要的原始资料。其次,莫里斯的《战略》在整个拜占庭帝国时期有着无法超越的历史地位,为拜占庭军事发展和帝国安全做出巨大贡献。最后,这本书的价值不仅提供了早期拜占庭军事历史的原始资料,而且是战争艺术的重要奠基之作,它保持

---

① 有关拜占庭军队使用间接路线的传统,可见[英]李德·哈特著,钮先钟译:《战略论:间接路线》,上海:上海人民出版社 2010 年版,第 36—49 页。
② 中国军事百科全书编审委员会编:《中国军事百科全书》(军事历史 I),北京:军事科学出版社 1997 年版,第 106 页。

着对后代许多世纪军事思想的影响,被奉为军事艺术的瑰宝之一。①

　　莫里斯其次是推行行政改革,建立总督区,强化军事总督在地方统治中的作用。军权与行政权的分合问题一直是早期拜占庭帝国的重要政治问题,它反映出帝国中央政府对地方控制力的强弱变化。从戴克里先到伊拉克略(Heraclius,610—641年在位),军政分合的变化随着时代的需要不断发展。戴克里先为了巩固统治和消除军队对皇权的威胁,积极推行军事指挥权与行政管理权分开的政策。这使得军队失去地方行政机构的支持,只能从中央获得物资供给,依赖中央政府的调控。戴克里先规定,行省长官由文官担任,军事指挥官则负责统一指挥几个行省的军队。戴克里先的军政分权政策被君士坦丁大帝进一步发展了。在君士坦丁大帝统治时期,帝国分为大行政区、政区、行省等分级管理的地方政府。君士坦丁在大行政区和行省层面推行军政分权改革。首先,君士坦丁把近卫军长官(*Praefectus Praetorio*)变为东方、伊利里亚、意大利和高卢四大行政区的最高行政长官,大行政区的军事统帅权则由骑兵长官和步兵长官分享。其次,在行省层面行省长官不再掌握军事权。骑兵长官和步兵长官下设置的军事指挥官则控制几个行省的军队。这种军政分权的设置使得军队不能利用地方政治力量发动叛乱,大大减少了地方军队对中央的威胁。② 到查士丁尼时代,帝国政府取消了政区建制,重新划分省区。查士丁尼在一些地区试行军政合权,以解决地方层面军政机构之间的对立和冲突问题。③

　　查士丁尼时代军政权力合二为一的尝试最明显体现在拜占庭帝国对意大利拉文纳总督区和迦太基总督区两大领地的管理,但是有些后世史家认为拉文纳总督区的形成应当是6世纪末莫里斯皇帝时期的事情,这时意大利被置于一个全权将军(头衔是总督)的绝对控制之下。这个头衔最早见于文字记载是在584年,可能是由莫里斯设立。总督除了拥有意大利军队的统率权外,其权力还被进一步扩

---

① 有关的论述参见马锋:《查士丁尼时代军事战略研究》,博士学位论文,东北师范大学,2013年,第13页,第144—145页。
② 徐家玲:《早期拜占庭和查士丁尼时代研究》,第42—43、237页;马锋:《从戴克里先到查士丁尼时代的军事变革》,《古代文明》2012年第4期。
③ 徐家玲:《拜占庭文明》,第221页。

大。他任命保民官和下级军事指挥官,主导与敌人的谈判并签署停战协定。① 但这种行政司法权与军事权的合并并不意味着直接取缔行政官员。行政官员仍与军事管理者同时存在,只是在军事总督监督下工作。总督作为皇帝权力的代表,在其辖区内行使皇帝委托的"皇权",并坚持"皇帝统领教权"的原则。② 总督可以对总督区内的宗教事务进行干预或仲裁。总督的权力非常大,还被赐予皇家的荣耀。建于拉文纳的总督宫殿被视为神圣之地,并称作"禁宫"(*Sacrum Palatium*),这一称呼通常只用于皇帝的居处。而且,总督在任何时候进入罗马城都受到恭迎圣驾的礼仪,元老、教士和市民在城外隆重地迎接他。所有的军事事务、整个行政统治、司法和财政事务都处于总督的全面控制下。③

拉文纳总督区兴起的原因在于伦巴第人入侵意大利,非洲总督区的兴起与此类似。由于非洲摩尔人(柏柏尔人)的不断骚扰,促使拜占庭在前汪达尔王国所在地建立了非洲总督区(也被称为迦太基总督区)。非洲总督区的开端也可上溯到6世纪末莫里斯皇帝统治时期,非洲总督区的总督也获得了类似拉文纳总督同样大的权力。④ 莫里斯在意大利和北非最后完成了查士丁尼重新建立军政合一体制的设想,建立了以将军为主导的总督制,其直接目的是加强当地对抗伦巴第人和非洲土著摩尔人的力量,使其在战时能够随时调动一支强有力的军队投入战斗,行政官员必须为军队行动提供一切方便。⑤

莫里斯除了忙于政务外,还关注国家文化的发展。莫里斯表现出极强的文学鉴赏力,他不仅赞助文学活动,而且经常在夜晚与首都的文人墨客讨论诗歌、历史方面的问题,有时为此陷入沉思。⑥ 虽然莫里斯在内政上促进了改变国家命运的转型,但是我们所了解的莫里斯更多地忙于军事事务。在莫里斯统治时期,拜占

① A. H. M. Jones, *The Later Roman Empire 284 - 602*, vol. 1, p. 312.
② 有关这一原则的详细论述,参见徐家玲:《拜占庭文明》,第337—338页。
③ 关于拉文纳总督区的形成,见 A. H. M. Jones, *The Later Roman Empire 284 - 602*, vol. 1, p. 312。
④ A. A. Vasiliev, *History of the Byzantine Empire*, p. 175.
⑤ 徐家玲:《拜占庭文明》,第221—222页。
⑥ A. A. Vasiliev, *History of the Byzantine Empire*, p. 180.该书详细介绍了记载莫里斯统治情况的三位史家米南德、塞奥菲拉克特·西摩卡塔和忏悔者塞奥法尼斯。相关的情况也可见这三位史家代表作英文版的导言部分。这三位史家的代表作英文版分别为:Menander, *The History of Menander the Guardsman*; Theophylact Simocatta, *The Histroy of Theophylact Simocatta*; Theophanes Confessor, *The Chronicle of Theophanes Confessor: Byzantine and Near Eastern History AD 284 - 813*.

庭帝国的对外战争可以分为三个战场:东方战场(应对波斯入侵)、西部战场(包括拜占庭所属的意大利、西班牙和非洲)和巴尔干战场。莫里斯对于这三个战场给予关注的程度不同,即集中兵力采取攻势解决东方战场与波斯的战争,在巴尔干战场通过外交和军事手段遏制阿瓦尔人和斯拉夫人的扩张;在西部战场,拜占庭帝国在无力提供援军的情况下主要利用外交手段,并借助当地有限的驻军勉力维持局面。

他最急需的是推动与波斯的和平。[①] 为了达到这个目的,他使用了战争和外交双重策略。莫里斯三易东部军队司令,他任命的第一任东方军队司令官是"小胡子"约翰(John Mystacon)。582—583 年间,约翰至少维持了拜占庭控制的阿普蒙要塞的安全,但是他未能在东方迅速获胜。莫里斯任命的第二任东部军队司令官是他所信赖的姻亲菲利彼库斯(Philippicus)。[②] 后者继续执行与波斯人谈判的方针,但没有取得任何进展。从 584 年秋天到 587 年,战事在波斯所属的美索不达米亚、阿尔扎楠和底格里斯河流域持续进行,此时莫里斯被财政压力所困扰,战争经费包括满足战争中将士所需的军饷、装备,及为两场全面战争招募新兵。他企图节省开支,遂下令直接供给部队武器以取代以往实行的以金钱支付武器津贴的措施。为此,莫里斯任命普里斯库斯为第三任东部军队司令官。普里斯库斯抵达后立即分发削减了的军饷,结果引发了东部军队的兵变。[③] 皇帝召回了普里斯库斯,并且再次任命菲利彼库斯为东部军队司令官。[④] 但暴动者拒绝接受这位前任将军,并且开始洗劫周围地区。东部军队的兵变到 589 年复活节时才平息,这些部队获得了他们要求的全部军饷,接受菲利彼库斯作为他们的司令官。

与战争方式相伴随的是,莫里斯十分注意利用外交策略处理与波斯的关系。589—591 年间,波斯帝国的内乱为其提供了机会。这次内乱的第一阶段与双边战争有关。589 年,波斯将领巴拉姆(Bahrām)劫掠了伊庇利亚,但是随后他在一

---

① 有关莫里斯对波斯战场的观点可见 Maurice, *Maurice's Strategikon: Handbook of Byzantine Military Stratecy*, pp. 113 - 118。

② Evagrius Scholasticus, *The Ecclesiastical History of Evagrius Scholasticus*, p. 287.

③ 这次兵变的详情,可见 Theophylact Simocatta, *The History of Theophylact Simocatta*, pp. 109 - 111; W. Treadgold, *A History of the Byzantine State and Society*, pp. 229 - 230。

④ Theophylact Simocatta, *The History of Theophylact Simocatta*, pp. 109 - 110.

场战斗中败给了当地的拜占庭军队。愤怒的波斯国王霍尔米兹德送给巴拉姆一套红色的女人衣服,这严重羞辱了巴拉姆,后者决定举兵反叛。① 巴拉姆向波斯首都泰西封进军,在590年击败了霍尔米兹德的军队。② 波斯贵族听闻国王战败的消息,立即在泰西封推翻了霍尔米兹德四世的统治,以其儿子科斯劳埃斯二世取而代之。波斯内战中的新国王实力不足,短暂抵抗后便带着亲随部下逃往拜占庭边境,向莫里斯求援。③

　　波斯帝国内乱的第二阶段是争夺波斯王位的两方都寻求莫里斯的支持。科斯劳埃斯二世给予援助的报偿比较优厚。如果拜占庭人帮助他重登大位,科斯劳埃斯愿意归还达拉斯和马蒂罗波利斯(Martyropolis,幼发拉底河河畔),还答应交出大部分波斯所属的亚美尼亚,包括割让波斯的阿尔扎楠。但是他的对手也在争取莫里斯的态度。如果拜占庭不给予科斯劳埃斯援助,巴拉姆将让出尼西比斯,或许可以加上达拉斯和马蒂罗波利斯。莫里斯的顾问们,尤其是当时的牧首、迅捷者约翰四世(John Ⅳ the Faster),倾向于选择最容易的措施即不支持科斯劳埃斯。④ 但是莫里斯否决了他们的意见,他认为一位合法的波斯国王应该为拜占庭军队帮助他登位而感恩,这样更可能保持一个真正的和平,而不是支持一位篡位者。莫里斯从战略家的高度审视两国的关系,可能选择了一个最有利于拜占庭帝国的选项。毕竟,罗马拜占庭帝国与萨珊波斯帝国相互争斗虽然已经数百年,但是双方仍达成过许多合作,甚至有相互帮扶的案例。⑤ 正如科斯劳埃斯写给莫里斯的信中谈到的那样,两国的关系就像两只眼睛的关系一样。⑥ 在拜占庭早期政治家和史家的眼中,拜占庭与萨珊波斯的关系是真正的国与国之间的关系,有斗争,也必须有合作。

　　波斯帝国内乱的第三阶段是莫里斯出兵帮助波斯帝国平叛。莫里斯皇帝与

---

① Theophylact Simocatta, *The History of Theophylact Simocatta*, p. 115.

② 有关霍尔米兹德四世与巴拉姆斗争的详情,可见 Theophylact Simocatta, *The History of Theophylact Simocatta*, pp. 118 – 120; W. Treadgold, *A History of the Byzantine State and Society*, pp. 230 – 231。

③ 有关科斯劳埃斯二世与莫里斯谈判的详情,可见 Evagrius Scholasticus, *The Ecclesiastical History of Evagrius Scholasticus*, p. 304; Theophylact Simocatta, *The History of Theophylact Simocatta*, pp. 151 – 152。

④ 这次议政内容的详情,可见 Theophylact Simocatta, *The History of Theophylact Simocatta*, pp. 152 – 153; W. Treadgold, *A History of the Byzantine State and Society*, p. 231。

⑤ M. Whitby, *The Emperor Maurice and his Historian*, pp. 204 – 208.

⑥ Theophylact Simocatta, *The History of Theophylact Simocatta*, pp. 151 – 152.

科斯劳埃斯订立和约后,集中兵力帮助科斯劳埃斯二世登上波斯王位。591 年春天,科斯劳埃斯和新任拜占庭司令官纳尔泽斯率军进攻尼西比斯,迫使该城宣布效忠于科斯劳埃斯,达拉斯城也闻风而降。与此同时,联军分兵攻击波斯首都泰西封。巴拉姆见敌军人多势众,不得不放弃陪都逃遁,虽竭尽全力挣扎一番,最终仍于当年夏天在乌尔米耶湖(Lake Urmia,伊朗西北部的浅水盐湖)附近战役中战败。

科斯劳埃斯二世在莫里斯的帮助下于 591 年夏天成为国王,结束了萨珊波斯帝国与拜占庭帝国从 572 年以来持续进行的战争。[①] 科斯劳埃斯给予拜占庭军队慷慨的赠礼。[②] 按照此前的约定,拜占庭获得了阿尔扎楠的剩余部分、伊庇利亚和波斯所属的亚美尼亚大部。帝国此前已经收复了达拉斯和马蒂罗波利斯,在莫里斯统治的余下时间里拜占庭帝国和萨珊波斯帝国一直保持和平状态。

对拜占庭帝国而言,提比略和莫里斯时期的波斯战争较为成功,这主要归因于莫里斯本人的英明决策,他巧妙地借用了波斯国内的宫廷斗争,把握时机,创造了有利于拜占庭国家的局面。莫里斯达成的和约具有极大的重要性,根据这个协议,波斯所属亚美尼亚和美索不达米亚东部地区以及达拉斯城,都被移交给拜占庭控制,以往拜占庭每年向波斯交纳的屈辱性年贡也就此取消。[③] 帝国由此摆脱了波斯威胁,能够把注意力集中于其他战场,特别是可以对付斯拉夫人和阿瓦尔人在巴尔干半岛上的不断攻击。特别重要的是,拜占庭帝国牢固控制小亚、叙利亚和埃及等地的富裕行省,使帝国的这些经济重地一直未受到破坏。[④]

莫里斯像他的前任一样,优先关注波斯战争,在其他对外方向努力通过外交和金钱维持局面。[⑤] 自查士丁尼之后,帝国的军事政策就向纯粹防御性战略转变。查士丁二世登基以来,帝国面临着一项不可解决的战略问题,即帝国军队必须同时关注东方前线和巴尔干半岛前线作战。由于两地分隔距离遥远,而帝国兵

---

① John B. Bury, "The Chronology of Theophylaktos Simokatta", *The English Historical Review*, vol. 3, No. 10 (Apr., 1888), pp. 310 – 315.

② 科斯劳埃斯在战后写了两份热情洋溢的信表达自己的感激之情。Evagrius Scholasticus, *The Ecclesiastical History of Evagrius Scholasticus*, pp. 308 – 310.

③ A. A. Vasiliev, *History of the Byzantine Empire*, p. 171.

④ A. H. M. Jones, *The Later Roman Empire*, 284 – 602, vol. 1, p. 315.

⑤ A. H. M. Jones, *The Later Roman Empire*, 284 – 602, vol. 1., p. 309.

力不足,坚守一个方面防线还嫌不够,所以帝国只能把有限的兵力在两条战线之间不断地调动。① 提比略二世和莫里斯统治时期,帝国政府通过金钱促使阿瓦尔人保持和平,以便将伊比利亚军队大量抽调到东方波斯战场。这导致巴尔干地区兵力空虚,为阿瓦尔人和斯拉夫人南下入侵提供了便利。

其次,莫里斯军事行动的重点是东方战场和巴尔干战场,导致其无力用军事手段解决西部问题。A. H. M.琼斯认为,莫里斯通过外交和补助金的方式在意大利成功获得了他想要的结果。② 在莫里斯统治时期,罗马城的居民向君士坦丁堡派出第二个求援使团(在提比略二世时期曾经派出第一个使团)。莫里斯像他的前任一样,对远在意大利的困境爱莫能助,他和提比略一样收买伦巴第公国的部分贵族为拜占庭帝国服务。③

莫里斯试图劝说法兰克人在意大利与伦巴第人作战。④ 莫里斯继位伊始,便用一笔5万索里达的金钱引诱法兰克国王希尔德贝二世(Childebert Ⅱ)进攻伦巴第人。希尔德贝二世率军进入意大利北部,击败了群龙无首的伦巴第公爵,迫使公爵们选举新国王奥萨里(Authari)来领导他们的防卫。面对法兰克人的威胁,奥萨里与意大利的拜占庭军事长官(后来经常被称为总督)签订了为期三年的停战协定,在这三年停战期内,拜占庭帝国在意大利的领地获得了相对的安定。但是奥萨里不得不面对内外交困的局面。一方面,法兰克人于585年再次入侵意大利攻击伦巴第人,另一方面,奥萨里又必须分身去对付那些拒绝承认其国王身份的公爵们。588—590年,莫里斯多次说服希尔德贝二世攻击伦巴第人,拜占庭军队趁机夺回了埃米利亚(Aemilia,今意大利的城市艾米利亚)周围的大部分地区。

意大利并未获得来自君士坦丁堡的有力援助,所以仍旧处于困境之中。592年,拜占庭总督罗曼努斯与伦巴第公爵们争夺从拉文纳到罗马大道上的许多堡垒,并且反对罗马主教格里高利一世(Gregory Ⅰ)企图与伦巴第人达成停战协定的想法。此后,伦巴第人与拜占庭人在意大利的冲突仍在继续。598年夏天,双

---

① [英]J. F. C.富勒著,钮先钟译:《西洋世界军事史》卷一,桂林:广西师范大学出版社2004年版,第293页。

② A. H. M. Jones, *The Later Roman Empire 284 - 602*, vol. 1, p. 309.

③ [英]爱德华·吉本:《罗马帝国衰亡史》第4卷,第301页。

④ Theophylact Simocatta, *The History of Theophylact Simocatta*, p. 18.

方签订了一份为期一年的停战协定(600 年后得以延期)。

　　莫里斯统治时期,拜占庭帝国在意大利的统治危机并没有得到根本好转。莫里斯虽然通过提供金钱的方式获得法兰克人或个别伦巴第公爵的援助①,但是这只能部分削弱其首要敌人伦巴第国王对拜占庭领地的进攻力量,而且拜占庭结好的盟友随时可能转变为危险的敌人。伦巴第公爵不仅不受国王奥萨里的控制,也不受其他势力的控制。"只要没人把他们当作军阀或是蛮族,他们就满足于经营自己的小块领地,在大部分时候不必理会外面那些野心勃勃的统治者。"②法兰克人则是与伦巴第人一样的敌人。普罗柯比曾经在《战史》中对法兰克人企图染指意大利的野心进行了深刻的描写。"他们逐渐认识到,让别人为争夺离他们自己如此近的土地的统治权而进行长期的斗争,而他们自己却保持沉默并观望双方的成败是荒谬的。所以,他们背弃了此前不久与罗马人和哥特人签订的协议和所发的誓言(因为这个民族是世界上最不可靠的民族)。"③莫里斯无法为意大利提供必需的援助,只能说服外部力量勉力维持意大利的局面。④

　　帝国的国力有限,莫里斯只能选择在一个时间内进行一场战争。虽然莫里斯取得了对萨珊波斯帝国的胜利,但是巴尔干战事的持续使得西部行省仍旧无法获得皇帝太多的关注。在莫里斯统治时期,帝国的西部疆域情况各异。拜占庭帝国在意大利已经丧失了大部分领土,剩余的领土由于伦巴第人的肆虐也极难维系。只有非洲领地保持了长期的和平安宁,并在一定程度上恢复了旧日的繁荣。⑤ 西地中海的岛屿和遥远的西班牙行省也时有动荡。⑥

---

① 有关莫里斯对法兰克人和伦巴第人的看法,见 Maurice, *Maurice's Strategikon: Handbook of Byzantine Military Stratecy*, pp. 119 - 120。

② [美]詹姆斯·奥唐奈:《新罗马帝国衰亡史》,第 320 页。

③ [东罗马]普罗柯比著,崔艳红译,陈志强审校注释:《战史》下,郑州:大象出版社 2010 年版,第 363 页。

④ 有关莫里斯时期拜占庭帝国在意大利的统治情况可见 A. A. Vasiliev, *History of the Byzantine Empire*, p. 173; W. Treadgold, *A History of the Byzantine State and Society*, pp. 228 - 232; A. H. M. Jones, *The Later Roman Empire, 284 - 602*, vol. 1, p. 309, p. 311。后两部书对莫里斯在意大利采取的外交策略的成功与否给予了完全相反的评价。

⑤ A. H. M. Jones, *The Later Roman Empire 284 - 602*, vol. 1, p. 313.

⑥ A. H. M. Jones, *The Later Roman Empire 284 - 602*, vol. 1, p. 315.

　　最后,莫里斯利用与波斯关系和缓之际,集中兵力扫除巴尔干半岛之敌。① 此前,阿瓦尔人趁提比略抽调巴尔干半岛部队支援东方战场之机,于579年围困了西尔米乌姆。在此期间,斯拉夫人开始入侵色雷斯、马其顿和希腊,并逐渐形成永久定居的移民。② 莫里斯在巴尔干战场的用兵很少获胜。③ 584年,阿瓦尔人要求把他们的年金从每年8万索里达提高到10万索里达,遭到莫里斯的拒绝。阿瓦尔人因此占领了锡吉杜姆,并且蹂躏莫西亚的其他城市。莫里斯被迫同意阿瓦尔人的要求,以换取他们放弃夺取的城市。④ 但是和平并没有持续多久,阿瓦尔人放任他们的臣民斯拉文尼亚人入侵色雷斯,忏悔者塞奥法尼斯对这次莫里斯与阿瓦尔人交涉的记载与一般史书有所出入。忏悔者塞奥法尼斯谈到,583年4月,阿瓦尔人派使者拜见莫里斯。使者要求把年金在8万索里达的基础上增加2万索里达。莫里斯渴求和平,遂答应了他们的要求。⑤ 但其欲望难以满足,不久其兵锋直指亚得里亚堡和长城,但是夏季来临时他们便在长城附近被科曼恩提卢斯(Comentiolus)击败。⑥

　　由于多年不能有效控制巴尔干地区,拜占庭帝国几乎失去对整个半岛的控制。⑦ 为了改变过于悬殊的兵力对比,莫里斯从亚美尼亚调集援军。587年春天,科曼恩提卢斯率领1万人的军队在多布罗加(Dobrudja)打击阿瓦尔人。此时阿瓦尔人转向黑海沿岸,他们最终被阻挡在亚得里亚堡附近。斯拉夫人各部落继续南下希腊,阿瓦尔人则返回西尔米乌姆。总体而言,在580年代,巴尔干地区由于

---

① 莫里斯曾经参加了巴尔干战场的战斗,这在塞奥菲拉克特·西摩卡塔的著作中有记载,但是塞奥菲拉克特·西摩卡塔并没有详细说明参战的时间。J. B. Bury, "The Chronology of Theophylaktos Simokatta", pp. 310 – 315.

② D. M. Metcalf, "The Slavonic Threat to Greece Circa 580: Some Evidence from Athens", pp. 134 – 157.

③ 有关莫里斯统治时期拜占庭帝国在巴尔干的军事行动,可见 W. Treadgold, *A History of the Byzantine State and Society*, pp. 228 – 236; A. H. M. Jones, *The Later Roman Empire, 284 – 602*, vol. 1, p. 310, pp. 313 – 315.

④ Theophanes Confessor, *The Chronicle of Theophanes Confessor: Byzantine and Near Eastern History AD 284 – 813*, pp. 374 – 375.

⑤ 这一时期斯拉夫人在巴尔干半岛南部的活动情况,可见 D. M. Metcalf, "The Slavonic Threat to Greece Circa 580: Some Evidence from Athens", pp. 134 – 157。

⑥ 忏悔者塞奥法尼斯在其记载中表示这是阿瓦尔人领导并参与的军事行动。Theophanes Confessor, *The Chronicle of Theophanes Confessor: Byzantine and Near Eastern History AD 284 – 813*, p. 376.

⑦ M. Angold, "Maurice and Theophylact", *The Classical Review*, vol. 39, No. (1989), pp. 296 – 297.

兵力薄弱,拜占庭军队无法有效阻止阿瓦尔人和斯拉夫人的劫掠。[①]

这种过于被动的战争态势在591年之后有了改观。591年,莫里斯结束了与波斯的战争,集中兵力于巴尔干。[②] 据称莫里斯从东部战场调兵6083人到巴尔干半岛,并制定了针对色雷斯战局的计划。[③] 莫里斯在巴尔干战场军事计划的真正目标是打击斯拉夫人,他指挥军队进攻多瑙河北岸定居的斯拉夫人。[④] 莫里斯还任命普里斯库斯为巴尔干军队司令官。普里斯库斯的战略是通过攻击斯拉夫人在多瑙河以北的家园以吸引他们退却。拜占庭人无视阿瓦尔人对这次邻近其领土的军事行动的抗议,普里斯库斯率军渡河两次击败斯拉夫人。为了尽快结束战争并减少开支,莫里斯在593年秋天命令军队于整个冬季在多瑙河以北休整,要求他们继续进行军事活动解决供给。这个计划激怒了士兵,他们威胁发动兵变。莫里斯被迫任命他的兄弟彼得(Peter)取代了抗命的普里斯库斯。

594年复活节前夕,莫里斯再次推行节省开支、提高作战效率的计划,即不再向军队士兵发放现金来购买装备,而是由官方直接发放武器装备。[⑤] 莫里斯允诺,可以把那些战死者的职位保留给他们的儿子,并承诺为伤残老兵继续提供同等津贴,以求换取士兵的效忠。这些措施确实使士兵感到满意,但是他们依然对减少军饷不满。[⑥] 当他们再次威胁兵变时,彼得不得不照常发放军饷。彼得的行为令皇帝大为火光。595年初,皇帝再次让普里斯库斯复职。普里斯库斯希望迅速结束战争,渡过多瑙河向西进军入侵阿瓦尔人的土地,后者则避战自保。普里斯库斯用武力把斯拉夫人清除出伊利里亚后,多瑙河防线逐渐恢复平静。

597年秋天,正当普里斯库斯就要实现伊利里亚和色雷斯的和平计划时,阿瓦尔人突然入侵,他们沿着多瑙河南岸进军直达黑海沿岸。次年春,阿瓦尔人向

---

① J. F. Haldon, *Byzantium in the Seventh Century*, Cambridge: Cambridge University Press, 1990, p. 35.

② 莫里斯有关巴尔干战场以及如何对付阿瓦尔人、斯拉夫人策略的论述,可见 Maurice, *Maurice's Strategikon: Handbook of Byzantine Military Stratecy*, pp. 116 - 118。

③ J. B. Bury, "The Chronology of Theophylaktos Simokatta", pp. 310 - 315.

④ P. Fouracre, ed.,*The New Cambridge Medieval History*, I, p. 115.

⑤ P. Fouracre, ed., *The New Cambridge Medieval History*, I, p. 115.

⑥ W. Treadgold, *A History of the Byzantine State and Society*, pp. 222 - 223.

南进军,占领了通往君士坦丁堡最主要干线的大城市德鲁奇帕拉(Druzipara)。① 莫里斯命令帝国近卫军以及蓝、绿两派竞技党成员组成的援军前往长城驻防。此时,阿瓦尔人染上瘟疫,同意撤兵。撤兵的条件是把补助金从每年 10 万索里达增加到 12 万索里达。

　　莫里斯正好经过整军备战积蓄了力量,便打算利用大瘟疫时机攻击阿瓦尔人。599 年夏天,皇帝派军攻入阿瓦尔人在西尔米乌姆南边的家园。拜占庭将军普里斯库斯率领部队赢得了辉煌的胜利,杀死万余名阿瓦尔人及其同盟者,捕获了 1.7 万名俘虏。巴尔干战场的危机得到缓解,拜占庭军队依旧沿着多瑙河驻扎。莫里斯在其统治的最后十年里稳固了伊利里亚和色雷斯前线,遏制了阿瓦尔人的入侵。② 相比于查士丁二世和提比略二世而言,莫里斯在巴尔干的军事行动确实取得了一定的成效。

　　602 年夏天,莫里斯任命他的兄弟彼得担任巴尔干军队总司令,命其率军越过多瑙河与斯拉夫人作战。莫里斯再次让军队在斯拉夫人的领土上过冬并依靠当地资源自给自足,将士们对在严酷环境过冬感到愤怒,特别是军需不能到位使其处境更加艰难。他们公开发动兵变,拥立下级军官福卡斯(Phokas,后称帝,602—610 在位)担任其司令官。此时莫里斯防御首都的军队实力不足,只有皇帝近卫军以及蓝党和绿党成员临时拼凑的部队,福卡斯的叛军则久经沙场,在战斗力上占了上风。叛军提议皇帝禅位给已经受封为奥古斯都的长子塞奥多西(Theodosius)。塞奥多西拒绝后他们又推举其岳父日耳曼努斯,但日耳曼努斯胆小怕事,仓皇逃到圣索菲亚教堂避难。与此同时,首都爆发了严重的暴乱,暴民焚烧了东部近卫军长官官邸。莫里斯被迫逃走,密令长子塞奥多西向波斯的科斯劳埃斯二世求援。③

　　602 年 11 月 23 日,福卡斯进入首都称帝,随后便处决了莫里斯及其五位皇子

---

① 有关 598—602 年巴尔干战场的具体问题,可见 J. B. Bury, "The Chronology of Theophylaktos Simokatta", pp. 310 – 315。

② A. H. M. Jones, *The Later Roman Empire 284 – 602*, vol. 1, p. 315.

③ W. Treadgold, *A History of the Byzantine State and Society*, p. 235; A. H. M. Jones, *The Later Roman Empire 284 – 602*, vol. 1, p. 310, pp. 314 – 315.

和彼得,莫里斯的首级被悬挂在城墙上示众多日。查士丁尼王朝就此结束。① 拜占庭帝国虽然曾经多次出现企图颠覆皇位的兵变,但是莫里斯是自从君士坦丁大帝定都君士坦丁堡以来第一位在兵变中丧失皇位的东部皇帝。莫里斯之死与福卡斯篡位使得帝国处于十分脆弱的状态,旋即爆发的内战从内部削弱了帝国,而外部的敌人利用帝国的虚弱,突破了莫里斯精心构造的边防战略体系,导致 7 世纪期间拜占庭帝国迎来严重的低谷期。②

　　莫里斯也是一位追求罗马昔日辉煌的拜占庭皇帝,他的内外政策体现出早期拜占庭帝国皇帝对恢复罗马帝国目标的追求。首先,作为皇帝的他要成为名副其实的军队统帅和将军。莫里斯无论是在成为皇帝前担任东方军队统帅还是称帝后统筹全局战略,都展现了他的将才和帅才。莫里斯是一位优秀的军事指挥官,知道如何避免失败走向胜利,也知道如何避免战场上的灾难。③ 另外,他的军事才华超越了一般的将帅,具有军事理论家的素养,他的名著《战略》是世界军事史上的典范之作。富勒在《西洋世界军事史》中如此称赞这部书:"直到 19 世纪为止,西欧都不曾出现如此优秀的军事教学规范,这绝非夸大的赞誉。"④其次,莫里斯努力成为公正的裁决者。"他通过履行法官的职责增加了他的工作量。事实上,他担心在他统治下任何一次行动会出现纰漏,害怕正义会被贬低,判决会被推翻,富人会逃脱罪责,有罪的人会免受惩罚。"⑤从公元前 3 世纪到公元 4 世纪之后的很长时间内,地中海世界流行的政治理念认为,君主有三种作用:作为将军,善于打仗,能使自己立于不败之地;作为法官,主持正义,维持社会公平和正义;作为祭司,侍奉神明,引领其臣民的精神生活。这需要君主具备三种品德,即可怕、仁慈和威严。⑥ 莫里斯对宗教事务关注不多,他把更多的精力放在公平执政和维

---

① Theophanes Confessor, *The Chronicle of Theophanes Confessor: Byzantine and Near Eastern History AD 284－813*, p. 1.

② P. Fouracre, ed., *The New Cambridge Medieval History*, Ⅰ, p. 116.

③ [美]詹姆斯·奥唐奈:《新罗马帝国衰亡史》,第 324 页。

④ J. F. C. Fuller, *A Military History of the Western World*, vol. Ⅰ, New York: Funk and Wagnalls Company, 1954, p. 395.

⑤ M. Whitby, *The Emperor Maurice and His Historian*, p. 3.

⑥ J. H. Burns, *The Cambridge History of Medieval Political Thought*, Cambridge: Cambridge University Press, 1988, p. 26.

护国家安全上。罗马拜占庭的皇帝制起始于奥古斯都的元首制，而元首称谓"最高统帅"（Imperator）的最初含义是军事指挥，"奥古斯都被称为英培拉多·凯撒·奥古斯都（Imperator Caesar Augustus）。英培拉多本意为凯旋的将领，英文中的皇帝（emperor）一词即来源于此"①。

　　莫里斯还有诸多其他特点，在青睐莫里斯的史家笔下，"他被描写得聪明而冷静，彬彬有礼，生活有分寸、有节制；他待人宽厚却不失威严、不骄傲、不自大……他喜爱诗歌和历史……据记载，他富有、温和而有爱心。"②莫里斯的生活之严谨被史家详细地记载下来。他把时间分为白天和夜晚：每天首先抽出三个小时去审判，接下两个小时去处理帝国政务，随后的两个小时去咨询和发布命令，两个小时进餐，三个小时做祈祷，四个小时睡觉。③ 在史家的笔下，莫里斯像罗马帝国哲学家皇帝马可·奥勒留那样井井有条地生活。埃瓦格里乌斯同样对莫里斯不吝赞美，称他是一位有见识、有能力、坚定不移、坚韧不拔的人。他的生活方式和举止庄重而严谨，饮食节制，只用那些必需和简单的东西，认为这比那些奢侈放纵的生活更好。他很讨厌接近庸俗之人，也不愿意听人倾诉。④

　　奥斯特洛格尔斯基称他为拜占庭最杰出的统治者，认为他是英雄皇帝伊拉克略的先驱。这种判断是完全依据塞奥菲拉克特·西摩卡塔记载的有关莫里斯统治时期历史的信息。⑤ 但这种观念也值得怀疑，因为西摩卡塔的作品缺乏对事实的客观评判。也有另一种极端的观点认为莫里斯应该为 7 世纪早期的困境负责。⑥ 这两种评价都不能正确反映莫里斯的性格。如果参考记载莫里斯早期经历的米南德的记载则不会受到塞奥菲拉克特·西摩卡塔评价的影响。米南德认为莫里斯虽然聪慧过人、严谨、敏锐、行为高尚、温文尔雅，不骄傲自满，但是他性

① 刘津瑜：《罗马史研究入门》，北京：北京大学出版社 2014 年版，第 32 页；马锋：《论元首的权力和元首制的性质》，《外国问题研究》2018 年第 1 期。
② J. Morris, *The Prosopography of the Later Roman Empire*，转引自［美］詹姆斯·奥唐奈：《新罗马帝国衰亡史》，第 324 页。
③ M. Whitby, *The Emperor Maurice and his Historian*, p. 3.
④ Evagrius Scholasticus, *The Ecclesiastical History of Evagrius Scholasticus*, p. 275.
⑤ J. B. Bury, "The Chronology of Theophylaktos Simokatta", pp. 310 – 315; M. Angold, "Maurice and Theophylact", *The Classical Review*, vol. 39, No. (1989), pp. 296 – 297.
⑥ M. Angold, "Maurice and Theophylact", pp. 296 – 297.

格包含着极端倾向,这也造成其悲剧式的下场。①

　　首先是他的性格缺陷和不善于玩弄权术。莫里斯的性格符合正直皇帝的标准,却无视现实,不接地气。莫里斯行伍出身,自律严谨,治军严明。但是这种类型的皇帝在早期拜占庭帝国的环境中也意味着极大的统治危机。莫里斯和朱利安一样,在成为皇帝之前因为上述品德受到军人们的爱戴。但是,当成为皇帝后,莫里斯为了改变帝国体制所推行的改革则使得包括军人在内的所有臣民感到不满,甚至由于他的执拗性格和强力手段使得改革显得格外冷酷无情。在查士丁尼王朝整个统治期间,查士丁尼可以说是被后世评价最高的皇帝,但是与莫里斯相比,查士丁尼更为世故,善于玩弄权术。莫里斯的统治更像是将军对士兵发布明确无误的指令。因此,莫里斯虽然是一位品德高尚的皇帝,是一位伟大的军事统帅,但是却缺少统治中的灵活性,不懂得笼络人的手腕。查士丁尼可以通过各种手段拖欠军费,甚至因此发生兵变也会巧妙地寻找替罪羊加以解决,但是莫里斯则多次因为降低军饷导致统治危机,最终被拥戴他的军人送上断头台。

　　其次,莫里斯统治时期正是拜占庭帝国经历第一个黄金时代之后的衰落期,其政策面临时代困局,他的去世拉开了 7 世纪危机的序幕。一方面,帝国已经遭到严重削弱,其资源有限,而帝国既需要彻底的内部变革,又需要积极应对外部挑战。任务艰巨和资源有限的困境就成为莫里斯改革的最大障碍。另一方面,帝国臣民尚不能认清改革的必要性,不愿意为改革付出阵痛的代价。帝国臣民仍旧沉浸在查士丁尼时代辉煌的记忆中。查士丁尼西征虽然面临巨大危机,但是西征的成果具有更重要的象征意义。无论是对于帝国臣民或者外部敌人而言,查士丁尼时代西征的胜利都表明拜占庭帝国仍旧是地中海世界政治传统的继承者。所以帝国臣民不喜欢节俭的查士丁二世,虽然查士丁二世的主要目的是解决国家面临的经济和军事危机。他们更不喜欢既节俭又企图全面改变其现状和生活状态的莫里斯皇帝,来自社会各阶层的军人则成为改革的反对力量。如果观察伊拉克略时代的施政措施,就会发现伊拉克略的改革实际上与莫里斯的方案并无太大差别,甚至更为激进。但是伊拉克略的改革却没有遇到如此大的阻力,这是因为帝

---

① Menander, *The History of Menander the Guardsman*, pp. 199 - 201.

国臣民经历了 7 世纪的黑暗时代,其最主要诉求就是能够维持生存,他们不再抱有不切实际的幻想。

最后,莫里斯的改革主要集中在军事领域,忽视了改革的其他领域。莫里斯由于自身经历,其考虑问题的出发点是他最熟悉的军事问题,所以他对帝国的边防体制进行了系统的改革,而其他领域着眼不多。他在行政改革中建立的总督区也是为解决外部紧急军事威胁,帝国军政权力合一的发展趋势必然趋向军事权力的扩大。但是莫里斯统治时期的帝国需要的是全局性的变革,既有急需的军事改革、行政改革,也有为其提供支撑的经济体制改革,以及更深层次的社会改革。由于其个人能力的局限性或现实危机压力过大,莫里斯未能从全局角度统筹解决国家问题,所以他的军事改革只是应急之策,失去了经济体制支撑,处处受制于经济难题。总之,莫里斯虽然德才兼备,但不知变通,虽然计划宏大,却与现实脱节,最终落得悲惨的下场。

第六节

福卡斯（Phokas）

602—610 年在位

福卡斯(Phokas;Φωκãς,约生于 547 年,卒于 610 年 10 月 6 日,享年约 63 岁)是拜占庭帝国过渡时期的皇帝,处于查士丁尼王朝与伊拉克略王朝之间,602 年 11 月 23 日到 610 年 10 月 6 日在位近 8 年。[①]

福卡斯是拜占庭历史上一位颇具传奇色彩的皇帝。他在拜占庭历史上并没有留下很好的名声,他短暂的统治与血腥、恐怖和接连不断的军事灾难联系在一起。虽然在其统治初期,福卡斯展现出了一些政治手腕,但他的统治才能着实无法处理莫里斯被杀后的政治局势,而其血腥的杀戮使局势雪上加霜,最终使得他

---

① 该日期来自复活节编年史的记录,Anonymity, trans. by Michael and Mary Whitby, *Chronicon Paschale*, Liverpool: Liverpool University Press, 2007, p. 142。

在伊拉克略的进攻下一败涂地。福卡斯除了留下一个千疮百孔的帝国和人心惶惶的局面外,还有大量被毁禁和篡改的文献材料,这种通过抹黑前任皇帝而提高自身统治合法性的行为给莫里斯时代的历史研究带来了巨大的困难。①

据说,他于547年生在贫寒之家。福卡斯早年的经历记载模糊,唯一可以确定的是他曾在拜占庭军队中服役,并以低级军官(百夫长,Centurion)的身份参加了同阿瓦尔人的战争。忏悔者塞奥法尼斯的编年史中曾记载,福卡斯曾作为西部驻军士兵的代表前往君士坦丁堡控告其指挥官科蒙提欧鲁斯(Comentiolus)②,这表明此时福卡斯已经是在基层士兵中颇具人望的低阶军官了。但他的事迹自602年莫里斯皇帝发出一道灾难性的命令后才开始变得清晰起来,此时莫里斯皇帝在士兵和民众中的声望已经因为紧缩性财政政策、限制士兵军饷的分配改革、拒绝赎回被俘士兵和过度袒护科蒙提欧鲁斯等问题跌至谷底③,602年导致其下台的命令只是点燃所有矛盾的导火索。602年秋季,当拜占庭军队在伊斯特里亚(Istria)附近击败入侵的斯拉夫人后,莫里斯命令拜占庭军队继续向斯拉夫人领地挺进,并驻扎在那里过冬。这一命令激起轩然大波,愤怒的将士发动起义,他们拒绝渡河,并派出代表与将军彼得谈判,福卡斯就是其中士兵的代表。将军彼得无法平息将士的怒火,导致兵变,怒气冲冲而又心灰意冷的士兵们避开高级军官,自行组织集会,他们将福卡斯抬上盾牌,推举他为士兵代表。此时政变军人尚且无意推翻莫里斯家族的统治,他们提出的条件是让莫里斯皇帝退位,由其子塞奥多西即位,因此此时并不能说福卡斯被拥立为皇帝,他只是兵变士兵选出的代表人物。彼得眼见骚乱骤起,无力挽回局势,仓皇向君士坦丁堡逃去。④

接到兵变的消息,莫里斯一时慌乱,虽然有心利用蓝、绿两党力量组织首都防

① M. Whitby, *The Emperor Maurice and his Historian*, p. 93.

② Theophanes Confessor, *The Chronicle of Theophanes Confessor: Byzantine and Near Eastern History AD 284 - 813*, p. 404.

③ M. Whitby, *The Emperor Maurice and His Historian*, p. 27. W. Treadgold, *A History of the Byzantine State and Society*, p. 236. Walter Emil Kaegi, *Byzantine Military Unrest 471 - 843*, Amsterdam: Adolf M. Hakkert Publisher Press, 1997, p. 110

④ Theophylact Simocatta, trans. by Michael and Mary Whitby, *The History of Theophylact Simocatta*, p. 218 - 220.

御,但遭到拒绝。他认为是贵族私通叛乱,故试图冲入教堂逮捕日耳曼努斯。后者是莫里斯的姻亲,蓝党保护人。福卡斯政变时,传闻他想要借机称帝,莫里斯因此试图将其逮捕,结果酿成群众骚乱。这一行动激怒了君士坦丁堡市民,而守卫城墙的竞技党民兵发觉城内混乱后也放弃岗位,不明就里地加入了暴乱的队伍。在混乱中有人放火焚烧房屋,抢劫财物。莫里斯自觉大势已去,携家人便装出逃,并派长子塞奥多西向科斯劳埃斯二世求援。602 年 11 月 25 日,福卡斯进入君士坦丁堡,在市民的欢呼声中进入圣索菲亚大教堂接受牧首西里阿库斯(Cyriacus)的加冕。两天后,福卡斯下令将莫里斯和他的儿子们枭首示众。[1] 莫里斯的弟弟彼得,这位并不怎么成功的军事将领曾多次出任军务,但都未有出彩表现,甚至曾经因为私人纠纷被城市居民赶出城市。在 599 年后他接替了普里斯库斯和科蒙提欧鲁斯的职位担任欧洲将军,正是在他的任上发生了兵变,而他在这一事件中的拙劣表现彻底葬送了莫里斯的统治。福卡斯登基后,鉴于彼得的恶劣表现,将他与莫里斯同时处死。

福卡斯统治之初,的确表现出一定程度的宽容与克制。他同时处死了皇帝的弟弟彼得、将军科蒙提欧鲁斯、菲利彼库斯的副将乔治(George)和秘书官普莱森提努斯(Praesentinus)等人。科蒙提欧鲁斯是莫里斯时期拜占庭帝国重要的军事将领,他曾作为皇帝近侍参加出使阿瓦尔可汗的使团,后长期负责在西线同阿瓦尔人的战争,也曾前往东线指挥与波斯人的作战。他深受莫里斯皇帝信任,在各个战场中均担任重要领导职位,也曾因为战败受到士兵弹劾,在福卡斯叛乱成功后,科蒙提欧鲁斯与莫里斯一道被愤怒的士兵处死。福卡斯放过了莫里斯家族的女眷、莫里斯的姻亲日耳曼努斯和重要军事将领——宫廷卫队长菲利彼库斯的举动显然是对其他高官显贵的安抚性表态。菲利彼库斯是莫里斯时期拜占庭帝国重要军事将领,长期负责东方军务,在任上保持对萨珊波斯的进攻态势,多次发动对波斯的进攻,588 年,莫里斯将他调离领导岗位的举动曾激起兵变,589 年随着他的官复原职,兵变迅速平息。在波斯战事平定后菲利彼库斯被调往首都任职,在福卡斯统治期间他被勒令出家,但最终幸运地躲过了福卡斯的血腥清洗,并在

① Theophylact Simocatta, *The History of Theophylact Simocatta*, pp. 223 - 228.

伊拉克略统治期间短暂地负责东方军务,但很快在 612—613 年间去世。由于福卡斯对莫里斯家族过于残暴,幸存者们似乎并没有放弃复仇的想法。

此时,福卡斯最大的威胁还是来自东方。波斯国王科斯劳埃斯二世在拜占庭的政治混乱中嗅到了机会,他借口自己接受了流亡至波斯的莫里斯长子塞奥多西的复位诉求,开始积极备战,并逮捕监禁了福卡斯的使者比利欧斯(Bilios)。[1] 与此同时,莫里斯派将领纳尔泽斯在埃德萨起事并公开与波斯人联合。但大多数拜占庭东方军队依然支持福卡斯[2],在另一位同名日耳曼努斯将军的带领下,他们围困了位于埃德萨的塞奥多西所部,但随后便被波斯人击败。东线的失利迫使福卡斯从西线抽调兵力,在对阿瓦尔人做出让步后,宦官利奥提乌斯(Leontius)奉命率领军队开赴埃德萨。但科斯劳埃斯二世再次击败了他们,随后他将军队托付给将军宗格斯(Zongoes),自己返回泰西封。恼羞成怒的福卡斯将利奥提乌斯下狱,并任命自己的侄子多蒙特希欧罗斯(Domentziolos)为主将投入东线战事。

东线战局吃紧的同时,君士坦丁堡城内也并不平静。绿党在首都公开闹事,自中央大道至劳苏斯(Lausus)宫在内的大片城区被暴民焚烧,绿党首领"竞技场"约翰(John Circus)也在混乱中身亡。[3] 有些学者认为这次暴动与被废皇后康斯坦提娜和她野心勃勃的亲家日耳曼努斯不无关联。[4] 福卡斯最终控制了局势,在向牧首做出了不会伤害康斯坦提娜母女的保证后,福卡斯将她们带离圣索菲亚大教堂,并把她们监禁在修道院中。日耳曼努斯和前将军菲利彼库斯也被勒令出家。前朝叛将纳尔泽斯也被诱降后处以火刑[5],拜占庭内部的反对势力暂时被压制。但福卡斯对波斯的战争却并不乐观,前线重镇达拉斯城被波斯攻克后,波斯王下令拆除这座要塞,这个颇有意义的战略前哨要塞就此被平毁。[6] 此后波斯大军兵分两路,继续向亚美尼亚和美索不达米亚挺进,莫里斯确立的与波斯的和平友好

---

① Theophanes Confessor, *The Chronicle of Theophanes Confessor: Byzantine and Near Eastern History AD 284 -813* , p. 419.

② W. Treadgold, *A History of the Byzantine State and Society*, p. 238.

③ Anonymity, trans. by Michael and Mary Whitby, *Chronicon Paschale*, Liverpool: Liverpool University Press, 2007, p. 145.

④ W. Treadgold, *A History of the Byzantine State and Society*, p. 237.

⑤ 该时间点是根据虔信者塞奥法尼斯的记载推断的。Theophanes Confessor, *The Chronicle of Theophanes Confessor: Byzantine and Near Eastern History AD 284 -813* , p. 421。

⑥ W. Treadgold, *A History of the Byzantine State and Society*, p. 239.

关系就此终结。

不难看出,福卡斯统治初期通过无情镇压前朝势力,巩固了自己的统治地位。而他能以下级军士身份率军顺利占领君士坦丁堡,又能有惊无险地夺取皇位,并扑灭莫里斯派残存势力的各种反扑,体现了当时拜占庭民众和军队对莫里斯的不满和对新皇帝的期望。福卡斯采取多种手段巩固自己的统治,处死政敌,在高层安插自己的亲信。但对福卡斯而言,此时他最大的敌人并不是国内孤儿寡母的莫里斯遗孀和志大才疏的日耳曼努斯等莫里斯派残余,而是外部年富力强而又野心勃勃的波斯王科斯劳埃斯二世,如果不能解决波斯国王这个外部敌人,那么由政变起家的福卡斯政权的合法性势必会受到严峻的考验。在内外危机的重压下,福卡斯本人喜怒无常的性格更给新政权蒙上了一层阴影。

同时,对波斯的战况仍然没有好转。福卡斯试图与权贵阶层联姻以扩大统治基础的计划也受到挫折。将军普里斯库斯是军中宿将,也是599年伊斯特—提苏斯河(Ister-Tissus)战役中拜占庭军队取胜的头号功臣,在对抗阿瓦尔人的战争中取得了巨大的荣誉,军中声望甚高。他也是较早与福卡斯合作的前政权高官,因此不但顺利躲过福卡斯的大清洗,而且还被福卡斯委以御林军长官的重任。在内外交困的局面下,一筹莫展的福卡斯皇帝试图通过与普里斯库斯实行联姻的方式提高自己在权贵阶层中的影响力,从而扩大其统治的根基。但是在婚礼庆典上,福卡斯皇帝仅仅因为琐事便要处死竞技党头目(Demarch)帕姆菲洛斯(Pamphilos)和塞奥法尼斯(Theophanes),幸亏在场众人和亲信廷臣劝阻才作罢。如此乖戾又反复无常的行为深深震撼了普里斯库斯,使他对福卡斯心生芥蒂。此时,前任皇帝莫里斯长子塞奥多西尚在人世的传闻再次流传,已被勒令出家的康斯坦提娜和日耳曼努斯两人又一次开始筹划政变。但是,负责协助逊位皇后传递消息的使女向福卡斯当局告发他们的阴谋,福卡斯兽性大发,残酷折磨拷问参与者,而后将莫里斯家族的女眷和日耳曼努斯一律处死。新一轮恐怖清洗随之而来,御林军长官塞奥多尔、财务官约翰、国库长阿塔纳修斯(Athanasius)、学士日耳曼努斯、大臣秘书塞奥多西(Theodosius)、宫廷大总管安德鲁·斯考姆布鲁斯(Andrew Scombrus"鲭鱼")、军械库主管艾勒皮迪乌斯(Elpidius)、霍尔米兹德斯宫殿(The Palace of Hormisdas)主管多姆尼齐奥鲁斯(Domniziolus)的侄子帕特里克乌斯（Patricius）、护卫宦官约翰等一众社会名流或达官贵人纷纷人头落地，一些人在被处以死刑前甚至遭受了难以想象的酷刑折磨。①

　　恐怖的大清洗杀戮暴行使得整个君士坦丁堡贵族人人自危，深感不安的普里斯库斯无法忍受伴君如伴虎的日子，于是写信向北非驻军总督老伊拉克略（Herculius the Elder）求援，请求他首倡义旗推翻福卡斯的统治。伊拉克略作为前朝莫里斯皇帝的亲信下属和节度一方的重要将领，有意愿也有能力发动对福卡斯的军事叛乱。正是在莫里斯朝建立的总督区使得拜占庭军队逐步遏制了摩尔人的侵袭②，此时孤悬海外的北非地区成为拜占庭少有的未遭战火和混乱政治局势波及的安定区域。该总督区同摩尔人的长期交锋使得此地的军队保持了旺盛的战斗力，埃及等地久疏战阵的治安驻防部队与之完全不可同日而语。特别是伊拉克略家族内部人才济济，其子小伊拉克略（Herculius the Younger，即后来的伊拉克略皇帝）和侄子尼基塔斯（Nicetas）风华正茂，都是决胜千里的青年将才。老伊拉克略即刻决定充分利用迦太基有利的地理位置，指派其子伊拉克略指挥数目可观的舰队和陆军直接掌控君士坦丁堡最重要的谷物供给地埃及。在确定起事后，伊拉克略便切断了向君士坦丁堡的谷物运输。与此同时，福卡斯却在血腥清洗中广泛树敌，一时间莫里斯和科蒙提欧鲁斯的亲族几乎全部被赶尽杀绝，但福卡斯对君士坦丁堡新瘟疫的爆发和全面物资匮乏却束手无策。③

　　拜占庭帝国统治阶层内部暗流涌动的同时，帝国边防压力也在持续增大。波斯人摧毁达拉斯要塞后，分两路大军分别向拜占庭属亚美尼亚和美索不达米亚挺进。将军萨哈尔瓦拉兹（Shahrvaraz）率领的波斯军队攻克了包括阿米达城在内的大片美索不达米亚区域，而多蒙特希欧罗斯试图阻止沙欣（Shahin）向拜占庭亚美尼亚进军的努力遭到失败，最终在塞奥多西波利斯（Theodosiopolis）城下惨遭大溃败。在巴尔干地区，虽然在莫里斯统治时期遭受重创的阿瓦尔人此时仍在蛰伏，但他们所要求的高额贡金却进一步恶化了拜占庭的财政状况。斯拉夫人的侵袭

---

① Theophanes Confessor, *The Chronicle of Theophanes Confessor: Byzantine and Near Eastern History AD 284-813* , p. 423; Anonymity, trans. by Michael and Mary Whitby, *Chronicon Paschale*, pp. 145-146.

② 苏聪：《战争与变革时代：塞奥菲拉科特〈历史〉中的拜占庭帝国研究》，博士学位论文，南开大学，2013年，第305页。

③ W. Treadgold, *A History of the Byzantine State and Society*, p. 239.

变本加厉,604 年他们发动了一场对塞萨洛尼基的突袭,多瑙河沿线的城市生活逐步退化,加剧乡村化。① 随着边防压力的增大,拜占庭国家内部的各种矛盾日趋激化,在安条克,过去受到拜占庭武力压制的犹太人突然叛乱,他们残忍虐杀了安条克牧首阿纳斯塔修斯,并在城中展开对基督徒的暴力活动,帝国不得不动用军队前去镇压,不少犹太人被平叛军队杀死,另一些被逐出城市。② 在塞萨洛尼基和其他一些城市,蓝、绿两党发生剧烈冲突。③ 首都局势更为严重,因为竞技党人在公开场合明目张胆地讽刺当朝皇帝福卡斯,导致皇帝恼羞成怒,下令君士坦丁堡市长科斯马斯(Kosmas)大肆搜捕绿党成员,不甘心束手就擒的竞技党成员随即举行暴动,他们焚烧宫殿、官员宅邸和监狱,不少犯人越狱逃亡加入暴动,皇帝因此下令禁止绿党成员出任公职。④

此时,冷静观察局势的伊拉克略自觉时机成熟,于是和他的副手格里高拉斯(Gregoras)在北非竖起反旗,并约定先入君士坦丁堡者为王,他的侄子尼基塔斯则向帝国粮仓埃及进军。⑤ 大军所到之处,斗志涣散的帝国驻防部队根本无力阻止。尼基塔斯顺利占领了下埃及并进逼亚历山大城,利用城市居民的暴动顺利占据了这座帝国大城市。⑥ 为了同尼基塔斯作战,福卡斯不得不抽调东线抗击波斯军队的精锐部队南下埃及,他们最初的确取得了一些战果,一度成功击败过尼基塔斯,并将他困在亚历山大城内。但随后尼基塔斯依靠亚历山大城坚固的城防,勇敢地发动反冲锋,在亚历山大城下击败了福卡斯军队,其主将伯瑙苏斯(Bonosus)侥幸逃生,余众大部被歼灭。此后,伯瑙苏斯在埃及组织的反扑和刺杀

① Walter Pohl. *The Avars:A Steppe Empire in Central Europe*,*567 - 822*, Ithaca and London:Cornell University Press, 2018, p. 281.

② Theophanes Confessor, *The Chronicle of Theophanes Confessor: Byzantine and Near Eastern History AD 284 - 813*, pp. 425 - 426.

③ [南斯拉夫]乔治·奥斯特洛格尔斯基:《拜占廷帝国》,第 61 页。

④ 在福卡斯举行的一场战车竞赛中,绿党成员当众讥讽福卡斯酗酒,引发皇帝愤怒。Theophanes Confessor, *The Chronicle of Theophanes Confessor: Byzantine and Near Eastern History AD 284 -813*, p. 426.

⑤ 编年史记载如此,但从行军路线上看,是否有这样的约定是存疑的。Theophanes Confessor, *The Chronicle of Theophanes Confessor: Byzantine and Near Eastern History AD 284 -813*, p. 426; A. J. Butler, *The Arab Conquest of Egypt: And the Last Thirty Years of the Roman Dominion*, Oxford: Oxford University Press, 1978, p. 20.

⑥ Anonymity, trans. by Michael and Mary Whitby, *Chronicon Paschale*, p. 149.

尼基塔斯的阴谋也遭到失败,他不得不只身逃回君士坦丁堡。[①] 609 年底,尼基塔斯将福卡斯势力逐出埃及后,分兵大部军队支援伊拉克略。虽然伊拉克略在埃及取得了决定性胜利,但福卡斯抽调东方军队的行为造成了灾难性后果。随着东部前线精锐部队的调离,本就吃紧的东方防线出现了大崩溃,两路波斯军队继续向西挺进,他们洗劫了卡帕多西亚的重要城市凯撒利亚,并一路西进剑指卡尔西顿,通往君士坦丁堡的大门因此被打开。在叙利亚,萨哈尔瓦拉兹日益逼近安条克,从埃及出击的伊拉克略军队占据了包括塞浦路斯和叙利亚的地区,三方势力犬牙交错,战况空前复杂。

610 年,小伊拉克略洞悉福卡斯大势已去,随即率领一支庞大的舰队开始向君士坦丁堡进军。这次进军完全是 602 年福卡斯进军的翻版,伊拉克略所到之处望风披靡,人民"箪食壶浆喜迎王师"。西西里、克里特和塞萨洛尼基的民众纷纷打开城门迎接伊拉克略,9 月,伊拉克略夺取阿比杜斯(Abydus),封闭赫勒斯滂海峡入口,断绝首都粮道。驻守北方前线的多蒙特希欧罗斯接到这一消息,立即放弃长城防务逃回君士坦丁堡。[②] 10 月,北非总督区大军进抵君士坦丁堡城下。此时,福卡斯已然众叛亲离成了孤家寡人,只能依靠战斗力低下的御林军和蓝、绿两党民兵进行防御。他自知大限将至,因为可供指挥的战斗部队少而又少,身边只剩下亲兄弟多蒙特希欧罗斯、亲信伯瑙苏斯和心怀鬼胎的将军普里斯库斯等寥寥几名助手。怀恨在心的绿党向伊拉克略义军献出了他们驻防的港口,迎接大军入城[③],在一片混乱中伯瑙苏斯走投无路投水而死,福卡斯则被人擒获后扭送至伊拉克略的战舰上。愤怒的将士无情折辱篡位皇帝后,将他斩首,其尸体被送去游街,他的亲信利奥提乌斯也被游街后处死。[④] 伊拉克略在福卡斯留下的废墟上,正式加冕称帝。此时,波斯军队深入东方诸省,阿帕梅亚和叙利亚相继沦陷,西线阿瓦尔人再兴波澜,发动强大的攻势,昔日强大的帝国局势危难,帝国统治摇摇欲坠。

---

① A. J. Butler, *The Arab Conquest of Egypt: And the Last Thirty Years of the Roman Dominion*, pp. 23 - 27.

② 福卡斯的兄弟,与其子同名。

③ W. Treadgold, *A History of the Byzantine State and Society*, p. 241.

④ Anonymity, *Chronicon Paschale*, p. 152.

几乎所有的后世学者都将福卡斯短暂的统治看作一场彻头彻尾的灾难。但历史地看，这位出身卑微通过军事政变起家的布衣天子似乎并非完全的无能之辈和残忍嗜血的杀人狂魔。福卡斯的确有一些政治才能和人格魅力，也的确曾经为维持自己的政权而努力过，但他的政治手腕和军事能力完全无法应付莫里斯统治时期留下的复杂局势，其卑微出身和以"暴乱"起家的"僭越者（Tyrant）"形象也使得他难以获得来自权贵与首都民众的真心拥护和支持，持续不断的民众暴动说明了他根本无法制定出一系列有效的政策化解他所面临的诸多难题。① 因此，在连续不断的军事政治失败中，其倒台几乎是必然的结局。

在内政上，福卡斯即位之初接二连三的政变事件令他失去耐心，采取强硬手段通过暴力迫使反对势力屈服。这种残忍的暴力手段却使君士坦丁堡上层贵族人人自危，并最终使得福卡斯改善与权贵阶层关系的企图付诸东流。首都民众参与莫里斯政权垮台时的骚乱是因为对莫里斯吝啬行径的厌恶与对福卡斯新政权的期待，但一度受到市民阶层拥护的福卡斯上台后无力迅速改善经济状况和民生基本问题，于是很快陷入了与前任相同的窘境，而他对首都反对派非理性的残暴手段更加速了首都民众对他的背弃。② 在这种情况下，福卡斯也试图通过提拔自己的亲族和少数亲信增强对局面的控制，在短短几年的时间里，他先后擢升其兄弟多蒙特希欧罗斯为总理大臣，侄子多蒙特希欧罗斯（与其父同名）为东方主将（后被其叔父科蒙提欧鲁斯接替③），他的女婿普里斯库斯担任了御林军总管。

这种任人唯亲的做法基本上符合拜占庭帝国和军队用人的惯例。拜占庭军队历来有"将门虎子"的传统，而皇帝们也毫不犹豫将自己的亲属安插进军队以保持皇族在军队中的声望，查士丁尼皇帝便是这一"潜规则"的忠诚拥护者。④ 总体看，福卡斯的亲族（普里斯库斯除外）都保持了对其政权的绝对忠诚，并在对抗伊拉克略的起义中坚持到最后一刻。但是，福卡斯出身卑微，其亲

---

① J. F. Haldon, *Byzantium in the Seventh Century*, p. 37.
② 在福卡斯上台时，就有人在他计划进行登基大典前高呼："莫里斯还活着呢，你不能加冕。"而福卡斯上台后，竞技党依然暴乱不断，市民也对他进行过嘲讽，显然当时的首都民众虽然支持他推翻莫里斯的举动，但对于这位出身贫寒的皇帝确实是缺乏尊重。Theophylact Simocatta, *The History of Theophylact Simocatta*, p. 226.
③ D. A. Parnell, *Justinians's Men*, London: Palgrave Macmillan Press, 2017, p. 136.
④ D. A. Parnell, *Justinians's Men*, p. 135.

属也大多没有受过良好的教育,因此缺少从政领军的能力,不具有直接担任高级官员、掌控帝国复杂的政治、军事、外交局面的经验。事态的发展证明了这一点,福卡斯提拔的这些亲信虽然忠诚,但很难说是称职的将军和官员,他们在抵抗波斯和伊拉克略大军的战争中一败涂地,使得福卡斯人心尽失,最终加速了福卡斯政权的垮台。

在宗教上,福卡斯统治之初的确得到一部分东方教会人士的支持,君士坦丁堡牧首西里阿库斯便在莫里斯尚未被捕前在圣索菲亚大教堂欣然为福卡斯加冕。[1] 在伊拉克略进兵中,亚历山大城的主教也站在福卡斯一方企图阻止起义军队入城,但最终被杀死。[2] 随着局势的恶化,福卡斯开始转向西方,希望获得罗马主教格里高利在宗教上的支持。这一态度深得致力于教会改革和复兴的罗马主教的欢心。[3] 后者在一封信件中表示对福卡斯的支持,福卡斯也投桃报李,禁止君士坦丁堡牧首领有"普世的"头衔,并宣布:"接受圣使徒彼得圣位的主教是所有教会的领袖。"深感满意的拉文纳总督在罗马议会广场竖立起一个刻有赞颂福卡斯皇帝铭文的石柱,这一遗迹留存至今。[4] 福卡斯对罗马教会的服从和退让,虽然缓解了同罗马教会的紧张关系[5],但无助于平息其臣民的抱怨和愤怒,也无助于挽回军事上的败局。他对东方教会的削弱和压制,使得一度欢迎他的教会人士与他离心离德,削弱了其政权的统治基础。福卡斯对罗马教会的妥协不仅是对查士丁尼"政教协调,皇权至上"宗教政策的背离,更是对451年卡尔西顿宗教会议决议的否决。几个世纪以来君士坦丁堡教区梦寐以求的"统领天下"的梦想被他打得粉碎,而这也有利于"以罗马教区为中心的西欧基督教世界在特定历史条件下,罗马教宗成为中世纪西欧教俗事务的主宰"[6]。

---

[1] Anonymity, *Chronicon Paschale*, p. 142.

[2] Anonymity, *Chronicon Paschale*, p. 149.

[3] 教宗格里高利的改革活动,见《剑桥中世纪史》,P. Fouracer, ed., *The New Cambridge Medieval History*, I, p. 678;另外,在莫里斯统治时期,教宗曾与君士坦丁堡牧首在头衔问题上产生过争执,教宗致信莫里斯,指责君士坦丁堡牧首、"迅捷者"约翰太骄傲自大,用了新的虚荣而又"亵渎"的头衔,但并未得到期待中的让步。A. A. Vasiliev, *History of the Byzantine Empire*, pp. 173–174.

[4] A. A. Vasiliev, *History of the Byzantine Empire*, p. 174.

[5] 徐家玲:《早期拜占庭和查士丁尼时代研究》,第267页。

[6] 徐家玲:《早期拜占庭的政教关系和查士丁尼的宗教政策》,《东北师范大学学报》1993年第6期。

　　福卡斯在军事上继承了莫里斯皇帝"东方优先"的战略布局。由于莫里斯不得人心的财政政策,当纳尔泽斯以拥立塞奥多西为名起事时,大部分东方军队依然支持福卡斯。但是波斯王科斯劳埃斯二世干涉拜占庭内政却改变了战略平衡,虽然他对纳尔泽斯等人并不太支持[1],但他手下的波斯军队依然给福卡斯皇帝带来了巨大的压力,福卡斯平庸的亲戚们也无法阻止波斯军队在亚美尼亚和美索不达米亚的军事活动。为了抽调军队增援东方战场,福卡斯皇帝将进献给阿瓦尔人的贡金提高到 14 万索里达[2],此举无异于饮鸩止渴,他不仅进一步加大了拜占庭帝国的财政负担,更让莫里斯皇帝对多瑙河边防数十年的经略毁于一旦。多瑙河驻军规模的缩小引发了连锁反应,获得了喘息之机的阿瓦尔人和斯拉夫人再次准备对拜占庭帝国发动攻击。总之,伊拉克略起义后短暂的内战时期,拜占庭军队的调动和内战的损失带来了灾难性的后果,波斯军队长驱直入,无数重要的边防要塞和关键城镇落入敌手,几个世纪以来拜占庭帝国苦心构建的边防体系就此毁于一旦。

　　福卡斯在文化上极力提升其政变的合法性,对莫里斯及其亲信进行污名化,福卡斯对莫里斯时代留下的文书档案进行系统性的毁禁和篡改。西摩卡塔《历史》一书表现得尤为明显,在该书的第八卷中,莫里斯及其亲信科蒙提欧鲁斯的形象突然变得怯懦、专横而愚昧,其中拼凑剪辑的痕迹相当明显[3],这一卷恰恰就是记载福卡斯政变前后的一卷。在对待教育学术的态度上,福卡斯也与莫里斯表现大相径庭,与莫里斯皇帝表现出在学术上的极大兴趣不同,福卡斯显然彻底停止了君士坦丁堡高等学府的学术活动。[4]

　　福卡斯属于依靠政变起家的平民皇帝,他具有某些常人所不具有的领袖特性而吸引将士拥戴。[5] 他依靠士兵心中的不满情绪,在极短的时间里推翻了莫里斯

---

① W. Treadgold, *A History of the Byzantine State and Society*, p.238.

② W. Pohl, *The Avars: A Steppe Empire in Central Europe,567 - 822*, p.403.

③ M. Whitby, *The Emperor Maurice and His Historian*, p.47.

④ A. A. Vasiliev, *History of the Byzantine Empire*, p.187.

⑤ 马克斯·韦伯将权威分为三种类型:传统型、卡里斯玛型和法理型,其中卡里斯玛型又称魅力型,指的是某些人因具有常人所不具有的优良特性而被视为领导(Führer)的权威类型。[德]马克斯·韦伯著,康乐等译:《支配社会学》,桂林:广西师范大学出版社 2010 年版,第 262—267、353—361 页。福卡斯大概属于魅力型权威。

皇帝,成功获得拜占庭皇权体系中军队和教会的支持,福卡斯政权的基础似乎相当稳固。但福卡斯本人暴戾的性格和他在军事外交上的接连失利,以及瘟疫和战乱带来的混乱和财政问题却使得他在极短的时间内失去了人心,这样的打击对于一个缺乏根基和执政合法性的魅力型权威来说无疑是致命弱点,军事上的战败和不称职的将军使得军队丧失了对皇帝的信心,而他对罗马教会的一味偏袒使得原本对他寄予厚望的君士坦丁堡教会心灰意冷,君士坦丁堡的元老贵族们则从来没有对他正眼相看。当军队、宗教界甚至民众都离他而去时,这样一个毫无传统和法理基础的皇帝必然会粉身碎骨。

如果说福卡斯本人的成功上台是古代晚期和拜占庭早期历史上国内政治经济、外交军事、宗教文化各种矛盾总爆发的结果,那么他的倒台可以看作是早期拜占庭社会转型过渡的剧烈变动,因此,有学者认为福卡斯的最终失败和悲惨下场实际上是因为他没有认清自己在历史中的定位。[1] 福卡斯不到八年的统治不仅给拜占庭留下了关于非法篡权者的悲惨回忆和对于精英阶层惨遭血洗的故事,更重要的是为推翻福卡斯统治爆发的内战,血腥内战使拜占庭军事力量遭到沉重打击。此后,虽然伊拉克略很快进入君士坦丁堡结束了内战,但伯瑙苏斯麾下身经百战的东部部队(也是曾经同阿瓦尔人作战的欧洲军队)却在一场毫无意义的骨肉相残中被同样精锐的北非军队歼灭了[2],漫长的帝国边防线因此陷入无兵把守的窘境。福卡斯留下的帝国内外矛盾重重,他登基之初,阿瓦尔人在多瑙河的扩张已经受到遏制,在富庶的东方省份,帝国的权威也不可动摇[3],但在他去世时,波斯人突破了空虚的前线,深入小亚细亚和叙利亚,阿瓦尔骑兵则席卷了整个多瑙河中游沿岸地区,他们甚至已经具有对君士坦丁堡发动联合攻势的能力。[4] 刚刚加冕的伊拉克略皇帝面临的就是如此严

---

① D. M. Olster: *The Politics of Usurpation in the Seventh Century*, PhD Thesis, The University of Chicago, 1986, p. 413.

② 关于这一问题,特里高德认为大部分福卡斯的军队是因为不愿手足相残而发生哗变,布特勒却提到在埃及战役中双方发生了多次激烈冲突,布特勒的描写更为详细,因此此处采信布特勒的说法。W. Treadgold, *A History of the Byzantine State and Society*, p. 240; A. J. Butler, *The Arab Conquest of Egypt: And the Last Thirty Years of the Roman Dominion*, Oxford: Oxford University Press, 1978, pp. 23 - 26.

③ A. H. M. Jones, *The Later Roman Empire, 284 - 602*, vol. 1, p. 315.

④ J. Shepard ed., *The Cambridge History of the Byzantine Empire c. 500 - 1492*, pp. 226 - 227.

重的危机局面,前线的敌军似乎每天都在逼近帝国首都,在一些人看来,罗马帝国的末日似乎来临。① 据说,福卡斯临死前曾问新皇帝:"你能做得更好吗?"②显然,一切重担都压在了年轻的伊拉克略皇帝身上。

---

① A. H. M. Jones, *The Later Roman Empire 284 −602*, vol. 1, p. 316.

② J. F. Haldon, *Byzantium in the Seventh Century*, p. 41.

拉斐尔创作的《十字架的幻景》，
描绘了君士坦丁在进军意大利途中梦见天空中上帝显灵的十字架的场景

拉斐尔创作的《米尔万桥战役》，
君士坦丁以9万步兵和8000骑兵在米尔万桥彻底击溃马克森提乌斯，揭开了其统一帝国战争的序幕

意大利新阿波利奈尔教堂

意大利克拉塞的阿波利奈尔教堂

希腊塞萨洛尼基圣迪米特里教堂

BYZANTINE

MOSAIC ART

意大利拉文纳圣维塔教堂

意大利拉文纳伽拉·普拉西迪亚墓的蓝色天庭，展现夜空景象

Part II

下编

人心、世相、天意：古代晚期地中海世界社会转型的三个研究维度 　（董晓佳）

早期拜占庭帝国的世界地理观念 　（林英）

早期拜占庭帝国的基督教化进程 　（武鹏）

早期拜占庭帝国的蛮族问题与多族群融合及身份认同 　（董晓佳）

早期拜占庭帝国的自然灾害 　（刘榕榕）

查士丁尼及其时代 　（徐家玲、马锋）

查士丁尼的立法主张及司法改革 　（李继荣、王小波）

查士丁尼的宗教思想与宗教政策 　（徐家玲）

查士丁尼时代官僚制度的发展 　（徐家玲、汪柏序）

查士丁尼的"边疆"观及边疆治理 　（王翘、张书理、庞天宇）

查士丁尼时代的城乡经济生活 　（徐家玲、张爽）

查士丁尼时代的公共空间与社会生活 　（李心昌、毛欣欣、李强）

下编各章作者：

董晓佳　湖北大学历史文化学院教授，南开大学博士

林英　中山大学历史系教授，中山大学博士

武鹏　南开大学历史学院副教授，南开大学博士

刘榕榕　湖北大学历史文化学院教授，南开大学博士

徐家玲　东北师范大学历史文化学院教授，东北师范大学博士

马锋　西北大学历史学院副教授，东北师范大学博士

李继荣　贵州师范大学历史与政治学院副教授，东北师范大学博士

王小波　凯里学院教授，东北师范大学博士

汪柏序　东北师范大学历史文化学院博士

张书理　中山大学南方学院讲师，东北师范大学博士

王翘　齐鲁师范学院讲师，东北师范大学博士

庞天宇　东北师范大学历史文化学院博士

李心昌　东北师范大学历史文化学院博士

毛欣欣　长春师范大学历史文化学院讲师，东北师范大学博士

李强　东北师范大学历史文化学院副教授，希腊约阿尼纳大学博士

张爽　东北师范大学博士

下编

拜占庭帝国的崛起

第一章

人心、世相、天意：

古代晚期地中海世界社会转型的三个研究维度

"古代晚期（Late Antiquity）"这一术语最先于 20 世纪初由维也纳著名艺术史家里格尔（Alois Riegl）在其著作《在奥匈发现的罗马晚期的工艺美术》（*Die spätrömische Kunstindustrie nach den Funden in Österreich-Ungarn*）中使用，随即被德国学术界所接纳（德语名称为 Spätantike）；法国历史学家马鲁（Henri-Irénée Marrou）在其著作《圣奥古斯丁与古典文化的终结》（*Saint Augustin et la fin de la culture antique*）中则明确提出了这一概念。① 1962 年，普林斯顿大学出版社出版了耶路撒冷希

---

① 刘林海：《史学界关于西罗马帝国衰亡问题研究的述评》，《史学史研究》2010 年第 4 期，第 85 页。李隆国：《从"罗马帝国衰亡"到"罗马世界转型"——晚期罗马史研究范式的转变》，《世界历史》2012 年第 3 期，第 120 页。陈志强：《古代晚期研究：早期拜占庭研究的超越》，《世界历史》2014 年第 4 期，第 16 页。

伯来大学的萨缪尔·萨姆博斯基(Samuel Sambursky)的《古代晚期的物理世界》,
这是一部科技史著作,是同一作者的另两部作品《希腊人的物理世界》和《斯多葛
派的物理学》的续作,分析了 2—6 世纪中叶科技理论、技术与假设的发展。① 彼
得·布朗(Peter Brown)于 1971 年出版专著《公元 150 至 750 年的古代晚期世界》
(*The World of Late Antiquity：AD 150—750*),则标志着"古代晚期"成为一个专门的
学术研究领域。② 2008 年,美国约翰·霍普金斯大学出版社发行《古代晚期杂志》
(*The Journal of Late Antiquity*)第一卷,主编拉尔夫·马提森(Ralph Mathisen)在
"编者语"中宣布:"从编年属性来讲,我们本来属于'古代罗马''早期拜占庭'
'中世纪早期''晚期拉丁''教父学'等等,但是现在都属于'古代晚期'。"2011
年,牛津大学出版社将"古代晚期"纳入其"通识读本"系列,出版了《古代晚期》
(*Late Antiquity：A Very Short Introduction*),标志着"古代晚期"作为一个独立学术
领域被学者们广泛接纳。就时空范围而言,广义上的"古代晚期"研究所关注的
是自公元 150 年(或更前推至公元 50 年)至公元 800 年(或更后延至公元 1100
年)的地中海世界,核心区域是地中海沿岸地区,边缘地区则包括受到罗马文化影
响的区域。③

　　"古代晚期"这一概念的提出、研究领域的形成在欧美学界均以史学界为核
心,与此相较,国内史学界对"古代晚期"这一研究领域的探讨与研究相对较晚,
在学术作品中最初注意并在研究中运用这一概念的多为国内法学与哲学领域的

---

① S. Sambursky, *The Physical World of Late Antiquity*, Princeton, New Jersey: Princeton University Press, 1962. S. Sambursky, *The Physical World of the Greeks*, translated from the Hebrew by Merton Dagut, Princeton, New Jersey: Princeton University Press, 1956. S. Sambursky, *Physics of the Stoics*, New Jersey: Princeton University Press, 1959. S. Sambursky, *The Physical World of Late Antiquity*, "Introduction", p. ix.
② 陈志强:《古代晚期研究:早期拜占庭研究的超越》,第 16 页。
③ 李隆国:《从"罗马帝国衰亡"到"罗马世界转型"——晚期罗马史研究范式的转变》,第 121、119 页。

研究者。① 就笔者目前所见，国内世界古代中世纪史领域的学者中，较早介绍了古代晚期研究相关发展的当推南开大学的叶民副教授。② 不过直至 2010 年，国内史学界相关从业人员才将更多的关注投入这一领域。根据在中国知网上以"古代晚期""晚期古代""后古典""晚期古典""古典晚期"等同义译名作为主题所进行的初步检索，最先在国内历史学论文（学位论文与期刊论文）中专门介绍这一概念的可能是刘林海教授的期刊论文。③ 以此为分界线，国内史学界在 2010 年之后对"古代晚期"的关注逐渐增加。根据笔者的不完全统计，2010 年后不仅出现了至少 9 篇以"古代晚期"为主题或涉及这一研究领域的历史学博硕士论文④，在期刊论文中也出现了专门介绍或涉及这一研究领域的史学理论研究成果⑤，同时也

---

① 依年代排序，出版于 2002 年的《罗马法词典》中有多处提及"后古典"时期，应为"古代晚期"的另一译名（黄风编著：《罗马法词典》）。经过笔者以"古代晚期""晚期古代""后古典""晚期古典""古典晚期"这几个常见相关译名作为主题词进行检索，2006 年浙江大学哲学专业石敏敏博士的毕业论文是可以在中国知网（CNKI）上找到的第一篇以"古代晚期"为题的博士学位论文（，浙江大学 2006 年博士学位论文）。2006 年人民出版社出版的《拜占庭文明》（徐家玲著）也提及了一个漫长的"后古典"时代（原书上篇"帝国兴衰记"），是为最早提及"后古典"的专著。2007 年，石敏敏的《古代晚期西方哲学的人论》（北京：中国社会科学出版社 2007 年版）可能是国内第一部以"古代晚期"为题的学术专著。同样在 2007 年，章雪富教授发表了论述古代晚期西方哲学本体论转变的学术论文（章雪富：《从 Ousiology 到 Physiology——古代晚期基督教哲学论 Being、Physis 和 Koinonia 的关系》，《复旦学报》2007 年第 1 期），这可能是国内第一篇以"古代晚期"为题的期刊论文。
② 叶民：《最后的古典》，第 12—18 页。
③ 刘林海：《史学界关于西罗马帝国衰亡问题研究的述评》。此外，2010 年后，国内哲学界对"古代晚期"这一概念仍保持着关注，艺术学、宗教学等研究领域等也不断出现相关研究成果，发表于《中国社会科学》《世界哲学》等各类期刊上，由于与本文主旨无关，在此略过。
④ 焦汉丰：《古代晚期的宗教暴力、殉道与政治合法性》，硕士学位论文，上海师范大学，2013 年；赵月：《拜占庭宦官的角色类型和地位分析》，硕士学位论文，东北师范大学，2013 年；王聪：《晚期古代的非基督教史学家及其对纳伊苏斯战役的争议》，硕士学位论文，东北师范大学，2015 年；汪纯阳：《希帕提娅之死与亚历山大城的基督教与世俗权力冲突（公元 4—5 世纪）》，硕士学位论文，辽宁大学，2017 年；张日元：《公元 4 至 9 世纪拜占庭帝国基督教化研究》，博士学位论文，南开大学历史学院，2010 年；董晓佳：《帝国秩序的重建——苏格拉底〈教会史〉中的拜占庭世界》，博士学位论文，南开大学，2010 年；康凯：《罗马帝国在西部的延续：东哥特政权研究》，博士学位论文，复旦大学，2014 年；郑秀艳：《古代晚期的科林斯城市研究》，博士学位论文，上海师范大学，2015 年；焦汉丰：《古代晚期异教的衰弱探迹——基于神庙视角的研究》，博士学位论文，上海师范大学，2017 年。
⑤ 李隆国：《从"罗马帝国衰亡"到"罗马世界转型"——晚期罗马史研究范式的转变》；侯树栋：《断裂，还是连续：中世纪早期文明与罗马文明之关系研究的新动向》，《史学月刊》2011 年第 1 期；陈志强：《古代晚期研究：早期拜占庭研究的超越》；康凯：《"蛮族"与罗马帝国关系研究述论》，《历史研究》2014 年第 4 期。陈志强：《英美拜占廷学发展及其启示》，《史学理论研究》2015 年第 2 期；吴晓群：《基督教史学传统下的希罗多德解读模式》，《北京师范大学学报（社会科学版）》2017 年第 4 期；刘寅：《传承与革新：西方学界关于欧洲早期中世纪史研究的新进展》，《世界历史》2018 年第 1 期。

逐渐出现了自觉将历史发展置于"古代晚期"这一视域下加以考察的历史学期刊论文。① 此外，在2014年出版的《罗马史研究入门》中也对这一研究领域的形成与发展进行了简要介绍。② 国内古代晚期研究或渐入佳境之际，近年来又出现了国内历史学界首部以"古代晚期"为题的环境史著作《古代晚期地中海地区自然灾害研究》③，当是可喜可贺之事。本章节将初探国内外学者于"古代晚期"领域的主要研究进路和趋势。

第一节

省思人心：古代晚期研究之始

所谓"人心"，这里所指的是宗教、文化、心态、思想等属于精神活动方面的研究维度。古代晚期研究最初所关注的核心内容是宗教史与文化史，这种倾向始于这一研究领域的开创者彼得·布朗。长期执教于欧美名校的彼得·布朗认真研究了之前曾被以英国著名罗马史学者琼斯为代表的史家们视为"稗子"的宗教史料，认为这些史料中虽然关于经济、政治、军事、制度等方面的"客观史实"较少，但是却反映了文献作者和当时人的认知。由此出发，彼得·布朗开始其延续至今的对宗教史与文化史的探索。④

但是，需要注意的是，彼得·布朗能够注意到过去受到忽视的史料，最根本的原因在于他个人的学术兴趣。国内介绍分析这一研究领域的几篇史学理论与史

---

① 刘榕榕、董晓佳：《古代晚期地中海地区"尘幕事件"述论——兼论南北朝时期建康"雨黄尘"事件》，《安徽史学》2016年第2期；刘衍刚：《晚期古典的伊苏里人及其身份认同》，《古代文明》2017年第4期。

② 刘津瑜：《罗马史研究入门》，第218—221页。

③ 刘榕榕：《古代晚期地中海地区自然灾害研究》，北京：中国社会科学出版社2018年版。

④ 李隆国：《从"罗马帝国衰亡"到"罗马世界转型"——晚期罗马史研究范式的转变》，第122—123页。也可见刘林海：《史学界关于西罗马帝国衰亡问题研究的述评》，第86页；陈志强：《古代晚期研究：早期拜占庭研究的超越》，第18页；康凯：《"蛮族"与罗马帝国关系研究述论》，第171—172页。

学史论文大都指出了他用以开创古代晚期研究的奠基作品①,但除了刘寅的文章,彼得·布朗的第一部专著《希波的奥古斯丁:一部传记》似乎被忽视了。② 这位古代晚期研究的开创者在该书序言中明确指出,他所想要描述的最重要的一个方面是奥古斯丁的思想变化与外在环境变化之间的互动关系。③ 同时,他也宣称:"每年为数不多的牛津现代史学院的本科生们怀着极大的热情和好奇心,通过他们的选课表不断冲击古代史和中世纪史,连接历史学家的领域、神学家的领域和哲学家的领域之间的桥梁,这些桥梁既渺无人烟,又充满变数。这种热情和好奇心又强化了我自己对奥古斯丁及其时代的迷恋。"④从彼得·布朗的自述中可以看出,正是在教学与研究中培养出的对于宗教史、思想史、文化史的学术兴趣导致他注意到不受他人重视的宗教史料的价值,而非由于发现宗教史料的价值才形成了对宗教与文化的关注。从这一角度而言,古代晚期研究学派的形成体现了史家个人的主体性与自觉性,以及这种主体性和自觉性所能导致的学术突破,这种主体性与自觉性在很大程度上可能并非出于史家本人预先具有某种振衰起敝、开拓新的研究路径、创立新的研究流派、摆脱既定模式、树立或争取学术话语权的宏图大愿,仅仅是为了钻研自己深感兴趣的问题,其最终是否能够开山立派或产生重大学术影响,一方面基于史学界对既有解释模式的不满或不足之感,另一方面则基于史家个人的学术功底和造诣、学术敏感性以及持久的、较少或没有受到学术之外的干预或打扰的真正的学术兴趣。

古代晚期研究最初关注宗教、文化、思想、心态等研究角度的特征一直延续至今。关于其初创者的重要著作,前述国内相关论著已有评介,在此不赘。这里仅简要介绍其他学者在这一研究维度中的贡献。⑤ 理查德· A. 雷顿(Richard

① P. Brown, *The World of Late Antiquity: AD 150—750*, 1971.

② P. Brown, *Augustine of Hippo: A Biography*, Berkeley and Los Angeles: University of California Press, 1967. 该书的中译本于 2013 年出版,[美]彼得·布朗,钱金飞、沈小龙译:《希波的奥古斯丁》,北京:中国社会科学出版社 2013 年版。

③ P. Brown, *Augustine of Hippo: A Biography*, p. 9. [美]彼得·布朗:《希波的奥古斯丁》,第 1 页。

④ P. Brown, *Augustine of Hippo: A Biography*, p. 11. 译文大部分见[美]彼得·布朗:《希波的奥古斯丁》,第 3 页。

⑤ 由于古代晚期研究横跨数个领域,因此有太多的论著虽未冠以"古代晚期"之名,但其研究实际属于或部分涉及古代晚期研究领域,对于这样的著作,鉴于笔者笔力有限,在"人心"与"世相"这两个部分将尽量避免收入。

A. Layton)在 2004 年出版的《古代晚期亚历山大城的盲眼迪底穆斯及其同路人：圣经学术中的美德与叙事》非常典型①，安东尼奥·多纳托(Antonio Donato)于 2013 年出版的《作为古代晚期产物的波埃修的〈哲学的慰藉〉》与《希波的奥古斯丁》则有一定的相似之处②，均是将神学家(迪底穆斯)或哲学家(波埃修)及其思想置于古代晚期的时代背景之下加以考察。雷顿探究了 4 世纪亚历山大城在盲眼迪底穆斯(Didymus the Blind，生卒年约 313—398 年)指导下的一个基督徒禁欲主义学者团体所留存的圣经评注中体现的伦理思想与圣经研究之间的联系。③ 在多纳托的著作导言中，作者开宗明义地表明，这部书是为填补 50 年来古代晚期研究中对该时代最重要的作品之一——波埃修的《哲学的慰藉》——有所忽视的空白而写的，并且不仅只是简单地将《哲学的慰藉》与其历史和文化背景相结合，而是要进一步超越文本，探讨形成波埃修最后的这部著作的古代晚期的文化、哲学与社会环境。也就是说，《哲学的慰藉》不仅仅只是受到古代晚期的背景的影响，它本身就是古代晚期的"产物(product)"：所谓"产物"是指它不仅包含了与一个特殊时代的知识阶层共享的个人的观点与特性，也呈现出一种元素，而这种元素特别指向它在其中得以写成的时代的观念模式。④

在 1990 年出版的《古代晚期的希腊主义》中，博尔索克认为与"希腊化(Hellenization)"这个名词相比，"希腊主义(Hellenism)"并不威胁当地文化，也不具帝国主义性质，并力图以这种认识作为分析希腊文化在基督教帝国中存留的新路径。⑤ 安德鲁·史密斯(Andrew Smith)的《古代晚期的哲学》出版于 2004 年，作者以对新柏拉图主义(Neoplatonism)的奠基者普罗丁(Plotinus，约 205—270 年)的研究为重心，分析了新柏拉图主义这一"古代晚期占据统治地位的知识运

---

① R. A. Layton, *Didymus the Blind and His Circle in Late-Antique Alexandria: Virtue and Narrative in Biblical Scholarship*, Urbana and Chicago: University of Illinois Press, 2004.

② A. Donato, *Boethius' Consolation of Philosophy as a Product of Late Antiquity*, London · New Delhi · New York · Sydney: Bloomsbury, 2013.

③ R. A. Layton, *Didymus the Blind and His Circle in Late-Antique Alexandria: Virtue and Narrative in Biblical Scholarship*, p. 1.

④ A. Donato, *Boethius' Consolation of Philosophy as a Product of Late Antiquity*, p. 1.

⑤ G. W. Bowersock, *Hellenism in Late Antiquity*, Cambridge: Cambridge University Press, 1990, "Prologue", p. xi.

动"①。2005 年,克劳迪亚·拉普(Claudia Rapp)的《古代晚期的神圣主教们:转型时代中基督徒领导权的本质》出版②,踵继彼得·布朗的《古代晚期的权力与说服:通向基督教帝国》③,探讨古代晚期主教权威的来源及其职务的影响与功能,认为主教的权威来自三个方面:出自上帝恩赐的精神权威(spiritual authority)、任何人均可通过压制自己的身体欲望并由此获得他人承认而得到的禁欲权威(ascetic authority),以及通过运用个人的社会地位与财富达成利他目的而获得的实干权威(pragmatic authority)。在此基础上,作者分析了主教职务在古代晚期的理论与实践。④ 2014 年,埃夫里尔·卡梅伦出版了《古代晚期的对话录》,该书在主题上与卡梅伦在 1991 年出版的《基督教与帝国的修辞学》相关⑤,认为"哲学对话(the philosophical dialogue)"是基督徒用于争辩的一种特殊的写作方式。⑥ 1983 年出版的《古代晚期的传记:对圣徒的探寻》分析了古代晚期的传记写作模式及其中所体现的圣徒形象,兼具文学史与宗教史的特征。⑦《135—700 年的古代晚期犹太人文献手册》是作者鉴于古代晚期研究所用的原始资料被拉丁语与希腊语文献所主导⑧,希望通过此书引起对非拉丁语和非希腊语的原始文献的注意⑨,也可算是古代晚期文学史或文化史研究方面特别需要参考的重要作品。

　　1999 年,詹姆斯·霍华德-约翰斯顿(James Howard-Johnston)与保罗·安

---

① A. Smith, *Philosophy in Late Antiquity*, London and New York: Routledge, 2004, preface, p. ix.

② C. Rapp, *Holy Bishops in Late Antiquity: The Nature of Christian Leadership in an Age of Transition*, Berkeley · Los Angeles · London: University of California Press, 2005.

③ P. Brown, *Power and Persuasion in Late Antiquity: Towards a Christian Empire*, Madison: University of Wisconsin Press, 1992.

④ C. Rapp, *Holy Bishops in Late Antiquity: The Nature of Christian Leadership in an Age of Transition*, pp. 16 - 18, p. 290.

⑤ A. Cameron, *Christianity and the Rhetoric of Empire: The Development of Christian Discourse*, Berkeley: University of California Press, 1991.

⑥ A. Cameron, *Dialoguing in Late Antiquity*, Cambridge and London: Harvard University Press, 2014, p. 1.

⑦ P. Cox, *Biography in Late Antiquity*, Berkeley · Los Angeles · London: University of California Press, 1983.

⑧ E. Ben-Eliyahu, Yehudah Cohn, Fergus Millar, *Handbook of Jewish Literature from Late Antiquity, 135 -700 CE*, Oxford: Oxford University Press, 2012.

⑨ P. Alexander, "Foreword", in E. Ben-Eliyahu, Yehudah Cohn, Fergus Millar, *Handbook of Jewish Literature from Late Antiquity, 135 -700 CE*, p. x.

东尼·海沃德（Paul Antony Hayward）主编的《古代晚期与早期中世纪的圣徒崇
拜》的出版是古代晚期研究的一桩盛事，这部献给彼得·布朗的论文集汇聚了
12 位古代晚期研究领域的重量级学者（其中 6 人是彼得·布朗的弟子）关于从
基督教世界到伊斯兰教世界、从地中海到波斯湾的圣徒崇拜的研究①，作者中包
括《新编剑桥古代史》第 13 卷与第 14 卷的主编之一埃夫里尔·卡梅伦。② 同样
在 1999 年面世的《古代晚期的多神教—神论》源于 1996 年在牛津大学举行的研
讨班"古代晚期一神论中的多神教形式（pagan forms of monotheism in late
antiquity）"，收录了 6 篇分析古代晚期多神教徒宗教信仰的论文，用以挑战基督教
的一神论取代了旧有宗教的多神论的传统观点。③ 出版于 2000 年的论文集《古
代晚期的族群特点与文化》同样汇聚了包括约翰·马修斯（John Matthews）、斯蒂
芬·米歇尔（Stephen Mitchell）等在内的知名学者的论文，是 1998 年举行的以"古
代晚期的种族、宗教与文化（Race，Religion and Culture in Late Antiquity）"为主题
的学术会议的论文合集，论文作者探讨了个人与团体在公元 300 年至 600 年之间
以族群特点、宗教忠诚与文化传统寻求确立其身份的各种方式，以及这些身份得
到认知的途径。④ 2005 年出版的论文集《古代晚期的哲学家与社会》则集中了安
德鲁·史密斯、罗宾·莱恩·福克斯（Robin Lane Fox）等学者的 14 篇论文，探讨
古代晚期哲学家的理论与实践活动之间的互动关系。⑤ 2010 年出版的两卷本《剑

① J. Howard-Johnston，"Introduction"，in James Howard-Johnston and Paul Antony Hayward edited，*The Cult of Saints in Late Antiquity and the Early Middle Ages：Essays on the Contribution of Peter Brown*，Oxford：Oxford University Press，1999，p. 5.
② A. Cameron，Peter Garnsey edited，*The Cambridge Ancient History，Volume XIII，The Late Empire，A. D. 337 -425*，Cambridge：Cambridge University Press，1998. A. Cameron，B. Ward-Perkings，M. Whitby eds.，*The Cambridge Ancient History，vol. XIV：Late Antiquity：Empire and Successors，A. D. 425 -600*.
③ P. Athanassiadi and M. Frede，"Introduction"，in P. Athanassiadi and M. Frede edited，*Pagan Monotheism in Late Antiquity*，Oxford：Clarendon Press，1999，pp. 1 - 2.
④ S. Mitchell and G. Greatrex edited，*Ethnicity and Culture in Late Antiquity*，London：Duckworth and The Classical Press of Wales，2000. Stephen Mitchell and G. Greatrex，"Introduction"，in S. Mitchell and G. Greatrex edited，*Ethnicity and Culture in Late Antiquity*，p. xi.
⑤ A. Smith editd，*The Philosopher and Society in Late Antiquity：Essays in Honour of Peter Brown*，Swansea：Classical Press of Wales，2005.

桥古代晚期哲学史》与其同类论文集一样①,是集合相关知名学者的大部头著作,
其中包含有丰富信息。

　　除了上述与宗教史、文化史、思想史等有关的成果,随着古代晚期研究的发
展,也出现了史学史方面的论著。因为史学史的探究受制于人的思想方法,这里
暂且将之归入"人心"这一研究维度。1983 年出版的《古代晚期的历史与历史学
家》收录了 15 篇探讨古代晚期的历史学发展特征与分析具体的历史学家的论文,
两位主编指出,3—7 世纪(约公元 250—650 年),是希腊罗马古典史学关于过去
的分析与书写方式发生转变的时期。② 戴维·罗尔巴克(David Rohrbacher)的《古
代晚期的历史学家》则聚焦于作为古代晚期核心阶段的 4 至 5 世纪,试图通过生
活在这两个世纪之中的历史学家及其书写认知这一时代。③ 为达此目的,作者对
从多神教徒阿米亚努斯·马尔切利努斯至基督徒史家奥罗修斯(Orosius)在内的
12 位古代晚期历史学家进行了分析。2003 年出版的《4 至 6 世纪古代晚期的希
腊罗马历史学》汇聚了加布里埃尔·马拉斯科(Gabriele Marasco)、R. 布罗克利
(R. Blockley)、M. 惠特比(M. Whitby)等知名学者参加撰写,目的是分析古代晚
期的史学发展并为研究者提供指南④,其中分析了自"教会史之父"凯撒里亚的尤
西比乌斯直至 6 世纪拜占庭编年史家约翰·马拉拉斯为止的数十位以希腊语或
拉丁语写作的史家及其作品。《古代晚期的历史与地理》通过对奥罗修斯、乔代
尼兹(Jordanes)、塞维利亚的伊西多尔(Isidore of Seville)以及比德(Bede)作品中
的地理描写,分析古代晚期的基督教史家是如何使他们的描述适应于自己的史学
写作的。⑤

———————————

① L. P. Gerson edited, *The Cambridge History of Philosophy in Late Antiquity*, Cambridge: Cambridge University Press, 2010.

② Brian Croke and Alanna M. Emmett, "Historiography in Late Antiquity: An Overview", in Brian Croke and Alanna M. Emmett, *History and Historians in Late Antiquity*, Frankfurt: Pergamon Press, 1983, p. 1.

③ D. Rohrbacher, *The Historians of Late Antiquity*, London and New York: Routledge, 2002, p. 1.

④ G. Marasco edited, *Greek and Roman Historiography in Late Antiquity: Fourth to Sixth Century A. D.*, "Preface", p. vii.

⑤ A. H. Merrills, *History and Geography in Late Antiquity*, Cambridge: Cambridge University Press, 2005, pp. 310 – 311.

图3 "古代晚期"的地中海世界

- BRETONS 布列塔尼人
- FRANKISH KINGDOMS 法兰克王国
- BASQUES 巴斯克人
- Narbonne 纳尔榜
- VISIGOTHIC KINGDOM 西哥特王国
- Toledo 托莱多
- LOMBARDS 伦巴第人
- AVAR KHANATE 阿瓦尔汗国
- KHAZAR KHANATE 哈扎尔汗国
- 670s 7 世纪 70 年代

- Bulgars 保加尔人
- Lazica 拉齐卡
- Constantinople 君士坦丁堡
- Caesarea 凯撒里亚, 又译凯撒城●[罗马帝国有多个 Caesarea, 位于今天土耳其、巴勒斯坦和北非等地。参见《大英百科全书》,《拜占庭历史词典》第 363-364 页。]
- Edessa 埃德萨
- Antioch 安条克
- Emesa 埃梅萨
- Damascus 大马士革

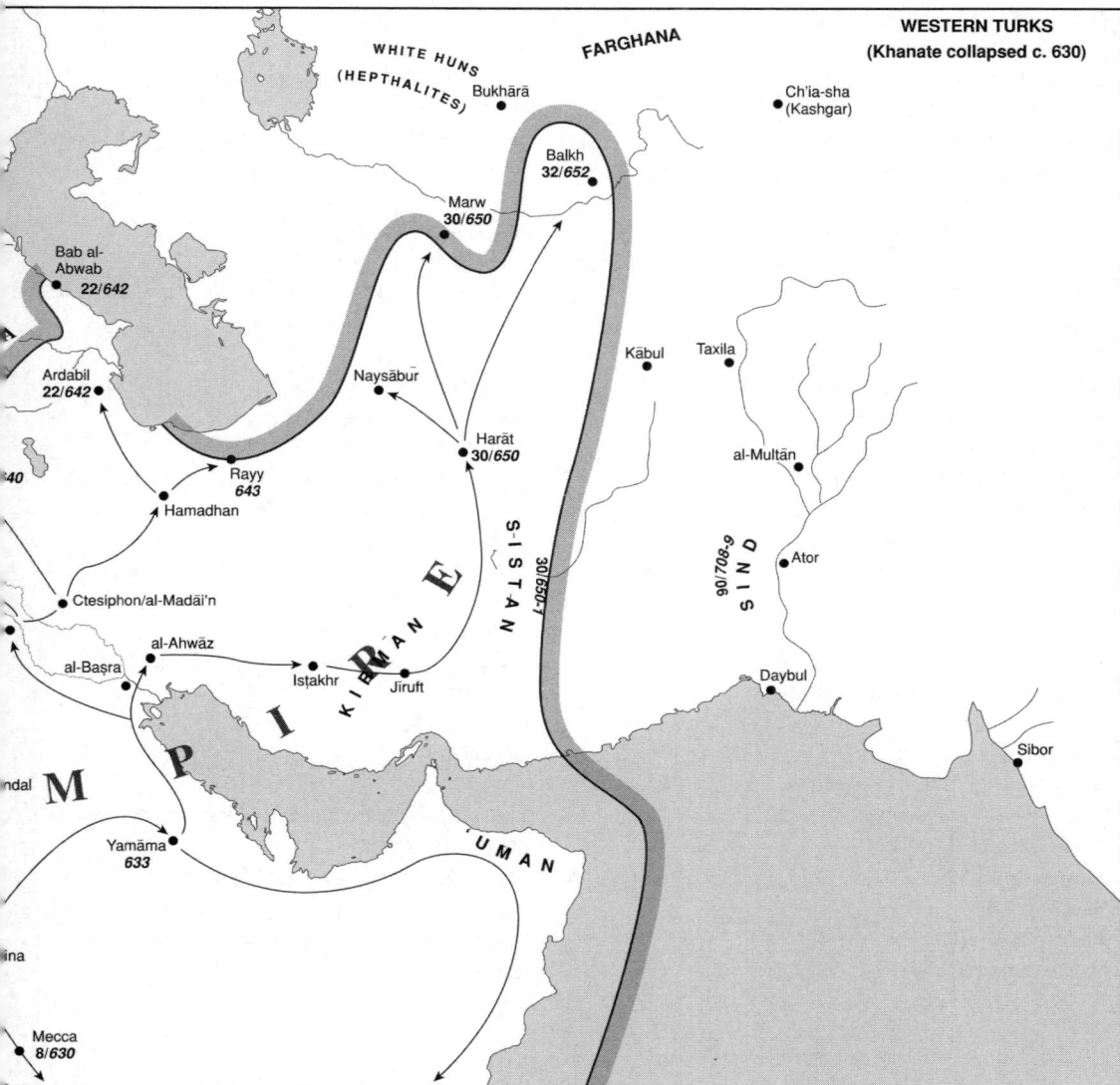

WHITE HUNS
(HEPTHALITES)

FARGHANA

WESTERN TURKS
(Khanate collapsed c. 630)

Bukhārā

Ch'ia-sha
(Kashgar)

Balkh
32/652

Marw
30/650

Bab al-
Abwab
22/642

Kābul

Taxila

Ardabil
22/642

Naysābūr

al-Multān

40

Rayy
643

Harāt
30/650

Hamadhan

Ator

Ctesiphon/al-Madāi'n

al-Ahwāz

al-Başra

Iṣṭakhr

Jiruft

Daybul

S-I-S-T-A-N

30/650-1

K-I-R-M-Ā-N

S I N D

90/708-9

E

M P I R E

Sibor

ndal

Yamāma
633

'UMAN

ina

Mecca
8/630

britannica.com/place/Al-Fustat-historical-city-Egypt.]

- al-Uswān 乌斯旺
- Berenice 柏伦尼斯
- MUSLIM EMPIRE 穆斯林帝国
- WEST BERBERS 西柏柏尔人
- FAZZAN 费赞●［又拼写为 Fezzan，拉丁文为 Phazania，今利比亚的西南地区。参见 https://www.britannica.com/place/Fezzan.］
- TIBESTI 提贝斯提山脉●［又称 Tibesti Massif 或者 Tibesti Mountains，大多处于今乍得（Chad）境内。参见 https://www.britannica.com/place/Tibesti.］
- MAKURIA 马库里亚
- Iberia 伊庇利亚
- ARMENIA 亚美尼亚
- Bab al-Abwab 巴布·阿布瓦布●［阿拉伯语，也拼写为 Darband（达尔班德），位于里海西岸的古城。参见 https://iranicaonline.org/articles/bab-al-abwab；https://iranicaonline.org/articles/darband-i-ancient-city.］
- Ardabil 阿尔达比勒●［土耳其语为 Erdebil，位于今伊朗西北部，里海附近的城市。参见 https://www.britannica.com/place/Ardabil.］
- Amida 阿米达●［今天土耳其迪亚巴克尔(Diyarbakır)的古名。参见 Alexander P. Kazhdan (editor in chief), The Oxford Dictionary of Byzantium, 3 vols., New York: Oxford University Press, 1991, p.77.］
- Rayy 拉伊
- Hamadhan 哈马丹（译名手册为 Hamadan）
- Ctesiphon/al-Madāiʾn 泰西封 / 马达因
- al-Kūfa 库法●［又拼写为 Kufa。参见 https://www.britannica.com/place/Kufah.］
- al-Baṣra 巴士拉
- al-Ahwāz 阿瓦士●［阿拉伯语，又拼写为 Ahvāz，在今伊朗西南部。参见 https://www.britannica.com/place/Ahvaz.］
- Dūmat al-Jandal 杜马特·詹达
- Yamāma 亚玛玛
- Medina 麦地那
- Mecca 麦加
- WHITE HUNS (HEPTHALITES) 白匈人●［HEPTHALITES 又拼写为 Hephthalites，也被称为 White Huns（白匈人）或 Hunas（匈奴人）。参见 https://www.britannica.com/topic/Hephthalite.］
- FARGHANA 费尔干纳
- Bukhārā 布哈拉
- Balkh 巴尔赫●［又拼写为 Vazīrābād，古国大夏的首都，位于今阿富汗北部。参见 https://www.britannica.com/place/Balkh.］
- Marw 马尔乌
- Naysābūr 内萨布尔
- Harāt 哈拉特
- Iṣṭakhr 伊什塔克尔●［又拼写为 Estakhr 或 Stakhr，波斯萨珊王朝的首都。参见 https://www.britannica.com/place/Persepolis.］
- Jīruft 吉鲁夫特
- KIRMAN 基尔曼
- SISTAN 锡斯坦，波斯边境
- ʿUMAN 阿曼
- WESTERN TURKS (Khanate collapsed c. 630)
- Chʾia-sha (Kashgar) 喀什（中国古文献称之为疏勒）
- Kābul 喀布尔
- Taxila 塔克西拉●［今巴基斯坦西北部的历史古城。参见 https://www.britannica.com/place/Taxila.］
- al-Multān 木尔坦
- SIND 信德
- Ator 阿托尔
- Daybul 德布尔
- Sibor 锡伯尔

- Limit of Islamic Rule in 40/661 公元 661 年（伊斯兰历 40 年）伊斯兰教统治的范围
- Main routes of conquest 征服的主要路线
- 14/634 Approximate date of Muslim Conquest (Hijra year/Christian era) 14/634 穆斯林征服的大致时间（伊斯兰历 / 公元）

第二节

描摹世相：古代晚期研究之本

虽然对"人心"的研究是古代晚期研究的开始以及延续至今的重心所在，但是这一时期地中海世界的社会转型是古代晚期研究的重中之重。《古代晚期（通识读本）》中曾这样描述古代晚期的地中海世界："新的族群集团与罗马帝国的居民融合或冲突，罗马帝国的权威受到威胁。新的宗教运动与传统宗教互动或竞争，通识基督教会的领袖们在社区中承担了新的角色。献身于上帝的新的生活理念挑战为家庭、城市、国家服务的旧观念。权力转移至新地点，以致在公元410年，一个以拉文纳为基地的罗马皇帝没有采取行动去从蛮族手中拯救罗马城，同时另一位以君士坦丁堡为都的共治皇帝无动于衷。在军事与民政机构中，在公共演说与教会中，有才能者拥有了新的机会，但是世家贵族以及传统教育及价值观也仍然保持着他们的威望。"①这段话表明了古代晚期研究所关注的核心问题以及大部分研究内容。正如学者所言，古代晚期研究是通过对宗教与文化的研究探讨地中海古典世界的社会转型②，而不是仅仅就宗教谈宗教、就文化谈文化。对于这一核心的研究维度，笔者姑且名之曰"世相"，其研究范围涵盖城市史、地区史、社会史、女性史、家庭史、法律史、教育史、对外关系史、建筑史等各个角度，为我们日益生动地描绘出处于社会转型中的地中海世界的人间百态，甚至涉及经济史、政治史与军事史等方面的内容，从而突破了古代晚期研究开始时的宗教史、文化史、思想史的范畴，呈现出与晚期罗马帝国研究相结合的趋势。

古代晚期城市史的研究成果相当丰硕，近年来出现了不少针对单个城市的个案研究，典型的如《古代晚期的罗马：公元312—609年的日常生活与城市变化》

---

① G. Clark, *Late Antiquity: A Very Short Introduction*, Oxford: Oxford University Press, 2011, p. 3.

② 刘林海：《史学界关于西罗马帝国衰亡问题研究的述评》，第85—86页；李隆国：《从"罗马帝国衰亡"到"罗马世界转型"——晚期罗马史研究范式的转变》，第120—121页；陈志强：《古代晚期研究：早期拜占庭研究的超越》，第18页；康凯：《"蛮族"与罗马帝国关系研究述论》，第172页。刘津瑜：《罗马史研究入门》，第219—220页。

《古代晚期的亚历山大城:地貌与社会冲突》《古代晚期的拉文纳》《古代晚期的奥斯提亚》,均是根据文本与考古材料分析城市在古代晚期所发生的建筑与地貌的变化、居民日常生活与行为的延续与改变,从而为我们提供了一幅幅动态画面。① 由于君士坦丁堡正是在这一时期兴起,并逐渐在实际上取代了罗马的政治中心的地位,因此,关于古代晚期罗马与君士坦丁堡发展的比较研究也是该时期城市史研究的一个重点,专著《罗马与君士坦丁堡:重新书写古代晚期的罗马史》与论文集《两个罗马:古代晚期的罗马与君士坦丁堡》是近年具有代表性的作品:前者试图将罗马与君士坦丁堡的后勤供应与政治上的意识形态结合起来加以考察②;后者的论文提供者包括约翰·马修斯、布里恩·沃德-珀金斯等知名学者,对古代晚期的罗马与君士坦丁堡从城市空间和发展、与皇帝的关系、文学中的形象与基督教化进行了全方位的比较,其中尤为重要的是,约翰·马修斯对皇帝塞奥多西二世时期的史料《君士坦丁堡城市志》进行了全文翻译与评注。③ 关于君士坦丁堡本身的发展,由于这座城市的特殊性质,与它有关或以其为主角的论著可谓汗牛充栋,在一定程度上,凡是涉及或是以其早期发展为核心的论著都可归为古代晚期研究的成果,其中《古代晚期君士坦丁堡的都市形象》颇具特色:该书结合文字材料、考古发掘与现有遗存对4至6世纪君士坦丁堡的建筑物、雕像、建筑装饰物等进行了较为全面的研究与总结。④ 除此之外,论文集《古代晚期的城市》《古代晚期与早期拜占庭的都市与宗教空间》《古代晚期的都市中心与农村背

---

① B. Lançon, *Rome in Late Antiquity: Everyday Life and Urban Change, AD 312－609*, trans. by A. Nevill, Edinburgh: Edinburgh University Press, 1995. C. Haas, *Alexandria in Late Antiquity: Topography and Social Conflict*, Baltimore and London: The Johns Hopkins University Press, 1997. D. M. Deliyannis, *Ravenna in Late Antiquity*, Cambridge: Cambridge University Press, 2010. D. Boin, *Ostia in Late Antiquity*, Cambridge: Cambridge University Press, 2013.

② R. van Dam, *Rome and Constantinople: Rewriting Roman History during Late Antiquity*, Waco, Texas: Baylor University Press, 2010. L. Grig and G. Kelly edited, *Two Romes: Rome and Constantinople in Late Antiquity*. R. van Dam, *Rome and Constantinople: Rewriting Roman History during Late Antiquity*, pp. 2－3.

③ J. Matthews, "The Notitia Urbis Constantinopolitanae", in L. Grig and G. Kelly edited, *Two Romes: Rome and Constantinople in Late Antiquity*, pp. 81－115.

④ S. Bassett, *The Urban Image of Late Antique Constantinople*.

景》也均具参考价值①,既有对古典城市衰亡还是转型的理论探讨,也有对从不列颠到小亚细亚、从北非到多瑙河沿岸的各个地区城市发展的个案分析,同时也探究了从城市基督教化到城乡关系等城市内部与外部环境变化的相关问题。2012年出版的论文集《小亚细亚的古迹与古代晚期的城市》中收录了 14 篇论文,利用考古发现与地面遗存考察了小亚细亚地区城市的发展轨迹。②

　　地区史或区域史在古代晚期研究中也占有相当重要的地位,《古代晚期的埃及》《古代晚期的巴勒斯坦》《公元 300—700 年的古代晚期多德卡尼斯群岛和东爱琴海岛屿》《古代晚期的纳尔榜及其区域:从西哥特人至阿拉伯人》《古代晚期的加利利》《古代晚期的西班牙:当前观点》③,这六部专著或论文集的共同特征是分析某一个地区在古代晚期的发展历程,涉及经济、政治、宗教、日常生活、社会发展等各个方面,所使用的材料同样既包括文字史料,也包括考古发现。《使埃及基督教化:古代晚期的融合与多重地方世界》则是通过对多种史料(文字的与物质的)的综合考察,探讨基督教信仰是如何与存在于埃及地区的多种传统融汇为一体的。④ 当然,如果将整个地中海世界视为一个区域的话,这方面的扛鼎之作则非埃夫里尔·卡梅伦的《公元 395—600 年的古代晚期地中海世界》与《公元395—700 年的古代晚期地中海世界》莫属。后者是前者的修订版,增补了关于 7世纪地中海世界历史发展的两章内容,最重要的是将伊斯兰教的兴起包含在

---

① J. Rich edited, *The City in Late Antiquity*, London and New York: Routledge, 1992. Jean-Michel Spieser, *Urban and Religious Space in Late Antiquity and Early Byzantium*, Aldershot · Burlington · Singapore · Sydney: Ashgate, 2001. T. S. Burns and J. W. Eadie edited, *Urban Centers and Rural Contexts in Late Antiquity*, East Lansing: Michigan State University Press, 2001.

② O. Dally and C. Ratte, *Archaeology and the Cities of Late Antiquity in Asia Minor*, Ann Arbor: Kelsey Museum of Archaeology, 2011.

③ R. S. Bagnall, *Egypt in Late Antiquity*, Princeton: Princeton University Press, 1993. H. Sivan, *Palestine in Late Antiquity*, Oxford: Oxford University Press, 2008. G. Deligiannakis, *The Dodecanese and East Aegean Islands in Late Antiquity, AD 300 - 700*, Oxford: Oxford University Press, 2016. F. Riess, *Narbonne and its Territory in Late Antiquity: From the Visigoths to the Arabs*, Farnham, Burlington: Ashgate, 2013. Lee I. Levine edited, *The Galilee in Late Antiquity*, New York and Jerusalem: The Jewish Theological Seminary of America, 1992. K. Bowes and M. Kulikowski edited and translated, *Hispania in Late Antiquity: Current Perspectives*, Leiden · Boston: Brill, 2005.

④ D. Frankfurter, *Christianizing Egypt: Syncretism and Local Worlds in Late Antiquity*, Princeton: Princeton University Press, 2017.

内。① 在 1993 年出版的第一版中,卡梅伦教授明确表示题目中的"古代晚期"指
的是构成古典文明基础的某些部分仍然存在,虽然其在西部是以碎片化的形式存
在的;而书中所涉及时期是一个转型时期,既能够看到巨大的改变又能够发现众
多方面的传承,希望读者能够无论在地理上还是年代上以更广阔的视野观察这一
时代。在 2012 年出版的第二版中,同一位作者则进一步指出"古代晚期"这个表
述并不仅仅标明了一个历史时期,而且是一种解释模式,她将之称为"古代晚期模
式(the late antiquity model)"或"布朗模式(the Brownian model)"②。

　　古代晚期领域的社会史研究往往与宗教史、文化史、经济史等其他研究角度
相结合,在之前所述的城市史与地区史论著也大都具有社会史研究的特征,就某
种程度而言,绝大多数古代晚期研究均可纳入社会史研究范畴或是具有社会史研
究的某些特征,毕竟地中海世界的社会转型正是古代晚期研究的核心所在。与此
同时,不同研究角度的交叉融合也正是古代晚期研究的一个鲜明特征。虽然如
此,这里仍然简要介绍一些相关论著。1995 年出版的《古代晚期的公共辩论、权
力与社会秩序》是一部聚焦于各个哲学与宗教派别内部和彼此之间的公共辩论的
社会史著作。③ 2003 年出版的《古代晚期的民众、个人表达与社会关系》兼具资料
汇编与研究性著作的特点,一方面翻译了大量拉丁文史料,另一方面根据这些史
料对其中所反映的社会各阶层的生活进行了分析。④ 2008 年出版的《古代晚期的
私人崇拜、公共价值观与宗教转型》利用文本与实物证据,从调查生活在 4 世纪至
5 世纪前半叶的古代晚期的民众的私人宗教仪式入手,探究这些活动及与此相关
的公/私争议所反映或推动的更为广泛的社会改变。⑤ 马克·威廉姆斯的《古代
晚期与中世纪的基督徒团体的缔造》则探讨了基督徒在这一时期是如何结合为一

① A. Cameron, "Preface to the Second Edition", in A. Cameron, *The Mediterranean World in Late Antiquity AD
395 - 700*, Second Edition, London and New york:Routledge,2012, p. xi.

② A. Cameron, *The Mediterranean World in Late Antiquity AD 395 - 700*, London and New York: Routledge,
1993, 2012, p. 8, *Second Edition*, p. 7.

③ R. Lim, *Public Disputation, Power, and Social Order in Late Antiquity*, Berkeley · Los Angeles · London:
University of California Press, 1995.

④ R. W. Mathisen, *People, Personal Expression, and Social Relations in Late Antiquity*, *Volume I*, Ann Arbor:
The University of Michigan Press, 2003. 该书共有两卷。

⑤ K. Bowes, "Introduction", in Kim Bowes, *Private Worship, Public Values, and Religious Change in Late
Antiquity*, Cambridge: Cambridge University Press, 2008, pp. 2 - 3.

个紧密的信仰者的团体的。①

　　女性史也常年受到古代晚期研究者的关注。霍努姆的《塞奥多西家族的皇后们:古代晚期的女性与帝国统治》结合宗教史、政治史的角度,详细研究了拜占庭帝国塞奥多西王朝皇后与公主们在帝国事务中的活动。② 克拉克的《古代晚期的女性:多神教徒与基督徒的生活方式》则试图开始解答下述问题:古代晚期的女性在何种程度上能够左右自己的选择;何种社会的、实际的或法律的约束限制了她们的选择;女性除了婚姻与持家有哪些可能的选项;持家意味着什么;女性可能具有何种程度的教育或健康水平;女性被要求尊重何种行为与观念。③ 阿尔加瓦于1996年出版了《古代晚期与早期中世纪的女性与法律》,对直至7世纪的古代晚期女性的法律地位进行了考察,认为大多数女性的地位在古代晚期并未发生太大改变,该书于1998年再次出版,改名为《古代晚期的女性与法律》,更加突出了"古代晚期"这一概念。④ 凯特·库珀于1999年出版《贞女与新娘:古代晚期理想化的女性特质》探讨了罗马人的理想女性形象的基督教化过程。⑤ 在2008年出版的《圣塞克拉崇拜:古代晚期的女性虔敬传统》中⑥,作者结合文字与考古材料,探究了古代晚期地中海世界导致对女殉道者塞克拉崇拜的社会环境及这种崇拜对女性地位的影响。2015年出版的《古代晚期的女性与端庄》则深入探析古代晚期文献中对女性的端庄这一特质的描述⑦,探究古代晚期女性的身份构建与所处的社会环境。

　　与宗教、文化、社会、经济等均有关联的家庭史近年来也逐渐受到关注。《古代晚期的家庭:基督教的崛起与传统的持久》讨论的时空范围是公元350至550

---

① M. Williams, *The Making of Christian Communities in Late Antiquity and the Middle Ages*, London: Anthem Press, 2005.

② K. G. Holum, *Theodosian Empresses: Women and Imperial Dominion in Late Antiquity*, 1982.

③ G. Clark, "Introduction", in G. Clark, *Women in Late Antiquity: Pagan and Christian Life-styles*, Oxford: Clarendon Press, 1993, p. 1.

④ A. Arjava, *Women and Law in Late Antiquity and the Early Middle Ages*, Oxford: Clarendon Press, 1996, 1998.

⑤ K. Cooper, *The Virgin and the Bride: Idealized Womanhood in Late Antiquity*, Cambridge, Mass.: Harvard University Press, 1999.

⑥ S. J. Davis, *The Cult of Saint Thecla: A Tradition of Women's Piety in Late Antiquity*, Oxford: Oxford University Press, 2008.

⑦ K. Wilkinson, *Women and Modesty in Late Antiquity*, Cambridge: Cambridge University Press, 2015.

年之间受到罗马家庭理念与习惯影响最大的地区,认为基督教信仰与罗马人的家庭传统理念实际上是互相影响的,男性的绝对优势地位从未受到真正的挑战,基督教并未在家庭生活领域全面影响古代晚期的社会,但是它洒下了有待成长盛开的种子。① 2015 年出版的《古代晚期的儿童与禁欲主义:持续性、家庭活力与基督教的崛起》从 4 至 5 世纪的基督教作家的文本出发②,就基督教禁欲主义对家庭生活的影响进行了分析,探讨了儿童在基督教教义中的地位,并认为旧日的传统仍然顽强留存了下来。

古代晚期是罗马法的整理时期,塞奥多西二世统治时期颁布的《塞奥多西法典》与 6 世纪的《罗马民法大全》均出自这个时代,法律史的研究自然也成为古代晚期研究的重要组成部分。吉尔·哈里斯与伊安·伍德主编的《〈塞奥多西法典〉:古代晚期的皇帝法律研究》共收录 10 篇论文③,主题包括《塞奥多西法典》的文本构成、法律来源、编辑方式与过程、基督教对帝国法律的影响、《塞奥多西法典》对后世蛮族王国法典以及《教会法》的影响等,其中最令人感兴趣的是由克罗克(Brian Croke)撰写的文章,详细考察了著名罗马史家塞奥多尔·蒙森(Theodor Mommsen)编辑法典拉丁文本的过程。1999 年出版的《古代晚期的法律与帝国》探究了古代晚期帝国所颁布法律的形式与种类、颁布的过程、法律权威的来源、法律的执行与效力、法庭程序、犯罪与惩罚的形式以及司法腐败等问题,可谓了解晚期罗马帝国司法体系的基本书目之一。④ 2015 年出版的《古代晚期的监禁、惩罚与苦修》颇有特色⑤,将晚期罗马帝国司法体系中的监禁与基督教理念中的苦修赎罪加以联系,属于见仁见智之作。

拉法埃拉·克里比奥雷(Raffaella Cribiore)的《古代晚期安条克的利巴尼乌

---

① G. S. Nathan, *The Family in Late Antiquity: The Rise of Christianity and the Endurance of Tradition*, London and New York: Routledge, 2000, pp. 4 - 6, pp. 186 - 189.

② V. Vuolanto, *Children and Asceticism in Late Antiquity: Continuity, Family Dynamics and the Rise of Christianity*, London and New York: Routledge, 2015.

③ J. Harries & Ian Wood edited, *The Theodosian Code: Studies in the Imperial Law of Late Antiquity*, London: Duckworth, 1993.

④ J. Harries, *Law and Empire in Late Antiquity*, Cambridge: Cambridge University Press, 1999.

⑤ J. Hillner, *Prison, Punishment and Penance in Late Antiquity*, Cambridge: Cambridge University Press, 2015.

斯的学校》①，以4世纪安条克著名多神教徒哲学家利巴尼乌斯的信件为核心，不
仅探讨了修辞学（rhetoric）在古代晚期所处的状态与地位，更重要的是，通过对利
巴尼乌斯的学校的细致分析，全方位呈现出了当时的整个教育体系，对于古代晚
期教育史的深入研究做出了贡献。

　　古代晚期地中海世界周边存在着众多族群或政治实体，它们与罗马—拜占庭
帝国的互动关系也是古代晚期研究中的热点之一，而对外关系史的研究往往又与
军事史存在密切联系。A. D. 李于1993年出版了《情报与边疆：古代晚期的罗马
对外关系》，该书主要探讨情报在3世纪早期至7世纪早期罗马帝国东部边疆（与
萨珊波斯接壤）与北部边防（与日耳曼人和来自中亚的部族相邻）的对外关系中
的角色，并将军事与外交事务置于边疆的社会文化特征之中加以考察。② 2007年
出版的《古代晚期的罗马与波斯：邻人与敌人》同样不可避免地涉及大量军事史
内容，作者认为双方对立的要求导致了两大强权之间长达数个世纪的持续战
争。③ 费希尔的《在帝国之间：古代晚期的阿拉伯人、罗马人与萨珊人》分析罗马
与萨珊波斯两大强权彼此之间及其与彼此的阿拉伯人盟友之间的联系，尤其聚焦
于6世纪罗马帝国与阿拉伯人之间的互动。④

　　古代晚期研究中建筑史相关成果同样具有多方位的视角，同时跨学科研究的
特征更为明显。2009年出版的《古代晚期的罗马皇帝陵墓》结合文献与考古材
料，全面研究3世纪中期至5世纪中期的晚期罗马帝国皇帝陵墓，审视了陵墓的
象征与功能，认为这些陵墓是为神圣化皇帝而服务的神殿与神庙。⑤ 2013年出版
的《古代晚期的波斯皇权：戈尔甘长城与萨珊伊朗的边疆地形》则结合考古学与
现代科技手段，为我们详细描述了现代伊朗北部定年为5至6世纪之间的大型防

---

① R. Cribiore, *The School of Libanius in Late Antique Antioch*, Princeton and Oxford：Princeton University Press，2007.

② A. D. Lee, *Information and Frontiers：Roman Foreign Relations in Late Antiquity*, Cambridge：Cambridge University Press, 1993, p. 1.

③ B. Dignas and E. Winter, *Rome and Persia in Late Antiquity：Neighbours and Rivals*, Cambridge：Cambridge University Press, 2007, p. 1.

④ G. Fisher, *Between Empires：Arabs, Romans, and Sasanians in Late Antiquity*, Oxford：Oxford University Press, 2011, "Preface", p. vi.

⑤ M. J. Johnson, *The Roman Imperial Mausoleum in Late Antiquity*, Cambridge：Cambridge University Press, 2009.

御设施戈尔甘长城的面貌。①

　　国内论者常谓，经济史、政治史、军事史以及缺乏对西地中海世界的研究是古代晚期研究的重大软肋，但从近年来笔者所接触到的相关著作与论文来看，虽然与宗教史、文化史、思想史等方面的研究相比当然需要加强，却也很难再将之视为古代晚期研究的缺陷了，关于西地中海世界发展的研究也甚多。实际上，在行文至今所提及的论著之中，就已经存在着大量涉及上述方面的成果。最典型的莫过如新出版的《剑桥古代史》第 14 卷，这部以"古代晚期"为副标题的大部头著作，其中第二部分"政府与机构（Part II Government and Institutions）"共 6 章，分别题为"皇帝与宫廷""政府与行政部门""5 世纪至 7 世纪中期城市的行政部门与政治：425—640 年""罗马法""5 世纪与 7 世纪之间西部诸王国的法律""420—602 年的军队（The army，c. 420‑602）"，很明显是属于政治史、制度史、法律史与军事史的内容；第三部分"东部与西部：经济与社会"也是 6 章，其中探讨了人口、农业、手工业与商业问题，显然属于经济史范畴；第四部分"行省与非罗马世界"则涉及东哥特人、汪达尔人、匈人、阿瓦尔人、萨珊波斯与阿拉伯人之间的关系。② 由博尔索克、彼得·布朗、格拉巴联合担任主编的《古代晚期：后古典世界指南》一书的"蛮族与族群特质"一章中，作者显然是将罗马人与蛮族之间的关系作为重点之一加以论述的；"战争与暴力"一章则是一篇典型的军事史论文。③ 2004 年出版的论文集《接近古代晚期：从早期至晚期帝国的转型》中，理查德·邓肯‑琼斯撰写了《至古代晚期的经济变迁与转型》，迈克尔·惠特比撰写了《公元 235—395 年的皇帝与军队》④，分别属于古代晚期经济史与军事史论文。在由菲利普·罗塞亚主编的《古代晚期指南》中，"信息与政治权力"一文分析了信息对于皇帝权

① H. Omrani Rekavandi, T. J. Wilkinson, J. Nokandeh, Eberhard Sauer, *Persia's Imperial Power in Late Antiquity: The Great Wall of Gorgan and the Frontier Landscapes of Sasanian Iran*, Oxford: Oxbow Books, 2013.

② A. Cameron, B. Ward-Perkings, M. Whitby eds., *The Cambridge Ancient History*, vol. XIV: *Late Antiquity: Empire and Successors, A. D. 425‑600*, pp. 135‑314, pp. 315‑496, pp. 497‑730.

③ G. W. Bowersock, Peter Brown, Oleg Grabar edited, *Late Antiquity: A Guide to the Postclassical World*, Cambridge: The Belknap Press of Harvard University Press, 1999, pp. 107‑129, pp. 130‑169.

④ R. Duncan-Jones, "Economic Change and the Transition to Late Antiquity", in Simon Swain and Mark Edwards edited, *Approaching Late Antiquity: The Transformation from Early to Late Empire*, Oxford: Oxford University Press, 2004, pp. 20‑52. M. Whitby, "Emperors and Armies, AD 235‑395", pp. 156‑186.

力的重要性以及获取信息的方法①，自然属于政治史范畴。在第四部分"帝国、王国及其他"中，对于罗马帝国与周边蛮族的关系、帝国西部地区逐渐为蛮族王国所占据、罗马—拜占庭帝国与萨珊波斯和阿拉伯人的关系均有专章叙述。② 2004 年出版的论文集《汪达尔人、罗马人与柏柏尔人：关于古代晚期北非的新视角》，包括导言在内的 15 篇论文，均是关于地中海世界西部的北非地区在古代晚期的发展的。③

　　除此之外，雅努斯·巴纳吉对古代晚期经济史的探讨值得一提，他的著作《古代晚期的农业变迁：黄金、劳动力与贵族的统治》于 2001 年由牛津大学出版社出版。根据作者本人的说法，本书的写作最初源于 20 世纪 70 年代阅读古纳尔·密克维兹（Gunnar Mickwitz）关于 4 世纪的著作，其后又读到德·圣克罗阿的《古代希腊世界的阶级斗争》（The Class Struggle in the Ancient Greek World），深受打动，但又隐隐感觉对古代晚期的传统描述有所不满，作者在 80 年代后期在牛津大学攻读博士学位时由此出发进行研究，并于 1992 年呈交了博士论文，本书即为这篇博士论文的修订版本。④ 该书从分析马克斯·韦伯与密克维兹关于古代世界经济的理论出发，对他们的模型加以修正或扬弃，以农业为中心，探讨了古代晚期人口、货币、物价、地方精英的沉浮以及乡村与农民阶层在这一时期发生的变化等问题。2016 年，剑桥大学出版社出版了论文集《探索古代晚期的经济：论文选集》⑤，是巴纳吉个人的论文文选，其中既包括对古代晚期经济发展的理论探究，也包括对农民、贵族、不同金属货币之间兑换率、通货膨胀等具体问题的分析。

　　与经济史相比，古代晚期研究者对政治史的关注更早，成果也更为丰富。麦

① C. Sotinel, "Information and Political Power", in Philip Rousseau edited, *A Companion to Late Antiquity*, Oxford: Wiley-Blackwell, 2012, pp. 125 – 138.

② G. Halsall, "Beyond the Northern Frontiers", in Philip Rousseau edited, *A Companion to Late Antiquity*, pp. 409 – 425. J. Vanderspoel, "From Empire to Kingdoms in the Late Antique West", pp. 426 – 440. J. W. Drijvers, "Rome and the Sasanid Empire: Confrontation and Coexistence", pp. 441 – 454. David Cook, "Syria and the Arabs", pp. 467 – 478.

③ A. H. Merrills edited, *Vandals, Romans and Berbers: New Perspectives on Late Antique North Africa*, Aldershot: Ashgate: 2004.

④ J. Banaji, *Agrarian Change in Late Antiquity: Gold, Labour, and Aristocratic Dominance*, Oxford: Oxford University Press, 2001. J. Banaji, "Preface", in J. Banaji, *Agrarian Change in Late Antiquity: Gold, Labour, and Aristocratic Dominance*, p. viii.

⑤ J. Banaji, *Exploring the Economy of Late Antiquity*, Cambridge: Cambridge University Press, 2016.

考马克的《古代晚期的艺术与仪式》分析了典礼仪式、各种雕像画像等在树立罗马—拜占庭帝国皇帝与西部蛮族国王的公共形象与政治权威方面的作用。[①] 麦考米克的《永恒的胜利：古代晚期、拜占庭与早期中世纪西欧的凯旋的统治者地位》与麦考马克的著作有相似之处，麦考米克考察了罗马—拜占庭帝国皇帝以及早期中世纪西地中海世界的继承国家(汪达尔王国、勃艮第王国、东哥特王国、伦巴第王国、西哥特王国、法兰克王国)的国王们的凯旋式或是庆祝胜利的仪式，分析这些仪式的政治功能与影响。[②] 论文集《古代晚期的社会与政治生活》的编排较具创意[③]，除"教会与权力"这一主题下有三篇论文之外，其余八个主题下同时放置两篇论文，分别从社会史与政治史角度出发对同一个主题进行探讨。2010年出版的论文集《古代晚期的权力修辞学：拜占庭、欧洲与早期伊斯兰教世界的宗教与政治》收录的论文则覆盖了政治形象、教会权力、传统权威来源、社会精英地位等与政治史相关的问题。[④]

　　古代晚期研究者也并未将军事史弃之不顾，而往往在研究军事史时，将其与其他领域如社会史、宗教史等相结合。A. D. 李于2007年出版的《古代晚期的战争：一部社会史》正是这种结合的产物。李在该书前言中曾经对古代晚期军事史的发展加以总结，指出："古代晚期军事史已经在过去的10年得到了明显的关注，尤其是在休·埃尔顿(Hugh Elton)、杰弗里·格瑞特莱克斯(Geoffrey Greatrex)、马昕·尼卡赛(Martijn Nicasie)与约翰·哈尔顿(John Haldon)的著作中，以及同样在如彼得·布朗、詹姆斯·霍华德-约翰斯顿、菲利普·朗斯(Philip Rance)、弗兰卡·特罗姆比里(Frank Trombley)、迈克尔·惠特比和君士坦丁·扎克曼

① S. G. MacCormack, *Art and Ceremony in Late Antiquity*, Berkeley · Los Angeles · London: University of California Press, 1981.
② M. MacCormick, *Eternal Victory: Triumphal Rulership in Late Antiquity, Byzantium and the Early Medieval West*, Cambridge: Cambridge University Press, 1986.
③ W. Bowden, Adam Gutteridge and Carlos Machado edited, *Social and Political Life in Late Antiquity*, Leiden · Boston: Brill, 2006.
④ R. M. Frakes, Elizabeth DePalma Digeser & Justin Stephens edited, *The Rhetoric of Power in Late Antiquity: Religion and Politics in Byzantium, Europe and the Early Islamic World*, London · New York: I. B. Tauris Publishers, 2010.

(Constantine Zuckerman)这样的学者的重要的系列论文中。"①该书大部分关注的是战略、战术与军队结构等传统的军事史主题,同时也探讨了战争对古代晚期地中海世界社会的影响,军人家庭、军事精英与非军事精英间的互动,普通士兵与普通居民间的互动,军队、战争与宗教等社会史、宗教史等方面的问题。沃尔夫·利贝舒尔茨的《古代晚期的东部与西部:入侵、定居、族群生成与宗教冲突》同样也是结合军事史、社会史与宗教史的作品。② 博尔索克的《古代晚期诸帝国的碰撞》本是作者应以色列历史学会(Historical Society of Israel)于 2011 年在耶路撒冷举行的讲座的讲稿,可谓军事史与外交史的结合,简要叙述了古代晚期拜占庭帝国、埃塞俄比亚的阿克苏姆王国、阿拉伯半岛南部的王国、萨珊波斯与阿拉伯帝国之间的互动。③ 2013 年出版的两卷本论文集《古代晚期的战争与战事:当前视角》中所收录的论文涉及军事战略与战术、军队组织与装备、防御设施、蛮族入侵、莱茵河,以及西部、东部与巴尔干半岛的边疆防卫等问题,论文作者包括如休·埃尔顿、詹姆斯·霍华德-约翰斯顿、约翰·哈尔顿、迈克尔·惠特比等名家。④

除了上述研究角度,古代晚期研究者的触角实际上已经伸展到许多不同的领域,地中海世界社会生活的一切几乎都已经被纳入其研究范围,例如有研究葬礼与死亡的《古代晚期的死者关怀》、有研究体育史的《古代晚期希腊田径运动的消亡》、有研究数学史的《亚历山大城的帕普斯与古代晚期的数学》、有研究性道德的《从羞耻到罪恶:古代晚期性道德的基督教转型》⑤等等。

---

① A. D. Lee, *War in Late Antiquity: A Social History*, Oxford: Blackwell Publishing, 2007, "Preface", p. xii.

② W. Liebeschuetz, *East and West in Late Antiquity: Invasion, Settlement, Ethnogenesis and Conflicts of Religion*, Leiden · Boston: Brill, 2015.

③ G. W. Bowersock, *Empires in Collision in Late Antiquity*, Waltham, Massachusetts: Brandeis University Press, 2012.

④ A. Sarantis and N. Christie eds., *War and Warfare in Late Antiquity: Current Perspectives*, Leiden · Boston: Brill, 2013.

⑤ Éric Rebillard, *The Care of the Dead in Late Antiquity*, trans. E. T. Rawlings and J. Routier-Pucii, Ithaca and London: Cornell University Press, 2003. S. Remijsen, *The End of Greek Athletics in Late Antiquity*, Cambridge: Cambridge University Press, 2015. S. Cuomo, *Pappus of Alexandria and the Mathematics of Late Antiquity*, Cambridge: Cambridge University Press, 2007. K. Harper, *From Shame to Sin: The Christian Transformation of Sexual Morality in Late Antiquity*, Cambridge, Massachusetts: Harvard University Press, 2013.

综上所述,经过数十年的发展,就所使用的材料而言,古代晚期研究早已从侧重于宗教史料完成了向所有文字材料与考古材料、实物材料并重的过程。就研究角度而言,也早已突破了宗教史、文化史、思想史的局限。正如巴纳吉在其论文集的前言中所指出的:"在过去的 30 年中,从钱币学与财政史到陶器研究、拜占庭纸草学、古代晚期/中世纪考古学以及宗教史形成的学科与子学科的巨浪已经致力于将 4 至 7 世纪的历史更新为一幅布里恩·沃德-珀金斯称之为的'新古代晚期'的全相。"[1]在这样一股浪潮中,甚至晚期罗马帝国研究与古代晚期研究之间的界限现在也变得模糊,出现了将晚期罗马帝国置于古代晚期这一研究模式下加以考察的学术思考,例如论文集《塞奥多西二世:重新思考古代晚期的罗马帝国》即是如此。实际上,"罗马帝国衰亡"与"罗马帝国转型"两种模式本无分高下,均是从不同角度出发[2]对过去历史给出的阐释,只要立论有据、逻辑自洽,任何一种解释模式均可给人以启发。只要注意避免非此即彼的思维方式,通过学术思想的自由交流与思考,则两种模式的结合也未必不可能做到。

第三节

体察天意: 古代晚期研究之用

与"人心""世相"这两个研究维度的如山成果相较,对"天意"—— 自然灾害、自然环境的变化——的专门研究处于弱势地位,虽然在前述论著(以及没有提及的与这个时期有关的通史类、专题类著作或论文)中,有不少学者会提及古代晚期的自然灾害及其在某一方面的影响,但根据笔者的阅读经验,专门从这一角度出发探讨地中海世界社会转型的著作为数甚少,以下将简要介绍两部专著、一

---

① J. Banaji, "Preface", in J. Banaji, *Exploring the Economy of Late Antiquity*, p. ix.
② C. Kelly edited, *Theodosius II: Rethinking the Roman Empire in Late Antiquity*, Cambridge: Cambridge University Press, 2013.

部论文集与一篇论文以为研究的案例。

首先，迪奥尼修斯·Ch. 斯达塔科普洛斯的《晚期罗马与早期拜占庭帝国的饥荒与瘟疫：生存危机与流行病的全面考察》收录了大量原始文献，较为系统地整理了晚期罗马帝国与早期拜占庭帝国爆发瘟疫与饥荒的记录。根据作者本人的陈述，"这是第一部从发生在这段时间内的生存危机与流行性疾病的观点出发检视古代晚期的著作"。该书分为两个大部分，第一部分是作者对古代晚期居民的生存危机的原因（分为自然原因所导致与人为原因所导致）、发生的地点、持续时间、范围、社会对生存危机的回应（包括市场的回应、当局的回应与普通人的回应）以及流行性疾病爆发与影响包括社会回应的全面分析，关于6世纪著名的"查士丁尼瘟疫（Justinianic Plague）"则专辟一章加以讨论，并探析了这些生存危机与疾病所导致的社会后果；第二部分则从原始文献中摘出了自公元284年至公元750年间所有与疾病与饥荒有关的史料，对于古代晚期疾病史的研究具有难以替代的价值。[①]

其次，威廉·罗森的《查士丁尼时期的跳蚤：瘟疫、帝国与欧洲的诞生》对拜占庭帝国皇帝查士丁尼一世统治时期发生的瘟疫的起源、传播路径与影响进行了全面分析。作者认为古代晚期的地中海世界向中世纪欧洲的转型是多种巨大力量互动的结果，一方面不能简单地将罗马的衰亡或欧洲的诞生看成是瘟疫造成的，但要想说明现代欧洲的出现而忽视了查士丁尼以及瘟疫的存在也是极为困难的，因为恰好在瘟疫爆发之时，查士丁尼的军队已经将地中海西部地区大部分重新纳入帝国统治之下，而后人以查士丁尼命名的瘟疫至少杀死了2 500万人，令诸多城市人口剧减，并导致几代人的出生率下降，并且瘟疫爆发的时间正是在穆罕默德的追随者们自阿拉伯半岛崛起并征服埃及、巴勒斯坦、叙利亚、利比亚、波斯、美索不达米亚之前的半个世纪间。[②]

第三，莱斯特·K. 利特主编的论文集《瘟疫与古代的终结：541—750年的流行病》共收录了12位学者的论文，分别从历史学、考古学、流行病学

———————————

① D. Ch. Stathakopoulos, *Famine and Pestilence in the Late Roman and Early Byzantine Empire: A Systematic Survey of Subsistence Crises and Epidemics*, Aldershot: Ashgate, 2004, p. 2, pp. 1 - 173, pp. 177 - 394.

② W. Rosen, *Justinian's Flea: Plague, Empire, and the Birth of Europe*, pp. 1 - 3.

(epidemiology)、分子生物学(molecular biology)等角度出发,对流行病的起源、扩散、死亡率、经济影响、社会影响、政治影响和宗教影响进行了探索。在研究中所使用的文献包括阿拉伯语文献、叙利亚语文献、希腊语文献、拉丁语文献与古爱尔兰语文献;在研究中所使用的考古材料则包括墓葬、村庄与建筑遗址、人体残骸等。①

最后,2016 年 2 月在《自然》子刊《地球科学》上发表了名为《从公元 536 至约 660 年的古代晚期小冰期时代的严寒与社会变迁》的论文,这篇由多个学科的多位学者完成的重量级论文利用从阿尔泰山脉至阿尔卑斯山脉的树木年轮重建了超过两百年的夏季气温数据,结果发现在 536、540 与 547 年的一系列大型火山爆发后,出现了前所未有的、持久而同时存在的严寒,因此认为公元 536 至约 660 年是古代晚期的小冰期时代。因为这一现象在北半球的大多数地区同时出现,因此作者们认为这一寒冷阶段可以被认为是一种额外的环境因素,这一因素有助于查士丁尼瘟疫爆发、罗马帝国东部地区的转型、萨珊波斯帝国的崩溃、中亚草原与阿拉伯半岛居民的向外迁徙、斯拉夫语民族的扩散与同时期中国的政局动荡。②

总体而言,对自然环境与自然灾害的研究在古代晚期研究领域的地位不及"人心"与"世相"这两个维度,如果说前两者一为古代晚期研究的起源,一为古代晚期研究所最为关注的问题,那么"天意"则是用来研究"人心"与"世相"的变或不变的辅助,最后仍然需要落实到对前两个研究维度所关注问题的影响上。此外,"天意从来高难测",在讨论"天意"对"人心"与"世相"的影响时,时刻铭记的,谨慎或许是一种美德。

如此推之,刘榕榕的作品《古代晚期地中海地区自然灾害研究》也切合了上述古代晚期研究中所体现的人心、世相与天意,作为国内世界古代史领域生态环

---

① L. K. Little, "Preface", in L. K. Little edited, *Plague and the End of Antiquity: The Pandemic of 541 –750*, p. xi.

② Ulf Büntgen, V. S. Myglan, F. C. Ljungqvist, M. McCormick, N. Di Cosmo, M. Sigl, J. Jungclaus, S. Wagner, P. J. Krusic, J. Esper, J. O. Kaplan, M. A. C. de Vaan, J. Luterbacher, L. Wacker, W. Tegel & Al. V. Kirdyanov, "Cooling and Societal Change during the Late Antique Little Ice Age from 536 to Around 660 AD", in *Nature Geoscience*, 08 February 2016. 国内有研究者几乎在同时关注到了这一问题,刘榕榕、董晓佳:《古代晚期地中海地区"尘幕事件"述论——兼论南北朝时期建康"雨黄尘"事件》,《安徽史学》2016 年第 2 期。

境史的重要研究成果，算是独辟蹊径之作。① 文中对于"古代晚期自然灾害概况"
"古代晚期自然灾害的影响""政府、教会及民众的灾后救助""自然灾害与古代晚
期地中海地区社会转型"等方面都做了深刻的阐述，恰合了整个古代晚期研究的
大框架，以"天意"入手，考察"世相"，探析"人心"，力图将三个研究维度融于一
书，探讨古代晚期地中海世界的历史发展。在书中，作者将"古代晚期"的上下限
分别划定在284年与602年，认为作为地中海世界各地区、各民族发展的重要阶
段，在这一时间段中，"见到周边蛮族对拜占庭帝国治下的地中海世界施加的不断
增大的压力以及帝国内部经济、政治等方面的重重困境，见到拜占庭帝国东部地
区与西部地区政府面对压力与困境所进行的政策调整，见到这些政策调整所带来
的后续影响，见到地中海地区城市的发展与变迁，也见到基督教在地中海世界及
其周边地区的传布与发展，以及其与7世纪前期在西亚地区迅速崛起的伊斯兰教
在地中海地区的对峙。"②这一时间段的划分是借用了英国著名罗马史学者琼斯
对晚期罗马帝国史的时间断限，他在其力作《284—602年的晚期罗马帝国：社会、
经济与行政管理研究》③中，并没有重视到古代晚期研究理论的开创者彼得·布
朗所重视的宗教史料，这一细节或许也从侧面反映了晚期罗马帝国史的研究与古
代晚期研究本不是两不相关的领域，只是切入角度不同，以晚期罗马研究的概念，
更强调罗马历史的延续，"古代晚期"则更关心罗马世界到中世纪时期的后续发
展，或者通常人们喜欢的词语，即一个文化上的"转型"时期。从晚期罗马帝国史
的角度看，284年可以看成是3世纪危机结束以及帝国从元首制（Principate）向多
米纳特制（Dominate，或也可称为君主专制制）帝国转变的时代。从戴克里先之
后，为了维系帝国的生存，戴克里先及其继承者们推行了许多重大的改革，但是，
如后来研究拜占庭史和晚期罗马帝国史的学者们一再强调的那样，这些改革，如
军政分权，近卫军首领职衔非军事化，重新布局行省规模，以及货币和税制、税收
时段的改革等，究竟属于君士坦丁还是属于戴克里先，都不大说得清楚了。因此，

① 陈志强：《序》，载于刘榕榕：《古代晚期地中海地区自然灾害研究》，第1页。
② 刘榕榕：《古代晚期地中海地区自然灾害研究》，第2—3页。
③ A. H. M. Jones, *The Later Roman Empire 284 -602: A Social, Economic, and Administration Survey*, Oxford: Basil Blackwell, 1964.

戴克里先时期的晚期罗马帝国与我们所要探寻的拜占庭历史之开端,很难划出明显的界限,而使用"古代晚期"这一概念,就便于学者联系多方面资料做系统研究了。如是,602年即拜占庭帝国皇帝莫里斯被兵变推翻之年,恰是查士丁尼王朝的真正结局,以这一年作为"古代晚期"这一历史阶段的结束之时,似乎略早一些。按照西方学者目前普遍的认知,"古代晚期"的历史可顺延到7世纪中后期。然而,本卷既然是以"早期拜占庭"为标签,将下限划于602年或610年,就显得更顺理成章了,毕竟伊拉克略王朝的建立,才算是结束了查士丁尼时代之后给帝国留下的乱局。

第二章

早期拜占庭帝国的世界地理观念

早期拜占庭帝国见证了地中海世界从古代到中世纪的社会转型,在这一过程中,作为政治统一体的罗马帝国在戴克里先时期,以"四头"分治的形式,分为东西两个各自运转的政治区域(西部皇帝与东部皇帝),后发展为西部的蛮族王国(东哥特、西哥特、汪达尔等)和东部的"罗马帝国"(拜占庭帝国),以拜占庭帝国为核心的东地中海世界基本保持着政治、经济与文化的繁荣,维系着罗马帝国中央集权政治模式的"正统"。随着基督教成为国教,早期拜占庭帝国形成了以宗教信仰为核心的官方正统意识形态,并拥有了双重身份,它既是传统意义上的罗马文明的继承者,又是所有基督徒的共同体,由此,早期拜占庭帝国的世界地理观念拥有了新的政治、宗教与文化的多重内涵。

第一节

罗马帝国盛期的"已知世界"

　　要了解早期拜占庭帝国的世界地理观,我们首先要理解罗马帝国盛期(奥古斯都皇帝到戈尔狄亚努斯三世[Gordian III]公元前 27 年到公元 244)所建构的世界观念。罗马人的世界认知(orbis terrarum),源于公元前 4 世纪希腊地理学家建立的模式——oikoumene。在古希腊语中,oikos 有户(house)、家族(family)、人群(people)乃至族群(nation)的含义。oikoumene 就是"有人居住的世界"(the whole inhabited world),或者说"已知世界"(the known world)。

　　这种地理观念强调的是能够被人类理性所感知和理解的世界,因此与更为古老的神话地理学(mythology geography)如《荷马史诗》的地理观区别开来。在罗马帝国盛期的许多地理类文献中,我们都能够发现这种观念。如公元 1 世纪由埃及的普通商人写成的《红海周航记》在结尾处写道:"过了这些地方,向东航行,大海在右边,越过余下的地方然后转左,你就到了恒河流域及附近地区,到达了大陆向东方的最远地区,这里叫金洲(Chrysê)。附近一条河,名叫恒河,是印度所有河流中最大的一条……河流附近的海域中有个岛屿,是有人居住的世界的最东端,位于太阳升起的地方,名叫金洲。过了这个地区,大海在最北面的某地终止于世界的外沿,那里有一个很大的内陆城市名叫秦(Thina),丝絮、丝线和丝绸从陆路经巴克特里亚(Bactria)到达巴里卡扎(Barygaza),或者经恒河到利姆来克(Limyrikê)。到秦很不容易,也很少人从那边过来……据说此地同黑海和里海相邻,靠近麦奥提斯湖(Maeotis Lake),此湖同里海平行,最后汇入大海……在这一地区以外,因为暴风雨、严寒、地形崎岖,也因为神的力量,还未曾被探索过。"①

---

① 或译为《红海周航记》,由本章作者转译自 Lionel Casson, *The Periplus Maris Erythraei*, Text with Introduction, Princeton University Press, 1989, pp. 63 - 66. *Anonymi (Arriani, ut fertur) periplus maris Erythraei*, ed. K. Müller, *Geographi Graeci minores*, vol. 1. Paris: Didot, 1855 (repr. Hildesheim: Olms, 1965), TLG, No. 0071001.

　　显然,在罗马地理学中,大地被划分为未被探索的自然和已经被人类涉足的地区,罗马地理学所要描述的对象就是被人类所认知的世界。在希腊传统的地理学中,对于世界(oikoumene)的探索更多地建立在学者个人的游历和思考之中,如希罗多德融合历史、地理和人种学的探究(istoria),到了希腊化时代则形成了以学派为中心的对各类地理知识的整合与科学化,如亚里士多德和托勒密(Ptolemy)的著作。随着罗马帝国的建立,罗马人凭借军事胜利和行政管理体制确保了对广袤疆域的稳固统治,也赢得了境内不同地区政治与文化精英对于罗马统治的认可与支持,在这样的背景下,新的世界地理观念在帝国政治话语的框架中发展起来了。

　　在罗马帝国盛期,这个"已知世界"具有四个主要特征,一是已知世界的纬度与经度的比例为 2∶1;二是它包括亚洲、欧洲与非洲三部分;三是它的中心地带是文明世界(以城市为代表),周围环绕着住在村庄或者游牧的蛮族,在此之外则是居住在世界边缘的传说中的民族;四是在文明地带中罗马帝国位于核心。① 显然,前三点特征源于希腊化时期的希腊地理学传统,而罗马中心的观点是时代精神的体现。公元 1 世纪的希腊地理学家斯特拉波在其名著《地理学》中盛赞意大利优越的地理位置,认为它位于拥有众多种族的地区,也是希腊和利比亚之间最优良的地区,无论在人民的勇敢方面,还是国土面积方面,它都超越它周围的国家,而且因为与邻国接近,很容易从其中获得供给。在人类的"已知世界"中,罗马占据着最优良且最著名的部分,超越有史以来所有的统治者。在欧洲,罗马人控制着最优良的地区。在亚洲,罗马人控制着"我们的海"的整个沿岸,只有阿凯亚人(Achaei)、祖吉人(Zygi)和赫尼奥克人(Heniochi)所在的地区不受控制,那是因为那一地区是贫瘠的山区,这些部族都是过着抢劫和流浪的生活。②

---

① C. Nicolet, "Introduction", in S. F. Johnson ed., *The Oxford Handbook of Late Antiquity*, Oxford University Press, 2012, p. 7.
② 转引自武晓阳:《塑造罗马人的主导地位:斯特拉波对"东方世界"的描述》,《史学理论与史学史学刊》2015 年 13 期。

当然，罗马帝国的中心地位不仅仅在于它占据了优越的地理位置，更体现在它对已知世界的征服与管理之中，公元前 27 年，屋大维被元老院授予奥古斯都的称号，他所建立的元首制标志着罗马进入新的时代。^①虽然在奥古斯都之前，罗马共和国的诸位将军已经将罗马边界扩展到了极限，但是元首制的建立不仅恢复了和平与和谐，而且对国家实行了有效稳定的管理，因此，正是从奥古斯都的时代开始，罗马中心的观念有了新的内涵：与之前的诸多帝国相比，罗马人的成就不仅仅是从时间和空间上完成了对已知世界的征服，并因此获得了世界中心的地位，罗马人的成就具有着鲜明的政治维度：罗马帝国既是地域意义上的帝国，更是元首治下的帝国，正是通过这一前所未有的新体制，罗马管理着整个世界，使其达成和谐。当时的人们认为这一成就乃是一种神圣意愿的达成：上天赋予罗马征服、占领与管理整个世界的使命。元首制的建立证明罗马人很好地承担起这一神圣使命，由此，罗马的命运与全人类的命运休戚与共。

总之，随着罗马帝国的建立，已知世界变成了一个被罗马人充分建构的地理与社会空间，这才是罗马盛期世界观的独特之处。罗马帝国是人类所居世界中心，罗马命运乃是人类命运的观念在奥古斯都留给后世的功德碑中得到了鲜明的表达。塔西佗在其《编年史》中这样记载了奥古斯都功德碑的传承经过："当提比略命令宣读一个文件的时候，他们（元老院）不断地向天神，向奥古斯都的塑像，向提比略本人伸出祈求的手。文件内容是关于国家资源的报表，其中列举了城市与同盟的武力，舰队的数字，被保护国和行省的数字，直接和间接的税目，必要的开支和例行的赏赐等等，所有这些都经奥古斯都亲手编目。"^②

塔西佗提到的一个文件就是奥古斯都留给提比略和元老院的遗嘱，根据斯韦通尼阿《奥古斯都传》的记载，奥古斯都留下了三个文件，第一个关于他的葬礼，第二个是他对个人成就的总结，即镌刻在奥古斯都功德碑上的内容，第三个是国家资源统计报告。这一文本是奥古斯都在去世的前一年亲自定稿并交由维斯塔

---

① 即第一公民（The First Principe），是罗马称帝初期对"皇帝"奥古斯都的称呼，国人也译为"普林西佩"制。
② Tacitus, *Annals*, I:8, 转引自［古罗马］塔西佗著，王以铸、崔妙音译：《编年史》，北京：商务印书馆 1981 年版。

贞女保存的①,后来被镌刻在铜牌之上,放在奥古斯都陵墓前面。② 值得注意的
是,功德碑的文本并没有提到神意,而是冷静庄重地列举奥古斯都为了罗马的利
益征服世界的功绩,文中使用了大量明确的地理名词。我们摘引其中一段以说明
问题:"我将罗马人民的所有行省与那些还未归服于我们帝国的部族相邻的行省
的边界扩大了。我平息了高卢行省、西班牙行省以及囊括从加的斯海域到易北河
口处的日耳曼地区。我未对任何民族发动非正义战争而平定了从接近亚得里亚
海的区域到图斯坎海的阿尔卑斯地区。我的舰队从莱茵河口穿越海洋向东部地
区最远航行到基姆布利人的边界。在那之前,任何罗马人都未曾到过那里的陆
地和海域。而且基姆布利人、卡里德斯人、塞姆诺尼斯人以及该地区的其他日耳
曼部族通过使节寻求与我及罗马人民的友谊。几乎与此同时,两支军队在我的命
令和指挥下被带进埃塞俄比亚和被称为'福地'的阿拉伯地区,来自两个部族的
大部分敌军在对垒中被击败,许多城池被攻破。我军深入埃塞俄比亚,直达麦罗
埃附近的纳巴塔城。我军攻入阿拉伯,直达塞巴人领域的马里巴城。"③

　　功德碑回顾了奥古斯都一生在三个方面的功绩:早年的政治活动与荣誉(第
1—14 节);为国家花费的资产(第 15—24 节)与各种慷慨的赠予(第 25—33
节);对外活动,包括军事征服、胜利与外交成就,其中第三方面尤其可以说明从
这一时期开始形成的罗马式世界观念。著名罗马史学家蒙森将这一部分的内容
概括如下:第 25 节包括给海洋带来和平,因为与庞培(Sextus Pompeius)的战争、
那些在阿克兴战役之前宣示效忠皇帝的国家;第 26 节包括那些边界得到扩展的
行省、高卢、西班牙和日耳曼尼亚的和平、阿尔卑斯山各族的归顺、大洋上的航行
探险和日耳曼各部族的使节朝见;第 27 节包括埃及被纳入帝国、亚美尼亚事件、
由安东尼和庞培手中收回的行省;第 28 节包括在行省建立的军事殖民地、在意大
利建立的军事殖民地;第 29 节包括安息帝国和其他敌人归还的罗马军旗;第 30
节包括对潘诺尼亚人和达契亚人的战争;第 31 节包括奥古斯都接见的外国使节;

---

① 维斯塔贞女,罗马时期为祭祀火神维斯塔组建的女性祭司团,她们多由贵族家庭选出,须守贞奉祀数
　十……在罗马前基督教时期是颇受人们尊敬的团体。贞女们甚至有权赦免死刑犯,但若犯戒,会受严酷
　处罚。

② Suetonius, *De vita Caesarum*, in *Lives of the Caesars*, by Suetonius, Aug., p. 101.

③ 张楠、张强:《〈奥古斯都功德碑〉译注》,《古代文明》2007 年第 3 期,第 10—24 页。

第 32 节包括向奥古斯都寻求避难的外国国王、安息送交人质、其他使节;第 33 节包括由奥古斯都任命的国王去统治安息与米底。

法国学者克劳德·尼柯莱特(Claude Nicolet)在蒙森概括的基础上进一步研究了功德碑第三部分提到的约 55 个地名,并将其分为四类:首先是罗马与意大利,以及 14 个行省(阿凯亚-Achaia,埃古普托斯-Aegyptus,阿非利加-Africa,亚细亚-Asia,昔勒尼-Cyrenae,高卢-Galliae,日耳曼尼亚-Germania,伊斯帕尼亚-Hispaniae,伊利里亚-Illyricum,马其顿-Macedonia,纳尔榜-Narbonensis,比西迪亚-Pisidia,西西里-Sicillia 和叙利亚-Syria);其次是各种国家与民族的名字:包括被击败与联盟的民族;被臣服的民族;罗马军事远征到达的国家;奥古斯都首次接触到的古史记载的敌人或民族;向奥古斯都派遣使节的极遥远民族;请求罗马人派遣国王进行统治的民族。这类国家或民族共 24 个:阿迪亚波尼人(Adiabeni),埃塞俄比亚人(Ethiopia),阿尔巴尼亚人(Albani),阿拉比亚人(Arabia),优达蒙人(Eudaimon),亚美尼亚人(Armenia),巴斯塔尼亚人(Barstarnae),不列颠人(Britanni),哈里德人(Charydes-Herudes),钦布里人(Cimbri),达契亚人(Daci),达尔马提亚人(Dalmati),帕提亚人(Parthi),赛白伊人(Sabaei),萨尔马特人(Sarmatae),塞西亚人(Sycthae),萨莫奈人(Semnones),苏维汇人(Suevi),苏加布里人(Sugambri)。第三类是各种自然边界的名字,包括四条河流:Albis,Danuvius,Rhenus,Tanais(顿河);一座山脉(阿尔卑斯山脉);三个海洋:大洋(Oceanus——罗马帝国西北方向的大洋)、亚得里亚海(Hadrianum)、Tuscum 海,以及东方诸海(the Oriens)。第四类是六座城市的名字(Actium,Ariminum,Gades,Mariba,Meroe,Nabata)。[①]

尼科莱特通过详细的文本分析发现,尽管罗马公众通过诗歌朗诵和政治演说对意大利之外的地名有一定了解,但是奥古斯都功德碑中不少地名正是在他统治时期才开始出现在拉丁文献中,如 Adiabeni 人(见功德碑 32.1)在老普林尼(Pliny the Elder,公元 23—79 年)之前没有被提到过,又如 Arabia Eudaimon(幸福的阿拉比亚),除了斯特拉波(约公元前 64 年—公元 23 年)没有在其他

---

① C. Nicolet, *Space, Geography and Politics in the Early Roman Empire*, Ann Arbor: University of Michigan Press, 1991, pp. 15 - 29.

拉丁文本中出现过。此外,功德碑中出现了不少标志着世界边界的地名,第一个边界标志就是大洋(Ocean),它环绕着大地,是罗马人第一次到达并征服了大洋,小西庇阿(公元前 185—公元 129 年)的时代征服西班牙的加德人(Gades),凯撒时代征服高卢和莱茵河。① 按照波里比阿等人的说法,亚历山大大帝还没来得及考虑对已知世界中这一地区的征服就去世了。因此,功德碑(第 26 节 2—4)中奥古斯都以庄严语气宣布:迄今为止(suo ductu),罗马人首次到达了高卢、西班牙、日耳曼尼亚的大洋部分,远达易北河(Elbe river)。公元前 12 年和 9 年,还对此地区进行了海上远征,到达日德兰半岛(fines cimbrorum),这里属于有人居住的世界的北端。功德碑中还提到,埃塞俄比亚与幸福的阿拉比亚(今阿拉伯半岛南部),这里是世界的最南端,奥古斯都统治时期还接待了来自印度的使节,在此之前的罗马将军们从未接受如此遥远国家的朝觐,印度标志着已知世界东端(第 31 节 1)。

总之,功德碑中诸多冷僻的地名以前只是见之于斯特拉波和老普林尼等人的学术著作中,当这些地名出现于功德碑这样重要政治文件中,它所面对的阅读对象是罗马公众,这些地名因此有了特定的政治宣传意义——使用一系列明确的地理名词去证明功德碑开端部分的宣言,"罗马人已经掌控了已知世界",罗马人的帝国是在一个真实的而非虚幻的地理空间中展开的,也正是在这个前无古人的地理空间中,元首的功绩值得被社会各个阶层的人们知晓并赞叹。

如果说公元 1 世纪初期奥古斯都功德碑中展现的世界地理空间更多出自罗马统治阶级的政治规划,随着罗马和平的展开,罗马帝国境内经济繁荣、社会稳定,罗马世界的地理观念得到了全社会的认同与接受,现存的古罗马地图抄本坡廷格尔图表(Peutinger Table, Tabula Peutingeriana)颇能反映这一盛况。坡廷格尔图表是由 13 世纪法国东部阿尔萨斯地区(Alsace)科尔马(Colmar)的修道士抄录的古罗马地图,由 12 页羊皮纸串联组成,总长度为 6.82 米,宽 0.34 米,地图上绘制了从罗马帝国一直到达东方的地区。这份地图向我们展示了帝国盛期流行的里程图(Itinerarium)的样式。地图上标明了村、镇、城市以及驿站及各地点之间的

---

① Mommsen, *Res Gestae Divi Augusti*, Berlin, 1883.

里程。罗马帝国境内道路纵横,是古代世界中交通运输最为便利的国家,公私旅行众多,因此,里程图正是当时陆上交通发达的写照。

坡廷格尔图表所描绘的"有人居住的世界"从大西洋延伸到印度,地图起始于不列颠南部,比利牛斯山脉与今天的阿尔及利亚(Mauretania Caesariensis),然后一直向北,用蓝色标示海洋与河流,棕色标示山脉,羊皮纸本身的淡褐色就构成了陆地的颜色。各个国家和部落的所在地都用醒目的红色和黑色大写字母标出。在帝国境内,有三座城市使用了城市女神的形象和当地著名的地标建筑,罗马是广场大道(Via Triumphisis,即从罗马广场直通大斗兽场的大道)和圣彼得大教堂,君士坦丁堡是君士坦丁之柱(Column of Constantine),安条克是连接着喷泉的大水道桥和郊区达佛涅(Daphne)的阿波罗神庙。此外,亚历山大城可能也属于这类得到重点对待的城市,地图上出现了该城著名的灯塔,但是旁边的内容遭到损毁,所以我们还无法判断。在这些大城之下,坡廷格尔图表标示出了 2700 多个地名,包括帝国境内主要城镇、温泉、神庙、谷仓等,各地之间由密集的红色道路网相连,还标明了距离里数。

从图上的标记可以看出,这份地图详细指明了遍布帝国各地的旅舍,而且对旅舍的等级用图标的形式做了划分,如同现代旅行指南中的酒店评级一样。① 显然,坡廷格尔图表是实用的旅行地图,这意味着当时的旅人可以在这种地图的指引下从帝国最西边的不列颠一直旅行,到达最东部靠近萨珊波斯帝国的罗马边境城市,四通八达的道路网和沿途的旅舍为旅途提供了保障。这份地图进一步反映了时人的地理观念,罗马人不仅仅依靠武力征服了世界,而且通过行省设置、道路与城市建设、税收与人口普查等等为境内各个地区的居民带来了超越前人的"文明"生活,也为境外的各个民族树立了前所未有的榜样,这才是罗马人的成就所在,因此,罗马帝国的世界中心地位是顺应神意,当之无愧。

---

① Annalina C. Levi and Bluma Trell, "An Ancient Tourist Map", in *Archaeology*, vol. 17, No. 4 (DECEMBER 1964), pp. 227 - 236.

第二节

基督教兴起与晚期罗马帝国西部的世界地理观

公元 313 年,统治罗马帝国西部的君士坦丁一世(即后来的君士坦丁大帝)与东部皇帝李锡尼共同发布了被后世称为"米兰敕令"的涉及基督教政策的声明,给予基督教合法地位,允许帝国臣民自由信奉基督教。自此,屡遭帝国政府迫害的基督教开始迅速发展,在一个世纪之内就成为官方认可的国家宗教,而传统的希腊罗马多神教信仰则转变为基督教的对立面,成为在罗马社会自上而下被批判乃至排斥的异教。

4 世纪,当基督教蓬勃发展之时,罗马帝国正在经历着全面而深刻的社会转型。公元 240—275 年之间,罗马受到三方面强大敌人的攻击,东方的萨珊波斯人、多瑙河上的哥特人,以及莱茵河上的法兰克人与阿勒曼尼人。270 年,军事失利、内战与帝国一分为三使得罗马岌岌可危,到了 298 年才又恢复稳定,但是,罗马重新恢复的霸权并没有维持很长时间,戴克里先确定的四帝共治体系很快就演变成军阀内战,直到君士坦丁大帝逐步击败对手,才重新统一帝国,开创君士坦丁王朝。即便在君士坦丁王朝的几位继任者统治时期,帝国东西方分治的格局已经形成,只不过是由君士坦丁家族的成员分而治之。与此同时,帝国北方的蛮族和东方的萨珊波斯帝国持续不断地进攻帝国边境,政治动荡、经济衰落与无休止的军事压力成为这个时代的主旋律。

持久的危机动摇着传统的世界图像,新的政治体制即西欧四分五裂的政治模式和拜占庭中央集权制统一帝国的政治模式,又引导着罗马-地中海世界的东西部走向不同的道路,因此,我们在认识早期拜占庭帝国的世界地理观念时必须考虑东西部的明显差异。

在西部,蛮族入侵的浪潮汹涌不绝,其中尤以哥特人为最。370 年代由于匈人的压力而大举进入帝国多瑙河边疆的哥特人族群,逐渐形成了哥特人,并大量

加入拜占庭帝国军队中。① 395 年塞奥多西一世去世后,罗马军队中的西哥特将
领阿拉里克率领其部下在巴尔干半岛北部举兵叛乱,于 410 年攻陷了罗马城②,最
终在高卢南部和西班牙大陆建立了西哥特王国。482 年,东哥特人首领塞奥多里
克率军蹂躏马其顿尼亚与塞萨利,迫使拜占庭皇帝芝诺于 483 年与其缔结和约,
486 年,塞奥多里克再次起兵劫掠色雷斯,并于 487 年进军君士坦丁堡,最终,芝诺
与塞奥多里克达成协议:塞奥多里克率领东哥特人前往意大利击败奥多亚克,并
在芝诺到达意大利之前,由塞奥多里克代替奥多亚克的地位统治意大利。493
年,塞奥多里克进入拉文纳,处死了奥多亚克。③ 由此,东哥特王国"受东罗马皇
帝之委任"开始成为意大利的统治者。

　　5 世纪初期,西部地区的居民还是相信除了以迦太基为中心的汪达尔人,帝
国政府仍旧有能力对付进入帝国境内的蛮族,重新恢复秩序。因此,410 年阿拉
里克攻陷罗马城时,远在伯利恒(Bethlehem)修道院中的圣哲罗姆悲痛地在《旧
约·以西结书》拉丁文译本的前言中写道,他日日夜夜都为罗马人民的命运牵肠
挂肚,在等待消息的希望与绝望之间忍受煎熬。他对罗马帝国失掉自己的"头
颅"感到不可思议。④ 但是,到了 5 世纪晚期,随着西罗马帝国的灭亡,这种观念
已经消失。

　　当古代的罗马帝国已成明日黄花,新的观念却在成长。罗马帝国西部的臣民
开始认为,一个基督教帝国会继承传统帝国的衣钵,这个新帝国是一个比旧时帝
国更广阔的基督教共同体,或者是一个精神性的基督教帝国,这种观念显然扎根
于《圣经》传统之中。在《圣经》研究中,学者们普遍认为基督教从初创时期就强
调时间的重要性,远胜于对空间的重视。新约研究专家厄斯特·卡施曼(Ernst
Kâshmann)的著名论断是,犹太-基督教的末世论是全部基督教神学的起源。按

---

① Herwig Wolfram, *History of the Goths*, trans. Thomas J. Dunlap, Berkeley and Los Angeles, London: University
　 of California Press, 1990, pp. 7 – 8.

② 董晓佳:《斯提里科与晚期罗马帝国政局——基于"反日耳曼人情绪"视角下的考察》,《历史研究》2018 年
　 第 4 期,第 114—119 页。

③ J. B. Bury, *History of the Later Roman Empire: From the Death of Theodosius I to the Death of Justinian*,
　 vol. I., pp. 422 – 426.

④ St. Jerome, *Selected Letters*, with English translation by F. A. Wright, Leob Classical Library, Cambridge, MA:
　 Harvard University Press, 1933, Introduction, p. x. 转引自吕厚量《再造罗马:晚期罗马多神教知识精英的历
　 史叙述》,《历史研究》2011 年第 4 期,第 153 页。

照其观点,基督本人并没有宣传基督教的思想,而是如同之前的犹太先知一样,宣传新的末世论。后来,通过其门徒的重新解释,基督之死、复活与早期犹太教的末日审判这些时间节点融合起来,才促成了基督教神学的形成。正是末世论的全部观点将拿撒勒的耶稣转变成万王之王的基督,并进而成为人子——人神沟通的中介。[1] 其他圣经研究者也跟随卡施曼的思路,强调时间是构成基督教思想的主轴。如奥斯卡·库尔曼(Oscar Cullmann)认为,基督降生这一历史时间构成了教会史的起点,也为人类历史确定了新时代的开端,基督复活和未来的再次降临则为整个基督教神学划定了时间框架。[2]

然而,基督教特有的空间概念仍然值得我们重视。公元 1 世纪初期,罗马帝国任命的犹太王希律·亚基帕一世(Herod Antipas,公元前 4 年——公元 30 年)建起新城市提比里亚城(Tiberias)和塞佛瑞斯(Sepphoris),开始发行钱币。因此,当加利利的耶稣成长与活动之时,巴勒斯坦地区的经济模式从传统的物物交换与家族经济向以货币作为结算单位的商品生产模式转换,随着货币与用货币征收的税收涌入刚刚能够维持温饱的犹太小农的生活中,传统的乡村亲族社会日益瓦解,地租、税收和宗教捐献都以货币财富的形式流入新建成的罗马城市,贫富分化加剧,大量小农破产。耶稣正是在这样一个转型社会中开始传教的,他的宣讲中常常提到住在乡村的地主,委派管家如何残酷地对待佃农(新约·马可福音 12:1 - 12),打短工的人在不同时辰被雇佣,却领取着相同的报酬(新约·马太福音 20:1 - 16),富人将一大笔现金交给他的奴隶去投资生利等等(新约·路加福音 19:12 - 27),因此,耶稣实际是一个奔走于加利利乡村布道的犹太先知,他所宣讲的即将来临的天国(the kingdom of God)不仅仅如后来福音书中强调的“即将降临”,而且“就在现世”。耶稣如同前辈犹太先知一样呼吁社会改革和道德重建,通过与追随者们共处,同吃同住,救护病患,施舍穷人,他将日常生活的习惯转变成基于新宗教思想的团体生活方式,由此为重建破碎的乡村社会开出一剂良药。从新

[1] E. Kâsemann, "The beginning of Christian theology", in *Journal for Theology and Church*, 6 (1969), pp. 17 - 46.

[2] O. Cullmann, *Christ and time: The Primitive Christian Conception of Time and History*, trans. Floyd V. Filson, Philadelphia: Fortress Press, 1964.

约四福音书的记载中人们知道，耶稣在获罪被捕的前夜与门徒一起聚餐，后来演化成教会中重要的圣餐仪式（《新约·路加福音》7:33－24;《马太福音》11:19）。与施洗者约翰预言救世主即将降临不同，耶稣更强调此时此刻，强调其追随者们互敬互爱，是彼此的兄弟姐妹和父母，这种新的生活方式意味着天国的降临。

　　耶稣宣讲的团体生活方式在使徒保罗时期得到了进一步明确。与耶稣生活的巴勒斯坦乡村社会不同，保罗宣教的对象是居住在帝国大中城市中的居民，其中既有富裕的作坊主和工匠，也有大量贫困居民和释奴，保罗并不宣传社会改革，甚至不谴责奴隶制（《新约·哥林多前书》7:21），因为"这个世界即将逝去"（《哥林多前书》7:29），成为基督徒才能获得新的生命，拥有天国的一席之地，现世中的地位高下和财富差异并无意义，团结在教会之中，遵循基督的教义才是基督徒生活的意义。由此，教会成为保罗宣教的核心，使徒书信中的大部分内容是回答各地教会的教务问题，教会成为凝聚基督徒信仰与团体互助的场所。随着教会成为团结各地基督教的中心，主教的地位日益重要，特别是在公元3世纪大危机的社会动荡和经济衰退中，在传统的城邦社会中负责公共建设与福利的地方贵族越来越没有力量担负这些责任，主教与教区开始取代他们，慈善与救济成为基督教团体的使命之一，教会也由此掌握了地方事务的领导权。

　　由此，当凯撒里亚的尤西比乌斯开始为基督教写一部历史时，他将重心放置于教会，他将罗马皇帝的统治年代与四大教区（罗马、耶路撒冷、安条克、亚历山大城）主教的任期并列，特别详尽地追溯主教的更替情况，罗列主教的名字与所处时代。[1] 尽管今日读者已经对这些稍显烦琐的考证不甚留意，但这些文字的确反映了时代的氛围。尤西比乌斯的《教会史》（*Ekklesiastices Historias*）后来被圣哲罗姆译成拉丁文，并补充了324—378年的内容。约40年后，阿基坦的普罗斯普（Prosper of Aquitaine）又续写了这部历史。此后，西部的拉丁作家们都以圣哲罗姆或者普罗斯普的历史为其作品的开端，继续撰写西部教会的历史。圣哲罗姆的

---

[1] ［古罗马］优西比乌著，翟旭彤译：《教会史》，北京：生活·读书·新知三联书店2009年，16—17页。John Morris, "The Chronicle of Eusebius: Irish Fragments", *Bulletin of the Institute of Classical Studies*, No. 19 (1972), pp. 80－93. Eusèbe de Césarée, *Histoire Ecclésiastique*, ed. G. Bardy, 3 vols., Paris: Cerf, 1952, 1955, 1958, TLG, No. 2018002.

拉丁文译本(名为《编年史》[*Chronicle*])也成为西部教会史撰写的标准格式。

公元 5 世纪,帝国在西部的统治风雨飘摇,蛮族入侵加剧,当普罗斯普续写教会史之际,他所服务的罗马主教利奥一世正用实际行动演示着基督教精神帝国在西部的实现。利奥强调罗马主教乃是圣彼得(St Peter)的继承人,拥有统治教会的最高权威,445 年,他从皇帝瓦伦提尼安三世处取得敕令,将罗马教会提升至西方教会最高地位,由此成为罗马教会的第一位教宗。452 年,利奥一世会见匈人国王阿提拉,说服他停止在意大利的战争,使得罗马与意大利半岛中部得以逃过劫难。455 年,汪达尔国王盖萨里克入侵毫无抵抗能力的罗马,大肆抢掠,利奥一世在手无寸铁的情况下率领神职人员面见入侵者,他的请求使罗马城免于被焚毁,也使得逃入圣彼得大教堂避难的罗马居民获得庇护。

显然,普罗斯普的编年史与利奥一世的活动都表明,尽管西部已经成为蛮族王国的统治区域,但是罗马仍旧是基督教帝国的核心,因为教宗在罗马,这里是圣彼得的教区,而教宗是圣彼得的继承人。5 世纪,在西部地区,没落的罗马帝国向着新的基督教统一体转变,人们团结在教会的周围,各地的主教与教区就是这一基督教精神帝国的具体代表。

第三节

早期拜占庭帝国的世界地理观

5 世纪后半期,随着西部蛮族王国势力日益强大,西部罗马皇帝的统治已经无法维持,476 年,在所谓的西罗马皇帝罗慕洛·奥古斯都被废黜后,出现了三个并立的政府,都号称自己是罗马正统的政府:前任被放逐的皇帝尼波斯(Julius Nepos),他控制达尔马提亚直到 480 年被杀;高卢北部的行省,该省长直到 487 年被杀前仍效忠罗马;北非的罗马-阿兰行省,该地同时臣服于汪达尔人,直到 533 年拜占庭帝国打败汪达尔人,才重回罗马的管辖。与西部的混乱局面相比,罗马帝国东部仍旧坚不可摧,继续保持着罗马帝国中央集权的政治体制。476年,废黜了西罗马皇帝的蛮族将军奥多亚克自称意大利国王,向东罗马皇帝芝诺效忠,也得到了后者的认可。位于罗讷河和卢瓦尔河流域的勃艮第王国(474—524年)先是充当西罗马帝国的"同盟者",在西罗马皇帝不复存在后也成为东罗马帝国名义上的臣属。罗马教宗大格里高利及其控制的意大利、西西里教区一直尊君士坦丁堡的罗马皇帝为统治者。不过,在整个6世纪,西班牙的西哥特王国和法兰克人的墨洛温王朝(Merovingian dynasty)是不以拜占庭皇帝为宗主的。

直到6—7世纪,东部地区尽管在对蛮族的战争中互有胜负,但是仍然坚信罗马是世界中心,罗马帝国将再次复兴,君临天下。普罗柯比在《战争史》中通过拜占庭将军贝利萨留表达了这一信念,在得知哥特首领贝提拉计划焚毁罗马城内的辉煌建筑时,贝利萨留在写给贝提拉的信中说道:"在世界上一切的城市之中,人们一致承认罗马是最伟大、最出色的。要知道,这并不是因为一个人的才能而创造出来的,而且一个短时期的政权也不能造成如此的伟大和美丽,而是许多国王、许多批最优秀的人物经历很长的时期,再加上极多的财富才能做到把整个世界上所有其他事物,还有高超技艺的工匠集合到这座城市里来。这样,他们才一点一滴地把你看到的这座城市建立起来,从而使后来的世世代代睹物思人,怀念创造这些纪念物的所有他们这些人的才能,使得伤害这些纪念物的人理所当然地被认为会对一切时代的人们犯下的滔天罪行……你会清楚地认识到,两种情况必然会有一种发生:或者你在这次战争中为皇帝所打败,或者或许会发生这样的事,即你对皇帝取得胜利。因此,首先,假定你是胜利者,那么,你毁掉你自己的城市,你就不是毁掉另外一个什么人的财富,而是毁掉你自己的城市……另一方面,如果你把它保存下来,你当然会由于占有世界上最美好的事物而变得富有;但是,其次,也许你会遭到最悲惨的命运,但是由于你拯救了罗马,你肯定会因而得到胜利者的很大的感激,但是如果你毁了这座城市,你便肯定不再有任何可能请求宽恕了。"

在贝利萨留看来,罗马无论在任何情况下都是世界上最伟大的城市,罗马帝国经历了那么多的失败和挫折,但是每一次都起死回生,这就是东部的正统信念。当然,东部的"新罗马"君士坦丁堡无疑是罗马帝国新的中心,与此同时,拜占庭

帝国是得到上帝护佑的基督教帝国,以君士坦丁堡为中心的罗马皇帝是所有基督
徒的保护者。人们从新罗马的建立者君士坦丁大帝身上就可以发现这种将皇帝
与圣徒融会于一体的自我期许。君士坦丁大帝直到临终前才接受了基督教洗礼,
因为他一直期望着在约旦河受洗,如同耶稣基督在那里接受施洗者约翰的洗礼一
样。在死后,他被安葬在君士坦丁堡的使徒教堂,他的棺椁左右分列着象征十二
使徒的墓室,他位于使徒的中心,那正是耶稣基督的位置。① 尽管君士坦丁大帝
在生前一直在帝国内奉行着宗教宽容的政策,但是他对基督教会的支持与贡献,
特别是他临终洗礼和葬礼的安排都赋予了他双重身份,他既是罗马皇帝,也是基
督在现世的代表,是"有人类居住的世界"中所有基督徒捍卫者。在给萨珊波斯
皇帝沙普尔二世的信中,君士坦丁大帝写道:"我在保卫神圣信仰中分享了真理之
光。在真理之光的指引下,我认出了神圣的信仰……由于拥有这位上帝的全能作
为伙伴,我从大洋之滨开始,用确凿的拯救之希望一步步地唤醒了整个世界……
当我听说波斯中最重要的部分也存在着大量的这一类人——我当然指基督徒,他
们是我的整个关切之所在——时,我是多么高兴! 因此向你致以最美好的祝愿,
同时也向他们致以最美好的祝愿,因为他们也是你的。你将会体验到至高无上的
宇宙之主的怜悯和恩典。"②

　　拜占庭皇帝将以基督的名义统治整个世界,这一观念也体现在 5 世纪之后发
行的钱币上,即十字架和象征"已知世界"(oikoumene)的球状物的图像组
合。③ 早在奥古斯都时代,钱币上就出现了以球状物表现罗马皇帝统治世界–宇
宙的图像,随后,在哈德良皇帝与图拉真皇帝时期,也发行了有球状图案的钱币。
不过,罗马盛期的钱币上常将球形物与胜利女神组合起来,表现胜利女神站立在
球体之上,或是按照当时的拟人化艺术语言,用女神的形象表现大地神,然后手持

---

① Eusebius, *Life of Constantine*, 4:58 – 62。[古罗马]尤西比乌斯:《君士坦丁传》第 4 卷,第 58—62 章。
Eusebius Werke, *Über das Leben des Kaisers Konstantin*, ed. F. Winkelmann, Berlin: Akademie-Verlag,
1975, TLG, No. 2018020.
② Eusebius, *Life of Constantine*, 4:8。[古罗马]尤西比乌斯:《君士坦丁传》第 4 卷,第 8 章。
③ 徐家玲:《帝王宝球的钱币形象》,"丝路流金——丝绸之路上的金银货币精华展"学术研讨会提交论文,
浙江省博物馆 2020 年 9 月。

球状物献给皇帝。① 4 世纪初，随着基督教在帝国获得合法地位，基督教艺术快速发展起来，耶稣的形象常常被描绘为坐在球形物（世界的象征）之上，手持十字架，象征着人子是万王之王，终将统治世界。如拉文纳圣维塔教堂的后堂镶嵌画中就描绘了耶稣坐在球体之上。② 5 世纪之后，拜占庭帝国钱币上十字架和球状物的图像组合增多，逐渐取代了将胜利女神与球状物置于一处的传统表达方式，最终，在查士丁尼时代，皇帝手托球状物，球上放置十字架的图像组合成为最为常见的钱币正面图案，随后也成为拜占庭钱币上的标准图案之一。普罗柯比在描述查士丁尼皇帝手托球状物的雕像时，清晰地说明了十字架和球状图案组合的意义："皇帝的眼睛望向升起的太阳，我认为是向波斯人宣战。他的左手托着球状物，通过这个象征物表明所有的土地和海洋都是他的臣仆，但是皇帝并非通过刀剑和任何武器来统治世界，在他托起的球状物上是十字架，仅仅凭借这一力量他获得帝国的统治和战争中的胜利。他举起手臂，张开手指，指向太阳升起的东方，这是在命令那个方向的蛮族好好待着家里，不要轻举妄动，入侵罗马人。"③

　　人们从 4-6 世纪描述世界地理的文献中也可以了解到时人的信念，拜占庭帝国的正统地位无人能及，罗马皇帝依然如古代的奥古斯都一样君临天下，随着拜占庭帝国的统治中心东移，这一时期仍然获得了一些关于东方的新知识，往往与印度有关。5 世纪中叶，赫勒斯滂教区主教帕拉第乌斯在一篇名为《关于印度诸民族与婆罗门》的论文中记述了埃及底比斯市的某位法学家前往印度的旅行经历，这位法学家渴望去印度旅行，与希腊地理学描述的圣洁的婆罗门僧侣交流。他先在某位基督教教士陪伴下到达阿杜里斯，然后进入阿克苏姆王国（The Kingdom of Aksum），接着他随一群在阿克苏姆的印度商人来到胡椒国，此地居民

① 在基督教时代，人们越来越相信印度洋航海者科斯马斯对世界的描述，不认为大地是球形的。但钱币上的球状物，应该代表的是整个寰宇。M. W. Graham, *News and Frontier Consciousness in the Late Roman Empire*, Ann Arbor: University of Michigan Press, 2006, pp. 27 - 31; C. Nicolet, *Space, Geography and Politics in the Early Roman Empire*, pp. 29 - 35, figs. 7, 8, 12.

② S. G. MacCormack, *Art and Ceremony in Late Antiquity*, pp. 128 - 129.

③ Procopius, *De Aedificiies*, I. 10. 16 - 19. Procopii Caesariensis, *Opera Omnia*, ed. G. Wirth (post J. Haury), vol. 4, Leipzig: Teubner, 1964, TLG, No. 4029003. 转引自 S. G. MacCormack, *Art and Ceremony in Late Antiquity*, p. 166。

为贝狄亚克人(Bediac)。在这里他被本地国王扣押,被迫在国王的面包房中做了六年奴隶,后来居住在塔普罗巴奈(Taprobane,今斯里兰卡)的印度国王得知一位罗马人竟然被自己的下属国王所囚禁,大为震怒,立刻命令胡椒国国王释放这位律师,因为罗马国王无比强大,如果他得知自己的子民竟然被囚禁,肯定会派兵进攻此地,律师因此被释放,尽管他最终并未到达印度,但是从胡椒国了解到许多关于印度的风土习俗。[1]

　　帕拉第乌斯强调像印度这样遥远的东方国家对罗马皇帝的尊崇。无独有偶,6世纪的科斯马斯(Cosmas Indicopleustes)在他的《基督教世界风土记》中,同样记叙了塔普罗巴奈的国王经由罗马金币认识到罗马皇帝是世界上最强大的国王。有位叫希帕洛斯的罗马商人由埃及出发来到塔普罗巴奈,与他同时到达的还有萨珊波斯的商人,当地国王询问两国商人,谁的国王更加强大,当波斯商人不断吹嘘萨珊波斯皇帝是王中之王时,希帕洛斯却镇静地指出,可以通过两国钱币上的国王头像找寻这个问题的答案。当塔普罗巴奈国王看到闪闪发光的拜占庭金币和黯淡失色的萨珊银币,他立刻心中有数,认为罗马王的力量无与伦比,因此也对来自罗马的商人希帕洛斯更为尊敬。[2]

　　虽然现实中的罗马版图在不断缩小,但是至少在早期拜占庭的地理文献中,罗马依旧声名显赫,甚至比奥古斯都的时代传播得更远。但是,与奥古斯都功德碑中从容镇定的地理叙述、不容置疑的事实列举相比,5—6世纪故事中的主角并非罗马皇帝本人,而是商人和旅行者。他们本身的经历也并非一帆风顺,只有在经历曲折、竞争与比较之后,罗马的世界影响力才得到外国的认可,显然,这是时代特征的反映。罗马帝国依旧名声远扬,但是其实际影响力正在不断东移,上述故事中的主角都是从埃及出发前往印度,故事的背景是古代晚期再度活跃的印度

---

[1] D. P. M. Weerakkody, "Adventures of a Theban Lawyer on his Way to Srilanka", *Journal of the Royal Asiatic Society Sri Lanka Branch*, New Series, vol. 26 (1982), pp. 23 - 42.

[2] *Christian Topography*, XI. 17 - 19. Cosmas Indicopleustès, *Topographie Chrétienne*, ed. W. Wolska-Conus, 3 vols., Paris: Cerf, 1968, 1970, 1973, TLG, No. 4061002. 转引自 Federico De Romanis, "Romanukharattha and Taprobane: Relations between Rome and Sri-lanka in the First Century AD ", in *Crossing: Early Mediterranean Contacts with India*, eds. by F. De Romanis and A. Tehernia, New Delhi, 1997, pp. 186 - 187.

洋贸易网络,故事中的塔普罗巴奈、阿杜里斯、阿克苏姆都是罗马商人从事红海贸易时需要经过的港口和沿岸地区。这些地名尽管在罗马盛期已经出现,但是在早期拜占庭帝国已经有了新的含义,或者说,在这一时期的世界地理观中,东方正日益突出和重要,东方与罗马的关系也在发生变化。

380—390年之间,亲身参与罗马-波斯战争的马尔切利努斯在描述萨珊波斯时,使用了波斯来源的地理模式,从萨珊波斯的中心到边缘进行叙述,这实际上承认了萨珊波斯作为一个强大帝国的特殊性。① 尽管罗马人仍旧称呼波斯人为蛮族人,但是来自叙利亚的罗马公民马尔切利努斯却没有像西部的拉丁作家一样使用这种称呼,对他来说,蛮族是指日耳曼人,并非强大文明的东方帝国。随着萨珊波斯日益强大的军事压力,波斯战争成为早期拜占庭帝国必须认真面对的问题。讲叙利亚语和亚美尼亚语的近东地区由罗马与波斯两大帝国划分,这里因此成为了解早期拜占庭世界地理观的最佳地点。科斯马斯是来自亚历山大城的罗马公民,他属于东方叙利亚教会信奉的聂斯托利教派,与波斯的基督徒接触颇多。在他的《基督教世界风土记》中,他了解中国(Tzinista),还记录了穿越欧亚大陆的旅行所需要的日程:从中国到幼发拉底河上的塞琉西亚(Seleucia)需要243天,从地中海东岸到达赫拉克利斯之柱(直布罗陀海峡[Straits of Gibraltar])需要150天。他笔下的波斯帝国幅员广阔,可以和罗马帝国相提并论。

在4—7世纪的拜占庭史料中,有关波斯-拜占庭关系的官方说法,最常见的便是"兄弟之邦"。从罗马帝国时期的史家希罗迪安(Herodian of Antioch),到拜占庭时期的马拉拉斯、普罗柯比、塞奥菲拉克特·西摩卡塔,再到忏悔者塞奥法尼斯及其后的作家们的作品中,我们都可以找到类似两国君主是"兄弟"或"如手足一般"的描述。对于拜占庭而言,在政治和军事上,这一时期罗马人与波斯人势均力敌;在文化上,萨珊波斯与其他蛮族不同,具有高度的文明,双方保持着对等的关系,普罗柯比在评论蛮族时说:"他们不像其他匈人那样,过着野蛮的生活,而是由国王统治,有法律制度。他们相互之间以及与邻国相处时,完全和拜占庭、波

---

① Ammianus Marcellinus, *Complete Works of Ammianus Marcellinus*, the United Kingdom: Delphi Classics, 2016, pp. 946 - 947.

斯一样遵守规则。"①早在 3 世纪后期，萨珊大使就曾在对加莱利乌斯皇帝的致辞中指出，萨珊和罗马是世界秩序和文明进步的守护者，"正如一个人两只明亮的眼睛交相辉映，而不必在愤怒中去摧毁对方"。卡瓦德曾经致信查士丁尼也直指拜占庭人与波斯人是兄弟关系："卡瓦德——王中之王，上升的太阳，致金发的凯撒查士丁尼——落山的月亮。我们很早就知道，在那古老的记载中你我便是兄弟，这意味着如果我们之中的一个缺少了人力或者钱财，另一方应该提供给他。从那时开始一直到现在我们始终如一的记得此事。"562 年，萨珊国王在与拜占庭签订合约的公开声明中以波斯语写道："神圣、正直、热爱和平、强大的科斯劳埃斯，王中之王，幸运而虔诚的人，受神恩施予巨大的幸运的伟大国王，强者中的强者，神定之人，致查士丁尼皇帝，我们的兄弟"，并称"我们感谢如同手足的皇帝，为了两国和平的所作所为"。

敌人也好，兄弟也罢，在早期拜占庭时代，萨珊波斯帝国一直是罗马人无法忽视的竞争对手。与罗马盛期的罗马-安息关系不同，在拜占庭帝国的世界地理中，与东方的萨珊波斯是一个保持着对等关系的国家，是"大地之上的两只眼睛"，这一新观念将早期拜占庭的世界地理观与奥古斯都所完善的罗马中心观区别开来，也显示出东方在新时代日益增长的重要性。

然而，东方的意义不仅仅反映在拜占庭对于遥远东方国家如印度、中国的了解，以及与萨珊波斯的势均力敌之中，6 世纪之后，来自中亚的嚈哒人和突厥人逐渐进入拜占庭帝国的视野，这些新兴的游牧帝国与拜占庭帝国熟悉的日耳曼人乃至稍后的斯拉夫人不同，后者实际上居住在帝国的边境地区，早已经熟悉罗马政治体系，认同帝国的政治威权和文化优势。相比之下，嚈哒人和突厥人兴起于蒙古草原，属于欧亚大陆东部的游牧民族，拥有自己的历史文化传统和政治经济体系，在 5—6 世纪扩张到中亚地区时，他们对于西方的拜占庭帝国与萨珊波斯缺乏接触，在拜占庭人与波斯人眼中，这些新蛮族完全凭借军事优势称霸一方，强大而难以沟通。

---

① Procopius, *History of the Wars*, I, iii, Procopii Caesariensis, *Opera Omnia*, vols. 1 - 2, ed. G. Wirth（post J. Haury）, Leipzig: Teubner, 1962, 1963, TLG, No. 4029001. 转引自邵兆颖：《5 至 7 世纪拜占庭与萨珊波斯关系研究》（教育部人文社会科学研究项目[15YJC770026]结项报告，待刊稿），第 39—49 页。

　　值得注意的是,在这一时期描述东方草原民族的文献中,我们看到了"可汗"
(chaganos,ὁ Χαγάνος)的称呼,在拜占庭的语境中,它既不同于常用来称呼罗马
皇帝和萨珊波斯皇帝的称谓(Basileus),更不同于称呼哥特人和法兰克人的国王
(hēgemōn),有时可以解释为蛮族皇帝(barbarian emperor)。拜占庭史家在记载阿
瓦尔人、突厥人和哈扎尔人时会经常使用可汗称呼其领袖。这些史家包括6—7
世纪的米南德、塞奥菲拉克特和《复活节编年史》的编著者;8—9世纪的大主教
尼基弗鲁斯(Patriarch Nikephoros)和托名于"虔信者"塞奥法尼斯名下的《编年
史》(Chronography)的作者等。①

　　米南德在他所记载的558—582年之间的历史,一般使用"首领"(hēgemōn)
一词称呼蛮族国王,包括乌提古尔人(Utigurs)的领袖善狄科斯(Sandilchos)、嚈哒
人国王,以及墨洛温王朝的国王西吉伯特(Sigibert)。在记载阿瓦尔人时,米南德
则使用了"可汗"。579年,阿瓦尔人与拜占庭帝国发生冲突,米南德在记述这段
历史时用"可汗"称呼阿瓦尔的领袖白颜(Baian),后者无耻地打破了与拜占庭帝
国的和约,拜占庭皇帝提比略二世则被称为皇帝(basileus 或 autokrator),与背信
弃义的可汗形成鲜明的对比。出使君士坦丁堡的阿瓦尔使节塔吉提斯(Targites)
说明了皇帝与阿瓦尔可汗之间的关系,阿瓦尔可汗是拜占庭皇帝的"儿子",父与
子的关系是当时拜占庭处理与蛮族关系时常用的外交模式,如占据意大利的东哥
特国王塞奥多里克就被芝诺收为义子。不过,米南德提到这个概念并非来自拜占
庭人,而是由阿瓦尔人提出,阿瓦尔可汗要求提比略二世显示"父爱",应提供"儿
子"该获得的礼物,即来自拜占庭的大笔岁贡。显然,这种所谓的父子关系不同于
罗马政治传统中的收养制,也并非拜占庭帝国处理西部蛮族的模式,在阿瓦尔人
的概念中,阿瓦尔可汗既然接受成为拜占庭人的盟友,保证拜占庭人发动波斯战
争时后方的安全,可汗就有充分的理由获得来自皇帝的回馈。这不禁令人联想同
一时期中国史料中对于称霸北方草原的突厥佗钵可汗的记载:"时佗钵控弦数十

---

① S. Kolditz, "Barbarian Emperors? Aspects of the Byzantine Perception of the qaghan (chaganos) in the Earlier
　　Middle Ages", in *Transcultural Approaches to the Concept of Imperial Rule in the Middle Ages*, eds. By
　　Christian Scholl, Torben R. Gebhardt and Jan Clauß, Bern (Switzerland): Peter Lang AG, 2017, pp. 41 -
　　76.

万,中国惮之。周齐争相姻好,倾府藏以事之,佗钵益骄,每谓其下曰:我在南两儿
常孝顺,何患贫也?"①

　　对于处于部落社会的北方草原民族来说,所谓的"父子关系"即是部落联盟
的首领与其从属部落之间关系,与表达平等与亲密的"兄弟"不同,当一部落承认
另一部落为父时,即确立了这种宗主关系,以及相应的权利与义务,在战争中,作
为联盟成员的子要跟随父参战,也因此获得了分享战利品的资格。由此,我们可
以理解阿瓦尔可汗为何一再要求拜占庭皇帝要显示"父爱",其实就是在申明自
己的这种权利,是完全符合草原民族的政治法律和逻辑的。

　　另一方面,当拜占庭史家提到突厥可汗时,可汗一词有了更为正面的含义。
567 年,西突厥可汗室点密(Sizabul)通过粟特人(Sogdian)摩尼亚赫的介绍与拜占
庭签订盟约,共同对抗萨珊波斯,米南德先是提到"由于突厥人日益增多的运气
(即军事胜利)使得他们的粟特臣民向突厥人的王(basileus)提出,要向波斯人贩
卖丝绸"。在拜占庭文献中,"basileus"是专门用来称呼拜占庭与萨珊皇帝的头
衔,米南德使用这一称呼,说明他理解突厥帝国当时的国际影响力。在米南德和
塞奥菲拉克特笔下,突厥可汗拥有强大的军事实力,控制着广阔的领土,突厥可汗
在接待罗马使节时大肆排场,在得知拜占庭人与突厥人的死敌阿瓦尔人结盟后,
可汗痛斥其背信弃义,并迫使拜占庭使节在室点密的葬礼上按照突厥习俗割面默
哀。在致罗马皇帝莫里斯的信中,突厥可汗称呼莫里斯为罗马人的王(basileus),
而自称可汗(Chaganos),七个民族与世界上七重地域的统治者。以上种种都显示
出突厥可汗将自己放在与罗马皇帝同等的地位,可汗是草原帝国的最高统治者。

　　总之,4—7 世纪,呈现在拜占庭帝国眼中的世界与奥古斯都时代的"已知世
界"已然不同。98 年,塔西佗在《日耳曼尼亚志》中,以罗马作家的清晰与条理描
述着帝国边境的蛮族,尽管他是元首制的坚定反对者,他笔下的蛮族却和奥古斯
都功德碑中被征服的蛮族与外国一样,整齐地排列在帝国边境,被茂密的森林、湍
急的河流等天险与罗马领土分隔。在罗马盛期的世界地图中,罗马中心与罗马霸
权是毋庸置疑的。但是,4 世纪之后,拜占庭文献中的蛮族既包括西部兴起的蛮

————————————————

① 《隋书》卷八四《突厥传》。

族王国,也包括东方的萨珊波斯与进入这一区域不久的草原民族,不同蛮族在拜占庭外交关系中的地位也有所不同,蛮族不仅仅是多元化的,而且有了等级地位的差别。与此同时,这个新"已知世界"伴随着基督教的兴起与传播有了新的内涵,当罗马实际控制的领土在缩小,罗马皇帝的声望与影响力却在增加,拜占庭帝国不但是罗马帝国的延续者,也是基督教正统传承人之所在。拜占庭皇帝是全世界基督教徒的保护者,拜占庭将要建立一个基督教的世界,这个以拜占庭为中心的新的宗教文化共同体在若干世纪之后,通过战争、外交与传教最终得以建立。

第三章

早期拜占庭帝国的基督教化进程

　　基督教成为主流信仰是拜占庭帝国早期东地中海世界最为重要的转变之一。基督教取代多神教是中古世界区别于古代世界一个极为显著的特征。这一过程不仅仅表现为基督教在精神信仰领域取代希腊罗马多神教,取得了国教的地位,同时也和基督教的自我完善密切相关。正统教义的形成、教会内层级分明的组织体系的确立有利于基督教进一步获得国家的强力支持,对基督教会在这一时期的高速发展具有至关重要的意义。同时,借由圣徒、圣物和圣像等崇拜,东地中海世界的普通民众得以避开晦涩难懂的神学理论而了解基督教的基本信仰,从而促进了基督教在该地区的普及。加之帝国早期积极的对外传教,基督教在帝国周边地区快速传播,进而加速了整个东地中海世界基督教化的进程。

第一节

基督教国教地位的确立与巩固

一、 基督教与多神教的思想争斗

众所周知,在 4 世纪末期塞奥多西一世统治期间,基督教获得了拜占庭帝国国教的地位。然而,基督教在帝国内地位的上升是一个渐进过程,逐渐占据了帝国精神生活领域的优势。公元 313 年,君士坦丁大帝在重新统一帝国的过程中击败了竞争对手马克森提乌斯后,会同其盟友李锡尼一起颁布了著名的《米兰敕令》,这标志着基督教开始在帝国取得合法性的地位。[①] 随着公元 324 年君士坦丁完成对帝国的统一,基督教在帝国的地位继续不断上升,皇帝本人也在临终前受洗,成为基督教徒。[②] 君士坦丁大帝去世后,他在帝国东西部的两位继承人康斯坦提乌斯和康斯坦斯对基督教的支持更加明显。346 年,他们共同颁布一道敕令,命令封闭多神教神庙,禁止献祭,违者处死。[③] 350 年,康斯坦斯一世被篡位者杀害,经过三年的交战,康斯坦提乌斯于 353 年重新统一了帝国,这以后直到朱利安即位的时间里,基督教的地位在帝国历史上继续上升。

但是,基督教的高速发展并没有彻底使多神教传统势力消失。这一点从此前的几位统治者的态度可略见一斑。出于政治角度考虑,君士坦丁大帝在生前并未宣布多神教为非法,而其死后,更是被元老院按多神教风俗封为神灵,其偶像也被和多神教诸神一起供奉。他的儿子康斯坦提乌斯尽管是一个比较虔诚的阿里乌派基督徒,并对多神教徒有过十分残酷的迫害,但他在其统治时期也曾十分得体地拜访了罗马诸神的神庙,重申了多神教祭司和贵族信徒的特权和地位,保证多

[①] 关于《米兰敕令》的争议,瓦西列夫在《拜占庭帝国史》相关章节中介绍了代表性学者的不同看法。A. A. Vasiliev, *History of the Byzantine Empire*, Vol. 1, pp. 50 - 51.

[②] 关于君士坦丁对基督教的政策更多地应该从政治经济因素分析而非宗教本身,这种政策更像是一种宗教宽容政策。见陈志强:《拜占廷学研究》,第 137—158 页;陈志强:《拜占廷帝国史》,第 86—92 页。

[③] Theodosius, *The Theodosian Code and Novels, and the Sirmondian Constitutions*, trans. C. Pharr, 16. 10. 4.

神教宗教活动的受保护性,并且批准了支付公众祭祀和牺牲费用的津贴。与此相对应的是,在君士坦丁父子统治的半个世纪中,多神教徒的礼拜活动一直在公开进行。无论是在帝国的城市还是乡村,东部还是西部,大量的多神教庙宇仍然受到尊崇,而在地方政府的允许或默许下,奉献牺牲、祭祷以及游行等多神教的宗教活动始终没有中断。这些都从不同侧面说明了在当时的社会中,尽管多神教已经走向了衰落,却仍在拜占庭社会中占有一定的地位。旧的宗教传统不会一下消失得无影无踪。

与多神教的宗教传统和宗教形式依然存在相对应的是,多神教思想的重要组成部分,古典希腊罗马文化依然在帝国内部有着重要的影响,甚至在一定程度上制约着基督教的发展。当时拜占庭社会尤其是知识分子阶层很大一部分人热爱希腊文化远胜于热爱基督教。[1] 无论是帝国东部的希腊和埃及,还是帝国西部的意大利,都曾是欧洲古典文化的中心。尽管经历了"3 世纪危机"后的帝国文化衰落,但文化的传统,尤其是东部帝国的希腊哲学传统仍然强盛。因此,当从更远的东方传来的基督教进入帝国时,为了适应环境以利于自身的发展,便不得不和当地的文化思想有所融合。

正是因为这些因素的存在,多神教在朱利安皇帝的统治时期得到了短暂的复兴。在稳固了自己的统治以后,出于个人信仰和统治需要等多方面原因,朱利安开始全面复兴多神教。362 年夏天,朱利安关闭了帝国东部重镇安条克的基督教堂,并颁布敕令剥夺了基督教哲学家和修辞学家在学校中授课的权力。而后,多座基督教堂被拆毁,一些信仰不坚定的基督教徒纷纷改宗多神教[2],多神教似乎要重新迎来自己在罗马时代的荣光。

然而,多神教复兴的进程因为朱利安的英年早逝被打断。363 年,朱利安开始对波斯帝国的征讨,起初他率领拜占庭将士于波斯帝国首都泰西封附近大败波斯军队。然而,6 月 26 日,他在底格里斯河附近被一只来历不明的投枪刺中肝部,身负重伤,不久死于军中。由于他也没有留下子嗣,君士坦丁大帝的王统至此

---

① A. H. M. Jones, *The Later Roman Empire 284—602*, p. 137.
② 吉本描述道:"多神教的复辟和再度兴盛显示出,一大批自称基督教徒出于对眼前利益的考虑默默接受了上一位统治者的宗教。"[英]爱德华·吉本:《罗马帝国衰亡史》上卷,第 545 页。

而终。他的部将乔维安被士兵们立为皇帝,后者是个"三位一体"派基督教信徒,很快就在帝国恢复了基督教的特权。

在不到两年的短暂统治时间中,朱利安因为自己的宗教政策获得了"叛教者"的恶名。很多拜占庭历史研究者认为,多神教的这次短暂重兴只是皇帝凭借绝对权力进行的一场思想复辟。朱利安如此迅速的失败恰恰昭示了基督教的胜利是不可避免的。^① 然而,也正是这场复辟活动表明,基督教和多神教之间的斗争还将持续很长一段时间。事实上,从拜占庭史料中能够看到,直到 6 世纪末期的时候,帝国内部依然有多神教徒存在的痕迹。叙利亚历史学家埃瓦格里乌斯在作品中就曾经抱怨瘟疫让他失去了自己的孩子,但是很多异教徒的孩子却能够幸免遇难。^② 这就充分说明,即使在高度基督教化的安条克地区,多神教也没有完全销声匿迹。当时帝国的一些知名人士,如 5 世纪的历史学家和政治家佐西莫斯,6 世纪著名的法学家、《查士丁尼法典》的实际编纂者特里波尼安等,都是坚定的多神教徒。面对基督教成为国教而多神教日渐式微的现状,他们流露出明显的不满情绪。像佐西莫斯便在自己的著作《罗马新史》中直接攻击君士坦丁的宗教政策。如果不能在类似的争论中取得胜利,基督教便无法名正言顺地确立自己真正的国教地位。因此,双方之间在理论上的冲突在 5—6 世纪体现得极为明显。

基督教和多神教学者争论的导火索并非拘泥于具体的神学理论,而是围绕"第一位基督教皇帝"君士坦丁大帝展开的。具体来说,君士坦丁皈依基督教的原因让双方各抒己见,而矛盾的焦点是集中于"君士坦丁杀妻杀子说"这一历史之谜上。按照多神教徒的观点,君士坦丁犯下了杀害妻儿的不赦之罪,这桩罪行是他最终选择皈依基督教的原因。5 世纪中后期的历史学家佐西莫斯是这一看法的支持者,他在其《罗马新史》中旗帜鲜明地提出:"他罔顾天理人伦杀害了他的儿子克里斯普斯,只是由于他怀疑后者与他的继母福斯塔通奸……之后他把福斯塔关在温度极高的浴室之中,直到她丧命。因为他深知自己的罪行和背信弃

---

① G. Ostrogorsky, *History of the Byzantine State*, p. 50.

② Evagrius Scholasticus, *The Ecclesiastical History of Evagrius Scholasticus*, VI. 23. *The Ecclesiastical History of Evagrius with the Scholia*, ed. J. Bidez and L. Parmentier, London: Methuen, 1898, repr. New York: AMS Press, 1979, TLG, No. 2733001.

义,他找到了祭司寻求解脱之道,但是他们却说没有任何办法能洗刷他的罪行。一个来自西班牙的埃及教士来到罗马……他向君士坦丁保证皈依基督教可以免除他的罪过……君士坦丁相信了这种说法,于是放弃祖先的宗教,接受了那个埃及人传播的信仰。"①

　　然而,在基督徒的笔下,他们认为这种说法是彻头彻尾的谎言。同为5世纪历史学家的索佐门就在其《教会史》中写道:"我知道一些异教徒说君士坦丁在杀害了一些自己最亲近的家人,尤其是他的儿子克里斯普斯后,悔悟了自己的罪行……成为基督徒。然而我认为编造这个故事的人是为了诬蔑基督教。"②与索佐门一样,6世纪的教会史家埃瓦格里乌斯也在作品中谈到对君士坦丁的这一指控:"佐西莫斯是一个信仰可憎和罪恶的希腊异教的作家……他还指控君士坦丁残忍地杀害了他的儿子克里斯普斯,并且将他自己的妻子福斯塔关在一个极热的浴室中,最终导致她死亡……然后佐西莫斯就侮蔑他放弃了祖先的信仰,并且走上了不虔诚的道路。"为了证明佐西莫斯的说法是彻头彻尾的谬论,他在接下来的一节中继续针对这一问题为君士坦丁展开了辩护:"让我们来看看潘菲洛斯(Pamphilus)之子尤西比乌斯的历史吧,他是君士坦丁和克里斯普斯同时代的人,并且和他们有密切的关系……他是如此记载的:'君士坦丁和他的儿子克里斯普斯同为上帝所钟爱。后者在各方面都像他的父亲一样,他理所当然地是东部地区的统治者。'尤西比乌斯比君士坦丁活得时间要长,如果克里斯普斯被他的父亲所杀,那么尤西比乌斯就不会用这种方式赞扬他了。"③

　　埃瓦格里乌斯引用尤西比乌斯作品为君士坦丁撰写的这段辩护词在今日看来显然是不够准确的。因为众所周知,尤西比乌斯的《教会史》结束于公元324年,而所谓的君士坦丁杀妻杀子事件发生于326年。因此,尤西比乌斯在作品中称颂克里斯普斯并不能证明"杀妻杀子"事件不存在。然而,如果不考虑君士坦

---

① Zosimus, *New History*, trans. and commentary by Ronald T. Ridley, II. 29. (2)—(4). Zosime, *Histoire Nouvelle*, ed. F. Paschoud, TLG, No. 4084001.

② Sozomen, *Ecclesiastical History of Sozomen*, NPNF2‑02, pp. 282‑613, general editor Philip Schaff, New York: Grand Rapids 1886, I. V. Sozomenus, *Kirchengeschichte*, ed. J. Bidez and G. C. Hansen, Berlin: Akademie-Verlag, 1960, TLG, No. 2048001.

③ Evagrius Scholasticus, *The Ecclesiastical History of Evagrius Scholasticus*, III. 40, III. 41.

丁是否杀死了自己的妻儿的话,我们会提出另一个值得思考的问题——为什么作为君士坦丁身后一两个世纪的作者,他们依然会对这一事件如此关注? 肯定或否定君士坦丁杀害亲人究竟有什么重要的价值?

事实上,这一争论与基督教取得现有地位的合理性密切相关。按照基督教学者的看法,希腊罗马的多神教是一种不道德的宗教,它最终被基督教取代是一种必然。例如埃瓦格里乌斯将希腊神话中的一些传说作为对多神教诸神的批评论据。他站在基督徒道德观的立场上痛斥这些神"堕落"的行为,并罗列了一些希腊众神的"恶行",(弑亲)"对于这个高贵的山羊皮肤的弄雷者,他们也赋予了他令人畏惧的行为。他放逐了生育他的父亲克罗诺斯,这对于所有人来说都是极恶的罪行。"①(酗酒)"这个家伙是烈酒的发明者,事实上他就经常酩酊大醉,此外他还是宿醉、变味的残渣以及接下来发生的丑事的发明者。"②(淫荡)"他们编造了一个叫作阿弗洛狄忒的神,这个从海贝里出生的塞浦路斯神将谦虚视作污秽和一件古怪的事情,但是却对淫荡和一切下流的行为情有独钟。正是因为她,阿里斯使自己不洁,赫淮斯托斯则因此蒙羞被众神所嘲笑。"③

他进而在同一章节中指出,多神教徒之所以要坚持对众神的崇拜只是因为"通过认可这些神,就可以给他们自己放纵的行为提供一个可原谅的理由",从而试图否定多神教的信仰基础。但是按照佐西莫斯等多神教历史学家的观点,君士坦丁皈依基督教并非因为其具有道德上的高贵性,而完全是因为本身的罪孽所致。罗马人信仰的多神教不能够原谅他杀害至亲的罪行,相反基督教教士却承诺皈依之后可以让他不必为此惶惶不安。这实际上就等于提出多神教比基督教具有更严格的道德标准,由此影射基督教并非一个合乎道德的宗教,进而否定了其成为帝国国教的合理性。这种观点显然是基督徒不能接受的,因此基督教学者才会竭力对此说法加以驳斥。佐西莫斯的作品结束于 410 年,这与埃瓦格里乌斯创作《教会史》的时代已有一个多世纪之隔。埃氏依然在作品中用大段篇幅引用他的记载并严厉批驳,这从侧面表明在他所处的时代这种观点还有一定的影响力,

---

① 指宙斯和其父克罗诺斯的神话。
② 指酒神狄奥尼索斯(Dionysos)的神话。
③ Evagrius Scholasticus, *The Ecclesiastical History of Evagrius Scholasticus*, I. 12.

依然是基督徒与多神教徒争论的一个焦点问题。

除此之外,5—6世纪的基督教学者们极力维护君士坦丁圣徒般的完美形象还有更深层次的原因。在通过提出君士坦丁杀妻杀子皈依说质疑基督教取得现有地位的合理性之外,多神教徒对基督教还有另一项指责,即基督教导致罗马人事业的衰落,从而试图彻底否定其在帝国内存在的意义。多神教徒们的这一指控是建立在一定现实基础上的。5世纪时罗马人的帝国,尤其是西地中海世界存在着一系列严重的社会问题。政府统治失灵、政治秩序混乱,社会环境恶劣、经济凋敝和蛮族入侵等,给当地人民造成了极大的困扰。而410年阿拉里克率领哥特军队攻陷罗马城这一事件更是对帝国上下造成了前所未有的震动,尽管当时的罗马早已今非昔比,但是其象征意义依然是巨大的,它的沦陷即使在基督徒中间也产生了很大的影响。拉丁教父圣哲罗姆就在一封信中写道:"罗马陷落的这一巨大灾难让我如此彷徨失措……我良久之后依然不能言语,并且意识到,这是一个值得哭泣的时刻。"[①]

多神教徒对于罗马的陷落除了悲痛和震惊,还有与基督徒完全不同的感受。在他们的心目中,罗马这座伟大的城市是先前帝国光荣的体现,而它的陷落完全是因为帝国接受了基督教的结果。佐西莫斯是这一观点的典型代表人物,他坚定地认为"只要这些(多神教的)仪式还在,罗马帝国便能延续不绝"[②]。对于这一指控,西地中海世界的基督教学者们进行了一系列的抗辩。例如,5世纪马赛的萨尔维安(Salvian of Marseilles)就提出,基督教本身并无问题,罗马帝国之所以遭受厄运是由罗马社会本身的邪恶造成的,这种邪恶甚至比蛮族的统治过犹不及。"多数人被少数人所压迫,那些人将苛捐杂税看作自己的特权……不仅贵族这样做,甚至最低阶的官员也是如此;不仅法官败坏法纪,连他的下属也对其效仿……所以穷人遭受劫难,寡妇只能叹息,孤儿备受欺凌。到了最后,那些出身并不卑贱并受过良好教育的人为了逃避压迫只能逃到敌对的蛮族那里。"[③]

[①] Jerome, *The Principal Works of St. Jerome*, *NPNF2 - 06*, general editor Philip Schaff, New York: Grand Rapids 1892, Letters CXXVI. 2.

[②] Zosimus, *New History*, II. 5. (5). 另外他在作品中还多次提出相似的看法,可见 Zosimus, *New History*, I. 58. (4); IV. 59。

[③] J. H. Robinson, ed., *Readings in European History*, Boston: Ginn & Company, 1904, vol. 1, p. 29.

在这一问题的辩论过程中产生的最著名的基督教思想家是圣奥古斯丁,他在著作《上帝之城》中为基督教进行辩护,进而建立了自己的神学体系。奥古斯丁为基督教的辩护主要围绕三个方面展开。他首先提出,并非基督教导致410年罗马城的沦陷,相反地,城市沦陷后许多民众幸免于难恰恰是基督的恩典。"这些人能够保住性命,完全是因为蛮族人尊敬基督,所以才饶恕他们。但是他们却不归功于我们的基督,反而认为是自己的好运所致。"随后,奥古斯丁进一步指出,罗马人之前信奉的多神教并没有给他们带来好运,例如在第二次布匿战争中:"汉尼拔的军队沿途劫掠,将意大利洗劫一空。这场战争是多么血腥和持久!多少罗马人被不断消灭!多少城镇被敌人占领和毁灭!这是多么可怕的战争啊,有多少罗马人被击败并在汉尼拔的剑下丧失了光荣!"最后奥古斯丁认定,罗马人的荣耀不是由异教诸神所赐,而是要归功于上帝的恩典,"我完全同意他们的意见,即幸福是他们不知道的某位神的恩赐……这位神不是他们所说的朱庇特。"①

对于东地中海世界的基督教学者们来说,虽然他们所处世界较之西部更为繁荣稳定,但是多神教徒的这项指责依然是他们不能回避的问题。他们对"异教徒"的反驳更多是从正面来证明基督教能够给罗马人的统治者带来好运。因此,作为第一个基督教皇帝的君士坦丁大帝的完美形象至关重要,他绝不能以"凶手"面目示人。例如,埃瓦格里乌斯系统批驳了佐西莫斯关于基督教使罗马人的事业衰落的这一说法。他认为:"从基督教出现那时起,罗马人的各项事业就开始黯淡并且丧失了"的观点是因为他(佐西莫斯)"没有读过之前作家们的著作,或者是因为故意歪曲事实。"他进而提出,不信仰基督教的罗马皇帝都遭受了悲惨的命运,只有信仰基督教才能得到上帝的眷顾。非基督徒的罗马皇帝,在埃瓦格里乌斯眼中命运都是悲惨的。"难道第一个君王凯撒不是被刺身亡的吗?难道不是一些军人用他们的剑刺杀了提比略吗?难道尼禄(Nero)不是被自己的家人杀害的吗?难道伽尔巴(Galba)、奥托(Otho)和维提里乌(Vitellius)这三个皇帝不是一共只统治了16个月,然后遭遇了相同的命运吗?难道图密善(Domitian)不是毒死了他自己的哥哥提图斯(Titus)之后才当上皇帝的吗?难

① Augustin, *The City of God and Christian Doctrine*, general editor Philip Schaff, New York: Grand Rapids, 1890, I. 1, III. 19, IV. 25.

道图密善不是悲惨地被斯蒂芬（Stephen）杀死的吗？又怎么说康茂德（Commodus）呢？难道他不是被纳西苏（Narcissus）杀死的？难道相同事情没有发生在珀提纳科斯（Pertinax）和朱利阿努斯（Julianus）身上？难道塞维鲁（Severus）的儿子安东尼努斯（Antoninus）没有杀害他的兄弟盖塔（Geta），而他自己也被马夏尔（Martial）同样对待吗？马克利努斯（Macrinus）又怎么样了呢？难道他不是被像一个俘虏那样围绕拜占庭城示众之后被自己的军队杀死了吗？来自埃梅萨（Emesa）的奥里利厄斯·安东尼努斯（Aurelius Antoninus）不是和他自己的母亲一起被处决了吗？难道他的继承者亚历山大（Alexander）和他的母亲一起没有遭受相同的命运吗？我们又怎么写马克西米努斯（Maximinus）呢？他难道不是被自己的军队杀死的吗？还有戈尔狄亚努斯，他不也是在菲利普（Philip）的阴谋下死于自己士兵之手的吗？那再来说说菲利普和他的继承者戴基乌斯（Decius），他们不是被自己的敌人毁灭的吗？加鲁斯（Gallus）和沃卢西阿努斯（Volusianus）不是被自己的军队杀害的吗？埃米里亚努斯（Aemilianus）又是如何呢？难道他没有遭遇相同的命运吗？难道瓦勒良（Valerian）没有被波斯人俘虏之后游行示众吗？在伽列努斯（Gallienus）被谋杀以及卡里努斯（Carinus）被残杀后，政权才交到了戴克里先和他选定的共治者手中。这些人中的赫丘利·马克西米安和他的儿子马克森提乌斯以及李锡尼也被彻底地消灭了。"与此相比，埃瓦格里乌斯认为信仰基督教的皇帝都能得到上帝的眷顾，而这一切都要归功于君士坦丁大帝："从那时起，万人景仰的君士坦丁掌握了政权……这之后除了朱利安，他是你们异教的祭司长和皇帝，只要遵守教义，虔诚祈祷，还有谁被自己的人民和军队毁灭呢？"[1]

按照基督教史家的观点，正是因为接受了基督教，君士坦丁使罗马人，尤其是罗马统治者的命运发生了根本性的改变。因此多神教徒所谓的基督教使帝国衰落的说法是一种诬陷，在他们的笔下，在取得了让罗马人长治久安的丰功伟业之后，君士坦丁最后以一种幸福而又光荣的方式离开了人间。这样一个圆满结局是基督教的胜利，同时使君士坦丁"上帝的朋友和受保护者"的形象更为突出。5世

---

[1] 以上几处均出自 Evagrius Scholasticus, *The Ecclesiastical History of Evagrius Scholasticus*, III. 41。

纪历史学家苏格拉底就在他的《教会史》中如此描绘了君士坦丁最后的日子,他"察觉到病情加重后,他前往尼科米底,在郊区住下,他在那里接受了基督教洗礼。在洗礼之后,他的心情愉悦舒畅。他立下遗嘱,指定他的三个儿子继承他的帝国。正如他在世时做出的安排那样,他分配给他们每人一块领土。"[1]"皇帝的遗体由合适的人选放置在一具金棺之中,然后被运往君士坦丁堡。他得到的尊崇就像其生前一样别无两样……他的棺椁被荣耀地安葬在圣使徒大教堂的皇家墓地里。"[2]

由此可见,多神教与基督教作家关于君士坦丁"凶手"形象的争论实则是拜占庭帝国和地中海世界在4世纪之后快速基督教化的产物。通过对最有影响力的一位基督徒——君士坦丁的或褒或贬,反映出双方不同的宗教情感,也体现了基督教成为帝国国教后,逐渐取代多神教曲折渐进的历史过程。

二、 基督教借助国家权力对多神教的打击

在4世纪末成为国教前,尽管绝大多数的拜占庭皇帝在立场上都倾向基督教,但是至少在法律意义上,其他宗教依然是受到国家同等保护的信仰。君士坦丁大帝颁布《米兰敕令》,给予基督教合法地位后,也不忘特别申明:"其他人也有权力进行自己的崇拜……每个人都应该自由选择自己的信仰,因为我们不想消灭任何一种信仰的光荣。"[3]

同时,尽管君士坦丁临终受洗,但是他一直保有着多神教"大祭司长"(Pontifex Maximus)的头衔。他的儿子康斯坦提乌斯虽然曾经对异教徒有过一些迫害,但在其统治时期也没有完全剥夺他们合法宗教活动的权利[4],更毋庸论及朱利安统治下多神教昙花一现的复兴了。但是,在塞奥多西一世将基督教宣布为

---

① Socrates, *The Ecclesiastical History of Socrates Scholasticus*, NPNF2－02, pp. 2－281, general editor Philip Schaff, New York 1886, I. XXXIX. Socrates, *Ecclesiastical History*, ed. W. Bright, 2nd edn., Oxford: Clarendon Press, 1893, TLG, No. 2057001.

② Socrates, *The Ecclesiastical History of Socrates Scholasticus*, I. XL.

③ P. R. Coleman-Norton, ed., *Roman State and Christian Church: A Collection of Legal Documents to AD.535*, London, 1966, pp. 31－32.

④ J. B. Bury, *History of the Later Roman Empire*, vol. 1, P. 367.

国教之后,拜占庭帝国的基督教化进程走出了关键性的一步。从此之后,异教徒逐渐失去了和基督徒平等的政治与法律地位。多神教不但不再是国家官方的信仰,并且多神教徒原有的合法权益也逐渐丧失。信仰基督教的拜占庭统治者一再颁布法令对其进行限制和打击。

例如,392 年 11 月 8 日,塞奥多西联合其子阿卡狄乌斯颁布了明令禁止多神教崇拜活动的法律。在法令中,皇帝规定:"凡宰杀牺牲并通过观察动物内脏占卜者,将身犯重罪,并得到相应的惩处……凡焚香供奉偶像或献祭者,则犯背教罪,将会被没收家产。"除了严格禁止崇拜活动外,拜占庭统治者还通过立法等方式剥夺多神教等其他宗教的教产。399 年,阿卡狄乌斯和西部皇帝霍诺留就联合颁布法令:"乡村地区所有的神庙都要被毫不犹豫地拆除,因为拆除了这些东西,迷信活动就无所遁形了。"在阿卡狄乌斯之子塞奥多西二世统治时期,他继续联合西部皇帝瓦伦提尼安颁布对多神教徒极其严厉的法令:"我命令,各地地方官员要毁掉所有迄今还保持完整的神殿、神庙和神坛等设施。并且为了使这些地方保持纯洁,在那里要建立可敬的基督教建筑……任何抵触这条法律的人将被判处死刑。"这些法令可以被视为 392 年法令的延续,按照它们的规定,多神教的宗教崇拜活动不但受到了严格的限制,更逐渐失去了其赖以存在的物质基础。此后,塞奥多西二世、利奥一世、芝诺和阿纳斯塔修斯也都先后颁布法律限制任何形式的异教崇拜活动。①

多神教徒日益艰难的处境在信仰多神教的历史学家佐西莫斯的《罗马新史》中也随处可见。例如他曾经记录了塞奥多西一世派遣属下来到埃及,在那里禁止多神教崇拜并关闭神庙的场景,并且哀叹"从古时传承下来的献祭和传统的仪式都被禁绝了"。他进而迁怒于那些对基督教发展大力支持的皇帝。例如他痛斥君士坦丁:"现在整个帝国都归君士坦丁一个人所有了。最终他不再需要隐藏自己的邪恶本性,而是可以依靠没有限制的权力为所欲为……他浑身上下充满了傲慢之气。"他还嘲讽塞奥多西一世:"在塞奥多西统治的时代,美德难以彰显,倒是各

---

① Theodosius, *The Theodosian Code and Novels, and the Sirmondian Constitutions*, trans. C. Pharr, 16. 10. 12;,
16. 10. 16; 16. 10. 25; 1. 11. 8 – 10.

种各样的奢侈与放荡行为与日俱增。"①

　　随着国家法令的日益严苛,一些坚持多神教信仰的信徒将崇拜活动秘密转入地下。这种行为进而遭到了国家更为严厉的惩罚。在 392 年的法令中,进行多神教崇拜活动的处罚主要为课以罚金等经济措施,但是随着时间的演变,包括死刑在内的刑罚开始被应用。尤其从查士丁尼统治时期开始,对异教活动的迫害日益严重。拜占庭历史学家塞奥法尼斯曾经记载,529/530 年,查士丁尼开始查处一些依然在秘密进行多神教崇拜的大臣,其中一些人被罢免,一些人被逮捕,甚至一名叫作阿斯克莱皮奥多图斯(Asklepiodotos)的高级官员畏罪服毒自尽②,这种情况在以前的历史中是很少见到的。6 世纪历史学家埃瓦格里乌斯也曾经详细记录了一件他亲身经历发生在安条克的多神教徒献祭案,犯案之人安纳托利乌斯是安条克的官员,他和他的同伴因为秘密从事多神教崇拜而付出了生命的代价。"当安纳托利乌斯被带到首都后……因为他们其中的一些人没有受到死刑的判罚,所以人民出于神圣的宗教狂热,用他们的暴怒扰乱了一切秩序。他们将那些人装到一艘小船上活活烧死。他们还批评皇帝(提比略)和(君士坦丁堡)主教尤提奇乌斯背叛了信仰……最终安纳托利乌斯本人被拖到圆形竞技场让野兽咬死。在他的尸体被它们撕开之后,被钉在木桩上——这还不是他的最终报应,因为恶狼拖走了他的残躯,并且作为美餐享用了。"③

　　从这一事件中,人们能够看到,从事多神教崇拜活动的主犯最终都像 3 世纪一些被罗马皇帝迫害的基督徒那样,被用极其残酷的方式处死。同时,由于此时拜占庭帝国大部分的民众都已是基督徒,因此民意对惩治这些异教活动的情绪非常强烈。在主犯已经被判处死刑的情况下,普通民众甚至还将未被判处死刑的其余从犯杀死,并对皇帝和东部教会最高领袖君士坦丁堡主教严加责难。以弗所主教约翰在作品中记载,迫于这种压力,提比略皇帝到其统治结束时都一直在追查和此案相关的余党④,这也表明,拜占庭大多数民众的态度进一步促使了国家对

① Zosimus, *New History*, IV. 37. (3), II. 29. (1), IV. 41. (1).

② Theophanes Confessor, *The Chronicle of Theophanes Confessor*, AM 6022. Theophanis, *Chronographia*, ed. C. de Boor, Leipzig: Teubner, 1883, repr. Hildesheim: Olms, 1963, TLG, No. 4046001.

③ Evagrius Scholasticus, *The Ecclesiastical History of Evagrius Scholasticus*, V. 18.

④ John of Ephesus, *The Third Part of the Ecclesiastical History of John, Bishop of Ephesus*, III. 33 – 34.

多神教崇拜的打击。

　　除了对多神教信仰和多神教信徒严厉打击,拜占庭统治者还通过争取异教徒皈依基督教的方法动摇其他宗教的存在基础。正如英国著名历史学家伯里所说:"在100年的时间里帝国从大多数民众都为多神教徒转化为皇帝口中有些夸张的'不存在一个异教徒了',这样的一种转变不是仅仅靠禁令和镇压能够做到的。"①

　　拜占庭皇帝与教会在促使异教徒皈依上的措施十分积极。埃瓦格里乌斯在作品中记录了一些这样的故事。如塞奥多西二世统治时期,有一位叫作辛尼修斯(Synesius)的多神教学者,"他的哲学水平是如此出众异常,以至于即使是不以个人好恶来判断是非的那些基督徒也十分钦佩他"。最终,"由于这个人具备众多美德,而上帝不会容忍他所钟爱的人有任何缺点",他所在地区的教会千方百计地说服他"相信救赎和再生的观念并且担负起了一名教士的职责"②。

　　在《教会史》中,最能体现国家在争取异教徒皈依问题上的态度的是一件发生在查士丁尼统治时期君士坦丁堡的案件。"首都在举行分享我主基督圣体的活动时,那些纯洁的男孩会在初级学校教师的带领下参加这个仪式,并且分享圣餐。在一次活动中,一个信仰犹太教的玻璃工人的儿子和其他男孩一起参加了活动。当他的家长询问他回家迟到的原因时,他说了他所做的事情以及他和其他男孩一起吃的东西。他的父亲因此勃然大怒,他将他的儿子放在了定型玻璃用的煤炉里面……男孩的母亲找不到自己的孩子,于是她就找遍了整座城市,时而哭嚎,时而尖声大笑。终于在第三天的时候,当她站在她丈夫的工场门口时,尽管因为悲伤而颤抖,但是她还是呼喊她儿子的名字。在听见了母亲的声音后,男孩就在炉子里面回答了她。母亲立刻破门而入,看见那个男孩站在煤的中间……当查士丁尼得知此事后,他让那对母子参加了洗礼,然后使她们成为教会中的一员;至于男孩的父亲,因为他不容忍周围的基督徒,因此以谋杀孩子的罪名被钉死。"③埃瓦格里乌斯讲述这个故事的本意应该只是在宣扬基督教对男孩的神圣庇护,但是从这个故事中我们能够看出拜占庭国家和教会的作为。首先,教会对孩童开放的宗教

①　J. B. Bury, *History of the Later Roman Empire*, vol. 1, p. 372.

②　Evagrius Scholasticus, *The Ecclesiastical History of Evagrius Scholasticus*, I. 15.

③　Evagrius Scholasticus, *The Ecclesiastical History of Evagrius Scholasticus*, IV. 36.

活动并没有排斥异教徒的孩子参与，相反，通过安排他们出席这些活动，异教徒的孩子得以接触到基督教中如圣餐这样的基本仪式。之后，在幼童的家长对此加以阻挠的时候，国家则毫不犹豫地站在有利于基督教的立场上，不惜对其采用极刑，从而实现了让异教徒皈依的目的。

埃瓦格里乌斯笔下查士丁尼统治时期皇帝支持基督教会引导异教徒改宗的行为还可以从其他史料那里得到印证。据以弗所主教约翰记载，542 年，他受查士丁尼皇帝的命令和一些教士一起来到里迪亚和弗里吉亚等亚洲行省。他们在那里工作了数年。这期间他一共为 8 万名异教徒受洗，并为他们建造了 98 座教堂和 12 座修道院。①

这样，在国家的强力支持下，拜占庭帝国的基督教势力迅速壮大，并最终在与以多神教为代表的其他宗教的较量中获得了压倒性的优势。尽管直到 6 世纪末期，我们依然能够在部分史料中看到少数多神教信徒秘密活动的记载，但是在国家严格禁止异教崇拜、没收教产和促进改宗等政策的影响下，他们的势力极其微弱，已经难以对拜占庭基督教的发展和基督教化的进程起到阻碍作用。拜占庭统治者急于建立新的帝国官方意识形态和基督教积极靠拢帝国统治势力，两者相互理解和融合，直接推动了拜占庭帝国建立以基督教信仰为核心的正统意识形态的进程。

第二节

基督教的自我完善与发展

基督教对多神教的全面胜利只是基督教能够顺利发展的外部因素。从基督教内部来看，帝国基督教化进程的推进还有赖于这一宗教的自我完善，这种完善

---

① 转引自 A. H. M. Jones, *The Later Roman Empire 284 -602*, p. 939. 另外关于他对建立教堂和修道院的一些具体回忆可见 John of Ephesus, *The Third Part of the Ecclesiastical History of John, Bishop of Ephesus*, III. 36 - 37。

主要体现在教义和组织结构两个方面。

基督教自形成以来,在和犹太教与希腊哲学接触和融合的过程中,逐渐地形成了一套较为完整的神学体系,这是一个动态发展的过程。现今基督教各主要流派公认的如三位一体等基本神学理论是通过前七次基督教大公会议发展而来的,即 325 年的尼西亚第一次大公会议、381 年的君士坦丁堡第二次大公会议、431 年的以弗所第三次大公会议、451 年的卡尔西顿第四次大公会议、553 年的君士坦丁堡第五次大公会议、680 年的君士坦丁堡第六次大公会议和 787 年的尼西亚第七次大公会议。在这七次会议之后,拜占庭帝国的东正教神学思想体系没有再发生重大改变。

这七次会议中,4—5 世纪的前 4 次会议对基督教基本理论和正统教义的确立具有至关重要的意义。其中 4 世纪的两次大公会议主要是针对基督教"三位一体"神学理论展开的。

在 4 世纪初期,围绕"三位"中圣父与圣子的关系问题,基督教会的神学家们出现了不同的见解。其中以安条克基督教神学家卢西安(Lucian)之徒,亚历山大城的教士阿里乌与亚历山大城主教亚历山大及其助手阿塔纳修斯之间的争论最为激烈。阿里乌的主要神学观点为:"基督并非真神……我们承认唯一的神,在时间开始之前,生下了他的独子……子是神完美的创造……在万有产生之前,他是由神的意旨所创造,他从圣父那里得以存在。"①他坚决主张,圣子由圣父所造,因此从属于圣父,不是神,更不与圣父同性,这一思想的核心就是要坚持圣父的至尊地位和严格的一神教神学。

但是,阿里乌的这一理论实际上否定了圣子的神圣性,使其失去了在上帝和人类之间联系的功用,从而也就动摇了基督教救赎理论的基础。② 因此,阿里乌的思想遭到了坚持圣父圣子同性的亚历山大和阿塔纳修斯的强烈反对,双方展开了激烈的论战。后者在其名著《斥阿里乌派书》中旗帜鲜明地斥责了阿里乌的理论。"他(阿里乌)胆敢声称圣子并非神,尽管他被叫作神……圣子是一个受造者,他在本质上和神不同,也不是圣父真正的道和智慧,而是被造物之一……他说

---

① B. Lonergan, *The Way to Nicea*, Philadelphia:St Vladimir's Seminary Press, 1976, pp. 70 – 71.

② H. M. G. Gwatkin, *Studies of Arianism*, Cambridge: Cambridge University Press, 1990, p. 27.

圣子与神和圣灵完全不同。这些就是他的谎言。"①

阿里乌则在好友尼科米底主教尤西比乌斯的支持下予以还击,帝国东部教会一时大乱。这种混乱和分裂的倾向,是君士坦丁大帝不愿看到的。在调解无效的情况下,325 年 5 月,君士坦丁在尼西亚召开了基督教会历史上的第一次大公会议。在这次会议上,两派主教进行了激烈的辩论,最后在皇帝的支持下,会议通过了支持亚历山大和阿塔纳修斯的《尼西亚信经》。"我们相信独一的神,全能的圣父,所有有形与无形万物的创造者;我们相信独一的主耶稣基督,神之独子,由圣父受生。由光而来之光,由真神而来之真神,受生而非被造,与父本体相同。天上地下万物凭借他被造。他为世人和拯救我等从天降临,道成肉身成为一个人。被害后第三日复活,升天。将来会回来审判活人与死人。我们相信圣灵。如有人胆敢妄言圣子曾经,或在受生前不与父同体同质,或言其只是被造物,普世的和使徒的教会将谴责他。"②

尼西亚会议初步确定了圣父、圣子和圣灵三位一体教义的雏形,并将阿里乌主义斥为异端。但是,阿里乌主义依然具有很大的影响力,甚至连君士坦丁大帝后来也赦免了阿里乌,并在临终前由阿里乌派教士施行洗礼。与此同时,尼西亚会议虽然也提到了相信圣灵,但是并没有详细界定圣灵在"三位"中的具体地位和作用。因此,在尼西亚会议之后的几十年中,基督教会内部围绕着圣子神人两性关系和圣灵地位等问题依然存在很多争论。围绕这些争端,381 年在塞奥多西一世的召集下,拜占庭基督教会迎来了第二次君士坦丁堡大公会议,并在会议上通过了《尼西亚—君士坦丁堡信经》。"我们相信独一的神,全能的圣父,所有有形与无形万物的创造者;我们相信独一的主耶稣基督,神之独子,由圣父受生。由光而来之光,由真神而来之真神,受生而非被造,与父本体相同。天上地下万物凭借他被造。他为世人和拯救我等从天降临,借由圣灵,从童贞女玛利亚道成肉身成为一个人。因为我们,他被本丢彼拉多钉在十字架上,被害且埋葬。根据《圣经》所言,第三日复活,升天,坐在父的右边。将来会再从荣耀中降临,回来审判活

---

① Athanasius, *Against the Arians*, 6. *Orationes tres contra Arianos*, *MPG* 26: 12 - 468, TLG, No. 2035042.
② 笔者参考《尼西亚与后尼西亚教父文集》中的《七次基督教大公会议记录》相关内容自译,见 H. R. Percival, ed., *The Seven Ecumenical Councils*, *NPNF2 - 14*, pp. 33 - 34。

人与死人。主的国无穷无尽。我们相信圣灵，它是主并赐予生命，由父而来，与圣父圣子同受尊崇与荣耀，通过先知给我们教诲。我们相信唯一圣洁、普世和使徒的教会，我们承认赦罪之独一的洗礼，我们盼望死者复活和永恒的生命。阿门。"①

通过这两段信经的对比，我们能够发现《尼西亚—君士坦丁堡信经》继承了《尼西亚信经》的精神，同时在神学领域也有重要的发展。除了进一步强调圣父与圣子同体同质的关系外，《尼西亚—君士坦丁堡信经》增加了有关圣灵的内容，明确提出圣灵与圣父和圣子同等的地位，以及其在耶稣基督道成肉身过程中的作用。该信经的出现标志着基督教会三位一体正统教义的最终确立。在之后的岁月中，尽管基督教会内部多次出现其他宗教争端，但是该信经得到了绝大多数派别的认同。

君士坦丁堡大公会议之后，基督教教义进入了一段相对稳定的时期。然而，进入 5 世纪之后，基督教会内部又围绕着耶稣基督的神人两性关系，即基督论的问题爆发了两次激烈的新论战，即聂斯托利争论和基督一性论争论。428 年，来自安条克的教士聂斯托利成为君士坦丁堡教区的主教，他随即提出自己的神学观点，认为基督的神性与人性分离，分别构成两个位格，其人性是由玛利亚所生，而神性是来自上帝，玛利亚是"人母"而非"神母"。基督的人格独立于神格之外。②

聂斯托利的这一观点过于强调耶稣基督的人性，因此实际上导致其神人两性产生了对立，从而使圣子分裂为神人两个分裂的位、格，而与正统教义承认之一个位格教义相悖。这一理论遭到了以亚历山大城主教西里尔为代表的许多教会人士的强烈反对。西里尔针锋相对地提出"神，逻格斯，并不是临到一个人身上，而是真的变成一个人，同时又仍然是神"，这是基督神人两性本质合一为同一个位格的神学理论。③ 在 431 年的以弗所基督教大公会议上，西里尔在罗马和亚历山大城教会的支持下取得胜利，聂斯托利的观点被斥为异端，其本人也被罢免后

---

① 笔者参考《七次基督教大公会议记录》相关内容自译，见 H. R. Percival, ed., *The Seven Ecumenical Councils*, *NPNF2 -14*, pp. 233 - 234。

② F. Loofs, *Nestorius and His Place in the History of Christian Doctrine*, pp. 29 - 33.

③ [美]奥尔森著：《基督教神学思想史》，第 227 页。

放逐。①

　　然而,关于基督论的争端并没有就此平息。在取得了对聂斯托利斗争的胜利后,亚历山大城教会逐渐发展了西里尔的神学思想。但是,这种神学思想的革新走向了另一个极端,即由过度强调基督的两性分裂走向过度强调其两性的合一,尤其是神性对人性的融合。西里尔的继任者狄奥斯库鲁斯就明确表示反对基督有"两性"的说法。他宣称,正确的信仰是亚历山大城教会的基督只有神性一性的教义。这实际上就产生了"基督一性论"思想的雏形,即认为基督道成肉身之后人性为神性所融合,故基督只有神性一性而非神人两性。在此之后,四十年代中期亚历山大城教会在君士坦丁堡的代理人、修道士尤提克斯正式将这一思想系统阐述成型。他主张:"我主在最初确有神人两性,但是最终这两性合而为一,因此我认为我主只有一性。主的肉身也不与我等同质。"②这一观点立即得到狄奥斯库鲁斯及亚历山大城教会的支持,标志着基督一性论理论的最终产生。

　　基督一性论教义提出的基督人性为神经所融合的理论在教义上产生最大的影响即是通过排除基督的人性,使得基督不再与人类有同质之处。如果基督不能具有人性,那么他在十字架上之死就无法体现为人的赎罪,因此也就直接影响了基督教救赎的理论。该思想不出意料地在教会内部引发了动荡,但是基督一性论所造成争论的激烈程度远胜于之前阿里乌和聂斯托利教义之争。君士坦丁堡和罗马教会联合起来反对这一神学观点。448 年,尤提克斯的思想被斥为异端,其本人也被放逐,但一年之后,在皇帝塞奥多西二世的支持下,基督一性论在第二次以弗所基督教会议上被定为正统教义,反对者君士坦丁堡主教弗拉维安被罢免,随即被迫害致死。③ 这一决定引发了罗马和君士坦丁堡等教区的不满,基督教会内部出现了严重的分裂。

　　为此,马西安皇帝在即位之后不久便在卡尔西顿召开了第四次基督教大公会议,会议经过了激烈讨论之后,最终在皇帝的支持下通过了支持罗马主教利奥一

---

① Evagrius Scholasticus, *The Ecclesiastical History of Evagrius Scholasticus*, I. 4.

② Evagrius Scholasticus, *The Ecclesiastical History of Evagrius Scholasticus*, I. 9.

③ Evagrius Scholasticus, *The Ecclesiastical History of Evagrius Scholasticus*, II. 2.

世的《卡尔西顿信经》:"我主耶稣基督,我们全体一致地阐明他具有完全的神性和完全的人性,他是真正的神,也是真正的人,他是理性的同时也是肉体的生命,就神性而言,他与圣父本质相同,就人性而言,他与我们本质相同,除了他没有罪以外,在其他各个方面都与我们完全一致。[①] 按照神性而言,他是在万世之先,为圣父所生,按照人性而言,他是在末世时由上帝之母童贞女马利亚所生;这独一的、同一个的耶稣基督、圣子、我主和独生子,他处于不可混淆,不可改变,不可分割以及不可离散的两性之中,因为不同的两性绝不因为联合而失去区别,相反每一性质都保持其特点并且存在于同一个人和位格之中;他不可以割裂为两个位格,而是独一的同一个圣子、独生子、神圣的逻各斯、我主耶稣基督。"[②]

　　卡尔西顿大公会议和《卡尔西顿信经》给拜占庭帝国带来了深远的影响,就基督教教义的发展来看,这次会议无疑具有非常积极的意义,它在某种程度上定下了现今基督教各主要派别承认的正统教义的雏形。如前文所述,在 4 世纪末,三位一体教义的争论已经尘埃落定,但是《尼西亚—君士坦丁堡信经》还是为以基督为中心的神学问题留下了巨大的争论空间,并为未来新的争端埋下了伏笔。信经中提到了基督是"由真神而来之真神",但又称其"成为一个人,并因为我们被害且埋葬"。那么,基督徒到底应该如何理解基督神性与人性这两个性质之间的关系? 不解决这一疑惑,以基督为核心的救赎理论就会受到质疑,从而会对基督教的基础产生动摇和破坏,因此这一疑问是基督教神学家们不可避免的问题。但是,出身于不同背景的神学家们对同一神学问题往往会给出截然不同的论断。5 世纪产生的两次基督论争端实际上并非空中楼阁,而是对 4 世纪悬而未决神学问题讨论的延续,是三位一体教义争论的发展。这些教义之争并不是教会神学家咬文嚼字的文字游戏,而是基督教神学发展和形成独立体系的过程[③],进而完善了本身独立的教义体系。《卡尔西顿信经》在纷争之中制定了教义的规范。因此从这一角度来看,这次会议无愧于是基督教发展史上的一座重要里程碑。

　　这样,经过 4 世纪和 5 世纪关于三位一体和基督论的两次重大神学争论,拜

---

① 《新约全书·希伯来书》,4.15.

② Evagrius Scholasticus, *The Ecclesiastical History of Evagrius Scholasticus*, II. 4.

③ 陈志强:《拜占廷学研究》,第 196 页。

占庭帝国的基督教教义得到了重大发展。清晰统一的教义理论也有助于更多人接受基督教信仰,从而使帝国在基督教化的进程中又向前迈出了重要的一步。

与此同时,拜占庭帝国早期,除了正统教义得到发展之外,基督教会在组织结构上也逐渐完善起来。在基督教向西传播,进入罗马帝国腹地之初,基督教会内部并没有明确的教职制度,随着信徒的增加和传教工作的需要,从 2 世纪初期开始,在一些基督教文献中出现了"长老""监督"和"执事"等头衔。2 世纪中叶,出于管理的便利,一些教区开始出现独掌大权的主教,到 60 年代后,主教已经变得十分普遍了。[①] 至 3 世纪时,主教成为教会中不可或缺的角色,以至于当时的教父西普里安提出:"教会的合一在于主教制……主教在教会里,教会也在主教里。因此谁不与主教在一起,他就不在教会里了。"[②]

与此同时,主教下属的一些神职也逐渐确立起来。尤西比乌斯在《教会史》中记载到,251 年,罗马主教科尔尼里乌斯在写给安条克主教的一封信中提及,自己属下有"46 名长老、7 名执事、7 名副执事、42 名襄礼员以及 52 名驱魔人、诵经员和看门人"[③]。这些职位在同时代和稍后历史学家的作品中也多有涉及,时至今日的天主教和东正教会中,还保留了很多当时的神职名称。

然而,与各地方教区内部结构日益完善相比,基督教会的诸教区之间在 3 世纪时尚未形成比较清晰的组织关系。在此时期,教会内的主教们虽然辖区大小贫富不一,但是从地位来看基本上保持平等。尽管罗马主教因为管理着"使徒彼得的教区"而广受尊重,但是并未取得凌驾于其他主教之上的权力。正如强调主教重要地位的西普里安所言:"教会的合一并不包括臣服于一位'众主教的主教',而是在于所有主教之间的共同信心、爱心与交通。"[④]

然而,随着公元 313 年后基督教逐渐取得合法地位和皇帝对基督教会给予了越来越多的优待,许多民众选择了皈依基督教,教徒人数的大量增长对教会的管理提出了更高的要求。同时,国家与基督教会之间的联系也比先前更为紧密,为

---

① [美]威利斯顿·沃尔克:《基督教会史》,第 52— 54 页。

② [美]威利斯顿·沃尔克:《基督教会史》,第 83 页。

③ Eusebius Pamphilus, *Church History*, NPNF2－01, New York 1890, VI. XLIII. 11. Eusèbe de Césarée, *Histoire Ecclésiastique*, ed. G. Bardy, 3 vols., Paris: Cerf, 1952, 1955, 1958, TLG, No. 2018002.

④ [美]奥尔森:《基督教神学思想史》,第 116 页。

了保证基督教成为帝国的精神统治工具,拜占庭统治者需要一个组织严密,层级
分明,利于控制的教会。再加上如罗马、亚历山大城和安条克等教区的主教因为
驻节在帝国的大都市内,在政治、经济和文化等各个方面都具有得天独厚的优势,
他们希望能够在教会中拥有更多的权力。因此,像先前那样由所在教区主教全权
管理本区事务,教区之间互不统属的体制已经很难维系,更为复杂的组织体系的
建立势在必行。

　　这种趋势在 325 年的第一次尼西亚大公会议上已经有所体现,会议通过的第
4 条教规对省区内主教任命的问题做出了明确的规定:"一个主教必须由同省区
的其他主教选举产生⋯⋯但是,每一项任命都必须交由省城批准通过。"①这一规
定实际上给予了省城主教在人事方面的特权。接着,在 341 年召开的安条克宗教
会议在第 9 条教规中规定:"各省的主教必须承认驻节在省城主教的权力,后者应
主持全省教会的事务⋯⋯无论何处他都应名列该省主教之首,其余主教不得超越
其而行事"②。显而易见,这项教规比尼西亚会议的决议更进一步,它使得各省城
主教不仅在人事方面,同时在各个领域都拥有高于该省其他教区主教的特权,这
些驻节在省城的主教被称为"都主教"(Metropolitan)以和普通主教区别,原先主
教之间平等的关系就这样被逐渐打破。

　　与此同时,在都主教之上,拜占庭基督教会内还逐渐出现了权力更大的宗主
教区。在这几大宗主教区中,罗马、亚历山大城和安条克教会主要是凭借其使徒
教区的身份和罗马时代作为基督教中心的传统获得这一地位。这三大教区在拜
占庭帝国建立后地位不断上升,至 4 世纪末已获得了高于一般都主教的地位。君
士坦丁堡教区则是因为帝国首都的身份才获得此尊荣。在君士坦丁大帝刚刚迁
都君士坦丁堡时,君士坦丁堡教区只是色雷斯地区希拉克利亚(Heraclea)都主教
治下的一个小教区,影响力十分有限。然而,随着首都地位的确立,它在基督教会
中的地位也节节高升。公元 381 年的第二次基督教大公会议通过的第 3 条教规
宣布:"君士坦丁堡主教的地位仅次于罗马主教,因为君士坦丁堡就是新罗

---

① H. R. Percival, ed., *The Seven Ecumenical Councils*, NPNF2 – 14, p. 44.

② H. R. Percival, ed., *The Seven Ecumenical Councils*, NPNF2 – 14, p. 165.

马。"①这一教规使得君士坦丁堡主教获得了和上述三个使徒教区宗主教(牧首)同等的身份。耶路撒冷教会在451年的卡尔西顿大公会议上也取得了宗主教区的地位。至此,拜占庭帝国的五大宗主教区正式形成。五位宗主教各自划分了势力范围。帝国的西部地区的教会归罗马教区统辖;首都君士坦丁堡教区对希腊部分地区、色雷斯、黑海地区和小亚细亚大部拥有管辖权;亚历山大城主教则是埃及和附近利比亚部分地区的宗教领袖;安条克和耶路撒冷教区分别享有叙利亚和巴勒斯坦以及阿拉伯地区教会的领导权。②

在卡尔西顿大公会议之后,拜占庭教会已经逐渐形成了以五大宗主教为核心的一套比较成形的组织体系。五大宗主教对各自属下辖区在诸多方面进行统辖。大致看来,宗主教和都主教对下属教会拥有以下几类管理权。

首先,他们拥有对下级教会的人事任免权。按照规定,任命省内教区主教应由本省区其他主教推举,再经省城的都主教批准后方能通过。这一传统被延续下来并得到完善。宗主教都拥有一套自己的咨询机构,主要由其下属都主教和其他一些重要神职人员组成。比较重要的人事问题,如都主教的任命往往由该机构向宗主教提出候选名单,并由后者最终选择任命。各都主教区也有类似的机构,其确定下属主教的方式与此大体相同。③

除此之外,宗主教和都主教还拥有召开地方宗教会议,处理本教区内教义纠纷的权力。尼西亚第一次大公会议的第5条教规要求,各省教区每年必须举行两次全体会议以商讨本省教区内教义和人事问题,一次在大斋节(Lent)前,一次在秋季到来之前。④ 这一教规后来被作为传统延续下来,各宗主教和都主教也相应地获得了本教区内宗教会议的领导权,上级主教不仅能够召开会议,还可在会议上对本教区内的教义和人事问题进行裁处。

最后,宗主教还可处置本教区经济事务。这种特权在该时期的史料中屡见不鲜。6世纪的历史学家,担任安条克宗主教格里高利(Gregory)顾问的埃瓦格里乌

① H. R. Percival, ed., *The Seven Ecumenical Councils*, *NPNF2 - 14*, p. 250.
② G. Every, *The Byzantine Patriarchate 451 - 1204*, p. 23.
③ 陈志强:《拜占廷帝国史》,第430页。
④ H. R. Percival, ed., *The Seven Ecumenical Councils*, *NPNF2 - 14*, p. 46.

斯就多次在著作《教会史》中提到,安条克宗主教任意使用教会财产的情况。如"当皇帝查士丁二世批评安条克宗主教阿塔纳修斯滥用教会财产的时候,后者公开辩称这是为了避免让可恶的(皇帝)查士丁挪用教产。"再如,"安条克宗主教格里高利经常慷慨地捐献金钱,在所有场合都表现得极为大方"等。[①] 格里高利的教友,以弗所主教约翰也在自己的作品中批评格里高利主教利用教会的财产满足公共享乐,甚至还"准备大量的金银和无数贵重的服饰作为礼物"用于行贿。[②] 这也在侧面表明,宗主教拥有处置教会的财产并决定其如何使用的权力。

正是因为拜占庭教会内部开始出现了层级分明的等级制度,因此随着主教间平等关系的打破,宗主教与下级主教之间开始表现出明显的隶属和主从关系。在后者与前者发生矛盾时,很多情况下下级主教会选择委曲求全,尽量避免与宗主教发生直接冲突。埃瓦格里乌斯就记载了 5 世纪末安条克宗主教塞维鲁和下属主教之间的一件趣事。当时安条克治下的埃比法尼亚(Epiphania)主教科斯马斯(Cosmas)和附近的一些主教反对塞维鲁的基督一性论主张,因此他们联合撰写了一封申诉信,但是因为害怕宗主教的权势,没人敢将信交给塞维鲁。最后,"他们将传递这份文件的任务交给埃比法尼亚的第一副执事奥勒里安(Aurelian)。但是因为他畏惧塞维鲁宗主教的高贵身份,因此在到达安条克城之后他穿上了妇女的衣服来拜见塞维鲁。他(奥勒里安)忸怩作态,在伪装掩护下将这封信递交给他。之后乘人不备离开了人群,并且在塞维鲁看到信的内容之前安全地逃跑了。"[③]这种下级教士对宗主教地位的畏惧由此可见一斑。

在五大宗主教区中,君士坦丁堡教区地位的飞速发展对拜占庭帝国基督教会的影响最为深远。作为首都的宗教机构,君士坦丁堡教会与拜占庭世俗统治者有着更为密切的联系。君士坦丁堡牧首成为东地中海世界宗教领袖的过程体现了皇帝的意志,以及拜占庭世俗权力与宗教权力相辅相成的特点。在拜占庭帝国之初,罗马凭借其使徒教区的身份和悠久的传统在基督教世界获得了首屈一指的地位。它不但能够直接领导东至塞萨洛尼基在内的广大帝国西部地区的诸教会,同

---

① Evagrius Scholasticus, *The Ecclesiastical History of Evagrius Scholasticus*, V. 5 – 6.

② John of Ephesus, *The Third Part of the Ecclesiastical History of John, Bishop of Ephesus*, V. 17.

③ Evagrius Scholasticus, *The Ecclesiastical History of Evagrius Scholasticus*, III. 34.

时和东部的亚历山大城教区也有传统的联盟关系,并可借此对东部诸教区施加影响。相反,在君士坦丁大帝刚刚迁都君士坦丁堡时,后者只是色雷斯地区希拉克利亚都主教治下的一个小教区,影响力十分有限。然而,随着首都地位的确立,它在基督教会中的地位也节节高升。在381年的第二次基督教大公会议通过的第3条教规宣布:"君士坦丁堡教区的地位仅次于罗马,因为君士坦丁堡就是新罗马。"①

这一决定标志着君士坦丁堡教区开始走向争夺基督教世界领导权的道路。显而易见,君士坦丁堡教区地位飞速的攀升是对罗马教区的一大挑战。因此,为了维护和巩固自身地位,从4世纪末到5世纪初的一段时间内,罗马主教一直试图和其东部的盟友亚历山大城主教联手遏制君士坦丁堡教区的发展。例如,在君士坦丁堡主教获得仅次于罗马主教地位的同年,罗马主教达马苏就指使治下的塞萨洛尼基主教阿斯科里乌斯(Ascholius)联合亚历山大城主教提摩太攻击德高望重的君士坦丁堡主教纳齐昂的格里高利,最终迫使其辞职。② 此后它们又多次攻击君士坦丁堡教区。404年塞奥菲鲁斯利用君士坦丁堡主教圣金口约翰与皇后的矛盾使他先后两次被皇帝放逐③,直至客死他乡。431年在以弗所大公会议上,足智多谋的亚历山大城主教西里尔在罗马主教西莱斯廷(Celestine)的协助下联合其盟友以弗所主教门农(Memnon),罢免了君士坦丁堡主教聂斯托利④,罗马和亚历山大城的联盟一再取得胜利。这一事实表明,尽管首都君士坦丁堡的宗教地位不断提高,但是罗马主教依然是众主教中最有影响力的主导者。

然而,基督一性论宗教冲突爆发之后,亚历山大城和罗马教区的联盟关系解体,前者在卡尔西顿大公会议上彻底失败,君士坦丁堡教会赢来了新的良机。在卡尔西顿会议上通过的第28条教规给予君士坦丁堡教区与罗马平等的地位⑤,这让罗马主教利奥极为不满。他严辞表明这一决定是"与教父们确定的教规相矛盾

---

① H. R. Percival, ed., *The Seven Ecumenical Councils*, *NPNF2 -14*, p. 250.

② J. H. W. G. Liebschuets, *Barbarians and Bishops*: *Army, Church and State in the Age of Arcadius and Chrysotom*, p. 161.

③ J. H. W. G. Liebschuets, *Barbarians and Bishops*: *Army, Church and State in the Age of Arcadius and Chrysotom*, pp. 204 - 207.

④ Evagrius Scholasticus, *The Ecclesiastical History of Evagrius Scholasticus*, I. 5.

⑤ H. R. Percival, ed., *The Seven Ecumenical Councils*, *NPNF2 -14*, p. 384.

的,是对抗圣灵的地位和古典时代传统的表现"①。双方由此走向了新的冲突。

　　与罗马相比,君士坦丁堡教区尽管在影响力上稍逊一筹,但是却拥有绝大多数拜占庭皇帝的强力支持。尤其是 5 世纪之后,当帝国的政治中心逐渐稳定地确定在君士坦丁堡之后,除了少数时期,皇帝对远在意大利的罗马主教越来越难以控制。相反,皇帝对卧榻之侧的君士坦丁堡教区的管理更得心应手。当罗马教区的独立性日趋明显时,为了维护基督教作为帝国精神统治工具的作用,拜占庭君主们迫切需要扶持一个便于控制的宗教领袖,君士坦丁堡牧首即是最好的选择。因此,君士坦丁堡教区每一次地位提升都与皇帝的意志有密切关系。在卡尔西顿大公会议之后,君士坦丁堡教会一方面尽力修补和亚历山大城等教会的关系,另一方面还极力维护对所辖教区的控制和管理权。君士坦丁堡牧首尤其坚决反对罗马教区干涉东部教会事务,为此不惜与其发生正面冲突。

　　当拜占庭皇帝巴西利斯库斯一度做出对罗马教会有利的决定,给予罗马主教干预东部教会主教任免的权力时,君士坦丁堡牧首阿卡西乌斯敢于正面驳斥皇帝:"那些被光荣的首都掌控的省份应该被交还给虔诚的和最神圣的牧首阿卡西乌斯;当然,那些现在还是最为上帝所钟爱的主教们可以保住他们的位置……不允许有任何挑战光荣无污的首都任命主教的权力的事情发生。"在芝诺皇帝颁布了试图调解基督一性论纷争的《联合诏令》之后,支持皇帝的君士坦丁堡牧首和罗马主教之间的矛盾变得更加激烈。罗马主教菲力克斯在得知诏令的内容之后勃然大怒,因为在其眼中,这一诏令实质是对罗马教区主导的《卡尔西顿信经》的背离。因此埃瓦格里乌斯记载道:"菲力克斯要求芝诺皇帝确保卡尔西顿会议的决定依然是官方信仰,并且要求(以异端的罪名罢免亚历山大城主教)彼得。同时(君士坦丁堡牧首)阿卡西乌斯应该被送到菲力克斯那里,以为自己辩白。"芝诺皇帝拒绝接受菲力克斯的要求,后者发表了如下的宣言:"罗马教会不接受异端信仰者彼得,他在很久之前就已经被神圣的教区谴责、开除并且诅咒了。即使这里没有另外的反对者,这将也是足够的了。因为他是由异端信仰者拥立为主教的,所以他将不能作为正统教会的领袖。这件事情表明君士坦丁堡的阿卡西乌斯应该受到严厉

---

① W. H. C. Frend, *The Rise of the Monophysite Movement*, p. 146.

的惩罚。"①

罗马和君士坦丁堡教区的这次冲突在基督教会史上被称作"阿卡西乌斯分裂"。这是东西部教会在历史上的第一次重大分歧,尽管直到1054年罗马天主教会和希腊东正教会方才最终正式分裂。但是"阿卡西乌斯分裂"事件后,罗马教会和君士坦丁堡教会之间的隔膜逐渐加深。

罗马教会内部对《联合诏令》是如此愤恨,以至于当498年新主教的选举过程中,倾向部分接受这一诏令的候选人尽管得到了皇帝阿纳斯塔修斯的强力支持,但还是被坚决拒绝妥协的西默克斯击败。② 罗马教会此后与拜占庭东部教会渐行渐远,至553年查士丁尼召开第五次基督教大公会议时,罗马教会在这次会议中并没有起到先前四次,尤其是卡尔西顿会议中的主导性作用。不但罗马主教本人拒绝出席会议,而且意大利等西部地区的主教出席会议的人数也很少。会议最后通过的谴责上个世纪三位聂斯托利派主教的决定更是与罗马主教的意图南辕北辙。③ 罗马教区自此逐渐倾向于脱离拜占庭政权的控制,并最终走上了一条独立发展的道路,进而对西欧中世纪的历史产生了巨大的影响。

与此同时,君士坦丁堡教区在皇帝的协助下取得了某些原属罗马所辖教区,如塞萨洛尼基的控制权。在罗马逐渐远离拜占庭教会体系的同时,君士坦丁堡牧首顺理成章地成为帝国内最有权力的宗教领袖。从此之后,皇帝与牧首之间的博弈成为决定拜占庭帝国教俗关系走向的核心内容。

总之,拜占庭帝国早期,罗马、君士坦丁堡、亚历山大城、安条克和耶路撒冷五大教区的最终形成使基督教会内部开始形成层级分明的体系,其中尤其以君士坦丁堡教区地位的飞升最为引人瞩目。这种层级体系虽然一定程度上打破了各教区之间平等的地位,并压缩了其自由发展的空间,却产生了严明的纪律和更为高效的管理,并且也更有利于得到皇权的支持和保护,这对基督教会在这一时期的高速扩张具有至关重要的意义。

---

① Evagrius Scholasticus, *The Ecclesiastical History of Evagrius Scholasticus*, III. 7, III. 18, III. 21.

② W. T. Townsend, "The Henotikon Schism and the Roman Church", *Journal of Religion*, vol. 16(1936), pp. 84-85.

③ Evagrius Scholasticus, *The Ecclesiastical History of Evagrius Scholasticus*, IV. 29.

第三节

基督教在帝国民间的深入传播

　　凭借对竞争对手的压制和自我的完善,基督教得以在地中海世界向更深和更广的领域传播。其中在深度上主要体现在基督教在拜占庭民间的不断扩大影响,广度上则体现于基督教走出帝国向周边地区辐射发展的过程。

　　与上一节中提到的神学家们之间艰深晦涩的教义之争相比,基督教在拜占庭普通民众中的传播更依赖于一些具象化的手段。具体说来,圣像、圣物和圣徒这些能够直接和信众接触、易于被信众接受的崇拜对象成为基督教在民间迅速扩大影响力的重要媒介。基督徒对圣徒和圣物的崇拜传统由来已久。早在 2 世纪中期,在罗马帝国迫害中殉难的基督教殉教士的遗物就已经受到了信徒的广泛崇拜。在 3 世纪后,一些对虔诚基督徒的怀念与崇敬仪式逐渐普及,并出现了一些在信徒忌日上通过捐赠表示纪念的活动。①

　　进入 4 世纪以来,随着基督教取得合法地位,基督徒对圣徒和圣物的崇拜更为兴盛,一些被赋予特殊意义的圣物陆续出现,其中最著名的就是君士坦丁大帝之母海伦娜在耶路撒冷发现的"耶稣受难十字架",它成为拜占庭基督徒最为珍视的宝物之一,以至于当 7 世纪伊拉克略皇帝将一度落入波斯人手中的这个圣十字架夺回后,全帝国的民众都陷入狂喜之中,这场战争也被视为拜占庭人的"圣战"。与此同时,一些教堂开始使用圣像作为装饰物,很多家庭也供奉圣像以求得到庇护,圣像崇拜逐渐普及开来。

　　到 392 年基督教成为拜占庭帝国的国教后,拜占庭人对圣徒、圣物和圣像的崇拜达到一个新的高峰。这些崇拜也成为基督教信仰的重要组成部分并得到了教会史学家的高度重视。以埃瓦格里乌斯贯穿 5—6 世纪的作品为例,他在《教会史》中先后 16 处长短不一地记录了基督教圣徒的事迹,并各有两次较为详细地讲

---

① ［美］威利斯顿·沃尔克:《基督教会史》,第 107 页。

述了基督徒对圣物和圣像崇拜的故事。

首先，在崇拜的对象上，拜占庭人的圣徒崇拜有了新的发展，主要表现为修道士圣徒在总人口中的占比显著上升。在 5 世纪之前，基督教会内也有受到敬仰的修道士圣徒，但是，他们在基督教圣徒中所占比例相对较小。但在埃瓦格里乌斯《教会史》中的 16 篇圣徒事迹中，有 1 篇是圣母救人的故事，有 7 篇是基督教殉教士"显圣"的传说，剩余 8 篇都是 5—6 世纪拜占庭修道士的事迹，已经占据了其作品全部圣徒传记的一半篇幅。当然，我们不能仅以《教会史》这一部作品作为样本进行判断，但是显而易见的是，随着基督教取得合法地位并成为拜占庭国教，殉教士出现的几率越来越小，修道士则开始因其简朴、自律和虔诚的美德广受基督徒崇敬，因此越来越多修道士圣徒的出现并非偶然现象。

埃瓦格里乌斯《教会史》中这些广受拜占庭人崇拜的修道士圣徒与 5 世纪前的先辈们相比，不仅仅人数更为众多，并且分布范围更广，其中包括了叙利亚地区的两位高柱修士西米恩与托马斯（第 4 卷第 35 节）、埃及的伊西多尔（Isidore）、巴勒斯坦的佐西莫斯（Zosimas）、约翰（第 4 卷第 7 节）、愚人西米恩（第 4 卷第 34 节）和巴萨努菲乌斯（Barsanuphius，第 4 卷第 33 节）等。如前文所述，因为视野褊狭，埃瓦格里乌斯还遗漏掉了同时期许多其他重要的修道士，尤其是那些在君士坦丁堡和小亚细亚地区的圣徒。例如 5 世纪君士坦丁堡的高柱修士圣丹尼尔（Daniel the Stylite）和 6 世纪小亚细亚的圣塞奥多利（Theodore of Sykeon）等。[①] 这些圣徒的足迹已经走出了 4 世纪时以埃及为主的地域范围，开始广泛分布于帝国东部的各个地区。埃及的修道风气在 5 世纪后向帝国其他地区广为传播并生根发芽，也从侧面表现出拜占庭人对修道生活和修道士的尊崇。

其次，除了崇拜对象的范围扩大，拜占庭人对圣徒、圣物和圣像崇拜的目的性也十分明确。崇拜活动在保持了先前纪念基督教圣人及其物品的主要目的外，功用性也大大增强，许多崇拜行为是与崇拜者的实际需求紧密相连的。

[①] 同时代匿名作者为两位修道士，他们撰写的希腊文圣徒传记已被现代学者贝恩斯等人翻译成英文并辑合成书。E. Dawes and N. H. Baynes, trans., *Three Byzantine Saints: Contemporary Biographies translated from the Greek*, pp. 1 - 7; pp. 87 - 88.

　　在埃瓦格里乌斯笔下,圣徒、圣物和圣像对于许多拜占庭人来说已不仅仅属于宗教生活范畴,更是对他们的日常生活有着不可估量的影响。圣徒、圣物和圣像首先经常被用来作为国家、城市和教会的保护者。在危难面前,拜占庭人会期望借助这些神圣的力量来保卫自己的安宁。这一点在战争时刻表现得尤为明显。埃瓦格里乌斯曾经记录了查士丁尼时期与波斯战争时的一场守城之战。这场战争发生在两国边境的重镇埃德萨,当时波斯国王科斯劳埃斯亲自指挥士兵攻城,波斯人用木料和泥土制造了一个比城墙还高的可以向前推进的活动土丘,他们的士兵借此可以“从较高的位置向城墙上的守卫投掷投射物”。拜占庭的守城士兵想出了一个应对措施,“他们对着那个土堆挖掘了一条地道,并且从那里往外点火”。但是几次点火行动都以失败告终,最终拜占庭人想出的办法是将一个据说是耶稣基督亲自赠予的基督圣像“放进地道,并将它淋上水之后,堆起一些柴堆,然后拿来很多木材点火。马上,神圣的力量使那些信徒看见了奇迹,完成了他们先前没有完成的事情:木材被点燃了,然后迅速化成灰烬,大火在各处燃烧起来”,波斯军队随之败走。① 虽然圣像在这次突袭行动中不会真的起到什么作用,只是偶然和点火成功联系在了一起,但是拜占庭人选择借助圣像来进行这次军事行动,显然是因为他们相信基督的圣像能够引导他们取得胜利。

　　拜占庭人对圣徒、圣物和圣像的保护作用是如此虔信,以至于在一些时候,不同城市之间甚至会为其展开激烈的争夺。当459年老西米恩去世后,当时其所在教区的安条克主教马上让驻扎在当地的东方战区司令官亲自带领士兵来到西米恩修行所在之地,并且对他的圣体严加保护,以免其他城市将其盗走。随后,西米恩的圣体被护送到了安条克。利奥皇帝随后也听说了这一消息,他要求安条克人把西米恩的圣体运送到君士坦丁堡。安条克民众对他请愿道:“我们城市的城墙已经毁于一场地震,因此我们希望把圣体留在这里作为保护我们的一道城墙。”②最终经过激烈的争论,利奥皇帝同意了安条克人的要求,允许他们保留西米恩的圣体。安条克主教将其作为城市的护佑者安放在大教堂之内,并郑重地为

---

① Evagrius Scholasticus, *The Ecclesiastical History of Evagrius Scholasticus*, IV. 27.

② Evagrius Scholasticus, *The Ecclesiastical History of Evagrius Scholasticus*, I. 13.

其建造了礼拜堂。①

除了寻求庇护，一些拜占庭人崇拜圣徒、圣物和圣像的另一个目的是希望得到神迹的治疗。这种思想古已有之，在《新约全书》中，就有许多耶稣基督治愈麻风病人、盲人和跛子的故事。随着时间的发展，许多拜占庭人，尤其是一些普通民众，更是将圣徒、圣物和圣像都赋予神迹治疗的功能。这种现象集中出现在8世纪毁坏圣像运动时代，那时流传下来许多因为坚持信仰而被皇帝残害的修道士得到圣像治愈的传说，其中最为著名的是大马士革的约翰的故事。据传说，此人因为坚定崇拜圣像遭到了拜占庭皇帝的忌恨，后者阴谋唆使阿拉伯帝国的哈里发将约翰的右手斩断。约翰手持圣母像祈祷圣母的垂怜，最终在睡梦中，他的手被圣母复原。②

在埃瓦格里乌斯的《教会史》中也有类似的故事，如巴勒斯坦修道士，圣徒佐西莫斯和约翰就曾经有过拯救失明妇女的经历。一天，他们二人的朋友阿塞西劳斯（Arcesilaus）的妻子的一只眼睛被飞梭刺瞎，约翰得知此事后吩咐医生尽力将伤眼复位，然后用海绵和绷带将它绑好。阿塞西劳斯则哭求佐西莫斯予以帮助，后者于是"开始和上帝亲密地交流"。过了一会之后，他来到阿塞西劳斯身边并且摸着他的头告诉他，他的妻子痊愈了。这样的"奇迹"还发生在愚人西米恩的身上。西米恩一个朋友的女仆在怀孕后曾经冤枉他是孩子的父亲，结果她"临盆的时候感觉到剧烈而不可忍受的疼痛，却生不下孩子。这时人们都希望西米恩为她祈祷"。西米恩指出，在孩子父亲的问题上这个女人说了谎话，如果她不说出真相的话，就不能生下这个孩子。"当那个女人这样做了并且说出了孩子的真实父亲后，她很快就生下了孩子，这个真话仿佛就像接生婆一样灵验。"③

这些故事在今日看来显然并不能让人信服，如果我们一定要为其寻找合理解释的话，也许只能归因于这些隐修士如约翰那样具有一些医学的知识，或是因为民众对圣徒、圣物和圣像的神力极为信服，因此一些病人，如那位生产时过度紧张

---

① John Malalas, *The Chronicle of John Malalas*, 14. 37. Ioannis Malalae, *Chronographia*, ed. L. Dindorf, [Corpus Scriptorum Historiae Byzantinae] Bonn: Weber, 1831, TLG, No. 2871001.

② A. Louth, *St. John Damascene, Tradition and Originality in Byzantine Theology*, New York: Oxford University Press, 2002, pp. 17–19.

③ Evagrius Scholasticus, *The Ecclesiastical History of Evagrius Scholasticus*, IV. 7, IV. 34.

的妇女,在被视为"圣人"的修道士的谆谆引导或感召下得以放松心情,从而让病情缓解。但是不管怎样,拜占庭人对这些神迹治疗的作用是极为虔信的,所以在之后的岁月中才会不断产生新的传说。这些故事甚至对拜占庭帝国之外的非基督徒也产生了影响。据埃瓦格里乌斯记载,在莫里斯皇帝统治时期,波斯国王小科斯劳埃斯给安条克主教格里高利送来一个"用许多黄金和名贵宝石装饰的十字架",希望格里高利将其转赠给著名殉教士塞尔吉乌斯的陵寝,以恳求圣徒帮助让他一直没有子嗣的妻子怀孕,并且允诺如果愿望能够实现,则会再向其捐赠5000银币。①

此外,拜占庭人对圣徒、圣物和圣像崇拜的内容也有鲜明的特征,即这些崇拜活动越来越多地与一些奇迹联系在一起。如在埃瓦格里乌斯笔下,几乎每位圣徒或每个圣物与圣像都能和一些难以解释的奇闻轶事联系在一起。显然,津津乐道的奇迹比晦涩艰深的教义更容易吸引普通民众的关注。面对这种现象,甚至一些现代基督教学者认为,5世纪后这种"大众的基督教崇拜"使教会处于异教化的危险之中。②

据埃瓦格里乌斯描述,他在作品中讲述的这些奇迹大部分都是有人"亲眼所见"的。如圣徒老西米恩圣体停放的礼拜室在圣徒的纪念日会有"一个巨大的星星反复闪烁着划过窗户",甚至有人看见"圣徒的脸在各处飞舞并且可以看到他脸上的胡须";抑或女殉教士圣徒尤菲米娅的圣墓能够让来到其棺材前的人"浑身散发出异于常人的极其特别的异香"③。然而这些"亲眼所见"除了因虔诚产生的幻觉外,很难再找到其他合乎情理的解释。反倒是埃瓦格里乌斯在尤菲米娅奇迹同一章节中的一段话更能说明问题:"人们说如果一个品德高尚的人来到这里,奇迹就会特别频繁地发生,但是如果来者并非如此的话,奇迹就很少显现。"由此观之,许多民众在崇拜圣徒、圣物和圣像的同时,也为了避免"品德不够高尚"之嫌,因而更加促进了这些奇迹的流传。

埃瓦格里乌斯笔下还有一些传说仿佛和其他许多奇迹出自同一个模板。例

---

① Evagrius Scholasticus, *The Ecclesiastical History of Evagrius Scholasticus*, VI. 21.

② [美]威利斯顿·沃尔克:《基督教会史》,第198页。

③ Evagrius Scholasticus, *The Ecclesiastical History of Evagrius Scholasticus*, I. 14, II. 3.

如,他记载圣徒佐西莫斯在去凯撒里亚城的路上,有一只狮子把他驮物的驴吃掉了。佐西莫斯通过自己的言语使狮子驯服地为其所用,直至他到达目的地。在作品接近结尾的地方,他又在高柱修士小西米恩的圣徒传记中记载了圣徒驯服豹子和狮子的故事。[1] 和这些奇迹类似的故事在其先后的史学作品中也多有出现,并发生于不同圣徒的身上(如上文提及的圣丹尼尔)。有现代学者认为,驯服猛兽的这些传说是用来证明圣徒神圣美德的绝好方式,因此才会以此为模板衍生出如此众多的相似版本。[2] 作家与民众通过对这些素材的加工、再创作和传播,使得这些奇迹更加深入人心。

拜占庭基督徒对圣徒、圣物与圣像的崇拜与日俱增。这对基督教在帝国内的发展有着显著的促进作用。这一积极作用主要表现在以下两个方面。

首先,对圣徒、圣物和圣像的崇拜加速了基督教教义在民间的传播和普及,同时丰富了基督教信仰的内容。基督教在帝国传播的过程中,拜占庭民众,尤其是东方地区的人民对信仰表现出了高度的热情,但是,宗教狂热不能代表当时帝国中大多数的基督徒已经具备了高度的神学素养。尤其是在广阔的农村地区,有很多人无法接受十分良好的教育,因此很难想象他们可以参与复杂神学问题的论辩。与此同时,尽管拜占庭帝国的教育水准在同时期世界上都可归于发达一类,但是绝大部分的妇女并没有接受过多教育的机会。哈佛大学的拜占庭学者拉伊奥更是认为,许多拜占庭妇女实际上都是文盲。[3] 因此,如何让这些文化水平较低、不能精确理解神学微言大义的民众加深基督教信仰,就成为基督教传播过程中面临的一个重要问题。圣徒、圣物与圣像的崇拜恰恰在这一方面发挥了重要的功用。

埃瓦格里乌斯在作品中记载了一些圣徒、圣物和圣像崇拜促进基督教在普通民众,尤其是拜占庭妇女中传播的故事。这多发生在一些特定仪式或圣徒的纪念日中,例如他描绘每年在高柱修士老西米恩的纪念日中,"在庭院四周的石柱周围

---

[1] Evagrius Scholasticus, *The Ecclesiastical History of Evagrius Scholasticus*, IV. 7, VI. 23.

[2] A. G. Elliott, *Roads to Paradise; Reading the Lives of the Early Saints*, Hanover and London: University Press of New England, 1987, p. 144.

[3] A. E. Laiou, "The Role of Women in Byzantine Society", *Jahrbuch der österreichischen Byzantinistik*, vol. 31 (1981), p. 254.

挤满了人,各地的人都聚集到此……人们可以自由而不受约束地来到这里参观,他们牵着自己的驮畜一圈接一圈地绕着石柱行走。妇女不被允许进入这个圣地的内部参观。但是因为一扇门正对着那个若隐若现的星星,因此妇女们可以站在门外看见并且赞美这个奇迹。"①

圣像在这一领域的功用更为重要。如前文所言,拜占庭基督徒中一些目不识丁的信众很难听懂深奥的布道,为了解决这一问题,基督教会开始在教堂中绘制一些和《圣经》有关的宗教画像用来普及信仰知识,后来圣徒的事迹也逐渐被纳入其中。到了5—6世纪的时候,圣像崇拜是如此的普遍,以致某些现代学者甚至夸张地形容当时的许多群众"不依靠实物(圣像)的观念,便不能想象神的临在"②。基督教会内部对这一现象也产生了争论,一些基督徒认为其属于偶像崇拜的范畴,因此坚决予以反对。4世纪时的塞浦路斯主教埃毕法尼乌斯曾经撕毁过教堂内基督和圣徒的画像;6世纪时埃德萨的一些反对圣像崇拜的士兵更是向基督圣像投掷石块以表达不满。③ 但是更多的支持者认为,崇拜圣像有利于普通信众了解基督教知识,具有绝对的合理性。正如尤西比乌斯提出,对耶稣基督和使徒圣像的崇拜对于基督教徒来说是顺理成章的事情。④ 6世纪末的罗马主教格里高利一世更是明确指出,目不识丁的基督徒至少可以从墙壁的圣像上学到他们无法从书本里学到的东西。⑤

除了便于教义的普及,圣徒与圣像的崇拜还丰富了基督教信仰的内容。基督教正统教义在演进的过程中,无论是围绕三位一体还是基督论问题,基督教神学家的一个重要目的即是在凡人与神之间建立起联系的渠道,圣徒圣像崇拜的发展让这种交流有了更多的介质。其中圣像的这一作用实际上在上文已有所涉及,在许多基督徒心目中,圣子基督的圣像已与圣子本尊无异。圣徒的性质则略有不同,他们本身并非神,而是具有特殊品德和能力的人。在基督徒心目中,圣徒具有和神交流的资格,这是一般基督徒不具有的能力。圣徒施展的奇迹,如前文提到

---

① Evagrius Scholasticus, *The Ecclesiastical History of Evagrius Scholasticus*, I. 14.

② [美]G. F. 穆尔著,郭舜平等译:《基督教简史》,北京:商务印书馆1981年版,第141页。

③ A. A. Vasiliev, *History of the Byzantine Empire*, vol. 1, pp. 254-255.

④ Eusebius Pamphilus, *Church History*, Ⅶ,ⅩⅧ, 4.

⑤ A. A. Vasiliev, *History of the Byzantine Empire*, vol. 1, p. 255.

的保卫基督徒、神迹治疗、驯服野兽等,实际上都是"与上帝交流"后"传达神意"的结果。正如埃瓦格里乌斯对圣徒老西米恩的一段描写:"他使自己摆脱了尘世的束缚……他能够与天地沟通,他与上帝和光荣的天使交谈,他在上帝面前为了人类的利益而请愿,同时又努力促使人类完成上天劝其向善的要求。"[1]圣徒也由此获得了超越一般基督徒的地位。

圣徒所具有的这种与神的交流能力是如此让拜占庭基督徒深信不疑,以致皇帝也时常会在面临重大问题的时候希望能够得到圣徒传达的"神意"。例如利奥一世就曾经为是否要坚持卡尔西顿信仰的问题亲自写信向圣徒老西米恩征求意见。在日常生活中,圣徒与基督教信众的关系更为密切,他们经常能够在与神"交流"之后为后者"传道解惑"。埃瓦格里乌斯本人就曾经和圣徒小西米恩有过这样的对话。埃瓦格里乌斯因为在瘟疫中"失去了自己的孩子"而感到十分难过,并且"困惑为什么很多异教徒的孩子能够幸免于难",然而圣徒西米恩在得知此事后写信告诉他不要有这种想法,因为上帝会因此不快,埃瓦格里乌斯于是深表悔悟。[2]

从表面上看来,圣徒、圣物和圣像在神与凡人之间建立沟通媒介的这一作用似乎偏重于神学理论,并不像普及基督教教义那样对基督教化的进程有明确的意义。但是实际上,后者造成的影响丝毫不弱于前者,因为无论是圣徒、圣物还是圣像,都属于教会中的重要组成部分。圣像和圣物本身就在教会控制之下,实则完全是教会掌握普通信徒的工具。圣徒,尤其是修道士圣徒则多与本教区的主教保持着极为密切的关系,他们在许多重大问题上持有相同的立场,甚至在一些场合,圣徒往往凭借其广受景仰的地位成为主教们的代言人。因此,圣徒、圣物和圣像与神建立的"联系"其实就是帮助基督教会建立神圣的地位,这为后者在民间发展势力提供了很大的帮助。同时,也让教会能够更加便利地干预国家事务,因此圣徒、圣物和圣像的这一作用是不应被低估或忽视的。

此外,对圣徒、圣物和圣像的崇拜还能坚定帝国内基督徒的信仰,增强基督徒之间的凝聚力。帝国的许多民众都将国运的昌盛归因于基督教的信仰。圣徒、圣

---

① Evagrius Scholasticus, *The Ecclesiastical History of Evagrius Scholasticus*, I. 13.

② Evagrius Scholasticus, *The Ecclesiastical History of Evagrius Scholasticus*, II. 9, VI. 23.

物与圣像作为基督教信仰的重要组成部分在许多危急场合的确能够起到坚定拜占庭人信念的作用,在取得胜利之后,他们进一步将胜利的原因与他们的信仰相连,从而使得基督教在帝国内更为深入人心。

　　例如,埃瓦格里乌斯根据其亲身经历记载道,当540年波斯人的军队兵临叙利亚重镇阿帕梅亚城时,全城的居民"恳求托马斯主教将城市中的圣物——神圣的木十字架拿出来,这样在最后时刻他们能够看见、亲吻这件救世的圣物,并且得到通向另一个世界的道路,因为这个神圣的十字架能将他们带到一个更美好的世界"。在托马斯主教宣布了仪式的日期后,全城和附近地区的人都来到阿帕梅亚。人们"亲吻了那个十字架后,托马斯举起双手说神圣的十字架扫除了所有古代的诅咒……并预言阿帕梅亚民众将得到拯救"。最后波斯军队没有攻打阿帕梅亚,全城的居民都将这归因于奇迹。类似的故事还发生在紧随其后的另一次战斗中,波斯军队在进攻塞尔吉奥波利斯时(Sergiopolis),城中多是一些老弱妇孺,结果波斯军队没有攻陷城池,居民则将其归因于该城殉教士圣徒塞尔吉乌斯的"显圣"①。拜占庭人的这一传统在之后一直被延续下去,甚至当1453年奥斯曼人攻占君士坦丁堡的前夜,全城军民还将圣母子像抬上城头,祈祷圣像能够拯救他们于危难之中。②

　　除了战争,上文中提到的大量神迹治疗的故事也有相同的意义。正如一些现代学者所言,这些神迹治疗的故事在一定程度上体现了当时的社会需求。③ 我们能够看到,在故事中的被"治愈者"和"目击者"无不对上帝借由圣徒、圣物或圣像施行的奇迹心悦诚服。当这样一些故事被不断加工流传后,对其他基督徒也造成了极大的触动,进而形成了群体性的效应,以至于在6世纪大瘟疫爆发之时,许多人到圣徒的坟墓前祈祷,希望能够因此摆脱疾病。④

　　从这些故事中我们不难看出,在危难面前,圣徒、圣物和圣像的神迹总是被拜

---

① Evagrius Scholasticus, *The Ecclesiastical History of Evagrius Scholasticus*, IV. 26, IV. 28.

② L. Brehier, *The Life and Death of Byzantium*, p. 369.

③ P. Brown, "The Rise and Function of the Holy Man in Late Antiquity", *The Journal of Roman Studies*, vol. 61 (1971), p. 96.

④ G. Downey, *A History of Antioch in Syria: from Seleucus to the Arab Conquest*, Princeton: Princeton University Press, 1961, pp. 555 – 557.

占庭人视为自己的寄托与希望。无论事情本身的发展方向为何,基督徒或因满怀喜悦地传诵这些奇迹,或因心怀寄托和希望,都会更加虔信自身信仰的神圣性。从这一点来说,基督教信仰中比较直观的圣徒、圣物和圣像的崇拜,起到了坚定民众信仰的作用。

同时,这一作用不仅只在危难的时候才会表现,在平日的生活中,圣徒、圣物和圣像也常被拜占庭的基督徒们用来证明自己的特殊身份。即在他们的观念中,圣徒、圣物和圣像都是神圣的,它们只偏爱和眷顾基督徒,通过对它们的崇拜以及它们所展现的奇迹,基督徒将自己鲜明地与异教徒区隔,从而加强了基督徒的共同身份认同和团体的凝聚力。

在埃瓦格里乌斯的作品中有一些这方面的记载,其中一则是关于安葬在安条克的圣徒,3世纪的殉教士巴比拉斯(Babylas)的故事。这一传说发生在4世纪朱利安统治时期,本不属于《教会史》涉及的范围,但是因为这是一段在安条克流传颇广的故事,因此埃瓦格里乌斯还是详细记录了这一"神迹"。故事的内容是当"朱利安来到安条克的阿波罗神庙求神谕时,灵感之泉没有给他任何回答,这是因为神圣的巴比拉斯在附近阻止了它。这样朱利安不得不用荣耀的仪式将这位圣徒的遗体移开,并在城外为这个圣徒建了一个很大的教堂"。埃瓦格里乌斯认为"这是救世主上帝安排的事情,这样,荣耀和圣洁的殉教士必然将会被送往洁净的地方,并且被安葬在最美丽的圣地,从而流芳千古"①。这虽然是一个4世纪的传说,但是直到埃瓦格里乌斯所处的6世纪后半叶依然能够广为流传,显然是与安条克的基督徒对巴比拉斯年复一年的纪念和对基督教胜利的传颂相关的。

埃瓦格里乌斯的这段记载是为了证明圣徒和他的圣所所保护的只有基督徒,而异教徒不会受到垂怜,势必会受到其应有的惩罚。由于如上文所述,基督教具体的教义艰深复杂,因此形式明了、内容直观的圣徒、圣物与圣像崇拜对于普通的平信徒来说正是在异教徒面前区隔信仰,从而树立自己特殊身份的良好手段。

---

① Evagrius Scholasticus, *The Ecclesiastical History of Evagrius Scholasticus*, I. 16.

拜占庭基督教会借助圣徒、圣物和圣像崇拜的兴盛促进了教义在普罗大众中的传播,加强了凡人对教会的依赖,坚定了基督徒的信仰并增强了基督徒群体的凝聚力,从而巩固并发展了帝国内基督教的力量。这一特点与多神教的衰落和基督教会的自我完善相结合,共同推进了该时期拜占庭帝国基督教的发展。

第四节

基督教在帝国周边的扩散

与在帝国内部的深入传播一样,基督教在帝国周边更广的范围中扩大影响也是帝国基督教化进程的重要内容,更是对东地中海世界以拜占庭文明为核心文化圈的形成起到了关键性的作用。

传教从基督教诞生之初就是其发展的重要手段。早在 1 世纪,以保罗为代表的使徒们就开始走出犹太人的地区,向罗马帝国的腹地进发,传播基督教信仰。使徒的后人们继承了先人的事业,在之后的几个世纪中,将"福音"传播到地中海世界的大部分地区。在 330 年拜占庭帝国建立之后,基督教会的传教事业继续向前发展。然而,在 4 世纪的时候,传教的主力军并非拜占庭官方和基督教会中的"三位一体"正统派别,而是由阿里乌派基督徒承担了这一工作。同时,主要的传教活动是在帝国西部地区进行的。

在 325 年的尼西亚基督教大公会议上,阿里乌派被斥为异端,阿里乌本人也被处以流放。但是他所提出的教义并没有就此消亡。该派仇视教会上层,反对教会占有大量财富和田地的理念受到了很多帝国下层民众的支持[1],因此阿里乌派在帝国的东部地区还是有一些坚定的支持者。随后,因为发展空间受到了限制,

---

① 陈志强:《拜占廷帝国史》,第 401 页。

一些阿里乌派神学家开始走出帝国,向周边蛮族地区进发,一些生活在那里的居民也由此接受了阿里乌派教义,并开始在他们生活的地区传教,其中比较有代表性的人物即是乌尔菲拉。此人生于公元 310 年,是生活在哥特人地区的罗马战俘的后代,父母都是基督教徒。他最初只是在哥特人的基督教团体中担任"诵经人",后来接受了阿里乌派信仰。341 年他在陪同哥特使节来到拜占庭帝国时,被君士坦丁堡主教、倾向阿里乌派信仰的尼科米底的尤西比乌斯任命为主教。在其后的七年时间内,他开始在故乡的传教活动。他最为突出的贡献是将《新约圣经》译成了哥特语。①

除了对哥特人传播基督教信仰,阿里乌派的神学家们还成功地让北非的汪达尔人接受了阿里乌教义。从 4 世纪一直到查士丁尼统治时期拜占庭名将贝利萨留灭亡汪达尔王国为止,汪达尔人的官方信仰一直是阿里乌派基督教。与拜占庭帝国对阿里乌派异端的打击相反,在汪达尔人那里,三位一体派则成为受到迫害的对象。埃瓦格里乌斯在作品中就曾经援引普罗柯比的记载提到:"(汪达尔王)亨内里克(Huneric)是阿里乌派的信仰者。他用最野蛮的方法虐待利比亚地区信仰正统教义的基督徒,并且强迫他们改信阿里乌主义。那些不屈服的人被他用火和其他无数方法折磨死,其中有些人甚至被割掉了舌头。"②汪达尔王则像拜占庭皇帝对待其他异端一样,有计划地没收三位一体派基督徒的教产。3 世纪著名的基督教教父西普里安在北非的教堂就曾经"在亨内里克做国王时,被汪达尔人从基督徒手中夺走。他们用极其不光彩的手段将(三位一体派)教士们赶走,并且将其归于阿里乌教派名下"③。

在这一时期,向其他民族的传教活动主要由基督教会中的异端教派完成。总体看来,在帝国西部的传教活动也要较之东部更为活跃。依据埃瓦格里乌斯和普罗柯比等史家的记载,在此之后,尤其是在查士丁尼皇帝继位后,拜占庭帝国的传教活动表现出一些新的特点。

---

① [美]威利斯顿·沃尔克:《基督教会史》,第 151 页。

② Evagrius Scholasticus, *The Ecclesiastical History of Evagrius Scholasticus*, Ⅳ. 14. Procopius of Caesarea, *History of the Wars*, 3. Ⅷ. 1 - 4.

③ Evagrius Scholasticus, *The Ecclesiastical History of Evagrius Scholasticus*, Ⅳ. 16.

首先,拜占庭帝国在6世纪的传教活动有了更明确的目的性和主动性,国家开始在其中扮演重要的角色。这是与基督教成为帝国国教并开始与国家利益联系在一起密切相关的。一方面,由于基督教会被纳入国家的控制之下,因此拜占庭统治者可以利用基督教会的影响去实现国家的战略目标;另一方面,因为基督教成为帝国的官方宗教和最为重要的精神统治工具,因此国家也有义务和必要协助基督教会向更远的地区扩充影响。在这一时期,拜占庭帝国更重视向东部周边民族传教,并借此实现其政治目的。同时,帝国的宗教中心已经转移到了皇帝可以方便掌控的君士坦丁堡等东部教区,因此,此时帝国的官方传教活动主要由东部的教士来完成。

拜占庭帝国这样一种性质的传教活动在查士丁尼统治之初开始出现。正如一些学者所言:"利用基督教会的势力对周围少数民族和落后地区进行文化上的渗透是查士丁尼皇帝不同于其以前的历代拜占庭皇帝之重要方面。在早期拜占庭,历代皇帝对帝国境外各部族人民是否信奉基督教的问题并不关心。"[1]埃瓦格里乌斯《教会史》中比较有代表性的这样的传教活动是令赫卢利(Heruls/Eruli)人皈依的故事。赫卢利人是最早居住在现今斯堪的纳维亚半岛的民族,关于其早期活动的信息至今仍不甚明了。在3世纪的时候,赫卢利人多次随哥特人一起洗劫黑海和爱琴海地区。[2]进入4世纪后,赫卢利人先后依附东哥特人和匈奴人的政权。5世纪中叶匈奴帝国瓦解后,他们在现今的斯洛伐克南部建立了自己的王国,然而这一政权不久就被伦巴第人灭亡,其残部移居到今意大利境内。[3]与此同时,另一部分赫卢利人向拜占庭帝国靠拢,按照6世纪的拜占庭史学家马尔切利努斯·科梅斯的《编年史》记载,在阿纳斯塔修斯一世统治时期,赫卢利人渡过多瑙河进入帝国境内。根据皇帝的旨意,他们于512年被集中安置在东部帝国北部边疆人口稀少的乡村和城市中。[4]

在查士丁尼统治时代,由于拜占庭帝国在东线战场上和波斯人进行着艰巨的

---

[1] 徐家玲:《早期拜占庭和查士丁尼时代研究》,第200页。
[2] 陈志强:《巴尔干古代史》,第107—108页。
[3] Paul the Deacon, *History of the Langobards: With Explanatory and Critical Notes, a Biography of the Author, and an Account of the Sources of the History*, trans. by Foulke, I. XIX - XX.
[4] Marcellinus Comes, *The Chronicle of Marcellinus*, 512. 11.

战争,同时皇帝一直心怀收复西部领土的雄心,帝国北疆多瑙河防线的稳定就显得极为重要,甚至直接关乎首都的安全。因此,勇猛善战的赫卢利人开始引起了查士丁尼的注意,他同时运用了物质和精神两种手段对其进行拉拢。按照埃瓦格里乌斯的记载,查士丁尼赠予了赫卢利人大笔金钱,同时向他们那里派遣了教士传教,最终说服他们全部接受洗礼,成为基督徒。① 根据普罗柯比的描绘,拜占庭皇帝给予这些皈依的基督徒极高的荣誉。赫卢利王格莱普斯(Greps)于 528 年 1 月在君士坦丁堡接受洗礼,查士丁尼皇帝亲自担任了他的教父。当然,查士丁尼也从中得到了回报,在之后的哥特战争中,数千名赫卢利战士被编入拜占庭军队,先后随从贝利萨留和纳尔泽斯在意大利战场浴血奋战。②

在之后 6 世纪的历史中,拜占庭的皇帝们延续了查士丁尼的这一政策,即将基督教的传播与国家的政治外交需求相结合,对帝国东部周边的"蛮族"实行物质拉拢与精神同化的双重手段。在具体实施的细节上,拜占庭统治者表现出了很大的灵活性,传教对象民族的过往和领导人个人品质均非其主要考虑的问题,重要的是通过其皈依基督教能否给帝国带来重大利益。例如埃瓦格里乌斯曾经记载了莫里斯皇帝统治期间的一次传教活动。传教的对象是阿拉伯半岛上的莱赫米部族。该部族所在地域是拜占庭和波斯帝国激烈争夺的地区,具有十分重要的战略地位。莱赫米阿拉伯人经常摇摆于两大帝国之间。在莫里斯统治时期,该部族领袖纳曼(Naaman)曾经"给(拜占庭)国家带来了无数麻烦,他洗劫了腓尼基和巴勒斯坦地区,并且和他的蛮族同伴一起带走了很多俘虏"。埃瓦格里乌斯更是形容纳曼本人"是一个最可恶和完全肮脏的异教徒,他甚至亲手杀人献祭给他们的魔鬼"。但是最终拜占庭统治者还是通过外交手段让莱赫米部族选择了基督教信仰,并成为帝国的盟友。③

值得一提的是,拜占庭皇帝还在一定程度上修正了 4—5 世纪放任异端教派在境外传播其教义的做法,开始任命东部正统教会的一些教士进行传教活动。埃

---

① Evagrius Scholasticus, *The Ecclesiastical History of Evagrius Scholasticus*, IV. 20.

② Procopius of Caesarea, *History of the Wars*, 6. XIV. 28 - 36. Procopii Caesariensis, *Opera Omnia*, vols. 1 - 2, ed. G. Wirth (post J. Haury), Leipzig: Teubner, 1962, 1963, TLG, No. 4029001.

③ Evagrius Scholasticus, *The Ecclesiastical History of Evagrius Scholasticus*, VI. 2, VI. 22.

　　瓦格里乌斯在同一章节记载了安条克主教格里高利奉莫里斯皇帝之命前往波斯边境的幼发拉底河流域和阿拉伯地区传教的事迹。那些地区的民众大都信奉基督一性论派信仰,格里高利的目的即是使他们改为信奉正统派基督教。作为格里高利的重要助手,埃瓦格里乌斯很可能亲身参与了这一行动。这次传教活动十分成功,"许多城堡、村庄、修道院和部落的人都皈依到了上帝的教会"。当然,这样一种做法是有限度的,总体来看,拜占庭君主更关注的是周边民族是否能接受基督教信仰,而非具体某个教派。如其周边的亚美尼亚人和埃塞俄比亚人最终选择的都是基督一性论教派。再如,为了让自己的重要盟友皈依基督教,查士丁尼更是应允阿拉伯加萨尼部族接受了一性论信仰。①

　　从该时期的拜占庭史家的作品中人们不难看出,6世纪后,拜占庭帝国传教活动的目的性和主动性都显著提高,同时国家开始成为这一活动的重要支持力量。东部教会和国家的紧密配合使该时期基督教信仰的传播收到了良好的效果。然而除了这一特点外,人们还能看到,在这一时期,帝国周边的一些相对落后的民族开始主动和拜占庭帝国进行交往并希望能够皈依基督教。拜占庭皇帝对这一行为自然也是乐见其成,并会为其提供一些相应的帮助。埃瓦格里乌斯在《教会史》中记录了几次相关的内容,均发生于查士丁尼统治时期。其中比较详细的是阿巴斯吉人(Abasgi)的皈依。阿巴斯吉人是居住在黑海东北岸地区的民族,其活动区域大致为高加索地区和黑海之间,战略地位比较重要。根据埃瓦格里乌斯和普罗柯比的描述,该民族在经济文化上都比较落后,其很多人都选择自我阉割后进入拜占庭皇宫做宦官。540年代,该民族主动要求皈依基督教,查士丁尼不但愉快地为他们派去了教士,并且还专门为他们建造了一座圣母教堂。② 阿巴斯吉人从此和拜占庭人的联系更为紧密,并在拜占庭与波斯的战争中发挥了一定的作用。这一现象的重要性是不容忽视的。尤其是8世纪之后,类似的情况在拜占庭帝国与周边民族的交往过程中多有发生,成为拜占庭外交活动的重要内容。

---

① J. W. Barker, *Justinian and the Later Roman Empire*, The University of Wisconsin Press, 1966, pp. 128 - 129.

② Evagrius Scholasticus, *The Ecclesiastical History of Evagrius Scholasticus*, IV. 20. Procopius of Caesarea, *History of the Wars*, 8. III. 18 - 21.

　　总而言之,6世纪拜占庭帝国的对外传教活动与先前两个世纪相比有了明显的变化。基督教的传播和国家的政治需求越来越紧密地联系在一起。与此同时,境外的一些民族主动接受基督教信仰,也进一步体现了拜占庭帝国在政治经济上的优势和基督教文化的影响。从这一时期开始,拜占庭帝国在国内基督教化进程基本完结之后,以帝国东部的几大教区为主要依靠力量,对周边地区加大了传教的力度,进而对东欧地区的历史进程起到了重要的影响。

第四章

早期拜占庭帝国的蛮族问题与
多族群融合及身份认同

　　早期拜占庭帝国面临的蛮族问题继承自罗马帝国后期发展阶段,至"3世纪危机"期间,帝国所经受的周边民族压力日增。4世纪后期,纷至沓来的日耳曼人、匈人、阿兰人等群体相继出现在多瑙河北部地区,并导致这种军事压力达到高峰,从而成为早期拜占庭帝国政府所必须面对的重要问题。在帝国政府的应对过程中,拜占庭社会中逐渐出现了多族群融合共存的局面,同时共同的身份认同也在逐渐形成。

第一节

拜占庭帝国的多瑙河边疆地区与黑海北岸的移民迁徙

如果说君士坦丁堡的落成与启用标志着拜占庭帝国的开始,那么新都的地理位置则意味着色雷斯地区从此成为拜占庭帝国的京畿重地,流经巴尔干半岛北部的多瑙河也因新都所在地之帝国政治中心的战略安全获得了特殊地位。色雷斯平原地区与多瑙河南部河谷平原之间虽有斯塔拉山脉(Stara Planina)相隔[1],但由于其山势并不险峻,同时高度有限,因此并未能形成巴尔干半岛北部的真正屏障,特别是斯塔拉山脉有多处便于通行的山口通道沟通了多瑙河中下游河谷地区与色雷斯地区,成为南北交通枢纽,为北方各个族群群体南下提供了机会与便利。[2] 历史上,凡是越过了多瑙河的北方族群均会进入色雷斯地区,由于多瑙河防御与色雷斯地区的安全密不可分,因此在本书中将两者合称为多瑙河边疆地区。

色雷斯地区是君士坦丁堡的陆上门户,当地两座最为重要的城市是菲利普波利斯(Philippopolis)与亚得里亚堡,后者是通向爱琴海、马尔马拉海与黑海的多条道路的交汇处,也是守卫通往君士坦丁堡的北方道路上的主要要塞,因此成为确保在巴尔干半岛霸权的关键之地。[3] 君士坦丁堡位于博斯普鲁斯海峡的欧洲一侧,控制着由黑海到地中海的战略要道,三面环水。该城南面为马尔马拉海,东北部为约有5英里长的金角湾;马尔马拉海自身又由东面的博斯普鲁斯海峡与西面的达达尼尔海峡所保护,大自然将此地打造成为宏伟的港口与几乎无法攻陷的堡垒,从海上发起攻击极为困难。[4] 实际上,正如拜占庭帝国的千年历史所显示的,

---

[1] 即巴尔干山脉(Balkan Mountains),斯塔拉山脉一名出自保加利亚语,意为"古老的山脉(Old Mountain)"。

[2] 陈志强:《巴尔干古代史》,第5页。

[3] D. Obolensky, *The Byzantine Commonwealth: Eastern Europe, 500 –1453*, New York: St. Vladimir's Seminary Press, reprinted 1982, pp. 29 – 31.

[4] [英]约翰·朱利叶斯·诺威奇著,殷亚平等译:《地中海史》上册,上海:东方出版中心2011年版,第62页。

君士坦丁堡是无法从海上攻克的,即使在拜占庭帝国的最后时刻,君士坦丁堡也是由于陆上城墙被奥斯曼土耳其人的大炮击破而陷落的。因此,在军事上,来自色雷斯地区的敌人对君士坦丁堡构成最大的威胁。早在罗马共和国时期,希腊史家波里比阿就指出了这一点,他对古代拜占庭城居民在陆地上所遭受攻击的描绘与日后建于同一地点的君士坦丁堡所面对的问题极为相似,有必要予以注意。

　　根据波里比阿的看法,君士坦丁堡的"不利之点源自陆路方面,拜占庭被色雷斯领土从海到海围住,以及拜占庭一直以来和色雷斯人进行永久而且无法解决的战争。因为色雷斯的部落领导人以及其随从人数众多,所以拜占庭无法做任何周全准备的攻击,来赢得决定性的胜利,终结战斗。假如拜占庭人征服一位领导人,会有另外三个更可怕的人入侵它的领土。而假如他们让步,同意谈和及缴纳贡赋,对事情亦毫无改善,因为如果他们向一位部落领导人让步,这会带来五倍的敌人来攻击他们。结果,如我所解释的,他们发现自己卷入一场格外困难以及无限延长的战争,有什么会比与居住在你的边界的野蛮人作战更危险及更令人惊恐之事?广泛来说,这些是拜占庭人必须在陆路去对抗的考验以及承受的风险,但是,除了与战争相伴随的其他恶事,他们注定要承受类似荷马史诗所形容的折磨着坦塔罗斯的命运。他们发现自己是一块最富庶沃土的主人,投注劳力在他们的土地上,也有极优厚丰收的奖赏,但野蛮人在收获时却扑扫过来,将一些谷物焚毁,带走其他,所以除了白费的操劳和开销外,他们在见到这些在他们眼前被毫无异议地摧毁时,收获时的美好却反而加强了他们感受到的辛酸悲哀"①。

　　如果将波里比阿笔下的色雷斯人替换成早期拜占庭帝国历史上的任何一个曾经出现于该地区的族群,上述描绘也并不会令人产生较大的违和之感。君士坦丁堡西北部的色雷斯地区虽山峦起伏,但河谷地带仍可通行,艾格纳提亚大道(Via Egnatia)与锡吉杜姆—君士坦丁堡大道分经色雷斯南北抵达君士坦丁堡,尚有其他多条道路穿越色雷斯,连接着多瑙河流域下游城市与君士坦丁堡。② 在罗

---

① Polybius, *The Histories*, with an English translation by W. R. Paton, Cambridge, Massachusetts: Harvard University Press, reprinted 1992, vol. II, Book IV. 44. 11 - 45. 8, pp. 411 - 413. [古希腊]波里比阿:《罗马帝国的崛起》,第 380— 381 页。Polybius, *Historiae*, vols. 1 - 4, ed. T. Büttner-Wobst, Leipzig: Teubner, 1905, 1889, 1893, 1904 (repr. Stuttgart: 1962; 1965; 1967), TLG, No. 0543001.

② D. Obolensky, *The Byzantine Commonwealth: Eastern Europe, 500 - 1453*, pp. 33 - 41.

马帝国晚期以及拜占庭帝国时期,色雷斯一再成为哥特人、匈人、阿瓦尔人、斯拉夫人、保加尔人、马扎尔人、佩彻涅格人等进入巴尔干半岛并威胁君士坦丁堡的通道。色雷斯若落入敌手,君士坦丁堡也将危如累卵,至晚期拜占庭帝国时期,占领色雷斯正是奥斯曼土耳其帝国围攻君士坦丁堡之前采取的重要战略步骤。任何出现于色雷斯的敌对势力,都将从君士坦丁堡与陆地相接的一面对帝国首都构成重大安全威胁。因此,色雷斯平原是巴尔干半岛战略地位最为重要的地区,谁控制了色雷斯谁就主宰了拜占庭帝国的命运,这就令色雷斯成为兵家必争之地。[1] 实际上,在整个中世纪,拜占庭帝国与来自色雷斯方向的北方邻人之间的斗争始终在持续。[2]

在4—6世纪的早期拜占庭帝国时期,出现在色雷斯地区的帝国敌人,除少数内乱兵变外,绝大多数是最初来自多瑙河北岸地区的蛮族。多瑙河发源于黑森林地区,穿越群山,经过今德意志南部的巴伐利亚、奥地利、匈牙利、斯洛伐克、罗马尼亚、塞尔维亚、保加利亚等国注入黑海,该河的绝大多数地段在罗马帝国时期属于帝国主要的自然边防线。[3] 巴尔干半岛北部沿多瑙河一线的直线距离长达1200公里,该河及其支流萨瓦河(Sava river)与德拉瓦河(Drava river)形成了半岛北部的自然界线,这些河流在一年大部分时间中可以为当地居民提供运输与旅行的便利,同时也成为阻挡北方民族流动的屏障。[4]

学者指出,在3世纪时,多瑙河地区军队是罗马帝国最为庞大的部队,这一地区造就了众多优秀军官与士兵以及成功的皇帝。[5] 在早期拜占庭帝国时期,多瑙河防线的重要性更为突出,因为巴尔干半岛北部的下多瑙河成为色雷斯地区与多瑙河北岸之间的天然门户,这里既是两岸居民、使节与商旅交流的通道,也位于蛮族军队南下与帝国军队北上的路途之中,因此下多瑙河防线对于帝国首都君士坦丁堡的防卫而言至关重要,多瑙河有警,会直接影响到色雷斯地区与君士坦丁堡的安全。多瑙河河谷平原自西向东延伸至多瑙河下游三角洲地区,该平原南部比

---

① 陈志强:《巴尔干古代史》,第10页。

② D. Obolensky, *The Byzantine Commonwealth: Eastern Europe, 500–1453*, p. 32.

③ [英]诺曼·戴维斯著,郭方、刘北成等译:《欧洲史》上卷,北京:世界知识出版社2007年版,第18—20页。

④ 陈志强:《巴尔干古代史》,第7页。

⑤ [英]迈克尔·格兰特著,王乃新、郝际陶译:《罗马史》,上海:上海人民出版社2008年版,第278页。

邻巴尔干山脉平缓的山麓北坡,易于通行,是诸多游牧民族进入巴尔干半岛的桥头堡,因此多瑙河流域也一直是防范北方民族入侵的军事中心。[①]

奥伯林斯卡认为,下多瑙河在地理上具有双重作用,一方面,它为来自北方的迁徙者提供了进入可以穿越巴尔干半岛的众多道路的入口,并可由此进一步前往黑海、马尔马拉海、爱琴海和亚得里亚海岸边的重要城市;另一方面,它在拜占庭人的眼中标志着帝国直接政治主权的有效边界,无论他们是否实际上控制着这条河流。[②] 自从罗马帝国放弃多瑙河北岸行省以后,下多瑙河便成为色雷斯地区与不时来到多瑙河北岸地区的北方民族之间仅有的自然区隔。但是,一方面,包括多瑙河在内,河流本身在军事上并不是不可逾越的[③];另一方面,自罗马帝国晚期以来,这一地区所面临的外来压力日益增大。学者认为,在皇帝马可·奥勒留去世后,一项可以被认为是志在吞并多瑙河北日耳曼人与萨尔马特人的计划就此被放弃。[④] 此后,虽然罗马—拜占庭帝国的皇帝们不时仍会越过下多瑙河出击,但下多瑙河北岸地区实质上已经成为独立于帝国控制的众多族群定居之处,并且这一地区的定居者常因为其他地区的移居迁徙而受到影响,并且因此对下多瑙河流域以及色雷斯地区的防御造成威胁,尤其是黑海北岸地区的游牧或半游牧民族的动向成为影响早期拜占庭帝国多瑙河边疆安全的主要因素。

黑海在古典时期被称为"好客海"(Pontus Euxinus),普林尼在《自然史》中称它最初由于其不友好的汹涌狂暴而被称为"不好客的海"(Axinus),而这种汹涌狂暴是大自然特有的妒忌心理造成的,它纵容大海在这里恣意妄为。[⑤] 当古代希腊地区居民首次接触黑海时,它被认为是已知世界的边缘,是神话中的野兽、半人和英雄的栖息地。[⑥] 从地理上看,黑海海域向东通过刻赤海峡(Kerch Strait)与亚速海(Azov Sea)相连,向西经由博斯普鲁斯海峡可进入爱琴海,南岸为小亚细亚,北

① 陈志强:《巴尔干古代史》,第 10 页。

② D. Obolensky, *The Byzantine Commonwealth: Eastern Europe, 500 – 1453*, p. 42.

③ C. R. Whittaker, *Frontiers of the Roman Empire: A Social and Economic History*, Baltimore and London: The Johns Hopkins University Press, 1994, p. 61.

④ A. K. Bowman, P. Garnsey, A. Cameron edited, *The Cambridge Ancient History, vol. XII: The Crisis of Empire, A. D. 193 – 337, Second Edition*, p. 216.

⑤ Pliny, *Natural History*, with an English translation by H. Rackham, vol. II, Book VI. 1. 1, p. 339. [古罗马] 普林尼著,李铁匠译:《自然史》,上海:上海三联书店 2018 年版,第 68 页。

⑥ [美]查尔斯·金著,苏圣捷译:《黑海史》,上海:东方出版中心 2011 年版,第 9 页。

岸为南俄草原,其北岸有多瑙河、第涅伯河、顿河、德涅斯特河等著名河流的入海口,布格河(Bug)也流经黑海北岸地区。

早在公元前4000年,在第涅伯河、德涅斯特河与布格河流域就逐渐发展出了新石器文化,考古遗迹显示农业在当时已经扎根于此,当地居民还驯养家畜、从事纺织,已经拥有成熟的宗教,定居农民与入侵的游牧民之间的斗争也已经开始。① 大约从公元前1200年起,辛梅里安人(Cimmerians)开始居住于黑海以北的俄罗斯草原上,考古发掘显示,辛梅里安文化存在于公元前900至公元前750年间,主要使用青铜器,在其发展的最后阶段已与奥地利的哈尔希塔特文化与高加索文化这两种铁器文化出现交流。② 根据希罗多德的说法,居住于亚细亚的游牧的斯基泰人(the Scythians)在与马萨革泰人(the Massagetae)的战争中被击败,于是不得不背井离乡,进入辛梅里安人的土地,辛梅里安人围绕抵抗还是撤离分成两派,争执不下,结果发生混战,主张抵抗的王族一派被歼灭,此后平民便撤离了国土,斯基泰人则占据了辛梅里安人的土地。③ 一些辛梅里安人可能逃至今天的匈牙利避难,其余的辛梅里安人则逃入小亚细亚,斯基泰人追击于其后,并在亚述人的配合下,将逃入小亚细亚的辛梅里安人消灭。④ 斯基泰人从公元前7世纪开始直至公元前3世纪末统治着南俄罗斯草原地带,其控制范围最大时,西部疆域深入到多瑙河南部,中间穿越高加索,东部疆域则深入至小亚细亚。⑤

马萨革泰人、斯基泰人与辛梅里安人之间逐级传导的压力与斗争在此后也将在黑海北岸的南俄草原上不断出现,虽然这种斗争可能并不意味着史料中所提及的某个新到族群的人口在草原上彻底取代之前的族群,施加压力的族群与被击败的族群之间可能也存在着融合现象,但是可以肯定的是,草原上不同族群之间的

① [美]尼古拉·梁赞诺夫斯基、[美]马克·斯坦伯格著,杨烨、卿文辉主译:《俄罗斯史》(第7版),上海:上海人民出版社2007年版,第10页。
② [法]勒内·格鲁塞著,蓝琪译,项英杰校:《草原帝国》,北京:商务印书馆2013年版,第22—25页。
③ Herodotus, *The Persian Wars*, with an English translation by A. D. Godley, Cambridge, Massachusetts: Harvard University Press, reprinted 1995, Book IV. 11, pp. 211 - 213. [古希腊]希罗多德著,王以铸译:《历史》,北京:商务印书馆1997年版,第269—270页。[古希腊]希罗多德著,徐松岩译注:《历史》,北京:中信出版社2013年版,第258—269页。Hérodote, *Histoires*, 9 vols., Paris: Les Belles Lettres, 1930—1960 (repr. 1963—1970), TLG, No. 0016001.
④ [法]勒内·格鲁塞:《草原帝国》,第28—29页。
⑤ [美]尼古拉·梁赞诺夫斯基、[美]马克·斯坦伯格:《俄罗斯史》(第7版),第10页。

斗争以及由此导致的部分失败者的逃亡或新来者的扩张将不可避免地对草原周边地区的居民造成影响,正如前述辛梅里安人的逃亡、斯基泰人的扩张所显示的一样。尤其是南俄草原地区与希腊罗马世界早已存在直接联系,南俄草原上来来往往的定居或游牧民族对于希腊罗马文明并非一无所知,这就令黑海北岸各族群的移居迁徙活动迟早会对下多瑙河流域与巴尔干半岛产生影响。

　　大约在南俄草原的控制权由辛梅里安人向斯基泰人转移后,古希腊人就进入了黑海地区,其活动范围由南部海岸逐渐扩展至黑海北岸,进行商业与殖民活动。[①] 黑海沿岸地区由此与古希腊、古罗马与此后的拜占庭世界紧密相连。在黑海沿岸,希腊人建立了众多殖民城邦,其中著名的包括西诺普(Sinope,今土耳其的西诺普)、特拉佩苏斯(Trapesus,今土耳其的特拉比宗)、奥尔比亚(Olbia,今乌克兰的帕努提内[Parutyne]附近)、潘提卡帕姆(Panticapaeum,今乌克兰的刻赤[Kerch]附近)、塞奥多西亚(Theodosia,今乌克兰的费奥多西亚)、切索内索斯(Chersonesos,今乌克兰的塞瓦斯托波尔附近)、迪奥斯库里亚斯(Dioscurias,今格鲁吉亚的苏呼米[Sukhumi]附近)、波尔斯塞内斯(Borysthenes)、伊斯特里亚(Istria,今罗马尼亚的康斯坦察)、托密斯(Tomis,今罗马尼亚的康斯坦察)、奥德苏斯(Odessus,今保加利亚的瓦尔纳[Varna])、梅塞布里亚(Mesembria,今保加利亚的内塞巴尔)、本都的阿波罗尼亚(Apollonia Pontica,今保加利亚的索佐波尔),等等。虽然如被流放至托密斯的奥维德这样的罗马诗人会抱怨自己居住在"蛮荒世界的中心"[②],但是,正如学者所言,通过从公元前7世纪就出现于南俄草原的希腊殖民地及一般的商业和文化交往,南俄草原的居民也对古典文明有所影响。[③] 来自希腊本土或黑海沿岸殖民城邦的商人将当地的包括谷物、铁、木材等物产运往希腊各城邦,也将希腊的陶器、布料、葡萄酒与橄榄油运往黑海沿岸地区。长期的贸易往来和希腊殖民者与当地居民的共处,导致在黑海北部和西北部

---

① [美]查尔斯·金:《黑海史》,第24页。
② [古罗马]奥维德著,李永毅译注:《哀歌集·黑海书简·伊比斯》,北京:中国青年出版社2019年版,第114页。
③ [美]尼古拉·梁赞诺夫斯基、[美]马克·斯坦伯格:《俄罗斯史》(第7版),第9—10页。

出现了明显的文化融合现象:有些地区的希腊殖民者模仿当地人建造半地穴式房屋御寒,也有希腊殖民城邦的钱币上出现了蛮族的形象;与此同时,也有当地居民树立起希腊式的雕像与祭坛,并庆祝狄奥尼索斯节。①

　　斯基泰人的语言属于印欧语系,是典型的游牧民族,居住在由公牛拉的篷车里,根据马匹的数量计算其财富,擅长骑射。② 根据希罗多德的说法,在斯基泰人中存在王族的斯基泰人(Royal Scythians),他们人数最多,也最为勇武,并将其他斯基泰人都视为自己的奴隶。③ 从考古资料看,斯基泰人在迁入黑海北岸以前已经进入阶级社会,并且存在强大的王权。④ 在从多瑙河延伸至顿河的斯基泰王国中,生活在黑海北岸地区的斯基泰人有的从事农业劳动,被希罗多德称为农耕的斯基泰人,并且说他们种植麦子是用于出售而非食用的。⑤ 谷物对于来往于黑海沿岸的希腊商人具有吸引力,这些农耕斯基泰人放弃游牧生活是由于同希腊殖民城邦及其商人的交往,其谷物的主要销售对象是希腊人,这种交往也体现在部分农耕斯基泰人自称为奥尔比亚公民(Olbiapolitae)。⑥ 显然,在斯基泰人统治南俄草原期间,黑海北岸农业非常繁荣,当地居民与希腊世界的交往一直在继续。⑦

　　公元前3世纪,从中亚草原西迁并操伊朗语的萨尔马特人击败了斯基泰人,毁灭了黑海北岸地区的斯基泰王国,成为南俄草原的统治者。⑧ 他们与斯基泰人存在联系,但在文化艺术及战争中的装备上存在明显区别。⑨ 萨尔马特人很快顺利地融入了黑海北岸地区经济与文化。⑩ 根据公元前1世纪地理学家斯特拉波

---

① [美]查尔斯·金:《黑海史》,第27—29页。
② [法]勒内·格鲁塞:《草原帝国》,第26—27页。
③ Herodotus, *The Persian Wars*, Book IV. 20, p. 221.
④ 蓝琪主编:《中亚史》第1卷,北京:商务印书馆2018年版,第99页。
⑤ Herodotus, *The Persian Wars*, Book IV. 17, p. 219.
⑥ Herodotus, *The Persian Wars*, Book IV. 18, p. 219. [美]查尔斯·金:《黑海史》,第34页。
⑦ [美]尼古拉·梁赞诺夫斯基、[美]马克·斯坦伯格:《俄罗斯史》(第7版),第12页。
⑧ 蓝琪主编:《中亚史》第1卷,第117、120页。
⑨ [法]勒内·格鲁塞:《草原帝国》,第37—38页。
⑩ [美]尼古拉·梁赞诺夫斯基、[美]马克·斯坦伯格:《俄罗斯史》(第7版),第12页。

的记载,进入黑海北岸草原地区的萨尔马特人也有部分成为耕种土地的定居农民。① 萨尔马特人统治黑海北岸直至公元 3 世纪初,在萨尔马特人中以阿兰人部落联盟的力量较为强大。② 阿兰人以游牧为生,在占据黑海东北部草原后,经常袭击安息帝国。③ 根据罗马帝国时期的文献,阿兰人曾从多瑙河北岸渡河南下,劫掠罗马人的土地,庞培与凯撒都曾与阿兰人作战。④ 根据约瑟夫斯的记载,罗马皇帝提比略时期,阿兰人曾作为罗马帝国同盟击败安息帝国。⑤ 在萨尔马特人取代斯基泰王国在黑海北岸的统治之后,属于萨尔马特人之一支的阿兰人与罗马人之间的冲突与合作,再次验证了黑海北岸地区族群的移居迁徙活动对希腊罗马世界的影响。

最初居住于维斯图拉河(the Vistula)流域的哥特人继萨尔马特人之后来到黑海北岸。⑥ 6 世纪史家乔代尼兹宣称,哥特人的国王埃尔马纳里克(Hermanaric)征服了众多民族,统治了斯基泰全境与日耳曼尼亚的所有民族。⑦ 现代史家则认为,3 世纪期间,哥特人不仅摧毁了萨尔马特人在黑海北岸大草原的统治地位⑧;并且其势力自顿河延伸至多瑙河流域,阿兰人则居住于哥特人的一支格鲁塞基人(the Greuthungi)附近地区。⑨ 在克里米亚也有哥特人的存在,直到中世纪,克里

① Strabo, *The Geography of Strabo*, with an English translation by Horace Leonard Jones, London: William Heinemann LTD., Cambridge, Massachusetts: Harvard University Press, 1961, vol. V, 11. 2. 1, p.191.［古希腊］斯特拉波著,李铁匠译:《地理学(下)》,上海:上海三联书店 2014 年版,第 735 页。Strabonis, *Geographica*, 3 vols., Leipzig: Teubner, 1877 (repr. Graz: Akademische Druck-und Verlagsanstalt, 1969), TLG, No. 0099001.
② ［美］尼古拉·梁赞诺夫斯基、［美］马克·斯坦伯格:《俄罗斯史》(第 7 版),第 12 页。
③ 蓝琪主编:《中亚史》第 1 卷,第 122 页。
④ B. S. Bachrach, *A History of the Alans in the West: From their first appearance in the sources of classical antiquity through the early Middle Ages*, Minneapolis: University of Minnesota Press, 1973, pp.3-4.
⑤ Josephus, *Jewish Antiquies*, Books XVIII-XIX, with an English translation by Louis H. Feldman, Cambridge, Massachusetts and London, England: Harvard University Press, reprinted 1996, XVIII. 4. 96, p.71. Flavii Iosephi, *Opera*, vols. 1-4, ed. B. Niese, Berlin: Weidmann, 1887, 1885, 1892, 1890 (repr. 1955), TLG, No. 0526001.
⑥ P. Heather, *The Goths*, Oxford: Blackwell, 1996, p.30.
⑦ Jordanes, *The Gothic History of Jordanes*, XXIII. 116-120, pp.84-85. ［拜占庭］约达尼斯:《哥特史》,第 80-81 页。
⑧ ［美］尼古拉·梁赞诺夫斯基、［美］马克·斯坦伯格:《俄罗斯史》(第 7 版),第 13 页。
⑨ P. J. Heather, *Goths and Romans, 332-489*, p.84.

米亚半岛西南部仍有一小片土地被称为"哥特人之地（Gothia）"①。黑海北岸与多瑙河北岸同时被控制在哥特人各部落手中，一方面令哥特人与罗马世界产生密切联系与交往，另一方面也对多瑙河边疆构成了相当大的压力，哥特人对帝国下多瑙河沿岸地区及多瑙河南岸富裕的色雷斯、马其顿尼亚等行省进行了数量众多的劫掠与攻击。② 至少从 230 年代开始，他们就攻击下多瑙河行省，向无力抵抗他们的罗马指挥官要求赠礼。③ 238 年，哥特人劫掠多瑙河口以南的伊斯特里亚，以致帝国政府准备向哥特人授予年贡。④ 此后，从戴基乌斯直至奥勒里安，罗马帝国的皇帝们均花费大量人力物力同哥特人作战，在此期间，哥特人不断劫掠多瑙河以南行省、黑海沿岸与爱琴海沿岸地区和岛屿。⑤ 330 年，在帝国新都君士坦丁堡落成的这一年，可能由于哥特人中的一支特文吉人（the Tervingi）的压力，一批塔伊法人（Taifali）入侵巴尔干半岛行省，一些受到特文吉人攻击的萨尔马特人也向帝国求援，君士坦丁一世于是发动对哥特人的战争，派遣时任凯撒的儿子康斯坦提乌斯越过多瑙河作战，大败哥特人，并且随后又击败了被认为不忠于协议的萨尔马特人，此战之后签订的 332 年和约在大约 30 年中保证了下多瑙河的和平。⑥ 至 360 年代早期，特文吉人开始企图对君士坦丁一世强加给他们的 332 年和约条款进行修正，并因此支持僭位者普罗柯比对抗瓦伦斯皇帝，瓦伦斯因此于 367 年越过多瑙河发动了一场持续三年的哥特战争。⑦ 至 369 年，战争陷入僵局，双方最后妥协，签订了新的 369 年和约。⑧ 由此，哥特人保持了在下多瑙河北岸的霸权地位，并对拜占庭帝国的多瑙河边疆保持着持续的压力。

综上所述，黑海北岸地区各个族群的移居迁徙最终波及多瑙河流域，在古代世界，并不像当代国家一样有明确清晰的国境线，各族群的移居并不会由于所谓

---

① ［美］查尔斯·金：《黑海史》，第 70 页。

② P. Heather, *The Goths*, p. 40.

③ A. K. Bowman, P. Garnsey, A. Cameron edited, *The Cambridge Ancient History, vol. XII: The Crisis of Empire, A. D. 193 -337*, p. 445.

④ H. Wolfram, *History of the Goths*, p. 44.

⑤ P. Heather, *The Goths*, pp. 40 - 43. Herwig Wolfram, *History of the Goths*, pp. 44 - 56.

⑥ M. Kulikowski, *Rome's Gothic Wars: From the Third Century to Alaric*, pp. 83 - 85.

⑦ P. Heather, *The Goths*, pp. 61 - 62. M. Kulikowski, *Rome's Gothic Wars: From the Third Century to Alaric*, p. 115.

⑧ P. J. Heather, *Goths and Romans, 332 -489*, p. 119.

后世边境的限制而自动停步。南俄草原上不同族群势力的消长会不断在与其相邻的希腊罗马拜占庭世界引起回响,多瑙河边疆则首当其冲,这种状况将发生在此后拜占庭帝国的大部分历史之中。正如奥伯林斯卡所言,黑海北岸地区充满着各种族群,其移动会引起君士坦丁堡当局的极大焦虑,因为他们从长期的痛苦经验中知晓,居于多瑙河之外与黑海附近的居民经常入侵帝国土地,并定居于巴尔干半岛。①

第二节

蛮族对早期拜占庭帝国的威胁

在4—6世纪的早期拜占庭帝国时期,对于帝国边疆安全造成最大威胁的蛮族群体是匈人与哥特人,后者主要又分为西哥特人与东哥特人。

4世纪的最后25年中,多瑙河北岸的既定政治秩序由于匈人的闯入而被彻底颠覆。② 关于匈人的起源,目前主要存在两种观点。一种观点是匈人与匈奴同源论,由18世纪法国汉学家德·奎尼(Joseph de Guignes)提出,20世纪初由德国汉学家夏德(Friedrich Hirth)加以补充完善,他们认为出现于欧洲史籍中的匈人就是古代中国历史上的匈奴人,由于公元1世纪末东汉军队的进攻和2世纪中叶鲜卑的扩张,北匈奴西迁至康居,并继续西行击败阿兰人越过顿河。③ 这一说法自提出后直至20世纪前期曾得到欧美学家众多重要史家的认可与接受,并成为国内学界的主流看法。与此相对立,反对匈人与匈奴同源的观点也一直存在,并且

---

① D. Obolensky, *The Byzantine Commonwealth: Eastern Europe, 500－1453*, p. 42.
② Averil Cameron, Peter Garnsey edited, *The Cambridge Ancient History*, vol. XIII: *The Late Empire, A. D. 337－425*, p. 499.
③ [日]泽田勋著,王庆宪、丛晓明译:《匈奴:古代游牧国家的兴亡》,呼和浩特:内蒙古人民出版社2011年版,第193—194页。刘衍刚:《罗马帝国的梦魇:马塞里努斯笔下的东方战争与东方蛮族》,第126—128页。

随着考古学、民族学、语言学、文献学、古人类学等方法被逐渐引入相关研究,至
20 世纪下半叶,国际学术界主流观点认为匈人的起源还难以确定。① 同时,近年
来又出现另一种从文化角度探讨两者之间关联的倾向。金贤真认为,晚后的匈人
与更早的匈奴之间可能存在着文化联系。② 布罗赛德尔从考古学入手探讨这一
问题之后,指出相关材料极少,运用考古学证据去证明匈人和匈奴之间的"联系"
会造成误导,认为应聚焦于草原社群的文化与政治的构成与转型过程。③ 当然,
在欧美学界,坚持匈人与匈奴同源说的学者至今也并未完全消失,例如法国学者
拉瓦西耶(中文名魏义天)就认为匈人部族中有一个群体曾经是匈奴帝国的组成
部分。④ 总体来看,正如泽田勋教授所言,若要断言两者同族,还缺乏决定性的证
据。⑤ 另一方面,若要断言来自顿河以东的匈人绝对未曾受到以中亚和蒙古草原
为基地的匈奴的影响,似乎也有些武断。无论匈人与匈奴关系如何,这支到达黑
海北岸的新游牧群体不仅导致拜占庭帝国的多瑙河边疆陷入混乱,也在相当程度
上影响了早期拜占庭帝国此后的历史发展。

　　匈人从进入欧洲历史之初至最后消失时一直没有文字,因此对匈人历史的了
解依赖于希腊、罗马旅行者与史家的叙述。⑥ 在这些记录中,美籍奥地利裔著名
匈人史学者曼岑-赫尔芬指出,阿米亚努斯·马尔切利努斯所写的相关章节是无
价之宝。⑦ 这一论断被广泛接受,所有对于匈人历史的研究均无法绕过这位 4 世
纪士兵史家的作品。按照阿米亚努斯·马尔切利努斯的说法,古代的记载中并没
有提及匈人的情况,他们居住于马奥提克海(Maeotic Sea,今亚速海)以外的地区,
接近冰雪覆盖的海洋,以游牧为生,善于骑射,极为贪婪,时常为财富劫掠邻人,因

---

① 刘衍刚:《罗马帝国的梦魇:马塞里努斯笔下的东方战争与东方蛮族》,第 128、130—131、128—130 页。
② H. J. Kim, *The Huns, Rome and the Birth of Europe*, Cambridge: Cambridge University Press, 2013, p. 27.
③ U. B. Brosseder, "Xiongnu and Huns: Archaeological Perspectives on a Centuries-Old Debate about Identity and Migration", in N. di Cosmo and M. Maas, *Empires and Exchanges in Eurasian Late Antiquity: Rome, China, Iran, and the Steppe, ca. 250 –750*, Cambridge: Cambridge University Press, 2018, pp. 187 – 188.
④ Étienne de La Vaissière, "The Steppe World and the Rise of the Huns", in Michael Maas edited, *The Cambridge Companion to the Age of Attila*, Cambridge: Cambridge University Press, 2015, p. 176.
⑤ [日]泽田勋:《匈奴:古代游牧国家的兴亡》,第 195 页。
⑥ E. A. Thompson, *The Huns*, pp. 6 – 9.
⑦ J. Otto Maenchen-Helfen, *The World of the Huns: Studies in their History and Culture*, p. 1.

此不断进攻阿兰人。① 大约在 370 年代,匈人进入南俄草原,他们首先遭遇的是阿兰人。② 根据阿米亚努斯·马尔切利努斯的叙述,匈人蹂躏了居住在格鲁塞基人附近地区的阿兰人的土地,杀死并掳掠了许多阿兰人,并通过与幸存者签订同盟条约迫使他们加入了匈人,由此更为强大,而后入侵厄尔梅里库斯(Ermenrichus,埃尔马纳里克)的领地。③

关于匈人西迁的原因,除了上述阿米亚努斯·马尔切利努斯所说的为了财富劫掠邻人外,奥罗修斯称匈人出于"一种突如其来的愤怒"而攻击哥特人④;索佐门谈论一个匈人追猎一头公牛或雄鹿时发现进入欧洲的道路的故事⑤;普里斯库斯则认为引导匈人发现道路的是一头雌鹿。⑥ 普里斯库斯的故事也被 6 世纪史家乔代尼兹所引用。⑦ 现代学者中,希瑟认为可能是阿米亚努斯·马尔切利努斯所说的匈人被黑海北岸的财富所吸引,也有可能是为了躲避其他游牧民族。⑧ 有认为匈人与匈奴同源的学者认为,4 世纪中期持续至整个 6 世纪,在阿尔泰山脉附近出现了气温急剧下降,导致植被的明显改变,这可能是匈人迁徙的原因。⑨ 富裕地区的诱惑、其他游牧民族的压力以及气候的改变,所有这些假设本身并不互相排斥,完全可以同时成立。无论如何,匈人的西迁确实明显改变了黑海北岸地区的现状,并对多瑙河边疆造成了罗马—拜占庭帝国之前未曾体验过的巨大压力。

---

① Ammianus Marcellinus, *Rerum Gestarum Libri Qui Supersunt*, vol. III, with an English translation by John C. Rolfe, Cambridge, Massachusetts: Harvard University Press and London: William Heinemann Ltd., revised and reprinted 1986, XXXI. 2. 1–12, pp. 381–387.

② B. S. Bachrach, *A History of the Alans in the West*, p. 26.

③ Ammianus Marcellinus, *Rerum Gestarum Libri Qui Supersunt*, vol. III, XXXI. 3. 1, p. 395.

④ Paulus Orosius, *The Seven Books of History Against the Pagans*, trans. Roy J. Deferrari, Washington, D. C.: The Catholic University of America Press, 1964, VII. 33, p. 339.

⑤ Sozomen, *The Ecclesiastical History of Sozomen*, trans. Chester D. Hartranft, Grand Rapids, Michigan: WM. B. Eerdmans Publishing Company, 1957, VI. 37, p. 373. Sozomenus, *Kirchengeschichte*, ed. J. Bidez and G. C. Hansen, Berlin: Akademie-Verlag, 1960, TLG, No. 2048001.

⑥ R. C. Blockley, *The Fragmentary Classicising Historians of the Later Roman Empire, Eunapius, Olympiodorus, Priscus and Malchus, II (Text, Translation and Historiographical Notes)*, p. 223.

⑦ Jordanes, *The Gothic History of Jordanes*, XXIV. 123–126, p. 86. [拜占庭]约达尼斯:《哥特史》,第 83 页。

⑧ P. Heather, *The Fall of the Roman Empire: A New History of Rome and the Barbarians*, p. 150. [英]彼得·希瑟著,向俊译:《罗马帝国的陨落:一部新的历史》,北京:中信出版社 2016 年版,第 173 页。

⑨ Étienne de La Vaissière, "The Steppe World and the Rise of the Huns", p. 189. 王亚平:《德国通史》第 1 卷,南京:江苏人民出版社 2019 年版,第 28 页。

　　根据阿米亚努斯·马尔切利努斯的叙述,埃尔马纳里克尽力抵抗匈人进攻,
最后由于恐惧而自尽。维提米尔(Vithimiris)成为国王,继续与匈人作战,最后战
死沙场。维提米尔之子维德里克(Viderichus)年幼,两名将军阿拉塞乌斯
(Alatheus)与萨法拉克斯(Sapharax)以他的名义管理事务,由于无力抵抗匈人,后
退至第聂斯特河。特文吉人的首领阿塔纳里克企图在第聂斯特河边扎营抵抗匈
人,也被匈人奇袭击败,大部分特文吉人为了躲避匈人的攻击,聚集于下多瑙河北
岸,并向拜占庭帝国派遣使节,请求过河进入帝国。① 376 年,这批哥特人在皇帝
瓦伦斯的允许下越过多瑙河,此后的一系列事件导致了本书前文曾经提及的 378
年亚得里亚堡之役,瓦伦斯也在此次战役中身亡。因此,可以说,亚得里亚堡之役
正是由于匈人到来所造成的,通过击败控制南俄草原与多瑙河北岸的哥特人,匈
人间接地对拜占庭帝国的多瑙河边疆造成了巨大破坏。

　　从 376 年开始,匈人成为南俄罗斯广大区域的统治者,并立足于多瑙河下游
地区。② 由此,匈人开始成为拜占庭帝国的直接威胁。377 年秋,当哥特人被帝国
军队封锁于色雷斯的海墨斯山(Mount Haemus)时,哥特人使节设法与匈人达成同
盟协议,导致帝国将军们立即撤军,哥特人得以突围而出;在 378 年亚得里亚堡战
役中,哥特人军队中也包括了匈人。③ 381 年至 382 年的冬季,匈人以及其他蛮族
渡过多瑙河,被塞奥多西一世击败。④ 384 年春,来自潘诺尼亚的匈人经诺利库姆
(Noricum)和里提亚(Raetia)已经威胁到了高卢。⑤ 395 年冬,多瑙河封冻,匈人再
次越过多瑙河进入帝国行省劫掠。⑥ 从 376 年开始直至 4 世纪末,匈人在边疆地
区劫掠的信息不断出现于各种记载。⑦ 但是,正是 5 世纪的最初 10 年标志着匈人
扩张的极为重要的时刻。⑧ 希瑟认为,405—406 年拉达盖伊苏斯(Radagaisus)率

① Ammianus Marcellinus, *Rerum Gestarum Libri Qui Supersunt*, vol. III, XXXI. 3. 2 - 4. 1, pp. 397 - 401.
② J. Otto Maenchen-Helfen, *The World of the Huns: Studies in their History and Culture*, p. 26.
③ E. A. Thompson, *The Huns*, p. 29.
④ Zosimus, *New History*, trans. Ronald T. Ridley, 4. 34. 6, p. 86. Zosime, *Histoire Nouvelle*, ed. F. Paschoud, Paris: Les Belles Lettres, 1971, 1979, 1986, 1989, TLG, No. 4084001.
⑤ J. Otto Maenchen-Helfen, *The World of the Huns: Studies in their History and Culture*, p. 41.
⑥ Sozomen, *The Ecclesiastical History of Sozomen*, VIII. 25, p. 415.
⑦ J. Otto Maenchen-Helfen, *The World of the Huns: Studies in their History and Culture*, pp. 42 - 56.
⑧ A. Cameron and Peter Garnsey edited, *The Cambridge Ancient History*, vol. XIII, *The Late Empire, A. D. 337 - 425*, p. 503.

领哥特人入侵意大利以及汪达尔人、阿兰人与苏维汇人在 406 年 12 月跨过莱茵河进入高卢均是匈人压力的结果。① 在 5 世纪早期,匈人已经对定居在多瑙河北岸的哥特人、赫卢利人、格庇德人等建立了霸权。② 匈人首领乌尔丁于 408 年亲率大军越过多瑙河进入下莫西亚与色雷斯。③ 乌尔丁在与帝国使节和谈时,声称要征服大地上日光所及之处。④ 但是,乌尔丁的部下被帝国使节收买,战斗的结果是匈人军队大败,乌尔丁逃回多瑙河北岸。⑤ 根据 5 世纪教会史家索佐门的说法,他亲眼见过此役中被俘成为奴隶的匈人战俘在比提尼亚地区耕种。⑥ 显然,乌尔丁尚未完成对其控制区域与匈人内部的整合工作。

当卢阿(Rua)成为匈人国王时,匈人进一步巩固在多瑙河流域的势力,进攻沿河各个部族,并以战争威胁拜占庭帝国归还逃至帝国境内的沿河部族成员。⑦ 与帝国的争执尚未得到解决,卢阿就于 434 年突然去世,由两位侄子布勒达与阿提拉继承其位置。⑧ 435 年,拜占庭使节继续与布勒达和阿提拉谈判⑨,达成和约,其中的条款不仅满足了匈人归还逃亡者的要求,还规定帝国每年向匈人缴纳 700 磅黄金的贡赋。⑩ 435 年和约并未能确保多瑙河边疆的和平,匈人对帝国的压力日益增大。正是匈人对下多瑙河流域的入侵迫使君士坦丁堡从西西里岛撤回了远征北非汪达尔人的军队,由此导致帝国西部地区政府不得不于 442 年与盖萨里克缔约,承认汪达尔人对迦太基及其邻近地区的占有权。⑪ 当时匈人越过

---

① P. Heather, *The Fall of the Roman Empire: A New History of Rome and the Barbarians*, pp. 204 – 205. [英]彼得·希瑟:《罗马帝国的陨落:一部新的历史》,第 237 页。

② A. Cameron, B. Ward-Perkins, M. Whitby, *The Cambridge Ancient History*, vol. XIV, p. 40.

③ A. Cameron and P. Garnsey eds., *The Cambridge Ancient History*, vol. XIII, p. 128.

④ Sozomen, *The Ecclesiastical History of Sozomen*, IX. 5, p. 422.

⑤ E. A. Thompson, *The Huns*, p. 33.

⑥ Sozomen, *The Ecclesiastical History of Sozomen*, IX. 5, p. 422.

⑦ R. C. Blockley, *The Fragmentary Classicising Historians of the Later Roman Empire, Eunapius, Olympiodorus, Priscus and Malchus*, II (*Text, Translation and Historiographical Notes*), p. 225. *Excerpta historica iussu imp. Constantini Porphyrogeniti confecta, vol. 1: excerpta de legationibus*, pts. 1 – 2, ed. C. de Boor, Berlin: Weidmann, 1903, TLG, No. 3023001.

⑧ E. A. Thompson, *The Huns*, pp. 80 – 81.

⑨ 布勒达最早于 445 年丧命。J. Otto Maenchen-Helfen, *The World of the Huns: Studies in Their History and Culture*, p. 118.

⑩ R. C. Blockley, *The Fragmentary Classicising Historians of the Later Roman Empire, Eunapius, Olympiodorus, Priscus and Malchus*, II (*Text, Translation and Historiographical Notes*), pp. 225 – 227.

⑪ A. D. Lee, *From Rome to Byzantium AD 363 to 565: The Transformation of Ancient Rome*, p. 117.

多瑙河劫掠南岸城镇,夺取重要城市维米尼库姆(Viminacium,今塞尔维亚的科斯托拉茨附近)与锡吉杜姆,并将之夷为平地,两城直至查士丁尼时代才得以重建,另一座同样被拆毁的城市马格斯从未得到重建,重镇西尔米乌姆也被摧毁,其居民成为奴隶。[1] 这是匈人对拜占庭帝国治下的巴尔干行省进攻与劫掠的普遍情况。在劫掠之后,匈人会满载战利品与战俘撤回。[2]

有学者认为,匈人的目标是利用机会快速获取大量战利品,因此令帝国崩溃并非匈人利益所在,因为那会显著减少匈人持续榨取财富的机会。[3] 但是,无论匈人目标为何,匈人实现其目标的方式显然对拜占庭帝国造成了严重损害,这是不争的事实。5 世纪后期史家普里斯库斯曾参与使节团出使匈人,在途中曾经过匈人劫掠过的城市,留下了关于匈人劫掠对多瑙河边疆的一座重要城市纳伊苏斯所造成影响的描述:城中几乎荒无人烟,在基督徒的一些旅舍中有一些正在遭受病痛折磨的病人,河岸上遍布战争中死者的尸骨。[4] 447 年的匈人入侵范围导致帝国色雷斯军事长官阵亡,色雷斯最大的城市马西安堡陷落,百年之后才在查士丁尼时代得以重建;在击败色雷斯地区驻军后,匈人劫掠巴尔干半岛诸多行省,随后南下至温泉关,被夺取的城市据说超过 70 座或 100 座。[5] 6 世纪史家马尔切利努斯在其编年史中称此次入侵毁灭了几乎整个欧洲,城市与堡垒被入侵和劫掠。[6] 拜占庭帝国无奈求和。在签订的和约条款中,除了惯常的交还逃亡者与年贡等条款外,还包括帝国居民必须完全撤出多瑙河南岸的一条宽阔地带,这条地带自东向西长约 300 英里,自北向南宽约 100 英里,也就是阿提拉要求帝国放弃多瑙河南岸的整个河岸达契亚行省与其他三个行省的部分地区,这就令多瑙河及其附近所有据点与城市不再是帝国的屏障。[7] 因此,即使匈人没有灭亡帝国的企

① E. A. Thompson, *A History of Attila and the Huns*, Oxford: Clarendon Press, 1948, pp. 80 - 81.
② D. Sinor, *The Cambridge History of Early Inner Asia*, Cambridge: Cambridge University Press, reprinted 1994, p. 183.
③ C. Kelly, "Neither Conquest Nor Settlement: Attila's Empire and its Impact", in Michael Maas edited, *The Cambridge Companion to the Age of Attila*, p. 195.
④ R. C. Blockley, *The Fragmentary Classicising Historians of the Later Roman Empire, Eunapius, Olympiodorus, Priscus and Malchus*, II (*Text, Translation and Historiographical Notes*), p. 249.
⑤ E. A. Thompson, *The Huns*, pp. 101 - 102.
⑥ Marcellinus Comes, *The Chronicle of Marcellinus*, p. 19.
⑦ E. A. Thompson, *The Huns*, p. 108.

图或能力,其对帝国的威胁也确实是悬于帝国头顶的"达摩克利斯之剑"。这一威胁直至阿提拉于 453 年的一次婚礼之夜暴毙后方才逐渐消失①,因为此后匈人在多瑙河河畔的帝国由于阿提拉诸子内争与臣服于匈人的其他部族反叛而瓦解。② 虽然仍有匈人居住于下多瑙河流域③,但再未形成如阿提拉时代那样的巨大威胁。

　　除匈人外,日耳曼人是对早期拜占庭帝国安全构成威胁的另一重要蛮族群体,尤以哥特人为最。370 年代,由于匈人的压力而大举进入帝国多瑙河边疆的以特文吉人为主的哥特人族群,逐渐吸收了其他一些部族与群体,形成了西哥特人。④ 在瓦伦斯皇帝于亚得里亚堡之役战死后,塞奥多西一世临危受命,被当时的西部皇帝格拉先立为东部皇帝,以平定巴尔干半岛的哥特人叛乱,并在 382 年与哥特人缔结和约,允许其定居于色雷斯地区,条件是为帝国军队服役。此后,在塞奥多西一世的招募下,哥特人大量加入拜占庭帝国军队。⑤ 在 4 世纪末至 5 世纪前期编写的《职衔录》中,记录了帝国东部野战部队中有由哥特人组成的两支常设团队。⑥ 在塞奥多西一世于 388 年与 394 年进行的两次西征中,哥特人士兵是帝国军队的重要组成部分。⑦ 在 394 年的西征中,哥特人士兵成为决定胜负的关键因素之一。⑧ 但是,正是由于这次西征中哥特人损失惨重,其首领阿拉里克又因为未能取得更高的军职而愤怒⑨,在 395 年塞奥多西一世去世后,阿拉里克率

---

① R. C. Blockley, *The Fragmentary Classicising Historians of the Later Roman Empire, Eunapius, Olympiodorus, Priscus and Malchus*, II (*Text, Translation and Historiographical Notes*), p. 317.

② R. C. Blockley, *The Fragmentary Classicising Historians of the Later Roman Empire*, pp. 319 - 323. Jordanes, *The Gothic History of Jordanes*, L. 259 - 263, pp. 125 - 126. D. Sinor, *The Cambridge History of Early Inner Asia*, pp. 197 - 199. J. Otto Maenchen-Helfen, *The World of the Huns: Studies in their history and culture*, pp. 143 - 147. E. A. Thompson, *The Huns*, pp. 167 - 169.

③ E. A. Thompson, *The Huns*, p. 173.

④ Herwig Wolfram, *History of the Goths*, pp. 7 - 8.

⑤ G. Ostrogorsky, *History of the Byzantine State*, trans. Joan Hussey, Oxford: Basil Blackwell, 1956, p. 48.

⑥ R. Malcolm Errington, *Roman Imperial Policy from Julian to Theodosius*, Chapel Hill: The University of North Carolina Press, 2006, p. 65.

⑦ J. H. W. G. Liebeschuetz, *Barbarians and Bishops: Army, Church, and State in the Age of Arcadius and Chrysostom*, pp. 29 - 31. M. Kulikowski, *Rome's Gothic Wars: From the Third Century to Alaric*, p. 153.

⑧ Zosimus, *New History*, 4. 58, pp. 97 - 98. Paulus Orosius, *The Seven Books of History Against the Pagans*, p. 346. A. Ferrill, *The Fall of the Roman Empire: The Military Explanation*, p. 73.

⑨ Zosimus, *New History*, 4. 58. 2, p. 97;5. 5. 4, p. 101.

领其部下在巴尔干半岛北部举兵叛乱,并利用帝国内部权势人物之间的矛盾与政治斗争不断发展壮大,最终于410年攻陷了罗马城。① 不久后,阿拉里克去世,阿陶尔夫(Athaulf)继任为首领,由意大利率军进入高卢,最终在418年在阿奎丹(Aquitania)建国,其控制区域包括整个第二阿奎丹尼亚行省(Aquitania II)以及邻近行省的一些城市,以图卢兹(Toulouse)为其统治中心,这一王国在图卢兹的统治延续至507年。② 有学者认为,"西哥特人"所指的就是在阿拉里克领导下劫掠罗马并在阿奎丹定居的这一哥特人群体。③ 此后,以图卢兹为中心的西哥特王国在高卢与西班牙进一步扩张,直到507年西哥特人被法兰克人在武耶(Vouillé)战役中击败,西哥特王国才丧失了其高卢领地。④

当特文吉人定居于色雷斯地区、参与帝国内战、在阿拉里克的统领下劫掠巴尔干半岛与亚平宁半岛并攻陷罗马,最终在高卢建立了西哥特人的王国时,绝大多数格鲁塞基人仍是匈人的臣民。在匈人的帝国瓦解之后,这些格鲁塞基人成为日后被称为东哥特人的部落联盟的核心。⑤ 450年代后期至460年代,原为匈人帝国臣属的哥特人分为两个集团,其一定居于潘诺尼亚,另一个定居于色雷斯地区。⑥ 这两个集团日后将会合并,并被称为东哥特人。乔代尼兹称在匈人帝国瓦解后,哥特人向帝国要求土地以定居,于是他们得到了潘诺尼亚。⑦ 这批定居于潘诺尼亚的哥特人的首领是阿马尔家族(the Amals)的瓦拉米尔(Valamir),而授予其土地的皇帝是马西安,其定居地位于西尔米乌姆至温多米纳(Vindomina,今奥地利的维也纳附近)之间,同时其活动范围自莫拉瓦河(Morava)河谷延伸至恩

---

① 董晓佳:《斯提里科与晚期罗马帝国政局——基于"反日耳曼人情绪"视角下的考察》,《历史研究》2018年第4期,第114—119页。

② H. Wolfram, *History of the Goths*, pp. 172‐173.

③ P. Heather, "The Creation of the Visigoths", in Peter Heather edited, *The Visigoths from the Migration Period to the Seventh Century: An Ethnographic Perspective*, Woodbridge: The Boydell Press, 1999, p. 43.

④ E. A. Thompson, *The Goths in Spain*, Oxford: Clarendon Press, 1969, pp. 7‐8. D. Shanzer, "Foreword", in R. W. Mathisen and D. Shanzer edited, *The Battle of Vouillé, 507 CE: Where France Began*, Boston/Berlin: Walter de Gruyter, Inc., 2012, pp. ix‐xi.

⑤ T. S. Burns, *A History of the Ostrogoths*, Bloomington and Indianapolis: Indiana University Press, 1984, p. 44.

⑥ *The Cambridge Ancient History*, vol. XIV: *Late Antiquity: Empire and Successors, A. D. 425‐600*, p. 48.

⑦ Jordanes, *The Gothic History of Jordanes*, L. 264‐265, p. 127.

斯河(Enns)以东的河岸诺利库姆。① 希瑟则认为潘诺尼亚哥特人(the Pannonian Goths)是在匈人统治时期由匈人安置于当地的,他们已经是定居农民。②③

　　根据乔代尼兹的说法,色雷斯哥特人(the Thracian Goths)首领是提里亚里乌斯(Triarius)之子塞奥多里克④,来自阿马尔家族之外的其他家族。⑤ 至 460 年代后期,色雷斯哥特人已经在拜占庭帝国内获得了作为同盟者军队的正式地位,并且对当时在帝国执掌大权的阿斯帕尔的忠诚成为色雷斯哥特人与帝国之间的特别纽带。⑥ 帝国政府对塞奥多里克·斯特拉波所统领的色雷斯哥特人的支持,引起潘诺尼亚哥特人首领瓦拉米尔的愤怒,同时由于帝国延期交付每年的赠礼,于是瓦拉米尔向帝国发起进攻。⑦ 潘诺尼亚哥特人劫掠了整个伊利里库姆,迫使拜占庭帝国政府赠礼求和。⑧ 根据普里斯库斯的记载,帝国政府同意向瓦拉米尔的哥特人每年缴纳 300 磅黄金的年贡。⑨ 这一条约对于未来更重要的影响是,瓦拉米尔之侄塞奥多里克(Theodoric,阿马尔家族的塞奥多里克)作为人质前往君士坦丁堡居住,当时塞奥多里克才 7 岁。⑩ 大约 10 年后,当听闻潘诺尼亚哥特人在战争中击败了邻近族群的联军后,皇帝利奥一世于 469 年将阿马尔家族的塞奥多里克送回家乡,并赠送厚礼。⑪ 此时瓦拉米尔已经去世,其兄弟塞奥德米尔(Theodemir)成为潘诺尼亚哥特人的首领,塞奥多里克正是塞奥德米尔之子。⑫

　　同年,在帝国内部政治斗争中,色雷斯哥特人在宫廷中的保护人阿斯帕尔被杀,其部下日耳曼人士兵投奔色雷斯哥特人,成为塞奥多里克·斯特拉波的部

---

① H. Wolfram, *History of the Goths*, p. 260.

② P. Heather, *The Goths*, p. 151.

③ P. J. Heather, *Goths and Romans, 332 −489*, p. 244.

④ 即塞奥多里克·斯特拉波("斜眼"塞奥多里克,Theodoric Strabo)。

⑤ Jordanes, *The Gothic History of Jordanes*, LII. 270, p. 129.

⑥ *The Cambridge Ancient History, vol. XIV: Late Antiquity: Empire and Successors, A. D. 425 −600*, p. 48.

⑦ T. S. Burns, *A History of the Ostrogoths*, p. 53.

⑧ Jordanes, *The Gothic History of Jordanes*, LII. 271, p. 129.

⑨ R. C. Blockley, *The Fragmentary Classicising Historians of the Later Roman Empire*, p. 341.

⑩ Jordanes, *The Gothic History of Jordanes*, LII. 271, p. 129. T. S. Burns, *A History of the Ostrogoths*, p. 53.

⑪ H. Wolfram, *History of the Goths*, pp. 264 −265.

⑫ J. B. Bury, *History of the Later Roman Empire: From the Death of Theodosius I to the Death of Justinian*, vol. I., New York: Dover Publications, INC., 1958, p. 412.

下。① 根据马尔库斯（Malchus）的记载，塞奥多里克·斯特拉波向帝国要求接收阿斯帕尔的遗产，继承由于阿斯帕尔之死而空出的军职，并允许他们继续在色雷斯生活。利奥一世拒绝了上述要求，于是塞奥多里克·斯特拉波进攻帝国，分兵两路，一路进攻菲利普波利斯，塞奥多里克·斯特拉波本人亲率大军围攻亚得里亚堡，菲利普波利斯城外的防御据点被烧毁，亚得里亚堡由于饥饿而陷落。② 473年，帝国政府与塞奥多里克·斯特拉波缔约，任命他为阿斯帕尔曾经担任过的御前军事长官。③ 在色雷斯哥特人与帝国交战的同时，潘诺尼亚哥特人也利用这一机会于473年进攻伊利里库姆，成功夺取锡吉杜姆城。④ 帝国政府不得不同意让潘诺尼亚哥特人定居于马其顿尼亚。⑤ 潘诺尼亚哥特人还控制了当地诸多城市。⑥ 由此在巴尔干半岛北部形成了阿马尔家族统治下的潘诺尼亚哥特人、塞奥多里克·斯特拉波所率领的色雷斯哥特人与帝国政府三方对峙的局面。

利奥一世与利奥二世相继去世后，利奥一世的女婿、利奥二世的父亲、伊苏里亚人将领芝诺成为君士坦丁堡的唯一皇帝。474年，阿马尔家族的塞奥多里克在其父亲去世后成为原居住于潘诺尼亚、现定居于马其顿尼亚的哥特人的首领，并在474—476年间率领部下放弃马其顿尼亚而移居多瑙河沿岸的下莫西亚，并以诺瓦（Novae）为其驻地。⑦ 塞奥多里克在其新控制地可以迅速干预色雷斯事务。塞奥多里克·斯特拉波曾经在促使芝诺弃位逃亡的巴西利斯库斯之乱中支持巴西利斯库斯，因此当芝诺复位后，他与阿马尔家族的塞奥多里克结盟以对抗塞奥多里克·斯特拉波。⑧ 478年，芝诺要求阿马尔家族的塞奥多里克参与同塞奥多里克·斯特拉波的战争，塞奥多里克于是率军南下，但是被塞奥多里克·斯特拉

---

① T. S. Burns, *A History of the Ostrogoths*, p. 55.

② R. C. Blockley, *The Fragmentary Classicising Historians of the Later Roman Empire*, pp. 407 – 409, p. 409.

③ J. B. Bury, *History of the Later Roman Empire: From the Death of Theodosius I to the Death of Justinian*, vol. I, p. 320.

④ P. J. Heather, *Goths and Romans, 332 –489*, p. 264.

⑤ H. Wolfram, *History of the Goths*, p. 269.

⑥ T. S. Burns, *A History of the Ostrogoths*, p. 57.

⑦ Herwig Wolfram, *History of the Goths*, p. 270.

⑧ H. Wolfram, *History of the Goths*, p. 276, p. 270.

波说服,双方缔结同盟,共同对帝国政府提出要求。① 根据马尔库斯的说法,阿马尔家族的塞奥多里克谴责皇帝未提供所承诺的一切,并要求提供足够的谷物,直到下个收获季节,要提供定居土地,否则就将进行劫掠;塞奥多里克·斯特拉波则要求履行利奥一世时期与他达成的协议条款,并交回落入芝诺手中的亲属。② 芝诺企图通过拉拢两个塞奥多里克之一以坐收渔利,但始终不能解决问题,与此同时,巴尔干半岛北部战事不断。③

481 年,塞奥多里克·斯特拉波进攻君士坦丁堡,攻击城市大门,但被守军击退,随后从斯卡(Sycae)越过金角湾再次攻击遭遇失败,最后企图渡过博斯普鲁斯海峡进入比提尼亚也未能成功。④ 此后,根据安条克的约翰的叙述,塞奥多里克·斯特拉波率军回到色雷斯,并从那里向希腊进军,在行军途中的一天清晨,当他骑上马后,被受惊的坐骑抛到了立于其营帐旁的一根长矛上而被刺死,由其子雷希塔克(Recitach)继承其位。⑤ 雷希塔克的大部分部下转而投奔阿马尔家族的塞奥多里克,雷希塔克则投奔了帝国,于 484 年被杀于君士坦丁堡。⑥ 也有少量色雷斯哥特人转而效忠于帝国。⑦ 由此,原潘诺尼亚哥特人与色雷斯哥特人的绝大部分成员均归于阿马尔家族的塞奥多里克统领,其实力大增,而原先巴尔干半岛北部三方博弈的局面也变为阿马尔家族的塞奥多里克所率领的东哥特人与拜占庭帝国政府的双边对峙。

482 年,塞奥多里克率军蹂躏马其顿尼亚与塞萨利,劫掠拉里萨城(Larissa,今希腊的拉里萨),芝诺被迫于 483 年与其缔结和约,授予其御前军事长官的军职与

---

① J. B. Bury, *History of the Later Roman Empire: From the Death of Theodosius I to the Death of Justinian*, vol. I., p. 415.

② R. C. Blockley, *The Fragmentary Classicising Historians of the Later Roman Empire*, p. 431.

③ J. B. Bury, *History of the Later Roman Empire: From the Death of Theodosius I to the Death of Justinian*, vol. I., pp. 416 - 421. H. Wolfram, *History of the Goths*, pp. 271 - 276. P. J. Heather, *Goths and Romans, 332 -489*, pp. 280 - 293.

④ P. J. Heather, *Goths and Romans, 332 -489*, pp. 295 - 296.

⑤ John of Antioch, *Ioannis Antiocheni Fragmenta Quae Supersunt Omnia*, recensuit Anglice vertit indicibus instruxit Sergei Mariev, Berolini et Novi Eboraci: Walger de Gruyter, 2008, p. 433. *Fragmenta Historicorum Graecorum*, ed. K. Müller, vol. 4, Paris: Didot, 1841 - 1870, TLG, No. 4394001.

⑥ H. Wolfram, *History of the Goths*, pp. 276 - 277.

⑦ P. J. Heather, *Goths and Romans, 332 -489*, p. 302.

执政官职务,并允许其部下定居于河岸达契亚与下莫西亚行省的土地上。[1] 486 年,塞奥多里克再次起兵劫掠色雷斯,并于 487 年进军君士坦丁堡,占据了梅兰提亚斯(Melantias)等君士坦丁堡附近地区,封锁城市,切断淡水供应,芝诺派正在宫廷中的塞奥多里克的姐妹阿玛拉弗里达(Amalafrida)携带贵重礼物面见塞奥多里克请他退兵,在显示了力量之后,塞奥多里克率军退回诺瓦。[2]

对于拜占庭帝国政府而言,在失去了对于多瑙河边疆的实际控制之后,君士坦丁堡也就失去了屏障,将暴露在攻击之下。从塞奥多里克·斯特拉波与阿马尔家族的塞奥多里克多次攻至帝国首都城门之前的行动,可以清楚地得出这一结论。由此进一步推论,允许东哥特人继续盘踞在多瑙河南岸将成为帝国的心腹大患。与此同时,东哥特人也希望寻找更适合定居的土地,因为其现有居住地区的供应已经不足。[3] 塞奥多里克本人也清楚,芝诺不会容忍自己在帝国内的独立权力。[4] 因此,芝诺与塞奥多里克达成协议:塞奥多里克率领东哥特人前往意大利击败奥多亚克,并在芝诺到达意大利之前,由塞奥多里克代替奥多亚克的地位统治意大利。[5] 据沃尔弗拉姆估计,塞奥多里克可能率领 10 万人离开,其中约有 2 万名战士;与塞奥多里克出发前往意大利的除了哥特人,还有不少非哥特人。[6] 489—493 年间,塞奥多里克击败了奥多亚克的军队并将之围困于拉文纳;在双方缔结和约后,塞奥多里克进入拉文纳,并于 493 年 3 月 15 日亲手处死了奥多亚克。[7] 由此,东哥特王国在意大利建立起来,而东哥特人对色雷斯和君士坦丁堡的威胁也得以解除。

早期拜占庭帝国时期,蛮族对多瑙河边疆造成的威胁在此后也将继续出现,

---

[1] Marcellinus Comes, *The Chronicle of Marcellinus*, p. 28.

[2] H. Wolfram, *History of the Goths*, pp. 277 – 278.

[3] T. S. Burns, *A History of the Ostrogoths*, p. 65.

[4] P. J. Heather, *Goths and Romans, 332 – 489*, p. 305.

[5] Anonymus Valesianus, "Anonymi Valesiani Pars Posterior Chronica Theodericiana", in Ammianus Marcellinus, *Rerum Gestarum Libri Qui Supersunt*, vol. III, 11. 49, p. 539.

[6] H. Wolfram, *History of the Goths*, p. 279.

[7] J. B. Bury, *History of the Later Roman Empire: From the Death of Theodosius I to the Death of Justinian*, vol. I., pp. 422 – 426.

保加尔人、阿瓦尔人、斯拉夫人将陆续出现于多瑙河流域并进入巴尔干半岛,从而对拜占庭帝国与巴尔干半岛的历史发展造成深远影响。

第三节

早期拜占庭帝国政府应对蛮族问题的措施

面对不断出现于边疆地区的蛮族群体,早期拜占庭帝国政府采用了包括军事上防御与招募、经济上赠礼纳贡、政治上与部分蛮族群体结成同盟等举措以应对复杂局面。

拜占庭帝国脱胎于罗马帝国,罗马能够自台伯河边的蕞尔小邦发展成为囊括地中海周边地区的"世界帝国",主要依靠的是其军队的长期征战与军事胜利。在早期拜占庭帝国时期,军事措施在应对蛮族压力时同样是帝国不可或缺的。总体来看,早期拜占庭帝国在军事上采用了重组军队、增修防御工程、招募蛮族加入军队等措施遏制入侵的蛮族。

晚期罗马帝国皇帝戴克里先统治时期,对军队组织结构进行了调整,他强化了野战军(comitatus)与边防军(limitanei)之间的区分,以边防军戍守边疆,以野战军进行机动作战。野战军中包括骑兵与步兵混合中队(vexillationes)、步兵军团(legions)以及步兵辅助大队(auxilia)三种类型的团队。[1] 罗马史学者琼斯认为,几乎可以确定在戴克里先之前,就存在由皇帝直接指挥的机动部队,由于他们随同皇帝行动,因此得名"comitatus"[2]。君士坦丁一世时期更进一步加强野战军的力量,他将野战军集中部署在边境附近,以便在敌人入侵时快速集结。[3] 边防军

---

① The Cambridge Ancient History, vol. XIII: The Late Empire, A. D. 337 −425, p. 214.

② A. H. M. Jones, The Later Roman Empire 284 −602: A Social, Economic, and Administrative Survey, vol. I, p. 52.

③ 张晓校:《罗马军队与帝位嬗递——从奥古斯都到君士坦丁》,北京:中国社会科学出版社 2006 年版,第268—269 页。

的地位和待遇均低于野战军。① 其中的部队编制包括传统军团编制下的步兵大队与辅助部队,也包括骑兵。② 君士坦丁一世还从边防军中抽调分队以增强野战军力量。③ 此后,帝国的大型战事是由野战军负责的。④ 边防军负责边疆行省的地方警戒。与此同时,边防军仍可为野战军提供补充,直到 4 世纪末,可能边防军仍具有相当的战斗力。⑤ 实际上,边防军在需要时,可以作为"预备野战军(pseudocomitatenses)"而转变为野战军的团队,有时甚至可以升级为野战军。⑥ 因此,野战军与边防军并非互无关联,而是既有分工又有合作,同时也可在需要时彼此补充。戴克里先与君士坦丁一世时代的军事改革,打造了一支既能够在关键地区集中力量,又能灵活机动应对情况变化的军队,在相当程度上提高了军队的机动性与战斗力,为早期拜占庭帝国(晚期罗马帝国)时期的军队体制奠定了基础。正如学者所言,晚期罗马帝国军队最终是戴克里先改革与君士坦丁一世所采取的更为影响深远的措施的产物。⑦ 在 4—5 世纪的大部分时期中,帝国依靠这支重组后的军队应对蛮族的军事挑战。虽然这支军队的西部分支在 5 世纪后期土崩瓦解,但其东部分支的构成直至 6 世纪仍保持着其基本的延续性。⑧

其次,为了保障边疆安全,帝国政府不断增建城市防御设施与边境据点,以达到控制战略要地和增强边疆防御的目的。城市在晚期罗马帝国防御体系中占据重要地位,它不仅是所在地区防御体系的核心,也是帝国精锐部队的主要驻地,同时也是帝国军队进行防御、反击与进攻的基地。⑨ 正是出于方便监控多瑙河边疆

---

① H. M. Gwatkin, J. P. Whitney, eds., *The Cambridge Medieval History*, vol. Ⅰ, p. 45.

② *The Cambridge Ancient History*, vol. ⅩⅢ: *The Late Empire*, *A. D. 337 –425*, p. 214.

③ A. H. M. Jones, *The Later Roman Empire 284 –602: A Social, Economic, and Administrative Survey*, vol. Ⅰ, p. 608.

④ K. Strobel, "Strategy and Army Structure between Septimius Severus and Constantine the Great", in P. Erdkamp edited, *A Companion to the Roman Army*, Oxford: Wiley-Blackwell, 2011, pp. 268 –269.

⑤ A. Ferrill, *The Fall of the Roman Empire: The Military Explanation*, p. 496, p. 83.

⑥ A. H. M. Jones, *The Later Roman Empire 284 –602: A Social, Economic, and Administrative Survey*, vol. Ⅰ, p. 651.

⑦ P. Southern & K. R. Dixon, *The Late Roman Army*, New Haven and London: Yale University Press, 1996, p. 4.

⑧ A. H. M. Jones, *The Later Roman Empire 284 –602: A Social, Economic, and Administrative Survey*, vol. Ⅰ, p. 654.

⑨ 董晓佳:《晚期罗马帝国防御体系重建视角下的君士坦丁堡建设初探》,《古代文明》2015 年第 2 期,第 25—27 页。

与两河流域边境的目的,君士坦丁一世于 324 年开始在博斯普鲁斯海峡欧洲一侧的古希腊拜占庭城旧址建设新都新罗马,并于 330 年落成启用。自从新都建设开始,其防御设施就受到皇帝们的重视。5 世纪史家苏格拉底称,君士坦丁一世用城墙环绕君士坦丁堡。① 至塞奥多西二世统治时期,帝国政府在距离君士坦丁城墙以西又建设了一道新城墙。② 这道城墙自金角湾的顶端直至马尔马拉海,绵延 7 公里有余。③ 439 年,用于防范海上袭击的海滨城墙在君士坦丁堡落成。447 年,陆上城墙由于大地震而严重受损,几个月后重建工作顺利完成并增建一道新城墙,君士坦丁堡的防御体系就此完成。④ 建设于塞奥多西二世时期的陆上与海滨城墙被统称为"塞奥多西城墙"。在此后的一千年中,塞奥多西城墙构成了君士坦丁堡的主要防御体系。⑤ 除了首都防御体系的建设,早期拜占庭帝国政府同样关注边疆据点的防御设施建设。君士坦丁一世在潘诺尼亚地区修建众多堡垒,扩建多瑙河河防工事与港口防御设施。⑥⑦ 367—369 年间,瓦伦斯与哥特人作战期间,瓦伦斯曾有相当长一段时间驻军多瑙河附近,修复或新建了一些当地的要塞堡垒。多瑙河畔的新建堡垒有助于增强帝国的防御。⑧ 塞奥多西二世时期,为加强多瑙河河防,下令沿河行省增加巡逻船,并每年更换旧船,玩忽职守未能完成任务的当地官员将被处以巨额罚金。⑨ 在帝国与萨珊波斯边境之间,每 10 或 20 英里就有边境堡垒,这些堡垒不仅用于防御波斯,也用于防备阿拉伯人的袭击。⑩

① Socrates, *The Ecclesiastical History of Socrates*, I. 16, p. 20. Socrates, *Ecclesiastical History*, ed. W. Bright, 2nd edn., Oxford: Clarendon Press, 1893, TLG, No. 2057001.

② S. Bassett, *The Urban Image of Late Antique Constantinople*, p. 84. B. Ward-Perkins, "Old and New Rome Compared: The Rise of Constantinople", in L. Grig and G. Kelly, *Two Romes: Rome and Constantinople in Late Antiquity*, p. 63.

③ J. Harris, *Constantinople: Capital of Byzantium*, London and New York: Continuum, 2007, p. 46.

④ J. B. Bury, *History of the Later Roman Empire: From the Death of Theodosius I to the Death of Justinian*, vol. I, p. 461, p. 70.

⑤ J. Harris, *Constantinople: Capital of Byzantium*, p. 46.

⑥ H. Von Petrikovits, "Fortifications in the North-Western Roman Empire from the Third to the Fifth Centuries A. D.", in *The Journal of Roman Studies*, vol. 61. 1971, p. 184.

⑦ P. Southern and K. R. Dixon, *The Late Roman Army*, pp. 142 – 145.

⑧ M. Kulikowski, *Rome's Gothic Wars: From the Third Century to Alaric*, pp. 115 – 117.

⑨ C. Pharr trans., *The Theodosian Code and Novels and the Sirmondian Constitutions*, Princeton: Princeton University Press, 1952, 7. 17. 1, p. 175.

⑩ G. Greatrex, and S. N. C. Lieu edited, *The Roman Eastern Frontier and the Persian Wars, Part II AD 363 –630, A Narrative Sourcebook*, London and New York: Routledge, 2002, pp. 35 – 36.

在早期拜占庭帝国，边境据点"通常比之前所建堡垒更为坚固，拥有更厚的带防御塔的墙垣"①。于 4—5 世纪完成的君士坦丁堡防御体系经受住了哥特人与匈人入侵的考验，虽然哥特人与匈人曾经多次蹂躏色雷斯地区，甚至来到君士坦丁堡城门之前，但是君士坦丁堡城墙与塞奥多西城墙确实成为蛮族进攻者无法突破的屏障，从而在多瑙河边疆无法阻止蛮族的情况下，令作为拜占庭帝国的经济、政治、军事与文化中心的帝国首都得以幸存，保障了帝国命脉的存续。边疆据点的建设，有利于及时侦知与预警蛮族劫掠、入侵或迁徙的路线、数量与地点，同时可成为抵抗劫掠或入侵的第一道防线，也可为周边居民与商旅提供保护。

再次，面对不断以和平或武力方式请求入境的蛮族，早期拜占庭帝国政府除了以武力抗衡，也根据实际情况招募部分蛮族进入军队。由此，一方面可以增强军队的实力，另一方面也可以缓解边境的压力。② 根据 4 世纪教会史家尤西比乌斯的记载，拜占庭帝国首位皇帝君士坦丁一世就曾同意哥特人与萨尔特人进入帝国境内定居并在军中服务。③ 陈志强教授指出，君士坦丁一世时期，考虑到无法以武力解决蛮族问题，于是大规模接纳蛮族为帝国臣民居住于帝国边境地区，利用其人力开垦荒地，并从中招募大量士兵。④ 在君士坦丁一世之后，早期拜占庭帝国历任皇帝大体上继承了这一政策。朱利安曾招募大量法兰克人与奎代人。⑤ 瓦伦斯皇帝之所以在 376 年同意哥特人越过多瑙河，其中一个重要原因便是希望能够借此补充军力。根据阿米亚努斯的记载，哥特人向瓦伦斯派遣使节，谦卑地乞求皇帝接纳他们，许诺他们不仅将平静生活，而且当情况需要时也会向帝国提供辅助部队。据说当确认这个消息后，瓦伦斯的喜悦胜过恐惧，老到的谄媚者们赞美好运为皇帝从大地的尽头带来了如此众多的年轻士兵，由此他将拥有一支不可征服的军队，这也可以节省每年为了从每个行省招募士兵的大量金钱。出于这种期待，大量官员受命将这些帝国的未来毁灭者全部带入罗马人的国家之

① P. Southern and K. R. Dixon, *The Late Roman Army*, p. 133.
② 董晓佳:《反日耳曼人情绪与早期拜占庭帝国政治危机》,《历史研究》2014 年第 2 期,第 111 页。
③ Eusebius, *Life of Constantine*, trans. Averil Cameron and Stuart G. Hall, Oxford: Clarendon Press, 1999, IV. 6, p. 155. Eusebius Werke, *Über das Leben des Kaisers Konstantin*, ed. F. Winkelmann, Berlin: Akademie-Verlag, 1975, TLG, No. 2018020.
④ 陈志强:《拜占廷帝国史》,北京:商务印书馆 2003 年版,第 102 页。
⑤ Zosimus, *New History*, 3. 8, p. 53.

中。由此,在皇帝允许之下,哥特人穿越多瑙河进入色雷斯。[①] 知晓亚得里亚堡战役结局的多神教徒史家阿米亚努斯显然认为,瓦伦斯的决定造成了毁灭性影响。5 世纪教会史家苏格拉底的叙述与阿米亚努斯相近,他认为,"皇帝相信自己在这件事上特别幸运,因为他认为在未来他将拥有一支心甘情愿和装备良好的军队攻击所有敌人,并希望蛮族将成为比罗马人本身更为强大的帝国边防守卫。由于这个原因,他在后来忽视了从罗马人中招募军队,轻视那些在以前的战争中勇敢地击溃并打垮他的敌人的老兵。……这种改变是罗马帝国接下来许多灾难的起源。"[②]但是,正如学者所言,从当时的环境来看,瓦伦斯的决定是可以理解的,因为瓦伦斯在其统治时期,一直在努力弥补朱利安远征所造成的军队损失,当哥特人聚集于多瑙河北岸时,瓦伦斯正在东部前线,很难了解正在寻求避难的哥特人的巨大数量。[③] 同时,瓦伦斯当时正在集中精力准备与波斯的全面战争,新到的哥特人正好可以满足这场战争所需的人力。[④] 也正是由于瓦伦斯忙于准备与波斯作战,在 376 年帝国缺乏足够的军队掌控多瑙河地区的形势。[⑤] 瓦伦斯的决策实际上是帝国一直以来招募蛮族为兵政策的延续,也是对于自己所面对的实际情况的回应。

即使是在亚得里亚堡战役后临危受命的塞奥多西一世,也认识到对蛮族只能继续采用君士坦丁一世确立的政策,因此除军事打击外,仍然继续大量招募哥特人加入军队。根据帝国政府与哥特人所缔结的 382 年和约,哥特人被授予在色雷斯、马其顿尼亚等地的土地上耕种的权利,耕种土地的哥特人向帝国缴纳赋税并为帝国军队服役。[⑥] 希瑟认为,382 年和约采取了哥特人投降的形式,但帝国并不能宣布全面胜利。[⑦] 学者指出,被允许定居在色雷斯的哥特人有其自己的领袖,

---

① Ammianus Marcellinus, *Rerum Gestarum Libri Qui Supersunt*, vol. Ⅲ, XXXI. 4. 1, p. 401, vol. Ⅲ, XXXI. 4. 4 – 5, p. 403.

② Socrates, *The Ecclesiastical History of Socrates Scholasticus*, IV. 34, p. 116.

③ A. D. Lee, *From Rome to Byzantium AD 363 to 565: The Transformation of Ancient Rome*, pp. 33 – 34.

④ M. Kulikowski, *Rome's Gothic Wars: From the Third Century to Alaric*, p. 129.

⑤ P. Heather, *The Fall of the Roman Empire: A New History of Rome and the Barbarians*, p. 161.

⑥ P. J. Heather, *Goths and Romans: 332 – 489*, pp. 158 – 159.

⑦ P. Heather, *The Fall of the Roman Empire: A New History of Rome and the Barbarians*, p. 184.

当皇帝提出要求时为帝国军队提供士兵,这意味着这些哥特人享有一定程度的自治。[①] 无论如何,哥特人此后确实大批加入帝国军队,并在塞奥多西一世统治时期的两次内战中发挥了重要作用。同时,利用这一政策,塞奥多西一世基本结束了378年亚得里亚堡战役后色雷斯与马其顿尼亚等地的混乱局面。招募蛮族加入军队不仅存在于早期拜占庭帝国时期,在整个拜占庭帝国的历史上,来自帝国之外的人力始终是帝国军力的重要补充。当然,蛮族士兵大量加入军队,自然会导致军队中蛮族高级将领人数的增加,蛮族将领加入帝国政府内部政治斗争,也会引致危机。但无论是哥特人将领盖伊纳斯引起的政治危机[②],还是阿兰人将领阿斯帕尔的长期掌权,早期拜占庭帝国政府仍然较好地处理了这些负面影响,并对蛮族将领施以较为有效地限制。

如匈人、哥特人等各个蛮族群体之所以会不断入侵帝国,帝国财富所产生的吸引力是一个重要原因。早期拜占庭帝国在无法以军事手段遏制蛮族对帝国行省的攻击时,往往选择采取赠礼纳贡的方式换取和平。

罗马帝国的早期年代,赠礼纳贡就被用来补充边境防御力量之不足。至公元1世纪末,赠礼纳贡已经成为罗马帝国对外政策的一个组成部分,直到拜占庭帝国时期,赠礼都是防卫边境的重要手段之一。在"3世纪危机"时,正是通过向日耳曼人各部落进行大量赠礼,才在一定程度上减轻了蛮族入侵的危害。[③] 尤西比乌斯称君士坦丁一世赠予蛮族使节以厚礼。[④] 此后早期拜占庭帝国历代皇帝均继承这一政策。为与阿拉伯人建立友好关系,康斯坦提乌斯二世的使节携带大量赠礼前往。[⑤] 在远征波斯时,朱利安皇帝也向阿拉伯人提供赠礼。[⑥] 塞奥多西一世向哥特人首领阿塔纳里克赠礼议和。[⑦] 匈人控制多瑙河北岸后,帝国也以赠礼

① A. D. Lee, *From Rome to Byzantium AD 363 to 565: The Transformation of Ancient Rome*, p. 37.

② 董晓佳:《反日耳曼人情绪与早期拜占庭帝国政治危机》,《历史研究》2014年第2期。

③ C. D. Gordon, "Subsidies in Roman Imperial Defence", in *Phoenix*, vol. 3, No. 2, Autumn, 1949, pp. 60 – 61, pp. 63 – 64.

④ Eusebius, *Life of Constantine*, 4. 7. 3, p. 156.

⑤ Philostorgius, *Church History*, 3. 4, p. 40. Philostorgius, *Kirchengeschichte*, ed. F. Winkelmann (post J. Bidez), 3rd edn., Berlin: Akademie-Verlag, 1981, TLG, No. 2058.

⑥ C. D. Gordon, "Subsidies in Roman Imperial Defence", p. 64, note 31; p. 66.

⑦ Jordanes, *The Gothic History of Jordanes*, XXVIII. 143 – 145, pp. 91.

缓解其入侵欲望。大约在 424 年,塞奥多西二世同意向当时的匈人国王支付 350 磅黄金。① 卢阿成为新的匈人首领后,再次以战争威胁帝国。此后曾经出任过 419 年执政官的哥特人将军普林萨(Plinthas)为首的拜占庭帝国使团,同卢阿的继任者布勒达与阿提拉最终在 435 年达成协议,其中规定帝国每年向匈人缴纳 700 磅黄金的年贡。② 奥林匹奥多鲁斯曾记载,当匈人首领多纳图斯(Donatus)因谋杀而亡后,将之归咎于拜占庭使节的另一位匈人首领最终因赠礼而平息了愤怒。③ 441—442 年匈人再度入侵帝国后,拜占庭使节与匈人达成的新和约规定,帝国要缴纳 6000 磅黄金的赔款,同时此后每年支付 2100 磅黄金的年贡;为每个未付赎金而逃回帝国境内的战俘付款 12 索里达金币。④

显然,作为一种对外交往的手段,赠礼纳贡是对帝国军事政策的补充,是早期拜占庭帝国在处理蛮族所构成的军事威胁时的一种辅助手段,可以在危机时刻帮助帝国得到喘息之机,但也可能会吸引蛮族为了获取更多的赠礼纳贡而不断进行入侵或发出战争威胁,正如上述匈人所为一样。因此,赠礼纳贡在一定程度上有助于帝国的安全,但是无法取代军事措施的地位。⑤

早期拜占庭帝国继承了之前罗马帝国"以蛮制蛮"、分而治之的原则,通过与某个蛮族群体建立同盟,一方面可以分散帝国边疆所受到的压力,另一方面又可利用与帝国结盟的蛮族对抗其他蛮族。这种策略之所以能够实行,除了帝国政府一方的政治操作外,更重要的是在于蛮族群体的内在多元化特征。蛮族群体并非一个统一的实体,各支群体彼此之间经常存在尖锐矛盾,在各个群体内部也缺乏统一性。不仅日耳曼人只是对众多互不统属的族群的统称,即使是被归类在日耳

---

① J. B. Bury, *History of the Later Roman Empire*, vol. I, p. 271. C. D. Gordon, *The Age of Attila: Fifth-Century Byzantium and the Barbarians*, p. 59.

② R. C. Blockley, *The Fragmentary Classicising Historians of the Later Roman Empire*, pp. 225 – 227. E. A. Thompson, *The Huns*, pp. 79 – 83. C. D. Gordon, *The Age of Attila: Fifth-Century Byzantium and the Barbarians*, pp. 59 – 61. J. Otto Maenchen-Helfen, *The World of the Huns: Studies in Their History and Culture*, pp. 90 – 91. J. B. Bury, *History of the Later Roman Empire: From the Death of Theodosius I to the Death of Justinian*, vol. I, pp. 272 – 273.

③ R. C. Blockley, *The Fragmentary Classicising Historians of the Later Roman Empire*.

④ R. C. Blockley, *The Fragmentary Classicising Historians of the Later Roman Empire*, p. 183, p. 237.

⑤ 董晓佳:《同盟与赠礼——浅议拜占庭帝国早期阶段对外政策中的两种措施》,《内蒙古大学学报(哲学社会科学版)》,2018 年第 4 期,第 48 页。

曼人这一名称之下的如哥特人、法兰克人、汪达尔人这些次级名称,其所代表的族群内部也充满着具有独立地位的部族群体。匈人帝国中,作为统治者的匈人这一部落联盟的内部也同样不是铁板一块。这就为早期拜占庭帝国政府在政治上与一些蛮族群体或其成员结盟提供了机会。

在瓦伦斯统治时代,当皇帝允许哥特人渡过多瑙河时,目的之一是希望他们成为"强大的帝国边防守卫"[1]。允许对边疆地区构成压力的蛮族以同盟者的身份进入帝国控制区,并在边疆定居,从战略上有助于形成帝国与其他蛮族之间的缓冲地带,因为这些与帝国同盟的蛮族可以帮助帝国抵抗仍在对边疆地区施加压力的其他蛮族。除了在多瑙河边疆,帝国在东部边疆也从阿拉伯人中寻求盟友以增强边疆安全,同时也在战争中运用其力量。根据阿米亚努斯的叙述,哥特人联合匈人和阿兰人进攻君士坦丁堡,被一支阿拉伯人的军队所阻,在遭受巨大损失后被迫撤离。[2] 苏格拉底认为,在哥特人进攻君士坦丁堡城墙,劫掠并破坏城市周围的所有郊区时,一支由女王马维亚(Mavia)派来的阿拉伯人作为盟军帮助君士坦丁堡市民与哥特人作战,在击退哥特人的战役中发挥了重要作用。[3] 上述二位作者分别是4世纪最著名的非基督徒史家与5世纪的基督徒史家,他们都断言阿拉伯人曾经帮助拜占庭帝国击退哥特人的进攻,相信应当确有其事。此外,在亚得里亚堡战役后,巴尔干半岛各地受到哥特人的劫掠,塞奥多西一世当时所掌控的军力不足以应对,于是设法诱使哥特人首领之一阿塔纳里克成为帝国的盟友。381年1月11日,阿塔纳里克率领其追随者到达君士坦丁堡,塞奥多西一世利用这一机会,一方面为自己的政绩进行宣传;另一方面向哥特人展示了帝国的仁慈,表明他们所想要的东西不需要通过战争也可以得到;同时阿塔纳里克的追随者也被用于充实军力。[4] 阿塔纳里克于381年1月25日死于君士坦丁堡,塞奥多西一世抓住机会收买人心:他为阿塔纳里克举行了带有全套皇室尊荣的盛大国

[1] Socrates, *The Ecclesiastical History of Socrates*, IV. 34, p. 116.

[2] Ammianus Marcellinus, *Rerum Gestarum Libri Qui Supersunt*, vol. III, 31. 16. 3 – 7, pp. 501 – 503.

[3] Socrates, *The Ecclesiastical History of Socrates Scholasticus*, V. 1, p. 118.

[4] S. Williams and G. Friell, *Theodosius: The Empire at Bay*, pp. 32 – 33. P. J. Heather, *Goths and Romans: 332 –489*, p. 154. T. S. Burns, *Barbarians within the Gates of Rome: A Study of Roman Military Policy and the Barbarians, ca. 375 –435 A. D.*, p. 72.

葬,并亲自引导葬礼队伍,这令在场的哥特人大为感动,阿塔纳里克部下的战士欣然同意在塞奥多西的军队中服役,并接受了边境防御的职责。[1] 塞奥多西二世时代,帝国曾经试图与一个匈人部族阿卡提兹里人(the Acatziri)结盟以夹击阿提拉。[2] 当同时面对潘诺尼亚哥特人与色雷斯哥特人的压力时,皇帝芝诺也曾不断企图拉拢两者之一以对另一方形成制衡。当东哥特国王塞奥多里克征服了拜占庭帝国位于多瑙河中部地区的第二潘诺尼亚行省及其主要城市西尔米乌姆后,拜占庭帝国皇帝阿纳斯塔修斯便设法组织了一支以保加尔人为主力的军队与塞奥多里克作战。[3]

　　总体而言,与某个蛮族群体结盟确实可以在一定程度上减轻帝国边疆所受压力,并起到补充帝国军力不足的作用,这一措施往往又与赠礼纳贡相结合,但也与赠礼纳贡一样,虽然有助于减轻蛮族群体对帝国边疆的压力,但仍然属于早期拜占庭帝国应对蛮族威胁的辅助性措施。

第四节

早期拜占庭帝国的多族群融合及身份认同

　　拜占庭帝国脱胎于罗马帝国,因此早期拜占庭帝国也可以称为晚期罗马帝国。正是因为拜占庭帝国是罗马帝国的后继者,拜占庭人始终自称为"罗马人"。埃夫里尔·卡梅伦认为,拜占庭人并不是任何血缘民族意义上的"人民",拜占庭帝国并非由一个民族群体发展而来,也不是崛起于某个具有特定民族背景的人口

[1] S. Williams and G. Friell, *Theodosius: The Empire at Bay*, p. 33. T. S. Burns, *Barbarians within the Gates of Rome: A Study of Roman Military Policy and the Barbarians, ca. 375 –435 A. D.*, p. 74.

[2] R. C. Blockley, *The Fragmentary Classicising Historians of the Later Roman Empire*, p. 259. E. A. Thompson, *The Huns*, pp. 104 – 107.

[3] P. Heather, *The Restoration of Rome: Barbarian Popes and Imperial Pretenders*, Oxford: Oxford University Press, 2013, p. 75.

所占据的一个地区,其特征是发展自之前数世纪以来的历史与开拓定居,同时拜占庭帝国的特征也是对之前这多个世纪的历史与开拓定居的回应。① 徐家玲教授指出,晚期罗马帝国是一个多民族、多语言的文化共同体,而实现基督教统一世界的概念,长期以来都是拜占庭人念念不忘的目标。② 有学者认为,拜占庭帝国的两根支柱正是罗马帝国的遗产与正统基督教的信仰。③ 与此同时,在罗马帝国政治中心东移后,巴尔干半岛和小亚细亚的居民成为社会主要成分,其主要人口构成是讲希腊语的"东方人",这一时期官方文献虽然继续使用拉丁语,但希腊语是东地中海世界的"国际语言",不仅在民间流行,并且很快成为官方语言,并最终取代了拉丁语的正统地位。在以君士坦丁堡为中心的拜占庭帝国领土上,其居民或是希腊人,或是希腊化的小亚细亚居民,他们占据着拜占庭帝国的统治地位。同时,拜占庭帝国以这些居民为主体,不断融合新的成分,逐渐形成了由多民族构成的国家。④ 随着各种蛮族群体不断通过边疆地区以战争或和平的方式进入拜占庭帝国,在早期拜占庭帝国出现了蛮族与帝国当地居民共同生活的局面。在这种状况下,定居于帝国内部的各个族群逐渐融入帝国的社会生活,同时新来者对帝国的身份认同也在逐渐形成。

早期拜占庭帝国多族群融合局面的形成主要体现在以下四个方面:在经济上,新到族群成为帝国农业生产的重要劳动力来源;在军事上,蛮族大量加入帝国军队;在政治上,蛮族将领成为帝国政治生活中的重要参与者,甚至具有左右政局的地位;在日常生活中,帝国当地居民与蛮族群体通过婚姻和同居而彼此联系。

在早期拜占庭帝国时期,帝国政府同意来自边疆之外的人群定居于帝国境内的原因,除了希望通过这种在帝国控制之下的和平定居,减轻蛮族对边疆安全所构成的压力以及为帝国军队补充军力之外,新到族群作为劳动力可以为帝国经济和财政提供的贡献也是考量之一。拜占庭帝国首位皇帝君士坦丁一世就曾大规

---

① A. Cameron, *The Byzantines*, 2006, p. 8.

② 徐家玲:《拜占庭文明》,第 171 页。

③ G. Cavallo, "Introduction", in Guglielmo Cavallo edited, *The Byzantines*, trans. T. Dunlap, T. L. Fagan, Ch. Lambert, Chicago and London: The University of Chicago Press, 1997, p. 3.

④ 陈志强:《巴尔干古代史》,第 96 页。

模在帝国边境地区安置蛮族,利用其人力开垦荒地。① 376 年,当瓦伦斯允许哥特人渡过多瑙河时,不仅命令当地官员给予哥特人他们目前所需的食物,而且要求为哥特人分配用于将来耕种的土地。② 显然,当瓦伦斯同意哥特人进入帝国境内时,也期望哥特人可以成为帝国农业生产中的人力补充。亚得里亚堡之役后,接替瓦伦斯皇位的塞奥多西一世于 382 年设法与哥特人达成和约。③ 根据 382 年和约,哥特人被授予在色雷斯、马其顿尼亚等地的土地上耕种的权利,耕种土地的哥特人需要向帝国缴纳赋税。④ 拜占庭帝国政府接纳部分蛮族群体定居于帝国的目的之一是招募蛮族进入军队,以增强帝国军力。从君士坦丁一世开始,在历任拜占庭帝国皇帝治下,蛮族士兵均构成军队的重要组成部分。即使是在亚得里亚堡战役后,当面对哥特人劫掠巴尔干半岛的严重局面时,为了补充军力,塞奥多西一世仍然在不断招募哥特人进入军队。⑤ 可以说,正是因为在亚得里亚堡战役中帝国军队损失惨重,招募蛮族从军的需求就更为迫切。哥特人士兵在塞奥多西一世军队中的地位极为重要。在 379 年,当皇帝及其将军专注于平定色雷斯地区并消除对君士坦丁堡与亚得里亚堡的直接威胁,为帝国服役的哥特人将军莫达雷斯(Modares)在色雷斯取得一定程度的胜利。在一次战斗中,正是军队中哥特人士兵的倒戈与逃跑导致帝国军队战败。⑥ 上述例子从正反两面显示了哥特人士兵在塞奥多西一世的哥特战争中的重要性。

　　蛮族士兵的重要性并未随着巴尔干半岛哥特人暴动的结束而消失。在帝国政府与哥特人签订 382 年和约后,被允许定居在色雷斯的哥特人有其自己的领袖,当皇帝提出要求时就要为军队提供士兵。⑦ 根据佐西莫斯的叙述,西部皇帝格拉先被将领不列颠伯爵马克西姆斯所杀。⑧ 在格拉先死后,马克西姆斯控制了

---

① 陈志强:《拜占廷帝国史》,第 102 页。

② Ammianus Marcellinus, *Rerum Gestarum Libri Qui Supersunt*, vol. III, XXXI. 4. 8, p. 105.

③ M. Kulikowski, *Rome's Gothic Wars: From the Third Century to Alaric*, p. 152.

④ P. J. Heather, *Goths and Romans: 332 − 489*, pp. 158 − 159.

⑤ S. Williams and G. Friell, *Theodosius: The Empire at Bay*, pp. 29 − 30.

⑥ M. Kulikowski, *Rome's Gothic Wars: From the Third Century to Alaric*, p. 151.

⑦ A. D. Lee, *From Rome to Byzantium AD 363 to 565: The Transformation of Ancient Rome*, p. 37.

⑧ Zosimus, *New History*, 4. 35. 2 − 6, pp. 86 − 87. S. Williams and G. Friell, *Theodosius: The Empire at Bay*, p. 36.

不列颠、高卢、西班牙;而意大利、潘诺尼亚与阿非利加仍忠诚于格拉先的弟弟瓦伦提尼安二世。[①] 马克西姆斯于 387 年率军突然进攻意大利。[②] 瓦伦提尼安二世与其控制朝政的母亲查士丁娜(Justina)渡海逃至塞萨洛尼基,向塞奥多西一世求助,塞奥多西一世随后出兵进攻马克西姆斯。[③] 在这次内战中,塞奥多西一世的军队包括哥特人、匈人与阿兰人在内的大量蛮族将士,在塞奥多西一世麾下匈人与阿兰人骑兵的快速进攻下,斯西亚这一交通要道在防御工事完成之前就已失守,激战之后,塞奥多西一世的军队获胜。[④] 马克西姆斯本人于 388 年 8 月 28 日被处决于阿奎莱亚。[⑤] 四年后,西部地区再度发生内乱,将领阿尔博加斯特杀死西部皇帝瓦伦提尼安二世,立尤金为帝。[⑥] 塞奥多西一世在出征西部前为增强军力,大量征召哥特人等蛮族从军。[⑦] 在战斗中,这些士兵起到了至关重要的作用。[⑧] 实际上,直至查士丁尼时代,哥特人、匈人、阿兰人、格庇德人、保加尔人等各个蛮族群体时常作为拜占庭帝国的士兵出现于各个战场,参与帝国的大小战事并发挥重要作用。

正是由于蛮族士兵大量加入帝国军队,蛮族将领在帝国政治中的地位也日益升高。在塞奥多西一世时期,曾任军事长官(magister militum)一职的 16 人中,至少 9 人出身于日耳曼人部落。[⑨] 在早期拜占庭帝国,军队在政治斗争中具有重要的、常常是举足轻重的地位。军队中蛮族将领的增加必然导致蛮族将领参与到帝国的政治生活之中,并开始干预帝国政治。395 年,趁皇帝阿卡狄乌斯检阅军队之机,塞奥多西一世第二次西征军的指挥官之一盖伊纳斯的部下当众杀害了帝国

---

① S. Williams and G. Friell, *Theodosius: The Empire at Bay*, p. 37.

② A. H. M. Jones, *The Later Roman Empire 284－602*, vol. I, p. 158, p. 159.

③ Zosimus, *New History*, 4. 3－44, pp. 91－92.

④ S. Williams and G. Friell, *Theodosius: The Empire at Bay*, pp. 62－63.

⑤ *The Cambridge Ancient History*, vol. XIII, *The Late Empire, A. D. 337－425*, p. 107.

⑥ R. C. Blockley, *The Fragmentary Classicising Historians of the Later Roman Empire*, p. 85.

⑦ I. Hughes, *Stilicho: The Vandal Who Saved Rome*, p. 24.

⑧ J. H. W. G. Liebeschuetz, *Barbarians and Bishops: Army, Church, and State in the Age of Arcadius and Chrysostom*, pp. 29－31.

⑨ J. H. W. G. Liebeschuetz, *Barbarians and Bishops: Army, Church, and State in the age of Arcadius and Chrysostom*, p. 10.

政府首脑鲁菲鲁斯。① 继鲁菲鲁斯执掌朝政大权的寝宫总管尤特罗庇乌斯,也由
于盖伊纳斯的干预而先被放逐至塞浦路斯,后又被处决于卡尔西顿。② 但盖伊纳
斯本人最终也在政治斗争中落败,400 年 7 月离开君士坦丁堡前往色雷斯,君士
坦丁堡市民趁机暴动,关闭城门,数千名哥特人被杀。③ 盖伊纳斯企图经由赫勒
斯滂前往小亚细亚,但是被忠于帝国的另一位哥特人将军弗拉维塔所败。此后,
盖伊纳斯越过多瑙河,被匈人国王乌尔丁所杀,其首级作为赠给阿卡狄乌斯皇帝
的礼物被送至君士坦丁堡。④ 塞奥多西二世时代,哥特人普林萨于 419 年成为执
政官并担任军事长官超过 20 年,大约与此同时,阿兰人阿尔达布里乌斯
(Ardaburius)也成为军事长官。⑤ 塞奥多西二世统治后期至利奥一世统治时期,
阿尔达布里乌斯之子阿斯帕尔依靠日耳曼人士兵的支持长期执掌大权,并成为利
奥一世即位的主要推手。⑥

　　蛮族群体定居于帝国疆域内并积极融入拜占庭社会的经济、军事与政治活
动,必然加强蛮族与帝国当地居民在日常生活中的共处与互动,并在这种共处与
互动中逐渐出现了血缘上的联系,这主要通过在帝国内定居的蛮族与帝国当地居
民的通婚实现。

　　由于相关资料的缺乏,目前我们无法统计外来族群成员与帝国本地居民之间
通婚的具体数据与比例,也无法统计这种通婚所产生的后代的具体数量,但是,从

① Claudian, *Claudian*, vol. I, with an English translation by Maurice Platnauer, Cambridge, Massachusetts and London, England: Harvard University Press, 1922, pp. 85 - 87. R. C. Blockley, *The Fragmentary Classicising Historians of the Later Roman Empire*, p. 95. Zosimus, *New History*, 5. 7. 4 - 6, p. 102. J. B. Bury, *History of the Later Roman Empire*, vol. I, pp. 112 - 113.

② J. B. Bury, *History of the Later Roman Empire*, vol. I, pp. 129 - 132. K. G. Holum, *Theodosian Empresses: Women and Imperial Dominion in Late Antiquity*, pp. 62 - 63. J. R. Martindale, *The Prosopography of the Later Roman Empire*, vol. II: A. D. 395 - 527, pp. 442 - 443. S. Williams and G. Friell, *Theodosius: The Empire at Bay*, p. 152.

③ M. Kulikowski, *Rome's Gothic Wars: From the Third Century to Alaric*, p. 169. J. B. Bury, *History of the Later Roman Empire*, vol. I, pp. 133 - 134.

④ S. Williams and G. Friell, *Theodosius: The Empire at Bay*, p. 152. M. Kulikowski, *Rome's Gothic Wars: From the Third Century to Alaric*, p. 169. J. B. Bury, *History of the Later Roman Empire*, vol. I, pp. 134 - 135. A. P. Kazhdan ed., *The Oxford Dictionary of Byzantium*, p. 814.

⑤ S. Williams and G. Friell, *The Rome that Did Not Fall: The Survival of the East in the Fifth Century*, London and New York: Routledge, 1999, p. 30.

⑥ J. R. Martindale, *The Prosopography of the Later Roman Empire*, vol. II: A. D. 395 - 527, p. 167.

同时代史家的零星记载中,至少可以看出这种通婚现象在早期拜占庭帝国上层社会相当普遍,并为时人所接受。拜占庭帝国塞奥多西王朝著名将领斯蒂利科便是出于这种婚姻的后代。根据史家记载,斯蒂利科的父亲是汪达尔人,在皇帝瓦伦斯时期进入帝国军队服役,担任军官,斯蒂利科的母亲则是帝国原居民。斯蒂利科本人在大约 383 年时成为一名军团将官(Tribunus Praetorianus Militaris),此后他娶了皇帝的侄女兼养女赛琳娜(Serena)为妻,至 392 年他可能已经成为色雷斯两个军团的军事长官(magister utriusque militiae per Thracias);此后他在塞奥多西一世再次统一帝国的内战中立下了汗马功劳,并在 394 年被提升为御前两军军事长官(magister utriusque militiae praesentalis)。① 从斯蒂利科的仕途看,他的汪达尔人出身显然并未阻碍他的升迁。当然,他之所以能够得到塞奥多西一世的大力拔擢,与他此后成为皇帝的侄女婿兼养女婿有直接关系,但是,从另一个角度看,他能够缔结这桩对他嗣后的事业有莫大帮助的婚姻也证明皇帝并不在意他是汪达尔人与帝国居民的后代,从而可以间接证明当时社会对这种婚姻的接受程度。此后,斯蒂利科又先后将他的两位女儿玛丽亚与塞尔玛提亚嫁给塞奥多西一世的次子霍诺留为妻。② 虽然斯蒂利科两个女儿与霍诺留的联姻是他为了巩固自己的地位而安排的政治联姻,但是,直至斯蒂利科最后垮台,他安排的这两次婚姻也没有被他的政敌当成攻击他的口实,再次从反面证明帝国社会对这种婚姻的接受程度。塞奥多西一世的长子阿卡狄乌斯则娶了法兰克人将军巴托的女儿为皇后。③ 利奥一世时期执掌军政大权的阿兰人将领阿斯帕尔曾经企图推动其子帕

---

① P. Orosius, *The Seven Books of History Against the Pagans*, p. 352. St. Jerome, *The Principal Works of St. Jerome*, trans. the Hon. W. H. Fremantle, M. A., with the Assistance of the Rev. G. Lewis, M. A., and the Rev. W. G. Martley, M. A., Grand Rapids, Michigan: WM. B. Eerdmans Publishing Company, 1957, Letter CXXIII. 17, p.237. A. H. M. Jones, J. R. Martindale and J. Morris, *The Prosopography of the Later Roman Empire*, vol. I: A. D. 260 -395, seventh printing 2006, pp. 853 - 855. A. P. Kazhdan, ed., *The Oxford Dictionary of Byzantium*, p. 1957. H. M. Gwatkin, J. P. Whitney, eds., *The Cambridge Medieval History*, vol. I, p. 258.

② A. H. M. Jones, J. R. Martindale and J. Morris, *The Prosopography of the Later Roman Empire*, vol. I: A. D. 260 -395, p.857.

③ R. C. Blockley, *The Fragmentary Classicising Historians of the Later Roman Empire*, p. 93. Zosimus, *New History*, 5. 3. 1 -4, p.100. A. H. M. Jones, J. R. Martindale and J. Morris, *The Prosopography of the Later Roman Empire*, vol. I: A. D. 260 -395, p. 780. J. R. Martindale, *The Prosopography of the Later Roman Empire*, vol. II: A. D. 395 -527, p.441.

特里修斯与利奥一世之女阿里阿德涅的联姻,但利奥一世却将女儿嫁给另一支蛮族伊苏里亚人的一名首领芝诺。① 这一事例再次证明蛮族与帝国居民之间的通婚本身在早期拜占庭帝国并不受限制,利奥一世选择芝诺而非帕特里修斯为婿只是出于政治原因,而不是介意帕特里修斯作为蛮族后代的身份。

随着定居帝国的各个族群在经济、政治、军事与日常生活中与早期拜占庭帝国社会的深度融合,帝国出现了多族群融合的局面。与此同时,蛮族群体逐渐形成了以政治认同、宗教认同与文化认同为核心的身份认同,这种身份认同最终形成了对于帝国本身的认同。

首先,移居帝国的蛮族群体在积极参与和融入帝国政治与军事活动的过程中,逐渐形成了对于帝国的政治认同。这种政治认同主要体现在蛮族首领积极寻求在帝国政治框架内的晋升。在早期拜占庭帝国,皇帝们将为帝国军队服役作为接受边疆之外的族群在帝国定居的基本条件之一,而移居帝国的蛮族实际上对此并无抵触,加入军队的蛮族士兵与将领借此机会追求自己在帝国社会中的政治发展。

据记载,在罗马帝国的历史上, 3 世纪曾经出现过如阿拉伯人菲利普(Philip the Arab,244—249 年在位)这样成为皇帝的"蛮族"将领。② 至早期拜占庭帝国时期,加入帝国军队的哥特人将领绝大多数是试图融入帝国并在帝国政治体系中争取个人利益。前文提及的盖伊纳斯危机在本质上也只是帝国内部常见的围绕权力而进行的斗争,盖伊纳斯并不是想要结束帝国对哥特人的统治,也不是想要颠覆帝国的政治制度,而是希望在帝国政府内部提升自己的权力乃至控制帝国政府,从而实现自己在帝国内部的政治野心。③ 如前所述,与盖伊纳斯同时期的哥特人将领弗拉维塔,也并未因为与盖伊纳斯同为哥特人而在这场斗争中站在盖伊纳斯一方,与此相反,弗拉维塔凭借击败盖伊纳斯的战功得以在帝国政治结构中

---

① R. C. Blockley, *The Fragmentary Classicising Historians of the Later Roman Empire*, p. 467. J. R. Martindale, *The Prosopography of the Later Roman Empire*, vol. II: A. D. 395 –527, p. 838. A. D. Lee, *From Rome to Byzantium AD 363 to 565: The Transformation of Ancient Rome*, p. 98.

② *The Scriptores Historiae Augustae*, vol. II, with an English translation by D. Magie, Cambridge, Massachusetts and London, England: Harvard University Press, reprinted 1993, The Three Gordians, XXIX. 1 – XXXI. 3, pp. 435 – 441.

③ 董晓佳、刘榕榕:《反日耳曼人情绪与早期拜占庭帝国政治危机》,《历史研究》2014 年第 2 期。

得到晋升,最终成为执政官。上述两位哥特人将领事业的发展证明,对于移居帝国的哥特人首领及其追随者而言,无论是如盖伊纳斯那样在帝国内部以军力威胁帝国政府的方式获取权力,还是效仿弗拉维塔通过为帝国政府的忠诚服务而取得体制内的荣誉与官职,其政治认同始终是以统一帝国为中心的,始终是将中央集权制帝国及其政府视为合法性的来源。

阿拉里克的事业也证明了这一点。最终于 410 年攻陷罗马城的哥特人首领阿拉里克早年就加入了罗马军队。① 395 年,阿拉里克率领部下的哥特人士兵发动暴动。根据佐西莫斯的记载,阿拉里克之所以暴动,是因为他在参与塞奥多西二世第二次西征后对自己未能如愿得到更高军职而感到愤怒。此后君士坦丁堡政府安抚他的举措之一正是任命他为伊利里库姆军事长官(Magister Militum per Illyricum)。从 408 年至 410 年,阿拉里克三次围攻罗马。在哥特人军队最终攻入罗马城之前,阿拉里克在与西部帝国政府谈判中所提的主要条件之一就是希望得到两军军事长官(magister utriusque militiae)这一军职。② 为得到这一职务,他甚至还曾经于 409 年拥立官员阿塔罗斯(Attalus)登上皇帝宝座,并由后者任命阿拉里克为军事长官。③ 在前述潘诺尼亚哥特人、色雷斯哥特人与拜占庭政府之间的冲突中,也可以看出这一特点。当阿斯帕尔垮台后,色雷斯哥特人首领塞奥多里克·斯特拉波就向帝国提出包括继承阿斯帕尔军职在内的诸多要求。在利奥一世拒绝后,塞奥多里克·斯特拉波分兵两路进攻帝国,夺取亚得里亚堡。④ 473 年,帝国政府为了结束战事,最终同意任命他为阿斯帕尔曾经担任过的御前军事长官。⑤ 潘诺尼亚哥特人的首领、阿马尔家族的塞奥多里克的要求与塞奥多里克·斯特拉波相似。为达到目的,塞奥多里克在 482 年率潘诺尼亚哥特人劫掠巴尔干半岛多个行省,当时的皇帝芝诺被迫在 483 年同意授予塞奥多里克以御前军

---

① M. Brion, *Alaric the Goths*, trans. Frederick H. Martnes, p. 15.

② Sozomen, *The Ecclesiastical History of Sozomen*, IX. 7, p. 423.

③ Zosimus, *New History*, 5. 5. 4, p. 101; 5. 48. 1 – 3, p. 124, 6. 6. 21 – 6. 7. 2, p. 129. Socrates, *The Ecclesiastical History of Socrates Scholasticus*, VII. 10, p. 158.

④ R. C. Blockley, *The Fragmentary Classicising Historians of the Later Roman Empire*, p. 163, pp. 407 – 409, p. 409.

⑤ J. B. Bury, *History of the Later Roman Empire: From the Death of Theodosius I to the Death of Justinian*, vol. I, p. 320.

事长官的军职与执政官职务。[1]

　　其次,移居帝国的蛮族群体逐渐接受了帝国流行的基督教信仰,从而形成了对于帝国的宗教认同。自君士坦丁一世采取支持与保护基督教的政策以来,基督教在拜占庭帝国逐渐取得了实质上的国教地位。正如奥斯特洛格尔斯基所言,罗马的政治观念、希腊的文化和基督教的信仰是决定拜占庭帝国发展的主要因素,正是希腊文化与基督教信仰融合统一在罗马帝国的政治框架内,才出现了后世称之为拜占庭帝国的历史现象;基督教取得胜利和帝国政治中心最终迁至希腊化的东方地区,这两大事件标志着拜占庭时代的开始。[2] 6 世纪时,"印度航海家"科斯马斯在其著作中将拜占庭帝国称为"第一个信仰基督的帝国",它在世界上与基督同在,只要世界延续,帝国就不会毁灭。[3] 在相当长的一段时间里,对于基督教的认同与对拜占庭帝国的认同几乎是一致的。虽然基督徒并不一定都生活于拜占庭帝国皇帝治下,但拜占庭帝国皇帝自诩为所有基督徒的保护人,而信奉基督教也成为拜占庭人身份认同的重要标志。

　　早在 376 年之前,基督教已经在哥特人中流布,有记载的最早在哥特人中传教的是乌尔菲拉,他是于 4 世纪早期在哥特人的劫掠中被俘虏的帝国居民,从卡帕多西亚被带至多瑙河北岸地区,他在那里实际上建立了一个基督教社区,并在哥特人更为广泛的皈依中扮演了关键角色。[4] 乌尔菲拉在基督教会史上的突出贡献是发明了哥特文字母,并将《圣经》的大部分译成哥特语。[5] 康斯坦提乌斯二世时期,乌尔菲拉被按立为哥特人的主教,虽然后世认为他所宣讲的教义属于基督教异端阿里乌派的信仰,但是,在他向哥特人传教的时代,这一派别属于帝国基督教的主流派别,也因此招致哥特人首领的怀疑与迫害:乌尔菲拉及其追随者遭

[1] Marcellinus Comes, *The Chronicle of Marcellinus*, p. 28.

[2] [南斯拉夫]乔治·奥斯特洛格尔斯基:《拜占廷帝国》,第 23 页。

[3] Cosmas Indicopleustes, *The Christian Topography of Cosmas, an Egyptian Monk*, translated from the Greek, and edited with notes and introduction by J. W. McCrindle, Cambridge: Cambridge University Press, 2010, p. 71. Cosmas Indicopleustès, *Topographie Chrétienne*, ed. W. Wolska-Conus, 3 vols., Paris: Cerf, 1968, 1970, 1973, TLG, No. 4061002.

[4] N. Lenski, "Captivity and Romano-Barbarian Interchange", in R. W. Mathisen and D. Shanzer edited, *Romans, Barbarians, and the Transformation of the Roman World: Cultural Interaction and the Creation of Identity in Late Antiquity*, Farnham: Ashgate Publishing Limited, 2011, p. 196.

[5] 刘新利:《德意志历史上的民族与宗教》,北京:商务印书馆 2009 年版,第 31 页。

受放逐。① 但是,乌尔菲拉的传教事业并未就此失败,他所播撒下的种子仍然茁壮成长。随着大量哥特人、汪达尔人、阿兰人等族群移居帝国境内,其中的大多数人逐渐接受了基督教信仰。无可否认,这些移居帝国境内的蛮族所信奉的大多属于后来的基督教异端派别,但是同样无可否认的是,他们已经皈依了基督教并成为了基督徒,也就意味着从信仰的角度而言,他们可以被视为拥有了身为拜占庭人的宗教身份,只要他们继续作为帝国居民居住于君士坦丁堡政府治下。与此同时,在基督徒的认同之下,保持对于阿里乌派或其他基督教异端派别的信奉,也成为移居帝国的蛮族群体的个性化特征,从而在总体上形成了既具有统一性又具有多样性的宗教认同。

最后,蛮族群体逐渐接受了帝国文化的影响,从而形成了对于帝国的文化认同,这主要体现在姓名与语言等方面。姓名是自我身份认同的重要外在表现形式,同时也在相当程度上体现出某种类型姓名的使用者在其所处社会中希望被视为何种身份。某种语言的接受与日常运用不仅影响着使用者对其生活环境的认知能力,也反映了使用者主动融入所身处的语言环境的愿望。

如前所述,拜占庭帝国早期阶段拉丁语仍是官方语言,同时希腊语又是东地中海地区使用广泛的“国际语言”,因此,在这一时期蛮族将姓名更改为拉丁式或希腊式名字的现象相当普遍,尤其是在蛮族精英群体中更是如此。莫尔黑德指出,数个世纪以来,罗马对日耳曼人的吸引力已经从日耳曼人对于采用罗马式名字的热情所展示,早在公元 1 世纪初就有这样的例子,并且这一趋势至古代晚期得到了加强:君士坦丁一世是首位擢升“蛮族”至执政官职位的皇帝,但是目前已知由君士坦丁一世所任命的执政官没有一个人是非罗马人的姓名,很可能被君士坦丁一世任命为执政官的蛮族将名字改为罗马式人名。② 4 世纪后期,忠于帝国政府并击败盖伊纳斯的拜占庭帝国哥特人将领弗拉维塔也曾经担任执政官,他为自己取了拉丁式的名字弗拉维乌斯(Flavius)。③ 前述法兰克人将领巴托之女、皇

① P. Heather, *The Goths*, pp. 60 - 61.

② J. Moorhead, *The Roman Empire Divided, 400 - 700*, Second Edition, p. 24.

③ P. Heather, *The Fall of the Roman Empire*, p. 214. I. Hughes, *Stilicho: The Vandal Who Saved Rome*, p. 100.

帝阿卡狄乌斯之妻名为尤多西娅,这是典型的希腊式人名。斯蒂利科为其两位女儿分别起名为玛丽亚与塞尔玛提亚,她们的名字显然也消除了蛮族特征。5 世纪后期,一位名为塔拉斯科迪萨(Tarasicodissa)的伊苏里亚人首领被时任皇帝利奥一世提拔为帝国将领,并将公主阿里阿德涅嫁给了他,而塔拉斯科迪萨则将自己的名字改为希腊式人名芝诺,并在此后帮助利奥一世铲除了阿兰人将领阿斯帕尔的势力,最终成为拜占庭帝国皇帝。①

　　"蛮族"(barbaros)一词的起源本就与语言有密切联系。该词由古希腊人发明,本为拟声词,后用于指不使用希腊语或拉丁语的族群。② 因此,是否能够使用拉丁语或希腊语同样是区分蛮族群体与帝国居民的重要标准,也是外来蛮族群体是否接纳了地中海世界的古典文明成就的主要载体与成就本身的重要外在表现形式,同时也是蛮族是否形成了对于拜占庭帝国文化认同的重要标志。关于这一点,虽然史家并未留下太多记载,但是,以下一些判断应当是符合实际情况的。加入帝国正规军团队的蛮族士兵必然能够听懂军营中所用的拉丁语军事术语,并且应当能通过在军中服役逐渐学会在驻地生活中日常使用的希腊语,正如随着时间推移与代际交替,在帝国内部定居的蛮族农民家庭应当能够逐渐学会并使用定居地普遍使用的日常生活语言一样。在帝国军队或政府中逐级上升至高级官职的蛮族精英必然能够使用军队和政府中通行的拉丁语,否则他们无法与非本族出身的同僚交流,这是易于想象的。同样的理由,这些蛮族精英及其家庭成员很可能也懂得使用希腊语,因为他们的生活中显然并不仅仅只有行政和军队事务,在日常生活中以及在与东部帝国上层社会成员的交往中,讲希腊语显然也是一种必备的能力。最后,幸运的是,有一位拜占庭帝国史家为我们提供了蛮族出身的学者掌握与使用拉丁语的确切例证,这位史家就是用拉丁语写作《哥特史》的哥特人后代乔代尼兹。

---

① R. C. Blockley, *The Fragmentary Classicising Historians of the Later Roman Empire*, p. 467. J. B. Bury, *History of the Later Roman Empire*, vol. I, pp. 318 – 320. J. R. Martindale, *The Prosopography of the Later Roman Empire*, vol. II: A. D. 395 –527, pp. 1200 – 1202.

② P. S. Wells, B. Celts, *Germans and Scythians: Archaeology and Identity in Iron Age Europe*, London: Duckworth, 2001, p. 108. 李永毅、李永刚:《"野蛮人"概念在欧洲的演变——从古典时代到文艺复兴》,《南京大学学报》2013 年第 3 期。董晓佳:《斯提里科与晚期罗马帝国政局——基于"反日耳曼人情绪"视角下的考察》,第 120 页。

　　综上所述，从4世纪开始，早期拜占庭帝国面临着来自边疆地区的各支蛮族群体所施加的日益强大的压力，哥特人、匈人、阿兰人等族群的进攻与劫掠严重威胁了帝国的安全。面对这一状况，君士坦丁一世继续了戴克里先的军事改革，重组军队并加强边疆据点建设，同时建设新都君士坦丁堡以监控边疆，并大量招募蛮族进入军队以补充军力。同时，采取在经济上赠礼纳贡，在政治上与部分蛮族群体结成同盟、分而治之等举措以应对复杂局面。早期拜占庭帝国政府基本继承了这些政策，较好地解决了帝国所面临的蛮族问题。在这一过程中，以战争或和平的方式进入并定居于帝国内部的各种蛮族群体在经济、政治、军事与日常生活中逐渐融入帝国社会，同时新来者对帝国的政治认同、宗教认同与文化认同也在逐渐形成。

　　早期拜占庭人的身份认同问题是学术界长期关注的热点问题，目前的研究成果表明，这个时期形成的拜占庭人身份认同基本上构成了此后延续上千年的传统。换言之，无论外来族群的血缘如何，无论他们原有的文化背景是什么，只要在进入拜占庭帝国后，接受中央集权制统一帝国政治体制统辖，接受拜占庭基督教信仰，接受以希腊语为媒介的希腊文化和东地中海生活习俗，就可以被视为拜占庭人。从这一角度观察，具有千余年历史的拜占庭帝国治下的拜占庭人也可以称为拜占庭民族。

第五章

早期拜占庭帝国的自然灾害

　　早期拜占庭帝国从公元 330 年延续至 7 世纪初年，这一阶段不仅是拜占庭帝国的奠基时代，也实现了罗马向拜占庭的全面转型。早期拜占庭帝国继承了罗马原有的疆域，以地中海世界作为其核心区域，帝国的疆域范围东至两河流域中北部、西达不列颠岛，该区域是这一时期人类文明的重要中心地区。

　　人类活动与自然环境之间存在着相互影响、相互制约的关系。工业时代以前，人们更多地受到原生性灾害的影响。工业时代之后，人们既受到原生性灾害的影响，也受到人为所引发的环境问题的困扰。历史上，人类文明进程先后经受了天花、鼠疫、疟疾、流感等烈性传染病流行所带来的恶劣影响。近些年来，"非典"、埃博拉、禽流感等大规模流行性传染病均产生了世界性的影响。2020 年新冠病毒的全球性扩散更是成为重大的灾难性事件。除了大规模传染病的流行外,2008 年的汶川地震引发了可怕的人员伤亡;2010 年冰岛火山喷发事件导致欧洲的航空、农业等大受影响;2011 年日本附近的地震、海啸事件及其引发的核电站爆炸后续性影响延续至今。此外,"雾霾"、厄尔尼诺现象、台风等灾害一直困扰并阻碍人类社会的发展进程。2020 年东非地区的蝗灾席卷了亚非在内的大范围地区,严重影响了全球的粮食供应链条。

从 20 世纪 50 年代前后开始,国际学界对生态环境史研究的关注度逐步提升,以应对日益显著的全球性环境问题。国内学界关注该研究方向相对较晚,近些年来,相继出现了一些研究成果。[①] 相比于环境污染等现当代社会人为的环境问题,早期拜占庭帝国居民所面对的更多的是原生性自然灾害的打击。拜占庭帝国治下的地中海世界的民众,其生产与生活方式长期受到地中海地区的地理、气候等因素的影响,也会直接受制于突如其来的传染病、地震、海啸、水灾等自然灾害。

在生产力和科技水平相对低下的早期拜占庭帝国时代,当自然界以灾害的形式展现其极端恶劣的面目时,居民所受的影响尤其巨大。频发的自然灾害对早期拜占庭帝国的人口、商贸、农业等经济领域产生巨大破坏性影响,也极不利于居住在这一区域的民众心理状态。政府救助与教会救助的方式及效果会明显地改变这一区域民众信仰的方向,也会对早期拜占庭帝国的发展轨迹产生直接影响。

---

① 刘榕榕:《古代晚期地中海地区自然灾害研究》,第 8—47 页。

早期拜占庭帝国自然灾害概况

一、 传染病

自人类诞生之日起,流行性传染病一直与人类历史相伴而行。天花、鼠疫、流感、疟疾、"非典"、禽流感、新冠病毒感染等大规模流行性传染病均是人类历史进程中的重要影响因子。历史上,地中海世界曾多次发生流行性传染病。受限于较低的医疗和科技水平,分别发生于公元 2 世纪和 3 世纪的"安东尼瘟疫"和"西普里安瘟疫"均令地中海地区在一定时期内陷入严重的人口损失和后续性危机之中。在早期拜占庭帝国阶段,地中海地区曾暴发大规模流行性传染病。其中,540 年代初开始暴发的"查士丁尼瘟疫",其规模和影响远超这一区域历史上的疫情。

在"查士丁尼瘟疫"发生前,这一区域分别于 451—454 年、496—497 年发生了规模相对较小的两次传染病。根据史家的记载,451—454 年间,东地中海地区曾发生了一次由于食物短缺而引发的传染病。弗里吉亚、加拉提亚、卡帕多西亚和西里西亚等帝国东部地区遭遇了一次大规模干旱气候,为了填饱肚子,居民不得不食用不洁的食物,疫病很快蔓延开来。[①] 这次传染病的发生是由于干旱导致东地中海地区的粮食供应出现问题,进而引发食物短缺的危机。对这次传染病详加记载的史家是长期生活在安条克的埃瓦格里乌斯,他指出,这次传染病的症状主要包括身体肿胀、眼睛失明,伴随着咳嗽。在这些症状出现后,患者会很快死亡。[②] 496—497 年间,根据《伪柱顶修士约书亚的编年史》的

---

① Evagrius Scholasticus, *The Ecclesiastical History of Evagrius Scholasticus*, Book 2, pp. 81 - 82. *The Ecclesiastical History of Evagrius with the Scholia*, ed. J. Bidez and L. Parmentier, London: Methuen, 1898, repr. New York: AMS Press, 1979, TLG, No. 2733001.

② Evagrius Scholasticus, *The Ecclesiastical History of Evagrius Scholasticus*, Book 2, pp. 81 - 82.

记载,奥斯若恩(Osrhoene)地区曾出现了一次疫情,患者在染病后身体长瘤,而且
出现了失明的症状。① 从眼睛失明这一症状来判断,5世纪后半期两度发生的传
染病极有可能是天花。

依据史料,早期拜占庭帝国在4—5世纪期间的传染病发生频率较低,尤其是
大规模传染病的发生次数较少。这无疑为这一时期帝国的人口增长、经济发展等
创造了良好的环境。然而,与540年代在查士丁尼一世统治之下帝国逐步迈入
"黄金时代"几乎同时,一次大规模的传染病突然暴发。传染病传播的大部分地
区均处于拜占庭帝国的领土范围,此时的统治者为文治武功均十分突出的查士丁
尼一世,因此被称为"查士丁尼瘟疫"。

"查士丁尼瘟疫"最初在帝国境内暴发的时间是541年,首轮暴发从541年持
续至544年。在6世纪后半叶,瘟疫还曾四度复发。作为重大的突发性事件,"查
士丁尼瘟疫"的首轮暴发和四度复发均引起同时代史家的关注。普罗柯比、埃瓦
格里乌斯、阿伽提阿斯、约翰·马拉拉斯、叙利亚的米哈伊尔(Michael the Syrian)、
米蒂里尼的扎卡里亚(Zacharias of Mytilene)、阿加皮奥斯(Agapius)等史家对"查
士丁尼瘟疫"症状、传播特征等相关情况的记载是我们了解这场大瘟疫的史料
基础。

谈到瘟疫,首先需要确定的是疫情从何而起? 或者疫情最早出现在哪里? 结
合普罗柯比、埃瓦格里乌斯等史家的记载,可以确定的是,在拜占庭帝国境内,最
初暴发疫情的地点位于埃及境内尼罗河三角洲东部的培留西阿姆(Pelusium)。
在培留西阿姆暴发疫情后,瘟疫很快向东、西两个方向快速传播。人口密集且商
贸活动发达的城市受创尤为严重。地中海地区自古希腊时代就延续下来的繁荣
的海上贸易和从罗马共和国时代传承下来的星罗棋布的罗马道路,为瘟疫在地中
海世界的扩散提供了绝佳的条件。

在培留西阿姆于541年出现疫情后,与之距离较近的亚历山大城和加沙很快
暴发疫情。叙利亚的米哈伊尔提到,亚历山大城在出现疫情后,城内的穷人最先

---

① F. R. Trombley and J. W. Watt trans., *The Chronicle of Pseudo-Joshua the Stylite*, Liverpool: Liverpool University Press, 2000, p. 26.

受到感染,人员死亡的情况十分严重,致使掩埋死者的工作变得十分艰难。① 在疫情的猛烈攻势之下,东地中海沿海地区各大城市迅速沦陷,耶路撒冷、安条克、米拉(Myra)、君士坦丁堡和西吉翁(Sykeon)等城市先后于542年暴发疫情。其中,君士坦丁堡和安条克大规模暴发疫情的情况被两位亲历者普罗柯比和埃瓦格里乌斯记录在案。

瘟疫疫情在君士坦丁堡大暴发之时,常年跟随将军贝利萨留东征西讨的普罗柯比恰好从东部战场返回君士坦丁堡。因此,擅长写作且正在城内的普罗柯比在他的重要作品《战史》一书中,对君士坦丁堡的大规模疫情进行了十分详尽的记载。② 普罗柯比笔下的君士坦丁堡在疫情蔓延期间沦为了人间地狱。在疫情严重的三个月里,每天的死亡人数高达5000人,最严重时甚至高达1万人。③ 由于死亡人数过多,处理尸体的速度远比不上人口死亡的速度,因此君士坦丁堡幸存的市民生活在尸横遍野、臭气熏天的环境之中。君士坦丁堡的正常粮食供应和商贸活动也因此受到直接影响。恶劣的生存环境和生活必需品的极度匮乏无疑加重了瘟疫中幸存下来的君士坦丁堡市民的危机之感。

由于对"查士丁尼瘟疫"的致病机理和救治方式毫无头绪,甚至于皇帝查士丁尼一世还曾在疫情最严重之际轻度感染,眼见城里半数以上的病人不断因感染瘟疫去世,君士坦丁堡的民众陷入极度的不安、恐惧之中。生活在君士坦丁堡的普罗柯比发出如此感慨:我们难以用语言来描述这次疫病,由于难以对其发生的原因进行解释,也无法确定其来源,一切传统的医治方法全都失效,因此,我们只能将这一灾难归结为上帝的惩罚。④ 长期生活在安条克的史家埃瓦格里乌斯经历了"查士丁尼瘟疫"在安条克的多次暴发,他年幼时曾在安条克的瘟疫首轮暴发过程中染病,最终恢复了身体健康,但是后来目睹了自己的妻子、女儿和外孙在瘟疫首度暴发和数次复发过程中的染病离世。⑤

① Michael the Syrian, *Chronicle*, edited by J. -B. Chabot, Paris, 1910, Book 2, pp. 235 - 238.
② Procopius, *History of the Wars*, trans. H. B. Dewing, Book 2, pp. 453 - 471. Procopii Caesariensis, *Opera Omnia*, vols. 1 - 2, ed. G. Wirth (post J. Haury), Leipzig: Teubner, 1962, 1963, TLG, No. 4029001.
③ Procopius, *History of the Wars*, Book 2, p. 469.
④ Procopius, *History of the Wars*, Book 2, p. 473, p. 453.
⑤ Evagrius Scholasticus, *The Ecclesiastical History of Evagrius Scholasticus*, Book 4, p. 231.

在"查士丁尼瘟疫"蔓延于帝国东部的大部地区之时,疫情也逐渐沿海路和陆路扩散至地中海西部地区。在西西里岛于 542 年末出现疫情后,突尼斯、亚平宁半岛、伊利里库姆、罗马、高卢、西班牙等城市及地区在 543 年相继出现疫情,瘟疫甚至于 544 年跨越英吉利海峡传播到不列颠地区。因此,在三年时间中,"查士丁尼瘟疫"几乎传遍了地中海沿岸的所有地区和重要城市。① 544 年后,"查士丁尼瘟疫"的威力逐渐减弱,然而,拜占庭帝国治下的地中海世界已经千疮百孔。

令生活在这一时期的地中海世界的民众意想不到的是,瘟疫的噩梦并未结束。正当他们的生产与生活逐步从瘟疫的首轮打击中恢复过来的时候,其威力在 544 年后已逐渐减弱的瘟疫在 6 世纪后半期再度增强,并多次复发。根据史家记载,"查士丁尼瘟疫"在 558 年、571—573 年、588—592 年、597—599 年四度复发。②

558 年,"查士丁尼瘟疫"在拜占庭帝国的政治中心君士坦丁堡大规模复发。史家阿伽提阿斯对瘟疫的复发情况进行了详细记载,他指出:这次瘟疫发生在初春,它就像一个永远持续的噩梦。如今,它再度回到君士坦丁堡,君士坦丁堡大量居民染疫而亡。一些患者身体出现肿块,并伴随着高烧的症状;一些患者在没有出现症状的情况下暴毙。③ 约翰·马拉拉斯补充道:瘟疫对君士坦丁堡的影响从这一年的 2 月开始,前后持续了 6 个月的时间,造成了严重的人员损失。④ 据史家记载,距离"查士丁尼瘟疫"首次暴发结束仅 14 年,深受上一轮瘟疫流行影响的君士坦丁堡还没恢复,就被瘟疫复发再次击倒。在君士坦丁堡的疫情复发后,阿米达、安条克和阿纳扎尔布斯(Anazarbus)等城市随后相继暴发疫情。⑤

571 年,疫情首先出现在地中海西部的意大利、高卢等地区,这场疫情导致大

① 见"541—544 年鼠疫首次传播路线图",刘榕榕:《古代晚期地中海地区自然灾害研究》,第 409 页。
② 见"6 世纪后期鼠疫四次复发影响城市及地区",刘榕榕:《古代晚期地中海地区自然灾害研究》,第 410 页。
③ Agathias, The Histories, translated with an introduction and short explanatory notes by J. D. Frendo, Berlin: Walter de Gruyter & Co., 1975, p. 145. Agathiae Myrinaei, Historiarum libri quinque, ed. R. Keydell, [Corpus Fontium Historiae Byzantinae 2] Berlin: De Gruyter, 1967, TLG, No. 4024001.
④ John Malalas, The Chronicle of John Malalas, a translation by E. Jeffreys, M. Jeffreys & R. Scott, Sydney: Sydney University Press, 2006, Book 18, p. 296. Ioannis Malalae, Chronographia, ed. L. Dindorf, [Corpus Scriptorum Historiae Byzantinae] Bonn: Weber, 1831, TLG, No. 2871001.
⑤ John Malalas, The Chronicle of John Malalas, Book 18, p. 299.

量当地居民的死亡。① 随后,疫情向东传播,并于 573 年再度波及君士坦丁堡。作为拜占庭帝国的都城,君士坦丁堡的疫情受到较为广泛的关注。阿加皮奥斯指出,君士坦丁堡在此次疫情流行过程中受创异常严重。② 根据史家记载,君士坦丁堡在此次疫情蔓延期间,每天有约 3000 人在疫情中丧生。③

588 年,"查士丁尼瘟疫"再次于地中海西部地区暴发。在这轮疫情暴发过程中,受影响的城市及地区分布范围较广。根据图尔的格里高利的记载,在一艘船只入港后,高卢南部海港城市马赛便发生了疫情,疫情很快蔓延至里昂附近。④ 590 年,罗马、维维耶(Viviers)和阿维尼翁(Avignon)先后暴发疫情。⑤ 591年,图尔和南特(Nantes)也出现疫情蔓延的情况。随后,疫情又传播至拉文纳城和伊斯特里亚地区。⑥ 疫情在西地中海地区肆虐了三四年后,随后传播至东地中海世界。东部的重要城市安条克于 592 年前后暴发大规模疫情。长期生活在此的史家埃瓦格里乌斯详细地记载了这次疫情在安条克的流行情况。埃瓦格里乌斯强调:似乎没有人能够从瘟疫的打击之中幸存,此次疫情的流行已经是瘟疫在安条克的第四次暴发,并且导致我失去了两位重要家庭成员——一个女儿和外孙。⑦ 597 年,"查士丁尼瘟疫"出现于塞萨洛尼基地区,之后从这里传播至君士坦丁堡以及比提尼亚等地。⑧ 叙利亚的米哈伊尔对君士坦丁堡等地的疫情情况进行了记载,在瘟疫第四轮复发过程中,受到疫情影响的地区均出现了大量人口死亡的数字。

综上所述,"查士丁尼瘟疫"在 6 世纪后半期四度大规模复发。瘟疫第一次与

① Gregory of Tours, *History of the Franks*, translated with an Introduction by Lewis Thorpe, London: Penguin Books Ltd, 1974, Book 4, Chapter 31.

② Agapius, *Universal History*, trans. Alexander Vasiliev, 1909, Part 2, p. 177. (http://www. ccel. org/ccel/pearse/morefathers/files/agapius_history_02_part2. htm)

③ 叙利亚的米哈伊尔并未直接指明每天 3000 人死亡的情况持续了多长时间。Michael the Syrian, *Chronicle*, edited by J. B. Chabot, Paris, 1910, Book 2, p. 309.

④ Gregory of Tours, *History of the Franks*, Book 9, Chapter 21 - 22.

⑤ Paul the Deacon, *History of Lombards*, trans. William Dudley Foulke, Book 3, p. 129. Gregory of Tours, *History of the Franks*, Book 10, Chapter 23.

⑥ Gregory of Tours, *History of the Franks*, Book 10, Chapter 30. Paul the Deacon, *History of Lombards*, Book 4, Chapter 4, p. 152.

⑦ Evagrius Scholasticus, *The Ecclesiastical History of Evagrius Scholasticus*, Book 4, p. 231.

⑧ Michael the Syrian, *Chronicle*, Book 2, pp. 373 - 374.

第四次复发的主要影响地区相似,均为包括君士坦丁堡在内的东地中海世界。瘟疫第二次和第三次复发的路线与影响地区相似,均是从西地中海地区的意大利和高卢等地区开始,后蔓延至君士坦丁堡、安条克等帝国东部城市。根据史料所载,瘟疫在地中海世界复发的平均周期为 15 年左右。在 6 世纪后期疫情四度复发的过程中,帝国东部的两个重要城市——首都君士坦丁堡和安条克均三度受到疫情影响。如此高频率和高强度的打击必定对拜占庭帝国的人口、经济活动以及相关领域造成严重后果。

"查士丁尼瘟疫"在地中海世界首度暴发和四度复发过程中,之所以引发了疫情蔓延地区极为严重的人口损失,与该疫病的性质及传播类型有直接关系。作为一次突发性的危机事件,在瘟疫暴发期间,患者身体出现的不适症状被当时的史家详细地记载了下来,这是人们确定瘟疫性质和传播类型的主要依据。

在"查士丁尼瘟疫"首轮暴发过程中,普罗柯比、埃瓦格里乌斯、米蒂里尼的扎卡里亚等史家详细地记录了受到感染的患者的身体异常情况。普罗柯比指出,受到感染的患者会突然发热,且患者身上的腹股沟淋巴结会在随后的几天出现肿胀,肿块也会在腋下隆起,在少数情况下,还会出现在耳后。[①] 一旦患者身上出现肿块,肿块的体积迅速增大,脓液随之释放出来,那么病患者就将恢复健康。但是,若肿块大小保持不变,患者的情况就会非常糟糕。[②] 于君士坦丁堡首轮暴发中亲历瘟疫的史家普罗柯比对疫病中患者的身体不适的记载为后人提供了重要的史料参考。

除普罗柯比外,另一位"查士丁尼瘟疫"的亲历者,居住在安条克城的史家埃瓦格里乌斯也对患者症状进行了记载。他指出:患者感染后会造成眼部充血和脸部肿胀,肿胀会导致病患死亡。[③] 米蒂里尼的扎卡里亚在其作品中强调了患者身上脓包和肿胀的症状。[④] 虽然我们无法更加深入了解"查士丁尼瘟疫"蔓延期间患者的所有症状,但现有史料明显表明,"查士丁尼瘟疫"首度暴发之时,最具代

① Procopius, *History of the Wars*, Book 2, pp. 457 – 459.

② Procopius, *History of the Wars*, Book 2, p. 465.

③ Evagrius Scholasticus, *The Ecclesiastical History of Evagrius Scholasticus*, Book 4, p. 231.

④ Zachariah of Mitylene, *Syriac Chronicle*, trans. F. J. Hamilton and E. W. Brooks, in J. B. Bury, ed., *Byzantine Texts*, London, 1899, Book 10, p. 313.

表性的患者症状是高热以及腹股沟和腋下淋巴结出现脓包和肿块。6 世纪后期
"查士丁尼瘟疫"的四度复发与其首轮暴发的患者症状相似。在对 558 年瘟疫复
发的情况进行记载时,阿伽提阿斯指出:患者发热且身体出现了肿块。① 执事保
罗曾提到,当意大利暴发瘟疫疫情后,患者发热,同时身上出现了与椰枣大小相似
的肿块。② 无独有偶,图尔主教格里高利也曾对瘟疫第二轮和第三轮复发过程中
患者腹股沟处出现脓包的症状进行了记载。③ 根据阿伽提阿斯、执事保罗、图尔
的格里高利等史家的记载,高烧、腹股沟处出现脓包和肿块是 6 世纪后期瘟疫复
发过程中的显著症状。

　　然而,受制于相对低下的科技和医疗水平,当时的医护工作者和民众对这种
奇怪的病症的致病机理、性质等一概不知,缺少对症下药之法。从 540 年代"查士
丁尼瘟疫"首轮暴发开始直至 19 世纪之前,学者们对这次瘟疫的性质进行了不同
的推测,但并未得出确切的结论。

　　随着生产力和科技水平的进步,法国细菌学家亚历山大·叶赫森(Alexandre
Yersin)在 19 世纪末发现了"鼠疫杆菌"。这一重大发现让"查士丁尼瘟疫"的性
质得以最终确定。鼠疫是一种能够引起高热的烈性传染病,由啮齿类动物(老鼠
等)身上所携带的跳蚤将鼠疫杆菌传播给人类所致。④ 当啮齿类动物感染鼠疫杆
菌而出现大量死亡的现象时,跳蚤不断寻找新的寄主,人类就是在这个过程中被
跳蚤叮咬而进入鼠疫杆菌的感染链条之中。迈克尔·麦考米克指出,老鼠由于感
染大量死亡后,附着在老鼠身上的跳蚤便寻找新的寄主,包括人类在内的其他寄
主成为跳蚤合适的猎物,因此跳蚤就将原来的寄主老鼠身上所携带的鼠疫杆菌传
播到人类等新的寄主身上。⑤

　　人类在进入鼠疫杆菌的传染链条后,一般会出现三种传染类型。第一种是腺
鼠疫,腺鼠疫是由跳蚤直接叮咬所致,最典型的症状是腹股沟、腋下出现淋巴结肿

---

① Agathias, *The Histories*, p. 145.

② Paul the Deacon, *History of Lombards*, Book 3, pp. 86 - 87.

③ Gregory of Tours, *History of the Francs*, Book 4, Chapter 31.

④ *The New Encyclopaedia Britannica*, Chicago: Encyclopaedia Britannica, c1982, V9, pp. 492 - 493.

⑤ Michael McCormick, "Rats, Communication, and Plague: Toward an Ecological History", *Journal of Interdisciplinary History*, V. 34, N. 1, 2003, p. 2.

胀。第二种是肺部感染型鼠疫,肺部感染型鼠疫以患者的唾沫为主要传播途径,患者的喷嚏与咳嗽均是重要的传播方式。第三种是败血病型鼠疫,是鼠疫杆菌进入血液进而引发败血症。从史家的"发热、腹股沟和腋下出现脓包"这一记载推测,"查士丁尼瘟疫"首轮暴发的是鼠疫,且其主要传播类型是腺鼠疫。

然而,仅仅凭借史家笔下所记载的症状高度类似鼠疫,进而将"查士丁尼瘟疫"定性为鼠疫还不够严谨。近些年来,自然科学界出现的研究成果为这次瘟疫的性质定为鼠疫提供了有力的支撑。有学者曾前往"查士丁尼瘟疫"暴发十分严重的城市,对患者遗体的 DNA 进行了检测,结果发现了"鼠疫杆菌"的基因。学者们将这些数据形成研究成果①,让后人能够以史家文献为依据的同时,从科学的角度判定"查士丁尼瘟疫"的性质。

在"查士丁尼瘟疫"首次暴发和之后复发的过程中,除了发热以及腹股沟、腋下出现脓包这一腺鼠疫传播类型的症状外,也曾出现了其他不同症状。瘟疫首轮暴发时,普罗柯比曾提到,有少数病患在没有明显症状的情况下吐血而亡。② 阿伽提阿斯也关注到类似的患者猝死现象。阿伽提阿斯指出,一些患者在并未出现不适之症的情况下暴毙。③ 如前所述,埃瓦格里乌斯曾指出患者出现眼睛充血的症状。在瘟疫复发过程中,阿加皮奥斯也观测到了类似现象,部分患者出现了失明的症状。④ 眼睛失明、吐血和猝死分别是肺部感染型鼠疫和败血病型鼠疫的症状。肺部感染型鼠疫由腺鼠疫发展而来,它直接通过空气中漂浮的患者唾沫实现人—人传播。眼部充血和失明的症状是由漂浮于空气中的鼠疫杆菌接触和进入眼部引起的结膜充血,严重的情况是引起失明,这是肺部感染型鼠疫的典型症状之一。⑤ 此外,一旦鼠疫杆菌侵入患者的血液之中,进而引发败血病型鼠疫,患者死亡的速度会明显加快。因此,会出现吐血和倒地身亡的现象。没有抗生素治疗的情况下,肺部感染型鼠疫和败血病型鼠疫的死亡率高达90%

---

① Harbeck Michaela, Seifert Lisa, Hänsch, Stephanie, "Yersinia pestis DNA from Skeletal Remains from the 6th Century AD Reveals Insights into Justinianic Plague", *PLOS Pathogens*, 2013 May, 9(5).

② Procopius, *History of the Wars*, Book 2, p. 463.

③ Agathias, *The Histories*, p. 145.

④ Agapius, *Universal History*, Part 2, p. 177.

⑤ 鼠疫可细分为腺鼠疫、肺鼠疫、败血病型鼠疫、眼鼠疫、脑膜鼠疫和肠鼠疫等病型。见王旭东、孟庆龙:《世界瘟疫史:疫病流行、应对措施及其对人类社会的影响》,北京:中国社会科学出版社2005年版,第209页。

以上。由此可见,除了腺鼠疫这一主要传播方式外,肺部感染型和败血病型鼠疫也曾出现于"查士丁尼瘟疫"暴发期间。

综上所述,6 世纪多次暴发的"查士丁尼瘟疫"为鼠疫确定无疑,且在传播过程中以腺鼠疫为主,肺部感染型和败血病型鼠疫为次。

二、 地震

拜占庭帝国治下的地中海世界位于"地中海至喜马拉雅火山地震带"上,因此,除了频繁受到瘟疫的影响,早期拜占庭帝国数度遭遇地震的侵扰。据统计,4 世纪前期至 7 世纪初,地中海世界共发生了不下百次具有破坏性的地震。其中,这一地区在 340—341、346、358、365、447、458、467、526、528、550—551、554、557、577、582 和 588 等年份均发生高强度地震。虽然强震所影响的范围各不相同,从城市、小区域到大区域,然而,强震及其所引发的海啸、火灾等次生灾害对地中海地区的城市建设造成巨大破坏,也影响到了拜占庭帝国居民的生命与财产安全。

在早期拜占庭帝国,强烈地震的打击范围极少以个别重要城市为对象,这一时期的绝大多数地震的影响范围往往突破了一个城市的限制,对一个区域内的多个城市造成严重影响,甚至覆盖了整个东地中海世界。其中,安条克及周边地区,以及君士坦丁堡—黑海—马尔马拉海、爱琴海等海域与周边地区是早期拜占庭帝国地震十分频发的区域。

其一,根据史料记载,东部的重要城市安条克在拜占庭帝国早期曾遭遇了多次强震的打击。340—341 年遭遇强烈地震的打击,其发生情况被苏格拉底、索佐门等史家记载了下来。地震和之后发生的余震前后持续了一年时间[1],安条克和周边地区受到严重影响。458 年 9 月,强震再度对安条克造成严重影响。根据史家的记载,安条克城内稠密分布的建筑物在此次地震中几乎被毁坏。[2] 520 年代,

---

[1] Socrates, *The Ecclesiastical History*, Book 2, Chapter 10, p. 40. Socrates, *Ecclesiastical History*, ed. W. Bright, 2nd edn., Oxford: Clarendon Press, 1893, TLG, No. 2057001.

[2] Evagrius Scholasticus, *The Ecclesiastical History of Evagrius Scholasticus*, Book 2, pp. 94 – 96.

安条克接连遭遇两次规模巨大的地震,安条克遭受极严重的破坏,因此引起了很多史家的关注。在526年安条克地震中,除了安条克,安条克近郊达佛涅、塞琉西亚均受创严重。根据约翰·马拉拉斯的记载,在526年5月的大地震中,安条克有明显震感,城内大多数建筑物倾倒。城内所举行的盛大节日庆典导致大量民众在地震中丧生。① 不久后,528年11月,安条克再次发生强震。此次地震及余震持续了一个小时,上一次地震后得到修缮的建筑物在此次地震中全部倒塌,多达4000人在这次地震中丧生。② 地震也波及庞培奥波利斯(Pompeioupolis)和劳迪西亚(Laodicea),这两座城市不少居民丧生,一半的城市建筑物倒塌。③ 588年,安条克再度发生强震。地震发生之时,安条克城内正进行公共节日的庆典活动。地震将城内绝大部分建筑物夷为平地,导致城内约6万人死亡。④

此外,安条克分别在395、494、532、577年受到地震波及。由此可见,在早期拜占庭帝国,安条克城及周边地区的地震不仅发生频率很高,而且强度极大。据学者分析,安条克340—341年地震的强度很可能达到了6—7级,395年震级为5—6级,458年震级达到7—9级,494年震级为7级,526年震级达8级,528年震级为7—8级,532年震级为6级。⑤ 强度大且频率高的地震时常发生,令安条克每一次从上一轮地震中逐步恢复的进程都被新的地震所打断,对这座帝国东部的重要城市的发展极为不利。

其二,帝国政治中心君士坦丁堡及周边的黑海、马尔马拉海等区域也是早期拜占庭时代地震发生频率极高的地区。358年8月,黑海南岸、西岸以及马尔马拉海地区发生强震,地震对尼科米底、君士坦丁堡等城市及附近地区造成严重破坏。

---

① John Malalas, *The Chronicle of John Malalas*, Book 17, pp. 238 – 240.

② M. Whitby and M. Whitby trans., *Chronicon Paschale, 284 – 628 AD*, p. 195. *Chronicon Paschale*, ed. L. Dindorf, [Corpus Scriptorum Historiae Byzantinae] Bonn: Weber, 1832, TLG, No. 2371001. 对于528年安条克地震的死亡人数,约翰·马拉拉斯提到,有5000人在这次地震中丧生。John Malalas, *The Chronicle of John Malalas*, Book 18, pp. 256 – 257.

③ M. Whitby and M. Whitby trans., *Chronicon Paschale, 284 – 628 AD*, p. 195. John Malalas, *The Chronicle of John Malalas*, Book 18, p. 258.

④ Evagrius Scholasticus, *The Ecclesiastical History of Evagrius Scholasticus*, Book 5, p. 277.

⑤ M. R. Sbeinati, R. Darawcheh and M. Mouty, "The historical earthquakes of Syria: an analysis of large and moderate earthquakes from 1365 B. C. to 1900 A. D.", *Annals of Geophysics*, V. 48, N. 3, 2005, pp. 385 – 386; pp. 355 – 357.

　　作为一次影响范围极其广泛的地震,此次地震的发生情况被阿米亚努斯·马尔切利努斯、苏格拉底等史家详细记录在案。阿米亚努斯·马尔切利努斯指出:"尼科米底发生强烈地震,小亚细亚、马其顿和本都等地区均受到地震的影响,地震摧毁了城市和郊区,大量建筑物倒塌、居民死伤无数。"[1]君士坦丁堡受创严重,尼科米底主教塞克洛皮乌斯(Cecropius)在这次地震中丧生。[2] 447 年,君士坦丁堡、比提尼亚、弗里吉亚发生地震。这次地震发生在 447 年 1 月 26 日,君士坦丁堡城内受创严重,地震不仅令城墙受损,而且导致分布在城墙上的 57 座塔楼倒塌。[3] 479年 9 月,君士坦丁堡发生强震。城内的多座教堂和柱廊受损,塞奥多西一世的雕像在这次地震发生期间倒塌。[4]

　　554 年 7 月,君士坦丁堡和尼科米底再度受到地震的影响。君士坦丁堡的很多房屋、教堂和浴场在这次地震中受损,地震导致"金门"受损。[5] 557 年 12 月,君士坦丁堡在一次强震中几乎被夷为平地。阿伽提阿斯对这次地震的发生情况详加记载:在君士坦丁堡的居民进入睡眠状态之时,地震突然发生。睡梦中的人们被惊醒,大量建筑物在摇晃中坍塌,民众死伤严重。[6] 582 年,君士坦丁堡及其周边地区受到地震影响,卡帕多西亚的阿拉比苏斯镇的几乎所有建筑物都在这次地震中坍塌。[7]

　　此外,君士坦丁堡在 436 年、438 年遭遇了两次地震。[8] 450 年 1 月,君士坦丁

---

① Ammianus Marcellinus, *The Surviving Books of The History of Ammianus Marcellinus*, with an English translation by John C. Rolfe, MA: Harvard University Press, 1935, vol. 1, pp. 341 – 345.

② Sozomen, *The Ecclesiastical History*, trans. Chester D. Hartranft, Grand Rapids, Michigan: WM. B. Eerdmans Publishing Company, 1957, Book 4, Chapter 16, p. 310. Sozomenus, *Kirchengeschichte*, ed. J. Bidez and G. C. Hansen, Berlin: Akademie-Verlag, 1960, TLG, No. 2048001.

③ Marcellinus Comes, *The Chronicle of Marcellinus*, a translation and commentary with a reproduction of Mommsen's edition of the text by Brian Croke, p. 19.

④ Marcellinus Comes, *The Chronicle of Marcellinus*, p. 27.

⑤ Michael Whitby and Mary Whitby translated, *Chronicon Paschale, 284 – 628 AD*, p. 196.

⑥ Agathias, *The Histories*, pp. 137 – 138.

⑦ John of Ephesus, *Ecclesiastical History*, Part 3, Book 5, p. 363.

⑧ Agapius, *Universal History*, Part 2, p. 156; Theophanes Confessor, *The Chronicle of Theophanes Confessor: Byzantine and Near Eastern History AD 284 – 813*, trans. Cyril Mango and Roger Scott, Oxford: Clarendon Press, 1997, p. 145. Theophanis, *Chronographia*, ed. C. de Boor, Leipzig: Teubner, 1883, repr. Hildesheim: Olms, 1963, TLG, No. 4046001.

堡再度受到地震袭击。① 487 年,君士坦丁堡发生地震。② 505 年,君士坦丁堡发生地震,塞奥多西一世的雕像被损毁。③ 作为帝国的行政中心,君士坦丁堡及周边地区经历多次严重地震的侵扰,令这一区域城市建筑受损严重,扰乱了这一地区正常的生产与生活,而民众的大量死伤也令幸存者的心理遭到重创。

其三,以爱琴海为中心的东地中海地区在早期拜占庭阶段多次发生影响范围十分广泛的强震。365 年 7 月,东地中海地区发生了一次强震。根据苏格拉底的记载,这次地震不仅影响到马尔马拉海海滨的君士坦丁堡、尼西亚,也对希腊半岛沿岸、克里特岛和亚历山大城及其周边的北非沿岸地区产生严重影响。苏格拉底提到,地震突然发生,许多城市受创严重,地震导致多个城市被海水淹没。④ 阿米亚努斯·马尔切利努斯也关注到这次地震的发生情况:黎明后不久,坚硬的地面在地震中裂开,成千上万的民众被吞噬。⑤ 467 年,东地中海区域发生地震。这次威力巨大的地震影响到色雷斯、达达尼尔海峡、爱奥尼亚、基克拉泽斯群岛(Cyclades)等地区。地震令尼都斯(Cnidus)和克里特岛的地面受到极大震动。⑥

550—551 年,地中海东部沿岸的绝大多数城市遭受了一次强震的影响。其中,东部沿岸的巴勒斯坦、腓尼基、黎巴嫩等地区受到地震影响。安条克、特利波利斯(Tripolis)、毕布罗斯(Byblus)、贝鲁特(Beirut)、西顿以及希腊半岛均受创严重,出现了很多居民死伤的情况。⑦ 史家阿伽提阿斯发现,这次地震的影响范围极广,较少受到地震影响的亚历山大城也有明显震感。不仅如此,贝鲁特和科斯岛的建筑物和居民无一幸免。⑧ 这次地震是早期拜占庭时代最为严重的一次地质灾害。研究表明,在 550—551 年地震中,贝鲁特的震级为 9—

① M. Whitby and M. Whitby trans., *Chronicon Paschale, 284 – 628 AD*, p.79.
② Michael Whitby and Mary Whitby translated, *Chronicon Paschale, 284 – 628 AD*, p.97.
③ John Malalas, *The Chronicle of John Malalas*, Book 16, p.225.
④ Socrates, *The Ecclesiastical History*, Book 4, Chapter 3, p.97.
⑤ Ammianus Marcellinus, *The Surviving Books of The History of Ammianus Marcellinus*, V.2, pp.649 – 651.
⑥ Evagrius Scholasticus, *The Ecclesiastical History of Evagrius Scholasticus*, Book 2, p.97.
⑦ John Malalas, *The Chronicle of John Malalas*, Book 18, p.291.
⑧ Agathias, *The Histories*, pp.48 – 49.

10 级,特利波利斯是 9—10 级,毕布罗斯是 9—10 级,西顿是 7—8 级。① 以爱琴海为中心的区域自希腊古风时代开始,一直是地中海世界贸易繁荣和经济富庶的区域,大规模地震的频发扰乱了经济活动,令居民的生产和生活受挫。

综上所述,早期拜占庭帝国东部地区地震频发,这一地区的地震不仅呈现出发生频率高、强度大的特点,而且影响范围广泛。然而,相比于东地中海地区,早期拜占庭时期的西部世界的地震发生频率相对较小。史家对这一时期西部地中海地区地震的记载寥寥无几。346 年,根据塞奥法尼斯的记载,意大利坎帕尼亚地区的 12 个城市经历了一次地震,罗马受到地震的影响十分严重。② 408 年,罗马发生地震。467 年,拉文纳发生一次地震。③ 这种现象出现的原因在于:一方面,这一时期的史家对东部地区的关注度较之于西部地区为高;另一方面,极有可能的情况是西部地区的地震发生次数的确较东部为少。拜占庭帝国统治下的东地中海世界向来是经济十分发达的区域,地震的频发令帝国经济层面的损失十分巨大。

早期拜占庭帝国沿袭原罗马帝国的版图范围,"地中海是罗马人的内湖"这一版图特征得到保持。拜占庭帝国控制下的沿海区域都处于高强度地震带,极易发生海啸。④ 在早期拜占庭帝国,共发生了三次由地震所引发的大规模海啸事件。

第一次海啸事件发生在 365 年 7 月的强震之后,几乎整个东地中海地区都进入了这次大规模海啸的打击范围之中。阿米亚努斯·马尔切努斯对这次危机事件进行了详细记载:在这一天黎明前后,坚固的地面在地震中受损严重,海水出现了大规模退潮的现象。但是,当人们观看退潮后海滩上的各种生物时,意想不

---

① Mohamed Reda Sbeinati, Ryad Darawcheh and Mikhail Mouty, "The Historical Earthquakes of Syria: an Analysis of Large and Moderate Earthquakes from 1365 B. C. to 1900 A. D. ", p. 357.

② Theophanes Confessor, *The Chronicle of Theophanes Confessor: Byzantine and Near Eastern History AD 284 – 813*, p. 63.

③ Marcellinus Comes, *The Chronicle of Marcellinus*, p. 10, p. 24.

④ 由海底地震产生的海啸称为地震海啸。地震海啸一般可分为两类,一类是近海地震海啸或称本地震海啸,激发海啸的地震发生在近海几十千米或百余千米范围内,海啸波到达沿岸的时间很短,只有几或几十分钟,难以预警。另一类就是远洋地震海啸,是从远洋甚至横穿大洋传播过来的海啸。薛艳、朱元清、刘双庆等:《地震海啸的激发与传播》,《中国地震》2010 年第 3 期,第 283 页。早期拜占庭帝国的海啸几乎都属于第一类,为近海地震海啸。

到的情况发生了，海水突然猛涨，巨浪滔天，大量民众被海水淹死，尸体漂浮在海水之中。不仅如此，不少船只在海啸巨浪推动下被推上建筑物的顶部，有些船只甚至在海水的作用力下推进了不短的距离。① 此次大规模地震之所以引发了可怕的海啸事件，是因为这次地震发生地点极有可能位于东地中海核心区域克里特岛，使整个东地中海世界受到地震和海啸的双重打击。诺尔·莱斯基指出，365年7月21日地震及海啸事件的发生，其直接诱因是克里特岛西部发生的地震。在这次灾难中，超过100个城市受创严重。②

第二次海啸事件发生在447年1月的地震之后，这次海啸的影响范围位于以君士坦丁堡为核心的区域。根据史家的记载，在君士坦丁堡发生地震之后，海面上出现了一次可怕的灾难。君士坦丁堡附近区域的岛屿被淹没，鱼的尸体漂浮于海面上，不少船只在海水回撤后被搁浅，比提尼亚、弗里吉亚和达达尼尔海峡受到海啸的影响尤其严重。③

第三次海啸事件发生在550—551年东地中海世界的大规模地震之后。根据普罗柯比的记载，在地震发生的同时，塞萨利和维奥蒂亚之间的海湾海水突然上涨并侵入陆地。在这场海水大规模漫入陆地的过程中，埃吉努斯（Echinus）和斯卡非亚（Scarphea）被海水淹没，连同周边城镇一并受到影响。海水在陆地上停留了很长一段时间。④ 经历此次地震所引发海啸事件的阿伽提阿斯对海啸过后悲惨景象进行了记载：地震发生后，科斯岛被卷入不断抬高的海浪之中，岛上所有的居民和建筑物都被海水淹没，整个科斯岛一片狼藉。⑤ 这次海啸还导致波特伊斯（Botrys）的大量船只被损毁。⑥

365年7月的海啸出现了一段时期的海水退潮现象，这是下沉型海啸的代表性特征。⑦ 447年1月和550—551年的海啸均出现海水升高的现象，这是上隆型

---

① Ammianus Marcellinus, *The Surviving Books of The History of Ammianus Marcellinus*, V. 2, pp. 649 – 651.

② N. Lenski, *Failure of Empire: Valens and the Roman State in the Fourth Century A. D.*, p. 387.

③ Evagrius Scholasticus, *The Ecclesiastical History of Evagrius Scholasticus*, Book 1, pp. 44 – 45.

④ Procopius, *History of the Wars*, Book 8, p. 323.

⑤ Agathias, *The Histories*, pp. 48 – 49.

⑥ John Malalas, *The Chronicle of John Malalas*, Book 18, p. 291.

⑦ 这种现象的出现很可能是因为海啸在入侵初期到达这一地区的是波谷，从而令沿岸的水位出现下降的趋势。《不列颠百科全书》（国际中文版）第17册，第231页。

海啸的显著特征。这三次海啸的范围广、强度大,伴随着强震的发生,对波及范围之内的地中海城市及地区造成了严重的叠加性影响。

在早期拜占庭帝国,地中海沿海地区城市林立、人口稠密、商业发达。由于拜占庭帝国没有现代社会的高层建筑,在城市人口逐步增加的情况下,建筑物分布更加密集,加上城内遍布着明火这一民众生活的基本设施,因此,除了诱发海啸等次生灾害外,地震也极易引发火灾。358 年 8 月的强震过后,尼科米底城的建筑物遭到严重破坏,从地震中侥幸逃脱的民众最终没有躲过神庙、房屋燃起的熊熊大火的打击,火势持续了五天五夜,将城内的一切燃烧殆尽。[1] 安条克在 457 年遭遇地震的打击后,引发了火灾。[2] 526 年 5 月,安条克地震发生后引发火灾,在地震中死里逃生的城市居民紧接着被火灾侵吞,从地震中幸存下来的一切都在随后的大火中被烧毁。[3] 526 年的震后火灾烧毁了安条克城内的多座修道院和教堂。[4] 528 年安条克再度发生的强震也引发了火灾,对城市建筑物造成了巨大破坏。[5] 588 年安条克的地震也同样引发火灾。[6] 震后火灾的发生会对震区的建筑物造成叠加损害破坏,加重了灾后城市的修复和重建工作,也对城市居民的正常生活极为不利。

综上所述,早期拜占庭帝国高频率、高强度的地震及其引发的海啸、火灾等次生灾害,对人口密集且经济发达的君士坦丁堡、安条克以及多个东地中海地区重要城市造成了恶劣影响。

三、 其他自然灾害

除了受到大规模瘟疫、频发的地震的影响,早期拜占庭帝国也多次发生"尘幕

---

① Ammianus Marcellinus, *The Surviving Books of The History of Ammianus Marcellinus*, vol. 1, pp. 341 – 345.

② Zachariah of Mitylene, *Syriac Chronicle*, Book 3, p. 60.

③ Evagrius Scholasticus, *The Ecclesiastical History of Evagrius Scholasticus*, Book 4, pp. 203 – 204.

④ John Malalas, *The Chronicle of John Malalas*, Book 17, pp. 238 – 239.

⑤ Roger Pearsetranscribed, *Chronicle of Edessa*, p. 38.

⑥ Evagrius Scholasticus, *The Ecclesiastical History of Evagrius Scholasticus*, Book 6, pp. 298 – 299.

事件"①、水灾、虫灾等自然灾害。其中，多次灾害的影响突破了一个城市的范围，对生活在拜占庭治下的地中海世界居民造成严重影响。

530年代中后期，地中海世界曾发生过一次太阳辐射受阻事件。当时的多位史家对这次"异样"的气候灾害进行了详细记载。普罗柯比指出，在整整一年的时间中，阳光无法闪耀地照射地面，与日食相似但又明显不同。②卡西奥多补充道："令人疑惑不解的是，太阳类似于晚上的月亮。即便在一天中阳光最强烈的时候，太阳也仅仅发出微弱的光芒。日月无光的现象持续了整整一年的时间。"③叙利亚的米哈伊尔也提到，在长达18个月的时间里，阳光一直是昏暗的，以致难以区分白昼与黑夜。④ 由此可见，这次阳光无法正常到达地面的情况持续了约一年半时间，生活于地中海地区的民众的农业生产与生活受到显著影响。日食发生的时间一般较短，加上史家明确指出这次事件与日食完全不同，因此我们排除了这种可能性。

由于太阳辐射需要经过大气层进而到达地面，在这一过程中，大气层的介质会对太阳辐射产生反射、折射和散射等作用。因此，笔者推测，与笼罩于国内多个城市及地区的"雾霾"类似，发生在536—537年间的"尘幕事件"极有可能是因为大气层中的粉尘或烟尘在一段时期内持续增加，导致大气层的正常物质配比出现明显变化，进而令太阳辐射受到持续性影响。在工业时代之前，大气层物质配比的显著变化一般与人类活动无关。530年代，大气层中的粉尘或烟尘在一段较长时间中持续性存在的最大可能性是大规模的火山喷发所导致的，火山气体和火山灰持续蔓延，停留在上层空气中。

受益于2010年之后自然科学界的相关研究成果，人们参考这些研究成果所提供的科学数据，对这次奇特的灾难进行分析。根据自然科学界中与"尘幕

---

① 国外学者在论及此次事件时，将其称为"dust-veil event"，"尘幕"是笔者对该英文名称的汉译。笔者之前曾发文对"尘幕事件"长期未受学界充分关注的原因、"尘幕事件"概况及其成因、"尘幕事件"对地中海地区的影响、"尘幕事件"对中国的影响等内容进行过详细分析。可见：刘榕榕、董晓佳：《古代晚期地中海地区"尘幕事件"述论——兼论南北朝时期建康"雨黄尘"事件》，《安徽史学》2016年第2期，第97—106页。

② Procopius, *History of the Wars*, Book 4, p. 329.

③ Cassiodorus, *Variae*, translated with Notes and Introduction by S. J. B Barnish, Liverpool：Liverpool University Press, 1992, pp. 179 - 180.

④ Michael the Syrian, *Chronicle*, Book 2, pp. 235 - 238.

事件"相关的冰核以及树轮等最新研究数据,人们发现,欧洲及北美大部地区在530年代中后期的树轮宽度是较长时间段中的最小值。[①] 一旦火山喷发释放出的大量由含硫化合物、二氧化碳及水蒸气所组成的气体和岩石、矿物组成的火山灰持续性地释放到大气之中,便会极大地改变大气中的物质成分,导致太阳辐射在一段不短的时间内受阻。同时,植物的生长受到显著影响,树木年轮的数值自然会明显下降。与此同时,南极和格陵兰岛冰核中的含酸物质却达到了最大值。[②] 由于全球气候变化具有整体性的特征,火山喷发所产生的大量气体及火山灰会随着大气环流,以赤道为中心,向南北两极扩散。因此,在530年代中期,南极和格陵兰岛的冰层中出现的含酸物质达到了五个世纪中的最高数值。

由此可见,自然科学界的研究成果提供了科学依据与支撑,为人们以史料记载为依据的研究提供证据。536年前后地中海地区发生的"尘幕事件",其起因是赤道附近的一次大规模的火山喷发持续性地产生大量含酸气体和粉尘,经由大气环流传至地中海世界。这次大规模的气候灾害不仅覆盖了几乎整个地中海地区,也跟随大气环流蔓延至亚欧大陆的东端,魏晋南北朝时期,中国在同一时期出现了显著的"雨土""雨黄尘"的现象。[③]

[①] 马索·W.索泽、史蒂芬·E.纳什等学者认为这次太阳辐射受阻事件的发生,其根源极有可能是一次大规模的火山喷发。马索·W.索泽指出,536—537年的树木年轮数值达到最小值,很可能是由一次火山喷发导致这一时期气候变冷所引发。可见:M. W. Salzer and M. K. Hughes, "Volcanic Eruptions over the Last 5000 Years from High Elevation Tree-Ring Widths and Frost Rings", *Springer Science & Business Media*, 2010, p. 475。史蒂芬·E.纳什提到,536年发生了一次引发大规模气候变化的灾害,这次灾害极有可能是火山喷发,导致536—540年间发生了大规模饥荒、太阳辐射受阻等灾害性事件。可见:S. E. Nash, "Archaeological Tree-Ring Dating at the Millennium", *Journal of Archaeological Research*, vol. 10, N. 3, 2002, p. 265。

[②] 根据戴夫·G.费瑞思的研究,南极冰核中的硫酸盐的含量在530年代中期达到了公元100—600年间的最大值,为其他年份的五倍。D. G. Ferris, Jihong Cole-Dai, Angelica R. Reyes, and D. M. Budner, "South Pole Ice Core Record of Explosive Volcanic Eruptions in the First and Second Millennia A. D. and Evidence of a Large Eruption in the Tropics Around 535A. D.", *Journal of Geophysical Research*, vol. 116, D17308, 2011, p. 4。L. B. 拉森等指出,根据格陵兰岛和南极冰核的研究数据可知,在533—534±2年期间,的确存在着持续性的且范围广泛的酸雾。一次赤道附近的大规模火山爆发引发了持续性的天空昏暗和气候变冷的灾难事件。L. B. Larsen, B. M. Vinther and K. R. Briffa, "New Ice Core Evidence for a Volcanic Cause of the A. D. 536 Dust Veil", *Geophysical Research Letters*, V. 35, 2008, L04708, p. 1。

[③] 刘榕榕、董晓佳:《古代晚期地中海地区"尘幕事件"述论——兼论南北朝时期建康"雨黄尘"事件》,第103—105页。

　　除"尘幕事件"之外,地中海地区曾于 472 年 11 月 6 日发生了一次类似事件。与"尘幕事件"不同的是,针对 472 年地中海地区所出现的火山灰漫天的现象,史家们明确指出是因亚平宁半岛的维苏威火山喷发所致。① 普罗柯比、约翰·马拉拉斯等史家提到,君士坦丁堡在同年冬季出现了非同寻常的"降灰"现象,灰尘堆积起来有四个手指那么高,民众十分惊恐。② 地中海地区属亚热带地中海式气候,这一地区在冬季会受到西风的影响。因此,维苏威火山于 472 年 11 月喷发的火山灰在西风的作用下向东漂浮,在史家们较为关注的政治中心出现大量记载实属正常。火山喷发是原生性地质灾害,不仅可通过高温熔岩和气体的喷射对周边地区造成毁灭性打击,也可在风力的运送下,扩散至其他地区,对民众的生产与生活造成恶劣影响。

　　在拜占庭帝国,多条主要河流流经之地曾发生破坏力度较大的水灾,对洪水所到之地的建筑物和居民造成严重影响。413 年,埃德萨的城墙被洪水冲毁。③ 444 年,比提尼亚的多个村庄被持续性降水所导致的洪水淹没。④ 467 年,君士坦丁堡和比提尼亚发生强降水,瓢泼大雨持续了三到四天,多个村庄在洪水中被完全淹没。⑤ 467 年,暴雨引发的洪水事件也被普里斯库斯记载了下来。⑥ 521 年,埃德萨发生大水灾,斯奇尔图斯河(Skirtos)河水暴涨,将城内的大多数建筑物和无数的居民淹没。⑦ 525 年,水灾再次降临埃德萨,城内建筑受损严重,河水淹死了大量民众。⑧ 547 年,普罗柯比记载了一次尼罗河河水异常涨水而引发的洪水事件。河水猛涨了 8 腕尺(cubit),由于水量持续性增大,尼罗河沿岸的部

① Marcellinus Comes, *The Chronicle of Marcellinus*, p. 25.
② Procopius, *History of the Wars*, Book 6, pp. 325 – 327. John Malalas, *The Chronicle of John Malalas*, Book 14, pp. 205 – 206.
③ Roger Pearsetranscribed, *Chronicle of Edessa*, The Journal of Sacred Literature, New Series [=Series 4], V. 5, (Ipswich, UK, 2003.), 1864, p. 34.
④ Marcellinus Comes, *The Chronicle of Marcellinus*, p. 18.
⑤ Evagrius Scholasticus, *The Ecclesiastical History of Evagrius Scholasticus*, Book 2, p. 97.
⑥ R. C. Blockley, *The Fragmentary Classicizing Historians of the Late Roman Empire*, p. 355.
⑦ Evagrius Scholasticus, *The Ecclesiastical History of Evagrius Scholasticus*, Book 4, pp. 207 – 208.
⑧ Roger Pearsetranscribed, *Chronicle of Edessa*, p. 37.

分地区长期湮没在水中,播种无法正常进行;部分地区在河水暂时退去后进行播种,但是河水之后再度淹没这一区域。[1] 599 年,阿加皮奥斯记载了一次影响范围广泛的水灾,人和牲畜都有较大损失。[2] 遗憾的是,阿加皮奥斯并没有提到这次水灾具体影响的地区范围。奈桥主教约翰也曾提及一次在莫里斯统治时期发生在伊斯纳(Esna)地区东部的洪水灾害[3],但是奈桥主教约翰没有记载水灾发生的具体时间。

相对而言,东地中海地区的水灾记录要远多于西部地区。西部地区的水灾均集中于 6 世纪后半期。图尔主教格里高利在作品中提到一次发生在 571 年的罗讷河水灾。在这次水灾中,罗讷河的河水迅速地漫过河床,冲毁了河床周围的建筑物。同时,洪水还造成罗讷河河畔的陶雷杜努姆(Tauredunum)出现山崩与泥石流,泥石流将当地的居民和建筑物一并冲入河中,导致河床堵塞。[4] 这次洪水由降水过多所引发,泥石流的发生加大了灾害的程度。执事保罗记载了一次发生于 589 年 10 月 16 日的台伯河洪水,这次洪水没过了罗马城的城墙,整个罗马城被浸泡于河水之中。[5] 水灾过后不久,"查士丁尼瘟疫"便在罗马城大规模复发,疫情的暴发进一步加重了水灾对罗马城的打击程度。

受到地中海式气候的影响,早期拜占庭帝国曾发生多次旱灾,引发农作物和经济作物减产,并导致食物短缺乃至饥荒的发生。365—370 年间,小亚细亚地区曾发生旱灾与饥荒。[6] 451—454 年间,小亚细亚、弗里吉亚、加拉提亚和西里西亚发生旱灾。由于缺少食物,城市居民为了保命,不得已食用有碍身体健康的东西。[7] 502 年,正值粮食收获季节,然而,受到干燥的热风的猛烈吹拂,眼

[1] Procopius, *History of the Wars*, Book 7, p. 401.

[2] Agapius, *Universal History*, Part 2, p. 187.

[3] John of Nikiu, *Chronicle*, translated with an introduction by R. H. Charles, London: Williams & Norgate, 1916, Chapter 100, p. 163.

[4] Gregory of Tours, *History of the Francs*, Book 4, Chapter 31.

[5] P. the Deacon, *History of Lombards*, Book 3, p. 127.

[6] St. Basil, *The Letters* I, trans. Roy J. Deferrari, Cambridge, Massachusetts: Harvard University Press, 1926, reprinted 1950, 1961, 1972, Introduction p. 25.

[7] Evagrius Scholasticus, *The Ecclesiastical History of Evagrius Scholasticus*, Book 2, pp. 81 - 82.

见可丰收的谷物全部干枯死亡。① 526 年,降水极少,河流水位急速下降,粮食灌溉水源受到影响,导致粮食减产。② 562 年,君士坦丁堡发生了一次严重的旱灾。③ 591 年 1 月至 9 月间,发生了一次严重的旱灾,同时引起了一次饥荒的发生。④

　　除了多次发生的水灾与旱灾外,早期拜占庭时期曾经发生了一次大范围的虫灾。大规模的虫灾对农业生产的影响与水灾和旱灾类似,只不过其影响范围更广,打击程度也更大。2020 年,全球除了受到新冠病毒感染的影响,非洲、亚洲等地区饱受蝗虫灾害的蹂躏。蝗虫过境的现场,农作物几乎被蚕食一空,严重影响了后续的农业收成,诱发粮食供应链条的断裂。499—500 年间,蝗虫灾害遍布帝国从东到西的大部地区,史家笔下留下了令人恐怖的记载。根据《伪柱顶修士约书亚的编年史》记载,蝗虫最先出现在叙利亚南部地区,在这一地区的土地上产下了难以计数的虫卵。不久后,500 年 3 月,蝗灾便开始蔓延至阿拉比亚行省,同时向埃德萨移动。蝗虫的活动轨迹进一步延伸至地中海西部地区。蝗虫侵蚀掉了所到之处所有能够食用的植物,导致居民的饮食出现困难。⑤ 在蝗虫袭击之前,两河流域十分富庶,但是虫灾的过境让这里疮痍满目。除了吞噬农作物,蝗虫甚至可以吞噬人和牲畜,有蝗虫蚕食了婴儿的传说。⑥ 虫灾直接引起了大范围饥荒的发生。米蒂里尼的扎卡里亚提到,美索不达米亚地区遭遇了一次严重的虫灾,饥荒随之发生。⑦

　　综上所述,早期拜占庭帝国治下的地中海世界不仅饱受传染病、地震及其次生灾害海啸与火灾的摧残,也多次受到水灾、旱灾和虫灾的打击。这些自然灾害

---

① Joshua the Stylite, *Chronicle Composed in Syriac in AD 507: A History of the Time of Affliction at Edessa and Amida and Throughout All Mesopotamia*, trans. William Wright, Ipswich: Roger Pearse, 1882, Chapter 45, p. 35.

② Agapius, *Universal History*, Part 2, p. 165.

③ John Malalas, *The Chronicle of John Malalas*, Book 18, pp. 301 – 303.

④ Paul the Deacon, *History of Lombards*, Book 4, p. 151.

⑤ Joshua the Stylite, *Chronicle Composed in Syriac in AD 507: A History of the Time of Affliction at Edessa and Amida and Throughout All Mesopotamia*, Chapter 38, pp. 27 – 28.

⑥ F. R. Trombley and J. W. Watt trans., *The Chronicle of Pseudo-Joshua the Stylite*, p. 38.

⑦ Zachariah of Mitylene, *Syriac Chronicle*, Book 7, p. 151.

不仅发生频率极高,而且往往在难以察觉之时突然发生,自然灾害之间的密切联系又易造成叠加影响,因此给生活在这一时期地中海地区的民众带来了极大的灾难。

第二节

自然灾害对早期拜占庭帝国的影响

　　人既是环境的产物,也是环境的塑造者。人与环境之间不仅相互影响,也相互制约。在生产力欠发达的早期拜占庭帝国,地中海地区的环境构成了制约人类活动的核心因素。"3世纪危机"的发生曾让地中海地区的人口陷入持续性下滑的困境之中,政治、经济、军事的发展出现了显著的全面下滑趋势。戴克里先的上台以及君士坦丁一世的政策调整一定程度上缓解了"3世纪危机"对帝国打击的程度,使早期拜占庭帝国在4—5世纪进入了一段较长的恢复时期。由此,在经历了两个多世纪的恢复和发展之后,早期拜占庭帝国的国力极大增强,在查士丁尼一世统治时期进入第一个"黄金时代"。

　　然而,4世纪前期至7世纪初,地中海世界多次发生传染病、地震、海啸、水灾等灾害。尤其是从6世纪前期开始,自然灾害的发生频率较之前阶段更高,拜占庭帝国治下的地中海地区频发大规模地震和流行性传染病,扰乱了这一区域的经济、政治和军事的恢复进程。自然灾害的强大影响力最直接的作用对象是人,因此,自然灾害的频发轻则对地中海地区民众的正常生产与生活产生恶劣影响,重则直接导致大量民众在灾害中丧生。

　　对于早期拜占庭帝国的统治者而言,地中海地区的民众既是纳税人、劳动力,又是潜在的士兵来源。受到频发的自然灾害的影响,民众数量在短期内的显著下滑会对帝国的商贸活动、农业生产等经济领域造成后续性影响。在灾害的影响下,人口及经济所受的重创会影响帝国的政局稳定和对外军事表现。不仅如此,民众的心理也会在频发的自然灾害的打击下受到严重影响。正是在自然灾害的打击下，由查士丁尼一世开创的"黄金时代"仅仅是昙花一现。

一、早期拜占庭帝国的人口损失

从时间上看，早期拜占庭帝国承接历经"3 世纪危机"劫难后的罗马帝国。戴克里先和君士坦丁一世上台后的政策调整，有效地缓解了"3 世纪危机"对地中海世界全方位的冲击。早期拜占庭帝国极力维系其在地中海世界的统治秩序，并且在查士丁尼一世统治时期进入"黄金时代"。伴随着这种较为稳定的发展趋势，帝国的人口也在"3 世纪危机"结束后在 4—5 世纪进入了一个恢复与增长期。然而，早期拜占庭帝国不仅时常受到地震、水灾、海啸等灾害的打击，而且从 6 世纪 40 年代开始，进入一段长期且反复的瘟疫暴发期，帝国人口恢复与增长的势头被彻底打断。随着作为帝国国力的重要指标之人口的显著下滑[1]，早期拜占庭帝国的"黄金时代"也宣告终结。

早期拜占庭帝国，由于流行病具有突发性、迅猛性以及高度的传染性，且致病机理不为当时人所知，因此，瘟疫的频发对人口所产生的影响最为剧烈，也最为严重。路上和海上的商贸活动以及军事行动，加速了瘟疫传播至地中海世界的各个角落，人口密集及商贸活动频繁的城市和地区所受影响尤其严重。凡瘟疫所到之处，必出现大量民众感染而不得治直至尸横遍野的惨状。

"查士丁尼瘟疫"首轮暴发从 541 年持续至 544 年。根据前述可知，"查士丁尼瘟疫"是由鼠疫杆菌引起的烈性传染病，这一疫病在之前的地中海世界前所未见，因此在无任何抗体的人群中暴发极易产生恶劣影响。威廉·H. 麦克尼尔指出："当传染病逾越原有界域侵入到对它完全缺乏免疫力的人群时，容易造成深远的影响。同样的疾病在熟悉它并具有免疫力的人群中流行与完全缺乏免疫力的人群中暴发，其造成的后果差别巨大。"[2]作为"查士丁尼瘟疫"传播过程中的关键

---

① 刘榕榕、董晓佳：《试论"查士丁尼瘟疫"对拜占庭帝国人口的影响》，《广西师范大学学报（哲学社会科学版）》2013 年第 2 期，第 158—161 页。

② ［美］威廉·麦克尼尔著，余新忠、毕会成译：《瘟疫与人》，中信出版社 2018 年版，第 2—3 页。

媒介,附着在老鼠及其身上的跳蚤大多活动于人类定居区域,通过交通运输活动传播至地中海世界的交通枢纽,再从交通枢纽扩散至周边地区。西里尔·曼戈指出,鼠疫的暴发与周边势力的侵入,共同构成了疫情对一些大的沿岸城市及地区的严重影响。① 因此,在"查士丁尼瘟疫"首轮暴发过程中,叙利亚、巴勒斯坦、安纳托利亚、北非、高卢等地区以及君士坦丁堡、安条克、亚历山大城和地中海世界的多个城市均遭遇了居民大量死亡的严重打击。

在"查士丁尼瘟疫"首轮暴发过程中,其传播方式以腺鼠疫为主,以肺部感染型鼠疫和败血病型鼠疫为辅。在缺乏抗生素治疗的情况下,腺鼠疫的致死率高达70%以上,肺部感染型和败血病型鼠疫的致死率更高,在90%以上。因此,惊讶于瘟疫流行所带来的人口死亡的惨状,史家笔下留下了大量人员暴死的恐怖记录。靠近地中海世界首次出现瘟疫之地培留西阿姆、北非城市亚历山大城于 541 年暴发疫情时,由于死亡人数太大,令掩埋死者的工作十分艰难。② 根据普罗柯比的记载,首都君士坦丁堡在 542 年大规模暴发疫情后,在疫情最剧烈的几个月中,城内的死亡人数不断增加。疫情蔓延期间,人口死亡数字平均为每天 5000 人,最高峰甚至上万人。不仅如此,史家观察到,"查士丁尼瘟疫"首轮暴发过程中,孕妇的死亡率尤其高,一旦感染,便极难生存下来。③ 孕妇的高死亡率令新生儿数量出现明显下降的趋势。A. H. M. 琼斯指出:"在较高的死亡率之下,极高的出生率才能维系人口的基本稳定。然而,孕期妇女的高死亡率则显得十分不利。"④当地中海地区的多个城市及地区正面临人口在短期内锐减的困境之时,新生儿数量的减少不仅极不利于这一地区人口的恢复,而且会加重人口短缺的危机。

除了亚历山大城和君士坦丁堡,作为帝国东部的核心城市之一,安条克在"查士丁尼瘟疫"暴发过程中受到严重创伤。长期居住在安条克的史家埃瓦格里乌斯称:瘟疫的影响如此恶劣,城内的居民极少能够幸存下来。极有可能的情况是,没有任何人能够从这次瘟疫的打击下逃脱。一些城市在疫情蔓延期间损失了大部

① C. Mango, *The Oxford History of Byzantium*, p. 125.
② Michael the Syrian, *Chronicle*, Book 2, pp. 235 - 238.
③ Procopius, *History of the wars*, Book 2, p. 465.
④ A. H. M. Jones, *The Later Roman Empire 284 -602*, vol. 2, p. 1041.

分的城市居民。① 在"查士丁尼瘟疫"首轮传播过程中,人们无法掌握疫情暴发所有地区的人员损失情况,但是从一些中心城市的人口下滑情况可以看出,瘟疫带来的人口损失极具破坏性。在鼠疫首轮暴发过程中,拜占庭帝国治下的区域极少存在完全不受影响的城市及地区。后世学者对这轮瘟疫暴发过程中帝国损失的人口进行了推测。沃伦·特里高德认为:"拜占庭帝国的人口在'查士丁尼瘟疫'首轮暴发的过程中至少损失了1/4。"② 杰里·H. 本特利指出,"查士丁尼瘟疫"首轮暴发过程中,根据人口学家的估计,地中海周边的欧洲部分的人口损失可达1/5 至 1/4。③

由此可见,在"查士丁尼瘟疫"首轮暴发过程中,拜占庭帝国的人口遭遇了重大打击。瘟疫所引发的人口数量在短时期内急速下滑,这种情况的出现令此后长期的稳定恢复时期显得尤其重要。然而,十分不幸的是,"查士丁尼瘟疫"在6世纪后期曾四度复发,影响区域十分广泛。因此,进一步打断了拜占庭帝国统治之下各个城市及地区的人口恢复进程。

558 年,在"查士丁尼瘟疫"首度复发过程中,君士坦丁堡受创严重。阿伽提阿斯指出,从未停下脚步的瘟疫是幸存者持续性的噩梦。瘟疫在第二轮打击过程中,君士坦丁堡各个年龄段的人员无一例外地均有感染死亡。④ 约翰·马拉拉斯对君士坦丁堡人口损失的情况进行了补充,他提到城内大批人员死亡,瘟疫前后持续了六个月。⑤ 571 年,当瘟疫第二轮复发之时,意大利、高卢等地区的死亡人数节节攀升。图尔的格里高利提到,仅圣彼得大教堂在某一星期天就有 300 人丧生于瘟疫打击。里昂、布尔日、第戎等城市均出现了大批居民感染瘟疫并死亡的现象。⑥ 在瘟疫这轮复发传播至君士坦丁堡时,城内再度出现可怕的人口死亡数字。叙利亚的米哈伊尔指出,573 年君士坦丁堡出现的疫情导致每天有 3000 居民

---

① Evagrius Scholasticus, *The Ecclesiastical History of Evagrius Scholasticus*, Book 4, pp. 229 - 230.

② W. Treadgold, *A History of the Byzantine State and Society*, p. 276.

③ J. H. Bentley, "Hemispheric Integration, 500 - 1500", *Journal of World History*, V. 9, N. 2, 1998, p. 249.

④ Agathias, *The Histories*, p. 145.

⑤ John Malalas, *The Chronicle of John Malalas*, Book 18, p. 296.

⑥ Gregory of Tours, *History of the Francs*, Book 4, Chapter 31.

死亡。①

588 年,"查士丁尼瘟疫"在地中海世界第三轮复发。马赛城从港口卸下的货物中感染了瘟疫,其中一个买主家庭首先感染瘟疫,8 位家庭成员全部死亡。很多居民以为疫情结束返回自己的住所,然而,返回的居民都受到感染,无一幸免于难。② 从马赛城一个家庭的所有成员均感染并死亡这一情况可见,瘟疫在马赛城的复发威力之大。之后,罗马城在 590 年暴发疫情,教宗贝拉基二世(Pelagius II)染疫而亡。③ 597 年,瘟疫开始在地中海地区第四轮复发。极有可能震惊于疫情的强大影响力,叙利亚的米哈伊尔留下了君士坦丁堡在这轮瘟疫复发过程中有318 万人死亡的夸张数字。④

史家笔下不仅留下了 6 世纪后期瘟疫在地中海世界四度复发的人口损失的诸多记载,也关注到瘟疫复发过程的显著特征。558 年,瘟疫首次复发时,阿伽提阿斯提到:年轻人,尤其是年轻男性在瘟疫流行过程中受到的打击尤其严重。⑤ 结合普罗柯比在瘟疫首次暴发过程中孕妇极易感染并大量死亡的记载,十分明显的是,拜占庭帝国 6 世纪中后期的结婚率与生育率都受到影响。因此,进一步导致帝国难以从瘟疫频发所导致的人口损失的困境中恢复,地中海地区的人口数量从 6 世纪中期开始出现了一段较长的明显下滑的时期。

由强烈的地壳活动所引发的地震对城市林立的地中海世界造成了严重影响。由于地震极易引发次生灾害,往往对地中海地区的民众造成叠加的不利影响。与瘟疫直接作用于人体不同,早期拜占庭帝国频发的地震往往通过建筑物的坍塌以及海啸、火灾等次生灾害的发生造成地中海世界居民的大量死亡。

358 年、365 年发生的影响范围广、强度大的地震造成了较大的人口损失。尼科米底在 358 年地震中受到严重影响。根据阿米亚努斯·马尔切利努斯的记载,城内房屋大量被毁,很多人被压在重物之下,还有一些人被木料的尖端刺死。在地震来临之时,很多居民在来不及反应的情况下丧生。一些居民被掩埋于废墟之

① Michael the Syrian, *Chronicle*, Book 2, p. 309.
② Gregory of Tours, *History of the Francs*, Book 9, Chapter 21 - 22.
③ Gregory of Tours, *History of the Francs*, Book 10, Chapter 1.
④ Michael the Syrian, *Chronicle*, Book 2, pp. 373 - 374.
⑤ Agathias, *The Histories*, p. 145.

下，另一些居民被困在屋顶之上活活饿死。[1] 索佐门提到，地震突然来临，居民完全丧失了逃走的机会。[2] 358 年地震导致尼科米底城内的大量居民丧生。365 年地震不仅对首都产生恶劣影响，其他城市也在地震中遭到巨大的侵害。[3] 诺尔·莱斯基指出，365 年的地震及后续性海啸事件是这一时期最严重的自然灾害之一。大量居民在灾难中失去生命，森得利努斯（Cedrenus）曾提到有 5 万人在这次灾难中蒙难。[4]

在 5 世纪多次发生的地震灾害中，有明确人员伤亡记载的并不多，只有 447 年、478 年、499 年的地震造成人员伤亡的情况被史家记录下来。447 年 1 月影响君士坦丁堡及附近地区的地震导致城内建筑物严重受损的同时，也造成了饥荒和瘟疫的流行，导致众多城市居民的死亡。[5] 479 年君士坦丁堡的地震导致大量民众被坍塌的建筑物掩埋。[6] 499 年发生在尼科波利斯（Nicopolis）的地震导致很多居民丧生。[7]

根据笔者现有的材料，与 4—5 世纪相比，6 世纪的多次强震之后的人员伤亡的记载相对较多。518 年，达尔达尼亚强震的发生导致区内 2 个在地震中受损最严重的要塞失去了全部居民；另外 4 个要塞失去了一半的居民；剩余的 18 个要塞失去了 1/4—1/3 的居民。[8] 526 年、528 年接连影响安条克的地震产生了十分可怕的人口损失数字。根据约翰·马拉拉斯的记载，在 526 年的大地震中，由于城内聚集着大量居民以及受到盛大庆典活动吸引的外来人员，安条克共有 25 万人丧生。[9] 不仅安条克的居民遭遇灭顶之灾，城市主教尤福拉修斯（Euprasius）也在地震中丧生。[10] 遭遇 526 年强震打击的安条克，在城内民众的基数受到严重影响

[1] Ammianus Marcellinus, *The Surviving Books of The History of Ammianus Marcellinus*, vol. 1, pp. 341 – 345.

[2] Sozomen, *The Ecclesiastical History*, Book 4, Chapter 16, p. 310.

[3] Socrates, *The Ecclesiastical History*, Book 4, Chapter 3, p. 97.

[4] Noel Lenski, *Failure of Empire: Valens and the Roman State in the Fourth Century A. D.*, p. 387.

[5] Marcellinus, *The Chronicle of Marcellinus*, p. 19.

[6] Theophanes Confessor, *The Chronicle of Theophanes Confessor: Byzantine and Near Eastern History AD 284 – 813*, p. 193.

[7] Roger Pearsetranscribed, *Chronicle of Edessa*, p. 36.

[8] Marcellinus Comes, *The Chronicle of Marcellinus*, p. 39.

[9] John Malalas, *The Chronicle of John Malalas*, Book 17, p. 240.

[10] Roger Pearsetranscribed, *Chronicle of Edessa*, p. 38.

的情况下,十分不幸的是,幸存的民众于 528 年再度遭遇地震的打击。根据记载,
528 年的强震导致安条克城内 4000—5000 居民的死亡。① 除了安条克,同年的地
震导致劳迪西亚 7500 名居民丧生。② 6 世纪中后期频发的地震也造成了相当数
量的人员损失。551 年地震导致君士坦丁堡、色雷斯及希腊地区大量当地居民的
死亡,不少正在贝鲁特法律学校求学的学生也在地震中蒙难。③ 557 年地震导致
君士坦丁堡大量民众的丧生。④ 577 年地震导致大量安条克居民不幸殒命。⑤ 588
年安条克的强震造成了城内多达 6 万人亡故。⑥ 由此可见,6 世纪频发的地震灾
害造成了地中海地区严重的人员损失。

　　除了地震所导致的直接人员伤亡,震后次生灾害的发生进一步加重了地中海
世界居民的生存危机。365 年 7 月由地震引发海啸,因为初期曾出现大规模海水
退潮的现象,在随后海水大规模涌入陆地之时导致大量留在原地的居民死亡。根
据史家记载,亚历山大城附近大量居民被海水吞噬。⑦ 551 年的强震也同样引发
了规模巨大的海啸事件,包括彼奥提亚、克里萨在内的多个受到海啸波及的城市
及地区均出现大量居民死伤的危情。阿伽提阿斯曾指出,科斯岛几乎全部被升高
的海水吞噬,岛上居民均被淹没于海水之中。⑧ 因此,多次震后海啸事件的发生
导致地中海地区居民的生命安全受到严重的双重威胁。

　　地中海地区城市建筑物密集、明火广布,震后火灾的发生会进一步恶化震区
的生存环境。358 年 8 月尼科米底的地震引发了大规模火灾,导致部分地震中的
幸存者命丧于熊熊燃烧的大火之中。⑨ 526 年影响安条克的强震引发火灾。受到
风力的影响,倒塌的建筑物及大量被困人员死于火灾之中。⑩ 588 年安条克的强

---

① M. Whitby and M. Whitby trans., *Chronicon Paschale, 284 –628 AD*, p. 195. John Malalas, *The Chronicle of John Malalas*, Book 18, p. 257.

② John Malalas, *The Chronicle of John Malalas*, Book 18, p. 258.

③ Agathias, *The Histories*, p. 47.

④ Agathias, *The Histories*, pp. 137 – 138.

⑤ John of Nikiu, *Chronicle*, Chapter 101, p. 163.

⑥ Evagrius Scholasticus, *The Ecclesiastical History of Evagrius Scholasticus*, Book 6, pp. 298 – 299.

⑦ Theophanes Confessor, *The Chronicle of Theophanes Confessor: Byzantine and Near Eastern History AD 284 – 813*, p. 87.

⑧ Agathias, *The Histories*, p. 49.

⑨ Ammianus Marcellinus, *The Surviving Books of The History of Ammianus Marcellinus*, vol. 1, pp. 341 – 345.

⑩ Evagrius Scholasticus, *The Ecclesiastical History of Evagrius Scholasticus*, Book 4, pp. 203 – 204.

震再度引发城内火灾的蔓延。根据埃瓦格里乌斯的记载,安条克的地震及火灾的发生导致城内的死亡人数高达 6 万人。[1] 想必在史家笔下所记载的数万人口损失数字中,有相当比例是命丧于震后火灾之中。由此可见,地震及震后火灾产生了叠加的破坏性影响。

除地震及其次生灾害海啸、火灾外,其他频发的自然灾害也导致地中海地区的人员损失。其中,水灾一旦暴发在防控技术和水平较低的早期拜占庭帝国,便会直接干扰民众的生产与生活,甚至危及附近地区民众的生命安全。6 世纪多次暴发的洪水灾害均留下了民众伤亡的记载。其中,大量城市居民在 521 年埃德萨的水灾中丧生。[2] 不久后,525 年埃德萨再度发生大规模水灾。史家称:被洪水冲走的居民数量难以计算。[3] 除埃瓦格里乌斯外,同一时期有多位史家就这次水灾对居民的影响详加记载。[4] 由此推测,525 年导致大量居民溺水而亡的洪水灾害,其规模相当巨大。此外,571 年罗讷河的洪水灾害同样导致大量居民死亡,凶猛的河水对日内瓦产生严重影响,当地居民与他们的房屋一起被卷入河水之中。[5] 因此,多次暴发的水灾对河流沿岸地带的居民产生了严重影响。

除水灾之外,令人印象深刻的 499— 500 年蔓延于东地中海世界的蝗灾对粮食收成产生了恶劣影响。在粮食供应链条相对脆弱的早期拜占庭帝国阶段,蝗灾的发生极易引发受灾地区的严重饥荒,东地中海的多个城市及地区因此出现人口的锐减。大量农民由于缺少粮食被迫进入城市求生,但是仍然没有改变他们的悲惨命运。[6] 根据学者的推测,埃德萨是这次受蝗灾影响最为严重的城市,平均每天因饥饿导致的死亡人数达 130 人以上,当地的坟墓"供不应求"[7]。与此同时,

---

[1] Evagrius Scholasticus, *The Ecclesiastical History of Evagrius Scholasticus*, Book 6, pp. 298 – 299.

[2] John Malalas, *The Chronicle of John Malalas*, Book 17, p. 237.

[3] Evagrius Scholasticus, *The Ecclesiastical History of Evagrius Scholasticus*, Book 4, pp. 207 – 208.

[4] 《埃德萨编年史》指出,这次洪水导致很多城市居民的溺亡。Roger Pearsetranscribed, *Chronicle of Edessa*, p. 37. 米蒂里尼的扎卡里亚称,在这次洪水泛滥的过程中,斯奇尔图斯河的河水淹没了城市,导致众多城市居民身亡。Zachariah of Mitylene, *Syriac Chronicle*, Book 8, p. 204.

[5] Gregory of Tours, *History of the Francs*, Book 4, Chapter 31.

[6] Joshua the Stylite, *Chronicle Composed in Syriac in AD 507: A History of the Time of Affliction at Edessa and Amida and Throughout All Mesopotamia*, Chapter 38, pp. 27 – 28.

[7] C. Mango, *Byzantium: The Empire of New Rome*, New York: Charles Scribner's Sons, 1980, p. 67.

极端天气也易产生不良影响。451—454 年弗里吉亚等地区的干旱曾诱发饥荒。[1] 517—518 年发生在巴勒斯坦及附近地区的旱灾导致严重饥荒的出现,很多当地居民在饥饿中丧生。[2]

综上所述,早期拜占庭帝国频发的传染病、地震、海啸、水灾等自然灾害会诱发帝国人口的大幅度下滑。相较而言,由于传染病具有传播范围广、时间长、多复发等特点,因此,反复暴发的传染病对帝国人口的破坏力度是最大的。强震以及海啸等灾害往往在短期内对受灾地区的民众造成高强度的打击。在早期拜占庭帝国阶段,传染病、地震等自然灾害往往相伴而行,对帝国人口造成叠加的不利影响。

二、 早期拜占庭帝国城市商贸及农业活动受到的影响

在早期拜占庭帝国,自然灾害的频发不仅会直接作用于人,导致生活在地中海区域的民众遭遇灭顶之灾,同时也会严重干扰区域内以人力为基础的正常的经济活动。继承了古希腊和古罗马时代的历史遗产,早期拜占庭帝国治下的地中海世界城市林立、商贸繁荣、村舍广布。然而,受限于相对低下的生产力水平,大规模且频繁的自然灾害的发生会对链条相对脆弱的城市商贸活动以及农业生产活动造成显著影响。

在所有出现于早期拜占庭帝国的各类自然灾害之中,大规模传染病的暴发对城市商贸活动的影响最为显著。从腓尼基人时期、古希腊的古风时代开始,地中海地区的商贸活动日渐繁荣,各个地区和城市之间的人员往来渐趋频繁。早期拜占庭帝国沿袭了罗马人“以地中海为内湖”的特征,城市内部和城市间的商贸活动稳步发展。然而,一旦出现烈性传染病,正常时期会产生明显经济效益的人员往来便会在扩散传染病的过程中发挥截然相反的可怕作用。

在“查士丁尼瘟疫”首轮暴发及多次复发过程中,对人员往来频繁且商贸发

---

[1] Evagrius Scholasticus, *The Ecclesiastical History of Evagrius Scholasticus*, Book 2, pp. 81 – 82.

[2] D. Ch. Stathakopoulos, *Famine and Pestilence in the Late Roman and Early Byzantine Empire*, pp. 259 – 260.

达城市的影响十分严重,尤其是沿海城市更易遭受恶劣影响。其中,君士坦丁堡、安条克、亚历山大城和罗马等城市均暴发大规模疫情。究其原因,是由于"查士丁尼瘟疫"是由老鼠身上的跳蚤通过叮咬,进而将鼠疫杆菌传播到人体所致,因此,老鼠越聚集的区域,受到鼠疫感染的风险就越高。为了生存所需,老鼠往往集中于可获得持续性食物的区域,人类聚集区自然成为老鼠活动范围之首选。J. A. S. 埃文斯指出:"城市及周边地区可为人类和老鼠提供共同且舒适的生存环境,城市也因此成为传染病肆虐程度最高的区域。"[1]一旦鼠疫出现于这种人员众多且活动频繁的城市,便会经由跳蚤由鼠传人,之后在稠密的人群中大规模暴发。戴维·凯斯认为,传染病对人口密集且相对富裕区域的打击力度要远大于人口疏落区域。[2] 因此,人员密集且易吸引老鼠聚集的区域成为鼠疫暴发程度最为严重的地区。

在帝国多个城市受到鼠疫疫情打击且人口数量显著下滑之时,拜占庭帝国治下的多个城市内部及城市之间的商贸活动不可避免受到影响。约书亚·鲁塞尔指出:"东地中海世界拥有便利的陆路和水路交通,这一区域为传染病通过船只和道路扩散提供了极佳条件。"[3]在"查士丁尼瘟疫"传播过程中,疫情经由陆路和水路两种方式在地中海世界扩散,对商贸活动相对更加活跃的东地中海世界造成严重影响。尤其当疫情大范围传播之时,生活于地中海地区的民众虽然完全不知流行在人群之中的传染病究竟是什么,但是他们通过观察,逐步发现与病患接触、触摸病患的衣服、参加葬礼等均有被感染的可能,于是,很多幸存的居民为了保命,选择闭门不出,进而减少与其他人的接触,规避风险。在这种情况下,城市内部与城市之间的商贸活动必然受到直接影响。迈克尔·麦考米克认为,"鼠疫的暴发严重损害了东地中海地区的航运体系,导致活动于这一区域的船只数量的减少以

---

① J. A. S. Evans, *The Age of Justinian: The Circumstances of Imperial Power*, New York: Routledge, 2001, p. 162.

② D. Keys, *Catastrophe: An Investigation into the Origins of the Modern World*, New York: Ballantine Books, 1999, p. 127.

③ J. C. Russell, *The Control of Late Ancient and Medieval Population*, Philadelphia: The American Philosophical Society Independence Square, 1985, p. 233.

及船员薪酬因船员减少而上扬的情况发生。"①

　　君士坦丁堡、安条克、亚历山大城等帝国重要城市的粮食均需依靠周边农村
以及跨区域的粮食运输系统才能够维系。因此,受到传染病扩散的影响,一旦陆
路和海陆的正常交通与航运受到影响,粮食无法自给自足的城市的食物供应便会
出现问题。约翰·莫尔黑德指出,受到鼠疫的影响,劳动力短缺的现象十分严重。
君士坦丁堡在 543 年出现了严重的酒类短缺的现象,这一现象的出现很可能是劳
动力短缺所致。② 一旦粮食供应链条出现问题,城内的粮食价格便会因"供不应
求"而上涨。在此情况下,城内的幸存居民面对的不仅是尸横遍野、臭气熏天的惨
状,而且维系基本生活保障的粮食也无法正常获得,进一步增加了受到疫情影响
城市的困境。J. A. S. 埃文斯认为,大规模疫情暴发后,君士坦丁堡面临着城市街
道被废弃、贸易停止、面包供应不足以及部分城市居民死于饥荒的困境。③ 受到
鼠疫在地中海世界大规模蔓延的影响,帝国城市内部及城市之间的商贸活动受到
严重干扰。维系地中海世界经济活力至关重要的商贸活动的弱化对一段时期内
帝国的经济发展十分不利。

　　除了鼠疫对地中海地区城市商贸活动产生严重影响,地震的频发对帝国城市
的基础设施构成了严重威胁。早期拜占庭帝国城市的建筑大多由砖石建造,多个
城市的建筑物十分密集,突发的地震会导致建筑物的大范围倒塌,不仅危及城内
民众的生命财产安全,也会影响地中海地区城市公共活动的正常开展。

　　帝国首都君士坦丁堡在 365 年、436 年、447 年、479 年、554 年、557 年、582 年
遭受强震打击。根据史家记载,365 年地震导致城内出现大范围塌陷。④ 447 年的
地震令君士坦丁堡城内数个塔楼倒塌、城墙受损严重。⑤ 不仅如此,君士坦丁堡
城内的大量雕像在此次地震中垮塌。479 年地震也导致了城内建筑物的严重毁

---

① M. McCormick, *Origins of The European Economy: Communications and Commerce, A. D. 300 - 900*, Cambridge: Cambridge University Press, 2001, p. 112.

② J. Moorhead, *Justinian*, p. 100.

③ J. A. S. Evans, *The Age of Justinian: The Circumstances of Imperial Power*, p. 163.

④ Agapius, *Universal History*, Part 2, p. 129.

⑤ Evagrius Scholasticus, *The Ecclesiastical History of Evagrius Scholasticus*, Book 1, pp. 44 - 45.

坏,三角柱廊、多座教堂和塞奥多西一世的雕像均在地震中坍塌。① 542 年君士坦丁堡地震导致城内的教堂、城墙和房屋受损严重。② 554 年地震导致君士坦丁堡城内大量密集的建筑物崩塌。仅仅三年后,557 年,君士坦丁堡再次受到地震影响,部分教堂和城墙被毁。③ 由此可见,作为帝国的行政中心,君士坦丁堡城内基础设施遭到多次强震的打击,每次地震所带来的直接损害都需要经历一段较长的维护与恢复期。

帝国东部重要城市安条克的基础设施也频繁受到强震的袭击。457 年,安条克发生强震,新城内的几乎所有建筑物都在地震中受损,旧城内部的浴室也部分损毁。④ 526 年、528 年先后发生的两次强震严重危及安条克城内建筑物的安全。安条克城内几乎所有的建筑物均受到 526 年地震的影响而出现程度不一的损毁,君士坦丁一世时期建设的教堂也在遭到地震和震后火灾的双重打击之下最终坍塌。⑤ 当安条克来不及从 526 年的强震创伤中恢复之际,528 年的地震再度给这座城市致命一击,强震致使城墙和房屋大范围损毁。⑥ 不仅如此,这次地震还令上一次地震之后得到修复的建筑物全部倒塌。⑦ 577 年,安条克再度遭受地震袭击,安条克及其近郊的几乎全部公共和私人建筑尽数倒塌。⑧ 588 年安条克的强震及震后火灾几乎摧毁了城内包括教堂、塔楼、公共和私人建筑在内的绝大多数建筑物。⑨ 多次强震,尤其是 6 世纪四度暴发的强震严重破坏了安条克的城内建筑和公共设施,对这座地中海东部重要城市的发展极为不利。

除君士坦丁堡和安条克外,尼科米底在 358 年的大地震中受损严重,城内建筑大量倒塌,震后火灾进一步加重了城内建筑物的受创程度。⑩ 460 年基奇科斯

---

① Marcellinus Comes, *The Chronicle of Marcellinus*, p. 19, p. 27.
② Theophanes Confessor, *The Chronicle of Theophanes Confessor: Byzantine and Near Eastern History AD 284 – 813*, p. 322.
③ John Malalas, *The Chronicle of John Malalas*, Book 18, p. 296.
④ Evagrius Scholasticus, *The Ecclesiastical History of Evagrius Scholasticus*, Book 2, pp. 94 – 96.
⑤ John Malalas, *The Chronicle of John Malalas*, Book 17, pp. 238 – 239.
⑥ M. Whitby and M. Whitby trans., *Chronicon Paschale, 284 – 628 AD*, p. 195.
⑦ John Malalas, *The Chronicle of John Malalas*, Book 18, p. 256.
⑧ Evagrius Scholasticus, *The Ecclesiastical History of Evagrius Scholasticus*, Book 5, p. 277.
⑨ Evagrius Scholasticus, *The Ecclesiastical History of Evagrius Scholasticus*, Book 6, pp. 298 – 299.
⑩ Ammianus Marcellinus, *The Surviving Books of The History of Ammianus Marcellinus*, vol. 1, pp. 341 – 345.

地震导致城墙受损严重。① 543 年基奇科斯在强震中失去了近一半的城市建筑。②
551 年地震令腓尼基和贝鲁特受到严重影响,贝鲁特的城内建筑尽数倒塌。③ 拥
有帝国境内重要法律学校的贝鲁特在这次地震中受到的严重影响引起了众多学
者的关注。A. A. 瓦西列夫认为:"在查士丁尼时代,贝鲁特拥有一所重要的法律
学校。然而,这座城市在 551 年遭遇一次地震的打击,地震后引发了海啸和火灾,
由此导致贝鲁特法律学校的衰落。"④

　　由此可见,早期拜占庭帝国时期频繁发生的地震及其次生灾害对城市建筑物
造成严重影响,尤其是 6 世纪多次高强度且大范围的地震不仅扰乱了灾后城市建
筑的修复工作,也加重了帝国用于修复城内受损建筑的财政负担,令这一地区城
市内部正常活动受到影响。

　　农业既是早期拜占庭帝国最重要的经济部门,也是帝国财政收入最重要的来
源。然而,在生产力水平欠发达、科学技术水平不高的早期拜占庭时代,与地震和
鼠疫对帝国城市基础设施及商贸活动造成严重后果并行的是,虫灾、"尘幕事件"
等灾害的突发往往会对帝国较为脆弱的农业生产造成沉重打击。

　　2020 年发源于东非地区的蝗灾对亚非多个国家的农业造成了严重后果。类
似情况也曾于 499—500 发生在帝国东部地区,此次蝗灾令包括埃德萨在内的受
灾地区的农业生产受到毁灭性的打击,并由东地中海地区传至地中海西部世界。
在蝗灾影响的地区,蝗虫啃光了所有的谷物。⑤ 这一区域的农业生产活动遭遇严
重影响,大量农民面临食物短缺和饥荒的威胁,只能食用苦豌豆和枯萎掉落的葡
萄,但仍旧无法填饱肚子;无奈之下,农民进入城市行乞。⑥ 拜占庭帝国城市的粮
食供应有相当比例来自周边农村地区,因此,当陷入饥饿威胁的农民大量涌入城
内,这种情况不仅难以缓解农民食物短缺的问题,而且还会因粮食减产导致粮食

① Marcellinus Comes, *The Chronicle of Marcellinus*, p. 23.

② M. Whitby and M. Whitby trans., *Chronicon Paschale, 284 –628 AD*, p. 196.

③ Agathias, *The Histories*, p. 47.

④ A. A. Vasiliev, *History of the Byzantine Empire (324 –1453)*, vol. 1, p. 147.

⑤ Roger Pearsetranscribed, *Chronicle of Edessa*, p. 36.

⑥ Joshua the Stylite, *Chronicle Composed in Syriac in AD 507: A History of the Time of Affliction at Edessa and Amida and Throughout All Mesopotamia*, Chapter 41, p. 31.

价格上涨,进而加重城市居民的粮食危机。499—500 年的大规模蝗灾并不是早期拜占庭帝国遭遇的唯一蝗灾。根据史家记载,456 年,发生在弗里吉亚的虫灾令粮食收成受到恶劣影响。① 578 年,蝗灾导致谷物、蔬菜的收成大受影响。②

除大规模蝗灾易对农作物造成毁灭性影响,异常气候也会对地中海地区的农业生产造成直接影响。388 年 9 月发生的冰雹突降事件令牛群和植物受损。③ 467 年,君士坦丁堡和比提尼亚突降暴雨,在持续了三四天的暴雨后,这一区域的村庄被洪水淹没。④ 除了淹没村庄,突如其来的洪水想必对农业生产也有显著影响。525 年,帝国境内发生了一次大范围的雨雪霜冻灾害,谷物生长和酿酒业均受到较大影响。⑤ 546 年发生于帝国境内的牛瘟导致畜力的缺乏,土地在一段时间内大面积荒芜。⑥ 597 年,极热天气的突发导致葡萄以及所有的绿色植物枯萎。⑦

相比于蝗灾、气候异常所导致的短期内农业生产严重受损,530 年代中后期的"尘幕事件"令地中海地区的农业生产遭受了较长时期的恶劣影响。"尘幕"的出现改变了大气层的介质、遮挡了正常的太阳辐射,受到"尘幕"影响的地区气温长期处于较低水平,对地中海地区的农业生产十分不利。史家指出,"尘幕"的出现令拜占庭帝国在一年多时间中处于缺少阳光的状态,进而出现葡萄酒变质、水果不熟的情况。⑧ 卡西奥多提到,在原本应该迎接庄稼丰收的季节,如今却变得死气沉沉。这一事件造成了两个严重的后果:持续性的严寒和异常的干旱。⑨ "尘幕事件"所引发的农业发展受阻的情况引起了现代学者的关注。理查德·B. 斯托塞斯认为,"尘幕事件"的发生导致冬天阴冷异常,极大影响了地中海地区

① Marcellinus Comes, *The Chronicle of Marcellinus*, p. 22.

② Agapius, *Universal History*, Part 2, p. 178.

③ Marcellinus Comes, *The Chronicle of Marcellinus*, p. 4.

④ R. C. Blockley, *The Fragmentary Classicizing Historians of the Late Roman Empire: Eunapius, Olympiodorus, Priscus and Malchus*, II, p. 355. *Excerpta historica iussu imp. Constantini Porphyrogeniti confecta, vol. 1: excerpta de legationibus*, pts. 1 – 2, ed. C. de Boor, Berlin: Weidmann, 1903, TLG, No. 3023001.

⑤ Agapius, *Universal History*, Part 2, p. 165.

⑥ Zachariah of Mitylene, *Syriac Chronicle*, Book 10, p. 315.

⑦ Agapius, *Universal History*, Part 2, p. 187.

⑧ Agapius, *Universal History*, Part 2, p. 169.

⑨ Cassiodorus, *Variae*, pp. 179 – 181.

农作物的正常生长。[1] 尤其严重的是,从 6 世纪 30 年代中期开始,"尘幕事件"对地中海地区的影响延续了十余年的时间。L. B. 拉森等指出,536—545 年间,地中海地区的树木年轮是 200—1800 年间的最小值之一。[2]

　　可见,在早期拜占庭帝国,蝗灾、干旱等灾害在短时期内对地中海地区的农业生产造成了急速且十分恶劣的影响。相比于 4—5 世纪,6 世纪的灾害似乎更加频繁地对帝国农村地区带来高强度的打击,尤其从 530 年代中期开始的"尘幕事件"对地中海地区造成持续性的严重影响。在早期拜占庭帝国,民众既是纳税人,也是劳动力。帝国国力之高下在很大程度上取决于民众人数之多寡及其创造财富能力之强弱。在人口数量显著下降,且城市商贸与农业生产在传染病、地震等灾害的轮番打击下双双出现明显下滑趋势时,从 6 世纪中期开始,早期拜占庭帝国的财政状况大受影响。沃伦·特里高德认为:"鼠疫的反复暴发导致帝国人口减少、经济系统出现明显问题。在鼠疫的影响下,帝国 1/4 以上的财政收入被完全蒸发。"[3]当帝国的财政频繁受到灾害的打击而出现紧缺状况,会直接影响帝国解决内外困局的能力。

三、 早期拜占庭帝国的政治乱象与军事危机

　　自然灾害除了对人口、城市商贸、农业生产以及帝国财政产生直接影响外,也会间接影响帝国的政局稳定和军事表现。拜占庭帝国庞大的官僚系统和军队体系的正常运行,不仅需要人力,也需要持续且稳定的税收作为基本保障。一旦财政状况持续恶化,会对皇帝和政府的执政能力造成打击。民众不仅是纳税人、劳动力,也是潜在的士兵来源。当帝国遭遇人口数量和财政收入双重弱化的窘境之时,帝国军队的战斗力及其在对外战争中的表现会受到征兵障碍以及军费短缺的不利影响。

---

① Richard B. Stothers, "Volcanic dry fogs, climate cooling, and plague pandemics in Europe and the Middle East", *Climatic Change*, 1999, p. 715.

② L. B. Larsen, B. M. Vinther and K. R. Briffa, "New ice core evidence for a volcanic cause of the A. D. 536 dust veil", *Geophysical Research Letters*, V. 35, 2008, L04708, p. 3.

③ W. Treadgold, *A History of the Byzantine State and Society*, p. 216.

早期拜占庭帝国的自然灾害造成人口减少、财政收入削减等恶劣影响，间接导致帝国政治混乱状况的发生。① 然而，541 年开始流行于帝国境内的"查士丁尼瘟疫"诱发了一次皇帝病危、将军被控"谋反"的危机事件，引发了帝国上层阶级内部的争斗。这次直接由鼠疫传播所导致的皇帝病危及后续政治混乱事件之所以发生，与早期拜占庭帝国的集权制度有着直接关系。早期拜占庭帝国实行集权统治，帝国大权握于皇帝一人之手，皇帝的个人才干、政治手腕甚至身体状况都会对帝国的整体走势产生决定性影响。

542 年，"查士丁尼瘟疫"传播至帝国政治中心君士坦丁堡，这座繁荣的城市在疫情蔓延的短短几个月时间里面目全非，显现出尸横遍野、商业停滞、秩序失调的衰败景象。在城内大规模暴发疫情之时，君士坦丁堡大皇宫也未能幸免于难，皇帝查士丁尼一世也不幸染病，甚至一度性命垂危。② 查士丁尼一世身染重疾的消息不胫而走，传至帝国东部与波斯作战的军营之中。在皇帝集大权于一身的拜占庭帝国，皇帝病危的消息一旦传出，极易颠覆原本稳固的政局，从而引发严重的后果。沃伦·特里高德认为："如果'查士丁尼瘟疫'在首轮暴发过程中直接导致在位皇帝查士丁尼一世去世，那么一定会出现帝国的财政与军事系统的全面崩溃。"③拜占庭帝国实行血亲继承制度，染病的查士丁尼一世与皇后塞奥多拉并未生育子嗣，由此加重了皇帝病危之时皇位继承人的未知性，给予觊觎皇位以及谋求自保的各方势力各显神通的时机。

与查士丁尼一世恢复身体健康几乎同时，帝国东部军营之中出现了对将军贝利萨留和布泽斯"谋反"的指控。有同僚告发称，在查士丁尼一世染病期间，包括贝利萨留在内的东部军营的将军们担心查士丁尼一世一旦死亡，塞奥多拉就将把持朝政，他们不能够对这种情况坐视不理。④ 在"查士丁尼瘟疫"大暴发之际，由于对瘟疫的致病机理毫不知情，也无对症下药之法，一旦感染，存活的概率极小。

---

① 刘榕榕、董晓佳：《查士丁尼与贝利萨留：拜占庭帝国皇权与军权关系的一个范例》，《世界历史》2016 年第 6 期。

② Procopius, *History of the Wars*, Book 2, p. 473.

③ W. Treadgold, *A Concise History of Byzantium*, New York: PALGRSVE, 2001, p. 67.

④ Procopius, *The Anecdota or Secret History*, trans. H. B. Dewing, Cambridge, Mass.: Harvard University Press, 1998, Book 4, Chapter 4 - 5, p. 43. Procopii Caesariensis, *Opera Omnia*, ed. G. Wirth (post J. Haury), vol. 3., Leipzig: Teubner, 1963, TLG, No. 4029002.

因此,皇帝染病的消息让本已惶惶不可终日的臣下和民众更加惶恐不安,也导致东部军营内部出现皇位继承问题的相关讨论。这类讨论事实上并不意味着贝利萨留有篡权之心。因此,贝利萨留被控"谋反"事件的发生其实是一次十分短暂的政治事件。在同时期文献资料中找不到任何贝利萨留谋反的证据,也未见其任何实质性的谋反举动。

然而,这次事件导致帝国上层核心人员的查士丁尼一世与贝利萨留之间关系彻底恶化。在收到贝利萨留有谋反意图的消息之后,查士丁尼一世和塞奥多拉立即召回了贝利萨留和布泽斯。之后,这两位被控谋反的将军均受到严厉惩处。根据普罗柯比的记载,布泽斯被囚禁于暗无天日的密室之中,直至疾病缠身才被释放。贝利萨留的军事指挥权被剥夺,原本跟随贝利萨留的部将和兵士均被他人瓜分一空,贝利萨留的绝大部分财产也被没收。[①] 这场以皇帝感染疫病、将军被控谋反为始,皇帝恢复身体健康、展开全面清算活动为终的政治事件历时较短,事件本身并未造成严重影响。但是,这次事件发生后,包括贝利萨留在内的大量军事将领受到严重惩处,因此对查士丁尼一世统治中后期的政治局势造成了较大影响。

在查士丁尼一世恢复身体健康之后,通过严厉惩处贝利萨留的方式发泄自己在染病期间极度不安的情绪,同时希望借此能够震慑觊觎皇位的臣下,查士丁尼一世此举进一步恶化了业已出现的政治混乱局面。皇帝病危、将军被控"谋反"事件的发生最重要的影响是令查士丁尼一世不仅丧失了对贝利萨留的信任,而且对这位作为其统治时期最重要的军事将领实施了强硬的打压手段。贝利萨留是查士丁尼一世上台之初搭建起的统治班底中的核心人物。作为查士丁尼一世即位之初便着力提拔的军事干将,贝利萨留在542年被控"谋反"前,常年辗转于帝国东部、西部战场,在对抗波斯军队和西征汪达尔人的战争中为查士丁尼一世立下了汗马功劳。[②] 因此,贝利萨留在这一事件发生后受到打压和雪藏,有碍于查士丁尼恢复旧日罗马帝国版图这一宏愿的实现。

---

① Procopius, *The Anecdota or Secret History*, Book 4, Chapter6 - 13, pp. 43 - 45.

② Procopius, *History of the Wars*, Book 1, p. 105; Book 2, pp. 383 - 385; Book 3, p. 111; Book 5, p. 43.

　　正是在皇帝不幸染病,生命一度朝不保夕,同时又面临处理得力干将"谋反"相关事宜的压力下,既无子嗣、又无背景,完全依靠皇帝的信任和提拔进而获得高位的皇后塞奥多拉成为查士丁尼一世最信任且仰仗之人。在这一过程中,因皇帝病危,性格坚强且做事干练的皇后塞奥多拉在相当长的一段时期内,进一步加强了对帝国相关政治事务的干预。塞奥多拉不仅充当了惩处贝利萨留的直接执行者[1],而且对查士丁尼一世的宗教政策产生了较大影响。向来对一性论派信众持友好态度,充当着查士丁尼一世与帝国基督教异端教派沟通桥梁的塞奥多拉在皇帝染病及后续事件发生后,不仅更换了帝国内部多个地区的主教,而且着力提升一性论派人员在教会内部的地位,支持一性论派在帝国东部的传布。[2] 从效果来看,塞奥多拉此举不仅未缓解帝国内部的宗教争端,相反加重了帝国内部正统教派对查士丁尼一世统治时期的宗教政策的离心力。斐迪南·洛特认为,皇后塞奥多拉对一性论派的大力扶持加重了帝国基督教内部教派之间的争斗。[3] 查士丁尼一世统治中后期所面临的形势是:大批文臣武将受到惩处,帝国宗教争端更加严重,查士丁尼一世无人可用。

　　此外,该事件另一重要影响是,帝国正处于与东部萨珊波斯、与西部东哥特王国以及北部斯拉夫人、伦巴第人、阿瓦尔人激战之时,贝利萨留、布泽斯等军事将领受到惩处与打压直接不利于查士丁尼一世在位中后期的对外军事表现。贝利萨留被控"谋反"以及后续被征召返回君士坦丁堡之前,他正在东部指挥帝国军队与波斯军队的作战。作为一名长期与波斯军队周旋的将军,贝利萨留熟知东部战场的作战部署,也深谙敌情,并且曾经指挥军队取得过对波斯军队的阶段性胜利。正在战况十分胶着之际,贝利萨留因被控"谋反"而被皇帝紧急调回,对帝国东部战场的形势造成严重影响。根据普罗柯比的记载,在贝利萨留离开东部战场后,皇帝被迫以 2000 磅黄金的代价与波斯订立 5 年合约。[4] 约翰·莫尔黑德认

① Procopius, *The Anecdota or Secret History*, Book 4, pp. 43 – 45.
② Evagrius Scholasticus, *The Ecclesiastical History of Evagrius Scholasticus*, Book 4, pp. 211 – 212.
③ Ferdinand Lot, *The End of the Ancient World and the Beginnings of the Middle Ages*, London: Routledge & Kegan Paul Ltd, 1966, p. 256.
④ Procopius, *History of the Wars*, Book 2, p. 451, Book 2, p. 501; Book 2, pp. 515 – 517.

为,贝利萨留的职务被罢黜确实对帝国东部战场的形势产生了重大影响。①

不仅如此,在545年帝国西部战场形势极度恶化之际,万般无奈之下,查士丁尼一世再度起用贝利萨留。然而,查士丁尼一世虽然授予贝利萨留前往亚平宁半岛与东哥特人作战的军事指挥权,但是并未给准备上前线作战的贝利萨留提供一兵一卒和至关重要的军费支持。② 受到"皇帝病危、将军被控'谋反'"事件的余波波及,查士丁尼一世对指挥作战的军事将领的极端不信任和打压使帝国在亚平宁半岛上的战况持续不佳。如能够获得来自皇帝的充分信任与人力、财力的支持,想必贝利萨留不会在此次领兵过程中遭遇多番掣肘,以致最终黯然返回君士坦丁堡,留下帝国在意大利战场丝毫未曾扭转的局面。埃夫里尔·卡梅伦认为:"拜占庭帝国在意大利战场的军事停滞很大程度上受到了查士丁尼一世不信任贝利萨留的影响,查士丁尼一世对臣下的猜忌妨碍军事将领施展才华。"③

综上所述,542年"查士丁尼瘟疫"的暴发成为帝国上层人员争斗、政局混乱的助推器。皇帝染病、将军被控"谋反"这一突发事件的发生导致查士丁尼一世统治中后期的政治格局受到严重影响,导致早期拜占庭帝国从6世纪中期开始进入了一段较长的危机时期。

除了542年"查士丁尼瘟疫"令在位者染病,进而导致包括贝利萨留在内的多位军事将领受到惩处,间接影响帝国对外军事表现,早期拜占庭帝国频发的自然灾害也通过人口损失和财政收入削减的方式,弱化了帝国的军队战斗力和防御能力。

戴克里先、君士坦丁一世等皇帝的改革,一定程度上让罗马帝国在3世纪危机中暴露出的严重军事危机得以缓解。早期拜占庭帝国的军队及防御体系建设正是建基于此。从4世纪上半期开始,为了抵御周边势力入侵,同时维系帝国内部稳定,帝国军队人数不断攀升。4世纪末5世纪初,帝国军队总人数达到了

① John Moorhead, *Justinian*, p. 97.
② Procopius, *History of the Wars*, Book 7, pp. 229-231.
③ A. Cameron, *The Mediterranean World in Late Antiquity AD 395—600*, pp. 113-114.

40—60万人之间。① "3世纪危机"使帝国从战略进攻转变为战略防御,因此,早期拜占庭帝国阶段,主动挑起大规模对外战争的情况逐渐减少,依靠有限的兵力对此前战略进攻时期留下的漫长边境线进行驻守,同时维系内部的局势稳定才是帝国的重中之重。经过近一个世纪的恢复和调整,帝国的军力在4世纪末5世纪初大幅提升,能够维系帝国防御的基本需求。

　　然而,在早期拜占庭帝国时期,"查士丁尼瘟疫"的多次流行、地震及次生灾害海啸、火灾的多次暴发,以及水灾、旱灾等灾害的频发,直接导致受灾地区的人口出现明显下降的趋势。自然灾害所诱发的军事危机首先体现在士兵招募上。帝国的军队规模受限于帝国的人口基数,通过在较短时期内造成帝国人口数量总体下滑,不利于军队的士兵招募,进而影响帝国军队的规模。尤其是从540年代初开始,"查士丁尼瘟疫"周期性地在地中海世界发作,严重干扰了帝国人口恢复的进程,也导致帝国军队规模难以维持稳定增长。阿伽提阿斯曾指出,盛期帝国军队士兵人数可达64.5万人,却在查士丁尼一世统治中后期收缩至15万人。② 根据史家提供的帝国军队士兵人数数据可知,6世纪后半叶帝国军队规模出现了明显缩水的趋势。J. A. S. 埃文斯认为:"如果帝国军队规模在查士丁尼一世中后期缩减至15万人,那么与5世纪相比,军队人数的缩减量达1/4以上。"③

　　从6世纪中期开始,在鼠疫、地震、水灾等灾害的轮番肆虐之下,帝国军队的士兵征召变得更加困难。在冷兵器时代,士兵人数的多寡会对战争结果产生直接影响。士兵数量难以维持原有水平,军队规模缩减,不仅不利于帝国的战略防御,更加难以支撑持续性的对外战争。面对士兵极难招募的困境,查士丁尼一世时期主动挑起的哥特战争从530年代开始,前后持续了20余年才最终完结。贝利萨留在亚平宁战场上的表现一定程度上受到了士兵极度短缺的制约。有史料记载称,正指挥帝国军队与东哥特人作战的贝利萨留曾写信给查士丁尼一世抱怨士兵

---

① 埃夫里尔·卡梅伦指出,4世纪末5世纪初帝国军队总人数为43.5万人。A. Cameron, *The Mediterranean World in Late Antiquity AD 395—600*, p.52.西里尔·曼戈认为,4世纪末,帝国的总兵力可达65万人。Cyril Mango, *Byzantium: The Empire of New Rome*, p.33.

② Agathias, *The Histories*, p.148.

③ J. A. S. Evans, *The Age of Justinian: The Circumstances of Imperial Power*, p.51.

征召十分困难的窘境。① E.A.汤普逊指出,瘟疫所导致的士兵人数的削减相当不利于帝国的对外作战形势。②

在早期拜占庭帝国,频繁发生的自然灾害不仅会导致帝国军队规模的缩减,也会通过影响帝国财政收入的方式进而对帝国的军费开支产生不利影响。军费开支属于帝国财政支出的重要一环,此项花费完全由国家承担。当帝国的人口数量、城市商贸和农业生产活动均在自然灾害的打击之下出现持续性衰落趋势之时,帝国军费开支的数额也会随着财政状况不佳而逐渐减少。A.A.瓦西列夫指出,"查士丁尼瘟疫"与频发的地震等灾害令帝国财政状况十分严峻,帝国的军费开支大受影响。③ 持续且稳定的军费开支是招募士兵的最基本保障,也是激发士兵奋勇杀敌的最有效方式。但是,6世纪中期开始,帝国的财政危机导致军费的投入严重不足,使得士兵招募的困难局面雪上加霜。

帝国军费开支的削减不仅有碍于军队在对外战争中的全面发挥,甚至于在6世纪后期酿成了严重的内乱。受到财政收入持续性恶化的影响,6世纪后期的多位统治者均采取了削减军费支出的做法。尤其是在皇帝莫里斯统治时期,多次缩减甚至克扣士兵军饷,引发了军队暴动事件的发生。莫里斯的统治最终也被处于极度愤怒的士兵们的反叛活动所推翻。④ 莫里斯曾在提比略二世时期多次领兵出征,军人出身的他不可能对军饷的重要性一无所知,如果不是因为财政危机,断然不会采取如此冒险的做法。沃伦·特里高德指出,曾经给予野战军津贴的做法在5世纪末至6世纪前期有效保障了军队的战斗力和作战热情。然而,从6世纪中期开始,由于财政紧张,帝国难以负担这项能够保障士兵忠诚和战斗力的津贴,在位者甚至屡次拖欠军费。莫里斯皇帝就是由于多次削减士兵的津贴,最终被激愤的士兵赶下台。⑤

---

① Procopius, *History of the Wars*, Book 7, pp. 229 – 231.

② E. A. Thompson, *Romans and Barbarians: The Decline of the Western Empire*, Wisconsin: The University of Wisconsin Press, 1982, pp. 88 – 89.

③ A. A. Vasiliev, *History of the Byzantine Empire(324 –1453)*, vol. 1, p. 162.

④ Theophanes Confessor, *The Chronicle of Theophanes Confessor: Byzantine and Near Eastern History AD 284 – 813*, pp. 410 – 414.

⑤ Warren Treadgold, *A Concise History of Byzantium*, p. 76.

　　拜占庭帝国的边境缺少有利的天然屏障，因此，一旦边境线上出现敌人，最直接的做法便是增加边境线一带的兵力以稳固边防。然而，受到频发的自然灾害的影响，帝国军队士兵招募陷入十分艰难的境地，军队开支也大受影响，帝国军队规模出现了明显收缩。一旦边境线上的军事压力增大，帝国的统治力以及军队的应战能力便会受到极大考验。亚瑟·费瑞尔指出："从5世纪中期开始，帝国的财政收入和版图面积的缩小加重了军队征召士兵的难度。在西部皇帝瓦伦提尼安三世去世后，西部帝国几乎仰仗蛮族士兵，直至476年，一位蛮族出身的将领直接废黜了西部皇帝。"①失去帝国西部大片领土之后，以君士坦丁堡为中心的东部帝国政府及其防御体系较之前均有相当程度的弱化。②

　　军队规模以及军费开支的缩减会直接影响军队的应战能力，也将十分不利于帝国的对外作战表现。当帝国内部的军事力量弱化之际，如果在位皇帝能够在对外关系上保持更加谨慎的态度与做法，同时外部势力的压力相对较小时，帝国军事实力渐趋衰弱便不易造成严重后果。反之，军事失利所带来的直接后果不仅仅是丢城失地，还需支付高额的赔款甚至是年贡。这一情况在鼠疫横行于帝国的6世纪中后期十分凸显。查士丁尼一世一改多位前任皇帝较为保守的军事计划，在帝国东部、西部展开全面战争的同时，又需应对北部蛮族的军事威胁。根据史家记载，545年，受到战局不利的影响，拜占庭帝国以每年支付2000磅金币为代价，与萨珊波斯订立停战协定。551年，帝国增加了每年需提供给萨珊波斯的年贡，以每年2600磅金币为代价再度订立合约。③

　　查士丁尼一世的军事策略不仅弱化了自己的统治力，也为其继任者留下了一个极难应付的局面。查士丁二世上台后不久，在伦巴第人的军事压力下，帝国对意大利地区的控制力几乎丧失。与此同时，当东部波斯大军压境之际，查士丁二世甚至因军事失利而精神失常。④从查士丁二世精神失常可见，6世纪后期帝国的军事弱化和边境不稳的情况十分严重。继承查士丁二世皇位的提比略二世也

---

① A. Ferrill, *The Fall of The Roman Empire: The Military Explanation*, p. 168.
② A. Cameron, *The Mediterranean World in Late Antiquity AD 395—600*, p. 85.
③ Procopius, *History of the Wars*, Book 2, p. 517, Book 8, p. 209.
④ M. Whitby and M. Whitby trans., *Chronicon Paschale, 284 -628 AD*, p. 138.

无法改变帝国西部的军事颓势,唯有以提供贡金的方式维系与伦巴第人暂时的和平状态。[①] 之后继位的莫里斯也被迫采取同样的做法,试图通过缴纳贡金的方式维系帝国西部与北部边境线的安全。[②] 但是,由帝国的应战能力的持续性弱化所导致的赔款或贡金的支付进一步增加了帝国财政的压力,也会对军费开支的弱化产生持续性的不良影响,由此导致最终因无法支付士兵薪饷而引发帝国驻守多瑙河前线的军队哗变,莫里斯统治被推翻。[③] 这一严重事件说明,长期战争以及瘟疫的大规模蔓延令帝国资源严重亏空,早期拜占庭帝国处于"人丁单薄、财政紧缺"所引发的军事危机和人力资源短缺、财政弱化、军事危机三重恶性循环状态之中。

四、 早期拜占庭帝国民众心理的变化

早期拜占庭帝国频发的自然灾害除了对人口、城市商贸、农业生产、财政收入等在内的帝国经济发展以及帝国政治局势和军事表现等物质领域产生直接影响,也会作用于帝国治下居民的心理状态。自然灾害的频发会对生活在地中海世界居民的生命、财产安全构成威胁,而且受限于这一阶段的科技水平,民众对正在发生的灾害的成因并不知情,又缺乏有效对抗灾害的手段,这一情况加重了灾后民众的焦虑、疑惑和恐惧情绪。

地震的发生往往具有突发性,同时极易在短时间内给震区造成高强度打击。地中海世界的居民对地震的发生原理毫不知情,因此,地震一旦发生,民众便会陷入惊慌失措、恐惧甚至绝望情绪之中。史家笔下留下了多次地震发生之时民众情绪失控的记载。

---

① Menander, *The History of Menander the Guardsman*, p. 197. *Excerpta historica iussu imp. Constantini Porphyrogeniti confecta*, vol. 1: *excerpta de legationibus*, ed. C. de Boor, pt. 1 - 2, Berlin: Weidmann, 1903, TLG, Nos. 4076003 and 4076004; *Excerpta historica iussu imp. Constantini Porphyrogeniti confecta*, vol. 4: *excerpta de sententiis*, ed. U. P. Boissevain, Berlin: Weidmann, 1906, TLG, No. 4076005; F. Halkin ed., "Un nouvel extrait de l'historien byzantin Menandre?" *Zetesis* (*Festschrift E. de Strycker*), Antwerp: De Nederlandsche Boekhandel, 1973, TLG, No. 4076006.

② J. Shepard ed., *The Cambridge History of the Byzantine Empire c. 500 - 1492*, p. 126.

③ Theophanes Confessor, *The Chronicle of Theophanes Confessor: Byzantine and Near Eastern History AD 284 - 813*, pp. 411 - 414.

    358 年帝国东部的大地震发生时,民众发出撕心裂肺的尖叫声,手足无措地
找寻自己的亲人。365 年君士坦丁堡及附近地区暴发的地震和海啸让遭遇这次
灭顶之灾的民众高声呼喊,恐惧情绪遍及整个受灾区域。① 447 年地震发生后,民
众经历了一段较长时间的余震,处于恐惧情绪下的民众没有一人敢待在家
中。② 479 年君士坦丁堡地震也引发了民众的恐慌情绪。③ 526 年安条克强震发
生后,城市北部的天空出现了一个十字架图案,有感于自身处境的市民们都在低
声鸣咽。528 年安条克强震之后,城内的幸存者哭成一团。④ 542、547 年发生的强
震也让城内的幸存者陷入恐慌和绝望情绪之中。⑤ 551 年、554 年、557 年,三次高
频率的强震对君士坦丁堡的民众心理造成了严重打击,根据史家的记载,强震发
生时,震感强烈地区的民众大声尖叫并惊慌失措地跑出家门,到处充斥着民众哀
痛的声音。⑥ 除地震的直接影响外,地震所引发的海啸、火灾等次生灾害无疑令
民众精神状态雪上加霜。由此可见,早期拜占庭帝国频发的地震对民众心理造成
了严重损害。

    与地震的发生导致民众情绪失控相伴随的是,传染病在传播过程中具有高度
的传染性,也易造成高死亡率,因此,对传染病的致病机理与预防手段一无所知的
民众心理极易遭受严重打击。当民众发现自己身体出现问题时,最直接的反应是
希望求助于医院和救济机构,能够在获得医生帮助的情况下活下来。然而,在医
疗设施和治疗手段并不完备的早期拜占庭帝国,面对这一前所未见的传染病,当
时的医护工作者无法对病患实施有效治疗。医护工作者使用常规治疗手段对病
患进行救治,但同样的治疗方式对不同的患者的效果并不相同,这也使医护人员
陷入更大的困境。⑦ 面对不断涌入的患者,医护人员唯有以高强度的护理来对病
患进行照料。然而,当病患人数持续增加时,帝国的医疗机构和救助场所也不堪

① Ammianus Marcellinus, *The Surviving Books of The History of Ammianus Marcellinus*, vol. 1, pp. 341 – 345, V. 2, pp. 649 – 651.

② Michael Whitby and Mary Whitby translated, *Chronicon Paschale, 284 –628 AD*, p. 76.

③ Marcellinus Comes, *The Chronicle of Marcellinus*, p. 27.

④ John Malalas, *The Chronicle of John Malalas*, Book 17, p. 241, Book 18, p. 257.

⑤ Theophanes Confessor, *The Chronicle of Theophanes Confessor: Byzantine and Near Eastern History AD 284 – 813*, p. 322; p. 329.

⑥ Agathias, *The Histories*, p. 48; pp. 137 – 138.

⑦ Procopius, *History of the Wars*, Book 2, p. 463.

重负。

在医疗救助机构无法对症下药的情况下,具有高度传染性的"查士丁尼瘟疫"在首轮暴发过程中,导致帝国政治中心君士坦丁堡疫情在最严重之际出现了每天5000人甚至上万人死亡的记录。侥幸存活下来的民众目睹周围大量亲朋好友死亡之后,面对医护人员的束手无策,面对城内尸横遍野的惨状,在极度恐惧和绝望情绪下,民众别无它法,唯有采取消极避世的方式进行保命。根据史家记载,首都君士坦丁堡大规模暴发疫情后,官员、市民们都静悄悄地留在家中,害怕被疫病感染而丧命,街道上极难见到人。哪怕侥幸能够看到人,他也只是在搬运或掩埋尸体。① 君士坦丁堡的情况只是疫情在帝国境内各处传播之时的一个缩影而已,在帝国控制力最强的政治中心,情况尚且如此糟糕,其他城市和地区的危机情形可见一斑。蒂莫斯·E.格里高利指出,鼠疫从540年代开始流行于拜占庭帝国境内,这场传染病对帝国首都君士坦丁堡和其他大型城市均造成严重的人口损失和精神伤害。②

此外,强雷电天气和其他民众无法理解的灾害的发生也易让民众出现恐慌情绪。458年君士坦丁堡发生强雷电天气并诱发火灾,亲历者们感到恐惧万分。③ 472年君士坦丁堡突发的"落灰"事件也让市民们大为震惊、深感恐惧。④ 这次"落灰"事件让很多惊恐万分的市民们纷纷祷告。⑤ 无独有偶,536年"尘幕事件"发生之时,根据史家的记载,当时的人们异常害怕,唯恐出现可怕的事情,市民们十分担心自己将永不见阳光。⑥ 处于恐慌情绪之中的人除了消极避世以求自保外,也极易出现过激行为。根据史家的记载,526年安条克强震后,部分携带着财物的幸存者在逃离灾区的过程中遭到农民的劫财害命。⑦ 有史家称,548年的雷电天气及其诱发的火灾极不利于社会秩序的稳定。⑧

---

① Procopius, *History of the Wars*, Book 2, pp. 453 – 471.

② T. E. Gregory, *A History of Byzantium*, p. 137.

③ John of Nikiu, *Chronicle*, Chapter 88, p. 109.

④ M. Whitby and M. Whitby trans., *Chronicon Paschale, 284 – 628 AD*, pp. 90 – 91.

⑤ John Malalas, *The Chronicle of John Malalas*, Book 14, pp. 205 – 206.

⑥ Agapius, *Universal History*, Part 2, p. 169.

⑦ John Malalas, *The Chronicle of John Malalas*, Book 17, p. 240.

⑧ Theophanes Confessor, *The Chronicle of Theophanes Confessor: Byzantine and Near Eastern History AD 284 – 813*, p. 330.

　　由此可见,自然灾害除了影响帝国的人口规模、城市商贸、农业生产、财政收入、政治局势和军事活动外,对帝国居民的心理造成极大伤害,不知所措、惊恐等不安情绪极易出现。当统治地中海地区的拜占庭帝国的物质领域和精神领域均受到自然灾害的严重打击之时,实行集权统治的拜占庭帝国的控制力受到了严重挑战。无力阻止自然灾害发生的帝国政府在灾害发生之后的救助举措在救助灾民、恢复灾区正常秩序以及树立政府威信等方面显得至关重要。

第三节

灾后政府主导的救助举措

　　鉴于鼠疫、地震、水灾、海啸等自然灾害所带来的经济、政治、军事和民众心理等方面的恶劣影响,早期拜占庭帝国政府采取了一定的救助措施以缓解灾情。在帝国政府的灾后救助过程中,帝国东部的君士坦丁堡、安条克等重要城市是最优先的救助对象,这些城市在灾后获得的关注度最高,也得到了政府的倾力救助。然而,受限于帝国的财力,远离帝国行政中心君士坦丁堡的一些城市,尤其是帝国北部、西部的城市以及广大的农村地区,往往难以获得及时且有效的政府救助。这种情况的发生,无疑加快了相对被政府忽视的城市及地区的衰落之势。

一、 拨款、免税等救助举措的实施

　　在早期拜占庭帝国,直接对灾区进行拨款、免除灾区一定时期内的税收是帝国政府救助举措中最常采取的形式。这种直接的经济救助对灾区的恢复和发展显得十分重要。帝国经济状况较好之时,给予受灾地区的经济救助不仅更加慷慨,而且往往也十分及时。一旦经济状况不佳,帝国政府便会搁置这种救助方式。

　　以史家记载为依据,灾害发生后,常可见政府提供的经济救助,这对受到自然灾害影响的灾区而言可谓雪中送炭。457 年,安条克地震发生后,在位皇帝利奥一世对灾区幸存居民给予了丰厚的物质救助,不仅为灾民们提供赈灾所需的黄金,而且免除了原定征收的部分税收。① 476 年,加拉巴(Galaba)发生地震后,在位皇帝向灾区提供 50 里特拉(litrai,1 里特拉约等于 72 索里达金币)的拨款,以支持灾区的重建工作。② 500—501 年,埃德萨等城市及地区因蝗灾引发饥荒,灾区居民的生活异常困难。埃德萨城市长官狄摩西尼(Demosthenes)前往君士坦丁堡恳请皇帝对灾区提供帮助。阿纳斯塔修斯一世不仅给予了直接的经济援助,并且免除了灾区一定的税收。③

　　根据史料记载,查士丁一世在位时期为灾区提供的灾后救助较多。其中,在 520 年迪拉休姆受到地震影响后,查士丁一世为城市提供了援助。521 年埃德萨水灾发生后,查士丁一世也为灾区提供了帮助,让受灾民众得到了慷慨的救济。④ 526 年安条克强震之后,查士丁一世继续之前的赈灾做法,给予受灾城市 200 磅黄金帮助灾后恢复工作。查士丁尼一世在位前期,也在多次灾害发生后进行赈灾和救济,以帮助灾区恢复生产和生活。其中,528 年安条克地震发生后,查士丁尼一世提供了直接的经济援助。⑤ 同年庞培奥波利斯地震发生后,也得到了来自皇帝的救济。⑥ 同年劳迪西亚遭受地震打击之后,查士丁尼一世免除了灾区民众 3 年的税收。⑦

　　可见,在拜占庭帝国财政状况较好的状态下,皇帝能够积极开展对灾区的直接经济救助。5 世纪后半叶至 6 世纪前半叶,在阿纳斯塔修斯一世、查士丁一世统治时期以及查士丁尼一世统治前期,在位皇帝给予受灾地区及时且慷慨的援助,救助对象并不局限于帝国行政中心君士坦丁堡或其他较大城市,而是覆盖了较多的城市及地区。

---

① Evagrius Scholasticus, *The Ecclesiastical History of Evagrius Scholasticus*, Book 2, pp. 94 – 96.

② John Malalas, *The Chronicle of John Malalas*, Book 15, p. 209.

③ Joshua the Stylite, *Chronicle Composed in Syriac in AD 507: A History of the Time of Affliction at Edessa and Amida and Throughout All Mesopotamia*, Chapter 42, pp. 29 – 32.

④ John Malalas, *The Chronicle of John Malalas*, Book 17, p. 237.

⑤ Evagrius Scholasticus, *The Ecclesiastical History of Evagrius Scholasticus*, Book 4, p. 205.

⑥ Michael Whitby and Mary Whitby translated, *Chronicon Paschale, 284 – 628 AD*, p. 195.

⑦ John Malalas, *The Chronicle of John Malalas*, Book 18, p. 258.

　　然而,从 6 世纪中期开始,受到帝国财政状况持续不佳的影响,在查士丁尼一世统治后期以及提比略、莫里斯统治时期,在位者较少为受灾地区提供直接的经济援助。这一时期,帝国会集中有限的财力和物力,优先考虑君士坦丁堡、安条克等重要城市的灾后救助工作。与此同时,史料所见的政府灾后救助极少,与 6 世纪中后期自然灾害发生的次数完全不成比例。根据笔者所见,只有 551 年、557 年和 588 年三次地震发生后,出现了拨款赈灾的记载。[1] 不仅如此,557 年君士坦丁堡强震发生后,查士丁尼一世甚至采取节省开销的方式来赈灾。[2] 由此可见,6 世纪中后期,在拜占庭帝国频繁受到灾害的打击,同时忙于应对内外危机的情况下,皇帝及政府对相对不那么重要的受灾地区的救助逐渐减少,甚至停止。

二、 帝国政府实施重建灾区的救助方式

　　地震、水灾、火灾等自然灾害对受灾地区的建筑造成严重破坏,因此,拜占庭帝国皇帝及政府实施灾后救助时,除了免税、拨款等直接经济救助方式,较为注重对灾区建筑物和基础设施进行重建。根据史料记载,从 4 世纪前期开始,直至 6 世纪前期,以皇帝为中心的帝国政府曾多次支持受灾城市的灾后重建工作,其重建灾区的救助措施所覆盖城市及地区的范围较广。

　　其中,康斯坦提乌斯二世曾出资重建在地震中被严重损毁的萨拉米斯(Salamis)。塞奥多西二世曾重建受到地震和海啸影响的尼科米底[3],也为 447 年受到地震波及的君士坦丁堡及周边地区的城墙修复工作提供了支持。[4] 在 450 年特利波利斯发生地震后,皇帝马西安主持了城市重建工作。[5] 458 年安条克遭遇强震打击后,城市的后续重建工作得到了在位者利奥一世的援助。[6] 514 年罗德

---

① Evagrius Scholasticus, *The Ecclesiastical History of Evagrius Scholasticus*, Book 6, Chapter 8, p.300.

② Theophanes Confessor, *The Chronicle of Theophanes Confessor: Byzantine and Near Eastern History AD 284 - 813*, p.332, p.339.

③ John Malalas, *The Chronicle of John Malalas*, Book 12, p.170, Book 14, p.198.

④ Marcellinus, *The Chronicle of Marcellinus*, p.19.

⑤ John Malalas, *The Chronicle of John Malalas*, Book 14, p.201.

⑥ Evagrius Scholasticus, *The Ecclesiastical History of Evagrius Scholasticus*, Book 2, pp.94 - 96.

岛发生地震,在位皇帝阿纳斯塔修斯一世着力支持城市的重建工作。① 521 年阿纳扎尔博斯受到地震打击后,查士丁一世帮助进行灾区的重建工作。同年埃德萨水灾发生后,查士丁也为城市重建工作提供了大笔经费。② 安条克于 526、528 年两度遭遇强震重创后,在位皇帝均大力支持城市的重建工作,令城内的教堂、浴室等公共设施得以修复。③ 528 年庞培奥波利斯地震后,查士丁尼一世也关注到灾区的重建工作;次年,米拉遭遇地震打击后,查士丁尼一世再度对灾区的重建与恢复给予了高度关注。④

在 4 世纪前期至 6 世纪前期,早期拜占庭帝国政府给予受灾地区的重建援助虽然没有涵盖受到灾害影响的所有城市和地区,但是这一时期皇帝与帝国政府所提供的援助力度较大,覆盖面也较广。与这一时期相比,6 世纪中后期以皇帝为中心的帝国政府似乎越来越忽视受灾地区的重建工作。6 世纪后期,除了君士坦丁堡,其他遭受自然灾害打击的城市均难以得到帝国政府的及时关注。史料中几乎仅见 582 年君士坦丁堡强震发生后,在位皇帝莫里斯下令修复城市的记载。⑤

帝国政府对受灾地区采取了区别对待的做法,这一现象在 6 世纪中后期尤其显著。其原因在于,当帝国财政状况恶化之际,皇帝及政府会优先保障对帝国发展而言至关重要的核心城市的灾后救援工作。然而,在自然灾害的打击下,未得到帝国关注的城市及地区仅靠自身难以实现灾后的全面恢复和发展。与此同时,6 世纪中后期,帝国面临北部、东部、西部边境告急的危机局势,对帝国边境城市和区域构成了严重威胁。

帝国的灾后救助呈现出救灾措施力度不一、对不同灾区区别对待的特点,如此境况会加剧这些城市及地区的衰落速度,不利于缓解帝国恶劣的财政状况,进而形成帝国的人口、城市发展、农业生产、政治局势、军事危机、民众情绪恶劣循环

① John Malalas, *The Chronicle of John Malalas*, Book 16, pp. 227 – 228.
② Evagrius Scholasticus, *The Ecclesiastical History of Evagrius Scholasticus*, Book 4, pp. 207 – 208.
③ Theophanes Confessor, *The Chronicle of Theophanes Confessor: Byzantine and Near Eastern History AD 284 – 813*, p. 270.
④ John Malalas, *The Chronicle of John Malalas*, Book 18, p. 253, p. 262.
⑤ John of Ephesus, *Ecclesiastical History*, Part 3, Book 5, p. 363.

的发展态势。此种局势令帝国开始推行精神方面的灾后救助,有效弥补了皇帝及政府物质救助举措的不足。

三、 灾后皇帝及政府推行的精神救助措施

在自然灾害发生后,以皇帝为首的帝国政府除了采用拨款、免税和重建城市等物质救助以帮助灾区的恢复之外,面对民众在自然灾害发生后出现的不安情绪,唯恐波及自身统治的皇帝会采用精神控制与疏导的方式来安抚民众。这一情况在帝国财政状况渐趋恶化的 6 世纪中后期尤其凸显。当帝国陷入财政困境之时,皇帝对灾区所采取的物质救助方式会逐渐让位于精神救助措施。

在统治者所采用的精神救助方式中,拉拢和利用在帝国内部迅速发展且组织严密的基督教安抚民心是十分突出的手段。根据史家记载,查士丁尼一世统治后期曾下令修复受到 557 年地震影响的圣索菲亚大教堂。[1] 奈桥主教约翰补充道:"查士丁尼一世在位时期,十分重视修建教堂的活动。"[2]在政府对受灾地区的建筑物进行修复和重建几近停止之时,帝国境内教堂和修道院等基督教建筑的修复工作并未终止。阿兰·沃姆斯利认为:"从查士丁一世统治时期开始,帝国内部的基督教建筑物的数量开始超过其他世俗建筑的数量。在查士丁尼一世统治时期,基督教建筑的数量达到最大值。从查士丁二世统治时期开始,世俗建筑的修建活动逐渐停止。"[3]由此可见,在无法给予灾区充分物质救助的情况下,皇帝采取建设和修复教堂的方法来安抚和控制民众,以达到稳固统治的目的。

此外,皇帝及政府还在多次自然灾害发生后,通过举行纪念仪式的方式来抚慰灾民,以安抚民众心理,同时巩固统治。根据史家记载,447 年君士坦丁堡地震发生后,针对这次灾害的纪念活动顺利举办。当君士坦丁堡于 479 年再度遭受地

① Michael Whitby and Mary Whitby translated, *Chronicon Paschale, 284 -628 AD*, p.197.

② John of Nikiu, *Chronicle*, Chapter 90, p.139.

③ Alan Walmsley, "Economic Developments and the Nature of Settlement in the Towns and Countryside of Syria-Palestine, ca.565—800", *Dumbarton Oaks Papers*, V.61, 2007, p.338.

震打击后,帝国组织起了与地震发生同一时间的纪念仪式。[1] 551 年环地中海强震过后,帝国治下较少受到地震影响的北非地区在地震后的第二年举行了纪念仪式。[2] 554 年,当君士坦丁堡再度被地震灾害袭击后,纪念仪式在地震发生后的每年都会如期举行。[3]

　　从这一时期帝国救助措施的实施情况来看,无论帝国财政状况好坏,一旦灾害降临于帝国的重要城市及地区,尤其是首都君士坦丁堡,均能得到来自皇帝及政府最多且最及时的灾后救助。在财政状况良好之时,对帝国而言相对次要的城市及地区受到自然灾害的打击后,也能够得到一定的来自皇帝和政府的援助。但是,无论财政情况好坏,远离帝国中心的城市、区域以及广大农村地区的受灾情况基本难以得到国家的关注,哪怕是精神救助的形式也极少降临在这些地区的居民身上。出现这种现象的根本原因在于,在实行集权统治的拜占庭帝国,以皇帝为首的政府牢固地控制着帝国内部包括人力与税收在内的所有资源,因此,皇帝能够优先给予他最关注的领域以最多资源方面的支持。

　　客观而言,早期拜占庭帝国的皇帝及政府虽然出发点是为了稳固自身统治,但能够在灾害发生之后对一些受灾城市及地区实施物质和精神救助,此举在一定程度上缓解了灾区的困境。然而,与早期拜占庭帝国发生的自然灾害的数量及其影响程度相比,帝国实行的灾后救助措施的次数远远不及,其救助力度也远远不够。受到自然灾害打击但又没有得到皇帝及政府有效救助的区域成为早期拜占庭帝国后期阶段最先走向衰落趋势之地。与此同时,当财政陷入困境之际,皇帝及政府着意推行的精神救助,尤其是增加教堂及修道院的建设和修复工作,进一步加强了本已在帝国境内获得极大发展的基督教势力。

　　在早期拜占庭帝国,传染病、地震、海啸和水灾等自然灾害的频繁发生不仅危及地中海地区民众的人身安全,引起严重的人口损失,也扰乱了帝国经济、政治、

[1] Marcellinus Comes, *The Chronicle of Marcellinus*, p. 19, p. 27.

[2] John of Nikiu, *Chronicle*, Chapter 90, p. 82.

[3] Theophanes Confessor, *The Chronicle of Theophanes Confessor: Byzantine and Near Eastern History AD 284 – 813*, p. 332.

军事的正常发展,同时对民众心理造成了难以估量的伤害。在灾害发生后,帝国政府更多地将有限的财力投入到相对重要的城市及地区,向君士坦丁堡等重要城市提供了大力援助,而无力向所有受到自然灾害影响的灾区输送相对平均的及时救助。

　　人与自然灾害之间的互动过程共同影响了地中海世界的发展走势。自然灾害是影响早期拜占庭帝国历史进程的重要因素,但绝不是唯一的影响因素。自然灾害频发所带来的后果是,通过导致帝国人口在短时间内急速下滑,对需要人力资源支撑的城市商贸以及农业生产造成直接影响,进而使帝国财政收入严重缩减。当帝国的人口以及财政状况出现持续恶化形势之时,上层阶级的内斗会进一步恶化帝国内外形势,同时无力支撑征募士兵和对外战争所需的军费,十分不利于帝国对外作战的表现。一旦对外战争失利,帝国又面临着赔款、纳贡等后续经济压力。

　　当帝国政府面临强大的财政压力之时,便无法对帝国境内所有受灾地区提供有力救助。因此,在早期拜占庭帝国后期阶段,帝国境内很多相对被皇帝及政府忽视的城市和地区,尤其是北部及东部边境地区在遭受自然灾害的打击后无法恢复原貌,面临着人口流失、城市凋敝、农田荒废的困局。同时,在这些无法得到帝国及时关注和有效救助的城市及地区频繁遭遇自然灾害和外族入侵的双重打击之下,便进入了由盛转衰的发展趋势。

　　这些处于衰落之势下的城市及地区,不仅无力巩固帝国边防,而且也无法向帝国政府提供对维系国家正常运转而言至关重要的税赋,由此进一步加重了国家的财政危机,也令自然灾害所诱发的人口损失、城市萧条、农村衰败、政局混乱以及军事受阻成为恶性循环,帝国治下的民众自然而然会对国家的发展形势感同身受。当帝国无力对受灾地区给予充分的物质救助之时,修建教堂等精神救助手段同自然灾害所导致的民众无助、恐慌和绝望情绪一起进一步加快了帝国的基督教化进程。

第六章

查士丁尼及其时代

第一节

写在前面

查士丁尼是处于罗马帝国到拜占庭帝国之新旧交替门槛上的重要历史人物，这是《早期拜占庭和查士丁尼时代研究》一书中所强调的基本观点。[①] 这一论据，参照了美国学者巴克尔(J. W. Barker)在其《查士丁尼和晚期罗马帝国》一书中对查士丁尼时代的全面阐述[②]，也是本书有关查士丁尼时代各章所要强调的核心思想。按照古代晚期学派的观点，查士丁尼时代也属于本书前面五章所强调的西方古代社会的"古代晚期"阶段。

查士丁尼时代是一个风云变幻的时代，一方面，旧的、属于罗马帝国的传统势力还保留着相当的生命力，罗马世界帝国的概念深植于当时每个人心中。另一方面，新的、属于新时代的希腊化中世纪拜占庭的因素却在旧传统的土壤内迅速地生长，并大有取代旧传统、开始新时代的趋势。处于这种新旧交替阶段的查士丁尼，其自身就处于难以解脱的矛盾中：一方面，他以"罗马皇帝"的身份和地位自

---

① 徐家玲：《早期拜占庭和查士丁尼时代研究》，第269页。
② J. W. Barker, *Justinian and the Later Roman Empire.*

诩,不甘心使自己经营的帝国脱去"罗马世界帝国"的躯壳,因此,他积极向西方蛮族世界伸手,倾自己的国力财力去从事得不偿失的"收复故土"之战;他还违背东方各行省人民的意愿,千方百计与罗马教廷的教宗交谊,实行宗教上的对西方妥协政策。另一方面,他又必须适应新的形势,适应发展变化,使自己的帝国能在新的条件下生存,因此,他修订法典,制定新的教会规则,尽力平息一性派争端,并在自己统治区实行司法、行政和财政的改革措施。在文化上,他虽然以自己的"拉丁人出身"而自豪,但同时又认识到在帝国东方,以希腊语为媒介的希腊文化已经居于主导地位,因此,他在编定法典之后,改用希腊语颁布《新律》,从而承认了拜占庭帝国的希腊化色彩。在经济上,鉴于大地主的势力过大危及皇权这一严峻现实,他一方面积极采取措施,打击大土地所有者。另一方面,他又制定严格的政策,禁止农民自由迁徙,实际上是鼓励他们继续在大地主的地产上劳作,以保证国家的税收。对国家的庞大官僚机构,他一方面能看到大官僚制度鱼肉乡民的劣迹,深恶痛绝,在法令中一再予以痛斥。另一方面,为了保证国家的财政收入,他又不得不对一些敛财高手,如卡帕多西亚的约翰之流姑息养奸。同样,他虽然认识到奴隶作为人在自然法中应该与自由人平等,但他又强调古代制度的规定,承认奴隶在法律上的不自由地位,只是在规定释奴法时,强调"人道"的原则,对古法的一些规定作了新的解释。在对外关系上,他虽然认识到对东方和北方防御问题的重要性,但是,恢复西部帝国统治的计划,使他在真正需要兵力的时候又力不从心。

查士丁尼的这些矛盾表现都说明他是处于一个新旧时代交替的阶段,他有前进的动力,这一动力是新时代的"种子"在其萌发初期爆发出来的,但他也时时留恋"罗马帝国"的辉煌,因此,他以更大的力量致力于恢复"罗马时代"的荣耀,并付出了巨大的代价。无论他本人是否清醒认识到,他治下的庞大帝国是沿袭晚期罗马帝国大一统的中央集权政治传统,他必须通过推进自君士坦丁一世以来的帝国国家建设,强化皇帝专制,完善对皇帝负责的庞大官僚体制,编纂适合统一帝国运转的法律法规,确立以基督教信仰为核心的官方意识形态,加强帝国军队的战斗力,以维系统一国家的政治秩序。他自觉或不自觉地朝着建设成熟而稳定的帝国而努力,毫无疑问,他生前基本上实现了这一目标。在此过程中,他将新时代的变化融入了拜占庭帝国的全面治理中,并取得了成功。

因此,对查士丁尼的评价离不开他所生活于其中的那个时代,也离不开他个人的特点及性格,他是一个矛盾的历史人物,要研究他便不可避免地要探讨他所生活于其中的世界。

从"人"的角度看,查士丁尼是一个性格复杂的统治者,具有帝王之品性。即使在普罗柯比的《秘史》中,对查士丁尼也不完全都是批评和攻击。普罗柯比曾把查士丁尼写成一个凶残、危险和心怀恶意的、轻信的、昏庸的、乐于听奉承话的、贪婪的、挑剔的恶人,但他也没有掩盖一些事实,从而给后人留下了一个勤奋敬业、宽宏温和的统治者形象。他强调:"在大多数时间内,他的确不睡觉。同时,他从不过量饮食,通常只用他的指尖沾一点,尝一尝,就离开餐桌。对于饮食的需求,于他而言似乎是一种偶然的被自然强加的俗事,因此,他时常两天两夜不吃东西,只喝一点水和吃一点野菜,而且每天只睡一个小时,于是,他可能用其他时间到处活动。"①普罗柯比还说,查士丁尼皇帝不仅具有将军的特征,也温文尔雅、平易近人。即使有个别人不小心(或有意)在他面前说了一些不合礼节的话,他甚至也从不表现得那么咄咄逼人。"因而,查士丁尼可能乐于参与一切事件……是所有人中最易于接近的。"②

人们认为,在正常情况下,查士丁尼具有仁慈和宽大的心胸。他善于控制自己的情绪,很少发火。对于其臣属的冒犯,他常常泰然处之。即使在他个人最困难的时候,人们也看不到他和最亲近的人塞奥多拉有什么冲突,他们二人的目标时常不一致,但他们之间存在一种默契和理解。很少有人能够成功地在二人之间搬弄是非,对于自己选择的配偶,查士丁尼从来没有表现出一丝悔恨之意,他对她只有深深的影响和信任。

晚年的查士丁尼,似乎已经放弃了一切个人的享乐,甚至达到了禁欲的地步。他在处理国事方面兢兢业业,似乎从不考虑自己的舒适和安逸。他是专制的君

---

① Procopius, *Anecdonda*, *The Loeb Classsical Library*, trans. by H. B. Dewing, Harvard University Press, 1954, VIII. 28 – 30. Procopii Caesariensis, *Opera Omnia*, ed. G. Wirth (post J. Haury), vol. 3., Leipzig: Teubner, 1963, TLG, No. 4029002.

② Procopius, *Anecdonda*, *The Loeb Classsical Library*, VHI H1, VIII, 28 – 30.

主,却不是无节制的暴君。任何历史记载中,即使是他的仇人,也没有指责过他的私生活。他把自己的全部能力都用于谋取他所理解的"罗马国家"和人民的利益。他对自己要求极为严格,对下属和臣僚也几近苛刻。他只关心那些与自己的公务有关的事件,并不受任何外界因素的影响。人们认为,查士丁尼具有完全独立而主观的人格,这使他固执地认为自己坚持实行西征计划,是自己作为罗马皇帝所要求的,他从来不认为这有什么错误,尽管后人常常因此批评他。查士丁尼对他的国家,对他的臣民,对他所生活于其中的世界,一直固执地抱着如下的认识:罗马皇帝对于地中海世界的权力是不容置疑的,皇帝对于教会的控制是天经地义的。他所继承的皇帝宝座,不是来自东西方地中海世界分离后的东方帝国皇帝阿卡狄乌斯,而是直接来自君士坦丁大帝。因此,基督教的地中海世界一定要实现统一,而且必须实现统一,君士坦丁堡无疑应该是这个帝国的中心。这就是查士丁尼坚持要实现其西征计划的最基本的理论根据。因此,如果说查士丁尼的西征是一个错误,那么,这个错误不属于他个人,而是属于他那个时代。

此外,查士丁尼以自己是个"拉丁人"而自豪,这使得他能够努力去恢复和保存一切属于古典世界的传统文化艺术作品。但他对于古典作品的欣赏和赞誉,并不意味着他为了"复旧"而惧怕将来,事实上,他是想以人类文明的最辉煌成就为他所热爱的"罗马国家"增光。因此,他令雕塑艺人将自己的立像竖立于宫殿附近的会议广场(forum)石柱上,并雕塑成古希腊英雄人物阿喀琉斯的形象,想以此说明,他既是基督教的最高君主,又是古典传统的复兴者。[①] 这一雕像也许可以补偿他因关闭雅典学院而得到的"打击古典文化"的恶名,因为他关闭雅典学院的举动也许是他不想使雅典仍然被人们视为古典文化和当代文明的中心,真正的中心应该在君士坦丁堡。

当代美国学者约翰·W.巴克尔在《查士丁尼和晚期罗马帝国》一书中论及查士丁尼的功过时,曾有过如下精辟的结论:同一切大大小小的历史人物一样,查士丁尼的错误是"不能认清自己的时代",查士丁尼感觉到了变化,也没有反对变化,但他只能理解那些直接的、表面的变化,而不是那些最根本的变化。事实上,

---

① J. W. Barker, *Justinian and the Later Roman Empire*, pp. 206－207.

正是这些根本的变化改变了他所认为不变的东西。地中海世界事实上正在发生天翻地覆的变化,古罗马帝国的旧秩序已经崩坏,帝国西东部的分离已经成为现实,陷入政治混乱的西部已无法与东部沟通,即使用武力也无济于事。新的民族构成改变了欧洲版图,通过若干世纪的变化,这里将出现新的、完全不同的文明。它是在罗马和古典文化间接影响下得以更新的文明。

然而,旧的帝国传统还保留在东部,古地中海文明和希腊化传统文明的因素,同基督教罗马帝国相结合,还没有丧失其活力和存在的力量。但它们只能在东地中海地区生存,是以一个统一的国家而存在,以事实上的古代文明形式而存在。因而,统一帝国只能在东地中海保存和巩固。查士丁尼是否认识到了这一点后人无法推断。他努力向西方发展,并企图收复或统一整个地中海世界。他认为,这一征服是必要的,所有这些征服地都是他所要恢复的以往罗马世界的一部分。但这种概念已经过时了。也许他所应该做的是防御、过渡和生存,他的主要目标应该是帝国在东部的生存。他的继承者们的主要目标是对波斯和后来的阿拉伯人作战,是抵抗巴尔干入侵者的战争。查士丁尼的统治只是古罗马统一地中海世界理想的最后一次昙花再现,这种理想是过时的。有学者认为,从这方面看,查士丁尼是一位优秀的演员,但他扮演了一个失败的角色。①

总体来看,查士丁尼是一个时代的代表,他站立在新旧世界交替的门槛上,正像罗马的门神雅努斯(Janus),既向前看,又纠结过往。在他的前方,有新时代的气息,能够吸引他前进。但是,在他身后,传统的力量(他以这种传统为美好的东西)又使他爱不释手。作为一代专制君主,查士丁尼能够认识到一些普通人认识不到的东西,这是他改革的动力。但他并不是宗教传说中的那种先知先觉者,能够估计到自己身后会发生什么。因此,他的西征活动留给后人的更多是遗憾、指责,甚至批评、攻击。但是,如果从地中海各民族历史发展的全过程来考察,查士丁尼的西征并非没有给后人留下积极的东西。

首先,他毕竟使"统一的地中海基督教帝国"的目标成为现实,而且,这种统一持续了将近一个世纪——到阿拉伯人于 7 世纪中期崛起以后,这个帝国的统一

---

① J. W. Barker, *Justinian and the Later Roman Empire*, pp. 207 – 209.

才被阿拉伯人彻底破坏。虽然，这个统一是以沉重的代价换来的，也预示着拜占庭帝国日后必将面临着收缩到东部的结局，但它重新恢复了地中海东西方的交通，消除了汪达尔人在西地中海上的干扰，在一个相当长的时期内保持了罗马的政治制度和法律体系在地中海区域的影响力，也促进了地中海世界各民族在经济、文化、宗教方面的交流和商业贸易及城市的繁荣。① 此后很长时期内，意大利都处于拜占庭的直接控制下，意大利北方各城市，尤其是威尼斯，通过它们与拜占庭的文化贸易交往，迅速兴起，成为地中海世界重要的商业中心，并由他们通过拜占庭人把古希腊文明传入西欧，古典文化在文艺复兴时期被大规模地引进西欧，掀起了西欧近代新文化运动的高潮。因此，从历史发展的总趋势来看，查士丁尼重新统一地中海世界的壮举，实在是为中世纪西欧城市的兴起和近代文化的昌盛做了一件好事。

其次，查士丁尼在他"收复"了被蛮族占领的北非、意大利和西班牙后所实行的地方军事行政管理体制的改革，以军政合权的地方统治机构取代军政势力相互制约的双重领导机构，成为拜占庭中世纪从事行政军事管理的基本模式。他的继承者莫里斯沿袭此模式，重建了征服后的北非和意大利的秩序，建立了北非迦太基、亚平宁东部拉文纳两个以军事首领为首脑的地方管理体制，即总督区（exarchate）。后来，在帝国濒临战乱的 7 世纪，出现了"军区制"改革，无疑是以此为参照，形成了拜占庭帝国社会兵农合一的特殊形式。虽然，《新编剑桥中世纪史》中强调，最早建立的"军区（themata）"只是指军团驻地，真正兵农合一的小农世界的形成，定型于数百年之后普洛尼亚制的推行（12 世纪）。②

其三，查士丁尼对北非和意大利的征服活动，使罗马法及其后的拜占庭法令和政治结构、拜占庭皇权传统及宫廷礼仪，以及古典希腊罗马文化典籍在西亚、北非意大利和西班牙南部拜占庭占领地得到保存，后来保留于蛮族社会中，或融于阿拉伯伊斯兰文化中，并通过阿拉伯学者不够准确的翻译，传入西欧各中世纪"蛮族"王国，推动了西欧城市文化的繁荣和近代文化的兴起，罗马的法制传统也因此而为西欧各主要国家和民族所接受和发展。

① ［比］亨利·皮朗著，乐文译：《中世纪欧洲经济社会史》，上海：上海人民出版社 1986 年版，第 1 页。
② P. Fourace, ed., *The New Cambridge Medieval History*, I, pp. 303－307.

综上所述,查士丁尼的西征不完全是消极的和无意义的,不是得不偿失的愚蠢行为,他以一种主观保守的态度,并在许多内宫权贵们的强烈反对下开始从事这项耗资巨大的对外战争时,地中海世界后来的发展和产生的客观结果完全超出其预料。他的西征活动的确给后人留下了一些积极的东西。

至于查士丁尼统治时期的社会经济特点,在君士坦丁以后,拜占庭帝国农村社会关系已经发生了重大变化,奴隶和隶农之间的区别几乎已经不存在了,其经济地位和法律地位相互接近。大地主的领地在4—6世纪间有所发展,但查士丁尼时期再遭重创,一些立法反映了农村的这一变化,大领地危及皇权和中央政府的事实迫使皇帝采取整治措施。虽然奴隶劳动在许多部门仍然存在,但其实际人身地位和法律地位已经不同于古典时期希腊罗马世界的奴隶。而且,历史告诉我们,在任何一个中世纪国家,都不同程度地存在着奴隶劳动,只是这种劳动在社会生产中不占主导地位,基本局限于家庭和一些特别低贱、吃力或危险的生产活动(如采矿、划船、制币)。如前所述,自君士坦丁以后,拜占庭城乡阶级和财产关系已经发生了重要的变化,奴隶制的集约式的生产方式逐渐退出了农业生产领域,取而代之的是分散的小租佃农,即"科洛尼"(coloni)。君士坦丁一世之后确定的粮食税的征收方法和远途从埃及向君士坦丁堡运粮的"阿诺纳"(anona)制度逐渐成熟,成为国家收入的重要来源。在查士丁尼一世以后,经过6—7世纪大约半个世纪的战争和农村的动荡、农村人口的减少,军区制作为一种以军区为地域基础的拜占庭特有的城乡行政管理模式的形成①,无疑是建立在此前拜占庭东地中海世界经济和社会长期演变的基础之上的。查士丁尼时期则是这一过渡时期的结束。

查士丁尼还是伟大的立法者,他对罗马法的修订和整理,给后世留下了罗马政治法律管理模式的完善模板。作为站立在新旧世纪交替的门槛上的罗马拜占庭皇帝,他心中对于"祖制"和"现实"需求的矛盾心知肚明,但他并非顽固遵行"祖制"的保守派,相对其他晚期罗马帝国的皇帝而言,出身下层的他承认进步,赞成发展。他的法典决不是"复辟的工具",而是融合新时代变化的产物。他在

① 关于当代学者对"军区制"的最新阐释,见 *The New Cambridge Medieval History* 相关部分。

重建意大利时颁布的"国事诏书"①,其主旨是恢复罗马法在意大利的统治。诏书中有关战争期间侵权行为的规定和逃亡奴隶的规定,是以意大利的特定状况为前提的,即早在塞奥多里克时期,意大利半岛上的农村土地关系和人身关系已经发生了本质的变化,奴隶已经转化为小生产者,隶农也已成为农村的主要劳动者。经过近半个世纪的战争和内乱,即使有人真想恢复过去的一切,也是非常困难的。当然,不能否认,他的诏书中有某些内容反映了强烈的民族报复心理,诏书中承认战争中罗马人之间的财产转让和买卖为合法,却不承认战争期间被哥特人强行侵占的地产的合法性。然而,诏书并不具备"复辟奴隶制"的实际意义,在战争中,受破坏最严重的是农村,受害最深的是农民,大地主不会在战火中坐以待毙,多数已逃离战场,而弱小者无力远逃,只能任由宰割。因此,没有人能够确切了解,意大利战争后在原来的土地上还会有多少奴隶和小生产者,还有多少中小地主继续经营自己的小家园。事实上,在战争中得益的未必都是旧的罗马贵族,其中还有拜占庭皇帝和一批新进入意大利的将军、官僚,而且这些新官僚也并不是大奴隶主势力的代表,后者自"3世纪危机"以来,就已经不作为一个独立的势力存在了。

最后,查士丁尼时代确立的一系列原则:如军政合权的原则、教会服从皇帝意志的原则、由国家垄断一些关系国计民生大计的厂矿(如丝织、造币、采矿、金属冶炼、武器制造)生产的原则、将农民固定在其经营的土地上的原则……都成为中世纪拜占庭政府所仿效的模式,一直保留到帝国的末世。他用希腊语颁布的《新律》则成为拜占庭这个中世纪希腊王国诞生的正式宣言。但是,人们还习惯于强调拜占庭对罗马传统的继承,不大留意4—6世纪罗马拜占庭皇帝在继承这些古典传统时导入的新因素,也没有能充分肯定查士丁尼在这一继承发展时期所起到的承前启后的重要作用。因此,他们称查士丁尼之后的拜占庭帝国为"古董",即古典罗马帝国的遗存。事实上,新兴的拜占庭帝国是一个鲜活的生命体,在其继承传统的基础上,还在很多方面有了自己的发展,一切都在发展、变化,从量变到质变。最后,中世纪的拜占庭终于在罗马帝国的躯壳内完成了自身的演变,进入

---

① 查士丁尼《国事诏书》的拉丁文本翻译与评注,见张书理:《查士丁尼〈国事诏书〉译注》,《古代文明》2013年第4期,第39—50页。

许多中世纪亚欧统一帝国的行列。在此变化过程中,查士丁尼完成了时代赋予他的使命,成为一个新时代的拜占庭帝国的建造者。

第二节

查士丁尼的政治理想及"光复"行动

一、 所谓"西罗马帝国的灭亡"

罗马帝国西部皇统结束(即所谓"西罗马帝国的灭亡")前夕的历史是混乱的。这段历史需要从皇帝利奥一世派遣达尔马提亚的司令官尼波斯(Nepos,472?—475年任职)进入意大利说起。[1] 尼波斯驱逐了控制西部政权的贡多巴德(Gundobad),成为西部皇帝,统治着意大利和达尔马提亚。尼波斯称帝后,积极准备向高卢用兵,任命奥雷斯特斯(Orestes)担任远征高卢的军队主帅。[2] 然而在475年8月28日,奥雷斯特斯把他的恩主逐出皇宫,皇帝尼波斯被迫逃回达尔马提亚。[3] 奥雷斯特斯自己未称帝,转而让其子罗慕洛·奥古斯都(Augustulus Romulus,475—476)成为西部的皇帝。但是不久后的476年,奥雷斯特斯以及他的另一个儿子(一些书上谈到是他的兄弟保罗)被蛮族雇佣军首领奥多亚克杀死。

奥多亚克是斯基尔人(Sciri),也被称为托西林人(Torcilingi)。斯基尔人是东

---

[1] 一般史书很少描述这段混乱的历史。这段历史的详细情况见 A. H. M. Jones, *The Later Roman Empire*, 284-602, Baltimore: Johns Hopkins University Press, 1986, vol. 1, pp. 240-245. 尼波斯的妻子是皇后的侄女(或者外甥女),他继承了他叔父在达尔马提亚的权力。见 J. B. Bury, *History of the Later Roman Empire from the Death of Theodosius I to the Justinian*, vol. I, New York: Dover Publications. Inc., 1958, pp. 404-405.

[2] 奥雷斯特斯是潘诺尼亚人,是阿提拉的书记官(或者秘书),伴随阿提拉来到罗马城,后来被抬籍到贵族阶层。见 Ammianus Marcellius, *Roman History*, vol. III, trans. J. C. Rolfe, Cambridge: Harvard University Press, 1939, p. 533。

[3] 罗慕洛的帝位仍旧被东部和高卢地区承认。见 J. B. Bury, *History of the Later Roman Empire*, p. 405。

日耳曼人的一支,托西林是斯基尔人的一个王朝,所以托西林人也经常被用来指代斯基尔人。奥多亚克当时是匈人和斯基尔人血统的罗马雇佣军司令。后来由于马尔切利努斯的阐释,很多人把奥多亚克归为哥特人。奥唐奈认为,奥多亚克的父亲是匈奴人,母亲是斯基里安人(即斯基尔人)。史料众说纷纭,认为他是斯基里安人、路吉人的有之,说他是哥特人的有之。斯基尔人虽然与哥特人并没有直接的血缘关系,但是他们都使用哥特人语言,遵守哥特人的习俗。[①] 奥多亚克罢黜了罗慕洛,让他在坎帕尼亚的一座城堡中自由生活。[②] 奥多亚克并没有按照先前军事政变的惯例选出一位新皇帝,而是由自己独立统治意大利。于是,他把西部的皇室标志送给东部皇帝芝诺,声称希望芝诺成为统一帝国的皇帝,结束东西部分治,当然也请求芝诺批准他成为大公和意大利的合法统治者。后世史家在芝诺是否同意了奥多亚克的请求一事上存在争议。瓦西列夫谈到,“奥多阿克(即奥多亚克)请求芝诺赐予他罗马贵族的爵位(有些书认为请求赐予大公或者国老的头衔),并责成他来管理意大利。这一要求得到批准。奥多阿克成为皇帝合法指派的意大利统治者”。但是其他史书有不同的表述。特里高德持相反的观点,认为芝诺从未批准奥多亚克的请求。受元老院的委托出使君士坦丁堡的马尔库斯(Malchus)是这件事情的亲历者,他写道:“皇帝答复那些来自元老院的使者:他们已经从东部接受了两个皇帝,一位皇帝(指尼波斯——笔者注)已经被他们驱逐了,而另一位皇帝安泰米乌斯被他们杀死了。他们现在应该做的事情是,忠诚于他们现在在世的皇帝,并把他接回来。”这段文献的后半部分清楚地表明,芝诺并不承认奥多亚克是意大利的合法统治者,他希望奥多亚克成为尼波斯的臣属,作者还谈到了芝诺这样做的原因。琼斯采用了马尔库斯的材料,并且明确指出芝诺并没有给予奥多亚克大公的身份。东哥特王国的另外一位史学家卡西奥多也明确谈到,奥多亚克虽然获得了罗马元老院认可他统治意大利,但是却未能

---

① [拜占庭]约达尼斯:《哥特史》,第 145 页;第 3 页。A. Cameron, *The Mediterranean World in Late Antiquity AD 395 - 600*, p. 34. 康凯:《“476 年西罗马帝国灭亡”观念的形成》,《世界历史》2014 年第 4 期。[美]詹姆斯·奥唐奈:《新罗马帝国衰亡史》,第 111 页。有关奥多亚克族属的详细论述见 Robert L. Reynolds and Robert S. Lopez, "Odoacer: German or Hun?", *The American Historical Review*, vol. 52, no. 1 (Oct., 1946), pp. 36 - 53。

② Ammianus Marcellius, *Roman History*, vol. III, p. 533. 这部分的内容具有极高的史料价值。

如愿获得拜占庭皇帝承认他为统治意大利的国王。卡梅伦的观点也许比较合理，她认为皇帝并没有给予明确的答复。笔者倾向于认为芝诺并没有明确承认奥多亚克。如果他承认奥多亚克是自己的代理人，能够合法统治意大利，而此后他让塞奥多里克以皇帝的名义讨伐奥多亚克一事，就在政治宣传上存在矛盾。他必须寻找到奥多亚克因为违背皇帝意愿而被取消合法身份的借口，可惜笔者在史书中并没有看到这一点。另外从政治决策来看，芝诺也不太可能选择公开承认奥多亚克。①

　　这个时候皇帝芝诺有多个选择。一是他可以选择支持尼波斯。尼波斯是东部承认的西部合法皇帝。东西部作为一个帝国的两部分，互相扶助是常理。尼波斯从达尔马提亚向芝诺派出使节，请求帮助他收复意大利。假如芝诺利用这个机会，继续承认尼波斯这位由利奥一世安排的皇帝是合法的，就会建议奥多亚克接受尼波斯的皇权主张。"虽然无论奥多亚克是以怎样的方式承认尼波斯都完全是名义上的，但是东部皇帝却什么都没有做。"这个观点是错误的。马尔库斯的记载说明，芝诺是赞成尼波斯恢复帝位的。在这个问题上还出现了一个另类的观点，认为奥多亚克在表面上遵照芝诺的要求尊尼波斯为西部的皇帝，其原因是当时西部的钱币仍然是以芝诺和尼波斯两位皇帝的名义发行的。这其实是该文作者不了解钱币发行的规则导致的误解。在历史上，借前任皇帝之名发行钱币在蛮族统治区是常见的事。② 二是芝诺选择支持奥多亚克。这虽然会使他获得在名义上统一帝国的声望，但是选择支持篡位者却存在一定的风险。毕竟尼波斯仍旧在世，是西部帝国合法的皇帝。三是芝诺什么都不做。保持现状，他选择了第三种方式。如果从后代人的视角看，芝诺对476年西部皇位空缺的事情漠然视之，似

① ［美］A. A. 瓦西列夫：《拜占庭帝国史》，第169页。另见 Michael McCormick, "Odoacer, Emperor Zeno and the Rugian Victory Legation", *Byzantion*, vol. 47 (1977), pp. 212 – 222. W. Treadgold, *A History of the Byzantine State and Society*, p. 159. R. C. Blockley trans. and ed., *The Fragmentary Classicizing Historians of the Later Roman Empire: Eunapius, Olympiodorus, Priscus and Malchus*, Liverpool: Francis Cairns, 1983, p. 421. *Excerpta historica iussu imp. Constantini Porphyrogeniti confecta, vol. 1: excerpta de legationibus*, pts. 1 – 2, ed. C. de Boor, Berlin: Weidmann, 1903, TLG, No. 3023001. A. H. M. Jones, *The Later Roman Empire, 284 – 602*, Ⅰ, p. 245. Cassiodorus, *Variae*, trans. S. J. B. Barnish, Liverpool: Liverpool University Press, 1992, p. 11. A. Cameron, *The Mediterranean World in Late Antiquity AD 395 – 600*, p. 33.
② W. Treadgold, *A History of the Byzantine State and Society*, p. 158. 康凯：《"476年西罗马帝国灭亡"观念的形成》，《世界历史》2014年第4期。

乎不符合他作为罗马皇帝的身份,没有完成皇帝保卫帝国的职责。

如果观察东部帝国当时发生的事情,就可以理解芝诺为何选择第三种方式了。当474年末小皇帝利奥二世因病去世时,芝诺成为唯一的皇帝。但是芝诺的岳母,也就是利奥一世的皇后维里娜在她的外孙驾崩后准备发动一场叛乱。[①] 她有很多同伙,包括她的情人帕特里修斯、她的兄弟巴西利斯库斯、伊苏里亚将军伊卢斯和东哥特将军塞奥多里克·斯特拉波。在475年初,维里娜以性命相威胁迫使芝诺离开君士坦丁堡。虽然,这场叛乱最终被芝诺镇压了[②],但是东部仍旧面临两支哥特人在巴尔干半岛的威胁。一支是位于马其顿的东哥特人,由阿马尔的塞奥多里克(Theoderic the Amal, 493—526年在任)率领[③],阿马尔是哥特王族阿马尔家族的创始人;另一支是塞奥多里克·斯特拉波率领的东哥特人。芝诺在内部不稳的情况下,只能选择以蛮制蛮的方针,让这两伙哥特人互相内斗。所以,在当时的情况下,尚未坐稳皇位的芝诺还没有能力解除哥特人对首都附近马其顿地区的威胁,更不可能去处理遥远的西部帝国的事务了。另外一个值得注意的现象是:"帝国两部的永久分离已疏远彼此的利益和意愿,所谓要信守双方的条约也只是说说而已。"[④]

芝诺对奥多亚克的请求置之不理,也有一定的道理。一方面他不会承担因支持叛乱者而招致道义上的谴责,把尼波斯推向自己的对立面。另一方面这又给两方都留有希望的空间,使其不能完全断绝与东部皇帝的联系,保持东部皇帝在处理这件事情上的主动优势。

虽然我们能够为芝诺的行为如此辩护,但是仍旧不得不承认这是一个历史的

---

① 有关这场叛乱的具体情况,见 Theophanes Confessor, *The Chronicle of Theophanes Confessor: Byzantine and Near Eastern History AD 284 - 813*, trans. Cyril Mango and Roger Scott, pp. 187 - 194. Theophanis, *Chronographia*, ed. C. de Boor, Leipzig: Teubner, 1883, repr. Hildesheim: Olms, 1963, TLG, No. 4046001。伯里谈到维里娜出于女性的偏执和野心反对芝诺,不甘心丧失奥古斯塔的权势。J. B. Bury, *History of the Later Roman Empire*, p.390。

② 叛变者在夺取政权后内部争权夺利,这为芝诺重登帝位提供了条件。有关叛乱者之间的内斗情况,见 J. B. Bury, *History of the Later Roman Empire*, p.391。

③ 塞奥多里克在英文译本中有译为 Theoderic,如 J. B. Bury, *History of the Later Roman Empire.* 也有译为 Theodoric,如 A. Cameron, *The Mediterranean World in Late Antiquity AD 395 -600*。见马锋:《东哥特王国的罗马化》,《世界历史》2020年第2期。

④ [英]爱德华·吉本著,席代岳译:《罗马帝国衰亡史》第3卷,长春:吉林出版集团有限责任公司2013年版,第303页。

遗憾。476 年的事件被后人演绎为一个标志，即西罗马帝国灭亡的标志。然而，
这只是后人的一个历史解读。当时的意大利民众却不这样认为，他们早已经习惯
军政强人的变换。末代皇帝罗慕洛被奥多亚克废黜一事被后人认为是历史大事，
他们却都毫无察觉。① 奥多亚克的同代人不像后代的历史学家那样，认为 476 年
的事件如此重要。实际上，他们感受不到任何变化，意大利的政治权力仍然像从
前一样操纵在军事强人手中。② 马尔库斯如此记载罗慕洛退位之事："罗慕洛迫
使元老院派出使节去见芝诺，提议不需要保持帝国的分治，帝国两部分共同拥戴
一位皇帝已经足够。并且，这些使节还谈到，他们选择了一位有军政经验的人奥
多亚克来处理他们的事务，芝诺应该给予他大公的身份，并且把意大利的统治权
委托给他。"③奥多亚克采取这一行动并不意味着他想要把意大利从帝国中分离
出去。意大利与帝国的法律地位仍旧如前。奥多亚克只是以他自己的名义发行
了银币和铜币（并且未使用 rex 的头衔）④，这也说明他遵循只有皇帝才能发行金
币的传统。生活在这一时期的卡西奥多在他的《编年史》中把奥多亚克和此后东
哥特人统治时期都归入"罗马诸皇帝时期"。

　　西罗马帝国灭亡的时间被后人确立为历史阶段的标志，它意味着世界上古
史的结束，这逐渐成为后人的历史常识。但是，这一观念在学界存在争议。瓦
西列夫如此谈论这个话题："过去，人们认为 476 年是西部罗马帝国灭亡的年
份。但这是不正确的。因为在 5 世纪时，并不存在一个独立的西罗马帝国。如
同过去一样，这个时期只有一个罗马帝国，由两个皇帝治理，一个在西部，另一
个在东部。在 476 年，帝国只有一个皇帝，即东部帝国的统治者芝诺。"⑤这种

① 2000 年代出版的《新编剑桥中世纪史》提到这一问题时强调，所谓"西罗马的灭亡"只是一次偶然事件。
　　P. Fouracre, ed., *The New Cambridge Medieval History*，Ⅰ，pp. 23 - 26；
② P. Fouracre, ed., *The New Cambridge Medieval History*，Ⅰ，p. 142. A. Cameron, *The Mediterranean World in
　　Late Antiquity AD 395 -600*, p. 33.
③ R. C., Blockley trans. and ed., *The Fragmentary Classicizing Historians of the Later Roman Empire：Eunapius,
　　Olympiodorus, Priscus and Malchus*, p. 419.
④ J. B. Bury, *History of the Later Roman Empire*, p. 406.
⑤ ［美］A. A. 瓦西列夫：《拜占庭帝国史》，第 169 页。

观点认为,并不存在一个所谓的独立的"西罗马帝国",更遑论"西罗马帝国灭亡"的话题了。

伯里认为,"我们听到过5世纪有一个东罗马帝国和一个西罗马帝国,提到西罗马帝国在476年的陷落的说法。这种说法有权威人士的赞许,但却是错误的,并导致了更大的混乱。它的错误是,罗马帝国只有一个,在5世纪时并没有分裂,虽然通常它出现过不止一个皇帝,但并不是两个帝国。说5世纪有两个帝国就是最明显地歪曲了帝国结构的理论……罗马帝国并不是在476年灭亡的;这一年仅仅标志着一个阶段,甚至在帝国崩溃的长达整整一个世纪的过程中,它并不是一个最重要的阶段。罗慕洛·奥古斯都被废黜甚至没有动摇罗马帝国,更不能导致一个帝国灭亡。然而,令人遗憾的是,吉本却提出了所谓的'西方帝国灭亡'论,许多现代著作家也对这一提法予以赞许。"①两位著名的拜占庭史家从专业的角度对这一问题的解读,非常符合476年意大利人的正常感受。

然而,学者的真知灼见并不能改变后世对这一认识的看法。加深这一偏见的原因,不仅是伯里指出的吉本"西方帝国灭亡"论的影响,而且还有许多更深层次的因素。首先是西方话语控制下的历史解释。西方人需要使476年之后西部的历史从专制的君士坦丁堡的皇帝统治下解放出来,塑造476年后的西部是西方文明新生土壤的历史框架。其次,东罗马帝国和拜占庭帝国两个概念的长期使用,使大众接纳了这样的观念:东部是与西部不同的帝国。这两点都是基于西欧中心论的话语解释,并没有得到东部国家君主和人民的认可。其实在西方早期的历史著述中也隐约有对"西罗马帝国灭亡"观点的不认可痕迹。如中世纪流行的"四帝国说",这一说法认为罗马帝国作为最后的帝国仍在继续,法兰克王国或者神圣罗马帝国是延续西部罗马帝国。有研究者认为,"中古西欧史家在编纂长时段'世界历史'时惯于使用'四大帝国'更替的撰史结构原则。依照这一原则,他们把古罗马帝国的历史直至他们自己生活时代的历史连

---

① [美]A. A. 瓦西列夫:《拜占庭帝国史》,第35—36页;J. B. Bury, *History of the Later Roman Empire*, p. 408.

在了一起,统统划归于'罗马帝国'的统治阶段。为了使中世纪诸多历史事实
的变化与'四大帝国'的神学启示相契合,中古西欧史家建构了'帝国权力转
移'的理论,赋予了四大帝国更替理论以'民族性'的内涵。"①所以,查理曼加冕
时,才被称为罗马人的皇帝,而非"法兰克人的皇帝"。"从历史的长时段来看,复
兴的西罗马帝国还属于自4世纪开始的罗马帝国基督教化的漫长进程中一个独
特的阶段。"②"476年西罗马帝国灭亡说"在中古时代西欧流布的情况比较复杂。
"774年查理曼称意大利王之后,这一观念直接传入查理曼的宫廷之中。在意大
利以外的西部帝国,历史作品普遍地忽略了这一历史现象,而是认为罗马帝国一
直存在,以东部皇帝为嫡传。直到8世纪初,诺森伯利亚王国的修士比德率先引
入了西部帝国灭亡的历史认识,并通过阿尔昆影响到查理曼。西罗马帝国灭亡的
观念与罗马帝国一直存在的观念,互相对峙,对公元800年查理曼加冕称帝造成
了直接的影响。"③

　　与此相关还有一个重要问题,即罗马帝国衰亡原因的争论。古代晚期的史家
对罗马帝国衰亡原因的认识存在分歧:一派认为君主政治和基督教是罪魁祸首,
代表人物是佐西莫斯。另外一派反对这种观点,认为罪责在罗马的腐化,代表人
物是奥罗修斯。这两派的观点一直影响到中世纪和近现代对罗马帝国灭亡这个
热门话题的争论。这一话题到今天都没有形成定论。④

　　后世学者甚至从心态史的角度提出,476年的重要性是为了突显查士丁尼西
征的正义性。有关这一学案的讨论比较复杂。有学者认为马尔切利努斯在6世
纪时已经提出"476年西部政权灭亡说"⑤。此时的查士丁和查士丁尼希望把罗马
法推广到西部,其中还包含把东部帝国的基督教正统派的思想强加给西部。正是
在这个时期,马尔切利努斯第一次提出西部政权在476年已经丧失,再没有被恢

① 有关"四大帝国"理论的流变,见朱君杙、王晋新:《长存多变的"巨兽"——论中古西欧史家"四大帝国结构原则的运用"》,《历史教学(下半月刊)》2016年第2期。
② 李隆国:《查理曼称帝与神圣罗马帝国的形塑》,《史学集刊》2018年第3期。
③ 李隆国:《认识西罗马帝国灭亡——公元476—800年》,《北大史学》2012年第00期。
④ 有关的史学史问题,见李隆国:《从"罗马帝国衰亡"到"罗马世界转型"——晚期罗马史研究范式的转变》,《世界历史》2012年第3期。
⑤ 康凯:《"476年西罗马帝国灭亡"观念的形成》,《世界历史》2014年第4期。

复。马尔切利努斯的观点暗含有配合两位皇帝意志的企图,认为塞奥多里克是一位阿里乌派的国王,他的统治不能被视为罗马人的统治。阿莫里(Patrick Amory)可能受其影响。他认为,"476年西部皇统断绝"的观点是来自东部帝国的需要,是为查士丁尼时代再征服运动进行辩护。① 但是,"原来在马凯利努斯(即马尔切利努斯)那里可以被看成'罗马帝国复兴'铺垫的476年事件,却逐渐被后世人看成'罗马帝国衰亡'的标志,在某种意义上成了'罗马史'的终结"②。

　　这里有两个问题需要辨析:一是马尔切利努斯的罗马人内涵。在古代晚期,"罗马人"的内涵发生了变化。此前罗马人的内涵更侧重于文化层面,即接受罗马文化和罗马生活方式,而在古代晚期的环境下更强调罗马人是接受罗马帝国的基督教正统派。③ 如果以前一个观点来看,奥多亚克和塞奥多里克的统治都可以说是延续了罗马文化和统治方式④,所以马尔库斯和卡西奥多元老的思想与当时意大利民众的感受是一致的。并且这种观点由于奥罗修斯的解释宣传,在中世纪受到长期的关注,并占据主流,他认为,"通过基督教宗教的媒介,所有信仰同一宗教的人被统一起来,那些蛮族人毫无冲突地臣服于罗马人。"⑤如果以第二种观点来看,信奉阿里乌派的蛮族国王的统治则不能被视为罗马人的统治,因为从宗教身份上讲,这些统治者相对于帝国而言是异端和他者。马尔切利努斯和阿莫里的观点可以从这个层面上去理解。后世学者在这一学案上争执不休,关键是没有看到罗马人内涵的变化。

　　二是马尔切利努斯只说西部政权丧失了。他的观点仍旧强调东西部是一个

① Patrick Amory, *People and Identity in Ostrogothic Italy, 489 -554*, Cambridge University Press, 1997, pp. 217, 175.
② 康凯:《"476年西罗马帝国灭亡"观念的形成》,《世界历史》2014年第4期。
③ 马锋:《东哥特王国的罗马化》,《世界历史》2020年第2期。
④ Michael McCormick, "Odoacer, Emperor Zeno and the Rugian Victory Legation", *Byzantion*, vol. 47 (1977), pp. 212 -222; A. H. M. Jones, "The Constitutional Position of Odoacer and Theodoric", *The Journal of Roman Studies*, vol. 52, parts 1 and 2 (1962), pp. 126 -130.
⑤ W. R. Jones, "The Image of the Barbarian in Medieval Europe", *Comparative Studies in Society and History*, vol. 13, no. 4 (Oct., 1971), pp. 376 -407; Paulus Orosius, *The Seven Books of History Against the Pagans*, p. 363.

帝国的两翼,帝国只是失去了部分地区。这与后来的"西罗马帝国灭亡说"存在根本差异。后世学者把马尔切利努斯"476 年西部政权灭亡说"的观点阐述为"476 年西罗马帝国灭亡说",并且认为他是第一个提出这一观点的人,显然存在问题。这些学者仍旧受常见的"西罗马帝国"观念的影响,在此话语下阐述自己的逻辑。他们没有注意到瓦西列夫和伯里的合理论断。

　　从观念史的角度考察,"476 年西罗马帝国灭亡说"的渊源能够从当时的文献中找出蛛丝马迹,马尔切利努斯的"476 年西部政权灭亡说"观点是其发端。但这是一种按图索骥的方式,并不能真正反映当时人的普遍看法。如果把 476 年的事件放在西部衰落的大背景下考察,就可以发现东部帝国上位者和下层民众的复杂态度。东部皇帝利奥一世对西部的不幸予以积极援助,他决心根绝汪达尔人暴虐的侵犯行动。他公开宣布要与地位平等的罗马皇帝结盟①,而芝诺皇帝却采取相对消极的态度。东部帝国的普通民众更多地从本身的宗教和教派立场表达出复杂的情感,他们笔下对西部"阿里乌派"执掌下的帝国政权衰亡的态度,无疑是受到个体宗教感情和周围环境的影响。②

　　后世史家认为"476 年西部政权灭亡说"的观点是为查士丁尼时代推行"光复"运动进行辩护,这看起来是一种创新性的史学解释,实际上恰恰违反了史学求证的逻辑,离史学的真相越来越远。"在君士坦丁堡,追随在查士丁尼周围的强硬派们,多少都会有一些他们从巴尔干的家乡带来的憎恨、恐惧和不安全感。他们都是些为寻求安全感而逃到大城市去的人,他们并不能理解或者接受这样的进步,即奥多亚克和塞奥多里克统治时期西部恢复了繁荣。相反,他们需要通过贬低和误读过去的做法来改变他们现在的状态。试问还有什么能比以一位叫罗慕洛的人,即那个还有个绰号叫奥古斯都路斯的人来结束罗马人的历史更好呢?③ 他们也顾不得还有另外一位得到君士坦丁堡的西罗马皇帝

---

① ［英］爱德华·吉本:《罗马帝国衰亡史》第 3 卷,第 304—305 页。
② W. E. Kaegi, *Byzantium and the Decline of Rome*, Princeton: Princeton University Press, 1968, pp. 225 - 226.
③ 当时人把罗慕洛·奥古斯都(Romulus Augustus)蔑称为奥古斯图鲁斯(又译为奥古斯图卢斯,Augustulus)。
　　［英］爱德华·吉本:《罗马帝国衰亡史》第 3 卷,第 322—323 页。

（尤里乌斯·尼波斯），他的统治直到 480 年才结束。历史和法律这两方面的准确性都不是马尔切利努斯关注的重点。自从查士丁尼步入皇宫开始，他就生活在周围的朝臣们为其编织的幻象当中。所谓的往昔荣耀只不过是他们自己的想象而已，他们所说的纯属子虚乌有。这些人所塑造的历史并不是真实的，反而生动地影射出他们对现实世界的焦虑。"①这说明"476 年西部皇统断绝"的观点是马尔切利努斯为代表的小团体的情感需要，却被后人误解为是他为查士丁尼的再征服行动辩护。

6 世纪史家约达尼斯也在他的书中发表了自己对 476 年事变的看法。"罗马人在西部的统治就这样终结，它由奥古斯都·屋大维（Augustus Octavianus）在罗马建城后的第 709 年开始，当奥古斯图鲁斯退位时，加上他的前任们，这个政权一共存在了 522 年。"②这段话，似乎会使后人误解为约达尼斯认可"476 年西罗马帝国灭亡说"，但作者似乎并没有明确表达这个意思，况且，即使作者以此强调他是认可"西罗马帝国灭亡"一说的，也不至于影响后人对这一事件的理性判断。

还有一种观点认为，东部帝国接受"476 年西部政权灭亡说"的观念是为了强调其自身为罗马传统的唯一继承人。③ 这个观点很少被后世的研究者关注。然而，这个观点却是拜占庭人最主要的观点，他们甚至认为东部能幸存下来是因为得到神的庇护。④ 当然异教徒和基督教徒对这个庇护的"神"理解不同。进入新世纪以来，新一代拜占庭史和中世纪史研究者提出新论，并毫无忌惮地强调数百年间被学者所强调的 476 年"西罗马灭亡"事件只是一次"偶然事件"，并无重大的历史意义。⑤

---

① ［美］詹姆斯·奥唐奈:《新罗马帝国衰亡史》，第 240 页。
② ［拜占庭］约达尼斯:《哥特史》，第 145 页。
③ A. Cameron, *The Mediterranean World in Late Antiquity AD 395 –600*, p. 33.
④ W. E. Kaegi, *Byzantium and the Decline of Rome*, pp. 227 – 228.
⑤ P. Fouracre, ed., *The New Cambridge Medieval History*, Ⅰ, pp. 25 – 26.

二、　查士丁尼"西征"战略的构想①

在查士丁尼时代的东部帝国,君民似乎并没有西罗马帝国的概念,更没有西部帝国灭亡的认知。对于他们而言,476 年只是帝国失去了意大利的实际控制权,意大利名义上仍旧在帝国范畴内。高卢、西班牙、北非的蛮族国家仍旧是帝国的一部分。法兰克的克洛维(Clovis,481—511 年在位)只是被授予执政官的头衔,作为一个帝国的行政官治理着高卢地区。② "阿纳斯塔修斯授以克洛维执政官的证书,向高卢民众证实了克洛维统治的合法性,使克洛维具有了理论上仍是罗马帝国之一部分的行省总督身份。"③同样,塞奥多里克的身份也是皇帝的代理人。芝诺皇帝为酬谢塞奥多里克的支持,授予他贵族身份和执政官的头衔,给他一笔巨款,派他作为自己的代理人去征服意大利。④ 这些蛮族君主看起来就如同罗马帝国从前的总督,以代理执政官的身份治理着某个行省,仍旧效忠于皇帝。

事实上,这是一种微妙的关系。蛮族国家需要皇帝赋予的权力,名正言顺地占有其控制的领土。在 4—6 世纪,蛮族国王都希望获得罗马皇帝的授权,使自己名义上成为皇帝的臣属,以获得合法性的治权。这是中世纪早期地中海世界普遍

---

① 学界有诸多关于查士丁尼西征军事斗争的成果。国外代表性的成果有:David Nicolle, *Romano-Byzantine Armies 4th -9th Centuries*, Oxford & New York: Osprey Publishing Ltd, 1992; Michael Whitby, *Rome at War AD 293 - 696*, Oxford: Osprey Publising, 2002; Warren Treadgold, *Byzantine and Its Army, 284 - 1081*, Stanford: Stanford University Press, 1995; A. D. Lee, *War in Late Antiquity: A Social History*, Oxford: Blackwell Publishing, 2007; Anthony Brongna, *The Generalship of Belisarius*, Boston: Boston University Master Thesis, 1987; Edward N. Luttwak, *The Grand Strategy of the Byzantine Empire*, Massachusetts, and London: Harvard University Press, 2009; John Haldon, *The Byzantine Wars*, Gloucestershire: Tempus Publishing Ltd, 2001; Lawrence Fauber, *Narses, Hammer of the Goths*, New York: St. Martin's Press,1990. 国内代表性的成果有:彭彬、张顺忠编:《战争战役词典》,北京:兵器工业出版社 1993 年版;崔艳红:《古战争》,北京:时事出版社 2006 年版;吴春秋主编:《世界战争通鉴》,北京:国际文化出版公司 1995 年版;中国军事百科全书编审委员会编:《中国军事百科全书》(军事历史 I),北京:军事科学出版社 1997 年版;祁长松、谭京生、李雄:《外国古代战例选》,太原:山西人民出版社 1985 年版;崔艳红:《普罗柯比〈战记〉研究》,博士学位论文,南开大学,2003 年;许寅:《贝利撒留与哥特战争》,硕士学位论文,华东师范大学,2011 年;马锋:《查士丁尼时代军事战略研究》,博士学位论文,东北师范大学,2013 年;邵兆颖:《贝利撒留研究》,博士学位论文,南开大学,2014 年;马修松:《6世纪东哥特国王托提拉军事策略研究》,硕士学位论文,广西师范大学,2016 年。
② [法兰克]格雷戈里著,寿纪瑜、戚国淦译:《法兰克人史》,北京:商务印书馆 1981 年版,第 97—98 页。
③ [美]A. A. 瓦西列夫:《拜占庭帝国史》,第 175 页。
④ Ammianus Marcellinus, *Roman History*, Ⅲ, p. 539.

流行的一种政治观念,这从北非摩尔人(Moor,即柏柏尔人)的态度上可见一斑。在北非战事正酣之时,汪达尔国王盖利默和拜占庭统帅贝利萨留都在争取强大的摩尔人的支持,但是大部分摩尔人首领都表示愿意效忠皇帝。"因为在摩尔人的法律中,即使是罗马人的敌人也不能成为他们的统治者,只有罗马皇帝授予他官职的标志,他才可以做统治者。"①公元535年,东哥特国王威蒂格斯(Witiges,536-540年在位)为了集中兵力对抗贝利萨留,把东哥特王国所属的高卢地区割让给法兰克王国。但是三位法兰克国王认为这并不代表自己能够合法地保有这些土地。直到查士丁尼皇帝正式承认了他们对这块土地的统治权,他们才安下心来。② 同样,皇帝也满足于名义上的宗主权,以这种方式维系着在整个地中海世界的威信。但是汪达尔王国与东罗马帝国的关系是一个例外。

467年,利奥一世应西部皇帝的请求,出兵援助他们对抗汪达尔人。西部帝国并不愿意把非洲的领土拱手让与汪达尔人,同时汪达尔人的存在对于帝国东西部都构成了安全威胁。在468年,利奥一世派他妻子的兄弟巴西利斯库斯统率一支舰队进军非洲。同时,利奥派另一名将军从利比亚进军汪达尔王国。此外,达尔马提亚的司令官马尔切利努斯(Marcellinus)率领一支西部舰队进行援助。这次军事远征花费了700万诺米斯玛,几乎是东部国库的全部收入。这支军队的总兵力有40多万名士兵和水手。③ 但是,巴西利斯库斯根本不是汪达尔国王盖萨里克的对手,拜占庭舰队几近被汪达尔人完全摧毁。马尔切利努斯虽然占领了撒丁岛,但是却被政敌暗杀。这次帝国东西部军队的联合远征被汪达尔人粉碎了。汪达尔人携胜利之威占有了西西里岛。

这场战争对于帝国东西部而言都是灾难。它削弱了西部帝国,从此西部军队彻底断绝了收复北非的希望,永远失去了富饶的非洲,并且长期面临汪达尔人入侵的威胁。利奥的巨大投入几乎使东部帝国破产,其兵力和财力损失巨大。此役

---

① [东罗马]普罗柯比著,崔艳红译,陈志强审校注释:《战史》上,郑州:大象出版社2010年版,第173页。Procopii Caesariensis, *Opera Omnia*, vols. 1 - 2, ed. G. Wirth (post J. Haury), Leipzig: Teubner, 1962, 1963, TLG, No. 4029001.

② J. B. Bury, *History of the Later Roman Empire*, p. 179.

③ 关于这次远征花费金额的讨论见 Treadgold, *Byzantium and Its Army*, pp. 189 - 191。卡梅伦认为花费了1.3万镑黄金。见 A. Cameron, *The Mediterranean World in Late Antiquity AD 395 -600*, p. 28.

也暴露了拜占庭军队的虚弱,东部帝国在此后很长时间内都回避汪达尔人的进攻。利奥去世之后,汪达尔人袭击了希腊的西海岸,占领了尼科波利斯(Nicopolis),对此,芝诺没有做好应战的准备。①

这次远征汪达尔王国的事件揭示出诸多问题。首先,帝国东西部的统治者在战前都认为自己有能力收复失地。其次,汪达尔王国并没有与帝国建立类似于东哥特王国与拜占庭帝国那样的关系。汪达尔人是帝国的敌人而不是藩属或者盟友。最后,这也表明帝国统治者不会甘心失去对领土的控制权。只要实力具备,皇帝都会图谋收复失地。

后来,汪达尔王国也像东哥特王国、法兰克王国一样成为帝国的盟友。476年,盖萨里克与芝诺签订了和约,此后双方都忠实地执行此和约②,其后来的君主也愿意成为帝国的盟友。事实上,拜占庭皇帝承认了北非汪达尔王国的独立,双方还逐渐加强了各方面的联系,两国统治阶层建立了良好的关系。汪达尔国王希尔德里克是查士丁尼的老友,两人经常互相赠送礼物。希尔德里克抛弃了此前的国王对基督教卡尔西顿派的宗教迫害,这也可以被视为改善双边关系的一项举措。查士丁尼在给汪达尔人第六任国王盖利默的信中谈到,盖利默的统治是不合法的,是一种专制的僭越统治,按照盖萨里克的遗嘱,王位应该属于希尔德里克。如果盖利默拒绝归还王位,拜占庭帝国有义务为了维护盖萨里克的遗愿和汪达尔王位的合法性发动对僭主的讨伐战争。③ 即使查士丁尼的态度如此强势和敌视,盖利默仍然努力寻求与拜占庭帝国的和平关系。这些蛮族王国都维系着表面上与帝国的友好关系,"国王们倾向于对东部的皇帝以恭敬态度对话。"④东哥特王国的统治者更是把维护与拜占庭帝国的关系作为外交的首要任务。塞奥多里克在临终之际告诫身边的贵族,"要把东部帝国的皇帝看作仅次于上帝的仁慈的朋友"⑤。

虽然这些蛮族国家都想维持一种表面上与帝国的结盟或者和平关系,但是帝

---

① J. B. Bury, *History of the Later Roman Empire*, p. 390.

② J. B. Bury, *History of the Later Roman Empire*, p. 124.

③ Procopius, *History of the Wars*, volII, p. 85, p. 87.

④ A. Cameron, *The Mediterranean World in Late Antiquity AD 395 –600*, p. 28.

⑤ [拜占庭]约达尼斯:《哥特史》,第 182 页。

国收复失地的威胁仍旧是悬在他们头上的利剑。在查士丁尼看来,再征服行动"不是侵略战争,而是帝国军队在各省镇压僭主。而之前是皇帝默许他们保留了权力"①。他的统帅贝利萨留也是如此告诉自己的部下,"正义在我们这边(因为我们要收回本来属于我们的土地)。"②拜占庭帝国的这种思想在征服战争中显露无疑,拜占庭君臣把自己视为正义之师,而把那些被征服的蛮族看成可以任意宰割的对象。蛮族在与拜占庭帝国打交道的过程中,深切体会到拜占庭帝国消灭蛮族的意志不可更改。东哥特王国的一位使者在向法兰克人求援时说道:"这样,他们就不会给人以诉诸暴力的印象,而会给人以进行一场正义战争的印象,其目的不是要侵占一个外邦人的国家,而是要收回他们祖先的财产"③。

这种不对等的外交关系是中世纪早期地中海世界的常态,而东哥特王国更处于类似藩属国的地位。"哥特人有权选择他们自己的国王",但是这位候选者如果不被皇帝任命为意大利总督和士兵长官,那么这个选择是不成立的。④塞奥多里克与阿纳斯塔修斯一世关系友好,是芝诺和阿纳斯塔修斯一世都认可的皇帝的代理人。⑤芝诺让塞奥多里克加入宫廷显贵的行列,并收他为自己掌军的养子,为他在城内举办了一次凯旋仪式,并把他提升为484年的执政官。当塞奥多里克进入意大利时,"他确立了作为蛮族首领和帝国军事执政法官的双重地位"⑥。他的未来继承人尤塔里克被皇帝查士丁一世接受为养子和批准为519年的执政官,延续了这种东哥特王国与拜占庭帝国的名义的藩属关系。⑦他的外孙阿塔拉里克也希望延续这种混杂着"皇室亲情"的藩属关系。东哥特国王阿塔拉里克在526年致信查士丁一世,希望皇帝能够承认他这位"孙子"。他谈到他的父亲是查

① J. B. Bury, *History of the Later Roman Empire*, p.126. 相同的事例在法兰克国王与查士丁尼的关系中多次出现,见 Agathias, *The Histories*, p.12. Agathiae Myrinaei, *Historiarum libri quinque*, ed. R. Keydell, [Corpus Fontium Historiae Byzantinae 2] Berlin: De Gruyter, 1967, TLG, No. 4024001。
② [东罗马]普罗柯比:《战史》上,第163页。
③ Agathias, *The Histories*, p.13.
④ 罗马元老院虽然认可奥多亚克统治意大利,但是他却未能如愿获得拜占庭皇帝认可成为统治意大利的国王。见 Cassiodorus, *Variae*, p.11。
⑤ 马锋:《东哥特王国的罗马化》,《世界历史》2020年第2期;马锋:《东哥特王国的二元制国家结构分析》,《外国问题研究》2019年第2期。
⑥ [意]路易吉·萨尔瓦托雷利著,沈珩、祝本雄译:《意大利简史》,北京:商务印书馆2014年版,第50页。
⑦ J. B. Bury, *History of the Later Roman Empire*, p.152.

士丁的养子,按照自然法原则皇帝应该把他视为孙子。这样他就拥有了继承王权的合法性,就成为罗马皇室谱系中的一个成员,他的统治也因此会在"祖父"的保护下获得稳固。①

三、 查士丁尼"光复"的梦想

东罗马帝国的皇帝仍然认为他们所统治的帝国是一个囊括地中海世界的永久帝国,所以重建统一的罗马帝国,收复由蛮族占据的西部领土是皇帝的职责。查士丁尼所做的努力最终实现了这个目标。查士丁尼认为自己有双重使命,作为一位罗马皇帝,他有责任整理和弘扬罗马法,收复西部被蛮族占领的领土以恢复古代帝国的荣光。"查士丁尼要实现他作为一个真正的'罗马皇帝'的理想,而不仅仅是统治一个东方帝国。他要继承古代罗马留下来的遗产,使帝国恢复往日的辉煌。"②作为一位基督教皇帝,他有义务消灭异教和异端,把基督教正统思想灌输给他的臣民,征服西部以便把教会从异端统治者的压迫下解放出来。③

总体而言,查士丁尼时代的西征有很多言之成理的动机。但是当时的人们最常公开表达和强调的是两点:帝国领土的光复,以及在阿里乌派异教徒统治的领土上支持基督教正统观念。在现代观察家看来,这些目标似乎很奇怪地结合在一起,但是它们实际上贯穿于查士丁尼统治时期的整个帝国政治。④ 帝国领土的光复是查士丁尼作为罗马帝国继承者的历史使命,是查士丁尼作为罗马皇帝获得功绩的必然选择,而在异教徒统治的领土上支持基督教正统观念是古代晚期基督徒建立功绩的必然选择。这两者既有历史传统的延续性,又是具有时代性的要求。帝国复辟与罗马帝国的领土扩张一脉相承,是罗马国家机器的本色。为捍卫基督教正统信仰尽责是古代晚期宗教身份认同和宗教虔诚的典型表现,所以在 6 世纪的拜占庭帝国,皇帝承担着传统的罗马帝国继承人的使命,也承担着基督教护教

---

① Cassiodorus, *Variae*, pp. 101 – 102.

② 徐家玲:《早期拜占庭和查士丁尼时代研究》,第 181 页。

③ A. H. M. Jones, *The Later Roman Empire 284 – 602*, Ⅰ, p. 287.

④ A. Cameron, *The Mediterranean World in Late Antiquity AD 395 – 600*, p. 104.

者的现实使命。

有学者论及查士丁尼个人的西征动机时强调三点:第一,罗马帝国是地中海的统一帝国,西方蛮族的占领只是叛乱行为,罗马皇帝有责任收复故土;第二,查士丁尼认为自己作为罗马人的皇帝,不仅要统治希腊化的民族,还要统治拉丁世界;第三,查士丁尼认为自己是上帝在人间的代表,要把基督教正统观念传播到全世界,必要时需要诉诸武力。①

查士丁尼能够在他的时代延续罗马帝国之梦得益于三个重要条件。其一,查士丁尼统治时期军队强盛,经济实力雄厚,各种制度日益完善,中央集权制的拜占庭帝国国家建设基本完成。查士丁尼的军事行动得益于4—5世纪军事危机的终结,戴克里先和君士坦丁的军事改革以及后来延续的改革为查士丁尼提供了一支适应中世纪时代要求的有极强战斗力的军队。② 而阿纳斯塔修斯一世的财政改革为查士丁尼提供了建立其功绩的充实的国库,阿纳斯塔修斯一世留下的国库充盈,价值32万镑黄金(相当于6500万或7000万美元)。③ 东部帝国的经济实力可以从一件事情上得到印证。468年,利奥一世对汪达尔远征的失败,花费了13万镑黄金,掏空了当时国库的贮备,但是帝国"能够在一代人的时间内消化掉这种损失"④。查士丁尼在镇压尼卡暴动之后,开始着手进行行政司法改革和伟大的立法活动,这些都构成了他稳固统治的基础。

其二,查士丁尼本人又是一位野心勃勃的独裁君主,力求在自己的手中实现众多皇帝的愿望,在地中海周围重建大一统的罗马帝国的天下。这既是作为罗马皇帝"功业"传统的延续,又是他企图成为基督教"大帝"的需要。罗马皇帝作为帝国国家元首,具有三种权威,他既是行政首长、军事统帅、最高立法者和仲裁者,也是正义和伟大的化身。⑤ 其中开疆拓土、保卫罗马国家是皇帝的职责,也是青史留名的荣耀,罗马城内各种皇帝的记功柱都向后代的皇帝展示着杰出君主的榜

---

① 徐家玲:《早期拜占庭和查士丁尼时代研究》,第205页。
② 马锋:《查士丁尼时代军事战略研究》,博士学位论文,东北师范大学,2013年,第7页。
③ 此一数字是按照20世纪30年代的美元比价的估值,见[美]A. A. 瓦西列夫:《拜占庭帝国史》,第222页。
④ A. Cameron, *The Mediterranean World in Late Antiquity AD 395 – 600*, p. 28.
⑤ 马锋:《论元首的权力和元首制的性质》,《外国问题研究》2018年第1期。

样。虽然在5—6世纪社会层面出现了强化"立言"重要性的倾向,但是对于皇帝而言,"立功"的传统仍旧重要。"查士丁尼认为,一个皇帝'不仅必须以军事武装使自己荣耀,而且必须以法律来装备自己,由此,他才能在战争时代和和平时代都立于不败之地;他不仅应该是克敌制胜的强者,而且应该是坚强的护法者'。"①另外,在基督教时代,基督教徒给予皇帝"大帝"的头衔主要是基于皇帝对宗教的贡献,比如君士坦丁大帝和塞奥多西大帝。反面的例子,可以从基督徒对待马可·奥勒留、戴克里先和朱利安的态度上看出来,这是当时基督教徒的价值判断标准,君主是否伟大只取决于他们的行为是否符合后来的基督教正统派的需要,与他们的其他功绩无关。基督教徒经常把戴克里先塑造为恶的化身,因为他是一位不支持基督教的皇帝。如罗马大主教阿伽佩图斯(Agapetus)希望查士丁尼不要成为一位像戴克里先那样受到诅咒的皇帝。"我曾希望见到一位最好的基督教皇帝查士丁尼,但我现在看到了一位戴克里先。"了解晚期罗马帝国史和拜占庭帝国史的人都很明白,戴克里先为帝国做出的贡献可以与君士坦丁和塞奥多西等皇帝媲美,然而在基督徒的话语中,并不考虑皇帝对国家的贡献,只注重皇帝对基督教教会或者教派的贡献。他们对待另外两位皇帝马可·奥勒留和朱利安,更是异常刻薄,把他们作为笑谈,钉在基督教历史的耻辱柱上。基督教史家经常念念不忘提起一件陈年往事来嘲笑皇帝朱利安。"据利巴尼奥斯记载,皇帝围着神坛转来转去。点火、操刀、宰杀飞禽,他甚至对于禽鸟的内脏构造了如指掌。由于大量禽兽用于牺牲祭奠,一首曾用来讽刺另一位皇帝、哲学家马可·奥勒留的小诗又开始流传:'小白牛向马可凯撒问候!如果你取胜,那将是我们的末日。'"我们之所以如此熟悉这段材料,是因为历代的基督教徒喜欢传颂,从利巴尼乌斯、阿米亚努斯·马尔切利努斯,到吉本、瓦西列夫,莫不如是。对他们这些史家而言,能够找到发泄其内心中基督徒情感价值观的材料是多么珍贵,必定会让它世代流传。事实上,这两位皇帝恰恰是对罗马拜占庭帝国贡献很大的皇帝,他们的言行体现了西方古典文化对贤人王的追求。但是,他们履行罗马皇帝职责的祭祀行为却成为基督徒津津乐道诋毁其人品的材料。② 查士丁尼也希望自己能够获得基督徒给

①［美]A. A. 瓦西列夫:《拜占庭帝国史》,第223页。
②［美]A. A. 瓦西列夫:《拜占庭帝国史》,第237、117页。

予的桂冠,或者说是上帝给予的桂冠。"作为罗马皇帝的继承者,查士丁尼认为,恢复罗马帝国是他的职责;同时,他希望在帝国内确立唯一的法典和唯一的信仰。'一个国家、一部法典、一个教会'——这就是查士丁尼全部政治生涯中的简明信条。他笃信绝对王权,强调在一个秩序完好的国家中,一切皆附属于皇帝的权威。"①所以他在国内推行"一个教会"的政策,对外干涉西部蛮族国家的宗教事务。而西征正可以实现他作为上帝的代理人在人间完全统治的信念。"在西方,与阿利乌斯派的斗争采取了军事征服的形式,这种军事征服以日耳曼诸王国完全地或部分地臣服于拜占庭而告结束。查士丁尼坚信,在帝国内部,有必要建立统一的信仰,因此,不可能对其他信仰和异端教派的领导取容忍态度,这些人在查士丁尼统治时期,遭到军队和行政权威的严酷镇压。"②实现基督教会内部的统一与西征的计划有一定的关系。"由查士丁尼与罗马教宗霍尔米兹德斯完成的罗马与东方教会的联合,很快产生了政治影响。如果认为在查士丁尼的舅舅查士丁统治初期,废除哥特'总督'的权力,重新确立皇帝在意大利的直接权力,就已经在他的头脑中形成了一个明确的概念,那就太草率了。他自己强烈的神学信仰足以解释他的政策。但是,对于一个有意推翻哥特势力的政治家来说,恢复教会统一显然是迈出的第一步。分裂的存在并没有使意大利正统教徒顺从哥特人的管理,却使他们中的许多人不再渴望与君士坦丁堡建立密切的政治联系。"③因此,实现教会统一需要消灭意大利的东哥特政权,让意大利的教徒重新回到皇帝控制下的教会体系之内。

其三,查士丁尼时代拜占庭帝国拥有有利的外部环境。查士丁尼时代拜占庭帝国处于第一个黄金期,查士丁尼"以其英明的举措给帝国带来一个新的繁荣时期"④,而同时西部蛮族国家处于政治分裂的低谷期。拜占庭帝国的军事力量相对于任何一个蛮族国家而言都占有优势。东哥特王国和汪达尔王国的内乱和向

---

① [美]A. A. 瓦西列夫:《拜占庭帝国史》,第 231 页。
② [美]A. A. 瓦西列夫:《拜占庭帝国史》,第 234 页。
③ J. B. Bury, *History of the Later Roman Empire*, pp.151.
④ 《新律》,33(54),前言。*Corpus Iuris Civilis*, ed. R. Schöll and W. Kroll, vol. 3. Berlin: Weidmann, 1895 (repr. 1968), TLG, No. 2734013. 转引自[美]A. A. 瓦西列夫:《拜占庭帝国史》,第 251 页。

定居社会的转变出现了许多问题,其政治和军事实力削弱了。① 汪达尔人在非洲的百年统治改变了他们族群的精神状态和生活方式。他们愈发缺乏尚武精神,接受了被占领地区的物质文明和奢侈生活,其军队的战力自盖萨里克去世后就不断下滑,其可使用的军人数量似乎不超过 3 万人。② 汪达尔王国最后一位国王盖利默在受到贝利萨留的大军围困时,因为忍受不了饥饿生活,决定下山投降。他给拜占庭军官的一封信中谈到投降的原因,“后来才知道盖利默需要一块面包,是因为他想看到面包、吃到面包,因为自从上了巴布亚山他就没有看过一块面包;一块纱布对他也是非常重要的,因为他的一只眼睛因为常年不洗而发炎肿胀;他还是一位高超的竖琴演奏家,他作了一首表达目前困境的歌曲,想在里拉的伴奏下抒发他的心情。”③压垮他的最后一根稻草,最终使他决心走出来投降的事情似乎微不足道,即他的侄子与摩尔人的孩子因饥饿争抢一块烤饼。

汪达尔王国内部也存在几个难解的问题:一是国王盖利默缺乏军事和政治经验;二是王国内部矛盾导致部下分化。当地居民与汪达尔人不和,许多人心向帝国。同时,部分汪达尔人支持他的政敌,也就是前任国王希尔德里克;其三则是汪达尔人国境外部的摩尔人经常不断地骚扰汪达尔王国的领土④;最后,则是阿里乌派异教徒为主体的汪达尔国家内部经常受到基督教正统派的抵制和处于外来族群汪达尔人统治下的“罗马人”不肯屈服于“异端首领”的统治,在民间,不同族群间的争斗也削弱着汪达尔人的势力。

东哥特王国的情况也不乐观。在塞奥多里克去世之后,他生前用联姻关系维持的外交局面荡然无存。另外,因为塞奥多里克的姐妹被汪达尔人杀害,东哥特人与汪达尔人反目成仇,导致塞奥多里克的女儿阿玛拉松塔控制的东哥特政坛内部动荡。塞奥多里克的另外一个外孙统治的西哥特王国则受到法兰克王国的威胁,此时的西哥特王国不再受东哥特朝廷控制。法兰克人征服了与东哥特王国友

---

① 东哥特王国后期的问题主要有几个方面:东哥特统治集团内部的斗争,东哥特贵族与罗马贵族的矛盾,意大利普通民众对东哥特统治者的敌意。见马锋:《东哥特王国的二元制国家结构分析》,2019 年第 2 期。

② J. B. Bury, *History of the Later Roman Empire*, pp. 127 – 128. 普罗柯比提到汪达尔人的战士有 8 万人。[东罗马]普罗柯比:《战史》上,第 136 页。这可能是指汪达尔王国建国时期的军队数量。

③ [东罗马]普罗柯比:《战史》上,第 189 页。

④ J. B. Bury, *History of the Later Roman Empire*, p. 128.

善的勃艮第王国后,直接威胁着东哥特王国的高卢行省。东哥特王国面对着内忧外患的生存环境。

　　对于东哥特统治者而言,雪上加霜的事情是查士丁尼加强了与意大利的罗马教会的联系。查士丁尼注意采取各种方式拉拢意大利的教会人士,甚至对罗马教宗做出了很多让步。"有一则资料记载了此事发生之后皇帝与教宗之间的对话,查士丁尼对教宗说:'我可以迫使你接受我的意见,否则我会把你流放。'而阿伽佩图斯回答:'我曾希望见到一位最好的基督徒皇帝查士丁尼,但我现在看到了一位戴克里先;无论如何,我不怕您的威胁。'皇帝之所以对教宗让步,很可能是由于当时对东哥特人的战争在意大利刚刚开始,他需要得到西方人士的支持。"①如果考虑到查士丁尼奉行的皇帝教权主义②,以及他对其他敢于反抗其意志的教会人士的残忍,我们不得不说查士丁尼为了实现统一意大利的目标,做出了非常大的牺牲。

第三节
查士丁尼时代的"光复"行动

一、 查士丁尼的"西征"战略

　　拜占庭帝国立国时有两大目标:和平与统一。这两大目标与 3 世纪之后罗马—拜占庭帝国发展的态势有关。晚期罗马帝国持续的内战和外部危机使得人心思安,而恢复罗马帝国强盛时的疆域又成为拜占庭统治者孜孜以求的目标。拜

---

① ［美］A. A. 瓦西列夫:《拜占庭帝国史》,第 237 页。
② "这种以皇帝的权力干预宗教和教会事务,乃至深入个人宗教信仰的内心世界的深层领域的政策在历史上被称为'皇帝教权主义'(*Caesaropapism*)。而查士丁尼就是这样的皇帝教权主义者的典型代表。"［美］A. A. 瓦西列夫:《拜占庭帝国史》,第 232 页。

占庭的战略目标是收复失地和维持国内的安定。但是,统一与和平的两大目标存在深层次的冲突。解决这种冲突的途径有二:一是用外交手段化解领土纠纷,这在帝国与波斯的永久和平协议中得以体现。另一种途径是使用武力击败对方,完成领土的收复或者通过军事优势威迫对方来获得和平,这是解决两大目标冲突的唯一选择。无论如何,战争成为解决帝国战略目标两难的一个可能的出路。查士丁尼时代的西征与帝国早期的两大国家战略目标的秩序调整有关,查士丁尼对两大战略目标的秩序进行了调整,统一的目标优先于和平。关于和平与统一孰先孰后的问题,在朝廷里争论激烈。这可以从查士丁尼与大臣关于出兵北非的分歧中看出。普罗柯比详细地记载了这次会议的内容:查士丁尼稳定了国内局势,与波斯人签订了和约,决意出兵北非,实现其恢复帝国故土的计划。但是他的大臣大部分都不赞成,他们谈起利奥一世远征汪达尔人失败的故事。财政官员认为国家的经济无力支撑大规模的远征,将军们恐惧海上航行,惧怕汪达尔人势力。在勉强说服了大臣们之后,查士丁尼使这次远征规模既小代价又低,即使失败了也不会使军队和国库受到毁灭性打击。[1]

查士丁尼发动西征战争的动因首先是对西地中海长期动乱进行整治。蛮族王国在西部坐大,他们与帝国的联系逐渐疏远,亲拜占庭派势力被削弱,使得帝国不使用武力就无法扭转局势。以东哥特王国为例。东哥特王国的意大利本土居民逐渐安于现状,他们虽然因为宗教信仰问题与东哥特统治者存在隔阂,但是许多人不再渴望与君士坦丁堡建立密切的政治联系。[2] 这既是因为东哥特统治者的意愿[3],也是因为他们对皇帝的态度发生了变化,东哥特王国与拜占庭帝国的关系逐渐疏远。其中的一个重要原因是查士丁尼颁布的针对阿里乌派的法令,引起了东哥特统治者的恐慌,他们担心这会在意大利引发反阿里乌派的运动。而这又与王位继承人尤塔里克的强化独立性的思想影响有关。尤塔里克强调东哥特

---

① Procopius, *History of the Wars*, vol. II, pp. 93 – 99.

② J. B. Bury, *History of the Later Roman Empire*, p. 151.

③ 塞奥多里克对于罗马教宗和罗马元老院的元老与皇帝的亲密关系十分敏感。他的执事长官波埃修被处死,也可能与这种情况有关。有关这些情况的具体内容见 J. B. Bury, *History of the Later Roman Empire*, pp. 153 – 155.

族群认同,对其岳父的宗教宽容政策表示不满,主张强化阿里乌派的地位。① 他的观念在东哥特贵族圈内有一定的代表性。其次,查士丁尼认为通过使用有限的武力能够获得可观的回报。查士丁尼在三场战争中投入的兵力和财力都极为有限。但是意大利和北非却能够给予帝国极大的回报。北非作为地中海的粮仓,在汪达尔人征服之前,一直是意大利获得粮食的主要来源地。在查士丁尼征服之后,北非又成为供应君士坦丁堡谷物的重要来源地,这种状况持续到阿拉伯人征服北非。而意大利作为"罗马人"的祖源地,它的收复对于个人和国家而言都具有最重要的象征意义。这两种心态的结合,促使查士丁尼坚决发动侵略战争。

但是,查士丁尼的西征计划并没有一个完整的战略构想。他最初只是提出了征服汪达尔王国的设想。查士丁尼认为在解决汪达尔王国问题前最好就结束波斯战争,然后出兵北非。他迅速制定计划并很快予以实施,并从东方波斯战线召回贝利萨留。但是查士丁尼事先并没有对任何人谈起将要派贝利萨留前往北非的事情,贝利萨留被调离波斯前线显然是为西征做准备。查士丁尼与波斯缔结了和约,稳定了东方的局势一事②,在普罗柯比看来另有含义,因为东部与波斯人的战争在533年的协定以后已经获得令人满意的解决。此后,皇帝在镇压了尼卡暴动、稳定国内局势后,需要进行一场成功的远征提升皇帝的声誉。③

查士丁尼在最初计划中并没有提及出兵意大利和西班牙。拜占庭帝国出兵意大利是因为,查士丁尼为北非的胜利所鼓舞,这一时期朝中反对用兵的声音也消失了。"第一次远征出乎意料的迅捷和容易获胜,再加上阿玛拉松塔遇害,使得人们认为对意大利哥特人的行动会同样简单易行。这一时期法律改革前景乐观,正在如火如荼地进行,也符合查士丁尼对帝国成功的自信期望的基调。"④从根本上讲,查士丁尼希望恢复罗马帝国旧有疆域的想法根深蒂固,由来已久。但是出兵意大利既有必然性的因素,也有偶然性的因素。"恢复帝国在意大利的权威的想法在他的脑海里可能已经很久了。在过去的一年里,他的外交活动一直都围绕

---

① J. B. Bury, *History of the Later Roman Empire*, pp. 152 – 153.

② Procopius, *History of the Wars*, vol. III, p. 91.

③ A. Cameron, *The Mediterranean World in Late Antiquity AD 395 –600*, p. 109.

④ A. Cameron, *The Mediterranean World in Late Antiquity AD 395 –600*, p. 109.

这个问题进行。在女王被谋杀前六周颁布的一项法律中,他似乎提到了意大利的问题。如果狄奥达图斯愿意退位,给皇帝以和平,那就再好不过了,但是现在唯一的选择只能是战争。在这件事上,查士丁尼已经下定了决心。"查士丁尼在征服意大利一事上可以说用心良苦,他先是希望能够不战而屈人之兵,利用阿玛拉松塔和狄奥达图斯这两位掌权者的内斗,促使他们能够举国来献。他认为征服意大利的计划会引起敌对双方矛盾的爆发,所以他小心地尽可能把这个企图隐藏起来。他采取的第一步行动是精心设计的,以至于任务看起来太艰巨,政府不会立即进行大规模的军事行动。查士丁尼可能还在等待意大利的事态发展。他认为缺乏战斗精神和能力的狄奥达图斯会在刚出现危险迹象时就会屈从于他的一切要求。535 年贝利萨留率领 8000 人的少量兵力对东哥特王国的西西里岛进行试探性进攻。这一谨慎的行动表明,皇帝还没有准备倾全力于意大利战争。贝利萨留和蒙都斯的行动最初只是作为帝国外交的辅助方式。而出兵西班牙,纯粹是一次偶然的机会提供的良机,查士丁尼当机立断。"很难说查士丁尼在其统治的早期是否有明确的征服西班牙的计划,但是我们能够确定的是这成为其野心的一部分。"[1]从调动的少量兵力和效果来看,查士丁尼并没有对出兵西班牙报有太大的胜利期许。

也就是说,在查士丁尼麾下将士西征的三个战场,查士丁尼的战略构想和实际表现并不一样。拜占庭军队出兵北非是查士丁尼准备相对充分的战事[2],拜占庭军队出兵意大利是查士丁尼在汪达尔战争胜利之际的决定,至于拜占庭军队出兵西班牙则纯粹因为意外的契机促成的仓促行动。总体而言,"查士丁尼自己的主动性计划在其中不那么重要"[3]。

二、 征服汪达尔王国

533 年 6 月,贝利萨留率领 1.5 万名士兵驶往非洲去远征汪达尔王国,卡梅伦

---

[1] J. B. Bury, *History of the Later Roman Empire*, p. 169, p. 170, p. 286.
[2] 卡梅伦认为,查士丁尼是否长期关注再征服的目标,这是不能确定的事情。A. Cameron, *The Mediterranean World in Late Antiquity AD 395 - 600*, p. 108.
[3] A. Cameron, *The Mediterranean World in Late Antiquity AD 395 - 600*, p. 104.

认为有 1 万名步兵和 5000 名骑兵。伯里的观点与此类似,认为总兵力不超过 1.6 万人。普罗柯比在汪达尔战争行进尾声的时候,感叹强大的汪达尔王国被 5000 人的骑兵毁灭了,他在这里并没有提到步兵,可能是因为在这场战争中,拜占庭骑兵成为战争的主角。普罗柯比在战争开始时提到这支军队有 5000 名骑兵和 1 万名步兵。但是琼斯的表述则与上述意见不同,他认为有 1.5 万名正规军、1000 名蛮族盟军,还有贝利萨留的私兵,其人数有几千人,故而总兵力就超过 1.6 万人,另外还有 3 万名水手。埃文斯在书中详细描述了这支军队的情况:总兵力是 1.8 万人,其中有 1 万步兵。为了运送这些士兵,出动了 500 艘运输船,使用了 3 万名水手,这些水手是埃及人和爱奥尼亚的希腊人。为了护卫这些运输船,又派出一支有 92 艘快速战舰组成的小舰队,由 2000 名战斗人员充当桨手。① 这支远征军内部构成复杂,既有正规军,也有"同盟者军队"(Federates),一般的史书把 Federates 译为"同盟者军队"。但是伯里在此处明确指出还有一支军队被称为 allied troops 的盟军,明确表示这二者是不同的军队。琼斯也明确提到在 1.5 万人的正规军之外,还有 1000 人的盟军。但是伯里和琼斯的观点与普罗柯比的观点产生了差异。普罗柯比并没有把匈人和赫卢利人与其他人分开,而是把他们统称为 foederati。伯里在此后谈及贝利萨留帅军出征西西里岛时,也是把军队中的"同盟者军队"与其他蛮族军队分开来说,只是他并没有直接使用"盟军"的称呼。普罗柯比谈到,贝利萨留"他从'外籍军团'(foederati,野战军)中挑选 5000 名骑兵和 1 万名步兵。在早些时候,那些不是以奴隶身份进入罗马政治体系中的蛮族人都被列入外籍兵团的名单中,因为他们当地那里还没有被罗马人征服,他们是在身份完全平等的基础上加入了罗马军队的。此名称源于罗马人称他们与敌人签订的条约为'对外条约'(foedera)。现在这个名称被广泛使用,因为随着时间的流逝,原来的名称不会一成不变,同样环境也随着统治者的愿望发生变化,以至于人们很少注意到他们使用的名称的最初含义"。笔者认为:"同盟者军队"是帝

---

① A. Cameron, *The Mediterranean World in Late Antiquity AD 395 – 600*, p. 108. J. B. Bury, *History of the Later Roman Empire*, vol. II, p. 127. [东罗马]普罗柯比:《战史》上,第 190、149 页。A. H. M. Jones, *The Later Roman Empire 284 – 602*, I, p. 273. J. A. S. Evans, *The Age of Justinian*, London: Routledge, 1996, p. 127.

国在征兵制以外招募的军队,正如普罗柯比所言,它内部的构成是不断变化的。在查士丁尼早期,他们的人员构成可能是国外的蛮族。但是到后来,其人员既有帝国臣民,也有外部的蛮族人。最为著名的事例是提比略组建的1.5万人的同盟者军队。这支军队就包含国内的臣民和外部的蛮族。这些"同盟者军队"是首领的私人军队,类似于日耳曼人中的亲兵队的组织。这些军队的首领的头衔是伯爵,他们从拜占庭帝国领取军饷。甚至蛮族可以以集体的方式加入军队中,他们保有自己的指挥官和一定的军队司法权力。"同盟者军队只想得到战利品。他们倾向于把自己视为独立的盟友。一次又一次表现不服从的精神。"但是,他们毕竟不是真正的独立的盟友。"同盟者军队"是拜占庭军队的组成部分,类似于军队中的辅助部队,需要服从拜占庭军队的纪律。但是盟军相对于拜占庭军队而言是他者,他们与拜占庭军队之间是战略合作关系。如这支军队中的匈人部队受到汪达尔人的拉拢,在战斗中持观望态度。而全军统帅贝利萨留不能用军纪去约束他们,只能通过分析利弊的说辞去劝说他们。[1] 除此之外还有真正的盟军(allied troops),即600名匈人和400名赫卢利人的弓箭手,另外有3万名水手。水手并不是作战人员。在拜占庭帝国中期,查士丁尼二世(Justinian II, 685 – 695, 705 – 711年在位)把生活在叙利亚和西里西亚之间的"马尔代特人"(Mardaïtes)迁徙到卡拉维希奥诺鲁姆军区,总数有1.2万人,他们成为这个军区的水手。"马尔代特人"有自己的指挥官,他们拥有的船只可以运载2000名卡拉维希奥诺鲁姆军区的海军人员。[2] 有500艘船只运送这支军队,另外有92艘战舰护卫。伯里认为出兵如此之少的原因有二:一是这个数量已经是能够在海上安全航行的最大兵力了;二是即使这支小规模的部队被歼灭,其失败造成的后果也是在可以接受的范围之内。[3]

　　汪达尔王国共有六位国王,即盖萨里克、霍诺里克、贡达芒杜斯(Gundamundus,485—496年在位)、特拉萨芒杜斯(Trasamundus,496—523年在

---

① J. B. Bury, *History of the Later Roman Empire*, p. 170, p. 137. [东罗马]普罗柯比:《战史》上,第149、176—177页。

② W. Treadgold, *A History of the Byzantine State and Society*, p. 332.

③ J. B. Bury, *History of the Later Roman Empire*, p. 127.

位)、希尔德里克盖利默。① 查士丁尼时期,该王国内外交困,也为贝利萨留的军队提供了良机。当时,的黎波里塔尼亚(Tripolitania)的罗马人和撒丁岛的汪达尔人司令官都已经背叛了汪达尔国王盖利默,宣布听命于拜占庭皇帝。盖利默没有想收复的黎波里塔尼亚,而是派出5000人的军队出征撒丁岛,这占了汪达尔人总兵力(3万人)的六分之一,因此削弱了其本土的防御力量。这次出征他还动用了120艘战舰②,这是汪达尔海军的主力。同时,盖利默又清洗军队中的异己势力,导致人心不稳。盖利默没有预料到会受到来自海上的威胁。

但是,汪达尔海军的力量因为它过往的声誉仍旧令人生畏,贝利萨留不得不考虑海上的补给和在北非的登陆点问题。然而,这两个问题都得到了较好的解决。东哥特摄政阿玛拉松塔准备逃往君士坦丁堡去,需要查士丁尼的善待,因此允许贝利萨留在西西里岛获得给养,甚至认为拜占庭战胜汪达尔人有益于东哥特人,因为汪达尔王国与东哥特王国存在着矛盾。③ 其实,阿玛拉松塔愿意提供方便还有两个原因。一是她一贯采取亲拜占庭的态度,把皇帝视为自己的靠山。每当出现政治危机时,她都设法寻求皇帝的援助。二是当时东哥特王国内外处境恶劣,迫使她更加依赖和尊敬皇帝。④

此时汪达尔人国内的情况比较糟糕。汪达尔人长期的宗教迫害政策使民众与王室疏远,汪达尔统治者担心叛乱但是不怕入侵,因此摧毁了除首都迦太基城以外所有城市的城墙。发生在撒丁岛和的黎波里塔尼亚的叛乱,以及之前摩尔人对其边境的骚扰,都削弱了他们的实力。但是汪达尔人仍旧拥有一支数量远超贝利萨留的军队。

9月初,拜占庭军队在非洲登陆。贝利萨留适时公开了查士丁尼致汪达尔贵族的公开信。"我们的目的并不是与汪达尔人开战,并不是要破坏与盖萨里克签订的协定。我们的目标只有一个:就是推翻你们的僭主。这个人无视盖萨里克的

① 根据崔艳红的《古战争》进行整理(崔艳红:《古战争》,第108-109页)。马锋:《查士丁尼时代军事战略研究》,博士学位论文,东北师范大学,2013年,附录。
② A. H. M. Jones, *The Later Roman Empire, 284-602*, Ⅰ, p. 273.
③ 东哥特国王塞奥多里克的姐妹先是嫁给了汪达尔未来的国王,但是在她的丈夫去世后,她被杀害。关于这件事情背后的政治斗争详情,见 J. B. Bury, *History of the Later Roman Empire*, p. 158.
④ J. B. Bury, *History of the Later Roman Empire*, vol. Ⅱ, p. 161.

遗嘱,囚禁你们的国王,杀死那些他憎恨的亲人,刺瞎了其他人的眼睛并把他们投入监狱里,让他们求死不能。因此,加入我们的行列,与我们一起把你们自己从这位邪恶的僭主的统治下解放出来,这样你们就可以享受到和平和自由。我们以上帝的名义保证我们会给予你们恩典。"①

拜占庭军队的突然登陆惊吓了盖利默。然而,他此前派出去镇压撒丁岛叛乱的汪达尔人主力舰队,此时却不能立即返回。当贝利萨留向迦太基城进军时,这位国王处决了希尔德里克,命令军队分为三个纵队在迦太基城南部十英里的德西姆(Decimum)伏击拜占庭军队。战斗在9月13日打响,第一支纵队由盖利默的兄弟率领,未按规定时间到达,被拜占庭的先遣部队歼灭了。第二支纵队遭遇到拜占庭军队中的匈人盟军,尽数被屠杀。最终,盖利默集结大军从德西姆出发去追逐拜占庭军队,但是他因埋葬兄弟而裹足不前,这就为贝利萨留留下了可乘之机。两军主力交战后,汪达尔军队一溃千里。盖利默却朝着首都迦太基城相反的方向逃跑。贝利萨留在9月15日进入汪达尔王国首都迦太基城。

虽然盖利默遭到惨败并且丢掉了首都迦太基城,但是军队的主力仍在。他召回了已经扑灭了撒丁岛叛乱的舰队,并且试图争取拜占庭军队中的匈人。盖利默在准备充分之后,寻找与贝利萨留的决战之机。在533年终,双方军队在距离迦太基城不远的特里卡玛里乌姆(Tricamerum)进行决战。贝利萨留再次击溃汪达尔军队。盖利默带领残余势力先是避难于摩尔人的山区,后来在不到一年的时间内就投降了。贝利萨留派兵抢占战略要地,确保撒丁岛、科西嘉、巴利阿里群岛(Balearics)、直布罗陀海峡的塞普特姆(Septem)港的安全。这样,拜占庭军队基本完成了对汪达尔王国的征服任务。

查士丁尼大喜过望。甚至在盖利默投降之前,皇帝就在534年11月21日宣布兼并汪达尔王国,为自己加上了"非洲的和汪达尔人的皇帝"的头衔②,他是延续此前罗马皇帝的做法,为自己加上汪达尔人和非洲的征服者的头衔。③ 查士丁

---

① J. B. Bury, *History of the Later Roman Empire*, p. 130.

② 有关拜占庭军队征服北非的花费情况,见 A. Cameron, *The Mediterranean World in Late Antiquity AD 395 - 600*, pp. 115 - 117.

③ J. A. S. Evans, *The Age of Justinian*, p. 132.

尼颁布敕令,宣告完成了征服任务。他在 534 年 4 月设置了民政机构首脑非洲近卫军长官。在非洲近卫军长官之下有 7 位行省总督,军队的最高指挥官是非洲军事长官(延续军政分离的传统),其下有 5 位都督(duces)。[①] 实际上,贝利萨留的副手所罗门(Solomon)后来既是军事司令官又兼任非洲近卫军长官的职务,"此后非洲的军政和民政机构从未分离开来"。这种军政合权的行政管理模式与拜占庭帝国其他地区的军政分权管理方式不同。它在 6 世纪后期得以完善,后来发展为军区制。[②]

贝利萨留在 534 年返回君士坦丁堡,随行押解盖利默和其他汪达尔俘虏,携带着汪达尔人掠夺的金银财宝。这几千名俘虏后来被编为五个军团,驻扎在东方防线。[③] 查士丁尼授予贝利萨留凯旋仪式,这项荣誉自从奥古斯都以来只有皇帝才能享有。这次颁授不仅显示皇帝的慷慨更是炫耀这次胜利。皇帝宣告:"由于上帝的仁慈,他不仅给予我们非洲及其全部行省,而且把汪达尔人占领罗马时一度夺走的帝国权柄归还给了我们。"[④]

胜利确实伟大但是任务并没有真正完成。虽然残存的汪达尔人被迁徙并被编入东方的军队,但是摩尔人继续从沙漠地带攻击新的非洲行政区。还有拜占庭军队中的兵变,加剧了北非的困境。查士丁尼创建了一支新的非洲军队由贝利萨留的副官所罗门率领。为了增强所罗门抵抗摩尔人的实力,皇帝任命他为非洲近卫军长官和士兵长官,这一军政合权有利于调动北非的人力和财力支持军事行动。[⑤] 这一地区直到 548 年才归于安定[⑥],即在名将约翰·特罗格利塔(John Troglita)掌权时期,战争才完全结束。拜占庭军队重建了罗马帝国在此地的边境线,建立边防军部队驻扎在边境上,这样就使野战军能够从非洲抽调出来。当然,查士丁尼也没有忘记他作为基督教皇帝的使命。在这块被征服的新领土上,基督教正统派的财产得到恢复,异教徒和所有异端被取缔。甚至犹太人的犹太会堂也

---

① A. H. M. Jones, *The Later Roman Empire 284 – 602*, I, p. 273.

② J. A. S. Evans, *The Age of Justinian*, p. 133. 徐家玲:《早期拜占庭和查士丁尼时代研究》,第 227 页。

③ A. H. M. Jones, *The Later Roman Empire 284 – 602*, I, p. 274. 埃文斯明确表示有 2000 名俘虏被编入东方边境的军队中。J. A. S. Evans, *The Age of Justinian*, p. 133.

④ 《查士丁尼法典》,I, 27, 1, 7。转引自[美]A. A. 瓦西列夫:《拜占庭帝国史》,第 213 页。

⑤ 有关军政合权利弊分析,见马锋:《从戴克里先到查士丁尼时代的军事变革》,《古代文明》2012 年第 4 期。

⑥ 有关 534—548 年的后续战事的详情,见 J. B. Bury, *History of the Later Roman Empire*, pp. 139 – 148.

被剥夺,他们的犹太会堂被改成了基督教教堂。① 在6世纪后半期,这个行省保持了和平和繁荣的状态。非洲是富裕之地,土壤肥沃,拜占庭帝国对非洲的再征服使得非洲能够为君士坦丁堡提供可观的谷物供应。②

三、 征服东哥特王国

征服意大利对于拜占庭帝国而言有三大意义:夺取故都,增强拜占庭帝国的权威;确保与罗马教会的再次统一;控制直通已经征服了的非洲的海路,确保西地中海的制海权。虽然意义如此重大,但是皇帝希望用微小代价吞并东哥特王国,查士丁尼最初的设想是通过外交方式不战而屈人之兵,武力威胁只当作辅助手段。

东哥特王国比汪达尔人更加强大,统治意大利超过一个半世纪,八位国王先后登基:塞奥多里克、阿塔拉里克、狄奥达图斯、威蒂格斯、伊蒂巴德(Lidibad,又译为伊尔迪巴杜斯,540—541年在位)、埃拉里克(Eraric,541年在位)、托提拉(Totila,541—552年在位)、提伊亚(Theia,又译为泰伊阿斯,552—553年在位)。③ 长期以来,拜占庭帝国承认东哥特国王是自己的代理人。

当查士丁尼计划入侵意大利这个名义上属于皇帝的国土,他就必须找一个出兵的理由。例如东哥特国王违背了皇帝的意愿,皇帝需要讨伐逆臣。查士丁尼希望的良机不期而至。在534年10月2日,阿玛拉松塔的儿子阿塔拉里克驾崩,阿玛拉松塔的统治根基摇摇欲坠。阿玛拉松塔一方面希望能够从皇帝查士丁尼那里继续获得支持,遂与查士丁尼商讨一个把意大利拱手让与他的秘密计划。另一方面,她选择了她的表弟狄奥达图斯继承王位,后者是塞奥多里克姐妹的儿子,是一位高度罗马化的哥特人,喜爱柏拉图哲学,此前以贪图享乐著称,并没有显露政治野心。他同意由她继续掌控实权,但是这位新国王违背诺言,囚禁她并在535年3月杀死了她。有一种说法认为阿玛拉松塔之死与查士丁尼的皇后塞奥多拉

---

① A. H. M. Jones, *The Later Roman Empire, 284 –602*, I, p.274.
② A. Cameron, *The Mediterranean World in Late Antiquity AD 395 –600*, p.116.
③ 根据[拜占庭]普洛科皮乌斯著:《普洛科皮乌斯战争史》、[东罗马]普罗柯比著《战史》进行整理。

有关系。塞奥多拉担心阿玛拉松塔来到君士坦丁堡后会吸引查士丁尼,所以伙同狄奥达图斯及其妻子,以及皇帝的使者彼得,共同策划了阿玛拉松塔之死。后世史家的判断大多来自普罗柯比的《秘史》和卡西奥多元老的《信件》。① 当查士丁尼知晓盟友被谋杀后,立即予以谴责,宣誓出兵讨伐。虽然在表面上,查士丁尼是抗议盟友遇害,实际上是恐吓狄奥达图斯,希望他能够拱手把意大利的统治权让与皇帝。皇帝的使节彼得(Peter)以查士丁尼的名义告诉狄奥达图斯,他所犯的罪行意味着"一场没有休止的战争"。虽然狄奥达图斯希望利用与皇后塞奥多拉的私人关系缓和危机,强迫罗马元老院致信查士丁尼吁求和平②,但是皇帝态度坚决,准备开战。

拜占庭的军队在南北两线同时出击。一路从陆路进军,皇帝命令蒙都斯入侵东哥特所属的达尔马提亚。另一路从海路出发,查士丁尼授命贝利萨留率领8000名将士入侵西西里岛。伯里详细谈到军队的构成,有4000人的正规军和同盟者军队,有伊苏里亚人、匈人和摩尔人组成的3000人的军队,还有几百个贝利萨留的私兵护卫,总兵力共计8000人。琼斯谈到,这支军队有7000正规军、500蛮族士兵和一些贝利萨留的私兵。③ 这对于控制制海权的拜占庭军队而言,比较容易。535年的八九月间,蒙都斯率军占领了达尔马提亚的主要城市萨罗纳,贝利萨留也夺取了西西里岛。这两地的征服为拜占庭军队进一步入侵东哥特王国建立了重要的基地。狄奥达图斯派罗马教宗阿伽佩图斯去见查士丁尼谋求和平。这位罗马教宗刚刚离开,皇帝的使节彼得就来到意大利,并恐吓狄奥达图斯,诱使他签订一份把意大利统治权让与帝国皇帝的秘密协定。

然而一场突发事件打乱了计划。一支东哥特军队在达尔马提亚杀死了拜占庭军队的当地统帅蒙都斯,并且夺回了萨罗纳。狄奥达图斯听闻这个消息后大喜过望,拒绝承认他同意出让意大利的协议,并且拘押了使节彼得。恰在这时,南线

---

① J. A. S. Evans, *The Age of Justinian*, p. 138. 卡西奥多元老保存了狄奥达图斯和其妻子致塞奥多拉的信件,见 Cassiodorus, *Variae*, p. 137 – 139。

② 元老院的代表携带狄奥达图斯的亲笔信前往君士坦丁堡。这封信的内容,见 Cassiodorus, *Variae*, pp. 140 – 141。

③ J. B. Bury, *History of the Later Roman Empire*, p. 170. A. H. M. Jones, *The Later Roman Empire 284 – 602*, I, p. 275.

的拜占庭军队的攻势也受到阻碍。此时非洲士兵反动叛变,贝利萨留不得不从西西里返回非洲,但是他刚刚开始其北非重建秩序工作,便又匆忙返回西西里阻止一场叛乱。

查士丁尼采取有力的措施应对外交和军事困局。查士丁尼选择康士坦提安(Constantinianus)继任蒙都斯的职位,指示康士坦提安率军重新占领萨罗纳,把东哥特军队驱逐出达尔马提亚。与此同时,查士丁尼重视地中海的制海权。他组织混合舰队,控制的区域包括多瑙河下游和东地中海,这样就保证了拜占庭军队能够用船只运输所需物资和控制海洋。

皇帝命令贝利萨留穿越地峡进军意大利半岛。拜占庭军队兵力微弱,但是狄奥达图斯却没有增援意大利半岛南部的驻军,其在意大利南部的东哥特卫戍部队兵力很少,许多东哥特军队控制的城市都望风而降。贝利萨留疾兵轻进抵达那不勒斯城下,派遣一支小股部队通过一段破毁的水道潜入城中,顺利占领了该城。时间是在 11 月初,距离开始围攻时已经持续了 20 天。东哥特人听闻那不勒斯陷落的消息后,废黜了狄奥达图斯,在 536 年 12 月选举将军威蒂格斯为新国王。[①] 他不是阿马尔家族的成员,但此时阿马尔家族成员已经没有合适的王位继承人了。威蒂格斯被推举为国王,是因为他在此前与格庇德人的战斗中获得了一些功绩。

威蒂格斯此后做了三件事情:一是主动求和。威蒂格斯寄给查士丁尼一封求和信[②],但查士丁尼意志坚决,决意要消灭东哥特王国,拒绝了威蒂格斯的求和;二是实行战略收缩,重点防卫首都拉文纳。威蒂格斯放弃了重兵防卫罗马城的战略,只留下 4000 人防守罗马城,而把主力撤回拉文纳。同时,他与北方的敌人法兰克人议和,答应他们的条件,这样他就可以把驻扎在北部边境的东哥特军队主力调回,以对付迫在眉睫的贝利萨留的侵略军。因为在 534 年法兰克人已经吞并了勃艮第王国,成为东哥特王国的近邻。[③] 法兰克人虽然此前已经接受了查士丁

---

① 威蒂格斯此时是国王狄奥达图斯任命的对抗拜占庭军队的全军统帅。[拜占庭]约达尼斯:《哥特史》,第 192 页。

② Cassiodorus, *Variae*, pp. 143 - 144.

③ 有关法兰克人的内部斗争以及他们占领高卢和勃艮第王国的详细情况,见 Agathias, *The Histories*, pp. 10 - 12。

尼的邀请,共同对抗基督教异端东哥特人,但是他们也垂涎东哥特王国准备割让的高卢领土。"法兰克人接受了双方的邀请,准备寻找时机为他们自己的利益参战。"①威蒂格斯做的第三件事,就是稳固自己的统治,他派出一位仇恨狄奥达图斯的杀手,杀死了狄奥达图斯,强娶阿玛拉松塔的女儿马塔苏恩塔(Matasuntha),使自己与阿马尔家族建立姻缘关系,以此寻求继承王位的合法性。②另外,威蒂格斯使用政治手腕笼络东哥特贵族,提升东哥特军队的士气。③威蒂格斯明确意识到战争只能依靠东哥特人自身的力量,抛弃了其他国王一度希望能够获得意大利民众支持的幻想。

罗马城的东哥特卫戍部队人数太少而不能够有效防御城墙。罗马教宗西尔维乌留斯(Silverius)说服市民接纳贝利萨留的军队,东哥特守城部队趁机撤出罗马城。在536年9月9日,贝利萨留率军占领了帝国的古都。他在征服过程中分兵驻守西西里岛与意大利南部和中部,此时,贝利萨留手下的兵力并不多。他手下防卫罗马城的军队仅有5000名士兵。在537年2月,威蒂格斯了解实情后,决定围攻罗马城。威蒂格斯的军队有15万人,大部分是身穿铠甲的重装骑兵。④此战的兵力对比达到了30∶1,贝利萨留在给查士丁尼求援的信中提到,他麾下的士兵只有5000人,而围攻的敌人有15万人。⑤贝利萨留发挥拜占庭军队善于守城的特点,依靠罗马城的地理条件对抗威蒂格斯的大军,并且分兵据守另外两座城镇,使它们与罗马城形成互为犄角的战略防御体系。面对威蒂格斯的大军围困,贝利萨留请求查士丁尼给予必要的供应。4月,皇帝派来一支由蛮族组成的1600人的军队支援贝利萨留⑥,但这远远不够。

查士丁尼在开战之初低估了征服意大利的难度。当查士丁尼看到贝利萨留在一年的时间仅用1.5万人就占领了北非时,便臆想能够用8000人的兵力占领意大利。贝利萨留在罗马苦等援助的数月内,展现出罕见的军事才华,击败了无

① A. H. M. Jones, *The Later Roman Empire 284–602*, I, p. 276.
② Cassiodorus, *Variae*, p. 13; Procopius, *History of the Wars*, III, p. 117.
③ 威蒂格斯登基伊始公开发表了一封致哥特贵族的信件,见 Cassiodorus, *Variae*, pp. 142–143。
④ J. B. Bury, *History of the Later Roman Empire*, p. 181.
⑤ [东罗马]普罗柯比:《战史》上,第293页。
⑥ A. H. M. Jones, *The Later Roman Empire 284–602*, I, p. 276. [东罗马]普罗柯比:《战史》上,第300页。

数次的围攻,并且使东哥特军队也陷入困顿。最终,在 537 年 12 月,约翰(John)率领一支 5600 人的部队达到罗马城①,还有普罗柯比从那不勒斯召集的 500 人。贝利萨留在获得援兵之后,主动派兵抢占战略要地。双方军队在这场漫长的拉锯战中都陷入了困顿。东哥特人派出使节请求议和,却被贝利萨留拒绝了。贝利萨留认为,塞奥多里克"从未想到过要把土地还给它合法的主人,而我认为那些以武力夺取别人土地的行为与不愿归还邻居财产的个人行为是相同的。我是不会将皇帝的国土让给别人的。"②

在 538 年初,约翰率军扫荡并占领了位于拉文纳南部的里米尼(Rimini),威胁着东哥特王国的首都拉文纳,此地距离拉文纳仅有一天的路程。538 年 3 月中旬,威蒂格斯解除了已经持续一年零九天的对罗马城的围困。③ 到了夏天,宦官纳尔泽斯率领的一支 7000 人的拜占庭军队在意大利登陆。这支军队包括 5000 人的拜占庭正规军和 2000 名赫卢利人辅助军队。④ 然而纳尔泽斯和约翰却因为阿里米尼(Ariminum)的战事与贝利萨留心生间隙。在阿里米尼战事进行的同时,贝利萨留派兵向北扩大战果,占领了热那亚和米兰。但是纳尔泽斯拿出皇帝给他的命令,用其中模棱两可的话,拒绝服从贝利萨留的命令,与约翰一起去占领埃米利亚。

虽然拜占庭军队不断在意大利战场增兵,但是兵力仍旧远少于对手。更糟糕的是,法兰克人决定背叛与查士丁尼的约定,派出 1 万名勃艮第志愿军支援东哥特人。⑤ 勃艮第志愿军与东哥特人一起围攻米兰城,另外一支东哥特军队包围了里米尼。纳尔泽斯拒绝服从贝利萨留解救米兰城的命令,不肯调兵救援,使得东哥特人在 539 年 12 月重新占领并摧毁了米兰城。普罗柯比记载,有 30 万男性市民被屠杀,妇女悉数被卖给勃艮第人。⑥ 东哥特人占领米兰城一事震撼了拜占庭

---

① J. B. Bury, *History of the Later Roman Empire*, p. 188.

② [东罗马]普罗柯比:《战史》下,第 323 页。

③ J. A. S. Evans, *The Age of Justinian*, p. 131. 约达尼斯在他的书中谈到这次围攻持续了 14 个月。[拜占庭]约达尼斯:《哥特史》,第 186 页。

④ J. B. Bury, *History of the Later Roman Empire*, p. 197.

⑤ A. H. M. Jones, *The Later Roman Empire 284 – 602*, I, p. 276.

⑥ [东罗马]普罗柯比:《战史》下,第 356 页。

军队,许多拜占庭城防部队放弃了抵抗。东哥特人再次占领了整个利古里亚地区。拜占庭军队在战场上的局势急转直下。当查士丁尼得知消息后,他立即意识到必须统一指挥并召回了纳尔泽斯,任命贝利萨留为全军总统帅。

这时东哥特人面临着双重危机。一方面法兰克人劫掠了意大利北部,对哥特人造成的伤害远大于对拜占庭人的伤害。在这之后,东哥特人停止抵抗,只是坚守他们的城堡。另一方面,贝利萨留在539年扫清了波河以南几乎全部领土后,准备集中兵力攻击东哥特首都拉文纳城。威蒂格斯为了摆脱困境,采取了两项措施,一是积极寻求其他欧洲蛮族人的援助;二是希望能够与波斯人结盟,促使波斯人从东方牵制拜占庭军队。

在是年年终,贝利萨留获得了伊利里亚军队的增兵,他们经由达尔马提亚而来,进而把威蒂格斯围困在拉文纳。威蒂格斯看不到解救的希望,公开要求和谈。查士丁尼接受了和谈请求,因为意大利战场占用了太多的兵力,北非领地急需支援,从534年开始,那里就一直遭受摩尔人的攻击,而且拜占庭在非洲的驻军于536年发生严重的兵变,三分之二的将士参加了起义,因此北非急需增兵。另外,540年,拜占庭帝国开始准备在东线与波斯重新开战,因为波斯国王科斯劳埃斯在539年接待了东哥特使者,同意出兵入侵拜占庭领土。其实科斯劳埃斯此前就想摆脱与拜占庭人和约的约束,科斯劳埃斯在国内稳固王位后,极力希望缩短532年签订的无期限和平条约。科斯劳埃斯认为拜占庭军队正在西方鏖战是可乘之机,他准备让盟友莱赫米阿拉伯人劫掠叙利亚。在波斯人威胁下,查士丁尼决定结束东哥特战争以应对波斯人的挑衅,或者至少让贝利萨留能够从意大利战场抽身去东方迎战波斯人。

出于以上考虑,540年初,查士丁尼的使节提供给威蒂格斯一份非常宽大的和约,要求获得东哥特王国一半的财富和所有波河以南的土地。这些条款虽然为威蒂格斯所接受,但是贝利萨留并不同意,他认为最后的胜利指日可待,担心日后东哥特人会从波河以北的领地入侵拜占庭控制的意大利领土。这使得东哥特人和威蒂格斯不得不与贝利萨留和谈。他们要求贝利萨留成为一个复苏的西部帝国的皇帝并且愿意臣服于他。虽然贝利萨留实际上忠于查士丁尼,但是他假装应许哥特人的请求,却不知自己做了一个缺乏政治考虑的错误决定。"决定议和不是全军统帅的事情。它完全是皇帝的事务。"①皇帝授予贝利萨留的权力是代替皇帝行使最高统帅权,并没有赋予他外交权,宣战和媾和的权力仍旧掌握在皇帝手中。贝利萨留作为前线指挥官,从军事斗争的角度考虑,接受东哥特人的条件看起来没有问题,但这是一种越权的行为,引起查士丁尼的不满。

贝利萨留在模棱两可的表态后,于5月进入了拉文纳,俘获了威蒂格斯。② 随后,北部的东哥特人大部分闻风而降,直到贝利萨留带着威蒂格斯和东哥特王国的财富乘船驶往东方时,东哥特人才意识到贝利萨留忠于皇帝,欺骗了他们。然而到那时,拜占庭军队对意大利的再征服像重新征服非洲一样实际上已经完成了。帝国疆域扩大了,似乎只付出了很小的代价。查士丁尼把贝利萨留从意大利召回之后,并没有任命新的全军统帅,而是在军队中分割军权。同时,意大利被征服的领土并没有能够建立有效的民政统治机构,可见查士丁尼的决策存在一定的问题。在拜占庭军队完成军事征服后,皇帝本应该立即在新征服的领土上建立统治机构,结束战时状态,建立社会秩序,恢复社会安定,就像他曾经在北非采取的措施一样。但是查士丁尼没有这样做。结果,驻守在意大利的将军们失去了约束,纵容士兵大肆掠夺。皇帝派来的负责税收事务的亚历山大(Alexander)竭尽所能勒索财富,把意大利作为被征服的行省榨取财富来弥补国库的亏空。他要求那些曾经在东哥特朝廷任职的意大利官员贡献自己全部的财产。意大利民众对皇帝的军队的好感逐渐消逝了,他们中的部分人又开始同情东哥特人了。

540年春季,波河以北的东哥特人推举伊蒂巴德为新国王。伊蒂巴德利用当时在意大利的拜占庭驻军的混乱情况,不断积聚力量,重新占领意大利北部很多地区。正当拜占庭将军们无计可施之时,伊蒂巴德却由于个人恩怨在541年5月被谋杀。这时曾经依附于奥多亚克的鲁吉安人(Rugian,有译为卢吉人)利用东哥特王国群龙无首之机,推举他们的族人埃拉里克成为国王。普罗柯比认为鲁吉安人是属于哥特人的一个族群,不与其他族群混居。罗三洋在《哥特史》的注释和附录中谈到,鲁吉安人是东日耳曼民族,与哥特人一样其祖源地都是斯堪德扎岛,

---

① J. B. Bury, *History of the Later Roman Empire*, p.214.
② 约达尼斯谈到贝利萨留在此时还打败了入侵意大利的法兰克人。[拜占庭]约达尼斯:《哥特史》,第193页。但是普罗柯比并没有记载,后人的著作中也未提及此事。

他们依附于哥特人,在488年被奥多亚克吞并。[①] 但是埃拉里克的统治只持续了五个月。在他统治时期,埃拉里克说服东哥特人同意派出使节与皇帝议和,但是他私下里却希望把意大利北部出卖给皇帝,以换取个人的财富。哥特人对埃拉里克无心备战非常不满,大约在541年的9月或10月,他们选择伊蒂巴德的侄子托提拉取代埃拉里克。

托提拉面临严峻的状况,他手下只有5000名哥特士兵,而拜占庭的驻军有1.2万人。[②] 但是托提拉采取政治和军事双管齐下的措施,赢得了意大利民众的支持,拜占庭的将军们只能各自躲在城墙坚固的城市里面。在瘟疫到来之前,皇帝派往意大利的部队已经足够击垮东哥特人。542年初,一支1.2万人的拜占庭军队把托提拉从维罗纳驱逐出去。但是,查士丁尼再次犯了分割兵权的错误,拜占庭将军们互相争执,滞留于维罗纳城外面而不入,被极少的敌人击败。托提拉向南行军,在佛罗伦萨城附近再次击败了拜占庭军队。他继续畅通无阻地向南进军,占领了兵力虚弱的城镇并围困了那不勒斯。托提拉很有战略眼光,在获得陆上大捷的同时,他还建立了一支舰队。这支舰队成功地拦截了两支从君士坦丁堡而来的小规模增援舰队,打破了拜占庭军队对海洋的控制。皇帝查士丁尼为了解决现实困境,采取了多种方式,但是都没有效果。查士丁尼为了解决指挥权分散问题,任命马克西敏(Maximin)为意大利的近卫军长官,负责军政大事,全权负责意大利的战事,在他下面还任命了一名意大利士兵长官。然而,拜占庭军队救援不力,那不勒斯最终在543年的3月或者4月被东哥特人占领。

托提拉在占有全局优势的情况下,在544年春天开始了对罗马城的围攻。这是哥特战争中第二次罗马城围攻战。罗马城由于是帝国的旧都,对于双方而言都具有重要的战略意义。无论哪一方占领罗马城,都会获得象征性的全局的主导权优势。因此,罗马城的安危是皇帝查士丁尼最关心的问题。查士丁尼下定决心把贝利萨留从东方战线召回,让他重返意大利战场。自从贝利萨留离开意大利之后,拜占庭军队在意大利的局势急转直下。这可以说明,在当时只有贝利萨留能

---

① ［东罗马］普罗柯比:《战史》下,第382页。［拜占庭］约达尼斯:《哥特史》,第263页。
② A. H. M. Jones, *The Later Roman Empire 284 – 602*, I, p. 288.

够维持或者改变拜占庭军队在意大利的不利局面。然而,查士丁尼因为对贝利萨留产生了猜忌,并且东方战线的危险程度远超过意大利战场,所以他在很长的时间内把贝利萨留放在东方战线。

544 年夏天,贝利萨留率领一支主要由来自色雷斯和伊利里亚将士组成的 4000 人军队从伊利里亚出发救援意大利,在秋天的时候抵达拉斯文纳。贝利萨留发现意大利大部分地区都已经落入东哥特人手中,而拜占庭远征军实力消耗殆尽。正当贝利萨留恢复指挥权时,一支匈人军队入侵伊利里亚,这影响了进军意大利的伊利里亚军队,他们在知晓了自己的家乡正遭受入侵时,便突然在某一个夜晚不辞而别,返回了家乡,这严重削弱了贝利萨留的兵力。虽然如此,贝利萨留仍旧派兵去解救罗马城,并且在 545 年夏天向皇帝请求援兵。① 托提拉趁机加强对罗马城的围攻,同时派兵扫清了埃米利亚地区的拜占庭残余部队,使得罗马城愈发处于孤立无援的境地。贝利萨留此时没有兵力去救援罗马城,只好采取另外的战略安排。他放弃驻守拉文纳的大本营,亲自率军占领罗马城周围地区,逐步推进接近罗马城。

查士丁尼在与波斯人停战之后,得以抽出兵力驰援西部。在 545 年秋季,皇帝派出一支规模较大的援军到意大利,由将军约翰率领。同时,纳尔泽斯被派往赫卢利人那里招募援军。但是在派出这些援军的同时,皇帝经常担忧遥远的西部会出现叛变,再一次分割指挥权,导致约翰拒绝与贝利萨留合作。托提拉正在围困罗马城,贝利萨留计划通过水路到达罗马城的港口来解救这座城市,同时命令约翰从南部经由陆路进军。但是约翰热衷于收复南部意大利,没有他的帮助贝利萨留则不能解围。此后,仍旧待在罗马城里的市民或者饿死或者离开。一些卫戍部队的士兵背叛了罗马城,其余的 3000 人逃跑了。546 年 12 月 17 日,托提拉占领了几乎残破的罗马,城中的市民仅有 500 人左右。罗马城的沦陷对于拜占庭帝国而言是一个沉重的打击。罗马城陷落的原因主要是军事上的。首先,查士丁尼战略指挥的失败是最主要的原因。他的战略安排,先是导致意大利远征军指挥权的分散,长期没有统一的指挥,使得东哥特军队能够对拜占庭军队分割包围。查

---

① 普罗柯比的作品保留了许多贝利萨留的信件和谈话。这次请援信件的内容,见[东罗马]普罗柯比:《战史》下,第 402 - 403 页。

士丁尼本来希望意大利能够提供给驻军必要的物资,而无须帝国政府的支持,但是其税吏的搜刮和中饱私囊使得这个目标并不能实现。查士丁尼在544年派贝利萨留重回意大利之前,并不给意大利远征军必要的人力和物力支援,从而导致意大利驻军欠饷严重,士气低下。[①] 这也是查士丁尼犯的致命的战略错误。其次,贝利萨留返回意大利后并没有获得足够的指挥权,拜占庭将军约翰和罗马守城将军贝萨(Bessas)都不听从他的命令,无法实现军队在战争中的合作,而贝利萨留自己率领的有限兵力又不能打破托提拉大军对罗马城的围困。当然,由于东方战线吃紧,拜占庭帝国无法抽调大量兵力援助意大利也是客观情况。

托提拉希望借助占领罗马城的有利时机,寻求与拜占庭帝国议和。[②] 虽然托提拉在信中提到,他的意图并不是建立类似于高卢和西班牙那样的蛮族独立国家,而是恢复到以前两国名义上的藩属状态,但是皇帝拒绝谈判。他答复使者,他正在全力准备战争,议和之事由贝利萨留决定。查士丁尼拒绝接受托提拉议和,可能有一个重要原因。即在540年5月贝利萨留已经俘获了东哥特国王威蒂格斯,占领了东哥特首都拉文纳。查士丁尼和国人都认为已经实现了帝国军队收复意大利领土的使命,可以宣告胜利了。此后的东哥特人的抗争,只能被视为是征服后的残余势力的叛乱,就如534年11月之后的北非的情况一样,汪达尔王国已经毁灭了,后来的斗争只是平叛残余的势力。这可以用来解释约达尼斯的写作问题。约达尼斯作为一名从东哥特王国进入拜占庭帝国的史家,他对东哥特人和拜占庭帝国都极力歌颂,但是对威蒂格斯之后的东哥特王国的三位国王都只字不提,其书成于551年,正是托提拉与拜占庭军队激战之时,这可能决定了约达尼斯秉承拜占庭国内的态度。同样的情况也出现在卡西奥多元老的文献中。卡西奥多元老与约达尼斯有着类似的经历,他对于东哥特人和罗马人(包括拜占庭人)都同样心存敬意,但是他的《信件》收录的威蒂格斯之后的东哥特国王的信件非常少,反而是普罗柯比的著作对这一阶段的历史记载比较详细。然而与此前的历史记载相比较,这部分内容的厚度也不如此前。虽然可以认为,普罗柯比写《战史》的目的是突出贝利萨留的功绩,而贝利萨留在此后的战斗中不再是战无不胜

---

① A. H. M. Jones, *The Later Roman Empire 284 - 602*, I, p. 289.
② 托提拉致查士丁尼的信件的内容,见 J. B. Bury, *History of the Later Roman Empire*, p. 243。

的形象,并且有可能普罗柯比并没有参与后期的战争,他留在君士坦丁堡,远离意大利战场。但是笔者以为他对这部分内容的记载也可能受到拜占庭国内的态度影响,只是普罗柯比是一位良史,能够一定程度上关注史学本身。阿伽提阿斯的著作则是从托提拉战死之后开始叙述,所以现在可见的原始文献较少关注从威蒂格斯被俘到托提拉战死之间的东哥特王国的历史。①

　　托提拉占领了罗马城之后,他与贝利萨留之间的攻守之势发生了转变。但是,他急切地希望在意大利南部扩大战果,而不是固守罗马城。547年初,托提拉放弃了空城罗马城,发兵收复南部意大利的失地。贝利萨留却利用托提拉离开之机再次占领了罗马城,迅速重建它的城墙。托提拉既不能从贝利萨留手中夺回罗马城,也无望在意大利南部彻底击溃约翰。意大利战事因此陷入僵持阶段。

　　然而,贝利萨留被皇帝轻易召回,他不得不在549年初离开意大利并解甲归田。查士丁尼先是把意大利的指挥权授权给他的表弟日耳曼努斯,但是他发现了一场密谋推举日耳曼努斯称帝的阴谋后改变了主意。意图谋杀皇帝的叛乱者计划在贝利萨留回到首都与皇帝在皇宫密谈时,把皇帝和贝利萨留都杀掉,然后拥立日耳曼努斯为皇帝。但是日耳曼努斯忠诚于皇帝,把这个计划提前告知了查士丁尼。查士丁尼经历了皇后去世和548—550年这次未遂政变,性情出现了变化,他猜忌其手下最有才华的两位将军贝利萨留和日耳曼努斯。此后,他更多地依靠年老的将军,因为他们对其皇位的威胁比较小。② 在他调查日耳曼努斯的罪行时,并没有耽搁准备增援意大利的工作,皇帝把指挥权授予利贝里乌斯(Liberius),他是一位年老的意大利人,曾经在塞奥多里克手下担任过意大利的近卫军长官,还长期担任埃及的近卫军长官。"这是一项奇怪的任命。利贝里乌斯是一位在奥多亚克和塞奥多里克统治时期为他们服务的有能力的民政官员,他缺乏军事经验,并且现在已经是80多岁的老人了;他获得任命的原因必定是因为他是一位意大利人,这项任命会激发意大利人的信心。"③

---

① J. B. Bury, *History of the Later Roman Empire*, p. 243. [东罗马]普罗柯比:《战史》下,第424页。[拜占庭]约达尼斯:《哥特史》,第9页。

② [东罗马]普罗柯比:《战史》下,第445—446页。

③ J. B. Bury, *History of the Later Roman Empire*, p. 252.

549 年夏天,第三次罗马围攻战开始。但是这时罗马城的拜占庭守军仅有
3000 人。550 年 1 月 16 日,罗马守城部队中的伊苏里亚人第二次背叛了拜占庭
人,再次为东哥特人打开城门。托提拉此时认识到,罗马城在世人眼中的特殊地
位,这次他选择重建罗马城,并且为它充实人口。占领罗马城后,托提拉又夺回了
除拉文纳和安科纳(Ancona)之外的大部分意大利领土,他的舰队入侵西西里岛。
同时,托提拉希望利用占领罗马城的有利局面,从整体上改变东哥特人面临的困
境。首先,托提拉希望能够迎娶法兰克国王的女儿,以获得法兰克人的援助。但
是法兰克国王不承认他是意大利的国王,拒绝了他的求婚。其次,托提拉再次企
图与皇帝和谈,也未能够成功。托提拉在这两次外交努力失败之后,又开始全力
积极备战。

利贝里乌斯带领拼凑的少量军队匆忙来到西西里岛,但是他的兵力仅能够保
卫城镇,不得不任由托提拉劫掠乡村。查士丁尼意识到利贝里乌斯的军队并不能
改变战局,并且也了解到日耳曼努斯对最近的密谋不承担责任,因此,重新任命日
耳曼努斯担任意大利军队的统帅。皇帝帮助日耳曼努斯聚集了一支大军,包括招
募的新兵以及来自伊利里亚和色雷斯的士兵。日耳曼努斯为了提高他在东哥特
人中的地位,迎娶了马塔苏恩塔,她是塞奥多里克的外孙女和威蒂格斯的遗孀,阿
马尔家族的成员。阿马尔家族是东哥特人世袭的王族,其成员在东哥特人中享有
巨大的威望,而王室女性也拥有较高的地位。当日耳曼努斯率领拜占庭军队征讨
的消息传到东哥特王国时,引起东哥特人的恐慌。他们认为日耳曼努斯是阿马尔
家族的成员,具有不能够抵抗的合法性统治权。约达尼斯对于这场婚姻的态度在
东哥特王国内具有一定的代表性。他认为这是皇室与东哥特王室的伟大联姻。
他们二人所生的孩子是罗马人和哥特人所共有的灿烂新星。[1] 然而,不幸的是,
日耳曼努斯不久却因病去世。

到 551 年,查士丁尼有了足够的人力和钱财,决定派出压倒性的兵力入侵意
大利。他把远征意大利的任务交给宫廷宦官纳尔泽斯,后者仅有的重要军事经验
是在尼卡暴动中的初试身手,以及 539 年在意大利战场的不如意经历。当纳尔泽

---

① Procopius, *History of the Wars*, V, p. 33. [拜占庭]约达尼斯:《哥特史》,第 186 页。

斯获得任命时已经是 70 多岁的老人了,与查士丁尼最近任命的利贝里乌斯的年龄相仿。查士丁尼自己也已经 69 岁了,他希望不要出现更多的将军成为潜在的皇位威胁者,诸如贝利萨留、日耳曼努斯或者将军约翰等人。一旦确信不会有阴谋中断他的战事安排,他就赋予他的统帅全部的权力。年老并没有削弱查士丁尼的雄心,他认为其军事能力完全能够胜任西征的伟大使命。

此时仍然驻留在意大利的将军约翰派出船只去解救被围困的安科纳城,这些援军不仅成功解围,而且摧毁了东哥特人的亚得里亚海舰队。托提拉仍旧拥有强大的海上力量,他派舰队占领了科西嘉岛和撒丁岛。但是,他似乎并没有期望能够说服查士丁尼以接受他的条款缔结和约,皇帝一直断然拒绝接见托提拉的众多使节。"他如此痛恨东哥特人,以至于他决定把他们的名字从罗马世界的地图上抹去。"①此后,纳尔泽斯与约翰在萨罗纳会师,准备在第二年春季再度入侵意大利。他准备了 2.5 万人的军队和充足的补给。②

552 年春天,纳尔泽斯从达尔马提亚进军意大利。他推进得比较慢,因为他担心会受到法兰克人的攻击,这些法兰克人经过托提拉的允许占据了波河河谷地带。纳尔泽斯也可能担心那些正在附近与帝国的盟友伦巴第人交战的格庇德人。但是伦巴第人经过一场激战打败了格庇德人,解除了格庇德人对纳尔泽斯的军队带来的可能威胁。纳尔泽斯选择沿海岸线行军避开了法兰克人,抵达拉斯文纳,聚集了更多的部队,并绕过哥特人控制的里米尼,直接向罗马进军。552 年 6 月,纳尔泽斯在亚平宁山区的布斯塔高卢(Busta Gallorum)与托提拉的军队遭遇,双方都准备在此地进行一场决战。

托提拉率先命令军队发动攻击,用一支骑兵与纳尔泽斯的步兵战斗。然而,这支哥特骑兵受困于拜占庭的弓箭手,未能突破拜占庭军队的防线。哥特骑兵在遭受到巨大损失后溃退了,践踏后撤的步兵。东哥特军队有 6000 人在这场战斗中战死,更多的人在投降后被杀。托提拉自己也受了致命伤,最终病故,幸存下来

---

① J. B. Bury, *History of the Later Roman Empire*, p. 260.

② 这支军队的具体人数很难知晓。伯里估计总兵力有 2.5 万人,包括伦巴第人、赫卢利人、格庇德人、波斯人。外国辅助军队的数量少于 1.1 万人,其余的部队来自色雷斯和伊利里亚的军队。J. B. Bury, *History of the Later Roman Empire*, pp. 261 - 262.

的少量哥特人推举提伊亚为托提拉的继承人。虽然东哥特人仍旧控制着意大利众多地区,但是他们的兵力远少于纳尔泽斯的总兵力。

托提拉作为东哥特王国后期最有作为的国王得到后世史家的公平评价。伯里认为,托提拉在执政的 11 年时间里,施展自己的才华,几乎收复了整个意大利,只有三四个城镇除外。在获得军事胜利的同时,他积极进行外交活动,希望能够获得法兰克人和波斯人的援助,更希望能够通过外交活动结束与拜占庭帝国的战争。他的成功得益于拜占庭帝国暂时的困境和查士丁尼用人的优柔寡断。当查士丁尼集中人力物力彻底结束意大利战事时,托提拉的力量便无法匹敌了。[1] 他的不幸还在于他能够动用的资源有限,东哥特王国此时已经行将就木。普罗柯比也给予这位哥特领袖应有的肯定,悲叹"他最后的结局与过去的功绩大不相称"[2]。

纳尔泽斯乘胜继续战斗,猛攻罗马城。罗马城中的哥特卫戍部队人数太少而不能固守,放弃了抵抗。这是罗马城在这场战争中第五次被攻占。随后,纳尔泽斯向南进军,包围了库迈(Cumae)城,哥特人把他们的国库放在那里。提伊亚仍然坚持战斗。他先是杀死了他控制下的包括许多元老在内的人质,随后聚集残余军队解救库迈。553 年 10 月,纳尔泽斯的军队把提伊亚的人马围困在坎帕尼亚的拉克塔留斯山(Mons Lactarius),经过两天的战斗,提伊亚和大部分东哥特将士战死。最后,纳尔泽斯同意哥特人参与势力承诺离开意大利的情况下放他们一条生路,哥特人的数量锐减到微不足道的程度。纳尔泽斯控制之外的领土只剩下库迈、托斯卡纳大部,以及被哥特人和法兰克人分割占领的波河河谷地带。残余的东哥特人无心选择另一位国王组织抵抗,他们只是寄希望于法兰克王国的援助。但是,东哥特人内部对于向法兰克人求援一事意见不一,波河以北的东哥特人派出使者出使法兰克宫廷,而其他地区的东哥特人则冷眼旁观,他们对于族群的命运不再抱有期望。[3] 哥特人在托提拉去世时已经丧失了必胜的信念,提伊亚的去世则使他们放弃了最后的抵抗,他们认为是上帝注定其失败。他们不愿意成为皇

---

① J. B. Bury, *History of the Later Roman Empire*, pp. 268 - 269.
② [东罗马]普罗柯比:《战史》下, 第 547 页。
③ Agathias, *The Histories*, p. 13.

帝的臣民,只求能够在拜占庭国境之外谋求独立的生活。他们的要求被应允,从此不再与帝国为敌。普罗柯比写道:"哥特战争在第 18 年时结束了(553 年),哥特战争也结束了。"但是,阿伽提阿斯的记载与普罗柯比的记载有一定的出入。他写道:纳尔泽斯给予他们的投降条款意味着他们将不受干扰地拥有自己的财产,条件是从此以后他们继续成为皇帝的臣民。笔者更倾向于阿伽提阿斯的记载,因为此后的东哥特人离开了意大利,他们出现在拜占庭帝国的军队中,既有在东方波斯战场参战,也有在克里米亚半岛充当拜占庭守军。随着战争的消耗,东哥特人在拜占庭帝国史中逐渐不见了踪迹。[1] 这句话如此简单,但是这场战争却如此艰巨,它对意大利当地人、东哥特人和拜占庭人而言都是一场挥之不去的噩梦。

当纳尔泽斯彻底征服了托斯卡纳和占领库迈时,一支阿勒曼尼人和法兰克人组成的 7.5 万人的大军在 553 年春季进入意大利北部。[2] 这个地区仍旧控制在法兰克人和东哥特人手中。这些新来者更热衷于劫掠而不是占领,554 年,他们兵分两路蹂躏了乡村。其中一支军队劫掠了整个意大利的东部海岸地区,但他们败退后,其中许多人死于疾病,绝大部分的战利品都被拜占庭军队获得。另一支军队劫掠了整个西海岸地区,最终在卡普亚附近被纳尔泽斯击溃。这样,纳尔泽斯就完全征服了波河以南的地区,除了一个要塞坚持到次年春天才被攻陷。仅有少数的东哥特人和法兰克人仍旧待在波河以北。查士丁尼认为他完成了对意大利的征服,颁布一项法令重建该地的统治机构。[3] 意大利最后的零星战斗于 562 年 11 月结束了,事实上从 554 年开始,意大利人已经可以享受和平了。[4]

四、 出兵西班牙

534 年,贝利萨留曾经派兵占领直布罗陀海峡,其目的只是从军事方面考虑,

---

[1] 这个说法出自[东罗马]普罗柯比:《战史》下,第 554 页。Agathias, *The Histories*, p. 9.

[2] 军队的人数,见 J. B. Bury, *History of the Later Roman Empire*, vol. Ⅱ, p. 275; Agathias, *The Histories*, p. 16。

[3] 诏书的中文版参见张书理:《查士丁尼〈国事诏书〉译注》,《古代文明》2013 年第 4 期。

[4] 普罗柯比、卡西奥多、约达尼斯的著作中都没有详细记载纳尔西斯与东哥特人余部和法兰克人的斗争历史。这部分历史的详细情况,见 Agathias, *The Histories*, pp. 9 – 47。

防止西哥特人出兵援助汪达尔人。但是此时，无论是查士丁尼还是贝利萨留都没有表现出征服西哥特王国的意图。当拜占庭军队在意大利的军事行动胜利在望之时，查士丁尼接见了一位来自西哥特王国的使节。这需要交代一下西班牙此时的状况：在过去的三年里两任西哥特国王都惨遭杀害，第三任国王阿吉拉（Agila，549－554年在位）的统治也岌岌可危。当地罗马人发动叛乱，占领了重要城市科尔多瓦（Cordova）。阿吉拉企图派兵夺取该城，但是却被叛乱者打败。此后，一支西哥特人军队在阿塔纳吉尔德（Athanagild，554－567）的领导下在塞维利亚（Seville）附近发动了叛乱，但阿塔纳吉尔德的实力远远小于阿吉拉的兵力，他只能寄希望从皇帝查士丁尼那里获得援兵。

除了查士丁尼，几乎没有人愿意出手援助叛军。然而，西班牙距离君士坦丁堡路程遥远，帝国此时还陷于意大利和波斯战争的泥潭，特别是战争、瘟疫和大兴土木的建造工程导致国库空虚，资源窘迫。但是，查士丁尼意志坚决，无论如何，都要抓住这次千载难逢的机会实现重新征服西班牙的愿望。为了尽快出兵，查士丁尼命令在西西里岛的老将军利贝里乌斯率领一支小股远征军进军西班牙。这支远征军在551年从西西里岛直接驶往西班牙。552年春季，利贝里乌斯的部队在西班牙南部海岸登陆，进军塞维利亚，顺利地与他们的西哥特盟友阿塔纳吉尔德会师。国王阿吉拉出动大军予以讨伐，但是败于敌手。利贝里乌斯和阿塔纳吉尔德又与科尔多瓦的罗马人叛乱者取得了联系，并且开始征服西班牙的其余地区。利贝里乌斯的远征削弱了阿吉拉的势力，增强了他的对手的力量。利贝里乌斯在西班牙占领区建立了一个行省，这个行省为拜占庭军队未来的行动提供了基地。该行省存在了大约70年，由一位军事总督负责统治，这位总督拥有士兵长官的头衔。但是我们并不确定这位总督是具有独立地位还是依附于非洲总督。利贝里乌斯班师返回君士坦丁堡后，拜占庭军队仍旧驻守在那里支持阿塔纳吉尔德。虽然帝国为了重新征服西班牙明显地需要更多兵力，但是查士丁尼并没有给予足够的支持。

皇帝于554年派出援军在卡塔赫纳（Cartagena）登陆。帝国军队在555年3月向西进军，与盟友会合。西哥特王国的风云变幻引发了西哥特人内部的动荡，惊恐的西哥特人杀死国王阿吉拉，转而拥护阿塔纳吉尔德。阿塔纳吉尔德登上王位后,试图谢辞查士丁尼的士兵。但是,查士丁尼的军队本意是为了征服西班牙,并不是真正为了帮助阿塔纳吉尔德,所以他们拒绝离开,并且表示不会听命于阿塔纳吉尔德,他们与此前反叛阿吉拉的科尔多瓦的罗马人联合。于是,帝国军队在西班牙建立了国中之国,控制了半岛五分之一的领土。

五、余论

有关查士丁尼西征的评价一直存在着争议。普罗柯比在他的不同著作中对西征的评价差异极大。当时的一位史家吕底亚的约翰(John the Lydian)也没有明确地表示臧否。[1] 阿伽提阿斯明确表示征服意大利是一场灾难。[2] 后世对查士丁尼西征的评价同样褒贬不一。否定的观点认为,由于查士丁尼长期的穷兵黩武耗尽了帝国的财力和人力资源,查士丁尼时代的军事行动、基督教化、大瘟疫、外交活动都花费巨大。但是笔者不认可常见的观点,即认为西征是国库空虚的主要原因。从前面的史实可以看出,查士丁尼为西征付出的人力和物力都很有限,不一定会超过巴尔干战场和波斯战场的开支。查士丁尼时代的大肆建造活动,尤其是在国内遍地建造教堂,花费更大。另外,帝国的军事组织受到严重削弱,因此在查士丁尼统治末期,帝国面临着十分严峻的问题。在查士丁尼死后仅仅三年,伦巴第人就侵入意大利,并且控制了亚平宁半岛的大部分地区。另外,查士丁尼时代帝国军队在西方的再征服行动,意味着帝国忽视了更加重要的北部和东部边防线。查士丁尼的西征还对西欧构成了观念上的冲击。"从更广泛的意义上讲,查士丁尼的战争引发了东西方的问题以一种特别尖锐的形式出现:毕竟,这是君士坦丁堡的皇帝用东部军队夺回他仍然认为的罗马领土。"[3]

学界的肯定观点则从更深层次的视野来看待西征及其遗产。徐家玲认为:"首先,查士丁尼的西征是为了重新联合地中海世界,并使地中海地区各民族的历史和文明的发展有一个新的起点,这是他那个时代对查士丁尼的特殊要求。""其

---

[1] A. Cameron, *The Mediterranean World in Late Antiquity AD 395 - 600*, p. 106.

[2] Agathias, *The Histories*, p. 9.

[3] A. Cameron, *The Mediterranean World in Late Antiquity AD 395 - 600*, pp. 104 - 105.

次,查士丁尼西征的结果虽然没有能保持长久,但是毕竟在地中海再现了'统一的罗马帝国'的形象,而且,这一形象保持了上千年。""其三,查士丁尼的西征,使罗马的文化和宗教、法律在西班牙、意大利和北非地区又保留了将近一个世纪。""其四,查士丁尼的征服活动使地中海交通恢复到罗马帝国繁荣时期的程度,对内和对外贸易重新活跃起来。""最后,查士丁尼在北非和意大利的重建活动为后人留下了军政合权的新的行政管理模式。"①

除此之外,查士丁尼的西征还有一些积极意义:第一,重建了拜占庭帝国在地中海的霸权。从君士坦丁大帝之后,拜占庭帝国的战绩并不突出。尤其是利奥一世远征汪达尔王国一役的失败,使拜占庭帝国的威慑力下降。而帝国通过辉煌战绩积累威慑力是罗马拜占庭帝国大战略能够奏效的重要背景。查士丁尼的西征震慑了地中海世界。虽然西征在实际上导致国力空虚,但是西征胜利的象征意义影响深远。西征的胜利不仅对于拜占庭皇帝和臣民而言具有恢复故土的象征意义,而且向地中海世界宣告了"罗马人"又恢复了先前的威势,这对于拜占庭帝国震慑蛮族尤其重要。当查士丁尼西征的光环褪去之后,周边国家不再恐惧帝国的威力,拜占庭帝国则进入了一个相对黑暗的时期。更重要的是,当查士丁尼西征结束之时,地中海又重归"罗马内湖"的地位,于是,当7世纪中期以后阿拉伯人兴起于阿拉比亚沙漠走向他们所面对的"地中海世界"时,接收的不是一片蛮荒之地,面是充满罗马政治法律文化的文明之地,这无疑为阿拉伯民族早期的发展提供了一片可依托的文明沃土和可屹立于其上继续发扬光大古代文明的"巨人的肩膀"。

第二,查士丁尼西征的胜利推动了基督教"正统思想"在地中海世界的扩张。查士丁尼西征的一个重要目的就是驱逐西部的异端统治者。他虽然在西征北非和意大利的征程中,明文宣告会善待阿里乌派教徒,但是这只是一种斗争的策略。在征服之后,北非信奉阿里乌派的汪达尔人被彻底消灭,阿里乌派也随之在北非消失,此前在北非的众多的其他基督教派别和非基督教教派也逐渐失去了踪迹。意大利的情况也与此类似。还有一个深层次的宗教影响是,西征的胜利是信奉卡

---

① 徐家玲:《早期拜占庭和查士丁尼时代研究》,第224—227页。

尔西顿派的皇帝的胜利,也是卡尔西顿派的胜利。在新征服的领土上,卡尔西顿派建立了排他的宗教组织。在查士丁尼登基之前,地中海东部占主流地位的是卡尔西顿派,与一性论派并驾齐驱,这在阿纳斯塔修斯一世统治时期最为明显。是西征的胜利,扩大了帝国内部卡尔西顿派控制的区域,并且也扩大了他们的威势。但是,在查士丁尼晚年对"一性派"教义的妥协及后来主持召开的涉及"三章案"的全基督教主教公会议,强化了东西方基督教会的矛盾和对立,如《新剑桥中世纪史》中,就强调"后来证明,查士丁尼的努力并没有缓解一性派与卡尔西顿会议派之间的对立,但是,在西部却发生了直接的敌对行动。西部的人们认为,查士丁尼是以他的方式对抗卡尔西顿会议的决议。于是,在意大利出现了高度紧张的局面,当地竟然难于找到主教去参与新任教宗贝拉基的授职礼,还有一次教会分裂在北意大利爆发,持续到 7 世纪末"①。这无疑预示了东西方基督教会的最后分裂。

第三,西征既延续了地中海世界的罗马文明又加速了古典时代的结束。拜占庭帝国是罗马文明最主要的继承者,西征使得罗马文明在新征服地区获得了能延续下来的巨大鼓舞。此前的西部,除了东哥特王国外②,其他蛮族国家文明主要的内涵是日耳曼文明,罗马文明的影响渐行渐远,社会的基督教化仍在进行。西征的胜利使得意大利和北非的罗马文明因素骤然强化,该地区的文明塑造的主要内涵是罗马文明和基督教文明,类似于拜占庭帝国正在发生的状况。但是查士丁尼在地中海世界推行的又不是完全的罗马文明,是一种新的拜占庭文明。它的核心是罗马帝国的政治遗产、古希腊文明、基督教文明的结合体。5—6 世纪又是帝国基督教化基本完成的时代,以基督教信仰为核心的拜占庭帝国官方意识形态已经成熟,查士丁尼强化基督教正统信仰的措施又加剧了这种进程。基督教化恰恰是拜占庭帝国统治区域内融合古典文明影响的重要内容,基督教化的社会价值观与传统的古典社会习俗和传统逐步结合,可以说,查士丁尼的西征加速了古典时代向拜占庭时代的转变。

---

① P. Fourace, ed., *The New Cambridge Medieval History*, I, pp. 130 - 132.
② 有关东哥特王国的文明塑造问题,见马锋:《东哥特王国的罗马化》,《世界历史》2020 年第 2 期。

第七章

查士丁尼的立法主张及司法改革

第一节

查士丁尼的立法思想

一、 立法中的皇权至上原则

罗马民族是一个重视法制传统的民族,其立法活动与社会发展紧密相关。自公元前753年罗马建城到公元527年查士丁尼继位,罗马经历了1280年的历史,这千余年的历史中,罗马从一个"弹丸之城"已然成长为一个地中海世界的大帝国,其政治制度也先后经历了王政时期、共和时期和帝国时期三个阶段,而与之相呼应的立法则经历了从习惯法、市民法、万民法,直至帝国民法的发展历程。可以说,罗马立法的演变是罗马社会发展的见证,更是罗马社会关系自我调节的必然要求。

在罗马法的演变过程中,其立法的程序主要由以下三个机构运转:执政官(王)、元老院(贵族会议)和公民大会(民众会议)。这三者之间力量对比的变化,也基本勾勒出了罗马从城邦—共和—帝国发展的历史轨迹,而立法成为平衡这三者关系的重要杠杆。王政时期并无成文法,罗马社会主要是按约定俗成的习惯处理人与人之间的矛盾与冲突,但习惯法的解释权主要在王和贵族手里。公元前509年,废除了王政,寡头贵族式的共和制建立,元老院的地位上升,但是由于罗马处于外敌虎视眈眈的境地,且施行的是公民兵制,公民可以提出自己的权利问题,故而作为主体立法机构的元老院不得不从罗马社会安定与安全的角度,解决社会中的人与人之间的关系,特别是针对贵族随意解释习惯法的弊端,开始了平民争权与贵族让步的历史进程。公元前454年,护民官向元老院提出建议,决定停止两阶层之间的斗争,组建由贵族和平民共同组成的立法委员会,颁布对双方均有益并且使双方拥有平等的自由权的法律规范,于是一个罗马使团被派往雅典学习梭伦的法律和其他城邦的制度。

公元前450年,共和国指定的十人委员会在借鉴希腊立法的基础上,起草编订了十表法律,后又追补两表,史称《十二铜表法》,该法在吸收古罗马习惯法的基础上,将执政官法令、元老院决议及公民大会决定融入其中,涉及家长、继承、监护及婚姻等诸多民法内容,开启了罗马成文立法的先河。但是,随着罗马疆域的不断拓展,罗马境域内民族的增多,城邦市民法已经无法解决罗马公民与"外邦人"以及诸"外邦人"之间的纠纷,于是,罗马共和国后期逐渐形成了解决不同民族之间矛盾的万民法。实质上,万民法是外事裁判官在处理涉外的司法实践活动中逐步创制的法律,它吸收了公民法和外来法的合理因素,但又有所发展和突破,其基本内容主要是关于所有权和债权方面的规范,较少涉及婚姻、家庭和继承等内容。万民法产生之初,罗马社会出现了市民法与万民法并行实施的局面,市民法主要适用于罗马公民,万民法则适用于涉外纠纷,二者互为补充,但是经过一段时期的适用与完善,特别是罗马的版图日益增大,域内民族融合不断加深,万民法与市民法的界限日益模糊,最终万民法逐步取代了公民法,法律具有了更大的适用范围,成为巩固罗马统治的重要工具,也成为现代国际法的"先驱"。市民法与万民法的出现,帝国疆域的扩展,推动了罗马法学事业的繁荣,并促使大批法学家的出现。

在罗马帝国初期,因皇权还未集权,社会相对自由,大批法学家纷纷著书立说,解释法律,形成诸多派别。但是法学家的解释和著述浩如烟海,且经常会出现相互矛盾之处,造成法律上的混乱现象,因此为了解决这一问题,公元426年西罗马皇帝瓦伦提尼安颁布《引证法》,规定诸多法学家的著述中,唯有盖乌斯

（Gaius）、帕皮尼安（Aemilius Papinianus）、保罗士（Paolus）、乌尔比安（Domitius Ulpianus）、莫迪斯蒂努斯（Modesitinus）的著述具有法律效力，当这五位法学家的著述有冲突时，以帕皮尼安的解释为准，法学家的意见与皇帝相左时，以皇帝的意见为准，皇帝独揽立法权的体制初现端倪，为后世法典的出现奠定了基础。

　　但是自"3世纪危机"后，经历了戴克里先的"四帝共治"、君士坦丁大帝的政治改革、塞奥多西的"分而治之"，元老院的地位不断下降，逐渐失去了往日的权威，罗马帝国皇权加强的趋势日益增强。查士丁尼继位后，在继承了前任皇帝的一套较为成熟的专制主义中央集权的官僚体系的同时，更多的是从战略眼光出发，加强自身的权力。自533年开始，查士丁尼对外委派大将贝利萨留、纳尔泽斯等先后征服汪达尔人、哥特人，实现了将地中海变成罗马帝国内湖的愿望，对内则镇压"尼卡骚乱"，赢得了巨大的威望，获得了一大批拥护者和支持者，形成了以查士丁尼为核心的专制主义统治集团，皇帝对权力的独断日盛，"他对自己的廷臣是小心驾驭的，他使用他们，又在必要的时候抛弃他们，他始终是一个独立的君主，任何人不能与他的权力相抗衡。"①

　　面对法律来源的混乱复杂和皇帝权力的日益独断，查士丁尼在修订新法的过程中，也融入了提升王权的思想，他所修法律是对古代奴隶制立法的总结，更是体现皇权统治思想的成果。正因如此，他认为，"皇帝的威严荣耀既需要兵器，也需要法律"，"皇帝既是虔诚法律的伸张者，也是征服敌人的胜利者"。因此，基督教成为皇帝加强自我权力的有力手段，一方面，面对异教、异端势力仍然在挑战基督教绝对权威的现状，查士丁尼统治时期，雅典学园于529年被关闭，这个宣传和讲授古希腊哲学的非基督教教徒庇护所从此销声匿迹；另一方面，在奉行"政教协调"原则的前提下，他更加明确了"教会应该成为政府机构手中的有力武器，应尽一切努力使教会服从自己"的主张，亲自主持召开了第五次全基督教主教公会议，"强行软禁了拒绝在'三章案'辩论会文件上签字的罗马教宗维吉里乌斯"。这些事实表明，查士丁尼笃信绝对的权威，强调在秩序良好的国家中，皇权是至高无上的，教权要依附于皇权，皇帝可以用宗教的灵魂来塑造帝国的躯体，使其合二为

---

① 徐家玲：《早期拜占庭与查士丁尼时代研究》，第175页。

一。于是,他才会在《法学阶梯》的开篇中强调:"以我主耶稣基督之名"来强调君王之立法与治国是上帝所赋予的,体现出皇帝自身权力威严与神圣,这也是对基督教经典中"君权神授"理论的进一步发展,更是对皇帝在立法中展现自身至高地位的具体表现。

二、 立法中凸显基督教精神

罗马帝国发展历程,也是基督教与异教斗争的历程。公元 1 世纪,基督教发源于罗马帝国统治下的巴勒斯坦地区,因其早期的活动受外界压力,各地区社团之间也没有建立起经常性的联系,加之多以隐秘的方式在犹太会堂中进行活动,故被认为是犹太教的分支,在帝国享有合法权利。但是,"当人们对耶稣基督的认识趋于统一时,便形成了一个特殊的、统一的团体,安条克主教伊格纳修斯称这个团体为普世教会"[1],其组织形式日益完善,传播范围与日扩大,与帝国传统多神崇拜的宗教,亦即基督教化时代所称"异教"的矛盾和斗争也日益激烈,特别是基督教的"天国"概念,使作为"异教"的最高代表者的皇帝们怀有自己的统治会被颠覆的忧虑。于是,剪除可能会引起帝国混乱和王位不稳的基督教,成为"异教"统治者的根本职责。

因此,自公元 64 年尼禄皇帝借罗马城大火,以"纵火罪"对基督徒进行捕杀,到 303 年,戴克里先皇帝连发数道敕令对基督徒进行大规模判罪,帝国掀起了对基督教断断续续 200 余年的迫害运动。但是历史地看,皇帝对基督教的积极迫害,并非因为其认为基督教十恶不赦,而是基督教的快速发展引起的皇帝自我危机意识和内心不安所致,正如塔西佗所言:"他把那些自己承认是基督徒的人都逮捕起来,继而根据他们的揭发,又有大量的人判了罪,这与其说是因为他们放火,不如说是由于他们对人类的憎恨。"[2]在皇帝看来,基督教是一个离经叛道、有违祖训的秘密团体,对帝国稳定和皇权巩固有百害而无一利,这应是帝王对基督徒进行迫害的主要原因。

———————————

① ［美］G. F. 穆尔:《基督教简史》。
② ［古罗马］塔西佗著,王以铸、崔妙因译:《编年史》下册,北京:商务印书馆 1981 年版。

但是 1—4 世纪帝国的基督教迫害政策,不但没有消灭这一团体,相反却使其获得巨大发展。加之一些基督教"护教者"在理论上和实践上孜孜不倦地向帝国民众宣传基督教的基本理念和基本信条,消除了一些人对基督教的误解,皇帝也开始改变对基督教的态度。起初只是个别皇帝对基督教相关政策临时改变方针,以尤西比乌斯所记载的图拉真与两个基督教农民的故事最具戏剧色彩,"当皇帝得知他所审问的这两个被视为帝国危险分子的人只拥有 2.5 英亩土地(约合 15 中国亩),而他们所追求的'将来的国度',并不是在地上,而是在来世的天上时,轻蔑地嘲笑了这兄弟二人,并把他们释放了,然后皇帝下令停止迫害基督徒。"①4 世纪后,基督教的不断发展最终使帝国皇帝也逐渐落实在整体政策的考量上,代表性的文件是 311 年伽勒里乌斯皇帝颁布的《宽容敕令》:"朕等认为应将最及时的宽容亦给予他们,以便于他们可以再次成为基督徒,且组织集会——只要他们不做违法乱纪之事……对于朕的宽容,他们要在上帝面前为朕之健康、吾邦之安全,亦为他们自己之健康祈福,以使吾国四面八方安宁无忧,他们亦能安居乐业。"②

起初对基督徒的迫害是帝国统治者担心基督教的发展将会有害于帝国统治,后来承认其合法性则是皇帝发现其对自身统治无害。加之,其时皇帝伽勒里乌斯本人已感染疫病数月,原先崇尚的异教神明并没能使其摆脱病魔的"纠缠",故以为是自己得罪了基督徒的上帝,遂改变态度,希望自己对基督教的承认能换来基督教上帝之宽恕与庇护,助其恢复健康,护佑帝国安宁。但是,其态度的改变终究晚了些许,未及该法令实施,便与世长辞,帝国复又陷入混乱。但 313 年君士坦丁与李锡尼颁布的"米兰敕令"重新确认了伽勒里乌斯"敕令"中的原则,使基督教正式在帝国境内获得合法地位。

当然,就在皇帝对基督教从坚决镇压到逐渐认可、最后完全接受的全过程中,基督教也在不断调适着自己的理论精要,期望能与帝国的皇权达成一致,以获得帝王的支持。事实上,早在耶稣赴难后,基督教徒为了迎合罗马皇帝,就已经开始

---

① 徐家玲、李继荣:《〈米兰敕令〉新探》,《贵州社会科学》2015 年第 1 期,第 70 页。
② 李继荣、徐家玲:《"伽勒里乌斯宽容敕令"文本考——兼论"伽氏敕令"的历史地位》,《中南大学学报》
　 2016 年第 5 期,第 171 页。

试图与罗马皇权合作,使徒保罗的著名论断"那在上有权柄的,人人应当顺从他,因为没有权柄不是由于神的。凡掌权的都是神所命的,所以抗拒掌权的,就是抗拒神的命,抗拒的必自取刑罚"①,已经明确地向基督教信徒说明皇权受之于上帝的理念,坦言了基督教是支持"君权神授"的原则的,这也就成为皇权与教权合作的根基。

皇帝需要新的宗教理论使皇权合法化,基督教则需要皇权对自身进行保护,在这一"需要—契合"的相互支撑下,君士坦丁重新恢复帝国大统之后,决定承认基督教的合法地位,并积极以上帝代理人的身份,打着"维护神的和平"之旗号,敦促人们遵守上帝的诫命,并在干预和主宰教会事务方面亲力亲为,积极主动地依靠基督教实现君权的神化。从此,教权与皇权的依存与斗争贯穿于整个拜占庭帝国,君士坦丁于 325 年主持召开了第一次基督教全体主教公会议,亲自参与"正统基督教义"的制订,晚年接受基督教洗礼,并促使他的诸子成为基督徒。当然,皇帝积极干预宗教事务,完全是从帝国社会稳定出发的,从他以下的一段话可见端倪:"如果上帝的人民——我指的是我那些上帝的仆人弟兄们——因他们当中邪恶和损害性的争吵而分裂成如此状况,我的思绪如何能够平静下来呢? 你们要知道,这给我带来多大的苦恼啊。"②

塞奥多西王朝的皇帝不仅将基督教作为一种工具,更是将其逐渐上升和渗入到制度层面,用基督教塑造帝国的形象与思想,来达到稳固帝国的目的。首先,当塞奥多西一世于 379 年应西部皇帝格拉先之命掌控东方帝国的帝权之后,明确表示放弃罗马皇帝之"最高祭司"(maximus pontifex)的头衔,表明其放弃罗马传统宗教,决心从罗马诸神的侍奉者转为基督教上帝之"仆从"的意向。381 年,塞奥多西主持了君士坦丁堡主教公会议,重申了《尼西亚信经》中的原则,第一次正式规定了罗马与君士坦丁堡教会之宗主教的排序。392 年更是下令禁止任何场合向罗马古代神祇献祭,异教神庙一律关闭。应该说,直到这时,基督教方才正式成为帝国的国教;塞奥多西二世则面对帝国日益基督教化的现状,进一步在立法方

---

① 《新旧约全书》,新约·罗马书,中国基督教三自爱国会 1980 年版,第 180 页。
② [古罗马]尤西比乌斯:《君士坦丁传》,第 255 页。Eusebius Werke, *Über das Leben des Kaisers Konstantin*, ed. F. Winkelmann, Berlin: Akademie-Verlag, 1975, TLG, No. 2018020.

面开始涉及有关基督教政策的法令,其于438年颁布16卷本的《塞奥多西法典》,专设一卷用于收录关于基督教的法令,开启了皇帝立法与基督教内涵的相互结合。[①] 而真正将基督教作为官方正统意识形态的核心并使皇权上升到一个新高度的是查士丁尼大帝。476年,罗马帝国西部地区被蛮族取而代之,给罗马帝国带来了灾难性的影响,此后罗马拜占庭帝国的历史便进入到一种"恢复往昔"与"面对现实"的矛盾循环的境遇之中,这也给拜占庭帝国逐渐脱离古典罗马的特质奠定了基础,基督教日益成为帝国百姓接人待物的重要价值判断标准和"拜占庭人"的身份认同。

因此,查士丁尼将基督教的精神融入罗马法的框架中,一方面其在编订的《法典》中将关于基督教事务的法条单独成卷,位列《法典》卷首;另一方面,还在《法学阶梯》的开篇进一步突出体现了其基督教精神的内容:"以我主耶稣基督的名义,皇帝凯撒·弗拉维·查士丁尼,阿拉曼人、哥特人、法兰克人、日耳曼人、安特人、阿兰人、汪达尔人和阿非利加人的征服者,虔诚、成功、荣耀、胜利、凯旋、永远的权威者,向有志学习法律的青年们致意。"[②]很明显,在查士丁尼的立法中已经淡化了异教思想,逐渐将基督教的"上帝"纳入立法之中,强调皇帝的立法是"君权神授"的结果,凸显自身立法的合法性,这是查士丁尼"皇权教权主义思想"的表现,更是他洞察当时历史发展脉搏的表现,在立法思想方面做出了明确的抉择与改革。

三、 立法中强调帝国秩序

罗马人十分注重立法,讲求以秩序治国,早在共和时期,西塞罗就强调:文明国度的特征就是拥有律法,罗马人在政府管理方面所以能取得如此大的成就,主要归因于其制定了完备的法律体系,使其政府拥有合法统治的尺度。正如维吉尔所言:记住,罗马人! 你要将百姓置于自己的统治之下,要以你的技艺:利用和平

---

① Theodosius, *The Theodosian Code and Novels, and the Sirmondian Constitutions*, trans. by C. Pharr, Princeton: Princeton University Press, 1952.

② Justinian, *Institutes*, trans. by J. B. Moyle, Oxford: at the Clarendon Press, 1928, pr. 1.

与法律进行统治,而非骄傲地征服与战争。

在罗马人看来,法律是神圣的,充满理性的力量,可用于治理、规范自然世界,缺乏法律或违背法制则意味着不虔诚、非理性或不正常,也就是具有野蛮主义的特质。因此,从很大程度而言,罗马文明及其身份认同主要是依靠罗马法来界定,是一种与无法律规范的野蛮主义对立的存在。例如,罗马人的公民权就是一个法律范畴的概念,本质上讲,就是获得了由罗马法官依据罗马法进行裁决的权利。

因此,罗马法不仅渗透进罗马人的宗教、文化及社会等各方面,成为罗马思想的重要组成部分,也是统治阶层与法律本身之间的桥梁。权力与法律共享同一概念空间。在罗马的官僚机构中,一些精英被委以司法、军事与财务之责,大法官(legal minister,拉丁文 quaestor sacri palatii)是国家主管司法事务的最高责任者。随着罗马的扩张和疆域的扩大,为了进行有效治理,各地总督和法官也将罗马思想和法律制度引入被征服之地,与此相伴的是罗马最高的大法官——皇帝的立法与司法的权威形象在不断被强化,法律逐渐成为承认和彰显皇权权威与合法性的重要手段。

正是由于罗马人一向将法律置于至高无上的地位,而且有资格参与立法的权力机构也不止一家,导致罗马立法的来源极为复杂。在查士丁尼之前,被法庭确认为"法"并遵照执行的条款有众多的渊源。首先,如前所述,早于罗马共和时期,元老院的决议就被认为具有法律效力,即便在帝国时期元老院的决议逐渐失去了原来的重要性,但是由于早期罗马帝国皇帝的敕令一般要在元老院宣读后才颁行全国,因此,浩瀚的元老院决议是罗马法的重要来源之一。其次,罗马帝国时期,随着皇权的加强,皇帝敕令也逐渐成为罗马法的重要来源之一,而且从历代皇帝的谕令看,形式也是多样的,一曰敕谕(Edictum),是向全国颁行的关于公法和私法方面的处理原则;二曰敕裁(Dicretum),是皇帝亲自审理案件的裁决;三曰敕示(Mandatum),为皇帝对个别官员的训示;四曰敕答(Rescriptum),是皇帝就官吏和百姓所请示问题的答复。再次,由于元老院立法和皇帝敕令的分散、庞杂,一些私人法学家遂致力于著书立说,对这些法令进行整理阐释,从而形成浩瀚的法学著作,他们也被认为是罗马法的正式来源之一。罗马注重立法的初衷是希望用法律来维持帝国的秩序,但是经历了千余年的发展后,罗马法众多的来源却造成罗马执法过程中的矛盾与冲突,特别是东西罗马的分治与后来的分裂更导致罗马法制的极度混乱。

虽然东部和西部皇帝在立法上有平等权力,且他们的敕令从原则上说应该同时颁行于帝国的任何地区,包括属于另一个皇帝统辖的地区。但是,由于东西部在政治、经济、文化和宗教方面存在诸多差异,上述原则很难贯彻,有时甚至出现律师们引用帝国另一位皇帝的律令来对抗本地法庭判决的现象。438 年,皇帝为了解决这一问题,颁布法令规定:"任何一方皇帝颁布的法令都必须由另一方皇帝认定后才可在本地区具有法律效力。"①不仅如此,在具体的审判中甚至还出现了法学家的意见与皇帝律令相左的情况,这一点在 426 年瓦伦提尼安皇帝颁布《引证法》便可以看出,该法规定:"在诸多法学家的论著中,唯有帕皮尼安、盖乌斯、乌尔比安、保罗士和莫迪斯蒂努斯等五人的论著及论著中引用过的其他法学家著作的内容,具备法律效力。如诸家有分歧时,以多数为准,诸家意见无从确定多数时,以帕皮尼安为准,而当法学家的意见与皇帝的律令相左时,以皇帝的律令为准。"②

罗马人是一个讲求用法律来维持秩序的民族,但是多种立法来源却导致罗马帝国的秩序受到极大挑战,无论是《引证法》还是《塞奥多西法典》,都是罗马皇帝为解决法律文献浩瀚而导致司法秩序紊乱的问题,但是均没有从根本上解决这一问题。查士丁尼的《民法大全》则是希望从整体上改变原来司法混乱的状态,讲求帝国立法的秩序性,一方面,查士丁尼将流传下来的法律进行了整理,分门别类编辑成《法典》,将法学家的著作进行整理形成《法学汇纂》(或《学说汇纂》),体现出了查士丁尼将法律系统化的努力;另一方面,在具体编纂的过程中,他也讲求对法律条文的选择性,以《法学汇纂》为例,查士丁尼任命的立法委员会用了三年时间,阅读了 39 名作者所写的 2000 多卷古今法学著作,并对其增删、修改,将几千册的摘选内容汇辑于 50 卷中,分门别类地划定了条目。

查士丁尼的立法是对古罗马千余年立法的总结,遵循了实用的原则,以"一部

---

① 徐家玲:《早期拜占庭和查士丁尼时代研究》,第 230—231 页。
② A. H. M. Jones, *The Decline of the Ancient World*, Longman, 1980, p. 182. 徐家玲:《拜占庭文明》,第 409 页。

法典"的理想,追求以秩序维护帝国的稳定,因此,追求帝国统治秩序便成为查士
丁尼立法活动的初衷,也成为这一系列立法活动的目的与核心。

第二节

继承与传续：罗马法的修订

　　罗马法不仅历史悠久,渊源更是复杂多样。早在元首制时期,各地关于案件
审理的批示请求源源不断地涌入帝国中心,皇帝需要花费大量时间处理各种案
件,并对一些特殊性案件予以裁决,并指出相关法律条文,是为"敕答"。但是随
着212年《安东尼乌斯敕令》颁布赋予所有罗马治下臣民公民权,皇帝所要进行的
敕答也日益激增。但是要注意的是,随着罗马立法管理体系与地方现实文化之间
的不断渗透影响,罗马帝国日益形成一种地方向中央寻求司法裁决的巨大向心
力,法律成为连接中央与地方、朝廷与百姓之间的重要通道。

　　当然,无论出于象征性还是实用性的目的,帝国中央政府机构也积极向各地
提供法律解释,特别是立法被用于执行或者至少是宣告皇帝的宗教与道德之责,
以及确保"诸神的和平",在其看来只有如此才能使帝国长治久安。因此,奥古斯
都借助立法,鼓励结婚生子,严惩通奸,开创了帝国婚姻法的先例,其目的就是借
此改变当时百姓的道德观念,稳定婚姻家庭秩序和整个社会的秩序。此法为后世
皇帝沿袭。

　　3世纪后,随着帝国官僚机构的扩大,帝国立法进程与制度也在不断深化和
完善。特别是在戴克里先时期,其开创的四帝共治使帝国的立法进入一个活跃
期。就中央而言,皇帝们的立法以多样化的形式急剧增多,给皇帝的裁决也带来
了负担。地方则因行省数量的成倍增加,案件的数量也在急剧增多,地方法官的
压力日益沉重,且全部将案件上报皇帝也不现实。因此,至4世纪,地方总督也在
各地建立正式的初审法庭,减缓皇帝的压力,另一方面,设置新官职"城市辩护

官"，负责其所在城市的小型案件，以减缓地方总督与法官的压力。

与官职及机构设置完善相适应的还有上诉制度也在不断完善：不服从初审判决者可先向地方法官或主教区牧师进行申诉，而后可向管辖多个主教区的大区长官（praetorian praefect）申诉，最后才能向皇帝进行申诉。因此，古代晚期罗马法实施和执法程序日益完善，已经深入地方百姓的生活中。当然，罗马法的发展并未阻碍习惯法及各地法律实践差异性的存在，相反它们逐渐在罗马法的传播和实践中起到了平衡和调节的作用。

如前所述，法律与权力的概念共存，也使得罗马在帝国化的过程中，其象征王权的意味日渐凸显，如戴克里先颁布的《价格敕令》①，其主要目的是想通过皇帝绝对王权敕令来决定帝国的物价，法律成为皇权的象征虽然使得该法令最终失效，但其至少表明皇权可以法律的形式被赋予无限的权力，法律成为表达皇帝权力与意愿的工具。

伴随着帝国法律的发展和各阶层权力的博弈，罗马法学教育逐渐成为很多人仕途升迁的重要途径之一。当然法律也成为上层人士用以限制皇权滥用的手段，甚至一些人还借法律声讨国家的权威，因此，罗马上层对一位称职的好皇帝的定义是，遵守业已建立的、承认上层人士地位的律法，并非因被迫，因为没有世俗权力可以胁迫皇帝，而是因为自愿约束自己，树立克己典范，遵重法律权威。在当时交通有局限性的情况下，要想有效地统治偌大帝国，必须依靠上层贵族阶层的协助，这样的说辞，也体现出皇帝需要保留这样一些特权法，以达到巩固统治基础的目的。

当然，罗马法也与道德和宗教原则紧密相连。如戴克里先用法律惩治那些破坏"诸神和平"的反常道之人，大肆迫害基督徒。但随着君士坦丁大帝皈依基督教，基督教开始成为民众接受的信仰，在塞奥多西大帝之后被认可为国教。但实质上，从某种程度上讲，这只是对罗马的一个基本概念的重新表达：罗马是建立在神的善意基础之上的。随着基督教地位的上升，社会表达日益基督教化，教会和修道院成为罗马人社会生活的全新领域，罗马法也逐渐受到基督教的强大影响，

---

① 关于戴克里先以"价格敕令"的方式调节国家经济生活的失败经历，见徐家玲：《早期拜占庭和查士丁尼时代研究》，第39—40页。

而教会作为一个利益群体,也在为自己寻找帝国政策的支持。

但是,使用基督教的表达方式取代多神崇拜时期罗马的"神意基础"方式,对罗马社会和政治法律体系的影响也是漫长的,这不仅体现在形式上,在思想上亦是如此。罗马法的源头之一是古典思想,因此也保留了古典时期的"自由"思想,皇帝敕令、元老院法令、法学家著述都成为罗马法官裁决案例的重要依据,更成为罗马政治、社会和文化的重要组成部分。但是法令条文的日渐增多,也使得罗马法陷入了纷繁复杂、相互矛盾的"失重"状态。

戴克里先皇帝时期,立法的多元化所带来的问题,已经促使私人修编法律的出现,其时著名法学家格里高利和赫尔莫杰尼安将之前皇帝的敕答编纂成册(下简称《格典》《赫典》)供人们使用。[①] 至塞奥多西二世时期,为了将浩瀚的立法原则和法规缩减为一部确定性法学集成,便于429—438年间收集了自君士坦丁至塞奥多西时期的皇帝敕令,修成著名的《塞奥多西法典》(下简称为《塞典》),这是帝国首次以官方名义颁布、融入基督教律令的法典,特别是在其末卷,完全是涉及基督教的法令。自此,罗马皇帝的权力也实现了律法与基督教的首次合体,这部法典对后世的影响是巨大的,不仅成为后世皇帝立法的典范,也成为西部诸王国编修立法的重要源泉。

法律的政治文化作用在5世纪破碎的西部得到了最好验证。当时罗马统治者被迫要将政治统治权让渡给"蛮族王国",其核心的应对机制便是用罗马法将这些新势力全部纳入罗马的思想意识框架中去。例如奥罗修斯就曾记载过这样一幅著名场景,当时哥特首领阿萨尔夫曾试图用《哥特法》取代《罗马法》,但是必须面对这样一个现实:"因肆意的野蛮行径,哥特人完全无法做到遵纪守法,然而要相信,国法不能被无视,否则国将不国。因此,借哥特人政权之力,他选择尽力恢复罗马昔日的荣耀与名望。"[②]

因此,在西部罗马贵族与蛮族武士之间形成了一种默契,后者为前者提供武力保护,前者则要为后者提供合法化支持。这种模式在整个西部得到认可,其主

---

① 即《格里高利法典》(*Codex Gregorianus*)和《赫尔莫杰尼安法典》(*Codex Hermogenianus*)。

② M. T. G. Humphreys, *Law, Power, and Imperial Ideology in the Iconoclast Era c. 680 – 850*, Oxford: Oxford Press, 2015, p. 19.

要表现就是诸多国王效仿罗马皇帝向其臣民颁布法律的行为，产生了大量将罗马法与蛮族习惯法相结合而编就的"蛮族"法典。其中最为著名且影响深远的是大量借鉴《塞典》里一些重要原则的《阿拉里克节选本》（*Breviarium Alaricianum*），它是西哥特王阿拉里克二世于6世纪颁布的，间接影响了中世纪早期，包括查理曼时代的西欧各蛮族国家的立法。①

527年查士丁尼登基为帝之时，在立法层面所面临的是一个复杂的、多元化的局面。一方面，《塞典》颁布后并未解决帝国立法浩瀚复杂的局面，相反，至查士丁尼时期，西部蛮族法典、皇帝的敕令、元老院的决议及法学家对法典的注释性著述大量出现，进一步加剧了帝国立法局面的混乱。另一方面，在罗马帝国的体系中，法律已然成为这一时期的帝国象征，一种卓越的话语力量，但需要注意的是，法律本身拥有一定的自主权，特别是有一些未成文的法律，脱离于皇帝，并成为限制皇权和批评皇帝的武器。如同时期的约翰·利多斯和普罗柯比就对查士丁尼进行过批评，只是前者更含蓄间接，后者更公开直接。更为严重的是，这种局面也加剧了贵族滥用律法的机会。

立法的混乱、蛮族的挑衅、古典自由思想的影响及贵族的自负，都使查士丁尼"一个帝国、一部法典和一个宗教"的统一帝国梦想受到挑战②，这也是他无法容忍的。因此，查士丁尼一方面以军事征服的方式，打击外敌，平叛内乱；另一方面，则通过立法的方式，树立皇权与帝国的权威，这也符合其治国理念，"皇帝的威严荣耀不但依靠兵器，而且须用法律来巩固，这样无论在战时或平时，总是可以将国家治理得很好"。

对于现实与理念的差异，查士丁尼立即予以回应。在登基的第二年，也就是528年，他开启了其立法的历程，首先亟待解决的是皇帝敕令与法典并存的杂乱状况，他任命了一个立法委员会，下令其将《格典》《赫典》《塞典》及之后的所有皇帝法令都收集整理，剔除过时和矛盾的立法条款，编纂成一部法典，以"我们的祥运之名"颁布，是为《查士丁尼法典》，取代之前所有的法规。查士丁尼颁布《法

---

① ［美］A. A. 瓦西列夫：《拜占庭帝国史》，第162—163页。
② 关于查帝的以上三个执政目标，《新编桥剑中世纪史》做出了新的阐释，见中文版第一卷，徐家玲译，中国社会科学出版社2021年版，第六章。

典》希望帝国的立法统一为他一人的声音与意志,并超越其先辈的立法,该法典宣称:"似乎先辈皇帝们也打算对这些事情(法条)进行修订,但并未有哪个皇帝将其付之于实践。现在朕决定在全能神的协助下完成这一任务,通过修订杂乱而复杂的敕令,以减少诉讼。"①

　　此处的言下之意,修订法律条款时,皇帝的主张与神的助佑同等重要,甚至要超过实际需要。但这并非意味着,这部法典不具备实用性,相反,他修订法典的目的实际上就是要使法律条文更加清晰明确,更加切实可用,减少碎片化、多样化的著述,化零为整,促进法律的公正,完成关照臣民之责。他将之前皇帝们的敕令收集、整理、重编和修订,将其全部置于查士丁尼的名义之下,完成了将原本混乱复杂的立法转变为一部和谐规范的查士丁尼之法。所以,查士丁尼的目标自一开始就不仅是恢复先辈们昔日的荣耀,更是要超越他们。

第三节

《民法大全》

　　在查士丁尼对外战争的 13 年中,成功击败了汪达尔人、哥特人、摩尔人,和波斯人战平,同时他也对内进行了大刀阔斧的司法与行政改革。528 年 2 月 13 日,他任命了一个立法委员会,编订新的帝国法典,取代原来的《格典》《赫典》《塞典》及随后的所有律令。在这部新法典中,所有过时的条款都被剔除,保留下来的条款也被大规模简化,必要之处做了修订。新法典于 529 年 4 月 7 日正式发布。而在次年的 12 月 15 日,查士丁尼委任了第二个立法委员会对法学家的著作进行编订,同样是摘录一些依然有效的条款予以保留,必要之处进行修订,而后根据主题分列条目。这次编修花费三年时间,于 533 年 12 月 16 日发布,名为《法学汇纂》。

---

① M. T. G. Humphreys, *Law, Power, and Imperial Ideology in the Iconoclast Era c. 680 – 850*, p. 18.

与《法学汇纂》约同一时间,即533年11月21日,一部用作大学法学教材的著述《法学阶梯》也正式发布。

在《法典》颁布后数年间,查士丁尼又颁布了一些新的立法,于是他又对《法典》进行了修订,于534年11月16日颁布了《查士丁尼法典》的第二版,也就是现在所见到的文本。但是,查士丁尼的立法活动并未就此结束,他不仅继续对法律进行修订,还对碰到的一些疑问难点进行阐释。他颁布了一系列的新律令,从各个方面强化其立法,很可能他的出发点是再颁布一部新修订的法律取代《法典》和《法学汇纂》。

对此次立法改革做出巨大贡献的大臣是特里波尼安。他是《法典》第一版的编修者之一,也是《法学汇纂》的主持者。529—532年,特里波尼安担任国家司库一职,因被质疑贪腐,受到"尼卡骚乱"民众点名问责,查士丁尼只好忍痛将其罢免,533年特里波尼安复出被任命为执事官,535年再次担任司库一职直至去世。

查士丁尼《法典》的第一个版本编纂过程历时约一年多,于529年问世,这个速度甚至也超出了查士丁尼的意料,但也激发了其进一步立法的热情。根据他的说法,在其"将以往杂乱的大量皇帝敕令加以整理使之协调一致之后,就将注意力转向了浩瀚的古法书籍",也就是说,皇帝的第二个目标就是将法学家的著述进行整理,使之逐渐归于查士丁尼大帝的管控下。因此,他于530年任命了第二个立法委员会,对法学家的作品进行收集、校订和删减,将其编订成明确、统一和权威的法律集成,名为《法学汇纂》。编修期间,委员会的法学家查阅了1500卷、共计约300万行的拉丁语文献,最终编订为50卷、共计15万行的《法学汇纂》,这是一项伟大的工程,也是一个巨大的成果,连皇帝自己也说,"我们好像横渡大海一样,由于上苍的保佑,终于完成了一件曾认为是无望的工作",这一曾经认为是无望的工作,不仅完成了,而且是以极快的速度完成的。经历了三年多的时间,在533年,《法学汇纂》在"神的助佑下"顺利颁布,查士丁尼以此方式将几个世纪以来拥有自由法律阐释与著述的法学家的权能,统一转化为皇帝的个人意志之下,并被赋予皇帝的立法权威:"通过朕非凡的口谕,[它们]被赋予完全等同……的权威;我们将每件事都归因于朕本身,它们的权威也衍生自朕,一个人若对前人所做之事进行了修订,其应该受到比原作者更多的赞扬。"①

　　为了确保皇帝对法律的解释权,他还规定,除了可对拉丁文的《法学汇纂》进行遵从原文本意翻译为希腊语外,禁止对法律条文进行评注与释义。查士丁尼通过《法典》和《法学汇纂》将皇权至上的立法思想逐渐确定下来,并与帝国的官僚体系和制度相结合,使其皇权与帝国思想得以彰显。在完善帝国法律体系的同时,查士丁尼还以更为远见的思想加强了对青少年律法思想的培养。他不仅看到立法与司法的执行问题,也注意到法律思想的贯彻执行必须拥有强大的法律后备人才。因此,他将立法活动触及法学教育领域,对帝国的法学教育进行了全面改革。

　　首先,编写法律教材。他任命特里波尼安、塞奥菲鲁斯和多罗修斯三位法学家为青年学子编订一部教材,因此这三位法学家根据古代各卷法学阶梯,特别是根据盖乌斯所著的几部释义《法学阶梯》和《日常事务法律实践》以及弗洛伦丁(Florentinus)的《法学阶梯》12 卷、保罗的《法学阶梯》2 卷、乌尔比安的《法学阶梯》2 卷、马西安(Marciano)的《法学阶梯16 卷》进行修订,最终于533 年颁定《法学阶梯》,意为"法律的摇篮"。

　　其次,在编纂法典时贯彻皇权思想,在序言中,他就言明,这部法典虽然由特里波尼安等三位法学家具体编订,但前提是在皇帝本人的权威和指导下,修订完成后也需要"朕详加审阅之后",才能"赋予这部著作本皇帝宪令所具有的全部效力",也就是法律效力,因此,"你们是这样的光荣,这样的幸运,以致你们所学到的法律知识,从头至尾,都是你们的皇帝亲口传授的"。

　　第三,便于法律学习。"你们便可以不再从古老和不真实的来源中去学习初步法律知识","你们的心灵和耳朵,除了汲取在实践中得到的东西,不致接受任何无益的和不正确的东西","从前你们须学习三年之后,才能勉强阅读皇帝宪令,现在你们从一开始就将阅读这些宪令"。培养专门司法人才也是其强化法律建设的重要内容。应该说,这部教材在贯彻皇权思想的背景下,是为依据法律管理国家提供专门人才服务的,所有的法学学生甚至要改称"新查士丁尼"学生,要

① M. T. G. Humphreys, *Law, Power, and Imperial Ideology in the Iconoclast Era c. 680 – 850*, p. 20.

热心接受和不懈努力学习这些法律知识,怀揣治国安邦的美好愿望,在完成全部的学业之后,要"能够在可能委托给你们的不同地区内治理我们的帝国"①。

《法典》《法学汇纂》和《法学阶梯》共同构成了法学学生五年学习生涯的整套学习材料与内容:"作为知识的一个分支,目前整个法律的学习自始至终均由朕来钦定,学成之后将获得令人钦佩完美的知识,这是其他知识的学习几乎无法达成的,虽然其数量极大,但价值也是无穷的。"②查士丁尼夸耀自己的立法成果超越了之前所有奉为经典的人类文化事业。至534年第二版《法典》问世,其立法活动也堪称达到完美境界。六年间,查士丁尼从原则理念、文本文体和法学思想方面,完成了对罗马法的变革,将法律变成皇帝的工具。他用新法律塑造罗马国家与社会,加之其后颁布的《新律》,其涵盖范围上至帝国管理,下到蔬菜价格,触及社会的各个方面。应该说,查士丁尼之一个帝国的梦想和一个教会的愿望,随着波斯战争和瘟疫的爆发,也随着东西方教会之间争议的扩大,其影响力都不能持久。但是,其编订的几部法律作品,在11世纪后被编订成册,被后人誉为《民法大全》,成为后世大陆法系的基础模本,也对海洋法系产生了深刻影响。罗马法得以留存的同时,查士丁尼也随之流传千古。

实际上,查士丁尼进行的律法修订与变革富有超前性。他不仅对古法进行收集、增减和编订,将审判机制进行了改革与完善,形成了一整套的立法与司法机制来稳固皇帝的权力与地位,而且还将其立法思想通过教育改革的方式融入百姓生活,将法律"伦理化",在实践和道德上改造罗马社会。在查士丁尼的立法中,经常会使用一些重要的比拟,强调罗马的过去及罗马法的重要性,而亘古不变的主题就是战争与法律。其在早期的立法《皇帝敕令》中对此早有述及,后在《法学阶梯》中重申:帝王之威严不能仅靠兵器来赋予,还要靠法律,如此无论战争或和平,才能确保国家治理得更好。

在查士丁尼看来,早在奥古斯都时期就将军事与法律作为帝国发展之基,使帝国取得了巨大的荣耀,但此后军事的无力及法律上的无序才导致帝国的衰落。因此,查士丁尼努力以制定良法和取得胜利的方式,超越前辈皇帝,复苏罗马昔日

---

① *Justinian*, *Institutes*, pr. 1 - 2.
② M. T. G. Humphreys, *Law, Power, and Imperial Ideology in the Iconoclast Era c. 680 - 850*, p. 21.

辉煌,为后世皇帝树立典范。查士丁尼希望借立法获得并独占合法话语权,至少其在法律领域的这种尝试取得了广泛的成功。他宣称自己颁布的法律是在神的协助和认可下完成的,是"活的法律"(nomos empsuchos),这是一个古希腊的概念,也是首次由一位"罗马皇帝"加以使用。至此,查士丁尼将罗马法转变为帝国的官僚统治规范,特别是对于皇帝而言,罗马法本质上成为皇帝的言辞。

在查士丁尼的整体构想中,无论是帝国官制或法律,都需要融入基督教的框架中,所以在其改革倡议与具体实践中,通过律法的神圣化,干预进而构建皇帝的神圣权威。上帝将整个世界的秩序建立以后,需要一位警觉但有同情心的皇帝,以有益于帝国之行为、律法为媒介来治理"地上之城"。因此,他将自己和改革都看作是上帝的安排,这一点从其将有关基督教的律法与教义安排在《法典》的第一卷便可看出,从而为后面的法律内容奠定了基督教解释的基础。

《法学汇纂》整理了大量的罗马法原论资源,并未对其进行修改,而是借助神的佑助将其调整成一部作品。而后以基督的名义颁布,赋予皇帝立法的基督教合法凭证,并借此表明自己既是基督教世界的权威,也是臣民道德与宗教生活中的权威。其大量的立法涉及教会与修道生活,最终构成了东正教教会法的重要组成部分。而且,查士丁尼还在其《新律》中规定,前四次基督教全体主教会议的教会法被赋予民法的权威。很明显,他认为自己有能力和责任来规范"国事与圣事",而民法是沟通这两者之间的桥梁。

伴随着查士丁尼统治的强化,基督教的话语与主题也逐渐在帝国占据支配地位,一种以基督教信仰为核心的官方意识形态逐渐成为主流话语。古典主义因素能包含在其最初立法作品的序言中,主要应该归功于法学家特里波尼安,但是随着特里波尼安于542年去世,帝国的古典主义色彩也在逐渐消褪。实际上,540年代后,因帝国在对外战争中的失利,新颁布的律令也在减少,一方面可能是皇帝无暇顾及,另一方面则是缺乏政治资本。从留存的新律内容看,《新律》只是局限在教会的仪式和圣事的举行方面,目的是获得更多的合法性。之后的皇帝也基本延续这一形式,至伊拉克略皇帝时,新律的颁布几乎停滞了。

第四节

新时期的挑战：《新律》

查士丁尼希望通过立法改革的方式，达到帝国司法的统一。但是帝国的历史发展总是会出现新的情况：希腊语逐渐占主导地位，基督教的影响日益深化，都使得查士丁尼的《法典》《法学阶梯》和《法学汇纂》无法应对一些新问题。

一、希腊语占据主导地位

古代罗马文明是以罗马为中心、以拉丁语为媒介的一种群体行为集合体，原本拉丁语只是亚平宁半岛中部拉丁姆部族的语言。但是随着罗马城拉丁部族的不断对外扩张，特别是在罗马帝国对外征服的过程中，拉丁语成为地中海世界的通用语言。然而，从全局看，拉丁语文化的核心区域在西部，主要包括意大利、西班牙、高卢、不列颠、中欧、北非等地；在帝国的东部地区，如巴尔干半岛、东南欧、小亚、巴勒斯坦、叙利亚、黎巴嫩、约旦和埃及等地主要是希腊文化占主导地位的地区。

罗马文化的继承与发展与罗马帝国疆域的变化相一致，罗马自建城至3世纪一直处于疆域扩大和和社会繁荣时期，其文化属于地中海世界的"主流"文化。但是，自"3世纪危机"之后，罗马帝国开始走向衰落，拉丁文化在地中海世界的影响也逐渐呈现出"萎缩"的趋势，"3世纪危机"后，戴克里先和君士坦丁都针对罗马帝国的现状进行系列改革。他们在沿袭罗马帝国旧有土地的基础之上，将帝国划为四个大区（prefectures）：东方大区，包括埃及、利比亚、近东和色雷斯；伊利里亚大区，包括达契亚、马其顿、希腊和巴尔干半岛中部；意大利大区，包括意大利和拉丁—非洲的大部分地区、达尔马提亚、潘诺尼亚和诺利库姆；高卢大区，包括罗马、不列颠、高卢、伊比利亚半岛和毛里塔尼亚西部地区。

随着君士坦丁王朝的结束，特别是该王朝最后一任皇帝朱利安的去世，"狂热的乔维安皇帝与波斯人签订了合约,放弃了对亚美尼亚和美索不达米亚地区大部分土地的主权"①。加之北方和西方蛮族的逐渐渗透,西部地区也频繁告急。根据史料记载,4世纪初,阿提拉率领匈人在"经历了三次围攻之后,于410年以暴风雨般的攻击方式夺取了罗马城"②。虽然不久后阿提拉去世,但拉丁文化的核心地区遭受巨大破坏,汪达尔人和西哥特人在西迁过程中不断袭击罗马拜占庭帝国,蚕食帝国领土,分别建立汪达尔王国和西哥特王国。476年东哥特首领奥多亚克废黜了西罗马最后一位皇帝罗慕洛·奥古斯都,西罗马帝国就此终结,与此相伴的拉丁文化也就此衰落了下去。

　　查士丁尼大帝继位后所面临的问题是,帝国西部已经成为"蛮族"统治的王国,因此他的梦想就是希望能再次将西部地区纳入罗马帝国的统治范围之内。于是,他秉承一个帝国的理念,发动了多次"收复"失地的战争,533—534年,"帝国军队在大将贝利萨留的率领下,大败汪达尔人,收复北非;在意大利,则几经波折,换了两位主帅,才于553—554年由宦官纳尔泽斯率军恢复了对意大利的统治;551年,又借西哥特宫廷内乱,派兵远征西班牙,成功地控制了西班牙沿岸的一些地区。"③但是,查士丁尼大帝发动战争、大兴土木等举措也极大地消耗了帝国的实力,查士丁尼之后,帝国局势急转直下,特别是自584年西哥特人"几乎夺回了拜占庭在西班牙的全部领地"后④,罗马拜占庭帝国统治的核心区域仅限于巴尔干半岛、小亚西亚在内的东部"希腊化"地区。希腊文化在帝国中的地位日益凸显,根据美国学者汤普森的统计,塞奥多西将帝国一分为二后,东部地区居民中"还有四分之一的人口讲拉丁语",亦即整个罗马帝国还有四分之三的人口还懂得拉丁语,从君士坦丁大帝的敕令、《塞奥多西法典》、《查士丁尼法典》都是用拉丁语颁布,就能看出社会现实对拉丁语的需求。

　　但是,6世纪中期以后,帝国陷入内外交困,帝国西部地区日益衰败且永久陷入混乱,拉丁文化也逐渐萎缩到西欧个别地区。中央集权制的帝国疆域日益集中

① G. Ostrogorsky, *History of the Byzantine State*, p. 47.
② G. Ostrogorsky, *History of the Byzantine State*, p. 51.
③ T. E. Gregory, *A History of Byzantium*, p. 136.
④ 徐家玲:《拜占庭文明》,第62页。

于希腊文化深厚的东部地区,拉丁语日益成为帝国普通百姓无法识读的艰涩语言。虽然查士丁尼在颁布拉丁语的《法典》后,禁止对其进行修订,但是皇帝也注意到帝国文化转变的现实,因此,他规定,若有新的情况需以新律的形式颁布,而且新律要以希腊语颁布,这"标志着希腊语已经取代拉丁语登上了拜占庭官方语言的大雅之堂"①。《新律》的颁布是帝国社会发展过程中希腊文化日渐重要的必然产物,自此以后,拜占庭帝国的法律完全用希腊语颁布,希腊语和希腊文化成为帝国的核心。

二、 基督教深入发展

基督教在罗马帝国的发展经历了较为曲折的过程,但整体而言其最终获得了成功,成为拜占庭帝国官方意识形态的核心价值和主流信仰。公元 1 世纪,基督教起源于罗马统治下的巴勒斯坦地区,最初是作为犹太教的异端,但在反抗罗马当局镇压过程中逐渐形成一整套独特的教义、组织、经典和仪式。1—4 世纪是基督教遭受罗马当局继续迫害的时期,64 年,罗马皇帝尼禄开启了对基督教的首次大迫害,据史家塔西佗记载,"起初尼禄把那些自己承认为基督徒的人都逮捕起来……他们被披上了野兽的皮,然后被狗撕裂而死;或是他们被钉上十字架,而在天黑下来的时候就被点着当作黑夜照明的灯火。"②

"3 世纪危机"的爆发使帝国陷入极度的混乱之中,统治者认为"政治动乱、军队溃败和天灾频发都是神在发怒的信号","因此,有几位皇帝便以基督教惹怒了奥林匹亚诸神为由迫害正在发展的基督教会"③,特别是戴克里先皇帝继位后开启了基督教史上"最惨烈的一次迫害"④。他连续下达数条敕令,要求逮捕城中所有基督教神职人员,凡信教的宫廷官员一律处死,基督教要向罗马神祇献祭,否则依反叛罪论处,捣毁教堂,财产充公,焚烧《圣经》,禁止集会,这次迫害长达两年

① 徐家玲:《拜占庭文明》,第 62 页。
② [古罗马]塔西佗:《编年史》下册,第 541—542 页。
③ W. Treadgold, *A Concise History of Byzantium*, p. 8.
④ 徐家玲:《世界宗教史纲》,第 149 页。

之久,成千上万的基督徒死于这场迫害。

虽然基督徒受到皇帝的大肆迫害,却无法阻挡其在百姓之中的快速传播,特别是在基督教吃人和乱伦等谣言被破除后①,基督教不仅没有传言中的那般恐怖,还以宣扬仁慈、扶贫济困、赞扬殉道、宽恕敌人和唾弃叛教等理念深得教徒好感,基督信徒日益增多,皇帝也开始转变对教会的态度,基督教在帝国的境况开始发生改变。311 年,伽勒里乌斯皇帝因疾病久治未愈,认为是迫害基督徒引起的上帝愤怒所致,于是下令停止对基督教的迫害,承认基督教的合法性。但从敕令的内容来看,对基督教的承认,需要基督教徒满足"在上帝面前为朕之健康、吾邦之安全,亦为他们自己之健康祈福,以使吾国四面八方安宁无忧,他们亦能安居乐业"②,基督教的教义思想开始逐渐与帝国的社会伦理融为一体。

311 年后,基督教在帝国的地位不断攀升,313 年,君士坦丁与李锡尼在所谓"米兰敕令"的行省重申了"伽勒里乌斯宽容敕令"中的规定。君士坦丁大帝统一帝国的最后一战,就是借口李锡尼迫害基督徒而发动的,在前者完成统一大业后的时期,则给予基督教更多特权,如 319 年的法令,在赋税甚重的情况下,免除神职人员的税款,321 年授予教会接受遗产的权力,330 年迁居新都时,更是下令拆除各地古代神庙雕像,用以解决君士坦丁堡教堂修建过程中材料不足的问题。在君士坦丁大帝的支持下,基督教迅速发展,罗马、耶路撒冷、伯利恒等地的大教堂拔地而起,为后期基督教的发展奠定了基础。

君士坦丁大帝去世后,其子进一步加大对基督教的扶持力度。346 年,康斯坦提乌斯二世和康斯坦斯二世下令:"所有地方和城市的神庙都要被关闭,禁止信徒入内,任何人不得献祭,违反此令者,处以剑刑、财产充公,当地长官疏于查访者,同罪论处。"③至塞奥多西王朝时期,塞奥多西一世平息骚乱后,先是"正式宣布放弃大祭司长这个古罗马时期对皇帝和君主的尊称"④,而后又连发两道诏书,

---

① 因早期基督教会经常被迫密秘活动,其男女会员是平等参与各种礼拜活动的,因此外界不理解基督教之人,以为他们男女不分,搞秘密活动,涉嫌"乱伦";而其圣餐礼上从耶稣最后的晚餐之言,服用祝祷后的无酵饼,认作"基督的身体",饮葡萄酒,认作"基督的血",于是传出了基督徒吃人肉、喝人血的谣言。
② 李继荣、徐玲:《"伽勒里乌斯宽容敕令"文本考——兼论"伽氏敕令"的历史地位》,《中南大学学报》2016年第 5 期,第 173 页。
③ *Codex Theodosius*. 16. 10. 4.
④ 徐家玲:《拜占庭文明》,第 330 页。

支持基督教的正统地位,禁止各种异端教派的迷信活动。[1] 392 年,皇帝更是宣布
"禁止在任何场合向古代罗马神祇献祭,异教神庙一律关闭。违令献祭者,一经发
现,罚款黄金 25 镑,献祭者的房屋、土地皆应没收。对于徇私舞弊的法官及其他
审判人员也要处以 30 镑黄金的惩罚"[2]。至此,基督教在罗马—拜占庭帝国的正
式地位得以确立,学界亦将这一年视为基督教成为帝国国教的年份。

在皇帝的支持下,基督教成为帝国的正统信仰。但是,非基督教信徒与古代宗
教思想仍大量存在,作为异教思想发源地的雅典,成为异教徒寻求庇护的地方,自 5
世纪始,"信奉异教的哲学教授都转到雅典去寻求庇护,因为相形之下雅典城里非基
督徒的授课还是比较自由的","不仅哲学教授们在雅典城里讲课自由,而且学生的
生活也比较活跃"[3],这自然成为基督教化皇帝难忍之事。因此,查士丁尼继位后,
为了根除异教,于 529 年下令关闭了异教思想的传播基地——雅典学园,诚如瓦
西列夫所言,"尽管当时它已经衰落,但毕竟是异教信仰的最后堡垒"[4]。学园财
产被没收,很多哲学教授流亡波斯。基督教依靠皇帝之力再次取得了对异教的胜
利,更为重要的是,这场博弈的胜利在形式上的意义已经远远地超越了其实质上的
意义,基督教已然势不可挡地成为帝国精神领域的灯塔和旗帜。基督教自 1 世纪诞
生,经历了大迫害时期,后在帝国内忧外患的环境中逐渐与皇权取得协作,罗马逐渐
褪掉了异教文化的外壳,迈向了一个基督教式的中世纪拜占庭帝国,基督教文化成
为帝国臣民接人待物的价值判断标准,历史翻开了新的一页。

希腊语的主导地位和基督教的深入发展成为查士丁尼时期社会变革的重要
表现。虽然《法典》《法学汇纂》和《法学阶梯》均以拉丁文写成,规定其颁布的法
律将成为立法之标准,严禁对《法典》进行释义、阐释,但也下令"如果在今后的生
活中出现了新的情况,朕将通过谕令加以调整"[5],并以希腊文颁布实施。在其颁

---

① *Codex Theodosius*. 16. 10. 8 &9.

② *Codex Theodosius*. 16. 12.

③ [美]威尔·杜兰著,幼狮文化公司译:《世界文明史》第 4 卷,北京:东方出版社 1998 年版,第 99 页。

④ A. A. Vasiliev, *History of the Byzantine Empire 324 -1543*, vol. 1, p. 184.

⑤ [意]朱塞佩·格罗索著,黄风译:《罗马法史》,北京:中国政法大学出版社 2009 年版,第 340 页。该法令
   延续了塞奥多西在君士坦丁堡所召开的第二次全基督教主教公会议决议的第 28 条,该决议确立了君士
   坦丁堡和罗马教会的排序。

布的一则新律中写道:"朕写这部敕令时没有用拉丁母语,而是用了希腊口语,以便使它能易于为公众理解。"①另外一则新律则涉及教会问题,规定"最受恩宠的君士坦丁堡大主教的教区,即新罗马,应位于最神圣的使徒教区旧罗马之次"②。这足以表明,查士丁尼这位注意传承罗马传统的皇帝,已经敏锐地感觉到历史发展的大势,对现实生活的需要做了重大让步。

　　在此历史背景下,查士丁尼在修订《法典》的情况下,对新出现的问题以律令的形式加以公布。但是需要注意的是,他在很多方面的改革并未完全实现,也未对颁布的新律进行收集整理,这项工作是由后来的私人法学家完成的。实际上,也并未有所谓的查士丁尼新律的《大全》,因为他的立法最后以希腊语和拉丁语的形式分散在各种文本中,后人看到的《罗马民法大全》是经过历代法学家整理、校订的结果。《新律》共计180条,由私人汇编而成,主要涉及《法典》(第二版)颁布后前十年中的法令。当然这180条法律也不完整,特别是涉及查士丁尼统治时期最后10年中的法令仅有25条保存了下来,不过这25条法令,特别是其前言部分,具有很高的史料价值,对今人认知查士丁尼的性格与政策大有裨益。《新律》已经被视为查士丁尼立法工作的最后一部分,并成为那个时代帝国内政史的重要资料。

第五节

《民法大全》与后世拜占庭立法

　　虽然查士丁尼《民法大全》在死刑判决方面有明显欠缺,执法上也有许多弱点,但这部6世纪的大型立法著作仍具有广泛的、不朽的意义,如有学者所言,查士丁尼的理想成就了人类进步最有价值的伟业。现代学界对查士丁尼立法的认知始于12世纪初,且多关注于其对近世的影响,学者们认为"查士丁尼法典保存

---

① [美]A. A. 瓦西列夫:《拜占庭帝国史》,第227页。
② [美]A. A. 瓦西列夫:《拜占庭帝国史》,第234页。

了罗马法,而罗马法为指导大多数现代社会的立法提供了基本原则"①,"罗马法得到了新生,并且第二次把世界联系起来。西欧的所有立法活动的发展,甚至那些现代的立法活动,都一直受到罗马法的影响……罗马立法的最有价值的内容被成段成章地引入当代法典中,并以这些当代法典的名义在发挥着作用。"②

查士丁尼的法典在西欧学者群中还缺乏更深入的研究,国外学界虽已经产生了对查士丁尼几部立法作品的校勘本,但是正如瓦西列夫所言:"迄今为止,查士丁尼的法典,除了《新律》,它们都被认为最初是作为进一步理解罗马法的辅助手段,也就是说,它们只具有辅助性的,而不具备第一位的重要性。人们并没有研究这部《法典》本身,它也从来没有被视为'独立的'研究主题。"③国内研究也同属此类情况。其二,对查士丁尼《民法大全》与后世拜占庭立法关系的探讨依然薄弱,特别是受到英国著名史家吉本对拜占庭轻视态度的影响,学界较少关注查士丁尼之后的立法研究。

20 世纪著名法学家关于查士丁尼之后的立法没有研究价值的理由颇具代表性:第一,从政治上讲,他死后,各行省总督不服从中央命令,加上外族入侵和奴隶起义,中央的法令已不能通行于整个帝国了。7 世纪中叶,东罗马社会开始向中古社会过渡,进一步造成了地方权力强化的结果。历史决定了当时的统治者不可能再进行什么有历史价值的法律制定工作。第二,从经济上看,查士丁尼一世以后,军阀割据,战争频繁,交通阻塞,商品经济不但没有发展,反而倒退。法律是由经济基础决定的上层建筑,既然经济基础倒退,法律自然也不会有什么进步。第三,从思想、学术方面看,当时由于生产倒退,战乱不断,社会动荡,人们普遍向宗教寻求精神寄托,从而引起基督教的盛行,这使得教会寺院法的效力超过了罗马法的作用。《圣经》在处理各种案件方面可以发生法律的效力。知识分子群、学术界因之兴起了研究宗教神学之风,而不再注重法学。加上查士丁尼一世在编纂法规时,禁止任何人对他编定的法典进行注释和评论,这样在他死后,再没有法学

① 〔美〕A. A. 瓦西列夫:《拜占庭帝国史》,第 229 页。
② 波可洛夫:《罗马法制史》(第 2 版,1915 年),第 4 页。
③ 〔美〕A. A. 瓦西列夫:《拜占庭帝国史》,第 230 页。

家来推动罗马法的发展了。①

　　事实上,在查士丁尼之后,帝国历史又经近千年沉浮,各朝皇帝也根据社会现实发展需求对法律进行修订和改革,主要有伊苏里亚王朝时期的《法律选编》(*Ecloga*)、《农业法》、(Νόμος Γεωργικός)、《士兵法》(Νόμος Στρατιωτικός)和《罗德海事法》(Νόμος Ροδίων Ναυτικός),马其顿王朝的《法学手册》(Προχεινός Νόμος)、《法学导论》(Η Επαναγωγή)和《帝国法典》(*Basilics*),帕列奥列格王朝的《法学六卷》(*Hexabiblos*)或称《法学手册》(*Promptuarium*)等。

　　查士丁尼去世后,该王朝又经历了查士丁二世、提比略和莫里斯三位皇帝。一方面,由于《民法大全》这部大型法典刚问世不久,它规定了社会生活的方方面面,所以各代皇帝将查士丁尼法典视为罗马国家以及与这一概念相关的一切事物的象征,“新法的制定成为不必要的工作”,统治者所要做的只是重建或实现查士丁尼大帝所制定的法律体系的框架,“使现实符合法律的传统”②。另一方面,由于帝国内外矛盾开始凸显,收复的失地重新失去,斯拉夫人深入移居巴尔干半岛腹地,与东方波斯战火再次燃起等等,内外交困的境况,致使查士丁尼的继承者们往往疲于应付接连不断的内乱和外战,而无暇顾及帝国社会秩序和社会关系的变化。基于这两个因素,查士丁尼的继承者们的官方立法很少,且多以《新律》的形式出现。除此之外,还有一些地方行政机构颁布的零散政令,用以调整局部地区社会关系,但这些政令均是以查士丁尼的立法精神为指导,《民法大全》为蓝本,并不属于新法的范畴。

　　伊苏里亚王朝建立后,在皇帝利奥三世的努力下,帝国局势逐渐稳定,但是面对帝国王权的不断加强、基督教的日益深化和希腊语的日显重要,利奥三世开启了立法方面的改革,740年利奥三世以其名义颁布了查士丁尼之后的第一部新法典《法律选编》。这部法典共18章,主要述及民法,辅之以刑法,涉及订婚、结婚、遗嘱、监护、买卖、租赁等社会生活的方方面面,只有一章集中讨论刑法处罚的内容。从内容上看,《法律选编》与《民法大全》已大不相同,如引入了《圣经》中的公

---

① 周枏:《罗马法原论》,第6—7页。
② I. F. Haldon, *Byzantium in the Seventh Century*, p. 259.

平和正义的思想,强调法官判案不能徇私情,而是要经清晰的推理论证,强化基督教的观念,严格限制离婚,这些变革都是应社会之需做出的调整。但是根本而言,该法典还是以查士丁尼的立法为根据,这一点从该法典标题的全称便可知晓:"《法律选编》是由虔诚睿智的皇帝利奥与君士坦丁编修的一部简明法律节选集,其条款选自查士丁尼大帝的《法学阶梯》《学说汇纂》《法典》和《新律》,提升了'仁爱'情怀。"①在编修体系和概念术语等方面,《法律选编》也大量沿用了《民法大全》中的内容,可以说对伊苏里亚王朝的立法产生了重要影响。

伊苏里亚王朝结束后,拜占庭帝国经历了混乱时期和短暂的阿莫里王朝后,于867年进入马其顿王朝,这也是被称为拜占庭帝国史上的又一个"黄金时代"。皇帝瓦西里一世更是以查士丁尼大帝的形象自居,在以武力取得巨大胜利的同时,也希望能恢复查士丁尼时代的法典。由于他对查士丁尼《法典》的偏爱,甚至"正式宣布伊苏里亚王朝诸皇帝的法律条文是胡说八道的'无稽之谈'"②,决意要对查士丁尼法律进行重新修订。但是,由于当时的官方语言为希腊语,查士丁尼的立法则多为艰涩难懂的拉丁文,人们只能通过其希腊文的翻译、选文和注释本进行学习和了解。瓦西里皇帝将这些文本进行搜集,开启了对查士丁尼立法的翻译、删减和增添,对保留的一些拉丁语,则给出了希腊语解释,其本人也将这些在立法领域的改革活动称为"对古法的净化"($\dot{\alpha}\nu\alpha\kappa\dot{\alpha}\theta\alpha\rho\sigma\iota\varsigma$ $\tau\tilde{\omega}\nu$ $\pi\alpha\lambda\alpha\iota\tilde{\omega}\nu$ $\nu\dot{o}\mu\omega\nu$)。③ 瓦西里最早颁布的法典是《法学手册》,该手册共40个章节,包括民法的主要通则和各种侵犯和犯罪刑罚的详细条目,无疑吸收了查士丁尼依靠法律来治理国家、维持国家秩序的思想,其前言部分中"按照所罗门的看法,一个国家只能依靠法律才能够繁荣"④,与查士丁尼"皇帝的威严光荣不但依靠兵器,而且须用法律来巩固,这样,无论在战时或平时,总是可以将国家治理得很好"的论述非常相似。⑤ 更为重要的是,在《法学手册》的40个章节中,半数以上的章节源自查

① M. T. G. Humphreys, *Law, Power, and Imperial Ideology in the Iconoclast Era c. 680–850*, p. 93.

② [美]A. A. 瓦西列夫:《拜占庭帝国史》,第378页。

③ E. Freshfield, *A Manual of Eastern Roman Law: The Procheiros Nomos published by the Emperor Basil I at Constantinople*, Cambridge: Cambridge University Press, 1926, p. 51.

④ 林根塔尔:《皇帝瓦西里、君士坦丁和利奥的〈法学手册〉》,part. 4.

⑤ [罗马]查士丁尼:《法学总论》,第1页。

士丁尼的立法,"尤其是头 21 个章节,来源于查士丁尼的《法学阶梯》"①。瓦西里皇帝在位末期,还颁布了另外一部名为《法学导论》的法学著作,这部著作与《法学手册》大不相同,如增加了对皇权、教权及其他行政和宗教官员的权力,清晰地描绘了帝国的行政和社会结构,以及教会与国家的关系,编排方式也发生了改变,但是其与《法学手册》的共同点是对圣像破坏运动时期《法律选编》的批判,即便如此,它还是借用了《法律选编》中的一些内容,如前所述,《法律选编》是以查士丁尼的立法为蓝本修订而成的。

由于恢复查士丁尼的立法是一项浩大的工程,瓦西里的梦想并未完全实现,但是,其在法学领域的成就为其继承者利奥六世颁布《帝国法典》提供了依据。为了编纂这部法典,利奥皇帝专门组织了立法委员会,将全书分为 60 卷,遵循着瓦西里一世的既定目标,努力复兴查士丁尼时期的立法工作,在对查士丁尼的立法进行完整翻译的同时,根据帝国的形势变化,删除那些失去现实意义的部分,增加了查士丁尼后所颁布的新律和其他法律文献,包括瓦西里一世和利奥六世时期的新律,这部法典在查士丁尼立法的基础上修订而成,"是拜占庭法学和文化领域的巨著,地位仅次于《查士丁尼法典》"②。

马其顿王朝末期,拜占庭帝国复又陷入混乱状态,内部皇权更替频繁,外部则入侵不断。帝国的领土在内忧外患中不断减缩,特别是在面对小亚遭受塞尔柱突厥人的入侵之时,拜占庭皇帝们开始呼吁引进西方势力进行援助,最终导致了世界史上著名的"十字军东征"。东征的初衷是为了"解救"拜占庭,但是最终拜占庭也成为东征的受害者,特别是第四次十字军东征的结果是西方的拉丁人攻陷君士坦丁堡,建立了拉丁帝国。虽然拜占庭人于 1261 年再次复国,但是其衰落的趋势已经势不可挡。风雨飘摇之中,拜占庭帝国的皇帝在奔波于应对内外交困局面的同时,已无暇顾及立法事业。

不过在帝国末期的帕列奥列格王朝诞生了帝国最后一部重要法学著作《法学六卷》,这部作品是由一位名为君士坦丁·哈蒙瑙普拉斯(Constantine

---

① ［美］A. A. 瓦西列夫:《拜占庭帝国史》,第 526 页。
② ［美］A. A. 瓦西列夫:《拜占庭帝国史》,第 531 页。

Harmenopulos)的法官编修,共六部分,含有民法与刑法的内容,并收进了一些增
补的法条,如《农业法》。在这部作品中,编纂者使用了前述的《法律选编》《法学
手册》《新律》《法学导论》等文献,间接地继承和使用了查士丁尼的立法思想和立
法原则,也吸收了许多古老、未经查士丁尼大帝立法委员会改动增删过的法律文
献,换言之,《法学六卷》对于批判地研究查士丁尼《民法大全》所使用的材料、其
原始的形式及改动过的部分,寻找拜占庭立法中所谓的"罗马法"的痕迹,提供了
极有价值的文献史料依据。1453 年君士坦丁堡陷落后,这部法典在西方得到广
泛传播,人文主义学者仔细地研究了这一"衰亡的拜占庭"的法学著作,认为"其
至今仍应用于希腊和比萨拉比亚的法学实践中"①。

　　总之,自查士丁尼的立法颁布问世,便与拜占庭的后世立法建立了直接或间
接的联系,深刻地影响着后世立法,其立法活动不仅与帝国的官制有了密切联系,
还与皇帝的个人形象紧密相关。对于拜占庭人而言,查士丁尼是受上帝委托和认
可的人间立法者,其犹如圣经旧约中的摩西,为后世皇帝立起了标杆,成为之后立
法者遵循的典范。同时,查士丁尼的立法还成功地界定了罗马法的范畴,自此以
后,《民法大全》至少在理论上成为研习与实践法律的基本文本,不论法律术语或
条文编排都为后世立法提供了借鉴。最后,查士丁尼明确将罗马法与基督教信仰
相结合,构建出具有基督教精神特征的法律权威文本,该法典与古典世界的法律
截然不同,开启了后世立法中不断强化基督教思想在法律条文中作用的先河。

---

① L. Kasso, *Byzantine Law in Bessarabia*, Moscow, 1907, pp. 42 – 49.

第八章

查士丁尼的宗教思想与宗教政策

第一节

查士丁尼的政教关系理论

查士丁尼执政的重大目标既然包括统一教会和统一罗马拜占庭帝国民众信仰主体的部分,自然离不开皇帝对教会总体政策的调节。因此,与西方教会理顺关系,是查士丁尼执政期间必须应对的第一件事。

在罗马帝国时期,国家和教会之间的关系是按照古代东方的传统界定的,即国家统治者本身就是神权在人间的代表,是神和人之间的联系纽带。奥古斯都之后,这一思想成为罗马的精神支柱。对皇帝作为一个准圣人的尊崇,是一种政治上忠诚的表现。但早期基督教憎恶这一传统,因为基督教会拒绝一切形式上的崇拜。但是,自君士坦丁大帝接受基督教之后,皇帝与教会的关系建立在新的思想原则之上,即基督教会承认皇帝是上帝在人间的代表,是受上帝之命统治罗马世界的;皇帝也承认基督教会是在代表上帝的意志掌管世俗众生的精神生活,是皇权的支柱。从此,历代皇帝都积极地投入基督教会的内部斗争,千方百计地以皇帝的权威干预基督教会的内部争论问题,早期历次基督教全体主教会议都是在皇权的直接干预下召开并通过决议的。在这几次基督教全会上,反对皇帝意见的教士们,其首领和追随者都受到帝国法律的无情制裁。

但是,基督教会对于皇帝们的行为也想加以干预,并设法抵制皇帝的意志,390 年米兰大主教安布罗斯与塞奥多西皇帝的冲突就反映了教权对皇权专制的抵制。然而,在东方帝国,皇权对教权的制约力一般占主导地位,其理论基础就是"基督教会史之父"尤西比乌斯提出的基督教皇权的理论。他强调君权神授的理论,并尊君士坦丁皇帝为圣使徒(Isapostolos,即同使徒平等之意,Equal of the Apostoles),或第十三使徒。于是,皇帝不仅应该有世俗权力也应该有教会权。以这一理论为基础,查士丁尼确定了他的宗教政策之原则。

首先,查士丁尼是"皇帝教权主义"(Caesaropopism,也称作"至尊权")理论的赞成者,他主张皇帝有权决定教会事务。但他不满足于仿效古人以强权和专制来支配教会事务,而是积极地从理论上阐述皇权的至高无上。他强调,皇帝有权决定臣民的信仰、教职的任免和教规的制定,也有权在一众教职人员的冲突中充当法律上的仲裁人。他的原则是,"皇帝即教父",从这一基点出发,他写了许多神学著作,颁布了许多有关宗教的法令,积极探讨皇权与教权关系的基本原则。他的模式为后来的拜占庭皇帝所效法。在 8 世纪初,发起破坏圣像运动的利奥三世公开宣布"朕即教士",就是建立在查士丁尼这一理论的基础上。[1] 这一理论使皇帝对教会事务的干涉行为合法化。

但是,查士丁尼不主张皇权与教权相对立,而主张实行"政教协调"的原则。他强调,既然皇权和教权都是受命于天,那么,皇权和教权之间浑然一体、互相协调就应该是天经地义的。他强调,教会如同灵魂,国家如同躯体,两者的健康和谐是使国家机器能正常运转的基础。它们的共同目标是拯救民众,使国家强盛,使上帝荣耀。他在《新律》第 109 条中强调:"朕坚信,朕的唯一愿望,即使朕治下的帝国长治久安,全仰赖上帝的恩宠。因为,朕深知,这一愿望是使灵魂得到拯救,使国家政权得以继续存在的源泉。"在 535 年颁布的《新律》第六条中,查士丁尼全面阐述了国家与教会的关系,声称:"上帝因热爱人类而从上苍赠予人类两件最伟大的礼品:教士和帝王。教士负责圣事,帝王指引并主持世俗事务:但两者来

---

[1] Leonem, *ad Leonem Isaurum imperatorem*, XIII, in *imperator sum et sacerdos*, LXXXIX, 521. 瓦西列夫:《拜占庭帝国史》,第 400 页。

自同一上帝,点缀着人类的生活。因此,教士的尊严是帝王们之安全的唯一保障,因为是教士们在为帝王的幸福而祈祷上苍。因此,如果教士们能在各方面虚心接近上帝而不受任何非难,如果帝王们能公正地依法治理他们的国家。那么,国家和教会的协调和睦就会出现,无论如何,这是有益于人类的。"①

　　查士丁尼的立法在理论上和原则上确定了教权和皇权之间互相独立、互相平等、互相平衡、互相依赖的关系,并始终不渝地为实现这一目标而努力。

　　为了保证上述政教协调原则行之有效,查士丁尼下令"在四次基督教全会中采用的教会圣法"将被视为国法,使教会法成为民法中的一个重要部分,使基督教的原则成为帝国政治和经济生活中应该实行的基本准则。另一方面,查士丁尼也亲自过问教会和修道院的事务,支持和赞助拜占庭东方建大批修道院,并亲自为修道院的修士们制定教团法规,把他们直接置于自己的监控之下。从此,皇帝作为帝国的最高统治者不仅有权制定民法,而且有权为教会和修道院确立基本法规和法则。教会法和国家法得到合理的融合,从此在东方帝国浑然一体。这一原则一直为后来的拜占庭皇帝所继承。因此,从罗马到拜占庭帝国的过渡时期,查士丁尼是中世纪拜占庭"皇帝教权主义"理论的真正奠基人。

第二节

对异端、异教的政策

　　除了在理论上的建树以外,查士丁尼还积极地以实际行动在帝国推行基督教的正统信仰和剪除"异教"及"异端"势力。由于历史的原因,在拜占庭帝国辖区内有几种堪称为"异教徒"的人,其中包括坚持崇拜古罗马多神教的古典世界的遗老遗少,也有许多犹太人、撒玛利亚人和摩尼教徒。

---

① A. Gerostergios, *Justinian the Great, The Emperor and the Saint*, The Institute for Byzantine and Modern Greek Studies, 1982, pp. 86 – 88.

　　自基督教成为罗马—拜占庭帝国的正统宗教以后,传统的古典异教势力仍然占据着最后的阵地,许多贵族拒不接受基督教。在希腊半岛上的雅典城,还保留着一个教习希腊古典文化的异教学校——雅典学院,这座学院已经有上千年的历史,是保存和传播古典时期希腊哲学思想的中心,是早期帝国许多知识渊博的特殊人才的滋生地。但是,对于基督教会来说,凡属古典的东西,就是"异教",就与基督教的精神相对立,就应该受到打击和排斥。在这种思想的指导下,查士丁尼下令剥夺了非基督教徒在各类学校任教的资格,并于529年关闭了设在雅典的异教学校,扼杀了柏拉图学院的最后阵地,并毫不留情地打击和镇压民间的异教庆典。于是,拜占庭帝国的皇帝以行政命令的手段割断了帝国人民与丰富多彩的古典文化生活的有机联系,建立起基督教信仰为核心的官方意识形态的一统天下。塞奥多西二世时期在都城建立的最高学府,则成为帝国基督教学术的活跃中心。从此,拜占庭臣民们更相信自己是基督教帝国的罗马人,不再单纯追随古典时期人类创造的优秀精神文化财富,而把基督教神学的原则推上了最神圣的殿堂。但是,查士丁尼对于帝国贵族阶层中的异教信奉者,其中包括法学家特里波尼安和一些有"异教"情结的历史学家,并没有采取极端措施,因为他们没有公开与帝国的国教基督教原则相对抗,也没有做损害帝国法律和社会秩序的事情。因此,查士丁尼对他们基本保持信任的态度,而且在许多重大问题上尊重他们的意见。

　　对于犹太教,查士丁尼则实行了民族保护政策。允许他们保留自己的信仰,允许他们继续在自己的宗教活动中心犹太教会堂中进行宗教活动,允许他们自行选用《旧约》圣经的希腊文译本,而不必拘泥于国家对正统教会使用经典的有关规定。但是,他不允许犹太人拥有基督徒奴隶,也不许他们建立新的犹太教会堂。因此,他对犹太人的政策,可以说是既保护又限制。但对于撒玛利亚人的政策,则苛刻得多。撒玛利亚人是犹太教的一个分支,早在公元前722年亚述帝国灭亡犹太人北方国家以色列之时,以色列的古都撒玛利亚就被外族人占领,城市中很多人沦为奴隶,也有很多人与外来的种族通婚、融合,于是产生了一个被南国犹大视为"异教徒"的撒玛利亚派。犹太人瞧不起这些撒玛利亚人,认为他们的血"比猪尿还脏"。反之,撒玛利亚人也瞧不起犹太人,他们对于年年自北方南下犹大地的犹太人一向采取不友好的态度。这一点,在《新约》记载中有所透露。查士丁尼对撒玛利亚人的态度可能是受到犹太人的影响。而且,在查士丁尼时代,人们一向重视耶路撒冷作为基督教圣地和"耶稣受难地"的地位,并常有信徒赴圣地"朝圣"。因此,作为统治者,有必要注意保持与犹太人之间的和平关系。于是,查士丁尼对撒玛利亚人的特别政策,就可以理解了。

查士丁尼剪除"异端"势力的斗争比之于对"异教"的迫害则复杂得多。在认识上,查士丁尼认为那些被基督教会斥为"异端"者,是神圣真理的敌人、社会的威胁和政治上的叛逆,必须予以严厉的惩罚。因此,他对异端的迫害是毫不留情的,其中,轻者被剥夺公民权和财产权,大的异端派别,如"摩尼教派"①,则被处以极刑。但是,对于所谓一性派的问题,却颇使查士丁尼感到棘手,因为这一问题不仅涉及神学争论问题,也涉及帝国对于东方各省的政策问题,更重要的是来自内宫的影响。皇后塞奥多拉是一个忠实的一性派信奉者,她一方面千方百计地对查士丁尼施加影响,企图在这一问题上改变查士丁尼的既定政策;另一方面,利用自己的地位保护和赞助一性教派势力,促进其发展,从而使问题更加复杂化。

第三节

"一性派"之争、查士丁尼与罗马教会

由于查士丁尼家族的出身背景和支持他们上台的贵族党派——蓝党的影响,查士丁尼和他的舅父查士丁十分重视与罗马教皇的关系。查士丁上台之后,第一件事就申明了自己拥护正统的卡尔西顿信经,反对阿纳斯塔修斯一世时期的一性教政策的立场,并胁迫君士坦丁堡牧首于518年7月宣布摒弃"一性教",拥护卡

---

① 摩尼教是早期基督教时代混杂了基督教灵知派理念和佛教、琐罗亚斯德教教义而形成的一个宗教派别,据传因其创始者是摩尼(Mani)而得名。该教相信世界之初就分善恶二元体系,人的欲望归属于邪恶之神,精神的力量来自善神。该派成员实行禁欲生活,最后回归于至善。该派理念后来融入基督教东方的异端派保罗派之中,后沿商路于12—13世纪间传入西欧,成为西欧中世纪城市的宗教异端运动(如法国阿尔比运动)的理论渊源之一。

尔西顿信经。于是，从都城到各行省出现了对一性教派的残酷迫害。新的动乱影响着政权的巩固和社会秩序的稳定。在狂热的卡尔西顿派信奉者维塔利安因政治原因被暗杀后（520年），情况有所缓和。但查士丁尼即位后，新的迫害活动又重新开始。

与此同时，查士丁王朝积极谋求与罗马教宗的和解。518年，查士丁和查士丁尼开始与罗马教廷互换使节，并邀请教宗到君士坦丁堡去主持宗教讨论会。519年，教宗应邀派代表来到君士坦丁堡，重申卡尔西顿信经。同年，在查士丁尼的操纵下，罗马教宗与君士坦丁堡牧首达成和解。526年春，东哥特王塞奥多里克为了取得君士坦丁堡皇帝的谅解，支持新任教宗约翰一世访问君士坦丁堡。这是罗马教廷第一次对东方都城君士坦丁堡进行访问，都城群众在皇帝的授意下热烈地欢迎约翰的来访。但约翰由于没有在这次访问中为东哥特王和阿里乌派异端说好话，回到意大利后，受到东哥特王塞奥多里克虐待而死（526年5月8日）。但是，关于一性派争论的问题不是政府简单的干预手段可以解决的，东方各大教区教会，尤其是亚历山大和安条克学派控制下的教会坚持他们的意见，不肯妥协。而且，塞奥多拉在内宫也不失时机地对查士丁尼施加压力，要他停止迫害一性教派。529年以后，查士丁尼似乎开始领悟到东方各行省的安定对于帝国利益的重要性，于是寻求与一性教派和解的途径，停止迫害一性派信众。他鼓励被流放的一性派领导人回到帝国，还召集会议促使两大教派和解（530年），甚至受塞奥多拉的影响，同意选任一位信奉一性派的教士安西米乌斯（Anthimus，原黑海东岸特拉比宗主教）为君士坦丁堡教宗，以向一性教派信众表示自己的合作态度。但此举受到了卡尔西顿派的坚决反对，他们趁新任罗马教宗阿伽佩图斯访问君士坦丁堡之机，强烈要求罗马教宗干预此事。查士丁尼被迫对罗马教廷妥协，免去安西米乌斯的君士坦丁堡牧首一职，并召集了536年5月的君士坦丁堡会议，再次否定了一性派。这次对一性派的摒弃和批判，是出于查士丁尼外交政策的需要。因为查士丁尼正在策划收复意大利的战争，需要得到意大利正统教信仰者的支持。这是查士丁尼对罗马教廷的最后一次妥协。

在不利形势下，塞奥多拉的活动转入地下，许多一性教领袖，包括被废的大主教安西米乌斯，都在宫中受到塞奥多拉的保护。与此同时，塞奥多拉开始寻找机会在罗马实现自己的计划。由于前任罗马教宗阿伽佩图斯在访问君士坦丁堡时去世，新任哥特王狄奥达图斯在意大利任命了新的罗马教宗西尔维乌斯（Silveus，536 年 6 月）。塞奥多拉则想把自己的候选人推上圣彼得的御座，她选中了前任教皇派驻君士坦丁堡的使者维吉里乌斯（Vigilius），派他立刻赶回意大利去夺取教宗宝座。此时，贝利萨留夫妇已经率领大军进入了罗马城，维吉里乌斯如愿以偿。维吉里乌斯是坚定的卡尔西顿派，塞奥多拉没有达到自己的原定目标。但是，她仍然尽其所能在东方培植和发展一性派势力。有些人在她的保护下秘密传教，有的人还成为宫廷大臣。她曾帮助倾向于一性派信仰的塞奥多西登上亚历山大牧首的御座，但此人很快被罗马教宗解职。她还在金角湾对面的西凯亚（Sycae，后来被称为加拉太）赞助修建了一座一性派修道院，使它成为一性派的主要活动中心。从这里，曾派出过传教士到努比亚和阿拉伯人的加萨尼王国传教。她帮助叙利亚的一位一性派教士雅各布斯·巴拉代乌斯（Jacob Baradaeus）发展了叙利亚的地下一性派组织。354 年，这一天才的足智多谋的人逃避了政府当局的多次追捕，排除了重重障碍，使一性派势力在叙利亚得到保存和发展，维持了一个基本的一性派教会，后人称之为雅各教会。塞奥多拉于是满意地看到一性派的星星之火已在帝国的东方各省蔓延，剩下的就是进一步使查士丁尼就范。

这时，拜占庭东方教会兴起了一股纪念奥利金、研究和恢复奥利金思想的倾向。这一运动给塞奥多拉提供了机会。奥利金（185？—254 年）是早期基督教会著名的希腊教父，亚历山大教派神学体系的重要奠基人。他以新柏拉图主义哲学思想解释基督教教义问题，"使基督教体系具有他那个时代最充分的科学地位"[1]。他认为，世界的本源是隐藏在可见的物质世界后面的精神世界，是由上帝通过圣子所造的。"上帝是非受造的，完美的灵，是万物之源"，圣子由他而生，是"第二位的神"，一个"被造物"的思想显然与阿里乌派异端的主张相近。此外，在论及基督的两性：即人性和神性关系问题上，奥利金主张，基督在世时，他既是上帝又是人；在他复活升天以后，则不再是人，而是神了；从基督起，开始了神性和人性的结合。这种结合使人性能上升至神性的地位，不仅在耶稣身上如此，在所有

---

① ［美］威利斯顿·沃尔克：《基督教会史》，第 92—93 页。

相信耶稣并按其教导生活的人身上也莫不如此。[①] 这种思想应该说接近于一性派的思想,但是,当时多数东方教会教士们对它持反对意见。在君士坦丁堡牧首莫纳斯和教皇使节贝拉基的劝说下,查士丁尼同意公开斥责奥利金思想和所有赞成奥利金思想的人。543 年,查士丁尼发了敕令,斥奥利金思想为异端。教皇维吉里乌斯支持皇帝的这一行动。但是,当时的奥利金派分子,凯撒里亚主教塞奥多利·阿斯基达斯,内心反对这一决定,于是伺机报复。他提出了几位应受谴责的早期教会作家的名字,他们是塞奥多利(Theodore of Mopsuestia)、塞奥多利特(Theodoret of Cyrus)和伊巴斯(Ibas of Edessa)。虽然,他们的著作都在卡尔西顿会议上得到了肯定。但是,塞奥多利的观点与聂斯托利派却是一致的,因此奥利金派和一性派对他深恶痛绝。塞奥多利·阿斯基达斯建议皇帝批判此三人的作品,以使一性派对卡尔西顿决议的对立态度能够缓和,因为一性派认为卡尔西顿信经与聂斯托利派的观点一致。这一建议使查士丁尼动了心,因为他从中看到了与一性派和解的一条新路,同时,也可以实现卡尔西顿派和一性派的调和,并使两派中的极端派都满意。许多一性派成员同意这一计划,塞奥多拉立即表示支持。这时,教宗使节贝拉基已经离开君士坦丁堡,塞奥多利·阿斯基达斯的意见得到了采纳。皇帝决定发一则"关于三章案的敕令",斥责上述三位神学家的作品,东方各教区的大主教们受命执行该敕令的要求。

为了使罗马教宗支持自己的意见,查士丁尼和塞奥多拉决定把教宗"请"到君士坦丁堡来,使之脱离罗马的影响。545 年 11 月,教宗被强行带到君士坦丁堡。当时,他正在教堂主持一项宗教仪式,皇帝的军队就把他强行挟持而去。但维吉里乌斯不同意对三位已死了很久的教父加以斥责,因为他们对卡尔西顿信经不构成威胁。于是,维吉里乌斯缓慢东行,以静制动,直到 547 年 4 月才到达都城。虽然他仍然受到热烈的欢迎,但他感到自己处于强大的压力下。在至高无上的皇权的压力下,维吉里乌斯被迫屈服,于 548 年底声明,同意皇帝的意见,批判上述三位教父。但是,他对卡尔西顿信经的态度没有动摇。他的声明受到西方教士们的反对,维吉里乌斯于是建议皇帝召开新一届宗教会议讨论这一问题。查士丁尼同

---

① [美]威利斯顿·沃尔克:《基督教会史》,第 95—96 页。

意了他的意见,要维吉里乌斯留下来筹备这次会议。

此间,查士丁尼力排众议,于552年又发布了"关于三章案的敕令"。在教宗的坚持下,查士丁尼决定召开正式会议。由于君士坦丁堡牧首莫纳斯和塞奥多利·阿斯基达斯支持查士丁尼的活动,教宗将此二人开除教籍,教权和皇权之间的关系又紧张起来。为了安全,教宗于551年8月躲入君士坦丁堡教区的教堂避难。皇帝派兵到此,强迫他转移,维吉里乌斯不肯离开,紧紧抱住大理石圣坛。在暴力冲突中,圣坛被击碎,士兵们惭愧地离开了现场,但维吉里乌斯还是被监禁起来。551年,他从都城逃至卡尔西顿。由于教宗的强硬态度,查士丁尼后来做了让步,他向教宗保证自己将尊重教宗,忠实于卡尔西顿决议,并召集宗教会议讨论三章案问题。于是,教宗才回到君士坦丁堡。

查士丁尼被迫积极筹备他原本不想召集的会议,教宗担心这次会议将使教宗权受到伤害,拒绝出席会议。553年,会议在教宗缺席的情况下召开。查士丁尼的计划得到通过。会议否决了维吉里乌斯的建议,因为维吉里乌斯主张只对三位神学家进行谴责,而不做任何处理,他们毕竟已经死去多年了。但是,第五次宗教会议宣布将此三位神学家除籍。教宗因顽固坚持自己的立场而被解职。553年6月,第五次全体基督教主教会议闭幕。

此后,维吉里乌斯一直被囚于君士坦丁堡,由于纳尔泽斯对意大利的征服成功,皇帝已经控制了意大利全境。教宗别无选择,只好于553年12月表态接受第五次全体基督教主教会议的决议,并于554年发表了正式声明。维吉里乌斯被释放,因倍感屈辱,心力交瘁,555年6月猝死于返回意大利的途中。西方教会反对第五次全体基督教主教会议,其主要代表是大司祭,前任教宗派驻君士坦丁堡使节贝拉基。但这时,意大利已经复归罗马帝国,皇帝直接控制着教廷。贝拉基被迫接受了皇帝的条件,拥护第五次宗教会议的决议。作为交换,他得到了教宗的宝座(556—561年)。

最终,查士丁尼取得了皇权对教权的胜利,从选举教宗到制定教义,无不经他之手,教权成为皇权的依附工具。通过第五次基督全会和"三章案"的敕令,查士丁尼得到了控制教会的权力。但是,西方教会并没有因此而停止反对"三章案"决议的斗争。东方教会也面临一性派的极端分子的对抗,斗争仍在继续。从这一方面来看,查士丁尼原定的目标:使教会统一,以保证国家的统一,并没有实现。但是,这一事件的始末使人们清楚地看到查士丁尼"政教协调"原则的实质:所谓政教协调,只是在教权不侵犯皇权的前提下才能成立。教权只能屈尊与皇权协调,决不允许教权居于皇权之上。

因此,查士丁尼在处理政教关系的问题上,可以说是继承了帝国早期历代皇帝们控制和支配教会事务的传统,并把这一"至尊权"推向新的高峰。但查士丁尼比他的前辈们略高一筹,他不仅在行政手段上促使教会服从自己,而且从理论上为这一原则的合理合法性做了周密的阐述。因此,在拜占庭早期皇帝中,他是较好地实行了他所理解的"政教协调"原则的第一人。他所确立的这一原则后来在整个中世纪拜占庭和东欧的东正教会中得到了发展和完善。

第四节

晚年的查士丁尼:"圣者"、神学家

548 年,查士丁尼一生至爱的皇后塞奥多拉去世,查士丁尼为她做的最后一件事,即按照塞奥多拉的意愿召集了第五次基督教全体会议,通过了涉及"三章"的决议,迫使罗马主教(教宗)接受了这一协议,以示皇帝与"一性派"臣民的妥协。之后,他竭力投入意大利战争,最后在自己离世之前解决了意大利的归属问题。

在个人生活方面,查士丁尼的晚年很安静,并没有接受另一个女人进入他的生活,事实上,在拜占庭皇宫,从来不存在类似东方帝国那样的万千宠爱和庞大的后宫。查士丁尼似乎更是一个禁欲系人物,吉本对他的评价是:"他是一位平易近人、耐心受教、谈吐高雅、态度亲切的皇帝,也是一位能控制愤怒情绪的主子",很多人"认同查士丁尼的公正、称许他的宽厚,而不是借着阴谋事件对他的权威和人身加以攻击。他的纯洁和节欲的个人操守真是无人能及"①。他能够全身心地为自己心目中的最高目标兢兢业业，而不考虑自己的舒适和安逸。据说，他经常彻夜不眠，除了处理政务，还花费许多时间研究基督教的圣典和古代哲学思想，并撰写了一些神学作品。当然，吉本的基本史实根据仍然是普罗柯比的《秘史》和《战史》，但吉本所用的语言却是传之于后世一直受到后人赞誉的，因此时时被后人直接或间接地引用。

在宗教信仰方面，查士丁尼早年是虔诚的卡尔西顿派，曾经义无反顾地积极镇压和排斥各种异义和异端。在他正式登上皇帝宝座之前，即在他的舅父查士丁时期，为了弥合东西部教会的矛盾分歧，曾经亲自写信给罗马教宗，推其为基督教世界的领袖，他策略地向教皇建议，应对持不同宗教观点的人们取温和态度："您应该用耐心而不是用镇压和血腥去劝导人们服从上帝，否则，将事与愿违，我们要赢得的是人们的灵魂，却失掉了许多人的肉体和他们的灵魂。因此，明智之举是以温和与宽厚的态度去纠正长期以来形成的谬误。那种不遗余力地为人们医治旧疾而不使新的伤痛由此发生的医生，才能真正受到赞扬。"②他在其舅父执政后，也曾经频繁地写信给罗马教宗，尊称其为"教父""罗马之父""使徒之父""教父和牧首"等，教父（波普，Pope）的头衔从此就被用来特指罗马主教。在一封敕令中，查士丁尼甚至恭顺地称教宗为"所有神圣教会之首"（caput omniums sanctarum ecclesiarum），而在他的《新律》中，特别提到"最受恩宠的君士坦丁堡大主教的教区，即新罗马，应位于最神圣的使徒教区旧罗马之后"③。

查士丁尼所统治的核心地区是原四头政治时期的"东方大区"，这里的西亚、埃及、北非的民众多崇尚一性教派，加之皇后塞奥多拉对他的影响，他又不得不时时向东方各行省的一性教派民众妥协，因此，有人评价道："查士丁尼的统治在其教会政策上是双面的雅努斯神，它一面转向西方，要求罗马予以指导；另一面则转

① ［英］爱德华・吉本：《罗马帝国衰亡史》第 7 卷，第 312—314 页。
② ［美］A. A. 瓦西列夫：《拜占庭帝国史》，第 205 页。
③ 《新律》，131，B；扎哈利亚・林根塔尔编，II，267. *Corpus Iuris Civilis*, ed. R. Schöll and W. Kroll, vol. 3. Berlin：Weidmann，1895（repr. 1968），TLG，No. 2734013. 转引自瓦西列夫：《拜占庭帝国史》第 1 卷，第 233—234 页。

向东方,在埃及和叙利亚僧侣中寻找真理。"①

有学者认为,查士丁尼的晚年沉溺于当时流传的一种异端理论,即所谓"朱利安派"的"神性不朽论"(aphthartodocetism),这是一种特别极端的一性派理论,提出这一理论的教父朱利安是埃及哈利卡纳苏斯(Halicarnassus)的一位一性论派主教,死于527年,正是查士丁尼继位那年。历史学家们确认,因为当时的君士坦丁堡牧首反对查士丁尼推行这一理念,遭到罢免。但是,另一些神学家并不赞成这一说法,他们引经据典,强调查士丁尼一直坚定地相信耶稣基督身上既有人性亦有神性的"两性"理念,并仍然在积极地促成基督教东西方世界两大不同信仰阐释群体之间的和谐共存。这个问题,还在争议之中。②

查士丁尼死于565年11月14日,享年83岁。无疑,与其他罗马—拜占庭帝王相比,查士丁尼是相当高寿的,而且他的身体状况一直不错,据普罗柯比记载,查士丁尼曾经历了548年鼠疫的袭击而侥幸逃出生天。据说在77岁那年,他还亲自视察了巴尔干半岛上色雷斯地区的帝国防御设施,以彰显皇帝的圣威。之后,皇帝突发头痛,秘密回到首都,引起了首都内外臣民的恐慌,甚至传出了皇帝驾崩的谣言,引发皇帝在位时期最后一次首都民众的思想混乱,贝利萨留被卷入其中,受到不公平的审判后,因证据不足获得免罪,但其家产被抄没,于是后世竟然传出一代名将贝利萨留获罪后沦为乞丐的不实谣言。③

① A. Dyakonov, *John of Ephesus an His Ecclesiastical-Historical Works*, pp. 52 - 53。
② J. Shepard ed., *The Cambridge History of The Byzantine Empire c. 500—1492*, p. 123.
③ [英]爱德华·吉本:《罗马帝国衰亡史》第7卷,第301—312页。

第九章

查士丁尼时代官僚制度的发展

第一节

帝国官僚体制

　　拜占庭帝国官僚制度的建立,是中央集权强化和皇帝权力专制化的结果。官僚集团存在的目的和意义是使皇帝能够通过庞大的官僚机构,深入帝国行政的所有细枝末节,更有效地控制帝国,维护统治。因此拜占庭帝国政府的核心只有一个,就是皇帝本人,帝国的高级官员均由皇帝亲自任免,向皇帝一人负责。[①] 这一制度早在戴克里先统治时期已经开始建立,从君士坦丁到查士丁尼统治时期,制度大体保持不变,只存在细节上的微调。[②]

　　查士丁尼时期的行省管理,延续了戴克里先和君士坦丁改革的基本建制:第一,增加对行省的分割,将大省划地为治,分成若干小省;第二,实行严格的军政分权,将地方行政官员的权限仅限于行政、司法和税收,而另外派驻军队,使军事首长与地方管理机构相抗衡;第三,把许多原来由地方控制的权力收归中央,增加朝

---

① [英]N. H. 拜尼斯主编,陈志强等译:《拜占庭:东罗马文明概论》,郑州:大象出版社 2012 年版,第 258 页。

② J. B. Bury, *The Imperial Administrative System in the Ninth Century*, Cambridge University Press, 2015, p. 7.

廷直属官吏的数量。①

瓦西列夫在其《拜占庭帝国史》中引领读者回溯了戴克里先开始的帝国行省统治的巨大变化，他取缔了共和末期就已经存在的元老院行省与帝国行省之间的区别，将所有行省纳入皇权管辖之下。并针对之前行省数量较少、管辖范围很大、行省总督权力过大、危及皇权的现实，实行了重新划分行省、分地而治的手段，他继位时存在的 57 省被划为 96 个新省或者更多。而且，这些行省皆由那些只拥有行政权力的省督管辖，使执掌军事的官吏与之相互制衡。由于史料中提供的信息有限，戴克里先创建的较小行省的确切数字不详。对于这一时期帝国行省结构的主要资料是所谓《职衔录》（Notitia Dignitatum），这是一部关于宫廷、行政及军事官员的官职名录，也含有各行省的名称。据伯里的研究，该《职衔录》出现的时间约在 426—437 年间。② 在《职衔录》中列出的省名达到 120 个。③ 为了便于"分片"管理过小的行省，戴克里先又设立了行省之上的行政机构"政区"（Diocese，旧译州）。④ 在基督教成为帝国国教之后，Diocese 这个名词也被纳入庞大的教阶制体系中，指代省级以上的教区，后人称之为"大主教区"。久而久之，人们忘却了它之前在罗马行省行政改革中的意义，只记得其保留在教阶结构中的意义了，于是，出现在所有的大型词典中，只译为"大主教区"了。⑤

君士坦丁之前，整个帝国计有 13 个"政区"（州），君士坦丁上位后，将所有这些行政区按照之前戴克里先划分"四帝共治"区域的大致范围重新划分，将整个帝国辖区分成四个"大区"（大区，prefectures），置于大区长官（praetorian prefect）的管辖下，此乃当时最为重要的官职。此官职，原本是统辖国家禁卫军的武官，君士坦丁使之脱去了"武官"的实质，变成纯粹的地方行政官员，管理着约占全国四分之一土地上的各"政区"和行省。这样，4 世纪末期，"整个帝国分为四个大部分（大区）；一、高卢：包括不列颠、高卢、西班牙和非洲西北角；二、意大利：含非洲、

---

① 陈志强：《拜占庭帝国通史》，第 67 页。

② J. B. Bury, "The Notitia Dignitatum", *Journal of Roman Studies*, X(1920), p. 153.

③ ［美］A. A. 瓦西列夫：《拜占庭帝国史》，第 63—65 页。

④ 徐家玲：《早期拜占庭和查士丁尼时代研究》，第 35—36 页。

⑤ 如 2004 年商务版《高阶牛津英汉双解词典》中，涉及 Diocese 一词（第 475 页）的解释即："a district for which a bishop are responsible, 教区；主教辖区。"

意大利、阿尔卑斯山及多瑙河之间各行省以及巴尔干半岛的西北角；三、伊利里亚：为最小的大区，含达契亚、马其顿及希腊诸省；四、东方政区：包括亚洲领土，及其北方位于欧洲大陆的色雷斯和其南部的埃及。"①人们会注意到，这种划分，也恰是君士坦丁之后，历代分治的皇帝们所依据的管理权分割的现成模式。瓦西列夫还特别强调：这一行政改革导致大量新官员的产生和下级官员严格服从上级的复杂的官僚制度的发展和成熟。2000 年代出版的《新编剑桥中世纪史》特别关注到了戴克里先和君士坦丁对帝国各大区域的划分，甚至奠定了法国大革命之后法国行省划分的基本框架。当然，这已经不是这里所要研究的内容了。②

　　另一个变化是，随着军政权力不断合并，在拜占庭帝国，保持了大量的官员及各种头衔，这种官僚体系延续到拜占庭帝国的最后时期，但在高官显贵的名称及职能方面则发生了许多变化，其中许多名称由拉丁文变为希腊文；许多官员被贬抑至徒有虚名或仅表示其身份等级；大量新的官员和显贵则在随之而来的时期内成为实权派。

　　到了查士丁尼时代，由于西部许多国土在 4—6 世纪纷纷沦于蛮族势力控制下，尤其在 476 年西部皇统断绝之后，中央直接掌控的地区只余地中海的东半部，含巴尔干半岛、小亚细亚、叙利亚、巴勒斯坦、埃及、利比亚"北非"等地，人们会注意到，东半部恰是上述四大行政区划分后的东部两个大行政区。虽然拜占庭势力到 1071 年才最后撤出巴里，但在东哥特王国存续期间，帝国对意大利的控制力微乎其微。

　　同时，由于对外战争频仍，帝国需要增强地方官员，特别是边境地方官员的权力，以便灵活应对战时千变万化的形势。因此查士丁尼重新将一些小的行省合并成大省，取消某些地方的军政分权，将军政权力重新集中于一人之手，称其为统领（praetor，或译专员）。③ 与此同时，由于帝国各地区经过两个世纪的发展，贫富差异发生变化，查士丁尼在 536—537 年间将行省重新划分，把富有的省和贫困的省

---

① ［美］A. A. 瓦西列夫：《拜占庭帝国史》，第 64 页。

② P. Fourace, ed., *The New Cambridge Medieval History*, I, p. 19.

③ ［美］A. A. 瓦西列夫：《拜占庭帝国史》，第 250 页。

结合在一起,以便前者能为后者分担赋税。① 除了地方行政上的调整,查士丁尼也试图重组政府机构,因为当时帝国的官僚统治已经非常腐败,他立法废止了官职买卖,宣布大量应急法令纠正政府内的大量问题,然而这些行为收效甚微,连查士丁尼本人也违背自己颁布的法令,高价出卖官职者加征赋税。②

　　尽管有学者认为查士丁尼在某种程度上改变了戴克里先和君士坦丁时期建立的行政体制,但是这种改变是相对有限的。首先,新的军政合权制度仅限于处于战争或被侵略危险中的行省,是一种为适应新的形势变化而进行的尝试,在帝国其他地区,依然实行军政分权的旧制。③ 其次,查士丁尼确实设置了一些新官职,如前文提及的统领,也废除了一些旧官职,如共同执政官(consulate),但是帝国政府的重要官职体系总体变化不大。

第二节

地方官员

　　在拜占庭帝国早期,政府的最高行政官员是大区长官(Praetorian Prefect,或译大区总督)。这一官名最初指罗马帝国的禁卫军指挥官(commander of the Praetorian Guard),因此在罗马帝国时期被译为"禁卫军长"或"近卫军长"。禁卫军长最初只是军队统领,但是其权力逐步扩大,最后同时拥有军事、法律和行政权力,成为皇帝的重要助手。在君士坦丁时期,禁卫军长的权力被极大削弱,并转为纯粹的文职行政职务,即大区长官。从大区长官的职权来看,被削弱的主要是军事权力,保留了行政和司法相关的权力,符合君士坦丁时期军政分权的改革原则。

　　拜占庭帝国初期有四个大区,分别是东部帝国的东方大区和伊利里亚大区,

---

① S. Runciman, *Byzantine Civilisation*, London: Edward Arnold LTD., 1959, p. 86.

② [美]A. A. 瓦西列夫:《拜占庭帝国史》,第 251 页。

③ [美]A. A. 瓦西列夫:《拜占庭帝国史》,第 250—251 页。

西部帝国的高卢大区和意大利大区,每个大区设有一位大区长官。大区长官们是皇帝的代理人,享有相当于君主助理的权力,在自己的辖区内拥有完整的行政权、财政权和司法权,甚至可以针对本地区的特定情况,在一些细节问题上立法。行政上,大区治下的政区(dioceses)和行省(provinces)均由他们管理,行省总督由他们任命和解除,提交皇帝任免。① 财政上,他们掌握着重要的粮食供给,负责从税收中支付官员的薪俸和士兵的军饷,并供给军需。司法上,他们负责当地的诉讼,相当于地区最高上诉法庭。② 尽管大区长官没有军队的控制权,但是军事将领们名义上受其指挥,需要向他们行礼致敬。③ 帝国东西分治之后,拜占庭实际上只剩下东部的两个大区。虽然查士丁尼统治时期帝国收复了西方的意大利大区,但是重新收复的大区被分为欧洲和非洲两部分,设拉文纳总督区和阿非利加总督区,其管理者已经是同时具有行政权和军权的总督(Exarch,proconsul),而非没有军权的大区长官。④

在大区长官之下设有大区长官的代理人或称助理(vicarii),即政区长。政区长们管理着大区的下一级行政区划——政区,并且有权直接向皇帝报告自己政区内提交皇帝的上诉案。能够与皇帝直接沟通的还有更下一级的行省长官(provincial governors)。皇帝与政区长、行省长官进行直接交流,并且还会在必要时派遣代理(deputies)视察地方行政管理的情况。⑤ 查士丁尼时期,地方上还有一种本地选举的、短期的保民官(Defensor Civitatis,defender of the municipality)。法律规定行省长官在卸任后,需要在行省停留50天,不得擅离本地岗位,以回应重新提起的诉讼,在这期间,由当地的一位保民官来审查他并处理小规模的法律案件。⑥

在拜占庭帝国的地方官员中还有两个比较特殊的官职:罗马和君士坦丁堡的市政官(Prefect of the City)。罗马和君士坦丁堡属于中央直辖地区,各自的市长

---

① S. Runciman, *Byzantine Civilisation*, p.85.
② ［英］N. H. 拜尼斯:《拜占庭:东罗马文明概论》,第259页。
③ S. Runciman, *Byzantine Civilisation*, p.85.
④ S. Runciman, *Byzantine Civilisation*, p.88.
⑤ N. H. Baynes and H. St. L. B. Moss, eds., *Byzantium: An Introduction to East Roman Civilization*, Oxford: Oxford University Press, 1948, p.281.
⑥ S. Runciman, *Byzantine Civilisation*, p.86.

在官阶排位上仅次于大区长官,由皇帝亲自任命。首都市长是绝对的文职①,负责包括行政管理在内的一切首都事务:维护首都治安、监督食品供给、监督各行业的工会(collegia)。在司法上,只要属于首都范围内的民事与刑事案件,市长拥有高于其他所有元老的最高裁判权。② 首都还有一些特殊官员,比如查士丁尼时期有一种特殊的司法主管(Quaesitor or Quaestor),负责监督首都的就业人员情况,禁止经商者以外的其他行省人进入君士坦丁堡,确保城市中的无业游民在国有的面包房或工坊工作。③

总体而言,早期拜占庭帝国地方长官拥有较大的权力,大区长官的权势极大,在地位上与中央最高官员平级,甚至高于中央官员,尤其是小亚细亚与卡帕多西亚的东方大区长官,在帝国享有重要地位。但是,后来中央的高级官员逐渐发展出自己在地方的下属执行机构,分化和削弱了大区长官的权力,其中最突出的两个就是中央最高官员总理官下属的官员机构和对于帝国至关重要的财政税收方面的官员机构。

第三节

中央官员

随着中央集权的不断强化,在皇帝刻意分化和削弱地方官员权力的努力下,帝国的中央官员拥有越来越大的权力,特别是中央的最高官员总理官(magister officiorum,magistros tōn offikiōn,master of office,或译"总理大臣""执事官""执事长官"),其权力范围从4世纪开始逐步扩大,查士丁尼时期已经是百官之首,相当于

---

① S. Runciman, *Byzantine Civilisation*, p. 85.
② Baynes and Moss eds., *Byzantium: An Introduction to East Roman Civilization*, p. 282.
③ S. Runciman, *Byzantine Civilisation*, p. 87.

中国的宰相,控制着朝廷各部官员的活动。①

　　总理官在戴克里先时期已经出现,最早是属于皇帝(奥古斯都)身边近臣的半军事性的官职。君士坦丁时期总理官被任命管理重组的宫廷禁卫军(scholae),330 年新都城君士坦丁堡启用之后,总理官开始出席皇帝的御前会议,与大法官和军队统帅平级,享有最高等级的行政权。4 世纪中叶康斯坦提乌斯统治时期,总理官取得监察权,直接负责监视从中央到地方的各级官员。4 世纪晚期,总理官取代大区长官,开始管理驿站和邮政交通,以及与之相关的外交事务。4 世纪末期,总理官控制了国有军械厂和其他实业。5 世纪以后,总理官的监察权进一步扩大,取得对包括非直属部门在内的所有官员的司法权,以及对东部边境部队的巡视监察权。直到 6 世纪中叶以后,总理官的权力才被新的官职瓜分。②

　　查士丁尼统治时期正是总理官权势的鼎盛时期,总理官由皇帝直接任命,其选拔只看重两点:一是实际能力,二是对皇帝的忠诚,是皇帝身边最信任的大臣,拥有的职权同时包括行政权和一定的军事权、司法权。在行政上,总理官主要有以下五项权力:第一,掌握全国各级官员的迁升、监督各级官员的活动;第二,主管帝国驿站,掌握全国的邮政交通,负责道路修建、信件往来等事务;第三,掌管情报机关,掌握以交通系统为依托建立的特务情报网;第四,管理皇宫内外事务,特别是宫廷典礼,是皇家仪式的管理者;第五,主持帝国一切外交事务,包括接待外来使节并向皇帝引见和对外缔结条约,签发文件,这一权力是总理官作为礼仪官职权的延续。③ 在军事上,总理官主要有三项权力:第一,拥有宫廷禁卫军的指挥权,负责维护皇帝的人身安全和首都的秩序;第二,拥有对边境军队的监察权,由于当时西部总督区由总督负责,所以总理官对军队的监察权主要限于东方的边境部队;第三,掌管帝国军械厂,控制国家军备生产。在司法上,总理官的司法权主要针对政府官员,包括文职的行政官员和武职的军队官员,是监察权的一种延伸。

　　为了完成职权内的所有事务,总理官拥有一个庞大的下属官僚机构。其主要的直属官员包括:一名副官(adiutor)和两名副官助理(subadiuvae adiutores),负责

---

① 陈志强:《拜占庭帝国通史》,第 67 页。
② 徐家玲:《拜占庭文明》,第 211—213 页。
③ 徐家玲:《早期拜占庭执事官职能探析》,《史学集刊》2003 年第 4 期,第 59 页。

全面辅佐总理官;三名工厂助理(subadiuvae fabricarum),负责帝国军械厂事务;四名外交助理(subadiuvae barbaricariourum),负责对外贸易和与之相关的金银、宝石、纺织等事务;一名总稽查使(curiosus cursus publici praesentalis),负责管理驿站相关事务。[1] 除直属官员外,宫廷禁卫军和分散在全国各地的稽查使、驿站官员、军备相关人员等,均为总理官的直系下属,其中最为重要的就是稽查使。

总理官下属的稽查使(agentes in rebus)既是信使又是密探。最早由戴克里先设立,一方面负责驿站事务,另一方面执行皇帝的秘密情报任务,构成庞大的侦探网,专门监视地方官和权势人物,考察他们对皇帝的忠诚程度。[2] 最初分散在各地的稽查使由大区长官管理,君士坦丁时期转交给总理官,总理官由此成为皇帝直接控制的最高情报工具。除了担任信使和密探,稽查使也是培养官员的摇篮。稽查使的选拔和总理官一样,看重能力和对皇帝的忠诚,经过训练和长期工作,其中出色的人员会被推举为地方和中央的重要官员,如此,总理官就将下属的稽查使组织成自己的官吏队伍,同时指派其他高级官员担任许多行政和军事管理部门的最高职位,以便行使统领所有官员的权力。[3]

除总理官的直属机构以外,早期拜占庭政府中另一个重要的体系是财政和税收部门。为了保护国家安全、维持庞大的官僚系统和军队开支、供给皇室奢侈的宫廷生活,帝国高度依赖财政税收。[4] 因此财政税收部门的事务是重中之重,随着财政税收政策的发展、官员的增多,在两位财政大臣之下,中央和地方的财税官员形成独立的体系,完全独立于总理官的职权范围之外。

拜占庭帝国延续了罗马时期财税方面的传统,其中最突出的一点是将皇室财产和国家财产分开管理,设立两个财政大臣。皇室私产司长官(Count of the Private Estates,comes rerum privatarum,κόμης τῆς ἰδικῆς παρουσίας)管理皇帝的私人财产,即名义上属于皇帝的国有土地和不动产,以及皇室的私有金库。财政司长官(Count of the Sacred Largesse,comes sacrarum largitionum),因管理国库

---

[1] 徐家玲:《早期拜占庭执事官职能探析》,《史学集刊》2003 年第 4 期,第 56 页。
[2] 徐家玲:《早期拜占庭执事官职能探析》,《史学集刊》2003 年第 4 期,第 57 页。
[3] [英]N. H. 拜尼斯:《拜占庭:东罗马文明概论》,第 260 页。
[4] [英]N. H. 拜尼斯:《拜占庭:东罗马文明概论》,第 258 页。

(largitionum)而得名,负责公共收入和支出,主要包括管理造币场、负责货币的制造和回收,管理丝绸、武器、金银手工艺等国有产业和国有金银矿,管理海关和工商业税收、征收货币税、市场税、军役代役税、各类罚款等,同时国库也负责向军队和各级政府官员提供置费。① 皇帝有时用国库来犒劳将士们。

除了中央的皇室财政和国库财政外,早期拜占庭还有地方上的大区财政。大区财政是拜占庭时期的新事物。"3 世纪危机"之后,由于货币经济衰退,帝国不得不开始征收实物税,并以实物充斥军需。因此需要大区长官在地方上调查土地财产情况,决定税收额度等,大区长官手下的地方财政官员也是完成基层税收的基础。② 大区国库被分为两个下级单位:一个专门发放官吏薪俸,由大区长官直接掌管;一个发放其他各类薪俸。大区总督掌握地方金库。③

除了总理官和财政大臣外,帝国中央的另一位重要官员是——大法官(Quaestor of the Sacred Palace,Quaestor Sacri Palatii,直译"圣殿司法主管")。大法官是帝国最高的司法长官,是帝国法庭(consistorium)的主席,职责是起草法律文书,并在政府各部门协助下答复各种上诉奏折。④ 和财政大臣一样,大法官的职权也相对比较独立,不受总理官的约束。⑤

中央官员中,除了上述朝廷官员外,还有一种比较特殊的小官"阉臣"(eunuchs),即阉人官员。在拜占庭早期,阉臣主要负责料理皇帝和后宫的私人生活,职责主要限于皇宫内部为主。虽然拜占庭的皇帝没有如东方国家那样庞大的后宫,但后宫还是有一些女眷需要特殊身份的宦臣关照,如皇后、皇女,服侍皇家女子的侍女、女官等,因此,拜占庭还是有一支相当可观的宦官队伍。由于阉臣与皇帝和内宫关系密切,且身体缺陷注定其不能觊觎皇位,他们往往更能得到皇帝的信任,也因此能获得更多的权力。⑥ 他们甚至可以代皇帝出征,掌握军权,如哥特战争时期的纳尔泽斯,就是倍受皇帝查士丁尼宠信的宦臣。特别是皇宫的内侍长官(Lord Chamberlain,Praepositus Sacri Cubiculi),不仅与国家政府的最高级官员

---

① 徐家玲:《早期拜占庭执事官职能探析》,《史学集刊》2003 年第 4 期,第 217 页。
② 徐家玲:《拜占庭文明》,第 218 页。
③ [英]N. H. 拜尼斯:《拜占庭:东罗马文明概论》,第 259 页。
④ [英]N. H. 拜尼斯:《拜占庭:东罗马文明概论》,第 260 页。
⑤⑥ 徐家玲:《拜占庭文明》,第 218 页。

享有相同的官阶,还经常被委以重任。新兴的官职还有私金管家(Sacellarius,
steward of the Privy Purse),这一官职最初的职能与皇室卧房(koiton)相关,后来演
变为掌管皇室私用金的财政官员。[1] 除此之外,在同一头衔下,阉臣的地位也高
于拥有相同头衔的普通官员。[2]

第四节

拜占庭贵族的头衔和等级

　　自罗马时期以来,社会精英们通常被授以各种头衔,以示其身份高贵,不同于
普通民众。起初,这些头衔只适于元老院和上层贵族成员。"最尊敬的"
(clarissimus,意为"最著名的、最受尊敬的")一类头衔,通常用于世袭的贵族阶
层。"3世纪危机"期间许多传统的贵族元老家族衰落或败亡,更多的新任官僚被
纳入"元老"阶层,成为掌控国家政治生活的新权贵。4世纪后期,一些新充斥元
老群体的官僚们有了新的、独特的头衔和称呼,"杰出的"(illustris,意为"著名的、
杰出的")和"重要的"(spectabilis,意为"值得注意的、重要的"),这两个头衔一般
授予帝国的行政或军事官员,不能世袭。5世纪末,"杰出的"这一阶级之上,衍生
出新的更高层次的头衔和等级,"重要的"头衔随之降级。6世纪以后,"杰出的"
头衔被"光辉的"(gloriosus,意为"光辉的、荣耀的")和"华丽的"(magnificus,意为
"极佳的、壮丽的")取代,拥有这两个头衔的多为军事和官僚阶级。[3]

　　总体而言,从戴克里先和君士坦丁统治时期到查士丁尼统治时期,拜占庭帝
国的官僚制度有以下特点:第一,从君士坦丁到查士丁尼时期,是罗马—拜占庭官
僚政治建立和发展的时期,出于皇权专制的需要,帝国由罗马时期的贵族政治转

---

① Baynes and Moss, eds., *Byzantium: An Introduction to East Roman Civilization*, p. 283.

② S. Runciman, *Byzantine Civilisation*, p. 85.

③ 徐家玲:《拜占庭文明》,第202—203页。

变为官僚政治。官僚系统逐渐完善,查士丁尼统治时期已经具有成熟的体系。第二,帝国处于中央集权持续强化的过程。早期地方长官拥有极大的权力,后来其职权逐渐被中央官员取代,中央官员的地位和权势不断上升,到查士丁尼统治时期达到巅峰。但是,此后由于帝国四面八方威胁不断,为了应付边境危机,权力重新分散到各地军事官员手中。第三,为了确保皇帝专制统治的稳固,高级官员一直在重复先集权再被分权的缓慢更替过程。为了方便专制统治,皇帝需要集权的官员为自己服务,但是权势过大的官员可能威胁到皇权,又需要被削弱制衡,因此位高权重的官员总会被后来兴起的官员所取代,如总理官从皇帝身边的一个辅助官员逐步集权,发展为中央政府的最高官员,最终得到的权力又在 6 世纪以后被新的官员瓜分;私金管家从内侍一职发展为财政官员,最终取代财政司长官和皇室私产司长官成为财政大臣。

第十章

查士丁尼的"边疆"观及边疆治理

第一节

帝国疆域与潜在危机

查士丁尼自即位那天起,就把重建古罗马帝国统治当作终生奋斗的目标。为实现这一目标,他先是以向敌国波斯纳贡的方式换得东线战场的暂时安定,接着便集中兵力大举出征,用 20 年时间先后击败了北非汪达尔王国、意大利东哥特王国、西班牙西哥特王国,收复了古罗马在北非、西班牙南部和意大利的故土,使地中海再次成为帝国的内湖。从某种程度上讲,到 554 年东哥特战争结束时,除了高卢、日耳曼尼亚和西班牙北部地区,查士丁尼基本完成了他早年定下的故土光复计划。不过需要指出的是,东征和西征策略虽使查士丁尼的光复计划获得巨大成功,但多线出击背后的战力不平衡问题也令帝国的各条边疆处于濒临崩溃的边缘。

一、 东线波斯战争

为保证西征行动拥有足够的兵力和稳定的后方,532 年,查士丁尼一世与波斯国王科斯劳埃斯一世(Chosroes I,531—579 年在位)签署了保证永久性和平的协议,附加条件是拜占庭人向波斯帝国支付贡金。但未曾想到的是,正当西部统帅贝利萨留在意大利的东哥特战场高歌猛进之时,解决了东方嚈哒帝国威胁的科斯劳埃斯一世却亲手撕毁了和平协定。根据普罗柯比的记载,539年底,东哥特国王威蒂格斯派特使求见库斯鲁一世:东哥特王国在贝利萨留指挥的拜占庭军打击下,已岌岌可危,所以敦请科斯劳埃斯一世火速出兵拜占庭,以减轻东哥特王国的压力,同时可以从东西两个方面夹攻拜占庭帝国。科斯劳埃斯一世不愿看到拜占庭打败东哥特王国而壮大力量,遂接受了请求。他认为拜占庭军的主力都在贝利萨留的指挥下西征东哥特王国,国内必定空虚,而且拜占庭东部行省居民早已不满拜占庭的统治,如果趁此时机发动战争,一定会取得胜利。于是在540年,科斯劳埃斯一世便以援助被拜占庭欺压的科尔齐斯王国(Colchis)为旗号,向拜占庭宣战。

科尔齐斯只是一个小国,它位于黑海东岸,扼守作为东西方商路的高加索通道,法息斯河流经其间,航运十分便利,从河口的港口只需九天即可航行到君士坦丁堡。科尔齐斯物产丰富,特别是黄金等矿产蕴藏量很大。优越的地理环境,丰富的物产,吸引了众多的人口,成为多民族的聚居地。科尔齐斯由七个部落组成,其中以拉齐卡部落最大,拉齐卡酋长又称为科尔齐斯国王。在古代,科尔齐斯是波斯帝国的属国,波斯帝国瓦解后,被本都王国吞并,本都在米特拉达梯战争中失败后,又被罗马帝国征服。但该王国由于距罗马过于遥远,罗马的控制很松弛,它实际上仍然作为一个独立的小王国存在着。随着基督教的广泛传播,科尔齐斯人纷纷转变信奉基督教。控制着教权的拜占庭帝国趁机向科尔齐斯进行渗透,扩张自己的势力。522年,科尔齐斯遭到东方伊比利亚人的侵害,为了求得拜占庭帝国的庇护,科尔齐斯国王沙齐乌斯(Tzathius I)亲自到君士坦丁堡接受洗礼,并娶拜占庭人为妻,后又与查士丁尼一世缔结同盟,实际上成为拜占庭帝国的属国。

到国王古巴泽斯二世(Gubazes II)当政时,拜占庭在科尔齐斯境内的皮聪达(Pitsunda)、佩特拉(Petra)等地修建要塞,驻扎重兵。起初科尔齐斯人欢迎拜占庭士兵的到来,认为他们是来保护自己的。但由于拜占庭军队纪律涣散,扰民行为不断发生,拜占庭政府也时常插手科尔齐斯的政治,使国王古巴泽斯二世成为傀儡,政权几乎掌握在拜占庭官吏的手中。这些都大大伤害了科尔齐斯人的自尊心，他们忍无可忍，遂向波斯国王科斯劳埃斯一世恳求援助。早想染指科尔齐斯的科斯劳埃斯一世接到请求后，大喜过望，迅速联合不满君士坦丁堡统治的各蛮族，共同进攻拜占庭帝国。540 年，科斯劳埃斯一世先是出兵进占拜占庭在西亚的美索不达米亚、叙利亚北部地区，并大肆掠夺拜占庭在东方的第二大城市安条克，挺进至地中海沿岸地区。而后，波斯军队又转向北部的高加索地区，在洗劫拜占庭亚美尼亚和伊伯利亚两大行省的同时，占领了黑海东岸科尔齐斯王国首都拉齐卡（Lazica）。由于后续战事主要围绕拉齐卡展开，故此战亦称"拉齐卡战争"。

查士丁尼一世得到波斯军队入侵并劫掠的消息后，十分惊慌，急忙召回正在意大利指挥作战的贝利萨留，任命他为征讨波斯的统帅。在意大利战场的贝利萨留与东哥特王国鏖战正酣，东线波斯战事又极其吃紧，在两线实难兼顾的情况下——贝利萨留刚调离意大利，东哥特稍有眉目的战事就急转直下，查士丁尼被迫于 545 年向波斯求和，用 2000 磅黄金换取签订了为期五年的停战协定。然而以金钱买和平的政策，并无法从根本上消除战争，因此五年尚未到期，双方于 549 年又爆发了新一轮战争。这次的诱因刚好与四年前相反，科尔齐斯人原以为救星波斯人的到来会给他们带来和平、安宁的生活，但事与愿违，作为专制君主的科斯劳埃斯一世，不但把以古巴泽斯二世为首的科尔齐斯人视为奴隶，而且下令强制要求科尔齐斯人放弃基督教的信仰，改信波斯的祆教。当科尔齐斯人对改教的抗拒态度遭到科斯劳埃斯一世的镇压后，古巴泽斯二世便转而向查士丁尼一世求救。于是围绕拉齐卡的归属问题，拜占庭和波斯帝国再次展开旷日持久的拉锯战。到 562 年，筋疲力尽的双方再次媾和，签订了为期 50 年的和平协定。条约规定：波斯同意放弃对科尔齐斯的领土要求，但作为补偿，拜占庭须每年向波斯支付黄金 1.8 万磅。

若单就条约文本而言，两大帝国互有得失，从某种程度上讲，拜占庭的优势似乎更大些，因为查士丁尼仅用年贡就保住了拉齐卡属国这块黑海门户要冲，遏止了波斯帝国势力向黑海地区的渗透，消除了一个在军事和商贸上的潜在竞争对手。但从整体战略上看，拜占庭却是彻底的输家。因为东线战事的反复拉锯和最终结局不仅加大了帝国财政上的压力，也分散了查士丁尼的精力,使他全力以赴地迅速完成西线征讨和重建的整体战略目标成为泡影,更将拜占庭拖入东西两线作战的战争深渊——人口大量减少,大片土地荒芜,工商业凋敝,巨额军费年贡支出不仅加重了人民的负担,使国家日益贫穷,还进一步改变了帝国的人口构成和移民政策,这些政策所导致的国家人口、民族结构变化又使帝国更加蛮族化、分裂化。

二、　南线阿非利加战争

汪达尔战争结束后,为昭示帝国统治重回北非,查士丁尼一世于 534 年颁布敕令,宣布将参照帝国军政分离、军民分治旧制,设立以迦太基城为中心的阿非利加大区:"承蒙天助,上述诸城诸省,将分七省以治;廷吉、迦太基、拜占齐乌姆、的黎波里,此皆资深执政官(proconsuls)故地,今仍由资深执政官管辖;其余诸省,努米底亚、毛里塔尼亚、撒丁岛等,蒙天厚助,由行省长官管治。"

然而敕令刚一颁布,帝国政府又必须面临一股新的敌人——柏柏尔人。自从汪达尔人成功夺取北非之后,随着罗马帝国在北非统治的崩溃,除了汪达尔人的势力,原帝国统治区还出现了一些柏柏尔人小王国。这些王国留下来的信息不多,但是有一点很清楚,即他们并不受汪达尔王国的管治。其实所谓的柏柏尔人并非一个单一的民族,它是罗马人对北非众多蛮族部落的统称,其名源自拉丁语"野蛮人"(barbari)。另外值得一提的是,不少小王国领土内保留有曾经的罗马城市,不少部落首领还据此自称继承了罗马帝国的统治权,一些人甚至自称"皇帝"(Imperator),如 5 世纪末奥雷斯(Aures)的国王马斯蒂斯(Masties),还有 6 世纪阿尔塔瓦(Altava)的国王马苏纳(Masuna)——他自称"毛里人和罗马人之王"(rex gentium Maurorum et Romanorum)。

贝利萨留率领的拜占庭军队刚登陆北非时,柏柏尔人对他们大多持中立态度。随着贝利萨留在汪达尔战争中一步步取得胜利,绝大多数部落小王国也都迅速投靠拜占庭帝国以示忠诚,至少名义上承认了拜占庭的宗主权。但北非战事结束后,贝利萨留刚把防务移交给担任军事统帅(magister militum)的宦官所罗门(Solomon),回京述职,拜扎森纳(Byzacena)和努米迪亚(Numidia)的柏柏尔人部落王国就迅速高举反旗。因事态紧急,军事统帅所罗门还被授以民政权力,以致刚到任的首任阿非利加大区长官阿凯劳斯(Archelaus)的大区长官之职就由所罗门兼任。显然,查士丁尼一世带头违反自己刚刚颁布的军政分离敕令。经过两年努力,到536年,所罗门最终镇压了柏柏尔人叛乱。但未曾想到的是,帝国军队内部紧接着出现了严重的哗变,起因是帝国政府想把汪达尔人的土地收归国有,但与汪达尔女子通婚的大量拜占庭士兵却不愿白白损失通过联姻而获得的土地。哗变迫使所罗门仓皇出逃,哗变军队指挥官则与刚被击溃的柏柏尔人叛乱势力合流,并自立为王。

尽管帝国政府紧急调兵镇压,迅速稳住了局势,遏制了事态的扩大,但柏柏尔人小王国势力表面臣服中央,实则各行其是,割据状况得不到根本性扭转。因此,542年柏柏尔人再次发动叛乱,起事理由是复职的所罗门非但不约束帝国官员对柏柏尔人部落首领的傲慢态度,还偏袒纵容他们对柏柏尔人的政治欺凌。更巧合的是,在柏柏尔人叛乱发生后,帝国军队内部再次发生大规模军事哗变。外部叛乱加内部哗变的直接结果是所罗门于544年被柏柏尔人叛乱势力击毙,所罗门的继任者阿里宾达斯(Areobindus)于546年被哗变军官刺杀。在内忧外患相互交织的情况下,整场叛乱持续了六年,直到548年在帝国新任军事统帅特罗格利塔(Troglita)大军征讨下方告平定。

几年之内数次大乱的教训使拜占庭帝国意识到,恢复罗马帝国昔日疆界已是不可能做到的事情,与其处处出击镇压柏柏尔人的反抗,不如适应现况。于是,在特罗格利塔主政时期,帝国政府开始给予当地的柏柏尔人部落首领各类自治权利,让他们成为帝国的藩盟部队,同时帝国每年也向酋长们捐赠大笔的金钱与礼物,以保证他们部落的忠诚。除此之外,帝国还在一些交通要道上加强堡垒建设,以构筑完备的边境防御体系。多种措施一齐发力,阿非利加的情形似乎大为好转,至少在之后十几年内并无大型战事发生,这种和平状态直到563年才被打破。根据塞奥菲尼斯《编年史》记载,当时毛里塔尼亚行省的柏柏尔部落首领库特齐纳斯(Koutzinas)去迦太基向帝国政府讨要当年的年金,时任阿非利加最高军政长官的罗加提努斯(Rogathinus)却反将其处决。库特齐纳斯欲为父报仇,遂揭竿起事。至于拜占庭政府为何会因年金问题与那支柏柏尔部落冲突,史料未加说明。

起事的柏柏尔部落在劫掠部分地区后不久,就被查士丁尼一世派去的大军镇压了。[①]

三、　北线斯拉夫、阿瓦尔战争

　　因多瑙河、巴尔干山脉等天然边界的守护,拜占庭的北部边疆早年虽间有匈人阿提拉的入侵,但在 469 年匈人帝国崩溃后,整个防线总体保持着相对稳定的状态,而这种相安无事也为查士丁尼实施"东和西进"的战略创造了条件。然而,就在西进征服大有收获之际,原本平静的多瑙河防线却传来了警讯,因为新一波斯拉夫人和阿瓦尔人的蛮族部落大举涌入,填补了哥特人和匈人崩溃后造成的真空地带,他们随时准备南下寻找新的栖身之地。

　　斯拉夫人起源是学术界长期争论而没有最后结论的问题。根据现存史料,斯拉夫人是在 5—6 世纪开始从他们原来的活动区域大批进入巴尔干半岛的。起初,他们被拜占庭史家称为斯克拉文尼人(Sclavenes),直到 8 世纪时才逐渐被冠以斯拉夫人之名。就目前所知,最早对斯拉夫人起源、族属做详细记载的是哥特史家约达尼斯和拜占庭史家普罗柯比。根据约达尼斯记载,斯拉夫人最初居住在黑海北岸,主要分为维尼特人、安特人和斯克拉文尼人三支,安特人和斯克拉文尼人又是更强大的维尼特人的分支。[②] 然而,根据普罗柯比的记载,斯拉夫人分为安特人和斯克拉文尼人两大部落集团,二者有着共同的祖先,其祖先古称斯波里人(Sporoi)。[③] 斯波里人的民族起源,由于古典记载的匮乏,后人无从得知,但古典作家对维尼特人的族属记载却非常丰富,只是相关记载大多互相矛盾。他们有时被认为是萨尔马特人部落,有时被认为是凯尔特人部落,有时被认为是日耳曼人部落,多种说法莫衷一是。因此,目前主流的意见

---

① Theophanes Confessor, *The Chronicle of Theophanes: Byzantine and Near Eastern History AD 284 -813*, with an English translation by Cyril Mango and Roger Scott, Oxford: Clarendon Press, 1997, AM 6055. Theophanis, *Chronographia*, ed. C. de Boor, Leipzig: Teubner, 1883 (repr. Hildesheim: Olms, 1963), TLG, No. 4046001.

② [拜占庭]约达尼斯:《哥特史》,第 29、81 页。

③ [拜占庭]普洛科皮乌斯著,王以铸、崔妙因译:《普洛科皮乌斯战争史》下卷,北京:商务印书馆 2010 年版,第 685— 686 页。

是:斯拉夫人可能是上古欧亚草原以斯基泰人、萨尔马特人为代表的一批蛮族
部落在互相吸收融合过程中形成的一支新的民族部落集团。①

　　最早记载斯拉夫人进入巴尔干半岛的史料出自马尔切利努斯的《编年史》,
书中提到斯拉夫人于 493 年入侵色雷斯,并击败当地拜占庭驻军将领朱利
安。② 从 493 年开始,这批新来的斯拉夫人就越来越频繁地出现于拜占庭史家的
著作中,且每次出现都与大肆劫掠有关。例如,据拜占庭史家马拉拉斯记载,530
年、534 年和 540 年,散居的斯拉夫人就多次伙同其他北方民族侵袭巴尔干半
岛。③ 普罗柯比更是抱怨,在查士丁尼统治时期,斯拉夫人几乎每年都会联合其
他蛮族对巴尔干半岛发动进攻,且每次进攻都会造成至少20万人伤亡。④ 还有一
点需要注意的是,到查士丁尼当政时期,斯拉夫人对巴尔干半岛的侵袭不仅越来
越频繁,耗时越来越长,而且他们不再惧怕拜占庭军队,甚至开始大胆攻击帝国要
塞,其洗劫的对象从农村扩大到城市,所有拜占庭人都成为他们"发财"的目标。

　　面对斯拉夫人的连年骚扰,拜占庭帝国也采取多种措施稳定北部边境。总结
起来,其办法主要有以下几种:一、迅速巩固多瑙河流域的边境防御体系。根据
普罗柯比的记载,为保证多瑙河边境免遭蛮族屠戮,查士丁尼"在该地区建设了无
数要塞,部署了大量守备部队,并为不宣而战的敌军设置了各式障碍"。在总量高
达数百个要塞体系的加持下,拜占庭帝国对多瑙河沿岸城乡地区进行高密度的连
续防御,"以至于每个农场要么被改造成要塞,要么就位于被加固的堡垒附
近。"⑤二、从顶层设计角度重新梳理北部防区的军政结构。为确保蛮族入侵时,
北境边防区能快速高效地应对敌情,查士丁尼还对多瑙河边疆所在的东方大区军
政体系做了大幅调整。535 年,查士丁尼下令将东方大区(*praefectura praetorio
Orientis*)下辖色雷斯专区(*dioecesis Thraciae*)的军政管理体系由军政分离、军民分

① J. B. Bury, *History of the Later Roman Empire*, vol. 2, p. 16.
② Ammianus Marcellinus, *The Later Roman Empire* (A. D. 354—378), 20, 11.
③ Malalas, *The Chronicle*, 19. Ioannis Malalae, *Chronographia*, ed. L. Dindorf, [Corpus Scriptorum Historiae Byzantinae] Bonn: Weber, 1831, TLG, No. 2871001.
④ [拜占庭]普洛科皮乌斯:《普洛科皮乌斯战争史》下卷,第 1018 页。Procopii Caesariensis, *Opera Omnia*, vols. 1-2, ed. G. Wirth (post J. Haury), Leipzig: Teubner, 1962, 1963, TLG, No. 4029001.
⑤ Procopius, *Buildings*, with an English translation by H. B. Dewing & Glanville Downey, Harvard University Press, 1916, 4. 1. Procopii Caesariensis, *Opera Omnia*, ed. G. Wirth (post J. Haury), vol. 4, Leipzig: Teubner, 1964, TLG, No. 4029003.

治改为军政合一，并设立全新的"色雷斯统领"（*praetor Thraciae*）一职，以总揽区内一切军政事务。① 536 年，查士丁尼又将军政合一改革范围扩大至多瑙河下游的第二莫西亚（*Moesia Secunda*）和小斯基泰（*Scythia Minor*）两大行省，并设置全新的"军队监察官"（*quaestor exercitus*）一职，以执掌两地军政大权。② 三、用以蛮治蛮、分而治之策略来笼络、瓦解斯拉夫人。普罗柯比就在其著作中详细描写了帝国政府利用"藩盟制"，将斯拉夫人玩弄于股掌之间的各种手段：面对斯拉夫人的持续越界，查士丁尼先是将斯克拉文尼人和安特人分区安置于多瑙河两岸，接着或抽调二者精锐武装远赴它地征战，或让二者平民充当抵御其他蛮族入侵的炮灰，或在二者之间挑起争端，从而坐收渔人之利。③

　　多瑙河防线稳定与否直接关系帝都君士坦丁堡的安危，因此从既有应对之道来看，拜占庭帝国对北线的关注度不可谓不高。但从后续发展来看，上述应对措施却并未收到意想中的效果，单单根据普罗柯比记载就可发现，斯拉夫人曾于 545、549、550、551 年多次伙同其他蛮族入侵过巴尔干半岛，兵锋最远直抵亚得里亚堡，此地距君士坦丁堡仅五天行程。558 年冬，斯拉夫人还在匈人残余势力首领扎巴尔干（Zabergan）的率领下大举入侵帝国。此次入侵大军兵分三路：一路挺进至希腊半岛的温泉关，一路直达达尼尔海峡的加里波利半岛，一路兵临君士坦丁堡城下。面对凌厉的攻势，年迈的查士丁尼只得请已被罢官在家的名将贝利萨留再度出山。根据拜占庭史家阿伽提阿斯记载，兵力薄弱的贝利萨留最终靠着树上开花的疑兵之计才勉强吓退蛮族联军。④

　　就在斯拉夫人势力迅速发展之时，另一支名为阿瓦尔人的新游牧部落也在逐步壮大之中。和斯拉夫人一样，关于阿瓦尔人起源问题，学界素有争议。就现存史料而言，最早对阿瓦尔民族起源做出详细记载的主要是普里斯库斯和西摩卡塔两位拜占庭史家。根据普里斯库斯记载，阿瓦尔人是 5 世纪下半叶为躲避"从海

① *Justinian Novels*, with an English translation by Fred H. Blume, Laramie: The University of Wyoming, 2010, 34. *Corpus Iuris Civilis*, ed. R. Schöll and W. Kroll, vol. 3. Berlin: Weidmann, 1895（repr. 1968），TLG, No. 2734013.

② *Justinian Novels*, p. 41.

③ ［拜占庭］普洛科皮乌斯：《普洛科皮乌斯战争史》下卷，第 682—687 页。

④ Agathias, *The History*, 5. 2. Agathiae Myrinaei, *Historiarum libri quinque*, ed. R. Keydell,［Corpus Fontium Historiae Byzantinae 2］Berlin: De Gruyter, 1967, TLG, No. 4024001.

洋而来的食人格里芬"侵袭而向西迁移的一支蛮族,他们在西迁途中先后推动高加索山区的萨比尔人（Sabirs）、撒拉古尔人（Saragurs）、乌古尔人（Ogurs）和奥诺古尔人（Onogurs）向多瑙河流域迁徙。西摩卡塔则在普里斯库斯的基础上进一步提出真阿瓦尔人和假阿瓦尔人概念。在西摩卡塔看来,"用阿瓦尔人来称呼多瑙河流域蛮族是不准确的",多瑙河流域名叫阿瓦尔人的这支蛮族其实源自被突厥室点密可汗（Stembischagan）击败的一支蛮族。这支蛮族被征服后,其残余势力一部分逃往桃花石（Taugas）,另一部分投奔临近桃花石的穆尔西（Murci）族。"这支民族的最早的首领分别叫瓦尔（Var）和春尼（Chunni）,此后一部分人以瓦尔人为名,一部分以春尼人命名。后来,在查士丁尼执政期间,一小部分瓦尔人和春尼人脱离始祖部落,逃到欧洲定居。这些人自称为阿瓦尔人,并用可汗头衔荣耀其首领。当巴希尔人（Barsil）、奥诺古尔人、萨比尔人和其他匈人看到逃往他们住地的这些人中一部分仍是瓦尔人和春尼人时,他们陷入了极大的恐慌之中,他们怀疑这些殖民者是阿瓦尔人。因此,他们用丰厚的礼物孝敬这些逃亡者,并认为他们通过交换礼物,从逃亡者那里得到了安全保证。在瓦尔人和春尼人发现首战告捷后,他们便利用使者的错误,并自称阿瓦尔人:因为在斯基泰民族中,阿瓦尔人被认为是最强悍的部落。"（西摩卡塔的史料出处）换言之,在拜占庭史家眼中,这些从亚洲被突厥人战败西迁而来的阿瓦尔人,其实是狐假虎威的假阿瓦尔人。不过,由于汉文典籍中有关被突厥击败而西迁的蛮族甚多,故学界对阿瓦尔人起源形成了柔然说、悦般说、铁勒说等多种观点。

虽然阿瓦尔人初入欧洲时是以强势部落身份出现的,但在获取外高加索蛮族霸权之余,他们还是对强盛的拜占庭帝国心存忌惮。根据拜占庭宫廷史家米南德记载,阿瓦尔人一到欧洲即遣使临族阿兰人,请后者代为引见查士丁尼一世,以求改变自身居无定所、四处飘零的窘境:"阿瓦尔人所向披靡,皇帝应与我们结盟,才能够得到我们的保护;而你们所需要付出的,仅是一些礼物、每年的贡赋以及提供给我们居住的土地。"当阿瓦尔使节于558年获得帝国政府召见时,查士丁尼给了他们极高的礼遇。在收获巨额赏赐后,阿瓦尔使节带着同盟协议离开了。然而,这份协议只是写了些没有实质内容的保证,即拜占庭帝国愿意与阿瓦尔人保持同盟关系,同意阿瓦尔人帮助帝国与其敌人作战。换言之,富于外交智谋的查士丁尼对阿瓦人提出的年贡和领土要求避而不答,只是用礼物、款待和空洞的允诺进行搪塞。对此,米南德分析说:"无论阿瓦尔人是胜利者还是失败者,在这两种情况下,罗马人都将是获利者。"①

为完整理解拜占庭帝国与阿瓦尔人关系的整体特点,就有必要对帝国政府北线防御体系以蛮治蛮政策做一通盘了解。5世纪匈人阿提拉帝国崩溃后,匈人部分残余势力迁移到黑海北岸,过着游牧生活,并逐渐演变为库提格尔人和乌提古尔人两大部落集团。由于拜占庭外交政策的暗中挑拨,二者成为敌人。库提格尔人在548年被乌提古尔人打败,并遭受对方残忍的十一抽杀,他们将仇恨转嫁给拜占庭人。558—559年冬春之际,就在阿瓦尔使者离开后不久,扎巴尔干率领库提格尔人和临近地区的斯拉夫人对拜占庭进行报复,以致查士丁尼不得不重新起用贝利萨留抗击入侵者。匈人斯拉夫人联军撤退后,查士丁尼还派遣使者瓦伦丁携带巨款前往阿瓦尔人所在地,催促阿瓦尔人对匈人和斯拉夫人发动进攻。查士丁尼这一外交政策其实是拜占庭帝国惯用的策略。从短期来看,这一策略效果显著,各蛮族之间因此而你争我斗。但从长远来看,此举非但未能治住蛮族越境袭扰,反使边境局势愈发恶化。560年,阿瓦尔人抵达帝国边境后,按照协议迅速征服了以斯克拉文尼人、安特人为代表的斯拉夫人和以库特里格斯人、乌提古尔人为代表匈人残余势力,但获胜的阿瓦尔人并未就此离去,而是从多瑙河下游地区转向南方,要求拜占庭帝国给予一块永久居住地。561年,查士丁尼做出了回复,希望让阿瓦尔人迁往潘诺尼亚。当时,潘诺尼亚地区正处于伦巴第人与格庇德人为领地大肆战争的混乱状态,阿瓦尔人不仅拒绝前往,反而计划用武力强占拜占庭的一块土地,以便建立属于自己的永久势力范围。于是到565年查士丁尼去世时,拜占庭帝国虽然靠继续提供年贡方式与阿瓦尔人保持着同盟关系,但双边关

---

① Menander, *The History of Menander the Guardsman*, p. 51. *Excerpta historica iussu imp. Constantini Porphyrogeniti confecta, vol. 1: excerpta de legationibus*, ed. C. de Boor, pt. 1-2, Berlin: Weidmann, 1903, TLG, Nos. 4076003 and 4076004; *Excerpta historica iussu imp. Constantini Porphyrogeniti confecta, vol. 4: excerpta de sententiis*, ed. U. P. Boissevain, Berlin: Weidmann, 1906, TLG, No. 4076005; F. Halkin ed., "Un nouvel extrait de l'historien byzantin Menandre?" *Zetesis (Festschrift E. de Strycker)*, Antwerp: De Nederlandsche Boekhandel, 1973, TLG, No. 4076006.

系的恶化已是不争的事实。当阿瓦尔首领伯颜可汗趁新帝查士丁二世登基之际提出的修约请求遭到严词拒绝时,摆在拜占庭帝国面前的就只剩下战争这一个选项。

第二节

"国事诏书"和意大利的重建

查士丁尼西征的首要任务是光复西罗马帝国的核心故土意大利,因此当拜占庭帝国历经二十余年的东哥特战争最终收复意大利时,重建工作也随即提上议事日程。就现存史料来看,帝国的重建构想主要存留于查士丁尼于554年颁布的"国事诏书"(*pragmatica sanctio*)中。[1] 后人如今常见的"国事诏书"(Constitutio Pragmatica)作为附录收于《新律》中[2],其最初版本则是作为法学教案,见诸君士坦丁堡法学教授朱利安(Julian)的《简编》中,标题是"查士丁尼法典简编,关于意大利重建的国事诏书,查士丁尼皇帝颁布,多条款"[3]。不过需要指出的是,查士丁尼的这份诏书与目前学界一般意义上的"国事诏书"在内涵上是有所区别的,目前所谓的"国事诏书"通常指近世君主针对国家重要事务而发布的具有基本法性质的法令,而本章所关注的"国事诏书"有所不同,它是帝国晚期才出现的一种近似"法律意见"的新敕令形式。[4]

诏书全文凡27条,涉及新旧法律效力、财产关系、奴隶归属、赋税征收等诸多

---

① 目前通行的拉丁文全称为"sanctio pragmatica pro petitione Vigilii"。"pro petitione Vigilii"是诏书正文开篇的前三词,表明该诏书是查士丁尼应罗马教宗维吉利乌斯之请而颁发。

② *Novellae, Corpus Iuris Civilis, Volumen Tertium*. eds. Paul Krueger & R. Schoell, Appendix Constitutionum Dispersarum, Ⅶ, p. 799. 此处《新律》特指由 Paul Krueger 和 R. Schoell 编订的通行本。

③ *Iuliani epitome latina Novellarum Iustiniani*, ed. Gustav Hänel Leipzig, Hinrichs, 1873, p. 185.

④ *The Encyclopædia Britannica Eleventh Edition*, s. v. "pragmatic sanction"; *Webster's Third New International Dictionary*, s. v. "pragmatic sanction". George Mousourakis, *A Legal History of Rome*, London; New York: Routledge, 2007, p. 161; [意]朱塞佩·格罗索:《罗马法史》,第396页。

方面。以下分别从这几方面入手，着重分析诏书中各项政策的制定依据，进而考察其执行情况，并最终揭示重建政策失败的原因。

一、"新法"的推行与"旧法"的存废

鉴于光复战争的主要目的是推翻蛮族政权，重塑帝国统治，诏书自然免不了宣布对东哥特旧王的处理意见，重申帝国法律的最高效力："第 1 条，阿玛拉松塔、阿塔拉里克、狄奥达图斯①的任何颁授皆归有效。第 2 条，'僭主/暴君'（tyrannus）托提拉（Totila）的任何封赏均属无效……第 11 条，应将皇帝的各项法律扩展至意大利。"就新主登位、除旧布新而言，拜占庭将帝国法律推行于东哥特可谓理所当然。但其对东哥特旧王的处理方式就令人颇为费解。须知查士丁尼出兵意大利的最直接借口就是惩罚狄奥达图斯，为阿玛拉松塔之死主持公道。既然狄奥达图斯是所谓的反罗马派，为什么诏书还要对其地位予以承认？

从第 1 条中，人们无法得出合理解释，但在解读第 2 条时，反倒能从中得到某些启示。关于托提拉，诏书在否定其各项举措时将其定性为"僭主"（tyrannus）。如果从本义出发，将 tyrannus 理解为"僭主"，设想帝国政府否定托提拉的缘由是其非法上台，那么狄奥达图斯反抗帝国却终获承认就解释得通了。因为在狄奥达图斯起兵反抗拜占庭之前，他就已经通过与阿玛拉松塔的婚姻，以合法途径登上东哥特王位，并获得了帝国政府的认可。② 可见，诏书之所以在开篇就对阿玛拉松塔、狄奥达图斯的各项措施予以承认，其言下之意即阿玛拉松塔、狄奥达图斯的地位是经帝国认可的，他们只是作为帝国臣属在意大利代行统治而已，无论他们在位期间做过什么，其措施都具有法律效力。

除了托提拉，非法上台、对抗拜占庭的东哥特首领还有威蒂格斯（Witigis）、伊

---

① 阿玛拉松塔是东哥特开国之君塞奥多里克之女。阿塔拉里克是塞奥多里克之孙，阿玛拉松塔之子。狄奥达图斯是阿玛拉松塔的表兄。塞奥多里克死后传位阿塔拉里克。因阿塔拉里克登位时年纪尚幼，阿玛拉松塔以摄政者身份成为东哥特实际统治者。阿塔拉里克死后，阿玛拉松塔遂与狄奥达图斯成婚，使狄奥达图斯成为东哥特第三任统治者。

② Cassiodorus, *The Letters of Cassiodorus being a condensed translation of the Variae Epistolae of Magnus Aurelius Cassiodorus Senator*, with an English translation by Thomas Hodgkin, London: Henry Frowde, 1886, 10. 3, 10. 4；[拜占庭]普洛科皮乌斯:《普洛科皮乌斯战争史》上卷，第 420 页。

尔狄巴杜斯(Ildibaldus)、埃拉里克(Eraric),为什么诏书不把他们和托提拉一并算作"僭主"而是将其搁置一旁,对其地位不置可否? 当然,这或许与他们态度摇摆、抵抗不坚定有关,但在笔者看来,其根本原因还是诏书所强调的"僭越者"(tyrannus),一切皆源于"暴君"托提拉当政时以"僭主"身份实行的各项"暴政"。在反抗拜占庭过程中,托提拉曾大量释放奴隶,将土地分给下层民众,使得昔日的元老、贵族沦落到奴隶境地①,严重动摇了拜占庭日后在意大利赖以维持统治的基础。②

可见,在确定查士丁尼通行法律时,主要依据两条标准:一是看所推法律是否符合帝国皇统,二是看所废法律是否严重危及帝国统治。由于存废之间有一个模棱两可的中间地带,诏书在对待那些破坏不甚严重的反罗马派时就显得有些温和。但不管如何,为稳定帝国在意大利统治,清除托提拉的各项暴政可谓势在必行。

从数量来看,诏书中涉及财产关系的条文约 10 条,占总条文数的 37%。就内容而言,这些条文主要围绕财产归属、契约效力两方面展开:"第 3 条,不应以契约文书的灭失而无视固有财产所有权。第 4 条,物主失踪、囚房期间所侵占的财产应归还原主或其继承人。第 5 条,在托提拉暴乱期间,因慑于托提拉手下淫威而被剥夺的财产应归还原主或折价赔偿。第 6 条,财产恢复权为期 30—40 年。第 7 条,城市被敌军围困期间所签订的契约继续有效。第 8 条,凡在托提拉作乱前获得的财产均不受干扰,可继续持有。……第 13 条,被敌军掠夺的畜群应归还原主,或在原主中分配。……第 24 条,凡在托提拉作乱前签订的契约均继续有效。……第 27 条,元老有入宫觐见皇帝、返回意大利巡视产业之权。"按条文字面意思理解,查士丁尼似乎是希望保证民众合法财产不受侵害。但如果我们将诏书中明显的反托提拉色彩与史籍中托提拉的各项"暴政"相对照,便可发现,相关条文显然是在维护有产者,尤其是那些大土地所有者的利益。③

---

① [拜占庭]普洛科皮乌斯:《普洛科皮乌斯战争史》下卷,第 666、679、692—693、716—717、817 页。
② 在查士丁尼出兵意大利的整个过程中,罗马大贵族起着至关重要的作用。这一点在托提拉致罗马元老院的信中体现得一览无余。详情见[拜占庭]普洛科皮乌斯:《普洛科皮乌斯战争史》下卷,第 666—667 页。
③ John Moorhead, "Ostrogothic Italy and the Lombard Invasions", in *The New Cambridge Medieval History*, I, p. 151.

　　诏书中涉及奴隶归属问题的条文也可一并算作财产关系："第15条,自由民有权与奴隶离异,离异后奴隶仍归原主。第16条,应将遭他人扣留的奴隶、隶农及其后代一同归还原主。"依据上述条文,我们是否可以认为,诏书的主旨是维护奴隶主贵族的利益,或者更进一步说,是意图复辟罗马奴隶旧制?就诏书的反托提拉色彩和维护大土地所有者倾向而言,查士丁尼确有清除托提拉释奴"暴政",维护奴隶主利益之意。但是,换个角度,从战前意大利的情况来看,说查士丁尼意图复辟奴隶制也绝非空穴来风。如果对《塞奥多里克法典》中"奴隶"一词的使用频率加以统计,便可发现,在整部法典的154条条款中,涉及奴隶的条文共40余条,而自由民仅30余条。[①] 虽然词频高低不能完全说明问题,但至少从一方面反映了奴隶劳动在战前意大利的相对普遍状况。查士丁尼废除托提拉的释奴措施必然意味着许多人将重新沦为奴隶。

　　虽然有据可循,不过仅凭这些似乎并不足以断定查士丁尼意图复辟奴隶制。首先,如果用历史的眼光看待《塞奥多里克法典》中奴隶、自由民词频的对比,便不难发现,虽然奴隶劳动在战前意大利还较为普遍,但隶农制由萌芽到渐趋流行的过程也从侧面反映出,此时的奴隶制正逐渐让出自己的优势地位,反映奴隶制走向的不是法典,而是奴隶制发展趋势在法典中得以体现。其次,就即将颁行于意大利的帝国法典来看,这一时期的拜占庭已无意巩固旧有奴隶制:从承认奴隶制违背自然法,到简化释奴程序,放宽释奴条件,提高被释奴地位,限制奴役行为[②],凡此种种,无一不说明此时的立法正朝着放宽奴隶制的方向发展。最后,退一步讲,即便查士丁尼希望官员依诏行事,令被释之奴归还原主,我们也不能就此认为,归还奴隶就意味着图谋复辟奴隶制。因为在诏书中,归还奴隶所依据的是财产权,是万民法制度,而非为了奴役奴隶而归还奴隶。扩展开去,结合诏书反托

---

① Sean D. W. Lafferty, "The *Edictum Theoderici*: A Study of a Roman Legal Document from Ostrogothic Italy", a thesis submitted for the degree of Doctor of Philosophy at the University of Toronto, 2010, pp. 186, 191, 194, 205; B. B. 乌达里佐娃:《6世纪意大利的农村依附居民》,《罗马奴隶占有制崩溃问题译文集》,"历史研究"编辑部,北京:科学出版社1958年版,第174-219页。罗马法对奴隶、自由民(既包括完全自由民,也包括隶农)有多种不同表述方式。由于所采标准不同,对奴隶、自由民词频的统计,两位学者略有差异。据Lafferty统计,法典中涉及奴隶、隶农、完全自由民的条文各为40、17、10条,而乌达里佐娃认为奴隶、隶农各为44、21条。在此笔者仅采约数。

② [罗马]查士丁尼:《法学总论》,第7、13—17页。

提拉的财产关系政策,我们有理由相信,在大土地所有制相对盛行的情况下,诏书下令归还奴隶、隶农可能只是欲图借此安抚大土地所有者,进而稳定其在意大利的统治基础。换言之,促使查士丁尼颁布有悖于自身立法理念的诏书的真正原因是,托提拉的释奴举措已远远超出查士丁尼放宽奴隶制所允许的底线,而查士丁尼在释奴问题上的矛盾态度也正是当时过渡阶段的社会状况决定的:大土地所有者的奴隶主身份虽在淡化,但仍旧是奴隶主。

需要指出的是,当查士丁尼为意大利拟定有益于大土地所有者的条文时,他在帝国东部却处处打击大土地所有者。从《民法大全》到《秘史》都反映出,各项惩治比比皆是。[①] 就此而言,查士丁尼的政策似乎自相矛盾。不过,从稳固统治基础来看,二者的目的却是相同的:在东部打击、遏制大地主是为了铲除地方割据、强化中央集权,在西部恢复、扶植大地主则是为了重建帝国的统治基础。二者并行不悖,统一于查士丁尼的光复计划。

二、 放权的税收政策

除了财产关系,诏书论述的另一个重点当属赋税征收,共计 7 条,约占总条文数的 25.9%。诏书规定:"第 9 条,赋税征收是各省行政长官(judices)之职,严禁其他任何官员参与征税。第 10 条,赋税征收须因时因地因俗,不得巧立名目。……第 12 条,各省行政长官须由各省主教、头面人物在当地人中选举产生。……第 14 条,错征之税应偿还受征者。……第 18 条,不得以强迫售卖增加税民负担。……第 20 条,凡印有皇帝肖像的金币均可按契自由流通,不受币值变动影响。[②] ……第 26 条,卡拉布里亚或阿普利亚的物流税应予以免征。"就字面理解,诏书税收政策的核心思想似乎是希望通过厘定税制、整顿税吏,以减轻税民负担。

但对照史料便可发现,查士丁尼之所以重视税收恐怕还另有考量。一方面,此举在很大程度上与战争期间帝国税吏大肆搜刮、激起民怨、影响战局有着直接

---

① 陈志强:《拜占廷帝国史》,第 137—139 页;徐家玲:《早期拜占庭和查士丁尼时代研究》,第 241—242 页。
② 鉴于币值变动使税民饱受其苦,第 20 条主要对金币兑换问题做了说明。

联系。据记载,当贝利萨留于 540 年基本平定意大利,被调往东方波斯战场时,帝国财政官亚历山大不仅以剪裁金币方式聚敛财富,而且以各种借口盘剥意大利人,克扣军饷。在其压榨下,士兵们消极怠战,致使战局急转直下,先前战果尽数丧失。① 从这个意义上讲,战争拖延十几年与税吏在意大利的横征暴敛有极大关系,之后的战争也在一定程度上从东哥特与拜占庭之间的民族战争转变为下层民众反抗帝国暴政的起义。因此,诏书之所以严禁巧立名目、乱征滥收,其最直接的目的是要杜绝税吏的不法行为,谨防类似事件再次发生。另一方面,除了清除战时苛政遗毒,诏书的税收政策在某种程度上也可视作查士丁尼税制改革在意大利的一种延续。在光复战争尚未结束前,为实现财政增收与谨征慎敛的相对平衡,查士丁尼曾做过种种尝试。从初期为求财税不惜"卖官鬻爵",到用发誓廉洁为官办法来约束税吏,再到后来雇佣代理人巡回征税,限制措施虽然推陈出新,但税吏苛鄙依旧如故。② 当战事基本平息、军费需求不再迫切时,查士丁尼便着手在意大利尝试新的改革,将各省行政长官任免权交由当地上层人士,意图借此建立一套新的税收体系。如此既可防止亚历山大之流的税吏再次出现,又可缓和战时苛政造成的中央政府与地方税民间的紧张关系,从而保证赋税的顺利征收。

总而言之,查士丁尼之所以反复论及税收问题,最终目的固然是其所标榜的令百姓"共享繁荣盛世",但着重解决的还是战时税吏征敛这一当务之急。而放权于地方上层,明确各省行政长官权限,任用当地官员征当地之税,可谓查士丁尼解决弊政的新举措,也是整个税收改革的核心所在。

剩余五条的内容相对芜杂:"第 17 条,强娶神女(献身上帝室女)者应将不从之女送还原处,且无权占夺其嫁妆。……第 19 条,财物交易应以教宗与元老院订立的计量单位为准。……第 22 条,政府应按惯例继续向罗马人提供粮食;医生、律师、文法修辞学家的薪资水平也应一如既往。……第 23 条,凡涉及罗马人的民事案件均依民法处理,不再诉诸军法。……第 25 条,公共手工作坊应继续保留,并按成例拨付市政修缮款项。"尽管所述事项五花八门,但结合前述条文,我们还是能从中梳理出一条思想脉络。无论是废除托提拉暴政,承认东哥特合法诸王的

① [拜占庭]普洛科皮乌斯:《普洛科皮乌斯战争史》下卷,第 640—641 页。
② [拜占庭]普洛科皮乌斯:《普洛科皮乌斯战争史》下卷,第 1029—1031 页。

法令,还是下令归还财产、奴隶,无论是保障民生福利,维持薪资水平,还是恢复军民分治司法传统,维护元老固有权利,多种条款表明,查士丁尼眼中的重建似乎主要是恢复昔日正常社会秩序,保持固有传统。

不过,若将《国事诏书》与稍早前汪达尔战争结束后颁布的阿非利加大区重建方案《论阿非利加大区长官的职能与所有政区的架构》(俗称《北非敕令》)相对比①,就不难发现,虽然同为重建指南,二者的风格却截然不同。《北非敕令》几乎通篇都在论述政制问题,官职序列、行政区划、军队部署、薪饷等级,举凡与大区运作相关的话题,《北非敕令》都详细论述。反观《国事诏书》,尽管其所述事项五花八门,但结合条文的先后次序和权重比例,就会发现经济问题才是查士丁尼关注的重点。内容风格的不同还与二者文体差异有一定联系,《国事诏书》(亦译"法律意见")是罗马帝国晚期出现的一种新敕令形式,即皇帝依地方当局请求就奏问事项发布的法令,与一般性敕令(《北非敕令》即属该类型)有所区别②,但造成差异的根源还是两地现实情况不同。相较汪达尔人在占据北非期间对阿非利加政区制的大肆破坏和在汪达尔战争中的迅速败亡,东哥特人的情况刚好相反。一方面,他们在意大利建国之初就全盘继承了西罗马的政制,譬如,在致阿纳斯塔修斯一世的一封信中,东哥特开国之君塞奥多里克曾声称:"我们的王权是您的翻版,是以您的善意为榜样的,是唯一帝国的复本,我们对您的效法远超其他所有国家……您经常规劝我,让我尊重元老院,让我欣然接受先皇法律,让我融身为意大利所有成员中的一员。您怎能让一个您欲图借其本性以使您自己富足之人脱离您那神圣的同盟呢?"③

而在吉本眼中,塞奥多里克不仅死板模仿罗马各项政治制度,甚至将各种弊政也一并承袭,就连一年一度东西联盟都得经皇帝批准。④ 另一方面,顽固的东哥特反罗马派人士却用屠杀罗马贵族、释放贵族奴隶、分配贵族田产的方式,发动底层民众抵御拜占庭帝国的"无道"反攻。所以,如果说《国事诏书》偏重物权恢

---

① 拜占庭于 534 年收复北非后颁布。Procopius, *Annotated Justinian Code*, 1.27.
② 关于 Pragmatica Sanctio 敕令形式的定义及适用范围,详见[意]朱塞佩·格罗索:《罗马法史》,第 396 页。
③ Cassiodorus, *Variae*, 1.1.
④ [英]爱德华·吉本著,黄宜思、黄雨石译:《罗马帝国衰亡史》下册,北京:商务印书馆 1997 年版,第 153—154 页;《罗马帝国衰亡史》第 4 卷,第 15—16 页。

复、税制改革问题,是因为意大利战事旷日持久,东哥特反罗马派与拜占庭贪官污吏对经济破坏甚重,那么条文之所以鲜有政制论述,则主要是东哥特政体高度沿袭西罗马旧制,拜占庭重建意大利大区只需"借尸还魂"使然。或者说,查士丁尼显然意识到,重建意大利大区的难处不在政制躯壳本身,而全赖支撑起政制躯壳的统治基础:无论是恢复固有财产关系,还是以当地教俗上层为核心的税制改革,其着眼点全集中到扶植罗马旧贵族上。

　　虽然借助东哥特遗产以实现政制重建可以说是查士丁尼的总体设想,但沿袭旧制并不意味着照单全收。既然西罗马早已灭亡,帝国也重归统一,那么因东哥特传承而得以保留的一系列西罗马帝国中央机构就再无存在的必要。执事长官(*magister officiorum*)、司法主管(*quaestor*)这些官职要么被裁撤,要么与东部合并。① 不过元老院是个例外,就诏书允许元老进宫,准其返回意大利,并赋予其度量衡定制权来看,查士丁尼似乎不仅保留了元老院,甚至依旧视之为与君士坦丁堡元老院平行的中央机构。另外,从主教有权参与各省行政长官选举,教宗有权制定度量衡亦可看出,相比过去,此时的教会势力已有了明显增长。让教会参政,这在旧体制内是不可想象的。

　　意大利推行的罗马旧制与北非新制有何相似之处? 由于诏书未在政制层面多费口舌,人们只能从字面意思推测二者总体上都实行大区长官制。至于意大利大区长官(*praefectus Italiae*)是否和北非大区总督(*praefectus praetorio Africae*)一样,除了执掌民政,还身兼军事长官(*magister militum*),总揽地方军政,诏书未作更进一步说明。② 但就诏书指明将该诏颁予"杰出的大内总管纳尔泽斯、尊贵的意大利大区长官安条库斯(Antiochus)"来看,意大利大区长官兼掌军政的可能性并不是很大。

　　一言蔽之,如果说借东哥特政制之壳行复辟旧制之实是诏书的弦外之音,那么查士丁尼显然是希望在继承东哥特政制遗产的基础上,以经济为突破口,通过

① John Moorhead, "Ostrogothic Italy and the Lombard Invasions", in H. M. Gawtkin & J. P. Whitney eds., *The Cambridge Medieval History*, vol. 2, New York: Macmillan, 1911, p. 24; p. 150.

② 就"北非敕令"规定来看,北非大区制本身是军政分离的,在实际运作过程中却是军政合一的,其首任地方长官所罗门就兼任大区总督和军事长官。

恢复固有财产关系,确定税制,并辅之以宗教、民生、司法等措施,从而实现回归社
会常态的重建目标。

三、 诏书的执行成效

上述条文只是查士丁尼心中的重建构想,至于其落实情况,由于意大利在光
复后不久便大部落入伦巴第人之手,涉及意大利战后重建的史料并不是很多,我
们也只能从零散的记载中略窥其貌。

依诏书所言,主持战后重建工作的主要是纳尔泽斯和安条库斯二人。若按字
面意思理解,查士丁尼应该是希望军事统帅纳尔泽斯和大区长官安条库斯共谋重
建事宜。但根据后世文献,在战后长达13年的重建过程中,似乎纳尔泽斯才是意
大利的最高统治者。从抵御法兰克人入侵,到镇压赫卢利人叛乱,从扶植教宗贝
拉基一世(Pelagius I,556—561年在位)登位,到主持修复教堂、公共工程①,人们
所能见到的只有纳尔泽斯,本应负责民事工作的安条库斯却湮没无闻,甚或被完
全取代。也许正是基于这点,一些学者称纳尔泽斯为意大利"总督"(Exarch)。不
过从严格意义上讲,这种叫法不甚妥帖。虽然在查士丁尼统治时期,"总督"
(exarchos)一词已出现于《新律》中②,9世纪拜占庭史学家塞奥法尼斯也曾称他
为"总督"③,但在同时期文献中,纳尔泽斯的头衔只有意大利大区长官、权贵、意
大利伯爵(Praefectus Italiae、Patricius和Dux Italiae)④,而《新律》中的"总督"也与
后世"总督制"意义上的总督不大一样,仅指高级将领。⑤ 作为总揽军政权力的地

① Paul the Deacon, *History of the Lombards*, trans. William Dudley Foulke, Philadelphia: University of Pennsylvania Press, 1907, 2. 3, pp. 55 – 56; *Liber Pontificalis*, trans. Louise Ropes Loomis, *The Book of Popes to the Pontificate of Gregory*, I, New York: Columbia University Press, 1916, Vigilius; Pelagius I; John III, pp. 159 – 164.

② *Novellae*, *Corpus Iuris Civilis*, *Volumen Tertium*, 130, pp. 650 – 654.

③ Theophanes Confessor, *The Chronicle of Theophanes Confessor*, AM. 6044.

④ *The Encyclopædia Britannica Eleventh Edition*, s. v. "Narses"; Edward Hutton, *Ravenna, a Study*, London: J. M. Dent; New York: E. P. Dutton, 1913, p. 108; Agnellus (of Ravenna), *The Book of Pontiffs of the Church of Ravenna*, trans. Deborah Mauskopf Deliyannis, Washington: Catholic University of America Press, 2004, p. 203, 207; [法兰克]格雷戈里著, 寿纪瑜、戚国淦译:《法兰克人史》,北京:商务印书馆1998年版,第373页。

⑤ Thomas Hodgkin, *Italy and her Invaders*, vol. 6, Oxford: Clarendon Press, 1892, p. 531.

方大员,总督一职要到 584 年才真正创立。就纳尔泽斯大权独揽、势压民政官员与元老院来看①,人们有理由认为,拜占庭在继承东哥特所保留的罗马旧制的同时,可能依旧沿用战时体制,使行政单位沦为附属机构,从而恢复了大区长官总揽军政的旧貌,为总督制的创立开启先河。

恢复原有财产关系可谓诏书重中之重,但囿于各种史料的相互抵牾,学界至今未能就重建成效评估达成一致。例如,在论述战后生产恢复状况时,《拉文纳主教传》称,大主教阿格内卢斯(Agnellus,557—570 年在位)在位时期,"意大利人民资产富足,秩序井然"②。但教宗贝拉基一世却在信中哭诉农业衰退对教会收入造成的严重影响,称意大利土地太过荒芜,根本无法复耕,以致他不得不从高卢的教会地产中筹措资金,购置衣物分给罗马贫民。③ 在评价意大利最高统帅纳尔泽斯的历史功绩时,一位佚名编年史家曾这样写道:"在驱逐哥特人后,他将古代的欢乐交还给意大利所有人民。"④但《教宗传》却声称,纳尔泽斯的横征暴敛迫使意大利人民不得不向查士丁二世控告其罪行:"罗马人民宁愿侍奉哥特人,也不愿侍奉希腊人,只要宦官纳尔泽斯还是统治者,因为他把我们当奴隶役使,我们最虔诚的陛下不知道此事。请将我们从他手中拯救出来,否则我们和罗马人民将投靠蛮族。"⑤

如果说上述文献互相抵触现象是不同史家立场相左而导致的必然结果,那么同一史家对同一事例做出前后两种不同的评判,则显然不是立场相左所能解释的。例如,根据《伦巴第人史》的描述,纳尔泽斯"因品格高尚而荣获权贵头衔。因为他是个非常虔诚的人,在宗教上信奉天主教,对穷人乐善好施,热衷于修缮教堂,并且对贞女、祷告者供奉良多,所以相比武力战争,他的胜利更多是通过对上帝的倾情奉献而获得的。"⑥但在随后的段落中,他却同样记载了纳尔泽斯因贪赃

---

① 在查士丁尼于 555 年颁布的一份敕令中,可以清楚地看到,纳尔泽斯之名不仅位列民政官员之前,更排在元老院之前。*Novellae*, trans. Fred H. Blume, Appendix 8.

② Agnellus, *The Book of Pontiffs of the Church of Ravenna*, 91.

③ Pelagius I, *Pelagii I Papae Epistulae Quae Supersunt*, ed. by P. M. Gassó & C. M. Batlle, 1956, Epistola, 49.

④ *Auctarii Havniensis Extrema 3*, in *Monumenta Germaniae Historica: Auctores Antiquissimi*, 9.337.

⑤ *The Book of the Pontiffs (Liber Pontificalis): The Ancient Biographies of the First Ninety Roman Bishops to A. D. 715*, with an English translation by Raymond Davis, Liverpool: Liverpool University Press, 2000, 63.3.

⑥ Paul the Deacon, *History of the Langobards*, 2.3.

枉法而被民众控告,并被皇帝罢免之事。[1]

如果说中世纪史家相互抵牾、前后矛盾的论述是他们仅凭个人好恶,不加辨识的偏听偏信使然,那么现代史家针对同样的史料、同样的考古证据,给出截然不同的解释,则显得更为吊诡。以《国事诏书》鼓励避祸君士坦丁堡的罗马元老返乡追讨产业,并允许他们自由往返罗马、君士坦丁堡为例,当一些学者以供职东哥特王国的罗马高官卡西奥多等人为例,认为当有大量避祸元老返乡重振产业时[2],另一些学者则以避居君士坦丁堡的元老遗孀露丝齐亚娜(Rusticiana)不愿返回破败故土一事为例,认为大部分避祸元老根本无意返回罗马。[3] 当一些学者以萨拉里亚大道(Via Salaria)上一座重建桥梁的记功碑铭为依据,肯定政府在修缮公共设施方面的成绩时[4],另一些学者却以孤证不立为由,质疑帝国大规模重建的能力。[5] 当一些学者从拉文纳纸草文献的地产买卖契约中读出战后土地交易的繁荣时[6],另一些学者却根据土地价格低廉的特点,做出战后劳动力严重短缺以及劳动力短缺影响土地复垦的推断。[7] 当一些学者根据出土陶器和城市考古证据推测,6世纪下半叶的意大利遭遇了严重的经济衰退时[8],另一些学者却指出,衰退是早在6世纪初甚至几个世纪前就已开始的趋势,与战争、重建无必然联系。[9]

同一件事情、同一则史料在史家笔下为何会呈现出两种截然不同的解读和结论? 综合起来,原因似乎可归纳为以下两点:其一,无论是中世纪史家,还是现代

[1] Paul the Deacon, *History of the Langobards*, 2. 5.

[2] Brian Croke, "Justinian's Constantinople", in Michael Mass ed., *The Cambridge Companion to the Age of Justinian*, Cambridge: Cambridge University Press, 2005, p. 75.

[3] Gregory the Great, *The Letters of Gregory the Great*, with an English translation by John R. C. Martyn, Toronto: Pontifical Institute of Medieval Studies, 2004, 8. 22. T. S. Brown, *Gentlemen and Officers: Imperial Administration and Aristocratic Power in Byzantine Italy, A. D. 554 - 800*, Hertford: Stephen Austin and Sons, 1984, p. 28.

[4] John Moorhead, "Ostrogothic Italy and the Lombard Invasions", in *The New Cambridge Medieval History*, I, p. 151.

[5] M. Humphries, "Italy, AD 425 - 605", in *The Cambridge Ancient History*, vol. 14, Cambridge & New York: Cambridge University Press 2000, pp. 534 - 535.

[6] John Moorhead, "Ostrogothic Italy and the Lombard Invasions", p. 151.

[7] T. S. Brown, *Gentlemen and Officers*, pp. 6 - 8.

[8] T. S. Brown, *Gentlemen and Officers*, pp. 6 - 8.

[9] John Moorhead, "Ostrogothic Italy and the Lombard Invasions", p. 151.

学者,在评价重建成效时,均无明确而统一的评价标准,是成是败全凭个人心中一杆秤。其二,由于文献史料、考古证据的零散破碎,现有数据根本不足以支撑起微观的量化研究。有鉴于此,笔者认为,既然今人无法确知《国事诏书》每项规定的具体落实情况,莫不如在总体目标既定,伦巴第新入侵者又尾随而至的情况下,将重建的执行效果分为如下三等:一是拜占庭帝国付出了代价,在意大利站稳了脚,恢复了罗马帝国昔日风貌;二是付出了代价,却站不稳脚,继续与敌周旋;三是付出了代价,站不住脚,只得退回东部。换言之,今人对重建效果的评价不应计较某一方面某一时段的成败得失,而应从总体上审视意大利主政者有没有完成好查士丁尼交办的重塑西罗马荣光之嘱托。伦巴第战争的爆发(568年)不是重建政绩考察的截止日期,而只是前一时期阶段性工作的中期节点。至于阶段性工作完成情况,虽然现代史家观点针锋相对,但他们还是从各自角度揭示了战后重建所面临的诸多困境:自古罗马晚期起,意大利经济就在整体上呈衰退趋势,哥特战争可能只是加速这一趋势的重要推手;相较战时的严重破坏,战后的各项生产虽然有所恢复,仍难掩经济发展的总体颓势,同时也难以在短时期内完全修复战争创伤。中世纪史家记载中的抵牾在某种程度上就是上述两面性的绝佳体现:一方面,意大利人民的确为久违的和平欢欣鼓舞,休养生息的恢复速度再慢总比战乱频仍时期要好;另一方面,就连身为大地主的罗马教宗、元老都对重建过程所面临的困难束手无策,更何况普通升斗小民。

　　至于税收政策是否起到保障税民、遏制滥征的效果,这个问题比较复杂。从568年查士丁二世颁布敕令,将财政官须由当地人选举产生这一做法从意大利向全国推广来看[1],查士丁尼的税制改革似乎取得了一定成效。但从其他史料来看,意大利民众的税收负担似乎并未减轻。首先,作为帝国的"对立面",塞奥多里克曾下令将东哥特税赋降至奥多亚克时期水准,严禁税吏加征赋税,并强令哥特人同样纳税。[2] 如果敕令得到认真贯彻,那就意味着,战前意大利人民的税收负担应该远低于拜占庭。其次,如果普罗柯比在《秘史》中对查士丁尼的批评同样适用于战后意大利,那么相较战前,意大利民众的税收负担将更为沉重。因为

① *Novellae*, trans. Fred H. Blume. 149.

② Cassiodorus, *Variae*, 4. 14, 4. 38.

农民除了负担新增税种,还需承担因邻里弃地、逃亡、死亡而空出的"附加税""预估税金"这类联保地税,而且即便税收有所减免,相比战争损失,相比先皇恩惠,这些减免也是微不足道的。① 最后,除了《秘史》透露的信息,后世有关纳尔泽斯贪腐的种种传说也从一个侧面反映了战后意大利人民的生活状况。其实,这在某种程度上也可看作罗马旧贵族与帝国新官僚之间矛盾的一种体现:据记载,纳尔泽斯在统治意大利期间搜刮的金银有几十万镑之多。② 出于怨念,罗马人民遂向查士丁二世控告纳尔泽斯,称其将罗马人民当奴隶役使,他们宁愿受役于哥特人,也不愿为希腊人服务。③

总之,诏书各类规定大体得到执行:旧有官名头衔悉数保留,大土地所有制得以恢复,放权给地方的税制改革也获推行。但其执行过程却屡屡走样:军政分离的大区制开始向总督制过渡,在某种程度上也可说是恢复古制,在返还财产过程中出现新官僚对旧贵族的压迫,以遏制征敛为目标的税制改革收效甚微。整个重建政策可以说流于形式。

作为务实性"法律意见",国事诏书针对战后各项时弊提出了具体解决之道,所涉方面虽多,但贯穿其中的主线不外乎恢复社会常态。如果说承认东哥特旧王合法遗产、清除托提拉暴政是重塑帝国皇统的法律宣言,那么归还固有财产则可谓恢复拜占庭帝国在意大利贵族统治基础的重要步骤;放权给地方的税制改革表面上是种创新,其主要目的还是纠正战时为求军费而不惜征敛的苛政,回归轻徭薄赋时代。

愿望固然美好,但重建进程却并不像查士丁尼所设想的那么顺利。相比战后变动的局势,查士丁尼所提具体解决之道好似空中楼阁:从诏书中财产、税收政策所占比重可以看出,查士丁尼显然意识到复辟旧制的难处不在政制躯壳本身,而在支撑起躯壳的统治基础。无论是恢复固有财产关系的关键因素——大土地所有者,还是以本土教俗上层为核心的税制改革,其着眼点全集中到了旧贵族身上。

---

① ［拜占庭］普洛科皮乌斯:《普洛科皮乌斯战争史》下卷,第 1036—1037 页。
② ［法兰克］格雷戈里:《法兰克人史》,第 235—236 页;Paul the Deacon, *History of the Lombards*, 3. 12, p. 109.
③ Paul the Deacon, *History of the Lombards*, pp. 58 - 59; *Liber Pontificalis*, trans. Louise Ropes Loomis, *The Book of Popes to the Pontificate of Gregory I*, New York: Columbia University Press, 1916, John III, p. 164.

但查士丁尼对战后局势的估计还是过于乐观。因为除了教会,支撑起这一躯壳的传统世俗中坚力量在旷日持久的战争中早已消耗殆尽,企图依靠旧贵族势力维持统治无异于缘木求鱼。在旧贵族势力衰微、难以完全充当统治基础时,能够部分承担起旧贵族职能的,除了教会就只有帝国新官僚势力。面对外部军事压力,意大利和北非一样,也不得不沿用战时军政合一体制。在战时旧体制下,那些希腊新官僚并未遂查士丁尼之愿,非但没有保境安民,反而祸害地方,激起民怨,使得查士丁尼重建意大利的梦想归于破灭。

第三节

查士丁尼时代的巴尔干半岛

斯拉夫民族的起源一直是学术史上颇有争议的问题,关于这一民族的起源,有多种说法:第聂伯河中游起源说、亚洲起源说和波罗的海-第聂伯河-外喀尔巴阡山-维斯瓦河-普里皮亚特河起源说等。这些说法各执一词,各有其依据,但在新的考古学和语言学证据面前也都暴露出其不足之处。1950 年代以来,有关斯拉夫人起源的考古工作获得了很大进展。美国学者奥布林斯基认为,斯拉夫人最初生活在易北河、喀山、第聂伯河之间很大的区域范围内,最初在 5 世纪中期开始迁徙,但具体原因尚不明确。①

目前,民族溯源研究已经呈现出颓势。学者佛洛林·库尔塔更倾向于主观认同论,他认为斯拉夫人并不是一开始就是所谓"斯拉夫人"的,斯拉夫人并不是从普里皮亚特河沼泽中涌出的滚滚人流,而是在接触到罗马人后才逐渐变成今天的斯拉夫人。② 这也就是所谓的斯拉夫人的形成理论:斯拉夫民族不是因为斯拉夫语言而形成,而是因为斯拉夫语言而被定义。斯拉夫人的迁徙给巴尔干半岛带来

---

① Dimitri Oblensky, *The Byzantine Commonwealth*, London, 1971, p. 42.

② Florin Cruta, *The Making of Slavs*, New York: Cambridge Press, 2004, p. 4.

了深远的影响。从 6 世纪后期开始,斯拉夫人开始越过多瑙河向南入侵,并开始小规模向拜占庭的巴尔干诸省迁徙定居。这种定居在 7 世纪早期达到高潮,随着拜占庭帝国陷入内乱,对巴尔干地区无暇顾及,大量斯拉夫部落伴随阿瓦尔骑兵涌入巴尔干半岛,在当地乡村中定居下来。当地原驻军和居民无法抵挡斯拉夫人的迁徙,只得放弃城市向外逃亡,或是逐渐被斯拉夫人同化。

在阿瓦尔人的霸权瓦解后,巴尔干的斯拉夫人虽然没有立刻建立起自己的斯拉夫国家,而是被塞尔维亚人(Serbs)、克罗地亚人(Croats)和保加尔人所统治,但他们庞大的人数和定居的生活方式很快就将这些后来的统治者斯拉夫化,在此后的十几个世纪里,这些民族逐渐分化、融合,形成了今日巴尔干地区的民族和民族国家雏形,并导致巴尔干半岛长期存在民族、宗教和文化纷争。

一、 拜占庭人与斯拉夫人

第一部东斯拉夫民族史学著作《往年纪事》直到 12 世纪才出现,所以有关早期斯拉夫人历史的文字史料几乎完全依赖于拉丁和希腊语资料。几乎所有 6—7 世纪的历史作品都或多或少涉及斯拉夫人。从这些资料可以发现,6—7 世纪斯拉夫人在三个时间段内最为活跃:查士丁尼时期、莫里斯时期和伊拉克略时期。[1]

在拜占庭人看来,斯拉夫人似乎并不是一个相当善战的民族。他们中间没有强而有力的首领,整个民族分散在大大小小的部落酋长周围。普罗柯比记录中的斯克拉文尼人和安特人缺乏精良的武器装备,他们不着盔甲,往往步行作战,惯用小盾牌和标枪。莫里斯的《战略》中所记载的斯拉夫人军事组织也相当孱弱,他们居住在水网密布的沼泽地带和茂密的森林中,其作战方式多以伏击和游击为主,但他们并没有实用的武器装备[2],其松散的组织显然缺乏组织大规模会战的能力。根据记载,当斯拉夫人在遭遇拜占庭军队时,他们会立即将车队围成圈,其

---

① Florin Cruta, *The Making of Slavs*, p. 72.

② *Maurice's Strategikon*, XI. 3. Mauricius, *Arta Militara*, ed. H. Mihaescu, [Scriptores Byzantini 6] Bucharest: Academie Republicii Socialiste România, 1970, TLG, No. 3075001.

男性战士在装满抢劫赃物的车上，手持投枪、长矛、战斧和刀剑等武器严阵以待，妇女儿童则在圈内看管俘获的奴隶。如果战事不利则首先杀死奴隶，而后保护赃物逃跑，最后拼死搏杀。由此可见，斯拉夫人的作战方式比较原始。①

普罗柯比提到斯拉夫人信仰一种原始的多神教，他们高大强壮，体发红黄，住在森林中被称为"卡利瓦"（καλύβαι）的帐篷内，过着迁徙的生活。他们保持一些相当野蛮的习俗，对待俘虏也相当残忍。《战略》一书的作者认为他们热爱自由、热情好客、惯于耕作，而且对爱情忠贞不二，对战俘也相当和善，他们不仅不会永久羁押奴役战俘，而且会在一段时间后，给予战俘一笔财产让其自行决定去留。

出现在拜占庭人视野中的斯拉夫人族群分为安特人和斯克拉文尼人两大类，学者奥布林斯基认为："必须牢记斯克拉文尼人和安特人之间的区别，因为他们在6世纪期间地理上的分布，毫无疑问使前者成为巴尔干斯拉夫人的祖先，而后者，至少生活在多瑙河三角洲和第聂伯河之间的安特人成为东斯拉夫人，亦即后来人们所知的罗斯人社区。"②这两个主要的斯拉夫族群虽然都在《战略》一书中被拜占庭人视为潜在敌手，但在实际的政治局势中，安特人却与拜占庭帝国建立了盟友关系，多次与斯克拉文尼人开战，甚至为帝国提供雇佣军。③斯克拉文尼人则站到了帝国的对立面，因为拜占庭与安特人的盟友关系而向拜占庭发动报复性袭击，甚至与东哥特王国联手，在托提拉的指挥下对拜占庭发动劫掠，牵制拜占庭的巴尔干部队。

尽管斯克拉文尼人的确曾经在查士丁尼统治时期对巴尔干地区掀起几次大规模入侵，并可能参与了558—559年乌提古尔人对君士坦丁堡城郊的突袭④，但在军事上，这样一群在战场上仅能期望依靠人数之众和震天动地的吼叫声来惊骇

---

① 陈志强：《巴尔干古代史》，第161页。

② Dimitri Oblensky, *The Byzantine Commonwealth*, p. 43.

③ A. Cameron, *The Cambridge Ancient History: Late Antiquity: Empire and Successors, A. D. 425 - 600*, New York: Cambridge University Press, 2007, p. 715.

④ 此处出于约翰·马拉拉斯的记载，但当时身在君士坦丁堡的史家阿伽提阿斯却完全没有在作品中提及斯拉夫人参与了此次劫掠，这或许说明了即使当时斯拉夫人真的参与了这场劫掠，那么他们也是处于一个较为下级的从属地位。F. Cruta, *The Making of Slavs*, p. 45.

敌军的敌人,并不能动摇拜占庭在巴尔干的统治秩序。[1] 在查士丁尼皇帝统治的最后几年,他们的攻势减弱了。这或许是因为查士丁尼皇帝的边防建设,或许是因为阿瓦尔人的崛起。另外,查士丁尼皇帝的边防建设在某种程度上促进了斯拉夫民族的形成,这道边境阻碍了多瑙河南北之间的贸易往来,使多瑙河边界以北和以南的社区之间的经济关系日趋紧张。[2] 同时,斯拉夫部落的统治者们也依赖来自拜占庭帝国的奢侈品,这些商品刺激了军事领主的崛起,并加速了斯拉夫族群内部的阶级分化。[3]

二、 斯拉夫人与阿瓦尔人

查士丁尼统治结束后,斯拉夫人的身影暂时从史料中淡去。普罗柯比之后的几位史家如米南德和阿伽提阿斯对斯拉夫人的着墨都不多。直到莫里斯统治的年代,斯拉夫人才再次活跃在历史的舞台上。但这一时期的历史作品中对斯拉夫人的描述却与以往非常不同,人们似乎很难把《战略》一书中提到的和善软弱的农民同普罗柯比记载中冷血残暴、可以逼退一支万人拜占庭大军的劫掠者联系起来,也很难想象普罗柯比记录中缺乏精良武器装备的斯克拉文尼人,和以弗所的约翰笔下拥有胜过罗马军队的斯拉夫人看成是同一民族。

这种情况的出现很可能是因为阿瓦尔人。阿瓦尔人是来自欧亚草原上的游牧民族,在查士丁尼统治末期,他们自高加索地区经阿兰人首领引荐,前往君士坦丁堡觐见查士丁尼皇帝。查士丁尼皇帝赐予阿瓦尔人金银、礼品和华服,并指示阿瓦尔人同帝国的敌人作战。[4] 阿瓦尔人有很多其他游牧部落不具备的军事优势。根据《战略》一书记载,阿瓦尔人军队的组织纪律和韧性是其他草原游牧部落所无法比拟的。一些考古资料显示,当时的阿瓦尔人已经具有相当程度的金属

① Michael Whitby, *The Emperor Maurice and His Historian*, Oxford: Clarendon Press, 1988, p. 117.
② F. Cruta, *The Making of Slavs*, p. 342.
③ F. Cruta, *The Making of Slavs*, p. 341.
④ Menander, *The History of Menander The Guardsmen*, fr. 5. 2.

冶炼技术①，而且装备着包括金属马铠和多种军械在内的"先进"装备。② 当时阿瓦尔汗国的军事技术有很多独到之处，以至于拜占庭军队也借鉴了很多阿瓦尔人的技术。③

　　凭借着这些军事优势，阿瓦尔人扫荡多瑙河以北的其他游牧民族，其中既包括拜占庭帝国的敌人乌提古尔人，也包括帝国的盟军萨尔比人和安特人。据当代学者推断，559 年那次震撼阿伽提阿斯的乌提古尔人对君士坦丁堡城郊的侵袭，很可能是南俄草原上的游牧民族，他们在阿瓦尔人压力下举族迁徙。④ 斯克拉文尼人在此期间的命运人们不得而知，但从这一时期他们在拜占庭史家的笔下沉寂情况来看，或许他们也遭受了同样的命运。

　　阿瓦尔人的出现沉重打击了斯拉夫人，造成拜占庭历史记录中斯拉夫人形象的变迁，使得斯拉夫人的形象由一个庞杂的民族混合体转变为更为单纯的农业民族。阿瓦尔人的统治给斯拉夫民族带来不堪回首的记忆，在《往年纪事》中，修士拉夫连季带着悲愤情绪写道："这些奥勃尔人（即阿瓦尔人）也和斯拉夫人交战，折磨杜列勃人（也是斯拉夫人），凌辱杜列勃人的妻室：如果有哪个奥勃尔人要出门，他不让套马或套牛拉车，而是命令套上三四个或五个杜列勃人的妻子，拉他一个人。"⑤同时，阿瓦尔人为了保存自己的力量，战斗时总是把斯拉夫人推到队伍前面充当炮灰。墨洛温王朝的弗雷德噶记载道："阿瓦尔人的队伍每次与其他部落进行战争时，他们总是处于队伍的后面，武器放在脚上，斯拉夫人则独自战斗。如果斯拉夫人在战斗中处于优势地位，他们则去破坏；如果斯拉夫人失败，他们则支持斯拉夫人直到斯拉夫人主导了战斗。"⑥

---

① 在这些文献中，考古学家对出土的阿瓦尔金属器皿和兵刃进行了分析和研究，从中可以看出阿瓦尔人的军事装备要强于曾经的匈人帝国；Béla Török, Árpád Kovács, Péter Barkóczy & Frigyes Szücsi, "Tradecraft of the Avars Metalworking – Manufacturing of Iron Axes and a Special Multimetallic Method Used for Belt Accessories," STAR: *Science & Technology of Archaeological Research*, vol. 3, no. 2 (2007), pp. 258 – 269; Katalin Nagy, "Notes on the Arms of the Avar Heavy Cavalry," *Acta Orientalia Academiae Scientiarum Hungaricae*, vol. 58, no. 2 (2005), pp. 135 – 148.

② *Maurice's Strategikon*, XI. 2.

③ 《战略》一书的作者提到，拜占庭军队中存在阿瓦尔式的骑枪：*Maurice's Strategikon*, I. 1；阿瓦尔样式的帐篷、服装和马铠：*Maurice's Strategikon*, I. 1.；阿瓦尔和突厥式战术阵型：*Maurice's Strategikon*, VI. 1.

④ Alexander Sarantis, *Justinian's Balkan Wars*, Liverpool: Francis Cairns, 2016, p. 338.

⑤ ［俄］拉夫连季编，朱寰、胡敦伟译：《往年纪事》，北京：商务印书馆 2011 年版，第 9 页。

⑥ Fredegarii, *Fredegarii Chronicorum Liber*, 48.

在这样的压力下,斯拉夫人在首领的带领下开始大规模向拜占庭控制的多瑙河以南迁徙,而此时因为新一轮波斯战争的开始,拜占庭主力军队深陷东线无法回援。提比略二世不得已只能向阿瓦尔可汗伯颜(Baian)求援,可汗率领 6 万大军在拜占庭人的帮助下渡过多瑙河,击败了斯拉夫人[1],仅从阿瓦尔军队的数量也可以推断此次迁徙的斯拉夫人数量众多。这次行动虽然暂时缓解了拜占庭帝国的危机,但也让阿瓦尔人看透了拜占庭帝国的虚弱,加剧了两国间冲突的升级。阿瓦尔人的行动也沉重打击了斯拉夫人的独立性,让其日趋沦为阿瓦尔人统治下的一个半附庸民族。这样说是因为斯拉夫人的分布范围过于广大,阿瓦尔人对潘诺尼亚以西地区的斯拉夫人的控制力令人怀疑,虽然从西摩卡塔的历史记载中可以发现阿瓦尔人有时会从黑海沿岸的斯拉夫部落征兵,但在拜占庭征讨这一方向的斯拉夫部落时,阿瓦尔人只是派使者出言恫吓,而没有出兵制止,这或许说明阿瓦尔人对此地的斯拉夫部落并没有完全控制,而是采用了一种控制力度较弱的"羁縻"形式。

阿瓦尔人虽然给斯拉夫人带来深重的苦难,但同时也为斯拉夫人进入巴尔干打开了方便之门。趁拜占庭帝国忙于与波斯征战之际,阿瓦尔人趁机在潘诺尼亚建立霸权,具备了和拜占庭帝国正面对抗的实力,在 582 年夺取关键渡口西尔米乌姆后,拜占庭所倚仗的多瑙河天险已经形同虚设。在此后的十年间,阿瓦尔人多次顺多瑙河东进,击破沿河防线进入色雷斯地区威胁君士坦丁堡,以此逼迫拜占庭纳贡求和。而各个斯拉夫部落也利用这一机会,渡过多瑙河向巴尔干内陆迁徙。与阿瓦尔人不同,斯拉夫部落中骑兵不多,在行军时他们也就无须像阿瓦尔人一样依赖草场与水源。因此,斯拉夫人的迁徙路线逐渐摆脱多瑙河及其支流的水文地貌限制,而斯拉夫人的渡河技术使他们可以迅速穿越多瑙河,从多瑙河下游黑海沿岸挺进肥沃的色雷斯平原;或者在多瑙河中游渡河,穿越斯塔拉山脉(Stara Planina),向马其顿和爱琴海边缘迁徙;或者从多瑙河上游穿越,在达尔马提亚、伊庇鲁斯和希腊的群山中定居。[2] 在莫里斯即位时,斯拉夫人已然在巴尔干乡村立足,在莫里斯统治的后十年,巴尔干地区仍然存在着大量零散的斯拉夫

---

[1] Menander, *The History of Menander*, fr. 21.

[2] Michael Whitby, *The Emperor Maurice and His Historian*, Oxford: Clarendon Press, 1988, p. 176.

部落。①

在这一过程中,阿瓦尔人和斯拉夫人的关系已经不仅是单纯的统治与被统治关系,还包含了一种复杂的合作和互利关系。阿瓦尔人把斯拉夫人视为他们的移动边疆②,和在拜占庭土地上的活动粮仓③,利用斯拉夫人的迁徙定居来为己方军队在巴尔干的活动提供物资支援,同时瓦解拜占庭的纵深防御。通常而言,山区是躲避兵灾或者海匪的地方④,但分散并在山区中定居的斯拉夫部落却令各地变得不再安全,在斯拉夫人的包围中,土著居民不得不放弃乡村地区龟缩于要塞和据点之中。阿瓦尔人的存在也改变了斯拉夫人在巴尔干地区逐渐定居的模式,由此改变了向多瑙河以南迁徙的斯拉夫族群的命运。如果斯拉夫人的迁徙以缓慢的速度继续下去,拜占庭帝国很可能会在一段时间后逐渐将他们希腊化。⑤

斯拉夫人也借助阿瓦尔军队对拜占庭守军的打击,趁机迁入巴尔干内地,部分部落甚至一路南迁至伯罗奔尼撒半岛。⑥ 进入巴尔干半岛后,阿瓦尔人对斯拉夫人的控制力有所减弱,斯拉夫部落获得了更大的自主权。迁入此地的部分斯拉夫部落在为阿瓦尔人提供给养的同时,也为被困的拜占庭城市提供物资,还有一些部落则在山路中进行无差别的劫掠,甚至阿瓦尔使团也曾遭遇过他们的伏击。⑦ 拜占庭教会史家以弗所的约翰曾经悲叹道:"他们(指斯拉夫人)掠走了数以千计的皇家马匹,抢夺了所有东西。直到现在(584 年),他们还驻扎定居在那里,没有任何焦虑和恐惧地生活在罗马人的土地上,留下的是荒芜和焦土,而他们自己却富有抢来的金银、马群和武器,甚至比罗马人更擅长作战,以前他们可是粗

---

① M. Whitby, *The Emperor Maurice and His Historian*, p. 181.

② M. Whitby, *The Emperor Maurice and His Historian*, p. 176.

③ W. Pohl, *The Avars: A Steppe Empire in Central Europe, 567 –822*, p. 143.

④ [法]费尔南·布罗代尔著,唐家龙、曾培耿等译:《菲利普二世时代的地中海和地中海世界》,北京:商务印书馆 1996 年版,第 28 页。

⑤ John V. A. Fine, *The Early Medieval Balkans: A Critical Survey from the Sixth to the Late Twelfth Century*, Ann Arbor: University of Michigan Press, 1991, p. 30.

⑥ 这一过程有部分阿瓦尔人的参与,《莫利亚编年史》的记载已经得到了考古学证据的证明,见 G. R. Davidson and Tibor Horváth, "The Avar Invasion of Corinth," *The Journal of the American School of Classical Studies at Athens*, vol. 6, no. 2 (1931), pp. 227 –240。

⑦ Menander, *The History*, p. 225.

俗的蛮族。"①在此,人们必须注意两个问题,首先是当时人常常将阿瓦尔人与斯拉夫人相混淆。② 其次,约翰在进行历史写作时常常带有一种天启式的比喻,借此来控诉拜占庭当局正统教会对一性论基督徒的迫害,因此他将斯拉夫人视作某种神降的惩罚,来惩罚拜占庭当局的宗教政策,所以常常会夸大这种灾祸。③

此时,斯拉夫人的力量仍远远不足以动摇拜占庭帝国在巴尔干统治的根基,拜占庭军队仍然保持对斯拉夫人的军事优势。在 592 年波斯战争结束之后,拜占庭主力部队得以投入巴尔干战场,在强大的人力物力优势下,战略天平逐渐向拜占庭一方倾斜,拜占庭军队开始筹备对阿瓦尔人的反击。巴尔干内陆的斯拉夫人部落对拜占庭人展开行动非常不利,因为那意味着军队需要分成小股来获取给养,这无疑是十分危险的。④ 因此为了确保后方补给线安全,策应对阿瓦尔人的反击,莫里斯皇帝发动一系列对斯拉夫人的清剿行动。⑤ 阿瓦尔人最初还试图通过外交手段进行协调,但在拜占庭大军的威慑和将军普里斯库斯的辩解下,只得选择观望。599—600 年,拜占庭人发动的进攻性战役使阿瓦尔汗国遭遇前所未有的惨败,一时无力再战,而莫里斯皇帝也将作战中心转向斯拉夫人,一盘散沙的斯拉夫部落似乎就要遭遇灭顶之灾。

但 602 年的兵变将斯拉夫人从巨大的危险中拯救了出来,莫里斯政权被叛乱军队推翻,皇帝及其家眷遭遇不测,波斯国王科斯劳埃斯二世打出为莫里斯报仇的旗号向拜占庭进攻,东线战事再度开启。虽然继任的福卡斯皇帝仍然在多瑙河地区保持了军事优势,但日益吃紧的东线局势和其统治下逐渐崩坏的国内局面使得他无力对阿瓦尔人和斯拉夫人发动新的攻势,这就给了他们喘息之机。随后,北非守将伊拉克略起兵反抗福卡斯,拜占庭帝国陷入内战的泥潭。到 610 年小伊拉克略率军进入君士坦丁堡罢黜福卡斯时,拜占庭帝国的军事力量已经在残酷的

① John Bishop of Ephesus, *The Third Part of the Ecclesiastical History*, trans. by R. Payne Smith, Oxford: Oxford University Press, 1860, p. 432.

② W. Pohl, *The Avars: A Steppe Empire in Central Europe, 567–822*, p. 117.

③ F. Cruta, *The Making of Slavs*, p. 47.

④ M. Whitby, *The Emperor Maurice and His Historian*, p. 165.

⑤ F. Cruta, *The Making of Slavs*, p. 100.

内战和波斯战争中消耗殆尽,可以用来阻止阿瓦尔人和斯拉夫人入侵的军队已经所剩无几。斯拉夫人南下巴尔干的最大障碍已经不复存在了。

三、 巴尔干的斯拉夫化

失去主要兵力的拜占庭此时已经无力阻挡阿瓦尔人的南下,只得不断提升贡金的数量,以换取暂时的安宁。而这点蝇头小利此时已经无法满足野心勃勃的阿瓦尔人,在察觉到拜占庭帝国的虚弱后,他们迅速开始了新一轮入侵。这次入侵与以往不同,阿瓦尔人不再以劫掠人财和获得贡金为目的,而是决心占据过去属于拜占庭人的巴尔干地区,将自己的领土扩张到多瑙河以南。① 斯拉夫人成为阿瓦尔人向多瑙河以南扩张的马前卒,在 7 世纪的混乱中斯拉夫移民人数急剧上升,同时一些阿瓦尔人也参与了这次入侵浪潮,在波斯尼亚西部、克罗地亚和达尔马提亚定居下来,在多瑙河以南建立了阿瓦尔人领导的社区。②

这一时期,拜占庭军队在巴尔干全面撤退的痕迹也得到钱币学证据的旁证。③ 在 617—618 年间,斯拉夫人再度围攻了塞萨洛尼基,617 年,阿瓦尔可汗以议和为由在离君士坦丁堡不远的希拉克利亚伏击了皇帝伊拉克略带领的使团,使团成员几乎全数被杀,伊拉克略只身狼狈逃回君士坦丁堡。④ 斯拉夫人似乎难以避免被吸纳进阿瓦尔秩序当中,但正当阿瓦尔人的势力如日中天之时,626 年阿瓦尔人围攻君士坦丁堡的失败再度改变了斯拉夫人的命运,势力大损的阿瓦尔汗国出现内部分裂,从此退回潘诺尼亚。而拜占庭帝国虽然在与波斯的战争中艰难取胜,但一时也无力出兵恢复对巴尔干地区的控制,由此斯拉夫人获得了宝贵的自由发展空间。

阿拉伯大征服开始后,在东部遭遇灾难性失败的拜占庭帝国对巴尔干地区的

---

① M. Whitby, *The Emperor Maurice and His Historian*, p. 165.

② John V. A. Fine, *The Early Medieval Balkans: A Critical Survey from the Sixth to the Late Twelfth Century*, pp. 33 – 34.

③ A. Cameron, *The Cambridge Ancient History: Late Antiquity: Empire and Successors, A. D. 425 –600*, New York: Cambridge University Press, 2007, p. 728.

④ 也可能发生在 623 年。

斯拉夫人更是难以顾及,因此,伊拉克略皇帝招抚了克罗地亚和塞尔维亚人,请他们移民进入达尔马提亚地区,这引起了又一波斯拉夫移民潮。① 此时的拜占庭帝国虽然已经失去对巴尔干半岛绝大多数地区的控制,但仍然坚持对巴尔干地区实施名义上的统治,但从莫里斯死后直到 658 年君士坦斯二世对巴尔干的斯拉夫人发动大规模清剿战役,拜占庭帝国始终未能在巴尔干地区进行有效的军事活动。因此,这一地区逐渐走上了不可逆转的斯拉夫化。斯拉夫人正在瓦解当地居民对帝国的忠诚,整个巴尔干地区的旅行和通讯都受到了威胁,这也加强了当地居民对帝国统治的离心力。

残存的拜占庭势力被挤压到狭窄的沿海平原地区,仅仅依靠少数大城市进行维系。以伯罗奔尼撒半岛为例:在伯罗奔尼撒半岛,除了像莫奈姆瓦夏（Monemvasia）和科林斯这样的少数有围墙的城市外,直到 9 世纪初,其所有地区都在斯拉夫人手中。拜占庭所能控制的仅仅是城墙内的狭小区域罢了,这些城市几乎没有任何腹地。即使这两个城市的钱币出土量也在 668 年后急剧下降,让人对拜占庭在此地的控制力产生怀疑。② 688—689 年间,查士丁尼二世在率军从塞萨洛尼基返回君士坦丁堡的路上遭到保加尔人的袭击,证明了拜占庭帝国秩序陷入混乱。

此时,巴尔干半岛每一个地区都有斯拉夫人活动,不少内陆地区的罗马居民都在战乱中死去或者逃离家园,但相当数量的土著居民仍然留存,他们中的一些甚至与斯拉夫人建立了共同的社区,斯拉夫人在陵墓建设中接受了当地居民的技术。他们也获得了当地的冶金技术,使他们生产出许多与当地居民一样的金属农具和家用物品。斯拉夫人的房屋建设也反映了许多当地人的影响。对金工技术、建筑和墓葬建筑特征等方面的研究表明,土著居民和斯拉夫人正逐渐走向融合。③ 而斯拉夫人的形象也不再只是单纯的基督教的敌人,和以杀

---

① J. V. A. Fine, *The Early Medieval Balkans: A Critical Survey from the Sixth to the Late Twelfth Century*, p. 56.
② J. V. A. Fine, *The Early Medieval Balkans: A Critical Survey from the Sixth to the Late Twelfth Century*, p. 56.
③ J. V. A. Fine, *The Early Medieval Balkans: A Critical Survey from the Sixth to the Late Twelfth Century*, p. 38.

戮为乐的凶手了，一种新的"我们的斯拉夫邻居"形象开始在希腊地区出现，这些斯拉夫部落住在离城市很近的地方，以至于在帝国军队从沿海地区驱赶他们之后，塞萨洛尼基的居民们可以走到被斯拉夫人遗弃的村庄，把所有留下的谷物带回家。①

此时巴尔干的斯拉夫人仍然没有建立自己独立的民族国家，他们仍然保持着分散的部落状态，这意味着他们在面对外来侵略时十分脆弱。不久，他们便再次沦为其他民族的臣民。塞尔维亚人和克罗地亚人驱逐了达尔马提亚的阿瓦尔人，并建立了自己的统治。保加尔人在 7 世纪下半叶渡过多瑙河，击败迎战的拜占庭军队，并控制了斯塔拉山脉，681 年，他们迫使拜占庭与其签订和约，承认保加尔人在巴尔干半岛和多瑙河之间地区的统治。这是拜占庭历史上第一次以法律形式将巴尔干半岛重要部分的领土主权让渡出去，被中世纪史学家视作"罗马人的耻辱"②。这标志着拜占庭帝国势力在巴尔干地区的萎缩，占据了斯塔拉山脉的保加尔人将会成为拜占庭在接下来的几个世纪中的强劲敌手，在经历艰苦卓绝的斗争和无数次惨烈的失败后，拜占庭皇帝瓦西里二世才在三百余年后灭亡了第一保加利亚汗国，把拜占庭的疆域再一次延伸到了多瑙河沿线。保加尔人较少的人数决定了他们对这片区域的统治必需依靠广大的斯拉夫臣民，这使得保加尔汗国的统治阶级很快斯拉夫化，同时也加速了巴尔干内陆地区的斯拉夫化。

巴尔干的罗马领土开始逐渐蜕化，在巴尔干半岛的大部分地区，罗马世界发生了深刻变化，680 年代，斯拉夫人和保加尔人占据斯塔拉山以北，使得整个巴尔干内陆的未来都趋向于非罗马因素，克罗地亚人和塞尔维亚人定居在西北部，保加利亚人控制东北部，斯拉夫人则扩散全岛各地任何可用的土地上。几个世纪以来，罗马的影响和控制逐渐弱化，拥有自己语言和身份的新群体只是通过大量的

---

① F. Cruta, *The Making of Slavs*, p. 61.

② D. Oblensky, *The Byzantine Commonwealth*, p. 64.

传教活动才缓慢地被带进基督教共同体。① 但希腊半岛的结局却有所不同,这里的聚落数量和居民人口远较巴尔干内陆稠密,还保存着从古代传承的文化遗产,内陆地区居民的迁徙浪潮更加强了当地文化的感染力和拜占庭政府的控制力,因此斯拉夫文化无法在这一区域占据上风。拜占庭皇帝们实行的"拓殖"政策则进一步促进了斯拉夫人和当地人口的交流与融合,希腊半岛上许多荒无人烟的地方开始有了新居民,而斯拉夫化的地名也开始出现。② 希腊半岛上的斯拉夫人开始逐渐与当地民众融合,塞萨洛尼基附近出现了所谓的"斯拉夫人区",在希腊地区的斯拉夫人逐渐受拜占庭希腊文化影响,斯拉夫人在与当地人共同生活中,通过通婚、放弃原有的生活习俗、改变礼仪习惯等方式,为拜占庭社会所容纳,或者以我们今天通用的说法是被拜占庭文化所"同化"③,走上了"希腊化"的道路。

　　斯拉夫人的迁徙产生了极为深远的影响,在拜占庭寿终正寝五个世纪以后的今天,因为此事燃起的烽烟还笼罩在巴尔干上空。斯拉夫人的迁徙永久改变了巴尔干的民族构成,也改变了巴尔干地区的地域文化。斯拉夫人的语言、生活习俗和法律传统也在拜占庭历史上留下了自己的印记,而拜占庭人更为成熟的文化、法律、宗教、礼仪和国家体制也对当时还比较原始的斯拉夫民族产生了巨大影响。特别是西里尔和美多迪乌斯兄弟对斯拉夫文字的创造,在多民族友好往来的历史上留下了浓墨重彩的一笔,为日后璀璨的斯拉夫文化发展打下了基石。即使在拜占庭灭亡之后,拜占庭文化影响在东欧的斯拉夫民族文化中也清晰可见。而巴尔干的斯拉夫民族在此后的十几个世纪里,因为经济、政治、文化等多种原因逐渐分化,表现出自己的文化特征和民族形态,又因为历史和现实的矛盾从曾经的兄弟民族走向冲突,甚至成为欧洲乃至世界的"火药桶",这一悲剧性的走向也不由让人扼腕。

① A. Cameron, *The Cambridge Ancient History: Late Antiquity: Empire and Successors, A. D. 425—600*, p. 730.
② 徐家玲:《试论拜占庭的拓殖运动》,《世界历史》2009 年第 2 期,第 96—105 页。
③ 陈志强:《巴尔干古代史》,第 175 页。

多瑙河与西亚的边防设施

查士丁尼统治时期,拜占庭帝国在西线收复故土的战事久拖不决,帝国内部天灾不断,国家财政陷入困难,而恰在此时,波斯帝国和多瑙河以北的蛮族势力频频对拜占庭发动入侵,给予拜占庭帝国巨大的边防压力,整个帝国可用的机动兵力一时变得捉襟见肘。

在这样的情况下,为了巩固国防,摆脱兵力不足带来的不利影响,查士丁尼皇帝继承并发扬了拜占庭国家一直以来"以堡代兵"的边防战略,即通过修复和构筑大量坚固的要塞堡垒,增加各个城市、防御工事在敌军围攻下的自保能力,防御小股敌军的袭扰,迟滞大批敌军的入侵,从而满足以较少兵力完成地方防御的要求。因此,多瑙河河防与西亚边防成了这一时期拜占庭边防设施建设的两个重点。

对于这些地区边防设施的建设,查士丁尼皇帝主要采取了翻修、重建以及新建三种手段,其中又以翻修最为常见。即在原有城市或堡垒的基础上对既有设施进行加固或者改进,因为当时很多边境地区的城防设施都已经荒废,剩下的一些也无法满足边防要求。这样做在经济上的负担相对较小。

在西亚,拜占庭边防堡垒的建设集中在漫长的边境地带,于三个重点区域展开:美索不达米亚、叙利亚、亚美尼亚(包括广义上的大亚美尼亚)和巴勒斯坦。其中,美索不达米亚和叙利亚地区因为缺乏地利和缓冲国掩护,属于拜占庭和波斯帝国的直接接壤地区,爆发的军事冲突也最为激烈,因此成为查士丁尼边防设施建设的重中之重。美索不达米亚位于西亚底格里斯河和幼发拉底河之间,包括现在伊拉克大部分地区,这里由于地理位置优越,土地肥沃,早在公元前约1万年就有人居住,成为世界上几个最早文明的发源地。查士丁尼统治时期,拜占庭帝国拥有美索不达米亚北部地区,波斯则占有其南部地区,因此这一地区成为两国争雄的主要战场。在这一区域,查士丁尼皇帝边境筑起防御工事,北起塞奥多西波利斯①,南达西尔塞斯乌姆(Circesium)的漫长筑垒地带。在这条漫长的防线中,围绕着埃德萨、达拉斯、阿米达。塞奥多西波利斯、康斯坦丁那等几个设防城市和大型要塞还形成了一些规模不等的堡垒群。

　　达拉斯要塞及其附属要塞群是查士丁尼皇帝东部防御建设的核心工程,查士丁尼在此修复并新建了很多的要塞。在"背教者"朱利安皇帝远征波斯失败并不幸阵亡后,其继任者乔维安皇帝为保全大军不得不与波斯签订耻辱的和约,将美索不达米亚行省首府(doux)、边境重镇尼西比斯割让给波斯帝国。这一条约的签订对拜占庭国家的东线边防带来了非常不利的影响,它将防御坚固的尼西比斯城拱手出让,压缩了拜占庭军队的战略空间,使波斯在边防线上获得了一个重要的战略枢纽,便利了波斯军队的调动和入侵。

　　为了摆脱这种不利局面,阿纳斯塔修斯皇帝趁波斯王科巴德(Kobad)忙于同匈奴人的战事之际②,撕毁和约③,于边境抢筑达拉斯要塞。达拉斯要塞正对尼西比斯城,距离两国边境仅仅 28 斯塔德(stadium),距尼西比斯城不过 98 斯塔德。④ 达拉斯要塞的修筑缓解了拜占庭因失去尼西比斯而陷入的战略困局,巩固了边防,获得了一个面向波斯的战略支点,并以此为中心不断修筑城寨。因此,波斯人将这座城池视为心腹大患,一心要将其除之而后快。双方的冲突在 530 年达到顶峰,这一年初出茅庐的拜占庭将军贝利萨留采取灵活的战术,率领劣势兵力大败波斯大将"米拉尼斯"波尔泽斯(Mirranes Perozes)率领的 5 万波斯大军。⑤ 此后,在查士丁尼统治时期,随着达拉斯要塞群的不断加固和两国战略重心的转移,双方在此地没有再爆发大规模的冲突。

　　据普罗柯比在《论建筑》一书中的描述,刚刚修建的达拉斯要塞因为建筑者们畏惧波斯人的攻击,为了节约时间而牺牲了建筑质量,使得建筑工程仓

---

① 拜占庭—波斯边境上存在两个塞奥多西波利斯,此处提到的是位置较为靠北位于亚美尼亚的一个,最初叫莱辛那(Resaina),现代叙利亚的拉斯艾因(Ras el Ain)。查士丁尼重点建设的则是靠南位于叙利亚的一个。

② Procopius, *History of the Wars*, I. II. 1 - 2.

③ 条约具体提内容见 Procopius, *History of the Wars*, I. II. 15;达拉斯城的修建见 Procopius, *History of the Wars*, I. X. 18 - 19。

④ 28 斯塔德约合 5180 米,98 斯塔德约合 18130 米。

⑤ Procopius, *History of the Wars*, I. XIII - XV.

促完成,要塞缺乏牢固性,结果不能发挥有效地抵抗敌人的作用。[1] 这或许是贝利萨留将军不得不以劣势兵力依托城池与波斯人在城外进行野战的原因。为了改变这种状况,查士丁尼皇帝在原有城市的基础上,对达拉斯要塞进行了彻底的改造,使之成为 6 世纪拜占庭城市防御理论和军事建筑工程的最佳典型,并将这座坚固的要塞打造为整个拜占庭东部防线的核心枢纽。

查士丁尼皇帝还加固达拉斯要塞本身的防御。在达拉斯要塞建筑初期,墙体上的石块只是杂乱的堆砌在一起,没有按正常的工序垒砌,也没有在墙体结合处涂抹泥灰等黏合材料。这种低下的建筑质量,加上恶劣的天气破坏,导致城墙大面积坍塌。在重建中,拜占庭建筑者们从附近的采石场取材[2],利用当时最新技术,针对波斯人善于使用弓箭的特点,缩小了城墙上原有的射击孔,只留下一只手的空间[3],方便城池上的射手在射击敌人的同时保护自己。同时为了反制波斯人可能采用的攻城塔等器械,他们还将城墙加高 30 罗马尺(πούς)[4],使之达到 60罗马尺的高度,并配以 100 尺高的塔楼,[5]以便守军能够居高临下打击敌人。

在加高墙体的同时,拜占庭建筑者为避免墙基因为承受过重压力而坍塌,所以没有增加上部城墙的厚度。同时,他们也没有完全封死原来的墙体,而是在原先墙体外侧建立起一个石质外壳实体,并在这个墙体上方继续加高城墙,这样,这部分城墙就在原先的高度上形成了一个中空的走廊,士兵可以利用这一空间灵活调动,并使用这一层加上的射击孔向敌军放箭,为了进一步加强要塞的防御力,还

---

[1] Procopius, De Aedific. II. I. 9. 12. 但这段叙述与《战史》中的叙述冲突,战史中普罗柯比提到阿纳斯塔修斯修筑的达拉斯要塞"城高墙厚,固若金汤";而在塞奥法尼斯的记录中也提到,达拉斯城的建造耗费不菲,在建筑时将阿纳斯塔修斯拨付的数百磅黄金消耗一空,很难想象这样一座被皇帝赐名的要塞会在防御上如此糟糕;Theophanes Confessor, The Chronicle of Theophanes Confessor: Byzantine and Near Eastern History AD 284 – 813, trans. by Cyril Mango and Roger Scott, Oxford: Oxford University Press, 1997, p. 231; 现代也有学者对这一说法质疑,认为普罗柯比《建筑》一书中的很多建筑实际并非查士丁尼皇帝的功劳,他仅仅对那些堡垒进行了小规模翻修,普罗柯比将阿纳斯塔修斯、查士丁一世甚至更早之前的皇帝们的建筑成果张冠李戴到查士丁尼头上;Brian Croke and James Crow, "Procopius and Dara", The Journal of Roman Studies, vol. 73, 1983, pp. 143 – 159;邵兆颖:《6 世纪拜占廷帝国东部边境要塞初探——以达拉斯要塞为例》,《史学集刊》2013 年第 3 期:第 123—127 页。

[2] Oliver Nicholson, "Two Notes on Dara," American Journal of Archaeology, vol. 89(4), 1985, pp. 663 – 671.

[3] Procopius, De Aedificiis, II. I. 15.

[4] Procopius, De Aedificiis, II. I. 16.

[5] 据普罗柯比在《战史》一书中的补充描述,在 540 年波斯国王科斯劳埃斯进攻达拉斯时达拉斯城的城墙已经达到 60 尺高;Procopius, History of the Wars, II. XIII. 17.

在每座塔楼的中间部分建设了一个带有墙垛的圆形平台,形成顶层塔楼、上层墙垛和中层回廊三层防守体系。① 同时,拜占庭建筑者们还将城市防御向外拓展,在距离城市170米之外修筑了一道外墙,用以迟滞敌军攻势。②

达拉斯要塞南部土质松软,易于坑道挖掘,容易受到敌军的坑道战威胁。为了解决这个问题,拜占庭建筑者们挖掘出一条新月形又宽又深的护城河与南部外堡相互连接,这样外堡与护城河相互掩护,形成了对南部城区的有力防御,为了进一步加强城防,拜占庭建筑者还在护城河和城墙之间建起另一座堡垒。为了保证要塞能在敌军的围攻中长期坚持,查士丁尼一方面命人在要塞中修建大量蓄水池,以备不时之需,另一方面通过水利工程对附近的科尔德斯(Cordes)河加以改造,使之在和平时期可以满足达拉斯要塞中居民的生产生活用水需求,补充要塞内的蓄水池,并对周边农田进行灌溉。在要塞遭遇敌军围攻时,关闭水闸,迫使河流改道,让河水从拜占庭人设计好的泄洪口处流出,这样就相当于切断了敌军的饮水供应,使得敌人很难坚持下去,也就难以对要塞进行长期围困。但从实际效果来看,普罗柯比的说法可能有些夸大其词,因为在达拉斯要塞几次陷落的过程中,拜占庭的对手都对要塞进行过长期围攻。③

查士丁尼皇帝在达拉斯城大兴土木不仅仅是为了增强这座要塞本身的防御能力,更是为了把这座要塞打造成为帝国东部防御体系的核心。因此,除了对达拉斯要塞主城加以改造,查士丁尼还在达拉斯要塞周边建立大量小型堡垒,使它们构成一个遥相呼应、彼此支援的要塞防御网络,它们从达拉斯一直延伸到阿米达城,形成了一道要塞防线。达拉斯要塞不仅是6世纪拜占庭军事建筑工艺最为璀璨的一颗明珠,也是查士丁尼在西亚地区军事建筑工程的缩影。对达拉斯及其附属要塞群的改造不仅代表了查士丁尼在西亚地区军事建筑的一般特点,还充分体现了查士丁尼的边境防御思想。

首先,是皇帝对原本老旧不堪的防御设施进行统一改造。在查士丁尼进行大

---

① Procopius, *De Aedificiis*, II. I. 14. 17.

② Keser-Kayaalp, Elif, and Nihat Erdoğan, "Recent Research on Dara/Anastasiopolis", in *New Cities in Late Antiquity (late 3rd -7th c. AD)*, Documents and Archaeology, International Workshop, 9 - 10 November 2013 in Istanbul, pp. 151 - 172, 2017.

③ Procopius, *De Aedificiis*, II. II. 4. - 9

规模改造之前,拜占庭在东部边疆的很多军事设施实际上已经失去了使用价值。比如达拉斯到阿米达城之间的堡垒、塞奥多西波利斯城周边的要塞、康斯坦丁那的附属外堡、幼发拉底河畔的诸多城镇,这些堡垒的防御工事大多已经残破不堪,有些则根本达不到使用标准,比如达拉斯到阿米达城之间一些堡垒的护墙是使用软泥甚至栅栏建造的,康斯坦丁那的外堡则就地取材使用了质软的"白石头"①,在敌人的侵攻时,它们实际上根本没有防御能力。

不仅小的堡垒和城镇如此,较大的边境城市的情况也不容乐观。阿米达城、塞奥多西波利斯、康斯坦丁那甚至埃德萨的城防设施都由于粗制滥造和年久失修而存在着巨大隐患。其中,康斯坦丁那儿的城墙不但十分低矮,用一个梯子就可以攀登上去,而且还存在着垮塌的风险。② 针对这种情况,查士丁尼下令统一使用坚固的石块对这些要塞和城市的城墙进行翻修与重建,恢复了这些要塞和城市的防御能力和军事价值,使得这些地方在遭遇敌军攻击时能够切实发挥军事防御功能。

其次,是皇帝调整不合理的城防部署,使之有利于防守。查士丁尼统治时期,很多边境城市都缺乏整体的城防规划,城市防御设施的建设和部署都不甚合理。希拉波利斯盲目扩大城市面积,将大量无用的土地囊括进城墙之中,导致城墙过长,所需的守备力量超过城市本身的负担能力③,西尔塞斯乌姆(Circesium)、芝诺比阿(Zenobia)和安条克等城市的防御面积不足,敌人可以轻易占据有利地势对城市发动攻击④,埃德萨城的护墙虽然将靠近城区的制高点囊括在内,但这段护墙过于低矮,连顽童都可以轻而易举翻越,反而让城市更容易受到攻击⑤,康斯坦丁那的箭塔间距过大,两个箭塔之间无法形成交叉攻击力,敌人可以轻易通过两座箭塔间的"安全区"对城市发动进攻。⑥

针对这些问题,查士丁尼采取具体问题具体分析的做法,针对各个城市在城

---

① Procopius, *De Aedificiis*, II. V. 4.

② Procopius, *De Aedificiis*, II. V. 2.

③ Procopius, *De Aedificiis*, II. IX. 11 – 17.

④ Procopius, *De Aedificiis*, II. VI. 1 – 11; Procopius, *De Aedificiis*, II. VIII. 1 – 7; Procopius, *De Aedificiis*, II. IX. 2 – 14.

⑤ Procopius, *De Aedificiis*, II. VII. 16.

⑥ Procopius, *De Aedificiis*, II. V. 3.

防建设中存在的问题,对各城的城防部署进行调整。针对希拉波利斯面积太大的问题,他缩短了希拉波利斯的城墙,使城市更加紧凑,以使守备力量更加集中。对西尔塞斯乌姆、安条克等城市防御面积不足,城外存在不利于城防的地形的问题,他扩大了城市防御的面积,将这些地形收纳入城防设施的保护中。对自然条件不允许的芝诺比阿城,除了修建附加设施保护士兵外命人对自然地貌加以改造,将城市西侧的山体修理得极为陡峭,使敌人望而生畏。他还重建了埃德萨城过于低矮的护城墙,将其与主城墙连为一体。他在康斯坦丁那原有的箭塔之间建设了新的防御塔。

第三,是皇帝通过水利设施的建设控制和利用水资源。两国边境的绝大多数地区位于干旱和半干旱区域,年降水量较少。因此,如何在面对敌军围攻时,保持饮用水的供给就成了防守者们必须考虑的问题。查士丁尼为解决这一问题,在边境线上的几乎所有堡垒内都修建了蓄水池,以便在战时为城中军民提供饮水。在这一地区,人们除了要面对缺水的烦恼,还必须提防突如其来的水患。因为降水的稀少,所以这一地区大多数城市都分布于底格里斯河和幼发拉底河及其支流两岸,这些城市享受着河流带来的巨大好处,也常常会受到洪水的威胁。[1] 美索不达米亚和叙利亚地区的重要城市埃德萨、达拉斯、西尔塞斯乌姆(Circesium)、安条克和芝诺比阿等城市都曾饱受洪水之苦,埃德萨城更是曾经在一次洪水中损失了三分之一的人口。[2] 查士丁尼在整修这些地区防御设施的同时,命人在这些区域兴建很多水利工程,修筑水坝、增高河堤、新建泄洪通道。这些工程不但有效减轻了洪水对城防设施带来的危害,阻止了敌人“以水代兵”的企图,还极大便利了人们的生活,将城市居民从对洪水的恐惧中解救出来。

最后,建设大量要塞体现了查士丁尼统治时期,拜占庭国家的边境防御思想。纵深防御战略一直是“3 世纪危机”后拜占庭国家的主导边防战略,该战略要求防守方在一定区域内保存大量驻防堡垒,这些堡垒建立在要道、水源、山峦处,占据有利的战略地位,可以抵御缺乏攻城器材的敌军攻击,威胁敌军补给线和侦察部

---

[1] 拜—波边境地区的气候属于温带大陆性气候,这一气候的特点是冬冷夏热,年温差大,降水集中,四季分明,年降雨量较少,大陆性强,因此水患频发。

[2] Procopius, *De Aedificiis*, II. VII. 5.

队,减缓敌军行进速度,为野战部队的动员和准备赢得时间。

　　这种要塞纵深防御思想在美索不达米亚和叙利亚地区体现得最为明显,几乎每个重要的边境城市都配属有大量的附属堡垒,说明其建设者在设计之初就不仅是为了防御某一城市和临近城区,而是为整个区域内的民众提供庇护。这样就会使敌人陷入两难的境地中:如果强行攻击边境要塞就要做好付出巨大伤亡且得不偿失的准备,如果绕开边境要塞继续深入,敌军及其补给线便会陷入拜占庭军队大小据点的围攻之中。

　　在东部边界的其他地区,如亚美尼亚和巴勒斯坦等地,查士丁尼兴建的边防建筑虽然也体现出浓厚的纵深防御思想,但因为这些地区独特的地理环境,在建筑时也体现了浓郁的地方特色。亚美尼亚地区同样是波斯和拜占庭斗争的焦点区域。但这一地区的民族成分和政治局势相当复杂,拜占庭政府对此地的控制力不像美索不达米亚叙利亚地区那样有力。两国在此地的界限也并不清晰,拜占庭一侧的居民和波斯一侧的居民彼此并无芥蒂,都不会担心对方的攻击,他们互相通婚,在同一市场上买卖生活用品,一起分享他们的劳动成果,两国也都不在边境设防。① 而且这一地区还保持着一定的独立性,时常反抗统治他们的波斯人和拜占庭人。因此,查士丁尼在这一地区并没有像在美索不达米亚和叙利亚地区一样建筑大量堡垒群,构筑要塞防御体系,而只是在当地建筑了一些较为孤立的驻军堡垒并加固了拜占庭官员和军队驻守的中心城镇,拉齐卡(Lazica)地区的商贸城镇佩特拉(Petra)和亚美尼亚地区的城市马蒂罗波利斯(Martyropolis)就是其中的代表。

　　巴勒斯坦地区则又有一番景象,这里是基督教的圣地所在处,也是查士丁尼宗教建筑的集中地区之一。此地人口稠密,经济发达,与波斯之间又有天险和友邦阻隔,军事斗争的激烈程度并不如上述两个地区。但战争的逻辑往往是反常的,在波斯统治者科斯劳埃斯看来,巴勒斯坦地区有沙漠阻隔,人民富裕,但此地的拜占庭军队却因此而懒惰厌战,只求自保,战斗力很差。② 他将此地看作是一个相当理想的劫掠对象。542 年,他曾对此地发动大规模袭扰,但最终被贝利萨

① Procopius, *De Aedificiis*, Ⅲ. Ⅲ. 9.
② Procopius, *History of the Wars*, Ⅰ. ⅩⅦ. 35 - 39.

留击退。总体来看,因为后勤不便等因素,波斯人对此地的侵袭并不以占领土地
为目的,而更倾向于掠夺财物,所以,这里的主要敌人还是与拜占庭敌对的萨拉森
人势力。这些萨拉森人精于劫掠,但缺乏攻城能力,只需要简单的筑防工事就可
以抵挡他们。因此,此地建筑的显著特点是将宗教建筑与军事建筑相结合,这种
建筑的典型代表就是西奈山修道院。[①]

查士丁尼在欧洲的边防建设重点在多瑙河流域,罗马帝国曾经于2世纪初达
契亚战争之后,在多瑙河北方建立行省,实施罗马统治。但是"3世纪危机"时期,
随着雷蒂亚(Rheatia)、潘诺尼亚(Pannonia)和诺利库姆(Noricum)等多瑙河中游
行省的丧失,多瑙河又一次变成罗马帝国边防阵地的最前沿。像西尔米乌姆这样
的河防重镇落入格庇德人之手,则相当于将多瑙河渡口拱手让人,使得拜占庭帝
国的西部防务面临更加不利的局面。

因此,查士丁尼在多瑙河两岸修筑了大量的兵营和防御工事,他针对蛮族实
力提高的情况,将很多原本只有极少驻军的"独塔"(Lone Tower)扩建为更有防御
能力的堡垒,并且在关键的战略要点重建或修复了诸如撒尔底迦(Sardica)、锡吉
杜姆(Singidunum)和维米尼库姆(Viminacium)这样的城镇。为了防止敌人突破
河防后内线城市无险可守,他甚至将所修筑的防御工事与每一个农庄联结起来,
让每一个农庄不是带有要塞的性质,就是与驻防要塞相毗邻。

总体而言,查士丁尼在这一地区的建筑规模小而细碎,在普罗柯比为当地建
筑划分的三种类型中[②],规模较小的后两种占了绝大多数。这与拜占庭帝国在该
地面对的敌人有关。拜占庭人在这一地区面对的敌人与东线完全不同,3世纪之
后,萨桑尼德家族统治下的波斯帝国的攻城技术得到明显提高[③],虽然还比不上
拜占庭帝国那样成熟,但波斯人还是能够熟练的运用当时主流的攻城技术,如挖
掘坑道、推起土山、造攻城塔、用投石器、放火攻城等。而波斯将军们也更倾向于

---

① Procopius, *De Aedificiis*, V. VIII.

② 普罗柯比将当地建筑分为三类:城市(πολεῖς)、小镇(πολίχνια)和堡垒(φρούρια)。大城市主要是历史
悠久的名城和新建的大城市,如塞萨利的戴克里先波利斯(Diocletianopolis in Thessaly)和查士丁尼城
(Justiniana Prima),小镇规模要比城市小,堡垒主要是多瑙河沿岸的堡垒,或是塞萨利的避难所式定居点;
F. Cruta, *The Making of Slavs*, p. 121.

③ [美]爱德华·勒特韦克著,时殷弘、惠黎文译:《罗马帝国的大战略》,北京:商务印书馆 2008 年版,第
140 页。

在做好万全准备,制订周密计划后,再于某一区域展开作战行动。① 所以,拜占庭人需要在当时修建高度复杂的堡垒体系。

多瑙河边境则不然。虽然此地的城镇也有很重的军事化色彩②,但这一地区蛮族势力的作战方式与波斯人完全不同。他们多是草原游牧民族,长于野战但拙于攻城。在 580 年代以前,除了简单的攻城锤和云梯,他们并不会使用其他的攻城器械,面对高墙深壕往往无计可施。甚至到 579 年阿瓦尔人围攻西尔米乌姆时,还只能采取长期围困的方式迫使守军投降。普罗柯比在书中列出了一份关于查士丁尼建设成果的名单,但未对其中的细节详加描述,似乎他们在技术上并没有太多出彩之处。在这些城市的名字中,人们可以发现,查士丁尼在整个多瑙河沿岸、伊庇鲁斯、达尔马提亚、斯基泰、麦西亚和色雷斯地区都建立了要塞化区域。然而,迈克尔·魏特比认为这些要塞实际上并没有构成防御纵深,只能孤立地各自为战。③

这些堡垒虽然技术上并没有东方要塞群那样突出,在体系上也存在一些问题,但它们依然体现了拜占庭纵深防御思想的一些特点,并且凭借庞大的数量和广袤的分布面积,在面对攻城能力较差的小股敌军渗透时,保证了拜占庭人的生命和财产安全,为拜占庭军队在各地作战提供了有力的支持。

在这些建设工程中,最引人瞩目的是查士丁尼城(Justiniana Prima,即第一查士丁尼城,也被称为皇帝之堡,Tsaritsin Grad),这座城市是在查士丁尼的家乡小村陶里西尤姆(Taurisium,位于今塞尔维亚南部尼什城(Nishi)和斯科普里城(Skopje)之间)的基础上建立起来的。他围绕这座村庄建立了一道城墙,并在城墙的每一个拐角处建起一座瞭望塔,然后以此为中心建设了一座庞大的城市,并以他的名字为该城冠名。查士丁尼为此城修建了很多公共设施,诸如引水渠、教堂、官员宅邸、柱廊、集市、喷泉、公共浴室和街道。他还为这座城市修筑了防御工事,以保证家乡父老的生命财产安全。④ 大量资源的投入和皇帝本人的偏爱实际

---

① *Maurice's Strategikon*, XI. 1.

② M. Whitby, *The Emperor Maurice and His Historian*, p. 70.

③ M. Whitby, *The Emperor Maurice and His Historian*, p. 76.

④ 考古报告见 C. A. Ralegh Radford, "Justiniana Prima (Tsaritsin Grad): a 6th cent. City in Southern Serbia," *Antiquity*, vol. 28, 1954。

上已经使此城成为当地的行政首府,也同样成为伊利里亚主教的驻节地,在宗教上享有重要地位。与查士丁尼的其他建设不同,这座城市的战略价值和军事地位并不突出,查士丁尼对它的建设可能更多出于一种对家乡的怀念与回报,以及衣锦还乡的炫耀心理。

普罗柯比在其著作的结尾处写道:"对所有人来说都一目了然的是,查士丁尼皇帝不仅仅用堡垒,也用驻边将士巩固了帝国。从东方边界到日落之地,这些就是罗马统治的界线。"[1]人们有理由相信,普罗柯比在此处的描述有些夸大其词。阿纳斯塔修斯、查士丁一世、查士丁尼一世三位皇帝声势浩大的建设工程并没有取得预期的效果。查士丁尼的防御政策似乎也是失败的,特别是在巴尔干地区。从 540 年代开始,多瑙河以北的各个蛮族部落多次突破多瑙河边防,在拜占庭统治下的巴尔干行省烧杀抢掠,559 年,草原游牧民族乌提古尔人(Utigurs)甚至一路挺进到君士坦丁堡城郊,给整座城市带来了巨大的震撼。[2] 在皇帝去世后不久,阿瓦尔人的势力就在多瑙河北岸壮大成为当地的霸主,在此后的数十年间不断向拜占庭施压,多次扫荡河防,兵临君士坦丁堡。直到莫里斯皇帝统治末期,拜占庭才重新夺回战略主动权。在东线,在普罗柯比笔下似乎永不陷落的达拉斯要塞在查士丁尼去世后不过九年后便落入波斯人之手。帝国边境再次陷入新一轮的腥风血雨中。

查士丁尼"以堡代兵"防御战略的失败并不是因为他建筑的堡垒太少,而是因为这些堡垒过多。大量堡垒所需要的维护费用和建设费用一方面加重了拜占庭帝国的财政负担,另一方面将帝国大量原本可用于机动的兵力转化为固定的驻防部队,使得帝国的机动兵力进一步减少,难以抵挡周边敌人的大规模入侵。过多的堡垒瓦解了纵深防御体系下野战部队和要塞驻军间的相互配合,它削弱了野战部队的力量,使能够机动的野战部队兵力难以与敌人抗衡,让原本为了集结兵力争取战略主动的"积极防御",变成了单纯被动挨打的"消极防御"。[3] 581 年,

---

① Procooius, *De Aedificiis*, VI. VII. 17.

② Agathias, *The Histories*, V. 12－17.

③ 积极防御是一种与消极防御相对立的防御性思想。毛泽东同志说:"积极防御,又叫攻势防御,又叫决战防御。消极防御,又叫专守防御,又叫单纯防御。消极防御实际上是假防御,只有积极防御才是真防御,才是为了反攻和进攻的防御。"毛泽东:《中国革命的战略问题》,北京:人民出版社 1976 年版,第 76 页。

由达尔马提亚各城驻军组成的拜占庭军队与围困西尔米乌姆的阿瓦尔军队展开了三天不分胜负的血战,[①]当时拜占庭军队缺乏的并非战斗力,只是过于分散的部署和缺乏机动部队增援,使他们在大股敌军面前孤掌难鸣。

即便存在这些失败和不足,查士丁尼建设的边境要塞体系也并非全然无用,在查士丁二世统治时期,达拉斯要塞虽然一度失守,但波斯皇帝库思劳却没能像 540 年一样攻入叙利亚地区,攻陷安条克,而只能与源源不断的拜占庭军队在边境展开拉锯战,并最终一步步在对抗中落入下风。亚美尼亚的防御据点则增强了拜占庭对当地的控制能力,使拜占庭军队从这个方向对波斯发动攻击成为可能,也让拜占庭和它的突厥盟友之间的联系更为紧密。在多瑙河一线修筑的防御工事则在莫里斯皇帝对阿瓦尔人发动的反击中起到前线基地的作用,使得拜占庭军队能够确保后方安全,对阿瓦尔人进行大胆的反击。正如学者彼得·布朗所说:"从黑海到大马士革,皇帝的深谋远虑体现在了石头建筑上。"[②]

可以认为,查士丁尼的边防建设至少部分地实现了其战略目的,它们虽然没能完全阻遏敌军的入侵,但毕竟维持了战略平衡,为拜占庭军队在边境的作战提供了有力的支撑。拜占庭建筑者在这些建筑活动中得到的经验教训则被吸收总结进《战略》一书中,在该书的第十章,作者专门就城市的攻防问题进行了探讨,其中的几个关键要点包括:在面对敌军围攻时,各堡垒之间、堡垒和野战部队之间加强配合,在前线抢筑城寨,占据战略要点,在干旱环境下保持驻军饮水供给等。这些经验显然是来自对查士丁尼军事防御建筑活动的总结,"成为日后拜占庭边境防御战略的指导思想"[③]。

---

① Menander, *The History*, fr. 27. 3.

② P. Brown, *The World of Late Antiquity: AD 150 −750*, p. 154.

③ Maurice, *Maurice's Strategikon: Handbook of Byzantine Military Stratecy*, X.

第五节

亚美尼亚与拜占庭东部边界

在展开查士丁尼时期的亚美尼亚和拜占庭东方这一话题之前,有必要对这一地区的地理环境和历史进行简要回顾。拜占庭东部边疆南起西奈半岛,北至黑海沿岸,其南部不与波斯帝国直接接壤,广袤的阿拉伯沙漠将古老的两河地区和肥沃的新月沃土分割开来,双方在阿拉伯地区各自扶持代理势力相互攻击。其北部是亚美尼亚高原,布满火山和肥沃的冲积盆地,形成连接伊朗和安纳托利亚的巨大天然通道。这是一条人为制造的边境线,它将亚美尼亚地区分成两块,双方在这一区域进行激烈的战争,但同样存在着密集的商业和政治互动。①

一系列相邻的山脉将新月沃土与伊朗、亚美尼亚和安纳托利亚高原隔开。扎格罗斯山脉(The Zagros range)是萨珊波斯的核心,它从北向西延伸,直到与库尔德斯坦(Kurdistan)中心地带的一个山脉聚集合并,横跨现代伊朗、伊拉克和土耳其的边境线。从这块几乎不可逾越的高地中,一线山脉向西延伸,成为一道几乎连续的屏障,将亚美尼亚西南部与美索不达米亚北部(亚美尼亚的托罗斯山脉)分开。它以凡湖为中心,一直延伸到幼发拉底河,在汉兹特(Hanzit,古代的Anzitene)和马拉蒂亚(Malatya,古代的Melitene)地区之间。这条单一的山脉分裂成由大约七条不同的山脊组成的前托罗斯山脉(the Anti-Taurus),环绕着现代埃尔比斯坦(Elbistan,离古典Arabissus不远)的肥沃盆地。前托罗斯山脉随后收缩形成一个单一的巨大山脉,即托罗斯山脉,它将西里西亚与卡帕多西亚分开,然后继续向西延伸至爱琴海,在安塔利亚海湾(Antalya,古典的Attaleia)北部形成了一个巨大的弧形。在这样的地理环境下,从波斯或者安纳托利亚进入南高加索地区

---

① James Howard-Johnston, "Military Infrastructure in the Roman Provinces North and South of the Armenian Taurus in Late Antiquity," in A. Sarantis and N. Christie eds., *War and Warfare in Late Antiquity*, p. 859.

相对容易,反之亦然,因此这一地区成了对这两个区域发动进攻的理想出发点。①

当时人认为,这条漫长的东部边疆由两个区域构成,南方区域大致与拜占庭东方大区(Dioecesis Orientis)的范围重合(除埃及外),北部则是亚美尼亚与更北方的拉齐卡(Lazica)地区。这两个区域在时人的观念中被区别对待,拜占庭人在和平条约中总是要保持其东方大区下属富裕省份的安全,但将亚美尼亚地区划为交战区。②

公元前后,随着东方的希腊化王国在内忧外患之下被逐一消灭,来自亚平宁半岛的罗马势力和来自亚欧草原的帕提亚人终于直接发生了接触。古老的两河流域和北方的亚美尼亚山区成为两个大国的竞技场,在漫长的战争中,帕提亚人取得过胜利,他们曾经在卡莱歼灭过"前三头同盟"之一克拉苏的大军,而罗马人也赢得过自己的荣誉,在116年、164年和198年罗马皇帝们率领的军队曾三次攻克帕提亚的首都。长期的战争极大拖累了两个国家,到了公元3世纪,两国内部相继爆发危机。帕提亚国中占据法尔斯③(Fars)的贵族萨珊家族起兵谋反,帕提亚国王多次进剿都未能成功,最终在公元224年的霍尔米兹达干(Hormozdgan)血战中,帕提亚国王阿尔塔巴四世(Artabanus IV)身死国灭,叛军首领阿达希尔(Ardashir)进入首都泰西封,自称"万王之王",萨珊波斯由此开始。

相比于帕提亚,萨珊波斯无疑是一个更强悍也更富有侵略性的国家,在萨珊王朝建立伊始,新王朝便宣称其目的之一是"恢复古老的宗教和民族传统",这一目标得到贵族和僧侣们的热烈支持。④ 萨珊波斯的这一主张实际上宣告了它试图向古老的阿契美德王室靠拢,这种咄咄逼人的姿态必然引发波斯与罗马之间的大规模冲突,阿达希尔对叙利亚的进攻最终招致了罗马皇帝亚历山大·塞维鲁的反击。亚历山大·塞维鲁自安条克点起三路大军向波斯进攻,阿达希尔奋力抵挡,虽然最终没能巩固其对美索不达米亚地区的占领,但也阻止了罗马军队向波

---

① 王翘:《拜占庭帝国东部边疆及维护方略(863年—1071年)》,博士学位论文,东北师范大学历史文化学院,2012年,第42页。

② Menander, *The History*, Fragement 18. 2.

③ 伊朗地名,在今天伊朗西南部临近波斯湾。

④ Vladimir G. Lukonin, *Persia II: from the Seleucids to the Sassanids*, trans J. Hogarth: Barrie & Jenkins Press, 1971, p. 18.

斯腹地挺进。经此一役，阿达希尔深知罗马军队难以对付，于是暂时收敛锋芒，避免与罗马帝国发生直接冲突。

然而，亚历山大·塞维鲁在返回罗马不久便惨遭刺杀，罗马境内一片大乱，这让阿达希尔之子沙普尔（Shapur I，240－270 年在位）看到了机会，他趁机向罗马发动进攻，曾经两度在战场上击败罗马皇帝亲自指挥的军队①，并乘势洗劫安条克，但他并没有能力保持他所取得的成果，其所占据的土地随后又被罗马人收复，波斯在总体实力中依然处于下风。随着"3 世纪危机"走向结束，罗马皇帝奥勒良和卡鲁斯再度发动对波斯的进攻，并于 283 年攻占波斯首都泰西封，至此萨珊波斯的第一阶段攻势结束。

随后几十年间，两国忙于恢复国内生产，并未再起战端。但随着君士坦丁王朝建立，罗马实力恢复，攻守形势也发生了变化。② 君士坦丁王朝的历任皇帝都有心对波斯发动大规模攻势，但由于各种因素这一构想到王朝末帝朱利安时期才得以实现，然而由于朱利安本人的因素和萨珊王朝的顽强抵抗，朱利安构思宏大的波斯战争最终以他个人的死亡和巨大的军事灾难结束。为了保全自己和军队，继任皇帝乔维安不得不接受屈辱的和平条款，将包括东线重镇尼西比斯在内的底格里斯河以东数省割让给波斯，并声明放弃对大亚美尼亚之阿尔巴尼亚（Albania）和伊庇利亚（Iberia）区域的宗主权，将两地交由波斯监管。③

此后两国在边境地区保持了罕见的长时间和平，其主要原因是两国都受到了来自其他方向的巨大压力。此时匈人部落引发的民族迁徙浪潮已经越过罗马边境，东部帝国皇帝瓦伦斯在亚得里亚堡战役中阵亡，拜占庭帝国不得不将注意力转向西部边疆，在日耳曼人和匈人接踵而至的威胁下疲于奔命。波斯则受到了来自中亚嚈哒（Hephtalite）人的持续威胁，波斯君主俾路斯一世战死沙场④，波斯人自然也是无暇西顾，因此双方在此期间进入了一段前所未有的友好时期，双方政治互信不断加强，387 年，拜占庭和波斯以一纸条约结束了亚美尼亚作为一个政

---

① 戈尔狄亚努斯和瓦勒良。
② M. Whitby, *The Emperor Maurice and His Historian*, p. 204.
③ 孙培良、杨群章：《萨珊朝伊朗》，重庆：西南师范大学出版社 2005 年版，第 77—78 页。
④ Procopius, *History of the Wars*, I. 4.

治实体的存在,①拜占庭统治者甚至还将波斯统治者指定为自己继承者的监护人,②两国边境居民也因此享受了一段难得的长期和平时光。

然而,在 5 世纪后半期,匈人帝国和嚈哒帝国同时走向衰落,于罗马帝国西部废墟上建立的蛮族王国也没有表现出进一步扩张的欲望。两国之间脆弱的和平顷刻间土崩瓦解,502 年,波斯王卡瓦德(Kavad I,488 - 496,499 - 531 年在位)借口拜占庭人没有按时履行支付金钱的条约义务,悍然向拜占庭发动攻击。拜占庭人对此毫无准备,短短几个月的时间里,包括边境重镇阿米达和塞奥多西波利斯在内的大量城镇惨遭洗劫,在不到六个月的时间里,拜占庭人花了两个世纪建立起来的整个前沿阵地就遭到了重创。③

随后双方签订了一份七年的和平条约,但这份条约的约束力显然不如以往。不久,拜占庭皇帝阿纳斯塔修斯开始在边境整修旧城并兴建新堡,波斯人对此大声疾呼却无济于事,只能眼睁睁的看着拜占庭人在距离尼西比斯城 20 公里远的位置上修筑起达拉斯要塞。④ 随后的一系列事件证明双方的政治互信已经名存实亡,查士丁皇帝和查士丁尼拒绝了卡瓦德提出的监护方案,拒绝确保科瓦德之子科斯劳埃斯顺利即位⑤,这种表态显然进一步激怒了科瓦德,他在边境接连兴兵,双方于 530 年在达拉斯和 531 年在卡利尼古姆(Callinicum)进行了两次较大的会战,各取得了一次胜利,但都不具有显著的战略意义。532 年,在卡瓦德去世后,双方签订了所谓的永久和平条约,查士丁尼皇帝每年向波斯王支付 1.1 万磅黄金。⑥

此后,查士丁尼利用东部边疆的稳定趁机发动了对西部汪达尔人和东哥特人的战争,但他的成功显然让科斯劳埃斯心生不安,有传闻提到此时正与拜占庭陷

① [英]艾弗尔·卡梅隆、布莱恩·沃德-珀金斯、密西尔·惠特比编,祝宏俊、宋立宏等译:《剑桥古代史》第 14 卷,北京:中国社会科学出版社 2021 年版,第 664 页。
② 有关这次收养的详细分析,可见马锋:《蛮族中的文明人:5—6 世纪拜占庭人对波斯人的认识——以拜占庭与萨珊波斯两次托孤事件为考察中心》,《西北大学学报(哲学社会科学版)》2020 年第 4 期。
③ James Howard-Johnston. "Military Infrastructure in the Roman Provinces North and South of the Armenian Taurus in Late Antiquity," in A. Sarantis and N. Christie eds., *War and Warfare in Late Antiquity*, p. 873.
④ Procopius, *History of the Wars*, I. 10. 18 - 19.
⑤ Procopius, *History of the Wars*, I. 16.
⑥ Procopius, *History of the Wars*, II. 7 - 8.

入战争的东哥特王国也派出使者向波斯求援。① 在这样的情况下，波斯王借口两个阿拉伯代理国之间的冲突，撕毁永久和平条约向拜占庭发动进攻。这次突袭取得了巨大的成功，科斯劳埃斯率领的大军穿越叙利亚沙漠，在拜占庭富庶的叙利亚行省一路劫掠，攻陷了大量富裕的城镇，甚至叙利亚首府安条克"这个既古老又重要的城市，罗马人在东方占有的所有城市中最大、最富裕、人口最多、最美丽，且各方面都最繁荣的城市"，在这次战争中都难逃被洗劫的命运。② 这次战争是查士丁尼对外战争中最为惨痛的失败，拜占庭中央政府不得不在查士丁尼大瘟疫爆发、财力紧张的情况下花费巨资弥补战争造成的破坏。

但是，在叙利亚地区波斯的进攻还是以劫掠为主要目的，并不谋求长期的占领。这一时期双方角力的主战场还是在北方的亚美尼亚和拉齐卡地区，该地区发生了几起影响双方力量对比的事件，引发两大国对此区域的关注，并导致了长期的战争。其一是波斯的亚美尼亚地区伊庇利亚居民不堪忍受波斯人的宗教压迫而发动起义，③其二是黑海小国拉齐卡在两国间态度摇摆不定。拉齐卡是黑海沿岸的一个小国，据拜占庭史家普罗柯比记载，拉齐卡人名义上属于罗马帝国，但不必缴纳赋税也不必听从罗马人的命令，保留着相当大的独立性，还拥有自己的军队。④ 此地生活贫苦、物产贫瘠，驻扎在此地的拜占庭士兵甚至因为难以忍受凄苦的生活而放弃重要堡垒。⑤

尽管如此，此地却有着极其重要的战略地位，如果波斯人能够控制拉齐卡，他们就可以控制一条直接威胁拜占庭黑海城市特拉布宗的通路，从而直接将整个拜占庭安纳托利亚暴露在波斯军队的兵锋之下，进一步扩大波斯对拜占庭在战略上的优势，抵消拜占庭的国力优势。早在查士丁尼即位前，波斯使者便就此地的归属权提出了异议，但遭到拜占庭方面的反驳。⑥ 541 年，因为不堪忍受拜占庭官吏

---

① Procopius, *History of the Wars*, I. 2.
② Procopius, *History of the Wars*, II. 8. 安条克被轻易攻陷的另一原因可能是因为该城在前不久遭遇了严重的地震，此时尚未恢复元气；武鹏：《拜占庭史料中公元 6 世纪安条克的地震灾害述论》，《世界历史》2009 年第 6 期。
③ Procopius, *History of the Wars*, I. 12.
④ Procopius, *History of the Wars*, II. 15.
⑤ Procopius, *History of the Wars*, I. 12.
⑥ Procopius, *History of the Wars*, I. 11.

的横征暴敛与傲慢无礼,拉齐卡人决心向波斯求援,波斯王科斯劳埃斯对此大喜过望,立即点齐兵马发兵进攻拉齐卡,在拉齐卡人的帮助下他很快便肃清了该地的拜占庭军队,初步控制了拉齐卡。

　　然而,拉齐卡是一个历史悠久的基督教国家,其臣民有着浓厚的基督教传统。波斯人占领这一区域后,与当地居民产生了矛盾,进一步加强了当地居民的离心力。① 为了彻底控制该地区,波斯王甚至计划谋杀当地统治者古巴泽斯,然而这一阴谋败露,直接导致拉齐卡再度倒向拜占庭。② 两大国在这一地区的战争又进行了十几年,谁都无法取得决定性胜利,而拉齐卡统治者古巴泽斯也于 555 年被两个拜占庭将军谋杀。③ 最终,两国在 562 年达成了一份有效期为五十年的和平条约,拜占庭史学家米南德的作品残篇中详细保留了这份文件的内容。④ 很难说究竟哪一方从这份合约中获得的更多,科斯劳埃斯的确保住了在之前战争中取得的赫赫威名,并且从拜占庭人那里获得了稳定的金币贡赋。但是,他对叙利亚的战争是劫掠性的,并没有建立持久的控制权,而他对于上美索不达米亚地区拜占庭要塞的攻击也都不甚成功。更为关键的是,拜占庭通过这场战争巩固了自己对拉齐卡地区的控制,基本消除了拉齐卡王国的独立性,在波斯控制的伊庇利亚北部获得了一个坚固的据点。而波斯人试图进军黑海的尝试遭到挫败,黑海仍由拜占庭帝国完全占有,这是一个具有重要政治经济意义的事件。⑤

　　与此同时,科斯劳埃斯改革的负面效果也逐渐暴露出来,萨珊统治者和其手下帕提亚军事贵族之间的关系不断恶化,这使得萨珊波斯赖以存续的合法性受到冲击⑥,同时由于东方突厥人的威胁与日俱增和自身年事已高,科斯劳埃斯在处理对拜占庭问题时逐渐保守⑦,两国之间的长期和平似乎有可能实现。但查士丁尼的继承者查士丁二世自想有一番作为,572 年他发动了新一轮的波斯战争,这又是一场旷日持久的血战,波斯先胜后败,592 年,科斯劳埃斯的孙子科斯劳埃斯

---

① Procopius, *History of the Wars*, II. 28.

② Procopius, *History of the Wars*, II. 29.

③ Agathias, *History*, III, 2-6.

④ Menander, *The History*, Fragement 6.1.

⑤ A. A. Vasiliev, *History of the Byzantine Empire*, p. 86.

⑥ Parvaneh Pourshariati, *Decline and Fall of the Sasanian Empire*, London: I. B. Tauris & Co Ltd, 2008. p. 97.

⑦ Menander, *The History*, Fragement 16.1.

二世在拜占庭军队的保护下进入泰西封宣告了这场战争的结束。

　　然而,这只不过是下一场战争的暂歇期,4—5 世纪存在的战略互信早已随着 6 世纪的刀光剑影化作过眼云烟。[①] 虽然双方在外交辞令上仍然宣称,两个帝国是文明世界的灯塔,应该相互协作抵御蛮族的入侵。[②] 但是这更多像是一种拒绝其余民族共享果实的措辞,双方对彼此的偏见早已深种心底,但又必须维持一种共识以拒绝外来势力的搅局,并保持对两国之间弱小民族的控制。亚美尼亚人、拉齐卡人和阿拉伯人成了这场大国角力中无声的牺牲品,出卖弱小民族的谈判几乎每天都在古代世界上演。在这样的世界格局中,一场巨大的变动正在酝酿当中,它的起因是一场出人意料的兵变,其结果将为一个新世界的出现准备条件。

---

① M. Whitby, *The Emperor Maurice and His Historian*, p. 208.

② Theophylact, *History*, II. 11. 2. Theophylacti Simocattae, *Historiae*, ed. C. de Boor, Leipzig: Teubner, 1887, repr. Stuttgart, 1972, TLG, No. 3130003.

第十一章

查士丁尼时代的城乡经济生活

第一节

东地中海贸易的重要枢纽君士坦丁堡

拜占庭首都君士坦丁堡位于黑海与马尔马拉海的交汇处，是连接黑海北岸俄罗斯草原与地中海的咽喉要道。马尔马拉（Μάρμαρον）希腊文的原意是"大理石"，它与大海、阳光同称为希腊人引以为自豪的三件神授之物。古希腊时期，马尔马拉海曾经被称为"普罗蓬蒂斯"海，因为希腊人称黑海为蓬蒂斯（Pontus），而马尔马拉恰是进入黑海的必经之路。沿马尔马拉海西行，通过达达尼尔海峡，该海峡又称赫勒斯滂，是由黑海进入爱琴海的唯一重要水路。这片海域（马尔马拉海）和两个海峡即成为亚欧大陆之间的天然分界线，马尔马拉海上的普罗科奈索斯（Proconnesus）岛与小亚细亚伸入马尔马拉海的西奇库斯半岛隔海相望，形成亚欧大陆之间的海上"跳板"，成为亚欧大陆相互联系的天然通道。

如前所述，君士坦丁堡古名"拜占庭"，初建于公元前 657 年。它的最早奠基人是遨游地中海和西亚、小亚地区的军事首领迈加拉（Megara）人拜扎兹（Byzas），他所在的殖民城邦迈加拉在古典世界一度非常强盛。后来的地理学家斯特拉波和古罗马时期历史学家、政治家塔西佗曾考察过这个历史悠久的港口城市，并在他们的作品中赞扬拜扎兹的远见卓识,他们还蔑称在拜占庭对岸建立卡尔西顿城的拜扎兹的同胞为"瞎子",因为他们本来有机会捷足先登,选择拜占庭这个军事要冲作为他们的新城址,却错失天机,使后来者捷足先登。① 罗马征服小亚细亚和色雷斯地区以后,没有给拜占庭城以充分发展的机会。塞维鲁时期(Septimius Severus,146-211年)曾对该城居民大开杀戒,因为该城居民支持了他的政敌尼格尔(Pesennius Niger,?-194年)。这次的打击是毁灭性的,此后两个世纪之内,这座饱经沧桑的古城一直没有能重新振兴,沦为一个滨海小渔村。

公元324年,罗马帝国的君士坦丁皇帝经过长期艰苦的国内战争,战胜了与自己争夺罗马帝国统治权的所有政敌,实现了整个帝国的统一。为了强化对罗马东部世界的控制,同时充分利用小亚、西亚、埃及等帝国东方各行省的人力和财力资源,加强对边境地区蛮族及波斯入侵者的防卫,君士坦丁决心放弃罗马旧城,到帝国的东部建立新都城。于是,经过艰苦细致的考察和勘探,他选定了这座希腊移民时期的旧城作为其新的帝都之奠基地,拜占庭古城与君士坦丁皇帝这个伟大的名字因此紧密联系在一起,直到近代初期,被奥斯曼土耳其人征服之时,人们才改称其为"伊斯坦布尔"(希腊语意为"进入都城",εἰς τὴν Πόλιν)。②

君士坦丁皇帝不惜倾其帝国的所有财富来装点这座未来的首都。他搜罗了罗马帝国疆域内所能找到的最优秀的人才,还专门开办了建筑人员培训学校。覆盖黑海岸的茂密森林和普罗科奈索斯的大理石为他提供了取之不尽的建筑材料,希腊和亚洲的许多古城中最有价值的珍宝也被运来装饰这座新城。著名战役的战利品、具有宗教意义的圣物、雕刻精湛的神像、古代英雄像及诗人的雕塑品,甚至古希腊神庙的青铜柱都从帝国的各个角落运到博斯普鲁斯海峡西侧的施工工地上,使这座新建的都城更加辉煌壮丽。③

数年之后,一座君士坦丁心目中的理想首都以其全新的姿态屹立在掌控着博斯普鲁斯海峡天险的岬角之上,这就是拜占庭的千年古都君士坦丁堡。"君士坦丁堡背靠巴尔干半岛东部丘陵地带,俯瞰色雷斯平原,面向博斯普鲁斯海峡和马

---

① A. A. Vasiliev, *History of the Byzantine Empire*, p. 58.
② 关于伊斯坦布尔的名称之原意,过去有人误解为"伊斯兰之城",是误解。
③ 徐家玲:《拜占庭文明》,第15页。

尔马拉海,遥望亚洲大陆,是控制黑海和爱琴海交通的最重要枢纽城市。"①它三面环海,临海的悬崖峭壁形成坚固的海防,博斯普鲁斯海峡和达达尼尔海峡构成两道海上门户。隔着马尔马拉海与君士坦丁堡相望的小亚细亚一侧,有著名的亚洲古城卡尔西顿、尼西亚。沿着亚洲水岸伸向马尔马拉海的著名半岛西奇库斯深入小亚腹地,丰饶的布鲁萨平原一直伸展至著名的比西尼亚奥林堡山(海拔 2800 米)脚下。

君士坦丁堡拥有当时欧洲最优良的港口金角湾,它沿着君士坦丁堡的欧洲一侧向西北伸展约 7 公里,近海沿岸水深达 42 米,可以停靠大吨位的货船。据史料记载,在早期拜占庭或晚期罗马帝国的航海史上,较大吨位的海船大约装载量为3.5 万—5 万摩底②(约合 230—330 吨)。金角湾北部的加拉泰区、马尔马拉海上亚洲一侧的西奇库斯半岛、海中央的大岛普罗科奈索斯以及与君士坦丁堡隔海相望的亚洲城市尼科米底和尼西亚,都是君士坦丁堡近郊的重要港口和货物集散地,这里是中世纪四条重要商路(水陆通道各两条)的汇合点:第一条水路自博斯普鲁斯海峡进入黑海,然后进入南高加索、里海和亚欧草原,与通向波罗的海和北欧的商路接通;另一条水路自达达尼尔海峡西行,进入爱琴海和地中海,与西地中海和中欧、北非的商路接通。另外两条陆路(巴尔干—多瑙河—莱茵河流域)分别联系西欧和西亚商路(两河平原—伊朗—中亚商路[丝绸之路])。这四条大干线汇集于君士坦丁堡城墙之下,保证了君士坦丁堡对中古世界东西方贸易的垄断地③,也确定了君士坦丁堡城从事海上贸易、联系世界和吸纳财富的口岸之重要地位。

通过上述第一条水路进入黑海,可与黑海周围的各希腊化城市保持经常性联系,其中有位于克里米亚半岛上的博斯普鲁斯王国及著名古城克尔松(Cherson),有黑海南岸的特拉比宗(Trebizond,今土耳其特拉布宗[Trabzon]、黑海西北角的奥尔比亚(Olbia)城等。生活在亚欧草原和森林地区的东欧各民族—萨尔马特人、斯基泰人、斯拉夫人和突厥人、匈人各部族,通过黑海北岸的窗口,很早就接触

---

① 徐家玲:《拜占庭文明》,第 18 页。
② 摩底 modius,罗马计量单位。见 A. H. M. Jones, *The Decline of the Ancient World*, p. 313。
③ 徐家玲:《拜占庭在中世纪地中海商业复兴中的地位》,《求是学刊》1997 年,第 100—102 页。

和了解了先进的古典希腊化文明,其中一些民族还发展了这一地区最早的农耕文化。[1]

穿越博斯普鲁斯海峡进入小亚细亚,即进入第一条欧亚陆路交通,从文化上讲,这里是亚历山大东征后出现的"希腊化"文明区。由此进入两河流域,再向南经过叙利亚沙漠和阿拉伯半岛可进入红海和埃及地区以及印度洋、波斯湾等水域。这里是亚欧古典文明的重要交汇地、西亚文明和南亚文明对话的窗口,也是古代世界影响深远的两大宗教——犹太教和佛教可能进行接触的中间地带,因此,古代印度的文化思想对西亚的冲击早在公元前后的希腊—罗马时代已经十分明显。[2]

通过上述第二条水路,由马尔马拉海经达达尼尔海峡西去,则进入爱琴海文明的诞生和繁衍地。由爱琴海、地中海一路西行,穿越直布罗陀海峡,即可进入大西洋,与大洋沿岸的国家交往。不列颠是这条水路的重要终端。西方考古学家曾经在不列颠沿岸的水下考古活动中,发现大量来自中国的 5 世纪珍稀物品,包括丝绸、陶器、香料等,不列颠岛东侧的著名萨顿胡船葬遗址(定年为 7 世纪)也有许多随葬的拜占庭物品。[3]

由巴尔干山地北上,沿多瑙河西行,是重要陆路交通干线。由此,不仅可以深入早已拉丁化的伊利里亚和潘诺尼亚地区,而且可以溯流而上进入莱茵河流域的日耳曼人各部族生活和繁衍的地区,在这条交通干线上,先进的罗马—地中海文明与原始落后的"蛮族人"有了最早的交流。由君士坦丁堡陆地一面出城,经过辽阔的色雷斯平原,是富庶的城市和乡村,一条横穿希腊半岛的古罗马军道——艾格纳提亚大道,担负了联系君士坦丁堡和意大利交通的重要使命。这条大道的西出口是巴尔干半岛西部的都拉斯(Durazzo,古名"迪拉基乌姆"[Dyrrachium],亚得里亚海岸的重要港口),由此港进入亚得里亚海,很快可以到达意大利南端的巴里和布林迪西城。总之,君士坦丁堡城是联系亚欧两大洲古典文明的重要

---

[1] Rybakov, *Kievan Rus*, Moscow, 1989, p. 30.

[2] [印度]R. 塔帕尔著,林太译,张荫桐校:《印度古代文明》,杭州:浙江人民出版社 1990 年版,第 106—108 页。

[3] [英]保罗·福拉克主编,徐家玲主译:《新编剑桥中世纪史》第 1 卷,北京:中国社会科学出版社 2021 年版,第 154 页。

枢纽城市。

自君士坦丁堡建城以来,各水陆交通干线上就活跃着来自拜占庭和各国商旅的船只、驼队和车队,在陆上,有着维护良好的道路和桥梁,穿梭往来于欧、亚、非三大洲。各商旅中转城镇、港口都有设施完善的、为客商提供服务的转运和休息站。在地中海上,拜占庭的舰队为过往商船提供可靠的保护,随时迎击海盗的袭击。受帝国权力保护的海陆运输制度和高效完善的汇兑方法,使帝国的出口转运贸易和国内商业达到了当时世界其他国家所不可能达到的水平。在君士坦丁堡城区内,有巨大的商业区,聚集了整个地中海乃至远东各地的行商及其货品,汇集着来自全国各地和世界各地的珍奇货物。街道上不同肤色、穿着不同服装、操着不同口音的各国商人及雇佣兵(其中"蛮族"士兵约有 7 万之众)熙熙攘攘①,集市上,来自不同地区的特产琳琅满目。金角湾内,来自当时已知世界各地的大小船只停泊于其中,船桅密集如林。在各个码头上,"整个世界的产品"堆积如山。至少到 11 世纪以前,仅仅拜占庭首都君士坦丁堡一个城市的贸易和海关税收,每年就可以为帝国国库带来 720 万拜占庭(bezant)金币。② 而据汤普逊的估计,在拜占庭帝国盛期,每年由商业获得的金钱收入如果用"一战"后的货币制度估量,相当于 6000 万美元。③

拜占庭完善的商业经营系统,包括其货币体系、汇兑体系、水陆交通体系和关税、市场管理体系及商旅服务系统,是它能够在中世纪地中海贸易活动中立于不败之地的重要保障。从中世纪之初起,帝国便采用了一种金本位的国际货币制度(拜占庭金币),它价值稳定,在世界市场上享有很好的声誉。拜占庭的信用制度和货币汇兑制度的使用,在中世纪商业活动中居于领先地位。虽然基督教会严格反对获利的行为,但是,由于流动财富的丰富,拜占庭商业能够获得 12% 的中息贷款充作资金。10 世纪时,贷款利率受到官方的限制,被压得更低,但并没有能阻

---

① [法]P.布瓦松纳:《中世纪欧洲生活和劳动(五至十五世纪)》,北京:商务印书馆 1985 年版,第 54 页。
② 贝占特(bezant)为拜占庭金币名称,实行金本位制。似乎是西方中世纪世界对拜占庭通用货币的异称。
　　事实上,拜占庭通用的金币通常以"索里达"的名称出现。在现代作者的著述中,很少提 bezant 这个名词
　　了。徐家玲:《拜占庭在地中海商业复兴中的地位》,《求是学刊》1997 年第 5 期,第 100 页。
③ [美]汤普逊著,耿淡如译:《中世纪经济社会史》上,第 198 页。布瓦松纳的一个估量值也证实了类似数
　　值,他的估计是拜占庭在其盛期(7—9 世纪),公共收入相当于 20 世纪 30 年代的 60 亿法郎,见第 56 页。

断这类投资行为的发展,拜占庭的货币兑换商和银行家行会因此非常发达。① 在
君士坦丁堡和希腊北方要镇帖撒罗尼迦(即塞萨洛尼基),有大规模的国际市集,
吸引着来自当时已知世界各处的商人。集市上有严格的近于烦琐的管理制度,对
于来往客商的正常交易予以保护。国家还严格规定了外国商人在拜占庭商业城
市中的侨居制度,有些商人,如意大利的威尼斯人、热那亚人,在首都君士坦丁堡
都有固定的侨居地。在这里,他们有自己的商务代办机构、客馆、货栈,享有种种
特权,建立了名副其实的"国中之国"、城中之城。

　　拜占庭帝国各时代的权力机构都比较重视商业政策和工商业活动的管控模
式的制定,很积极地开辟国外市场、装备和维持各处的港口、组织码头工人的劳动
与行会。帝国还制定了较为完善的海运管理制度,据信在 6—8 世纪通行帝国海
域的《罗德海事法》严格规定了海上商业的保险制度和船货抵押贷款制度、货主
和承运人在海船不幸遇难时分摊损失的比例,以及在赢利时的利润分配比例,成
为在中世纪基督教国家中通行的第一部航海法规。② 在拜占庭政策的影响下,意
大利的特拉尼和阿马尔菲等共和国在 11 世纪制定了关税政策,还是在拜占庭的
影响下,威尼斯人早在 10 世纪就开始使用股票,大批船舶的股东是威尼斯城市共
和国公民中最富裕的贵族精英。③

　　拜占庭人一般不喜欢背井离乡远航,因此,政府积极吸引叙利亚人、阿马尔菲
人、威尼斯人、热那亚人和亚美尼亚人进入帝国经商,由他们把拜占庭的农产品和
各种精美绝伦的丝绸、布匹、金银制品、雕刻的象牙、精致的玻璃、玛瑙杯子、雕镂
和珐琅花瓶、镶嵌物、水果、醇美的酒和其他特制的奢侈品运往东西方的重要港
口。与此同时,拜占庭人又从阿拉伯和东方商人手中购买来自小亚细亚、加尔底
亚、亚述、波斯及印度、远东、埃及与非洲各地的珍贵商品:香料、香水、宝石、稀有
金属、檀香、麝香与樟脑、生丝与棉花、丝织品和精美的羊毛织品、洋纱和地毯。为
了保证这类商品的供应,拜占庭与伊斯兰国家很早就订立了商约。拜占庭与东欧

① [法]P.布瓦松纳:《中世纪欧洲生活和劳动(五至十五世纪)》,第51—53页。
② 关于这部航海法规的研究和注释,看王小波:《罗得海商法译注》,《古代文明》2010年7月;王小波:《罗得
　　海商法研究》,北京:中国政法大学出版社2011年版。
③ [比]亨利·皮朗:《中世纪欧洲经济社会史》,第16—17页。

各地区的贸易是通过黑海岸的克尔松国家进行的,在这里,保加利亚、土耳其和哈扎尔人的商人,从里海周围的斯拉夫人地区和土耳其斯坦、伏尔加河流域、第聂伯河流域运进大宗的自然产品——谷物、咸鱼、蜡、毛皮、皮革、盐、蜂蜜、鱼子酱、兽皮、琥珀和奴隶。8 世纪以后,斯拉夫、保加利亚和马扎尔人的贸易商人开始沿着河流和大商路进入拜占庭和帖撒罗尼迦,出售他们的自然产品及半成品铁和铜。907 年,罗斯大公奥列格亲率水军进入黑海海域,兵临君士坦丁堡城下,迫使拜占庭皇帝给予他们以与拜占庭通商的特权。[①] 从西欧输入的商品主要局限于冶金、纺织业所需用的半成品原料,如未加工的五金、牛羊毛、大麻或亚麻布、粗纺的羊毛制品及粗糙的地毯等。几乎在当时已知世界所能见到的所有各处的产品,都可以进入拜占庭帝国各地的市场进行交换,这种交换活动不仅促进了拜占庭和小亚、黑海及巴尔干地区生产的发展和物质生活的丰富,而且促进了整个中世纪欧洲贸易活动的复兴和城市的兴起。

但是,拜占庭政府的某些商业政策以朝廷利益为先,并不认真考虑本国商人的利益,国家坚持对一些商品的经营实行垄断权,特别是谷物和丝的贸易,制定了对许多商品进出口方面的禁令。在各个重要海港和内陆重要贸易城市,都设有关卡,征收商品的进出口税和入市税。由于这类关卡很多,加之各地税吏无耻盘剥,形成自由贸易活动的巨大障碍。而且,在 11 世纪以后,出于外交上的需要,拜占庭把征收进出口关税的特权赐给了一向蓄谋在东地中海贸易活动中称霸的威尼斯人和热那亚人,从而为意大利城市共和国的发展铺平了道路。虽然这样做的结果,是拜占庭国家商业的瘫痪和国家财政的全面崩溃,进而最后导致帝国的灭亡,但是,意大利城市共和国的繁荣却是促使原本落后于东方的中世纪欧洲在 10 世纪以后迅速崛起的重要因素,这一点,已经为国内外许多学者的研究所证实。

拜占庭的商业活动在整个中世纪都保持着旺盛的活力,至少在十字军进入君士坦丁堡建立拉丁帝国之前,拜占庭始终是东地中海贸易活动的核心和灵魂,其分散于爱琴海、东地中海和黑海、马尔马拉海上的诸多优秀港湾和陆地上的繁华商埠,吸引着来自世界各地的商人,尤其是来自西欧的商人。君士坦丁堡是当时

① ［美］A. A. 瓦西列夫:《拜占庭帝国史》,第 498—499 页。

拜占庭帝国最大、最美丽的商业城市，罗伯特·德·克拉里说它是"世界上最富的城市，它拥有天下财富的三分之二"。君士坦丁堡还是一个人口十分集中的大城市，据多方面资料展示，城中居民和政府机构、驻军人数多达100万人，是中世纪亚欧世界最大最繁华的城市之一，也是当时最著名的国际性城市。这里的居民不仅热衷于从事商业，而且崇拜智慧和艺术，因此，这里也是当时亚欧世界最为美丽、优雅、文明的都市。此外，在色雷斯沿岸、希腊半岛、爱奥尼亚海和亚得里亚海岸，分布着无数繁华的大都市。位于希腊半岛北部的帖撒罗尼迦拥有50万居民，是帝国的第二大国际城市和港口，"基督教国家中最强大和最富裕的城市之一"①。

拜占庭商业活动的繁荣不仅推动了它本身的经济文化发展和物质进步，而且促进了整个地中海乃至整个欧洲范围内的商业复兴。在这一商业复兴中，首当其冲的是意大利航海城市和北欧海盗②，前者自查士丁尼西征后至11世纪中期以后诺曼人在南意大利立足，它们多数处于拜占庭皇权的保护下，其商贸活动刺激了地中海沿岸城市和港口的繁荣。后者的活动则分两个地域进行：一方面是挪威人和丹麦人在斯堪的纳维亚的大西洋沿岸从事的海盗活动，他们劫掠和进攻的最远处是地中海上的西西里岛，在这里，他们与威尼斯人、拜占庭人进行了长期博弈，争夺东地中海及亚得里亚海域贸易权的斗争，沟通了东、西地中海世界；另一方面是瑞典从波罗的海沿岸深入东斯拉夫人生活区域的活动，古罗斯著名编年史《往年纪事》中称之为"罗斯人"，他们沿着古典时期希腊与黑海北岸至波罗的海通商的"大水路"进入君士坦丁堡经商，沟通了南北欧的商业活动。在俄罗斯及北海的哥特兰岛发掘出来的为数众多的拜占庭和阿拉伯货币说明了北海、波罗的海、俄罗斯与黑海、里海地区拜占庭、阿拉伯人商业的必然联系。③ 毫无疑问，这些北欧商人的活动，特别是瑞典人在东斯拉夫草原和黑海一带的活动，促进了东斯拉夫人经济的繁荣和文明的产生。如果说西欧世界在10—11世纪期间确实"感受

---

① ［法］P. 布瓦松纳：《中世纪欧洲生活和劳动（五至十五世纪）》，第53—55页。
② ［比］亨利·皮朗：《中世纪欧洲经济社会史》，第19—23页。
③ ［比］亨利·皮朗：《中世纪欧洲经济社会史》，第19—23页。

到了"来自"边界上两个巨大的商业运动的压力"①,即来自西地中海和亚得里亚海、北海和波罗的海这两大海域的商业活动的"压力"的话,那么拜占庭则对这两个巨大压力的形成起到了举足轻重的作用。

如是,君士坦丁堡自建城以来即是欧亚非三大陆之间重要的贸易中心和文化交流的重要结点,是东地中海贸易活动的枢纽地带。人们曾经强调它是丝绸之路的终端,君士坦丁堡建城之时,由张骞开拓的丝绸之路已经在欧亚大陆上活跃了500年之久,330年之后才以"终端"之词赞誉君士坦丁堡。但在此前,戴克里先时期也曾经强力限制丝绸价格,以阻止臣民过于在服饰上浪费资源。普林尼也曾经抱怨,罗马每年为丝绸消费所付的金钱太多,他所估价的用于丝绸方面的黄金支出,后人换算约合当代2000万美元。② 但毋庸置疑,君士坦丁堡在其正式成为"罗马"的新都之前,并不具有"终端"的地位,也许最早的"中转站"的位置也不属于它,而主要集中于亚历山大和叙利亚等东地中海港口。

第二节

拜占庭丝绸织造业

美国著名中世纪史学家汤普逊早在上世纪30—40年代就注意到查士丁尼时代与拜占庭丝织业的关系。首先,他注意到,埃及作为地中海贸易中心的地位是查士丁尼时代即新萨珊波斯崛起的时代确立的。6世纪地中海沿岸居民对于东方奢侈品,特别是丝绸的嗜好远甚于罗马时期。而丝绸之进入罗马世界,波斯是不可绕过的中介,因此,波斯人特别在意对东方商路的控制,包括经由中亚游牧族群的陆路和经由波斯湾东行的海上丝绸之路。他还认为,5—6世纪的拜占庭-波

---

① [比]亨利·皮朗:《中世纪欧洲经济社会史》,第24页。
② 《中国丝绸撬动古罗马帝国》,摘自《文史参考》2012年第18期,雷蕾 https://www.wenmi.com/article/py2v5s03mels.html(2021.5.25)。

斯战争,主要是贸易战争,双方刻意争夺的最大利益是对丝绸之路的控制。①

　　古代西方世界很早就注意到丝绸的重要性,希腊人对于丝绸的更深入了解始于亚里士多德时期,他是希腊世界中第一个提到蚕蛾的人。亚历山大东征之后,丝绸进入了地中海世界,但它一直是珍惜商品,重金难求,有资料显示,罗马时期的丝绸贵比黄金。如前所述,当凯撒第一次穿着丝绸袍服去剧场看戏时,受到民众非议,认为他太过奢侈。在提比略时代,罗马贵妇不得穿着丝绸服装,早期帝国更是规定男人不得穿着丝绸服装。②普林尼也抱怨说,罗马每年至少有价值相当于今天2000万美元的黄金,损失在与印度、中国和阿拉伯半岛的生意中,其中大多用来购买丝绸。以至于很多人担忧,丝绸会使罗马经济崩溃。③

　　在拜占庭早期,丝绸继续影响着拜占庭帝国国家政治需要及上层社会成员的日常生活,是牵动拜占庭与波斯、匈人、阿瓦尔人等国家蛮族关系变化的重要物资,因此丝绸贸易受到帝国的控制。在4世纪初皇帝戴克里先颁布的限价法令规定,原丝1磅为1.2万银币,拆解后的丝1磅为1024银币,原丝染成紫色后1磅为15万银币,而当时1磅精炼的金块或金币(奥里斯)价格为5万银币,1磅金丝价格为1.2万银币。可见,4世纪初丝绸价格与黄金相当。同为东方贸易大宗的香料价格与丝绸相差甚远,如1磅上等乳香为100银币,1磅阿拉伯产番红花为2000银币,1磅肉桂为125银币。④ 从事丝绸等东方奢侈品贸易在当时罗马社会是一条致富的捷径。如丝绸贸易给连接地中海、红海、阿拉伯半岛的重要港口城市亚历山大的航运商人带来了大量的财富。有一位商人曾将价值2万金币(索里达)⑤(约合275磅黄金)的货物出售救济穷人。一位从事丝绸东方奢侈品的转运商曾将5000金币(约合70磅黄金)留给其继承人。当时一个平民只要有4到5

①② [美]汤普逊:《中世纪经济社会史》上, 第 207 页。
③ 雷蕾:《中国丝绸撬动古罗马帝国》,摘自《文史参考》2012 年第 18 期。
④ 以上限价法令中的商品价格引自 N. Lewis and M. Reinhold, *Roman Civilization: Selected Readings* Ⅱ, N. Y.: Harper & Row, 1990, p.119。传统的 1 罗马磅是 327.45 克,戴克里先时期使用的金币是奥里斯(aureus),其重量是 5.34 克,上述价格所使用的银是第纳里银币(dinarius),在该时期它与金币奥里斯之间的兑换比率是 1:1200(该比率并不稳定),见 K. W. Harl, *Coinage in the Roman Economy 300 B. C. to A. D. 700*, London: Johns Hopkins University Press, 1996, pp.125 - 158。
⑤ 君士坦丁大帝在其统治时期对帝国的货币进行了改革,用金币索里达代替了之前罗马帝国的奥里斯(aureus),标准的 1 索里达金币是 4.55 克,1 罗马磅黄金等于 327.45 克左右,见 Philip Grierson, *Byzantine Coins*, London: University of California Press, 1982, 344 - 345。根据兑换比率可知,此处的金币是索里达。

个金币就能一年不愁吃穿。从事奢侈品转运贸易的商人虽然要支付高昂税率,但通过向地中海、西欧出售以丝绸等奢侈品,仍能获得高额利润。一个在西班牙进行丝绸等奢侈品贸易的亚历山大商人,给他的两个儿子留下了 5000 金币,还有许多衣物、奴隶以及三艘满载着商品宝物的商船。①

拜占庭宫廷的装饰、礼仪盛典需要大量的丝制礼服、织物以及各种丝制的装饰品。在 6 世纪,拜占庭帝国在宫廷节日、赏赐臣下等活动中,需要大量的精致、奢华的丝绸制品和礼服,以显示皇室的最高权威。拜占庭帝国有着庞大的官僚系统,官僚薪俸包括口粮、现金和衣料。为显示政治地位,高级官员所发的衣料大多是丝绸制成的贵重衣料。② 如东方大区长官就可以被颁发紫色的长袍和带有彩色贴片的丝制斗篷。③ 出于加强对教会的控制和表达对宗教的虔诚,拜占庭皇帝每年都向索菲亚及其他重要的教堂捐赠大量的精美丝绸。如查士丁尼就曾经向圣索菲亚大教堂捐赠了一张华丽的祭坛丝布,在坛布上描绘了查士丁尼日常生活和福音书传播的场景。④ 拜占庭教会也是丝绸的重要消耗者。至少从 4 世纪开始,拜占庭众多教会将丝绸作为包裹圣徒的遗物、遗体和礼拜仪式所需的重要用品,牧师教士的服装也大量采用高级丝绸制品。在正统的拜占庭教会仪式中,牧师教士必须穿着丝制的礼拜法衣。拜占庭军队也是丝绸制品的消耗大户,拜占庭帝国的丝织工场为体现不同的军阶和等级,在军服中的衬衫、长袍、绑腿、内衣、兜帽和纱罩等均使用不同程度的丝绸做装饰或用丝绸缝制。在拜占庭帝国的一些大城市,穿着华丽昂贵的丝绸服装成为富商炫富的通行方式。对于普通市民和小农来说,丝绸则是其家庭宝贵的财产,如丝绸就被东中海沿岸的犹太新娘当作嫁妆。⑤ 在拜占庭社会中丝绸不仅是人人追求的奢侈品,也是彰显社会地位的特殊性物资。拜占庭帝国皇室、贵族、牧师、各行省的富商在日常生活中,为显示其尊贵的社会地位和个人身份,大量使用高档丝绸制品。一直到 6 世纪,最昂贵的丝

① A. H. M. Jones, *The Later Roman Empire 284 -602: A Social, Economic, and Administrative Survey*, vol. Ⅱ, Baltimore: The Johns Hopkins University Press, 1986, p. 826, pp. 865 - 870.
② [英]N. H. 拜尼斯主编:《拜占庭:东罗马文明概论》,第 55、59、66 页。
③ [英]西里尔·曼戈主编,陈志强、武鹏主译:《牛津拜占庭史》,北京师范大学出版社 2015 年版,第 85 页。
④ Anna Muthesius, *Studies in Silk in Byzantium*, London: The Pindar Press, 2004, p. 208.
⑤ Anna Muthesius, Studies in Silk in Byzantium, p. 87.

绸被严格限制在只有帝国宫廷的贵妇才能穿着。对女演员和娼妓来说,由于其社会地位低下,则被拜占庭法令禁止穿着丝绸。普通的拜占庭市民的丝绸服装,则不能镶嵌金线或配有金带。[①] 对拜占庭帝国周边的匈人、阿瓦尔人、斯拉夫人等蛮族而言,来自罗马拜占庭帝国的丝绸等奢侈品,是其体现国王权威和团聚各部落效忠的重要物资。蛮族国王可以通过丝绸显示自身的权威,通过向各部落分发丝绸,则可以加强蛮族国王与各部落酋长的政治联系[②],由此,丝绸在外交上是拜占庭赠送匈人、阿瓦尔人、斯拉夫人等蛮族首领的首选礼物,与蛮族缔结和约、缓解其对北方边境侵掠,以及与各蛮族部落进行日常贸易的重要战略性物资,以至于拜占庭帝国一直控制着高等丝绸织品的出口。因此,拜占庭帝国从上到下对于丝绸制品有着巨大需求,这使丝绸贸易在拜占庭帝国的远程贸易中占有重要地位。对于拜占庭帝国来说,丝绸属于具有相当价值的财富,即使是简单的丝绸服装也不能随意丢弃,无论是旧的还是新的,丝织服装或者丝绸碎片都要仔细保存。[③]

　　拜占庭对丝绸贸易商的管理,主要是通过设置进口丝绸纺织品商人行会来进行。[④] 行会具有很强的官方背景,具有定价等特权,受帝国法律保护。行会通常占据君士坦丁堡等大城市的中心街道和竞技场周围的繁华地段。[⑤] 丝绸贸易是拜占庭帝国国家财政来源之一,拜占庭帝国对进出口丝绸等产品征收 12.5% 的重税来获利。如上所论,丝绸在拜占庭帝国社会中属于具有极强政治属性的特殊商品,因此,拜占庭帝国对丝绸贸易的管制要较其他商品严格很多。拜占庭帝国控制着向波斯进口原丝的渠道,丝绸贸易商只能从国家购买原丝,帝国的原丝主要是优先供应帝国丝织工场,余下的才向贸易商出售。由此,丝绸贸易的源头被拜占庭帝国所掌握。在丝绸贸易的运输环节,拜占庭帝国一方面直接使用军舰运输丝绸,另一方面也允许少量的私人船只出海,但是贸易商出海时大多须以大贵族

①　Anna Muthesius, *Studies in Silk in Byzantium*, p. 72.

②　P. Fouracre ed., *The New Cambridge Medieval History*, I, p. 47.

③　Anna Muthesius, *Studies in Silk in Byzantium*, p. 89.

④　Roberts Lopez, *Silk Industry in the Byzantine Empire*, *Byzantium and the World Around It*: *Economic and Institutional Relations*, London: Variorum Reprints, 1978, p. 8.

⑤　徐家玲:《拜占庭文明》,第 251 页。

的名义。

　　在诸多丝绸制品中,紫色丝绸制品的生产交易完全是由拜占庭帝国国家经营。紫色染料既可以由靛蓝和茜草染料的混合物调成①,也可用 Murex(一种在东地中海发现的贝壳)制成,搜集大量贝壳制成紫色染料相当昂贵②,因而,紫色在地中海世界是最知名的染色,自罗马帝国时代就是高贵、权威的标志。罗马帝国早期市民仍可穿紫袍,只是禁止蛮族穿紫色丝绸。公元369年拜占庭帝国颁布法令开始禁止私人丝织业使用优质的紫色染料,拜占庭平民也不能在公开场合随意穿紫色丝绸。③ 塞奥多西一世时紫色短斗篷、短外套规定为皇室专用。随着丝织业的发展和紫色染料设计样式的改变,塞奥多西二世进一步强化了对紫色丝绸及其制品的管制。紫色丝绸制品全部被帝国工场垄断,帝国工场把染成紫色的丝绸织品镶上金边,使丝织品更加绚丽夺目,专供皇室使用。塞奥多西二世还颁布数项敕令,禁止私人丝织业制造帝国官服及类似于官服的服装,特别是染制紫色的长袍,及任何用其他染料模仿紫色染成的丝织品。私自制作紫色丝绸将要被严惩,如有人私自售卖紫色丝绸将被处死。④ 5世纪初,拜占庭帝国制定了一系列鉴别丝绸的法规,法规覆盖了皇室、贵族和牧师,大官僚和高级军官,以及在城市有一定社会地位的富人及平民,例如只有皇帝才能穿着紫色短筒靴,违反这个规定将以叛国罪处死。查士丁尼颁布了服装条例,并制定了相应的法律细则⑤,比塞奥多西二世424年的敕令更为严格,彻底剥夺了富商、大地产主等阶层穿着紫色丝绸的权力,使紫色成为皇室独享的特供产品。帝国的丝绸工场和紫色丝绸的买卖由帝国国库大臣直接管理,紫色的丝绸和镶着金边的丝绸,成为拜占庭帝国国

---

① Anna Muthesius, Essential Processes, Looms and Technical Aspects of the Production of Silk Textiles, Angeliki E. Laiou, ed., *The Economic History of Byzantium: From the Seventh through the Fifteenth Century*, vol. Ⅰ, Dumbarton Oaks Research Library and Collection Washington, D. C, 2002, p. 160.

② Meyer Reinhold, *The History of Purple as a Status Symbol in Antiquity*, Brussels: Latomus, 1970, p. 8.

③ Roberts Lopez, *Silk Industry in the Byzantine Empire*, *Byzantium and the World Around It: Economic and Institutional Relations*, p. 9.

④ Anna Muthesius, *Studies in Silk in Byzantium*, p. 88.

⑤ Liu Xinru, "Silks and Religions in Eurasia, c. A. D. 600 – 1200", *Journal of World History*, vol. 6, No. 1, 1995, p. 35.

家掌控,用来显示皇权和达到国家政治目的的特殊商品。①

　　丝绸在拜占庭帝国之所以拥有如此重要的地位,是因为帝国此时缺少成熟的丝织技术,丝绸的获取主要来自东方。关于丝织技术的起源,西方曾经传过扑朔迷离的故事,如古波斯人就比较离谱地说蚕蛾产生于约伯的疗疮里,这显然是毫无根据的。事实上,丝绸是中国远古的一项重要发明,传说中可以推及黄帝时代。据传说,黄帝战胜蚩尤后,统一华夏各部,率民众发展生产,种五谷,驯养动物,冶炼铜铁,制造生产工具,使正妃嫘祖制衣冠。当时制衣原料欠缺,只有兽皮、麻线等,日夜操劳的嫘祖因忧思而病倒。众下属女子为取悦于嫘祖,在山上采集了许多白色"果子",但这种果子咬不动,煮不烂,最后却搅出了柔韧的丝。嫘祖亲自考察后,才确定这种丝是桑蚕丝,可用于制衣。从此开始了中国几千年养蚕缫丝的历史。后来,嫘祖被封为先蚕神,每年放蚕季节之始,由皇后主持宫中祭祀。②

　　汤普逊认为,中国的丝织技术是被国家严格管控的,不允许任何向外方泄密行为。另外的史籍也证实,这一政策被中国周边小国所仿效,玄奘在《大唐西域记》中描述了西域两个小国为获取丝绸织造技术的秘密,借和亲公主在其衣帽中做手脚的故事,恰证实了传说中的"保密"政策并不是虚构。③ 但是,丝绸制品仍然一直是中国对外贸易的"强项",在波斯和罗马的市场上颇受消费者青睐。然而,中国的丝绸商队从来没有能绕开波斯这个中间商,无论是在陆上还是在海上。5 世纪以后,拜占庭帝国开始确定与波斯进行丝绸贸易的几个陆上交易城市,重点是幼发拉底河上的卡利尼古姆、美索不达米亚近罗马边境的尼西比斯和亚美尼亚的阿尔塔哈塔。在海上,通过对印度和斯里兰卡丝绸市域的垄断,波斯仍然轻而易举地控制了海上丝路的中介权。④ 因此,旷日持久的罗马—拜占庭—波斯战争,经常阻断生丝来源,导致生丝价格暴涨。

　　在此背景下,查士丁尼一世加大了对丝绸贸易的控制。在丝绸贸易的重要港

---

① Adele La Barre Starensier, "An Art Historical Study of the Byzantine Silk Industry", Ph. D. diss., Columbia University, 1982, p. 297.
② 《史记·五帝本纪》:"黄帝居轩辕之丘,而娶于西陵之女,是为嫘祖。"李贤注:"《汉旧仪》:春蚕生而皇后亲桑于苑中。"
③ 雷蕾:《中国丝绸撬动古罗马帝国》,摘自《文史参考》2012 年第 18 期。
④ [美]汤普逊:《中世纪经济社会史》上,第 208 页。

口亚历山大城,赫菲斯托斯(Hephaestus)担任亚历山大总督后,强制对城中所有商品实行垄断,禁止别的商人出售任何商品,规定全部由他经营。他可以利用自己的权力,随意确定商品价格。这为他自己和查士丁尼迅速积聚了大量钱财。[①] 受拜占庭与波斯战争的影响,波斯提高了原丝售价,君士坦丁堡等地的丝绸贸易商也只能提高丝绸售价。为此,查士丁尼颁布立法,宣布丝绸服装的售价不得超过每磅8个金币,违法者将被罚没财产。塞奥多拉皇后的亲信、叙利亚商人、曾任君士坦丁堡市长的彼得担任负责税收的国库长官(chief of the treasurers)后,规定所有人都要遵守查士丁尼的这条法令。由于生丝需要从波斯进口,其价格居高不下,他们只好私下高价卖给喜好丝绸的权贵。这种行为一旦被举报,拜占庭帝国就要没收丝绸贸易商的商品,处以100磅黄金的罚款,这使很多丝绸贸易商纷纷破产。彼得宣布丝织工人只能为他个人工作,他将染色的丝织品售价为6个金币,最为昂贵的专为皇室使用的紫色丝绸的售价超过24个金币。专营垄断,彼得为查士丁尼和自己搜刮了大量金钱。国库长官被公认为帝国的唯一丝织品商人和丝绸贸易的操纵者。[②]

　　除了对丝绸进行垄断贸易,查士丁尼一世还对关税和港口交通环节采取强制性规定,使丝绸贸易商的成本大幅增高而难以维系,进而将丝绸贸易完全置于国家垄断和操纵之下。根据史料记载,查士丁尼继位后在君士坦丁堡两侧的塞斯托斯与阿拜多斯之间的赫勒斯滂海峡、博斯普鲁斯海峡设置海关,派两名领有薪俸的官员担任主管,授予他们全权,最大可能地征收关税,收上来的关税全部归查士丁尼。这两处海关官员如同海盗,强迫船主为每件货物缴纳关税。[③] 不仅如此,查士丁尼还任命叙利亚人阿德乌斯负责管理君士坦丁堡港口航运事务。阿德乌斯下令不再允许任何驶入君士坦丁堡的船只离港,除非这些船主缴纳了结关费用,或者答应向利比亚和意大利运送货物。利比亚和意大利在经过查士丁尼征服战争后,经济遭到重创,不仅无利可图,反而会被海盗劫掠或是血本无归,不少船

① ［东罗马］普罗柯比:《秘史》第 26 章,第 128 页。Procopii Caesariensis, *Opera Omnia*, ed. G. Wirth (post J. Haury), vol. 3., Leipzig: Teubner, 1963, TLG, No. 4029002.
② ［东罗马］普罗柯比:《秘史》第 25 章,第 124 页。
③ ［东罗马］普罗柯比:《秘史》第 25 章,第 121 页。

主为此宁愿烧掉自己的船。一些听从命令出航的船主,则向贸易商索要高达原来3倍的运价。丝绸贸易商除通过经小亚细亚的陆路将丝绸运至君士坦丁堡外,更多的是通过地中海海路将丝绸运至君士坦丁堡进行交易。拜占庭帝国大幅度提高关税,使丝绸贸易商不得不以更高的价格将丝绸等货物出售给市民。①

在强买强卖和行政司法手段干预下,君士坦丁堡和亚历山大里亚等众多城市的丝绸贸易商迅速破产,著名丝织基地提尔(推罗)和贝鲁特等地的丝织作坊面临破产的局面。一些丝织工人为生计而逃离家乡,有的甚至逃至波斯境内谋生,拜占庭的丝织业几临崩溃的边缘。②

在此艰难的条件下,拜占庭人以重金向波斯人购买和平休战,试图挽回一些损失。与此同时,查士丁尼一世即位后,随着拜占庭帝国在地中海、两河流域的扩张,试图绕过波斯,在黑海和红海区域开辟能够获得大量廉价生丝的新丝路。

黑海属于地中海贸易体系中的重要组成部分。3世纪后期,受欧亚民族大迁徙的影响,哥特人、阿兰人、斯基泰人、匈人、阿瓦尔人纷纷迁徙到黑海沿岸、南俄草原和高加索山地。在蛮族迁徙的压力下,拜占庭帝国开始大幅度收缩在黑海的势力范围。4世纪匈人迁徙到高加索山以北地区,进攻波斯,后来拜占庭属国亚美尼亚、格鲁吉亚等高加索山南诸国也开始受到匈人的侵掠。匈人一度穿过达达尼尔海峡攻入小亚细亚半岛,对拜占庭和波斯的北边边疆构成了很大压力。6世纪黑海北岸的克里米亚一部分地方,也被匈人和其他游牧部落所控制。查士丁尼时期,由于要彻底控制地中海,在战略上对西欧的日耳曼人、北非的汪达尔人采取攻势,对东方的波斯人和北方的斯拉夫人采取防御。③ 自从君士坦丁堡作为拜占庭首都后,黑海就成为拜占庭帝国物资补给的重要通道,西部和西北海岸的蜂蜜、谷物,南俄草原的皮革,北部森林的皮毛,高加索地区的奴隶等等,均由黑海运至君士坦丁堡。④ 如穿过黑海由克里米亚半岛上岸,或经黑海沿岸陆路至南俄草原,经中亚,绕过波斯,抵达中国,则是一条可以避开波斯的丝路。查士丁尼要建

---

① [东罗马]普罗柯比:《秘史》第25章,第122页。
② [东罗马]普罗柯比:《秘史》第25章,第123—124页。[美]汤普逊:《中世纪经济社会史》上,第209—210页。
③ [美]A. A.瓦西列夫:《拜占庭帝国史》,第208—209页。
④ [美]查尔斯·金:《黑海史》,第75页。

立新丝路,就需要在黑海有自己控制的经济和军事据点。

　　环黑海沿岸地区分布着尤里西亚、乌提古尔、库里特古尔、科尔齐斯等诸多蛮族部落或国家。其中科尔齐斯又名拉齐卡,位于黑海东岸法息斯河(Phasis)右岸,扼守南高加索山脉山口,境内法息斯河有便捷的水运通道,从河港航行九天就可到君士坦丁堡。优越的地理位置和便利的交通,不仅使科尔齐斯成为拜占庭帝国防御匈人、波斯从南高加索山脉发动袭击的屏障[1],也使得科尔齐斯人从拉齐卡出发,便可从海路、陆路轻易与黑海沿岸各国进行贸易。这使科尔齐斯成为黑海沿岸诸国的军事和经济中心。要开辟黑海新丝路,就必须要控制科尔齐斯。科尔齐斯名义上是拜占庭的属国,科尔齐斯国王病逝后,拜占庭皇帝就会派人给将继位的国王送去象征权力的徽章。科尔齐斯国王世代与拜占庭贵族有联姻关系,在拜占庭皇帝的同意下,科尔齐斯国王派人到拜占庭与某个元老家族联姻,并把妻子带回科尔齐斯。虽然如此,科尔齐斯人享有很大的自主权,如其军队不受拜占庭指挥,不必向拜占庭缴纳贡赋,也不用听从拜占庭皇帝的行政命令。

　　查士丁尼继位后,开始从军事和经济等方面加强对科尔齐斯的控制。查士丁尼听从派驻科尔齐斯的拜占庭将军约翰的建议,在拉齐卡的海滨建了一座拥有环形城墙的堡垒城市,取名为佩特拉。佩特拉城一面靠海,一面靠陡峭的悬崖,只有一条狭窄的道路通向外界,其两侧都是很高的悬崖,易守难攻。查士丁尼以佩特拉作为与科尔齐斯争夺贸易利益的据点,这使黑海贸易商们不能再把盐和其他拉齐卡人需要的物资运到科尔齐斯,而是要先运到佩特拉,科尔齐斯人再从佩特拉高价从拜占庭人手中买回。约翰由此成为黑海东部唯一的日用品零售商和商业监督官员。拜占庭此举严重损害了科尔齐斯人的经济利益,以至于科尔齐斯人转而寻求波斯人的武力支持,企图将拜占庭人赶出科尔齐斯。科尔齐斯派往波斯的使臣对波斯王科斯劳埃斯说,拜占庭只给他们的国王留下形式上的王权,而拜占庭拥有实际权威,国王以一个奴仆的地位坐在他的宝座上,却害怕发号施令的拜占庭将军。拜占庭强迫他们购买他们并不需要的产品,高价向他们出售生活必需

---

① [东罗马]普罗柯比著,崔艳红译,陈志强审校注释:《战史》第2卷(波斯战争·下),第85页。Procopii Caesariensis, *Opera Omnia*, vols. 1-2, ed. G. Wirth (post J. Haury), Leipzig: Teubner, 1962, 1963, TLG, No. 4029001.

品,控制他们的贸易商业活动。① 对波斯而言,如果占领科尔齐斯,不仅可将蛮族沿黑海沿岸抢劫拜占庭的物资据为己有,垄断黑海贸易,也可从海、陆毫无障碍地直插拜占庭首都君士坦丁堡。公元 543 年,在科尔齐斯人使者的引领下,波斯借口匈人部落袭击波斯领土出兵占领了拉齐卡和佩特拉。然而,波斯出兵科尔齐斯并非如科尔齐斯人所设想的"仁义之师",科尔齐斯在黑海的重要战略地位,使波斯要将所有科尔齐斯人赶出拉齐卡,将波斯居民迁到该地,实现对科尔齐斯的永久占领。为此,波斯将自己的生活方式、宗教信仰强加于拉齐卡人之上,终止了拉齐卡人与拜占庭人的贸易,并一度要杀掉拉齐卡国王古巴泽斯,这就迫使科尔齐斯人转而又投向拜占庭。公元 549 年,查士丁尼派军进入科尔齐斯夺回拉齐卡,包围了守卫佩特拉的波斯军队,经过苦战夺回了佩特拉城。科尔齐斯对波斯控制黑海、进攻拜占庭腹地具有重要价值。550 年,波斯军队重新攻入科尔齐斯,占领了对拉齐卡安全至关重要的斯堪达要塞、最肥沃的莫切里西斯等科尔齐斯大片领土。由此,查士丁尼企图绕过波斯,开辟黑海新丝路的努力,最终变成了其与波斯为争夺黑海战略要地科尔齐斯的拉锯战。拜占庭不仅没有达到其开辟丝路的经济目的,还失去了对科尔齐斯大部分地区的控制权。为防止波斯通过科尔齐斯控制区向其腹地发动进攻,影响其在地中海北非地区的军事行动,552 年,拜占庭与波斯签订和约,约定双方休战 5 年,拜占庭一次性给予波斯贡赋 2000 磅黄金。②

随着欧亚丝路贸易的发展和繁荣,查士丁尼时代从事远东贸易的拜占庭商人,对罗马湾、阿拉伯湾和波斯湾、丝路东段的印度、斯里兰卡与中国地理方位的认识程度,较先前罗马人有很大提高,这有助于查士丁尼在红海区域开辟海上新丝路。完成于公元 545 年、由商人科斯马斯所写的《基督教世界风土记》一书,对通往印度以及产丝国"秦尼斯达"的海上丝路路线,印度大陆的商埠、物产、地理认识都有准确记载。他指出锡兰处于海上丝路的枢纽地位,是海上丝路沿线各地物资交换的中心市场,锡兰被波斯湾和印度人称为赛勒第巴(Selediba,斯里兰卡),被希腊人称为塔普罗巴奈(Taprobane)岛。③ 相对而言,科斯马斯对中国的记

---

① [东罗马]普罗柯比:《战史》第 2 卷(波斯战争·下),第 86—87 页。
② [东罗马]普罗柯比:《战史》第 8 卷(哥特战争·尾声),第 504 页。
③ [英]裕尔著,[法]考迪埃修订,张绪山译:《东域纪程录丛》,北京:中华书局 2008 年版,第 195—198 页。

载则很模糊，他将中国称为"秦尼扎（Tzinitza）"，对秦尼扎的地理位置记载也不是很清楚，且对秦尼扎内部的商埠分布、地理状况也一无所知，"产丝之国位于印度诸邦中最遥远的地方……其左侧为海洋所环绕，如果从秦尼扎扯一条绳子，经波斯到罗马领土，那么大地恰好被分成两半"，而科斯马斯所指的实际地理位置可能为马来亚或交趾。[①] 这说明拜占庭丝绸商人在欧亚海上丝绸贸易活动的主要地区可能止步于东南亚沿海。究其原因在于自丝路开通始，波斯几乎一直控制着美索不达米亚南部的所有港口，波斯商人倚仗在波斯湾和印度洋的海上优势，直接到南印度进行贸易，并在印度建立了自己的商业殖民据点。5 至 6 世纪波斯与中国南北朝政权都建立有朝贡性质的政治经济联系，波斯商人及与丝路关系密切的波斯僧侣在南朝分布甚广，他们很可能控制着由锡兰、交趾到广州、南京的丝路，刻意阻隔拜占庭商人与真正的丝绸产地中国建立直接的贸易联系。

　　科斯马斯在《基督教世界风土记》记载了阿克苏姆王国（the Arksum Kingdom，今埃塞俄比亚）等红海地区的国家与民族在海上丝路阿拉伯海及印度洋段中的重要地位，"从拜占庭到亚历山大里亚 50 站，从亚历山大里亚到大瀑布群（Cataracts）30 站；从瀑布群到阿克苏姆 30 站；从阿克苏姆到埃塞俄比亚突出地，大约为 50 站。埃塞俄比亚突出地即是出产香料的巴巴利地区（索马里）。……巴巴利人便前往内地经商，带回许多种香料，如乳香、肉桂、菖蒲，以及其他许多商货，此后他们又将这些商货从海路运往阿杜里（Adule）、希米雅提国、内印度和波斯"[②]。从中可见，阿克苏姆王国具备在红海、阿拉伯海、印度洋、波斯湾进行丝绸等货物贸易的能力。如果借助阿克苏姆王国以及巴巴利国开辟印度的丝绸贸易网络，则可能不会被波斯的阻挠，并可借阿克苏姆商人之手建立与中国的经济联系。因此，按照科斯马斯对海上丝路的记载，通过掌握能够远航到东南亚航海技术的阿克苏姆王国及周边的商人之手，拜占庭帝国就存在建立与中国"秦尼扎"直接联系的可能性。

　　根据普罗柯比《战史》第一卷《波斯战争》记载，查士丁尼时代红海及两岸地区，除阿克苏姆王国外，还有占据沙特阿拉伯半岛西南港口的霍默利泰人（也

[①] ［英］裕尔：《东域纪程录丛》，第 182—183 页。
[②] ［英］裕尔：《东域纪程录丛》，第 185—186 页。

门）、盘踞沙特阿拉伯半岛沙漠的萨拉森诸部落、埃及与埃塞俄比亚边境的布莱米人和尼罗河流域的诺巴泰人等众多部族国家。他们彼此之间的关系较为复杂，既相互贸易，又相互争夺强掠。如阿克苏姆王国与霍默利泰人分别扼守红海入印度洋的东西港口，两国之间有密切的贸易关系。由于霍默利泰人所占地区土地肥沃、物产丰饶，阿克苏姆国王赫莱修斯（hellestheaneus）就以霍默利泰人迫害基督徒为由，渡海出兵杀死霍默利泰国王，宣布霍默利泰人的国土归其管辖，指定霍默利泰人埃斯米发尤斯（Esimiphaeus）管理当地，每年向阿克苏姆缴纳贡赋。后来占领也门的阿克苏姆王国的军队与霍默利泰人联合发动叛乱，推翻了埃斯米发尤斯，推选霍默利泰人阿布拉姆斯为国王。随后赫莱修斯两次派兵进攻霍默利泰，都以失败告终，最后以阿布拉姆斯同意每年向阿克苏姆缴纳贡赋告终。拜占庭除在埃及有驻军外，在红海主要通过政治和宗教手段来处理与红海诸国、部落的关系。如在尼罗河埃勒凡泰尼城（Elephantine）附近建立拜占庭人和蛮族人共享的神庙和祭坛，让牧师和布莱米人、诺巴泰人，通过共同的宗教活动促进两部族的政治关系，使两部落人都变成信仰希腊神祇。又如查士丁尼将巴勒斯坦边境的萨拉森部落首领任命为巴勒斯坦地区萨拉森人的海军统帅，以保护巴勒斯坦沿海。公元531年，查士丁尼派他的舅父朱里安（Julianus）赴红海，说服阿克苏姆和霍默利泰人达成反对波斯人的条约。大致内容是阿克苏姆商人抢夺波斯在阿拉伯海和印度洋上丝绸贸易的垄断权，霍默利泰人与马德尼萨拉森组成联军在阿拉伯半岛发起对波斯人战争，削弱波斯在阿拉伯半岛沿海的势力。

　　然而，阿克苏姆王国并没有实现查士丁尼将丝绸贸易的重心移到红海、印度洋地区的战略意图。阿克苏姆王国在欧亚海上丝路的位置，无法和波斯帝国陆地与印度接壤、海路经波斯湾直抵印度的地理优势相比，商船从波斯湾出发显然要比从也门半岛出发近很多。阿克苏姆王国的海上力量也无法与波斯海军相抗衡，因此，波斯商人总是占尽先机，波斯船只刚刚进港停靠，他们便将货物全部买走，阿克苏姆人根本没有能力从事丝绸贸易。[1] 因此，阿克苏姆王国能够到印度从事香料等奢侈品贸易，很可能是在波斯默许下进行的。阿克苏姆王国没有对拜占庭

---

[1] J. B. Bury, *History of the Later Roman Empire: From the Death of Theodosius I to the Death of Justinian*, p. 326.

的要求加以拒绝,其原因很可能是想借助拜占庭的军事支持,消灭也门半岛上的霍默利泰人,进一步实现其控制红海商路的经济目的。阿克苏姆国王对波斯帝国强大的实力有充分认识,如果冒风险去履行他们与拜占庭签订的贸易协定,与波斯爆发战争,拜占庭人是否会出兵相助也未可知。① 因此,查士丁尼虽利用政治手段说服了阿克苏姆王国开辟贸易线路,却无法获得急需的丝绸。公元575年,波斯人应也门阿拉伯人首领塞义夫的请求,出兵赶走了盘踞在也门的阿克苏姆人,重新控制了红海出海口。被查士丁尼寄予厚望的霍默利泰人虽多次答应查士丁尼出征,只有一次派了军队,半路又折返回来,根本不敢对波斯发动进攻。② 至此,查士丁尼企图依靠红海沿岸地域性强国和部族,挑战波斯丝路霸权的努力彻底失败,拜占庭的丝绸贸易又陷入瓶颈期。

这时,传说中两个游方僧人到访查士丁尼的事件,在拜占庭长期以来极力摆脱波斯控制而不得手的时候,给帝国的丝织业带来了一线光明。据普罗柯比记载,约在552年,两名东行至中国的景教徒,远渡重洋归来,谒见查士丁尼皇帝,向他解释了中国人养蚕抽丝的秘密。关于两位景教徒的来处,古籍有不同的说法,普罗柯比说来自印度的赛林达,塞奥法尼斯说来自西域的赛里斯,张绪山经过细致考证,确信所谓的赛里斯和赛林达都在中国古时所说的西域范围之内。他们向皇帝说明了携蚕种远行的可行性计划,并主动请求担此重任。查士丁尼闻之大悦,立即使此二人再度东行盗蚕,并许以重酬。于是,这两位冒险家把蚕种藏在竹杖之中,避开了中国海关人员的严格检查,把蚕种带至君士坦丁堡。③ 汤普逊认为,此是西方丝业的开端。到十字军时期,丝绸制造业已经遍传于希腊、南意大利和西西里了。④

获得蚕种和相应养蚕缫丝的秘密之后,两位远游归来的修士亲自指导拜占庭人掌握相应技术。不久之后,叙利亚成为最早的养蚕基地,随之在小亚和希腊半

① Irene M. Franck and David M. Brownstone, *The Silk Road: A History*, New York: Facts on File Inc., 1986, p. 156.

② [东罗马]普罗柯比著,崔艳红译,陈志强审校注释:《战史》第1卷(波斯战争·上),第44页。

③ 徐家玲:《中国丝织技术西传考——从君士坦丁堡到里昂》,《东北师范大学学报》1995年第6期,第33—38页。

④ [美]汤普逊:《中世纪经济社会史》上,第210页。

岛广泛传播了种桑、养蚕和缫丝技术。虽然在此后很长一段时期,从波斯进口生丝的贸易活动仍在进行,但丝织业毕竟在拜占庭领地上迅速发展起来,君士坦丁堡、贝鲁特、提尔(推罗)、安条克、底比斯等地乃至埃及的亚历山大,都建起了丝织工坊。桑树也在这些地区普遍种植,伯罗奔尼撒半岛由种桑养蚕事业的繁荣而改变了古称,在整个中世纪以"莫利亚"(Μωρέας 或 Μωριάς,即桑树之地)著称。①

从此拜占庭织造的精美丝绸开始进入西欧各中世纪新兴国家的宫廷中,到查士丁二世时期,拜占庭皇帝已能够十分得意地陪同来访的突厥人使者参观政府控制下的各丝织业部门了。② 到了 10 世纪时,一部著名的君士坦丁堡管理法规《市政官法》(Eparchikon Biblion)的条文,揭示了拜占庭中央政府对于丝织工人和丝绸价格的严格监督管理的规范。③

此后六个世纪内,拜占庭的奢侈品,尤其是其丝织品和优质呢绒成为地中海世界市场上的紧俏商品,从帝国各作坊中生产出的那些鲜艳夺目、工艺精湛的丝织品、金银丝织锦,成为人们制作礼服、圣衣、皇袍的上品,是全欧洲君主、主教及富有者阶级所热衷于搜寻的目标。拜占庭的丝织业中心城市,如塞萨洛尼基、佩特雷、科林斯、雅典、底比斯等在国际市场上享有的崇高声誉可同后世巴黎和里昂时装业所享有的声誉相比。

7—9 世纪,新兴的阿拉伯人通过长期战争夺取了原属拜占庭的近东、小亚细亚、北非、埃及和西班牙及地中海诸岛,从而继承并在更大的范围内传播了拜占庭的丝织技术,但没有能够取代拜占庭在种桑、养蚕及丝织技艺上的垄断地位。紧接着,大批十字军东行,使西欧对东方奢侈品的需求量大大增加,从而更加刺激了拜占庭丝织品的出口贸易。直到 12 世纪初,拜占庭在奢侈品出口贸易方面的垄断地位才遇到来自意大利的挑战。

---

① Roberts Lopez, *Silk Industry in the Byzantine Empire*, *Empire and the World Around It*: *Economic and Institutional Relation*.

② [美]A. A. 瓦西列夫:《拜占庭帝国史》,第 262 页。

③ 关于《市政官法》的译注和有关研究,见毛欣欣、李强:《拜占庭〈市政官法〉译注》,《古代文明》2012 年第 6 期。毛欣欣:《君士坦丁堡城市管理研究》,长春:吉林大学出版社 2017 年版。徐家玲、毛欣欣:《〈市政官法〉对君士坦丁堡城市管理理念》,《经济社会史研究》2018 年第 4 期,第 54—67 页。

如果把中国丝织技术的西传做一简略年表,人们会看到,在地中海政治环境的不断变换中,中国的丝织技术和掌握了这门技术的工匠一路西行,先是在阿拉伯人征服之后,地中海东部的丝织业基地纷纷落到阿拉伯人手中,从而继承并在更大范围内传播了拜占庭的丝织技术。为躲避战乱和破坏圣像时期的内部争端,无数叙利亚和希腊半岛南端的工匠被卷入移民潮,进入相对少受战争骚扰的南部意大利,约在11世纪,意大利南部已有大片桑树林,西西里也有相当数量的丝织品出口。12世纪以后,诺曼雇佣军首领罗杰二世(1103—1154年)于意大利南部建立了包括西西里、阿普利亚、那不勒斯和卡拉布里亚在内的王国,史称西西里王国(1103—1194年),并频繁发动对拜占庭属希腊半岛的攻势。1147年,罗杰以其强大的舰队夺得了亚得里亚海上的拜占庭属地科孚岛,并以此为跳板一举进入希腊半岛南端,占领了科林斯、纳普利翁,掠夺了埃维厄岛。随后进入底比斯,把这里的大批丝织工人掳为战俘,连同他们的丝织品一道带回西西里岛,这次战争行动对拜占庭丝织业的发展是一个沉重的打击,却刺激了西西里岛丝织业的繁荣。

不久,丝织业从诺曼人统治下的南意大利一路北上,传到那不勒斯、卢卡、锡耶纳、佛罗伦萨、热那亚、威尼斯甚至米兰。14—15世纪,意大利已完全取代了拜占庭,取得了丝绸生产和出口的垄断地位,卢卡则在意大利丝绸生产和贸易方面占有绝对的优势。14世纪后期,由于卢卡被比萨征服,其丝织业也从此衰落下来,身怀绝技的丝织工人被迫流亡各地,在佛罗伦萨、威尼斯、波伦亚受到了热烈欢迎,得到了公民权和各种其他特权,从而使这些城市丝织业更加繁荣。

16世纪之后,丝织业开始进入法国罗讷河谷,18世纪,则向萨瓦做了"最后的冲刺",之后又传至英国,在现代工业革命热潮中大放异彩。但即使如此,拜占庭和近代欧洲对于中国丝绸的依赖性并没有减少很多,无论就养蚕育种的环节上还是在缫丝纺线的工艺上,西方只从两个游方修士身上学的东西是远远不够的,中国的丝绸在西方世界仍然有着很高的声誉和广阔的市场。张绪山注意到一位西方学者对中西方养育幼蚕的差距的评说,他说:"不管养蚕家们和学者们持有何种观点,我认为这一点是历久不易的事实:中国人在育蚕生产的所有实践问题上都具有无可怀疑的优越性,取得了惊人的成就……我要补充一点细节知识,以说明中国人的养蚕法对于欧洲育蚕法的优越性:他们的蚕虫损失率仅有1%,而在我们欧洲人这里死亡率高于50%。"①而且,中国缲丝技术的重要环节,即必须在滚开的热水中用很长的木棍搅拌蚕茧抽丝的技术,也不是西方后学者能很快了解或领悟的。所以,西方丝织品的柔韧度远不及中国丝绸。如此看来,即使中国人没有如一些西方学者所言刻意封锁丝织技术,欧洲人也没有在丝织技术的细节手法上很快超越中国,只是在英国工业革命时代,丝织业被纳入机器制造的洪流中之时,才彰显了现代工业的魅力。但无论如何,从传说和史著中所看到的查士丁尼,的确为这种来自东方的特殊技术西行之路开了先河。不难理解,为什么法国年鉴学派大师布罗代尔要崇敬地称查士丁尼为"丝绸之帝"②了。

第三节

东方大地产的形成和农民地位的变化

一、 罗马—拜占庭大地产的形成

5世纪后期,即在查士丁尼王朝的前任阿纳斯塔修斯(491—518年在位)时期,地中海东西方世界已经开始分道扬镳。西方世界,自476年之后,陷于诸"蛮族"王国的无休止的相互攻击、逐渐整合的混战之中;在拜占庭东方,则在不断排除外来干扰、保持相对安定的政治秩序的背景下走上经济复苏之路。与之相关的一个特别值得关注的现象,就是东方帝国各处大地产的形成和发展。

罗马—拜占庭大地产的形成有多条渠道,一是由国家向富裕者阶级(大贵族、土地包租者、军事和官僚贵族、元老贵族等)直接售卖国有地产(皇产);二是大土

---

① 张绪山:《中国育蚕术西传拜占庭问题再研究》,《欧亚学刊》第8辑,北京:中华书局2008年版,第194页。
② [法]费尔南·布罗代尔著,顾良、施康强译:《15—18世纪的物质文明、经济和资本主义》第一卷,北京:生活·读书·新知三联书店1992年版,第385—386页。

地所有主以"庇护"的方式吞并小土地所有者的私有地产;三是大军事贵族使用武力强势侵吞原来并不属于自己的土地和财产;四是大量的善男信女相信可以把财富"存于天上"①,并积极地向教会当权者馈赠;最后是一些有功人士直接受到皇家的赏赐,成为新兴贵族。

罗马的"国有产业"曾经是一笔庞大的财富,包括:由罗马法所认定的各自治城市保留的"公民地",按罗马法律没收的罪臣、重犯,"无遗嘱继承"和"遗嘱无效继承"的贵族官宦之家的世袭房地产,罗马帝国时期靠征服其他弱小国家而兼并的被征服国"国有"土地,没收、荒废的古罗马异教神庙土地和城市土地,在早期基督教被迫害时期没收的教会财产及顽固的基督教私人财产等。② 在前期罗马帝国的动乱时期,2—4 世纪间,罗马世界频繁的战争和灾祸、皇位的频繁更替,是皇产大规模集中的一个重要原因。"3 世纪危机"期间,罗马军事贵族纷纷崛起,大大小小的军事贵族通常拥兵自重,在忠实于自己的士兵们拥戴下成为皇帝。如科瓦略夫所说,士兵们竞相"制造"自己所拥护的元首(皇帝)。③ 而在帝位更替过程中首当其冲的是那些有财产、有势力的大土地贵族和元老阶层。一般而言,一旦新的元首上位,就需要重新组建新的元老院。如是,支持新帝上位的元老得以保留,反对者被定罪,其土地被没收。于是,国有土地在"3 世纪危机"期间获得极大的扩张。④ 4 世纪以后,基督教在罗马—拜占庭帝国之地位的变化,和君士坦丁以后历代皇帝对"异教徒"和"异端"的迫害政策,也加快了皇产集中的过程。其中,各地的异教神庙土地占这类财产中的很大比例。君士坦丁本人就曾没收了异教神庙的土地,用它充实皇产。⑤

其次是庇护制的发展。自"3 世纪危机"以后,由于局势动荡、战乱频繁,加之天灾和重税的负担,使相当一些自由农民感到处境艰难、无力自保。于是,他们采取假卖身的方式,将自己的土地和人身托庇给某一个地方豪强,从此成为失去人

① 《圣经·新约》。

② A. H. M. Jones, *The Decline of the Ancient World*, pp. 158 – 160.

③ [苏]科瓦略夫著,王以铸译:《古代罗马史》,北京:生活·读书·新知三联书店 1957 年版,第 885—919 页。

④ A. H. M. Jones, *The Decline of the Ancient World*, pp. 132.

⑤ 徐家玲:《早期拜占庭和查士丁尼时代研究》,第 71 页。

身自由的依附农,但同时也摆脱了国家税吏的骚扰。这种庇护制的发展"阻塞了皇帝权力的施行,妨碍了司法的执行和赋税的征集,使政府的权力化为乌有。尽管皇帝曾企图限制这种习惯的传布,但无论在东方或西方,它还是方兴未艾。在小亚细亚、在西班牙、在埃及、在高卢,都有这种恶习的存在"①,"大地主吞并着周围的小块土地,有产阶级由于庇护制盛行,不断增加着他们的经济和政治权力。这些过程破坏了帝国政权的完整性","深刻改变了帝国社会的结构"②。这种庇护制在帝国东部和西部都很普遍,而且在西方表现得更残酷。③

罗马—拜占庭国家试图控制这种逃税现象。368年的敕令严格规定了对这种现象的惩罚方法:对接受庇护者的领主处以25镑黄金的罚款。随后,这类假卖身的文契被视为无效,书记员们若敢于为他人起草这类文件将被剥夺法律代理人的资格。366—534年间,皇帝们先后颁发的八个法令,揭示了小自由农破产的基本过程,这些法令中有六个是致东方大区总督的,其中特别强调的是埃及的情况。但是,政府的这一努力并无任何效果。④

晚期罗马帝国对庇护制的政策,与两汉时期的中国是不同的。在中国,也有类似罗马庇护制的"荫客"现象。虽然,早在春秋时期,中国就有一些依附于富有主人的"客"和"宾客",但这些为"客"为"宾"者只是富豪家中的食客,是统治阶级成员,与西汉时期的"宾""客"不是一个概念。西汉时期,除了一般意义上的"客"、食客,还有一批处于主人剥削下的"客",即主人的依附农。在西汉中后期,这些"客"的地位进一步下降,出现了与奴婢地位相近的"私奴客"和束缚于土地上的农业劳动者,后者相当于西欧的农奴或准农奴。到了东汉时期,"客"与"宾客"人数激增,其地位也在不断下降,他们有的是在流放地服刑的罪犯,有的是投身于他人庇护之下的贫苦农牧民,也有的是破产的流民。东汉末年,已经出现了一些蓄养数百数千户"客"或"宾客"的大地主官僚,这些"客"民实际上是农奴,负有为主人耕田打仗的义务。但是,与晚期罗马帝国不同,中国的朝廷承认这种依

① [美]汤普逊:《中世纪经济社会史》,第59页。
② A. H. M. Jones, *The Later Roman Empire 284 -602: A Social Economic and Administrative Survey*, pp. 156 - 157.
③ 马克垚:《西欧封建经济形态研究》,北京:人民出版社1985年版,第12-13页。
④ J. Lindsay, *Byzantium into Europe*, p. 42.

附身份为合法，皇帝们经常赐自己的臣属以大量"客""民"，使其拥有"荫客"和世袭领兵权。① 而在罗马帝国，接受庇护者却受到无情的打击，惩罚之剑甚至落到了契约书写人书记员的头上。这的确是值得注意的现象。

其三，一些新兴的军事贵族构成晚期罗马帝国时代的大地产主，他们多行伍出身，甚至其中有不少人属于"蛮族"成员。在"3世纪危机"期间，军事贵族与元老贵族的长期较量持久激烈，受挫折最重的自然是元老贵族。因为他们一向以维护自己的传统特权为最高宗旨，不自量力地与握有武装的军人对抗，因而多次遭到军人贵族出身的皇帝们的清洗和屠杀。早在戴克里先之前很久，元老院在国家政治和军事生活中的地位已经一落千丈。但是，由于财富的集中，一部分元老贵族还保有一定的余威。相对而言，西方的元老贵族在数量和掌握财富方面还是强于东方的元老贵族。自帝国时期以来，历代元首和皇帝们更多地依赖那些新兴官僚和军人阶级，不再重视元老们的意见。许多皇帝本人就是出身寒门的士兵，他们自塞维鲁改革以来，有机会可以因其战功而逐级升迁，乃至成为将军，戴克里先、君士坦丁和君士坦丁之父康斯坦提乌斯都是这样出身寒微而名声显赫的军人皇帝。他们由于战功而拥有权力，由于拥有权力而拥有财富，成为帝国最大的一批大土地所有者。

罗马帝国晚期的基督教会是后起的大地主。自君士坦丁承认基督教的合法地位之后，教会势力有了很大的发展，除了从历代皇帝手上取得的种种特权之外，教会获得的种种馈赠形成教会产业的绝大部分。另外，由于基督教至尊地位在君士坦丁之后日益巩固，各种传统宗教和民间宗教也都被打成"异教"，其教产则归于基督教会名下。4—5世纪间，是基督教发展中的所谓"田野福音"传教阶段，基督教会大规模向农村发展，小亚和西亚、埃及各地的"异教"势力受到致命打击，基督教会财产因而迅速膨胀，卡帕多西亚省的土地几乎全部被基督教会所占有。② 基督教修道院运动的发展也使教产通过另一条渠道激增。据学者们统计，在536年，仅君士坦丁堡一地，就有男修道院67所以上。③ 修道院和教会地产的

---

① 马克垚：《西欧封建经济形态研究》，第14—15页。
② ［美］汤普逊：《中世纪经济社会史》，第102页。
③ ［苏］列夫臣柯著，葆煦译：《拜占庭》，北京：生活·读书·新知三联书店1960年版，第27—28页。

迅速膨胀，使教会和修道院的首领拥有了以往所不曾有过的政治和经济权力，在他们的广大地产上从事劳动者，基本上是隶农和隶农化的奴隶。

最后，拜占庭东方帝国的新贵构成新兴的大地主阶级的另一支力量。旧的元老贵族至少在东方已经退出了政治舞台，许多旧元老在君士坦丁迁都后没有随驾东迁，而留在自己的领地上。① 君士坦丁不得不从新的官僚军事贵族中选拔人才，充实元老院和政府机关，他们因其忠心地为皇权服务而得到相应的奖赏和大片土地。拜占庭东方的元老阶级从此发生了质的变化，他们的出身成分、个人经历及其在自己地产上从事经营的基本方式，已经表明他们是奴隶制生产瓦解后产生的新阶级，即使不是中世纪欧洲封建阶级的典型代表，至少可以认为他们是中世纪欧洲封建主阶级的前辈。

二、 对于早期拜占庭新经济因素的认识

关于早期拜占庭—罗马世界大地产的性质问题，古今中外的学者们都进行过认真严肃的讨论。苏联史学家科瓦略夫认为，早期拜占庭时期的大地主阶级是所谓"半奴隶制""半封建制"的大地主，不是严格意义上的中世纪农奴主阶级，而只是奴隶关系瓦解时期的独特形式。② 这种说法笔者不敢苟同。从历史上看，任何一种经济文化形态的演变都是一个动态的过程，每一时代都有自己的特点，每一时代也都有上一时代留下的痕迹。任何人都不能像解答数学公式那样解释历史，把历史的过程写成 $1+1=2$ 那样的简单等式。实际上，罗马帝国晚期的社会经济体制处于一种过渡状态，其中既有旧世代的因素，又有新时代的细胞，奴隶制的瓦解和新的封建因素的产生是同时发生的。因此，不能把所谓"半奴隶制"和"半封建制"视为两个根本不同的概念。具体地说，在晚期罗马帝国，那些大的元老贵族虽然已经采用了隶农制的生产方式，但是在其骨子里还没有摆脱奴隶制传统观念的束缚，还不能视为独立的封建主阶级。但是，"3世纪危机"以后，在国家政治生活和经济生活中起主导作用的已经不是旧的元老贵族阶级，而多是出身寒门、由

① J. Lindsay, *Byzantium into Europe*, p. 37.
② ［苏］科瓦略夫：《古代罗马史》，第 920—921 页。

仕途生涯或军事生涯升至元老地位的新兴势力的代表,这些人才是拜占庭新兴阶级的代表。

　　与大土地所有制迅速发展的同时出现的,是小生产者的破产和自由城市的衰落。罗马帝国是以城市生活为主的国家,奴隶制的商品货币经济在罗马统治时期始终占优势地位。但是,随着奴隶制的衰落和城市生活的萧条,地方性的自然经济化开始居于主导地位。由于通货膨胀的发展和货币体系的瓦解,许多地区恢复了以物易物的交换方式。国家开始征收实物贡赋,军政官员的薪俸、服装和给养等也开始采取实物方式支付。[①]

　　奴隶来源的减少,使奴隶主们不得不采取隶农制的方式,奴隶的法律地位也有了提高。从2世纪开始,国家严令禁止主人随意屠杀奴隶,后来承认了奴隶的婚姻和家庭存在的合法性。君士坦丁时期则规定了在主人死后家庭析产时,应该注意勿使奴隶骨肉分离。[②] 随着释奴现象越来越多,奴隶正在逐渐演变为主人的依附佃农,并开始隶农化。他们的经济地位已经几乎与隶农完全一样,但在法律上,他们还保持着奴隶的身份。

　　与奴隶制生产方式衰落、奴隶实际地位发生变化的同时,隶农制有了较快的发展。隶农原来是自由的佃农,以租种地主的土地谋生,租期一般是五年。戴克里先时期的立法曾有禁止隶农迁徙的内容,表明在戴克里先以前,有些隶农是有迁徙自由的。但也有一些世代代居住在一块土地上的世袭隶农,如阿非利加皇苑上的隶农。但从法律上讲,他们有迁徙的自由。因此,最早的隶农是奴隶制经济的附属成分。

　　但是,后来隶农的阶级属性和法律地位发生了变化。在这些被称为隶农的租佃劳动者中,有接受庇护的前自由农、被释奴和原来的隶农。他们通常都在皇帝和大地主的地产上劳动,向他们的主人交纳地租。其地租形态随其生产和活动地区不同而有所区别,有分成制地租、实物租和实物-货币混合租,租额也依地区不同而各有区别。自由租佃契约几乎已经不存在。被束缚在土地上的隶农数量远远超过了小土地所有主和自由租佃农。4—5世纪间,国家一直严格限制着隶农

―――――――――――

① 徐家玲:《早期拜占庭和查士丁尼时代研究》,第69—70页。
② 马克垚:《西欧封建经济形态研究》,第14—15页。

的自由活动范围,戴克里先的税收改革就是使隶农失去自由、把他们固定在土地上的开端。他使每个劳动者与一定量的土地结合为一个征税单位,即后人所概括的"轭-丁制"(capitio iugatio)。"轭"是牛轭,即一副牛犁一天的耕作面积,"丁"是劳动力,于是,每个劳动者都与一定的纳税土地紧密联系起来,最大限度地保证劳动力不流失。① 君士坦丁时期进一步规定了对逃亡隶农的处置方法是"给他戴上镣铐"。4—5世纪间许多皇帝的法令都强调了对逃亡隶农的惩罚办法。这一方面说明隶农逃亡已经成了普遍现象,另一方面也说明国家不惜一切代价来阻止隶农的逃亡,以保证土地上需要的劳动力。

与此同时,社会其他阶层的劳动者也被严格地束缚在自己的岗位上,甚至负责组织公共福利和服务行业的城市议员库里亚的身份,也被严格地固定下来。本来,城市库里亚在城郊通常有自己的领地,但随着城市经济的衰落,他们对农村的控制力也减弱了。他们自己的财产权受到国家的粗暴掠夺,还必须承担城市建设和城市交通娱乐的开支,在城市不能完成应交的国税时,还得以自己的财产补充税款的不足。因此,库里亚成员像"被捆绑起来的牲畜一样,任人宰割"。为了使库里亚成员严格履行其义务,国家法令规定,库里亚阶级只有在他们拥有12个子女时,才可以免于为国家服役。士兵的儿子若以断指的行为逃避军役,则必须承担库里亚的义务。因此,许多库里亚成员为了摆脱自己的义务,不惜抛弃有限的财产,甚至卖身为奴。②

虽然从拜占庭的税收制度中可以看到国家政策倾向于各地区和阶层的平等,实际上却是贫富阶层的严重分化。"3世纪危机"后,罗马帝国虽然取消了意大利的特权地位,使各地区的居民趋向于平等,但是自由人和不自由人的差异却在增加。结果是出现了新的更深的社会分化:富裕者(Honestires)和贫贱者(Humiliores)的分化。在这一时期,富人和穷人犯同样的过错(或犯同样的罪),其所受的惩罚是不同的,如果富人犯某一罪行须被流放的话,穷人犯同样的罪就得被处以死刑。③

---

① ［美］汤普逊:《中世纪经济社会史》,第48—19页;徐家玲:《早期拜占庭和查士丁尼时代研究》,第36页。

② J. Lindsay, *Byzantium into Europe*, pp. 41－42.

③ J. Lindsay, *Byzantium into Europe*, p. 43.

三、 早期拜占庭的贸易和城市

"3世纪危机"期间,帝国的东西两部之分野日益增加,东方的富庶和文化生活的丰富使这一分野更加明显。在叙利亚和小亚细亚,贸易活动以相当的规模进行着,出现了如亚历山大、安条克这样人口达几十万的城市,而在西欧,城镇几乎变成了乡村。东部城市发展得很快,5世纪时,君士坦丁堡因人口膨胀,不得不构筑新的城墙。当时的一个传教士提密斯特描述了拜占庭城市的繁华,在那里,高达七层和九层的楼房比比皆是,帝都成了"雄伟壮丽的建筑物的巨大建造厂",建筑师、装饰匠人和手艺人在此地大显身手。[①]

在蛮族入侵的狂潮中,希腊本土曾多次受到蛮族军人的践踏。但是,在埃及、叙利亚、小亚细亚,手工业生产依然繁荣,技艺精湛的工匠生产出了羊毛和亚麻织品,金属铸造和冶炼工业、玻璃珠宝制造业也十分发达。亚历山大是著名的纸草、玻璃制品、纺织品出口产地,黑海岸的本都地区盛产矿物和冶金产品,埃及是首都和阿拉比亚谷物市场的主要供应基地,与远东的贸易也异常繁荣。叙利亚和美索不达米亚地区与中亚地区的贸易活动十分活跃,叙利亚的金缕绣品和玻璃制品甚至远销中国,埃及通过锡兰与红海联系,黑海的港口都有通向东方和北方的航道。[②]

拜占庭的工商业受到政府的严格控制。对外贸易被课以很高的关税(一般是12.5%),而且只限于在几个固定的港口城市进行。如对远东贸易的主要口岸是克里斯马和优塔巴,黑海贸易的主要港口在希隆,对波斯贸易的口岸设在尼西比斯和卡利尼古姆等。在多瑙河上,还有几处对西方贸易的口岸。政府严禁生铁、铜、武器和铠甲出口。内部贸易受到国家保护,河道、港口、商路和桥梁都受到了精心的维护,即使在汪达尔人横行西地中海时,帝国东西部通过地中海和内陆航道及陆路运输的贸易活动也一直比较繁荣。帝国庞大的官僚机构和军队每年所需的给养和薪俸,由于商人的活动而有了必要的保障。[③] 国家控制着丝绸、武器军服、货币及贵金属矿的生产与开发,在这些国有工坊里,特别是在纺织业中,奴

---

① J. Lindsay, *Byzantium into Europe*, pp. 43 – 44.

② J. Lindsay, *Byzantium into Europe*, p. 44.

③ A. H. M. Jones, *The Decline of the Ancient World*, pp. 310 – 312.

隶劳动还是经常使用。但是,也有被组织在行会中的自由的手艺人,他们向国家纳税,并需承担国家的派差。因此,在东部帝国,既有自由的手工业者,也有奴隶生产作坊,既保存了古典的奴隶制的生产方式,也发展了新的隶农的生产方式,一切变化都在古典国家的陈旧的框架内完成。

在西部的工商业阶级衰落以后,东部的工商业阶级究竟在帝国的政治生活中起到什么作用,奴隶劳动在工业活动中占多大的比例,这是我们论及早期拜占庭帝国发展时期与西欧有哪些不同时所必须解决的问题。

在东部帝国,叙利亚人、犹太人、希腊人、埃及人、亚美尼亚人垄断了东方贸易。在5—6世纪时,东方商人的主要活动地区是在西方,他们忙于"接收"残余的商业贸易路线,向西方的富豪和高级僧侣推销东方进口的奢侈品。他们带来了纸草、纺织品和葡萄酒,甚至带来药草,他们的贸易活动不仅集中于西西里和罗马,而且也到达了巴黎、奥尔良和马赛、莱茵兰及西班牙港口。在帝国的首都君士坦丁堡,有来自当时已知世界各地的船只。拜占庭的货币由东西商路和丝绸之路远涉重洋,到达中国、印度、埃塞俄比亚和西欧各地。

这些商人和高利贷者都是平民,但是他们的富有使得他们有可能通过金钱买到或爬到东部帝国国家政权的高级官职。至少,商人中的上层分子可以同国家保持一致,他们以商人的精明向国家贷款。国家征收关税的权力也都卖出去了,以这种方式,商人和国库官员走到一条战线上。在"富者愈富、贫者愈贫的时候,罗马皇帝越来越依靠富人了。但是,相反的说法也是对的:富人越来越控制了政府"①。商人们需要一个强大的国家,而且他们的经济地位使得他们不可能与帝国富豪大地主们相竞争。他们至多自己购置土地,使自己成为大地主。但是,这并不意味着在东方帝国,大商人和金融家们与元老大地主们的区别已经不复存在。商人们只需要一个稳定的国家,以保证他们的贸易活动平安且多盈利,而大地主们总是被一些权力集团所收买去反对另一派权力集团,以控制国家政权。工商业者希望他们所承担的工商业租税少于土地税,而土地所有者希望恰恰相反。但是,上层工商业者们还是趋向于越来越多地进入国家的政治生活,同时也越来

① ［美］汤普逊:《中世纪经济社会史》,第57页。

越接近于大地主们,他们与下层工商业者的目标是不同的。

"于是,工商业者阶级构成了拜占庭政治生活中的一个重要的反对派,他们可以一次又一次地使局面有所改观,但是他们没有足够的实力来决定政府的主要路线或控制国家政权。拜占庭的官僚机构虽然时常从工商业者阶级中充实力量,但是,总是充当大地主的代理人和支持者,最后,才能顾及工商业者的利益。"①

四、 拜占庭经济复苏的原因

4—6世纪间拜占庭帝国的经济复苏无疑得益于东部相对安定的社会环境,但帝国政府的各项经济政策也在经济复苏中起到了不可忽视的作用。戴克里先和君士坦丁的税收改革和强制性地把劳动人口固定在其岗位上的措施,使东方地区许多荒芜的土地得到开垦和种植。5世纪时,由于天灾、兵祸及官僚税吏的盘剥,东部农民的地位每况愈下,农民逃亡和托庇于某个大地主门下的状况有增无减,因此国家关于反对庇护制发展、制止农民逃亡的法令连连颁布,但成效不大。只是对隶农的政策似乎取得了一定效果,隶农被束缚在他们的土地上。到阿纳斯塔修斯时期,隶农的农奴化基本完成。这位皇帝规定,凡在一块土地上劳动满30年者,就是这块土地上的世袭隶农,他和他的子孙将永远不得离开此地,从而剥夺了小租佃农原本享有的迁徙自由。②

帝国控制生产劳动者的另一措施是加强皇产的经营。早期拜占庭皇产司所控制的土地,除了卡帕多西亚皇苑由皇产司派管理人员直接经营,一般都采用投标包租的形式征集承租人,由中标者在租期间向国家纳税。多数情况下,承租者都是城市库里亚成员和元老地产。这类土地上的劳动者都是隶农,一般地,承租土地以五年为一期,但是,由于一些承租人只追求土地上的收益,并不关心土地的保养和管理,导致皇产土地的条件越来越差。4世纪以后,国家实行了永久租佃

---

① J. Lindsay, *Byzantium into Europe*, pp. 44-45.

② 《查士丁尼法典》XI-48. 49,转引自[苏]列夫臣柯:《拜占庭》,第66页。[美]汤普逊:《中世纪经济社会史》上,第213页。

法和长期租佃法①,允许延长承租时间,鼓励承租人在承租期间改良土地。那些承租荒地,并对改良土地条件做出承诺者,通常可以得到两年免税的优惠条件。② 后来,包租者得到了自己承租土地上的劳动者的处置权。最后,皇产的强制私有化政策又使这些承租人成为真正的地产主。从此,人们对地产的管理和土地条件的改善也更为关注,生产效率大大提高了。

除了加强土地的管理,提高土地上的收益外,国家还采用移民和屯兵政策加强对帝国境内土地的开发和有效利用。③ 早期拜占庭土地上的移民与帝国对蛮族的政策有直接关系,而且特别与帝国的军事制度有密切关系。自塞维鲁实行军事改革后,军队成了罗马帝国皇权的重要支柱。据说,塞维鲁的著名遗嘱是:"团结一致,让兵士们富足,对其余的人不用放在眼里。"④塞维鲁的长子卡拉卡拉最爱说的一句话是:"除我以外,谁都不应当有钱,我是为了把钱给兵士。"⑤鉴于罗马时期的兵士都是有公民身份的农民(这一过程早在康茂德时期已经实现),因此,农民阶级(主要是农村的中小地主阶级)和皇苑经济就成为罗马帝国皇帝实行专制统治的有力社会经济基础。而且,3世纪时许多农民或隶农上呈皇帝的诉状都是由士兵们转呈的⑥,这反映了农民和士兵的密切关系,也说明了皇权与农村广大居民的特殊关系。塞维鲁在位时,"真心地力求改善整个乡村居民的处境,特别是想尽可能地使皇家佃户提高到地主的地位,以改善这些佃户的处境"⑦,因此,自塞维鲁统治时期以后,在亚非的广大皇苑地产上,出现了筑有城垣的"堡",它们采取自治的管理方式,并带有很强的军事领地色彩。历朝皇帝不断地向这些"堡"内安置新的移居者,后者从皇家的禁田中获得一小块土地,名义上是佃农,实际上是军事化的小地主。这种军事屯田制使阿非利加各行省的边境地区成了当地最繁荣的部分。这一时期的碑铭中,常出现当地农民致皇帝的赞颂词,以表

---

① A. H. M. Jones, *The Decline of the Ancient World*, p. 156.

② A. H. M. Jones, *The Decline of the Ancient World*, p. 156.

③ 关于对罗马—拜占庭时期屯垦传统的较深入研究,见徐家玲:《试论拜占庭的拓殖运动》,《世界历史》2009年第2期,第96—105页。

④ [美]M. 罗斯托夫采夫:〈罗马帝国经济社会史〉下,第564—565页。

⑤ [美]M. 罗斯托夫采夫:《罗马帝国经济社会史》下,第579页。

⑥ [美]M. 罗斯托夫采夫:《罗马帝国经济社会史》下,第568页。

⑦ [美]M. 罗斯托夫采夫:《罗马帝国经济社会史》下,第592页。

达他们对皇帝的感恩之情。①

在巴尔干东部的色雷斯地区也有这类的农村居民集聚地——"站"或"集市",这些地方实际上也是军事化的农业屯市。在上日耳曼尼亚地区,那些被罗马政府允准进入帝国境内的蛮族兵士成为边境地区的租佃农,他们一边为罗马人种地,一边防卫边境。此外,按照传统,罗马军人在退役后也可以得到一块土地,从事生产劳动。这些退役军人的"屯市"在埃及居多,在叙利亚甚至在属于阿拉伯民族活动地区的帕尔米拉和两河地区也建立了军事化的"屯市"。这类政策对于边境地区的开发和军队后备力量的培养是有益处的。但是,从另一方面来看,由于驻在边疆地区的多是蛮族或其他亚洲民族的士兵,这使得边疆防备实际上削弱了。

在晚期帝国时代,特别是在日耳曼人大举向罗马领土迁徙之时,帝国政府继续实行这一传统移民政策,使荒芜土地得到了开发。在4—6世纪,负责开发小亚细亚和黑海地区的是亚洲的蛮族——阿兰人和伊苏里亚人。他们被允许拥有家庭,也可以使用奴隶,有时他们可以分得一块份地,士兵们在服役期间经商也享有相应的特权。塞奥多西二世的法典中规定,任何地主得向"判官长申请那些从新近征服地迁移来的劳动者"。到了5世纪时,有些人迹罕至的地方几乎全部被蛮族迁入者所占据,以致当地的名称也改变了。6世纪中后期,大批斯拉夫人移民从巴尔干半岛北方南下,有的还进入了小亚细亚,改变着希腊半岛和小亚细亚的民族成分,充实了这些地区的劳动人口。因此,帝国的农业土地在4—6世纪间得到了较好的利用,农业生产也有了更大的收益。帝国从农民身上可以榨取更多的财富,以保证充裕的国库贮备,应付政府和军队庞大的开支和对匈人、波斯人进行金钱外交的需要。在阿纳斯塔修斯统治时期,帝国黄金贮备达32万金镑。按照1930年代美元和英镑与黄金的比价,约相当于6500万—7000万美元。② 这一数据恰是拜占庭帝国经济复苏的有力证据。

平民们可能就像那些耕种自己土地的小生产者那样组织为一个个小团体。其中有些人的地位也可能像那些隶农一样,被牢固地束缚在自己的工作岗位上,

---

① ［美］M. 罗斯托夫采夫:《罗马帝国经济社会史》下,第593页。
② ［美］A. A. 瓦西列夫:《拜占庭帝国史》,第180页。

但是在东部,由于城市生活始终繁荣,这种现象不那么突出,因为商业活动的繁荣使得商人经常自由迁移易地——所谓"贸迁有无"乃是商人生活的基本特征。在东部,手艺人即工匠的势力一直很强,他们在希腊化诸王国内曾被组织为社团,而在罗马帝国早期,该传统仍然存在。他们在拜占庭帝国中的作用远超过奴隶们在其劳作的大产业(Latifundia)中的地位,那些被组织在行会中的自由工匠,自希腊化时期以来就有这类行会组织,在各个城镇中非常活跃。

在早期帝国,贸易团体是被国家允准的。但是,罗马国家比较多疑,有时还对这类团体进行压制,如图拉真在致普林尼的信中所说的那样。但是,经济上的吸引力使国家越来越多地参与和投入工商业活动,这使国家对这类团体采取了认可的态度,但以国家能够有效地控制这类团体的生产和分配为其前提。而且,行会的成员如库里亚成员一样,要被束缚在这类行会中不得随意改行。如果行会成员逃走或流失,其财产则应归于行会。假定行会中有缺额的话,国家则强令一些经济宽裕的人进入行会。①

在帝国的东部,大地产的情况也不同于西部。在西方,大地主们有相对独立的大地产,他们取得了原来是属于国家的政治权力。但是,在东方,这种情况不多见。拜占庭中央集权政府严格地控制着大地产的发展,大地产还没有演变成自给自足的经济单位。城市生活和城市市场的活跃、广泛的贸易活动仍在城乡之间进行,这种活动使城市经济生活活跃、城市人口繁荣。君士坦丁于 324 年立法规定,凡承租人必须固定在他所劳动的大地产上,此后,任何人逃离他所耕作的土地,都可以被像对待逃亡奴隶那样用铁链捉回来。另一方面,隶农的法律身份仍然是自由人,有权拥有财产和取得财产。与此同时,大地主们得到了在其自己的领地内行使武装力量的权利,他可以养兵,并且传唤被控有过失者到法庭候审。

在不同的行省开始使用隶农的时间不同,在一些地区出现过回归农村会社时代的运动,在这样的运动中,村民们可以得到支持。早在康茂德时期,就有记载告诉人们,在非洲皇室产业上的隶农们发动了反对皇帝派来的管家的运动。在小亚细亚,也出现过类似活动,他们对那些剥削他们的人发难,声明:若有关当局不停

---

① J. Lindsay, *Byzantium into Europe*, pp. 45 - 46.

止对他们的压迫,他们将不再工作。私人的契约中则要照顾到地区的和传统的习俗,个人的反抗常与公众的反抗结合起来。

在农村也出现了许多集体处理地方事务的团体,有的是为了组织宗教和祭祀活动,如在弗里吉亚出现的为祭祀宙斯神的团体,这类团体不仅研究有关祭祀的事宜,也涉及其他公共利益的事情。在东部,经常有控制林场和牧场的团体,也有支持某桩传统习俗的集体行动。隶农是作为一个团体出现的,皇帝对于他们的敕令也将他们视为一个整体。在塞奥多西法典中提到的村庄(Vici)和人们近期发现的关于小亚细亚的民众团体组织萨图斯(Saltus)说明了这样一个事实:在东部各省,村社势力开始复苏,这是同罗马帝国蛮族成分的增加有关的,因为在4世纪,许多日耳曼人奴隶或军人在帝国领地上定居,带来了他们的民族习俗和村社团体规章。在埃及、叙利亚、亚美尼亚、伊苏里亚、小亚细亚内陆、伊利里亚、莫西亚、达契亚等地,到处都可以找到农村会公社存在的痕迹,而在色雷斯地区,则多是自希腊时期就存在的广大的自由农民。①

第四节

4—6世纪帝国的财政与税收

一、 三元化的财税管理机制

在拜占庭帝国早期,财税体制基本保留了罗马时期的特点,只是由罗马帝国时期的二元化结构转变为三元化结构。

在早期帝政时代,即元首制时期,帝国的财政税收由两个部门分别管理:一是国家财政部,其掌管者称皇家财政大臣(retionnibus);另一个是皇室祖业司,其掌

---

① J. Lindsay, *Byzantium into Europe*, pp. 46 - 47.

管者称皇室祖业总监(procurator patrimonii)。前者负责国家贵金属矿的开发,监管国家通行货币的铸造、发行及流通和国库的主要支出,同时管理国属工业部门,包括纺织部门、军械生产部门和军需供应部门等。后者则管理皇家财产"皇室祖业",后来,"皇室祖业"不再被认为是皇帝本人的私产,而被归于皇权掌管的国有财产中。于是,塞维鲁时期建立了一个新的部门,称皇室私产部(resprivita),专门管理皇帝及其宗室的财产(主要为房地产等不动产)。后来,"皇室祖业司"和"皇室私产部"合而为一,构成"皇产司",由"皇产司总长"(magister rei private),后改称"皇室私产司长官"(comites rei privatae)统一管理。

在罗马帝国时期,皇帝是全帝国最大的土地所有者,其产业遍布地中海世界各地。皇产司总长则是这些产业的全权管理者,他通过自己分散于全国各大区、行政区、行省的下属官员,管理着庞大的"皇产",将土地出租或承包乃至出售,向皇产上的佃户收取赋税并按照国家法律不断将"非法"继承产业(含无遗嘱继承产业和无继承权罪臣产业)吸收到皇室产业中。罗马法中对各类无效继承的财产有比较细致的规定,其中犯罪者子女被剥夺财产继承权者叫做 bona damnatorum;遗嘱无效财产称 bona caduca,这类立法主要是针对异端分子,对摩尼教徒而定;无遗嘱继承财产是指财产持有者去世,未确定继承人者,称 bona vacantia。君士坦丁以后有多位皇帝规定,凡属各类同业行会、库里亚阶层和士兵的财产,如果其领有者死时未指定继承人,这类财产将由行会、城市议会和兵团回收管理。[1] 总之,在前期帝国的财税管理是二元化管理,即由皇产司和国家财政司分别管理皇室产业和国有产业。

在"3 世纪危机"期间,帝国商品货币经济衰落,工商业萧条,地方性的自然经济化开始居于主导地位。由于通货膨胀的加剧和货币体系的瓦解,许多地区恢复了以物易物的交换方式。国家开始征收实物贡赋,军政官员的薪俸、服装和给养等也开始采取实物方式支付。于是,各支禁卫军头领(君士坦丁以后成为大行政区总督)成了在地方上征收实物贡赋、提供军队和基层官员薪给的主要经办人。以这些大区总督为核心,形成了帝国的地方财税管理机构。4 世纪以后,帝国经

---

① A. H. M. Jones, *The Decline of the Ancient World*, pp. 157–159.

济复苏,但大区总督的财政管理职权不变,只是在原来的只征收实物贡税的基础上,增加了把部分实物贡赋折算为货币的内容。① 因此,晚期罗马帝国时期即早期拜占庭的财税管理形成了由国库长、皇产司总长和大区总督三元化的管理体制。三者各有自己的一套管理机构,各有相应的职权范围。国库长负责管理货币的打制、发行、回收和库存。皇产司总长负责国有地的集中管理,为国有地寻找合适的包租者,收取并管理皇室地产上的收入,支付皇帝本人及其内宫的消费,有时也拨款资助其他部门。大区总督则负责支配地方上的税收,支付地方官的薪俸和军队的给养,调查核实各地土地和劳动人口的实际情况,协助中央政府做年度预算和结算。从纵的方面看,中央政府对这三个部门实行严格的控制,皇帝居于这三个平等机构的最顶点。从横的方面看,这三个部门之间也形成了互相制约、互相监督、互相协调的微妙关系。

　　在上述三大财税部门中,皇产司的兴衰特别有助于人们理解早期拜占庭经济和社会关系变化的基本轨迹。如前所述,在早期帝政时代,皇产司只管理皇帝及其宗室的产业,而且主要是房地产等不动产,其中包括古罗马时期各自治城市保留的"公民地",按罗马法律没收的罪臣、重犯、"无遗嘱继承"和"遗嘱无效继承"的贵族官宦之家的世袭房地产,罗马帝国时期靠征服其他弱小国家而兼并的被征服国"国有"土地,没收、荒废的古罗马异教神庙土地和城市土地等。② 在前期罗马帝国的动乱时期,皇产有几次大规模的集中过程。首先在2—4世纪间,罗马世界频繁的战争和灾祸,皇位的频繁更替,是皇产大规模集中的一个重要原因。在"3世纪危机"期间,在帝国皇权争夺中首当其冲的多是有财产、有势力的大土地所有者,在一次次权力的角逐中大家族的成员多死于非命,其家产也往往因此而收归"国有"。反映在中央政府中,就是皇帝频繁易人。简单地统计一下,自戴克里先退位之后到君士坦丁成为罗马—拜占庭帝国的唯一皇帝之时,仅20年内,就先后出现过十几位帝国皇帝:东方帝国先后有5位皇帝登上宝座;西方帝国先后有7位皇帝登上皇位,这些皇帝或英年早逝,死于刀戈相见的战场上,或死后无

---

①② A. H. M. Jones, *The Decline of the Ancient World*, pp. 159 - 160.

嗣,引起后人新一轮争斗。① 这种局面无疑加快了皇室产业膨胀的速度。其次,在 4 世纪以后,基督教在罗马—拜占庭帝国之地位的变化,和君士坦丁以后历代皇帝对"异教徒"和"异端"的迫害政策,也加快了皇产集中的过程。其中,各地的异教神庙土地占这类财产中的很大比例。君士坦丁本人就曾没收了异教神庙的土地,用它充实皇产。在君士坦丁时期,曾记载一些土地所有主向皇室馈赠了地产,君士坦丁则将其中一部分转赠给基督教会。但是,4 世纪以后,大地主们向皇帝的馈赠相对减少,而向基督教会的馈赠开始不断增加②,这必然直接影响了皇产司所辖地产的扩展。

罗马—拜占庭帝国的"皇产"分布于罗马—地中海世界的每一个地区,其规模大小不等,占各地区的总耕地面积的比例也不尽相同。据 5 世纪的统计,在帝国西部的阿非利加省,皇产司拥有耕地 14702 罗马顷,约占该省耕地面积的 18.5%。在叙利亚城市基鲁斯,皇产司占有耕地面积 15075 罗马顷,约占该省耕地面积的 15%。③君士坦丁以后,为了加强对皇产的管理,健全了自中央到地方最基层的皇产管理体制。原来的"皇产司总长"在君士坦丁时期更名为"皇室私产司长官"(comes rei private),下设政区皇产使(rationalis rei private)和行省皇产使(pricurator),在一些地产上,直接设账房和"代理"(actores)。由各级管理人员在当地直接管理或投标包租。在皇产比较集中的卡帕多西亚地区,皇产由皇产司直接管理,该地所属各省分别设"所"(hoses),由所尹(magister)、经办(tractors)和税吏(exactores)分级管理。在皇苑中劳动的主要是隶农,他们被固定在皇产的大片土地上,每年把其劳动所得的大部上缴皇产使。在皇产相对分散的地方,则由皇产使在当地招标寻找包租人,一般是包给出价最高的人,租期 5 年。4 世纪以后,为了使皇产得到较好的管理,帝国实行了"永久租佃法"(Emphyteutic)或"长期租佃法"(Perpetual),在前一条件下,租佃者负有改造土地条件的义务。在后一条件下,租佃者不负有任何义务。但到 4 世纪末,这两种租佃方法之间的差别已不明显。

---

① 戴克里先之后的帝位之争,见 A. H. M. Jones, *The Decline of the Ancient World*, p. 372 附表 II 所载皇帝年表。
②③ A. H. M. Jones, *The Decline of the Ancient World*, pp. 155 - 157.

耕种国有地的租佃主们，只对国家负有纳税义务。4—5世纪以后，由于帝国东部经济复苏，这类地租已经部分采用货币地租形式。在此前，则以实物地租为主。但是，这些租佃主之所以争相包租国家土地，主要是因为包租者可以享有一些其他地产上不可能享有的特权：他们可以免于缴纳附加税（extra ordinaria），免服微贱公役（sordida munera），免纳兵役税（levy of recruits）或代役金（aurum tironium）等。在社会动荡、战乱频繁、各种役税名目繁多、人民负担沉重的客观条件下，这种特权对于那些政治上没有特殊背景的中小地主来说，还是颇为诱人的。[①]

皇产司控制的土地流动性较大。一方面，教会、皇帝的亲信近臣、宗室子弟总是能从皇帝手中得到恩赐。另一方面，那些因犯罪而被籍没财产者、无遗嘱继承地产及遗嘱无效、无法定继承人的地产也不断地充实着"皇产"。因此，皇帝在各地都派有皇产律师（advocatus fisci）接受地方群众的举报，以随时将那些所谓无继承人遗产或遗嘱无效遗产收归国有。于是，一些居心不良者往往利用各地的皇产使工作上的疏漏，收买一些人，采用诬告、陷害手段，达到自己的目的。为了使无辜者不致受到不应有的侵害，5世纪时，帝国颁布法令，禁止各地皇产使把收归国有的财产立即招标出租，这类财产只有收归国有两年以后，才可以招标。但投标者必须在得到该处地产的使用权之前，交纳一笔特别税，以补偿这两年内该地产上的损失。霍诺留和塞奥多西二世时期规定，这笔补偿金的数量应该根据土地面积和承租期长短决定。

425年以后，国家与包租人实行"对分制"租约，444年，政府开始禁止人们申请承租皇产。随着大区总督权力的上升，皇帝籍没土地的权力受到大区总督的限制，被没收的地产必须在皇产司、圣库（即国库）和大区总督间平均分配。此后，举报者无利可图，"罪臣财产"充公的幅度开始减小。[②] 350—370年代以后，帝国皇产司所控制的土地开始在政府干预下大规模地私有化。在皇帝瓦伦提尼安统治时期，帝国政府颁布诏令，称"私产安全法"（ius privatum salvo canone），规定：凡承租皇产者都有权自由处置自己包租的地产，包括转让、出售，甚至解放该地产上

---

① A. H. M. Jones, *The Decline of the Ancient World*, p. 157.

② A. H. M. Jones, *The Decline of the Ancient World*, pp. 158 - 160.

的奴隶等。国家只收取一笔定额租金。在承租人不能按时完税的情况下,国家无权剥夺其对该地产的使用权,而只能依法律对他进行债务起诉。因此,这类土地从出租之日起,就从"皇产司"的财产簿上除籍,任何人无权以任何借口干预承租者的权利。实际上,这类地产已经从此转为私人地产,或可称到塞奥多西二世时期,国家开始强制性地出售"皇室"产业,令承租人分期付款购买自己包租的土地。后来,国家又宣布全部免除购地者对国家的欠款。约5—6世纪间,帝国东部"国产"的私有化过程已经基本完成。这一举措应是4—6世纪间农业萧条、农村劳动力奇缺、荒地大幅度增长的客观形势使然。①

　　当时有能力购买国有资产者多属于元老贵族阶层,但是在晚期罗马帝国,即早期拜占庭时期,元老的阶级属性已经发生了重要变化。在君士坦丁迁都于东方城市拜占庭之时,许多罗马旧元老们不肯离开自己的领地伴驾东迁,留在了意大利,而帝国东部的新元老阶层在拜占庭皇帝一手扶持下,以庞大的官僚队伍和皇帝的近臣为主干发展起来。皇帝因他们在中央政府各部门的效忠,随意赐给他们各种贵族头衔,把他们纳入元老院,形成拜占庭的新贵族集团,其中地位最高的可进入御前会议。国家强制出售国有地产的举动使他们凭借自己的政治权力取得了大片土地的领有权,成为拜占庭国家的大土地所有者阶级,小片神庙土地和城市土地则落入城市库里亚成员之手。这些获得国有地或公地地产者,成为早期拜占庭大大小小的土地所有者。据多种资料披露,那些在这类地产上的劳动者都是隶农。在拜占庭早期,构成隶农的因素有:(一)贫困化的自由小农;(二)获得部分解放的奴隶;(三)移居在荒芜地区的蛮族人。这些隶农都是依附农民,耕种属于别人的土地,以金钱、杂役或实物缴纳地租。他们在法律上是自由人,但在实际上没有多少自由权利,世世代代被束缚在自己耕作的土地上。在4世纪的拜占庭帝国的广大农村土地上,有着"整村整村"的隶农。②

　　皇产上的收入主要用于宫廷支出,有时也用于资助其他财政开支。瓦伦提尼安三世因经常把皇产用于资助其他财政部门的开支为人津津乐道。利奥皇帝和

① A. H. M. Jones, *The Decline of the Ancient World*, pp. 156 - 157. [美] J. W. 汤普逊:《中世纪经济社会史》,第63 - 65页。
② [美]J. W. 汤普逊:《中世纪经济社会史》,第65—66页。

芝诺皇帝时期,则把皇产司的收入在皇帝和皇后之间均分,以强调该机构的纯私人性质。但是,在早期拜占庭,皇帝"私产"上的收入并不只用来满足皇帝宗室的需要,因为皇帝每天都面临着大量关于其臣属要求得到某种恩惠的报告,在一般情况下,皇帝必须满足他们。因此,早期拜占庭的一些历史记载称:几乎没有一个有机会觐见过皇帝尊容者(无论其官职高低、是否元老贵族)会空手而归,皇帝必给予他们相应的赏赐。因此,即使在大批国产私有化以后,皇室也一直保留着相当一部分地产由自己经营,如西部帝国的阿非利加皇苑和东部帝国的卡帕多西亚皇苑,都是主要由皇室自己经营管理的地产。到了查士丁尼时代,卡帕多西亚皇苑的管理权由该省的省督监理,同时,他也监领皇室私产司长官的官职,这说明了一个重要事实,即在6世纪初期,经过近两个世纪的皇产私有化过程之后,国家即皇室直接掌握的皇产已经不多了,皇产司直接管理的地产范围也随之缩小。

皇室的庞大地产对于维护皇权的集权政治,拉拢和收买近臣、国戚,惩办罪犯,维持宫廷开支是十分重要的。它有助于早期拜占庭庞大的官僚体系按照皇帝的意志去运转,是皇帝实行中央集权制的官僚政治的重要经济支柱。

二、 管理国家财政的"圣库"

罗马—拜占庭皇帝用于操纵国家经济生活的另一重要部门是"圣库",即现代意义上的财政部。掌握该部门的长官(即财务大臣)称"财政司长官"(comes sacrarum largitionum),该官员控制国家货币的流通、贵金属矿产的开发、货币的铸造,同时掌握海关和工商业税收。"财政司长官"手下也有一个庞大的财务管理体系:在大行政区和行省设"圣库监察使"(comes largitionalium titulorum),管理地方上的财库;在东地中海地区设商贸监察使(comites commerciorum),专门管理外贸部门;在贵金属产区伊利里亚设"伊利里亚矿务伯爵"(comes metallorum per Illyricum),负责矿区开发;此外,还设有一位管理国属纺织业和印染业的官员,专门指导官办作坊的生产。"财政司长官"所担负的税收业务主要是几项传统的货币税,如国税(largitiones,其中最重要的收入来自海关税)和王冠金(aurum coronarium)。

国税中的海关税遵循内外有别的原则,在帝国边境地区,直接管控货物进出口,征税比例约为12.5%;在内陆地区,尤其是比较贫穷的行省,税率收取仅2%—2.5%。君士坦丁时期,也向帝国城市征收这笔税金,通常是由一位称为"城市财务署专员"(largitionales urbium singularum)的官员来负责,在4世纪很常见。[①] 4—6世纪,帝国海关税的征收往往通过招标方式包给出价最高的包税人,如果投标者所承诺的数目达不到国家所希望的标准,则由政府强行指定包税人。于是,城市库里亚成员往往成为这种征税体制的牺牲品。因为按照传统,城市库里亚成员有义务为国家纳税,如果他们不能按国家规定的数目缴清税款,则必须用自己的财产来补足所亏欠的数额。因此,库里亚成员对此强制性措施常常叫苦不迭。[②]

"王冠金"也是一项传统税收,原是各城市在皇帝举行加冕大典时或帝国举行盛大庆典时,特别是在皇帝庆祝其登基五周年时,主要由库里亚阶层构成的市民们自愿承担的捐款。他们以此款为皇帝铸造金王冠,以示祝贺。该项税收不是强制性贡税,其所需数目也没有定制。据当时的历史学家利巴尼乌斯记载,朱利安即位时,有些城市贡献了1000—2000索里达金币,但朱利安拒绝收取这么多贡奉,规定奉献金的最高数额是70索里达,以表示自己清廉,体念下民。据历史记载,早期拜占庭皇帝朱利安确曾多次下诏减免赋税,限制富豪兼并城市公地,以缓和阶级矛盾。[③] 在举行上述庆典时,元老院元老们另有一项贡税负担,其数额也不定。据记载,在瓦伦提尼安庆祝登基十周年时,罗马城的元老们奉献了1600磅黄金。君士坦丁以后,开始征收另外两种新税,由财政司长官负责,即"元老奉职税"(gleba senatoria,或称弗里斯税 follis)和"五年洁净税"(collatio lustralis,或称金银税 chrysagyron)。前者主要征收对象是有元老身份的元老们,后者主要征税对象是城市工商业者。这两项税收都是现金货币税。元老奉职税依元老的身份等级划为三个纳税人等级,分别为40个、20个和10个索里达。塞奥多西一世时期设立了第四个纳税人等级,税金为7个索里达。这一政策说明,在4世纪末,已

① A. H. M. Jones, *The Decline of the Ancient World*, p.161.

② [美] 汤普逊:《中世纪经济社会史》,第54—56页。

③ A. H. M. Jones, *The Decline of the Ancient World*, pp.160-161.

有相当一些元老日益贫困化,以致政府不得不在征税方面对他们有所关照。[1] 五年洁净税,则是城市工商业者必纳的不定期货币税,后改称金银税。在拜占庭时期,"工商业者"的概念比较广泛,甚至放债者和妓女也被列于"工商业者"的行列。医生和教师可以免税。对于自营土地者、出售自产商品的农民和农村手工业者,视其收入情况可以减免部分税额。这项税收的数量依纳税人的家庭人口、财产、拥有奴隶和牲畜数量情况加以估算。该项税收是不定期税收,何时征收完全依政府意志而定。因此,尽管该项税收占国家岁入比例很小,却常常使纳税人措手不及,乃至被迫卖儿卖女筹款完税。后来,为了应付这项税收,城市市民组成了互济会一类的组织。399 年,国家制定了有关政策使互济会合法化,从此,它在拜占庭帝国的发展更加普及。但因该项税收引起的怨恨情绪有增无减,5 世纪末(498 年)时,善于理财的拜占庭皇帝阿纳斯塔修斯明智地宣布取缔该项税收,城市居民欣喜若狂,举行了盛大的庆典,欢呼皇帝的英明决策。[2] 但在帝国西部,该项税收得以保留,甚至在西哥特人和东哥特人取代了罗马人统治意大利和西班牙的时代,这项税收仍然存在。

据多种史料披露,金银税的征收额度并不是很大。在东部著名商业城市埃德萨,每四年的税额总数是 140 磅黄金,平均每年纳税额为 1500 索里达。而在埃及,两座同等规模的城市里,每年的土地税总额就达 5.5 万索里达。如此可见,该项金银税只相当于其相邻地区农业税总额的 5 %。这一数据表明,在 4—6 世纪的罗马—拜占庭世界,城市居民的生活是比较贫困的。

圣库长官还负责收取军役代役税(aurum tironicum)、土地税、市场税和各类罚款等。在西部帝国,瓦伦提尼安三世于 444 年规定了一项商品入市税,其税率为商品价值的 1/24。在东部帝国,查士丁尼时代开始对皇产司所控制的土地征收各种名目的罚款。土地税是以公粮税(annona)为基础的传统税收,在罗马帝国时代,所谓的公粮税并不是经常性的税收,只是在灾荒或战争时期国家向产粮区临时征用的粮食,其数量和品种都由皇帝硬性规定。这项税收在 3 世纪成为经常性

---

① A. H. M. Jones, *The Decline of the Ancient World*, pp. 162 - 163.

② [美]A. A. 瓦西列夫:《拜占庭帝国史》,第 177 页。

税收,不仅在民间征收,而且将皇苑和寺庙地产也纳入征税范围。这一时期,由于货币经济衰落,物物交换方式的恢复,军队给养和文职官员的薪俸开始用实物支付,伴以少量货币津贴。于是,戴克里先在全帝国境内推行征收实物税,他把每位士兵每年的给养折算为一个征税单位:一个阿诺纳(annona)。到了4世纪时,文职官员的薪俸也以"阿诺纳"为单位。随后,从元首制时期就已经存在的一种土地税"供奉(tribute)"也以"阿诺纳"为估税单位。[1] 该土地税征收数量不大,据6世纪的埃及文献披露,当时这宗货币税只占土地实物税总额的1/8。

最后,财政司长官还负责为军人和各级政府官员提供制服费用。[2] 这一传统始自早期帝国时代,帝国的官坊负责部分制服的制作,但官坊的生产满足不了日益扩大的官僚队伍着装的需要,于是政府将其中约占所需要服装5/6的原料及有关费用负担摊派到农民身上,"置装税"由此应运而生。在早期拜占庭帝国,"置装税"的征收照例按戴克里先和君士坦丁时期规定的"轭-丁制"为估税单位。[3] 戴克里先时期,官员和士兵们的制服是按国家价格敕令的规定,强行要求购买的。4世纪,东部各行政区的置装税开始以现金征收,所征税额满足不了需要时,各省的地方政府则加征一笔现金税予以补足。有一份377年的资料披露,该项税收的数额在不同的地区有不同的征收比例。在色雷斯、亚细亚那和本都各州,大约每20—30轭-丁单位为国家提供一件制服。在埃及和东方各州,只以20轭土地作为估税单位,而不计人头(丁)的数目,因为地方上的税收管理者如城市库里亚成员,已根据上述比例,估算出耕地不足20或30轭的农民应纳的"置装税"份额:以若干家庭为一个征税单位,合起来提供一件制服。在4—5世纪之交,该项税收已经折算为货币。各级圣库管理者们在每年的置装税集中以后,把其中的六分之一交付国家工厂直接生产制服,另六分之五则以津贴方式(现金或实物)直接发放给士兵或国家官吏本人。[4]

财政司长官还负责发放军政人员薪饷,负责国家各方面的货币支出,管理国

① J. Lindsay, *Byzantium into Europe*, pp. 33 – 34.

② A. H. M. Jones, *The Decline of the Ancient World*, p. 163.

③ 轭(iuga),为古罗马土地单位,相当于两牛一轭耕种一天的面积,其大小依地势平整情况而不等。[美] M. 罗斯托夫采夫:《罗马帝国社会经济史》下,第704—706页。

④ A. H. M. Jones, *The Decline of the Ancient World*, pp. 163 – 165.

属专业工厂:其中有纺织厂、印染厂、军械厂及金银首饰加工厂、建筑用装饰材料加工厂等。在4世纪后半期,上述工厂的管理权落到了执事长官手上。特别重要的是,财政司长官控制着全国各地的造币厂,掌管着全国货币的发行和流通。4世纪时,在整个地中海罗马—拜占庭世界,有造币厂12所,其中7所设在东部,5所设在西部。各造币厂的直接管理者是"圣库财使"。在元首制时期,制币厂的工人都是官奴身份,到了4世纪早期,他们成为世袭的劳动者,被世代固定在自己的工作岗位上。但是,他们在经济上都很富有,有的人所拥有的财产足以使他们获得罗马的"骑士"封号。

　　造币厂的生产按国家的指令性计划进行,主要制造金币和铜币,银币的制造很少见诸史料。打制货币所用的原料由矿区提供,所用燃料则由造币厂附近的地主供应。据记载,帝国境内金矿(包括金沙矿)不多,有的由国家经营,也有的属于私人所有。私人金银矿主按国家规定每年要交纳贡金(collatio auraria)和贡铜(collatio aeratia),采矿者必须世代从事此业,其子女不得随意改行。而且他们在交纳贡金之后所余部分必须出售给国库,国家则付给他们铜币。帝国在长期对远东的丝绸和奢侈品贸易中总是入超,造成大量货币外流,国家黄金储备不足,因此每年都得把征税所集中的黄金货币重新回炉打制新币,以保证市场上每年有新币流通。

　　不过,财政司长官和他的下属不直接参与征收各类税款,而主要提供财务管理和司库工作。国家专门有一批税吏征收各类税目,如"监察御史"(censuales),专门负责登记元老们的财产,向他们征收元老奉职税和贡税。"五年洁净税"的估税和征收工作由各城市工商业行会推选的征税员负责。关税则包给固定的包税人,各行政区长官和省督监收。各省的省督和市议会负责征收土地税和置装税。为加强税收管理,在4世纪末,各省都设立了专门为高级圣库监察使服务的财税员(numerarius,或tabularius)和总监察(suspector),他们的工作受到大区总督的直接监视和管理。中央也常派财税使下至各省,直接接受各地收缴的税金或实物贡赋等。因此,各级财税员之间保持互相制约、互相监督的关系。他们被紧密地编织在皇权及其直属的三个财税管理部门组成的"网"上,最大限度地保障了国家的财税收入,限制了地方分权趋势的发生、发展。这种多层次的管理机构有助于皇权的统一和巩固,同时也使帝国背上了沉重的多层次官僚机器和庞大的行政和军事费用开支的大包袱,不仅在拜占庭早期,而且在帝国的整个存续时期,都是政府和广大劳动人民的沉重经济负担。

三、 大区总督的税收职责

在罗马—拜占庭帝国的三大财税管理系统中,大区总督的权力较为复杂,是国家财政管理方面不可缺少的一个重要部门。大区总督成为国家财政管理部门的主要角色,是在"3世纪危机"以后。罗马—拜占庭国家为了保证军队的给养和庞大官僚机器的运转,为了给广大的无业游荡的"罗马公民"提供救济,确定了以农村土地和人头为估算单位的指令性实物税,大区总督就是这项税收的具体征收执行者。他们的任务是对本地区既定男丁的数量进行准确的统计,估算出本地区各项农副产品的大致产量,预算出国家和军队各个部门对各类产品的需求量,然后按照轭-丁的比例摊派下去。该项估算的指令性计划必须提前一年做出,下达至政区(州)、省、市,再由各市财税员(tabulari)分摊到户。因此,大区总督的责任比较困难繁杂,特别是当他对基层情况进行调查估算时,必须注意到基层统治的方方面面:包括军队所需给养、手工业作坊的原料需求、城市公共事业的支出、驿站更换马匹和贮备粮草的需要,然后再精确地做出预算。按照皇帝的指示,该预算必须十分准确,不可有丝毫疏忽。如果对各项需要和支出的项目估算过大或估计不足,都有可能造成人为的浪费或经费紧缺,给中央政府造成意想不到的财政压力。①

为了保证估税工作顺利进行,各大区总督手下养了一大群财政官吏。在东部大区,各行政区都设有财库(scrinium)和审计员(numerarius),另设一经办处(scrinia)管理公共事业收支。每一审计员身边设一名助手和一名会计师,并设若干"经办",专门处理各省的业务。各大区、行政区和行省书吏及审计员都受着双重领导,一方面他们对上一级中央直属的财政官员负责,另一方面在本行政区和

---

① A. H. M. Jones, *The Decline of the Ancient World*, pp. 169 - 170.

本省内对行政区长官和省督负责。每年,大区总督都派专使下达各省,监督收税
和入库,在必要时另派专人扫尾。帝国税收一般采用分批分期结算制,全部税收
分三期了结。最初,采用这一方法是为了适应帝国早期以实物征税的制度,以避
免造成交通和驿站的紧张。后来,当东部帝国恢复了货币税后,仍然采取这一分
期征税方式的理由是,这样做有助于控制农产品价格,以避免因农民急于卖粮完
税而造成粮价跌落和市场萧条。在确实困难的年成和特别穷困的地区,皇帝有时
也开恩减免部分税收。①

　　4 世纪以前,地方税收的主要执行人是市议会指定的若干经办人
(susceptores),他们分别负责某项实物(酒、小麦、肉)的征集和护送。国家税收不
允许拖欠,凡因故不能按规定纳齐税额者,经办人必须以其个人的财产收入抵偿
不足部分。这些经办人可想而知一定会想尽办法使自己职权范围内所控制的纳
税人按规定纳税,否则他们个人将面临破产的威胁。如果其家产的收入仍不足以
补足所欠税额,市议会则出面在市民中分摊。戴克里先时期曾想改变传统旧制,
由国家派税吏(exactor civitatis)到各个城市征税,但受到城市库里亚阶层的抵
制。② 后来,帝国多次试图改革征税方法,都未获得成功。只是在5、6世纪之交的
阿纳斯塔修斯时期,才开始采用官派税吏(vindices)征税的制度③,但每任税吏在
到任前必须向皇帝保证自己将尽职尽责地完成任务。这一改革增加了国库的收
入,成为阿纳斯塔修斯精于理财的典型事例。同时,这一事实也反映了古罗马时
期城市库里亚制度的逐渐衰落。如果说在戴克里先时期,他们还有能力抵制中央
政府税吏的话,那么到了5、6世纪之交,这种抵制力已不能起到任何作用,也许已
经不复存在了。阿纳斯塔修斯之后,城市库里亚在国家政治经济生活中的地位进
一步下降,甚至在他们为国家征集纳税后所欠额度时,也必须在皇室派出的征税
使的直接监督之下。他们的征税权已完全被皇家官吏所取代。

　　大区总督负责从自己的辖区税收额内拨出必要款项,发放地方军政官员的薪
俸和驻军的给养。但在军队较为集中的地区,则指派军需官(primipili pastus)在

①　[美]汤普逊:《中世纪经济社会史》,第53页。
②　[美]汤普逊:《中世纪经济社会史》,第200页。
③　A. H. M. Jones, *The Decline of the Ancient World*, pp. 172 – 173.

当地为军队筹集给养和军饷。4—5世纪,国家战事频繁,边民负担过重,国家往往采取减免国税方式来减轻边民负担。[1] 4—5世纪以后,拜占庭帝国经济复苏,国家开始恢复部分货币税,但没有改变戴克里先和君士坦丁规定的以轭-丁为基础估算税值的传统。到塞奥多西二世时期,实物税和货币税的比例大约是6.2∶1,该项制度一直延续到阿纳斯塔修斯时期。但在大的产粮区埃及,基本不采用货币税,这显然是为了满足帝国首都对粮食的大量需求。有时因特别需要,国家强迫纳税人出售税后余粮抵偿部分货币税。

4—6世纪,拜占庭财政体制的运转无疑是成功的。首先,它为帝国政府聚集了大量财富,而且与西部帝国相比,东部帝国在经济上显然具有更大的优势。据有关史料记载,在6世纪的埃及,每年向君士坦丁堡运粮食达到800万阿塔巴[2],价值80万索里达,此外每年还有150万索里达的现金税收入。而在帝国的西部各省,国库取得的岁入则少得多,一些零星的数字告诉我们,属于西部帝国的阿非利加地区,几个省的年收入总和才勉强达到40万索里达,不足埃及一省的三分之一。[3] 在以拜占庭为中心的东地中海,查士丁尼统治的前九年,国库收入货币达4000"百磅"[4],大约每年平均收入320万金索里达,这还不包括实物税部分。[5] 但这仍不能满足帝国政府的开支。为了保证国家税收更加充足,把农民更牢固地固定在土地上,查士丁尼时期强化了早自戴克里先和君士坦丁时期就已实行的严酷的"联保地税"制度。这项制度虽然承袭自君士坦丁时期的改革,但其内容有了一些变化。在君士坦丁时期,该项制度主要是强制性地使农民定居在某块荒地上,以增加国家纳税人的数量[6],但在查士丁尼时期,这成为一项强迫性的征税制度,即按照这一规定,每一"保"内的农户,不得离开自己的田产出走,也不得任其"保"内邻里随意迁居,否则未迁居者必须为他缴纳国税。同时,如果"保"内有个别农户无力完税,其邻里也必须为之纳税。[7]

① A. H. M. Jones, *The Decline of the Ancient World*, pp. 172 – 173.
② artabae,古埃及量度单位,一个阿塔巴约相当于30升。
③ A. H. M. Jones, *The Decline of the Ancient World*, pp. 178 – 179.
④ centenaria,古罗马量度单位,本文译为"百磅",每"百磅"货币相当于7200索里达。
⑤ A. H. M. Jones, *The Decline of the Ancient World*, p. 179.
⑥ G. Ostrogorsky, *History of the Byzantine State*, pp. 38 – 39.
⑦ [美]汤普逊:《中世纪经济社会史》,第214 – 216页。

　　综上所述,早期拜占庭的财税制度旨在强化皇权,保证国家庞大的官僚机器和军队人马的开支,强制性地促进各行各业生产按部就班地顺利进行,把各部门劳动者世代固定在自己的本职岗位上等,这的确起到了相当重要的作用。它的发展演变过程也反映了古罗马体制逐渐衰落,新的以皇权专制为中心的中央集权官僚体制开始发挥越来越大的作用。

第十二章

查士丁尼时代的公共空间与社会生活

第一节

罗马和君士坦丁堡的城区规划

一、 古老的传说与罗马城

罗马城建城的传说这样介绍,维斯塔贞女雷亚·西尔维亚与战神马尔斯结合,生下了一对双胞胎罗慕洛(Romulus)和雷慕斯(Remus),因为雷亚·西尔维亚违背了贞女的誓言而受到惩罚,这对双胞胎也被放在摇篮里,抛到台伯河,碰巧有一头母狼用乳汁喂养了这对双胞胎。后来一位牧羊人将两个孩子带回家里抚养,于是他们就在帕拉蒂尼山上生活。由于他们在民众中威信很高,人们推举他们做国王,然而两兄弟就建城选址争执不休,最终罗慕洛杀死了雷慕斯,并于公元前753 年在台伯河东岸建立了城市,并以自己的名字将这座城市命名为罗马(Rome)。因为这座城市有七座山丘,分别是帕拉蒂尼山(Palatine Hill)、卡皮托利山(Capitoline Hill)、奎里尔诺山(Quirinal Hill)、维弥纳山(Viminal Hill)、埃斯奎里山(Esquiline Hill)、阿文丁山(Aventine Hill)与西莲山(Caelian Hill),所以罗马城又被称为"七丘之城"。①

　　历史上统治者对罗马城进行了一系列建设,不断增建帕拉蒂尼山上的宫殿和其他设施,据传早在公元前 6 世纪,王政时代的统治者就在帕拉蒂尼山和阿文丁山之间的谷地修建了大竞技场(Circus Maximus,又称作马克西姆斯竞技场),而凯撒于公元前 65 年的重建工作使这座竞技场分外辉煌灿烂,能够容纳 25 万人观看比赛。大竞技场的主要功能是举办双轮战车比赛,还举办斗兽表演、公开处刑和角斗。王政时代第五代国王塔克文统治时期建设了罗马广场、露天剧场、朱庇特神庙、朱诺神庙和密涅瓦神庙,这些建筑的落成表明罗马城帕拉蒂尼山地区已经成为政治和宗教的中心。第六代国王塞尔维乌斯·图里乌斯注重罗马城的城防建设,他将罗马城七座山丘用一道雄伟的城墙包围起来,这就是著名的塞尔维乌斯城墙。塞尔维乌斯将台伯河岸边开阔湿地开发出来,排干积水,在这里修建一座大型广场,命名为"马尔斯广场",即战神马尔斯的广场。他将广场冠以战神之名,在这里排列检阅军队,同时这座广场还有另外一个重要功能,那便是作为库里亚大会的投票场所。

　　在罗马共和时代,尤其是共和时代晚期,罗马城建设迎来兴盛时期。盖乌斯·尤利乌斯·凯撒自公元前 60 年当上独裁官之后,就热心关注市政建设,公元前 54 年,他下令修建一座大型公共广场以缓解古老的罗马广场的拥挤状况,将其命名为"尤利乌斯广场",又被称为"凯撒广场"。广场主体建筑为一座维纳斯神庙,装饰着精美的大理石,这座神庙开工于公元前 46 年,直到奥古斯都统治时期才竣工完成。尤利乌斯广场可以看作是帝国广场区建筑群的典范之作,奠定了帝国广场市政建设的方位基石,成为后世统治者市政建设的标杆和范本,此后历代统治者从此地向四周增建以个人名字命名的广场,于是帕拉蒂尼山、卡皮托利山、埃斯奎里山三座山丘所围成的区域成为市政建设的主要空间,这里分布着元老院、公共浴场、维纳斯神庙、维斯塔神庙等重要建筑,这些建筑共同构成了罗马广场区建筑群。此后,罗马广场区建筑群成为政治集会和宗教祭祀中心,其后的统治者也不断在此进行修复和重建工作。此外,罗马人还重视道路、桥梁和水渠的

---

① Charles Gates, *Ancient Cities: The Archaeology of Urban Life in the Ancient Near East and Egypt, Greece, and Rome*, London: Routledge, 2003, p. 330.

建设,著名的阿庇安大道就是建设于共和时代,还有为罗马城输送水源的阿庇安水渠。

二、 帝制时代的城市建设规划

到了奥古斯都统治时期,奥古斯都将罗马城划分为 14 个区,并对帕拉蒂尼山上的宫殿进行修复和重建,此后的皇帝大都居住于此。他还在凯撒广场东侧修建了奥古斯都广场,在城市中修建神庙、水渠、凯旋门、阿格里帕浴场等公共建筑。奥古斯都广场沿用凯撒广场的设计理念,采用矩形空间设计,长 125 米,宽 90 米,其主体建筑是战神神庙,供奉着战神马尔斯、爱神维纳斯和凯撒。在当时,奥古斯都广场是行省行政中心,还是男孩们换上托袈举办成人礼的场所,或者军事指挥官从这里接受命令出征战场,或者元老在这里决议将军凯旋仪式事宜,得胜归来的将军在这里向战神宣誓效忠,向战神献上战利品。奥古斯都还在马尔斯广场修建了和平祭坛(Altar of Augustan Peace),以此纪念他恢复和平的丰功伟绩,该祭坛建在马尔斯广场沿弗拉明大道(Via Flaminia)的地方,有一道围墙与外界隔开,祭坛周身装饰浮雕,浮雕内容为歌颂奥古斯都结束内战、为罗马带来和平的功绩,将奥古斯都与罗马城的传奇起源联系起来,赞颂他是罗慕洛和埃涅阿斯事业的继承者。

奥古斯都之后,历代统治者在帕拉蒂尼山上不断扩建和增建宫殿,提比略在帕拉蒂尼山北侧建造了一座新宫殿,而真正代表罗马建筑奢华之风的当属埃斯奎里山上的尼禄宫殿和帕拉蒂尼山上的弗拉维宫殿。尼禄不满足于帕拉蒂尼山上的提比略宫殿,遂将宫殿从帕拉蒂尼山跨越山间谷底扩展到埃斯奎里山,修建了宏大的尼禄宫殿(Domus Transitoria),这座宫殿后来毁于公元 64 年的那场大火,尼禄又在埃斯奎里山的奥庇乌斯(Oppius)建造了庞大奢华的"金宫"(Domus Aurea),奢华程度和面积远超前代统治者,占地约 50 公顷,花园里有各种珍禽异兽,宫殿墙壁全部涂金,用珍珠、象牙和宝石点缀,宫门处竖立着尼禄高达 35 米的大型铜像。宫殿南部的山间谷地也被尼禄开辟成为人工湖,这里还是后来罗马圆形竞技场的选址。

其后,弗拉维王朝统治者又开始了大规模的市政建设,韦帕芗在罗马广场东北面修建了和平广场,主体建筑为和平神庙,两侧建有图书馆和画廊,陈列着他镇压犹太人起义获得的战利品,以展现他的功绩。韦帕芗还主持建造了弗拉维露天剧场(Flavian amphitheater),这座剧场后来更为人所知的名字是科洛西姆竞技场(Colosseum),中间场地长86米,宽54米,整体建筑长188米,宽156米,可容纳4.5万名观众,该地正是当年尼禄金宫的人工湖的选址地。弗拉维王朝统治者将这一地区向民众开放,民众可以在这里观看角斗士比赛、斗兽比赛和猎杀野兽等活动。这里举办的最后一场角斗士比赛是在404年,而斗兽表演似乎延续到6世纪。图密善修复了罗马圆形大剧场及提比略宫殿,将宫殿命名为"弗拉维宫"。弗拉维宫分为公共区和私人区两大部分,其中公共部分包括会堂、谒见厅、皇室神殿和宴会厅,私人区域包括皇帝多层宫殿、带列柱走廊的花园和竞技场。图密善还在奥古斯都广场与和平广场之间修建了一座新广场,然而在他统治期间,这座广场尚未建成,直到继任者涅尔瓦时代才真正落成,因此被称为涅尔瓦广场。①

安东尼王朝统治者将罗马广场建筑推向新的高峰,图拉真修建了许多奢华的公共工程,包括桥梁、道路、港口和纪念碑等建筑。为了彰显他的文治武功,他在奥古斯都广场北侧修建了图拉真广场,以精美的大理石铺地,中间位置竖立着图拉真骑马雕像,威风凛凛。东西两侧建有华丽的柱廊、图书馆和图拉真凯旋门,象征着他军事行动的胜利。图拉真广场北面是乌尔庇斯会堂,全长122米,以青铜和彩色大理石装潢,配以多座人物雕塑,堪称古代会堂建筑的典范。乌尔庇斯会堂北面是图拉真记功柱,此柱是图拉真又一突出的建筑成就,记功柱通体高29.78米,直径3.66米,主体由20块大理石构成,柱底安置在一块5.37米高的平台之上,柱内中空,内有185级台阶螺旋上升直通柱顶,柱顶立着图拉真皇帝的全身金像,柱身设有43扇窗户可供通风和光照。② 柱身饰以精美华丽、气势恢宏的浮雕,浮雕绕柱23周,总长达200米,塑造了2500多个人物,表现的是公元101和105年图拉真对达契亚的两场关键性战争的场景。图拉真记功柱旁边就是图拉

---

① Adrian Goldsworthy, *Augustus: First Emperor of Rome*, New Haven: Yale University Press, p. 456.

② Charles Gates, *Ancient Cities: The Archaeology of Urban Life in the Ancient Near East and Egypt, Greece, and Rome*, p. 385.

真神殿,这是图拉真的继任者哈德良完成建设的。图拉真广场东北部是图拉真市场。值得一提的是,图拉真市场与罗马广场区域之间是建有城墙相互隔离的,普通民众难以进入罗马广场区,表明罗马统治者权力的至高无上、不容侵犯。因此,古罗马广场、凯撒广场、奥古斯都广场、和平广场、涅尔瓦广场、图拉真广场组成的帝国广场建筑群成为帝国市政建设成就的卓越代表,这里成为帝国政治生活和宗教生活中心,与城市其他功能区相互隔离,彰显着统治权力的合法性和皇权的至高地位。

随着罗马从共和走向帝制,广场的功能也随之发生变化。最初开放的、供公共活动的广场在帝制时代逐渐变成了为皇帝歌功颂德、具有浓厚政治权力色彩的、展示统治者权力和功绩的场所,广场不再是社会活动中心,而是修建皇帝雕像、记功柱、纪念碑和举办宗教仪式的场所。[1] 与市场等其他功能区相互隔离,皇帝崇拜已经成为帝国时代广场活动的主要内容,政治主题在公共纪念碑中占主导地位,皇帝们试图通过建造宏大建筑获得权力认同,这一切都说明罗马政制从共和转为帝制给城市规划带来的重要影响。

塞维鲁王朝之后,罗马帝国进入政治动荡时期,皇位更迭频繁,经常发生手握重兵的军事将领弑君取而代之的情况。这一时期,外部威胁接连不断,东部主要是萨珊波斯的侵扰,北部面临哥特人和日耳曼人的威胁,在内忧外患之际,罗马城防御工事建设上升为首要任务,统治者无暇顾及市政建设。为了巩固罗马城防,奥勒里安决定环绕首都建设一道防御城墙,这就是著名的奥勒里安城墙。奥勒里安城墙始建于 271 年,它是罗马城的第二道重要防御工事,第一道城墙是公元前 4 世纪建成的塞尔维乌斯城墙。奥勒里安城墙全长 19 千米,设有塔楼 381 座,城门 18 座,城墙是用混凝土和砖石砌成,城门则全部以石头砌成。奥勒里安城墙囊括的区域比塞尔维乌斯城墙更加广阔,这反映了从共和时代到帝制时代罗马城市政建设规模的扩大和城市功能区的扩展趋势。

为了摆脱"3 世纪危机"期间帝国内忧外患的窘境,戴克里先进行了重要的改革,包括颁布新律,创立"四帝共治"新行政模式,使用拉丁语的帝国西部地区和

① Adrian Goldsworthy, *Augustus: First Emperor of Rome*, pp. 456 – 458.

使用希腊语的东部地区分别由一位奥古斯都及其助手凯撒统治,20 年后两位奥古斯都退位,将权力交给两位凯撒,凯撒遂成为新的奥古斯都,并遴选新的凯撒。戴克里先和马克西米安依约于 305 年退位。此后,这一制度在其继承者那里崩坏了,因为继承者们为了权力发生了争斗,战争旋即爆发。312 年,君士坦丁一世在米尔维安大桥战役中击败马克森提乌斯,西部统治权之争告一段落。324 年,君士坦丁一世在卡尔西顿击败李锡尼,遂统一整个帝国,君士坦丁一世成为帝国唯一的统治者。其后,君士坦丁一世将首都迁到拜占庭城,并以他的名字命名这座城市为君士坦丁堡,从此开启了众所周知的拜占庭帝国史。虽然外族威胁和侵扰仍在继续,但是拜占庭帝国的统治一直延续到 1453 年。除了迁都这一重要贡献,君士坦丁还确立了基督教的合法地位,基督教元素融入城市公共空间,基督教建筑成为市政建设的新亮点。到了 4 世纪晚期,塞奥多西一世将基督教立为唯一合法宗教的"国教"。宗教领域的改变成为 4—5 世纪罗马社会诸多变化的前兆,而在市政建筑方面可以观察到实体性证据。[1]

　　在基督教成为帝国国教之后,基督教教堂开始出现在公共领域。罗马城的第一座大型教堂是拉特兰圣约翰大教堂,它虽然处于城市边缘,但其宗教地位至高无上,被誉为"世界所有城市教堂之母"。另一座建于 4 世纪初期的教堂是老圣彼得大教堂,需要区别于文艺复兴时期巴洛克风格的圣彼得大教堂,老圣彼得大教堂最初是由君士坦丁大帝于 326—333 年在圣彼得墓地上修建的,称老圣彼得大教堂,于 333 年落成,屹立千年之久,直至 16 世纪开始重建,历时 120 年,直到 1626 年 11 月 18 日正式宣告落成。老圣彼得大教堂无疑代表了 4 世纪教堂建筑的关键性发展,它利用既有的会堂建筑范式"巴西利卡形制",将会堂转变职能用作宗教场所,与在外部祭坛举行仪式的希腊罗马宗教不同,基督教教仪通常在教堂内厅的圣坛举行圣餐礼。而且矩形教堂空间宽敞,正统庄严,非常适合举办基督教仪式,这种建筑方案成为基督教教堂的标准,直到今天仍然在使用。老圣彼得大教堂分为中殿和侧廊,中殿是仪式主持者和参与者活动之地,侧廊的立柱沿着教堂长边分布,入口开在东面,西面的尽头是一座半圆形的后殿,教堂两侧有对

---

① Charles Gates, *Ancient Cities: The Archaeology of Urban Life in the Ancient Near East and Egypt, Greece, and Rome*, p. 374.

称的两座侧室,侧室连线与中殿交汇处便是圣坛,圣坛之下就是圣彼得安葬之地。教堂门前有一座柱廊环绕的长方形庭院。其后这座教堂成为民众的埋骨之地,因为人们都希望埋葬在圣人的身边。①

三、 新罗马的建设

拜占庭帝国首都君士坦丁堡(即新罗马)堪称罗马城的翻版,其城市规划、城区组织和建筑格局几乎完全仿照罗马城模式。② 4 世纪初期,君士坦丁大帝将敏锐的目光投向这座古老的希腊殖民城市拜占庭,将它作为"新罗马"的选址,其后为了纪念君士坦丁大帝的功绩,人们称其为君士坦丁堡,意为"君士坦丁的城市"。君士坦丁堡坐落于博斯普鲁斯海峡西岸,地处巴尔干半岛东部海角之上,北据金角湾,南临马尔马拉海,东边扼守着东西方贸易要道博斯普鲁斯海峡,西边居高临下俯瞰色雷斯平原,三面环水,俯瞰大陆,占据着优越的地理位置,整体上易守难攻,实为军事战略要地。难怪当年波斯大军的统帅迈加比佐斯十分钦佩选址该城的古希腊人的战略眼光,并戏称与该城隔海相望的卡尔西顿城的奠基者为"瞎子"③。虽然从所处帝国方位来看,君士坦丁堡位置偏东,但这并不影响它统领全国军政事务的力量,凭借着艾格纳提亚大道等重要军事道路,首都可以快速获得来自帝国各地的情报,同时可以将皇帝敕令下达帝国各地。除了陆路,君士坦丁堡还据守着地中海通向黑海的水上必经要道,来自埃及的粮食源源不断地运往首都,供养着大量人口,黑海周边的农林特产也同样可以通过船运抵达这里,南北商业贸易往来不断。君士坦丁堡北面的黄金良港金角湾,名副其实,自然条件极佳,全长十多千米,主航道宽约 460 米,可供南来北往的船只停靠休息,凭借此港口,君士坦丁堡获得了巨大财富,因此人们称之为"金角湾"④。拜占庭帝国靠着这些天然优势条件,在历史上多次成功抵御外族入侵,历史学家爱德华·吉

---

① Charles Gates, *Ancient Cities: The Archaeology of Urban Life in the Ancient Near East and Egypt, Greece, and Rome*, p. 350.

② Chris Scarre, *The Historical Atlas of Ancient Rome*, London: Penguin Books Ltd, 1995, p. 49.

③ 徐家玲:《拜占庭文明》,第 1 页。

④ 陈志强:《拜占廷帝国史》,第 355 页。

本不禁感叹：君士坦丁堡"仿佛是大自然专为君主国家设计的政治中心和首都"①。

君士坦丁大帝独具慧眼，在城市原有基础上大兴土木，建设"新罗马"城。君士坦丁大帝模仿罗马城"七丘之城"的布局，也在君士坦丁堡选址上找到了七座山丘，同样将第二山丘命名为"卡皮托利山"。按照这种规划，君士坦丁将该城分成七个城区，称为"七丘"，尽管七丘的地形不是很明显，却奠定了君士坦丁堡城区的基本骨架。君士坦丁堡地势东高西低，东部延伸至金角湾海岸的山坡地带，西部则俯瞰广袤的色雷斯平原。君士坦丁参照罗马城 14 政区城市布局模式，也在七丘的基础上，将君士坦丁堡划分成 14 个政区，每个政区都设有政区治安管理机构，负责管理本区社会治安。② 君士坦丁大帝奠定的首都城区政区规划，一直沿用至帝国时代终结，对后世意义深远。之后历代君主在此基础上不断修复和建设，至 5 世纪城市建设规模进一步扩大，爱德华·吉本介绍：城内"有 1 所学校或学府、1 座赛车场、2 所剧场、8 个公共浴场、153 个私人浴场、52 座柱廊、5 座谷仓、8 条水渠或水库、4 个用于元老院会议或法庭审判的宽广大厅、14 座教堂、14 座宫殿；还有 4388 间房宅，在高大和华丽方面，绝非一般平民住宅所能比拟"③。塞奥多西二世在位期间，一位贵族曾经创作了一部作品《君士坦丁堡政区名录》（Notitia Urbis Constantinoplitanae）④，于 425 年敬献给塞奥多西二世，其中标注了首都 14 政区教堂、宫殿、公共浴场、市政部门等设施的数量及其方位，可谓是研究君士坦丁堡城区政区规划的重要参考资料。

君士坦丁堡 14 政区依照七丘走势而设，第一座山丘南临马尔马拉海，北接金角湾入海口，是整个君士坦丁堡的最高点，当然也是皇宫和重要官僚机构所在地，历代皇帝几乎都居住于此，显示了帝国首都强大的政治功能，这一区域与城市其他生活区严格分开，凸显了拜占庭帝国专制皇权的政治权威。君士坦丁堡作为拜占庭帝国的政治中心，皇帝的大皇宫作为首都的权力中心，其权威性不言而喻，君

---

① ［英］爱德华·吉本：《罗马帝国衰亡史》第 2 卷，第 7 页。
② Edwin A. Grosvenor, *Constantinople*, Volume I, Boston: Roberts Brothers, 1895, p. 290.
③ ［英］爱德华·吉本：《罗马帝国衰亡史》第 2 卷，第 12 页。
④ 该文本的英译版本出现于约翰·鲍尔（John Ball）1792 年所翻译的皮埃尔·吉尔斯（Pierre Giles）《君士坦丁堡古迹》（*The Antiquities of Constantinople*）。

士坦丁大帝希望以辉煌豪华、规模宏大的建筑来展现其尊贵。在建城之初便仿照罗马城建筑进行设计，当然君士坦丁大帝的目标远不止于此，他希望这座新罗马城的豪华程度能够超越罗马城，因此他动用帝国各地搜集而来的大理石雕塑和方尖碑装饰皇宫、皇宫附近的官僚机构府邸、竞技场、剧场、公私浴场，借此彰显拜占庭帝国的强大和君士坦丁堡的辉煌奢华。

这座至关重要的第一山丘上分布着第一政区、第二政区和第三政区。第一政区是君士坦丁堡古城区，位于第一山丘东北部，这里分布着曼加纳军械制造工厂（Arsenal of the Mangana）、圣迪米特里卫城（Acropolis of Saint Demetrios），还有一些著名的修道院和教堂，如曼加纳修道院（Monastery of the Mangana）、圣乔治修道院（Monastery of Saint George）以及圣迪米特里教堂（Church of Saint Demetrios）等。① 这里是君士坦丁堡军械制造地，防守严密，三面环海，易守难攻，是保密性极强的区域，拜占庭帝国历史上著名的"希腊火"可能就在此地制造，可谓是当时军事技术的巅峰。7世纪下半叶，凭借首都高大的城墙、强弩、希腊火，拜占庭多次从阿拉伯人的海上进攻中转危为安，展现了君士坦丁堡卓越的军事功能。

第二政区在第一政区的南部，这里是君士坦丁堡的宗教文化和生活娱乐中心，该政区建有圣索菲亚大教堂（Hagia Sophia）、圣伊琳妮教堂（Hagia Eirene）等，还有竞技场（the Hippodrome）和泽西帕斯公共浴场（the Bath of Zeuxippos），以及规模宏大的尤布罗客栈（the hotel of Euboul）、萨普森医院（the hospital of Sampson）等公共设施。其中的大教堂是拜占庭帝国皇室礼仪的重要举行地点，诸如洗礼、加冕礼、婚礼、葬礼以及重要宗教节日庆祝活动都会在这些庄严神圣的场所进行，体现了君士坦丁堡作为帝国重要宗教中心的崇高地位。6世纪重建的圣索菲亚大教堂因巨大的圆顶而闻名于世，采用的是巴西利卡形制和穹顶式结构，室内设有粗大的多边柱子来支撑穹顶，建筑师在正殿的四角内部加上拱形结构，让其与圆顶浑然一体。在这些拱形结构下方竖立四根巨大石柱作为支撑，大穹顶的重量通过四个拱形结构传递到柱子上，形成坚固支撑效果。为了减轻重量和方便采光，拜占庭建筑师给圣索菲亚大教堂的穹顶下方开了40扇圆拱结构的窗户。当阳光

---

① 毛欣欣：《君士坦丁堡城市管理研究》，博士学位论文，东北师范大学，2012年，第16页。

照射进来,整个圆顶仿佛漂浮在空中一般。穹顶是天空的象征,穹顶中心是耶稣基督的镶嵌画,仰望穹顶好似仰望天界的美好与神圣,使得教堂看上去更加庄严神圣,与教堂的礼拜功能相得益彰。作为与罗马、亚历山大、耶路撒冷、安条克并列的五大主教区之一的君士坦丁堡教区,最初在古罗马帝国境内形成的五大教区中地位并不高,罗马、亚历山大、耶路撒冷、安条克都排在它前面。但是新都政治地位的提高迅速推升了君士坦丁堡教区的宗教地位,其作用越来越重要,排名也很快蹿升到第一。① 由此,君士坦丁堡担负着重要的宗教功能,历史上第二届、第五届和第六届基督教全体主教大公会议均在这里召开。

辉煌的竞技场是罗马帝国的缩影和帝国等级秩序的象征。古代的设计者将他们对宇宙的认知和帝国秩序的理解纳入城市地理景观的设计之中,恰恰体现了皇帝作为上帝在人间的代理人这一政治理念。竞技场起点的12道门象征黄道12宫,也代表12个月份,皇帝端坐竞技场中的皇室包厢,社会各个阶层的代表按照次序簇拥着皇帝,整个竞技场的设计符合帝国的等级次序,俨然是拜占庭帝国的微观缩影。竞技场赛道象征帝国疆域的大地,中间喷泉象征大海,这里装饰着喷水的海豚雕塑,高耸的方尖碑直入云端,其中较高的方尖碑献给太阳,较低的方尖碑献给月亮。比赛中的战车分为两种:双马战车象征月亮,驷马战车象征太阳。赛道一周象征一年,24场比赛象征一天24小时,赛车距离七圈象征一星期七天。② 竞技场初建于公元200年前后塞维鲁统治时期,后由君士坦丁一世重建,长480米,宽117.5米,它是为民众提供战车比赛观看项目的公共聚集场所,还是皇帝发布重要政令、民众议论政事表达意见的重要场所。竞技场设有皇帝专用包厢(Kasthisma),通过楼梯暗道与大皇宫相连,便于在突发情况时皇帝随时离开。新皇帝即位之后都要出现在竞技场皇帝专用包厢,接受民众的热烈欢呼。场地中间位置装饰着取自帝国各地的众多精美的雕塑和方尖碑,现存的还有取自德尔菲神庙的青铜蛇形柱,塞奥多西一世竖立起来的古埃及方尖碑。U形赛场外围排列着密密麻麻的观众席位,北部靠近奥古斯塔广场(Augustaion)的方位设有12道铁门,这里是战车比赛的起点。

① 陈志强:《君士坦丁堡城市功能研究》,《城市史研究》2019年1期,第104页。
② 李心昌:《拜占庭战车竞技中的帝国理念》,《经济社会史评论》2019年第1期,第60页。

第三政区南临马尔马拉海,东临博斯普鲁斯海峡,在君士坦丁堡的东南端。这一政区是君士坦丁堡的政治中心,皇室成员及中央政府所在的大皇宫(the Great Palace)便坐落于此。大皇宫建筑群包括众多宫殿,例如达芙妮宫(the Daphne Palace)、布科利昂宫(the Boukoleon Palace)、尼亚教堂(Nea Ekklesia)、阿卡狄乌斯公共浴场(Baths of Arcadius),其中金碧辉煌的金宴殿(Chrysotriklinos)是举行重要宴会礼仪的场所,因为这里是皇帝与大臣共商国是的场所,又被称为"黄金议事宫"。马球场(Tzykanisterion)是皇室成员和近臣的娱乐场地,还有负责保卫皇室安全的近卫军营房、皇室仓库、马厩、皇室浴场以及建有穹顶的中央政府工事部门(sekreton),各个宫殿之间以精美装饰的回廊相连,点缀着花园、菜圃、柱廊和精美雕塑,这些机构和皇室宫殿一起构成大皇宫的所有建筑。高大的宫墙环绕富丽堂皇的大皇宫,并将皇室、中央政府机构与城市其他政区分割开来,大皇宫是拜占庭帝国历史上最为宏伟的、独具特色的中央政府综合建筑群,是拜占庭帝国皇帝权威的象征。因此,第三政区是拜占庭帝国的政治中心,它与第一、二政区一起形成君士坦丁堡的政治、军械制造、宗教和生活娱乐中心。

从第一座山丘向西,依次排列着第二山丘、第三山丘、第四山丘、第五山丘,延伸至君士坦丁城墙[①],包括从第四至第十一政区的七个政区在内,构成了君士坦丁堡主要的城市生活区域。以梅希大道(Mese)为分割线,大道北侧由东向西依次分布着第四、第五、第六、第七、第十和第十一政区,大道南侧分布着第八、第九政区。梅希大道作为君士坦丁堡的中央主干道路,连通着金门(Golden gate)之外的艾格纳提亚大道,作为重要的军事情报传递要道,时刻保持畅通无阻。除了具有重要的交通功能,梅希大道连通的城市广场还是重要的城市生活区域,从最接近大皇宫的米利翁广场(Milion)向西延伸[②],每隔一段距离就有一座广场,例如君士坦丁广场(Forum of Constantine)、塞奥多西广场(Forum of Theodosius)等,城市

[①] 君士坦丁大帝定都以后,为了提高君士坦丁堡的城市防御,在古拜占庭城墙的西面大约3千米处建造了一道陆上城墙,这道城墙北从金角湾,南至马尔马拉海,被称为"君士坦丁城墙(Walls of Constantinople)"。Stephen Turnbull, *The Walls of Constantinople AD 324 -1453*, Oxford: Osprey Publishing, 2004, p. 5.

[②] Milion 是拜占庭帝国驿道的起点,这里有一道象征凯旋的拱门,拱门之下是一座里程碑,象征着帝国道路的起点。Jonathan Harris, *Constantinople: Capital of Byzantium*, London: Hambledon Continuum, 2007, p. 11.

中店铺、面包坊、公共浴场和市政机构等公共基础设施也是沿着这条道路分布,甚至就连地下排污管道也是沿着这条路建造的。

第四政区北接金角湾,南部靠近奥古斯塔广场和米利翁广场,广场东侧是君士坦丁堡元老院(Senate)。第四政区还建有两所教堂——塞奥托克斯教堂(Church of Theotokos)和圣约翰教堂(Church of Saint John),并建有一座法律学家和演说家聚集的"皇家论坛"(the Royal Portico)、一所皇家图书馆(the Royal Library)和一座皇家蓄水池(Royal Cistern)。这一系列设施似乎表明,居住在第四政区的人生活品位较高,主要是贵族阶层,具有较高的文化修养。第五政区是君士坦丁堡的工商业区域,该区域设有码头、屠宰场和手工作坊等。第六政区建有君士坦丁广场、公共会堂和帝国元老院等,是君士坦丁堡市政机构所在地。第七、八、九、十、十一五个政区是君士坦丁堡普通市民的生活区域,其中除了教堂、修道院、公共浴场、公共蓄水池以及广场等公共设施,还有诸多的私人作坊和屠宰场等生活设施。可见,从第四政区至第十一政区、从君士坦丁堡的第一座山丘至君士坦丁城墙之间,是君士坦丁堡市政机构、商品贸易、手工作坊等主要的城市生活区域。

君士坦丁城墙与外围的塞奥多西城墙①之间是君士坦丁堡最外围的城市区域,这里有第五山丘、第六山丘和第七山丘,包括第十二、十四两个政区。随着拜占庭帝国的发展,君士坦丁堡的范围也不断扩大。至5世纪初,君士坦丁堡的城市发展已经超过了君士坦丁城墙。同时为抵御外族入侵,皇帝塞奥多西二世统治时期,于君士坦丁城墙以西大约1.5千米的地方开始建筑了新的城墙,这道城墙被称为"塞奥多西城墙(Theodosian Walls)"。这道城墙从马尔马拉海的大理石塔(Marble Tower)向北到达波尔菲洛格尼托斯宫(Palace of the Porphyrogenitus),全长约5.5千米,至423年最终竣工。② 第十三政区位于金角湾对岸加拉塔地区,与君士坦丁堡主城区隔水相望,这是为了与罗马城跨越台伯河的第十三政区相对

---

① S. Turnbull, *The Walls of Constantinople AD 324 – 1453*, pp. 5 – 7; A. P. Kazhdan ed., *The Oxford Dictionary of Byzantium*, vol. 1, p. 519.

② 徐家玲:《拜占庭文明》,第16页。

应。第十二和十四两个政区是君士坦丁堡向外扩展的地区,是君士坦丁堡与其他地区接壤的区域,属于君士坦丁堡的偏远地区,这一区域比其他地区更容易遭到外族的入侵。因此,这一区域的城市防御也显得更加重要。除了政区治安机构,帝国政府还在这一区域建立了军事防御工事,并有军队驻扎。同时,为了储存城外引进的淡水资源,帝国政府在这里建造了大型的水库。另外,由于这一区域远离君士坦丁堡中心城区,帝国政府在这里建造了监禁罪犯的阿尼玛斯监狱(Prison of Anemas)和塔楼。[1] 这一区域是君士坦丁堡重要的军事防御地区。

由此可见,君士坦丁堡城市被三道城墙划分为三大区域。第一大区域以宫墙围绕的大皇宫为中心,这里是政治、宗教和军事中心,是帝国权力运作和政令所出之地,可谓是全国政治命脉。第二大区域从大皇宫的宫墙至君士坦丁城墙之间的区域,这里是市民的主要居住区,分布着市政机构、教堂、市民住宅、作坊和市场,满足市民的生活和精神娱乐需求。第三大区域是在君士坦丁城墙与塞奥多西城墙之间的地区,这里相对偏远,在外敌入侵时首当其冲,因此是重要的防御区和缓冲区。保罗·马格达利诺对此区域的评价是"既不是真正的城市地区,又不是真正的乡村地区"[2]。

因此,君士坦丁堡承继罗马城规划布局,模仿建设宫殿群、城市广场、剧场、竞技场等各种辉煌建筑,同时君士坦丁堡的城市规划和建设又有所创新,增加了新的基督教元素。就城市布局而言,君士坦丁堡从皇权中心向周围扩展,形成了三大区域,符合君士坦丁堡的政治权威等级序列,体现了拜占庭帝国中央集权政制的特质。由于君士坦丁堡的建设规划有罗马城作为蓝本,城市的宗教、政治和经济生活区划分合理。与中世纪西欧国家注重发挥城堡的军事功能不同,君士坦丁堡作为帝国首都,其城市建设也显示出别具一格的宏大气象,诸如圣索菲亚大教堂的大型穹顶、大竞技场布局展现的帝国形态缩影和帝国统治理念等等。君士坦丁堡不断突出城市的政治和社会经济功能,这样的城市建设模式与诸多西欧国家

---

[1] E. A. Grosvenor, *Constantinople*, p. 294-295.

[2] Paul Magdalino, "Medieval Constantinople: Built Environment Urban Development", in Angeliki E. Laiou ed., *The Economic History of Byzantium: From the Seventh through the Fifteenth Century*, p. 530.

的城市建设相比存在很多优势。在此基础上,君士坦丁堡形成了一个结构合理、功能全面的城市布局。①

四、 查士丁尼时代的建筑

查士丁尼时代是拜占庭帝国史上的一个至关重要的时期,这不仅体现在其宏伟的再征服霸业,影响后世千余年的立法,还在于其辉煌的建筑。西里尔·曼戈提出,查士丁尼时代是早期拜占庭建筑的高峰,而且是拜占庭建筑中公认的第一个黄金时期,可与法国路易十四王朝相提并论。② 查士丁尼时代的建筑活动可以分为两类,第一类是边疆城防设施,第二类是教堂建筑。③ 前者多用于军事防御,后者成为基督教徒聚会的场所,其中最能体现拜占庭建筑特点、流传后世的便是教堂建筑。

在查士丁尼统治时期,基督教已经成为拜占庭帝国官方意识形态的核心内容④,皇帝不仅通过打击异教、召开宗教会议等手段,加强基督教正统教派的地位,而且大力鼓励并亲自下令建立教堂和修道院,据普罗柯比记载,查士丁尼时期君士坦丁堡的基督教堂超过 50 座,而塞奥多西二世时只有 14 座。⑤ 如今人们能见到的早期拜占庭的教堂和修道院建筑,基本来自查士丁尼时代,如伊斯坦布尔的圣索菲亚大教堂、意大利拉文纳的圣维塔教堂、西奈半岛的圣凯瑟琳修道院等等。

查士丁尼时代最具代表性的教堂建筑,毫无疑问是圣索菲亚大教堂,或称圣

---

① Charles Gates, *Ancient Cities: The Archaeology of Urban Life in the Ancient Near East and Egypt, Greece, and Rome*, p. 425.

② [美]西里尔·曼戈:《拜占庭建筑》,第 55 页。瓦西列夫则称,查士丁尼时代在艺术领域是拜占庭艺术的"第一个黄金时代",[美]A. A. 瓦西列夫:《拜占庭帝国史》,第 292 页。

③ 以上内容都保留在查士丁尼的"御用"史家普罗柯比的《论建筑》之中。该书是由普罗柯比撰写的关于 6 世纪拜占庭帝国建筑的指南,成书的目的是赞美皇帝查士丁尼。在书中,普罗柯比详细记载了查士丁尼在位时期在帝国内部的建筑活动,包括教堂建筑、城防、桥梁等,从君士坦丁堡的圣索菲亚教堂一直到迦太基的城墙,目前权威的英译本是:Procopius, *De Aedificiis or Buildings*, with a English translation by H. B. Dewing, with the collaboration of Glanville Downey, Cambridge, 1996. Procopii Caesariensis, *Opera Omnia*, ed. G. Wirth (post J. Haury), vol. 4, Leipzig: Teubner, 1964, TLG, No. 4029003.

④ 瓦西列夫称,建立一个教会是查士丁尼的理想之一,见[美]A. A. 瓦西列夫:《拜占庭帝国史》,第 231 页。

⑤ Sarah Bassett, *The Urban Image of Constantinople*, pp. 123 - 124.

智教堂。在拜占庭文献中,该教堂一般被称为大教堂,在帝国千年历史中,这里一直是拜占庭宗教生活的中心和帝国重大宗教活动的场所。圣索菲亚教堂由于其建筑技术的难度以及辉煌的气势,代表着查士丁尼时代建筑的高峰,同时也是拜占庭建筑中最杰出的代表,成为后世千余年世界各地东正教教堂竞相模仿的典范,成为后人心中拜占庭文化的标志。

追溯圣索菲亚教堂的修建,首先需要了解早期拜占庭时期的教堂风格。在此之前,教堂的主要形式是巴西利卡式,这种教堂自4世纪开始出现,是对世俗建筑的模仿。具体来看,它是一个长方形的建筑,有一个带柱廊的中庭和一个带三侧廊的祈祷间,木质房顶和一个采光用的天窗。① 虽然具体的教堂有细微差别,但是总体特征如此。此类教堂易于建造,因此成为帝国最受欢迎的样式。但是圣索菲亚大教堂的结构完全颠覆了以往教堂的构造形式。虽然人们认为圣索菲亚大教堂可能是模仿了之前一些小型圆形建筑,但是在查士丁尼时代之前,从未有人将穹顶建造在教堂之上,直到圣索菲亚大教堂的出现,开创了这一先河。

圣索菲亚大教堂原建筑于532年在尼卡暴动中被焚毁,形势安定后,在查士丁尼的指令下,新教堂在一座同名小教堂的旧址上开始修建。教堂的建筑师是来自特拉勒斯的安泰米乌斯和米利都的伊西多尔(Isidore),他们是那个时代最杰出的建筑师。537年12月27日大教堂重建工作竣工完成,共历时五年多。虽然此后经过多次修缮,但是562年之后②大教堂建筑主体基本定型,并保存至今。③ 刚落成之时,大教堂内壁上只绘有四个巨大的六翼天使,他们长长的翅膀遮住帆拱,将脸藏在其中向外窥探。教堂两侧的通道和走廊上装饰着金色的马赛克镶嵌画,与穹顶装饰的大勋章式圆形画中的十字架交相辉映。④ 据史料记载,为了使大教

---

① [美]西里尔·曼戈:《拜占庭建筑》,第36页。

② Rowland J. Mainstone, *Hagia Sophia: Architecture, Structure, Liturgy of Justinian's Great Church*, London, 1997, p. 9.

③ 公元558年穹顶坍塌后,查士丁尼召集人商讨修缮对策,讨论结果是将南北拱的内部从拱腰到拱顶进一步加宽,以便使中心更接近于方形,并在略微缩小的顶基上建起更为陡峭的圆顶。这基本是我们今天看到的圣索菲亚大教堂的大圆顶。在后来的几个世纪,圆顶曾局部倒塌、重建,即989年和1346年,见[美]西里尔·曼戈:《拜占庭建筑》,第62页。

④ J. Herrin, *Byzantium: The Surprising Life of a Medieval Empire*, Princeton: Princeton University Press, 2009, p. 51.

堂显得金碧辉煌、独一无二,查士丁尼令各省将当地最著名的艺术杰作及大量的大理石圆柱运抵君士坦丁堡,装点大教堂使之更辉煌壮丽。圣索菲亚大教堂宏大的规模和新颖的建筑结构让当时的人们感到震惊。当人们看到如此伟大的建筑,或是进到教堂里,看到内墙上色彩绚烂的镶嵌画,都会感到这不是人的力量或是工匠的技艺可以达到的境界,必定是在上帝的指引下完成的。[①]

　　虽然如今的圣索菲亚大教堂外观简朴,老旧的红砖墙,无任何修饰,而且在现代大都市之中,其最为著名的穹顶也显得并不是那么突出,但是在查士丁尼时代,这是君士坦丁堡最高的建筑,在城市的各个角落都可以看到大教堂的穹顶。进入大教堂内部可发现,教堂的平面是一个极大的长方形,中间有一个大型的中殿,中殿顶部则是大教堂最为突出的穹顶,其直径达到 31.24 米,自地面至顶部高达 55.6 米。[②]普罗柯比在描写壮观的穹顶时写道:"教堂顶部是一个巨大的球状圆顶,整座教堂看上去美轮美奂。圆顶似乎不是建在坚实的砖石之上,而像是由空中的一条金链吊着,悬在教堂顶部。"[③]在穹顶的底部有 40 扇大的窗子,可以使得阳光洒遍整个教堂内部,光影之间,教堂充满了神秘感。[④]圣索菲亚大教堂采用了与早期罗马式拱顶建筑相同的建筑方法,但这座教堂增加了穹顶的高度和直径,更为宏大。为支撑上方的穹顶,教堂方形地基的四角必须具备非常稳固的结构,粗大的多边形支撑柱之上是半菱形的帆拱,呈弧状向上延伸,托住了穹顶的圆形底座。东西两侧高度较低的半穹顶拱卫着教堂后殿,下方是两座前厅,人们可以从前厅的七扇大门进入教堂。中间最大的门只供牧首和皇帝进出,双方在踏进教堂正殿前可以在前厅会面。教堂的地面上铺设着彩色大理石,墙上靠近地面的部分也贴着天然彩色大理石砖。据说,查士丁尼初次见到完工的圣索菲亚大教堂时惊叹:"啊,所罗门,荣耀归于上帝,只有他相信我能够完成这样伟大的工作。

---

① Cyril Mango, *The Art of the Byzantine Empire, 312 - 1453: Sources and Documents*, New York, 1972, p. 76.

② 关于穹顶的高度,现行研究著作中记载并不一致,见 J. Herrin, *Byzantium: The Surprising Life of A Medieval Empire*, p. 56;[美]A. A. 瓦西列夫:《拜占庭帝国史》,第 293 页。西里尔·曼戈提到,现在的穹顶比最初的设计要高 20 英尺,也就是 6 米多,见[英]西里尔·曼戈:《拜占庭建筑》,第 62 页,而今天的穹顶的高度统计是 55.6 米,因此,最初的设计应该是 50 米左右。

③ Procpopius, *On Buildings*, trans. by H. B. Dewing, Cambridge, Mass., 1940, p. 21.

④ [美]A. A. 瓦西列夫:《拜占庭帝国史》,第 293。

啊,所罗门,我已经超越了你。"①

　　建成后的圣索菲亚大教堂受到了世人的瞩目。查士丁尼时代的宫廷官员保罗记载:"终于,这个神圣的黎明来临,新修的教堂大门缓缓打开,迎接皇帝和前来礼拜的市民。刚走进教堂时,你会感到一种悲伤在心中流淌,但当第一束阳光到来,黑暗被驱散,悲痛随之消失。皇帝带领他的臣民前进,参加紧接下来的耶稣的诞辰庆典。一眼望去,玫瑰色的阳光跳跃在拱门上,挥去黑暗的阴影。最后皇帝与民众一起唱着圣歌,一起祷告,来到神圣的大厅,感受那仿佛悬挂在空中的穹顶。"②10 世纪,罗斯大公弗拉基米尔的使臣向他汇报在圣索菲亚大教堂的见闻:"我们已经不知自己究竟是身在人间还是天堂,人间不可能有如此奇景……我们只知道,在这个地方,上帝与人同在,他们的宗教典礼也比其他国家更为隆重。"③

　　1453 年君士坦丁堡陷落后,圣索菲亚大教堂被奥斯曼土耳其苏丹"征服者"穆罕默德改为清真寺,原先位于这里的东正教牧首搬迁至城西的圣使徒教堂。1934 年,现代土耳其开国元勋凯末尔总统颁布法令,将伊斯坦布尔圣索菲亚由清真寺改为博物馆。④

　　圣索菲亚大教堂代表了拜占庭帝国建筑艺术的最高水平,它对整个欧洲乃至近东和中东地区都有深远影响。⑤ 分布在这广大地区的众多教堂都被视作是它的仿制品,其建筑风格继而成为拜占庭建筑艺术的代表。

---

① J. Herrin, *Byzantium: The Surprising Life of a Medieval Empire*, pp. 56 - 57.

② John Freely, Ahmet S. Çakmak, *Byzantine Monuments of Istanbul*, Cambridge: Cambridge University Press, 2004, pp. 88 - 89.

③ J. Herrin, *Byzantium: The Surprising Life of a Medieval Empire*, p. 51.

④ 陈志强:《拜占廷帝国史》,第 167 页。关于拜占庭帝国灭亡之后圣索菲亚大教堂的历史见[美]A. A. 瓦西列夫:《拜占庭帝国史》,第 294 页。关于圣索菲亚最新的事件,是 2020 年 7 月 10 日土耳其总统埃尔多安签署命令,宣布废除 1934 年颁布的将伊斯坦布尔圣索菲亚由清真寺改为博物馆的法令,并将圣索菲亚再次改为清真寺。

⑤ 据说现在位于伊斯坦布尔的著名蓝色清真寺就是模仿圣索菲亚大教堂而修建,见 J. Herrin, *Byzantium: The Surprising Life of a Medieval Empire*, p. 60。

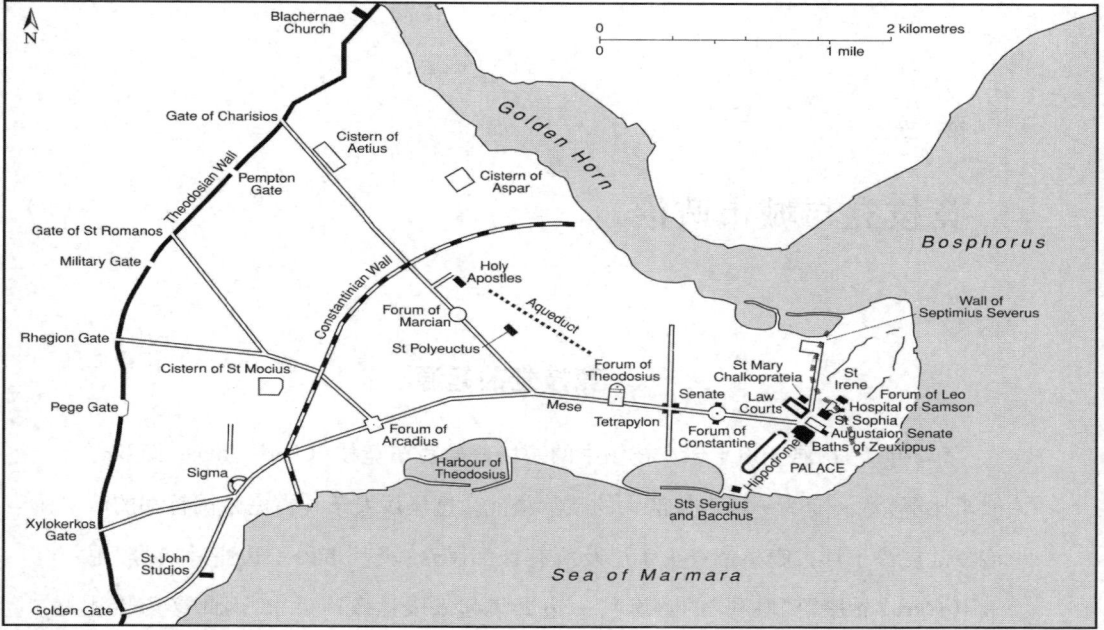

图4 6世纪的君士坦丁堡地图

- Blachernae Church 布拉赫那宫教堂
- Gate of Charisios 卡里西奥斯城门
- Theodosian Wall 塞奥多西城墙
- Gate of St Romanos 圣罗曼努斯城门
- Military Gate 军事城门
- Rhegion Gate 瑞吉恩城门●[又称雷西翁城门（Gate of Rhesion）或波利安德罗斯城门（Gate of Polyandros）。参见 Alexander P. Kazhdan (editor in chief), The Oxford Dictionary of Byzantium, 3 vols., New York: Oxford University Press, 1991, p.1788.]
- Pege Gate 佩吉城门
- Xylokerkos Gate 希洛克尔科城门
- Golden Gate 金门
- St John Studios 圣约翰·斯图狄奥斯（修道院）
- Sigma C 形（ ）
- Cistern of St Mocius 圣莫修斯蓄水池
- Constantinian Wall 君士坦丁城墙
- Pempton Gate 彭普顿城门（第五城门）
- Cistern of Aetius 阿伊提乌斯蓄水池
- Cistern of Aspar 阿斯帕蓄水池
- Holy Apostles 圣使徒（教堂）
- Forum of Marcian 马克安广场
- St Polyeuctus 圣伯利埃乌克特斯
- Forum of Arcadius 阿卡狄乌斯广场
- Harbour of Theodosius 塞奥多西港口
- Aqueduct 高架渠●[参见 Alexander P. Kazhdan (editor in chief), The Oxford Dictionary of Byzantium, 3 vols., New York: Oxford University Press, 1991, p.145.]
- Forum of Theodosius 塞奥多西广场
- Mese 梅希大道
- Tetrapylon 十字路口的凯旋门●[参见 Alexander P. Kazhdan (editor in chief), The Oxford Dictionary of Byzantium, 3 vols., New York: Oxford University Press, 1991, p.2027.]
- St Mary Chalkoprateia 铜市场圣母马利亚（教堂）●[Chalkoprateia 意为"铜市场"，君士坦丁堡的一个城区，在圣索菲亚大教堂以西。参见 Alexander P. Kazhdan (editor in chief), The Oxford Dictionary of Byzantium, 3 vols., New York: Oxford University Press, 1991, pp.407-408.]
- Senate 元老院
- Law Courts 法庭
- Forum of Constantine 君士坦丁广场
- St Irene 圣伊琳妮（教堂）
- Forum of Leo 利奥广场
- Hospital of Samson 萨姆森医院
- St Sophia 圣索菲亚大教堂
- Augustaion Senate 奥古斯塔广场元老院
- PALACE 大皇宫
- Baths of Zeuxippus 泽西帕斯浴场●[参见 Alexander P. Kazhdan (editor in chief), The Oxford Dictionary of Byzantium, 3 vols., New York: Oxford University Press, 1991, p.2226.]
- Hippodrome 大竞技场
- Sts Sergius and Bacchus 圣塞尔吉乌斯和圣巴克斯（教堂）
- Wall of Septimius Severus 塞普提米乌斯·塞维鲁城墙
- Bosphorus 博斯普鲁斯海峡
- Golden Horn 金角湾
- Sea of Marmara 马尔马拉海

第二节

竞技党与城市政治

一、 竞技党的起源

532 年 1 月,君士坦丁堡竞技场中的一场普通赛车竞技(Chariot Race,即双轮战车比赛)竟演变为一场声势浩大的政治骚乱。这场爆发于拜占庭帝国首都的政治骚乱震惊了拜占庭皇帝查士丁尼及所有首都民众,骚乱市民一边高呼口号"尼卡"(νίκα,希腊语"胜利"的意思),一边聚集起来表达政治诉求,因此这场骚乱被称为"尼卡骚乱"①。一场看似简单的比赛如何能够波及帝国政治,甚至险些推翻了查士丁尼皇帝的统治? 民众为何能够依托赛车竞技活动向拜占庭帝国统治当局发起挑战? 要解答这些问题就必须考察活跃在君士坦丁堡的赛车队团体——竞技党(Circus Factions, factiones, merē, dēmoi)的来龙去脉。

竞技党源于负责组织和参与赛车竞技比赛的四色(蓝、绿、红、白)参赛队伍团体,其后竞技党这一概念的含义进一步扩大,支持四色赛车队的"车迷"也自发分成蓝、绿、红、白四个派别,后因其表达政治诉求,也被称为竞技党。赛车竞技最早可追溯至公元前 680 年第 25 届奥林匹亚节的赛车项目,这是赛车竞技正式成为公共比赛项目的最早记载,当时是由城邦富人出资举办。而罗马人将这种比赛借鉴过来,传说是罗马城建城者罗慕洛将赛车竞技引入罗马,并将赛车队分成蓝、绿、红、白四个队伍,四种颜色代表了四种自然元素:红色代表太阳,即火;白色代表空气;绿色代表土地;蓝色代表水。② 考古遗址也证明罗马人为了举办赛车竞技修建了专门的大型比赛场地,公元前 6 世纪,统治者就在罗马城帕拉蒂尼山和

---

① 以往"尼卡起义""尼卡暴动"的提法强调暴力斗争,而"起义""暴动"是为反抗当时的统治制度、社会秩序而采取的集体武装行动。考查尼卡事件原委,不是有计划的集体武装斗争,而是一次由于申诉意见被驳斥而引发的突发性骚乱事件,因此称之为"尼卡骚乱"。

② John Malalas, *The Chronicle of John Malalas*, p. 94. Ioannis Malalae, *Chronographia*, ed. L. Dindorf, [Corpus Scriptorum Historiae Byzantinae] Bonn: Weber, 1831, TLG, No. 2871001.

阿文丁山之间的谷地修建了大竞技场,后经凯撒扩建之后,据说能够容纳25万名观众。凯撒任市政官时,为取悦平民阶层,举办了许多竞技比赛,修复了许多公共建筑,带着荣耀结束了一年的市政官任期,却负债数百塔兰特,无疑也为自己的家族赢得了民心,这为后来罗马从共和走向帝制以及屋大维的上台提供了条件。史料记载了公元前70年左右的一位红党成员菲力克斯(Felix)的葬礼,说明赛车队和车迷群体已经出现,赛车队以蓝、绿、红、白颜色相互区分,分成了四个赛车队,车迷群体也纷纷追捧,但是在历史上未能掀起太大波澜。

二、 竞技党的发展

罗马帝国时代,赛车队进一步规范化,包括管理者、赞助人、竞技者和众多后勤人员,当然也少不了热情的车迷团体。这一时期采用四马双轮战车,通常一场比赛共绕场七圈,一整天可以进行24场比赛。赞助比赛也是富人官员的专利,甚至就连选拔官员都要考察其家族财力能否负担举办比赛需要的巨大开销。竞技党尚在雏形之时,各派不过是个人以营利为目的经营专业马队[1],专门为节庆比赛提供竞技者、马匹、赛车和其他设备以营利。比赛筹办人(*editores ludorum*)与赛车班主(*domini factionum*)签订协议[2],租用他们的马匹、竞技者及其他举办比赛所需的人员和用具。比赛筹办人可能是贵族元老或者想通过举办比赛博名的官吏,他们从赛车班主那里租用马匹举办比赛,并付给一定费用,比赛所获得奖金一般归赛车班主或竞技者所有。奥古斯都曾经授意元老饲养马匹,似乎表明比赛租金过高的现实,说明统治者日益关注这一行业。

其后,帝国时代的统治者对赛车竞技的管理措施都对赛车竞技、赛车队和车迷群体的壮大起到了一定作用。卡里古拉(Caligula)就十分热心地支持绿队,常常在他们的马房里饮食和过夜。[3] 这里的马房事实上是一个俱乐部,包括赛车竞

---

[1] ［美］罗伯特·柯布里克著,张楠等译:《罗马人》,北京:世界图书出版公司2013年版,第351页。

[2] "赛车班主",见［古罗马］苏维托尼乌斯著,张竹明等译:《罗马十二帝王传》,北京:商务印书馆2000年版,第224页。

[3] Suetonius, *Lives of the Caesars*, trans. by Catharine Edwards, New York: Oxford University Press, 2008, p. 164.

技者的住房和马厩,而且每个赛车队都有各自的办事俱乐部和马厩,附带各自的竞技者、马夫、医生等人员。尼禄也非常喜欢赛车竞技比赛,甚至还亲自驾车尝试。他还增加了一年之中赛车竞技比赛的天数,创立了新的赛会。他模仿古希腊赛会,决定在罗马城举办五年一度的赛会,将其命名为"尼禄尼亚"①,其中就有赛车竞技项目。他从骑士阶层挑选了至少5000名强健的青年,分成几组,让他们学习亚历山大里亚风格的鼓掌声。据推测,他们的作用是在比赛时领头鼓掌、欢呼喝彩,带动观众的情绪,从而营造良好的赛车效果,这些人可能是最早的"掌托"了。在尼禄儿时,他同自己的小伙伴哀叹"绿队"的一个赛车者被马拖死的命运。② 这两位皇帝都支持赛车队中的绿队或绿党,其后皇帝支持某一比赛队伍的情况还延续到拜占庭时期。

三、 拜占庭时期的竞技设施

4世纪初,君士坦丁一世选定拜占庭作为首都"新罗马"的奠基之地,于是开展了大规模的市政建设,其中就包括位于大皇宫西侧用于赛车竞技比赛的大竞技场。按照罗马城马克西姆斯竞技场的模式,君士坦丁一世对原来的竞技场进行了修复和扩建,外形与罗马竞技场类似,呈"U"字形状,方位上呈东北—西南走向;场地中间是中央区(spina),外侧是由弯道和直道组成的"U"形赛车道,最外围是"U"形排布的观众席位,东侧设有皇帝包厢,西侧正对皇帝包厢的是竞技党的坐席。各个竞技党的坐席以颜色标识区分,即使如此他们还经常因为争抢座位而发生冲突。东北是起始点,"U"字场地最南端的半圆区被称作"抛石机区"(sphendone),因为该区形状像抛石机的弹袋或弹套部分,所以被称为"抛石机区",这块场地不仅用来举行比赛,还有其他用途,那便是当众处决犯人、惩罚犯人和展示战利品。拜占庭下层民众往往对这一血腥场景很是狂热,常常等待观看行刑。瓦伦斯在位期间,曾将一位长官罗达诺斯(Rhodanos)活活烧死在这里,利奥

---

① Suetonius, *Suetonius II*, trans. by J. C. Rolfe, Cambridge, Massachusetts: Harvard University Press, 1959, p. 105.

② Suetonius, *Lives of the Caesars*, p. 205.

一世曾将城市治安长官(praefectus vigilum)迈纳斯(Menas)示众并施以鞭刑[1],福卡斯曾经下令将竞技场的骚乱分子弄残并缚住挂在该区域[2],行刺利奥五世的罪犯在这里被行刑,米哈伊尔三世将犯阴谋罪的人在这里处决。因为竞技党是民众聚集的公共场所,皇帝在这里处决犯人的原因是杀一儆百,警示民众不要以身试法。

thisma,源于古希腊语"座位"κάθισμα,拜占庭时期演变成 *thisma*,成为竞技场皇帝包厢的专用名词,并在包厢后方设置专门通往皇宫的通道。每逢重要节日、皇帝登基或为了回应民意,皇帝都要亲自出现在竞技场皇帝包厢,接受民众的欢呼问候和致敬,或对民众意见进行解答回复。竞技场是进行搏斗与赛马等各种比赛的场地,君士坦丁堡的市民可以在这里免费观看赛车竞技比赛。[3] 激烈的比赛刺激着人们的感官神经,观众从中寻求扭曲的快乐,令人热血沸腾的竞技场成为人们公共娱乐的中心。人们在竞技场观看比赛之余,也在竞技场进行各种社会交往活动,或者通过喧嚣叫喊表达政治诉求,因此,在拜占庭帝国时代,竞技场也是城市社会交往和议论政治的中心。市民免费进入竞技场观看比赛,这体现了一种古老的罗马市民精神,同时还是统治者取悦民众、笼络民心的统治手段。与古罗马时代最大的不同是,拜占庭竞技场不再上演斗杀野兽或人类的血腥搏击,这是基督教信仰深入民心的结果之一。

四、 竞技党功能的社会化

拜占庭时期竞技党不但是为体育竞技目的服务,而且是表达民众意见的派别。竞技党由最初的租赁团体变为帝国财政供养的、帝国官员管理的竞技组织,这是拜占庭时期竞技党最大的历史变化。四色竞技党中的蓝党和绿党逐渐确立优势地位,红党和白党式微,依附于强大的蓝党和绿党,据普罗柯比断言:长久以

[1] Rodolphe Guilland, The Hippodrome at Byzantium, *Speculum*, vol. 23, No. 4 (Oct., 1948), p. 681.

[2] Theophanes Confessor, *The Chronicle of Theophanes Confessor*, trans. by Cyril Mango and Roger Scott, Oxford: Clarendon Press, 1997, p. 426. Theophanis, *Chronographia*, ed. C. de Boor, Leipzig: Teubner, 1883 (repr. Hildesheim: Olms, 1963), TLG, No. 4046001.

[3] Edwin A. Grosvenor, *The Hippodrome of Constantinople and Its still Existing Monuments*, London: Sir Joseph Causton & Sons, Eastcheap, E. C., 1889, p. 19.

来,在每个城市里,民众分成蓝党和绿党。① 这显示了拜占庭时期竞技党成员的数量规模以及蓝绿两党的势力之盛,而红白两党并未完全从历史舞台上消失,据记载,阿纳斯塔修斯曾经利用红党对抗蓝党②,只不过由于蓝绿两党实力最盛,光芒掩盖了红白两党。5 世纪,拜占庭竞技党经历了重要变化,竞技比赛和竞技党由帝国政府供养,毕竟如此大型的赛车竞技比赛只有依靠国库才能维持。竞技党被称为"德莫"(demes),"德莫"最初可能是一种行政区划,后来在此基础上选出各区赛车竞技参赛队伍,"德莫"逐渐成为竞技党的代称。5、6 世纪,竞技党尚能发挥表达民意的作用,但 6 世纪尼卡骚乱之后,竞技党表达民意的政治功能逐渐受到统治者的削弱,虽然后世仍有举行赛车比赛,但礼仪职能成为竞技党的主要职能,竞技党在皇室礼仪重要场合中充当民众代表和皇权支持者。到了 7 世纪,竞技党管理者被纳入帝国官僚等级之中,竞技党长官"德马赫"(demarchos)首次见于史料中。③ 皇帝将竞技党首领安排在宫廷官僚等级中,目的是便于管理和控制竞技党,同时这也表明竞技党彻底完成了官方从属地位的转变。7 世纪,除了君士坦丁堡,其他城市赛车竞技都停止举办了,在首都竞技比赛之所以仍然有生命力,正是得益于皇权特许和帝国国库的财力支持。从比赛数字上也能看出赛车竞技的衰落,4、5 世纪每年有 66 天举办赛车竞技比赛,每天进行 24 场。10 世纪,每年只有不到 12 天举办竞技比赛,每天进行 8 场。12 世纪时,赛车竞技逐渐让位于西欧兴起的马上长枪比武。到 1204 年,赛车竞技彻底消失。教会对赛车竞技一直抱有敌意,认为它是异教的遗存,引诱许多人堕入赌博,比赛结果的未知性与上帝先定论直接冲突,金口约翰就曾猛烈抨击赛车竞技引诱人们脱离宗教生活。

拜占庭时期竞技党有狭义概念和广义概念。狭义上讲,竞技党由赛车手和其后勤保障人员组成,由帝国国库供养。赛车手负责比赛,后勤人员负责处理杂役和日常琐事,其中包括马夫、修理工、医生和信使等④,还有舞蹈演员。史料记载

① Prokopios, *The Wars of Justinian*, trans. by H. B. Dewing, revised by Anthony Kaldellis, Cambridge: Hackett Publishing Company, Inc., 2014, p. 60. Procopii Caesariensis, *Opera Omnia*, vols. 1-2, ed. G. Wirth (post J. Haury), Leipzig: Teubner, 1962, 1963, TLG, No. 4029001.
② John Malalas, *The Chronicle of John Malalas*, p. 220.
③ A. P. Kazhdan, ed., *The Oxford Dictionary of Byzantium*, p. 602.
④ J. B. Bury, *History of the Late Roman Empire*, p. 84.

竞技党曾经请求赐予舞蹈演员,490年,芝诺的弟弟朗吉努斯应民众要求分别派给每个党派一位舞蹈演员。[1] 专业的竞技赛手掌握驭马驾车的卓越技艺,比赛获胜者常常受到民众的拥护和欢呼,可以说,在当时社会的受欢迎程度不亚于现代足球明星。以著名赛手波菲利乌斯为例,他曾经为不同的竞技党派效力,分别为蓝绿两党赢得了荣誉,因此,他受到蓝绿两个党派的追捧,蓝绿两党分别为他树立纪念碑。后勤人员则不会有这样的待遇,他们常常默默无闻地提供保障服务。竞技党杂役人员中还有驯熊师,皇后塞奥多拉的父亲就是绿党中的驯熊师。[2] 广义上讲,竞技党还包括数量庞大的车迷,他们还分为狂热激进的、好勇斗狠的拥趸(Partisans)和一般车迷[3],只是他们并非由帝国财政供养。拥趸是强硬支持者,较为狂热激进,他们在躁动情绪的驱使之下常常制造骚乱,尤其以5世纪末和6世纪最为严重。普通车迷的数量较大,往往盲目跟风,追随拥趸参与打砸抢烧。塞奥多西二世统治时期,蓝绿两党的人数共计8000人[4],602年时,蓝党和绿党的人数分别为900人和1500人。[5] 这些数字应该指的是拥趸的数量,而且也能够反映7世纪竞技党规模的数量变化。拥趸中的多数是容易冲动的青年,许多人甚至收买他们来打击自己的敌人。根据普罗柯比记载:当查士丁尼支持蓝党时,许多年轻人便蜂拥加入蓝党,他们加入竞技党是为了追求权力和蛮横地施暴而不受惩罚。[6] 蓝党中包含一些年轻的贵族,他们常常身着奇装异服,蓄着波斯人样式的胡须,还把头发剪成匈人的样式。总之,拜占庭时期竞技党很大程度上是广义的竞技党,在历史上的骚乱事件中,常常以少数拥趸为先导,以普通车迷为辅助,引发群体性事件,尤其在竞技场表达民意时,民众呼声也很大程度上受到竞技拥趸的引导。

  竞技党成为拜占庭时期重要的市民团体和赛事组织者,在市民娱乐生活和政

---

[1] John Malalas, *The Chronicle of John Malalas*, p. 215.

[2] [拜占庭]普洛科皮乌斯:《普洛科皮乌斯战争史》下卷,第970页。

[3] 拥趸(Partisans, stasiotai)区别于专业竞技者,他们不一定掌握驾车技艺,常常负责在比赛中呐喊喝彩,作用类似于啦啦队。他们还是专业竞技者的狂热支持者,或为支持某一竞技党或竞技者,或为争抢竞技场观众席位,甚至不惜与对手大打出手,拳脚相加。

[4] [南斯拉夫]乔治·奥斯特洛格尔斯基著,陈志强译:《拜占廷帝国》,第70页。

[5] Theophylact Simocatta, *The History of Theophylact Simocatta*, p. 255. Theophylacti Simocattae, *Historiae*, ed. C. de Boor, Leipzig: Teubner, 1887, repr. Stuttgart, 1972, TLG, No. 3130003

[6] Procopius, *History of Wars*, VI, p. 85.

治生活中发挥着重要作用，拥有了一定的政治权利，成为市民意见的代言人。竞技党在政治上的积极作用在于他们作为民众代表参与推举皇帝候选人，这种公开拥立皇帝的方式被称为"口头表决和拥护"（acclamation），虽然只是作为象征性和仪式性的民意表决环节，却是不可或缺的。竞技党作为民众代表成为皇帝加冕的见证者，与元老院、军队和高级官僚共同成为决定皇位继承的重要因素。以这种方式拥立皇帝，一定程度上避免了流血政变，保障了皇权的稳步过渡。以查士丁为例，查士丁出身卑微，在前任皇帝阿纳斯塔修斯去世时，他还是内侍禁卫军指挥官，但他在军队中威望很高，而且拥有战功，因此被元老院推选为皇位继承人，这一决定得到了军队和民众的支持。在大主教约翰和一众高级官僚的陪同下，查士丁在竞技场皇帝包厢接受民众的致敬欢呼，由于时间仓促，查士丁并未到黄金议事殿加冕，而是在皇帝包厢更换皇袍，然后由大主教约翰加冕。① 此外，查士丁尼在即位之前，有一部分上层贵族反对他继承皇位，这或许与他执意迎娶出身卑贱的塞奥多拉有关。而且他虽然是查士丁的外甥，但是并没有贵族家系血统，这也使他面临继承皇位的法理困境。查士丁尼为了顺利登基，不得不招揽"选民"，于是他开始大力扶植蓝党作为自己的支持者。普罗柯比也提到，蓝党最初只打击绿党、富人或以各种方式触怒查士丁尼的人。② 禁卫军长官福卡斯便是在绿党的支持下成为皇帝，他被竞技党举在盾牌之上，推举为皇帝③，这也是"口头表决和拥护"的一种形式。至拜占庭历史的中后期，军队士兵成为推举皇帝的重要力量，竞技党作为民众代表则是推举仪式中不可或缺的成员。由此可见竞技党在重大仪式中具有一定影响，可以作为民众代表拥立皇帝。

竞技党可以通过向皇帝请愿的方式罢免不受民众欢迎的贪官污吏，撤销不得民心的政策，例如以竞技党为代表的民众曾经要求罢免特里波尼安和卡帕多西亚人约翰。④ 竞技党还为民请命，抗议面包短缺、橄榄油短缺等民生问题。556 年，

---

① A. A. Vasiliev, *Justin the First: an Introduction to the Epoch of Justinian the Great*, p. 71.

② Prokopios, *The Secret History*, trans. by Anthony Kaldellis, Cambridge: Hackett Publishing Company, Inc., 2010, p. 55. Procopii Caesariensis, *Opera Omnia*, ed. G. Wirth (post J. Haury), vol. 3., Leipzig: Teubner, 1963, TLG, No. 4029002.

③ Theophylact Simocatta, *The History of Theophylact Simocatta*, p. 255.

④ Prokopios, *The Wars of Justinian*, p. 62.

君士坦丁堡面包短缺,持续了三个月,竞技党于是向皇帝提出抗议。[①] 在这种民众请愿案例中,竞技场成为民意上达皇帝的公共空间,客观上有利于平息民愤,将可能发生的社会骚乱消弭在萌芽之中。但是当蓝党和绿党合流时,还会形成反对皇权的社会力量,532 年尼卡骚乱便是竞技党请愿未成而造成的严重社会事件。这些事件表明,竞技党可以反映民意,皇帝是否采纳并回应则是另一个层面的问题。因此,并不能高估竞技党的政治作用,在拜占庭帝国这样的君主专制社会中,竞技党发挥作用的程度和渠道十分有限。竞技党表达民众意见的政治权利在查士丁尼时代达到顶峰,接下来就是逐渐衰落的时期。尼卡骚乱的发生使得皇权受到挑战,皇帝意识到加强竞技党管理的重要性,因此采取措施削弱竞技党的政治权利,使其仅作为民众代表承担礼仪职能,并且将竞技党的领导者纳入官僚体系,促成竞技党对皇权的依赖性。

统治者对民意的处理措施可能导致不同的结果。在竞技比赛中抒发对官方政策的不满是民众言论表达的主要手段,民众在平时不可能见到最高统治者,因此,君士坦丁堡大竞技场也就成了民众表达意见的主要场所,比赛也为民意上通下达提供了渠道。统治者对民意的反馈可能有两种情况:一是统治者答应民众请求,民众则可安居乐业,且能让社会更加安定,减少骚乱产生。二是统治者无视民众请求,则可能会导致民众揭竿而起,愤而作乱。竞技场上的民众骚乱又常常与其他政治经济原因相互作用,成为扰乱社会安定的破坏力。竞技党中较为有声望的赛手往往具有特权和煽动效力,而庞大的车迷群体容易被煽动,他们常常在竞技冠军或者某些暴民的领导下,打着党派争斗的旗号,从事一些破坏社会治安的活动,这些骚乱给社会带来了严重破坏,因此受到了包括世俗作家及宗教作家的道德谴责。

纵观竞技党的历史,像尼卡骚乱如此大规模的流血事件并不多见,骚乱只是极端的暴力事件,多数情况下竞技党不会肆意妄为。但尼卡骚乱使查士丁尼及其之后的皇帝心有余悸,因此,皇帝开始采取措施限制竞技党的表达意见权,并防止竞技党街头寻衅滋事。

---

① John Malalas, *The Chronicle of John Malalas*, p. 295.

五、 竞技党的军事作用

竞技党除了在重要礼仪活动中扮演民意代表角色,还在城市面临军事威胁时,组成保卫城市的民兵军事力量。但是竞技党的这种角色并不是常态化的,尚无史料显示竞技党曾经成为常态正规军团,皇帝不可能将这样一批不稳定的、极易引发骚乱的社会成员编入军队。竞技党只是小规模的非正规民兵组织,在紧急时刻,接受皇帝和将军的号召,保卫城市。

有人援引贝利萨留率领竞技党人击退匈人的案例,并推断他们在平时必定是经过了某种专业的训练,并且是有一定正规组织的军事力量,否则不能有效地投入战斗。但人们很难相信这样一群乌合之众最终帮助贝利萨留赢得了战争胜利,有关这一事件,更具英雄主义色彩的版本是①:贝利萨留领着自己的家兵出击迎敌最终打败了匈人。这段史料并没有明确提及参与战斗的是竞技党②,但提到了竞技赛马在军事应急中的作用,尽管竞技马匹平时接受的并不是军事演练,但进行了耐力持久和冲刺力量的比赛训练。对于该条史料,史家有不同的解读。阿伽提阿斯介绍,在这场战役中,贝利萨留的队伍中只有 300 名接受过正规训练的老兵,其他全部是没有装备的、未经阵战的暴民。③ 塞奥法尼斯只提到了贝利萨留征用全城的马,并没有提到征募竞技党人,阿伽提阿斯却隐约暗示,当时贝利萨留的队伍中至少有部分竞技党人。

竞技党还曾参与镇压叛乱和拥立新帝。515 年,波菲利乌斯回到君士坦丁堡,带领部分绿党成员保卫君士坦丁堡,支持阿纳斯塔修斯攻击篡位者维塔里安。④ 波菲利乌斯的纪念碑铭提到,他在这场平叛中扮演着战士的角色。⑤ 另外还有部分绿党成员充当阿纳斯塔修斯的侍从,竞技党不可能在这场战争中扮

---

① Theophanes Confessor, *The Chronicle of Theophanes Confessor*, p. 341.

② Agathias, *The Histories*, trans. by Joseph D. Frendo, New York: De Gruyter, 1975, p. 233. Agathiae Myrinaei, *Historiarum libri quinque*, ed. R. Keydell, [Corpus Fontium Historiae Byzantinae 2] Berlin: De Gruyter, 1967, TLG, No. 4024001.

③ Alan Cameron, *Circus Factions: Blues and Greens at Rome and Byzantium*, Oxford: Clarendon Press, 1976, p. 106.

④ F. K. Haarer, *Anastasius I: Politics and Empire in the Late Roman World*, Cambridge: Francis Cairns Ltd, 2006, pp. 177 - 178.

⑤ Alan Cameron, *Porphyrius the Charioteer*, Oxford: Clarendon Press, 1973, p. 127.

演重要角色。普罗柯比记载,540 年,拜占庭军队抵抗波斯入侵,在正规军队后方,有一群作战不熟练的年轻人。普罗柯比特别指明:这些人是经常在竞技场互相打斗的人。① 塞奥法尼斯在记录 583 年阿瓦尔人的入侵时,也特别介绍竞技党在守卫城墙中发挥的作用。② 据西摩卡塔记录,在 601 年城墙由皇帝的侍卫守卫,还包括一部分征调的步兵,这些步兵中包含竞技党人。③ 602 年,禁卫军长官福卡斯意图夺取皇位,莫里斯皇帝曾经派竞技党戍守城墙,但在福卡斯攻打城墙之前,竞技党就离开了自己的岗位,成为支持福卡斯的军队。正如普罗柯比对竞技党的负面评价,竞技党并不可靠,很难相信在古代,皇帝会委任他们重要的正规军事任务。伊拉克略是军人出身,他也是通过军事哗变推翻福卡斯的,在这次政权交替的过程中,福卡斯失去了绿党的支持,早在伊拉克略攻进城市之前,绿党开始放火烧毁皇宫周围的建筑并拥护伊拉克略为新皇帝。④

　　古典史家在写作时区别对待竞技党和正规军队,这反映了竞技党并不是常规的军事团体。并且史家对竞技党的态度多贬义,其中又以普罗柯比与阿伽提阿斯的写作态度最为突出。普罗柯比对竞技党的态度从始至终都是敌对的,他认为竞技党的拥趸是一群狂躁的、不易控制的、只会引起社会动荡的狂徒,而普通竞技党容易受到他们的吸引和煽动,从事破坏和活动。在《秘史》中,普罗柯比尖锐地批评查士丁尼和塞奥多拉,因为查士丁尼偏向蓝党,并且在竞技场投入了大量金钱。⑤ 阿伽提阿斯则直接断言他们是不熟悉战争的暴民和流氓。

　　至 7 世纪初期,竞技党虽然有守卫城墙的经历,但是很少有引人注目的成绩,515 年波菲利乌斯一案和 378 年瓦伦斯时期的事件是较为成功的竞技党参与战争的事件。在紧急时刻,统治者的一般措施是征募城中军事物资(马和武器)用于对外作战,历史上并没有证据证明竞技党组成了民兵组织,如果介绍到这种民兵组织,就必须阐释其内部运作的情况。一些案例显示,民众在危急时刻自发组织

① Procopius, *History of the Wars*, Ⅱ, p. 329.

② Theophanes Confessor, *The Chronicle of Theophanes Confessor*, p. 376.

③ Theophylact Simocatta, *The History of Theophylact Simocatta*, p. 256.

④ Nikephoros, *Short History*, trans. by Cyril Mango, Washington: Dumbarton Oaks, 1990, p. 37. Nicephori archiepiscopi Constantinopolitani, *Opuscula Historica*, ed. C. de Boor, Leipzig: Teubner, 1880 (repr. New York: Arno, 1975), TLG, Nos. 3086001 and 3086002.

⑤ Procopius, *The Anecdota or Secret History*, p. 36.

起来保卫城市。378年,正值瓦伦斯筹备物资应战亚得里亚堡,此时蛮族已经劫掠了亚得里亚堡的周围村落,民众非常惶恐,对瓦伦斯颇有意见,认为他消极应战、贻误战机,是他将蛮族招惹而来。当竞技场赛车竞技举行时,民众将舆论矛头指向皇帝,指责皇帝玩忽职守,他们喊道:给我们武器,我们将亲自战斗。皇帝听到民众的呼声,迅速从君士坦丁堡出发打击来犯之敌,这表明以竞技党作为民众代表,可以向皇帝发表意见,敦促皇帝保卫帝国安全。但后来瓦伦斯死于亚得里亚堡,再也没有回到君士坦丁堡。瓦伦斯死后,蛮族进一步攻打君士坦丁堡的城墙,当市民自发拿起武器抵抗蛮族时,蛮族撤退了。①

史料中还曾提及,地震之后竞技党参与修复城墙的事件。447年,一场地震过后,蓝党和绿党派出了8000名成员参与塞奥多西城墙的重建工作。② 可以推测,这些竞技党成员可能身负某种专业技能,例如木匠、瓦匠等等,所以,在某种程度上竞技党和各行会成员有所交集。换言之,这些市民可能既是竞技党成员,又是行会成员,负责城市中日常紧急事件的处理。

六、 竞技党的礼仪职能

查士丁尼时代之后,竞技党仪式作用逐渐强化,而其政治话语权逐渐削弱。皇帝有意识地削弱竞技党表达政治意见的权利,使之成为服务于皇室的仪式性团体,这改变了竞技党的主要职责,同时也是查士丁尼强化皇帝权力、稳定社会的具体手段。6世纪末,竞技党在仪式中的作用越发凸显,皇帝旨在通过这种方式笼络竞技党及其身后的民众,安抚民众情绪,减少骚乱。竞技党作为民众代表,在皇室仪式中传达民众对皇权的拥护和对政权合法性的认同。

加冕仪式的重要意义在于确认皇帝的合法性,竞技党作为民众代表成为皇帝

① Eusebius, Socrates, Evagrius, *The History of the Church*, printed by J. M. for Awnshan and John Churchill, London, 1709, p. 329. Eusèbe de Césarée, *Histoire Ecclésiastique*, ed. G. Bardy, 3 vols., Paris: Cerf, 1952, 1955, 1958, TLG, No. 2018002. Socrates, *Ecclesiastical History*, ed. W. Bright, 2nd edn., Oxford: Clarendon Press, 1893, TLG, No. 2057001. The Ecclesiastical *History of Evagrius with the Scholia*, ed. J. Bidez and L. Parmentier, London: Methuen, 1898, repr. New York: AMS Press, 1979, TLG, No. 2733001.

② Alan Cameron, *Circus Factions: Blues and Greens at Rome and Byzantium*, p. 111.

加冕仪式的见证者。新皇帝加冕礼之后,按照惯例要出席竞技场专用包厢,接受民众的首次欢呼和问候。禁卫军长官福卡斯便是在绿党的支持下成为皇帝,他被竞技党人和士兵举在盾牌之上,这种盾举仪式是一种公告,宣告福卡斯成为皇帝是顺应民意。[1] 竞技党还在皇室仪仗队途径的道路两旁列队欢迎[2],充当啦啦队的角色。福卡斯加冕成为皇帝,按照惯例他还要加冕妻子成为皇后。在这场加冕仪式中,蓝党和绿党都严格按照仪式规定向新皇帝和皇后致敬欢呼,这已经成为他们的礼仪职责。在皇后走向圣索菲亚教堂的路线上,竞技党预先在道路的各个站点安排人员,按照预先演练的模式,吟诵赞美诗,并向皇帝和皇后表达祝福。晋升仪式常指凯撒升为共治皇帝或奥古斯都,事实上也是一种加冕仪式。638年,小赫拉克利乌斯从凯撒升为奥古斯都的仪式,同时他的弟弟戴维升为凯撒,竞技党同样在其中扮演仪式性的角色。以下援引君士坦丁七世在《宫廷礼仪》中对加冕仪式的场景描写:"元老院、侍卫官员及其余众人预先分别穿着华贵袍服,佩戴职位勋章。准备活动完毕,皇帝离开奥古斯塔广场,着斯卡拉罩衫(skaramangion)和紫色袍服,在贴身侍卫的护送下,来到欧诺波提翁柱廊(Onopodion)。在这里,他接受达官显贵的第一次祝福。礼宾官说上句:'祝您的统治',达官显贵附和下句:'绵延万年!'随后行进至元老院(Konsistorion),在这里执政官和其他元老等候已久。皇帝站在圣台(Kiborion)上,众元老和达官显贵俯身跪拜。皇帝准许他们平身,随后示意宦官总管(Praipositos),然后肃纪官(Silentiarios)吟道:'您的统治',众元老和显贵接道:'绵延万年!'随后穿过侍卫处所,行至圣索菲亚教堂,竞技党(ta mere)穿着得体的服饰,站在指派给他们的位置上,并在胸前画十字祝福。"[3]

　　另外,竞技党还参与例如查士丁一世皇后在518年的更名仪式、提比略二世妻子578年的更名仪式、莫里斯大儿子583年的取名仪式。在皇子出生的第三天,要举行两次对竞技党的招待仪式。接下来的一天是取名会议,会议中包括50

① Theophylact Simocatta, *The History of Theophylact Simocatta*, p. 255.

② Tamara Talbot Rice, *Everyday Life in Byzantium*, New York: Dorset Press, 1967, p. 99.

③ Constantine Porphyrogennetos: *The Book of Ceremonies*, trans. by Ann Moffatt, Maxeme Tall, Leiden: Brill, 2012, p. 192.

名来自警备队伍的士兵、50名蓝党成员、50名绿党成员和50名普通市民。[1] 这些人受到皇帝委派来参与皇子取名仪式,并根据古老的传统和仪式为皇子取一个名字。在第八天进行洗礼,并由竞技党宣布皇子的名字。

史料还记载皇帝曾派竞技党在凯旋仪式上进行表演。竞技党成为凯旋仪式中官方规定的组成部分,在559年查士丁尼的凯旋仪式、831年塞奥菲鲁斯的凯旋仪式,以及831年巴西尔一世的凯旋仪式,竞技党都有参与。据记载,伊拉克略击败波斯人后举行了凯旋仪式:"罗马人(即拜占庭军队)袭击并成功占领了波斯人军营,军队将领派人带回胜利的消息和标志胜利的战利品,金剑、波斯王冠、蛮族人常常饰以珍珠并镶满宝石的腰带,还有此次战役的旌旗,罗马人的祖先称之为*banda*。收到捷报及这些战利品之后,皇帝很高兴,他下令举行赛车比赛,并命令竞技党在凯旋仪式上表演舞蹈,这是罗马人庆祝胜利的传统。"[2]

竞技党是帝国礼仪的重要参与者,他们作为民意代表在皇帝加冕礼等重要礼仪场合扮演着不可或缺的角色,甚至可以主持一些礼仪,但同时也应看到,他们已经失去了表达民意的政治权利,成为皇权的附庸。皇帝旨在通过大型礼仪活动传递君民同乐的信号,以此笼络民心,安抚民众情绪,减少骚乱,所有这些措施都是为了巩固皇权和稳定统治的民意基础。

总而言之,自竞技党纳入官方管理之下,竞技党的日常开销来源于国库,成绩卓越的赛手享有按月发放的津贴,另外5世纪的敕令显示各地方行政区长官无权任命管理竞技场的官员,该权力直属中央。[3] 拜占庭的竞技党完成了由"私"到"官"的转变。早期竞技组织的管理者本来是私人马商,并没有与皇帝产生直接联系。而在拜占庭时期,竞技组织的管理者成为御用官员,此时似乎可称之为竞技党了。5世纪时出现了一种演员及赛车手经理官,负责全党财政事务,至福卡斯时期,史料中出现了"德马赫"的名称。[4] 皇帝将竞技党首领安排在宫廷显贵之间,便于对竞技党的控制。竞技党由原来的骑术师组成的零散团体变为国家财政

---

[1] A. Cameron, *Circus Factions: Blues and Greens at Rome and Byzantium*, p. 255.

[2] Theophylact Simocatta, *The History of Theophylact Simocatta*, p. 115.

[3] Theodosius II, *The Theodosian Code*, trans. by Clyde Pharr, New York: Greenwood Press, 1952, p. 129.

[4] Theophanes Confessor, *The Chronicle of Theophanes Confessor*, p. 412.

供养的半官方组织,这是竞技党最大的历史变化。7 世纪末期竞技党逐渐收敛其行为,转而融入宫廷生活和适应其仪式性角色。①

竞技场的赛会客观上为民意上通下达提供了渠道,另一方面,这也是皇帝获得声望的途径。在以竞技场为代表的公共空间中,民众多数情况下所表达的是对统治者的欢呼和赞美。统治者也容许民众在竞技场提出合理要求,甚至表达抱怨和不满,并在多数情况下答应民众的合理要求。但由于君主权力的专断性质,这种渠道并不是时时刻刻都畅通无阻,它的畅通程度很大程度上取决于统治者的个人决断。统治者凭借自由意志可以随时拒绝施恩,不理会民众的无理要求,这就造成了两者的紧张关系,社会张力增大与群体性事件增多,甚至一度出现失控的局面。在拜占庭这样的皇权专制社会,民众的权利不可超越皇权的底线,要在皇权庇护下,在一定条件和限度下行使其权利。官方对待竞技党的态度是在某种程度上允许他们争取自身利益,一旦威胁到皇帝统治的基础,对竞技党则采取打压削弱的策略。

竞技党作为后备军事力量在拜占庭原始资料中时有出现,多数情况下他们负责守卫城墙,极少随正规军队出征。他们不是常态化的正规军队,史家往往将其与正规军队区别开来,相较于古罗马时期的竞技党,这仍是一种新的角色。然而,拜占庭社会中的这股力量又是摇摆不定的,当面临强敌之时,有时会临阵倒戈。最典型的例证是莫里斯之后的皇位更替,面对福卡斯的反叛,莫里斯命令竞技党守城,随后绿党便拥护福卡斯为皇帝,蓝党也向福卡斯建议杀死莫里斯。福卡斯执政末期,城中竞技党在伊拉克略攻城之前,就开始在城内放火滋事背叛福卡斯,伊拉克略正是利用城中的混乱局面登上皇位。所以,竞技党左右摇摆的品性决定了他们难以成为正规军队。在皇室礼仪中,竞技党作为民意代表,承担吟诵赞美诗、演奏乐曲等任务,在皇室仪仗队伍游行时,还负责在皇室仪仗队必经之地列队欢迎,表达民众对皇帝的祝福。皇帝在接见外族使臣时,一般会邀请他们观看竞技比赛,借以展示国威,竞技党的领袖会在专用包厢中陪同皇帝。

总之,竞技党经历了由最初的纯粹娱乐性组织,到表达民众意见的传达者,再

① Deno John Geanakoplos, *Byzantium: Church, Society and Civilization Seen Through Contemporary Eyes*, Chicago: University of Chicago Press, 1984, p. 257.

到仪式性活动的参与者,这与整个罗马拜占庭社会变革息息相关。拜占庭时期强化皇权,中央集权更加强大,皇帝成为整个帝国的最高统治者。他从有利于帝国统治的角度出发,一方面利用竞技党,另一方面对竞技党的角色和作用进行严格控制,以此达到控制下层民众的目的,以求实现帝国的稳定和发展。

第三节

城市的福利政策与国家负担

君士坦丁堡落成之初,君士坦丁一世就采取许多吸引人才的福利政策,涉及城市公民衣、食、住、行、娱乐、教育、治安、防御和医疗等多个方面的公共事业。基督教成为拜占庭帝国合法宗教之后,其中的普世主义和博爱理念同帝国爱民(philanthropia)统治理念有机结合在一起。在这种理念的教化下,拜占庭帝国皇帝及皇室家族成员、其他各级贵族、君士坦丁堡市政机构官僚、基督教会和修道院共同构成了君士坦丁堡慈善事业的主体。君士坦丁堡公民福祉系统可以分为两种形式,一种是皇帝及皇室成员、贵族、官僚、神职人员直接救助城市公民中的老弱病残群体;另一种是通过制定利民政策和相关制度,由君士坦丁堡市政机构、基督教会修建医疗设施和救助机构,更大规模地帮助贫困群体,两种形式相辅相成,使得君士坦丁堡城市公民福利体系更加系统和完善。

一、 君士坦丁堡的物质生活福利

君士坦丁大帝为了吸引民众前来新落成的君士坦丁堡定居,沿用了罗马城的面包免费配给制度,符合标准的领受者可以免费获得面包,当然这些成本及相关人力费用全部由国库承担。这一制度最早起源于罗马共和时代,当时上层统治精英将这种制度作为取悦民众的政治贿赂手段,一直沿用到帝制时代。罗马帝国早期的数位罗马皇帝进一步发展面包配给制度,据说至 5 世纪中叶,西部帝国濒临崩溃之际,仍然供养着 12 万名领受者。君士坦丁一世效法罗马城向民众免费供应面包,将埃及"大粮仓"的粮食源源不断地运往新都供人们享用。负责首都粮食问题的是东方大区长官,在查士丁尼时代,免费面包领受者约 8.5 万人,每天消耗近 400 万莫迪(modii)粮食。[①] 除了每年从埃及输送的粮食保障,君士坦丁堡市政长官为了防备天灾人祸造成粮食减产的情况,还建立了公民粮食储备金,最初由 409 年担任市政长官的莫纳希乌斯(Monaxius)建立,当时共筹得 500 磅黄金。储备金来自元老院的捐献,用来购买粮食,或借贷给面包行会购买粮食,等粮食卖出之后返还本息,其中的利润收归储备金。至 434 年,储备金已经增加到 611 磅金,每年可以购买至少 100 万莫迪粮食。

　　君士坦丁还将一些配给名额分配给在君士坦丁堡建设新住宅的人,并将配给名额牢牢地与房屋捆绑在一起,其后无论谁获得了这一房产都能享有免费供应的面包。为了鼓励新住户前来新都,君士坦丁宣布,凡是在君士坦丁堡建造并保养房屋的人都能获得帝国小亚细亚地区的一块土地,由此君士坦丁堡迎来了众多拥有相当资财的居民。君士坦丁的扈从队及皇宫警卫骑兵也享有免费面包供应的权利,首都贫困人口受惠于这一制度,他们从市政长官那里获得面包证后,凭证到指定的面包配给点领取面包,这些贫困人口每天要消耗约 8 万份面包。[②] 无论是在罗马城还是在君士坦丁堡,面包配给制度的领受者都是某一特定人群,而非全体民众。奥古斯都时代,领受者的数量约为 20 万人,至帝国晚期下降到 12 万人。4 世纪上半叶,每人每天可获得 50 盎司粗面包,而且还要支付金钱。369 年,瓦伦提尼安将每人每天配给量减为 36 盎司,并且均为免费发放,他还下令将领受者的名字及其领取分量刻在铜板上,禁止将面包证卖给不符合领受面包要求的人,诸如元老、官员和奴隶都无权领取免费面包。君士坦丁一世在君士坦丁堡设立了 117 处面包配给点,领受者最初有 8 万人之多。392 年,塞奥多西一世增加了每天的谷物供应量,这样一来生产的面包增加了,每天可以多供养 1000 人。至 5 世纪晚期,教堂收容了许多贫困人口,相应地获得了许多面包领受名额。查士丁尼还规

---

① 1modius 约等于 9 升。

② A. H. M. Jones, *The Later Roman Empire 284 -602*, p.84.

定,向文法学家、演说家、医生和律师提供粮食供给①,但据普罗柯比记载,查士丁尼后来又取消了这一福利。②

除了这些免费领取面包的群体,其他更为庞大群体的饮食问题也得到了解决。君士坦丁堡还分布着20余座公共面包坊,私人面包坊的数量更多,约有120座,而且规模较大,普遍采用水磨加工,每天每个磨房可以加工约500莫迪粮食。公共面包坊除了生产用于免费配给的面包,还生产面包对外出售以盈利,当然面包价格是受到市政长官的严格控制的,面包坊店主不得哄抬物价。为了管理市场秩序,帝国政府统一规范从业者使用的称量、容器等各种工具,规定工商业者只能使用盖有市政长官印章的称量工具。③ 同时,为了确保城市的定期供给,避免哄抬价格,不允许从业者囤积居奇,牟取暴利,扰乱市场秩序,囤积奇居者将被处以严厉的惩罚。④ 对于一些价格容易波动的产品,如面包、鱼类、肉类以及酒水等,由市政机构和同业行会共同商定商品的价格。

"面包和竞技"是帝国福利政策的突出写照,代表了拜占庭帝国民众的生活样态。帝国政府满足了民众对于面包的需求之后,还举办赛车竞技比赛供民众观看,带给民众精神层面的愉悦感和满足感。在拜占庭帝国时代,赛车竞技比赛成为大众化的娱乐方式,社会各阶层人士,无论高低贵贱,都可以进入竞技场观看比赛,享受比赛的酣畅淋漓和热血沸腾,连皇帝也会出现在竞技场的皇帝包厢,与民众一同观看比赛。同时竞技场还是民众交流的公共场所,民众可以将意见传递给皇帝,表达他们对于粮食价格、腐败官员和税收政策的不满。拜占庭帝国早期,比赛多由元老贵族或执政官出资举办,奢侈之风盛行,众元老常常在比赛花费上互相竞争,互相攀比,导致皇帝不得不出台政策限制奢侈之风。众元老举办的比赛之中,规模最宏大的比赛自然是执政官举办的比赛,执政官还在比赛现场向人群抛撒小银币,查士丁尼时代比赛共有七个项目,第一项和最后一项是队伍游行。第二项和第六项是赛车竞技比赛(chariot races),第三项是猎杀野兽表演(κυν

---

① 张书理:《查士丁尼〈国事诏书〉译注》,《古代文明》2013年第4期,第48页。
② Prokopios, *The Secret History*, p.114.
③ Leo Ⅵ, *The Book of the Eparch*, trans. by E. H. Freshfield, London: Variorum Reprints, 1970, p.241.
④ Leo Ⅵ, *The Book of the Eparch*, pp.248, 251, 256.

ηγιον），第四项是角斗比赛（παγκρτιον），第五项是小丑、歌手和俗称"荡妇"
（πορναι）的舞者进行的表演。据普罗柯比记载，比赛共花费 2000 磅黄金。[①] 这
还不算什么，查士丁尼担任执政官的时候，一次比赛就花费 4000 磅金子，这在当
时一度引起轰动。[②] 由此可见，当时统治者在公共比赛上花费之巨，极大地迎合
了民众对于娱乐观感的追求，比赛某种程度上还可以起到安抚民众、聚拢民心、防
止骚乱、稳定帝国社会秩序的重要作用。

　　生活用水也是君士坦丁堡市政机构关注的重要问题，为此统治者修建了较为
完善的供水系统，不仅建有从城外引进淡水的高架水道，还建有大型的水库。早
在罗马帝国时代，皇帝哈德良（Publius Aelius Traianus Hadrianus，117—138 年在
位）就按照罗马城的供水系统，在拜占庭城外西部地区与城区之间假设了水道桥，
这条水道桥被称为"哈德良水道桥"（aqueduct）。君士坦丁大帝建都以后，开始对
君士坦丁堡的蓄水设施进行规划，建造了一些蓄水池和户外喷泉等。[③] 然而，随
着人口的增长与城市的发展，城市需要的淡水越来越多，哈德良水道桥不能满足
君士坦丁堡的用水需求。因此，瓦伦斯皇帝统治时期，在拥有水资源的色雷斯高
地比兹（Bizye）地区建造了水道桥，这条水道桥是一套综合供水系统，拥有多个分
支，被称为"瓦伦斯水道桥"[④]。它沿着山谷到达君士坦丁堡西北高地亚得里亚堡
城门，从那里进入城中，沿着金角湾陡峭的山坡到达塞奥多西广场前的水
库。[⑤] 在整个拜占庭帝国时期，瓦伦斯水道桥是君士坦丁堡主要的供水系统。瓦
伦斯水道桥将色雷斯地区的泉水与河水引入君士坦丁堡后，历代统治者在城市周
围和城内建立了许多储存淡水的水库和蓄水池。4 世纪，君士坦丁一世修建了宫
廷蓄水池，可以为大皇宫、竞技场、圣索菲亚大教堂等建筑输送淡水。除了宫廷蓄
水池，城市还分布着众多民用蓄水池，如圣伊琳妮教堂南部的蓄水池能够向临近

① A. H. M. Jones, *The Later Roman Empire 284 – 602*, p. 539.

② Prokopios, *The Secret History*, p. 115.

③ Cyril Mango, "The Water Supply of Constantinople", in Cyril Mango and Gilbert Dagron eds., *Constantinople and its Hinterland*, Aldershot：Ashgate Publishing Ltd., 1995, p. 13.

④ 毛欣欣：《君士坦丁堡城市管理研究》，博士学位论文，东北师范大学，2012 年，第 19 页。

⑤ James Crow, "The Infrastructure of a Great City：Earth, Walls and Water in Late Antique Constantinople", in L. Lavan, E. Zanini and A. Sarantis eds., *Technology in Transition A. D. 300 –650*, Boston：Brill Academic Published, 2007, p. 273.

的圣伊琳妮教堂和萨普森医院提供淡水。5 世纪末,阿纳斯塔修斯一世在塞奥多西城墙附近修建了三座大型水库。据统计,拜占庭帝国早期,统治者建造的大小不等的蓄水池共计约 100 多座。私人用水需要得到帝国政府的审批,并且要使用专门规格的管道。382 年,君士坦丁堡市政长官规定了三种直径的管道:大型豪华住宅使用直径 2 寸或 3 寸的管道,以供应大型私人浴场;中等住宅使用直径 1.5 寸的管道;小型住宅只需要 0.5 寸的管道。[1] 君士坦丁堡市政长官负责水道、水库、蓄水池和入户管道的日常清洁和设施维护,这些供水设施为君士坦丁堡提供了重要的生活用水,极大地便利了城市公民的生活。

除了满足君士坦丁堡居民的饮用水需求,这些供水系统还向公共浴场和私人浴场提供水源。洗浴是罗马人的生活与文化传统,是罗马人公共生活的重要部分。君士坦丁一世建城之初,开始修建公共浴场,并对泽西帕斯浴场进行修缮,该浴场位于圆形竞技场、大皇宫附近,是君士坦丁堡规模最大的浴场。[2] 浴场处处陈列着精美的大理石雕塑以及装潢华丽的喷泉,可谓是拜占庭艺术杰作的展台。君士坦丁堡的公共浴场不仅是日常清洁身体的场所,还是社会交往和文化娱乐的中心,民众只需交纳少量的费用,就可以进入浴场,社会各个阶层人士都可以自由出入,或谈论时事,或评古论今。君士坦丁堡市政机构雇佣专门服务人员负责管理公共浴场,包括浴场的清扫、营业时间以及顾客的活动。[3] 供水系统和公私浴场满足了民众对于清洁卫生的需求,展现了市政建设给城市民众带来的福利。

水源的重要作用还体现在城市消防事业上,城区多个蓄水池可以提供消防用水。君士坦丁堡 14 个区每个区都设有防火队(collegiati),每个区防火队人数在70—90 人不等,这是从各个行会挑选出来的防火负责人组成的队伍,平时负责巡逻检查火患,发生火灾时一面发出警报提醒民众躲避危险,一面高呼"omnes collegiati",召集人员取水救火。另外还设有夜巡队(vicomagistri)配合夜晚巡逻,

① A. H. M. Jones, *The Later Roman Empire 284 - 602*, p. 696.
② Sarah Guberti Bassett, "Historiaecustos: Sculpture and Tradition in the Baths of Zeuxippos", *American Journal of Archaeology*, vol. 100, No. 3 (Jul., 1996), pp. 491 - 492.
③ Marcus Louis Rautman, *Daily Life in the Byzantine Empire*, New York: Greenwood Press, 2006, p. 77.

综合警察、城防、消防等职能于一体,保障城市民众的生命财产安全。与消防相配合的还有城市治安管理机构,以君士坦丁堡市政长官为首的市政机构全权负责管理城市治安,拜占庭帝国初期,市政长官任命专门的治安官(praefectus vigilum)负责维护城市内社会各方面的秩序和治安。[1] 530 年前后,为了增强君士坦丁堡的城市安全与稳定,查士丁尼一世对城市治安管理进行了改革,将君士坦丁堡的城市治安管理权委任给两名治安官,一名治安官被称为普通治安官(praetor of the demoi),带领 20 名士兵和 30 名防火人员,负责治理城市犯罪行为,检查和消除火灾隐患以及救助火灾等;另一名治安官被称为"搜查官"(quaesitor),负责监督和检查城市的外来人口和异教徒的活动,并负责监督、治理城市的性犯罪活动等。[2] 市政机构对君士坦丁堡治安方面的管理,在一定程度上稳定了城市社会安定,保护了市民的人身和财产安全。

二、 文化生活福利

君士坦丁堡众多宗教设施也满足了民众的精神需求,随着基督教成为合法宗教,基督教在拜占庭帝国的影响越来越大,至塞奥多西一世时期,基督教"已经成为帝国的唯一正统宗教"[3],越来越多的教堂建筑成为基督教发展的直接体现。尽管传统的城市建筑仍然存在,但教堂成为城市新的主要建设项目之一,成为城市生活的中心和焦点。如君士坦丁大帝先后建造了圣伊琳妮教堂和圣使徒教堂,君士坦丁二世建造了圣索菲亚大教堂。查士丁尼一世统治时期大规模重建的圣索菲亚大教堂和圣使徒教堂,被认为是拜占庭早期基督教建筑艺术发展的顶点。拜占庭帝国早期,皇帝在君士坦丁堡大规模建造教堂,丰富了君士坦丁堡的城市生活,许多教堂参与城市的各种社会活动,如慈善事业、教育等,为城市生活提供了一些社会服务。

---

[1] J. B. Bury, *History of the Later Roman Empire*, I, p. 28 – 29.

[2] J. A. S. Evans, *The Age of Justinian: the Circumstances of Imperial Power*, London: Taylor & Francis 2001, p. 43.

[3] 徐家玲:《拜占庭文明》,第 313 页。

在公共教育方面,拜占庭统治者也推出了许多福利政策,建设了许多教育场所,许多教育机构与教会的关系非常密切。帝国政府的高效运行需要各种优秀人才,教育的贡献功不可没。拜占庭人尤其重视法律和宗教方面的教育,只有接受了良好的教育,才能够优雅地读书和写作,清晰地表达自己的意见和想法。帝国政府重视君士坦丁堡的公共教育事业,但是不反对私人讲学。425 年,塞奥多西二世颁布法律,建立公共学校,特别是建造了一所"高等学府"(Pandidakterion),帝国政府选派了 31 名教师参与这所高等学府的教学工作,其中大多数教师讲授希腊文和拉丁文,另外还有少量教师讲授法律、哲学和修辞学知识①,这就为帝国政府培养出各种优秀的人才。政府聘用教师在公共学校讲授知识,帝国国库为教育支付各种费用,包括教师的薪酬,并授予教师各种特权,如免税权、免费领取口粮资格。君士坦丁堡市政机构负责为公共学校提供教学场地,并负责监督公共学校的各种活动。除了帝国政府直接建立的学校,君士坦丁堡许多教堂和修道院接受贵族捐助,开办许多公共学校。②查士丁二世建造的圣保罗孤儿院,不但为孤儿提供基本的食宿,而且有专门的牧师为孩子们讲授圣经,培养他们的读写能力,并将这些孩子组成唱诗班,教他们唱赞美诗。君士坦丁堡的一些修道院也开办学校,并为远路的孩子提供住宿。③

7 世纪以后至帝国末期,君士坦丁堡的公共学校教育模式没有再发生根本的变化,即主要由教会和修道院负责公共学校的教学和管理,帝国政府对其进行财政支持和管制。8 世纪至 9 世纪圣像破坏运动时期,基督教会和修道院的力量被削弱。虽然帝国政府没有压制教会和修道院中的公共学校教育事业,但教会和修道院的衰落客观上对公共学校造成了一定的负面影响。圣像破坏运动结束以后,教会和修道院中的公共学校教育逐渐得到恢复。君士坦丁堡牧首塔拉西乌斯(Tarasios,784 - 806 年在任)主持期间,圣索菲亚大教堂和乔克普拉提亚教堂(the

① 徐家玲:《拜占庭的学校与教育》,侯建新主编:《经济—社会史评论》第 3 辑,北京:生活·读书·新知三联书店 2007 年版,第 69 页;Elizabeth Jeffreys and John Haldon eds., *The Oxford Handbook of Byzantine Studies*, Oxford University Press, 2008, p.790.

② Paul Magdalino, *Studies on the History and Topography of Byzantine Constantinople*, Aldershot: Ashgate Publishing Company, 2007, p.42.

③ P. Magdalino, *Studies on the History and Topography of Byzantine Constantinople*, p.42.

Church of Chalkoprateia)主办公共学校。821年,在君士坦丁堡的斯弗拉克教堂(the Church of Sphorakiou)中就有一所公共学校。利奥六世统治时期,"圣四十殉道士教堂"(Church of Forty Martyrs)中也有一所学校。瓦西里一世统治时期,在君士坦丁堡建造了一座"新教堂"(New Church,Nea Ekklēsia),并在这座教堂中建造了一所学校。约翰一世(John I Tzimiskes,969－976)统治时期,也在这同一座教堂中建造了另外一所学校。① 1045年,君士坦丁九世(Constantine,1042－1055)在君士坦丁堡的圣乔治教堂附近建造了两所高等学府、一所法律学校、一所哲学学校。教师免费向学生讲学,学校的学习时间和课程是固定的,结业时学生需要考试。对于那些通过考试的毕业学生,学校颁发合格证书。② 12世纪,牧首学校(the Patriarchal School)是君士坦丁堡的公共教育中心。同期,阿莱克修斯一世在重修古老的圣保罗孤儿院时,按照他女儿的想法,在这里建造了一所文法学校。这所学校有三名教师,讲授文法、基本的音乐、算术等基础知识,以及修辞、哲学、几何学、医学等高等知识。③ 这些公共学校皆由教会和修道院负责管理,教师也是神职人员。帝国政府对其进行监督,并给予财政支持。

三、 救济措施

拜占庭帝国政府、社会团体及个人为赤贫者、孤儿、老人、无家可归的流浪者提供各种救助,这一方面为穷人和弱者提供了相对较好的生活条件,另一方面也能够更好地管理社会中的流动人口,帮助帝国政府管理社会。在拜占庭帝国,从基督教会到世俗社会——皇帝、官僚贵族等富有阶层,都主动向老弱病残群体提供施舍和救济,他们坚信济贫救苦不是在损失自己的财产,而是在显明上帝的仁慈与荣耀,行善者死后将得到救赎升入天堂,站在全能的神身边,得到永生。

拜占庭帝国皇帝、教会中大牧首及官僚贵族等在社会上具有较大影响力的重

---

① P. Magdalino, *Studies on the History and Topography of Byzantine Constantinople*, pp. 38－39.

② Robert Browning, "Enlightenment and Repression in Byzantium in the Eleventh and Twelfth Centuries", *Past & Present*, No. 69 (Nov., 1975), p. 8.

③ P. Magdalino, *Studies on the History and Topography of Byzantine Constantinople*, p. 42.

要人物,凭借自身的权力和财富为穷人和弱者提供直接的救助。397 年出任君士坦丁堡牧首的圣约翰·克里索斯托(St. John Chrysostom,347 - 407 年在任)对社会充满责任心,不仅安排神职人员关注穷人的生活,而且也亲自帮助弱者,照料生病的穷人、孤儿、寡妇,甚至还有囚犯等不幸的人,并将自己的财产捐给穷人,同时他还呼吁富人捐赠财富帮助教会的慈善事业,尽其所能救助穷人和弱者,为他们提供尽可能好的生活。6 世纪中期,拜占庭核心区发生大地震,为了帮助受灾的人们,查士丁尼一世向居民分发了 3000 莫迪的小麦,并向君士坦丁堡的穷人免费发放面包。[1] 为了支持教会的慈善活动,查士丁尼一世曾颁布法律,授予圣索菲亚大教堂管理 110 个小手工作坊的权力,并规定这些手工作坊的收益归圣索菲亚大教堂所有,用于慈善事业。

　　帝国政府还制定一些制度性政策,并建立专门机构,对老年人、孤儿、生病的穷人进行救助。拜占庭帝国的收容所大多建在教会和修道院附近,依附于教会或修道院。拜占庭帝国早期,政府和教会建立的教堂和收容所(xenodocheia),为旅行者、流浪者以及生病的穷人免费提供住宿、衣物、食物及医疗服务等,这种收容所开展了救济、医疗等多种慈善活动,是一种综合慈善机构。[2] 慈善机构所获得的善款由本教区主教管理,禁止私自挪用。4 世纪时,君士坦丁堡牧首圣约翰·克里索斯托曾将教会的房子腾出,收容旅行者、流浪者等无家可归者,并安排下属为这些人准备食物,对生病的人进行照顾和护理。这些房子逐渐演变为专门的收容所,即"克里索斯托收容所(Chrysostom Xenon)"。5 世纪中期,君士坦丁堡贵族霍斯乌斯·马克乌斯(Hosios Marcianos)建造了第一所收容所,这所收容所在圣伊琳妮教堂附近。5 世纪后期,君士坦丁堡慈善家萨普森(Sampson)修建了另一所收容所,并以自己的名字命名为"萨普森收容所(Sampson Xenon)",这所收容所既为穷人和陌生人提供住宿,又为生病的人提供治疗,是一所综合性慈善机构,查士丁尼皇帝和塞奥多

---

① Demetrios J. Constantelos, *Byzantine Philanthropy and Social Welfare*, Piscataway: Rutgers University Press, 1968, p. 113.

② Timothy S. Miller, *The Birth of the Hospital in the Byzantine Empire*, London: The Johns Hopkins University Press, 1997, pp. 26 - 27.

拉皇后每年都向这所收容所捐赠钱财,并进行修葺和扩建。

7世纪以后,君士坦丁堡出现了许多医院,其中有两所著名的医院,一个是专门为麻风病人治疗的麻风病医院(Zoticos Xenon),位于金角湾附近,由查士丁二世和他的妻子索菲亚建造。① 另一所是潘托克拉特医院(Pantokrator Xenon),由科穆宁王朝的皇帝约翰二世(John II,1118-1143年在位)建造,隶属于潘托克拉特修道院(the Monastery of Pantokrator)。② 耶稣基督医院规模较大,设施较为齐全,不仅配有男女病房、照明设施、取暖设备,还有专门的医护人员。帝国政府派遣帝国官员管理医院内部物资供应,并监督医生的工作。帝国政府建造并由修道院负责管理的耶稣基督医院,是君士坦丁堡的特种慈善机构,它依靠国家和修道院的力量为穷困病人提供医疗救助,这为君士坦丁堡最穷困的民众提供了基本的生存保障。

拜占庭帝国政府和教会非常关心孤儿的抚养问题,在君士坦丁堡建立了很多孤儿院(orphanotropheion)以抚养、教育城市中的孤儿。在君士坦丁堡,帝国政府在教堂和修道院附近建立了多所孤儿院。查士丁二世统治时期,在君士坦丁堡建立了几所孤儿院,其中较为著名的有圣祖蒂库斯孤儿院(the Orphanage of St. Zoticos),由君士坦丁堡的牧首塞尔吉奥(Sergios I,610-638年在任)负责管理。另一所是圣保罗孤儿院(the Orphanage of St. Paul),因建在圣保罗教堂附近而得名,它一直存续到帝国末期,由圣保罗教堂主教负责管理。③ 利奥六世在位期间将君士坦丁堡以前的一所妓院改为孤儿院,并定期到孤儿院进行参观和检查。1032年圣保罗孤儿院在一场大地震中被摧毁后,阿莱克修斯一世对其进行重新修整和改造,修复并扩大了圣保罗孤儿院的规模,建造了更多的房间,任命圣保罗教堂的主教负责管理该院。此外,阿莱克修斯一世还要求神职人员照顾孤儿的生活,向孤儿传授宗教信仰并组建唱诗班。皇帝允许这些孤儿在特定时刻参观帝

① P. Magdalino, *Studies on the History and Topography of Byzantine Constantinople*, p. 32.

② Timothy S. Miller, *The Birth of the Hospital in the Byzantine Empire*, p. 12.

③ T. S. Miller, *The Orphans of Byzantium, Child Welfare in the Christian Empire*, Washington, D. C.: The Catholic University of America Press, 2003, p. 177.

国宫殿,并向他们每人分发一小袋钱币。拜占庭帝国法律规定,孤儿院里的孤儿可以一直在孤儿院生活,直至结婚。帝国政府和教会建立的孤儿院为君士坦丁堡的孤儿提供了一个稳定的成长环境。

基督教信仰使得拜占庭帝国政府和教会更加关心老人的生活。帝国官员与教会神职人员普遍认为:当一个人没有了健康和强壮之后,上帝不会抛弃他,教会和国家一起为老人建造养老机构,让老人最后的时光变得祥和。拜占庭帝国的养老院(gerocomeion)"向失去生活能力的老人或因残疾或疾病而失去生活能力的人提供生活服务"①。因此,养老院的服务对象并非局限于老人,主要是为不能自理的人提供生活保证,更像救济院,这表明,拜占庭帝国的养老院是一种综合性的慈善机构。君士坦丁堡最古老的养老院在城区最西端靠海地区,由君士坦丁大帝的母亲建造。养老院附近还建有一所教堂,由教堂负责向养老院老人提供基本的生活服务。君士坦丁堡的官僚贵族也将自己的地产捐出,建造养老院。4世纪末,贵族弗罗蒂乌斯(Florentios)将其住所变为养老院,并以其名字命名该养老院。塞奥多西二世统治时期,一个名叫德克修克里特(Dexiocrates)的贵族将其房屋变为一个养老院,并在旁边建造了一座小教堂,为养老院提供基本的生活服务。君士坦丁堡最著名的养老院是拜占庭皇帝约翰二世在圣使徒修道院旁建造的潘托克拉特养老院(Pantokrator Gerocomeion),这座修道院配备了五名护理人员和一名医生照顾那些失去生活能力的人。入住者可以获得面包、奶油、葡萄酒等各种食物,此外还包括衣物、钱币以及生火用的木材等各种生活资料,甚至在节日还能够获得一些礼物。② 我们可以看出,国家和教会建造的养老院为失去生活能力的人提供基本的生活物资,为他们的生活提供了保障。

总之,在君士坦丁堡,帝国政府建立的面包配给制度、水源补给设施、竞技场、公共教育机构、慈善收容所、医院、养老院以及孤儿院共同构成了臣民福利体系,这使得君士坦丁堡民众生活更有保障。基督教的普世、博爱思想与皇帝慈善爱民的统治理念形成有机统一的观念,拜占庭皇帝及皇室家族成员、各级贵族、君士坦

---

① T. S. Miller, *The Orphans of Byzantium, Child Welfare in the Christian Empire*, p. 25.
② Demetrios J. Constantelos, *Byzantine Philanthropy and Social Welfare*, p. 235.

丁堡市政机构官僚、基督教会和修道院共同主导了君士坦丁堡的慈善事业,遍布全城的教会和修道院构成了这一事业的主体。无论是基于政治、宗教目的,或者是出于同情怜悯之心,或者是出于一种对国家、社会的责任,客观上这些慈善活动为君士坦丁堡穷苦的老弱病残群体提供了基本的生活保障,这对君士坦丁堡的城市稳定起到了重要作用,为城市治理提供了有效模式。

B Y Z A N

征引书目

西文书目

· Abulafia, D. ed., *The New Cambridge Medieval History :* c. 1198 – c. 1300, Vol. 5, Cambridge: Cambridge University Press, 1999.

· *Actes du Prôtaton* (Archives de l'Athos 7), é dition diplomatique par Papachryssanthou, D., Paris: P. Lethielleux, 1975.

· Adler, W., *Time Immemorial :* Archaic History and its Sources in Christian Chronography from Julis Africanus to George Syncellus, Washington, D.C.: Dumbarton Oaks Research Library and Collection, 1990.

· Aetius of Amida, *The Gynaecology and Obstetrics of the VIth Century, A. D.*, Philadelphia: Blakiston, 1950.

· Aetius of Amida, *The Ophthalmology of Aëtius of Amida*, Oostende, Belgium: J. P. Wayenborgh, 2000.

· Agathiae Myrinaei, *Historiarum libri quinque*, ed. Keydell R., [Corpus Fontium Historiae Byzantinae 2] Berlin: De Gruyter, 1967, Thesaurus Linguae Graecae (以下简称 TLG), No. 4024001.

· Agathias, *The Histories*, translated with an introduction and short explanatory notes by Frendo J. D., Berlin: Walter de Gruyter & Co., 1975.

· Agnellus (of Ravenna), *The Book of Pontiffs of the Church of Ravenna*, trans. Deliyannis D. M., Washington: Catholic University of America Press, 2004.

· Ahrweiler, H., *Byzance et la mer. La marine de guerre, la politique et les institutions maritimes de Byzance aux VIIe – XV e siè cles*, Paris: Presses Universitaires de France, 1996.

· Ahrweiler, H. and Laiou, A. E. eds., *Studies on the Internal Diaspora of the Byzantine Empire*, Washington, D. C.: Dumbarton Oakes Research Library and Collection; Cambridge, Mass.: Distributed by Harvard University Press, 1998.

· Ahrweiler, H., *Byzance et la mer: la marine de guerre, la politique et les institutions maritimes de Byzance aux VIIe-XVe siè cles*, Paris: Presses universitaires de France Vendôme, 1966.

· Al-Baladhuri, *The Origins of the Islamic State*, trans. by Hitti, Ph. K., Beirut, 1966.

· Alberigo, G. ed., *Christian Unity :* The Council of Ferrara-Florence, Leuven: Leuven University Press, 1991.

· Albucasis, *De chirurgia :* Arabica et Latine, Cura Johannis Channing, Oxford: Clarendon Press, 1778.

· Alexakis, A., Ιστορίαι, Athens: Ekdoseis Kanakē, 2008.

· Alexander, P. J., *The Patriarch Nicephorus of Constantinople :* Ecclesiastical Policy and Image Worship in the Byzantine Empire, Oxford: At the Clarendon Press, 1958.

· Allen, P. and Neil, B., *The Oxford Handbook of Maximus the Confessor*, New York: Oxford University Press, 2015.

· Ammianus Marcellinus, *History*, 3 vols, with an English translation by Rolfe J. C., London and Cambridge Massachusetts: Harvard University Press, 1935 – 1940; Delphi Classics, 2016; London: William Heinemann Ltd., 1986; London: Bohn, 1862; MA: Harvard University Press, 1935.

· Amory, P., *People and Identity in Ostrogothic Italy, 489 –554*, Cambriged: Cambridge University Press, 1997.

· Αναγνώστου, Ε. Η., *Το Βυζάντιο και το Κράτος του Κάρολου Ντ'Ανζου, Συμβολή στην ιστορία των σχέσεων της Βυζαντινής αυτοκρατορίας με τη Νότια Ιταλία και τη Σικελία τον 13ο αιώνα. Διδακτορική διατριβή, Αριστοτέλειο Πανεπιστήμιο Θεσσαλονίκης*, 2005.

· An Anonymous Author, *The Deeds of Pope Innocent III*, ed. Powell, J. M., Washington, D.C.: Catholic University of America Press, 2011.

· Anaxagorou, N., *Narrative and Stylistic Structures in the Chronicle of Leontios Machairas*, Nicosia: A. G. Leventis Foundation, 1998.

· Andrea, A. J., ed. and trans., *Contemporary Sources for the Fourth Crusade*, Leiden; Boston; Köln: Brill, 2000.

· Angelov, D. and Saxby, M. eds., *Power and Subversion in Byzantium*, Birmingham: University of Birmingham, 2010.

· Angelov, D., *The Byzantine Hellene: The Life of Emperor Theodore Laskaris and Byzantium in the Thirteenth Century*, Cambridge and New York: Cambridge University Press, 2019.

· Angelov, D., *The Imperial Ideology and Political Thought in Byzantium, 1204 – 1330*, Cambridge and New York: Cambridge University Press,

2007.

· Angold, M. ed., *The Cambridge History of Christianity* , Vol.5, Cambridge: Cambridge University Press, 2006.

· Angold, M., *A Byzantine Government in Exile :* Government and Society under the Laskarids of Nicaea (1204 - 1261), London: Oxford University Press, 1975.

· Angold, M., *Church and Society in Byzantium under the Comneni, 1081 - 1261*, Cambridge [England]; New York: Cambridge University Press, 1995.

· Angold, M., *The Byzantine Aristocracy IX to XIII Centuries* , Oxford: British Archaeological Reports, 1984.

· Angold, M., *The Fourth Crusade :* Event and Context , Harlow: Pearson Longman, 2003.

· Angold, M., *The Byzantine Empire, 1025 - 1204:* A Political History , London: Longman Publishing Group, 1996.

· Anna Comnena, *Alexiade* , ed. Leib, B., 3 vols., Paris: Les Belles Lettres, 1928, 1937, 1943, 1945, TLG, No.2703001.

· Anna Comnena, *The Alesiad of Anna Comnena* , trans. by Sewter, E. R. A., London: Penguin Books,1969.

· *Anna Comnenae Alexias* , recensuerunt Reinsch, D. R. et Kambylis A., [Corpus Fontium Historiae Byzantinae 40: 1] Berolini: Walter De Gruyter, 2001.

· Anna Comnena, *Alexiad* , New York: Kegan Paul, 2003.

· Anthimus, *Anthimus :* How to Cook an Early French Peacock: De Observatione Ciborum-Roman Food for a Frankish King , trans. Chevallier, J., Chez Jim Books, 2012.

· Arbel, B., Hamilton, B. and Jacoby, D. eds., *Latins and Greeks in the Eastern Mediterranean after 1204* , London: Totowa, N.J. Cass, in association with The Society for the Promotion of Byzantine Studies, The Society for the Study of the Crusades and the Latin East, 1989.

· Archimedes, *The Works of Archimedes :* Volume 1, The Two Books on the Sphere and the Cylinder : Translation and Commentary , ed. Netz, R., Cambridge: Cambridge University Press, 2004.

· Arentzen, T., *The Virgin in Song :* Mary and the Poetry of Romanos the Melodist , Philadelphia: University of Pennsylvania Press, 2017.

· *Aristakēs Lastivertcʻi's History* , trans. by Bedrosian, R., New York: Sources of the Armenian Tradition, 1985.

· Arjava, A., *Women and Law in Late Antiquity and the Early Middle Ages* , Oxford: Clarendon Press, 1996, 1998.

· Arlett, J., *A Dying Empire? Do Byzantine Accounts of the Period 1204 - 1261 Support or Contradict the Claim that the Byzantine Empire was 'Mortally Wounded' by the Loss of Its Capital?* Ph. D diss., University of London, 2018.

· *Armenia and the Crusades :* Tenth to Twelfth Centuries : The Chronicle of Matthew of Edessa , Transl. by Dostourian, A. E., Belmont, M.A.: National Association for Armenian Studies and Research; Lanham: University Press of America, 1993.

· Arnakys, A., *The Early History of the Ottomans* ,

Athens, 1947.

· Athanasius, *Arian History. Athanasius Werke* , ed. Opitz, H.G., Berlin: De Gruyter, 1940, TLG, No. 2035009.

· Athanasius, *The Life of Antony and the Letter to Marcellinus* , trans. by Gregg, R., New York: Paulist Press, 1980. Athanasius, *Vita Antonii* , in *Patrologia Graeca* , ed. Migne, J. P., vol. 26, Paris, 1887, TLG, No.2035047.

· Atiya, A. S., *The Coptic Encyclopedia* , New York, Toronto, Oxford, Singapore, Sydney: MacMillan, Collier, Maxwell, 1991.

· Aubé, P., *Les Empires nomands d'Orient, XI-XIIle siècle, la Sicile, Constantinople, les Croisades* , Paris: Tallandier, 1983.

· Augustin, *The City of God and Christian Doctrine* , ed. Schaff Ph., New York: Grand Rapids, 1890.

· Αυγερινού-Τζιώγα, Μ., *Η Σύνοψις Χρονική του Κωνσταντίνου Μανασσή: συμβολή στην υφολογική μελέτη μιας έμμετρης Χρονογραφίας* , Θεσσαλονίκη, 2013.

· Αυγερινού-Τζιώγα, Μ., *Η Χρονική Συγγραφή του Γεωργίου Ακροπολίτη: η αττικιστική διαλεκτική ερμή ενός γλωσσικού κεφαλαίου* , Θεσσαλονίκη, 2012.

· Avi-Yonah, M., *The Jews under Roman and Byzantine Rule* , Jerusalem: The Hebrew University, 1984.

· Bachrach, B. S., *A History of the Alans in the West :* From their First Appearance in the Sources of Classical Antiquity through the Early Middle Ages , Minneapolis: University of Minnesota Press, 1973.

· Bagnall, R. S., *Egypt in Late Antiquity* , Princeton: Princeton University Press, 1993.

· Baker, D. ed., *Relations between East and West in the Middle Ages* , New York: Routledge, 2017.

· Bakker, E. J. ed., *A Companion to the Ancient Greek Language* , Chichester: Blackwell Publishing, 2010.

· Baldwin, J. W., *The Government of Philip Augustus :* Foundations of French Royal Power in the Middle Ages , Berkeley: University of California Press, 1991.

· Ball, W. W. R., *A Short Account of the History of Mathematics* , North Chelmsford: Dover Publications, 2012.

· Banaji, J., *Agrarian Change in Late Antiquity :* Gold, Labour, and Aristocratic Dominance , Oxford: Oxford University Press, 2001.

· Banaji, J., *Exploring the Economy of Late Antiquity* , Cambridge: Cambridge University Press, 2016.

· Barker, E., *Social and Political Thought in Byzantium :* form Justinian I to the Last Palaeologus , Oxford: Clarendon Press, 1957.

· Barker, D. ed., *The Orthodox Churches and the West* , Oxford: Basil Black Well, 1976.

· Barker, J. W., *Manuel II Palaeologus (1391 - 1425) :* A Study in Late Byzantine Statesmanship , New Brunswich, N.J. 1969, 1979.

· Barker, J. W., *Justinian and the Later Roman Empire* , Madison: The University of Wisconsin Press, 1975.

· Barker, H., *Egyptian and Italian Merchants in the Black Sea Slave Trade, 1260 - 1500* , Doctoral

dissertation of Columbia University, 2014.
· Barnes, T. D., *Constantine and Eusebius*, Cambridge: Harvard University Press 1981.
· Barnard, L. W., *The Graeco-Roman and Oriental Background of the Iconoclastic Controversy*, Leiden: E. J. Brill, 1974.
· Barnes, T. D., *Constantine and Eusebius*, Cambridge: Harvard University Press, 1981.
· Barnwell, P. S., *Emperor, Prefects & Kings : The Roman West, 395 - 565*, Chapel Hill and London: The University of North Carolina Press, 1992.
· Bassett, S., *The Urban Image of Late Antique Constantinople*, Cambridge: Cambridge University Press, 2004.
· Bartusis, M. C., *the Late Byzantine Army : Arms and Society 1204 - 1453*, Philadelphia: University of Pennsylvania Press, 1992, 1997.
· Bartusis, M. C., *Land and Privilege in Byzantium : The Institution of Pronoia*, New York: Cambridge University Press, 2012.
· Βαρζός, Κ., *Η Γενεαλογία των Κομνηνών*, τόμος Β', Θεσσαλονίκη: Κέντρον Βυζαντινών Ερευνών, 1984.
· Baynes, N. H. and Moss, H., *Byzantium : An Introduction to East Roman Civilization*, Oxford: Oxford University Press, 1948, 1953; London: Thornton Butterworth Ltd, 1925.
· Beck, H.-G., *Kirche und theologische Literatur im byzantinischen Reich*, München: Beck, 1959.
· Beck, H.-G., *Ιστορία της Βυζαντινής Δημώδους Λογοτεχνίας*, Μτφρ. Eideneier, N., Αθήνα: Morphōtko Hidryma Ethnikēs Trapezēs, 1993.
· Bekker, I. ed., *Theophanes Continuatus, Ioannes Cameniata, Symeon Magister, Georgius Monachus*, [Corpus Scriptorum Historiae Byzantinae] Bonn: Weber, 1838, TLG, No.4153001.
· Bekker, I. ed., *Georgii Pachymeris de Michaele et Andronico Palaeologis libri tredecim*, vol.2, [Corpus Scriptorum Historiae Byzantinae] Bonn: Weber, 1835, TLG, No.3142002.
· Bell, H. I., *Egypt from Alexander the Great to the Arab Conquest*, Amen House, London: Oxford University Press, 1956.
· Bellinger, A. R. and Grierson, P., *Catalogue of the Byzantine Coins in the Dumbarton Oaks Collection and in the Whittemore Collection*, vol.1 - 5 (DOC), Washington, D.C.: Dumbarton Oaks Research Library and Collection, 1966 - 1968 - 1999.
· Bellinger, A. R., *Essays on the Coinage of Alexander the Great*, New York: American Numismatic Society, 1963.
· Ben-Eliyahu, E., Cohn Y., Millar F., *Handbook of Jewish Literature from Late Antiquity, 135 - 700 CE*, Oxford: Oxford University Press, 2012.
· Benjamin, *The Itinerary of Benjamin of Tudela*, ed. Adler, M. N., London: Oxford University Press, 1907.
· Benoist, S., Daguet-Gagey, A. and Hoët-van Cauwenberghe, Ch. eds., *Figures d'empire, fragments de mémoire : pouvoirs et identités dans le monde romain imperial*, Presses Universitaires du Septentrion: Villeneuve d'Ascq, 2011.
· Ben-Sasson, H. H., *A History of the Jewish People*, London: Weidenfeld and Nicolson, 1976.
· Benson, F. S., *Ancient Greek Coins*, Privately Printed, 1900.

· Berger, A., *Encyclopedic Dictionary of Roman Law*, Philadelphia: The American Philosophical Society, 1991.
· Bernard, F. and Demoen, K. eds., *Poetry and its Contexts in Eleventh-century Byzantium*, Farnham: Ashgate, 2012.
· Besevliev, V., *Die protobulgarischen Inschriften*, Berlin: Akademie Verlag, 1963.
· Betancourt, R., *Sight, Touch, and Imagination in Byzantium*, Cambridge: Cambridge University Press, 2018.
· Bianquis, T., *Damas et la Syrie sous la domination fatimide (359 - 468/969 - 1076): Essai d'interpretation de chroniques arabes médiévales, 2 vols*., Damas: Institut français de Damas, 1986 - 1989.
· Bidez, J. and Parmentier, L. ed., *The Ecclesiastical History of Evagrius with the Scholia*, London: Methuen, 1898 (repr. New York: AMS Press, 1979), TLG, No.2733001.
· Birkenmeier, J. W., *The Development of the Komnenian Army : 1081 - 1180*, Boston: Brill, 2002.
· Blaum, P. A., *The Days of the Warlords : A History of the Byzantine Empire, A. D. 969 - 991*, Lanham: University Press of America, 1994.
· Βλαχάκος, Π. Κ., *Ο βυζαντινός λόγιος Νικηφόρος Γρηγοράς : η προσωπικότητα και το έργο ενός επιστήμονα και διανοουμένου στο Βυζάντιο του 14ου αιώνα*, Θεσσαλονίκη, 2008.
· Blemmydes, N., *A Partial Account*, trans. by Munitiz, J., Louvain: Spicilegium Sacrum Lovaniense, 1988.
· Blockley, R. C. ed., *The fragmentary classicising historians of the later Roman Empire : Eunapius, Olympiodorus, Priscus and Malchus*, vol.2, Liverpool: Francis Cairns Ltd, 1983.
· Blockley, R. C., *The History of Menander the Guardsman, introductory Essay, Text, Translation and Historigraphical Notes*, Liverpool: Francis Cairns Ltd, 1985.
· Blondal, S., *The Varangians of Byzantium*, revised by Benedikz, S., Cambridge: Cambridge University Press, 1978.
· Blowers, P. M. ed., *The Bible in Greek Christian Antiquity*, United States: University of Notre Dame Press, 1997.
· Βλυσίδου, B. N., *Βυζαντινά στρατεύματα στη Δύση (5ος - 11ος αι.): Έρευνες πάνω στις Χερσαίες και ναυτικές επιχειρήσεις · σύνθεση και αποστολή των βυζαντινών στρατευμάτων στη Δύση*, Αθήνα: Ε.Ι.Ε./Ι.Β.Ε., 2008.
· Βλυσίδου, B. επιμ., *Η αυτοκρατορία σε κρίση: το Βυζάντιο τον 11ο αιώνα (1025 - 1081)*, Αθήνα: Εθνικό Ίδρυμα Ερευνών, 2003.
· Boardman, J., Griffin J. and Murray O. eds., *The Oxford History of The Roman World*, Oxford: Oxford University Press, 1986.
· Boin, D., *Ostia in Late Antiquity*, Cambridge: Cambridge University Press, 2013.
· Boissevain, U. P. ed., *Excerpta historica iussu imp. Constantini Porphyrogeniti confecta, vol.4: excerpta de sententiis*, Berlin: Weidmann, 1906, TLG, No.4076005.
· Bolgar, R. R., *The Classical Heritage and Its Beneficiaries*, Cambridge: Cambridge University Press, 1958.
· Bolman, E. S., *Monastic Visions : Wall Paintings

· in the Monastery of St. Antony at the Red Sea , New Haven and London: Yale University Press, 2002.
· Bonfil, R. ed., *Jews in Byzantium : Dialectics of Minority and Majority Cultures* , Leiden: Brill, 2012.
· Bongars, J. De ed., *Gesta Dei per Francos* , vol. II, Hanoviae: Typis Wechelianis apud heredes Ioannis Aubrii, 1611.
· Boor, C. de ed., *Excerpta historica iussu imp. Constantini Porphyrogeniti confecta, vol. 1:* excerpta de legationibus , pt. 1 - 2, Berlin: Weidmann, 1903, TLG, Nos. 3023001, 4076003 and 4076004.
· Boojamra, J. L., *Church Reform in the Late Byzantine Empire, a Study for the Patriarchate of Athanasios of Constantinople* , Thessalonki: Patriarchal Institute for Patristic Studies, 1982.
· Bosch, U. V., *Kaiser Andronikos III. Palaiologos, Versuch einer Darstellung der byzantinischen Geschichte in den Jahren 1321 -1341* , Amsterdam: Verlag Adolf M. Hakkert, 1965.
· Bouquet, D. M. ed., *Receuil des Historiens des Gaules et de France* , vol.18, Poitiers: Imprimerie de H. Oudin Frère, 1879.
· Bouras-Vallianatos, P. and Xenophontos, S. eds., *Greek Medical Literature and its Readers from Hippocrates to Islam and Byzantium* , London and New York: Routledge, 2018.
· Bowen, J., *A History of Western Education* , vol. 1, London: Methuen and Co. Ltd., 1981.
· Bowersock, G. W., Brown, P. and Grabar, O. eds., *Interpreting Late Antiquity :* Essays on the Postclassical World , London: Belknap Press of Harvard University Press, 2001.
· Boyer, C. B., *A History of Mathematics* , Hoboken: Wiley, 1991.
· Boyle, J. S. ed., *The Cambridge History of Iran, vol. 5, The Saljuq and Mongol Period* , Cambridge: Cambridge University Press, 1968.
· Boulnois, L., *Silk Road :* Monks , Warriors & Merchants, New York: E. P. Dutton & Co., 1966.
· Bowden, W., Gutteridge A. and Machado C. eds., *Social and Political Life in Late Antiquity* , Leiden, Boston: Brill, 2006.
· Bowersock, G. W., Brown P., Grabar O. eds., *Late Antiquity :* A Guide to the Postclassical World , Cambridge: The Belknap Press of Harvard University Press, 1999.
· Bowersock, G. W., *Empires in Collision in Late Antiquity* , Waltham, Massachusetts: Brandeis University Press, 2012.
· Bowersock, G. W., *Hellenism in Late Antiquity* , Cambridge: Cambridge University Press, 1990.
· Bowes, K. and Kulikowski M. ed. and trans., *Hispania in Late Antiquity :* Current Perspectives , Leiden, Boston: Brill, 2005.
· Bowman, A. K., Garnsey P., Cameron A. eds., *The Cambridge Ancient History, Vol.XII :* The Crisis of Empire, A. D. 193 - 337 , Cambridge: Cambridge University Press, 2005.
· Bowman, S. B., *The Jews of Byzantium (1204 - 1453)* , Alabama: University of Alabama Press, 1985.
· Boyarin, J. and Boyarin, D., *Powers of Diaspora :* Two Essays on the Relevance of Jewish Culture , Minnesota: University of Minnesota Press, 2002.
· Bradley, M. J., *The Birth of Mathematics : Ancient Times to 1300* , New York: Chelsea House, 2006.
· Brand, C. M., *Byzantium Confronts the West, 1180 - 1204* , Cambridge, Mass.: Harvard University Press, 1968; Aldershot: Gregg Revivals, 1992.
· Bréhier, L., *Le monde byzantin :* Vie et mort de Byzance , Paris, France: Éditions Albin Michel, 1946; trans. in English by Margaret Vaughan, Oxford: North-Holland Publishing Company, 1977.
· Brewer, D., *Greece, the Hidden Centuries: Turkish Rule from the Fall of Constantinople to Greek Independence* , London & New York: I. B. Tauris, 2010.
· Brilliantov, A., *Emperor Constantine the Great and the Edict of Milan* , London, 1937.
· Brion, M., *Alaric the Goth* , trans. by Martens F. H., New York: Robert M. McBride & Company, 1930.
· Bromiloy, G. W., *Zwingli and Bullinger* , Philadelphia: Westminster Press, 1953.
· Brongna, A., *The Generalship of Belisarius* , Boston: Boston University Master thesis, 1987.
· Brosset, M.-F., *Histoire de la Géorgie debuis l'Antiquité jusqu'au XIXe siècle* , S.- Pétersbourg: Imprimerie de l'Académie Impériale des sciences, 1849.
· Brown, P., *Augustine of Hippo :* A Biography , Berkeley and Los Angeles: University of California Press, 1967.
· Brown, P., *Power and Persuasion in Late Antiquity :* Towards a Christian Empire , Madison: University of Wisconsin Press, 1992.
· Brown, P., *The World of Late Antiquity :* AD. 150 - 750 , London: Thames and Hudson Ltd, 1971; London and New York: W. W. Norton& Company, Inc., 1989.
· Brown, T. S., *Gentlemen and Officers :* Imperial Administration and Aristocratic Power in Byzantine Italy, A. D. 554 - 800 , Hertford: Stephen Austin and Sons, 1984.
· Browning, R., *Byzantium and Bulgaria :* a Comparative Study Across the Early Medieval Frontier , London: Temple Smith., 1975.
· Browning, R., *Justinian and Theodora* , London: Weidenfeld and Nicolson, 1971.
· Browning, R., *The Byzantine Empire* , Washington D. C.: The Catholic University of America Press, 1992.
· Brubaker, L. and Haldon, J., *Byzantium in the Iconoclast Era c. 680 - 850:* A History , Cambridge: Cambridge University Press, 2011.
· Brubaker, L. ed., *Byzantium in the Ninth Century :* Dear or Alive? Aldershot, Brookfield: Ashgate, 1998.
· Brubaker, L., *Inventing Byzantine Iconoclasm* , Bristol: Bristol Classical Press, 2012.
· Brunswick, New Jersey: Rutgers University Press, 1969.
· Bryer, A. A. and Georghallides, G. S. eds., *The Sweet Land of Cyprus :* Papers given at the twenty-fifth Jubilee Spring Symposium of Byzantine Studies, Birmingham, March 1991, Nicosia: Cyprus Research Centre, 1993.
· Bryer, A. A. and Winfield, D., *The Byzantine Monuments and Topography of the Pontos* ,

Washington, D.C.: Dumbarton Oaks Research Library and Collection, 1985.

· Bryer, A. A., *The Empire of Trebizond and the Pontos*, London: Variorum Reprints, 1980.

· Bryer, A. and Cunningham M. eds., *Mouth Athos and Byzantine Monasticism*: Papers from the Twenty-Eighth Spring Symposium of Byzantine Studies, University of Birmingham, March 1994; Ashingate: Routledge, 1996.

· Bryer, A. and Herrin J. eds., *Iconoclasm*: Papers given at the Ninth Spring Symposium of Byzantine Studies, University of Birmingham, March 1975; Birmingham: Centre for Byzantine Studies, University of Birmingham, 1977.

· Buchon, J. A. ed., *Chronique de la prise de Constantinople par les Francs écrite par Geoffroy de Ville-Hardoin,—suivie de la continuation de Henri de Valenciennes*, Paris: Verdière Libraire, 1828.

· Buchon, J. A., *Nouvelles recherches historiques sur la principaute française de More et ses hautes baronnies*, vol. 2, Paris: Comptoir des imprimeurs unis, 1844.

· Buchon, J. A., *Recherches et Matériaux pour servir à une histoire de la domination française dans le provinces démembrées de l'Empire grec*, vol. 2, Paris: Auguste Desrez, 1840.

· Buckler, G., *Anna Comnena*: A Study, Oxford: Oxford University Press, 1929, 1968.

· Buckley, P., *The Alexiad of Anna Komnene*: Artistic Strategy in the Making of a Myth, Cambridge: Cambridge University Press, 2014.

· Burckhardt, J., *Age of Constantine the Great*, translated by Hadas M., London: Routledge & Kegan Paul Ltd., 1949.

· Burgmann, L. ed., *Ecloga*: das Gesetzbuch Leons III und Konstantinos' V, Frankfurt am Main: Löwenklau-Gesellschaft, 1983.

· Burnham, D. K., *Warp and Weft, A Textile Terminology*, Toronto: Royal Ontario Museum, 1980.

· Burns, J. H., *The Cambridge History of Medieval Political Thought*, Cambridge: Cambridge University Press, 1988.

· Burns, Th. S. and Eadie J. W. eds., *Urban Centers and Rural Contexts in Late Antiquity*, East Lansing: Michigan State University Press, 2001.

· Burns, Th. S., *A History of the Ostrogoths*, Bloomington and Indianapolis: Indiana University Press, 1984.

· Burns, Th. S., *Barbarians within the Gates of Rome*: A Study of Roman Military Policy and the Barbarians, ca. 375 – 435 A. D., Bloomington and Indianapolis: Indiana University Press, 1994.

· Bury, J. B. (planned.), Tanner, J. R., Previté-Orton, C. W. and Brooke, Z. N. eds., *The Cambridge Medieval History*, Cambridge: Cambridge University Press, 1929, 1978, 1966 – 1969.

· Bury, J. B., *History of Later Roman Empire, from Arcadius to Irene (A.D. 395 – 800)*, vols.1 – 2, London: MacMillan and Co., 1899; London: Dover Publications, 1985.

· Bury, J. B., *The Imperial Administrative System in the Ninth Century*, London: Oxford University Press, 1911. *Cletorologion*, sub auctore Philotheo, ed. Reiske J. J., vol.1, TLG, No.3023X06.

· Bury, J. B., *History of the Later Roman Empire from the Death of Theodosius I to the Justinian*, New York: Dover Publications. Inc., 1958.

· Bury, J. B., *A History of the Eastern Roman Empire from the Fall of Irene to the Accession of Basil I (A.D. 802 – 867)*, London: Macmillan, 1912.

· Butler, A. J., *The Arab Conquest of Egypt*: And the Last Thirty Years of the Roman Dominion, Oxford: Oxford University Press, 1978.

· Bydén, B., *Theodore Metochites' Stoicheiosis astronomike and the study of natural philosophy and mathematics in early Palaiologan Byzantium*, 2nd rev. ed., Göteborg: Acta Universitatis Gothoburgensis, Studia Graeca et Latina Gothoburgensia 66, 2003.

· Byron, R., *The Byzantine Achievement*: An Historical Perspective, A.D. 330 – 1453, Routledge & Kegan Paul, 1929.

· Cahen, C., *Pre-Ottoman Turkey*: A General Survey of the Material and Spiritual Culture and History, c. 1071 – 1330, trans. Jones-Williams, J., New York: Taplinger, 1968.

· Cahen, C., *The Formation of Turkey*: The Seljukid Sultanate of Rum, Eleventh to Fourteenth Century, ed. and trans. Holt, P. M., London and New York: Routledge, 2001.

· Cameron, A., *Christianity and the Rhetoric of Empire*: The Development of Christian Discourse, Berkeley: University of California Press, 1991.

· Cameron, A., *Circus Factions*: Blues and Greens at Rome and Byzantium, Oxford: Clarendon Press, 1976.

· Cameron, A., *Dialoguing in Late Antiquity*, Cambridge and London: Harvard University Press, 2014.

· Cameron, A., Garnsey, P. eds., *The Cambridge Ancient History, Volume XIII, The Late Empire, A. D. 337 –425*, Cambridge: Cambridge University Press, 1998.

· Cameron, A., Ward-Perkins, B., Whitby, M. eds., *The Cambridge Ancient History, Vol. XIV*: Late Antiquity: Empire and Successors, A. D. 425 – 600, Cambridge: Cambridge University Press, 2000.

· Cameron, A., *Porphyrius the Charioteer*, Oxford: Clarendon Press, 1973.

· Cameron, A., *The Mediterranean World in Late Antiquity AD 395 – 600*, London and New York: Routledge, 1993.

· Cameron, A., *The Byzantines*, Malden, USA, Oxford, UK & Carlton Australia: Blackwell Publishing, 2006.

· Cameron, A. and Conrad, L. I. eds., *The Byzantine and Early Islamic Near East, vol.I*: Problems in the Literary Source Material, Princeton: Darwin Press, 1992.

· Cameron, A., *Agathias*, Oxford: Clarendon Press, 1970.

· Cameron, A., *Changing Culture in Early Byzantine*, Aldershot: Variorum, 1996.

· Cameron, A., *Procopius and the Sixth Century*, London and New York: Taylor & Francis, 2005.

· Cameron, A., *The Later Roman Empire*: AD 284 – 430, Cambridge, Mass: Harvard University Press, 1993.

· Canduci, A., *Triumph and Tragedy*: The Rise and Fall of Rome's Immortal Emperors, Millers

Point: Pier 9, 2010.

· Capizzi, P., *Piazza Armerina : The Mosaics and Morgantina* , Bologna: International Specialized Book Service Inc., 1989.

· Carr, J. C., *Fighting Emperors of Byzantium, Pen and Sword Military* , Barnsley, South Yorkshire: Pen & Sword Military, 2015.

· Casadio, G., Mastrocinque, A. and Santi, C. eds., *APEX Studi storico-religiosi in onore di Enrico Montanari* , Roma: Edizioni Quasar, 2016.

· Cassidy, N., *A Translation and Historical Commentary of Book One and Book Two of the Historia of Geōrgios Pachymerēs* , PhD. dissertation, University of Western Austria, 2004.

· Casiday, A. and Norris F. W. eds., *The Cambridge History of Christianity, Vol.2:* Constantine to c. 600, Cambridge: Cambridge University Press, 2007.

· Cassiodorus, *The Letters of Cassiodorus being a Condensed Translation of the Variae Epistolae of Magnus Aurelius Cassiodorus Senator* , with an English translation by Hodgkin Th., London: Henry Frowde, 1886.

· Cassiodorus, *Variae* , trans. Barnish S. J. B., Liverpool: Liverpool University Press, 1992.

· Casson, L., *The Ancient Mariners : Seafarers and Sea Fighters of the Mediterranean in Ancient Times* , Princeton, N. J.: Princeton University Press, 1991.

· Castiglioni, A., *A History of Surgery* , trans. Krumbhaar, E. B., New York: Routledge, 1969.

· Castiglioni, A., *Storia della medicina* , Milano: Società editrice 'Unitas', 1927.

· Cavallo, G., *The Byzantines* , Chicago: Chicago University Press, 1997.

· Chadwick, H., *The Church in Ancient Society : From Galilee to Gregory the Great* , Oxford: Oxford University Press, 2001.

· Chapman, C., *Michael Paleologue restaurateur de l'empire byzantin 1261 – 82* , Paris: Eugene Figuiere, 1926.

· Charanis, P., *Social Economic and Political Life in the Byzantine Empire, Collected Studies* , London: Variorum Reprints, 1973.

· Cheynet, J.-C., *Pouvoir et contestations à Byzance (963 – 1210)* , Paris: Univ. de Paris I, 1990.

· Cheynet, J.-C., *Pouvoir et Contestations à Byzance (963 – 1210)* , Paris: Éditions de la Sorbonne, 1996.

· Cheynet, J.-C., *La société byzantine : l'apport des sceaux*, Vol.2 , Paris: Association des amis du Centre d'histoire et civilisation de Byzance, 2008.

· Chiarelli, L. C., *A History of Muslim Sicily* , Venera, Malta: Midsea books, 2011.

· Chisholm, H. ed., *Encyclopædia Britannica* , Cambridge: Cambridge University Press, 1911.

· Chrisostomides, J. ed., *Manuel II Palaeologus Funeral Oration on His Brother Theodore* , Thessalonike: Association for Byzantine Research, 1985.

· Chrissis, N. G., Kolia-Dermitzaki, A. and Papageorgiou, A. eds., *Byzantium and the West : Perception and Reality (11th – 15th centuries)* , London and New York: Routledge, 2019.

· Christides, V., *The Conquest of Crete by the Arabs (ca. 824), a Turning Point in the Struggle between Byzantium and Islam*, Athens: Akademia

Athenon, 1984.

· Christophilopoulou, Ai., *Byzantine History I : 324 – 610* , trans. by Phelps W. W., Amsterdam: Adolf M. Hakkert, 1986.

· *Chronicon Paschale, 284 – 628 AD* , trans. by Whitby M. and Whitby M., Liverpool: Liverpool University Press, 1989.

· *Chronicon Paschale* , ed. Dindorf L., [Corpus Scriptorum Historiae Byzantinae] Bonn: Weber, 1832, TLG, No.2371001.

· *Chronographiae Quae Theophanis Continuati Nomine Fertur Liber Quo Vita Basilii Imperatoris Amplectitur* , ed. and trans. by Ševčenko, (Corpus Fontium Historiae Byzantinae 42) Berlin: De Gruyter, 2011; ed. and trans. by Featherstone, M. and Codoñer, J. S., Berlin: De Gruyter, 2015.

· *Chronographiae Quae Theophanis Continuati Nomine Fertur Libri I -IV* , Chrysostomides, J., *Manuel II Palaeologus Funeral Oration on His Brother Thodore* , Thessalonike: Association for Byzantine Research, 1985.

· Chuvin, P., *A Chronicle of the Last Pagans* , trans. Archer B. A., Cambridge: Cambridge University Press, 1990.

· Clark, P. A., *A Cretan Healer's Handbook in the Byzantine Tradition* , Farnham, Surrey, England; Burlington, VT: Ashgate, 2011.

· Clark, G., *Late Antiquity : A Very Short Introduction* , Oxford: Oxford University Press, 2011.

· Claudian, *Claudian* , with an English translation by Platnauer M., Cambridge, Massachusetts and London, England: Harvard University Press, 1922.

· *Clemens Alexandrinus, Fragmenta* , ed. Stählin, O., Früchtel, L. and Treu, U., Berlin: Akademie-Verlag, 1970, TLG, No.0555008.

· *Clément de Rome, Épître aux Corinthiens* , ed. Jaubert, A., Paris: Cerf, 1971, TLG, No. 1271001.

· Climacus, J., *The Ladder of Divine Ascent* , New York: Paulist Press, 1982.

· Cochrane, C. N., *Christianity and Classical Culture : A Study of Thought and Action from Augustus to Augustine* , New York: Oxford University Press, 1957.

· Cohen, H., *Description historique des monnaies frappées sous l' empire Roman* , vols.1 – 7 , Paris: Rollin et Feuardent, 1859 – 1868.

· Coleman-Norton, P. R., ed., *Roman State and Christian Church : A Collection of Legal Documents to AD.535* , London, 1966.

· *Concilium Quinisextum, Das Konzil Quinisextum* , übersetzt und eingeleitet Ohme, H. von, Turnhout: Brepols Publishers, 2006.

· Conrad, L. I. et al. eds., *The Western Medical Tradition 800 BC to AD 1800* , Cambridge and New York: Cambridge University Press, 1995.

· Constantelos, D. J., *Byzantine Philanthropy and Social Welfare* , New Brunswick: Rutgers University Press, 1968.

· Constantini Manassis, *Breviarium Historiae Metricum* , ed. Bekker, I., [Corpus scriptorum historiae Byzantinae] Bonn: Weber, 1837, TLG, No. 3074001.

· Constantine Porphyrogennetos, *The Book of Ceremonies* , trans. by Moffatt, A. and Tall, M., (Bonn, 1829) Canberra: Australian Association for Byzantine Studies, 2012.

- Constantine Porphyrogenitus, *De administrando imperio* , ed. Moravcsik, Gy., trans. into English by Jenkins, R. J. H., [Corpus Fontium Historiae Byzantinae 1] Washington, D. C.: Dumbarton Oaks, 1967, TLG, No.3023008.
- *Constantini Porphyrogeniti imperatoris de cerimoniis aulae Byzantinae libri duo* , vol. 1, ed. Reiske, J. J., [Corpus Scriptorum Historiae Byzantinae] Bonn: Weber, 1829, TLG, No. 3023010.
- Constantine Ⅶ, *Le livre des cérémonies* , ed. Vogt A., vols. 1 - 2, Paris: Les Belles Lettres, 1935, 1939, repr. 1967, TLG, No.3023011.
- Constantinides, C. N., *Higher Education in Byzantium in the Thirteenth and Early Fourteenth Centuries, 1204-ca. 1310* , Nicosia: Cyprus Research Centre, 1982.
- Constantino Porirogenito, *De thematibus* , introduzione, testo critico, commento, a cura di Pertusi A., Città del Vaticano: Biblioteca apostolica vaticana, 1952.
- Cooper, K., *The Virgin and the Bride :* Idealized Womanhood in Late Antiquity , Cambridge, Mass.: Harvard University Press, 1999.
- *Corpus Iuris Civilis* , ed. Schöll, R. and Kroll, W., vol.3. Berlin: Weidmann, 1895 (repr. 1968), TLG, No.2734013.
- Cosmas Indicopleustes, *The Christian Topography of Cosmas, an Egyptian Monk :* Translated from the Greek, and Edited with Notes and Introduction , ed. Wolska-Conus, W., Paris: Cerf, 1968, 1970, 1973, TLG, No. 4061002; Cambridge: Cambridge University Press, 2010.
- Cosmas Indicopleustes, *The Christian Topography of Cosmas, an Egyptian Monk* , trans. by McCrindle, J. W., London: Printed for the Hakluyt Society, 1897; Cambridge: Cambridge University Press, 2010.
- Costantino Porfirogenito, *De thematibus* , ed. Pertusi, A., Vatican City: Biblioteca Apostolica, 1952, TLG, No.3023009.
- Cox, P., *Biography in Late Antiquity* , Berkeley, Los Angeles, London: University of California Press, 1983.
- Crawford, P., *Constantius II :* Usurpers, Eunuchs, and the Antichrist , Pen & Sword, 2016.
- Crawford, M. H., *Roman Republican Coinage* , vol.2, Cambridge: Cambridge University Press, 1975.
- Cribiore, R., *The School of Libanius in Late Antique Antioch* , Princeton and Oxford: Princeton University Press, 2007.
- Critobulus, *Critobuli Imbriotae Historiae* , Fragmenta Historicorum Graecorum, vol. XXII , ed. Reinsch, D. R., Berolini, Novi eboraci: W. De Gruyter, 1983; Berlin: De Gruyter, 1983, TLG, No.3147004.
- Crosby, A. W., *Throwing Fire :* Projectile Technology Through History , Cambridge: Cambridge University Press, 2002.
- Crowley, R., *1453:* The Holy War for Constantinople and the Clash of Islam and the West , New York: Hyperion, 2005.
- Crump, C. G. and Jacob, E. F. eds., *The Legacy of the Middlie Ages* , Oxford: Clarendon Press, 1926.
- Cruta, F., *The Making of Slavs* , New York: Cambridge Press, 2004.
- Cullmann, O., *Christ and Time :* The Primitive Christian Conception of Time and History , trans. Filson F. V., Philadelphia: Fortress Press, 1964.
- Cuomo, S., *Pappus of Alexandria and the Mathematics of Late Antiquity* , Cambridge: Cambridge University Press, 2007.
- Curiel, R. and Gyselen, R. eds., *Itinéraires d'Orient :* Hommages à C. Cahen , Res Orientalis: 6, Bures-sur-Yvette, 1994.
- Dadyaee, T., *Sasanian Persia :* The Rise and Fall of an Empire , London, New York: I. B. Tauris, 2013.
- Dagron, G., *Emperor and Priest :* The Imperial Office in Byzantium , Cambridge: Cambridge University Press, 2003.
- Dally, O. and Ratte, C., *Archaeology and the Cities of Late Antiquity in Asia Minor* , Ann Arbor: Kelsey Museum of Archaeology, 2011.
- Dam, R. V., *Rome and Constantinople :* Rewriting Roman History during Late Antiquity , Waco, Texas: Baylor University Press, 2010.
- Dam, R. V., *The Roman Revolution of Constantine* , New York: Cambridge University Press, 2007.
- Dandolo, A. and Pastorello, E., *Andreae Danduli Ducis Venetiarum Chronica Per Extensum Descripta Aa. 46 - 1280 D. C.*, Bologna: Zanichelli, 1938.
- Darley, R. R., *Indo-Byzantine Exchange, 4th to 7th Centuries :* A Global History , Ph.D. Dissertation of University of Birminghan, 2013.
- Dashdondog, B., *The Mongols and the Armenians (1220 - 1335)* , Leiden & Boston: Brill, 2011.
- Davids, A. ed., *The Empress Theophano :* Byzantium and the West at the Turn of the First Millennium , Cambridge, Great Britain; New York, NY: Cambridge University Press, 1995.
- Davidson, I. J., *A Public Faith :* From Constantine to the Medieval World, A.D.312 - 600 , Oxford, UK and Grand Rapids, Michigan: Monarch Books, 2005.
- Davis, R. H. C. and Wallace-Hadrill, J. M. eds., *The Writing of History in the Middle Ages :* Essays presented to R. W. Southern , New York: Clarendon Press of Oxford University Press, 1981.
- Davis, S. J., *The Cult of Saint Thecla :* A Tradition of Women's Piety in Late Antiquity , Oxford: Oxford University Press, 2008.
- Dawkins, R. M., *The Nature of the Cypriot Chronicle of Leontios Makhairas* , Oxford: Clarendon Press, 1945.
- Deakin, M. A. B., *Hypatia of Alexandria :* Mathematician and Martyr , Amherst: Prometheus, 2007.
- Decker, M. J., *Byzantine Dark Ages* , London: Bloomsbury, 2016.
- Delatte, A., *Anecdota Atheniensia et alia* , vol.2, Paris: E. Droz, 1939.
- Δελ έογλου, Α., Συμβολ ή στη μελ έτη του ιστορικού έργου του Ιωάννου Κιννάμου , Σέρρες, 2016.
- Deligiannakis, G., *The Dodecanese and East Aegean Islands in Late Antiquity, AD 300 - 700* , Oxford: Oxford University Press, 2016.
- Deliyannis, D. M., *Ravenna in Late Antiquity* , Cambridge: Cambridge University Press, 2010.

- Dendrinos, Ch., Harris, J., Harvalia-Crook, E. and Herrin, J., eds., *Porphyrogenita, Essays on the History and Literature of Byzantium and the Latin East in Honour of Julian Chrysostomides*, Aldershot: Ashgate, 2003.
- Dennis, G. T., *Maurice's Strategikon*, Handbook of Byzantine Military Strategy, Philadelphia: University of Pennsylvania Press, 1984.
- Dennis, G. T., *The Reign of Manuel II Palaeologus in Thessalonica, 1382–1387*, Romae: Pont. Institutum Orientalium Studiorum, 1960.
- Dennis, G. T. ed., *The Letters of Manuel II Palaeologus*, Washington, D. C.: Dumbarton Oaks Research Library and Collection, 1977.
- Devillers, O. and Sebastiani, B. eds., *Les historiens grecs et romains : entre sources et modèles*, Bordeaux: Ausonius e'ditions, 2018.
- Dick, I., *Melkites : Greek Orthodox and Greek Catholics of the Patriarchates of Antioch, Alexandria and Jerusalem*, Boston: Sophia Press, 2004.
- *Die Schriften des Johannes von Damaskos*, ed. Kotter, B., vol. 3, Berlin: De Gruyter, 1975, TLG, No.2934005.
- Diehl, C., *Byzantium : Greatness and Decline*, translated from the French by Naomi Walford, New Jersey: Rutgers University Press, 1957.
- Diehl, Ch., *Histoire de l'empire byzantine*, Paris: A. Picard, 1932.
- Dieten, J.-L. van ed., *Nicetae Choniatae Orationes et Epistulae*, Berlin, New York: de Gruyter, 1975.
- Difederico, F. R., *The Mosaics of Saint Peter's Decorating the New Basilica*, University Park: Pennsylvania State University Press, 1983.
- Dignas, B. and Winter, E., *Rome and Persia in Late Antiquity : Neighbors and Rivals*, New York: Cambridge University Press, 2007.
- Dindorf, L. A. ed., *Chronicon Paschale*, [Corpus Scriptorum Historiae Byzantinae 16–17] Bonn: Weber, 1832, TLG, No.2371001.
- Dionysius (Tellmaharensis), *Chronicle*, trans. by Witakowski W., Liverpool: Liverpool University Press, 1996.
- Dioscorides, *De Materia Medica*, a New Indexed Version in Modern English by Osbaldeston, T. A. and Wood, R. P. A., Johannesburg: Ibidis, 2000.
- Dodds, E. R., *Pagan and Christian in an Age of Anxiety : Some Aspects of Religious Experience from Marcus Aurelius to Constantine*, New York: Cambridge University Press, 1992.
- Dodgen, M. H. and Lieu, S. N. C., *The Roman Eastern Frontier and the Persian Wars (AD 226–363)*, London and New York: Rouledge, 1991.
- Dölger, F., *Regesten der Kaiserkunden des oströmischen Reiches, vol. 2: Regesten von 1025–1204*, Munich & Berlin: Olderbourg, 1925.
- Donato, A., *Boethius' Consolation of Philosophy as a Product of Late Antiquity*, London, New Delhi, New York, Sydney: Bloomsbury, 2013.
- Doukas, *Decline and Fall of Byzantium to the Ottoman Turks*, an annotated translation of "Historia Turco-Byzantina" by Magoulias, H. J., Wayne State University, Detroit: Wayne State University Press, 1975.
- Downey, G., *The Late Roman Empire*, New York, Chicago, San Francisco, Altanta, Dallas, Montreal, Toronto, London, Sydney: Holt, Rinehart and Winston, Inc., 1969.
- Drinkwater, J. F., *The Alamanni and Rome 213–496 (Caracalla to Clovis)*, Oxford: Oxford University Press, 2007.
- Driver, S. D., *John Cassian and the Reading of Egyptian Monastic Culture*, London: Routledge, 2002.
- Ducas, *Istoria Turco-Bizantina (1341–1462)*, ed. Grecu, V., [Scriptores Byzantini 1] Bucharest: Academia Republicae Popularis Romanicae, 1958, TLG, No.3146001.
- Duda, H. W., *Die Seltschukengeschichte des Ibn Bībī*, Copenhagen: Munksgaard, 1959.
- Duffin, C. J., Moody, R. T. J. and Gardner-Thorpe, C., *A History of Geology and Medicine*, London: Geological Society of London, 2013.
- Duhem, P., *Le système du monde*, Paris: Hermann, 1913.
- Dunbabin, K., *Mosaics of the Greek and Roman World*, Cambridge and New York: Cambridge University Press, 1999.
- Durand, J., *Byzantine Art*, Paris: Terrail, 1999.
- Dunlop, D. M., *The History of the Jewish Khazars*, New York: The Princeton Press, 1954.
- Dunn, M., *The Emergence of Monasticism : from the Desert Fathers to the Early Middle Ages*, Oxford: Wiley-Blackwell, 2000.
- Dvornik, F., *Early Christian and Byzantine Political Philosophy : Origins and Background*, II, Washington: Trustees for Harvard University, 1966.
- Dvornik, F., *The Photian Schism, History and Legend*, Cambridge: Cambridge University Press, 1970.
- Dyck, A. and Takács, S. eds., *Presence of Byzantium : Studies Presented to Milton V. Anastos in Honor of His Eighty-Fifth Birthday*, Amsterdam: Hakkert, 1994.
- Dzielska, M., *Hypatia of Alexandria*, translated by Lyra F., Cambridge, Massachusetts and London, England: Harvard University Press, 1995, 1996.
- Eastmond, A. ed., *Byzantium's Other Empire : Trebizond*, Istanbul: Koç, Universitesi, Anadolu Medeniyetleri Araştirma Merkezi, 2016.
- Eastmond, A., *Art and Identity in the Thirteenth Century Byzantium, Hagia Sophia, Trebizond*, Florence: Routledge, 2004.
- *Ecloga, Das Gesetzbuch Leons III. und Konstantinos V.*, ed. Burgmann, L., Frankfurt: Löwenklau-Gesellschaft, 1983.
- Edwards, M. and Goodman, M. eds., *Apologetics in the Roman Empire : Pagans, Jews, and Christians*, Oxford: Oxford University Press, 1999.
- Edwards, I. E. S. ed., *The Cambridge Ancient History : History of the Middle East and the Aegean Region c. 1380–1000 B. C.*, Cambridge: Cambridge University Press, 2006.
- Eijk, P. J. van der ed., *Ancient Histories of Medicine : Essays in Medical Doxography and Historiography in Classical Antiquity*, Lieden and Boston: Brill, 1999.
- Elias, P. and Busse, A. eds., *Commentaria in Aristotelem Graeca XVIII*, Berlin: Typ. et Impensis G.

Reimeri, 1902.
- Elliott, A. G., *Roads to Paradise; Reading the Lives of the Early Saints* , Hanover, 1987.
- Emmer, M., *Imagine Math :* Between Culture and Mathematics , New York: Springer, 2012.
- Entwistle, C. and James, L. eds., *New Light on Old Glass :* Recent Research on Byzantine Glass and Mosaics , London: British Museum Press, 2013.
- Ephraemius, *Chronicon* , ed. Bekker, I., [Corpus Scriptorum Historiae Byzantinae] Bonn: Weber, 1840, TLG, No.3170001.
- Ermerins, F. Z. ed., *Anecdota medica Graeca* , Leiden: Luchtmans, 1840 (repr. Amsterdam: Hakkert, 1963), TLG, No.0729004.
- Errington, R. M., *Roman Imperial Policy from Julian to Theodosius* , Chapel Hill: The University of North Carolina Press, 2006.
- Étienne le diacre, *La vie d'Étienne le Jeune* , introduction, édition et traduction, Auzépy, M.-F., Aldershot, Brookfield: Variorum, 1997.
- Euclid, *The Thirteen Books of Euclid's Elements* , vol.1, eds. Heath, T. L. and Heiberg, J. L., Cambridge: Cambridge University Press, 1908.
- Euclides, *Euclidis Opera Omnia* , vol. 6, ed. Menge, H., Leipzig: Teubner, 1896, TLG, No. 4075002.
- Eunapii, *Vitae Sophistarum* , ed. Giangrande, J., Rome: Polygraphica, 1956, TLG, No.205001.
- Eusèbe de Césarée, *Histoire Ecclésiastique* , 3 vols., ed. Bardy, G., Paris: Cerf, 1952, 1955, 1958, TLG, No.2018002; trans. by Williamson, G., New York: Penguin, 1965.
- Eustazio di Tessalonica, *La espugnazione di Tessalonica* , ed. Kyriakidis, S., Palermo: Istituto Siciliano di Studi Bizantini e Neoellenici, 1961, TLG, No.4083004.
- Eusebios of Caesarea, *The History of the Church from Christ to Constantine* , trans. Williamson G., New York: Penguin, 1965.
- Eusebius Pamphilus, *Church History :* Life of Constantine the Great; Oration in Praise of Constantine , ed. Schaff Ph. and Wace H., New York: Grand Rapids, 1890; by Cameron A. and Hall S. G., Oxford: Clarendon Press, 1999.
- Eusebius Werke, *Über das Leben des Kaisers Konstantin* , ed. Winkelmann F., Berlin: Akademie-Verlag, 1975, TLG, No.2018020.
- Eusebius, *The Ecclesiastical History II* , trans. Oulton, J. E. L., New York: Harvard University Press, 1994.
- Eustathios of Thessalonika, *The Capture of Thessalonika* , trans. Melville-Jones, J., Canberra, 1988. Eustazio di Tessalonica, *La espugnazione di Tessalonica* , ed. Kyriakidis, S., Palermo: Istituto Siciliano di Studi Bizantini e Neoellenici, 1961, TLG, No.4083004.
- Eustathios of Thessaloniki, *Secular Orations 1167/8 to 1179* , trans. Stone, A. F., Leidon: Brill, 2013.
- Eustathios of Thessaloniki, *The Capture of Thessaloniki :* A Translation with Introduction and Commentary , eds. Jones, J. R. M., Canberra: Australian Association for Byzantine Studies, 1988.
- Eutropius, *The Breviarium ab Urbe Condita of Eutropius* , translated with an introduction and commentary by Bird H. W., Liverpool: Liverpool University Press, 1993.
- Evagrius Scholasticus, *The Eccelesiastical History of Evagrius Scholasticus* , translated by Whitby M., Liverpool: Liverpool University Press, 2000. *The Ecclesiastical History of Evagrius with the Scholia* , ed. Bidez J. and Parmentier L., London: Methuen, 1898, repr. New York: AMS Press, 1979, TLG, No.2733001.
- Evans, J. A. S., *The Age of Justinian :* the circumstances of imperial power , London and New York: Routledge, 2000.
- Evans, J., *The History and Practice of Ancient Astronomy* , Oxford: Oxford University Press, 1998.
- Evans, J. A., *The Emperor Justinian and the Empire* , Westport: Greenwood Press, 2005.
- Every, G., *The Byzantine Patriarchate 451-1204* , London, 1962.
- *Excerpta historica iussu imp. Constantini Porphyrogeniti confecta, vol. 1:* excerpta de legationibus , ed. by Boor, C. de, pt. 1-2, Berlin: Weidmann, 1903, TLG, Nos. 4076003 and 4076004; ed. by Boissevain, U.P., Berlin: Weidmann, 1906, TLG, No.4076005.
- Fage, J. D., ed., *The Cambridge History of Africa* , Cambridge: Cambridge University Press, 1978.
- Fahmy, A. M., *Muslim Naval Organisation in the Eastern Mediterranean from the Seventh to the Tenth Century A.D* ., Cairo: National Publication & Print. House, 1966.
- Fassoulakis, S., *The Byzantine Family of Raoul-Ral(l)es* , Athens: published privately, 1973.
- Ferrill, A., *The Fall of the Roman Empire :* The Military Explanation , London: Thames and Hudson, 1986.
- Ferjančić, B., Деспоти у Византији и Јужнословенским земљама [*Despots in Byzantium and the South Slavic Lands*], Belgrade: Српска академија наука, 1960.
- Festa, N. ed., *Theodori Ducae Lascaris Epistulae CCXVII*, Florence: Istituto di Studi Superiori Pratici e di Perfezionamento, 1898.
- Fine, J. V. A., *The Late Medieval Balkans :* A Critical Survey from the Late Twelfth Century to the Ottoman Conquest, Ann Arbor , Michigan: University of Michigan Press, 1994.
- Fine, J., *The Early Medieval Balkans, A Critical Survey from the Sixth to the Late Twelfth Century* , Ann Arbor: The University of Michigan Press, 1991.
- Finlay, G., *The History of Greece, the Empire of Trebizond, 1204 - 1461*, Edingburh and London: William Blackwood and Sons, 1851.
- Finlay, G., *History of the Byzantine Empire from 716 - 1057*, Edinburgh: William Blackwood & Sons, 1853.
- Finlay, G., *A History of Greece from the Conquest to the Present Time (BC146 - AD1864)*, Oxford: Clarendon Press, 1864.
- Fisher, G., *Between Empires :* Arabs, Romans, and Sasanians in Late Antiquity , Oxford: Oxford University Press, 2011.
- Fleet, K. ed., *The Cambridge History of Turkey* , Volume I, Cambridge: Cambridge University Press, 2009.
- Fletcher, B., *A History of Architecture* , revised by Palmes, J. C., London: University of London,

The Athlone Press, 1975.
· Foot, S. and Robinson, C. F. eds., *The Oxford History of Historical Writing, vol.2:* 400 – 1400, Oxford, UK: Oxford University Press, 2012, 2012.
· Forbes, R. J., *More Studies in Early Petroleum History 1860 –1880*, Leiden: Brill, 1959.
· Fortescue, A., *The Orthodox Eastern Churches*, London: Catholic Truth Society, 1908.
· Fossier, R., *The Middle Ages 350 – 950*, Cambridge: Cambridge University Press, 1989.
· Foss, C., *Cities, Fortresses and Villages of Byzantine Asia Minor*, Aldershot: Variorum, 1996.
· Foss, C., *Nicaea :* A Byzantine Capital and its Praises, Brookline, Mass.: Hellenic College Press, 1996.
· Fouracre, P. ed., *The New Cambridge Medieval History, vol. 1:* ca. 500 – 700, London: Cambridge University Press, 2005.
· Fowden, G., *Empire to Commonwealth :* Consequences of Monotheism in Late Antiquity, Princeton, New Jersey: Princeton University Press, 1993.
· Frakes, R. M., Digeser, E. D. & Stephens, J. eds., *The Rhetoric of Power in Late Antiquity: Religion and Politics in Byzantium, Europe and the Early Islamic World*, London, New York: I. B. Tauris Publishers, 2010.
· Franck, I. M. and Brownstone D. M., *The Silk Road :* A History, New York: Facts on File Inc., 1986.
· Frankfurter, D., *Christianizing Egypt :* Syncretism and Local Worlds in Late Antiquity, Princeton: Princeton University Press, 2017.
· Freely, J., Çakmak A. S., *Byzantine Monuments of Istanbul*, New York, 2009.
· Freely, J., *Istanbul, the Imperial City*, London: Penguin Books Ltd., 1996.
· Freese, J. H., *The Library of Photius*, vol.1, New York: Macmillan Co., 1920.
· Fredriksen, P., *Augustine and the Jews :* A Christian Defense of Jews and Judaism, New Haven: Yale University Press, 2010.
· Freeman, C., *AD381:* Heretics, Pagans and the Christian Empire, London: Pimlico, 2008.
· Frend, W. H. C., *The Rise of Christianity*, Philadelphia: Fortress Press, 1984.
· Frend, W. H. C., *The Rise of the Monophysite Movement :* Chapters in the History of the Church in the Fifth and Sixth Centuries, Cambridge: Cambridge University Press, 1972.
· Frend, W. H. C., *Orthodoxy, Pagaism and Dissent in the Early Christian Centuries*, Aldershot, Burlington: Ashgate, 2002.
· Freshfield, E., *A Manual of Eastern Roman Law :* The Procheiros Nomos published by the Emperor Basil I at Constantinople, Cambridge: Cambridge University Press, 1926.
· Freshfield, E., Nicole, J., *To eparchikon biblion. The Book of the eparch, Le livre du prefet*, London: Variorum Reprints, 1970.
· Friendly, A., *The Dreadful Day :* The Battle of Manzikert, 1071, London, Hutchinson and Charlottesville: The University Press of Virginia, 1981.
· Fryde, E., *The Early Palaeologan Renaissance (1261 – c.1360)*, Leiden · Boston · Koln: Brill Academic Publishers, 2000.
· Fuller, J. F. C., *A Military History of the Western World*, New York: Funk and Wagnalls Company, 1954.
· Gabriel, R. A. and Metz, K. S., *A History of Military Medicine*, New York: Greenwood Press, 1992.
· Gaddis, M., *There is no Crime for Those Who Have Christ :* Religious Violence in the Christian Roman Empire, Berkeley: University of California Press, 2015.
· Gador-Whyte, S., *Theology and Poetry in Early Byzantium :* The Kontakia of Romanos the Melodist, Cambridge: Cambridge University Press, 2017.
· Galliazzo, V., *I ponti romani*, Vol.1, Treviso: Canova, 1995.
· Gardner, H., Kleiner, F. S. and Mamiya, C. J., *Gardner's Art Through the Ages*, Belmont: Thomson/Wadsworth, 2005.
· Gardner, A., *Theodore of Studium :* His Life and Times, New York: Burt Franklin Reprints, 1974.
· Gardner, A., *The Lascarids of Nicaea, the Story of an Empire in Exile*, London: Methuen, 1912.
· Gardner, J. F. and Wiedemann, T., *The Roman Household :* A Sourcebook, London and New York: Routledge, 1991.
· Gardner, J. F., *Women in Roman Law and Society*, Bloomington and Indianapolis: Indiana University Press, 1989.
· Gardiner, R., ed., *Age of the Galley :* Mediterranean Oared Vessels since pre-Classical Times, London: Conway Maritime Press, 2004.
· Garland, L. ed., *Byzantine Women :* Varieties of Experience A. D. 800 – 1200, Aldershot: Ashgate, 2006.
· Garland, L., *Byzantine Empresses :* Women and Power in Byzantium, AD 527 – 1204, London: Routledge, 1999.
· Garnsey, P. D. A. and Whittaker, C. R. eds., *Imperialism in the Ancient World*, Cambridge: Cambridge University Press, 1978.
· Garrison, F. H., *Notes on the History of Military Medicine*, Washington, D.C.: Assoc. of Military Surgeons, 1922.
· Gates, C., *Ancient Cities :* The Archaeology of Urban Life in the Ancient Near East and Egypt, Greece and Rome, London: Routledge, 2003.
· Gaston-Mahler, J., *The Westerners among the Fugurines of the Tang Dynasty of China*, Roma: Instituto italiano per il Medio ed Estremo Oriente, 1959.
· Gates, Ch., *Ancient Cities :* The Archaeology of urban life in the Ancient Near East and Egypt, Greece, and Rome, London: Routledge, 2003.
· Γκουτζιουκώστας, Α. Ε., *Η απονομή δικαιοσύνης στο Βυζάντιο (9ος –12ος αιώνες): Τα κοσμικά δικαιοδοτικά όργανα και δικαστήρια της πρωτε ύουσας*, Θεσσαλον ίκη: Κ έντρο Βυζαντιν ών Ερευνών, 2004.
· Geanakoplos, D. J., *Byzantium: Church, Society and Civilization Seen Through Contemporary Eyes*, Chicago: University of Chicago Press, 1984.
· Geanakoplos, D. J., *Byzantine East and Latin West :* Two Worlds of Christendom in Middle Ages and Renaissance, Oxford: Basil Blackwell, 1966.
· Geanakoplos, D., *Emperor Michael Palaeologus and the West, 1258 –1282:* A Study in Byzantine-

Latin Relations , Cambridge, Mass.: Harvard University Press, 1959.
· Geanakoplos, D. J., *Constantinople and the West* , London: University of Wisconsin Press, 1989.
· Geanakoplos, D. J., *Greek Scholars in Venice* , Cambridge, Mass.: Harvard University Press, 1962.
· Geanakoplos, D. J., *Interaction of the "Sibling" Byzantine and Western Cultures in the Middle Ages and Italian Renaissance (330 - 1600)* , New Haven: Yale University Press, 1976.
· Geanakoplos, D. J., *Medieval Western Civilization and the Byzantine and Islamic Worlds* , Lexington, Mass.: D. C. Heath, 1979.
· Geffcken, J., *The Last Days of Greco-Roman Paganism* , translated by MacCormack S., Amsterdam, New York, Oxford: North-Holland Publishing Company, 1978.
· Genesios, *On the Reigns of the Emperors* , translation and commentary by Kaldellis, A., Canberra: Australian Association for Byzantine Studies, 1998.
· Gentz, G., *Die Kirchengeschichte des Nicephorus Callistus Xanthopulus und ihre Quellen* , Berlin: Akademie-Verlag, 1966.
· Geoffroy de Villehardouin, *Histoire de la Conquête de Constantinople par Geoffroi de Villehardouin avec la Continuation de Henri de Valenciennes* , ed. and trans. by Wailly, M. N. de, Paris: Librairie Hachette et Cie, 1870; ed. Faral, E., Paris: Les Belles Lettres, 1961; Westport, Conn.: Greenwood, 1983.
· George Akropolites, *The History* , trans. by Macrides, R. J., Oxford and New York: Oxford University Press, 2007.
· George Sprantzes, *The Fall of The Byzantine Empire, a Chronicle XIV by George Spranthes, 1402 - 1477* , trans. by Philippides, M., Amherst: The University of Massachusetts Press, 1980.
· George Synkellos, *The Chronography of George Synkellos : A Byzantine Chronicle of Universal History from the Creation* , trans. by Adler, W. and Tuffin, P., Oxford: Oxford University Press, 2002.
· George the Monk, *Georgii Monachi Chronicon* , eds. Boor, C. de and Wirth, P., 2 vols. Stuttgart: Teubner, 1978.
· Georges Pachymérès, *Relations Historiques* , ed. Failler, A. and Laurent, V., 5 vols., [Corpus Fontium Historiae Byzantinae 24.1 - 2] Paris: Les Belles Lettres, 1984 - 2000, TLG, No.3142001.
· Georgii Acropolitae, *opera* , ed. Heisenberg, A., vol.1, Leipzig: Teubner, 1903, TLG, No. 3141002, No.3141003.
· Georgii Acropolitae, *Opera* , vol.1, Breviarium historiae, eds. Heisenberg, A., Wirth, P., Theodori Scutariotae additamenta, Stuttg Breviarium historiae art: Teubneri, 1978.
· Georgii monachi, *Chronicon* , 2 vols, ed. Boor, C. de, Leipzig: Teubner, 1904 (repr. Stuttgart: 1978 (1st edn. corr. Wirth, P.)), TLG, No. 3043001.
· Georgii Pachymeris de Michaele et Andronico Palaeologis libri tredecim , ed. Bekker, I., 2 vol., [Corpus Scriptorum Historiae Byzantinae] Bonn: Weber, 1835, TLG, No.3142002.
· Georgiopoulou, S., *Theodore II Dukas Laskarids*

(1222 -1258) as an Author and an Intellectual of the XIII Century , PhD. dissertation, Cambridge, Mass.: Harvard University, 1990.
· Georgios Sphrantzes, *Memorii 1401 - 1477* , ed. Grecu, V., [Scriptores Byzantini 5] Bucharest: Academie Republicii Socialiste România, 1966, TLG, No.3143001.
· Germanos, *On predestined terms of life* , trans. Garton, C. and Westerink, L. G., Buffalo, 1979.
· Gero, S., *Byzantine Iconoclasm during the Reign of Constantine V, with Particular Attention to the Oriental Sources* , Louvain: Louvin: Peeters Publishers, 1977; Secrétariat du Corpus SCO, 1973.
· Gerostergios, A., *Justinian the Great, The Emperor and the Saint* , The Institute for Byzantine and Modern Greek Studies, 1982.
· Gerson, L. P. ed., *The Cambridge History of Philosophy in Late Antiquity* , Cambridge: Cambridge University Press, 2010.
· Gibbon, E., *The History of the Decline and Fall of the Rome Empire* , London: George Bell and Sons, 1889; London: Methuen & Co., 1906.
· Gibbon, E., *The Decline and Fall of Later Roman Empire* , ed. by Bury J. B., New York: Fred De Fau Company, 1907.
· Gilbert, M., *Jewish History Atlas* , London: Weidenfeld and Nicolson, 1981.
· Gies, F. and Gies, J., *Daily Life in Medieval Times : A Vivid, Detaild Account of Brith Marriage and Death, Clothing and Housing, Love and Labour in Europe of the Middle Age* , New York: Black Dog & Leventhal Publishers, 1999.
· Gill, J., *Byzantium and the Papacy : 1198 - 1400* , New Brunswick: Rutgers University Press, 1979.
· Gill, J., *Collected Studies : Church Union : Rome and Byzantium, 1204 - 1453* , London: Variorum Reprints, 1979.
· Gillispie, C. C. ed., *Dictionary of Scientific Biography* , I, New York: Charles Scribner's Sons, 1970.
· Giovanni Cananos, *L'assedio di Costantinopoli* , ed. Pinto, E., Messina: EDAS, 1977, TLG, No. 3144001.
· Godfrey, J., *1204, The Unholy Crusade* , Oxford and New York: Oxford University Press, 1980.
· Goldsworthy, A., *Augustus : First Emperor of Rome* , New Haven: Yale University Press.
· Gordon, C. D., *The Age of Attila : Fifth-Century Byzantium and the Barbarians* , Ann Arbor: The University of Michigan Press, 1960.
· Gouma-Peterson, T., ed., *Anna Komnena and Her Times* , New York & London: Garland Publishing, 2000.
· Graham, M. W., *News and Frontier Consciousness in the Late Roman Empire* , Ann Arbor: University of Michigan Press, 2006.
· Greatrex, Geoffrey and Elton, Hugh eds., *Shifting Genres in Late Antiquity* , London: Taylor and Francis, 2016.
· Greatrex, G. and Lieu, S. N. C., *The Roman Eastern Frontier and The Persian Wars (AD 363 - 630)* , London and New York: Routledge, 2002.
· Greatrex, G., *Rome and Persia at War, 502 - 532* , Leeds, 1998.
· Greenhill, G. A. ed., *Theophili Protospatharii de corporis humani fabrica libri v.* , Oxford: Oxford

University Press, 1842, TLG, No.0729005.

· Greenslade, S. L., *Church and State from Constantine to Theodosius* , London: SCM Press Ltd, 1954.

· Greenwood, W., *The Electrum Coinage of Cyzicus* , London: Rollin and Feuardent Collection cdl, 1887.

· Grégoire de Nysse, *La vie de Moïse* , ed. Daniélou, J., 3rd edn., [Sources chrétiennes 1 ter.] Paris: Cerf, 1968, TLG, No.2017042.

· Gregorii Nysseni, *Opera* , suppl., ed. Hörner H., Leiden: Brill, 1972, TLG, No.2017034.

· Gregory Abū Al-Faraj, *The Chronography of Gregory Abū'l-faraj the son of Aaron, (Bar Hebraeus' Chronography)* , X, trans. by Budge, E. A. W., London: Oxford University Press, 1932.

· Gregor von Nazianz, *De vita sua* , ed. Jungck C., Heidelberg: Winter, 1974, TLG, No.2022004.

· Gregorovius, F., *Geschichte der Stadt Athen im Mittelalter* , Stuttgart: Ginn and Co., 1889.

· Gregory, T. E., *A History of Byzantium, 306 – 1453* , Malden, Oxford, Carlton: Blackwell Publishing, 2005.

· Gregory of Nazianzus, *Autobiographical Poems* , ed. and trans. White C., Cambridge: Cambridge University Press, 1996.

· Gregory of Tours, *History of the Franks* , translated with an Introduction by Thorpe L., London: Penguin Books Ltd, 1974.

· Gregory the Great, *The Letters of Gregory the Great* , with an English translation by Martyn J. R. C., Toronto: Pontifical Institute of Mediaeval Studies, 2004.

· Grierson, P. and Mays, M., *Catalogue of Later Roman Coins in the Dumbarton Oaks Collection and in the Whittemore Collection, from Arcadius and Honorius to the Accession of Anastasius (DOC Later Roman)* , Washington, D.C.: Dumbarton Oaks Research Library and Collection, 1992.

· Grierson, P., *Catalogue of the Byzantine Coins in the Dumbarton Oaks Collection and in the Whittermore Collection, vol.3. part 2, Basil I to Nicephorus Ⅲ, 867 – 1081 (DOC Ⅲ.2)* , Washington, D.C.: Dumbarton Oaks Research Library and Collection, 1973.

· Grierson, P., *Catalogue of the Byzantine Coins in the Dumbarton Oaks Collection and in the Whittemore Collection, vol.3* , Washington DC: Dumbarton Oaks, 1973; London: Methuen & CO LTD, 1982.

· Grig, L. and Kelly, G. ed., *Two Romes :* Rome and Constantinople in Late Antiquity , Oxford: Oxford University Press, 2012.

· Griggs, C. W., *Early Egyptian Christianity :* from its Origin to 451 CE , Leiden: Brill, 1990.

· Grigoriadis, I., *Linguistic and Literary Studies in the Epitome Historion of John Zonaras* , Thessalonike: Kentro Byzantinon Ereunon, 1998.

· Grosvenor, E. A., *The Hippodrome of Constantinople and its still Existing Monuments* , London: Sir Joseph Causton & Sons, Eastcheap, E.C., 1889.

· Grünbart, M., Kislinger, E., Muthesius, A. et al. eds., *Material Culture and Well-being in Byzantium* , Wien: Verlag der Österreichischen Akademie der Wissenschaften, 2007.

· Guilland, R., *Essai sur Nicéphore Grégoras :* l'homme et l'oeuvre , Paris: Geuthner, 1926.

· Guillou, A., *Regionalisme et Independance dans l'Empire Byzantin au VIIe Siecle* , Roma, 1969.

· Gunther of Pairis, *The Capture of Constantinople :* The Hystoria Constantinopolitana of Gunther of Pairis , ed. and trans. by Andrea, A. J., Philadelphia: University of Pennsylvania Press, 1997.

· Gwatkin, H. M., *Studies of Arianism* , Cambridge: Cambridge University Press, 1900.

· Haarer, F. K., *Anastasius I :* Politics and Empire in the Late Roman World , Cambridge: Francis Cairns Ltd, 2006.

· Haas, C., *Alexandria in Late Antiquity :* Topography and Social Conflict , Baltimore and London: The Johns Hopkins University Press, 1997.

· Hackel, S. ed., *The Byzantine Saint* , London: Fellowship of St Alban and St Sergius, 1981.

· Hähn, W., *Moneta Imperii Byzantini, Rekonstruktion des Prägeaufbaues auf synoptisch-tabellarischer Grundlage* , band 1 – 3 (MIB), Wien: Österreishische Akademie der Wissenschaften, 1973, 1981.

· Haldon, J., *Byzantium in the Seventh Century* , Cambridge: Cambridge University Press, 1990, 1997.

· Haldon, J., *The Byzantine Wars* , Gloucestershire: Tempus Publishing Ltd, 2001.

· Haldon, J. F., *Byzantium at War AD 600 – 1453* , New York & London: Routledge, 2003.

· Haldon, J. F., *The Palgrave Atlas of Byzantine History* , Basingstoke: Palgrave Macmillan, 2005.

· Haldon, J. F., *Warfare, State and Society in the Byzantine World, 565 – 1204* , London: UCL Press, 1999.

· Haldon, J. ed., *The Social History of Byzantium* , Oxford: Blackwell Publishing Ltd, 2009.

· Haldon, J., *Byzantine Praetorians :* An Administrative, Institutional, and Social Survey of the Opsikion and Tagmata, c. 580 – 900 , Bonn: R. Habelt, 1984.

· Haldon, J., *The State and the Tributary Mode of Production* , London and New York: Verso, 1993.

· Halfond, G. I. ed., *The Medieval Way of War :* Studies in Medieval Military History in Honor of Bernard S., Bachrach: Ashgate Publishing, 2015.

· Hall, A. R., Hall, M. B. and Petroni, A., *Storia della Scienza* , Bologna: Il mulino, 1991.

· Hankins, J., *Plato in the Italian Renaissance* , New York: E. J. Brill, 1994, Vol.I, p.5.

· Hamilton, F. J. and Brooks, E. W. trans., *The Syriac Chronicle Known as that of Zachariah of Mitylene* , London: Methuen & Co., 1899.

· Hannah, I. C., *Christian Monasticism :* a Great Force in History , London: G. Allen & Unwin, 1924.

· Hannay, J. O., *The Spirit and Origin of Christian Monasticism* , London: Methuen & co, 1903.

· Harl, K. W., *Coinage in the Roman Economy 300 B.C. to A.D. 700* , London: Johns Hopkins University Press, 1996.

· Harlfinger, D. ed., *Griechische Kodikologie und Text-überlieferung* , Darmstadt: Wissenschaftliche Buchgesellschaft, 1980.

· Harper, K., *From Shame to Sin :* The Christian Transformation of Sexual Morality in Late Antiquity , Cambridge, Massachusetts: Harvard Univer-

- Harries, J., *Imperial Rome AD 284 to 363:* The New Empire , Edinburgh: Edinburgh University Press, 2012.
- Harries, J., *Law and Empire in Late Antiquity* , Cambridge: Cambridge University Press, 1999.
- Harris, J., *Constantinople :* Capital of Byzantium , London and New York: Continuum, 2007.
- Harris, J. R. ed., *The Legacy of Egypt* (2nd edition), New York, 1971.
- Harris, J., *Byzantium and the Crusades* , London: Bloomsbury, 2014.
- Harris, J., *The End of Byzantium* , New Haven and London: Yale University Press, 2010.
- Harris, J., *Greek Emigres in the West 1400 – 1520* , Camberley: Porphyrogenitus, 1995.
- Harris, M. H., *History of Libraries in the Western World* , Metuchen, N. J. and London, 1984.
- Hashmi, S. H. ed., *Just Wars, Holy Wars, and Jihads :* Christian, Jewish, and Muslim Encounters and Exchanges , New York: Oxford University Press, 2012.
- Haskins, C. H., *The Renaissance of the Twelfth Century* , Cambridge, Mass.: Harvard University Press, 1971.
- Hassig, H. W., *A History of Byzantine Civilization* , trans. by Hussey J. M., New York, Washington: Praeger Publishers, 1976.
- Hatlie, P., *The Monks and Monasteries of Constantinople, ca. 350 – 850* , Cambridge: Cambridge University Press, 2007.
- Haussig, H. W., *A History of Byzantine Civilization* , New York: Praeger Publishers, 1971.
- Hazlett, I. eds., *Early Christianity* , Nashville: Abingdon Press, 1991.
- Heath, I., *Byzantine Armies AD 1118 – 1461* , Men-at-arms series. 287, Illustrated by McBride, A., Oxford: Osprey Publishing, 1995.
- Heath, L., *Byzantine Armies, 886 – 1118* , Illustrated by Mcbride, A., Oxford: Osprey Publishing, 2004.
- Heath, T. L., *A History of Greek Mathematics* , vol.2, Cambridge: Cambridge University Press, 2013.
- Heather, P. J., *Goths and Romans, 332 – 489* , Oxford: Clarendon Press, 1991.
- Heather, P., *The Fall of the Roman Empire :* A New History of Rome and the Barbarians , Oxford: Oxford University Press, 2006.
- Heather, P., *The Goths* , Oxford: Blackwell Publishers, 1996.
- Heather, P., *The Restoration of Rome :* Barbarian Popes and Imperial Pretenders , Oxford: Oxford University Press, 2013.
- Hefele, C. S., *History of the Councils of the Church* , New York: AMS Press 1972.
- Hefele, J., *A History of the Councils of the Church* , Edinburgh: T. & T. Clark, 1896.
- Heinle, E. and Schlaich, J., *Kuppeln aller Zeiten, aller Kulturen* , Stuttgart: Deutsche Verlags-Anstalt, 1996.
- Heisenberg, A. ed., *Georgii Acropolitae Opera* , Leipzig: Teubner, 1903.
- Hendy, M. F., *Coinage and Money in the Byzantine Empire, 1081 – 1261* , Washington, D.C.: Dumbarton Oaks Centre for Byzantine Studies, Trustees for Harvard University, 1969.
- Hendy, M. F., *Studies in the Byzantine Monetary Economy, c. 300 – 1450* , Cambridge: Cambridge University Press, 1985.
- Henri de Valenciennes, *Histoire de l'Empereur Henri* , ed. de Wailly, M. N., Paris: P. Geuthner, 1872.
- Hérodote, *Histoires* , 9 vols., Paris: Les Belles Lettres, 1930 – 1960 (repr. 1963 – 1970), TLG, No.0016001.
- Herodotus, *The Persian Wars* , with an English translation by Godley A. D., Cambridge, Massachusetts: Harvard University Press, 1995.
- Herrin, J. and Saint-Guillain, G., *Identities and Allegiances in the Eastern Mediterranean after 1204* , Farnham, Surrey, UK: Ashgate, 2011.
- Herrin, J., *Byzantium :* The Surprising Life of a Medieval Empire , Princeton and Oxford: Princeton University Press, 2007.
- Herrin, J., *Women in Purple, Rulers of Medieval Byzantium* , London: Weidenfeld and Nicolson, 2001.
- Hertzberg, G. F., *Geschichte der Byzantiner und des Osmanischen reiches bis gegen ende des 16. Jahrhunderts* , Berlin: G. Grote, 1883.
- Hertzberg, G. F., *Geschichte Griechenlands seit dem Absterben des antiken Lebens bis zum Gegenwart* , Berlin: G. Grote, 1883.
- Hesiod, *Theogony* , ed. West, M. L., Oxford: Clarendon Press, 1966 (TLG, No.0020001).
- Hill, B., *Imperial Women in Byzantium 1025 – 1204:* Power, Patronage and Ideology , London: Longman, 1999.
- Hillner, J., Prison, *Punishment and Penance in Late Antiquity* , Cambridge: Cambridge University Press, 2015.
- Hilsdale, C. J., *Byzantine Art and Diplomacy in an Age of Decline* , Cambridge: Cambridge University Press, 2014.
- Hippocrates, *Hippocrates Collected Works* , I, ed. Jones, W. H. S., Cambridge: Harvard University Press, 1868; London: Heinemann, 1931.
- Hippocrates, *Hippocrates. Volume VIII* , trans. Potter, P., Cambridge, Massachusetts; London, England: Harvard University Press, 1995, 2012.
- Hirth, F., *China and the Roman Orient: Researches into Their Ancient and Medieval Relations as Represented in Old Chinese Records* , Shanghai and Hongkong: Kelly and Walsh, 1885.
- Hodgkin, Th., *Italy and her Invaders* , Oxford: Clarendon Press, 1892.
- Hoffmann, J., *Rudimente von Territorialstaaten im byzantinischen Reich (1071 –1210)* , Munich: Institut fur Byzantinistik und Neugriechische Philologie der Universitat, 1974.
- Holmes, W. G., *The Age of Justinian and Theodora :* A History of the Sixth Century A.D., London: G. Bell & Sons Ltd., 1905.
- Holmes, C., *Basil II and the Governance of Empire (976 – 1025)*, Oxford: Oxford University Press, 2005.
- Holo, J., *An Economic History of the Jews of Byzantium* , Chicago: Bell & Howell, 2001.
- Holo, J., *Byzantine Jewry in the Mediterranean Economy* , Cambridge: Cambridge University Press, 2009.
- Holt, P. M., Lambton, A. K. S. and Lewis, B. eds., *Cambridge History of Islam* , Cambridge: Cambridge University Press, 1970.

· Holum, K. G., *Theodosian Empresses*: Women and Imperial Dominion in Late Antiquity, Berkeley, Los Angeles, London: University of California Press, 1982.
· Hopf K., *Geschichte Griechenlands vom Beginne des Mittelalters bis auf die neuere Zeit*, New York: B. Franklin, 1960.
· Hourani, G. F., *Arab Seafaring*: in the Indian Ocean in Ancient and Early Medieval Times, Princeton, N.J.: Princeton University Press, 1951.
· Housley, N., *Contesting the Crusades*, Malden, MA; Oxford: Blackwell, 2006.
· Houts, E. van ed. and trans., *The Normans in Europe*, Manchester & New York: Manchester University Press, 2000.
· Hovannisian, R. G. and Payaslian, S. eds., *Armenian Constantinople*, Costa Mesa, Calif.: Mazda Publishers, 2010.
· Hovannisian, R. G. ed., *The Armenian People from Ancient to Modern Times, Volume I*: The Dynastic Periods: From Antiquity to the Fourteenth Century, New York: St. Martin's Press, 1997.
· Howard-Johnston, J. D. ed., *Byzantium and the West*: c.850-c.1200, Amsterdam: Adolf M. Hakkert, 1988.
· Howard-Johnston, J. and Hayward P. A. eds., *The Cult of Saints in Late Antiquity and the Early Middle Ages*: Essays on the Contribution of Peter Brown, Oxford: Oxford University Press, 1999.
· Howard-Johnston, J., *Witnesses to a World Crisis*: Historians and Histories of the Middle East in the Seventh Century, Oxford: Oxford University Press, 2010.
· Howells, J. G. and Osborn, M. L., *A Reference Companion to the History of Abnormal Psychology*, Westport: Greenwood Press, 1984.
· Hudson, G. F., *Europe and China*: A Survey of their Relations from the Earliest Times to 1800, Boston: Beacon Press, 1931.
· Hughes, I., *Imperial Brothers*: Valentinian, Valens and the Disaster at Adrianople, Barnsley: Pen & Sword Military, 2013.
· Hughes, I., *Stilicho*: The Vandal Who Saved Rome, Barnsley: Pen & Sword Military, 2010.
· Humphreys, M. T. G., *Law, Power, and Imperial Ideology in the Iconoclast Era c.680 – 850*, Oxford: Oxford Press, 2015.
· Hunger, H. ed., *Veröffentlichungen der Kommission für die Tabula Imperii Byzantini*, 2, Wien: Verlag der Österreichischen Akademie der Wissenschaften, 1977.
· Hunger, H., *Die hochsprachliche profane Literatur der Byzantiner*, Munich: Beck, 1978.
· Hunger, H., Βυζαντιν ή Λογοτεχν ία, τ. Β', Μτφρ. Τ. Κόλιας κτλ., Αθήνα, 2007.
· Hunger, H. and Ševčenko, I. eds., *Des Nikephoros Blemmydes Βασιλικὸς Α'νδριὰς und dessen Metaphrase von Georgios Galesiotes und Georgios Oinaiotes*, Vienna: Verlag der Österreichischen Akademie der Wissenschaften, 1986.
· Hussey, J. M., *The Cambridge Medieval History*, Vol.Ⅳ, London and New York: Cambridge University Press, 1967, 1978.
· Hussey, J. M., *The Orthodox Church in the Byzantine Empire*, Oxford: Clarendon Press, 1986.
· Hussey, J. M., *Church and Learning in the By-*

zantine Empire, 867 – 1185, New York: Russell & Russell. INC., 1963.
· Hutton, E., *Ravenna, a Study*, London: J. M. Dent; New York: E. P. Dutton, 1913.
· Huyghe, F.-B, Huyghe, E., *Les empires du mirage*: hommes, dieux et mythes sur la route de la soie, Paris: R. Laffont, 1993.
· Ideler, J. L. ed., *Physici et medici Graeci minores*, Berlin: Reimer, 1841 (repr. Amsterdam: Hakkert, 1963), TLG, No. 3188; TLG, Nos. 0729002, 0729003.
· Ignatios the Deacon, *The Life of Patriarch Tarasios*, trans. and commentary by Efthymiadis, S., Aldershot, Brookfield: Ashgate, 1998.
· Illes, J., *Encyclopedia of Mystics, Saints & Sages: A Guide to Asking for Protection, Wealth, Happiness, and Everything Else*, Harper Collins: Harper One, 2011.
· Imber, C., *The Crusades of Varna, 1443 – 1445*, Aldershot: Ashgate, 2006.
· Ioannes Lydus, *On Powers or the Magistracies of the Roman State*, ed. Bandy, A. C., Philadelphia: American Philosophical Society, 1983, TLG, No.2580001.
· Ioannis Cantacuzeni, *Eximperatoris Historiarum libri iv*, ed. Schopen, L., 3 vols., [Corpus Scriptorum Historiae Byzantinae] Bonn: Weber, 1828, 1831, 1832, TLG, No.3169001.
· Ioannis Cinnami, *Epitome rerum ab Ioanne et Alexio Comnenis Gestarum*, ed. Meineke, A., [Corpus Scriptorum Historiae Byzantinae] Bonn: Weber, 1836, TLG, No.3020001.
· Ioannis Scylitzae, *Synopsis Historiarum*, ed. Thurn, J., [Corpus Fontium Historiae Byzantinae 5] Berlin: De Gruyter, 1973, TLG, No.3063001.
· Ioannis Zonarae, *Epitomae Historiarum*, libri xvii, vol.3, ed. Büttner-Wobst, T., [Corpus scriptorum historiae Byzantinae] Bonn: Weber, 1897, TLG, No.3135002.
· Ioannis Zonarae, *Epitome Historiarum*, 3 vols., ed. Dindorf, L., Leipzig: Teubner, 1868, 1869, 1870, TLG, Nos. 3135001 and 3135003.
· Ioannis, *Aristotelis physicorum libros octo commentaria*, 2 vols., ed. Vitelli, H., Berlin: Reimer, 1887, 1888, TLG, No.4015009.
· Ioannis Malalae, *Chronographia*, ed. Dindorf, L., [Corpus Scriptorium Historiae Byzantinae] Bonn: Weber, 1831, TLG, No.2871001.
· Ioelis, *Chronographia Compendiaria*, ed. Bekker, I., [Corpus Scriptorum Historiae Byzantinae] Bonn: Weber, 1836, TLG, No.3140001.
· Ιωάννης Ζωναράς, Επιτομή ιστοριών, εισαγωγή, μετάφραση, σχόλια, Γρηγοριάδης I., τόμος Γ', Αθήνα: Εκδόσεις Κανάκη, 1998, 1999.
· Ιω άννης, Εκκλησιαστικ ή Ιστορ ία, translated with Notes by Müller, E., Oxford, 1860.
· Imber, C., *The Ottoman Empire, 1300 – 1650, The Structure of Power*, Basingstoke: Palgrave macmillan, 2009.
· Ioannis Cinnami, *Epitome rerum ab Ioanne et Alexio Comnenis Gestarum*, ed. Meineke, A., [Corpus Scriptorum Historiae Byzantinae] Bonn: Weber, 1836, TLG, No.3020001.
· Iosephi Genesii, *Regum Libri Quattuor*, ed. Lesmüller-Werner, A. and Thurn, J., [Corpus Fontium Historiae Byzantinae 14] Berlin: De Gruyter, 1978, TLG, No.3040001.
· Jacoby, D., *Byzantium, Latin Romania and the*

Mediterranean , Aldershot; Burlington, USA: Ashgate/Variorum, 2001.

- Jackson, P. ed., *The Cambridge History of Iran, The Timurid and Safavid Periods* , vol.6, Cambridge: Cambridge University Press, 1986.
- Jaritz, G. and Szende, K. eds., *Medieval East Central Europe in a Comparative Perspective: From Frontier to Lands in Focus* , London: Routledge, 2016.
- Jarman, L. C., *Galen in early modern English medicine : case-studies in history, pharmacology and surgery 1618 – 1794*, University of Exeter, Phd, 2013.
- Jean Caminiatès, Eustathe de Thessalonique and Jean Anagnostès, *Thessalonique : Chroniques d'une ville prise*: Jean Caminiatès, Eustathe de Thessalonique, Jean Anagnostès, intro., notes and trans. Odorico, P., Toulouse: Anacharsis, 2005.
- Jean de Joinville and Geoffroi de Villehardouin, *Chronicles of the Crusades* , trans. Shaw, M. R. B., New York: Dorset Press, 1985.
- Jean de Joinville, *The Life of Saint Louis* , New York: Sheed and Ward, 1955.
- Jean-Michel, S. and Dasen, V., eds., *Les saviors magiques et leur transmission de l'Antiquité à la Renaissance* , Florence: Edizioni del Galluzzo, 2014.
- Jeffreys, E. and Haldon, J. eds., *The Oxford Handbook of Byzantine Studies* , New York: Oxford University Press, 2008.
- Jeffreys, E. ed., *Rhetoric in Byzantium* , Aldershot & Burlington: Ashgate, 2003.
- Jeffreys, E. ed., *Digenis Akritis, the Grottaferrata and Escorial Versions* , Cambridge: Cambridge University Press, 1998.
- Jeffreys, E. and Haarer, F. K. eds., *Proceedings of the 21st International Congress of Byzantine Studies* , London, Aldershot: Ashgate Publishing Limited, 2006.
- Jenkins, D. ed., *The Cambridge History of Western Textiles* , Cambridge: Cambridge University Press, 2003.
- Jenkins, R., *Byzantium : The Imperial Centuries (AD 610 – 1071)* , Toronto, Buffalo & London: University of Toronto Press, 1966.
- Jenkins, R., *Studies on Byzantine History of the 9th and 10th Centuries* , London: Variorum Reprints, 1970.
- Jerome, *The Principal Works of St. Jerome* , ed. Schaff Ph., New York: Grand Rapids, 1892.
- Joannes Actuarius, *Opera* , Parisiis: G. Morelius, 1556.
- John Cananus, *De Constantinopoli anno 1422 oppugnata narratio* , ed. Bekker, I., [Corpus Scriptorum Historiae Byzantinae] Bonn: Weber, 1838.
- John, C., *The Deeds of John and Manuel Comnenus* , trans. by C. M. Brand, New York: Columbia University Press, 1976.
- John Cinnamus, *The Deeds of John and Manuel Comnenus* , trans. by Brand, C. M., New York: Columbia University Press, 1976.
- John Kantakouzenos, *Ioannis Cantacuzeni Eximperatoris Historiarum* , 3 vols, vol.1 ed. Schopen, L., vols.2 – 3 ed. Niehbuhr, B., Corpus Scriptorium Historiae Byzantinae, Bonn: Impensis Ed. Weberi, 1828, 1831, 1832.

- John Malalas, *The Chronicle of John Malalas* , a translation by Jeffreys E., Jeffreys M. & Scott R., Sydney: Sydney University Press, 2006. Ioannis Malalae, *Chronographia* , ed. Dindorf L., [Corpus Scriptorum Historiae Byzantinae] Bonn: Weber, 1831, TLG, No.2871001; Melbourne: Australian Assoc. for Byzantine Studies, 1986.
- John of Antioch, *Ioannis Antiocheni Fragmenta Quae Supersunt Omnia* , recensuit Anglice vertit indicibus instruxit Sergei Mariev, Berolini et Novi Eboraci: Walger de Gruyter, 2008. *Fragmenta Historicorum Graecorum* , ed. Müller K., vol.4, Paris: Didot, 1841 – 1870, TLG, No.4394001.
- John of Ephesus, *The Third Part of the Ecclesiastical History of John, Bishop of Ephesus* , trans. by Smith, R. P., Oxford: Oxford University Press, 1860.
- John of Nikiu, *The Chronicle of John, Bishop of Nikiu : Translated from Zotenberg's Ethiopic Text* (Christian Roman Empire), trans. by Charles, R. H., Merchantville, NJ: Evolution Pub & Manufacturing, 2007.
- John of Nikiu, *Chronicle* , translated with an introduction by Charles R. H., London: Williams & Norgate, 1916.
- John Skylitzes, *A Synopsis of Byzantine History, 811 –1057* , trans. Wortley, J., New York: Cambridge University Press, 2010.
- John Zonaras, *Epitome Historiarum* , Büttner-Wobst, T. ed., vol.3. Bonn: Corpus Scriptorium Historiae Byzantinae, Bonnae: Impensisi Ed., Weberi, 1897.
- Johnson, M. J., *The Roman Imperial Mausoleum in Late Antiquity* , Cambridge: Cambridge University Press, 2009.
- Joinville and Villehardouin, *Chronicles of the Crusades* , trans. Shaw, M. R. B., London: Penguin, 1963; New York: Dorset Press, 1985.
- Jones, A. H. M., Martindale J. R. and Morris J. eds., *The Prosopography of the Later Roman Empire* , Cambridge: Cambridge University Press, 1971.
- Jones, A. H. M., *The Decline of the Ancient World* , London: Longman, 1966,1976, 1980.
- Jones, A. H. M., *The Later Roman Empire 284 – 602: A Social, Economic, and Administrative Survey* , Oxford: Basil Blackwell, 1964, 1986.
- Jones, A. H. M., *A History of Rome Through the Fifth Century (Volume II : The Empire)* , London. Melbourne: Macmillan, 1970.
- Jongeward, D., Cribb, J. and Donovan, P., *Kushan, Kushano-Sasanian, and Kidarite Coins : A Catalogue of Coins from the American Numismatic Society* , New York: the American Numismatic Society, 2015.
- Jordanes, *The Origin and Deeds of the Goths* , trans. by Mierow, C. C., Princeton: Princeton University Press, 1908.
- Jordanes, *The Gothic History of Jordanes* , translated by Mierow Ch. Ch., Cambridge: Speculum Historiale, New York: Barnes & Noble, INC., 1960.
- Josephus, *Jewish Antiquies, Books XVIII-XIX* , with an English translation by Feldman L. H., Cambridge, Massachusetts and London, England: Harvard University Press, 1996. Flavii Iosephi, *Opera* , vols.1 – 4, ed. Niese B., Berlin: Weidmann, 1887, 1885, 1892, 1890 (repr.

1955), TLG, No.0526001.
· Joshua the Stylite, *Chronicle composed in Syriac in AD 507:* A History of the Time of Affliction at Edessa and Amida and Throughout All Mesopotamia , trans. Wright W., Ipswich: Roger Pearse, 1882.
· Julian, Emperor of Rome, *The Works of the Emperor Julian* , 3 vols, trans. by Wright, W. C., Loeb Classical Library, London: W. Heinemann & New York: Macmillan, 1913; London and Cambridge Massachusetts: Harvard University Press, 1923.
· L'empereur Julien, *Oeuvres Complètes* , ed. Bidez, J., vol.1 - 2, 2nd edn, Paris: Les Belles Lettres, 1960, TLG, No.2003013.
· Justinian, *Novels* , with an English translation by Blume F. H., Laramie: The University of Wyoming, 2010. *Corpus Iuris Civilis* , ed. Schöll R. and Kroll W., vol.3. Berlin: Weidmann, 1895 (repr. 1968), TLG, No.2734013.
· Justinian, *Novella, CXXXVII. In The Civil Law* , Scotttrans S. P., Ohio: Cincinnati Press, 1932.
· Kaegi, W. E., *Army, Society and Religion in Byzantium* , Collected Studies 162, London: Variorum Reprints, 1982.
· Kaegi, W. E., *Byzantine Military Unrest 471 - 843*, Amsterdam: Adolf M. Hakkert Publisher Press, 1997.
· Kaegi, W. E., *Byzantium and the Decline of Rome* , Princeton: Princeton University Press, 1968.
· Kaldellis, A. and Siniossoglou, N. eds., *The Cambridge Intellectual History of Byzantium* , Cambridge: Cambridge University Press, 2017.
· Kaldellis, A., *A New Herodotos:* Laonikos Chalkokondyles on the Ottoman Empire, the Fall of Byzantium, and the Emergence of the West , Washington, D.C.: Dumbarton Oaks Research Library and Collection, 2014.
· Kaldellis, A., *Hellenism in Byzantium :* The Transformations of Greek Identity and the Reception of the Classical Tradition , Cambridge University Press, 2008.
· Kaldellis, A., *Streams of Gold, Rivers of Blood :* The Rise and Fall of Byzantium, 955 A.D. to the First Crusade , New York: Oxford University Press, 2017.
· Kaldellis, A., *The Byzantine Republic :* People and Power in New Rome , Cambridge and London: Harvard University Press, 2015.
· Καρπόζηλος, A., *Βυζαντινο ί Ιστορικο ί και Χρονογράφοι* , τόμος Γ' (11ος - 12ος αι.), Αθ ήνα, 2009.
· Καρπόζηλος, A., *Βυζαντινο ί Ιστορικο ί και Χρονογράφοι* , τόμος Δ' (13ος - 15ος αι.), Αθ ήνα, 2015.
· Kamil, J., *Christianity in the Land of the Pharaohs :* the Coptic Orthodox Church , London and New York, 2002.
· Karayannopoulos, J., *Die Entstehung der byzantinischen Themenordnung* , Munich: Beck, 1959.
· Καραγιαννόπουλος Γ., *Ιστορ ία Βυζαντινού Κρατούς* , Τόμος Α, Θεσσαλον ίκη: Εκδοτικός Ο ίκος Βάνιας 1995.
· Καραγιαννόπουλος, I., *Χάρται Μ έσης Βυζαντιν ής Περιόδου* (565 - 1081) , Θεσσαλον ίκη: Εκδοτικός Ο ίκος Σάκκουλα, 1976.

· Καραγιαννόπουλος Γ., *Το Βυζ άντιο Κρ άτος* , Εκδόσεις Β άνιας, Θεσσαλον ίκη, 1983; Αθήνα: Ἑρμης, 1985.
· Karasszon, D., *A Concise History of Veterinary Medicine* , Budapest: Akadémiai Kiadó, 1988.
· Karpozilos, A. D., *The Ecclesiastical Controversy between the Kingdom of Nicaea and the Principality of Epiros* (1217 - 1233) , Thessaloniki: Centre for Byzantine Studies, 1973.
· Kassel, R. ed., *Aristotelis de arte poetica liber* , Oxford: Clarendon Press, 1965, TLG, No. 0086034.
· Kasso, L., *Byzantine Law in Bessarabia* , Moscow, 1907.
· Katasri, C., *The Roman Monetary System, the Eastern Provinces from the First to the Third Century AD* , Cambridge: Cambridge University Press, 2011.
· Katz, S. T. ed., *The Cambridge History of Judaism :* The Late Roman-Rabbinic Period , Vol.4, Cambridge: Cambridge University Press, 2008.
· Kazhdan, A. P., *A History of Byzantine Literature* (650 - 850) , Athens: The National Hellenic Research Foundation, Institute for Byzantine Research, 1999.
· Kazhdan, A. P. and Epstein, A. W., *Change in Byzantine Culture in the Early Eleventh and Twelfth Centuries* , Berkeley, Los Angeles, and London: University of California Press, 1985.
· Kazhdan, A. P. ed., *The Oxford Dictionary of Byzantium* , 3 vols, New York and Oxford: Oxford University Press, 1991.
· Kazhdan, A. P., *Studies on Byzantine Literature of the Eleventh and Twelfth Centuries* , Cambridge: Cambridge University Press, 1984.
· Kazhdan, A. P., *The Social Composition of Byzantine Ruling Class in the 11 - 12th Centuries* , Moscow, 1974.
· Kelly, C. ed., *Theodosius II :* Rethinking the Roman Empire in Late Antiquity , Cambridge: Cambridge University Press, 2013.
· Kelly, C., *Ruling the Later Roman Empire* , Cambridge and London: The Belknap Press of Harvard University Press, 2004.
· Kelly, J. N. D., *Golden Mouth :* The Story of John Chrysostom-Ascetic, Preacher, Bishop , London: Duckworth, 1995.
· Kennedy, S. ed. & trans., *Two Works on Trebizond, Michael Panaretos and Bessarion* , Cambridge, Massachusetts: Harvard University Press, 2019.
· Kennedy, H. N., *The Prophet and the Age of the Caliphates :* The Islamic Near East from the 6th to the 11th Century , Harlow, UK: Pearson Education Ltd., 2004.
· Keys, D., *Catastrophe-An Investigation into the Origins of the Modern World* , New York: Ballantine Books, 1999.
· Khvalkov, E., *The Colonies of Genoa in the Black Sea Region :* Evolution and Transformation , New York: Routledge, 2017.
· Kim, H. J., *The Huns, Rome and the Birth of Europe* , Cambridge: Cambridge University Press, 2013.
· Knorr, W., *Studies in Ancient and Medieval Geometry* , Boston: Birkhäuser, 1989.
· Kolbaba, T. M., *Inventing Latin Heretics: Byzantines and the Filoque in the Ninth Century* ,

Kalamazoo: Western Michigan University, 2008.

· Kogman-Appel, K. and Meyer, M. eds., *Between Judaism and Christianity: Art Historical Essays in Honor of Elisheva (Elisabeth) Revel-Neher* , Boston: Brill, 2009.

· Kolias, T., *Byzantinische Waffen : ein Beitrag zur byzantinischen Waffenkunde von den Anfangen bis zur lateinischen Eroberung* , Vienna: Verlag der Osterreichischen Akademie der Wissenschaften, 1988.

· Κόλιας, Τ., *Νικηφόρος Β´ Φωκάς (963 - 969), Ο στρατηγός αυτοκράτωρ και το μεταρρυθμιστικό του έργο* , Αθήνα: Ιστορικ ές εκδόσεις Στ. Δ. Βασιλόπουλος, 1993.

· Κονιδάρης, Ι. Μ., *Το δίκαιον της μοναστηριακής περιουσίας από του 9ου μέχρι του 12ου αιώνος* , Αθήνα: Σάκκουλας, 1979.

· Kondakov, N. P., *Sketches and Notes on the History of Mediaeval Art and Culture* , Prague: Ustav dejin umeni, 1929.

· Korobeinikov, D., *Byzantium and the Turks in the Thirteenth Century* , Oxford: Oxford University Press, 2014.

· Kordosis, M., *Tang China, the Chineses Nestorian Church and Heretical Byzantium (AD 618 - 845)* , Ioannina, 2008.

· Kotter, B. ed., *Die Schriften des Johannes von Damaskos* , [Patristische Texte und Studien 12] Berlin: De Gruyter, 1973, TLG, No.2934004; 1975, TLG, No.2934005.

· Kratchkovsky, I. and Vasiliev, A. A. incomplete ed. and French trans., *Histoire de Yahya-ibn-Said d'Antioche, Patrologia Orientalis* , Paris: Firmin-Didot, 1924 - 1932.

· Kreutz, B. M., *Before the Normans : Southern Italy in the Ninth and Tenth Centuries* , Philadelphia: University of Pennsylvania Press, 1996.

· Kristeller, P. O., *Renaissance Thought and Its Sources* , New York: Columbia University Press, 2010.

· Kritovoulos, *History of Mehmed the Conqueror* , trans. Riggs, C. T., Princeton: Princeton University Press, 1954.

· Krsmanovi ć, B., *The Byzantine Province in Change : On the Threshold between the 10th and the 11th Century* , Belgrade: Institute for Byzantine Studies, Serbian Academy of Sciences and Arts; Athens: Institute for Byzantine Research, National Hellenic Research Foundation, 2008.

· Krumbacher, K., *Geschichte der byzantinischen Litteratur von Justinian bis zum ende des ostromischen reiches (527 - 1453)* , Munich: C. H. Beck Verlag, 1891.

· Krumbacher, K., *Ιστορία της Βυζαντινής λογοτεχνίας* , Αθήνα: Γρηγοριάδης, 1974.

· Kulikowski, M., *Rome's Gothic Wars : From the Third Century to Alaric* , Cambridge: Cambridge University Press, 2008.

· Küng, H., *Christianity : Its Essence and History* , London: SCM Press, 1995.

· Kyriakides, T. ed., *Trebizond and the Black Sea* , Thessaloniki, 2010.

· Kyriakidis, S., *Warfare in Late Byzantium, 1204 - 1453* , Leiden & Boston: Koninklijke Brill NV, 2011.

· Kyritses, D. S., *The Byzantine Aristocracy in the Thirteenth and Early Fourteenth Centuries* , PhD. dissertation, Cambridge, Mass.: Harvard University, 1997.

· Lacombrade, C., Garzya, A., and Lamoureux J. eds., *Synésios de Cyrène* , Collection Budé, 6 vols., Paris: Belles lettres, 1978 - 2008.

· Laiou, A. E. eds, *The Economic History of Byzantium, from the Seventh through the Fifteenth Century (EHB)* , vol. 3, Wanshington, D. C.: Dumbarton Oaks Research Library and Collection, 2002.

· Laiou, A. E. and Mottahedeh, R. P. eds., *The Crusades from the Perspective of Byzantium and the Muslim World* , Washington, D.C.: Dumbarton Oaks Research Library and Collection, 2001.

· Laiou, A. E. ed., *Urbs Capta, The Fourth Crusade and its Consequences* , Paris: Lethielleux, 2005.

· Laiou, A. E., *Constantinople and the Latins : The Foreign Policy of Andronicus II, 1282 - 1328* , Cambridge: Harvard University Press, 1972.

· Laiou, A. E., *Law and Society in Byzantium : Ninth-Twelfth Centuries* , Washington, D. C.: Dumbarton Oaks Research Library and Collection, 1994.

· Laiou, A. E., *Mariage, Amour et Parenté à Byzance aux XIe-XIIIe siècles* , Paris: de Boccard, 1992.

· Lameere, W. ed., *La Tradition Manuscrite de la correspondance de Grégoire de Chypre Patriarche de Constantinople (1283 - 1289)* , Bruxelles: Palais des acade'mies, 1937.

· Lampsidis, O., *Beiträge zum byzantinischen Chronisten Ephraem und zu seiner Chronik* , Athens: I. Kollaros, 1971.

· Λαμπάκης, Σ., *Γε ώργιος Παχυμ έρης: πρωτεκδικός και δικαιοφύλαξ : Εισαγωγικό δοκιμ ίο* , Αθήνα, 2004.

· Lançon, B., *Rome in Late Antiquity : Everyday Life and Urban Change, AD 312 - 609* , trans. by Nevill, A., Edinburgh: Edinburgh University Press, 1995.

· Langdon, J. S., *John III Ducas Vatatzes : Byzantine Imperium in Anatolian Exile, 1222 - 1254: The Legacy of his Diplomatic, Military and Internal Program for the Restitutio Orbis* , PhD. dissertation, University of California, 1978.

· Langdon, J., *Byzantium's Last Imperial Offensive in Asia Minor : The Documentary Evidence for and Hagiographical Lore about John III Ducas Vatatzes' Crusade against the Turks, 1222 or 1225 to 1231* , New Rochelle, N.Y.: Aristide D. Caratzas, 1992.

· Langlois, M. E. ed., *Les registres de Nicholas IV: recueil des bulles de ce pape, D'apres les manuscrits originaux des Archives du Vatican* , vol.II, Paris: Ernest Thorin, 1886.

· Laonici Chalcocandylae, *Historiarum Demonstrationes* , 2 vols., ed. Darkó, E., Budapest: Academia Litterarum Hungarica, 1922, 1923, 1927, TLG, No.3139001.

· Laonikos Chalkokondyles, *the Histories* , II, trans. Kaldellis, A., Cambridge, Mass.: Harvard University Press, 2014.

· Lardner, N., *A Large Collection of Ancient Jewish and Heathen Testimonies to the Truth of the Christian Revelation, with Notes and Observations* , 4 vols., London: M. DCC. LXIV, 1754 - 1767.

· La Torre, D. R., Kenelly, J. W., Biggers, S. S. et al., *Calculus Concepts : An Informal Approach to the Mathematics of Change* , Andover: Cengage Learning, 2011.
· Lauxtermann, M. D. and Whittow, M. eds., *Byzantium in the Eleventh Century : Being in Between: Papers from the 45th Spring Symposium of Byzantine Studies* , Exeter College, Oxford, 24 – 6 March 2012, London; New York: Routledge, Taylor & Francis Group, 2017.
· Layton, R. A., *Didymus the Blind and His Circle in Late-Antique Alexandria : Virtue and Narrative in Biblical Scholarship* , Urbana and Chicago: University of Illinois Press, 2004.
· Leder, S. ed., *Crossroads between Latin Europe and the Near East : Corollaries of the Frankish Presence in the Eastern Mediterranean* (12th – 14th Centuries) , Würzburg: Ergon Verlag, 2011.
· Lee, C. and Morley, N. eds., *A Handbook to the Reception of Thucydides* , Chichester: Wiley-Blackwell, 2014.
· Lee, A. D., *From Rome to Byzantium AD 363 to 565: The Transformation of Ancient Rome* , Edinburgh: Edinburgh University Press, 2013.
· Lee, A. D., *Information and Frontiers : Roman Foreign Relations in Late Antiquity* , Cambridge: Cambridge University Press, 1993.
· Lee, A. D., *War in Late Antiquity : A Social History* , Oxford: Blackwell Publishing, 2007.
· Lee, A. D. ed., *Paganisms and Christians in Late Antiquity : A Sourcebook* , London and New York: Routledge, 2000.
· Leicester, H. M., *The Historical Background of Chemistry* , New York: Dover, 1971.
· Leiser, G. ed., *Mésogeios. Revue trimestrielle d'études méditerranéennesp* , Paris.
· *Le livre des cérémonies* , ed. Vogt, A., vols.1 – 2, Paris: Les Belles Lettres, 1935, 1939, repr. 1967, TLG, No.3023011.
· Lemerle, P., *Les plus anciens recueils des miracles de saint Démétrius et la pénétration des Slaves dans les Balkans* , Paris: Éditions du Centre National de la Recherche Scientifique, 1979 – 1981.
· Lemerle, P. et al eds., *Actes de Saint-Pantéléèmon : édition diplomatique* , Paris: P. Lethielleux, 1982.
· Lemerle, P., *The Agrarian History of Byzantium : From the Origins to the Twelfth Century* , Galway, Ireland: Galway University Press, 1979.
· Lenski, N., *Failure of Empire : Valens and the Roman State in the Fourth Century A.D.* , California: University of California Press, 2002.
· Leo the Deacon, *The History of Leo the Deacon : Byzantine Military Expansion in the Tenth Century* , trans. Talbot, A. M. and Sullivan, D. F., Washington, D.C.: Dumbarton Oaks Research Library and Collection, 2005.
· Leo Ⅵ, *The Book of the Eparch* , trans. Freshfield E. H., London: Variorum Reprints, 1970.
· Leonardo, R. A., *History of Surgery* , New York: Froben Press, 1943.
· Leonis diaconi, *Caloënsis Historiae Libri Decem* , ed. Hase, K. B., [Corpus Scriptorum Historiae Byzantinae] Bonn: Weber, 1828, TLG, No. 3069001.
· Lewis, A. R. and Runyan, T. J., *European Naval and Maritime History, 300 – 1500* , Bloomington:
Indiana University Press, 1985.
· Lewis, N. and Reinhold M., *Roman Civilization : Selected Readings* , New York: Harper & Row, 1990.
· Lianta, E., *Late Byzantine Coins : 1204 – 1453, in the Ashmolean Museum, University of Oxford* , London: Spink, 2009.
· Lichtheim, M., *Ancient Egyptian Literature (3 Vols)* , California, 1974.
· Liddell, H. G. and Scott, R., *A Greek-English Lexicon* , Oxford: Clarendon Press, 1980.
· Liebeschuetz, J. H. W. G., *Barbarians and Bishops : Army, Church, and State in the Age of Arcadius and Chrysostom* , Oxford: Clarendon Press, 1990.
· Liebeschuetz, J. H. W. G., *Decline and Fall of the Roman City* , Oxford: Oxford University Press, 2001.
· Liebeschuetz, W., *East and West in Late Antiquity : Invasion, Settlement, Ethnogenesis and Conflicts of Religion* , Leiden, Boston: Brill, 2015.
· *Life of Shenoute* , trans. by Besa, B., Kalamazoo: Cistercian Publications, 1983.
· Lillington-Martin, C. and Turquois, E. eds., *Procopius of Caesarea: Literary and Historical Interpretations* , London: Routledge, 2017.
· Lim, R., *Public Disputation, Power, and Social Order in Late Antiquity* , Berkeley, Los Angeles, London: University of California Press, 1995.
· Lindberg, D., *The Beginnings of Western Science* , Chicago: University of Chicago Press, 1992.
· Linder, A., *The Jews in Roman Imperial Legislation* , Detroit: Wayne State University Press, 1987.
· Lindsay, J., *Byzantium into Europe; the Story of Byzantium as the First Europe, 324 – 1204 A.D. and its Further Contribution till 1453 A.D.* , London: The Bodley Head, 1952.
· Liudprand, *The Complete Works of Liudprand of Cremona* , translated with an introduction and notes by Squatriti, P., Washington, D.C.: Catholic University of America Press, 2007.
· Lionel Casson, *The Periplus Maris Erythraei* , Text with Introduction, Princeton University Press 1989. Anonymi (Arriani, ut fertur) periplus maris Erythraei , ed. Müller K., Geographi Graeci minores, vol. 1. Paris: Didot, 1855 (repr. Hildesheim: Olms, 1965), TLG, No.0071001.
· Littré, É. ed., *Oeuvres complètes d'Hippocrate* , Paris: Baillière, 1839 – 1861, TLG, No.0627.
· Little, L. K. ed., *Plague and the End of Antiquity : The Pandemic of 541 – 750* , Cambridge: Cambridge University Press, 2006.
· Littlewood, A. ed., *Byzantine Garden Culture* , Washington, D. C.: Dumbarton Oaks Research Library and Collection, 2002.
· Lonergan, B., *The Way to Nicea* , Philadelphia, 1976.
· Long, J., *Claudian's In Eutropium : Or, How, When, and Why to Slander a Eunuch* , Chapel Hill and London: The University of North Carolina Press, 1996.
· Longnon, J., *L'Empire Latin de Constantinople et la Principauté de Morée* , Paris: Payot, 1949.
· Loofs, F., *Nestorius and His Place in the History of Christian Doctrine* , Cambridge: Cambridge

University Press, 1914.
- Lopez, R., *Silk industry in the Byzantine Empire, Byzantium and the World Around It*: Economic and Institutional Relations, London: Variorum Reprints, 1978.
- Lopez, R., *Byzantine and the World around it*: Economic and Institutional Relations, London: Variorum Reprints, 1978.
- Lot, F., *The End of the Ancient World and the Beginnings of the Middle Ages*, London: Routledge & Kegan Paul Ltd, 1966.
- Louth, A., *St. John Damascene, Tradition and Originality in Byzantine Theology*, New York: Oxford University Press, 2002.
- Luard, H. R., *A Catalogue of the Manuscripts Preserved in the Library of the University of Cambridge*, Cambridge: Cambridge University Press, 2014.
- Lukonin, V. G., *Persia II*: from the Seleucids to the Sassanids, trans J. Hogarth: Barrie & Jenkins Press, 1971.
- Lurier, H. E. ed., *Crusaders as conquerors*: The Chronicle of Morea, New York and London: Columbia University Press, 1964.
- Luttwak, E. N., *The Grand Strategy of the Byzantine Empire*, Cambridge and London: Harvard University Press, 2009.
- Maas, M. ed., *The Cambridge Companion to the Age of Justinian*, Cambridge: Cambridge University Press, 2005.
- MacCormack, S. G., *Art and Ceremony in Late Antiquity*, Los Angeles & London: University of California Press, 1981.
- MacCormick, M., *Origins of the European Economy*: Communications and Commerce, A. D. 300–900, Cambridge: Cambridge University Press, 2002, 2001.
- MacCormick, M., *Eternal Victory*: Triumphal Rulership in Late Antiquity, Byzantium and the Early Medieval West, Cambridge: Cambridge University Press, 1986.
- Macmullen, R., *Christianizing the Roman Empire (A. D. 100–400)*, New Haven and London: Yale University Press, 1984, 1997.
- MacMullen, R., *Paganism in the Roman Empire*, New Haven and London: Yale University Press, 1981.
- MacMullen, R., *The Second Church*: Popular Christianity, A.D.200–400, Atlanta: Society of Biblical Literature, 2009.
- MacMullen, R., *Constantine I*, London, 1970.
- Macrides, R., *George Akropolites, The History*, Oxford: Oxford University Press, 2007.
- Macrides, R., Munitiz, J. A. and Angelov, D., *Pseudo-Kodinos and the Constantinopolitan Court*: Offices and Ceremonies, Birmingham Byzantine and Ottoman Studies, Volume 15, Farnham: Ashgate 2013.
- Madden, T. F. ed., *Crusades*: the Illustrated History, Ann Arbor, Mich.: Univ. of Michigan Press, 2004.
- Madden, T. F., *Enrico Dandolo and the Rise of Venice*, Baltimore: Johns Hopkins University Press, 2003.
- Madgearu, A., *The Asanids*: The Political and Military History of the Second Bulgarian Empire, 1185–1280, Leiden and Boston: Brill, 2017.
- Madgearu, A., *Byzantine Military Organization on the Danube, 10th–12th Centuries*, Leiden; Boston: Brill, 2013.
- Maenchen-Helfen, J. O., *The World of the Huns*: Studies in their History and Culture, Berkeley, Los Angeles, London: University of California Press, 1973.
- Magdalino, P., *L'orthodoxie des astrologues*: La science entre le dogme et la divination à Byzance, Paris: Lethielleux, 2006.
- Magdalino, P. and Necipoğlu, N. eds., *Trade in Byzantium*: Papers from the Third International Sevgi Gönül Byzantine Studies Symposius, Istanbul: Koc University Press, 2016.
- Magdalino, P., *Studies on the History and Topography of Byzantine Constantinople*, Aldershot: Ashgate Publishing Company, 2007.
- Magdalino, P., *The Empire of Manuel I Komnenos, 1143–1180*, Cambridge: Cambridge University Press, 1993.
- Magdalino, P., *The Maritime Neighborhoods of Constantinople*: Commercial and Residential Functions, Sixth to Twelfth Centuries, Washington, D.C.: Dumbarton Oaks Research Library and Collection, 2000.
- Magdalino, P., ed., *New Constantines*: The Rhythm of Imperial Renewal in Byzantium, 4th–13th Centuries: Papers from the Twenty-sixth Spring Symposium of Byzantine Studies, St Andrews, March 1992, Great Britain: Variorum; Brookfield, Vt., U.S.A.: Ashgate Pub. Co., 1994.
- Magill, F. N. ed., *Dictionary of World Biography*, vol.1, Pasadena: Salem Press, 1998.
- Maguire, H., *Byzantine Court Culture from 829 to 1204*, Washington, D. C.: Dumbarton Oaks Research Library and Collection, Harvard University Press, 1997.
- Maguire, H., *The Icons of Their Body*: Saints and their Images in Byzantium, Princeton, NJ: Princeton University Press, 1996.
- Mainstone, R. J., *Hagia Sophia*: Architecture, Structure, Liturgy of Justinian's Great Church, London, 1997.
- Malatras, C., *Social Structure Relations in Fourteenth Century Byzantium*, PhD. diss., University of Birmingham, 2013.
- Malone, E. E., *the Monk and the Martyr*, Washington, D. C.: Catholic University of America Press, 1950.
- Mango, C., *The Brazen House*: A Study of the Vestibule of the Imperial Palace of Constantinople, København: i kommission hos Ejnar Munksgaard, 1959.
- Mango, C., ed., *The Oxford History of Byzantium*, Oxford: Oxford University Press, 2002.
- Mango, C., *Byzantium*: The Empire of New Rome, New York: Charles Scribner's Sons, 1980.
- Mango, C., *The Art of the Byzantine Empire, 312–1453*: Sources and Documents, New York, 1972.
- Mango, C., *Nikephoros, Patriarch of Constantinople, Short History*: Text, Translation, and Commentary, Washington, D. C.: Dumbarton Oaks Research Library and Collection, 1990.
- Mannas, L., *Merchants, Princes and Painters*: Silk Fabrics in Northern and Italian Paintings 1300–1550, New Haven: Yale University Press, 2008.

· Manoussakas, M. and Stailos, N., *The Publishing Activity of the Greeks During the Italian Renaissance* , Athens: Greek Ministry of Culture, 1987.
· *A Manual of Roman Law* , The Ecloga published by the Emperors Leo Ⅲ and Constantine V of Isauria at Constantinople A. D. 726, trans. by Freshfield, E. H., Cambridge: Cambridge University Press, 1926.
· Marasco, G. ed., *Greek and Roman Historiography in Late Antiquity : Fourth to Sixth Century A. D.*, Leiden, Boston: Brill, 2003.
· Marcellinus Comes, *The Chronicle of Marcellinus* , trans. Croke, B., Sydney: Australian Association for Byzantine Studies, 1995.
· Marcus, J. R., *The Jew in the Medieval World : A Source Book 315 - 1791*, Cincinnati: The Union of American Hebrew Congregations, 1938.
· Margotta, R., *The Story of Medicine* , New York: Golden Press,1968.
· Markus, R. A., *Christianity in the Roman World* , London: Thames and Hudson Ltd, 1974.
· Markus, R. A., *The End of Ancient Christianity* , Cambridge: Cambridge University Press, 1990.
· Martí-Ibáñez, F., *A Prelude to Medical History* , New York: MD Publications Inc., 1961.
· Martin, E. J., *A History of the Iconoclastic Controversy* , New York: AMS Press, 1978.
· Martindale, J. R., *The Prosopography of the Later Roman Empire, Vol.Ⅱ : AD. 395 - 527*, Cambridge: Cambridge University Press, 1980.
· Masai, F., *Plethon et le Platonisme de Mistra* , Paris: Belles Lettres, 1956.
· Mathisen, R. W., *People, Personal Expression, and Social Relations in Late Antiquity* , Ann Arbor: The University of Michigan Press, 2003.
· Matthews, J., *The Roman Empire of Ammianus* , London: Duckworth, 1989.
· Mattingly, H., Sydenham, E. A., Sutherland, C. H. V. and Carson, R. A. G. et al. eds., *The Roman Imperial Coinage (RIC)* , London: Spink & Son Ltd, 1923 - 1994.
· Maurice, J., *Numismatique Constantienne* , Tome I, Paris: Ernest Leroux, 1908.
· *Maurice's Strategikon : Handbook of Byzantine Military Strategy* , trans. by Dennis G. T., Philadelphia: University of Pennsylvania Press, 1984.
· Maurice, *Das Strategikon des Maurikios* , ed. Dennis, G. T. and Gamillscheg, E., Vienna: Verlag der österreichischen Akademie der Wissenschaften, 1981.
· Mauricius, *Arta Militara* , ed. Mihaescu, H., [Scriptores Byzantini 6] Bucharest: Academie Republicii Socialiste Romãnia, 1970, TLG, No. 3075001.
· Maxwell, J. C., *Matter and Motion* , New York: D. Van Nostrand, 1878.
· Mayer, R., *The Artist's Handbook of Materials and Techniques* , New York: Viking Press, 1985.
· Mayer, W. and Allen P., *John Chrysostom* , London and New York: Routledge, 2000.
· McCabe, A., *A Byzantine Encyclopaedia of Horse Medicine : The Sources, Compilation, and Transmission of the Hippiatrica* , Oxford and New York: Oxford University Press, 2007.
· McClanan, A., *Representations of Early Byzantine Empresses* , New York: Palgrave Macmillan, 2002.
· McGeer, E., *The Land Legislation of the Mace-donian Emperor* , Toronto: Pontifical Institute of Mediaeval Studies, 2000.
· McGeer, E., *Sowing the Dragon's Teeth : Byzantine Warfare in the Tenth Century* , Washington, D.C.: Dumbarton Oaks Research Library and Collection, 1995.
· Meier, M. ed., *Brill's Companion to Procopius* , Leiden: Brill, 2017.
· Meier, M., *Justinian : Herrschaft, Reich und Religion* , Munich, 2004.
· Melville-Jones, J. R. ed., *Venice and Thessalonica 1423 - 1430: The Greek Accounts* , Padova: Unipress, 2006.
· Menander the Guardsman, *The History of Menander the Guardsman* , trans. Blockley R. C., Liverpool: Fancis Cairns Ltd., 1985.
· Merrills, A. H. ed., *Vandals, Romans and Berbers : New Perspectives on Late Antique North Africa* , Aldershot: Ashgate: 2004.
· Merrills, A. H., *History and Geography in Late Antiquity* , Cambridge: Cambridge University Press, 2005.
· Merrills, A., R. Miles, *The Vandals* , West Sussex: Wiley-Blackwell, 2010.
· Meyendorff, J., *Byzantium and the Rise of Russia : A Study of Byzantino-Russian Relations in the Fourteenth Century* , St Vladimirs Seminary Pr, 1997.
· Meyendorff, J., *Byzantine Theology* , New York: Fordham University Press, 1974.
· Michael Attaleiates, *Historia* , ed. and trans. Martin, Pérez, Madrid: Consejo Superior de Investigaciones Cientificas, 2002.
· Michael Ducas, *Historia byzantina* , ed. Bekker, I., [Corpus Scriptorum Historiae Byzantinae] Bonn: Weber, 1834.
· Michael Panaretos & Bessarion, *Two Works on Trebizond, 109* , ed. and trans. Kennedy, S., Cambridge: Harvard University Press, 2019.
· Michael Psellos, *Chronographie ou histoire d'un siècle de Byzance (976 - 1077)* , ed. Renauld, É., 2 vols., Paris: Les Belles Lettres, 1926, 1928, TLG, No.2702001.
· Michael Psellus, *Chronographia* , trans. Sewter, E. R., London: Penguin Books, 1953, 1966.
· Michael Psellus, *Fourteen Byzantine Rulers : The Chronographia of Michael Psellus* , English trans. Sewter, E. R. A., Harmandsworth: Penguin Books, 1966.
· Michaelis Attaleiates, *The History* , trans. by Kaldellis, A. and Krallis, D., New York: Harvard University Press, 2012.
· Michaelis Attaliotae, *Historia* , ed. Bekker, I., [Corpus Scriptorum Historiae Byzantinae] Bonn: Weber, 1853, TLG, No.3079001.
· Michaelis Glycae, *Annales* , ed. Bekker, I., [Corpus Scriptorum Historiae Byzantinae] Bonn: Weber, 1836, TLG, No.3047.
· Michaelis Pselli, *Philosophica Minora* , ed. Duffy, J. M., Leipzig: Teubner, 1992, TLG, No. 2702010.
· Michael Psellus, *Orationes funebres, Volume 1* , Polemis, I. ed., Berlin: Boston: De Gruyter, 2014.
· Michael the Syrian, *Chronique* , ed. and trans. by Chabot, J. B., Paris: Ernest Leroux, 1899 - 1910.
· Michael, A. ed., *The Byzantine Aristocracy Ⅸ to ⅩⅢ Centuries* , Oxford: BAR International Series,

1984.

· Michael, A., *Church and Society in Byzantium under Comneni, 1081 – 1261*, Cambridge: Cambridge University Press, 1995.

· Michaelis Pselli, *Orationes panegyricae*, edidit Dennis, G. T., Stutgardiae: B. G. Teubner, 1994.

· Μιχαήλ Ψελλός, *Χρονογραφία, Τόμος Α'*, μετ άφραση-εισαγωγή-σχόλια: Καραλής Β., Αθήνα: Εκδόσεις Κανάκη, 2004.

· Millar, F., *A Greek Roman Empire :* Power and Belief under Theodosius II (408 – 450), Berkeley, Los Angeles, London: University of California Press, 2006.

· Miller, T. S., *The Birth of the Hospital in the Byzantine Empire*, Baltimore: Johns Hopkins University Press, 1985, 1997.

· Miller, T. S., *The History of John Cantacuzenus (book IV) :* Text, Translation and Commentary, Dissertation, Catholic University Ann Arbor, 1975.

· Miller, T. S., *The Orphans of Byzantium, Child Welfare in the Christian Empire*, Wahington, D. C.: The Catholic University of America Press, 2003.

· Miller, W., *Trebizond :* The Last Greek Empire of the Byzantine era, 1204 – 1461, new enl. edition, historical introduction, select bibliography by Bandy, A. C., Chicago: Argonaut, 1969.

· Miller, T. S. and Nesbitt, J. W., *Walking Corpses :* Leprosy in Byzantium and the Medieval West, Ithaca & London: Cornell University Press, 2014.

· Millet, G., *Monuments byzantins de Mistra*, Paris: E. Leroux, 1910.

· Miotto, M., *Ο ανταγωνισμός Βυζαντίου και Χαλιφάτου των Φατιμίδων στην εγγύς ανατολή και η δράση των Ιταλικών πόλεων στην περιοχή κατά τον 10ο και τον 11ο αιώνα*, Θεσσαλονίκη: Κέντρο Βυζαντινών Ερευνών, 2008.

· Mitchell, S. and Greatrex, G. eds., *Ethnicity and Culture in Late Antiquity*, London: Duckworth and The Classical Press of Wales, 2000.

· Mitchell, L. L., *The Meaning of Ritual*, New York: Paulist Press, 1977.

· Moffatt, A. ed., *Maistor :* Classical, Byzantine and Renaissance Studies for Robert Browning (Byzantine Austrliensia vol.5), Canberra: Brill, 1984.

· Mogenet, J., *L'Introduction 'a l'Almageste*, [M' emoires de l'Acad'emie Royale de Belgique, Cl. Lettres, 51, fasc. 2] Bruxelles: Palais des Acade'mies, 1956.

· Momigliano, A. ed., *Conflict Between Paganism and Christianity in the Fourth Century*, Oxford: The Clarendon Press, 1963.

· Monfasani, J., *Byzantine Scholars in Renaissance Italy*, Aldershot, Hampshire & Vermont: Ashgate Publishing Company, 1995.

· Montfaucon, D. B., *Nova Collectio Patrum et Scriptorum Graecorum, Eusebii Caesariensis*, Athanasii & Cosmae Aegyptii, Parisiis, 1706.

· Moore, P., *Iter Psellianum :* a Detailed Listing of Manuscript Sources for All Works Attributed to Michael Psellos, Including a Comprehensive Bibliography, Toronto: Pontifical Institute of Mediaeval Studies, 2005.

· Moorhead, J., *Justinian*, New York: Longman Publishing, 1994.

· Moorhead, J., *The Roman Empire Divided, 400 – 700*, Second Edition, London and New York: Routledge, 2013.

· Moorhead, J., *Ambrose :* Church and Society in the Late Roman World, London and New York: Longman, 1999.

· Morkholm, O., *Early Hellenistic Coinage, from the Accession of Alexander to the Peace of Apamea (336 – 188 B.C.)*, Cambridge: Cambridge University Press, 1991.

· Morris, R., *Monks and Laymen in Byzantium 843 –1118*, Cambridge: Cambridge University Press, 1995.

· Morris, R. ed., *Church and People in Byzantium*, Birmingham: Centre for Byzantine, Ottoman and Modern Greek studies, University of Birmingham, 1991.

· Morrison, C., *Catalogue des monnaies byzantines de la Bibliothèque nationale*, Tome 1 – 2, Paris: Bibliothèque nationale, 1970.

· Moschos, J., *The Spiritual Meadow*, Kalamazoo, Mich.: Cistercian Publications, 1992.

· Moss, H. St. L.B., *The Birth of the Middle Ages (395 – 814)*, London: Oxford University Press, 1979.

· Mousourakis, G., *A Legal History of Rome*, London; New York: Routledge, 2007.

· Moutafakis, N. J., *Byzantine Philosophy*, Indianapolis and Cambridge: Hackett Publishing Company, Inc., 2003.

· Mullett, M. and Scott, R. eds., *Byzantium and the Classical Tradition*, Birmingham: University of Birmingham, 1981.

· Mullett, M. and Smythe, D. eds., *Alexios I Komnenos, I :* Papers, Belfast: Belfast Byzantine Enterprises, 1996.

· Mullett, M., *Theophylact of Ochrid :* Reading the Letters of a Byzantine Archbishop, Birmingham Byzantine and Ottoman Monographs 2, Aldershot, U. K.: Variorum, 1997.

· Murray, A. V. ed., *The Crusades :* an encyclopedia, Santa Barbara, California: ABC-CLIO, 2006.

· Muthesius, A., *Studies in Silk in Byzantium*, London: Pindar Press, 2004.

· Myrepsus, N.s, *Medicamentorum Opus*, in *Sectiones Quadragintaocto Digestum, Hactenus in Germania non Visum*, Basileae: Per Jo. Oporinum, 1549.

· Nathan, G. S., *The Family in Late Antiquity :* The Rise of Christianity and the Endurance of Tradition, London and New York: Routledge, 2000.

· Naymark, A., *Sogdiana, Its Christians and Byzantium :* A Study of Artistic and Cultural Connections in Late Antiquity and Early Middle Ages, Ph. D., Indiana University, 2001.

· Necipoğlu, N., *Byzantium between the Ottomans and the Latins :* Politics and Society in the Late Empire, Cambridge: Cambridge University Press, 2009.

· Neil, B. and Garland, L. eds., *Questions of Gender in Byzantine Society*, New York: Routledge, 2016.

· Nemesius of Emesa, *De natura hominis*, ed. Einarson, B., [Corpus medicorum Graecorum (in press)] TLG, No.0743001.

· Nemesius, Bp. of Emesa, *Nemesii episcopi Premnon physicon*, a N. Alfano, archiepiscopo Salerni, in latinum translatus; recognovit Carolus

Burkhard, Leipzig: Teubner, 1917.
· Neuburger, M., *Geschichte der Medizin* , II, Stuttgart: Enke, 1911.
· Neville, L., *Anna Komnene : the Life and Work of a Medieval Historian* , New York: Oxford University Press, 2016.
· Neville, L., *Guide to Byzantine Historical Writing* , Cambridge: Cambridge University Press, 2018.
· Neville, L., *Heroes and Romans in Twelfth-century Byzantium : the Material for History of Nikephoros Bryennios* , Cambridge: Cambridge University Press, 2012.
· Niavis, P. E., *The Reign of the Byzantine Emperor Nicephorus I (AD 802 −811)* , Athens: Historical Publications St. D. Basilopoulos, 1987.
· Nicéphore Bryennios, *Histoire* , ed. Gautier, P., [Corpus Fontium Historiae Byzantinae 9] Brussels: Byzantion, 1975, TLG, No.3088002.
· Nicephori Gregorae, *Historiae Byzantinae* , ed. Schopen, L. and Bekker, I., 3 vols., [Corpusscriptorum historiae Byzantinae] Bonn: Weber, 1829, 1830, 1855, TLG, No.4145001.
· Nicephori archiepiscopi Constantinopolitani, *Opuscula Historica* , ed. de Boor C., Leipzig: Teubner, 1880 (repr. New York: Arno, 1975), TLG, Nos. 3086001 and 3086002.
· Nicephoros Bryennios, *Materials for a History* , ed. Meinecke, A., [Corpus Scriptorium Historiae Byzantinae] Bonn, 1836.
· Nicephorus, *Antirrhetici tres adversus Constantinum Copronymum* , in Patrologia Graeca, ed. Migne, J. P., Paris, vol.100, 1865.
· Nicephorus, *Breviarium* , ed. Boor, C. de, Leipzig: Teubner, 1880.
· Nicetae Choniatae, *Historia* , ed. Dieten, J. van, [Corpus Fontium Historiae Byzantinae 11.1], Berlin: De Gruyter, 1975, TLG, No.3094001.
· Nicholas I, *Patriarch of Constantinople, Letters* , ed. Jenkins, R. J. H. and Westerink, L. G., [Corpus Fontium Historiae Byzantinae 6] Washington, D. C.: Dumbarton Oaks, 1973, TLG, No. 3100001.
· Nicol, M., *The Last Centuries of Byzantium, 1261 −1453* , London: Rupert Hart-Davis, 1972; 2nd edition, Cambridge: Cambridge University Press, 1993.
· Nicol, D. M., *Byzantium and Venice : A Study in Diplomatic and Cultural Relations* , Cambridge and New York and Melbourne: Cambridge University Press, 1988.
· Nicol, D. M., *Studies in Later Byzantine History and Prosopography* , Cambridge and New York and Melbourne: Cambridge University Press, 1985.
· Nicol, D. M., *The Despotate of Epiros 1267 − 1479: A Contribution to the History of Greece in the Middle Ages* , Cambridge: Cambridge University Press, 1984; Oxford: Blackwell, 1957.
· Nicol, D. M., *The Byzantine Family of Kantakouzenos* , Washington: Dumbarton Oaks Center for Byzantine Studies, 1968.
· Nicol, D. M., *The Immortal Emperor : The Life and Legend of Constantine Palaiologos, Last Emperor of the Romans* , Cambridge, Eng.: Cambridge University Press, 1992.
· Nicol, D. M., *The Reluctant Emperor : A Biography of John Cantacuzene, Byzantine Emperor

and Monk, c. 1295 − 1383* , Cambridge: Cambridge University Press, 1996.
· Nicol, D. M., *The End of the Byzantine Empire* , London: Cambridge University Press, 1979.
· Nicolle, D., Haldon, J. etc., *The Fall of Constantinople : The Ottoman Conquest of Byzantium* , Oxford: Osprey Publishing Ltd., 2007.
· Niebuhr, B. G. ed., *Corpus scriptorium historiae byzantinae* , 50 vols., Bonn, 1828 − 1897.
· Niketas Choniatēs, *O City of Byzantium, Annals of Niketas Choniatēs* , trans. by Magoulias, H. J., Detroit: Wayne State University Press, 1984.
· Nicolle, D., *Constantinople 1453: The End of Byzantium* , Oxford: Osprey Publishing, 2000.
· Nicolle, D., Hook, A., *Ottoman Fortifications 1300 − 1710* , Oxford: Osprey Publishing Limited, 2010.
· Nicolle, D., *The Fourth Crusade 1202 − 1204: the Betrayal of Byzantium* , Oxford: Osprey Publishing Ltd., 2011.
· Nicolet, C., *Space, Geography and Politics in the Early Roman Empire* , Ann Arbor: University of Michigan Press, 1991.
· Nicolle, D., *Romano-Byzantine Armies 4th − 9th Centuries* , Oxford & New York: Osprey Publishing Ltd, 1992.
· Nicolo Barbaro, *Diary of the Siege of Constantinople, 1453* , trans. by Jones, J. R., New York: Exposition Press, 1969.
· Nikephoros, *Nikephoros Patriarch of Constantinople Short History* , trans. by Mango, C., Washington: Dumbarton Oaks, 1990. *Nicephori archiepiscopi Constantinopolitani, Opuscula Historica* , ed. Boor, C. de, Leipzig: Teubner, 1880 (repr. New York: Arno, 1975), TLG, Nos. 3086001 and 3086002.
· Nikephoros, *Short History, Nikephoros, Patriarch of Constantinople : Text, Translation, and Commentary* , trans. Mango, C., Washington, D.C.: Dumbarton Oaks Research Library and Collection, 1990.
· Niketas Choniates, *City of Byzantium, Annals of Niketas Choniatēs* , trans. Magoulias, H., Detroit: Wayne State University Press, 1984.
· Νικηφόρος Γρηγοράς, *Ρωμαϊκή Ιστορία, Α' περ ίοδος : 1204 − 1341 (Κεφ άλαια 1 − 11)* , Απόδοση στην ν έα ελληνικ ή, εισαγωγ ή και σχόλια από Δ. Μόσχος, Αθ ήνα: Εκδοτικός Οργανισμός Λιβάνη, 1997.
· Νικολάου, Κ., *Η γυνα ίκα στη μ έση βυζαντιν ή εποχή. Κοινωνικά πρότυπα και καθημερινός β ίος στα αγιολογικ ά κε ίμενα* , Αθ ήνα: Ινστιτο ύτο Βυζαντινών Ερευνών, 2005.
· Ν ίκου, Δ. Μ., *Πηγ ές και επιδρ άσεις του ιστορικο ύ έργου του Δο ύκα* , Θεσσαλον ίκη, 2009.
· Norden, W., *Das Papsttum und Byzanz* , Berlin: E. Beck, 1903.
· Norwich, J. J., *Byzantium : The Early Centuries* , London: Penguin Books, 1990.
· Norwich, J. J., *A History of Venice* , New York: Vintage Books, 1982.
· Norwich, J. J., *A Short History of Byzantium* , New York: A Division of Random House, Inc., 1997.
· Norwich, J. J., *Byzantium : The Decline and Fall* , London: Penguin Books, 1996.
· Nuland, Sherwin B., *Doctors : The Illustrated His-

tory of Medical Pioneers , New York: Black Dog & Leventhal: Distributed by Workman Pub. Co., 1988.

· Nystazopoulou, M. G., Ἡ ἐν τῇ Ταυρικῇ Χερσον ήσωι πόλις Σοθγδαιά , Athens, 1965.

· Oakland, J., British Civilization—An Introduction , fourth edition, London & New York: Routledge, 1998.

· Obolensky, D., Byzantium and the Slavs , Crestwood, N. Y.: St. Vladimir's Seminary Press, 1994.

· Obolensky, D., The Byzantine Commonwealth : Eastern Europe, 500 - 1453, London: Phoenix Press, 2000; New York: St. Vladimir's Seminary Press, 1982.

· Ochir, A. and Erdenebold, L., Archaeological Relics of Mongolia, Ⅶ: Cultural Monuments of Ancient Nomads , Ulaanbaatar: Mongol Ulsyn Shinzhlékh Ukhaany Akademi, Tŭŭ kh, Arkheologiĭn Khŭrēēlēn, 2017.

· Oelsner, G. H., A Handbook of Weaves , New York: Macmillan, 1915.

· Ohnsorge, W., Abendland und Byzanz : Gesammelte Aufsätze zur Geschichte der byzantinisch-abendländischen Beziehungen und des Kaisertums , Darmstadt: H. Gentner, 1963.

· Oikonomidès, N., Fiscalité et exemption fiscale à Byzance (IXe-XIe s.) , Athènes: Fondation nationale de la recherche scientifique, Institut de recherches byzantines, 1996.

· Oikonomides, N., Les Listes de préséance byzantines des IXe et Xe siècles , Paris: Éditions du Centre national de la recherche scientifique, 1972.

· Olster, D. M., The Politics of Usurpation in the Seventh Century , PhD Thesis, The University of Chicago, 1986.

· Oost, S. I., Galla Placidia Augusta : A Biographical Essay , Chicago: University Press, 1968.

· Oribasii, Collectionum Medicarum Reliquiae , vols.1 - 4, ed. Raeder, J., Leipzig: Teubner, 1928, 1929, 1931, 1933, TLG, Nos. 0722001, 0722002, 0722003.

· Oribasius, Collectionum Medicarum Reliquiae , Lipsiae: In aedibus B. G. Teubneri, 1928 - 1933.

· Oribasius, Dieting for an Emperor : A Translation of Books 1 and 4 of Oribasius' Medical Compilations with an Introduction and Commentary , ed. Grant, M., Leiden: Brill, 1997.

· Oribasius, Oeuvres d'Oribase, Texte Grec, en Grande Partie Inédit, Collationnée sur les Manuscrits , Paris: Impr. nationale, 1851 - 1876.

· Origène, Contre Celse, 4 vols. , ed. Borret, M., Paris: Cerf, 1967, 1968, 1969, TLG, No. 2042001.

· Origenes, Vier Bücher von den Prinzipien , ed. Görgemanns, H. and Karpp, H., Darmstadt: Wissenschaftliche Buchgesellschaft, 1976, TLG, No. 2042002.

· Orlandos, A., Palaces and Houses in Mistra , Athens, 1937.

· Ostrogorsky, G., Quelques problèmes d'histoire de la paysannerie byzantine , Bruxelles: Éditions de Byzantion, 1956.

· Ostrogorsky, G., Byzantinische Geschichte, 324 - 1453 , München: Verlag C. H. Beck OHG, 1996.

· Ostrogorsky, G., History of Byzantine State , trans. Hussy, J., Oxford: Basil Blackwell & Mott,

1956; New Brunswick and N.J.: Rutgers University Press, 1956, 1969.

· Ostrogorsky, G., Serboi under Stefan Dusan , Belgrade, 1965.

· Palladii, Dialogus de vita S. Joanni Chrysostomi , ed. Coleman-Norton P. R., Cambridge: Cambridge University Press, 1928, TLG, No. 2111004.

· Palladius, The Dialogue of Palladius concerning the Life of Chrysostom , trans. by Moore H., New York: The Macmillan Company, 1921.

· Parnell, D. A., Justinians's Men , London: Palgrave Macmillan Press, 2017.

· Παναγοποὺλου, A. Γ., Οι διπλωματικο ί γάμοι στο Βυζάντιο (6ος - 12ος αιώνας) , Αθήνα: Λιβ άνης, 2006.

· Parry, V. and Yapp, M. eds., War, Technology and Society in the Middle East , London: Oxford University Press, 1975.

· Partington, J. R., History of Greek Fire and Gunpowder , Cambridge: Cambridge University Press, 1960; Baltimore: Johns Hopkins University Press, 1999.

· Patlagean, É., Un Moyen Âge Grec : Byzance, IXe-XVe siècle , Paris: Albin Michel, 2007.

· Πατο ύρα, Σ., Οι αιχμ άλωτοι ως παρ άγοντες επικοινων ίας και πληροφόρησης (4ος - 10ος αι.) , Αθ ήνα: Κ έντρο Βυζαντιν ών Ερευν ών, 1994.

· Paul the Deacon, History of Lombards , translated by Foulke W. D., Philadelphia: University of Pennsylvania Press, 1907, 1974.

· Paul of Aegina, The Medical Works of Paulus Aegineta , London: Welsh, Treuttel, Würtz, 1834.

· Paulus Aegineta, Epitomae medicae libri septem , 2 vols., ed. Heiberg, J. L., Leipzig: Teubner, 1921, 1924, TLG, No.0715001.

· Paulus Aegineta, The Seven books of Paulus Aegineta , London: Printed for the Sydenham Society, 1844 - 1847.

· Paulus Orosius, The Seven Books of History Against the Pagans , trans. Deferrai R. J., Washington, D. C.: The Catholic University of America Press, 1964.

· Pedanii Dioscuridis, Anazarbei de materia medica libri quinque , ed. Wellmann, M., 3 vols. Berlin: Weidmann, 1906, 1907, 1914 (repr. 1958), TLG, No.0656001.

· Pelagius, I, Pelagii I Papae Epistulae Quae Supersunt , ed. by Gassó P. M. and Batlle C. M., Montserrat, 1956.

· Pelliot, P., Notes on Marco Polo, I , Paris: Impr. nationale, 1959.

· Pepagomenus, D., Peri Podagras , Parisiis: Apud Guil. Morelium, in Graecis typographum regium, MDLVIII, 1558.

· Pepagomenus, D., Prontuario Medico : Testo Edito per la Prima Volta , Napoli: Bibliopolis, 2003.

· Perrie, M. ed., The Cambridge History of Russia, Vol.1 , Cambridge: Cambridge University Press, 2006.

· Pertusi, A., La formation des themes byzantine , Munich: Beck, 1958.

· Pertusi, A., Bisanzio e l'Italia. Raccolta di studi in memoria di Agnostino Pertusi , Milan: Vita e pensiero, 1982.

· Peters, F. E., Greek Philosophical Terms : A His-

torical Lexicon , New York: NYU Press, 1967.
· Peters, E. ed., *The First Crusade :* The Chronicle of Fulcher of Chartres and Other Source Materials , 2nd edition, Philadelphia: University of Pennsylvania Press, 1998.
· Peterson, E., *Der Monotheismus als politisches Problem* , Leipzig: Hegner, 1935.
· Pevny, O. Z. ed., *Perceptions of Byzantium and Its Neighbours :* 843 – 1261: the Metropolitan Museum of Art Symposia , New York: Metropolitan Museum of Art; Yale University Press, 2000.
· Pharr, C. trans., *The Theodosian Code and Novels and the Sirmondian Constitutions :* A Translation with Commentary, Glossary, and Bibliography , Princeton: Princeton University Press, 1952.
· Philippides, M. and Hanak, W. K., *The Siege and Fall of Constantinople in 1453, Historiography, Topography, and Military Studies* , Farnham: Ashgate, 2011.
· Philippides, M., *Constantine XI Dragas Palaeologus (1404 – 1453) :* The Last Emperor of Byzantium , Abingdon: Routledge, 2018, 2019.
· Phillips, J. ed., *The First Crusade :* Origins and Impact , Manchester, UK; New York, NY: Manchester University Press; New York, NY: Distributed exclusively in the USA by St. Martin's Press, 1997.
· Philomathestatos, *Studies in Greek Patristic and Byzantine Texts Presented to Jacques Noret* , Janssens, B., Roosen, B. and Deun, P. van eds., Leuven: Peeters, 2004.
· Philostorgius, *Church History* , translated by Amidon Ph. R., S. J., Leiden and Boston: Brill, 2007.
· Philostorgius, *Kirchengeschichte* , ed. Winkelmann F. (post J. Bidez), 3rd edn., Berlin: Akademie-Verlag, 1981, TLG, No.2058.
· Photius, *Bibliothèque* , ed. Henry, R., 8 vols., Paris: Les Belles Lettres, 1959, 1960, 1962, 1965, 1967, 1971, 1974, 1977, TLG, No. 4040001.
· Plant, I. M., *Women Writers of Ancient Greece and Rome :* An Anthology , Oklahoma: University of Oklahoma Press, 2004.
· Plant, R., *Greek Coin Types and Their Identification* , London: Seaby Publications Ltd., 1979.
· Plotini, *Opera, vol.1. Porphyril Vita Plotini* , ed. Henry, P. and Schwyzer, H.-R., Leiden: Brill, 1951, TLG, No.2034001.
· Plumb, J. H., *The Italian Renaissance* , Newbury: New Word City Inc., 2017.
· Pohl, W., *The Avars :* A Steppe Empire in Central Europe, 567 – 822, Ithaca and London: Cornell University Press, 2018.
· Polemis, D. I., *The Doukai :* A Contribution to Byzantine Prosopography , London: The Athlone Press, 1968.
· Poliakov, L., *History of Anti-semitism* , New York: Schocken, 1974.
· Polybii, *Historiae* , vols.1 – 4, ed. Büttner-Wobst T., Leipzig: Teubner, 1905, 1889, 1893, 1904 (repr. Stuttgart: 1962; 1965; 1967), TLG, No. 0543001.
· Polybius, *The Histories* , with an English translation by Paton W. R., Cambridge: Harvard University Press, 1992.
· Πολύπλευρος νοῦς : Miscellanea für Peter Schreiner zu seinem 60. Geburtstag , herausgegeben Scholz, C. und Makris, G., Leipzig & München: Saur, 2000.
· Pontani, F., Katsaros, V. and Sarris, V. eds., *Reading Eustathios of Thessalonike* , Berlin and Boston: De Gruyter, 2017.
· Porter, R. and Rousseau, G. S., *Gout :* The Patrician Malady , New Haven: Yale University Press, 2000.
· Porter, R. ed., *The Cambridge History of Medicine* , Cambridge & New York: Cambridge University Press, 2006.
· Postan, M. M. ed., *Cambridge History of European Economy* , vol.1 – 2, Cambridge: Cambridge University Press, 1952.
· Pourshariati, P., *Decline and Fall of the Sasanian Empire* , London: I.B. Tauris & Co Ltd, 2008.
· Principe, L. M., *The Secrets of Alchemy* , Chicago: University of Chicago Press, 2012.
· Prioreschi, P., *Byzantine and Islamic Medicine* , Omaha: Horatius Press, 2001.
· *Procli Diadochi in primum Euclidis elementorum librum commentarii* , ed. Friedlein, G., Leipzig: Teubner, 1873, TLG, No.4036011.
· Procopii Caesariensis, *Opera Omnia* , ed. Wirth G. (post Haury J.), 4 vols, Leipzig: Teubner, 1962 – 1964, TLG, Nos. 4029001 – 4029003.
· Procopius, *De Aedificiis or Buildings* , trans. Dewing, H. B., with the collaboration of Glanville Downey, Cambridge, Mass.: Harvard University Press, 1916, 1996.
· Procopius, *History of the Wars* , with an English trans. Dewing H. B., Cambridge: Harvard University Press, 1958, 1996.
· Procopius, *The Anecdota or Secret History* , trans. Dewing H. B., Cambridge: Harvard University Press, 1998.
· Procopius, *The Wars of Justinian* , translated by Dewing H. B., revised and modernized, with an introduction and notes, by Kaldellis A., Indianapolis/Cambridge: Hackett Publishing Company, Inc, 2006, 2014.
· Procopius, *History of the Wars, I :* The Persian War , New York: Harvard University Press, 1961.
· Procopius, *On Buildings* , trans. Dewing, H. B., Cambridge, Mass.: Harvard University Press, 1940.
· Prokopios, *The Secret History with Related Texts* , ed. and trans. Kaldellis, A., Indianapolis and Cambridge: Hackett Publishing Company, Inc., 2010.
· Pryor, J. H. and Jefereys, E. H., *The Age of the ΔΡΟΜΩΝ :* the Byzantine Navy ca. 500 – 1204, Leiden & Boston: Brill, 2006.
· Ptolemy, *Ptolemy's Almagest* , trans. Toomer, G. J., Princeton: Princeton University Press, 1998.
· Puschmann, T. ed., *Alexander von Tralles* , Vienna: Braumüller, 1878 (repr. Amsterdam: Hakkert, 1963), TLG, Nos. 0744001 – 0744004.
· Puschmann, T. ed., *Nachträge zu Alexander Trallianus* , Berlin: Calvary, 1887 (repr. Amsterdam: Hakkert, 1963), TLG, No.0744005.
· Queller, D. E. and Madden, T. F., *The Fourth Crusade :* The Conquest of Constantinople , Philadelphia: University of Pennsylvania Press, 1977, 1999.
· Ramón, M., *The Catalan Expedition to the East :* From the Chronicle of Ramon Muntaner , Barce-

Iona/Woodbridge: Barcino · Tamesis, 2006.
· Rapp, C., *Holy Bishops in Late Antiquity : The Nature of Christian Leadership in an Age of Transition* , Berkeley, Los Angeles, London: University of California Press, 2005.
· Rashdall, H., *The Universities of Europe in the Middle Ages* , Vol.3, London: Oxford University Press, 1936.
· Rashīd al-Dīn Ṭabīb, *The Successors of Genghis Khan* , trans. by Boyle, J., New York and London: Columbia University Press, 1971.
· Rautman, M., *Daily Life in the Byzantine Empire* , Westport, Conn., and London: Greenwood, 2006.
· Ravel-Neher, E., *The Image of the Jew in Byzantine Art* , Oxford: Pergamon Press, 1992.
· Reater, T., ed., *The New Cambridge Medieval History* , Cambridge: Cambridge University Press, 1999.
· Rebillard, É., *The Care of the Dead in Late Antiquity* , translated by Rawlings E. T. and Routier-Pucii J., Ithaca and London: Cornell University Press, 2003.
· Redgate, A. E., *The Armenians* , Oxford: Blackwell Publishers, 2000.
· Reinhold, M., *The History of Purple as a Status Symbol in Antiquity* , Brussels: Latomus, 1970.
· Reinink, G. J. and Stolte, B. H. eds., *The Reign of Heraclius (610 - 641): Crisis and Confrontation* , Paris: Peeters, 2002.
· Rekavandi, H. O., Wilkinson T. J., Nokandeh J., Sauer E., *Persia's Imperial Power in Late Antiquity : The Great Wall of Gorgan and the Frontier Landscapes of Sasanian Iran* , Oxford: Oxbow Books, 2013.
· Reiske, J. J. ed., *Cletorologion* , sub auctore Philotheo, vol.1, TLG, No.3023X06.
· Remijsen, S., *The End of Greek Athletics in Late Antiquity* , Cambridge: Cambridge University Press, 2015.
· Reuter, T. ed., *The New Cambridge Medieval History, Vol. III c. 900 - c. 1024* , Cambridge: Cambridge University Press, 2006.
· *Rewriting Caucasian History : The Medieval Armenian Adaptation of the Georgian Chronicles : The Original Georgian Texts and the Armenian Adaptation* , Translated with Introduction and Commentary by Thomson, R. W., Oxford: Clarendon Press; New York: Oxford University Press, 1996.
· Reynolds, L. D. and Wilson, N. G., *Scribes and Scholars : A Guide to the Transmission of Greek and Latin Literature* , third edition, Oxford: Clarendon Press, 1991.
· Rhetorius the Egyptian, *Astrological Compendium* , trans. Holden, J. H., Tempe: Amer. Federation of Astrology, 2009.
· Ribak, E., *Religious Communities in Byzantine Palestina : the Relationship Between Judaism, Christianity and Islam, AD 400 - 700* , Oxford: British Archaeological Reports, 2007.
· Rice, T. T., *Everyday Life in Byzantium* , New York: Dorset Press, 1967.
· Rich, J. ed., *The City in Late Antiquity* , London and New York: Routledge, 1992.
· Richards, J., *Consul of God : The Life and Times of Gregory the Great* , London: Routledge & Kegan Paul, 1980.
· Richards, J., *The Popes and the Papacy in the Early Middle Ages* , New York: Routledge, 1979.
· Riess, F., *Narbonne and its Territory in Late Antiquity : From the Visigoths to the Arabs* , Farnham, Burlington: Ashgate, 2013.
· Riley-Smith, J. ed., *The Oxford illustrated history of the crusades* , Oxford; New York: Oxford University Press, 1995.
· Riley-Smith, J., *What were the Crusades?* Houndmills, Basingstoke, Hampshire; New York: Palgrave Macmillan, 2009 (fourth edition).
· Ringrose, K. M., *The Perfect Servant : Eunuchs and the Social Construction of Gender in Byzantium* , Chicago: University of Chicago Press, 2003.
· Robert of Clari, *The Conquest of Constantinople* , New York and London: Columbia University Press, 2005.
· Robinson, J. H. ed., *Readings in European History* , Boston: Ginn & Company, 1904.
· Rodd, R., *The Princes of Achaia and the Chronicles of Morea : A Study of Greece in the Middle Ages* , vol.1, BiblioBazaar, 2009.
· Rodley, L., *Byzantine Art and Architecture : An Introduction* , Cambridge: Cambridge University Press, 1994.
· Rohde, E., *Der griechische Roman und seine Vorläufer* , New York: Nabu Press, 2010.
· Rohrbacher, D., *The Historians of Late Antiquity* , London and New York: Routledge, 2002.
· Rosen, W., *Justinian's Flea : Plague, Empire, and the Birth of Europe* , New York: Viking Penguin, 2007.
· Rosenqvist, J. O. ed., *The Hagiographic Dossier of St. Eugenios of Trebizond in Codex Athous Dionysiou 154* , Uppsala: Almqvist & Wiksell International, 1996.
· Rosenqvist, J. O., *Η Βυζαντινή Λογοτεχνία από τον 6ο Αιώνα ως την Άλωση της Κωνσταντινούπολης* , μετάφραση: I. Βάσσης, Αθήνα, 2008.
· Ross, W. D. ed., *Aristotle's metaphysics* , 2 vols., Oxford: Clarendon Press, 1924, TLG, No. 0086025.
· Rosser, J. H., *Historical Dictionary of Byzantium* , Lanham, Maryland & Plymouth: The Scarecrow Press, Inc., 2001.
· Roth, C. ed., *Encyclopaedia Judaica* , Jerusalem: Keter Publishing House, 2007.
· Rousseau, P., *Pachomius : the Making of a Community in Fourth-Century Egypt* , Berkeley: University of California Press, 1985.
· Runciman, S., *The Byzantine Theocracy* , Cambridge: Cambridge University Press, 1977.
· Runciman, S., *The Eastern Schism : A Study of the Papacy and the Eastern Churches During the XI th and XII th Centuries* , Oxford: Clarendon Press, 1955.
· Runciman, S., *The Emperor Romanus Lecapenus and His Reign. A Study of Tenth-Century Byzantium* , Cambridge: Cambridge University Press, 1988.
· Runciman, S., *A History of the Crusades* , Cambridge: Cambridge University Press, 1951, 1987.
· Runciman, S., *Lost Capital of Byzantium: The History of Mistra and the Peloponnese* , New York: Tauris Parke Paperbacks, 2009.
· Runciman, S., *Byzantine Civilization* , London: Edward Arnold & Co, 1933.

· Runciman, S., *The Fall of Constantinople, 1453*, Cambridge: Cambridge University Press, 1965.
· Runciman, S., *The Last Byzantine Renaissance*, London: Cambridge University Press, 1970.
· Runciman, S., *The Sicilian Vespers*, Cambridge: Cambridge University Press, 1958.
· Russell, J. C., *The Control of Late Ancient and Medieval Population*, Philadelphia: The American Philosophical Society Independence Square, 1985.
· Russell, N., *Cyril of Alexandria*, London and New York: Routledge, 2000.
· Russell, N., *Theophilus of Alexandria*, London and New York: Routledge, 2007.
· Rutkow, I. M., *Surgery :* An Illustrated History, St. Louis: Mosby, 1993.
· Rydén, L. ed., *The Life of St Philaretos the Merciful*, written by his Grandson Niketas, A Critical Edition with Introduction, Translation, Notes and Indices, Uppsala University: Uppsala University Library, 2002.
· Sabatier, J., *Description générale des monnaies byzantines frappées sous les empereurs d'Orient depuis Arcadius jusqu'à la prise de Constantinople par Mahomet II*, vols. 1 - 2, Paris: Rollin et Feuardent, 1862.
· Σαββίδης, A. Γ. K., *Ο βυζαντινός ιστοριογράφος του 15ου αιώνα Γεώργιος Σφραντζής (Φραντζής)*, Αθήνα, 1983.
· Sahas, D. J., *Icons and Logos :* Sources in Eighth-Century Iconoclasm, Toronto, Buffalo and London: University of Toronto Press, 1986.
· Saint Basile, *Lettres*, 3 vols., ed. Courtonne, Y., Paris: Les Belles Lettres, 1957, 1961, 1966, TLG, No. 2040004.
· Salzman, M. R., *The Making of a Christian Aristocracy*, Cambridge, Massachusetts and London: Harvard University Press, 2002.
· Sambursky, S., *The Physical World of Late Antiquity*, Princeton, New Jersey: Princeton University Press, 1962.
· Sandys, J. E., *A History of Classical Scholarship*, Bristol: Thoemmes Press, 1998.
· Sangiuliani, A. C., *Atti della Società ligure di storia patria*, Genoa: La Società di storia patria, 1947.
· Sandwell, I., *Religious Identity in Late Antiquity :* Greeks, Jews and Christians in Antioch, Cambridge: Cambridge University Press, 2007.
· Σαναρ ίδου-Hendrickx, Θ., *Το Χρονικόν των Τόκκων: Έλληνες, Ιταλο ί, Αλβανο ί και Το ύρκοι στο Δεσποτάτο της Ηπε ίρου (14ος - 15ος αι.): η κοσμοθεωρία του αγνώστου συγγραφέα*, Θεσσαλον ίκη, 2008.
· Sarantis, A. and Christie N. eds., *War and Warfare in Late Antiquity :* Current Perspectives, Leiden, Boston: Brill, 2013.
· Sarantis, A., *Justinian's Balkan Wars*, Liverpool: Francis Cairns, 2016.
· Sarris, P., *Economy and Society in the Age of Justinian*, Cambridge: Cambridge University Press, 2006.
· Sarton, G., *Introduction to the History of Science*, vol. 2, Baltimore: Williams & Wilkins, 1953.
· Sayles, W. G., *Ancient Coin Collecting V. The Romaion/Byzantine Culture*, Iola: Krause Publications, 1998.
· Scafuri, M. P., *Byzantine Naval Power and Trade :* The Collapse of the Western Frontier, Master dissertation, Texas A & M University, 2002.
· Scarborough, J., *Pharmacy and Drug Lore in Antiquity :* Greece, Rome, Byzantium, Farnham: Ashgate-Variorum, 2010.
· Scarre, Ch., *The Historical Atlas of Ancient Rome*, London: Penguin Books Ltd, 1995.
· Schaff, P. ed., ANF01. *The Apostolic Fathers with Justin Martyr and Irenaeus*, Grand Rapids, MI: Christian Classics Ethereal Library, 2002.
· Schaff, P. ed., ANF03. *Latin Christianity :* Its Founder, Tertullian, Grand Rapids, MI: Christian Classics Ethereal Library, 2006.
· Schaff, P. ed., *History of the Christian Church*, Vols. 3, MI: Christian Classics Ethereal Library, 1987.
· Schaff, P. ed., NPNF2-03. *Theodoret, Jerome, Gennadius, & Rufinus :* Historical Writings, New York: Christian Literature Publishing Co., 1892.
· Schaff, P. ed., NPNF2 - 14. *The Seven Ecumenical Councils*, Grand Rapids, MI: Christian Classics Ethereal Library, 2005.
· Schirò, G., *Το Χρονικόν των Τόκκων. Τα Ιωάννινα κατά τας αρχάς του IE' αιώνος*, Ιω άννινα, 1965.
· Schleicher, D. and Lackmann, M. eds., *An Invitation to Mathematics :* From Competitions to Research, Berlin: Springer, 2011.
· Schöll, R. and Kroll, W. ed., *Corpus Iuris Civilis*, vol. 3. Berlin: Weidmann, 1895 (repr. 1968), TLG, No. 2734013.
· Schlumberger, G., *Un empereur byzantin au Xe siècle :* Nicéphore Phokas, Paris: Firmin-Didot, 1890.
· Schlumberger, G., *Epopee byzantine*, Paris: G. Cres, 1911.
· Schlumberger, G., *Sigillographie de l'Empire byzantin*, Paris: E. Leroux, 1884.
· Schmid, P., *Die diplomatischen Beziehungen zwischen Konstantinopel und Kairo zu Beginn des 14 Jahrhunderts im Rahmen der Auseinandersetzung Byzanz-Islam*, PhD. diss., Munchen University, 1956.
· Schmitt, J. ed., *Chronicle of the Morea*, London: Methuen, 1904, reprinted in Groningen: Bouma's Bockhuis, 1967.
· Schrijver, F. M., *The Early Palaiologan Court (1261 - 1354)*, PhD. dissertation, University of Birmingham, 2012.
· *Scriptor Incertus de Leone Armenio*, in Leonis Grammatici, *Chronographia*, ed. Bekker, I., Bonnae: Impensis Ed. Weberi, [Corpus Scriptorium Historiae Byzantinae 31] 1842, TLG, No. 3177001.
· Sear, D. R., *Byzantine Coins and Their Values*, London: Seaby Audley House, 1974.
· Seaver, J. E., *Persecution of the Jews in the Roman Empire (300 -438)*, Lawrence: The University of Kansas Press, 1952.
· Sebeos, *History*, trans. by Bedrosian R., New York: Sources of the Armenian Tradition, 1985.
· Sebeos, *The Armenian History Attributed to Sebeos*, trans. Thomson R. W. and Howard-Johnston, J., Liverpool: Liverpool University Press, 2000.
· Selin, H. ed., *Encyclopaedia of the History of Sci-*

ence, Technology, and Medicine in Non-Western Cultures , Berlin and New York: Springer, 2008.

· Setton, K. M., Catalan Domination of Athens, 1311 –88 , London: Variorum, 1975.

· Setton, K. M., The Papacy and the Levant (1204 – 1571), The thirteenth and fourteenth centuries , Philadelphia: American Philosophical Society, 1976, 1978.

· Setton, K. M., Wolff, R. L., and Hazard, H. W. eds., A History of the Crusades, Volume II : The Later Crusades, 1189 – 1311 , Wisconsin: The University of Wisconsin Press, 1969.

· Ševčenko, I. ed. and trans., Life of Basil, Chronographiae quae Theophanis Continuati nomine fertur liber, quo vita Basilii imperatoris amplectitur , [Corpus Fontium Historiae Byzantinae] Berlin: De Gruyter, 2011.

· Ševčenko, I., Mango, C., Wilson, N. G. et al. eds, Byzantine Books and Bookmen , Washington, D.C.: Dumbarton Oaks Research Library and Collection, 1975.

· Ševčenko, I., Ideology, Letters and Culture in the Byzantine World , London: Variorum Reprints, 1982.

· Sezgin, F., History of the Arabic literature Vol.III: Medicine-Pharmacology-Veterinary Medicine , Leiden: Brill, 1970.

· Sharf, A., Byzantine Jewry : From Justinian to the Fourth Crusade , London: Routledge & Kegan Paul, 1971,

· Shawcross, T., The Chronicle of Morea : Historiography in Crusader Greece , Oxford & New York: Oxford University Press, 2009.

· Shea, G. W., The Iohannis or de Bellis Libycis of Flavius Cresconius Corippus , Lewiston/New York: E. Mellen Press, 1998.

· Shepard, J. and Franklin, S., Byzantine Diplomacy , Aldershot, Hampshire: Variorum, 1992.

· Shepard, J. ed., The Cambridge History of the Byzantine Empire c. 500 – 1492 , Cambridge, UK; New York: Cambridge University Press, 2008.

· Sherrard, P., The Greek East and the Latin West : A Study in the Christian Tradition , London: Oxford University Press, 1959.

· Sherrard, Ph., Byzantium (Great Ages of Man) , New York: Time, Inc, 1966.

· Siecienski, A. E., The Filioque : History of a Doctrinal Controversy , New York: Oxford University Press, 2010.

· Silberschmidt, M., Das orientalische Problem zur Zeit der Entstehung des Türkischen Reiches , Leipzig and Berlin: Teubner, 1923.

· Simplicius, in Aristotelis physicorum libros octo commentaria , 2 vols., ed. Diels, H., Berlin: Reimer, 1882, 1895, TLG, No.4013004.

· Simplicius, Simplicius : On Aristotle, Physics 1.3 – 4 , trans. Huby, P. M. and Taylor, C. C. W., London, 2011.

· Simplicius, Simplicius : On Aristotle, Physics 1.5 – 9 , trans. Baltussen, H., London, 2011.

· Simplicius, Simplicius : On Aristotle, Physics 2 , trans. Fleet, B., London, 1997.

· Simpson, A., Niketas Choniates : A Historiographical Study , Oxford: Oxford University Press, 2013.

· Singer, C., A History of Technology : From Early Times to Fall of Ancient Empires , Oxford & Toronto: Clarendon Press, 1972.

· Singerman, R., Jewish Translation History : A Bibliography of Bibliographies and Studies , Amsterdam: John Benjamins Pub., 2002.

· Sinnigen, W. G. and Boak A. E. R., A History of Rome : To A.D.565 , (six edition), New York: Macmillan Publishing Co., Inc., 1977.

· Sinor, D., Inner Asia and its Contacts with Medieval Europe , London: Variorum, 1977.

· Sinor, D., The Cambridge History of Early Inner Asia , Cambridge: Cambridge University Press, 1994.

· Sivan, H., Galla Placidia : The Last Roman Empress , Oxford: Oxford University Press, 2011.

· Sivan, H., Palestine in Late Antiquity , Oxford: Oxford University Press, 2008.

· Smith, A. ed., The Philosopher and Society in Late Antiquity : Essays in Honour of Peter Brown , Swansea: Classical Press of Wales, 2005.

· Smith, A., Philosophy in Late Antiquity , London and New York: Routledge, 2004.

· Socrates, Ecclesiastical History , ed. Bright W., 2nd edn., Oxford: Clarendon Press, 1893, TLG, No.2057001.

· Smith, W. ed., Dictionary of Greek and Roman Biography and Mythology , vol.3, Cambridge University Press, 2015.

· Smith, W., A Dictionary of Greek and Roman Antiquities , vol.1, Boston: Little, Brown, 1870.

· Smyrlis, K., La fortune des grands monastères byzantins: fin du Xe-milieu du XIVe siècle , Paris: Association des amis du Centre d'histoire et civilisation de Byzance, 2006.

· Social and Political Thought in Byzantium, From Justinian to the Last Palaeologus, Passages from Byzantine Writers and Documents , translated with an introduction and notes by Barker, E., Oxford: The Clarendon Press, 1957.

· Socrates, M. ed., The Ecclesiastical History of Socrates, London, 1853. Socrates, Ecclesiastical History , ed. W. Bright, 2nd edn., Oxford: Clarendon Press, 1893, TLG, No.2057001; trans. by Zenos A. C., Grand Rapids, Michigan: WM. B. Eerdmans Publishing Company, 1957.

· Sorabji, R. ed., Aristotle Transformed : The Ancient Commentators and Their Influence , New York: Cornell University Press, 1990.

· Sordi, M., The Christians and the Roman Empire , London & Sydney: Croom Helm Ltd., 1983.

· Southern, P. and Dixon, K. R., The Late Roman Army , New Haven and London: Yale University Press, 1996.

· Sozomen, Ecclesiastical History of Sozomen , ed. Schaff Ph., New York: Grand Rapids 1886.

· Sozomen, The Ecclesiastical History of Sozomen , trans. by Hartranft C. D., Grand Rapids, Michigan: WM. B. Eerdmans Publishing Company, 1957.

· Sozomenos, A History of the Church in Nine Books : from A.D. 324 to A.D. 440 , trans. by Walford, London: S. Bagster, 1846.

· Sozomenus, Kirchengeschichte , ed. Bidez, J. and Hansen, G. C., Berlin: Akademie-Verlag, 1960, TLG, No.2048001.

· Spatharaki,s I., The Portrait in Byzantine Illuminated Manuscript , Leiden: E. J. Brill, 1976.

- Sphrantzes, G., *The Fall of Byzantine Empire, A Chronicle by George Sphrantzes, 1401 - 1477*, Amherst: The University of Massachusetts Press, 1980.
- Spieser, J.-M., *Urban and Religious Space in Late Antiquity and Early Byzantium*, Aldershot, Burlington, Singapore, Sydney: Ashgate, 2001.
- Spinka, M., *A History of Christianity in the Balkans : A Study in the Spread of Byzantine Culture among the Slavs*, Chicago: The American Society of Church History, 1933.
- St. Basil, *The Letters I*, translated by Deferrari R. J., Cambridge, Massachusetts: Harvard University Press, 1926, reprinted 1950, 1961, 1972.
- St. Jerome, *The Principal Works of St. Jerome*, translated by the Fremantle Hon. W. H., Grand Rapids, Michigan: WM. B. Eerdmans Publishing Company, 1957.
- St John of Damascus, *Three Treatises on the Divine Images*, trans. by Louth, A., New York: St Vladimir's Seminary Press, 2003.
- Starr, J., *The Jews in the Byzantine Empire (641 -1204)*, New York: Burt Franklin, 1970.
- Stathakopoulos, D. Ch., *Famine and Pestilence in the Late Roman and Early Byzantine Empire : A Systematic Survey of Subsistence Crises and Epidemics*, Aldershot: Ashgate, 2004; London and New York: Routledge, 2016
- Stephenson, P., *Byzantium's Balkan Frontier : A Political Study of the Northern Balkans, 900 - 1204*, Cambridge: Cambridge University Press, 2000.
- Stein, A., *On Ancient Central-Asian Tracks*, London: Macmillan and Co., Ltd., 1933.
- Stein, A., Serindia. *Detailed Reported of Explorations in Central Asia and Westernmost China, vol. I - III*, Oxford: The Cambridge Press, 1921.
- Stein, M. A., *Innermost Asia :* detailed report of exploration in Central Asia, Kansu and Eastern Iran, 4 vols. Oxford: Clarendon Press, 1928.
- Stephenson, P., *Byzantium's Balkan Frontier : A Political Study of the Northern Balkans, 900 - 1204*, Cambridge; New York: Cambridge University Press, 2000.
- Stern, E. M., *Roman Byzantine, and Early Medieval Glass 10 BCE - 700 CE : Ernesto Wolf Collection*, Ostfildern-Ruit: H. Cantz, 2001.
- Stevenson, W. B., Tanner, J. R., Previte-Orton, C. W., Brooke, Z. N. eds., *The Cambridge Medieval History :* The Contest of Empire and Papacy, Vol. V, Cambridge: Cambridge University Press, 1968.
- Strabo, *The Geography of Strabo*, with an English translation by Jones H. L., London: William Heinemann LTD., Cambridge: Harvard University Press, 1961, TLG, No.0099001.
- *Studies in Medieval Georgian Historiography : Early Texts and Eurasian Contexts*, by Rapp, S. H., Lovanii: Peeters, 2003.
- Suetonius, *Lives of the Caesars*, trans. by Edwards C., New York: Oxford University Press, 2008.
- Sullivan, D., Fisher E. A., Papaioannou S. eds., *Byzantine Religious Culture : Studies in Honor of Alice-Mary Talbot*, Leiden; Boston: Brill, 2012.
- Sundkler, B. and Steed C., *A History of the Church in Africa*, Cambridge: Cambridge University Press, 2000.
- Svoronos, N., *Les novelles des empereurs macédoniens concernant la terre et les stratiotes: introduction, édition, commentaires*, Athènes: Centre de recherches byzantines, F.N.R.S., 1994.
- Swain, S. and Edwards, M. eds., *Approaching Late Antiquity :* The Transformation from Early to Late Empire, Oxford: Oxford University Press, 2004.
- Swetz, F. J., *Learning Activities from the History of Mathematics*, Portland, Maine: Walch Publishing, 1993.
- Synesii Cyrenensis, *Opuscula*, ed. Terzaghi N., Rome: Polygraphica, 1944 (TLG, No.2006002).
- Syvanne I., *Military History of Late Rome, 284 - 361*, Pen & Sword, 2015.
- *The Acts of the Second Council of Nicaea (787)*, translated with an introduction and notes by Price, R., Liverpool: Liverpool University Press, 2018.
- *The Armenian History attributed to Sebeos*, translation and notes by Thomson, R. W., historical commentary by Howard-Johnston, J., Liverpool: Liverpool University Press, 1999.
- *The Book of the Pontiffs (Liber Pontificalis) :* The Ancient Biographies of the First Ninety Roman Bishops to A.D. 715, with an English translation by Davis R., Liverpool: Liverpool University Press, 2000.
- *The Book of the Popes (Liber Pontificalis), vol.I, To the Pontificate of Gregory I*, trans. with an introduction by Loomis L. R., New York: Columbia University Press, 1916.
- *The Chronicle of Zuqnīn, Parts III and IV A.D. 488 -775*, trans. by Harrack, A., Toronto: Pontifical Institute of Mediaeval Studies, 1999.
- *The Chronicle of Pseudo-Joshua the Stylite*, trans. Trombley F. R. and Watt J. W., Liverpool: Liverpool University Press, 2000.
- *The Civil Law*, trans. by Scott, S. P., New Jersey: The Lawbook Exchange, Ltd., 2001; Cincinnati: The Central Trust Company, 1932
- *The Codex of Justinian. A New Annotated Translation, with Parallel Latin and Greek Text*, ed. by Frier B. W., Cambridge: Cambridge University Press, 2016.
- *The Digest of Justinian*, trans. by latin text edited by Mommsen, Th. with the aid of Krueger, P., English translation edited by Watson, A., Philadelphia: University of Pennsylvania Press, 1985.
- *The Deeds of Pope Innocent III*, by an Anonymous Author, translated with an introduction and notes by Powell, J. M., Washington, D.C.: The Catholic University of America Press, 2004.
- *The Ecclesiastical History of Evagrius with the Scholia*, ed. Bidez, J. and Parmentier, L., London: Methuen, 1898, repr. New York: AMS Press, 1979, TLG, No.2733001.
- *The History of al-Tabari*, translated and annotated by Rosenthal, F., Albany: State University of New York Press, 1985 - 1998.
- *The History of Leo the Deacon: Byzantine Military Expansion in the Tenth Century*, trans by Talbot, A. M. and Sullivan, D. F., Washington, D.C.: Dumbarton Oaks Research Library and Collection, 2005.
- *The History of Theophylact Simocatta*, an English Translation with Introduction and Notes by Whitby, M. and Whitby, M., Oxford: Clarendon Press, 1986.

· *The Imperial Administrative System in the Ninth Century* , with a Revised Text of the Kletorologion of Philotheos, by Bury, J. B., Burt Franklin, London: Oxford University Press, 1911. Cletorologion, sub auctore Philotheo, in Constantini Porphyrogeniti, *Imperatoris de Cerimoniis aulae Byzantinae libri duo* , ed. Reiske, J. J., vol.1, Bonn: Weber, 1829, TLG, No.3023X06.

· *The Land Legislation of the Macedonian Emperors* , Translation and commentary by McGeer, E., Toronto, Ont., Canada: Pontifical Institute of Mediaeval Studies, 2000.

· *The Life of Michael the Synkellos* , Text, Translation and Commentary by Cunningham, M. B., Belfast: The Queen's University of Belfast, 1991.

· *The Lives of the Eighth-Century Popes, the Ancient Biographies of Nine Popes from AD 715 to AD 817*, translated with an introduction and commentary by Davis, R., Liverpool: Liverpool University Press, 1992.

· *The Miracles of St. Artemios, A Collection of Miracle Stories by an Anonymous Author of Seventh-Century Byzantium* , translation and notes by Crisafulli, V. S. and Nesbitt, J. W., Leiden, New York and Köln: E.J. Brill, 1997.

· *The Novels of Justinian : A Complete Annotated English Translation* , trans. Miller D. J. D. and Sarris P., Cambridge: Cambridge University Press, 2018.

· *The Russian Primary Chronicle : Laurentian Text* , translated and edited by Cross, S. H. & Sherbowitz-Wetzor, O. P., Cambridge; Massachusetts: The Mediaeval Academy of America, 1953.

· *The Siege of Constantinople 1453:* Seven Contemporary Accounts , trans. by Jones, J. R. M., Amsterdam: Adolf M. Hakkert-Publisher, 1972.

· *The Scriptores Historiae Augustae* , vol.II, with an English translation by Magie D., Cambridge, Massachusetts and London, England: Harvard University Press, 1993.

· *The Seven Ecumenical Councils* , trans. Schaff Ph., Grand Rapids, MI: Christian Classics Ethereal Library, 2005.

· *The Theodosian Code and Novels and the Sirmondian Constitutions* , trans. Pharr C., Princeton: Princeton University Press, 1952.

· Al-Tabarī, *The History of al-Tabarī, Vol.V :* The Sāsānids, the Byzantines, the Lakhmids, and Yemen , translated and annotated by Bosworth C. E., New York: State University of New York Press, 1999.

· Tafel, G. L. F., Thomas, G. M., *Urkunden zur älteren Handels-und Staatsgeschichte der Republik Venedig, mit besonderer Beziehung auf Byzanz und die Levante : Vom neunten bis zum Ausgang des fünfzehnten Jahrhunderts. 1. Theil* (814–1205) , Vienna: Kaiserlich-Königliche Hof-und Staatsdruckerei, 1856.)

· Tafel, Th. L. Fr. ed., *OPOSCULA Accedunt Trapezuntinae Historiae Scriptores Panaretus et Eugenicus* , Francofurti: Schmerber, 1832.

· Tafur, P., *Travels and Adventures, 1435–1438*, trans., ed. and intro. by Letts, M., London: George Routledge & Sons, LTD., 1926.

· Talbot, A. M. ed., *Holy Women of Byzantium :* Ten Saints' Lives in English Translation , Washington, D.C.: Dumbarton Oaks Research Library and Collection, 1996, 1998.

· Talbot, A. M., *The Correspondence of Athanasius I Patriarch of Constantinople* , Washington: Dumbarton Oaks Center for Byzantine Studies, 1975.

· Tarán, L. ed., *Asclepius of Tralles, Commentary to Nicomachus' Introduction to Arithmetic* , Transactions of the American Philosophical Society (n.s.) , 59: 4, TLG, No.4018002.

· Tartaglia, A., *Teodoro II Duca Lascari, Encomio dell'Imperatore Giovanni Duca* , Naples: M. D'Auria, 1990; Munich-Leipzig: K.G. Saur, 2000.

· Taton, R., *History of Science :* Ancient and Medieval Science , New York: Basic Books, 1966.

· Τελέλης, Ι. Γ., *Μετεωρολογικά φαινόμενα και κλίμα στο Βυζάντιο* , Αθήνα: Ακαδημία Αθηνών, 2004.

· Telfer, R. N. J. B. trans. and ed., *The Bondage and Travels of Johann Schiltberger, A Native of Bavaria, in Europe, Asia, and Africa, 1396–1427* , London: Printed for the Halkuyt Society, 1874.

· Theodore Palaiologos, *Les Enseignements de Theodore Paleologue* , ed. Knowles, C., London: The Modern Humanities Research Association, 1983.

· Theodoret, *Kirchengeschichte* , ed. Parmentier, L. and Scheidweiler, F., 2nd edn. Berlin: Akademie-Verlag, 1954, TLG, No.4089003.

· Theodoret, *The Ecclesiastical History of Theodoret* , trans. by Jackson, R. B., New York, 1893.

· Théon d' Alexandrie, *Commentaires de Pappus et de Théon d'Alexandrie sur l'Almageste* , ed. Rome, A., vols.2–3, Vatican City: Biblioteca Apostolica Vaticana, 1936, 1943, TLG, No. 2033001.

· Theophanes Confessor, *The Chronicle of Theophanes Confessor, Byzantine and Near Eastern History, AD 284–813* , trans. and commentary by Mango, C. and Scott, R., Oxford: Clarendon Press, 1997.

· *Theophanes Continuatus, Ioannes Cameniata, Symeon Magister, Georgius Monachus* , ed. Bekker, I., [Corpus Scriptorium Historiae Byzantinae]. Bonn: Weber, 1838, TLG, No.4153001.

· Theophanes, *The Chronicle of Theophanes, An English translation of anni mundi 6095–6305(A. D.602–813)* , with introduction and notes, by Turtledove, H., Philadelphia: University of Pennsylania Press, 1982.

· Theophanis, *Chronographia* , ed. Boor, C. de, Leipzig: Teubner, 1883 (repr. Hildesheim: Olms, 1963), TLG, No.4046001.

· Theophilus Protospatharius, *Philothei medici praestantissimi commentaria in aphorismos Hippocratis nunc primum e graeco in latinum sermonem conversa* , first Latin trans. by Coradus, L., Spirae: Apud Bernhardum Albinum, 1581.

· Theophilus, *De Corporis Humani Fabrica* , Oxonii: E Typographeo Academico, 1842.

· Theophylacti Simocattae, *Historiae* , ed. Boor, C. de, Leipzig: Teubner, 1887 (repr. Stuttgart, 1972), TLG, No.3130003.

· Théophylacte d'Achrida Discours, *Traités, Poésies, introduction, texte, traduction et notes par Gautier P.* , Thessalonique: Association de recherches byzantines, 1980.

· Theophylactus Simocatta, *The History of Theophylactus Simocatta :* An English Translation with

Introduction and Notes, by Whitby, M., Oxford: Oxford University Press, 1986.

· Thomas, J. and Constantinides, A. eds., *Byzantine Monastic Foundation Documents :* A Complete Translation of the Surviving Founders' Typika and Testaments , Washington, D. C.: Dumbarton Oaks Research Library and Collection, 2000.

· Thomas, J. P., *Private Religious Foundations in the Byzantine Empire* , Washington, D.C.: Dumbarton Oaks Library and Collection, 1987.

· Thomasson-Rosingh, A. C., *Searching for the Holy Spirit :* Feminist Theology and Traditional Doctrine , London and New York: Routledge, 2015.

· Thompson, E. A., *A History of Attila and the Huns* , Oxford: Clarendon Press, 1948.

· Thompson, C. ed., *Collected Works of Erasmus, Literary and Educational Writings* , vol.2, Toronto, 1978.

· Thompson, E. A., *Romans and Barbarians :* The Decline of the Western Empire , Wisconsin: The University of Wisconsin Press, 1982.

· Thompson, E. A., *The Goths in Spain* , Oxford: Clarendon Press, 1969.

· Thompson, E. A., *The Huns* , revised and with afterword by Heather P., Oxford: Blackwell Publishers, 1996.

· *Three Byzantine Military Treatises, Text* , translation and notes by Dennis, G. T., Washington D. C.: Dumbarton Oaks Research Library and Collection, 2008.

· *Three Byzantine Saints, Contemporary Biographies* , trans. by Dawes, E. and Baynes, N. H., New York: St Vladimir's Seminary Press, 1977, 1996.

· Thucydidis, *Historiae* , ed. Jones, H. S. and Powell, J. E., 2 vols., Oxford: Clarendon Press, 1942, TLG, No.0003001.

· Thümmel, H. G., *Die Konzilien zur Bilderfrage im 8. und 9. Jahrhundert :* das 7. ökumenische Konzil in Nikaia 787 , Paderborn, München, Wien, Zürich: Ferdinand Schöningh, 2005.

· Timothy, W., *The Orthodox Church :* An Introduction to Eastern Christianity , London: Penguin Books, 1993.

· Tolan, J., Lange, N. de eds., *Jews in Early Christian Law :* Byzantium and the Latin West, 6th – 11th Centuries , Belgium: Brepols Publishers, 2014.

· Tomlin, R., *The Emperor Valentinian I* , University of Oxford, Thesis (Ph.D.), 1973.

· Tougher, S., *The Eunuch in Byzantine History and Society* , London and New York: Routledge, 2008.

· Tougher, S., *The Eunuch in Byzantine History and Society* , London; New York: Routledge, 2008.

· Tougher, S., *The Reign of Leo VI :* (886 – 912). Politics and People , Leiden; New York; Koln: Brill, 1997.

· Toynbee, A., *Constantine Porphyrogenitus and His World* , London and New York: Oxford University Press, 1973.

· *Travels of an Alchemist: the Journey of the Taoist Ch'ang Ch'un from China to the Hindukush at the summon of Chingiz Khan,* recorded by his disciple Li Chih-Ch'ang, translated with an introduc-

tion by Waley, A., London, 1931 (= London, 1979).

· Treadgold, W., *The Byzantine Revival 780 –842* , Stanford: Stanford University Press, 1988.

· Treadgold, W., *The Byzantine State Finances in the Eighth and Ninth Centuries* , New York: Columbia University Press, 1982.

· Treadgold, W. T., *A Concise History of Byzantium* , New York: Palgrave, 2001.

· Treadgold, W. T., *A History of the Byzantine State and Society* , California: Stanford University Press, 1997.

· Treadgold, W. T., *Byzantium and Its Army, 284 – 1081* , Stanford: Stanford University Press, 1995.

· Treadgold, W., *The Middle Byzantine Historians* , Basingstoke [England]; New York: Palgrave Macmillan, 2013.

· Treu, M. ed., *Manuelis Holoboli Orationes* , Potsdam: typis P. Brandt, 1906.

· Tricht, F. V., *The Latin Renovatio of Byzantium :* The Empire of Constantinople (1204 – 1228), trans. Peter Longbottom, Leiden: Brill, 2011.

· Τρωιάνος, Σπ., *Οι Πηγές του Βυζαντινού Δικαίου* , Αθήνα: Εκδόσεις Αντ. Ν. Σάκκουλα, 1999.

· Tsangadas, B. C. P., *The Fortifications and Defense of Constantinople* , New York: Columbia University Press, 1980.

· Tsaras, G. ed., Ἰωάννου Ἀναγνώστου, *Διήγησις περὶ τῆς τελευταίας ἁλώσεως τῆς Θεσσαλονίκης, Μονῳδία ἐπὶ τῇ ἁλώσει τῆς Θεσσαλονίκης* , Thessalonica: Tsaras, 1958 (TLG, No. 3145001).

· Tsougarakis, D., *Byzantine Crete from the Fifth Century to the Venetian Conquest* , Athens: Historical Publications St. D. Basilopoulos, 1988.

· Turdeanu, E., *Le dit de l'empereur Nicéphore II Phocas et de son épouse Théophano* , Thessalonike, 1976.

· Turnbull, S., *The Walls of Constantinople AD 324 – 1453* , Oxford: Osprey Publishing, 2004.

· Τζίφα, Ι., *Ηγεμονικό πρότυπο και αντιπρότυπο στο έργο Εξήγησις της γλυκείας Χώρας Κύπρου, η*

· Underwood, P., *The Kariye Djami* , New York: Pantheon Books, 1966.

· Unsöld, A. and Baschek, B., *The New Cosmos :* An Introduction to Astronomy and Astrophysics , Berlin and New York: Springer, 2001.

· Urbainczyk, T., *Writing About Byzantium :* The History of Niketas Choniates , London and New York: Routledge, 2018.

· Uspensky, Th., *A History of the Byzantine Empire* , St. Petersburg, 1914.

· Uyar, M. and Erickson, E. J., *A Military History of the Ottomans :* from Osman to Atatürk , Santa Barbara: Praeger, 2009.

· Vagi, D. L., *Coinage and History of the Roman Empire, c. 82 B.C. – A.D. 480* , Chicago: Fitzroy Dearborn Publishers, 1999.

· Vakalopoulos, A. E., *Origins of the Greek Nation :* the Byzantine Period, 1204 – 1461, trans. by Moles, I., New Brunswick, N. J: Rutgers University Press, 1970.

· Vanderspoel, J., *Themistius and the Imperial Court :* Oratory, Civic Duty, and Paideia from Constantius to Theodosius , Ann Arbor: The University of Michigan Press, 1995.

· Vandiver, P. et al. eds., *Materials Issues in Art and Archaeology III* , Pittsburgh: Materials Re-

- search Society, 1992.
- Varzos, K., *Η Γενεαλογία των Κομνηνών*, vol. 2, Thessaloniki: Centre for Byzantine Studies, University of Thessaloniki, 1984.
- Vasiliev, A. A., *History of the Byzantine Empire, 324－1453*, Madison: The University of Wisconsin Press, 1952; 2 vols, Wisconsin: The University of Wisconsin Press, 1958.
- Vasiliev, A. A., *Justin the First :* An Introduction to the Epoch of Justinian the Great , Cambridge: Harvard University Press, 1950.
- Vasiliev, A. A., *The Goths in the Crimea* , Cambridge: The Mediaeval Academy of America, 1936.
- Vaughan, R., *Philip the Good :* The Apogee of Burgundy , Woodbridge: Boydell Press, 2002.
- Venning, T. and Harris J., *A Chronology of the Byzantine Empire* , New York: Palgrave Macmillan, 2006.
- Vespignani, G., *Polidoro :* Studi Offerti Ad Antonio Carile , Spoleto: Centro Italiano Di Studi Sull'alto Medioevo, 2013.
- Veyne, P., *A History of Private Life* , Cambridge: The Belknap Press of Harvard University Press, 1987.
- Visser, A. J., *Nikephoros und der Bilderstreit :* eine Untersuchung über die Stellung des Konstantinopeler Patriarchen Nikephoros innerhalb der ikonoklastischen Wirren , Haag: Martinus Nijhoff, 1952.
- Vondrovec, K., *Coinage of the Iranian Huns and Their Successors from Bactria to Gandhara (4th to 8th century CE)* , eds. Alram, M. and Lerner, J. A., Wien: Verlag der Österreichischen Akademie der Wissenschaften, 2014.
- Vryonis, S. ed., *Byzantine Studies in Honor of Milton V. Anastos* , Malibu, CA: Undena Publications, 1985.
- Vryonis, S., *The Decline of Medieval Hellenism in Asia Minor and the Process of Islamization from the Eleventh through the Fifteenth Century* , Berkeley and Los Angeles: University of California Press, 1971.
- Vuolanto, V., *Children and Asceticism in Late Antiquity :* Continuity, Family Dynamics and the Rise of Christianity , London and New York: Routledge, 2015.
- Waddams, H., *Meeting the Orthodox Churches* , London: SCM Press LTD, 1964.
- Waithe, M. E., *Ancient Women Philosophers :* 600 B.C.－500 A. D., vol.1, Dordrecht, 1987.
- Wang, H., *Money on Silk Road* , London: British Museum Press, 2004.
- Ward-Perkins, B., *The Fall of Rome and the End of Civilization* , Oxford: Oxford University Press, 2006.
- Ware, T., *The Orthodox Church* , Baltimore, Maryland, U.S.A.: Penguin, 1963.
- Warmington, E. H., *The Commerce between the Roman Empire and India* , London: Cambridge University Press, 1974.
- Weiss, G., *Joannes Kantakouzenos-Aristokrat, Staatsmann, Kaiser, und Mönch-in der Gesellschaftsentwicklung von Byzanz im 14. Jahrhundert* , Wiesbaden, O. Harrassowitz, 1969.
- Weitzmann, K., *The Icon :* Images-Sixth to Fourteenth Century , Rev. Edition, New York: Alfred A. Knopf, 1982.
- Wells, P. S., Celts B., *Germans and Scythians :* Archaeology and Identity in Iron Age Europe , London: Duckworth, 2001.
- Werke, E., *Über das Leben Constantins, Constantins Rede an die heilige Versammlung, Tricennatsrede an Constantin* , Leipzig: Hinrichs, 1902, TLG, No.2018021.
- Werke, E., *Über das Leben des Kaisers Konstantin* , ed. by F. Winkelmann, Berlin: Akademie-Verlag, 1975, TLG, No.2018020.
- Westbury-Jones, J., *Roman and Christian Imperialism* , London: Macmillan and Co., limited, 1939.
- Westerink, L. G., *Michaelis Pselli Poemata* , Leipzig: Teubner, 1992.
- Whitby, M., *The Emperor Maurice and His Historian :* Theophylactus Simocatta on Persian and Balkan Warfare , Oxford: Clarendon Press, 1988.
- Whitby, M., *Rome at War AD 293－696* , Oxford: Osprey Publishing, 2002.
- Whitby, M. and Whitby, M. trans., *Chronicon Paschale 284－628 AD* , Liverpool: Liverpool University Press, 1989.
- Whitby, M. and Whitby, M. trans., *The History of Theophylact Simocatta :* An English Translation with Introduction , Oxford: Oxford University Press, 1986.
- Whitting, P. D., *Byzantine Coins* , London: Barrie & Jenkins, 1973.
- Whittow, M., *The Making of Orthodox Byzantium, 600－1025* , London: Macmillan, 1996.
- Whittaker, C. R., *Frontiers of the Roman Empire :* A Social and Economic History , Baltimore and London: The Johns Hopkins University Press, 1994.
- Whittow, M., *The Making of Byzantium, 600－1025* , Berkeley and Los Angeles: University of California Press, 1996.
- Wilkinson, K., *Women and Modesty in Late Antiquity* , Cambridge: Cambridge University Press, 2015.
- Williams, M., *The Making of Christian Communities in Late Antiquity and the Middle Ages* , London: Anthem Press, 2005.
- Williams, S. and Friell, G., *The Rome that did not Fall :* The Survival of the East in the Fifth Century , London and New York: Routledge, 1999.
- Williams, S. and Friell, G., *Theodosius :* The Empire at Bay , New Haven and London: Yale University Press, 1994.
- Wilson, N. G., *Scholars of Byzantium* , London: Duckworth, 1983.
- Wilson, N. G., *From Byzantium to Italy :* Greek Studies in the Italian Renaissance , Baltimore: Johns Hopkins University Press, 1992.
- Wilson, N. G., *Scholars of Byzantium* , revised edition, London: Duckworth, 1996.
- With German translation in Gregoras Nikephoros, *Rhomäische Geschichte, Historia Rhomaike* , 5 vols, trans. by Dieten, J. van, Stuttgart: Anton Hiersemann, 1973.
- With partial translation in Geschichte, *Johannes Kantakouzenos Ubersetzt und Erlautert* , 2 vols, trans. by Fatouros, G. and Krischer, T., Stutgart: Hiersemann, 1982, 1986.
- Wirth, P. ed., *Historiae :* Theophylactus Simocatta , Bibliotheca Scriptorum Graecorum et Ro-

manorum Teubneriana, Stuttgart: Teubner, 1972.

· Withington, E. Th., *Medical History from the Earliest Times : A Popular History of the Healing Art* , London: The Scientific Press, 1894.

· Wolf, G. ed., *Kaiserin Theophanu, Prinzessin aus der Fremde : des Westreichs grosse Kaiserin* , Cologne: Böhlau, 1991.

· Wolff, P., *The Awakening of Europe* , Harmondsworth: Penguin Books, 1985.

· Wolfram, H., *History of the Goths* , translated by Dunlap Th. J., Berkeley and Los Angeles, London: University of California Press, 1990.

· Wood, D. ed., *Christianity and Judaism* , Oxford: Blackwell Publishers, 1992.

· Wroth, W., *Catalogue of the Coins of the Vandals, Ostrogoths and Lombards and of the Empires of Thessalonica, Nicaea and Trebizond in the British Museum* , London: Oxford University Press, 1911.

· Wroth, W., *Catalogue of the Imperial Byzantine Coins in the British Museum* , vols.1 – 2, London: Longmans & CO., 1908.

· Χριστοφιλοπο ύλου, Αι., *Βυζαντιν ή Ιστορ ία, τ. Β'1, 610 –867, Θεσσαλον ίκη: Β άνιας*, 1998.

· Yahya ibn Said al-Antaki, *Cronache dell'Egitto fatimide e dell' impero bizantino (937 – 1033)* , traduzione di Pirone, B., Milan: Jaca Book, 1998.

· Yarshater, E., *the Cambridge History of Iran, Vol.3, The Seleucid, Parthian and Sasanian Periods* , Cambridge: Cambridge University Press, 1983.

· Yiannias, J. J. ed., *The Byzantine Tradition after the Fall of Constantinople* , Charlottesville and London: University Press of Virginia, 1991.

· Yule, H., *Cathay and the Way Thither : being a Collection of Medieval Notices of China*, I , London: Hakluyt society, 1915.

· Zacharia von Lingenthal, K. E., *Geschichte des griechisch-römischen Rechts* , Berlin: Weidmannsche Buchhhandlung, 1892.

· Zacharia von Lingenthal K. E., *Jus graeco-romanum* , Leipizig: T.O. Weigel, 1856 – 1865.

· Zacharia, K. ed., *Hellenisms, Culture, Identity, and Ethnicity from Antiquity to Modernity* , London: Routledge, 2008.

· Zachariah, Rhetor, *The Syriac Chronicke Known as That of Zachariah of Mitylene* , trans. by Hamilton F. J. and Brooks E. W., London: METHUEN & CO., 1899.

· Zachariadou, E. A. ed., *The Ottoman Emirate (1300 – 1389)* , Rethymnon: Crete University Press, 1993.

· Zachariadou, E. A., *Romania and the Turks (c. 1300 – c. 1500)* , London: Variorum Reprints, 1985.

· Zacharias of Mitylene, *The Syriac Chronicle (The Syriac Chronicle Known as that of Zachariah of Mitylene)* , trans. Hamilton, F. J. and Brooks, E. W., London: Methuen & CO., 1899.

· Zacos, G. and Veglery, A., *Byzantine Lead Seals* , Basel: J. J. Augustin, 1972.

· Zakythinos, D. A., *Le Despotat grec de Morée* , Paris: Les Belles Lettres, 1932.

· Zepos, J., *Jus Graeco-Romanum* , Athenis: In aedibus Georgii Fexis, 1931.

· Zonaras, *The History of Zonaras : From Alexander Severus to the death of Theodosius the Great* , trans. by Banchich Th. M. and Lane E. N., introd. and commen. by Banchich Th. M., London and New York: Routledge, 2009. Ioannis Zonarae, *Epitome Historiarum* , ed. Dindorf L., 3 vols., Leipzig: Teubner, 1868, 1869, 1870, TLG, No. 3135001, No.3135003; Ioannis Zonarae, *Epitomae Historiarum* , libri xviii, ed. Büttner-Wobst T., vol.3, [Corpus scriptorum historiae Byzantinae] Bonn: Weber, 1897, TLG, No.3135002.

· Zoras, G. Th. ed., *Chronicle of the Turkish Sultans* , Athens, 1958.

· Zosimus, *Histoire Nouvelle* , ed. Paschoud, F., Paris: Les Belles Lettres, 1971, 1979, 1986, 1989, TLG, No.4084001.

· Zosimus, *New History* , trans. and commen. by Ridley R. T., Canberra: Australian Association for Byzantine Studies 1982.

· Zytka, M., *Baths and Bathing in Late Antiquity* , Ph.D. thesis, 2013.

中文书目

· 《柏朗嘉宾蒙古行纪　鲁布鲁克东行纪》，耿昇、何高济译，北京：中华书局 1985 年。
· 《汉书》卷九四《匈奴传》，北京：中华书局 1962 年。
· 《汉书》卷九六上《西域传上》，北京：中华书局 1962 年。
· 《后汉书》卷三六《郑众传》，北京：中华书局 1965 年。
· 《后汉书》卷四七《班超传》，北京：中华书局 1965 年。
· 《毛泽东选集》，北京：人民出版社 1968 年。
· 《史记》卷一二三《大宛列传》，北京：中华书局 1982 年。
· 《隋书》卷二四《食货志》，北京：中华书局 1973 年。
· 《魏书》卷九《肃宗孝明帝纪》，北京：中华书局 1974 年。
· 《魏书》卷三二《高湖传》，北京：中华书局 1973 年。
· 《魏书》卷一〇二《西域传》，北京：中华书局 1973 年。
· 《魏书》卷一一《前废帝纪》，北京：中华书局 1973 年。
· 《新唐书》卷二二一下《西域传》，北京：中华书局 1975 年。
· 莱斯利·阿德金斯、罗伊·阿德金斯著，张楠等译：《探寻古罗马文明》，张强校，北京：商务印书馆 2008 年。
· 阿巴·埃班著，阎瑞松译：《犹太史》，北京：中国社会科学出版社 1986 年。
· 艾儒略原，谢方校释：《职方外纪校释》，北京：中华书局 1996 年版。
· 艾森斯塔得著，阎步克译：《帝国的政治体系》，贵阳：贵州人民出版社 1992 年。
· 佩里·安德森著，郭方、刘健译：《从古代到封建主义的过渡》，上海：上海人民出版社 2000 年。
· 安田朴著，耿昇译：《中国文化西传欧洲史》，北京：商务印书馆 2000 年。
· 詹姆斯·奥唐奈著，夏洞奇、康凯、宋可即译：《新罗马帝国衰亡史》，北京：中信出版社 2013 年。
· 奥尔森著，吴瑞诚、徐成德译：《基督教神学思想史》，北京：北京大学出版社 2003 年。

· 乔治·奥斯特洛格尔斯基著，陈志强译：《拜占廷帝国》，西宁：青海人民出版社 2006 年。

· 奥古斯丁著，周士良译：《忏悔录》，北京：商务印书馆 1963 年。

· 鲁道夫·奥托著，成穷、周邦宪译：《论"神圣"》，成都：四川人民出版社 1995 年。

· 奥维德著，李永毅译：《哀歌集·黑海书简·伊比斯》，北京：中国青年出版社 2019 年。

· 约翰·巴克勒、贝内特·希尔、约翰·麦凯著，霍文利等译：《西方社会史》，第一卷，桂林：广西师范大学出版社 2005 年。

· 罗伯特·拜德勒克斯、伊恩·杰弗里斯著，韩炯等译，庞卓恒校：《东欧史》（上册），上海：东方出版中心 2013 年。

· N.H.拜尼斯主编，陈志强、郑玮、孙鹏译：《拜占庭：东罗马文明概论》，郑州：大象出版社，2012 年。

· 帕特里克·贝尔福著，栾力夫译：《奥斯曼帝国六百年：土耳其帝国的兴衰》，北京：中信出版社 2018 年。

· 北京大学哲学系外国哲学教研室编译：《西方哲学原著选读》，北京：商务印书馆 1981 年。

· 米夏埃尔·比尔冈著，郭子龙译：《古代罗马帝国》，北京：商务印书馆 2015 年。

· 毕尔麦尔等编著，雷立柏译：《古代教会史》，北京：宗教文化出版社 2009 年。

· 约瑟夫·P.伯恩著，王晨译：《黑死病》，上海：上海社会科学院出版社 2013 年。

· 爱德华·麦克诺尔·伯恩斯著，罗经国等译：《世界文明史》第 1 卷，北京：商务印书馆 1990 年。

· J.H.伯恩斯主编，程志敏等译：《剑桥中世纪政治思想史（350 年至 1450 年）》（上），北京：生活·读书·新知三联书店 2009 年。

· 爱德华·麦克诺尔·伯恩斯著，罗经国等译：《世界文明史》第 1 卷，北京：商务印书馆 1990 年。

· 罗伊·波特主编，张大庆主译：《剑桥插图医学史》，济南：山东画报出版社 2007 年。

· 博伊德、金著，任宝祥、吴元训译：《西方教育史》，北京：人民教育出版社 1985 年。

· 伯希和著，冯承钧译：《西域南海史地考证译丛》（第一卷第一编），北京：商务印书馆 1934 年。

· 波里比阿著，翁嘉声译：《罗马帝国的崛起》，北京：社会科学文献出版社 2013 年。

· M.M.波斯坦、爱德华·米勒主编，钟和译：《剑桥欧洲经济史》（第二卷），北京：经济科学出版社 2004 年。

· M.M.波斯坦、H.J.哈巴库克主编，王春法，张伟，赵海波译，《剑桥欧洲经济史》（第六卷），北京：经济科学出版社 2002 年。

· 布尔加柯夫：《东正教——教会学说概要》，北京：商务印书馆 2001 年。

· L.布尔诺娃著，耿昇译：《丝绸之路：神祇、军士与商贾》，昆明：云南人民出版社 2015 年。

· 雅各布·布克哈特著，何新译：《意大利文艺复兴时期的文化》，北京：商务印书馆 1979 年。

· 雅各布·布克哈特著，宋立宏等译：《君士坦丁大帝时代》，上海：上海三联书店 2017 年。

· 艾弗尔·卡梅伦·布莱恩·沃德-帕金斯、密西尔·怀特比等编，祝宏俊、宋立宏等译：《剑桥古代史》，北京：中国社会科学出版社 2021 年，第 14 卷。

· 詹姆斯·布赖斯著，孙秉莹、谢德风、赵世瑜译：《神圣罗马帝国》，北京：商务印书馆 2016 年。

· 哈特温·布兰特著，周锐译：《古典时代的终结》，上海：上海三联书店 2018 年。

· 彼得·布朗著，钱金飞、沈小龙译：《希波的奥古斯丁》，北京：中国社会科学出版社 2013 年。

· 拉尔斯·布朗沃思著，吴斯雅译：《拜占庭帝国：拯救西方文明的东罗马千年史》，北京：中信出版集团股份有限公司，2016 年。

· 布林顿等著，刘景辉译：《西洋文化史》第二卷中（上），台湾：学生书局 1971 年。

· 马克·布洛赫著，张绪山译：《国王神迹》，北京：商务印书馆 2018 年。

· 坚尼·布鲁克尔著，朱龙华译：《文艺复兴时期的佛罗伦萨》，上海：三联书店 1985 年。

· 布哇著，冯承钧译：《帖木儿帝国》，上海：商务印书馆 1932 年。

· 布瓦松纳著，潘源来译：《中世纪欧洲生活和劳动》，北京：商务印书馆 1985 年。

· 查士丁尼著，张企泰译：《法学总论——法学阶梯》，北京：商务印书馆 1989 年。

· 查士丁尼著，张企泰译：《法学总论——法学阶梯》，北京：商务印书馆 1989 年。

· 查尔斯·霍默·哈斯金斯著，夏继果译：《十二世纪文艺复兴》，上海：上海三联书店 2008 年。

· 曹孚、滕大春等编：《外国古代教育史》，北京：人民教育出版社 1981 年。

· 丛日云：《西方政治文化传统》，大连：大连出版社 1996 年。

· 陈垣著：《基督教入华史略》，《陈垣学术论文集》第一集，北京：中华书局 1980 年。

· 陈志强：《巴尔干古代史》，北京：中华书局 2007 年。

· 陈志强：《拜占廷帝国史》，北京：商务印书馆 2003 年。

· 陈志强：《拜占廷学研究》，北京：人民出版社 2001 年。

· 陈志强：《盛世余辉——拜占庭文明探秘》，昆明：云南人民出版社 2001 年。

· 陈志强：《拜占庭帝国通史》，上海：上海社会科学出版社 2013 年。

· 陈志强：《拜占庭史研究入门》，北京：北京大学出版社 2012 年。

· 陈志强：《拜占庭文明》，北京：北京师范大学出版社 2018 年。

· 陈志强：《独特的拜占庭文明》，北京：中国青年出版社 1999 年。

· 陈志强：《古史新话—拜占庭研究的亮点》，北京：人民出版社 2019 年。

· 岑仲勉：《突厥集史》（下册），北京：中华书局 1958 年。

· 戴东雄：《中世纪意大利法学与德国的继受罗马法》，北京：中国政法大学出版社 2003 年。

· 诺曼·戴维斯著，郭方、刘北成等译：《欧洲史》，北京：世界知识出版社 2007 年。

· 耿昇译：《海市蜃楼中的帝国：丝绸之路上的人、神与神话》，北京：中国藏学出版社 2013 年。

· 慧超、杜环著，张毅、张一纯译：《往五天竺国传笺释经行记笺注》，北京：中华书局 2000 年。

· 威尔·杜兰著：《世界文明史》，台北：东方出版社 1998—1999 年。

· 威尔·杜兰著，幼狮文化公司译：《信仰的时代》，《世界文明史》第四卷，北京：东方出版社 1998 年。

· 杜佑：《通典》，北京：中华书局 1988 年。

· 多桑著，冯承钧译：《多桑蒙古史》，上海：上海古籍出版社 2014 年。

· 方豪著：《中西交通史》（上册），长沙：岳麓书社 1987 年。

· 费尔巴哈著，荣振华译：《基督教的本质》，北京：商务印书馆 1995 年。

· 费多铎著，谢扶雅等译：《东方教父选集》，台北：基督教文艺出版社 1964 年。

· 芬利主编，张强、唐均等译：《希腊的遗产》，上海：上海人民出版社 2004 年。

· 冯承钧著：《西域地名》，北京：中华书局
1980 年。
· 伏尔泰著，王燕生译：《哲学辞典》（上册），北
京：商务印书馆 1997 年。
· 保罗·福拉克主编，徐家玲等译：《新编剑桥中世
纪史》第一卷，北京：中国社会科学出版社
2022 年。
· 傅海波、魏瑞德等编，史卫民等译：《剑桥中国辽
西夏金元史》，北京：中国社会科学出版社
1998 年。
· 彼得·弗兰科潘著，欧阳敏译：《十字军东征：来
自东方的召唤》，海口：海南出版社 2019 年。
· 罗伯特·福西耶主编，陈志强等译：《剑桥插图中
世纪史（350—950）》，济南：山东画报出版社
2006 年、2018 年。
· 罗伯特·福西耶著，李桂芝等译：《剑桥插图中世
纪史，（1250—1520）》，济南：山东画报出版社
2009 年。
· 理查德·A.盖布里埃尔、凯伦·S.梅兹著，王松俊
等译：《军事医学史》，北京：军事医学科学出版
社 2011 年。
· 火者·盖耶速丁著，何高济译：《沙哈鲁遣使中国
记》，北京：中华书局 2002 年。
· 胡斯都·L.冈察雷斯著，陈泽民、孙汉书等译：
《基督教思想史（第一卷）》，陈泽民、赵红军等
校，南京：译林出版社 2008 年。
· 胡斯托·L·冈萨雷斯著，赵城艺译：《基督教》
（上），上海：上海三联书店 2016 年。
· 葛承雍著：《唐韵胡音与外来文明》，北京：中华
书局 2006 年。
· 迈克尔·格兰特著，王乃新、郝际陶译：《罗马
史》，上海：上海人民出版社 2008 年。
· 格雷戈里著，寿纪瑜、戚国淦译：《法兰克人
史》，北京：商务印书馆 1998 年。
· 蒂莫西·E.格里高利著，刘智译：《拜占庭简
史》，上海：华东师范大学出版社 2019 年。
· 菲利普·格里尔森著，武宝成译：《拜占庭货币
史》，法律出版社 2018 年。
· T.E.格里高利著，刘智译：《拜占庭简史》，上海：
华东师范大学出版社 2019 年。
· 朱塞佩·格罗索，黄风译：《罗马法史》，北京：
中国政法大学出版社 1996 年。
· 勒内·格鲁塞著，蓝琪译，项英杰校：《草原帝
国》，北京：商务印书馆 2013 年。
· 国际中文版编辑部编译：《大不列颠百科全书》第
1 卷，北京：中国大百科全书出版社 2007 年。
· 乔纳森·哈里斯著：《拜占庭简史》，北京：中信
出版社 2017 年。
· 哈里斯主编，田明等译：《埃及的遗产》，上海：
上海人民出版社 2006 年。
· 哈里斯著，吴晞、靳萍译：《西方图书馆史》，北
京：书目文献出版社 1989 年。
· 丹尼斯·哈伊著，李玉成译：《意大利文艺复兴的
历史背景》，上海：三联书店 1988 年。
· 何光沪：《多元化的上帝观》，贵阳：贵州人民出
版社 1999 年。
· 赫西俄德著，张竹明、蒋平译：《神谱》384—
386，北京：商务印书馆 1998 年。
· 黄风编著：《罗马法词典》，北京：法律出版社
2001 年。
· 黄时鉴著：《东西交流史论稿》，上海：上海古籍
出版社 1998 年。
· 黄维民：《中东国家通史·土耳其卷》，北京：商
务印书馆 2002 年。
· 爱德华·吉本著，黄宜思、黄雨石译：《罗马帝国
衰亡史》，北京：商务印书馆 2005 年。
· 爱德华·吉本著，席代岳译：《罗马帝国衰亡
史》，第 1 卷，长春：吉林出版集团 2008、

· 2014 年。
· 吉田丰著：《西安新出史君墓志的粟特文部分考
释》，《粟特人在中国》（《法国汉学》第十辑），
中华书局 2005 年。
· 基佐著，程洪逵、沅芷译：《欧洲文明史：自罗马
帝国败落到法国革命》，北京：商务印书馆
2005 年。
· 江平、米健：《罗马法基础》，北京：中国政法大
学出版社 1987 年。
· 姜椿芳总编：《中国大百科全书（考古学卷）》，
上海：中国大百科全书出版社 1986 年。
· 姜伯勤著：《敦煌吐鲁番文书与丝绸之路》，北
京：文物出版社 1994 年。
· 查尔斯·金著，苏圣捷译：《黑海史》，上海：东
方出版社 2011 年。
· 阿尔图罗·卡斯蒂廖尼著，程之范、甄橙主译：
《医学史》上册，南京：译林出版社 2013 年。
· 唐纳德·R.凯利著，陈恒、宋立宏译：《多面的历
史：从希罗多德到赫尔德的历史探询》，北京：三
联书店 2003 年。
· 凯特·凯利著，徐雯菲译：《医学史话：中世纪
500—1450》，上海：上海科学技术文献出版社
2012 年。
· 凯撒著，任炳湘译：《高卢战记》，北京：商务印
书馆 1982 年。
· 玛丽·坎宁安著，李志雨译：《拜占庭的信仰》，
北京：北京大学出版社 2005 年。
· 罗伯特·柯布里克著，张楠等译：《罗马人》，北
京：世界图书出版公司北京公司 2013 年。
· 克拉维约著，杨兆钧译：《克拉维约东使录》，北
京：商务印书馆 1982 年。
· 克莱门著，王来法译：《劝勉希腊人》，北京：生
活·读书·新知三联书店 2002 年。
· 克里亚什托尔内编著，李佩娟译：《古代突厥鲁尼
文碑铭》，哈尔滨：黑龙江教育出版社 1991 年。
· 克里斯凯特著，赵崇民译：《丝绸古道上的文化》，
乌鲁木齐：新疆美术摄影出版社 1994 年。
· 克林凯特著，林悟殊翻译增订：《达·伽马以前
中亚和东亚的基督教》，台北：淑馨出版社
1995 年。
· 克鲁普斯娅著，中共中央马克思恩格斯列宁斯大林
著作编译局译：《论列宁》，北京：人民出版社
1960 年。
· 安娜·科穆宁娜著，李秀玲译：《阿莱克休斯
传》，上海：上海三联书店 2018 年。
· 安娜·科穆宁娜著，谭天宇、秦艺芯译：《阿莱克
修斯传》，哈尔滨：东北林业大学出版社
2017 年。
· 拉夫连季季著，朱寰、胡敦伟译：《往年纪事》，北
京：商务印书馆 2011 年。
· 拉施特主编，余大钧、周建奇译：《史集》，北
京：商务印书馆 1983—1985 年。
· 蓝琪主编：《中亚史》（第一卷），北京：商务印书
馆 2018 年。
· 斯蒂文·郎西曼著，马千译：《1453——君士坦丁
堡的陷落》，北京：时代华文书局 2014 年。
· 乐峰：《东正教史》，北京：中国社会科学出版社
1999 年。
· 雅克·勒高夫著，徐家玲译：《中世纪文明
（400—1500 年）》，上海：上海人民出版社
2011 年。
· 大卫·勒斯科姆和乔纳森·赖利-史密斯主编，陈
志强、郭云艳等译：《新编剑桥中世纪史》第四
卷，北京：中国社会科学出版社 2021 年。
· 爱德华·勒特韦克著，时殷弘、惠黎文译：《罗马
帝国的大战略》，北京：商务印书馆 2008 年。
· 李秀玲：《安娜·科穆宁娜及其笔下的拜占庭帝
国》，北京：北京燕山出版社 2014 年。

· 李雅书、杨共乐:《古代罗马史》,北京:北京师范大学出版社 1994 年。
· 厉以宁:《罗马—拜占庭经济史》,北京:商务印书馆 2006 年。
· 尼古拉·梁赞诺夫斯基、马克·斯坦伯格著,杨烨、卿文辉主译:《俄罗斯史(第七版)》,上海:上海人民出版社 2007 年。
· 列夫臣柯著,葆煦译:《拜占庭》,北京:生活·读书·新知三联书店 1960 年。
· 林英:《金钱之旅——从君士坦丁堡到长安》,北京:人民美术出版社 2004 年。
· 林英:《唐代拂菻丛说》,北京:中华书局 2006 年。
· 刘榕榕:《古代晚期地中海地区自然灾害研究》,北京:中国社会科学出版社 2018 年。
· 刘新成主编:《西欧中世纪社会史研究》,北京:人民出版社 2006 年。
· 刘新利:《德意志历史上的民族与宗教》,北京:商务印书馆 2009 年。
· 刘延勃等主编:《哲学辞典》,长春:吉林人民出版社 1983 年。
· 刘衍刚:《罗马帝国的梦魇:马塞里努斯笔下的东方战争与东方蛮族》,上海:上海人民出版社 2018 年。
· 罗春梅:《1204 年君士坦丁堡的陷落》,北京:人民出版社 2012 年。
· 罗丰:《固原南郊隋唐墓地》,北京:文物出版社 1996 年。
· 罗丰:《胡汉之间——"丝绸之路"与西北历史考古》,北京:文物出版社 2004 年。
· 安德鲁·洛思著,孙毅、游冠辉译:《神学的灵泉:基督教神秘主义传统的起源》,北京:中国致公出版社 2001 年。
· 塞西尔·罗斯著,黄福武等译:《简明犹太民族史》,济南:山东大学出版社 2005 年。
· 罗斯托夫采夫著,马雍和、厉以宁译:《罗马帝国社会经济史》,北京:商务印书馆 1985 年。
· 罗香林著:《唐元两代之景教》,香港:中国学社 1966 年。
· 洛阳市文物管理局编著:《洛阳出土丝绸之路文物》,郑州:河南美术出版社 2011 年。
· 马长寿著:《突厥人与突厥汗国》,上海:上海人民出版社 1957 年。
· 洛伊斯·玛格纳著,刘学礼主译:《医学史》,上海:上海人民出版社 2009 年。
· 马基雅维里著,潘汉典译:《君主论》,北京:商务印书馆 1986 年。
· 马克垚:《中世纪西欧经济形态研究》,北京:人民出版社 1985 年。
· 亨利-伊雷内·马鲁著,王晓侠、龚觅、孟玉秋译:《古典教育史(罗马卷)》,上海:华东师范大学出版社 2017 年。
· 毛欣欣:《君士坦丁堡城市管理研究》,长春:吉林大学出版社 2017 年。
· 拉姆塞·麦克莫兰著,吕厚量译:《腐败与罗马帝国的衰落》,北京:中国方正出版社 2015 年。
· 约翰·麦克曼勒斯主编,张景龙等译:《牛津基督教史》,贵州人民出版社 1995 年。
· 威廉·麦克尼尔著,余新忠、毕会成译:《瘟疫与人》,中信出版集团,2018 年。
· 西里尔·曼戈主编,陈志强、武鹏译:《牛津拜占庭史》,北京:北京师范大学出版社 2015 年。
· 西里尔·曼戈著,张本慎等译:《拜占庭建筑》,北京:中国建筑工业出版社 1999、2010 年。
· 美国不列颠百科全书公司编著,中国大百科全书出版社不列颠百科全书编辑部编译:《大不列颠百科全书》(国际中文版)第 3 卷,第 9 页,北京:中国大百科全书出版社 1999 年。
· 德·梅列日科夫斯基著,刁绍华、赵静男译:《叛教者尤里安》,哈尔滨:黑龙江人民出版社 1998 年。
· 孟德斯鸠著,婉玲译:《罗马盛衰原因论》,北京:商务印书馆 2009 年。
· 蒙森著,李稼年译:《君士论》,北京:商务印书馆 2017 年。
· 莫里斯一世著:《战略:拜占庭时代的战术、战法和将道》,北京:台海出版社 2019 年。
· 莫里斯一世著,王子午译:《战略》,台海出版社 2019 年。
· 威廉·穆尔著,周术情、吴彦、李婧、郑丽君译:《阿拉伯帝国》,西宁:青海人民出版社 2006 年。
· G.F.穆尔著,郭舜平等译:《基督教简史》,北京:商务印书馆 2003 年。
· 穆尔著,福建师范大学外语系编译室译:《基督教简史》,北京:商务印书馆 1981 年。
· 巴里·尼古拉著,黄风译:《罗马法概论》,北京:法律出版社 2000 年。
· 巴里·尼古拉斯著,黄风译:《罗马法概论》,北京:法律出版社 2000 年。
· 钮先钟:《西方战略思想史》,桂林:广西师范大学出版社 2003 年。
· 约翰·朱利叶斯·诺威奇,殷亚平等译:《地中海史》,上海:东方出版中心 2011 年。
· 杰弗里·帕克著,傅景川等译:《剑桥战争史》,长春:吉林人民出版社 1999 年。
· 米洛拉德·帕维奇著,南山、戴骢、石枕川译:《哈扎尔辞典》,上海:上海译文出版社 2013 年。
· 马文·佩里主编,胡万里等译:《西方文明史》,北京:商务印书馆 1993 年。
· 彭信威:《中国货币史》,上海:上海人民出版社 2015 年,第 4 页。
· 亨利·皮朗著,乐文译:《中世纪欧洲经济社会史》,上海:上海人民出版社 1986 年。
· 亨利·皮雷纳著,陈国樑译:《中世纪的城市》,北京:商务印书馆 2006 年。
· 普罗柯比著,崔艳红译:《战史》,郑州:大象出版社 2010 年。
· 普罗柯比著,吴舒屏等译:《秘史》,上海:上海三联书店 2007 年。
· 普洛科皮乌斯著,王以铸、崔妙因译:《普洛科皮乌斯战争史》,北京:商务印书馆 2010 年。
· 启良:《西方文化概论》,广州:花城出版社 2000 年。
· 齐思和著:《中国和拜占庭帝国的关系》,上海:上海人民出版社 1956 年。
· 曲可伸:《罗马法原理》,天津:南开大学出版社 1988 年。
· 荣新江:《中古中国与外来文明》,北京:生活·读书·新知三联书店 2001 年。
· 荣新江、李孝聪主编:《中外关系史:新史料与新问题》,北京科学出版社 2004 年。
· 荣新江:《丝绸之路与东西文化交流》,北京:北京大学出版社 2015 年。
· 柔克义译注,何高济译:《鲁布鲁克东行纪》,北京:中华书局 1985 年。
· 芮传明:《古突厥碑铭研究》,上海:上海古籍出版社 1998 年。
· 路易吉·萨尔瓦托雷利著,沈珩、祝本雄译:《意大利简史》,北京:商务印书馆 2014 年。
· 萨里斯著,刘洪涛、陆赟译:《(牛津通识读本)拜占庭》,南京:译林出版社 2021 年。
· 罗伯特·M.塞尔茨著,赵立行等译:《犹太的思想》,上海:上海三联书店 1995 年。
· 沙畹著,冯承钧译:《西突厥史料》,北京:中华书局 2004 年。
· 沈福伟著:《中西文化交流史》,上海:上海人民出版社 2006 年。
· 狄奥尼修斯·史塔克普洛斯著，陈友勋译：《拜占庭一千年》，北京：化学工业出版社 2019 年。
· 施治生、刘欣如主编：《古代王权与专制主义》，北京：中国社会科学出版社 1993 年。
· 桑德罗·斯奇巴尼著，张礼洪译：《民法大全选译·公法》，北京：中国政法大学出版社，1999 年，
· 斯特拉博著，李铁匠译：《地理学》，上海：上海三联书店 2014 年。
· 斯塔夫里阿诺斯著，吴象婴、梁赤民译：《全球通史——1500 年以前的世界》，上海：上海社会科学院出版社 1999 年。
· 斯特伦著，金泽、何其敏译：《人与神：宗教生活的理解》，上海：上海人民出版社 1991 年。
· 宋濂、王祎：《元史》卷三《宪宗纪·蒙哥》，北京：中华书局 1971 年。
· 苏维托尼乌斯著，张竹明等译：《罗马十二帝王传》，北京：商务印书馆 2000 年。
· 孙培良、杨群章：《萨珊朝伊朗》，重庆：西南师范大学出版社 2995 年。
· 塔西佗著，王以铸、崔妙因译：《编年史》，北京：商务印书馆，1981 年。
· 太原市文物考古研究所：《晋阳古城》，北京：文物出版社 2005 年。
· 谭载喜：《西方翻译简史》，北京：商务印书馆 2004 年。
· 詹姆斯·W.汤普逊著，耿淡如译：《中世纪经济社会史：300—1300 年》，北京：商务印书馆 1961 年、1984 年。
· 唐逸：《基督教史》，北京：中国社会科学出版社 1993 年。
· 特尔慈著，戴盛虞等译：《基督教社会思想史》，中国香港：基督教文艺出版社 1959 年版。
· 沃伦·特里高德著、崔艳红译：《拜占庭简史》，上海：人民出版社 2008 年。
· 布莱恩·蒂尔尼等著，袁传伟译：《西欧中世纪史（第六版）》，北京：北京大学出版社 2011 年。
· 吐鲁番市文物局，吐鲁番学研究院，吐鲁番博物馆：《吐鲁番晋唐墓地——交河沟西、木纳尔、巴达木发掘报告》，北京：文物出版社 2019 年。
· A.A.瓦西列夫著，徐家玲译：《拜占庭帝国史》，北京：商务印书馆 2019 年。
· 王挺之、徐波、刘耀春：《新世纪的曙光：文艺复兴》，北京：中国青年出版社 1999 年。
· 王小波：《罗得海商法研究》，北京中国政法大学出版社，2011 年。
· 王晓朝主编：《信仰与理性—古代基督教教父思想评传》，北京：东方出版社 2001 年。
· 王旭东、孟庆龙：《世界瘟疫史：疾病流行、应对措施及其对人类社会的影响》，中国社会科学出版社 2005 年。
· 王亚平：《德国通史》（第一卷），南京：江苏人民出版社 2019 年。
· 王亚平著：《修道院的变迁》，北京：东方出版社 1998 年。
· 王钺译注：《〈罗斯法典〉译注》，兰州：兰州大学出版社 1987 年。
· 王钺译注：《〈往年纪事〉译注》，兰州：甘肃民族出版社 1994 年。
· 王治来：《中亚通史》（古代史下），北京：人民出版社 2010 年。
· 王治心著：《中国基督教史纲》，上海：上海文海出版社 1940 年。
· 韦伯著，姚燕译：《文化社会学视域中的文化史》，上海：上海人民出版社 2006 年。
· 菲利普·沃尔夫著，郑宇建、顾犇译：《欧洲的觉醒》，北京：商务印书馆 1990 年。
· 威利斯顿·沃尔克著，孙善玲，段琦译：《基督教会史》，北京：中国社会科学出版社 1991 年。
· 沃尔克著，孙善玲等译：《基督教会史》，北京：中国社会科学出版社 1991 年。
· 迈克尔·沃尔泽编，刘平译：《犹太政治传统（卷一）》，上海：华东师范大学出版社 2011 年。
· 乌格里诺维奇著，王先睿、李鹏增译：《艺术与宗教》，北京：三联书店 1987 年。
· 吴于廑、齐世荣主编：《世界史·古代史编》（下），北京：高等教育出版社 1994 年。
· 希罗多德著，王以铸译：《历史》，北京：商务印书馆 1997 年。
· 希罗多德著，徐松岩注：《历史》，北京：中信出版社 2013 年。
· 彼得·希瑟著，向俊译：《罗马帝国的陨落：一部新的历史》，北京：中信出版社 2016 年。
· 夏德著，朱杰勤译：《大秦国全录》，北京：商务印书馆 1964 年。
· 向达著：《唐代长安与西域文明》，北京：三联书店 1957 年。
· 斯坦福·肖著，许序雅、张忠祥译：《奥斯曼帝国》，西宁：青海人民出版社 2006 年。
· 谢方主编：《中西初识》，郑州：大象出版社 1999 年。
· 谢清高著，钟淑河等校点：《海录·附三种》，长沙：岳麓书社 2016 年。
· 新疆维吾尔自治区文物局：《丝路瑰宝：新疆馆藏文物精品图录》，乌鲁木齐：新疆人民出版社 2011 年。
· 新疆文物考古研究所：《吐鲁番阿斯塔那-哈拉和卓墓地》，北京：文物出版社 2018 年。
· 尼古拉·辛姆斯-威廉姆斯著，李鸣飞、李艳玲译：《阿富汗北部的巴克特里亚文献》（上册），兰州：兰州大学出版社 2014 年。
· 修昔底德著，徐松岩译注：《伯罗奔尼撒战争史》，卷 1，上海：上海人民出版社 2017 年。
· 徐家玲：《拜占庭文明》，北京：人民出版社 2006 年。
· 徐家玲：《早期拜占庭和查士丁尼时代》，长春：东北师范大学出版社 1998 年。
· 徐家玲：《走进拜占庭文明》，北京：民主与建设出版社 2001 年。
· 徐家玲：《世界宗教史纲》，高等教育出版社 2007 年。
· 徐松著：《汉书·西域传补注》下，上海：商务印书馆民国二十六年。
· 许列民著：《沙漠教父的苦修主义》，上海：上海人民出版社 2009 年版。
· 玄奘、辩机著，季羡林等校注：《大唐西域记校注》，北京：中华书局 2000 年。
· 雅科伏列夫著，任光宣、李冬晗译：《艺术与世界宗教》，北京：文化艺术出版社 1989 年。
· 亚里士多德著，罗念生译：《诗学》，北京：人民文学出版社 1962 年。
· 亚里士多德著，吴寿彭译：《形而上学》，北京：商务印书馆 1983 年版。
· 杨威理：《西方图书馆史》，北京：商务印书馆 1988 年。
· 杨衒之：《洛阳伽蓝记校笺》，北京：中华书局 2006 年。
· 杨真：《基督教史纲》，三联书店 1979 年。
· 叶民：《最后的古典：阿米安和他笔下的晚期罗马帝国》，天津：天津人民出版社 2004 年。
· 佚名著，刘建军译：《狄吉尼斯·阿克里特：混血的边境之王》，北京：北京大学出版社 2019 年版。
· 尹忠海著：《权贵与土地：马其顿王朝社会解析》，北京：人民出版社 2010 年。

· 尤特罗比乌斯著，谢品巍译：《罗马国史大纲》，上海人民出版社 2011 年。
· 尤西比乌著，翟旭彤中译：《教会史》，三联书店 2009 年。
· 尤西比乌斯著，林中泽译：《君士坦丁传》，商务印书馆 2015 年。
· 于可主编：《世界三大宗教及其流派》，湖南人民出版社 1988 年。
· 裕尔著，考迪埃修订，张绪山译：《东域纪程录丛》，北京：中华书局 2008 年。
· 余太山主编：《西域文化史》，北京：中国友谊出版公司 1996 年。
· 余太山著：《嚈哒史研究》，济南：齐鲁书社 1986 年。
· 羽田亨著，耿世民译：《西域文化史》，乌鲁木齐：新疆人民出版社 1981 年。
· 羽田亨著，耿世民译：《西域文明史概论》，北京：中华书局 2005 年。
· 原州联合考古队编著：《北周田弘墓》，北京：文物出版社 2009 年。
· 原州联合考古队编著：《唐史道洛墓》，北京：文物出版社 2014 年。
· 约达尼斯著，罗三洋译：《哥特史》，北京：商务印书馆 2013 年。
· 泽田勋著，王庆宪、丛晓明译：《匈奴：古代游牧国家的兴亡》，呼和浩特：内蒙古人民出版社 2011 年。
· 张广达著：《西域史地丛稿初编》，上海：上海古籍出版社 1995 年。
· 张广智：《西方史学史》（第二版），上海：复旦大学出版社 2006 年。
· 张倩红，艾仁贵：《犹太文化》，北京：人民出版社 2013 年。
· 张倩红：《犹太史研究新维度——国家形态·历史观念·集体记忆》，北京：人民出版社 2015 年。
· 张晓校：《罗马军队与帝位嬗递——从奥古斯都到君士坦丁》，北京：中国社会科学出版社 2006 年。
· 张星烺编注：《中西交通史料汇编》（第一册），北京：中华书局 1977 年。
· 张星烺编注：《中西交通史料汇编》（第一册），北京：中华书局 2003 年。
· 张绪山：《中国与拜占庭帝国关系研究》，北京：中华书局 2012 年。
· 张绪山：《西学研究》第一辑，北京商务印书馆 2003 年。
· 张志伟主编：《西方哲学史》，北京：中国人民大学出版社 2010 年。
· 赵敦华：《基督教哲学 1500 年》，北京：人民出版社 1994 年。
· 志费尼著，何高济译：《世界征服者史》（下册），翁独健校，呼和浩特：内蒙古人民出版社 1980 年。
· 郑玮：《雅典：公元 267—582 年：从古典城市走向基督教城市》，天津：天津人民出版社 2009 年。
· 中共中央马克思恩格斯列宁斯大林著作编译局编译：《马克思恩格斯全集》第 10 卷，北京：人民出版社 1965 年。
· 中共中央马克思恩格斯列宁斯大林著作编译局编译：《马克思恩格斯选集》第 3 卷，北京：人民出版社 1972 年。
· 中国大百科全书总委员会《外国历史》委员会：《中国大百科全书》（外国历史 II），北京：中国大百科全书出版社 1992 年。
· 周枏：《罗马法原论》，北京：商务印书馆 1994 年。
· 朱寰主编：《亚欧封建经济形态比较研究》，长春：东北师范大学出版社 1996 年。
· 朱谦之著：《中国景教：中国古代基督教研究》，北京：东方出版社 1993 年。
· 佐西莫斯著，谢品巍译：《罗马新史》，上海：上海人民出版社 2013 年。

说明:

1. 部分重要译名后均附有西文原文。

2. 所列译名主要依据商务印书馆《人名地名辞典》和《百科全书》中文版,个别冷僻译
   名依据"名从主人"的原则翻译。

3. 所列书名的原文用斜体文字附在中文前。

4. 西文小语种译名依据"名从主人"的原则翻译。

5. 所涉《圣经》译名依据中文版《圣经》。

A

- Aachen 亚琛
- Abasgians 阿巴斯吉安人
- 'Abbadids, of Seville 阿巴德王朝,塞维利亚的
- 'Abbas ibn Tamim 阿拔斯·伊本·塔敏
- 'Abbasid caliphate 阿拔斯哈里发王朝
- 'Abd al-'Aziz 阿卜杜勒·阿齐兹
- 'Abd Allāh b. al-Mansūr 阿卜杜拉·本·曼苏尔
- 'Abd Allāh b. Muhammad 阿卜杜拉·本·穆罕默德
- 'Abd Allah bin Yasin 阿卜杜拉·本·亚辛
- 'Abd al-Malik 阿卜杜勒·马利克
- *Abraham*《亚伯拉罕》
- Abu Bakr 阿布·巴克尔
- Abu Ya'qub Yusuf 阿布·雅库布·优素福
- Abu'l Faraj Yahya ibn Sa'id, *Annals of the Patriarchs of Alexandria* 阿布·法赖吉·叶海亚·伊本·赛伊德,《亚历山大里亚牧首年代纪》
- Abul-Kasim 阿布·卡西姆
- Abydos 阿拜多斯
- Abyssinia 阿比西尼亚
- Acacian schism "阿卡西乌斯分裂"
- Acacius 阿卡西乌斯,君士坦丁堡牧首
- Acarnania 阿卡纳尼亚(地名)
- Achaea(Achaia, Frankish duchy in Peloponnese)阿哈伊亚公国
- Achaea, Latin principality 阿哈伊亚,拉丁公国
- Achaemenids 阿契美尼德王朝
- Acra 阿克拉
- Acre 阿卡
- Acroinon 阿克罗伊农
- Acte 阿克拉半岛,希腊
- Adana 阿达纳
- Adela 阿德拉
- Adelaide 阿德莱德
- Adelaide of Burgundy 勃艮第的阿德莱德
- Adramyttium 阿德拉米迪乌姆军区
- Adrian I, pope 阿德里安一世,教宗
- Adrianople 阿德里安堡
- Adriatic sea 亚得里亚海
- Aegean Sea 爱琴海
- Aequitius 埃奎提乌斯
- Aetitus 埃伊希厄斯,罗马将领
- Aetolia 埃托利亚
- Agathias 阿伽提阿斯,历史学家和诗人(古罗马)
- Agnès of Montferrat 阿涅丝,蒙特菲拉特的
- Akhlat/Ahlat 阿赫拉特
- Aikaterine 爱卡特琳
- Akritai "阿克利提"(边防军的希腊文名称)

D

- Dacia 达契亚
- Dalmatia 达尔马提亚
- Damalis 大马里斯（地名）
- Damascus 大马士革
- Damietta 达米埃塔
- Danishmendid amirs 丹尼斯蒙蒂德埃米尔
- Danube 多瑙河
- Daphnous 达弗努斯港口
- Dara （Anastasiopolis）达拉（阿纳斯塔西奥波利斯）
- Dastagird 达斯塔基德
- David Comnenus 戴维·科穆宁
- David II 戴维二世
- David Komnenos 戴维·科穆宁
- David Grand Komnenos 戴维·大科穆宁
- *De Administrando Imperio* 《论帝国政府》
- *De Ceremoniis* 《礼仪书》
- *De Excrementis Alvinis* 《论分区》
- *De medicina* 《论医学》
- *De observatione ciborum* 《食物观察》
- *De Usu Partium Corporis Humani* 《论人体各部器官功能》
- Deabolis （Δεάβολις）狄阿波利斯，今阿尔巴尼亚德沃尔（Devoll）
- Decimum 德西姆（地名/会战）
- Demes 竞技党人
- Demetrias 迪米特里亚斯（地名）
- Demetrios Chomatenos, archbishop of Ohrid 迪米特里·乔玛特诺，奥赫里德大主教
- Demetrios Khomatianos 奥赫里德主教迪米特里
- Demetrius 迪米特里
- Demetrius Cabasilas 迪米特里·卡巴西拉斯
- Demetrius Cydones 迪米特里·塞多尼斯，拜占庭作家
- Demetrius of Montferrat 蒙特菲拉特的迪米特里
- Demetrius Sophianus 迪米特里·索菲亚纳斯
- Demetrius, patron saint of Thessalonica 迪米特里，塞萨洛尼基的守护圣徒
- denarius 第纳里（钱币名称）
- Dervan 德万，塞尔维亚人领袖
- Despoina 女君主
- Despotate of Epiros 伊庇鲁斯君主国
- Despotes 专制君主
- Develtus 德维特斯
- Devoll 德沃尔
- Didymoteichos 底迪摩提克斯（地名）
- *Dieting for an Emperor* 《献给皇帝的食谱》
- *Digenis Akrites* 《狄吉尼斯·阿卡里特斯》
- *Digest* 《学说汇纂》
- Dimitri Progoni 迪米特里·普罗戈尼，阿尔巴农大公
- Dimitrias 迪米特里亚（地名）
- Dioceses 大区长官
- Diocletian 戴克里先
- Diogenes family 狄奥根尼斯家族
- Diogeni 迪奥格尼斯
- Dionysius 狄奥尼修斯
- Dionysos 狄奥尼索斯
- Dioscorus 迪奥斯库鲁斯
- Diplokionion 迪普罗基翁
- Dnepr river 第聂伯河
- Dobromir Chrysos 多布罗米尔·克里索斯
- Dobrudja 多布罗加（地区名）
- Dodecanese islands 多德卡尼斯群岛
- domestic of the scholai 军区总司令
- Domestics（Dienstmänner）家仆、管家（或地产商品，视上下文语境而定）
- Dominum mundi 世界统治权
- Don 顿河
- Donation of Constantine 君士坦丁赠礼
- Dortmund 多特蒙德
- Dorylaeum 多里莱乌姆
- Doukas family 杜卡斯家族
- Dragutin 德拉古丁
- Dráma 兹拉马
- dromones 德隆猛
- Drungarius of the Fleet 海军舰队司令
- drungarius vigiliae 皇宫卫队司令
- drungus 德鲁古斯
- druzhina 卫队、亲随（波西米亚的）
- dryhten 指挥官
- Dryinopolis 德莱诺波利斯（军区）
- Dubrovnik 杜勃罗文克
- Ducas 杜卡斯
- Ducas Michaelis 杜卡斯·米哈伊尔利斯
- ducat 杜卡特，金币
- duces 都督
- Duchy of Athens 雅典公国
- Duke of the Archipelago 爱琴海公国公爵
- Dux 大公、伯爵
- Dvin 第温（又作杜比奥斯 Doubios）
- *Dynameron* 《药典》
- Dyrrachium 迪拉基乌姆

E

- Echinades Islands 埃奇纳德群岛
- *Ecloga* 《法律选编》
- *Eclogae de re rustica* 《农业选集》
- Edessa 埃德萨
- Egypt 埃及
- Ehrbarkeit "身负声望者"
- Eirene Angelos 伊琳妮·安茸鲁斯
- Eirene Komnena 伊琳妮·科穆宁娜
- Elias 埃利亚斯
- Emeric 埃默里克
- Enghien 昂吉安
- Enric Dandolo 恩里科·丹多洛
- Eparchos of the City 君士坦丁堡市长
- Eparch 城市长官
- Ephesus 以弗所
- Ephraem Syrus 叙利亚的以法莲
- *Epidemics* 《流行病论》
- epikernes 执杯者
- Epirus 伊庇鲁斯
- Episkepsis "地产"
- *Epitome on the Curing of Ailments* 《治愈疾病的提要》
- Eretnids 埃雷特纳（贝伊政权）
- Erzerum 埃尔泽乌姆
- Ethiopia 埃塞俄比亚
- Euboea 埃维厄岛（旧译优卑亚）
- Eudochia 欧多基娅
- Eudocia Angela 尤多奇亚·安哲拉
- Eudokia 欧多基娅，拜占庭皇后，伊拉克略之妻
- Eugenius III, pope 尤金三世，教宗
- Eugenius IV, Pope（Gabriel Condulmaro）尤金四世，教宗（加布里尔·康杜尔马罗）
- Eulogia 尤洛吉亚
- Eunomius 尤诺米乌斯
- Euphrates 幼发拉底河
- Eusebius of Caesarea 凯撒里亚的尤西比乌斯
- Eusebius of Nicomedia 尼科米底的尤西比乌斯
- Eusebius 尤西比乌斯

L

· Labarum 拉伯兰军旗
· Lacedaemon 拉斯第孟
· Laconia 拉科尼亚（地名）
· Lachanodracon 拉查诺德拉孔
· Lactantius 拉克坦提乌斯
· Ladislas Hunyadi 拉迪斯拉斯·洪约迪
· Ladislas I, king of Hungary 拉迪斯拉斯一世，匈牙利国王
· Ladislas II, king of Hungary 拉迪斯拉斯二世，匈牙利国王
· Lala Sahin 拉拉·萨辛
· Laraxanes/Larxan/Larhan 拉拉哈尼
· Lamía 拉米亚
· Lampas 兰帕斯
· Lampoudius 拉普底乌斯（人名）
· Lampsacus 兰普萨库斯
· Langobards 伦巴第人
· Laodikeia 劳迪亚，今土耳其西南部城市代尼兹利（Denizli）
· Lasia 拉西亚
· Lárissa 拉里萨
· Latins 拉丁人
· Lavra 劳拉
· Laz 拉兹人
· Lazar III Brankovic 拉撒尔三世·布兰科维奇，塞尔维亚亲王
· Lazica 拉齐卡
· Lazio 拉齐奥
· Lebanon 黎巴嫩
· Lecapenus, Christopher 克里斯多佛·利卡本努斯
· l'Ecluse 莱克吕斯
· Lemnos 利姆诺斯岛
· Leontokastron 狮堡
· Lent 大斋节（若是人名，可译伦特）
· Leo III 利奥三世
· Leo Argyrus 利奥·阿尔吉鲁斯
· Leo Cephalas 利奥·凯发拉斯
· Leo Cephlas 利奥·克弗拉斯
· Leo I, Pope 利奥一世，教宗
· Leo I 利奥一世
· Leo IX 利奥九世
· Leo Katakylas 利奥·卡塔凯拉斯
· Leo Nikerites 利奥·尼基里特斯
· Leo Phokas 利奥·福卡斯
· Leo the Deacon 执事利奥
· Leo the Sacellarius 撒塞拉里乌斯的利奥
· Leo Tornikios 利奥·托尔尼基奥斯
· Leo VI（'the Wise'）"智者"利奥六世
· Leo, bishop of Chalcedon 利奥，卡尔西顿主教
· Leonardus of Chios 希俄斯岛的莱奥纳杜斯
· Leonico Tomeo 列奥尼克·陶麦
· Leontarion 莱翁达里昂（地名）
· Leontius II 利奥提乌斯二世
· Leontius of Byzantium 拜占庭的利奥提乌斯
· Leontius 利奥提乌斯
· Leovigild 莱奥维吉尔德
· Lesbos 莱斯沃斯岛
· Levant 利凡特（黎凡特）
· Lex militaris 《士兵法》
· Lex Rhodia/Rhodian Sea Law 《航海法》
· Lex rustica/Farmer's Law 《农业法》
· *Lexikon* 《词典》
· Libadenos 李巴德诺斯
· Libanius 利巴尼乌斯
· Licario 里卡利奥（拉丁骑士）
· Licinius 李锡尼

· limitanei 拜占庭边防军
· Limnia 利姆尼亚，今土耳其恰尔尚巴（Çarşamba）以北
· Lithuania 立陶宛
· Little Armenia 小亚美尼亚
· Liutprand 利乌特普兰德
· Loches Castle 罗切斯城堡
· logothete of genikon 总务部大臣
· logothete of the sekreta 秘书官
· Logothetes 重臣
· Lombard 伦巴第
· London 伦敦
· Longanikos 隆尼亚尼科斯（地名）
· Loos 鲁斯
· Lothar III 洛塔尔三世
· Louis I of Hungary 匈牙利的路易一世
· Louis II 路易二世
· Louis IX（'Saint Louis'）路易九世（圣路易）
· Louis of Blois 布卢瓦的路易
· Louis the German 日耳曼人路易
· Louis the Great of Hungary 匈牙利的路易大王
· Louis VII of France 法兰西的路易七世
· Loveč 洛维奇（地名）
· Lusignan 吕西尼昂
· Lycandus 利堪多斯
· Lydia 里迪亚（地名）

M

· Macedonia 马其顿
· Maçka 马奇卡区
· Macrobius 马克罗比乌斯
· magister officiorum 执事官
· magistri militum 军事指挥官
· magistrates 长官
· Magistrus 宰相
· magnate 权贵者
· Magnaura 玛格纳乌拉
· Magnentius 马格尼提乌斯
· Magnesia 马格尼西亚，今土耳其马尼萨（Manisa）
· Magnus Maximus 马格努斯·马克西姆斯
· Magyar 马扎尔
· Maina 麦纳地区
· Maksim 马克西姆
· Malalas 马拉拉斯
· Malamir 马罗米尔
· Maleini 马莱尼家族
· Malikites 马立克派
· Malikshah 马利克沙
· Malta 马耳他
· Mamluks 马穆鲁克王朝（马木路克）
· Mamun 马蒙
· manaig（monastic tenants）马奈伊格（修道院佃农）
· Manfred of Sicily 西西里的曼弗雷德
· Maniach 马尼亚克
· Manichaesim 摩尼教
· Manichees 摩尼教徒
· Mansur bin Sarjun 曼苏尔·本·苏尔俊
· Manuel 曼努埃尔
· Manuel Anemas 曼努埃尔·亚匹马斯
· Manuel Angelos Philanthropenos 曼努埃尔·安茞鲁斯·费兰斯罗比诺斯（约1389—1394年在任），塞萨利领主
· Manuel Chrysoloras 曼努埃尔·克里斯多拉斯
· Manuel I Comnenus 曼努埃尔一世·科穆宁
· Manuel II Palaiologos 曼努埃尔二世·帕列奥列格

- Nissa 尼萨
- Nobilissimus 大贵族
- *Noctes Atticae* 《阿提喀之夜》
- Noghai 那海
- nomisma hyperpyron 伊颇皮隆
- nomisma, -mata 诺米斯玛
- Nordin 努尔丁（赞吉王朝苏丹名）
- Noricum 诺利库姆
- Normandy 诺曼底
- Normans 诺曼人
- Noumeroi 君士坦丁堡驻军
- nummus 努姆斯（辅币）
- Nuremberg 纽伦堡
- Nymphaeum 尼穆非乌姆

O

- Ochrid 奥赫里德
- Ocakli 奥卡克里
- Oda 奥达
- Oder river 奥德河
- Odoacer 鄂多亚克
- Odocia 欧多吉娅
- Oghuz Turks 乌古兹突厥人
- Ogodei 窝阔台
- Ohrid 奥赫里德（军区）
- Oleg of Kiev 基辅的奥列格
- Olga 奥尔加
- Olympia 奥林匹亚
- Olympios 奥林匹欧斯
- Olympiodorus 奥林匹欧多鲁斯
- Olympius 奥林匹乌斯
- Olympos 奥林波斯山
- Omar 奥马尔
- Omortag 奥穆尔塔格
- Omur 奥穆尔
- *On Acute and Chronic Diseases* 《急性和慢性病》
- *On Burning Glasses* 《论燃烧的玻璃》
- *On Crises* 《论病危》
- *On Critical Days* 《论关键时刻》
- *On Mixtures* 《论混合物》
- *On Nutriment* 《饮食论》
- *On predestined terms of life* 《论生命的预定条件》
- *On Signs and Observation of Birds and the Sound of Crows* 《论鸟和乌鸦声音的标志和观察》
- *On Signs of Fractures and On Bandages* 《关于骨折的迹象和绷带》
- *On the Differences among Fevers* 《论发烧的各种区别》
- *On the eye* 《论眼》
- *On the Inundation of the Nile* 《论尼罗河的泛滥》
- *On the Natural Capacities* 《论自然机能》
- *On the Rising of the Dog [-Star]* 《论犬星的升起》
- *On the Sects for Beginners* 《论初学者的流派》
- Opsikion thema 奥普斯金军区
- Optimatoi 奥普提马多军区
- Order of the Temple 圣殿骑士团
- Ordu 奥都（地名）
- Oribasius 欧利巴休斯
- Oriens 奥林斯大区
- Origen 奥利金
- Orila 奥里拉堡
- Orkhan 乌尔罕
- Orontes river 奥隆特斯河
- orphanotrophos 孤儿院院长

- Orsini 奥尔西尼
- Orthodox Church 东正教教会（正教）
- Orvieto 奥尔维耶托
- Osma 奥斯马
- Osman Bey 奥斯曼贝伊
- Ostrogoths 东哥特人
- Othman 奥斯曼
- Othon de La Roche 奥顿·德·拉罗谢
- Otto I (the Great) 奥托一世（大帝）
- Otto II 奥托二世
- Otto III 奥托三世
- Otto of Brunswick 布伦瑞克的奥托
- Ottoman Empire 奥斯曼帝国
- Ouzas 欧扎斯（萨尔马特人名）
- Oxus river 阿姆河（奥克苏斯河）

P

- *Pachal Chronicle* 《复活节编年史》
- Pachomios 帕科米乌斯
- Palaeologus dynasty 帕列奥列格王朝
- Palaiomatzouka 老马祖卡，可能是今哈姆西柯伊（Hamseköy）
- Palamism 静默派
- Palatia 帕拉提亚
- Palermo 巴勒莫
- Palestine 巴勒斯坦
- Panaretus 潘纳累图斯
- Panedor 潘内多
- Panhypersebastos 上等大贵族
- Panidos 潘尼多斯
- Pankaleia 潘卡莱亚
- Pankratios of Trebizond 特拉比宗的潘克拉蒂奥
- Pannonia 潘诺尼亚
- Pantocrator monastery 潘托克拉特修院
- Paphlagonia 帕夫拉戈尼亚
- parakoimomenus 寝宫大总管
- Paris 巴黎
- Paros 帕罗斯岛
- Partitio Romaniae 瓜分协议
- Patmos 帕特莫斯
- Patmos monastery 帕特莫斯修院
- Patzinaks 帕齐纳克人（即佩彻涅格人 Pechenegs）
- Paul 保罗
- Paulician heresy 保罗派异端
- Pavia 帕维亚
- Pechenegs 佩彻涅格人
- Pegae (Πρ{απος) 佩加，旧称普里阿普斯(Priapus or Priapos)，今土耳其马尔马拉海地区的卡拉比加(Karabiga)
- Pegai 佩盖
- Pelekanon 佩勒卡农
- Peloponnese 伯罗奔尼撒
- Pempton Gate 彭普顿门
- Pentapolis 彭塔波利斯
- Pentecost 圣灵降临节
- Pera 佩拉，今土耳其伊斯坦布尔北部的贝依奥卢区（Beyoğlu）
- Pergamum 帕加马
- *Peri Chreias tā Ouraniā Sōmatā* 《论天体的效用》，西蒙·希斯
- Peroz 卑路斯(459—484 年在位)，波斯国王
- Persia 波斯
- Peter de Courtenay 彼得·德·考特尼
- Peter Frankopan 彼得·弗兰克潘
- Peter III of Aragon 阿拉贡的彼得三世
- Peter IV of Aragon 阿拉贡的彼得四世

Y

· Yevpatoria 叶夫帕托里亚
· Yarmuk 雅穆克河
· Yaropolk 雅罗波尔克
· Yemen 也门
· Yeşil Irmak 耶希勒马河
· Yolanda of Montferrat 尤兰达

Z

· Zaccaria，Benedetto 贝内德托·扎卡里亚
· Zacharias of Mytilene 米蒂里尼的扎卡里亚

· Zakynthos 扎金索斯（即赞特 Zante）
· Zangi 赞吉
· Zara 扎拉
· Zealots 狂热派
· Zengid dynasty 赞吉王朝
· Zeno 芝诺
· Zeta 芝塔
· Zigon 泽岗堡
· Zoe 邹伊
· Zoilos 佐伊罗斯
· Zonaras 仲纳拉斯
· Zoroastrianism 琐罗亚斯德教
· Zosimus，Roman historian 佐西莫斯
· Zubayr 祖拜尔

BYZAN

Y 拜占庭 T

皇帝君主列传附图片信息

说明 1： 从第 2 卷开始，个别皇帝或君主的货币图片尚在寻找中，皇帝配以历史画像，其他君主空缺；第 3 卷中除皇帝的货币图片外，还列出每一位皇帝的历史画像。

说明 2： 货币图片均来自"顿巴登橡树园线上展览之'钱币上的拜占庭皇帝'"（https://www.doaks.org/resources/online-exhibits/byzantine-emperors-on-coins），仅说明直径与重量，来源不再一一注明；个别例外者另注。

说明 3： 皇帝画像来自约翰·仲纳拉斯（John Zonaras）《历史》中的插画，该插画版本收录在 15 世纪用希腊语编写的《摩德纳法典》（*Codex Mutinensis graecus*）中，其中第 122 卷为仲纳拉斯的《历史》，书中绘制了历任罗马帝国皇帝的肖像。现藏于意大利摩德纳埃斯滕斯图书馆（Biblioteca Estense），系列编号：Mutinensis gr.122, f. 294r。图片来自埃斯滕斯电子图书馆（2023/11/08：https://edl.cultura.gov.it/item/2xjkym1rzq）。下面说明仅列出编号加图片序号。

君士坦丁一世索里达

336-337 年君士坦丁堡生产，直径 20 毫米，重 4.34 克。

登记号：BZC.1957.4.24；

君士坦丁二世索里达

332-333 年君士坦丁一世时期为担任凯撒之职的君士坦丁二世在塞萨洛尼基生产，重 4.5 克。

钱币档案网站，标号 Lot 7366（https://www.coinarchives.com/5fbcf0cd80a1a8b0c29 c932be08ef8f3/img/leu_winterthur/014/image00248.jpg）；

康斯坦提乌斯二世索里达
348–350 年安条克生产，直径 22 毫米，重 4.50 克。
登记号：BZC.1948.17.588；

康斯坦斯一世索里达
337–338 年君士坦丁堡生产，直径 21 毫米，重 4.36 克。
登记号：BZC.1948.17.539；

朱利安索里达
362 年安条克生产，直径 20 毫米，重 4.30 克。
登记号：BZC.1948.17.718；

乔维安索里达
363–364 年君士坦丁堡生产，直径 20 毫米，重 4.42 克。
登记号：BZC.1948.17.752；

瓦伦提尼安一世索里达
367–368 年安条克生产，直径 21 毫米，重 4.49 克。
登记号：BZC.1948.17.765；

瓦伦斯索里达
367–369 年安条克生产，直径 21 毫米，重 4.53 克。
登记号：BZC.1948.17.789；

塞奥多西一世索里达
379-383 年君士坦丁堡生产，直径 20 毫米，重 4.40 克。
登记号：BZC.1948.17.866；

阿卡狄乌斯索里达
395-402 年君士坦丁堡生产，21.5 毫米，4.47 克。
钱币档案网站，标号 Lot 698（https://www.coinarchives.com/6f01778cc9f76e32483b
d09c14605869/img/cng/e/493/image00698.jpg）；

塞奥多西二世索里达
423-425 年君士坦丁堡生产，直径 22 毫米，4.46 克。
钱币档案网站，标号 Lot 550（https://www.coinarchives.com/ec5807194fbf17f7578a
239f1b4bdfed/img/roma/029/image00550.jpg）；

马西安索里达
450—457 年君士坦丁堡生产，直径 21 毫米，重 4.40 克。
登记号：BZC.1956.6.35；

利奥一世索里达
457—473 年君士坦丁堡生产，直径 19 毫米，重 4.47 克。
登记号：BZC.1948.17.1213；

利奥二世索里达
474 年君士坦丁堡生产，直径 20 毫米，重 4.47 克。
登记号：BZC.1948.17.1239；

芝诺索里达

476-491 年君士坦丁堡生产，直径 20 毫米，重 4.47 克。

登记号：BZC.1948.17.1240；

巴西利斯库斯索里达

475-476 年君士坦丁堡生产，直径 21 毫米，重 4.49 克。

登记号：BZC.1948.17.1259；

阿纳斯塔修斯一世索里达

491-498 年君士坦丁堡生产，直径 21 毫米，重 4.47 克。

登记号：BZC.1948.17.1268；

查士丁一世索里达

518-519 年君士坦丁堡生产，直径 21 毫米，重 4.43 克。
登记号：BZC.1956.23.2；

查士丁尼一世索里达

538-545 年君士坦丁堡生产，直径 20 毫米，重 4.39 克。
登记号：BZC.1956.6.61；

查士丁二世索里达

565-578 年君士坦丁堡生产，直径 20 毫米，重 4.41 克。
登记号：BZC.1948.17.1596；

提比略索里达

579-582 年君士坦丁堡生产，直径 21 毫米，重 4.48 克。

登记号：BZC.1948.17.1716;

莫里斯索里达

583-601 年君士坦丁堡生产，直径 22 毫米，重 4.44 克。

登记号：BZC.1948.17.1774;

福卡斯索里达

603-607 年君士坦丁堡生产，直径 21 毫米，重 4.40 克。

登记号：BZC.1948.17.1971;

伊拉克略一世索里达

610–613 年君士坦丁堡生产，直径 22 毫米，重 4.24 克。

登记号：BZC.1948.17.1982；

君士坦丁三世索里达

616–625 年君士坦丁堡生产，正面右侧短须者为君士坦丁三世，直径 20.5 毫米，重 4.49 克。

钱币档案网站，标号 Lot 391（https://www.coinarchives.com/db23e75c8f82109c8b93 a4442813e69c/img/nomos/022/image00391.jpg）；

伊拉克洛纳斯索里达

637-638 年君士坦丁堡生产，正面左侧人像为伊拉克洛纳斯，直径 19 毫米，重 4.46 克。

钱币档案网站，标号 Lot 393（https://www.coinarchives.com/c203b631e4a15caa1b8
525dde3f6e9cc/img/nomos/022/image00393.jpg）；

康斯坦斯二世索里达

663-668 年君士坦丁堡生产，直径 20 毫米，重 4.50 克。
登记号：BZC.1948.17.2193；

君士坦丁四世索里达

681-685 年君士坦丁堡生产，直径 20 毫米，重 4.36 克。
登记号：BZC.1948.17.2303；

查士丁尼二世（第 1 次统治）索里达
692–695 年君士坦丁堡生产，直径 19 毫米，重 4.46 克。
登记号：BZC.1948.17.2348；

查士丁尼二世（第 2 次统治）索里达
705 年君士坦丁堡生产，直径 21 毫米，重 4.42 克。
登记号：BZC.1948.17.2391；

利奥提乌斯索里达
695–698 年君士坦丁堡生产，直径 19 毫米，重 4.13 克。
登记号：BZC.1948.17.2372；

提比略三世索里达
698-705 年君士坦丁堡生产，直径 19 毫米，重 3.89 克。
登记号：BZC.1948.17.2380；

菲利彼库斯索里达
711-713 年君士坦丁堡生产，直径 20 毫米，重 4.44 克。
登记号：BZC.1948.17.2417；

阿纳斯塔修斯二世索里达
713-715 年君士坦丁堡生产，直径 20 毫米，重 4.47 克。
登记号：BZC.1948.17.2426；

塞奥多西三世索里达
715–717 年君士坦丁堡生产，直径 19 毫米，重 4.46 克。
登记号：BZC.1948.17.2430；

利奥三世索里达
720 年君士坦丁堡生产，直径 21 毫米，重 4.43 克。
登记号：BZC.1948.17.2447；

君士坦丁五世索里达
751–775 年君士坦丁堡生产，左侧为君士坦丁五世，右侧为君士坦丁五世与利奥四世，
直径 20 毫米，重 4.46 克。
登记号：BZC.1948.17.2466；

利奥四世索里达

776-778 年君士坦丁堡生产，左侧为利奥四世与君士坦丁六世并立胸像，右侧为利奥
三世与君士坦丁五世并立胸像，直径 20 毫米，重 4.39 克。

登记号：BZC.1948.17.2497；

君士坦丁六世索里达

792-797 年君士坦丁堡生产，直径 20 毫米，重 4.45 克。

登记号：BZC.1960.125.36；

伊琳妮索里达

797-802 年君士坦丁堡生产，直径 20 毫米，重 4.32 克。

登记号：BZC.1948.17.2543；

尼基弗鲁斯一世索里达
802-803 年君士坦丁堡生产，直径 20 毫米，重 4.43 克。
登记号：BZC.1956.23.44；

斯达乌拉焦斯索里达
811 年君士坦丁堡生产，右侧为斯达乌拉焦斯，直径 23 毫米，重 4.38 克。
钱币档案网站，标号 Lot 408 (https://www.coinarchives.com/b9f52541426033b094a7
7351f889b503/img/nomos/022/image00408.jpg)：

米哈伊尔一世索里达
811-813 年君士坦丁堡生产，直径 20 毫米，重 4.44 克。
登记号：BZC.1948.17.2558；

利奥五世索里达

813-820 年君士坦丁堡生产，直径 20 毫米，重 4.37 克。

登记号：BZC.1957.4.73；

米哈伊尔二世索里达

821-829 年君士坦丁堡生产，直径 22 毫米，重 4.44 克。

登记号：BZC.1948.17.2599；

塞奥菲鲁斯索里达

830-840 年君士坦丁堡生产，直径 18 毫米，重 4.39 克。

钱币档案网站，标号 Lot 2188（https://www.coinarchives.com/6715474e6c6c0b77d3 84ba75b90ea4fc/img/leu_winterthur/e27/image02188.jpg）；

米哈伊尔三世索里达
856–867 年君士坦丁堡生产，直径 20 毫米，重 4.41 克。
登记号：BZC.1948.17.2692；

瓦西里一世索里达
大约 868 年君士坦丁堡生产，直径 20 毫米，重 4.38 克。
登记号：BZC.1948.17.2708；

利奥六世索里达
886–908 年君士坦丁堡生产，直径 20 毫米，重 4.37 克。
登记号：BZC.1948.17.2760；

亚历山大索里达
912–913 年君士坦丁堡生产，直径 22 毫米，重 4.48 克。
登记号：BZC.1948.17.3002；

君士坦丁七世索里达
945 年君士坦丁堡生产，直径 21 毫米，重 4.36 克。
登记号：BZC.1948.17.3075；

罗曼努斯一世索里达
921–931 年君士坦丁堡生产，直径 22 毫米，重 4.34 克。
登记号：BZC.1948.17.3054；

斯蒂芬·雷卡平画像
画像编号：
Mutinensis gr.122, f. 294r −118；

君士坦丁·雷卡平画像
画像编号：
Mutinensis gr.122, f. 294r −117；

罗曼努斯二世索里达
959−963 年君士坦丁堡生产，直径 21 毫米，重 4.38 克。
登记号：BZC.1948.17.3117；

尼基弗鲁斯二世金泰塔泰隆（tetarteron）
963−969 年君士坦丁堡生产，直径 20 毫米，重 4.39 克。
登记号：BZC.1957.4.82；

约翰一世金西斯塔麦农（histamenon）
969-976 年君士坦丁堡生产，直径 22 毫米，重 4.37 克。
登记号：BZC.1957.4.84；

瓦西里二世金西斯塔麦农
1005-1025 年君士坦丁堡生产，直径 25 毫米，重 4.42 克。
登记号：BZC.1948.17.3173；

君士坦丁八世金西斯塔麦农
1025-1028 年君士坦丁堡生产，直径 25 毫米，重 4.42 克。
登记号：BZC.1948.17.2827；

邹伊金西斯塔麦农

1042 年君士坦丁堡生产，背面左侧人物为佐伊。直径 25 毫米，重 4.41 克。

登记号：BZC.1956.11；

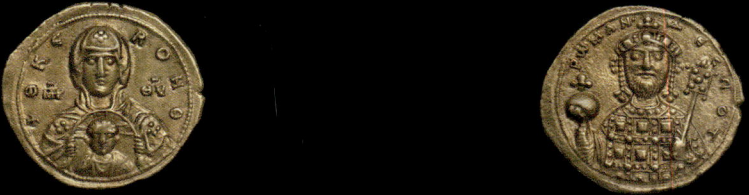

罗曼努斯三世金泰塔泰隆

1028-1034 年君士坦丁堡生产，直径 20 毫米，重 4.09 克。

登记号：BZC.1948.2844；

米哈伊尔四世金西斯塔麦农

1034-1041 年塞萨洛尼基生产，直径 25 毫米，重 4.37 克。

顿巴登登记号：BZC.1959.68；

米哈伊尔五世画像

画像编号：Mutinensis gr.122, f. 294r-134；

君士坦丁九世金西斯塔麦农

1042–1055 年君士坦丁堡生产，直径 26 毫米，重 4.35 克。

登记号：BZC.1948.17.2910；

塞奥多拉金泰塔泰隆

1055–1056 年君士坦丁堡生产，直径 20 毫米，重 4.02 克。

登记号：BZC.1948.17.2945；

米哈伊尔六世金西斯塔麦农

1056–1057 年君士坦丁堡生产，直径 24 毫米，重 4.45 克。

登记号：BZC.1948.17.2882；

君士坦丁十世金西斯塔麦农
1059-1067 年君士坦丁堡生产，直径 26 毫米，重 4.35 克。
登记号：BZC.1948.17.2977；
画像编号：Mutinensis gr.122, f. 294r-134；

罗曼努斯四世金泰塔泰隆
1068-1071 年君士坦丁堡生产，直径 20 毫米，重 4.01 克。
登记号：BZC.1948.17.3232；
画像编号：Mutinensis gr.122, f. 294r-136；

米哈伊尔七世金西斯塔麦农
1071—1078 年君士坦丁堡生产，直径 28 毫米，重 4.33 克。
登记号：BZC.1948.17.3242；
画像编号：Mutinensis gr.122, f. 294r-137；

尼基弗鲁斯三世金银合金西斯塔麦农
1078—1081 年君士坦丁堡生产，直径 29 毫米，重 4.34 克。
登记号：BZC.1956.23.79；
画像编号：Mutinensis gr.122, f. 294r-138；

伊萨克一世金西斯塔麦农
1057—1059 年君士坦丁堡生产，直径 27 毫米，重 4.33 克。
登记号：BZC.1948.17.2961；
画像编号：Mutinensis gr.122, f. 294r-133；

阿莱克修斯一世金银合金特拉齐（trachy）
1092-1093 年君士坦丁堡生产，直径 30 毫米，重 4.34 克。
登记号：BZC.1969.8；
画像编号：Mutinensis gr.122, f. 294r-139；

约翰二世金希帕皮隆（hyperpyron）
1118-1122 年君士坦丁堡生产，直径 32 毫米，重 4.14 克。
登记号：BZC.1948.17.3393；
画像编号：Mutinensis gr.122, f. 294r-140；

曼努埃尔一世金希帕皮隆
1143-1152 年君士坦丁堡生产，直径 31 毫米，重 4.47 克。
登记号：BZC.1960.125.78；
画像编号：Mutinensis gr.122, f. 294r-141；

阿莱克修斯二世铅制印章
直径 25 毫米，顿巴登登记号：BZS.1958.106.640；印章正面为坐在王座上的耶稣像，
背面为阿莱克修斯二世的正面立像。
顿巴登橡树园橡树园网站（https://www.doaks.org/resources/seals/byzantine-seals/
BZS.1958.106.640/view）；
画像编号：Mutinensis gr.122. f. 294r–142；

安德罗尼库斯一世金希帕皮隆
1183–1185 年君士坦丁堡生产，直径 28 毫米，重 4.38 克。
登记号：BZC.1948.17.3513；
画像编号：Mutinensis gr.122. f. 294r–143；

伊萨克二世金希帕皮隆
1185–1195 年君士坦丁堡生产，直径 29 毫米，重 4.60 克。
登记号：BZC.1948.17.3534；
画像编号：Mutinensis gr.122. f. 294r–144；

阿莱克修斯三世合金特拉齐
1195–1203 年君士坦丁堡生产，直径 30 毫米，重 4.37 克。
登记号：BZC.1956.23.139；
画像编号：Mutinensis gr.122, f. 294r –145；

阿莱克修斯四世铜泰塔泰隆
1203–1204 年君士坦丁堡生产，直径 23 毫米，重 3.69 克。
登记号：BZC.1974.5.47；
画像编号：Mutinensis gr.122, f. 294r –146；

阿莱克修斯五世画像
画像编号：Mutinensis gr.122, f. 294r –147；

塞奥多利一世银特拉齐

1212-1221 年马格尼西亚生产，直径 35 毫米，重 4.26 克。

登记号：BZC 1960.88.4244；

画像编号：Mutinensis gr.122, f. 294r-148；

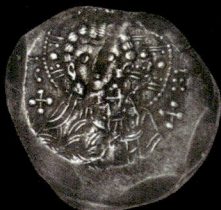

约翰三世银特拉齐

1221-1254 年马格尼西亚生产，直径 31 毫米，重 2.84 克。

登记号：BZC.2006.9；

画像编号：Mutinensis gr.122, f. 294r-149；

塞奥多利二世银特拉齐

1254-1258 年马格尼西亚生产，直径 25 毫米，重 2.77 克。

登记号：BZC.1977.5；

约翰四世画像
画像编号：Mutinensis gr.122, f. 294r–151；

米哈伊尔八世金希帕皮隆
1261–1272 年君士坦丁堡生产，直径 24 毫米，重 3.98 克。
登记号：BZC.1948.17.3590；
画像编号：Mutinensis gr.122, f. 294r –152；

安德罗尼库斯二世铜斯塔麦农（stamenon）
1282–1328 年塞萨洛尼基生产，直径 27 毫米，重 2.99 克
登记号：BZC.1956.23.2871；
画像编号：Mutinensis gr.122, f. 294r –153；

米哈伊尔九世画像
画像编号：Mutinensis gr.122, f. 294r-154；

安德罗尼库斯三世银巴西里肯（basilikon）
1328-1341 年君士坦丁堡生产，直径 20 毫米，重 2.01 克。
登记号：BZC.1964.19；
画像编号：Mutinensis gr.122, f. 294r-155；

约翰五世银巴西里肯
约 1341 年君士坦丁堡生产，直径 19 毫米，重 1.08 克。
登记号：BZC.1948.17.3652；
画像编号：Mutinensis gr.122, f. 294r-157；

约翰六世银巴西里肯
1353–1354 年塞萨洛尼基生产，直径 19 毫米，重 1.02 克。
登记号：BZC.1964.6；
画像编号：Mutinensis gr.122, f. 294r–156；

安德罗尼库斯四世银斯塔夫拉盾（stavraton）
1376–1379 年君士坦丁堡生产，直径 28 毫米，重 7.32 克。
登记号：BZC.1960.88.4753；
画像编号：Mutinensis gr.122, f. 294r–158；

约翰七世银半斯塔夫拉盾（half-stavraton）
1390 年君士坦丁堡生产，直径 20 毫米，重 3.59 克。
登记号：BZC.1948.17.3705；
画像编号：Mutinensis gr.122, f. 294r–159；

曼努埃尔二世银半斯塔夫拉盾
1391–1394 年君士坦丁堡生产，直径 19 毫米，重 3.48 克。
登记号：BZC.1966.23.4743；
画像编号：Mutinensis gr.122, f. 294r–160；

约翰八世银斯塔夫拉盾
1425–1448 年君士坦丁堡生产，直径 24 毫米，重 6.98 克。
登记号：BZC.1960.88.5572；
画像编号：Mutinensis gr.122, f. 294r–161；

君士坦丁十一世银斯塔夫拉盾
1449–1453 年君士坦丁堡生产，直径 24 毫米，重 6.06 克。
登记号：BZC.1990.2.1；
画像编号：Mutinensis gr.122, f. 294r–162；

一、拉丁帝国

鲍德温一世印章背面

拜占庭的武器与徽章（Byzantium Arms and Emblems：
https://hubert-herald.nl/ByzantiumArms.htm#_edn3 ）；

亨利一世铅制印章

直径 42 毫米，重 62.31 克。该印章为亨利于 1205-1206 年担任摄政期间。正面为亨利正面坐像，背面为亨利着戎装骑马像。

钱币档案网站，标号 Lot 1531（https://www.coinarchives.com/aae2d9a7d73b4e1c94 8849934d4fd6da/img/nomos/030/image01531.jpg ）；

彼得与约朗德

彼得铅制印章背面，直径 72 毫米。该印章为彼得着戎装骑马像。

法国收藏印章数据库（Base Numérique des Sceaux Conservés en France）登记号：1556（http://www. sigilla.org/moulage/scel-art-1556-11408 ）；

罗伯特铅制印章

直径 45 毫米，正面为罗伯特正面坐像，背面为罗伯特着戎装骑马像。

登记号：BZS.1951.31.5.2938。顿巴登橡树园网站（https://www.doaks.org/resources/seals/byzantine-seals/BZS.1951.31.5.2938/view）；

约翰铅制印章

直径 48 毫米，重 40.05 克。正面为约翰正面坐像，背面为约翰着戎装骑马像。

钱币档案网站，标号 Lot 1532（https://www.coinarchives.com/75ea021bf8254fd413ef24fd3b2a5bb9/img/nomos/030/image01532.jpg）；

鲍德温二世铅制印章

直径 43 毫米，正面为鲍德温二世正面坐像，背面为鲍德温二世着戎装骑马像。

登记号：BZS.1958.106.635。顿巴登橡树园网站（https://www.doaks.org/resources/seals/byzantine-seals/BZS.1958.106.635/view）；

二、伊庇鲁斯专制君主国

（8 位君主中 4 位有图）

第 2 位君主塞奥多利 · 科穆宁 · 杜卡斯合金特拉齐（trachy）
约 1227 年塞萨洛尼基生产，直径 29 毫米，重 1.95 克。
登记号：BZS.1960.88.4206；

第 3 位君主曼努埃尔 · 科穆宁 · 杜卡斯铜特拉齐
1230-1237 年塞萨洛尼基生产，直径 28 毫米，重 2.43 克。
登记号：BZS.1960.125.1627；

第 4 位君主约翰 · 科穆宁 · 杜卡斯铜特拉齐
1237~1242 年塞萨洛尼基生产，直径 27 毫米，重 1.86 克。
登记号：BZS.1960.88.4247；

第 6 位君主米哈伊尔二世 · 科穆宁 · 杜卡斯
1246 年塞萨洛尼基生产，直径 23 毫米，重 1.71 克。
登记号：BZS.1990.1；

三、特拉比宗"帝国"

（18 位"皇帝"中 11 位有图）

第 2 位皇帝安德罗尼库斯一世 · 吉多斯银特拉齐

1222-1235 年特拉比宗生产，直径 25 毫米，重 2.78 克，
类型 Sear-2148。

钱币档案网站，标号 Lot 160（https://www.coinarchives.
com/fc13b005109ce9c91bc01485e10da7c4/img/
naville/081/image00760.jpg）；

第 4 位皇帝曼努埃尔一世 · 大科穆宁银币

1238-1263 年特拉比宗生产，直径 20 毫米，重 2.80 克，类型 Sear 2601。

钱币档案网站，标号 Lot 160（https://www.coinarchives.com/6e5bb0c10d848c32b71
a070e6d0f3505/img/tcc/a2/image00160.jpg）；

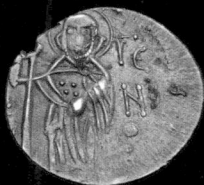

第 7 位皇帝约翰二世 · 大科穆宁银币

1280~1297 年特拉比宗生产，直径 22 毫米，重 2.91 克，
类型 Sear 2609。

钱币档案网站，标号 Lot 1421（https://www.coinarchives.
com/95c53f7cef7a7ccd55a74069765b4716/img/roma/
e112/image01421.jpg）；

第 8 位皇帝阿莱克修斯二世 · 大科穆宁银币

1297~1330 年特拉比宗生产，直径 20 毫米，重 2.75 克。
野风网站标号 SB 2619（http://www.wildwinds.com/coins/byz/trebizonds/t.html）；

第 9 位皇帝安德罗尼库斯三世 · 大科穆宁银币

1330~1332 年特拉比宗生产，直径 21 毫米，重 1.97 克。
野风网站标号 SB 2620（http://www.wildwinds.com/coins/byz/trebizonds/t.html）；

第 10 位皇帝曼努埃尔二世 · 大科穆宁银币
1332 年特拉比宗生产，重 1.84 克。
野风网站标号 SB 2621（http://www.wildwinds.com/
coins/byz/trebizonds/t.html）；

第 11 位皇帝瓦西里 · 大科穆宁银币
1332-1340 年特拉比宗生产，直径 20 毫米，重 1.98 克。
野风网站标号 SB 2622（http://www.wildwinds.com/coins/byz/trebizonds/t.html）；

第 13 位皇帝米哈伊尔 · 大科穆宁银币
1344-1349 年特拉比宗生产，直径 22 毫米，重 1.91 克。
野风网站标号 SB 2627（http://www.wildwinds.com/coins/byz/trebizonds/t.html）；

第 14 位皇帝阿莱克修斯三世 · 大科穆宁银币
1349–1390 年特拉比宗生产，直径 22 毫米，重 2.38 克。
野风网站标号 SB 2628（http://www.wildwinds.com/coins/byz/trebizonds/t.html）；

第 16 位皇帝阿莱克修斯四世 · 大科穆宁银币
1417–1446 年特拉比宗生产，直径 12.5 毫米，重 0.80 克，
类型 Sear 2641。
钱币档案网站，标号 Lot 743（https://www.coinarchives.
com/08432f421f5e2eb2f44f3ca72fe57793/img/cng/
e/548/image00743.jpg）；

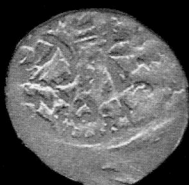

第 17 位皇帝约翰四世 · 大科穆宁银币
1349–1390 年特拉比宗生产，直径 15 毫米，重 2.38 克。
野风网站标号 SB 2642（http://www.wildwinds.com/coins/byz/trebizonds/t.html）；

四、莫利亚君主国

（6 位君主中 2 位有图）

第 2 位君主马修 · 坎塔库震努斯银半巴西里肯

1353-1357 年生产，直径 16 毫米，重 0.49 克。

登记号：BZC.2006.17 (https://www.doaks.org/resources/coins/catalogue/BZC.2006.17/view)；

第 5 位君主君士坦丁 · 帕列奥列格画像

画像编号：Mutinensis gr.122, f. 294r-162；

330
◈
610

610
◈
1057

1057
◈
1453

1204
◈
1461